NBA
스카우팅 리포트
2025-26

PHOTOS
Getty Images.com

DATA SOURCES
nba.com / basketball-reference.com / youtube.com / hoopshype.com / 2kratings.com / espn.com / wikipedia.com / namu.wiki / naver.com / google.com / bballjerseys.com

NBA 스카우팅 리포트 2025-26

2025년 9월 19일 1판 1쇄 인쇄 | 2025년 9월 30일 1판 1쇄 발행

지은이 장원구 손대범 염용근

발행인 황민호 | **전략콘텐츠사업본부장** 박정훈
편집기획 신주식 김선림 최경민 윤혜림 | **마케팅** 이승아
제작 최택순 성시원 | **디자인** 엔드디자인
발행처 대원씨아이(주) | **주소** 서울특별시 용산구 한강대로 15길 9-12
전화 (02)2071-2018 | **팩스** (02)797-1023 | **등록** 제3-563호 | **등록일자** 1992년5월11일
www.dwci.co.kr

ISBN 979-11-423-3237-1 13690

CONTENTS

SHAI GILGEOUS
-ALEXANDER

NBA 최고의 포커페이스 셰이 길저스-알렉산더 스토리

프로 선수들은 종종 본인 의지와 관계없는 결정에 따라야 할 때가 있다. 드래프트, 트레이드 등이 대표적인 사례다. 아직은 증명해야 할 것이 태산 같은 저연차 선수는 선택권이 없다. 뽑아주고 데려가는 사람의 의사가 가장 중요하다. 그렇다고 모든 것이 수동적일 수는 없다. 비록 행선지는 타인에 의해 결정됐지만, 어디까지 올라갈지는 본인 몫이다. 묵묵히, 자기 갈 길을 향해 최선을 다해 갈고 닦는 것. 흔한 말로 '꾸준히 노력한다'는 것은 NBA와 프로스포츠에서 가장 신성시되는 말이지만 반대로 가장 지키기 어려운 말이기도 하다.

그러나 셰이 길저스-알렉산더는 흔들리지 않았다. 드래프트 직후 소속팀이 바뀌었어도(샬럿 호네츠→LA 클리퍼스), '우리 팀의 미래'라는 평가 속에서 한 시즌을 마치기가 무섭게 다시 트레이드되었어도(LA 클리퍼스→ 오클라호마 시티 썬더) 빠르게 중심을 잡고 제 할 일에 몰입했다. 덕분에 이제 그는 꽤 많은 것을 자신이 선택할 수 있는 베테랑 선수가 됐다.

| 글_손대범 |

득점왕, 올-NBA 퍼스트 팀, 정규시즌 MVP, 파이널 우승, 그리고 파이널 MVP와 시그니처 농구화까지. 한 시즌에 모든 것을 담은 슈퍼스타는 그리 많지 않았다. 198cm의 셰이 길저스-알렉산더(이하 SGA)는 그 어려운 일을 2024-2025시즌에 해냈다. NBA에서 가장 젊은 라인업을 이끌고, 전체 승률 1위에 이어 프랜차이즈 첫 우승을 거머쥔 것이다.

가장 젊고 막강했던 챔피언

2024-2025시즌 개막일 기준, 오클라호마 시티(이하 OKC)는 평균 24세 148일로 NBA에서 평균 나이가 가장 어린 팀이었다. 시즌을 30승 5패로 시작했으며 다른 팀들이 40승 고지에 오르기도 전에 먼저 50승 탑을 쌓아 올렸다. 그야말로 압도적이었다. 네트레이팅(Net Rating)에서 12.7로 2위 보스턴 셀틱스(9.4)보다 월등히 앞섰다. 그만큼 공격과 수비 모두 효율적으로 잘 됐다는 의미. '젊다'는 것은 풍부한 활동량과 기세로 연결됐다. 패스 진로를 차단하는 디플렉션은 21.0회로 1위였고, 가로채기(10.3점)와 상대 실책(17.0개)도 선두였다. 특히 스틸 부문에서 OKC는 케이슨 월러스, 제일런 윌리엄스, SGA 등 3명이 TOP10에 이름을 올렸다. 쳇 홈그렌을 앞세운 블록슛 부문에서도 팀 평균 5.7개로 1위였다. 최근 NBA는 스틸과 블록을 합산한 '스톡스(Stocks)' 수치도 내고 있는데, OKC는 단연 1위였다. 덕분에 '공격의 시대'를 맞은 현대 NBA에서 상대를 19번이나 100점 아래로 묶었고 이 경기에서 OKC의 승률은 100%였다. 약체만 골라서 이긴 것도 아니었다. 5할 이상 팀과의 29번 맞대결에서도 23승 6패를 기록했다. 일사불란한 팀 수비의 뒤에는 명석한 게임 플랜과 빠른 대응력을 갖춘 마크 데이그널트 감독의 지휘력이 있었다.

공격의 중심에는 팀이 흔들릴 때마다 포커페이스로 분위기를 이끈 SGA가 있었다. SGA는 76경기에서 32.7득점을 기록했으며, 1.7개의 스틸과 1.0개의 블록슛을 곁들였다. 야투 성공률은 무려 51.9%로, 역대 NBA 득점왕 중 야투 50%를 기록한 역대 5번째 선수였다.

SGA는 독특한 스타일이다. 스테픈 커리, 제임스 하든, 루카 돈치치처럼 고득점을 올리는 가드들과 달리 그의 득점은 철저히 돌파와 미드레인지에 기인한다. 3점 슈팅보다는 알고도 못 막는 퍼스트스텝과 절묘한 헤지테이션 동작, 그리고 스텝을 앞세워 수비를 골탕 먹인다. 무서울 정도로 유연하고 볼을 잘 다루며, 슈팅 시 양손 사용에 다 능하다는 점도 장점이다. 가속과 감속도 기가 막힌다. 이러한 장점들이 기가 막히게 연계를 이룬 덕분에 수비수가 잠깐이라도 한눈을 팔면 SGA에 속아 어느새 점프를 하고 있거나 팔을 뻗고 있을 것이다. 이는 곧 자유투로 직결된다. 지난 시즌 8.8개의 자유투를 시도해 7.9개를 넣었다. 성공 개수와 성공률(89.8%)은 각각 1위와 5위였다.

이와 관련해 논란도 있었다. 파울과 자유투를 얻는 부분에 있어 NBA가 SGA에게만 관대하다는 것이다. 길저스-알렉산더가 상승세를 탄 지난 2시즌 동안 몇몇 감독과 선수가 공개적으로 불만을 터트렸다가 벌금을 납부했다. 'scammer(사기꾼)', 'free throw merchant(자유투 상인)'이라는 비아냥도 있었다. 물론 몇몇 장면은 분명 논쟁의 여지가 있어 보인다. 그러나 드웨인 웨이드와 제임스 하든, 트레이 영이 그랬듯이 SGA는 경계선에서 줄타기를 하고 있으며, 이에 북받친 상대의 거친 플레이에도 포커페이스를 유지한 채 매 경기 상대와의 마인드 게임에서 승리해왔다. 그 대상에는 원정 팬들의 엄청난 야유와 안부도 있지만, SGA가 코트 안팎에서 평정심을 잃고 불경스럽게 대응하는 모습은 볼 수 없었다.

또한 SGA는 현대 농구를 지배하는 올드 스쿨 플레이어다. 앞서 말했듯이 이제는 포지션 구분 없이 기회가 되면 언제든 3점 슈팅을 시도하는 시대다. 그런 가운데 SGA는 미드레인지 점프 슈팅으로 더 재미를 보고 있다. 90년대와 2000년대 미드레인지로 재미를 본 대표 가드 중 한 명인 샘 카셀은 "나보다 더 큰데 빠르다"라며 혀를 내둘렀다. 카셀의 이름을 꺼낸 이유는 바로 LA 클리퍼스 시절부터 이어진 SGA와의 인연 때문이다. 카셀은 당시 클리퍼스 코치였는데, 19살이었던 SGA가 입단한 첫날부터 미드레인지 플레이의 중요성을 강조했다.

덕분에 이제는 케빈 듀란트, 크리스 폴, 더마 데로잔의 계보를 이을 리그 최고의 미드레인지 슈터로 꼽힌다. 210cm가 넘는 긴 윙스팬이 안기는 높은 타점과 흔들림 없는 자세, 그리고 공간을 만들어내는 풋워크가 그 높은 성공률을 선사했다. SGA는 카셀 코치의 조언을 받아 자신의 강점을 강화했다. 마침 이는 그가 어린 시절부터 좋아했던 플레이이기도 했다.

"어린 시절 코비 브라이언트와 앨런 아이버슨을 가장 좋아했다. 두 선수 모두 미드레인지 점프 슈팅을 많이 시도했다. 나도 내 게임의 일부로 만들고자 했다. 기술이자 무기이며 내 게임을 더 강하게 만드는 도구다."

상대 감독들은 SGA를 완벽히 막는 것이 현실적으로 불가능하다는 것을 인정한다. NBA 파이널 상대였던 인디애나 페이서스의 릭 칼라일 감독은 "그 친구는 어떻게든 득점을 올릴 것이다. 우리가 해야 할 것은 최대한 방해해서 슛을 힘들게 던지는 것뿐"이라고 말하기도 했다.

안 굵히는 남자

SGA는 요즘 말로 '핵노잼' 청년이다. 명랑, 그 자체인 OKC의 야생마들과 어울리면서도, 정작 본인이 먼저 쇼맨십을 보인 적은 없다. 겸손하고 신중하다. 굳이 한마디 보태 분란을 일으키는 것을 원치 않는다.

NBA 우승 직후에도 SGA의 태도는 바뀌지 않았다. "이 모든 과정은 내가 아닌 동료들 덕분"이라는 말을 몇 번이나 반복했다. 자신이 얼마나 노력해 왔고, 어떤 설움이 있었는지 썰을 풀면서 숏폼 소스를 제공하는 대신 주변 칭찬을 아끼지 않는다. 정석적인 대답의 연속이다. 예를 들면 이런 식이다. "샘 프리스티 단장님이 팀을 잘 만들어

주었고, 덕분에 우리 팀원 모두가 함께 최고의 성과를 냈다."
어린 시절 'The Answer' 앨런 아이버슨을 동경했던 선수답지 않다. 아이버슨은 리그 최고의 스코어러였지만 동시에 악명 높은 사고뭉치이기도 했다. 은퇴 후에도 자신의 기념식에 지각했을 정도로 약속 시간을 잘 어겼고, 단장 및 감독과도 수 차례 갈등이 있었다. 결코 모범이 될 만한 선수는 아니었다.
그러나 SGA가 동경했던 건 아이버슨의 코트 위 모습이었다. 180cm 갓 넘는 체구에도 빅맨들에게 돌진하는 것을 주저하지 않았고, 루즈볼을 위해 몸을 날리던 그 모습 말이다.
캐나다 국적의 SGA는 9학년 때만 해도 학교 대표팀에 이름을 올리지 못했던 선수였다. 고교 졸업반 때 18.8득점 4.4리바운드 4.0어시스트를 기록하며 시(市) 우승을 이끌었다. 그리고 2016년에는 토론토에서 열린 '국경 없는 농구(basketball without borders)' 글로벌 캠프에 초청을 받았다. 드래프트 1순위 디안드레 에이튼을 비롯해 내로라하는 세계 유망주들이 모두 모인 자리였다. 필자 역시 당시 현장을 취재했기에 깡마른 체구의 소년이 기억난다. 그러나 이때도 많은 사람들의 관심은 에이튼이나 쑨 메이커(213cm) 같은 장신들에게 쏠렸다. 부끄럽게도 나 역시 SGA의 대담함을 알아보진 못했다. 그때 내 취재 대상은 곤자가 대학 진학이 예정된 일본의 혼혈선수 루이 하치무라(LA 레이커스)였다.
이처럼 무명 선수였던 SGA는 차근차근 계단을 밟아가며 평가를 뒤집었다. 주변의 평가에 낙담하지 않고 걸을 수 있었던 원동력은 성실함과 긍정의 마인드였다. 누구보다 일찍 체육관에 와서 훈련했던 선수였다. 그 자세는 대학 시절에도 코칭스태프로부터 높은 평가를 받았다.

"나는 내 노력을 믿었고, 내가 가고자 하는 방향이 옳다고 믿었다."

훗날 SGA가 인터뷰에서 했던 말이다. 켄터키 대학 오퍼가 있기 1년 전만 해도 그는 메이저 대학의 관심을 받지 못했다. 켄터키 대학 입학 동기 중에서도 평가가 가장 낮았다. 당시 〈ESPN〉이 내린 평점은 '4-STAR'였고, 대부분 매체에서 그를 전국 30위권 선수로 분류했다. 당시 같은 학년의 가드 중에서는 트레이 영, 콜린 섹스턴 등이 더 높은 평가를 받았다.

| 2017-2018시즌 켄터키 대학 신입생 |

이름	신장/포지션	입학당시 ESPN 평가	NOW
하미두 디알로	196cm/가드	★★★★★	2018년 45순위, 현 스페인 리그
퀘이드 그린	185cm/가드	★★★★★	언드래프트, 멕시코 리그
케빈 낙스 II	203cm/포워드	★★★★★	2018년 9순위, 골든스테이트
닉 리처즈	213cm/센터	★★★★★	2020년 42순위, 현 피닉스
P.J 워싱턴	198cm/포워드	★★★★★	2019년 12순위, 루키 세컨드팀
제러드 밴더빌트	203cm/포워드	★★★★★	2018년 41순위, LA 레이커스
SGA	193cm/가드	★★★★☆	NBA MVP, 파이널 MVP, 우승
제말 베이커	193cm/가드	★★★★☆	전학(애리조나), 덴마크 리그

그러나 SGA는 대학에서 그 평가를 뒤집어 놓았다. 시즌 초반만 해도 퀘이드 그린의 백업 자원으로 기용되었으나, 이내 존 칼리파리 감독의 마음을 사로잡으며 출전 경쟁에서 승리한 것이다. 아침 7시마다 체육관에 나와 훈련을 하고, 남는 시간에는 코치를 졸라 비디오 분석을 했다. 수업 중간마다 웨이트트레이닝도 빼먹지 않았다. 그러면서 수업도 빼먹지 않았다. SGA는 신입생이었지만 그 시즌 SEC 토너먼트 MVP가 됐다. 챔피언결정전에서는 29득점을 퍼부었다. 덕분에 입학 당시 별 4개였던 SGA는 드래프트에서 전체 11순위로 LA 클리퍼스에 지명될 수 있었다.

루키에게 전해진 트레이드 소식

LA 클리퍼스에서의 첫 시즌부터 SGA는 강렬한 인상을 남겼다. 베

INDIANA
23
OKC

것이라고 예상한 사람은 없었을 것이다. 돌아보면 이 트레이드는 SGA에게도 잘 된 것이었다. 한 팀을 이끄는 기회를 잡았으니 말이다." 루 감독이 기자회견에서 전한 말이다.

오히려 역정을 낸 쪽은 SGA가 아닌 그의 부친, 본 알렉산더였다. 처음 소식을 들었을 때 굉장히 실망했다며 말이다. SGA 가족들은 LA의 환경에 만족하고 있었다는 후문이다.

정작 SGA는 침착했다. 2019-2020시즌 미디어데이에서 "보다 적극적으로 림을 향해 돌진할 것이며 훈련에서든 경기에서든 더 나은 선수가 되기 위해 최선을 다할 것이다"라며 포부를 전했다. 또한, 대학 시절 동료였던 하미두 디알로가 뛰고 있어 '오히려 좋다'고 받아들였다. 마침 대선배인 크리스 폴의 문자 메시지도 힘이 됐다. 폴은 "리그에서 14~15년을 뛰어오면서 이런 일을 숱하게 겪었어. 잘 이겨내고 배워가길 바란다"라고 메시지를 보낸 것으로 알려졌다.

테랑이 많은 클리퍼스였지만 그 와중에도 26.5분이라는 적지 않은 시간을 얻었고 73경기에 주전으로 나섰다. 골든스테이트 워리어스와의 1라운드 플레이오프 시리즈에서도 SGA는 마치 오랫동안 플레이오프 무대를 밟아온 선수처럼 덤덤하게 자기 장점을 보였다. 클리퍼스 팬들은 그를 '반드시 지켜야 할 미래'라고 여기기 시작했다.

그러나 클리퍼스는 더 큰 꿈이 있었다. 바로 카와이 레너드-폴 조지 조합이다. 클리퍼스는 OKC로부터 폴 조지를 데려오기 위해 SGA를 포함 다닐로 갈리나리, 드래프트 지명권 5장을 보냈다. 이때도 SGA는 덤덤했다. (OKC는 이때 넘겨받은 지명권으로 알차게 살림을 꾸렸다. 특히 2022년에 뽑은 제일런 윌리엄스는 SGA의 우승 파트너가 됐다.)

그렇다면 수년이 지난 지금 당사자들은 어떤 생각을 갖고 있을까? 트레이드 후 SGA는 OKC, 그 자체가 됐다. 지금껏 소개한 것처럼 차근차근 젊은 팀을 성장시켜 급기야 챔피언 자리에 올려놨다. MVP가 되고 국가대표가 되었다.

닥 리버스 감독은 "셰이에게 전화하는 것이 너무 힘들었다. 오히려 그가 더 프로답게 받아줬다"라고 돌아봤다. 그는 SGA가 지금 같은 대스타가 될 것이라 예상하지 못했다고 고백했다.

리버스 감독의 자리를 넘겨받은 터란 루 감독은 어떨까. SGA가 남아있었다면, 어쩌면 더 신명 나는 농구를 하게 되진 않았을까. 그러나 루 감독도 "만약 내가 그 상황이었더라도 PG(폴 조지)를 영입했을 것"이라고 말했다. 그때의 두 선수 위상 차이가 그 정도로 컸기 때문이다. "PG는 MVP 투표에서도 상위권이었고, 공격과 수비를 모두 잘하던 선수였다. SGA도 전도유망한 자원이었지만 이렇게 잘 될

내 목표는 변하지 않았다

2023년 2월 18일 유타. 기자들에게 둘러싸인 SGA는 플래시 세례 속에서도 특유의 무덤덤한 표정을 유지하고 있었다. 아마 그 표정을 본 기자들은 실망했을 것이다. 그가 앉은 자리는 바로 NBA 올스타들만이 참석할 수 있는 미디어데이 현장이었기 때문이다. 생애 첫 올스타에 뽑힌 선수들은 대부분 기쁨을 감추지 못하거나 잔뜩 얼어붙은 표정으로 인터뷰를 한다. 그러나 SGA는 변함이 없었다. "꿈을 이루었다", "슈퍼스타들과 함께한다" 등 노림수 가득한 질문들이 이어졌지만 SGA는 "더 노력하겠다", "행복하다" 등의 답변으로 일관했다.

2019-2020시즌 이래 SGA는 무섭게 발전을 이어갔다. 2020-2021시즌 첫 평균 20+득점을 남긴 이래 그는 5시즌 연속 이 기록을 남기고 있다. 최근에는 3시즌 연속 평균 30+득점을 기록했다. 2024-2025시즌에는 득점 1위 자리에 올랐다.

그 사이 2020년 12월에는 생애 첫 '금주의 선수'에 선정됐고, 2023년에는 방금 언급한 생애 첫 올스타에도 선정됐다. 돌이켜보면 2022-2023시즌은 마침내 알을 깨고 스타로 올라선 시기였다. 수차례 40+득점을 기록했고 높은(혹은 상대에 따라 악명높은) 야투 성공률이 뒷받침됐다. 2023년 2월 10일 포틀랜드 블레이저스 전에서 그는 44득점(자유투 18/19)을 기록했는데 이날 그가 놓친 야투는 16개 중 단 3개에 불과했다. 팀은 138-129로 승리했고, 그는 프랜차이즈 최초로 야투 80% 동반 40+득점 선수가 됐다. 상대팀 첸시 빌럽스 감독은 "막을 길이 없어 보였다"라며 혀를 내둘렀다.

그 시즌 OKC는 한가지 기록에 집중하고 있었다. 바로 SGA가 마이

클 조던 이래 처음으로 30+득점에 야투 50%, 4리바운드 4어시스트 1스틸 1블록을 남긴 선수가 되었다는 기록이었다. 이러한 선전을 바탕으로 SGA는 생애 첫 올-NBA 퍼스트 팀에도 선정됐다. MVP 투표에서는 5위였다.

2023-2024시즌 OKC는 본격적으로 도약을 시작했다. NBA에서 가장 어린 팀임에도 불구하고 최고 승률을 기록했고 SGA는 MVP 투표에서 2위에 올랐다. 2016년 이후 처음으로 서부 컨퍼런스 플레이오프 준결승에 진출했지만, 이때는 루카 돈치치와 댈러스 매버릭스에게 다음 스테이지 진출권을 넘겨야 했다. (2승 4패로 패배)

트레이드 후 NBA 올스타가 되고, MVP 투표 2위에 오르기까지 그에게 필요한 시간은 다섯 시즌이었다. 2021년에는 계약 기간 5년에 1억 7,200만 달러의 연장 계약도 체결하며 미래로 '인증'받기도 했다. 마냥 상승 곡선만 그린 것은 아니었다. 2021-2022시즌에는 발목 부상으로 조기 시즌 아웃 되는 아픔도 겪었다. 하지만 이때도 SGA의 마인드 셋은 변함이 없었다. 빨리 회복해서 더 나은 선수가 되겠다는 것. 이처럼 강인하다 보니 부담감에 힘들어하는 일도 없었다.

"나는 늘 커리어의 이 순간이 실제로 펼쳐지길 어린 시절부터 꿈꾸고 그려왔다. 당연히 이 과정에서 어떤 어려움이 뒤따라오는지도 알고 있다. 그걸 기꺼이 받아들이고 이겨낼 것이다. 내가 꿈꾸는 최종 목적지는 아직 오지 않았기 때문이다." SGA의 말이다.

실제로 SGA는 매년 여름마다 고향에서 새벽 5시, 6시부터 체육관을 찾아 트레이닝 스태프들과 개인 훈련에 매진했다. 〈디 어슬레틱(The Athletic)〉은 SGA의 훈련 일화를 소개하기도 했다. 포스트업 훈련이 필요하자, 자신보다 덩치가 큰 선수에게 부탁해 새벽마다 몸을 부딪쳐가며 기술을 연마했다는 것이다. 훈련한 내용은 마치 숙제하듯이 노트에 받아적었다. 이 매체 보도에 따르면 그는 유튜브에서 흥미로운 훈련법을 발견하면 그것도 필기했다가 다음 날 꼭 시도해 봤다고 한다.

동경하던 아이버슨을 넘어

2023년 FIBA 월드컵 당시 조르디 페르난데스 캐나다 대표팀 감독은 SGA의 리더십을 극찬했다. NBA 스타들로 뭉친 팀이라 조직력을 걱정했지만, SGA의 통제 아래 팀은 무섭게 변모했다. 2000년대까지만 해도 캐나다는 '미국을 흉내내는 팀' 정도로 여겨졌다. 그도 그럴 것이 대다수가 미국 대학에서 농구를 배웠고 개인기가 좋았기 때문이다. 당시만 해도 NBA 스타도 없었고, 이들을 하나로 묶어줄 시스템도 부족했다. 그러나 2023년 FIBA 월드컵에서 캐나다는 마치 OKC를 보는 것 같은 공, 수 밸런스를 선보였다. 그렇게 얻은 성적은 3위. 역대 최고 성적이었다. 덕분에 캐나다는 2000년 스티브 내쉬 시대 이후 처음으로 올림픽도 진출했다. 캐나다는 올림픽에서 5위에 랭크됐다. 캐나다는 이미 1984년 LA올림픽에서도 4위를 거둔 바 있지만, 그때와 지금의 경쟁력 차이는 어마어마하다. SGA의 플레이는 NBA와 크게 다르지 않았다. 보다 경기 일정이 빠듯하고 경쟁이 치열한 대회였지만, 동료들과 자주 소통하고 코트에서는 묵묵히 림을 향해 돌진했다. 루 돌트, 딜론 브룩스와 같은 선수들은 저마다 SGA의 리더십을 높이 샀다.

여기 SGA의 리더로서의 성향을 엿볼 수 있는 멘트가 하나 있다.

플레이오프 중 한 기자는 윌리엄스, 케이슨 월러스, SGA가 스틸 상위권에 이름을 올린 비결에 대해 SGA에게 물은 바 있다. 그러자 SGA는 빅맨들에게 그 공을 돌렸다.

"우리 림 프로텍터들 덕분이다. 그들이 워낙 잘해 주기 때문에, 우리도 가끔은 도박(gamble)을 걸듯이 공격적으로 나설 수 있다. 뒤에서 그들이 정리(clean up)해줄 거라는 걸 알고 있다. 또, 우리 팀에는 손놀림과 본능 자체가 굉장히 좋은 수비수들이 많다. 알렉스 카루소는 증명된 선수고, 루 돌트는 특별한 선수다. 케이슨의 손도 정말 좋다. 본능적으로 수비가 좋은 선수들이 많고, 마지막에는 모두가 경쟁하려 한다. 그 두 가지가 섞이면, 수비가 꽤 좋아진다."

자기 이야기나 좋은 플레이에 대한 비결은 언급 하나 없다. 대신 한 답변에서 많은 동료 선수들의 이름을 언급했다. NBA를 현장에서 취재하는 매체가 100곳이 넘고, 이 멘트가 수십번 재생산되어 세계 전역에 배포된다는 점을 감안하면, 그는 동료들을 어떻게 PR해야 하는지 잘 알고 있는 듯했다.

플레이오프 동안 SGA는 팀의 리더로서 OKC를 이끌었다. 타이리스 할리버튼의 위닝샷으로 110-111로 패배, 1차전을 내준 뒤에도 그는 "1차전으로 끝나는 시리즈가 아니다"라며 동료들을 독려했다. "단순하다. 1차전을 진 것뿐이다. 다음 경기를 더 잘하면 된다"라며 자신감을 내비쳤다.

그의 말처럼 OKC는 2차전(123-107)을 곧바로 받아쳤고, 3차전(107-116)을 내주었지만 다시 4차전(111-104)을 잡으면서 반격했다. 흐름을 뒤집은 건 5차전(120-109)이었다. 제일런 윌리엄스(40득점)와 손발을 맞추며 4쿼터에 경기를 가져왔다. 비록 6차전(91-108)을 뺏겨 시리즈는 3승 3패가 됐지만, NBA 파이널 역대 20번째로 열린 7차전에서는 SGA의 29득점 12어시스트 활약을 내세워 기어이 꿈에 그리던 우승을 차지했다. 최종 스코어는 103-91. 할리버튼이 불의의 부상을 당하면서 다소 맥빠진 모양새가 됐지만, 마냥 쉬운 승리도 아니었다.

우승만큼이나 대단한 업적이 남은 시리즈였다. 우선 SGA는 1~2차전 도합 72점을 기록했다. '첫 파이널' 2경기에서 올린 역대 최다득점은 종전까지 2001년의 71점으로, 다름 아닌 SGA의 어린 시절 우상 앨런 아이버슨이 세운 기록이었다. 우상의 기록을 넘어섰다는 것은 큰 의미가 있었다. 물론, SGA는 "그저 경기를 잘 풀어가고 싶었을 뿐이다. 오히려 이 득점 기록을 1~2차전 승리로 바꾸고 싶다"라는 짧은 답변으로 소감을 대신했지만 말이다. 또 하나의 성과는 바로 NBA 파이널 MVP다. 득점왕과 정규시즌 MVP, 파이널 MVP를 한 시즌에 이룬 선수는 그리 많지 않다. SGA 이전 마지막 주인공은 2000년 샤킬 오닐이었다.
꿈에 그리던 우승을 이룬 직후에도 그의 겸손함은 변함이 없었다.

"우승은 모든 아이들의 꿈이다. 하지만 모두들 그 꿈이 이뤄질지는 알 수 없지 않나. 그런 면에서 나는 꿈을 이루게 되어 기쁘고, 내 곁에서 그게 가능하게 해준 모든 이들에게 고마움을 전하고 싶다. 그들 없이는 불가능한 일이었다."

2025-2026시즌은?

2023년 FIBA 월드컵, 2024년 올림픽 이후 SGA는 모처럼 국가대표없는 여름을 보냈다. 그 어느 때보다 농구를 오랫동안 했던 시즌을 보낸 그는 회복과 훈련에 매진하며 2년 연속 우승을 준비하고 있다. 다행히 OKC 썬더는 그 특유의 젊은 에너지를 유지하고 있으며, 코어 역시 변함이 없다.
OKC 구단 사람들은 SGA의 가장 큰 장점으로 '컨트롤 능력'을 꼽는다. 플레이할 때의 바디 컨트롤은 더 말할 필요가 없을 것이다. 엄청난 바디 컨트롤 능력으로 상대의 거센 플레이를 이겨내며, 조금은 더 속도를 낼 법한 상황에서도 절제하며 페이스를 유지한다. 코트 밖 '컨트롤 능력'도 뛰어나다. 그는 늘 "농구에 몰두하는 것과 벗어나는 것 사이에서의 컨트롤 능력이 중요하다"라고 말해왔다.
"TV를 꺼서 하이라이트가 나오지 않게 하고 농구를 보지도 않는다. 그냥 가족, 친구와 시간을 보낸다. 내 삶과 하루 대부분을 농구가 차지하기에 농구에서 완전히 벗어나는 것도 중요하다. 그러다가 다시 농구로 돌아가야 할 시간이 오면, 마치 그리웠던 것처럼 다시 뛰고 싶어진다."
찬바람이 불고, 다시 그리워했던 NBA 코트 위에서의 경쟁으로 돌아올 때가 됐다.
아마 OKC 팬들도 많이 그리웠을 것이다. 잽스텝→ 가속 페달→ 감속 페달→ 속임 동작으로 여유있게 미드레인지 점프 슈팅을 성공시키고 동시에 파울까지 얻어내던 그 절묘한 플레이를. 그리고 약이 바싹 오른 상대방의 얼굴과, 무슨 일 있었냐는 듯 묵묵히 자유투라인에 서던 SGA의 그 표정을 말이다.
그리고 궁금하다.
NBA는 2018년 골든스테이트 워리어스 이후 7년째 계속해서 우승팀이 바뀌고 있다. 과연 SGA는 OKC를 8년 만에 리그 2연패 팀으로 올려놓을 수 있을지, 과연 다시 한번 집중 견제를 이겨내고 득점왕 타이틀과 마이클 조던 트로피를 품을 수 있을지 말이다.

생년월일	1998년 7월 12일
출생지	캐나다 토론토 온타리오주 해밀턴
신장	198cm
출신대학	켄터키 대학
NBA 드래프트	2018년 1라운드 11순위 지명
소속팀	LA 클리퍼스(2018~2019) -> 오클라호마 시티 썬더(2019~현재)
주요 이력	

올-루키 세컨드 팀(2018~2019시즌)
FIBA 농구월드컵 동메달(2023년)
NBA 득점 1위(2024~2025시즌)
올-NBA 퍼스트 팀 3회(2023~2025시즌)
NBA 올스타 3회(2023~2025년)
NBA 정규시즌 MVP(2024~2025시즌)
NBA 파이널 MVP(2024~2025시즌)
NBA 우승(2024~2025시즌)
NBA 득점 1위(2024~2025시즌)

Champions
NBA
CHAMPIONS
25
THUNDER

2025-2026 NBA
KEY POINT

다시 농구의 제왕들이 돌아온다! 2025-2026 시즌 NBA 관전 포인트는?

휴스턴 로케츠

스테픈 커리

그들의 돌풍은 더 이상 파란이 아니다

2024-2025시즌 오클라호마시티 썬더는 정규시즌 최고 승률과 함께 NBA 파이널 우승까지 거머쥐는 저력을 과시했다. 셰이 길저스-알렉산더는 득점왕과 MVP를 모두 차지했고, 제일런 윌리엄스는 그런 에이스를 충실히 보좌하며 올스타가 됐다. 지난 시즌, 샘 프레스티 단장은 젊은 코어를 뒷받침해줄 중요한 두 선수를 영입했다. 수비 귀재 알렉스 카루소와 213cm의 빅맨 아이재아 하텐스테인이다. 카루소는 오클라호마시티 수비를 더 지독하게 만들었고, 뉴욕 닉스에서 이적해온 하텐스테인은 아직 쳇 홈그렌이나 다른 장신 선수들에게 기대하기 어려운 우직함과 여유를 선사했다. 오클라호마 시티는 120.5득점(4위)에 107.6실점(3위)을 기록했다. 공, 수 모두 압도적이었다. 상대 실책은 16.3개로 리그에서 가장 많았다.

그렇다면 오클라호마시티는 2025-2026시즌에도 이 기세를 이어갈 수 있을까. 지금까지는 긍정적이다. 일단 전력 누수가 없었다. 루키 계약으로 묶였던 선수들에게도 계약 연장을 선물하며 기분을 챙겨줬다. 무엇보다 젊다. 2시즌 전, 리그 역사상 가장 어린 나이로 서부 컨퍼런스를 제패했던 이들은 여전히 평균 연령이 낮은 편이다. 가장 걱정되는 부분은 '자만'이지만, 비시즌에도 새벽 6시에 체육관에 나서는 길저스-알렉산더의 승부욕과 마인드 셋이 있기에 이 역시 걱정이 안 된다. 부상과 같은 악재만 없다면 새 시즌에도 무난히 60승 고지를 밟을 것으로 보인다.

험난한 서부, OKC도 장담할 수 없다?

서부는 몇 시즌째 치열한 경쟁이 계속되고 있다. 지난 시즌의 경우 역대급 순위 싸움이 이어졌다. 2위 휴스턴 로케츠(52승 30패)와 8위 멤피스 그리즐리스(48승 34패)간의 승차가 겨우 4게임 밖에 나지 않았다. 1~2승에 따라 운명이 뒤바뀐 것이다. 3~5위는 모두가 50승씩을 챙겼음에도 막판 작은 요소에 따라 시리즈 시작 장소(홈/원정)가 달라졌다. 전 시즌의 피말리는 경쟁을 의식한 듯, 서부 팀들은 각자 주머니 사정에 맞게 전력 보강을 단행했다.

가장 눈에 띄는 팀은 휴스턴 로케츠다. 7각 트레이드를 통해 MVP이자 득점왕 출신 케빈 듀란트를 영입했다. 36살로 전성기는 지났지만, 40분 이상 뛴 경기가 10회가 넘는다. 30+득점은 19회, 그중 2번은 40득점 이상을 폭발했다. 이메 우도카 성향상 휴스턴에서도 듀란트에게 많은 짐을 지우진 않을 것이다. 그러나 젊은 팀인 만큼, 승부처에서는 듀란트의 경험과 자신감이 큰 도움이 될 것이다. 지난 2시즌 동안 견고하게 다듬어온 시스템에 듀란트가 얼마나 '건강히' 녹아드느냐가 도약의 관건일 것이다.

덴버 너게츠는 '계륵' 마이클 포터 주니어를 리빌딩 팀 브루클린 네츠에 보내고 카메론 존슨과 요나스 발렌츄나스, 팀 하더웨이 Jr, 브루스 브라운 등을 영입했다. 각자 장점이 뚜렷한 선수들이기에 덴버에게 큰 에너지가 될 것이다. 특히 니콜라 요키치가 쉬는 구간에 귀신같이 떨어졌던 생산력을 다른 방식으로 유지할 수 있을 것으로 보이며, 체력 부담도 가능할 전망이다. 연속된 스크린과 커트인 동작으로 요키치의 손끝을 즐겁게 해온 덴버의 스타일을 감안했을 때 하더웨이와 브라운, 존슨의 영입도 화력을 강화해줄 것이다.

그밖에 앤써니 에드워즈 중심으로 확고히 체제를 바꾼 미네소타 팀버울브스도 위협이 될 것이다. 빅터 웸반야마와 디애런 팍스 콤비가 결성된 샌안토니오 스퍼스는 서부의 다크호스가 될 것으로 보인다. LA 클리퍼스는 '고연봉 저효율'의 대표 주자처럼 여겨졌던 브래들리 빌을 품고, 빅맨 포지션을 강화했다. 노먼 파웰을 내준 것은 아쉽지만 제임스 하든의 신명나는 패스워크를 더 감상할 수 있을 것이다. 그렇지만 이 팀은 예나 지금이나 결국에는 카와이 레너드가 몇 경기나 나오느냐가 마침표가 찍히는 시점을 결정지을 것이다.

여전히 불안한 골드&퍼플

2024-2025시즌 후반기 최대 이슈는 루카 돈치치의 LA 레이커스 이적이었다. 물론 자의에 의한 이적은 아니었다. 한계를 느낀 댈러스 매버릭스의 니코 해리슨 단장은 돈치치를 레이커스로 트레이드하는 대신 앤써니 데이비스와 맥스 크리스티를 받아들였다. 시즌 중 올-NBA 팀 선수들이 팀을 맞바꾸는 일은 결코 흔치 않았다. 게다가 돈치치가 차지하는 위상을 생각해볼 때 이 트레이드는 당시 팬들뿐 아니라 선수들에게도 큰 충격을 안겼다. 오죽했으면 해리슨 단장이 살해 협박까지 받았을까. 반면 레이커스는 함박웃음을 지었다. 르브론 제임스의 대를 이어 체육관을 꽉 차게 만들어줄 대스타가 굴러들어왔기 때문이다. 돈치치는 레이커스 유니폼을 입고 출전한 28경기에서 28.2득점 8.1리바운드 7.5어시스트를 기록했다. 돈치치도 만족스러웠다. 정규시즌만 놓고 보면 40분 이상 뛴 경기가 2경기에 불과했다. 함께 리스크를 감당할 스타가 있다는 점도 그에게는 든든해 보였다. 그러나 플레이오프에서는 미네소타 팀버울브스를 넘기에 부족해 보였다. 리바운드, 수비, 외곽 등 불안요소로 지적되던 것들이 결국 발목을 잡은 것이었다. 결국 레이커스는 시리즈 전적 1승 4패로 플레이오프를 접었다.

레이커스는 시즌이 끝나기가 무섭게 재정비를 궁리했다. 돈치치를 장기간 사로잡기 위한 포석이었다. 제이크 라라비아, 디안드레 에이튼, 마커스 스마트 등의 영입이 대표적이었다. 레이커스를 험난한 서부에서 컨텐더로 올려놓기에는 부족한 점도 있지만 적어도 내외곽에서 돈치치와 르브론이 조금이나마 편하게 플레이하게끔 도와줄 요소는 될 것이다. 또한 돈치치는 유로바스켓을 준비하는 과정에서 체중을 감량하는 등 새 시즌을 위한 의지를 보이고 있다.

다만, 르브론과 돈치치, 오스틴 리브스 등의 관계를 둘러싼 각종 의혹과 추측을 잘 수습하는 것이 중요하다. 이미 여름부터 르브론의 트레이드 설은 꾸준히 재생산되고 있다.

한편 댈러스는 드래프트 추첨에서 전체 1순위 지명권을 획득하며 돈치치 이적의 허전함을 채울 수 있었다. 카이리 어빙의 부상 공백으로 시작부터 달릴 수 없다는 것은 뼈아프지만, 디안젤로 러셀과 단테 엑섬을 영입하며 조금이나마 그 공백을 채우고자 노력했다. 이 팀 역시 데이비스를 비롯한 주력 선수들의 건강이 관건이 될 것이다.

니콜라 요키치

집 주인이 없는 동부

동부는 제이슨 테이텀, 타이리스 할리버튼이 플레이오프 중 치명적인 부상을 입으면서 2025-2026시즌을 통째로 쉬게 되었다. 이에 따라 보스턴 셀틱스는 일찌감치 리셋 버튼을 눌렀고, 인디애나 페이서스 역시 할리버튼 없이 쉽지 않은 시즌을 보내리라 예상된다. 파스칼 시아캄이 건재하지만, 아무리 동부라도 할리버튼 없이 50승 고지에 다다르긴 쉽지 않을 것이다. 게다가 마일스 터너도 이적했다. 대신 다른 팀들에겐 기회다. 64승을 거두고도 정작 포스트시즌에는 힘을 쓰지 못한 클리블랜드 캐벌리어스에게는 마지막 기회다. 지난 시즌 창과 방패를 모두 업그레이드 하며 동부를 호령했던 클리블랜드는 코어를 유지한 채 정상에 도전한다. 특히 지난 시즌 디안드레 헌터가 합류한 뒤 벤치 생산력도 크게 강화됐다. 헌터는 벤치 득점 선두(16.9득점)를 달린 선수로 클리블랜드에서는 42.6%(60-141)의

3점 슈팅 성공률을 기록하기도 했다. 이들 코어가 포스트시즌까지 건강을 잘 유지한다면 분명 올 시즌에는 좋은 성과를 기대해봐도 좋을 것이다.
감독을 바꾼 뉴욕 닉스(마이크 브라운), 에이스 야니스 아테토쿤보의 서포터들을 개편한 밀워키 벅스, 크리스탑스 포르징기스를 영입한 애틀랜타 호크스 등은 동부 상위권을 노리는팀들이다. 케이드 커닝햄이 급성장한 디트로이트는 JB 빅커스태프 감독 취임 후 무려 30승(14승-> 44승)이나 챙기며 동부의 신흥 다크호스가 됐다. 파울로 반케로와 프랜츠 바그너 콤비가 부상으로 고전했던 올랜도 매직도 수비력(105.5실점, 리그 1위)으로 많은 팀들을 괴롭혔다. 단지, 공격이 참 아쉬웠는데, 그래도 시즌 직후 단행된 멤피스 그리즐리스와의 트레이드로 데스먼드 베인이 합류해 조금이나마 답답함이 해소될 것으로 보인다. 화력만 잘 뒷받침된다면 올랜도도 2시즌 전의 47승 이상은 바라볼 수 있을 것이다.

아픈 선수들

2025-2026시즌에는 복귀를 기약할 수 없는 스타들이 참 많다. 앞서 말한 테이텀(아킬레스건)과 할리버튼(아킬레스건), 카이리 어빙(무릎)이 대표적이다. 어빙은 회복까지 6개월 정도가 필요한 부상이다. 따라서 시기만 놓고 본다면 시즌 중에는 돌아올 가능성도 높다. 자신의 몸관리에 굉장히 신중하고 예민한 성향임을 감안한다면 올스타 휴식기 이후에는 어빙이 쿠퍼 플래그와 손발을 맞추는 모습을 기대해봐도 좋을 것이다. 그런가 하면 플레이오프 중 아킬레스건을 다친 대미언 릴라드도 2025-2026시즌 내내 보지 못할 것으로 보인다. 부상 후 그는 친정팀 포틀랜드 트레일 블레이저스로 돌아왔는데, 새 시즌에는 코트보다는 벤치에서 젊은 선수들을 끌어주고 팀 문화를 잡아주는 역할을 할 것이다.
공식 발표는 없었지만, 필라델피아 세븐티 식서스의 조엘 엠비드의 무릎 상태는 여전히 오리무중이다. 팀 훈련장에 모습을 드러내기도 했지만 아직은 어떤 상태인지 확신하긴 어려웠다. 지난 시즌 엠비드가 출전한 경기는 19경기에 불과했다. 게다가 폴 조지도 2019-2020시즌부터 6시즌을 치르는 동안 70경기 이상 소화한 시즌이 한 번 밖에 되지 않는다. 지난 시즌에도 그는 부상으로 절반만 뛰었다. 상황이 이렇다 보니 새 시즌 필라델피아의 우승 가능성에 무게를 두는 전문가는 거의 없다.

MVP, 이번에도 미국인은 어렵나

그렇다면 '마이클 조던 트로피'의 향방은 어떨까. NBA 정규시즌 MVP에게 수여되는 '마이클 조던 트로피'는 지난 시즌, 셰이 길저스-알렉산더에게 돌아갔다. 그는 캐나다 농구를 대표하는 신세대 슈퍼스타다. 이전에는 니콜라 요키치(세르비아), 조엘 엠비드(카메룬/미국), 야니스 아테토쿤보(그리스)가 나눠가졌다.
NBA가 올스타 포맷을 'USA vs 월드'로 바꾸는 것을 진지하게 검토하는 이 시점에서 이번에도 르브론, 스테픈 커리의 계보를 이를 미국인 MVP가 나오지 않는다면 '농구 종주국'으로서의 체면을 구기게 될 것이다. 그런데 MVP가 되기 위해서는 팀 성적과 개인 성적이 모두 만족스러워야 한다. 물론 러셀 웨스트브룩처럼 팀이 압도적이지 못해도, 개인 성적에서 감히 넘보지 못할 대기록을 쓴다면 예외가 될 수 있겠지만, 적어도 지금까지는 그럴 위업을 달성할 미국인 스타는 보이지 않는다. 지난 시즌 비미국인 선수 중 가장 높은 점수를 받은 선수였던 제이슨 테이텀도 2025-2026시즌은 휴업이다. 만약 클리블랜드가 다시 동부 정상에 60승 이상의 높은 승률로 올라선다면 도노반 미첼도 가능성은 있을 것이다.

마지막 여정

쿠퍼 플래그, 딜런 하퍼 등 새롭게 등장하는 스타들이 있는가 하면, 어느덧 마지막을 준비하는 스타들도 있다. 올해 40세인 크리스 폴은 이미 두 선수의 삼촌뻘이다. 지난 시즌을 샌안토니오에서 보낸 크리스 폴은 2025-2026시즌이 마지막이 될 전망이다. 마지막 한 시즌은 친정 LA 클리퍼스에서 보낼 예정이다. 그는 클리퍼스에서 자신의 주가를 높이는데 그치지 않았다. 블레이크 그리핀, 디안드레 조던과의 환상적인 호흡을 보이며 클리퍼스에 'LOB CITY'라는 별칭을 안기며 프랜차이즈 역사상 처음으로 레이커스 이상의 관심을 집중시켰던 주역이다. 이 시기 클리퍼스의 평균 관중은 레이커스보다도 많았다. 높은 IQ를 기반으로 한 크리스 폴의 플레이를 최대한 많이 볼 수 있으면 좋겠다.
정말 다양한 기록을 써가는 르브론 제임스는 올 여름 플레이어 옵션(5,260만 달러)을 행사하면서 차기 시즌에도 NBA 최고령 자리를 예약했다. 아직은 그 다음 행선지는 결정되지 않은 상태. 플레이만 보면 아직 2~3년은 거뜬해 보이지만, 또 어떤 결정을 내릴지는 아무도 알 수 없다. 아마 시즌 미디어데이를 비롯, 기자들이 둘 이상 모이는 자리에서는 꼭 그의 거취를 묻는 질문이 따라다니지 않을까 싶다.
토론토 랩터스에서 챔피언십을 거머쥐었던 카일 라우리도 마지막 시즌을 준비한다. 39세인 라우리는 공식적으로 NBA에서 3번째로 나이가 많은 선수다. 최근 필라델피아와 맺은 계약 기간은 단 1년. 이에 따라 2006년부터 시작된 NBA 커리어는 그의 고향에서 마침표를 찍게 될 가능성이 높다. 비록 지난 시즌 35경기를 뛰는데 그쳤지만 구단은 그가 라커룸에서 보인 리더십과 경험이 젊은 선수들에게도 도움이 될 것이라 판단한 것으로 알려졌다. 라우리는 언젠가 자신이 은퇴하게 된다면 토론토 랩터스와 '1일 계약'을 맺고 마무리하고 싶다는 포부를 밝힌 바 있다. 현실적으로는 불가능한 이야기. 그렇지만 2026년 1월 12일과 13일에 백투백으로 펼쳐지는 토론토와의 원정 경기에서는 그의 헌신을 기억하는 랩터스 구단의 기념 행사가 열리지 않을까 조심스럽게 예측해본다.

골든스테이트 워리어스는 현 시점에서 스테픈 커리, 드레이먼드 그린, 지미 버틀러가 모두 30대 중반을 넘기고 있다. 나이로만 따지면 최고령 TOP 20에 3명이나 이름을 올린 것이다. 현실적으로 2025-2026시즌은 세 선수가 다같이 우승에 도전할 수 있는 마지막 여정이 될 지도 모른다.

지난 시즌, 골든스테이트는 버틀러 영입 후 기가 막힌 볼 흐름을 보이며 반전에 성공했다. 버틀러 합류 후 팀은 23승 7패를 기록했고, 플레이오프에서도 휴스턴 로케츠를 4승 3패로 따돌리며 2라운드까지 진출했다. 비록 1차전 이후 내리 4경기를 졌지만 커리의 부상이 아니었다면, 우승은 몰라도 시리즈는 좀 더 흥미롭게 흘러갔을지도 모른다. 세 선수가 처음부터 트레이닝 캠프에서 합을 맞추는 2025-2026시즌은 여전히 흥미진진할 것이다. 그렇지만 조나단 쿠밍가 계약 이슈가 해결되지 않은 상황이고, 슈퍼스타 트리오를 뒷받침해줄 전력은 여전히 경쟁력이 떨어진다. 사치세 때문에 마음대로 영입도 어렵다. 알 호포드의 합류가 신빙성있게 들려왔지만, 여전히 체결되지 않았다. (사실 호포드도 39살로 NBA에서 5번째로 나이가 많다.) 서부의 경쟁자들은 무섭게 전력을 보강하며 치고 올라오고 있다. 골든스테이트의 공식적인 선수 이동은 7월 6일 7각 트레이드가 마지막이었다. 트레이닝 캠프 기간을 놓친다면 시즌 중반 밖에 기회가 없을 것이기에 이들의 행보는 시즌 내내 많은 이들의 궁금증을 자아낼 것이다.

한편 커리는 계약 기간을 1년 더 연장(6,250만 달러)함으로써 2026-2027시즌까지는 NBA 선수로 뛰게 될 것이다. 앞으로 남은 기간은 2년. 과연 NBA 인기 부활에 큰 힘을 보탰던 커리의 판타스틱한 여정이 어떤 식으로 마무리될지 궁금하다.

라운드볼 락의 귀환

존 테시(John Tesh)가 만든 '라운드볼 락(Roundball Rock)'은 1990년대 NBA를 상징하는 곡이었다. 바로 주관방송사였던 NBC의 오프닝 테마곡이었기 때문이다. NBC가 NBA를 놓은 뒤 오랫동안 듣지 못했던 이 오프닝 곡을 2025-2026시즌부터 다시 들을 수 있다. 새로운 주관방송사로 돌아온 덕분이다. NBC는 레지 밀러, 그랜트 힐, 데릭 피셔 등을 해설위원으로 위촉했고, '농구황제' 마이클 조던이 스페셜 컨트리뷰터로 등장해 중계에 맛을 더할 예정이다. 스튜디오에서는 카멜로 앤써니와 빈스 카터가 대기한다.

그런데 새 시즌 미국에서는 NBA를 보는 방법이 꽤 까다로워졌다. 디즈니, 아마존 등 중계 플랫폼이 다양해졌고 요일도 각자 다르다. 예를 들어 월요일은 피코(Peacock), 화요일은 NBC와 피콕, 수요일은 ESPN, 목요일은 아마존 프라임, 금요일은 아마존 프라임과 ESPN 등으로 볼 수 있다. 모두다 개별 결제이기 때문에 팬들 입장에서는 이래저래 지출이 상당할 것으로 예상된다. 이에 따라 각 방송 플랫폼마다 팬들을 끌어들이기 위한 컨텐츠 개발 경쟁도 치열해질 것이다. 아마존은 스탠 밴 건디, 드웨인 웨이드, 스티브 내쉬, 캔디스 파커, 델 커리 등이 NBC의 대항마로 나선다. 또 NBA 팬들에게 인지도가 높은 케빈 할란과 이언 이글 등이 캐스터로 섭외됐다.

29년 만에 처음

2025-2026시즌을 보다 보면 어색한 부분을 발견하게 될 것이다. 바로 샌안토니오 스퍼스하면 가장 먼저 떠올랐던 인물, 그렉 포포비치 감독이 없기 때문이다. 포포비치 감독은 29년의 긴 커리어를 끝으로 은퇴를 선언했다. 건강상의 이유였다. 이미 지난 시즌부터 건강이 좋지 않아 미치 존슨에게 자리를 맡겼던 그는 2024-2025시즌이 끝나자 공식적인 발표를 통해 자신은 농구단 운영으로 보직을 옮긴다고 전했다. 1996년 샌안토니오의 감독으로 정식 부임했으니 NBA 팬들은 29년 만에 샌안토니오의 새 감독을 보는 셈이다.

포포비치가 남긴 업적은 대단하다. 그는 1,422승 869패로 NBA 역사상 가장 많은 승리를 가져간 인물로 남았다. 플레이오프에서는 170경기를 이겼다. 필 잭슨(229승), 팻 라일리(171승)에 이은 역대 3위다. '올해의 감독' 상은 3번 수상했으며, 2020년 도쿄올림픽에서도 금메달을 목에 걸었다. 레전드도 많이 키웠다. 팀 던컨, 데이비드 로빈슨, 마누 지노빌리, 토니 파커 등은 모두 명예의 전당에 헌액됐다. 그런데 이 모든 기록이 단 한 팀에서 이뤄진 것이라는 사실이 더 대단하다.

NBA에 따르면 포포비치 감독이 한 팀에서 재직하는 동안, 리그에서는 303번이나 감독의 고용과 해고가 이뤄졌다. 그렇게 긴 시간 동안 대적한 감독만 무려 170명. 성적 부진, 스타와의 갈등, 경영진과의 충돌 등 감독 교체 사유는 실로 다양하고, 때로는 너무 가볍게 결정한다는 느낌이 들 정도로 금세 바뀌는 일도 허다하다. 포포비치 감독의 커리어가 더 위대해 보이는 이유다.

샌안토니오는 이제 새 시대를 맞이한다. 구단은 후임자인 존슨 감독을 위한 선물도 충분히 마련했다. 빅터 웸반야마를 보좌할 파트너로 디애런 팍스를 지난 시즌 트레이드로 영입했고, 신인 드래프트에서는 딜론 하퍼를 지명했다. 존슨 감독이 추구하는 농구는 아마도 포포비치의 그것과는 많이 다를 것이다. 코칭 스타일도 다를 것이다. 그러나 샌안토니오는 포포비치가 남긴 가장 위대한 유산이 있다. 바로 '문화'다. 자발적으로 자리를 양보하고 물려주며 계승된 문화다. 과연 샌안토니오가 이를 지켜가며 다시 정상에 설 수 있을지 2025-2026시즌을 지켜보자.

2025 OFF SEASON TRANSACTIONS

이제 더 놀랄 것도 없다! 오프시즌 트레이드 대정리

루카 돈치치가 LA 레이커스로 트레이드 된 뒤부터 팬들은 '대형 트레이드'에 면역이 되어가고 있는 분위기다. 올 여름에도 많은 팀들이 각자의 사정에 따라 변화를 택했다. 그 변화의 물결 속에서 케빈 듀란트, 크리스탑스 포르징기스 같은 대어들의 연쇄 이동도 일어났다. 연속된 변화는 2025-2026시즌을 더 기대하게 만드는 요인이 됐다.

| 글_손대범 |

루카 돈치치의 인사이드 경쟁

챔피언 팀이 코어를 포기한 이유

프로스포츠에서 트레이드가 진행되는 이유는 단 하나. 더 나아지기 위해서다. 그러나 그 시점이 언제인가는 팀마다 다르다. 당장 2025-2026시즌이 될 수도 있고, 언제 올지 모르는 '미래'일 수도 있다. 또, 더 나아지길 바라는 부분이 전력일 수도 있지만, 또 아닐 수도 있다. 2025년 여름, 트레이드 버튼을 누른 주요 팀들의 입장은 이처럼 다 달랐다. 불과 2024년 여름에 래리 오브라이언 트로피를 들어 올린 보스턴 셀틱스는 코어를 뒷받침하던 핵심 자원을 포기했다.

트레이드1
TO 포틀랜드 : 즈루 할러데이
TO 보스턴 : 앤퍼니 하더웨이

트레이드2
TO 애틀랜타 : 크리스탑스 포르징기스, 2026년 2라운드 지명권
TO 보스턴 : 조지스 니앙, 2031년 2라운드 지명권(클리블랜드), 현금
TO 브루클린 : 테렌스 맨, 22순위 지명권(드레이크 포웰)

트레이드3
TO 유타 : 조지스 니앙, 2027년 & 2031년 2라운드 지명권
TO 보스턴 : RJ 루이스 JR.(투웨이 계약)

세 차례 트레이드와 함께 보스턴은 알 호포드와의 계약도 포기했다. 이에 따라 트로피를 확정지은 2024년 NBA 파이널 5차전에서 '핵심'으로 뛴 멤버는 제이슨 테이텀과 제일런 브라운, 데릭 화이트, 페이튼 프리처드 등 몇 명 남지 않게 되었다.
보스턴의 이러한 선택은 복잡한 배경이 있다. 발단이 된 사건은 바로 테이텀의 부상이었다. 테이텀은 5월 12일 뉴욕 닉스와의 플레이오프 4차전 경기 중 아킬레스건이 끊어지는 중상을 입었다. 아무리 의학이 발전했어도 아킬레스건은 여전히 한 시즌에 가까운 긴 회복 기간을 요구하는 큰 부상이다.
사실상 2025-2026시즌 대권은 물건너갔다고 판단한 보스턴은 변화를 택했다. 불과 1년 전, 우승 공신들에게 거액을 안겼던 보스턴이지만, 이는 어디까지나 '우승이 가능하다'는 조건을 바탕에 뒀던 투자였다. 우승 가능성이 사실상 0%에 가까워지자 보스턴은 냉정한 선택을 내렸다. '안식년'을 택한 것이다.
마침 이들의 샐러리캡은 한계치를 넘어서고 있었다. 퍼스트 에이프런(1억 7,800만 달러)과 세컨드 에이프런(1억 8,890만 달러)을 훌쩍 넘어선 1억 9,700만 달러였다. 2025-2026시즌에도 이를 넘을 경우, 미드레벨 익셉션(샐러리캡과 관계없이 영입할 수 있는 계약) 금지, 현금이 포함된 트레이드 불가, 지명권 거래 동결 등 각종 제약이 따르게 된다. 보스턴은 어떻게든 상한선을 낮춰야 하는 처지였다. 게다가 NBA에는 리피터 텍스(Repeater Tax)라는 제도가 있었다. 최근 4시즌 중 3시즌 이상 사치세를 납부한 팀에 해당되는 제도로 이 경우 벌금이 1달러씩 더 늘어나게 된다. 예를 들어 다른 팀이 1.5달러를 내야 한다면, 리피터 텍스가 적용된 팀은 2.5달러를 내야 하는 것이다. 이게 쌓이고 쌓이면 어마어마한 금액이 된다. 이미 보스턴은 2024-2025시즌에 리그 2연패를 기대한 채 이런 납부를 행복을 위한 비용이라 생각하고 감수했지만, 2025-2026시즌에는 상황이 달라졌다고 보면 될 것이다. 앞서 언급한 트레이드로 덜어낸 포르징기스, 할러데이, 호포드의 연봉만 해도 7,000만 달러에 육박했다. 그럼에도 보스턴은 정리가 더 필요하다. 사이먼스의 연봉이 2,768만 달러로 여전히 샐러리캡 숨통을 조이는 요소가 되고 있기 때문이다. 사이먼스는 만기 계약자이고, 19.3득점의 나쁘지 않은 득점력을 갖추고 있는 선수다. 보스턴은 조건만 맞는다면 사이먼스까지도 시즌 중에 정리하여 샐러리캡을 감축하고자 할 것이다. 일각에서는 데릭 화이트와의 결별 가능성도 언급되고 있다. 2025-2026시즌 화이트가 받게 될 연봉은 인센티브 포함 2,810만 달러다. 플레이어 옵션이 포함된 이 계약은 이제 막 시작되었다. 해가 지날수록 부담이 되는 규모인 셈이다. 따라서 만약 그가 시즌 중 트레이드 된다고 해도 이상하진 않을 것이다.

우승 가능성+샐러리캡 두 마리 토끼를 잡다

덴버 너게츠는 마이클 포터 주니어와의 결별을 택했다. 7월 8일 브루클린 네츠에 2032년 1라운드 지명권과 함께 포터를 내줬다. 대신 받아들인 자원은 캠 존슨.
확실한 목적이 있었다. 덴버 역시 우승 공신들에 대한 투자로 인해 세컨드 에이프런을 피해야 하는 상황이었다. 2025-2026시즌과 2026-2027시즌에만 8,000만 달러를 포터에게 지불해야 했던 덴버는 이 트레이드를 통해 그 비용을 절감하고자 했다. 게다가 재도약을 위해서는 확실한 자원이 더 필요했다. 포터는 플레이오프에서 꾸준하지 못했다. 되는 날과 안 되는 날의 기여도 차이가 명확했다.
캠 존슨은 2024-2025시즌 18.8득점으로 커리어하이 기록을 세운 외곽 자원이다. 니콜라 요키치, 애런 고든, 저말 머레이로부터 파생되는 외곽 찬스를 살려줄 능력이 있다. 볼 운반과 수비에서도 포터만큼의 존재감을 보일 수 있다. 무엇보다 연봉이 '반값'이었다. 연봉이 2,100만 달러 정도였기에 덴버는 세컨드 에이프런도 피하고 기타 자원 영입도 가능했다.
그런가 하면 덴버는 새크라멘토 킹스와의 후속 트레이드를 통해 다리오 샤리치를 보내고 요나스 발렌츄나스도 영입했다. 사실, 이 트레이드는 샐러리캡만 생각한다면 적절치는 못했다. 현 시점 발렌츄나스의 계약은 2년이 남았고, 그의 연봉도 1,000만 달러가 넘기 때문이다. 그러나 우승을 위해서는 요키치를 도울 백업 빅맨이 절실했다.

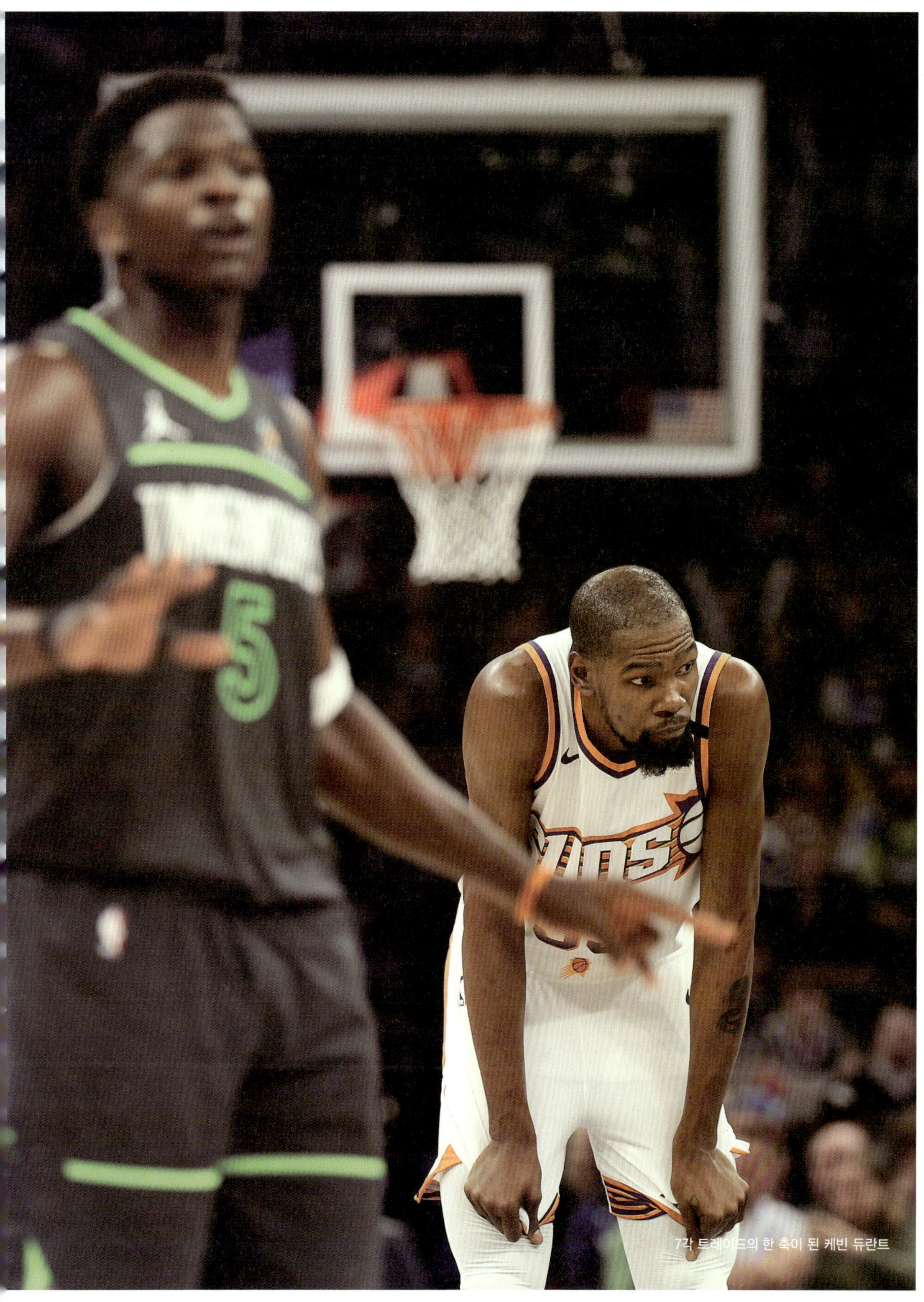

7각 트레이드의 한 축이 된 케빈 듀란트

조던 풀

발렌츄나스는 오랜 경력을 갖춘 꾸준한 빅맨이이다. 어느 팀에 가든 자신을 맞출 수 있는 선수이기도 하다. 또한 비록, 사치세는 피할 수 없게 되었지만 세컨드 에이프런까지는 여유가 남아있다는 점 역시 트레이드 버튼을 누를 수 있게 해준 이유였다.

그렇다면 마이클 포터 주니어를 받아들인 브루클린의 목적은 무엇일까.

덴버의 '버리는 카드'였던 포터를 영입해 바라볼 수 있는 '이익'이 과연 무엇일까. 브루클린은 일단 '지금'에 관심이 없다. 이들은 2025-2026시즌에도 패하기 위해 최선을 다할 것이다. 이미 덴버와의 트레이드를 합의하기 하루 전에도 애틀랜타, 보스턴과 3각 트레이드에 협의했다. 보낸 선수는 없었지만 현금을 보스턴에 건네고 테런스 맨과 22순위 지명권을 확보했다. 22순위 지명권으로는 드레이크 포웰이라는 복권을 손에 넣었다. 브루클린은 샐러리캡에 상당한 여유가 있었다. 아니, 스타급 선수가 없었기에 반드시 샐러리캡을 채워야 했던 상황이었다. 그렇기에 지출이 상당한 포터뿐 아니라, 2024년에 연장 계약을 체결했던 맨까지 품을 수 있었다. 둘의 공통점은 계약 후 퍼포먼스가 기대에 못 미쳤다는 것에 있다. 맨은 LA 클리퍼스에서 내부 경쟁에서 밀려 애틀랜타로 트레이드되었고, 애틀랜타에서조차 인정을 받지 못했다. 2027-2028시즌까지 계약이 된 상태로 매 시즌 1,550만 달러 이상을 지출해야 하지만 당장 브루클린 샐러리에 영향을 줄 정도는 아니다. 또한 포웰에 대한 지명권리도 받고, 2032년 1라운드 지명권도 확보했다.
올여름의 연속적인 거래 덕분에 션 막스 단장의 위상은 계속 상승 중이다. 스타플레이어 영입을 추진하면서 마구잡이로 내줬던 드래프트 지명권을 회수한 덕분이다. 모든 지명에서 잭팟이 터지면 좋겠지만 그럴 가능성은 없다. 하지만 브루클린은 1라운드 자산 외에도 2라운드 지명권도 상당히 많이 보유하고 있기에 트레이드에서도 유용하게 사용할 수 있을 것이다.

2026~2032시즌 브루클린이 보유한 1라운드 지명권

2026년 : 자체 지명권

2027년 : 자체 지명권 2장(1장은 휴스턴과 픽 스왑)

2028년 : TOP8 보호 지명권, 자체 지명권

2029년 : 자체 지명권 2장 *

* 1장은 휴스턴, 댈러스, 피닉스 지명권 중 가장 낮은 순번의 지명권과 스왑

2030년 : 자체 지명권

2031년 : 자체 지명권 2장

2032년 : 자체 지명권 2장

샐러리 감축을 위한 노력

마이애미 히트도 샐러리캡을 줄이기 위해 분주한 여름을 보냈다. 그러면서도 전력이 결코 약해지는 것을 두고만 보지 않았다. 이들의 목적은 샐러리캡 구조 개선이지 리빌딩이 아니었기 때문이다. 하지만 트레이드 단행을 위해서는 손발이 맞아야 한다. 상대팀에게도 원하는 것을 줘야 한다. LA 클리퍼스, 유타 재즈와의 3각 트레이드가 그랬다.

TO 클리퍼스 : 존 콜린스

TO 유타 : 카일 앤더슨, 케빈 러브, 2027년 2라운드 지명권(클리퍼스)

TO 마이애미 : 노먼 파웰

리빌딩 중인 유타는 콜린스의 샐러리(2,660만 달러)를 정리하고 계약 만료가 한 시즌 남은 저연봉 러브(415만 달러), 상대적으로 몸값이 적은 앤더슨(2025-2026시즌 921만 달러)을 영입하면서 샐러리를 비워두었다. 클리퍼스는 지난 시즌 주 득점원이었던 파웰을 포기했지만, 높이와 화력을 보유한 콜린스를 영입했다. 제임스 하든이 '건강하다면' 콜린스는 확실한 옵션이 될 수 있다. 콜린스는 높이와 화력을 모두 갖춘 선수이기 때문이다. 게다가 콜린스는 2021년 8월 애틀랜타와 5년 1억 2,500만 달러 계약을 체결했다. 이는 2025-2026시즌이 끝나면 자유계약선수가 된다는 것을 의미한다.

그렇다면 마이애미는 이 트레이드로 얻는 것이 무엇일까. 파웰은 강팀과의 경기를 승리로 이끌 올스타는 아니지만, 2~3옵션으로 언제든 20득점을 올릴 슈팅 능력을 지닌 자원이다. 공격을 주도해줄 선수가 필요했던 마이애미는 파웰 영입으로 외곽에서 숨통이 트일 것으로 보인다. 결정적으로 2025-2026시즌에 2,048만 달러 연봉을 받는 파웰도 2026년 여름에 자유계약선수가 된다. 3각 트레이드에 앞서 결정된 디트로이트 피스톤스와의 거래 그 일환이었다. 던컨 로빈슨을 디트로이트로 보내고 시모네 폰테키오를 영입했다.

TO 디트로이트 : 던컨 로빈슨

TO 마이애미 : 시모네 폰테키오

로빈슨은 여름 동안 꾸준히 트레이드 루머에 올랐던 선수다. 마이애미는 로빈슨과 오래 동행할 생각이 없었다. 마침 디트로이트가 로빈슨과 계약 기간 3년에 4,800만 달러 규모에 합의했다. 마이애미는 사인앤트레이드 형식으로 그를 보내고 시모네 폰테키오를 받아들였다. 폰테키오는 2025-2026시즌에 계약이 끝나는 자원으로, 마이애미 입장에서는 샐러리 규모를 줄일 수 있는 최적의 기회였다. 폰테키오의 2025-2026시즌 연봉은 830만 달러다. 디트로이트 입장에서는 슈터들의 이적으로 생긴 빈자리를 비교적 좋은 조건에 채우

게 됐다. 로빈슨의 계약 구조가 독특한 덕분이다. 로빈슨은 첫 시즌 1,680만 달러 전액을 보장받지만, 2번째 시즌은 200만 달러만 보장이며 2027-2028시즌은 전액 비보장이다. 성과를 보이지 못하면 저연봉 신세가 될 수 있기에 동기부여가 될 전망이다.

한편, 마이애미는 이러한 부지런한 움직임에도 불구하고 사치세 라인을 160만 달러 정도 초과한 상태였다. 이에 따라 8월에 헤이우드 하이스미스마저 브루클린 네츠로 트레이드하며 샐러리 압박을 덜어냈다. 브루클린은 하이스미스와 2032년 2라운드 지명권을 받았다. 브루클린은 지명권 확보가 목표였던 트레이드였는데, 하이스미스도 561만 달러의 저연봉 선수였고 2025-2026시즌으로 계약이 끝나기에 해봄직한 트레이드였다.

폰테키오 트레이드가 가능했던 이유

던컨 로빈슨의 새 시즌 연봉은 1,680만 달러인 반면에, 폰테키오는 830만 달러다. 예전 규칙대로라면 샐러리가 매치되지 않아 디트로이트는 뭐라도 더 끼워줘야 하는 상황이었다. 그러나 NBA의 새로운 규정 덕분에 이 트레이드는 성사가 가능했다. 바로 BYC(Base Year Compensation) 덕분인데, 사인앤트레이드 시에는 '나가는 급여', 즉 마이애미 쪽 지출이 첫 시즌의 연봉 50% 혹은 직전 시즌 연봉 중 더 큰 금액으로 계산되기에 로빈슨 연봉은 '반값'으로 처리되어 폰테키오와 매치될 수 있었다.

목표는 단 하나! 전력 보강!

새 시즌 동부는 판도 변화가 확실할 것이다. 보스턴은 테이텀을 잃었고, 인디애나 페이서스는 타이리스 할리버튼을 아킬레스건 부상으로 한 시즌 동안 기용하지 못하게 됐다. 동부 컨퍼런스 탑독들이 핵심 자원을 잃음에 따라 다음 시즌에는 모두가 상위권을 넘볼 상황이 마련됐다.

애틀랜타는 그 자리를 가져가겠다는 의지를 명확하게 밝혔다.

TO 미네소타 : 2027년 2라운드 지명권, 현금
TO 애틀랜타 : 니킬 알렉산더-워커

미네소타가 준수한 자원인 니킬 알렉산더-워커를 포기한 건 보스턴과 이유가 비슷하다. 세컨드 에이프런 회피를 위한 관리였다. 결국 미네소타는 테런스 섀넌 주니어, 롭 딜링엄 등 젊은 자원들의 성장에 기대를 걸어보는 대신 부담이 되는 계약을 요구한 알렉산더-워커를 포기하기로 했다. 마침 전력 보강을 원하던 애틀랜타와 눈이 맞았다. 미네소타는 그를 그냥 보내는 대신, 사인앤트레이드로 2027년 2라운드 지명권과 현금을 받아 손실을 메웠다. 애틀랜타는 캐치앤슈터이자 수비 자원인 알렉산더-워커의 영입으로 뎁쓰를 강화했다.

애틀랜타의 광폭 행보는 계속됐다. 보스턴으로부터 크리스탑스 포르징기스와 2026년 2라운드 지명권을 받았다. 이 트레이드에 필요한 지렛대는 앞서 단행한 브루클린과의 딜에서 마련했다. 트레이드 덕분에 애틀랜타 전력은 한층 더 강해졌다. 이 팀에는 제일런 존슨, 다이슨 대니얼스와 같이 확고한 장점으로 자리를 잡은 유망주도 있고, 모하메드 게예나 자카리 리사셰처럼 점차 주가가 오를 기대주도 있다. 수비가 좋은 알렉산더-워커에, 포르징기스의 내외곽을 넘나드는 서비스가 뒷받침된다면 트레이 영의 의존도를 낮추고 좀 더 공수에서 짜임새있는 농구를 펼칠 수 있을 것이다. 물론, 부상이 없다는 전제가 필요하지만 말이다.

재정리를 시작한 워싱턴

'습관적 리빌더' 워싱턴 위저즈는 젊은 코어를 찾기 위한 탐험을 이어가고 있다. 동시에 시원찮은 장기 계약자들을 과감히 정리하고, 만기 계약자들을 영입해 미래의 자산운용을 도모했다.

TO 오클라호마시티 : 콜비 존슨
TO 워싱턴 : 딜론 존스, 2029년 2라운드 지명권

2번째 시즌을 앞둔 딜론 존스의 운명은 기구하다. 196cm, 위버 주립대 출신의 딜론 존스는 애초 2024년 드래프트 1라운드 26순위로 워싱턴에 지명되었다가 51순위 지명권과 함께 뉴욕 닉스로 트레이드 됐다. 뉴욕은 그런 존스를 다시 2라운드 지명권 다섯 장을 받고 오클라호마 시티로 보냈다. 그리고 1년 만에 오클라호마 시티는 존스를 워싱턴으로 트레이드한 것이다. 한마디로 돌고 돌아 자신을 처음 뽑아준 곳으로 돌아간 셈인데, 마치 '환불' 느낌도 난다. 오클라호마 시티가 그를 정리한 이유는 이미 로스터에 전도유망한 스타들이 차고 넘쳤기 때문이다. 아직은 계약 규모가 크지 않지만 머지않아 골치가 아플 날이 찾아올 것이다. 지금은 그때를 대비해 샐러리캡을 넉넉히 해둘 필요가 있었다. 콜비 존슨을 받아와 곧바로 웨이브한 이유도 이 때문이다.

워싱턴은 존스의 젊음이 로스터에 활력을 더해주길 기대하고 있다. 다행히 7월 라스베이거스 서머리그에서 꽤 괜찮은 기량을 보였다. 꽤 괜찮은 수비 능력을 보였으며 내외곽을 오가며 스페이싱 농구를 도왔다. 팀에 워낙 젊은 자원이 많은 탓에 당장 출전 시간을 보장하진 못하겠지만 구단은 이들의 출전 경쟁이 자양분이 되길 바랄 것이다.

TO 휴스턴 : 2026년 2라운드 지명권, 2029년 2라운드 지명권, 모하브 킹(권리)
TO 뉴올리언스 : 샤딕 베이, 조던 풀, 마이카 피비(신인)

셰이 길버스 알렉산더 대 니킬 알렉산더 워커, 두 알렉산더의 대결

TO 워싱턴 : CJ 맥칼럼, 켈리 올리닉, 캠 위트모어, 2027년 2라운드 지명권

워싱턴은 조던 풀을 위한 낭비를 멈추었다. 높은 연봉(2025-2026시즌 3,184만 달러 예정)에 비해 득점력(20.5득점)을 제외하면 크게 도움이 되지 못했던 선수였다. 2023년 여름만 해도 카일 쿠즈마 & 조던 풀 콤비를 새 얼굴로 기대했지만, 이 트레이드로 이제 둘 다 남아있지 않게 됐다. 대신 2시즌 6,580만 달러의 지출을 만기 계약자들(맥칼럼, 올리닉)로 대체했다. 2026년 종료될 크리스 미들턴 계약까지 포함하면 워싱턴은 2026년 여름에 6,400만 달러 규모의 공간을 얻게 된다. (워싱턴은 마커스 스마트도 내보내며 샐러리캡 여유를 확보했다.) 한 마디로 2026년을 위해 20대 젊은 스타들로 버티고, 그 사이 30대 베테랑인 미들턴과 맥칼럼이 이들에게 건전한 영향력을 행사해주길 바라는 것이다. (이 팀에는 현재 22세 이하만 무려 10명이다.)

TO 샌안토니오 : 켈리 올리닉
TO 워싱턴 : 말라키 브래넘, 블레이크 웨슬리, 2026년 2라운드 지명권

워싱턴은 이에 그치지 않고 올리닉을 샌안토니오로 트레이드했는데 덕분에 브래넘(193cm)과 웨슬리(191cm)라는 두 젊은 인재를 영입했다. 두 선수 모두 2022년 1라운드 지명 선수들이다. 물론 중복 자원이 많다는 단점이 있고, 지금 있는 자원 중에서도 누구 한 명 확실히 치고 나올 것이라는 보장도 없다는 것도 불안요소다. 이처럼 끊임없이 재건을 진행 중인 워싱턴의 작업이 과연 언제쯤 팬들을 만족시킬 수 있을지 궁금하다. 참고로 지난 시즌 워싱턴 홈구장 캐피탈 아레나의 평균 관중은 16,187명으로 리그 29위였다.

사상 초유의 7각 트레이드, 그 목적은

판이 커져도 이렇게 커질 수 있을까. 급물살을 탄 케빈 듀란트 트레이드는 조각을 맞추다 보니 무려 7팀이 거래에 관여하는 7각 트레이드로 발전했다.

TO 휴스턴 : 케빈 듀란트, 클린트 카펠라
TO 애틀랜타 : 데이비드 로디(투웨이), 2031년 2라운드(픽스왑), 현금(FROM 휴스턴)
TO 골든스테이트 : 자마이 메이새크(신인), 알렉스 투히(신인)
TO 브루클린 : 2026년 2라운드 지명권, 2030년 2라운드 지명권
TO 미네소타 : 로코 지카르스키(신인), 2026년 2라운드 지명권, 2032년 2라운드 지명권, 현금(FROM 레이커스)
TO LA 레이커스 : 아두 티로(신인)
TO 피닉스 : 딜론 브룩스, 제일런 그린, 데이콴 플라우든(투웨이), 코비 브리아(신인), 라쉬르 플레밍(신인), 카만 말루아치(신인), 2026년 2라운드 지명권

2026년 2라운드 지명권

데빈 부커-브래들리 빌-케빈 듀란트 조합은 우려대로 좋지 않았다. 세 스타가 코트에 다 같이 서서 팀 승리를 이끈 날이 많지 않았던 것이다. 사실, 피닉스는 듀란트를 영입하기 위해 적잖은 출혈을 감수했다. 미칼 브릿지스, 카메론 존슨 등 예비 스타와 1라운드 지명권(5장) 등 살림 밑천을 뽑아 바쳤던 것이다. 또한 2023년, 워싱턴으로부터 브래들리 빌을 영입하는데도 꽤 많은 조공이 필요했다. 아마 두 건의 대형 트레이드를 단행하면서 맷 이시비아 구단주는 장밋빛 미래를 그렸을지도 모른다. 그러나 팬들은 경악했다. 브래들리 빌은 이미 워싱턴과 계약을 맺을 당시부터 '악성 계약'의 표본으로 여겨질 정도로 투자 효과가 없었기 때문이다. 게다가 82경기를 마지막으로 소화한 것도 2018-2019시즌이 마지막이었다. 트레이드 직전 시즌에도 빌은 50경기를 뛰는데 그쳤다. 팀도 많이 못 이겼다. 피닉스에 오면 건강이라도 되찾을 것이라고 생각했을까. 그러나 이는 이시비아 구단주의 착각이었다. 브래들리 빌은 피닉스에서 두 시즌 동안 164경기 중 106경기를 뛰는데 그쳤다. 심지어 2024-2025시즌은 주전 라인업에서 제외되는 수모도 겪었다. 그가 벤치에서 뛴 것은 2015-2016시즌 이후 처음이었다. 부커-빌-듀란트 트리오는 함께 뛸 때 꽤 괜찮은 공격 생산력을 보였지만 수비가 문제였다. 또, 트리오 결성에 너무 많은 밑천을 썼던 탓에 궂은일을 하며 에너지 레벨을 끌어올려 줄 자원도 부족했다. 결국 피닉스는 2024-2025시즌 서부 11위에 머물렀다. 피닉스는 지난 3년 간 매년 감독을 바꾸고 있다. 엉뚱한 곳에 화풀이를 하고 있는 셈이다.

문제는 여기서 끝나지 않았다. 지출이 거대했다. 2024-2025시즌 샐러리캡이 무려 2억 1,440만 달러로 NBA에서 지출이 가장 많았다. 세컨드 에이프런도 넘었다. 우승 전력도 아닌데 돈도 많이 쓰고 팀은 무기력하다. 한마디로 'NO FUTURE'다. 드래프트 지명권도 없다. 결국 구단은 '리셋'을 택했다. 다만 문제가 있다면 빌, 듀란트와의 결별 과정에서 이렇다 할 본전 회수를 못했다는 것이다. 브룩스는 팀이 필요로 하는 중요한 에너자이저이며, 그린도 촉망 받는 기대주인 것은 맞지만 미래를 도모하기에는 부족하다. 트레이드로 얻어낸 미래 드래프트 지명권도 2026년 2라운드 지명권이 전부다. 11년 만에 플레이오프에 진출하고, 파이널까지 올랐던 2020-2021시즌의 그 감동이 마치 오래전의 일처럼 느껴질 정도로 현재 피닉스의 상황은 암담하다. 갈수록 서부의 경쟁이 치열해지고 있다는 점을 감안하면 피닉스의 2025-2026시즌은 어둡기 짝이 없다.

반면 트레이드의 메인 파트너가 된 휴스턴은 젊은 자원에 듀란트라는 검증된 승리자를 영입해 경험과 깊이를 더했다. 휴스턴은 이메 우도카 감독 취임 후 2시즌 간 눈부신 성장을 보였다. 지난 시즌 휴스턴의 성적은 52승 30패. 1라운드에서 골든스테이트에 3승 4패로 패해 물러났지만, 차기 시즌을 노리기에는 충분한 희망을 남겼다. 전임 감독 시절에 무작정 달리기만 했던 공격은 '질서'를 더해 114.3득점(14위)을 기록했고 수비는 우도카 감독의 강직한 지도 끝에 체계를 잡아 전체 6위(109.8점)에 올랐다. 프레드 밴블릿, 아멘 톰슨, 알파렌 센군, 자바리 스미스 Jr, 타리 이슨 등 신구 조화도 제법 잘 이루어진 상태. 여기에 '해결사' 듀란트의 가세로 포스트시즌 승부처에서도 더 좋은 승률을 기대하게 됐다. (정규시즌 클러치 경기 26승 18패로 승률 7위, 그러나 플레이오프에서는 클러치로 규정된 5점 차 이내 승부에서 0승 3패에 그쳤다.) 게다가 우도카 감독은 듀란트가 선호하는 지도자 중 한 명이다. 건강만 잘 유지한다면 다음 시즌 휴스턴은 충분히 57승, 60승까지 노려볼 수 있을 것이다.

캠 존슨

INTERNATIONAL PLAYERS

2025-2026 시즌 주목해야 할 외국선수 이슈

2024-25 올스타전에 참가한 셰이 길저스 알렉산더

NBA APP
NBA APP
ALL-STAR

2025년 NBA 드래프트에서는 전체 59명 중 23명의 비미국인 선수가 지명됐다. 국적으로만 나누면 모두 15개국이다. 2016년 27명에 이은 역대 2번째로 많은 인원이었다. 드래프트에 지명되는 신인들 대부분이 장시간 관찰되어 왔음을 감안하면 이제 리그와 세계화는 떼려야 뗄 수 없는 키워드임이 분명하다. (프랑스 6명을 포함 유럽에서 13명, 호주는 드래프트 시행 이래 최다인 3명이 지명됐다.)
세계화의 척도를 나타내는 가장 좋은 숫자는 역시 '인원'이다. 2025년 열린 파리올림픽에서 국제농구연맹(FIBA)은 미국 국적이 아닌 선수 중 올림픽에 나선 NBA 선수가 모두 42명이라 발표했다. 전직 NBA 선수까지 포함하면 50명을 훌쩍 넘긴다. 사상 최다 인원. 그런가 하면, 2025년 9월 유로바스켓에는 28명의 NBA 선수가 등장했다. 아마 코치, 전력분석원, 트레이너 등 단발로 계약해서 움직이는 인원까지 포함하면 아마 FIBA 대회 현장은 '작은 NBA'처럼 느껴질지 모른다. 그만큼 NBA는 오랫동안 많은 인재를 기르고 배출해왔다.

서로에게 끼친 영향

오랫동안 '농구 종주국'이라 불렸던 미국은 세계 농구 각 분야에 영향을 끼쳐왔다. 유럽농구의 챔피언스 리그라 불리는 유로리그(Euroleague)는 NBA의 마케팅 및 미디어 응대 방식을 벤치마킹해 왔다. 매년 서머리그가 열리는 라스베이거스에 가면 각국 농구협회에서 파견한 심판들이 모여있다. 경기에 투입되지 않더라도 NBA 심판 운영기법, 심판부 운영 방식 등을 보고 익히기 위해서다. 뿐만 아니라 중계 방식, 데이터 관리 방식 등에 있어서도 NBA가 끼치는 영향은 어마어마하다. NBA 각 구단에서 활동 중인 어시스턴트 코치, 전력분석, 스카우트들도 이른바 '비수기'에는 여러 국가대표팀에 합류해 재능을 뽐낸다. 2025년 FIBA 아시아컵 우승국인 호주대표팀의 감독 애덤 케이폰은 워싱턴 위저즈 어시스턴트 코치이며, 그의 사단은 대부분 NBA에서 활동 중인 '현역'들로 꾸려졌다. 이는 아프리카도 마찬가지다.
그러나 마냥 미국이 수출만 한 건 아니다. 이제는 서로에게 영향과 자극을 받고, 서로를 지탱하는 단계에 이르렀다. 미국이 마지막으로 월드컵에서 우승한 것도 벌써 10년이 넘었다. 올림픽에서도 이제 르브론 제임스, 스테픈 커리 등 슈퍼스타들이 나오지 않는 이상 금메달을 장담하기 힘들다. 지난 파리올림픽에서도 미국의 우승은 쉽지 않았다. 1992년 바르셀로나올림픽에서부터 불어닥친 'NBA 바람'은 전세계에서 수많은 NBA 키즈를 배출했고 이제 NBA가 '인터내셔널 플레이어(international players)'라 부르는 비미국 선수들만으로도 올스타 팀을 충분히 꾸릴 정도로 수준이 올랐다. 당장 지난 몇 년의 NBA MVP 현황만 봐도 2017-2018시즌 제임스 하든 이후 야니스 아테토쿤보(그리스), 니콜라 요키치(세르비아), 조엘 엠비드(카메룬/미국), 셰이 길저스-알렉산더(캐나다) 등이 득세해왔다. 이들의 스타 파워는 이제 미국 스타들에 버금간다. 전술적인 부분도 마찬가지다. 스페인 픽앤롤, 혼즈 셋 등 NBA에서 유행하는 전술 중에는 유럽 지도자들로부터 영향을 받은 것도 많다. 지역방어는 이미 반세기 전부터 사용된 수비 전술이지만 프로농구에서의 적용에 있어서는 유럽인 코치들이 많은 영향을 주었다는 말도 있다.
세계는 갈수록 가까워지고 있다. 10년 전만 해도 NBA 드래프트에 지명된 선수가 어떤 말을 했는지 보려면 경기 후 NBA 홍보팀이 보내주는 스크립트 파일이나 음성 녹음 파일을 받아야 했지만, 이제는 휴대폰으로도 실시간 시청이 가능하다. 미국뿐인가, 우리는 이제 마음만 먹으면 일본의 한 시골에서 열리는 농구대회까지도 정보를 알 수 있다. 정보통신의 발달은 농구계 교류를 더 활발하게 만들어 주고 있다. NBA는 호주와 협약을 체결해 자원을 끌어 쓰기 시작했다. 스카티 피펜, 카멜로 앤써니 등 글로벌 스타들은 호주를 찾은 뒤 '아시아의 NBA'라 평가하고 있고, 호주 NBL 구단과도 적극적으로 프리시즌 경기를 갖는다. 일본, 중국, 프랑스 등은 사례를 더 열거하자면 손가락만 아플 정도다. 코로나19 사태 직전 대릴 모리 단장의 SNS 포스팅으로 인해 관계가 최악으로 갔던 중국과도 화해 분위기가 조성됐다. NBA는 2025년부터 5년 간 마카오에서 '차이나 게임'을 개최할 예정이다.
또, 매년 세계 각국에서 '흙 속의 진주'가 발굴되다 보니 NBA는 직접 그 진주를 캐기로 했다. 2000년대부터 진행된 '국경 없는 농구' 캠프가 그것이다. 이는 아프리카, 유럽, 오세아니아/아시아 대륙에 일종의 농구 학교라 할 수 있는 NBA 글로벌 아카데미 설립으로도 이어졌다(호주의 NBA 글로벌 아카데미는 최근 문을 닫았다). 또한 아프리카에는 아예 NBA가 운영하는 전문 프로리그도 있다. 유로리그의 형식을 본 딴 최강자들의 리그다. 대학은 또 어떤가. 각 대학교마다 유학생을 받는 것을 마다하지 않고 있다. 2025년 FIBA 아시아컵에서 베스트 5에 이름을 올린 중국의 왕준제(205cm)는 국경없는 캠프, 글로벌 아카데미를 거쳐 현재 시애틀 대학에서 농구 스타의 꿈을 키우고 있다. 올해 드래프트 10순위에 피닉스 선즈에 지명된 카만 마루아치(218cm)도 글로벌 아카데미에서 공들여 키우던 인재다. 그는 글로벌 아카데미 아프리카에서 배출된 신인 중 가장 높은 순위에 지명됐다.
이처럼 NBA와 국제화 이슈는 이제 책 한 권으로도 모자랄 정도로 사례가 풍성해지고 있다. 그런 의미에서 본편에서는 2025-2026시즌을 즐기는 데 있어 꼭 필요한 이슈만 '가나다라'로 정리해 보았다.

ㄱ 괴인의 미래는?

'The Greek Freak' 야니스 아테토쿤보는 지난 시즌 NBA 역사상 최초로 야투 성공률 60% 동반 30득점을 기록한 선수가 됐다. 시즌 중 NBA 컵 우승까지 이끌며 정상 등극 의지를 밝혔지만, 2024-2025 시즌에도 영광은 재현되지 않았다. 암담한 상황이 이어지자 주변에서는 아테토쿤보와 밀워키의 결별설도 돌았다. 아직까지는 '동행'에 무게가 실리는 그림이지만 트레이드 요청이 있을 수 있다는 추측성 기사는 꾸준히 높은 조회수를 기록했다.

슈퍼스타를 달래기라도 하듯, 여름 동안 밀워키는 바쁘게 새 그림을 그렸다. 기대보다는 우려가 컸던 대미안 릴라드와의 콤비네이션은 릴라드의 뜻하지 않은 부상으로 해체됐다. 아테토쿤보의 우승 파트너들도 모두 떠났다. 그 자리는 마일스 터너, 카일 쿠즈마, 게리 트렌트 Jr, 케빈 포터 Jr 등이 메운다. 아테토쿤보 + 터너 조합은 더 많은 옵션을 만들어낼 것이다. 그러나 다른 포지션에서 창출해야 할 공, 수 경기력이 과연 밀워키 팬들을 만족시킬지는 의문이다.

밀워키는 지원 스태프를 그리스가 출전한 유로바스켓 대회 현장까지 파견해 아테토쿤보를 살피고, '함께 하고 있다'라는 이미지를 심어주기 위해 노력 중이다. 그러나 중요한 건 '비전'이다. 희망을 볼 만한 발전이 따르지 않는다면 NBA에서는 또 새로운 드라마가 집필될지도 모른다.

ㄴ 나의 도전은 계속된다

조기 유학→NBA 드래프트 참가는 NBA 도전 중인 비미국인 선수들의 단골 코스가 됐다. 루카 돈치치처럼 스카우트들을 먼저 찾아오게 만드는 압도적인 재능이 아닌 이상, 빠르게 미국 시장에 녹아들어 문화를 흡수하고 그들만의 농구 언어를 몸에 익히는 것이 중요하다. 그런 면에서 카와무라 유키는 '특이종'이다. 대학을 일본에서 졸업하고 프로리그(B.리그 요코하마)까지 거친 뒤 NBA에 도전했다. 그것도 겨우 173cm밖에 안 되는 작은 키로 말이다. 그러나 유키의 천재적인 패스와 시야, 감각은 NBA조차 휘어잡았다. 2024-2025시즌 멤피스 그리즐리스와 투웨이 계약을 체결했던 그는 올여름 시카고 불스와 새로운 투웨이 계약을 맺었다. 지난 서머리그에서의 활약 덕분이다. '함께 달리면 어떻게든 입맛에 맞는 패스가 온다'는 믿음을 동료들에게 심어주었다. 아쉽게도 이번에도 투웨이 계약 신분이지만, 유키의 이러한 도전은 일본뿐 아니라 NBA를 꿈꾸는 아시아의 모든 유망주들에게도 큰 영감을 줄 것이다.

ㄷ 든든한 파트너가 생긴 요키치

여름 동안 덴버 너게츠는 유럽에서 가장 잘나가는 빅맨 콤비를 얻게 됐다. 바로 니콜라 요키치(세르비아)와 요나스 발렌츄나스(리투아니아)다. 33세의 발렌츄나스는 이제 NBA 커리어의 황혼기에 접어들었지만, 여전히 20분 이상 뛸 경쟁력이 있음을 입증해왔다. 요키치는 NBA 데뷔 이래 가장 든든한 백업 파트너와 함께 한다. 두 선수가 함께 뛰는 것은 아마 페이스 부담이 클 것이다. 그러나 최근 출전 시간이 부쩍 늘어났던 요키치가 마음 놓고 벤치에 들어가 쉬기에는 충분하다. 지난 시즌 요키치는 36.7분을 뛰었고 이는 2015-2016시즌 데뷔 이래 가장 긴 시간이었다. 플레이오프에서도 40.2분을 소화했다. 중요한 시점에 교체되는 것을 싫어하는 성향이긴 하지만 멀리 봤을 때는 조력자들이 더 필요하다. 이번 여름, 덴버는 마이클 포터 주니어를 포기하고 카메론 존슨을 영입했다. 브루스 브라운, 팀 하더웨이 주니어도 로스터에 함께 한다. 이래저래 요키치 패스에 춤을 출 자원이 늘어난 셈이다. 덴버는 우승 이후 빈약한 벤치 서포트로 인해 고비를 넘지 못했다. 그런 면에서 천군만마를 얻은 요키치가 새 시즌에도 MVP급 임팩트를 남길 수 있을지, 트리플더블은 또 얼마나 기록할지, 그리고 멋진 패스로 몇 번이나 감탄사를 더 자아낼지 기대된다.

ㄹ 루카 돈치치 & 더 킹

로스엔젤레스, 뉴욕에서 프로선수로 뛴다는 것은 돈을 벌 기회가 많아진다는 것을 의미하지만 다른 한편으로는 스타로서 고달픈 삶을 살아야 한다는 것도 의미한다. 하품만 해도 엑스(X)와 유튜브 쇼츠(shorts)에 도배될 것이고 짜증이라도 한번 잘못냈다가는 별별 추측성 기사에 시달릴 것이다. 지난 시즌, 댈러스 매버릭스의 선물(?) 덕분에 로스엔젤레스 농구팬들은 르브론 제임스와 루카 돈치치라는 신구를 잇는 플레이메이커이자 스타 플레이어 콤비를 얻게 되었다. 여전히 우승 전력으로 보기에는 어려웠지만, 하이 BQ를 보유한 두 스타의 만남 덕분에 레이커스는 성적(18승 10패, 출전경기 기준)과 수입 모두 괄목할 만한 발전을 이룰 수 있었다. 이제 레이커스의 지배 구조는 르브론이 아닌 돈치치 쪽으로 옮겨가고 있다. 돈치치는 여전히 20대이며, 이룰 것이 더 많은 스타다. 비록 르브론이 역대 최다 득점을 비롯해 수많은 기록을 세웠고, 대중의 인지도도 여전히 높지만 멀리 본다면 무게중심을 돈치치에게로 옮기는 것이 당연하게 여겨진다. 다만 이를 둘러싼 두 스타 간의 관계가 흥미를 자아내고 있다. 르브론의 트레이드 루머까지 나왔으니 말 다 했다. 아마 2025-2026시즌에도 두 스타는 계속된 루머에 시달릴 것이다. 잡음을 소거하는 가장 좋은 방법은 이기는 것이다. 디안드레 에이튼과 마커스 스마트를 비롯, 돈치치의 플레이를 돕기 위한 조각을 하나하나 모아가고 있는 레이커스가 과연 두 거물의 명성에 걸맞는 경기력과 성적을 챙길지 궁금하다.

ㅁ 믿을 구석은 시아캄뿐

에이스의 개점 휴업으로 우승 전망이 어두워진 팀은 보스턴 셀틱스만이 아니다. 2025년 NBA 파이널 7차전. 인디애나는 1쿼터도 채 지나지 않아 타이리스 할리버튼을 아킬레스건 부상으로 잃고 말았다. 할리버튼은 7분 5초를 뛰고 물러났고, 인디애나는 동력을 잃은 채 91-103으로 패배, 타이틀을 넘겼다. 2025년 6월에 부상을 입었기에 2025-2026시즌 중에 그가 코트에 서는 것은 보기 힘들 수 있다. 승부처에서 할리버튼이 해온 역할을 감안해 보면 우승 계획은 전

야니스 아테토쿤보

INDY
43

면 수정이 불가피하다. 게다가 마일스 터너도 밀워키 벅스로 떠나갔다. 결국 2025-2026시즌, 인디애나가 체면치레를 하기 위해서는 파스칼 시아캄의 활약이 중요하다. 카메룬 출신의 시아캄은 2017년 G리그 파이널 MVP, 2019년 NBA 기량발전상(MIP)을 거쳐 NBA를 대표하는 전천후 스코어러로 거듭났다. 특히 릭 칼라일 감독이 선호하는 업템포 농구에서 시아캄의 능구렁이 같은 플레이는 '완소' 그 자체였다. 78경기에서 20.2득점 6.9리바운드 3.4어시스트를 기록했다. 그의 강점은 꾸준함이다. 지난 시즌 18승 14패로 출발이 부진했을 때도, 32승 18패로 부진을 만회하는 기간에도 시아캄은 변함이 없었다. 새 시즌에는 그 꾸준함과 폭발력을 더 많이 요구받게 될 것이다. 만일 그가 그 기대치를 충족시켜준다면 인디애나는 여전히 플레이오프 경쟁력을 갖춘 팀으로 남아있을 것이다.

ㅂ 빅터 웸반야마의 새로운 멘토, 케빈 가넷

빅터 웸반야마는 전 세계가 주목하는 메가 히트 상품이다. 221cm의 큰 신장에 포워드처럼 달리고 종종 가드를 연상케 하는 기술까지 선보여 '에일리언'이라는 별명도 붙었다. 다만, 지난 시즌은 올스타 직후 혈전(血栓, blood clot)으로 인해 46경기 만에 일찌감치 시즌을 마쳤다. 무리해서는 안 되는 증세였기 때문이다. 만일 그가 시즌아웃만 되지 않았다면 '올해의 수비수' 트로피는 웸반야마에게 갔을 것이다. 다행히 웸반야마의 2025-2026시즌 출전은 가능하다는 확답을 받은 상태다. 건강을 회복한 그는 시즌 집중을 위해 대표팀 유니폼도 반납했다. '레전드' 케빈 가넷과도 훈련했다. 웸반야마가 221cm의 키로 NBA를 휘어잡기 이전에, 가넷 역시 211cm의 키로 올-어라운드 플레이를 펼친 유니크한 스타였다. 스킬 뿐 아니라 마인드셋에 있어서도 가넷은 웸반야마가 좀 더 전투적인 자세로 시즌에 임하는데 도움을 줄 것이다. 과연 '건강 회복 + 스킬 + 전투적 마인드'를 모두 갖추고 나설 웸반야마가 2025-2026시즌에는 또 어떤 플레이로 팬들을 놀래킬지 지켜보자.

ㅅ 셰이 길저스-알렉산더 돌풍

캐나다는 미국을 제외하면 NBA 선수가 가장 많이 배출된 국가다. 지난 시즌은 리그 창설 이래 처음으로 30개 구단에 최소 1명 이상의 비미국국적 선수가 소속되었는데, 그중 캐나다 선수가 21명으로 가장 많았다. 그 선두는? 단연 MVP 셰이 길저스-알렉산더다. 길저스-알렉산더는 현역 선수 중 가장 쉽게 득점을 따내는 선수다. 플레이오프에서도 상대의 집중 견제를 이겨내고 팀을 승리로 이끌었다. NBA에서 가장 어린 축에 속하는 오클라호마 시티 썬더는 챔피언 시즌의 핵심 전력을 고스란히 유지한 채 타이틀 방어에 나선다. 모두 젊고 의욕에 가득차 있다. 길저스-알렉산더도 아픈 곳 없이 건재하다. 티켓 파워도 갈수록 강해지고 있다. 벌써 3년째 올스타에 뽑히고 있고 컨버스에서 출시한 새 시그니처 농구화(SHAI 001)는 30분 만에 매진이 됐다. 지난 시즌 보인 기세가 이어진다면 2026년 4월쯤 우리는 오클라호마 시티의 2연패 가능성과 길저스-알렉산더의 2년 연속 MVP 수상 가능성에 대해 진지하게 이야기하고 있을지도 모른다.

ㅇ 올스타 포맷 변경?

이제는 올스타전이 끝난 뒤 어떤 플레이가 제일 화끈했는지 논하기보다 어떻게 해야 재밌어질지를 고민하는 것이 일상이 됐다. NBA의 지속적 고민에도 불구하고, 수비와 경쟁심이 없는 NBA 올스타전은 흥미를 잃어가고 있다. 이 가운데 NBA는 2026년 LA 올스타전을 앞두고 새로운 청사진을 밝혔다. 온라인의 뜨거운 주제였던 '미국 VS 월드'를 실현하겠다는 것이다. 아테토쿤보, 돈치치, 요키치, 길저스-알렉산더는 미국 선수들보다도 많은 MVP 트로피를 갖고 있으며 최근 NBA 파이널 무대의 주인공이 되어왔다. 유럽 선수들의 자부심과 승부욕을 생각한다면 이상한 발상은 아니다. 올스타전을 자존심 대결로 부각시킨다면 기대 이상의 분위기도 기대할 수 있을 것이다.

ㅈ 조엘 엠비드의 건강은?

그런데 그 빅 이벤트에 조엘 엠비드의 이름이 함께 할 수 있을지는 의문이다. 필라델피아 세븐티 식서스의 기둥과도 같았던 엠비드이지만, 무릎 상태가 좋지 않아 2025-2026시즌 출전 여부도 확실치 않기 때문이다. 엠비드는 2024-2025시즌에 19경기만 소화했다. 무릎 문제로 2월에 일찌감치 아웃 됐고 4월에 수술을 받았다. 필리 팬들에게는 낯설지 않은 상황이다. 엠비드는 2023-2024시즌에도 반월상 연골 수술로 39경기를 뛰는데 그쳤기 때문이다. 이 글이 작성되는 9월 현재, 엠비드는 9월 말 시작되는 트레이닝 캠프에 맞춰 돌아오지 못할 것이라는 우려가 커지고 있다. 그에게 2029년까지 총액 1억 9,300만 달러를 입금해줘야 하는 필라델피아도 고민이 많다. 게다가 마지막 시즌은 플레이어 옵션이다. 우승을 위해 폴 조지까지 데려왔지만, 그 역시 만만치 않게 오랜 시간 병원 신세를 졌다.

ㅊ 축배를 들 시간(센군)

종종 그런 생각을 해본다. 알파렌 센군(휴스턴 로케츠)에게 '베이비 요키치'라는 별명이 적당한 것일까. 지난 시즌, 센군은 발군의 기량을 펼치며 서부 컨퍼런스의 새로운 스타로 떠올랐다. 19.1득점 10.3리바운드 4.9어시스트 1.1스틸. 겨우 22살임을 감안하면, 그가 리그에 익숙해지고 기량이 무르익었을 무렵에는 더 파괴적인 기량을 보일 수 있을 것이라 기대케 한다. 실제로 2025년 FIBA 유로바스켓을 보고 있노라면, 요키치만큼이나 농구가 쉽게 느껴지는 선수

양한센

로코 지카르스키

같다는 생각이 들 정도다. 새 시즌에는 케빈 듀란트라는 역대 최고의 득점 기계도 가세한다. 센군 외 아멘 톰슨, 자바리 스미스 주니어, 타리 이슨, 리드 세파드 같은 전도유망한 스타들이 많은 휴스턴에게는 천군만마 같은 존재다. 그를 통해 승리하는 법, 심리적 압박을 다루는 법을 배운다면 더 무서운 선수로 성장할 것이다. 그 전에 빨리 센군의 새 별명을 찾아야 할 것 같다.

ㅋ 쿠밍가의 행선지는?

콩고 출신 기대주 조나단 쿠밍가는 언제까지 골든스테이트 워리어스 유니폼을 입고 뛸까. 여름 동안, 아니 지난 시즌부터 들려오는 이야기의 뉘앙스만 보면 골든스테이트와 쿠밍가는 '헤어질 날'을 기다리는 사이처럼 보인다. 실제로 골든스테이트는 쿠밍가 트레이드를 희망하고 있다. 그에게 큰 투자를 꺼리고 있기 때문이다. 문제는 이 상황을 해결할 마땅한 카드가 없다는 점이다. 구단은 그에게 계약기간 2년에 4,500만 달러 계약을 제시했다. 지난 시즌 15.3득점 4.6리바운드를 기록했으며, 스테픈 커리가 부상으로 결장했을 때는 더 좋은 볼륨의 성적을 남겼음에도 스티브 커 감독은 미래 전략에 쿠밍가를 넣길 꺼리고 있다. 팀 색깔에 맞는 카드가 아니라 본 것이다. 반대로 쿠밍가도 골든스테이트가 자신을 대하는 방식이 불만족스럽다. 더 긴 기간과 역할을 원한다. 여의치 않으면 1년 계약만 체결하고 2025-2026시즌 이후 다시 시장에 나설 수도 있다(이때는 제한적 FA에서 완전 자유계약선수가 된다). 다만 2025-2026시즌 기량이 신통치 않을 경우에는 오히려 몸값만 더 떨어지는 악재로 이어질 수도 있어 신중해야 한다. 골든스테이트도 로스터를 정리하기 위해서는 쿠밍가의 빠른 결정이 필요하다. 아마도 지금보다는 2026년 트레이드 데드라인이 이적 적기일 것이다. 이때쯤 쿠밍가가 어느 도시로 향할지 지켜보는 것도 2025-2026시즌 최고의 이슈가 될 것이다.

ㅌ '테무 요키치' 양한센

NBA 드래프트 최고의 이슈는 댈러스 매버릭스로 간 전체 1순위 '미국인' 쿠퍼 플래그였다. 그러나 플래그만큼이나 세계적으로 이슈가 됐던 사건은 바로 포틀랜드 트레일 블레이저스의 16순위 지명이었다. 바로 중국의 빅맨 양한센(216cm)을 지명했기 때문이다. 양한센은 이젠렌(2007년, 3순위) 이후 가장 높은 순번에 지명된 중국인이 됐다. 그는 중국에서 태어나 지난 2시즌을 중국 프로리그(CBA) 칭다오 이글스에서 뛰었다. 신인상을 수상했고, 올해의 수비수에 선정되었으며 중국 국가대표로도 뛰었다. 양한센의 플레이 스타일은 니콜라 요키치를 닮아있다. 큰 덩치에도 섬세한 플레이가 가능하다. 실제로 포틀랜드 서머리그에서는 요키치를 연상케 하는 어시스트도 몇차례 선보였다. 그래서 팬들이 붙인 별명도 '테무 요키치'다. 필자 역시 오래 전부터 중국서 활동하는 NBA 스카우트들에게 '요키치 닮은 친구를 주시하고 있다'는 말을 자주 들어왔다. 그러나 요키치에 비해 핸들링이 능숙치 않아 과연 NBA 빅맨들과의 몸싸움에서도 볼을 지켜낼 수 있을지 봐야 한다. 또한 NBA에서 롱런하기 위해서는 슈팅도 개선해야 한다.

ㅍ 프랑스 돌풍이 이어질까

2024년 NBA 드래프트에서는 프랑스 국적의 두 유망주가 나란히 1, 2순위에 지명되었다. 1순위는 자카리 리사셰(애틀랜타 호크스, 203cm). 2순위로는 알렉스 사르(213cm)가 워싱턴 위저즈에 지명됐다. 사실 두 선수 모두 기대를 완벽하게 충족시키지는 못했다. 덕분에 선배 웸반야마에 비해 스포트라이트도 덜 받았다. 신인 시즌, 12.6득점(3점슛 35.5%)을 기록한 리사셰는 팀을 이끌 얼굴보다는 팀 발전을 도울 조각 정도로 여겨지고 있다. 2번째 시즌을 맞아서는 더 좋은 수비력과 스스로 득점 찬스를 만드는 능력을 보여야 한다. 애틀랜타는 트레이 영이 중심이 된 확고한 공격 시스템을 갖춘 팀이다. 이는 그에게 부담을 덜어주는 요소가 될 수도 있고, 자칫하다가는 리드 롤을 얻지 못한 채 시간만 보내는 불안요소도 될 수 있다. 알렉스 사르는 리빌딩 버튼만 연타하고 있는 워싱턴에서 더 많은 시간을 얻을 것이다. 호주 리그를 거쳐 NBA에 입성한 사르는 13.0득점 6.5리바운드 1.5블록을 기록했다. 그는 케빈 듀란트처럼 높은 타점을 앞세운 슈팅으로 상대를 괴롭힐 수 있는 자원이다. 그렇지만 그 능력을 안정적으로 발휘하기 위해서는 프레임을 더 키우고, 공을 갖고 수비를 괴롭힐 만한 기술을 보강해야 할 것이다. 다행히 서머리그에서 그는 계속 기회를 부여받을 자격이 있음을 입증했다. 모두가 웸반야마 같은 거물이 될 수는 없다. 높은 순위의 부담감을 버리고, 기회를 잡기 위해 착실히 노력해야 할 것이다.

ㅎ 호주의 넥스트 스타는?

2025년 NBA 드래프트에서 호주는 4명의 선수를 배출했다. 다만 순위가 그리 높진 않았다. 로코 지카르스키(221cm)는 가장 높은 45순위였는데 시카고 불스 지명 직후 미네소타 팀버울브스로 트레이드 됐다. 타이리스 프록터(49순위, 클리블랜드), 알렉스 투히(52순위, 골든스테이트), 라클란 올브리치(55순위, 시카고) 등도 2라운더였다. 호주는 최근 NBA와 손잡고 라이징 스타 프로젝트를 진행하고 있다. 호주 리그를 거쳐 NBA에 진출한 라멜로 볼로부터 영감을 받은 프로젝트다. 그러나 라멜로 볼 같은 인재는 쉽게 발굴되지 않는다. 2024년에도 AJ 존슨(23순위), 조니 퍼피(35순위) 등이 지명됐지만 두각을 나타내지 못했다. NBA 서머리그에서도 마찬가지였다. 한편, 호주 국가대표팀의 차기 에이스로 각광 받고 있는 조시 기디도 원 소속팀 시카고와 재계약 문제가 교착 상태에 있다. 구단 제시액(4

년 / 8,800만 달러)과 간극이 있다. 지난 시즌 후반기 활약이 대단했다는 점을 감안하면 기디 입장에서는 더 욕심이 날 법도 하다. 쿠밍가 계약 이슈와 함께 기디의 계약은 트레이닝 캠프가 시작될 때까지도 화두에 오를 것으로 보인다.

| 2000년 이후 비미국국적 지명선수 현황 |

연도	인원	최고 순위
2000년	14명	제롬 모이소(11순위, 프랑스)
2001년	11명	파우 가솔(3순위, 스페인)
2002년	17명	야오밍(1순위, 중국)
2003년	21명	다르코 밀리시치(2순위, 세르비아)
2004년	20명	벤 고든(3순위, 잉글랜드)
2005년	19명	앤드류 보거트(1순위, 호주)
2006년	17명	안드레아 바르냐니(1순위, 이탈리아)
2007년	15명	알 호포드(3순위, 도미니카 공화국)
2008년	13명	다닐로 갈리나리(6순위, 이탈리아)
2009년	15명	하심 타빗(2순위, 탄자니아)
2010년	11명	엑페 우도(6순위, 나이지리아)
2011년	17명	에네스 프리덤(3순위, 튀르키예)
2012년	15명	모리스 하클리스(15순위, 푸에르토리코)
2013년	19명	앤써니 베넷(1순위, 캐나다)
2014년	20명	앤드류 위긴스(1순위, 캐나다)
2015년	17명	칼-앤써니 타운스(1순위, 도미니카 공화국)
2016년	27명	벤 시몬스(1순위, 호주)
2017년	11명	라우리 마카넨(7순위, 핀란드)
2018년	14명	디안드레 에이튼(1순위, 바하마)
2019년	16명	R.J 배럿(3순위, 캐나다)
2020년	13명	킬리안 헤이즈(7순위, 프랑스)
2021년	18명	조시 기디(6순위, 호주)
2022년	19명	베네딕트 매서린(6순위, 캐나다)
2023년	12명	빅터 웸반야마(1순위, 프랑스)
2024년	20명	자카리 리사셰(1순위, 프랑스)
2025년	24명	V.J 에지컴(3순위, 바하마)

빅터 웸반야마

SUPER ROOKIES

2025-2026 시즌

주목해야 할 루키들

MICHIGAN ST.
AUBURN
MARCHMADNESS
MICHIGAN STATE SPARTANS VS AUBURN TIGE

제이스 리처드슨

프로스포츠 묘미 중 하나는 바로 매 시즌 합류하는 '새 얼굴'들이다. 올 시즌 드래프트는 일찌감치 쿠퍼 플래그가 1순위로 내정된 상태였지만, 지난 7월 NBA 서머리그까지 치르고 보니 주인공감은 플래그만 있는 것이 아니었다. 2025-2026시즌, 지켜보면 좋을 루키 7명을 준비해보았다.

쿠퍼 플래그 COOPER FLAGG

전체 1순위 / 댈러스 매버릭스

2006년 12월 21일생, 포워드, 206cm, 윙스팬 213cm, 듀크대

예정된 1순위였다. 플래그를 지명할 기회를 획득함으로써 암살 위협에 시달리던 니코 해리슨 단장도 한숨 돌릴 수 있었다. 돈치치의 트레이드 대가는 아니었지만, 그래도 그 자리를 대신할 만한 '특급' 미래 자원을 얻었기 때문이다. 플래그는 오랜만에 등장한 백인 스타다. 슈팅이 가능하며, 슈팅 레인지도 갈수록 길어지고 있다. 이타적인 선수로 자기 플레이만 고집하기보다는 승부처에서 동료들을 볼 줄 아는 시야와 패스 실력도 지니고 있다. 수준을 비할 바 못 되지만 NCAA 듀크 대학에서 보낸 1년간 플래그는 19.2득점을 올리는 와중에 어시스트 4.2개를 기록했다.

탄력도 나쁘지 않은 수준이며 프로에서 뛰기에 충분한 피지컬을 갖추고 있다. NBA 서머리그 데뷔전은 다소 실망스러웠지만, 아마 트레이닝 캠프가 다가올 때까지 더 필요한 부분을 보강해서 나올 것으로 보인다.

댈러스는 당장 승리가 급한 팀은 아니다. 카이리 어빙이 시즌아웃 된 상태이기에 2025-2026시즌보다는 2026-2027시즌을 바라보며 플래그의 성장과 적응을 도울 것이다. 마침 그의 곁에는 앤써니 데이비스, 데릭 라이블리 II, PJ 워싱턴, 클레이 탐슨 등 다양한 분야에서 플래그의 플레이를 돕고 단점을 가려줄 베테랑들이 많다.

또한 플래그는 스타성도 있는 선수다. 오랫동안 NBA는 백인 아이콘을 배출하지 못했다. 스티브 내쉬, 덕 노비츠키, 루키 돈치치도 백인이긴 했지만, 미국 여권을 가진 백인 스타는 아니었다. 돈치치 이탈 후 잃은 민심을 회복할 수 있을 것이다. 물론 플레이가 잘되어야 가능한 일이겠지만 말이다.

오래전, 제이슨 키드 감독은 그리스의 신출내기 야니스 아테토쿤보를 전천후 선수로 키워냈다. 가드의 스킬을 익히게 하고, 또 그 역할을 수행하도록 했다. 그는 다시 '미래'를 육성해야 하는 중책을 맡았다. 댈러스의 레전드 노비츠키도 함께 멘토로 나섰다. 과연 플래그가 모두의 기대대로 '미국 농구'의 명맥을 이을 차세대 스타가 될 수 있을지 궁금하다.

에이스 베일리

LVT
19

2K26

카스파라스 야쿠시오니스

딜런 하퍼 DYLAN HARPER

전체 2순위 / 샌안토니오 스퍼스

2006년 3월 2일생, 가드, 198cm, 윙스팬 208cm, 럿거스대

딜런 하퍼는 전직 NBA 선수 론 하퍼의 둘째 아들이다. 론 하퍼는 1990년대 NBA를 지배한 '시카고 불스 왕조'의 일원이었다. 이미 첫째 론 하퍼 주니어도 NBA에 진출했는데 현장에서는 형보다는 둘째 딜런 하퍼의 잠재력이 더 크다는 평가가 나오고 있다. 하퍼는 빅터 웸반야마, 스테폰 캐슬과 함께 팀의 미래를 이끌 것으로 기대를 모으고 있다. 단단하면서도 시원시원한 선수다. 하퍼를 처음 보면 제일 먼저 시선이 가는 쪽은 아마도 긴 팔일 것이다. 스피드로 한번 제치고 긴 팔과 탄력으로 수비를 한 번 더 좌절시킨다. 그는 종종 밸런스가 무너진 상태에서도 왼팔로 푸시 플로터 형태의 서커스 슛을 마무리 짓는데 타고난 신체가 큰 도움이 되고 있다. 하이라이트 필름은 물론이고 수비에서도 웸반야마의 좋은 파트너가 될 수 있을 것이다.
샌안토니오는 스타 플레이어 디애런 팍스가 있고, 캐슬 역시 검증을 마쳤기에 당장 하퍼가 얼마나 시간과 역할을 얻을지는 모르겠다. 럿거스 대학 시절 3점 슈팅이 33.3%였는데 NBA에서 스코어러로 뛰며 스페이싱을 책임지기에는 살짝 부족하다. 전체적인 슈팅 발전이 필요하며, 특정 방향을 선호하는 습관 역시 버려야 한다. 그러나 시간은 어디까지나 하퍼의 편이다. 하퍼는 이제 출발하는 신인 선수이고, 다행히 아직은 샌안토니오도 컨텐더급 팀은 아니다. 차분히 선배들 틈에서 기회를 엿보면 좋을 것이다.

V.J 에지컴 V.J EDGECOMBE

전체 3순위 / 필라델피아 세븐티 식서스

2005년 7월 30일생, 가드, 196cm, 윙스팬 201.9cm, 베일러대

매달 거액을 이체해야 하는 구단주 입장에서는 속쓰린 일이겠지만, 조엘 엠비드의 부상, 폴 조지의 불안정한 컨디션은 필라델피아를 기회의 땅으로 만들어줄 것이다. 2020년 데뷔한 타이리스 맥시는 시끌벅적했던 선배들 틈에서 스타로 잘 성장했다. 2023-2024시즌에 NBA 올스타가 되고, 기량발전상을 수상하기도 했다. 안타깝게도 지난 시즌에는 맥시마저 부상(오른손 중지)으로 시즌아웃 됐지만 말이다. 에지컴은 고무고무 열매를 먹은 느낌이다. 마치 수비할 때마다 팔이 불쑥불쑥 늘어나는 것 같다고나 할까. 센스있는 손질을 앞세워 가로채기를 하고, 하이라이트를 만들어낸다. 베일러 대학에서 그는 33경기를 모두 주전으로 출전해 2.1개의 스틸을 기록했고 블록슛도 0.6개를 챙겼다. 왕성한 활동량이 바탕이 된 수비를 선호하는 닉 널스 감독의 '취저'임이 분명하다.
에지컴의 강점 중 하나는 바로 볼없을 상황의 대처 능력이다. 대다수가 온 볼 상황에서 강점을 보이는 반면에 에지컴은 부지런히 움직이며 코트를 잘라 들어가고, 핸들러에게 파생되는 슈팅 찬스를 노린다. 맥시와도 호흡이 잘 맞을 것이다. 다만 NBA에서 출전 시간을 더 확보하기 위해서는 슈팅 기복이 없어야 할 것이다. 지난 시즌을 부상으로 날렸던 2년차 제러드 맥케인도 잠재적 경쟁자이기에 확실한 장점을 어필하는 것도 중요하다.

콘 크누플 KON KNUEPPEL

전체 4순위 / 샬럿 호네츠

2005년 8월 3일생, 가드/포워드, 196cm, 윙스팬 190.5cm, 듀크대

크누플은 지난 시즌 쿠퍼 플래그와 함께 뛰며 14.4득점을 기록했다. 가장 큰 강점은 슈팅이다. 야투 성공률이 조금만 뒷받침되었다면 '180클럽' 가입도 가능했을 것이다. 야투 47.9%, 3점 슈팅 40.6%, 자유투 91.4%였다. 슈팅 성공률부터 언급한 것은 다 이유가 있다. 크누플은 이번 클래스 최고의 슈터다. 슈팅 감각만 있는 게 아니라, 자신의 이 강점을 어떻게 써야 할지도 잘 알고 있다. 2대2 플레이를 비롯해 여러 상황에서 수비를 골탕 먹일 수 있다. 라멜로 볼, 브랜든 밀러 등 현재 팀의 주축으로 자리한 스타들의 스타일을 생각해본다면 뉴펠은 좋은 짝이 될 수 있을 것이다. 팀 수비에 대한 이해도도 좋다. 그래서 혹자는 고점으로 데스먼드 베인을 예로 들기도 한다. 그러나 잘 갖춰진 기본기에 비해 운동능력은 극히 평범하다. 윙스팬도 짧고 탄력도 마찬가지다. 매일 밤 상대해야 하는 포지션의 선수들의 성향을 생각해본다면 수비에서 공략 대상이 될 가능성도 높다. 이를 어떻게 극복할지가 드래프트 평점을 좌우하게 될 것이다.

카만 마루아치 KHAMAN MALUACH

전체 10순위 / 피닉스 선즈

2006년 9월 14일생, 센터, 218cm, 윙스팬 230.6cm, 듀크대

남수단 국적으로 듀크대 1학년을 마치고 프로에 나선 마루아치는 NBA의 프로젝트형 기대주다. 필자가 '주목해야 할 신인'으로 꼽은 이유도 당장 신인 시즌에 보여줄 기량이 아닌 미래 때문이다. NBA는 마루아치 프로젝트가 성공하길 누구보다 간절히 기대하고 있다. 그는 NBA 아카데미 아프리카 지사가 배출한 역대 최고 순위 드래프티이기 때문이다. NBA 아카데미는 비록 NBA가 미래를 위해 투자하는 기관이지만, 계속 규모를 확대하기 위해서는 성과가 필요하다. 그 중책을 위해 발굴된 선수가 마루아치다. 마루아치는 뛰어난 림 러너이자, 픽앤롤 롤러다. 볼을 다루는 공격 기술은 부족하지만, 밸런스가 워낙 좋고 운동 신경도 뛰어나기에 계속 나아질 것이라 기대한다. 또한 어마어마한 팔길이와 활동량이 수비에서 주는 임팩트도 무시할 수 없다. 만일 3점 슈팅을 포함, 공격 기술을 잘 익혀간다면, 그리고 리바운드 장악에서 더 터프함을 보여준다면 데빈 부커의 어깨도 한층 더 가벼워질 것이다.

쿠퍼 플래그

카스파라스 야쿠시오니스 KASPARAS JAKUCIONIS
전체 20순위 / 마이애미 히트
2006년 5월 29일생, 가드, 196cm, 윙스팬 203cm, FC 바르셀로나B

지난 몇 년간의 마이애미 드래프트를 돌아보자. 2015년 저스티스 윈슬로우는 기대이하였지만 그 뒤 뱀 아데바요(2017년 14순위), 타일러 히로(2019년 13순위), 니콜라 요비치(2022년 27순위), 하이메 하케즈(2023년 18순위) 등 10순위 밖이었지만 히트작이 많았다. 아데바요는 이미 올림픽 금메달만 2개다. 던컨 로빈슨과 게이브 빈센트(2018년 미지명), 케일럽 마틴과 맥스 스투러스(2019년 미지명) 등은 아예 흙속에서 캐낸 진주들이다. 물론 마이애미가 뽑은 모든 선수들이 잘 된 것은 아니지만 이 정도라면 에릭 스포엘스트라 감독이 뽑은 의중이 있겠거니 하고 믿고 지켜봐도 나쁘진 않을 것이다.

일리노이 대학 출신의 포인트가드, 야쿠시오니스는 나쁘지 않은 체격(맨발 194cm)과 기술을 갖춘 선수다. 대학보다 몇 단계 더 터프하고 치밀한 수비 속에서도 볼을 지킬 수 있을 것이며 때로는 팬들을 즐겁게 해줄 만한 패스도 날려줄 것이다. 리투아니아 국적으로 이미 대학에 진학하기 전에 프로리그를 경험했던 그는 적응도 빠를 것으로 기대를 모으고 있다. 사실 슈팅이 그리 뛰어난 선수는 아니다. 그렇지만 아직 10대에 불과한 유망주이고, 일련의 변화 덕분에 그의 주변에는 노먼 파웰과 타일러 히로 등 슈팅을 즐기는 스코어러들이 많아졌기에 큰 도움을 받게 될 것이다.

제이스 리처드슨 JASE RICHARDSON
전체 25순위 / 올랜도 매직
2005년 10월 16일생, 183cm, 윙스팬 198cm, 미시건주립대

리처드슨은 예상외로 순번이 많이 떨어진 케이스다. 고교시절에 수술받은 오른쪽 무릎 탓도 있을 것이다. 그러나 미시건 주립대에서 보인 장점을 본다면 그의 운동능력을 걱정할 필요는 없어 보인다. 좋은 센스와 BQ를 앞세워 경기를 풀어가는 타입이기 때문이다. 사실 그의 부친은 왕년의 덩크왕 제이슨 리처드슨이다. 하지만 제이스 리처드슨의 플레이 스타일은 부친과 다르다. 경기 조율을 잘한다. '조율'이라는 단어 안에는 플레이 조립뿐 아니라 템포 조절도 포함된다. 판단도 빠르며 쉽게 농구하는 법을 안다. 신장은 작지만 체구가 좋아 범핑을 이겨내며 득점을 하는 능력도 좋다. 무엇보다 3점 슈팅을 갖고 있다는 것도 올랜도가 그를 지나치지 않은 이유이다. 다만 NBA에서 롱런하기 위해서는 슈팅이 더 일관되고 폭발적일 필요가 있다는 지적은 있다. '공격의 시대'를 맞은 현대 NBA는 핸들러 포지션에서부터 폭발적으로 치고 나가야 유리하다. 스크리너를 더 효율적으로 이용해야 하며 필요할 때는 본인이 3점 슈팅이든 페네트레이션이든 더 적극적으로 해줘야 한다. 그동안 많은 단신 가드들이 올랜도를 거쳐갔지만 눈에 띄게 성공한 케이스는 많지 않았다. 과연 'J-RICH'의 아들은 어떨지 궁금하다.

| 주요매체별 드래프트 성적 |

ESPN	디어슬레틱	CBS	USA	투데이
애틀랜타	A	A	A	B+
보스턴	C+	B-	B-	B
브루클린	C+	C-	C+	A
샬럿	B	A	B	B+
시카고	A-	B-	B	B
클리블랜드	B	B-	A	B
댈러스	B	A	A	A
덴버	-	-	-	-
디트로이트	B	B-	B	B-
골든스테이트	B	B-	A	B-
휴스턴	-	-	-	-
인디애	A	B	A	B-
LA 클리퍼스	C-	C	B	B
LA 레이커스	B+	B-	C	B
멤피스	C-	B+	B	B+
마이애미	A-	B+	A	B
밀워키	B	B-	B-	A
미네소	B-	B-	A	B-
뉴올리언스	F	F	C+	B-
뉴욕	C+	C+	C-	B-
오클라호마시티	B	B+	B	B
올랜도	B	B+	B+	B
필라델피아	B+	B	B	B
피닉스	B	B-	A-	C-
포틀랜드	C-	C+	C	C-
새크라멘토	C	B	B	B+
샌안토니오	A	A	A	A
토론토	B	B+	B	B
유타	B+	B+	A	A
워싱턴	B-	A	A	B

① 〈CBS 스포츠〉는 1라운드 기준 평가
1라운드 지명권이 없는 팀은 2라운드만 대상으로 집계
② 〈USA 투데이〉는 지명 선수에 대한 전망과 함께 각 팀의 환경이나 상황까지도 고려한 평점으로 보인다.

극과 극의 평가

브루클린 네츠는 이번 드래프트에서 어느 매체로부터도 좋은 평가를 받지 못했다. 1라운드 지명권이 다섯 장이나 있었지만, 너무 허투루 지명한 것이 아니냐는 지적이 있다.

브루클린은 8순위 에고르 데민, 19순위 놀란 트라오레, 22순위 드레이크 파월, 26순위 벤 사라프, 27순위 대니 울프를 지명했다(이중 데민은 러시아 국적이고, 사라프와 울프는 둘 다 이스라엘 국적 선수들이다).

NBA 관계자들이 가장 놀란 대목은 포지션 중복이다. 데민과 트라오레, 사라프 모두 포인트가드이기 때문이다. 물론 포지션은 같아도 스타일이 각기 다르긴 하다. 그런데 단점도 너무 극명하다.

데민은 206cm의 장신 가드라는 장점이 있지만 슈팅이 능력이 떨어진다. 프랑스 국적의 트라오레(193cm)는 프랑스 리그를 거쳐 바로 NBA에 합류하는 선수로 빠른 스피드가 장점이지만 마찬가지로 슈티 능력이 떨어지고 수비 집중력이 부족하다는 평가다. 물론 이제 겨우 18살이기에 어떻게 발전해갈지는 모르겠지만 '슛이 안 좋다'는 평가 속에 데뷔한 유럽 포인트가드들 대부분이 끝이 좋지 않았다는 것도 잊지 말아야 한다. 벤 사라프는 198cm로 독일 리그에서 뛰고 있다. 루카 돈치치를 존경해 등번호도 77번을 사용했던 그는 2대2 플레이 전개가 장점이지만 운동능력이 부족하다. NBA의 날고 기는 195~198cm 슬래셔들을 막기에 충분히 민첩하지 않다. 현재 브루클린은 '셋 중 하나만 걸려라'라는 심정으로 이들을 바라보는 것 같다.

그나마 대니 울프는 빅맨임에도 슈팅과 패스, 드리블이 모두 뛰어난 선수라 기대를 모으고 있다. 울프의 관건은 피지컬이 될 것으로 보인다. 한편 22순위로 뽑힌 드레이크 파월은 압도적인 운동능력을 자랑하는 스윙맨으로 캐치앤슛과 탄력을 앞세운 고공 플레이가 장기인 선수다. 195cm의 키에 211cm가 넘는 윙스팬도 눈에 띈다. 다만 전문가들은 타고난 마른 체형을 우려하고 있다.

한편 올해 드래프트 지명권을 아예 행사하지 않은 팀도 두 팀이 있다. 휴스턴과 덴버다. 휴스턴은 케빈 듀란트를 영입하면서 지명권을 다 넘겼고, 덴버도 트레이드로 지명권을 넘긴 탓에 신인이 없었다. 다만 덴버는 지난 시즌 22순위로 지명한 208cm 빅맨 대런 홈즈가 있다. 데이튼 대학 출신의 홈즈는 좋은 패스워크와 높은 BQ, 그리고 외곽 슈팅까지 갖추고 있는 자원이다. 워낙 성실하고 밝은 덕분에 지난 시즌 서머리그 당시부터 코칭스태프의 사랑을 듬뿍 받았다. 안타깝게도 서머리그 데뷔전에서 오른쪽 아킬레스건이 끊어져 시즌아웃 됐다. 따라서 2025-2026시즌은 그의 공식 루키 시즌이 될 전망이다.

에이스 베일리 : 다른 의미에서 지켜봐야 할 선수

전체 5순위 지명 선수인 에이스 베일리(유타 재즈)는 여러모로 흥미롭다. 뛰어난 재능을 갖고 있었지만, 일부 팀과의 워크아웃을 노골적으로 거절하는 등 오해받기 쉬운 행동을 해온 것이다. 워낙 미운털이 박힌 탓인지 유타에 지명된 뒤에도 팬들 중에는 베일리가 불성실한 태도를 보일 것이라는 전망을 내놓는 이들도 있었다. 그러나 서머리그를 치르면서 베일리에 대한 평가는 반전되었다. 데뷔전은 실망스러웠지만 멤피스 그리즐리스와의 2번째 경기에서 18득점 7리바운드 3어시스트로 선전하며 호평을 받았다. 특히 공격에서는 합격점을 받기에 충분히 위력적이었고 깔끔했다. 여전히 리빌딩 행보를 걷고 있는 유타 재즈이기에 윌 하디 감독은 베일리에게 그의 이름다운 역할을 맡길 것으로 보인다. 원하는 대로 공격을 펼칠 수 있는 역할 말이다. 다만 그 역할을 얻기 위해서는 우선 증명부터 해야 할 것이다. 이제 NBA의 많은 선배들이 '요란하게' 등장했던 베일리의 신고식을 진행하게 될 것이다. 베일리가 선배들과의 대결에서도 특유의 난이도 높은 득점 기술을 펼칠 수 있다면 유타의 재건도 급물살을 타게 될 것이다.

1년을 쉬게 된 빅맨 기대주

오클라호마 시티 썬더는 우승팀임에도 15순위라는 제법 만족스러운 위치에서 조지타운 출신 빅맨을 지명했다. 토마스 소버는 208cm의 좋은 신장(윙스팬 228.6cm)을 갖추고 있으며, 조지타운에서의 한 시즌 동안 제법 꾸준한 활약을 보여주었다. 스스로 '수비 마인드가 투철한 선수'라고 말할 정도로 듬직하게 림을 지켜주는 장점도 있다. 다만 오클라호마 시티 썬더가 소버의 듬직함을 경험하기 위해서는 1년 더 기다려야 할 것으로 보인다. 소버는 지난 9월 초, 개인 워크아웃 중 오른쪽 무릎 십자인대가 파열되어 수술대에 올랐다. 2025-2026시즌은 건너뛰어야 하는 상황이 되고 만 것이다. 오클라호마 시티는 이미 확고한 코어가 있어 전력에는 차질이 없을 것으로 보이나, 디펜딩 챔피언 팀에 합류하게 되었다며 기쁨을 감추지 못했던 소버 입장에서는 아쉬움이 가득할 것 같다.

VJ 에지컴

30
BONA

올 시즌도

'꿈의 농구 대잔치' NBA 2025-26시즌이 오는 10월 21일 개막된다. 지구촌에서 가장 농구를 잘 하는 30팀 450명 선수들은 올해도 금빛 찬란한 우승컵을 들어 올리기 위해 코트에서 모든 것을 쏟아부을 것이다. 전문가들은 올 시즌에도 웨스턴 컨퍼런스가 이스턴 컨퍼런스보다 훨씬 강한 '서고동저(西高東低)'의 기상도가 계속 유지될 것으로 전망한다. 사실 이 판도는 꽤 오래 굳어진 것이고, 이변의 가능성도 크지 않다.

2025-26 NBA CHAMPIONSHIP ODDS

순위	TEAM	스카이벳	벳프레드	윌리엄힐	벳빅터
1	Oklahoma City Thunder	2배	2.5배	2.25배	2.5배
2	Cleveland Cavaliers	6배	8배	7.5배	8배
3	Denver Nuggets	8.5배	7.5배	7.5배	7.5배
4	Houston Rockets	8.5배	7.5배	8.5배	8배
5	New York Knicks	8.5배	8배	8.5배	8배
6	Los Angeles Lakers	12배	16배	14배	16배
6	Orlando Magic	14배	14배	16배	14배
8	Minnesota Timberwolves	16배	14배	16배	18배
9	Los Angeles Clippers	18배	16배	18배	16배
10	Golden State Warriors	25배	22배	25배	30배
11	Atlanta Hawks	25배	28배	33배	25배
12	Dallas Mavericks	33배	28배	33배	35배
13	Philadelphia 76ers	35배	33배	33배	38배
17	Detroit Pistons	33배	40배	50배	50배
15	Boston Celtics	50배	40배	40배	50배
16	San Antonio Spurs	55배	40배	50배	50배
17	Milwaukee Bucks	60배	50배	50배	50배
18	Indiana Pacers	90배	80배	100배	75배
19	Memphis Grizzlies	125배	100배	125배	125배
20	Miami Heat	125배	200배	150배	150배
21	Toronto Raptors	175배	200배	150배	175배
22	New Orleans Pelicans	475배	250배	250배	300배
23	Phoenix Suns	475배	250배	300배	300배
24	Sacramento Kings	500배	250배	500배	500배
25	Portland Trail Blazers	500배	500배	750배	500배
26	Chicago Bulls	500배	500배	750배	750배
27	Brooklyn Nets	500배	500배	1000배	1000배
27	Charlotte Hornets	500배	500배	1000배	1000배
27	Utah Jazz	500배	500배	1000배	1000배
27	Washington Wizards	500배	500배	1000배	1000배

올 시즌 가장 강력한 우승후보는 지난 시즌 챔피언 오클라호마시티 선더다. MVP 셰이 길저스알렉산더를 비롯해 우승의 주역들이 그대로 남아 있다. 미국, 유럽의 대형 베팅회사들도 오클라호마시티의 우승 가능성에 매우 높은 점수를 주고 있다. 오클라호마시티에 이어 서부의 덴버 너기츠, 휴스턴 로키츠, LA 레이커스, 동부의 클리블랜드 캐벌리어스, 뉴욕 닉스, 올랜도 매직 등도 파이널 진출 후보로 평가한다.

2024-25 NBA STANDING

순위	TEAM	전체 승패	홈 승패	원정 승패
1	Oklahoma City Thunder	68-14	36-6	32-8
2	Cleveland Cavaliers	64-18	34-7	30-11
3	Boston Celtics	61-21	28-13	33-8
4	Houston Rockets	52-30	29-12	23-18
5	New York Knicks	51-31	27-14	24-17
6	Denver Nuggets	50-32	26-15	24-17
7	Indiana Pacers	50-32	29-12	21-20
8	Los Angeles Clippers	50-32	30-11	20-21
9	Los Angeles Lakers	50-32	31-10	19-22
10	Minnesota Timberwolves	49-33	25-16	24-17
11	Golden State Warriors	48-34	24-17	24-17
12	Memphis Grizzlies	48-34	26-15	22-19
13	Milwaukee Bucks	48-34	28-14	20-20
14	Detroit Pistons	44-38	22-19	22-19
15	Orlando Magic	41-41	22-19	19-22
16	Atlanta Hawks	40-42	21-19	19-23
17	Sacramento Kings	40-42	20-21	20-21
18	Chicago Bulls	39-43	18-23	21-20
19	Dallas Mavericks	39-43	22-18	17-25
20	Miami Heat	37-45	19-22	18-23
21	Phoenix Suns	36-46	24-17	12-29
22	Portland Trail Blazers	36-46	22-19	14-27
23	San Antonio Spurs	34-48	20-21	14-27
24	Toronto Raptors	30-52	18-23	12-29
25	Brooklyn Nets	26-56	12-29	14-27
26	Philadelphia 76ers	24-58	12-29	12-29
27	New Orleans Pelicans	21-61	14-27	7-34
28	Charlotte Hornets	19-63	12-29	7-34
29	Washington Wizards	18-64	8-33	10-31
30	Utah Jazz	17-65	10-31	7-34

왕조 해체

2023-24시즌 때 완벽한 우승 레이스를 펼쳤던 명가 보스턴 셀틱스. 그러나 주축 선수들의 부상 이탈과 오프시즌 트레이드 등으로 완전히 해체됐다. 올 시즌 PO 진출도 쉽지 않아 보인다. 그런 가운데 지난 시즌 돌풍을 일으킨 클리블랜드 캐벌리어스, 보스턴의 영원한 숙적 뉴욕 닉스, 젊은 팀 올랜도 매직의 상승세가 돋보인다.

2025-26 EASTERN CONFERENCE ODDS

순위	TEAM	스카이벳	벳프레드	윌리엄힐	벳빅터
1	Cleveland Cavaliers	2.1배	2.6배	2.25배	2.5배
2	New York Knicks	3배	2.6배	2.75배	2.5배
3	Orlando Magic	5배	4.5배	4.5배	4배
4	Atlanta Hawks	8배	10배	10배	9배
5	Philadelphia 76ers	12배	12배	9배	10배
6	Detroit Pistons	9배	14배	16배	14배
7	Boston Celtics	14배	14배	14배	14배
8	Milwaukee Bucks	14배	18배	16배	14배
9	Indiana Pacers	25배	25배	25배	40배
10	Miami Heat	33배	80배	40배	50배
11	Toronto Raptors	35배	80배	50배	55배
12	Chicago Bulls	125배	200배	200배	250배
13	Charlotte Hornets	500배	200배	250배	250배
14	Brooklyn Nets	500배	200배	400배	250배
15	Washington Wizards	500배	200배	500배	300배

2024-25 EASTERN CONFERENCE STANDING

순위	TEAM	승	패	승률	승차
1	Cleveland Cavaliers*	64	18	78.0%	—
2	Boston Celtics*	61	21	74.4%	3
3	New York Knicks*	51	31	62.2%	13
4	Indiana Pacers*	50	32	61.0%	14
5	Milwaukee Bucks*	48	34	58.5%	16
6	Detroit Pistons*	44	38	53.7%	20
7	Orlando Magic*	41	41	50.0%	23
8	Atlanta Hawks	40	42	48.8%	24
9	Chicago Bulls	39	43	47.6%	25
10	Miami Heat*	37	45	45.1%	27
11	Toronto Raptors	30	52	36.6%	34
12	Brooklyn Nets	26	56	31.7%	38
13	Philadelphia 76ers	24	58	29.3%	40
14	Charlotte Hornets	19	63	23.2%	45
15	Washington Wizards	18	64	22.0%	46

*플레이오프 진출팀

새판 짜기

ATLANTIC DIVISION

천지개벽

2023-24시즌 왕조를 구축했던 보스턴 셀틱스는 몰락했다. 대신, 올 시즌엔 뉴욕 닉스와 필라델피아 세븐티식서스의 세상이 열릴 것이다.

2025-26 DIVISION ODDS

순위	TEAM	스카이벳	벳프레드	윌리엄힐	벳빅터
1	New York Knicks	0.3배	0.33배	0.33배	0.4배
2	Philadelphia 76ers	5배	6.5배	4.5배	4.5배
3	Boston Celtics	7배	5배	4.5배	5배
4	Toronto Raptors	11배	22배	25배	25배
5	Brooklyn Nets	500배	200배	200배	250배

2024-25 DIVISION STANDING

순위	TEAM	승	패	승률	승차
1	Boston Celtics*	61	21	74.4%	—
2	New York Knicks*	51	31	62.2%	10
3	Toronto Raptors	30	52	36.6%	31
4	Brooklyn Nets	26	56	31.7%	35
5	Philadelphia 76ers	24	58	29.3%	37

*플레이오프 진출팀

BOSTON CELTICS

BROOKLYN NETS
NEW YORK KNICKS
PHILADELPHIA 76ERS.
TORONTO RAPTORS

BOSTON CELTICS
CELTICS
8
Amica
CELTICS
7
MAGIC

2보 전진을 위한 1보 후퇴

무너진 PO 파이널 2연패 꿈

빌 러셀 시대인 1969년 이후 첫 PO 파이널 2연패 도전에 실패했다. 정규시즌 분위기는 나쁘지 않았다. 디펜딩 챔피언답게 트레디한 전술을 구사하며 승승장구했다. 반면 플레이오프 분위기는 달랐다. 올랜도와 만난 1라운드부터 삐걱거리더니, 급기야 2라운드 들어서는 하위 시드 뉴욕 상대로 업셋 패배에 직면했다. 시리즈 6경기 동안 14점차 이상 리드 상실 역전패를 세 차례나 당했을 정도다. 간판스타 제이슨 테이텀이 시즌 엔딩 부상과 함께 쓰러진 터라 더욱 안타까웠다.

몸집 줄이기에 나서다

'셀틱 프라이드'는 지난 10시즌 내내 윈 나우 운영을 견지해 왔다. 그 결과, 선수단 샐러리캡 총합이 한계치를 초과해 버렸다. 역대 최초로 자체 생산 35% 슈퍼 맥스 선수 2명을 동시에 보유했으니 말 다 했다. 이는 가혹한 페널티가 적용되는 에이프런 시대(apron era)에 대처하기 어려운 구조다. 프런트 조직은 2보 전진을 위한 1보 후퇴를 선택했다. 즈루 홀리데이, 크리스탑스 포르징기스 등 고액 연봉자들을 과감하게 처분했다. 덕분에 세컨드 에이프런 라인 밑으로 내려갔다.

간판스타 없는 차기 시즌

테이텀은 오른쪽 아킬레스건 파열 부상을 겪었으며 차기 시즌 전체 일정 결장이 유력하다. 프런트가 2보 전진을 위한 1보 후퇴를 선택한 가장 큰 이유다. 다행히 선수단 근간이 완전히 무너지진 않았다. 2024년 파이널 MVP 제일런 브라운, 최고 수준 백코트 퍼실리테이터 데릭 화이트가 건재하다. 2024-25시즌 올해의 식스맨 페이튼 프리차드 역시 주전 라인업에 가세해 줄 것으로 기대된다. 목표를 플레이오프 진출로 낮춘다면 그럭저럭 만족스러운 성과가 도출될 것이다.

*통계는 2025년 9월 10일 기준

CLUB INFORMATION

Founded	Owner	CEO	Head Coach	24-25 Odds
구단 창립 1946년	윌리엄 치솜 Jr. 아디티야 미탈	윅 그로스벡	조 마줄라 1988.06.30	스카이벳 : 50배 윌리엄힐 : 40배

Nationality	Age	Height	Weight	Salary
19명 ●미국 선수 14명 ●외국 선수 5명	19명 평균 25.1세	19명 평균 199.5cm	19명 평균 97.7kg	13명 평균 1521만 달러

Win	Loss	Winning%	Play-Off	Titles
2024-25 : 61승 통산 : 3695승	2024-25 : 21패 통산 : 2501패	2024-25 : 74.4% 통산 : 59.6%	PO 진출 : 62회 PO 탈락 : 17회	NBA우승 : 18회 컨퍼런스 : 11회

Top Scorer	More Rebounds	More Assists	More Steals	More Blocks
제이슨 테이텀 평균 26.8점	제이슨 테이텀 평균 8.7리바운드	제이슨 테이텀 평균 6.0어시스트	제일런 브라운 평균 1.2스틸	크리스탑스 포르징기스 평균 1.5블락

*항목별 1위는 지난 시즌 보스턴 소속으로 42경기 이상 출전한 선수 중 선별

Association　Icon　Statement　City

HEAD COACH & STADIUM

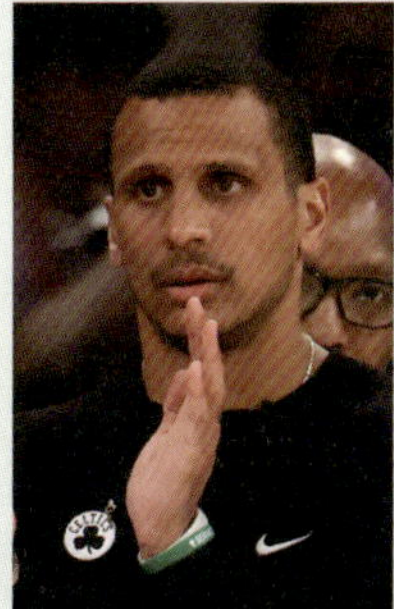

Joe MAZZULLA 조 마줄라

생년월일 : 1988.06.30 / **출생지 :** 로드아일랜드주 존스턴
NBA 지도자 경력 : 2019~2022 보스턴 셀틱스 코치 코치 / 2022~2023 보스턴 셀틱스 임시감독 / 2023~ 보스턴 셀틱스 감독

2010년 NCAA 토너먼트에서 소속팀 웨스트버지니아대를 파이널포로 이끌었다. 그러나 2011년 NBA 드래프트에서 지명을 받지 못하자 유니폼을 벗었다. 이후 7년간 글렌빌 주립대, 페어몬트 주립대, NBA G리그 메인 셀틱스에서 코치로 일하며 경험을 쌓았다. 2019년, 보스턴 셀틱스 어시스턴트 코치가 되었으나, 2022-23시즌, 이메 우도카 감독이 직원과 불륜 논란에 휩싸여 아웃 되자 곧바로 감독대행에 올랐다. 마줄라는 2023년 2월 16일 정식 감독으로 승격했고, 팀을 동부 컨퍼런스 1위로 이끌었다. 그리고 2023-24시즌, 훌륭한 전술로 스타들을 지도해 압도적인 퍼포먼스를 발휘하며 NBA 정상에 올랐다. 마줄라는 EPL 맨체스터 시티의 펩 과르디올라로부터 전술적인 영감을 얻었다. 농구와 축구, 두 종목이 전술적으로 많이 비슷하다는 점을 증명한 셈이다. 그는 또한, 선수단 관리, 구단 운영에서도 과르디올라의 조언을 많이 받았다고 한다.

TD GARDEN

구장 오픈 : 1995년
구장 증개축 : 총 4회
오너 : 델라웨어노스 Co.
수용인원 : 1만 9156명
건축비용 : 1억 6000만달러

셀틱스 홈구장이던 보스턴 가든이 낡아 대체구장으로 지어졌다. 현재 이곳은 뉴잉글랜드 최대 스포츠 및 엔터테인먼트 명소가 되었다. NBA 보스턴 셀틱스와 NHL 보스턴 브루인스 홈구장이다. 세계적으로 유명한 콘서트, 스포츠 이벤트, 패밀리 쇼, 레슬링, 아이스 쇼에서 연간 350만 명 이상의 관중을 유치하고 있다. 셀틱스 홈구장이 된 건 1995-96시즌부터다.

REGULAR SEASON RANKING LAST 10YEARS

★NBA 파이널 우승

15-16	16-17	17-18	18-19	19-20	20-21	21-22	22-23	23-24	24-25
8	4	4	9	5	15	7	2	★1	3
48승 34패	53승 29패	55승 27패	49승 33패	48승 24패	36승 36패	51승 31패	57승 25패	64승 18패	61승 21패

Honours

18	11	35	23
NBA CHAMPIONS	CONFERENCE TITLES	DIVISION TITLES	RETIRED NUMBERS

NBA CHAMPIONSHIPS
1957, 1959, 1960, 1961, 1962, 1963, 1964, 1965, 1966, 1968, 1969, 1974, 1976, 1981, 1984, 1986, 2008, 2024

CONFERENCE TITLES
1974, 1976, 1981, 1984, 1985, 1986, 1987, 2008, 2010, 2022, 2024

DIVISION TITLES
1957, 1958, 1959, 1960, 1961, 1962, 1963, 1964, 1965, 1972, 1973, 1974, 1975, 1976, 1980, 1981, 1982, 1984, 1985, 1986, 1987, 1988, 1991, 1992, 2005, 2008, 2009, 2010, 2011, 2012, 2017, 2022, 2023, 2024, 2025

RETIRED NUMBERS
00, 1, 2, 3, 5, 6, 10, 14, 15, 16, 17, 18, 19, 21, 22, 23, 24, 25, 31, 32, 33, 34, 35

TEAM POTENTIAL

18위

하프코트 세트오펜스 9점

트랜지션 오펜스 6점

하프코트 세트디펜스 7점

트랜지션 디펜스 7점

리바운드 6점

선수층 7점

선수 경험치 8점

감독 리더십 8점

감독 전술 9점

프런트 10점

*각 항목은 10점 만점, 평점은 NBA 30팀 사이 상대평가

우승 ODDS	배당	순위
Sky Bet	50배	15위
Bet Fred	40배	14위
William Hill	40배	14위

OFFENSIVE STYLE
트랜지션 오펜스 ←→ 하프코트 세트오펜스

DEFENSIVE STYLE
하이 프레스 ←→ 하프코트 디펜스

SQUAD & TACTICS

STARTERS

PF 페이턴 프리차드 22.3분, 9.6점 3.2R, 3.4A

C 너미어스 케이타 13.9분, 5.0점 3.8RB, 0.7AS

SF 제일런 브라운 34.3분, 22.2점 5.8RB, 4.5AS

SG 앤퍼니 사이먼스 32.7분, 19.3점 2.7RB, 4.8AS

PG 데릭 화이트 33.9분, 16.4점 4.5RB, 4.8AS

OFF THE BENCH

PG 페이튼 프리차드 28.4분, 14.3점 3.8RB, 3.5AS

SG 샘 하우저 21.7분, 8.5점 3.2RB, 0.9AS

SF 베일러 샤이어먼 12.4분, 3.6점 2.1RB, 1.1AS

PF 조던 월시 7.8분, 1.6점 1.3RB, 0.4AS

C 루카 가자 5.6분, 3.5점 0.6RB, 1.4AS

G 맥스 슐가
G 알제이 루이스
F 우고 곤살레스
F 조시 마이넛
C 재비어 틸먼

Player's Functions

Ball Handlers
D.화이트
A.사이먼스
J.브라운

Pull-Ups
J.브라운
D.화이트
A.사이먼스

Catch & Shoot
D.화이트
J.브라운
A.사이먼스

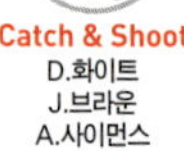

3 Pointers
D.화이트
S.하우저
P.프리차드

Slam Dunkers
J.브라운
N.케이타
C.부셰

Free Throw
J.브라운
A.사이먼스
D.화이트

Rebounders
N.케이타
L.가자
C.부셰

1-1 Defenders
D.화이트
J.브라운
N.케이타

Ball Stealers
B.슈아이어만
J.브라운
P.프리차드

Key Passes
D.화이트
P.프리차드
J.브라운

Hustle Players
N.케이타
J.브라운
D.화이트

Rim Protectors
N.케이타
C.부셰

2024-25 SEASON PERFORMANCE

공격 레이팅 120.6(2위) 수비 레이팅 111.1(5위) 레이팅 마진 +9.4(3위) 페이스 95.7(30위)

BOSTON CELTICS vs. OPPONENTS PER GAME STATS

	득실점	필드골성공 (FG)	필드골시도 (FG↑)	필드골% (FG%)	3점성공 (3P)	3점시도 (3P↑)	3점% (3P%)	2점성공 (2P)	2점시도 (2P↑)	2점% (2P%)	자유투성공	자유투시도	자유투% (FT%)	공격 RB (OR)	수비 RB (DR)	전체 RB (TR)	어시스트 (A↑)	스틸	블락샷	턴오버	파울
보스턴	116.3 8위	41.6 16위	90.0 11위	46.2% 19위	17.8 1위	48.2 1위	36.8% 10위	23.9 30위	41.8 30위	57.1% 3위	15.3 30위	19.1 30위	79.9% 6위	11.4 10위	33.9 7위	45.3 8위	26.1 16위	7.2 29위	5.5 5위	11.9 2위	15.9 2위
상대팀	107.2 2위	40.3 4위	89.4 17위	45.0% 2위	12.9 6위	37.1 11위	34.7% 3위	27.4 8위	52.3 19위	52.4% 3위	13.8 1위	17.7 1위	77.7% 14위	10.7 9위	33 15위	43.7 13위	24 3위	6.9 2위	3.6 1위	12.8 27위	17.5 27위

LINE-UP

* 보스턴은 지난 시즌 총 380개의 라인업을 가동했다. 득실점차 플러스 10개, 마이너스 10개를 골랐다.

득실점차 플러스(+) 라인업 TOP 10	G	MIN	PPG	RPG	득실차
A. Horford - J. Holiday - J. Brown - J. Tatum - D. White	24	268	28.5	10.0	+95
J. Tatum - D. White - L. Kornet - P. Pritchard - S. Hauser	17	59	9.2	3.4	+33
J. Holiday - J. Brown - J. Tatum - D. White - L. Kornet	12	76	15.1	6.8	+32
J. Tatum - D. White - N. Queta - P. Pritchard - S. Hauser	12	48	10.3	3.4	+32
A. Horford - J. Tatum - L. Kornet - P. Pritchard - S. Hauser	23	119	11.6	5.3	+31
A. Horford - J. Brown - J. Tatum - D. White - S. Hauser	4	49	34.5	11.3	+31
A. Horford - J. Holiday - J. Tatum - D. White - N. Queta	6	54	23.2	8.7	+29
A. Horford - J. Brown - J. Tatum - D. White - P. Pritchard	11	41	10.6	3.6	+29
A. Horford - J. Holiday - K. Porziņģis - J. Brown - D. White	12	77	15.9	6.3	+25
J. Holiday - J. Tatum - L. Kornet - P. Pritchard - S. Hauser	14	38	7.1	2.6	+25
득실점차 마이너스(-) 라인업 TOP 10	**GP**	**MIN**	**PPG**	**RPG**	**득실차**
J. Holiday - J. Brown - D. White - L. Kornet - P. Pritchard	6	7	1.5	0.3	-16
A. Horford - J. Holiday - J. Tatum - D. White - X. Tillman	2	8	1.5	2.5	-15
N. Queta - J. Davison - B. Scheierman - J. Walsh - D. Peterson	4	11	3.5	2.5	-13
D. White - T. Craig - N. Queta - P. Pritchard - B. Scheierman	2	14	4.0	8.5	-12
T. Craig - N. Queta - P. Pritchard - S. Hauser - J. Walsh	2	7	1.3	2.5	-12
J. Tatum - T. Craig - N. Queta - P. Pritchard - B. Scheierman	2	5	1.2	2.0	-12
J. Holiday - J. Brown - J. Tatum - L. Kornet - P. Pritchard	10	22	6.8	2.8	-11
J. Holiday - K. Porziņģis - D. White - P. Pritchard - S. Hauser	3	5	1.2	0.3	-11
J. Holiday - K. Porziņģis - J. Tatum - D. White - P. Pritchard	8	10	3.0	0.6	-10
J. Holiday - K. Porziņģis - P. Pritchard - S. Hauser - D. Peterson	1	9	2.0	6.0	-10

PASS COMBINATIONS

→ 해당 선수가 경기당 동료로부터 패스 받은 횟수
→ 해당 선수가 경기당 동료들에게 패스 해준 횟수

받은 횟수	선수	해준 횟수
53.5	제이슨 테이텀	57.1
56.5	데릭 화이트	55.9
42.7	페이튼 프리차드	38.1
33.9	드루 할러데이	34.5
43.4	제일런 브라운	32.5
22.3	알 호포드	27.2
29.2	크리스탑스 포르징기스	22.5
15.2	샘 하우저	18.6
11.4	루크 코넷	14.3
8.6	토레이 크렉	11.2
11.3	제이디 데이비슨	10.1
8.9	너미어스 케이타	9.8
8.6	베일러 샤이어먼	9.4
5.0	마일스 노리스	9.3
6.6	드루 피터슨	8.9
5.3	조던 월시	7.5
5.6	재비어 틸먼	7.0
4.7	제이든 스프링어	4.0

2024-25 RANKING

* 는 수치가 낮을수록 랭킹이 높아짐

보스턴	랭킹	FIVE FACTORS	상대팀	랭킹
56.1%	5위	3점 가중 FG%	52.2%	2위*
10.8	2위*	턴오버 / 100포제션	11.6	23위
25.7%	15위	공격 RB 점유율	24%*	7위
76.0%	8위	수비 RB 점유율	74.3%*	14위
16.9%	30위	자유투 / 필드골	15.4%*	1위

득점	랭킹	PLAYTYPE	실점*	랭킹
10.5	2위	아이솔레이션	8.3	28위
19.9	26위	트랜지션	21.0	3위
16.3	14위	픽&롤 볼핸들러	17.4	25위
7.2	14위	픽&롤 롤맨	6.2	5위
6.9	3위	포스트-업	4.0	16위
30.5	5위	스팟-업	24.5	5위
3.2	27위	핸드오프	5.1	13위
8.8	22위	커팅	–	–
4.8	7위	오프 스크린	3.1	3위
5.1	28위	풋백	6.8	22위
2.7	19위	기타	–	–

SHOT ZONE

평균 구간별 슈팅 및 성공률

항목	2PA	2PM	2P%	3PA	3PM	3P%
캐치&슛	1.0	0.5	51.3%	30.7	12.0	39.1%
풀업	9.7	4.2	43.0%	16.8	5.6	33.0%
3m 안쪽	30.2	18.8	62.1%	–	–	–
TOTAL	41.2	23.5	57.0%	47.8	17.6	36.9%

SHOT PROCESS & SHOT TYPES

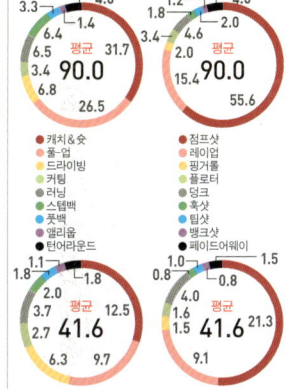

샷프로세스(시도)
3.3 4.0 1.4 6.4 6.5 3.4 6.8 31.7 26.5
평균 90.0

샷타입(시도)
1.2 4.0 1.8 2.0 3.4 4.6 2.0 15.4 55.6
평균 90.0

캐치&슛 풀-업 드라이빙 커팅 러닝 스텝백 풋백 앨리웁 턴어라운드

점프샷 레이업 핑거롤 플로터 덩크 훅샷 팁샷 뱅크샷 페이드어웨이

1.1 1.8 1.8 2.0 3.7 2.7 6.3 9.7 12.5
평균 41.6
샷프로세스(성공)

1.0 0.8 0.8 1.5 4.0 1.6 1.5 9.1 21.3
평균 41.6
샷타입(성공)

SHOOTING

필드골 시도
6.6 24.4 28.7 30.3
평균 90.0
공격수와 수비수의 거리
0~0.6m 0.6~1.2m 1.2~1.8m 1.8m 이상

필드골 시도
8.6 2.8 9.8 11.2 14.1 43.5
평균 90.0
샷클락
22~24초 18~22초 15~18초 7~15초 4~7초 0~4초

2.8 10.7 12.1 16.0
평균 41.6
필드골 성공

3.1 1.6 4.3 5.5 6.5 20.6
평균 41.6
필드골 성공

OPPONENT SHOOTING

상대 필드골 시도
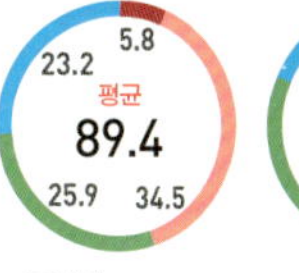

공격수와 수비수의 거리
0~0.6m 0.6~1.2m 1.2~1.8m 1.8m 이상

상대 필드골 시도
8.1 3.1 8.3 13.2 16.4 40.3
평균 89.4
샷클락
22~24초 18~22초 15~18초 7~15초 4~7초 0~4초

2.4 9.8 10.8 17.3
평균 40.3
필드골 허용

2.7 1.7 3.2 6.9 7.5 18.3
평균 40.3
필드골 허용

CONTESTED REBOUNDS

공격 리바운드
0.8 2.0 1.3 1.9
평균 6.0

수비 리바운드
0.8 2.3 1.6 4.0
평균 8.7

림 아래부터 리바운드 위치까지의 거리
0~0.9m 0.9~1.8m 1.8~3m 3m 이상

UNCONTESTED REBOUNDS

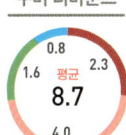

공격 리바운드
0.5 1.0 2.9 0.8
평균 5.2

수비 리바운드
4.8 3.8 7.0 9.2
평균 24.8

림 아래부터 리바운드 위치까지의 거리
0~0.9m 0.9~1.8m 1.8~3m 3m 이상

DEFENSE OF 61 WINS

필드골 허용 %
44.0%
상대 필드골 시도 89.0
필드골 허용 39.2

3점슛 허용 %
33.1%
상대 3점슛 시도 37.2
3점슛 허용 12.3

DEFENSE OF 21 LOSSES

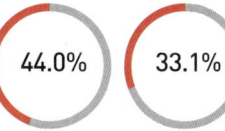

필드골 허용 %
47.9%
상대 필드골 시도 90.4
필드골 허용 43.3

3점슛 허용 %
39.4%
상대 3점슛 시도 36.7
3점슛 허용 14.4

F 7 Jaylen BROWN SF-SG

제일런 브라운 1996.10.24 / 198cm

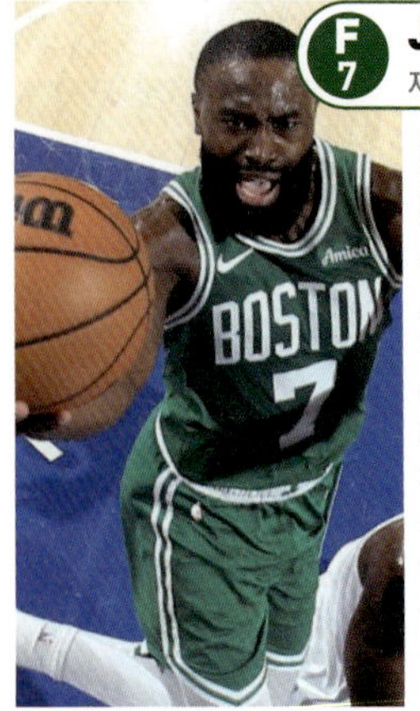

미국 | NBA 드래프트 : 2016년 1라운드 3번 | NBA 우승 : 1회 / 파이널 MVP : 1회 | 시즌 MVP : 0회 / NBA 퍼스트팀 : 0회

실력, 스타성, 리더십 등 모든 면에서 올 시즌 보스턴의 핵심이다. 간판스타 제이슨 테이텀이 아킬레스건 부상으로 올 시즌을 통째로 날리기에 보스턴 팬들은 브라운에게 정말 큰 기대를 걸고 있다. 브라운은 198cm의 스윙맨이다. 드라이빙 혹은 커팅에서 이어지는 덩크, 레이업, 핑거롤, 플로터를 자유자재로 구사한다. 중거리 스팟업 점프샷과 과감한 풀업 점퍼도 주무기다. 윙스팬 213cm의 긴 팔을 활용해 1대1 수비를 잘 한다. 연봉은 5314만 달러.

SHOT ZONE

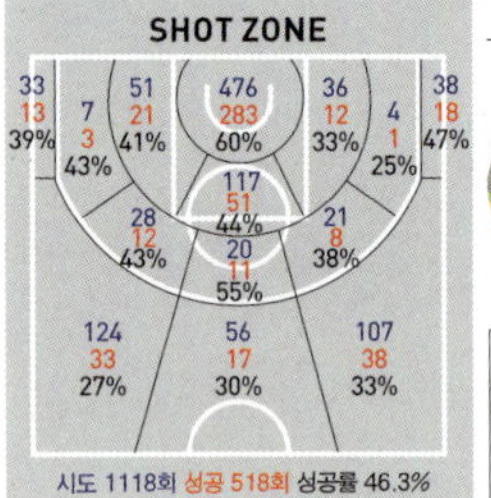

시도 1118회 성공 518회 성공률 46.3%

SHOT PROCESS / SHOT TYPES

필드골 1118 시도

SHOT PROCESS		SHOT TYPES	
캐치&슛	270	535	점프샷
풀-업	219	276	레이업
드라이빙	314	42	핑거롤
커팅	17	73	플로터
러닝	87	50	덩크
스텝백	64	20	훅샷
풋백	34	17	팁샷
앨리웁	3	13	뱅크샷
턴어라운드	110	92	페이드어웨이

2024-25시즌 보스턴 63경기 평균 34.3분

항목	PTS	RB	AS	ST	BL	FG-FGA	3P-3PA	FT-FTA
평균	22.2	5.8	4.5	1.2	0.3	8.2-17.7	1.8-5.7	3.9-5.1
36분	23.3	6.1	4.8	1.2	0.3	8.6-18.7	1.9-6.0	4.1-5.4

항목	OS	CS	MS	3P	FT	SQ	OC	IS	L&F	SD	DD	PH	PF	PC	DRF	PM	PA	BH	DRS	PQ	PV
평점	B-	B+	B	C+	C	B	B	C+	A	F	A	D+	D+	B-	B	C+	C+	B	C+	B	C-

항목	DEF	ID	PD	ST	BL	HDQ	PP	DC	RB3	OR3	DR3	ATH	SP	AG	STR	VJ	STA	HP	INT	POT	OG
평점	C	C	A-	D+	F	B	B+	B	C-	C	C	B	C+	B+	D+	B	A	A	B-	A	A-

F 25 Chris BOUCHER PF-C

크리스 부셰 1993.01.11 / 206cm

세인트루시아 | NBA 드래프트 : 2017년 지명받지 못함 | NBA 우승 : 0회 / 파이널 MVP : 0회 | 시즌 MVP : 0회 / NBA 퍼스트팀 : 0회

지난 시즌 토론토 식스맨이었고, 올여름 보스턴으로 이적했다. 올 시즌 제일런 브라운과 프런트코트 선발로 출전할 가능성이 크다. 부셰는 운동능력이 뛰어난 PF다. 리치가 길고, 지구력이 우수해 인사이드 디펜스, 블락에서 압도적인 모습을 보인다. 에너지가 넘쳐 코트를 윙처럼 달리며, 페인트존에서 커팅 레이업, 커팅 덩크, 드라이빙 레이업으로 림을 공략한다. 올 시즌 보스턴 팀 오펜스에 업-템포 역할을 맡는다. 연봉은 1081만 달러.

SHOT ZONE

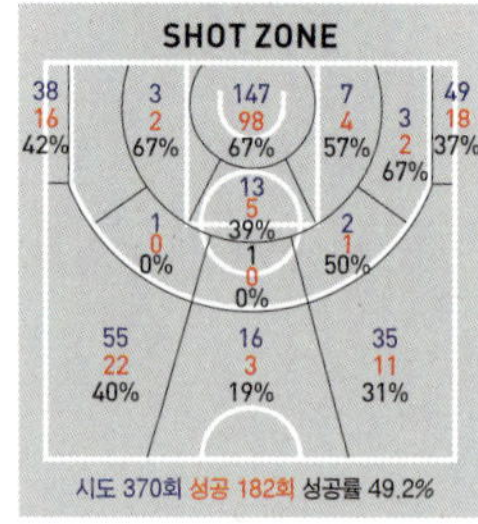

시도 370회 성공 182회 성공률 49.2%

SHOT PROCESS / SHOT TYPES

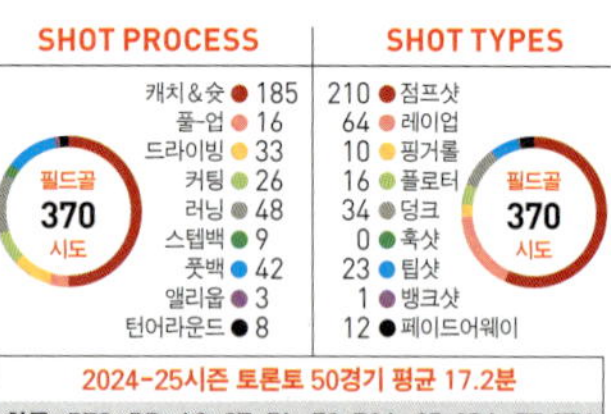

필드골 370 시도

SHOT PROCESS		SHOT TYPES	
캐치&슛	185	210	점프샷
풀-업	16	64	레이업
드라이빙	33	10	핑거롤
커팅	26	16	플로터
러닝	48	34	덩크
스텝백	9	0	훅샷
풋백	42	23	팁샷
앨리웁	3	1	뱅크샷
턴어라운드	8	12	페이드어웨이

2024-25시즌 토론토 50경기 평균 17.2분

항목	PTS	RB	AS	ST	BL	FG-FGA	3P-3PA	FT-FTA
평균	10.0	4.5	0.7	0.5	0.5	3.6-7.4	1.4-3.9	1.4-1.7
36분	21.0	9.4	1.4	1.0	1.9	7.6-15.5	2.9-8.1	2.8-3.6

항목	OS	CS	MS	3P	FT	SQ	OC	IS	L&F	SD	DD	PH	PF	PC	DRF	PM	PA	BH	DRS	PQ	PV
평점	C-	A-	B-	C+	C+	D-	F	C-	C	B	B-	C-	D	C-	D-	F	F	D-	F	D-	F

항목	DEF	ID	PD	ST	BL	HDQ	PP	DC	RBB	ORB	DRB	ATH	SP	AG	STR	VJ	STA	HP	INT	POT	OG
평점	D	B-	D-	D-	B+	C+	D-	D-	C-	C-	D+	C-	D-	D-	B-	C	B+	B	F	B	C-

F 55 Baylor SCHEIERMAN SG-SF

베일러 슈아이어만 2000.09.26 / 201cm

미국 | NBA 드래프트 : 2024년 1라운드 30번 | NBA 우승 : 0회 / 파이널 MVP : 0회 | 시즌 MVP : 0회 / NBA 퍼스트팀 : 0회

루키 시즌인 지난해, '서드 유닛' 멤버로 경험을 쌓았다. 올 시즌에는 식스맨으로 '세컨드 유닛' 멤버로 승격하는 게 목표다. 201cm의 장신 스윙맨으로 다양한 역할을 한다. 왼손잡이로 타점이 비교적 높고, 슈팅 터치가 부드럽다. 대학 시절, 정확한 3점 슈터로 명성을 떨쳤던 것처럼 프로에서도 심심찮게 3점포를 터뜨렸다. 가드 치고 리바운드 능력도 출중하다. 하지만 NBA 수준의 수비력을 아직 갖추지 못해 아쉽다. 올시즌 연봉은 262만 달러.

SHOT ZONE

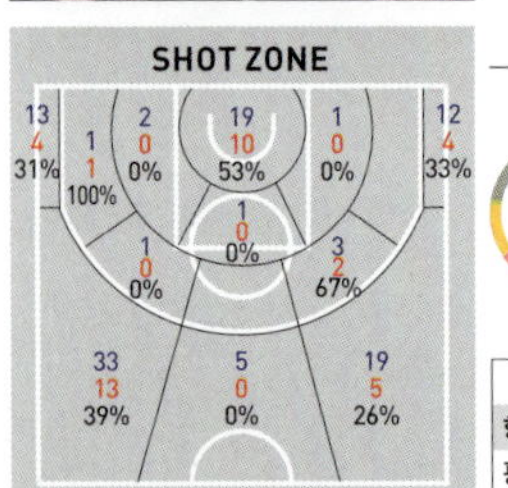

시도 110회 성공 39회 성공률 35.5%

SHOT PROCESS / SHOT TYPES

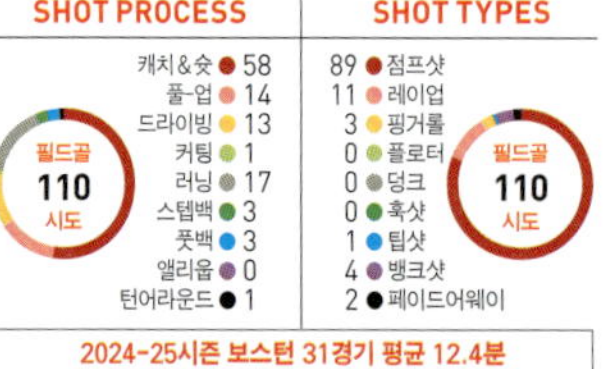

필드골 110 시도

SHOT PROCESS		SHOT TYPES	
캐치&슛	58	89	점프샷
풀-업	14	11	레이업
드라이빙	13	3	핑거롤
커팅	1	0	플로터
러닝	17	0	덩크
스텝백	3	0	훅샷
풋백	3	1	팁샷
앨리웁	0	4	뱅크샷
턴어라운드	1	2	페이드어웨이

2024-25시즌 보스턴 31경기 평균 12.4분

항목	PTS	RB	AS	ST	BL	FG-FGA	3P-3PA	FT-FTA
평균	3.6	2.1	1.1	0.5	0.1	1.3-3.5	0.8-2.6	0.3-0.4
36분	10.6	6.1	3.1	1.6	0.2	3.7-10.3	2.4-7.7	0.8-1.1

항목	OS	CS	MS	3P	FT	SQ	OC	IS	L&F	SD	DD	PH	PF	PC	DRF	PM	PA	BH	DRS	PQ	PV
평점	C	C-	B-	B-	B	C-	D-	F	C-	F	D-	F	D-	F	D-	D	C-	C-	C	D+	D-

항목	DEF	ID	PD	ST	BL	HDQ	PP	DC	RBG	ORG	DRG	ATH	SP	AG	STR	VJ	STA	HP	INT	POT	OG
평점	D	D-	D	B-	F	D-	D-	F	B+	B+	B-	C-	B	D	D-	D-	A-	B	B-	B	C-

F 27 Jordan WALSH SF

조던 월시 2004.03.03 / 198cm

미국 | NBA 드래프트 : 2023년 2라운드 38번 | NBA 우승 : 1회 / 파이널 MVP : 0회 | 시즌 MVP : 0회 / NBA 퍼스트팀 : 0회

많이 발전했다. 2023-24시즌엔 주로 NBA G리그 마인 셀틱스에서 뛰었고, NBA 무대에는 달랑 9경기만 출전했다. 그러나 지난 시즌엔 보스턴에서 풀타임 활약하며 '서드 유닛' 멤버로 총 52경기에 나섰다. 올시즌 간판스타 제이슨 테이텀이 아킬레스건 부상으로 결장하기에, 제일런 브라운의 백업으로서 더 큰 역할을 맡을 것이다. 월시는 주로 중장거리 스팟업 점프샷과 로포스트 레이업 및 덩크로 득점한다. 공격 리바운드에 적극적이다. 연봉은 222만 달러.

SHOT ZONE

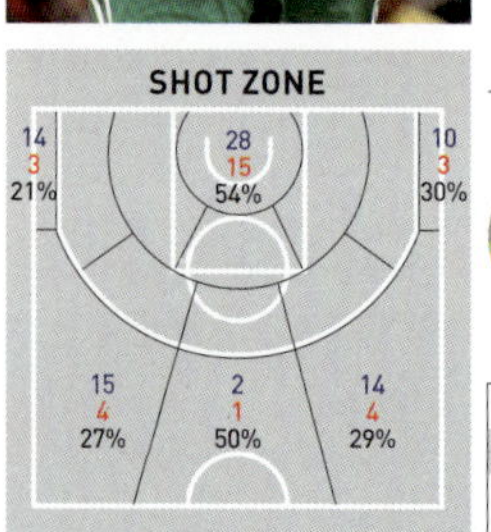

SHOT PROCESS / SHOT TYPES

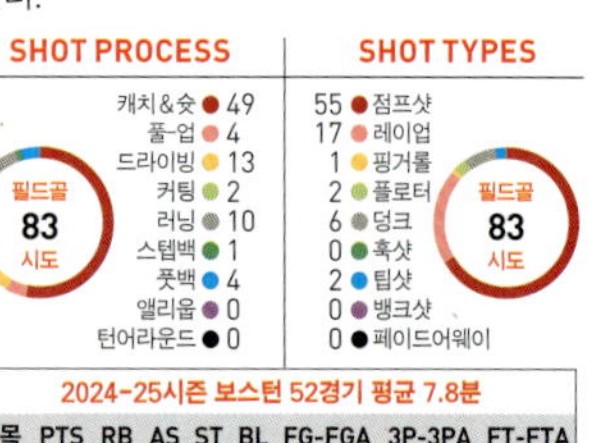

필드골 83 시도

SHOT PROCESS		SHOT TYPES	
캐치&슛	49	55	점프샷
풀-업	4	17	레이업
드라이빙	13	1	핑거롤
커팅	2	2	플로터
러닝	10	6	덩크
스텝백	1	0	훅샷
풋백	4	2	팁샷
앨리웁	0	0	뱅크샷
턴어라운드	0	0	페이드어웨이

2024-25시즌 보스턴 52경기 평균 7.8분

항목	PTS	RB	AS	ST	BL	FG-FGA	3P-3PA	FT-FTA
평균	1.6	1.3	0.4	0.2	0.2	0.6-1.6	0.3-1.1	0.1-0.2
36분	7.3	6.2	1.7	1.1	1	2.7-7.4	1.3-4.9	0.6-1.1

항목	OS	CS	MS	3P	FT	SQ	OC	IS	L&F	SD	DD	PH	PF	PC	DRF	PM	PA	BH	DRS	PQ	PV
평점	D-	D+	D	C-	C-	D-	F	D-	D+	F	B-	D-	D-	D-	F	D-	D	D+	D+	D-	F

항목	DEF	ID	PD	ST	BL	HDQ	PP	DC	RB3	OR3	DR3	ATH	SP	AG	STR	VJ	STA	HP	INT	POT	OG
평점	C-	D	C+	D	D-	C	C	D	C	B	D	C+	C+	C+	D-	B	B+	B	F	B	C-

F 8 Josh MINOTT SF

조시 마이넛 2002.11.25 / 203cm

미국

NBA 드래프트 : 2022년 2라운드 45번
NBA 우승 : 0회 / **파이널 MVP :** 0회
시즌 MVP : 0회 / **NBA 퍼스트팀 :** 0회

미네소타 '서드 유닛' 멤버로 정규리그 46경기에 평균 6분씩 뛰며 주전 및 식스맨들의 휴식 시간을 커버했다. 2025년 7월 FA로 풀렸고, 보스턴으로 옮겼다. 투웨이 계약이 아닌 정식 계약을 체결했기에 출전 기회는 더 늘어날 것이다. 스윙맨으로서 큰 203cm에 211cm의 윙스팬을 지녔다. 평균 이상의 운동능력을 잘 활용해 돌파에 이은 림 어택(덩크, 레이업, 핑거롤)을 시도한다. SF 중 리바운드, 스틸, 블락이 좋은 편이다. 연봉은 238만 달러.

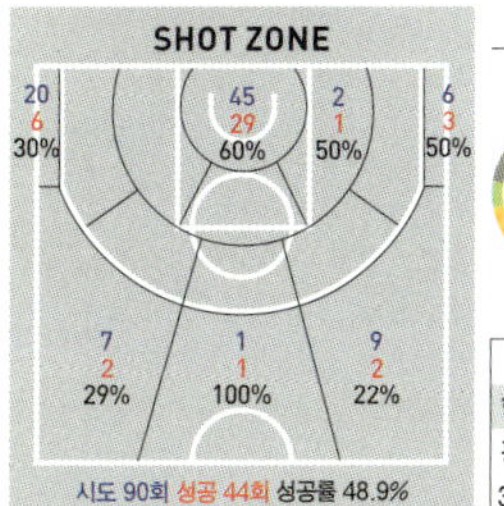

SHOT PROCESS

캐치&슛 42
풀-업 2
드라이빙 21
커팅 5
러닝 12
스텝백 0
풋백 4
앨리웁 4
턴어라운드 0

SHOT TYPES

43 점프샷
20 레이업
6 핑거롤
3 플로터
15 덩크
0 훅샷
1 팁샷
2 뱅크샷
0 페이드어웨이

필드골 90 시도

2024-25시즌 미네소타 46경기 평균 6.0분

항목	PTS	RB	AS	ST	BL	FG-FGA	3P-3PA	FT-FTA
평균	2.6	1.0	0.4	0.3	0.3	1.0-2.0	0.3-0.9	0.4-0.4
36분	15.5	6.1	2.3	2.0	1.6	5.7-11.7	1.8-5.6	2.2-2.5

항목	OS	CS	MS	3P	FT	SQ	OC	IS	L&F	SD	DD	PH	PF	PC	DRF	PM	PA	BH	DRS	PQ	PV
평점	—	—	—	—	—	—	—	—	—	—	—	—	—	—	—	—	—	—	—	—	—

항목	DEF	ID	PD	ST	BL	HDQ	PP	DC	RBB	ORB	DRB	ATH	SP	AG	STR	VJ	STA	HP	INT	POT	OG
평점	—	—	—	—	—	—	—	—	—	—	—	—	—	—	—	—	—	—	—	—	—

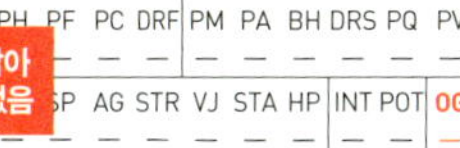

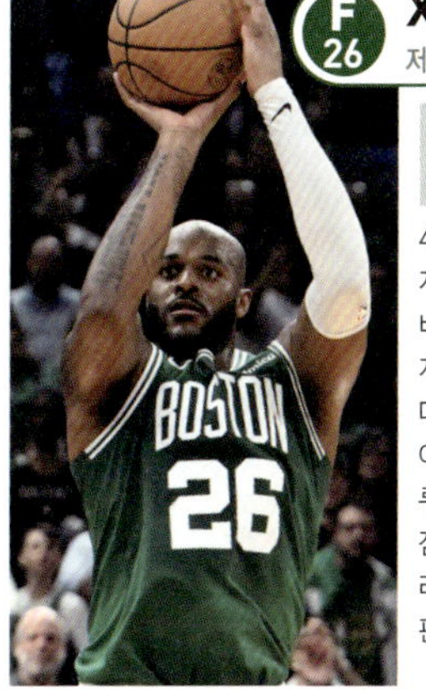

F 26 Xavier TILLMAN PF-C

제이비어 틸먼 1999.01.12 / 201cm

미국

NBA 드래프트 : 2020년 2라운드 35번
NBA 우승 : 1회 / **파이널 MVP :** 0회
시즌 MVP : 0회 / **NBA 퍼스트팀 :** 0회

4번과 5번을 넘나드는 벤치 멤버. 득점력은 높지 않으나, 리바운드, 블록, 스틸에 특화된 '수비형 선수'다. 201cm의 '언더사이즈 빅맨'이지만 페인트존을 비교적 잘 막아낸다. 루즈볼 다툼, 스크린, 박스 아웃 등 궂은일을 정말 많이 한다. 화려한 공격수가 많은 보스턴에서 '블루칼러 워크'를 충실히 해내고 있는 셈이다. 득점력 자체는 높지 않다. 그러나 강심장이라 어려운 상황에서의 슈팅은 의외로 성공률이 높은 편이다. 시즌 연봉은 255만 달러.

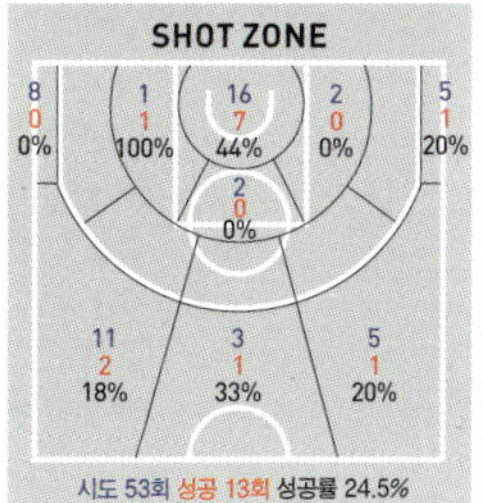

SHOT PROCESS

필드골 53 시도

캐치&슛 38
풀-업 0
드라이빙 8
커팅 2
러닝 0
스텝백 1
풋백 1
앨리웁 0
턴어라운드 3

SHOT TYPES

33 점프샷
9 레이업
0 핑거롤
2 플로터
0 덩크
5 훅샷
1 팁샷
0 뱅크샷
3 페이드어웨이

2024-25시즌 보스턴 33경기 평균 7.0분

항목	PTS	RB	AS	ST	BL	FG-FGA	3P-3PA	FT-FTA
평균	1.0	1.3	0.2	0.3	0.2	0.4-1.6	0.2-1.0	0.1-0.1
36분	5.3	6.7	1.1	1.7	0.8	2.0-8.3	0.8-5.0	1.3-2.3

항목	OS	CS	MS	3P	FT	SQ	OC	IS	L&F	SD	DD	PH	PF	PC	DRF	PM	PA	BH	DRS	PQ	PV
평점	—	—	—	—	—	—	—	—	—	—	—	—	—	—	—	—	—	—	—	—	—

항목	DEF	ID	PD	ST	BL	HDQ	PP	DC	RBB	ORB	DRB	ATH	SP	AG	STR	VJ	STA	HP	INT	POT	OG
평점	—	—	—	—	—	—	—	—	—	—	—	—	—	—	—	—	—	—	—	—	—

출전 시간이 짧아
평점 매길 수 없음

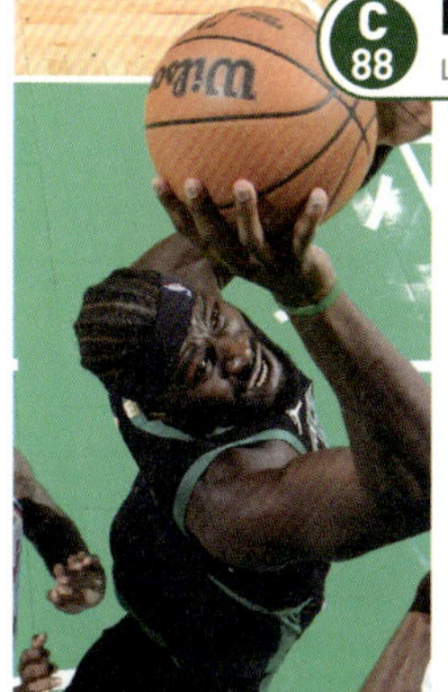

C 88 Neemias QUETA PF-C

니마이어스 케이타 1999.07.13 / 213cm

포르투갈

NBA 드래프트 : 2021년 2라운드 39번
NBA 우승 : 1회 / **파이널 MVP :** 0회
시즌 MVP : 0회 / **NBA 퍼스트팀 :** 0회

여름 오프시즌 때 보스턴 주전 센터였던 크리스탑스 포르징기스가 애틀랜타 호크스로 이적했다. 케이타는 그 빈자리를 메워야 한다. 케이타는 전형적인 '인사이드 스코어러'다. 로포스트의 스탠딩 덩크, 레이업, 공격 리바운드 직후의 풋백(주로 덩크와 팁인), 가까운 거리 훅샷 및 베이비 점퍼 등 거의 대부분의 득점을 림 근처에서 올린다. 큰 체격을 활용한 인사이드 수비, 공격 리바운드와 허슬 플레이는 나름 좋은 평가를 받는다. 연봉은 235만 달러.

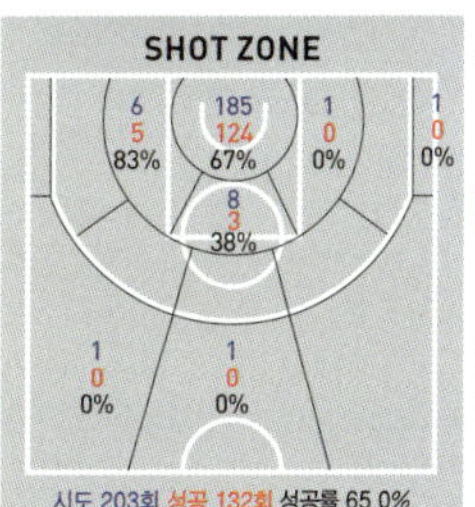

SHOT PROCESS

필드골 203 시도

캐치&슛 52
풀-업 0
드라이빙 11
커팅 50
러닝 8
스텝백 0
풋백 38
앨리웁 28
턴어라운드 16

SHOT TYPES

4 점프샷
74 레이업
0 핑거롤
12 플로터
61 덩크
29 훅샷
23 팁샷
0 뱅크샷
0 페이드어웨이

필드골 203 시도

2024-25시즌 보스턴 62경기 평균 13.9분

항목	PTS	RB	AS	ST	BL	FG-FGA	3P-3PA	FT-FTA
평균	5.0	3.8	0.7	0.3	0.7	2.1-3.3	0.0-0.0	0.7-1.0
36분	12.9	9.8	1.9	0.8	1.8	5.5-8.5	0.0-0.1	2.1-2.9

항목	OS	CS	MS	3P	FT	SQ	OC	IS	L&F	SD	DD	PH	PF	PC	DRF	PM	PA	BH	DRS	PQ	PV
평점	D-	A+	D-	F	C	C-	F	D+	C-	C	C-	D-	D-	D-	F	F	D-	F	F	D-	F

항목	DEF	ID	PD	ST	BL	HDQ	PP	DC	RBB	ORB	DRB	ATH	SP	AG	STR	VJ	STA	HP	INT	POT	OG
평점	D	B-	D-	F	B+	C-	F	D+	C	B	D+	C-	D-	D-	C+	D	B-	A	D-	B	C

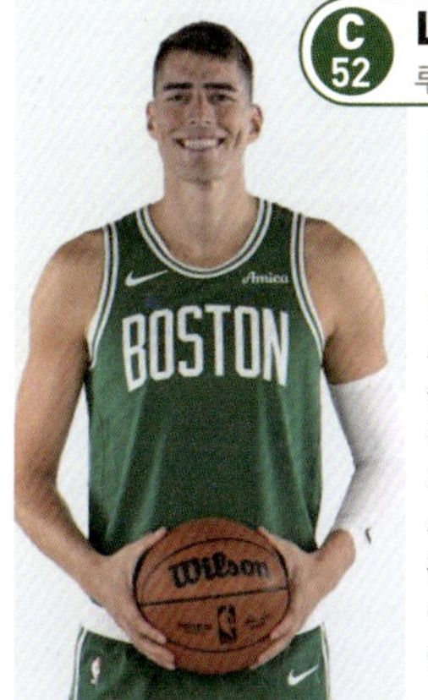

C 52 Luka GARZA C

루카 가자 1998.12.27 / 208cm

미국

NBA 드래프트 : 2021년 2라운드 52번
NBA 우승 : 0회 / **파이널 MVP :** 0회
시즌 MVP : 0회 / **NBA 퍼스트팀 :** 0회

지난 시즌, 미네소타에서 투웨이 계약을 맺고 입지가 불안했다. 그러나 2025년 7월 7일, 보스턴과 2년 550만 달러의 보장 계약을 체결해 심리적 안정을 찾았다. 보스턴 주전 센터 포르징기스가 애틀랜타로 떠난 만큼, 가자의 출전 기회는 더 늘어날 것이다. 가자는 적극적이면서도 지능적인 공격을 펼친다. 에너자이저와 같은 지구력의 소유자이다. 오펜스 리바운드에 특화된 선수로 풋백을 자주 시도하며 스크린 세팅도 열심히 한다. 연봉은 216만 달러.

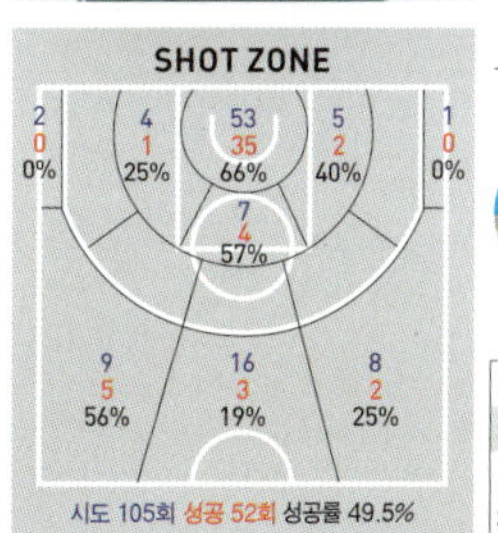

SHOT PROCESS

필드골 105 시도

캐치&슛 58
풀-업 1
드라이빙 6
커팅 10
러닝 4
스텝백 0
풋백 14
앨리웁 0
턴어라운드 12

SHOT TYPES

36 점프샷
29 레이업
2 핑거롤
14 플로터
5 덩크
13 훅샷
3 팁샷
0 뱅크샷
3 페이드어웨이

필드골 105 시도

2024-25시즌 미네소타 39경기 평균 5.6분

항목	PTS	RB	AS	ST	BL	FG-FGA	3P-3PA	FT-FTA
평균	3.5	1.4	0.3	0.2	0.1	1.3-2.7	0.3-0.9	0.6-0.9
36분	22.7	8.9	1.8	1.0	0.5	8.5-17.3	1.6-5.9	3.9-5.8

항목	OS	CS	MS	3P	FT	SQ	OC	IS	L&F	SD	DD	PH	PF	PC	DRF	PM	PA	BH	DRS	PQ	PV
평점	—	—	—	—	—	—	—	—	—	—	—	—	—	—	—	—	—	—	—	—	—

항목	DEF	ID	PD	ST	BL	HDQ	PP	DC	RBB	ORB	DRB	ATH	SP	AG	STR	VJ	STA	HP	INT	POT	OG
평점	—	—	—	—	—	—	—	—	—	—	—	—	—	—	—	—	—	—	—	—	—

출전 시간이 짧아
평점 매길 수 없음

C 77 Amari WILLIAMS C-PF

아마리 윌리엄스 2002.01.28 / 211cm

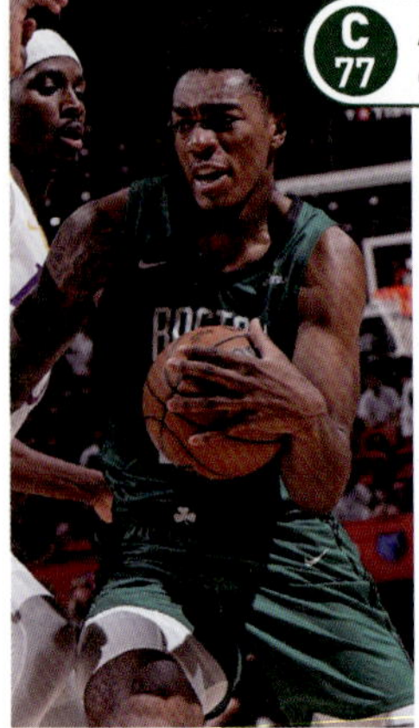

영국

NBA 드래프트 : 2025년 2라운드 46번
NBA 우승 : 0회 / **파이널 MVP :** 0회
시즌 MVP : 0회 / **NBA 퍼스트팀 :** 0회

드렉슬대에서 3년 활약한 뒤 4학년 때 NCAA 명문 켄터키대로 전학했다. 지난 시즌 36경기에 출전해 평균 10.9점, 8.5리바운드, 3.2어시스트를 올렸다. 2025년 NBA 드래프트를 신청해 올랜도에 2라운드 46번으로 지명됐고, 곧바로 보스턴으로 트레이드 돼 투웨이 계약을 맺었다. 211cm, 113kg의 빅맨으로, 229cm의 엄청난 윙스팬을 지녔다. 강력한 공격 리바운드와 섬세한 패스, 우수한 농구 IQ로 골밑을 지배한다. 점프샷과 푸트워크를 보강해야 한다.

SHOT ZONE

SHOT PROCESS (필드골 0 시도): 캐치&슛, 풀-업, 드라이빙, 커팅, 러닝, 스텝백, 풋백, 앨리웁, 팁어라운드

SHOT TYPES (필드골 0 시도): 점프샷, 레이업, 핑거롤, 플로터, 덩크, 훅샷, 팁샷, 뱅크샷, 페이드어웨이

2024-25시즌 기록 없음

항목	PTS	RB	AS	ST	BL	FG-FGA	3P-3PA	FT-FTA
평균	–	–	–	–	–	–	–	–
36분	–	–	–	–	–	–	–	–

항목	OS	CS	MS	3P	FT	SQ	OC	IS	L&F	SD	DD	PH	PF	PC	DRF	PM	PA	BH	DRS	PQ	PV
평점	–	–	–	–	–	–	–	–	–	–	–	–	–	–	–	–	–	–	–	–	–

항목	DEF	ID	PD	ST	BL	HDQ	PP	DC	RBB	ORB	DRB	ATH	SP	AG	STR	VJ	STA	HP	INT	POT	OG
평점	–	–	–	–	–	–	–	–	–	–	–	–	–	–	–	–	–	–	–	–	–

G 9 Derrick WHITE SG-PG

데릭 화이트 1994.07.02 / 193cm

미국

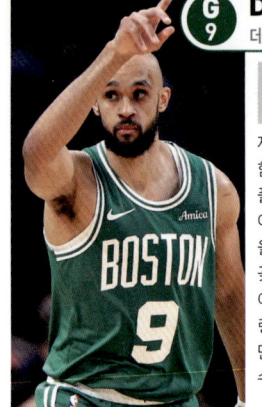

NBA 드래프트 : 2017년 1라운드 29번
NBA 우승 : 1회 / **파이널 MVP :** 0회
시즌 MVP : 0회 / **NBA 퍼스트팀 :** 0회

제이슨 테이텀이 빠진 올해, 제일런 브라운과 함께 팀을 이끌고 갈 간판스타이자 올라운드 플레이어다. 커팅에 이은 레이업과 덩크, 드라이빙에서 파생되는 플로터, 레이업, 덩크로 림을 직접 공략한다. 클러치 상황에서 여지없이 꽂히는 3점 슈팅은 '치명적인 무기'다. 강심장이라 터프샷 성공률도 높다. 안정적인 볼 핸들링과 이타적인 마인드로 동료에게 기회를 잘 만들어준다. 리그에서 가장 강력한 퍼리미터 수비수 중 1명이다. 시즌 연봉은 2810만 달러.

SHOT ZONE

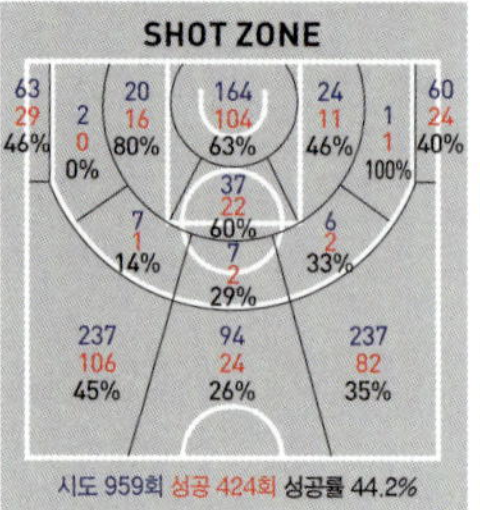

시도 959회 성공 424회 성공률 44.2%

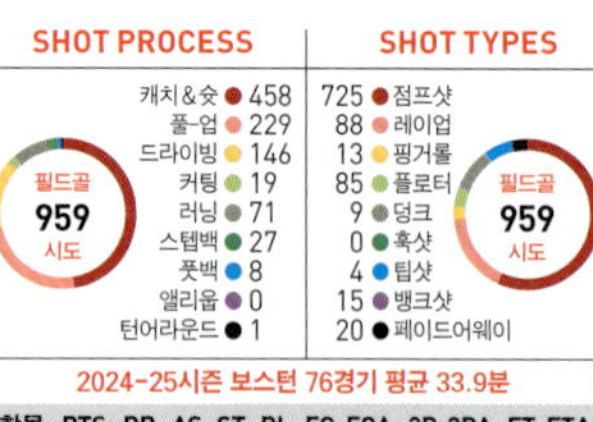

SHOT PROCESS (필드골 959 시도)

- 캐치&슛 458
- 풀-업 229
- 드라이빙 146
- 커팅 19
- 러닝 71
- 스텝백 27
- 풋백 8
- 앨리웁 0
- 팁어라운드 1

SHOT TYPES (필드골 959 시도)

- 725 점프샷
- 88 레이업
- 13 핑거롤
- 85 플로터
- 9 덩크
- 0 훅샷
- 4 팁샷
- 15 뱅크샷
- 20 페이드어웨이

2024-25시즌 보스턴 76경기 평균 33.9분

항목	PTS	RB	AS	ST	BL	FG-FGA	3P-3PA	FT-FTA
평균	16.4	4.5	4.8	0.9	1.1	5.6-12.6	3.5-9.1	1.8-2.1
36분	17.5	4.8	5.0	1.0	1.1	5.9-13.4	3.7-9.7	1.9-2.3

항목	OS	CS	MS	3P	FT	SQ	OC	IS	L&F	SD	DD	PH	PF	PC	DRF	PM	PA	BH	DRS	PQ	PV
평점	B+	A+	C+	B	B	B	A	D-	B+	F	D-	F	D-	F	B+	B-	B+	B	B+	B-	C-

항목	DEF	ID	PD	ST	BL	HDQ	PP	DC	RBG	ORG	DRG	ATH	SP	AG	STR	VJ	STA	HP	INT	POT	OG
평점	B+	D	A	D-	D	A-	C+	A	C-	C	C	B-	B+	A-	F	C	B+	A	D	A-	B+

G 4 Anfernee SIMONS SG-PG

앤퍼니 사이먼스 1999.06.08 / 191cm

미국

NBA 드래프트 : 2018년 1라운드 24번
NBA 우승 : 0회 / **파이널 MVP :** 0회
시즌 MVP : 0회 / **NBA 퍼스트팀 :** 0회

'건강한 사이먼스'는 역시 위력적이다. 지난시즌 포틀랜드에서 70경기 평균 32.7분씩 뛰며 19.3점, 4.8어시스트를 기록했다. 오른손 엄지, 왼 무릎을 다쳤던 2년 전과는 많이 다른 모습이다. 사이먼스는 보스턴에서 강력한 공격을 선보일 것이다. 폭발적인 드라이빙에서 이어지는 플로터, 덩크, 레이업, 핑거롤 등 모든 기술을 구사한다. 미드레인지 풀업 점퍼의 대가이고, 라인에서 스텝백 3점 슈팅을 터뜨린다. 자유투 성공률도 최상급. 연봉은 2768만 달러.

SHOT ZONE

38 / 13 / 34% · 3 / 1 / 33% · 58 / 20 / 35% · 306 / 162 / 53% · 39 / 19 / 49% · 11 / 5 / 46% · 21 / 8 / 38% · 64 / 25 / 39% · 32 / 18 / 56% · 9 / 7 / 78% · 10 / 7 / 70% · 240 / 91 / 38% · 96 / 33 / 34% · 198 / 70 / 35%

시도 1125회 성공 479회 성공률 42.6%

SHOT PROCESS (필드골 1125 시도)

- 캐치&슛 314
- 풀-업 234
- 드라이빙 331
- 커팅 3
- 러닝 85
- 스텝백 147
- 풋백 3
- 앨리웁 0
- 팁어라운드 8

SHOT TYPES (필드골 1125 시도)

- 688 점프샷
- 159 레이업
- 38 핑거롤
- 123 플로터
- 15 덩크
- 16 훅샷
- 3 팁샷
- 36 뱅크샷
- 47 페이드어웨이

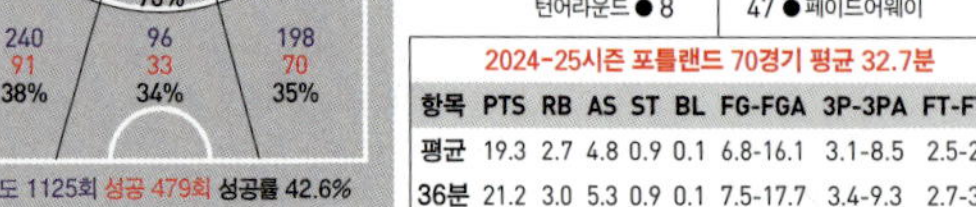

2024-25시즌 포틀랜드 70경기 평균 32.7분

항목	PTS	RB	AS	ST	BL	FG-FGA	3P-3PA	FT-FTA
평균	19.3	2.7	4.8	0.9	0.1	6.8-16.1	3.1-8.5	2.5-2.8
36분	21.2	3.0	5.3	0.9	0.1	7.5-17.7	3.4-9.3	2.7-3.0

항목	OS	CS	MS	3P	FT	SQ	OC	IS	L&F	SD	DD	PH	PF	PC	DRF	PM	PA	BH	DRS	PQ	PV
평점	B	B	A	B-	A-	C-	A-	D+	B+	F	A-	F	F	F	D-	C+	C+	B	C+	C+	C-

항목	DEF	ID	PD	ST	BL	HDQ	PP	DC	RBG	ORG	DRG	ATH	SP	AG	STR	VJ	STA	HP	INT	POT	OG
평점	D-	D-	D	D-	F	D-	D-	F	D-	D-	D-	B-	B	B+	F	A-	A	A-	D-	B+	B-

G 11 Payton PRITCHARD PG-SG

페이턴 프리차드 1998.01.28 / 185cm

미국

NBA 드래프트 : 2020년 1라운드 26번
NBA 우승 : 1회 / **파이널 MVP :** 0회
시즌 MVP : 0회 / **NBA 퍼스트팀 :** 0회

2020-21시즌 NBA에 데뷔한 이래 매년 기록이 향상되었고, 결국 지난 시즌 '올해의 식스맨상'을 수상하며 '정점'을 찍었다. 강력한 무기는 3점 슈팅. 좌우 코너, 좌우 윙, 탑 등 방향을 가리지 않는다. '딥 쓰리'를 심심찮게 구사할 수 있고, 풀업 3점이나 스텝백 3점을 시도한다. 상황에 따라 드라이빙에 이은 레이업, 핑거롤, 플로터로 림을 직접 공략한다. 플레이가 화려하지는 않지만, 기본기가 탄탄하며, 볼 핸들링이 안정적이다. 연봉은 723만 달러.

SHOT ZONE

시도 866회 성공 409회 성공률 47.2%

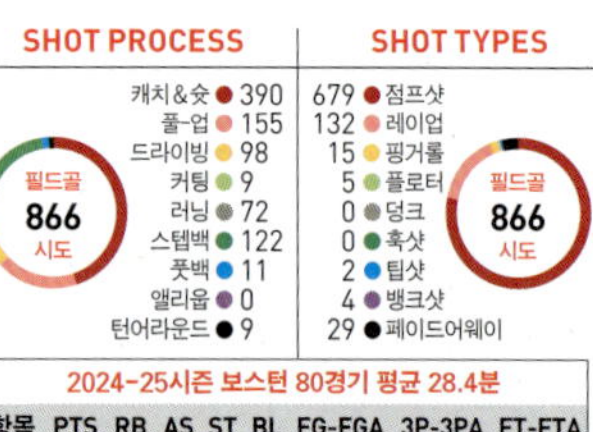

SHOT PROCESS (필드골 866 시도)

- 캐치&슛 390
- 풀-업 155
- 드라이빙 98
- 커팅 9
- 러닝 72
- 스텝백 122
- 풋백 11
- 앨리웁 0
- 팁어라운드 9

SHOT TYPES (필드골 866 시도)

- 679 점프샷
- 132 레이업
- 15 핑거롤
- 5 플로터
- 0 덩크
- 0 훅샷
- 2 팁샷
- 4 뱅크샷
- 29 페이드어웨이

2024-25시즌 보스턴 80경기 평균 28.4분

항목	PTS	RB	AS	ST	BL	FG-FGA	3P-3PA	FT-FTA
평균	14.3	3.8	3.5	0.9	0.2	5.1-10.8	3.2-7.8	0.9-1.1
36분	18.1	4.9	4.4	1.1	0.2	6.5-13.7	4.0-9.9	1.1-1.3

항목	OS	CS	MS	3P	FT	SQ	OC	IS	L&F	SD	DD	PH	PF	PC	DRF	PM	PA	BH	DRS	PQ	PV
평점	B	A+	B-	B	B	A-	B-	D-	B	F	F	F	F	F	D-	C+	B	B-	C+	B-	D+

항목	DEF	ID	PD	ST	BL	HDQ	PP	DC	RBG	ORG	DRG	ATH	SP	AG	STR	VJ	STA	HP	INT	POT	OG
평점	D-	D-	C-	D	F	D-	F	F	C-	B-	D-	C-	C	C	F	C+	B+	C+	A-	B+	B-

G 30 Sam HAUSER SG-SF

샘하우저 1997.12.08 / 201cm

미국

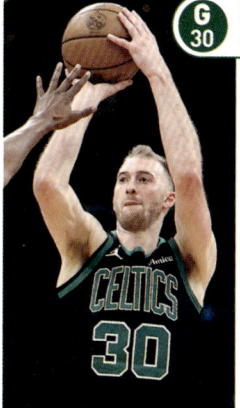

NBA 드래프트 : 2021년에 지명받지 못함
NBA 우승 : 1회 / **파이널 MVP :** 0회
시즌 MVP : 0회 / **NBA 퍼스트팀 :** 0회

식스맨으로 꽤 쏠쏠한 활약을 보인다. 강점은 폭발적인 3점 슈팅. 좌우 코너, 좌우 윙, 탑 등 위치를 가리지 않는다. 주 득점 루트는 오프 더 볼 무브로 만든 찬스에서 시도하는 정확한 캐치&슛. 그러나 러닝 점퍼, 풀업 점퍼도 심심찮게 성공시킨다. 가끔 커팅 레이업, 드라이빙 플로터 등으로 림을 직접 공략하기도 한다. 지구력이 좋아 코트를 부지런히 넘나들면서 허슬 플레이를 한다. 볼 핸들러와의 1대1 수비에는 약점을 보인다. 연봉 1004만 달러.

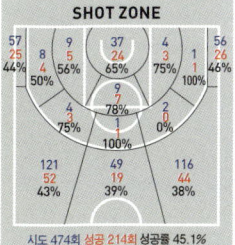

SHOT ZONE

57 / 25 / 44% · 8 / 4 / 50% · 9 / 5 / 56% · 37 / 24 / 65% · 4 / 3 / 75% · 1 / 1 / 100% · 56 / 26 / 46%
4 / 3 / 75% · 9 / 7 / 78% · 1 / 1 / 100% · 2 / 0 / 0%
121 / 52 / 43% · 49 / 19 / 39% · 116 / 44 / 38%

시도 474회 성공 214회 성공률 45.1%

SHOT PROCESS (필드골 474 시도)

캐치&슛 273 · 풀-업 87 · 드라이빙 20 · 커팅 11 · 러닝 58 · 스텝백 12 · 풋백 6 · 앨리웁 1 · 턴어라운드 6

SHOT TYPES (필드골 474 시도)

425 점프샷 · 22 레이업 · 3 핑거롤 · 5 플로터 · 3 덩크 · 1 훅샷 · 6 팁샷 · 4 뱅크샷 · 5 페이드어웨이

2024-25시즌 보스턴 71경기 평균 21.7분

항목	PTS	RB	AS	ST	BL	FG-FGA	3P-3PA	FT-FTA
평균	8.5	3.2	0.9	0.6	0.2	3.0-6.7	2.3-5.6	0.2-0.2
36분	14.1	5.2	1.5	1.0	0.3	5.0-11.1	3.9-9.3	0.3-0.3

항목	OS	CS	MS	3P	FT	SQ	OC	IS	L&F	SD	DD	PH	PF	PC	DRF	PM	PA	BH	DRS	PQ	PV
평점	B-	B+	A	B+	B+	C-	C-	D-	D-	F	D-	F	F	F	D-	F	D-	F	D-	D-	F

항목	DEF	ID	PD	ST	BL	HDQ	PP	DC	RB3	OR3	DR3	ATH	SP	AG	STR	VJ	STA	HP	INT	POT	OG
평점	D-	D-	D	D-	F	D-	F	F	D-	D+	D	C-	D-	D-	D+	D-	B+	B+	C-	B	C

G 29 Max SHULGA PG-SG

맥스 슐가 2002.06.25 / 196cm

우크라이나

NBA 드래프트 : 2025년 2라운드 57번
NBA 우승 : 0회 / **파이널 MVP :** 0회
시즌 MVP : 0회 / **NBA 퍼스트팀 :** 0회

1,2학년은 유타 주립대, 3,4학년은 버지니아 커먼웰스대에서 각각 선수 생활을 했다. 2025 NBA 드래프트를 신청해 올랜도에 2라운드 57번으로 지명되었고, 곧바로 보스턴으로 트레이드되었다. 슐가는 196cm의 스윙맨이다. 슈팅 스트로크가 일정하고, 부드러운 슈팅 터치에서 정확한 외곽포가 터진다. 바스켓볼 IQ가 우수하고, 플레이메이킹 능력을 지녔다. 리바운드를 곧잘 잡아내고, 허슬 플레이를 열심히 한다. 보스턴과는 투웨이 계약을 맺었다.

SHOT ZONE

SHOT PROCESS (필드골 0 시도)

캐치&슛 · 풀-업 · 드라이빙 · 커팅 · 러닝 · 스텝백 · 풋백 · 앨리웁 · 턴어라운드

SHOT TYPES (필드골 0 시도)

점프샷 · 레이업 · 핑거롤 · 플로터 · 덩크 · 훅샷 · 팁샷 · 뱅크샷 · 페이드어웨이

2024-25시즌 기록 없음

항목	PTS	RB	AS	ST	BL	FG-FGA	3P-3PA	FT-FTA
평균	–	–	–	–	–	–	–	–
36분	–	–	–	–	–	–	–	–

항목	OS	CS	MS	3P	FT	SQ	OC	IS	L&F	SD	DD	PH	PF	PC	DRF	PM	PA	BH	DRS	PQ	PV
평점	–	–	–	–	–	–	–	–	–	–	–	–	–	–	–	–	–	–	–	–	–

항목	DEF	ID	PD	ST	BL	HDQ	PP	DC	RBG	ORG	DRG	ATH	SP	AG	STR	VJ	STA	HP	INT	POT	OG
평점	–	–	–	–	–	–	–	–	–	–	–	–	–	–	–	–	–	–	–	–	–

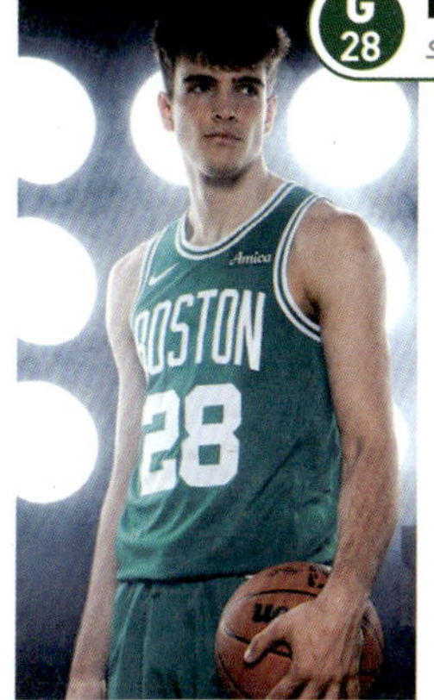

G 28 Hugo GONZALEZ SG-PG

우고 곤살레스 2006.02.05 / 198cm

스페인

NBA 드래프트 : 2025년 1라운드 28번
NBA 우승 : 0회 / **파이널 MVP :** 0회
시즌 MVP : 0회 / **NBA 퍼스트팀 :** 0회

스페인 명문 레알 마드리드 출신. 16세 7개월 27일이라는, 스페인 농구 리그 사상 4번째로 어린 나이에 프로 선수로 데뷔했다. 2025년 NBA 드래프트를 신청해 보스턴에 1라운드 28번으로 지명되었다. 곤살레스는 198cm의 스윙맨이다. 에너지가 넘치고, 수비를 열심히 하며, 과감한 돌파로 림을 공략한다. 바스켓볼 IQ가 우수하고, 볼핸들링과 패스 능력도 평균 이상이다. 공격력을 갖췄으나, 외곽 슈팅에서 기복을 보이는 게 약점. 연봉은 278만 달러.

SHOT ZONE

SHOT PROCESS (필드골 0 시도)

캐치&슛 · 풀-업 · 드라이빙 · 커팅 · 러닝 · 스텝백 · 풋백 · 앨리웁 · 턴어라운드

SHOT TYPES (필드골 0 시도)

점프샷 · 레이업 · 핑거롤 · 플로터 · 덩크 · 훅샷 · 팁샷 · 뱅크샷 · 페이드어웨이

항목	PTS	RB	AS	ST	BL	FG-FGA	3P-3PA	FT-FTA
평균	–	–	–	–	–	–	–	–
36분	–	–	–	–	–	–	–	–

항목	OS	CS	MS	3P	FT	SQ	OC	IS	L&F	SD	DD	PH	PF	PC	DRF	PM	PA	BH	DRS	PQ	PV
평점	–	–	–	–	–	–	–	–	–	–	–	–	–	–	–	–	–	–	–	–	–

항목	DEF	ID	PD	ST	BL	HDQ	PP	DC	RBG	ORG	DRG	ATH	SP	AG	STR	VJ	STA	HP	INT	POT	OG
평점	–	–	–	–	–	–	–	–	–	–	–	–	–	–	–	–	–	–	–	–	–

BOSTON CELTICS 2025-26 REGULAR SEASON SCHEDULE

OCTOBER, 2025

Oct. 22 vs. Philadelphia 76ers
Oct. 24 @ New York Knicks
Oct. 26 @ Detroit Pistons
Oct. 27 @ New Orleans Pelicans
Oct. 29 vs. Cleveland Cavaliers
Oct. 31 @ Philadelphia 76ers

NOVEMBER, 2025

Nov. 1 vs. Houston Rockets
Nov. 3 vs. Utah Jazz
Nov. 5 vs. Washington Wizards
Nov. 7 @ Orlando Magic
Nov. 9 @ Orlando Magic
Nov. 11, @ Philadelphia 76ers
Nov. 12 vs. Memphis Grizzlies
Nov. 16 vs. Los Angeles Clippers
Nov. 18 @ Brooklyn Nets
Nov. 21 vs. Brooklyn Nets
Nov. 23 vs. Orlando Magic
Nov. 26 vs. Detroit Pistons
Nov. 29 @ Minnesota Timberwolves
Nov. 30 @ Cleveland Cavaliers

DECEMBER, 2025

Dec. 2 vs. New York Knicks
Dec. 4 @ Washington Wizards
Dec. 5 vs. Los Angeles Lakers
Dec. 7 @ Toronto Raptors
Dec. 19 vs. Miami Heat
Dec. 20 @ Toronto Raptors
Dec. 22 vs. Indiana Pacers
Dec. 26 @ Indiana Pacers
Dec. 28 @ Portland Trail Blazers
Dec. 30 @ Utah Jazz

JANUARY, 2026

Jan. 1 @ Sacramento Kings
Jan. 3 @ Los Angeles Clippers
Jan. 5 vs. Chicago Bulls
Jan. 7 vs. Denver Nuggets
Jan. 9 vs. Toronto Raptors
Jan. 10 vs. San Antonio Spurs
Jan. 12 @ Indiana Pacers
Jan. 15 @ Miami Heat
Jan. 17 @ Atlanta Hawks
Jan. 19 @ Detroit Pistons
Jan. 21 vs. Indiana Pacers
Jan. 23 @ Brooklyn Nets
Jan. 24 @ Chicago Bulls
Jan. 26 vs. Portland Trail Blazers
Jan. 28 vs. Atlanta Hawks
Jan. 30 vs. Sacramento Kings

FEBRUARY, 2026

Feb. 1 vs. Milwaukee Bucks
Feb. 3 @ Dallas Mavericks
Feb. 4 @ Houston Rockets
Feb. 6 vs. Miami Heat
Feb. 8 vs. New York Knicks
Feb. 11 vs. Chicago Bulls
Feb. 19 @ Golden State Warriors
Feb. 22 @ Los Angeles Lakers
Feb. 24 @ Phoenix Suns
Feb. 25 @ Denver Nuggets
Feb. 27 vs. Brooklyn Nets

MARCH, 2026

Mar. 1 vs. Philadelphia 76ers
Mar. 2 @ Milwaukee Bucks
Mar. 4 vs. Charlotte Hornets
Mar. 6 vs. Dallas Mavericks
Mar. 8 @ Cleveland Cavaliers
Mar. 10 @ San Antonio Spurs
Mar. 12 @ Oklahoma City Thunder
Mar. 14 vs. Washington Wizards
Mar. 16 vs. Phoenix Suns
Mar. 18 vs. Golden State Warriors
Mar. 20 @ Memphis Grizzlies
Mar. 22 vs. Minnesota Timberwolves
Mar. 25 vs. Oklahoma City Thunder
Mar. 27 vs. Atlanta Hawks
Mar. 29 @ Charlotte Hornets
Mar. 30 @ Atlanta Hawks

APRIL, 2026

Apr. 1 @ Miami Heat
Apr. 3 @ Milwaukee Bucks
Apr. 5 vs. Toronto Raptors
Apr. 7 vs. Charlotte Hornets
Apr. 9 @ New York Knicks
Apr. 10 vs. New Orleans Pelicans
Apr. 12 vs. Orlando Magic

BROOKLYN NETS
NETS

리그 no.1 리빌딩 솔루션이 만들어낸 미래

선수단 재건의 달인

시즌 개막에 앞서 선 막스 단장에게 주어진 과제는 명확했다. 근래 극단적인 윈 나우 운영에 따른 후폭풍 수습이었다. 그가 누구인가? 2010년대 중반 '빌리 킹의 재앙', 즉 포스트 아포칼립스 시대도 보란 듯이 극복했던 유능한 프런트 수장이다. 연쇄 트레이드와 핵심 자원 셧다운 등 다양한 수단 동원에 힘입어 선수단 전력을 의도적으로 떨어뜨렸다. 해당 과정에서 미래 자산이 차곡차곡 쌓였음은 물론이다. 리그 no.1 리빌딩 솔루션이라고 표현하더라도 과언이 아니다.

리빌딩 핵심축 설계

리빌딩 설계 근간을 받쳐줄 1번 공격 조립 자원 보강에 주력했다. 올해 드래프트 1라운드에서 지명한 신인 4명 중 3명이 포인트가드 포지션이다. 이고르 데민(8순위), 놀란 트라오레(19순위), 벤 사라프(26순위)가 차기 시즌 주전 자리를 놓고 경쟁하게 된다. 미래 자산 추가 확보도 이루어졌다. 시장 가치가 높은 윙 포워드 카메론 존슨을 덴버로 보내고, 마이클 포터 주니어와 2032년 드래프트 1라운드 비보호 지명권을 얻었다. 리빌딩 집단에게 미래 1라운드 지명권은 다다익선이다.

암초는 감독이다!

브루클린은 앞서 언급했듯이 전면 탱킹을 진행 중이다. 단, 지난 시즌 승률 31.7%, 동부컨퍼런스 12위 호성적은(?) 예상 밖 변수였다. 신임 감독 조르디 페르난데스가 없는 살림에도 불구하고 선전했던 탓이다. 코치진 역량을 고려하면 이번 시즌에도 전력 대비 높은 성적이 도출될 공산이 크다. 막스 단장의 반격 카드는 다운그레이드 트레이드다. 닉 클랙스턴 등 트레이드 카드가 여전히 남아있다. 감독과 프런트의 기묘한 수싸움 결과가 궁금해질 시즌이다.

Association | Icon | Statement | City

*통계는 2025년 9월 10일 기준

CLUB INFORMATION

F Founded 구단 창립 1967년

O Owner 조셉 차이

C CEO 샘 주스만

HC Head Coach 호르디 페르난데스 1982.12.27

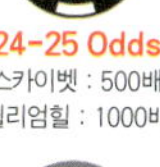

24-25 Odds 스카이벳 : 500배 윌리엄힐 : 1000배

Nationality (21명) ●미국 선수 17명 ●외국 선수 4명

Age 21명 평균 23.2세

H Height 21명 평균 200.1cm

W Weight 21명 평균 90.8kg

Salary 18명 평균 769만 달러

W Win 2024-25 : 26승 통산 : 2054승

L Loss 2024-25 : 56패 통산 : 2640패

WP Winning% 2024-25 : 31.7% 통산 : 43.8%

PO Play-Off PO 진출 : 31회 PO 탈락 : 27회

T Titles NBA우승 : 0회 ABA우승 : 2회

P Top Scorer 캐머런 존슨 평균 18.8점

R More Rebounds 닉 클랙스턴 평균 7.4리바운드

A More Assists 캐머런 존슨 평균 3.4어시스트

S More Steals 키언 존슨 평균 1.0스틸

More Blocks 닉 클랙스턴 평균 1.4블락

*항목별 1위는 지난 시즌 브루클린 소속으로 42경기 이상 출전한 선수 중 선별

HEAD COACH & STADIUM

Jordi FERNÁNDEZ 호르디 페르난데스

생년월일 : 1982.12.27 / **출생지** : 스페인 바달로나
경력 : 2009~2013 클리블랜드 코치 / 2013~2014 캔턴 차지 코치 / 2014~2016 캔턴 차지 감독 / 2016~2022 덴버 너기츠 코치 / 2022~2024 새크라멘토 수석 코치 / 2023~ 캐나다 대표팀 감독 / 2024~ 브루클린 네츠 감독

페르난데스는 1982년 12월 27일, 스페인 바달로나에서 태어났다. 바르셀로나대에서 스포츠사이언스를 전공했고, 대학원에서는 스포츠 심리학을 공부했다. 2006년 여름, 미국 라스베가스로 이주해 임팩트 바스켓볼 아카데미에 들어가 코칭스태프의 일원이 되었다. 2009년에는 클리블랜드 캐벌리어스의 선수 육성군 코치를 담당했다. 이후 여러 국가 대표팀을 지도하며 경험을 쌓았다. 2013년 스페인 U-19 남자대표팀 어시스턴트, 2017~2019년 스페인 국가대표팀 어시스턴트, 2020년 나이지리아 국가대표팀 어시스턴트, 2023년 캐나다 국가대표팀 감독을 역임했다. 그리고 2024년 4월 22일, 브루클린의 25대 감독으로 선임되었다. 그는 새크라멘토 감독 시절이던 2022-23시즌, 팀이 17년 만에 플레이오프에 진출함과 동시에 서부지구 3번 시드를 받도록 견인했다. 그 이전 덴버 너기츠 어시스턴트 시절(2016~2022년)에는 팀을 4년 연속 PO로 이끌었다.

BARCLAY CENTER

구장 오픈 : 2012년
구장 증개축 : –
오너 : 엠파이어스테이트 Dep.
수용인원 : 1만 7732명
건축비용 : 10억 달러

2012년 9월 28일에 개장했다. 뉴욕 브루클린 중심부에 위치한 스포츠 및 엔터테인먼트 행사장이다. 영국 금융회사이자 공식 스폰서인 바클리스가 20년간 2억 달러 규모를 맺고 명명권을 가져갔다. 이곳은 현대식 다목적 경기장이다. 어느 좌석에서든 경기장이 잘 보인다. 독보적인 볼거리와 최고 편의 시설을 갖췄다. 네츠 홈구장이 된 건 2012-13시즌부터다.

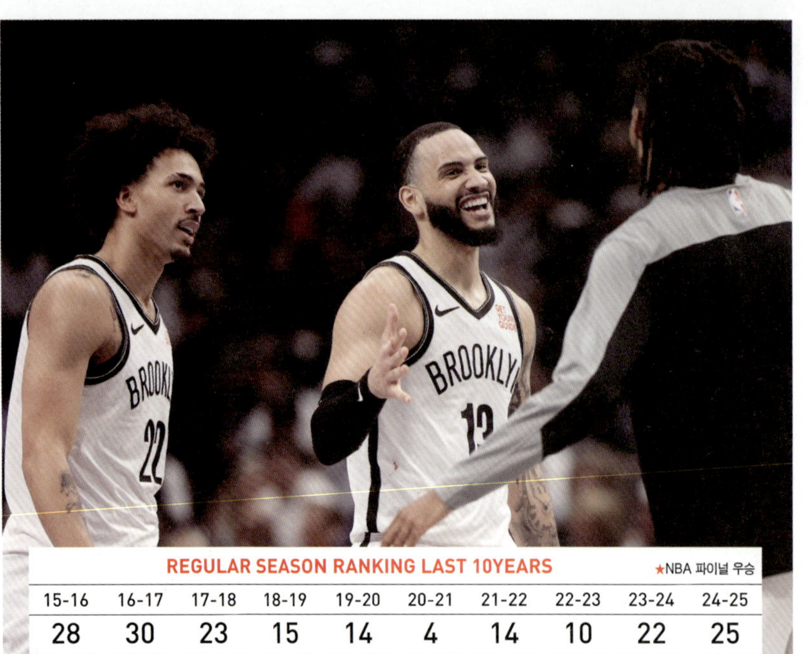

REGULAR SEASON RANKING LAST 10YEARS									★NBA 파이널 우승
15-16	16-17	17-18	18-19	19-20	20-21	21-22	22-23	23-24	24-25
28	30	23	15	14	4	14	10	22	25
21승 61패	20승 62패	28승 54패	42승 40패	35승 37패	48승 24패	44승 38패	45승 37패	32승 50패	26승 56패

Honours

NBA CHAMPIONS	CONFERENCE TITLES	DIVISION TITLES	RETIRED NUMBERS
0	2	5	6

NBA CHAMPIONSHIPS
NONE

ABA CHAMPIONSHIPS
1974, 1976

CONFERENCE TITLES
1974, 1976

DIVISION TITLES
ABA : 1974 / NBA : 2002, 2003, 2004, 2006

RETIRED NUMBERS
3, 5, 23, 25, 32, 52

TEAM POTENTIAL

69점

27위

하프코트 세트오펜스	6점
트랜지션 오펜스	6점
하프코트 세트디펜스	8점
트랜지션 디펜스	6점
리바운드	6점
선수층	5점
선수 경험치	6점
감독 리더십	9점
감독 전술	9점
프런트	8점

*각 항목은 10점 만점, 평점은 NBA 30팀 사이 상대평가

우승 ODDS	배당	순위
Sky Bet	500배	24위
Bet Fred	500배	25위
William Hill	1000배	27위

OFFENSIVE STYLE
트랜지션 오펜스 — 하프코트 세트오펜스

DEFENSIVE STYLE
하이 프레스 — 하프코트 디펜스

SQUAD & TACTICS

STARTERS

PF 노아 클라우니
22.7분, 9.1점
3.9RB, 0.9AS

C 닉 클랙스턴
26.9분, 10.3점
7.4RB, 2.2AS

SF 마이클 포터 Jr.
33.7분, 18.2점
7.0RB, 2.1AS

SG 테런스 맨
21.1분, 7.7점
3.0RB, 1.8AS

PG 예고르 데민
2025-26시즌
신인 선수

OFF THE BENCH

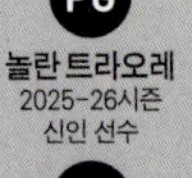

PG 놀란 트라오레
2025-26시즌
신인 선수

SG 제일런 윌슨
25.7분, 9.5점
3.4RB, 1.8AS

SF 키온 존슨
24.4분, 10.6점
3.8RB, 2.2AS

PF 자이어 윌리엄스
24.5분, 10.0점
4.6RB, 1.3AS

C 대니 울프
2025-26시즌
신인 선수

G 벤 사라프
G 타이리스 마틴
F 드레이크 파웰
F 드류 팀
C 데이런 샤프

Player's Functions

Ball Handlers
T.맨
E.데민
M.포터 Jr.

Pull-Ups
M.포터 Jr.
K.존슨
T.마틴

Catch & Shoot
M.포터 Jr.
J.윌슨
K.존슨

3 Pointers
M.포터 Jr.
N.클라우니
H.하이스미스

Slam Dunkers
N.클랙스턴
M.포터 Jr.
Z.윌리엄스

Free Throw
N.클라우니
Z.윌리엄스
J.윌슨

Rebounders
N.클랙스턴
D.샤프
M.포터 Jr.

1-1 Defenders
H.하이스미스
N.클랙스턴
Z.윌리엄스

Ball Stealers
K.존슨
Z.윌리엄스
D.샤프

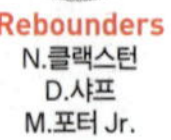

Key Passes
E.데민
T.맨
M.포터 Jr.

Hustle Players
D.샤프
N.클랙스턴
T.맨

Rim Protectors
N.클랙스턴
D.샤프
D.울프

2024-25 SEASON PERFORMANCE

공격 레이팅 108.5(28위) 수비 레이팅 115.8(20위) 레이팅 마진 -7.3(26위) 페이스 96.4(27위)

BROOKLYN NETS vs. OPPONENTS PER GAME STATS

	득실점	FG 필드골성공	FG↑ 필드골시도	FG% 필드골%	3P 3점성공	3P↑ 3점시도	3P% 3점%	2P 2점성공	2P↑ 2점시도	2P% 2점%	자유투성공	자유투시도	FT% 자유투%	OR 공격 RB	DR 수비 RB	TR 전체 RB	A↑ 어시스트	스틸	블락샷	턴오버	파울
브루클린	105.1 29위	37.6 30위	86.1 28위	43.7% 29위	13.6 13위	39.4 8위	34.4% 25위	24.1 29위	46.7 29위	51.5% 29위	16.3 23위	20.7 23위	78.7% 11위	10.9 18위	30.4 29위	41.3 29위	25.2 24위	7.8 20위	4.3 26위	15.2 23위	20.7 28위
상대팀	112.2 11위	40.5 6위	84.3 2위	48.0% 27위	12.9 8위	35.7 6위	36.2% 17위	27.5 9위	48.5 2위	56.7% 27위	18.4 26위	23.6 25위	77.9% 18위	10.1 4위	33.6 21위	43.7 14위	27.1 19위	8.0 13위	5.6 27위	15 12위	18.9 14위

LINE-UP

* 브루클린은 지난 시즌 총 757개의 라인업을 가동했다. 득실점차 플러스 10개, 마이너스 10개를 골랐다.

득실점차 플러스(+) 라인업 TOP 10	G	MIN	PPG	RPG	득실차
D. Schröder - D. Finney-Smith - N. Claxton - C. Johnson - C. Thomas	9	106	27.9	9.3	+29
N. Claxton - C. Johnson - K. Johnson - J. Wilson - T. Martin	7	39	16.4	5.1	+23
C. Johnson - K. Hayes - Z. Williams - D. Sharpe - K. Johnson	4	31	25.5	8.0	+20
D. Schröder - D. Finney-Smith - C. Johnson - C. Thomas - J. Wilson	3	18	20.3	5.7	+20
T. Watford - J. Wilson - D. Timme - T. Martin - T. Evbuomwan	3	11	12.0	6.3	+19
D. Sharpe - K. Johnson - J. Wilson - T. Martin - R. Beekman	5	21	13.4	2.4	+16
B. Simmons - D. Finney-Smith - S. Milton - C. Johnson - N. Clowney	1	10	30.0	11.0	+16
D. Sharpe - K. Johnson - C. Thomas - J. Wilson - T. Martin	1	8	24.0	6.0	+15
D. Schröder - D. Finney-Smith - C. Johnson - Z. Williams - J. Wilson	4	13	7.5	3.3	+14
D. Russell - N. Claxton - C. Johnson - J. Wilson - N. Clowney	3	9	9.3	4.0	+14

득실점차 마이너스(-) 라인업 TOP 10	GP	MIN	PPG	RPG	득실차
D. Russell - N. Claxton - C. Johnson - Z. Williams - K. Johnson	9	104	21.3	10	-52
N. Claxton - Z. Williams - K. Johnson - T. Martin - N. Clowney	6	44	12.5	6	-42
N. Claxton - K. Johnson - J. Wilson - T. Martin - N. Clowney	4	15	5.5	2.5	-23
N. Claxton - C. Johnson - K. Hayes - Z. Williams - K. Johnson	5	48	19.4	7.6	-20
D. Russell - N. Claxton - Z. Williams - K. Johnson - N. Clowney	5	15	5.2	2.2	-20
N. Claxton - C. Johnson - Z. Williams - K. Johnson - T. Martin	7	26	7.14	2.71	-19
B. Simmons - N. Claxton - C. Johnson - K. Johnson - N. Clowney	5	61	26.8	9	-18
T. Etienne - D. Timme - M. Lewis - D. Whitehead - R. Beekman	2	10	9	2.5	-18
S. Milton - D. Sharpe - K. Johnson - T. Watford - T. Martin	1	6	2	3	-18
N. Claxton - Z. Williams - K. Johnson - J. Wilson - T. Martin	8	21	4.875	1.75	-17

PASS COMBINATIONS

→ 해당 선수가 경기당 동료로부터 패스 받은 횟수
→ 해당 선수가 경기당 동료들에게 패스 해준 횟수

받은 횟수	선수	해준 횟수
72.8	데니스 슈뢰더	66.0
48.1	벤 시몬즈	54.5
51.3	디앤젤로 러셀	49.9
48.0	킬리안 헤이즈	49.0
30.6	닉 클랙스턴	36.2
36.2	드루 티미	35.0
50.6	캠 토머스	34.8
33.3	트렌든 왓포드	34.6
38.8	캐머런 존슨	32.2
24.9	도리안 피니-스미스	30.9
27.8	타이리스 마틴	29.0
30.7	키언 존슨	27.5
30.7	타이슨 에티엔	26.1
27.6	셰이크 밀턴	26.0
26.5	제일런 윌슨	25.3
20.1	데이런 샤프	24.5
21.6	노아 클라우니	23.9
22.8	토산 에위아머	22.9
20.4	자이에어 윌리엄스	22.6
19.9	리스 비크먼	21.7
10.9	맥스웰 루이스	11.6
12.6	다리크 화이트헤드	11.6
2.0	제일런 마틴	1.7
2.8	용시 추이	1.7
1.0	레지 잭슨	—

2024-25 RANKING

* 는 수치가 낮을수록 랭킹이 높아짐

브루클린	랭킹	FIVE FACTORS	상대팀	랭킹
51.6%	27위	3점 가중 FG%	55.7%*	26위
13.7*	28위	턴오버 / 100포제션	13.7	7위
24.5%	18위	공격 RB 점유율	25.0%*	13위
75.0%	13위	수비 RB 점유율	75.5%*	17위
18.9%	16위	자유투 / 필드골	21.8%*	28위

득점	랭킹	PLAYTYPE	실점*	랭킹
5.4	23위	아이솔레이션	6.5	8위
21.0	24위	트랜지션	25.9	27위
12.7	26위	픽&롤 볼핸들러	10.3	1위
4.3	30위	픽&롤 롤맨	7.0	14위
2.0	25위	포스트-업	4.3	23위
30.0	6위	스팟-업	29.6	26위
7.9	2위	핸드오프	3.5	1위
8.5	28위	커팅	—	—
3.7	15위	오프 스크린	2.8	1위
6.5	14위	풋백	6.1	7위
2.8	17위	기타	—	—

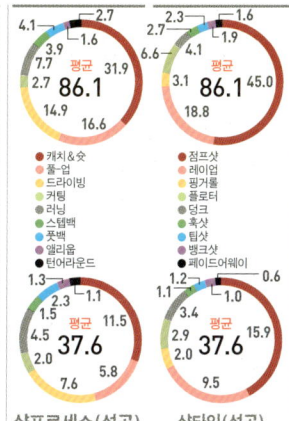

SHOT ZONE

평균 구간별 슈팅 및 성공률

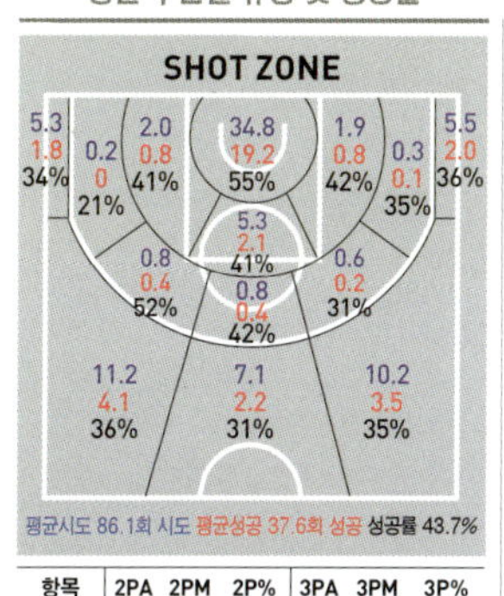

항목	2PA	2PM	2P%	3PA	3PM	3P%
캐치&슛	1.4	0.6	44.7%	30.5	10.9	35.6%
풀업	8.0	3.3	40.9%	8.6	2.5	29.6%
3m 안쪽	37.2	20.2	54.1%	—	—	—
TOTAL	16.7	24.1	51.5%	39.4	13.6	34.4%

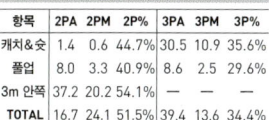

SHOT PROCESS & SHOT TYPES

샷프로세스(시도): 평균 86.1 — 31.9, 16.6, 14.9, 2.7, 7.7, 3.9, 4.1, 2.7, 1.6

샷타입(시도): 평균 86.1 — 45.0, 18.8, 3.1, 6.6, 4.1, 2.7, 2.3, 1.6, 1.9

샷프로세스: ● 캐치&슛 ● 풀-업 ● 드라이빙 ● 커팅 ● 러닝 ● 스텝백 ● 풋백 ● 앨리웁 ● 턴어라운드

샷타입: ● 점프샷 ● 레이업 ● 핑거롤 ● 플로터 ● 덩크 ● 훅샷 ● 팁샷 ● 뱅크샷 ● 페이드어웨이

샷프로세스(성공): 평균 37.6 — 11.5, 5.8, 7.6, 2.0, 4.5, 1.5, 2.3, 1.3, 1.1

샷타입(성공): 평균 37.6 — 15.9, 9.5, 2.0, 2.9, 3.4, 1.1, 1.2, 1.0, 0.6

SHOOTING

필드골 시도 (공격수와 수비수의 거리): 평균 86.1 — 6.2, 32.4, 25.8, 21.7

필드골 시도 (샷클락): 평균 86.1 — 2.8, 12.2, 11.9, 38.8, 9.6, 10.8

공격수와 수비수의 거리: ● 0~0.6m ● 0.6~1.2m ● 1.2~1.8m ● 1.8m 이상

샷클락: ● 22~24초 ● 18~22초 ● 15~18초 ● 7~15초 ● 4~7초 ● 0~4초

필드골 성공 (공격수와 수비수의 거리): 평균 37.6 — 2.8, 15.3, 10.7, 8.8

필드골 성공 (샷클락): 평균 37.6 — 1.6, 6.2, 5.0, 17.2, 3.9, 3.7

OPPONENT SHOOTING

상대 필드골 시도 (공격수와 수비수의 거리): 평균 84.3 — 6.3, 32.5, 24.9, 20.6

상대 필드골 시도 (샷클락): 평균 84.3 — 3.1, 12.9, 12.2, 39.1, 8.7, 8.3

공격수와 수비수의 거리: ● 0~0.6m ● 0.6~1.2m ● 1.2~1.8m ● 1.8m 이상

샷클락: ● 22~24초 ● 18~22초 ● 15~18초 ● 7~15초 ● 4~7초 ● 0~4초

필드골 허용 (공격수와 수비수의 거리): 평균 40.5 — 3.2, 17.5, 11.0, 8.8

필드골 허용 (샷클락): 평균 40.5 — 1.7, 7.2, 6.0, 18.7, 4.0, 2.9

CONTESTED REBOUNDS

공격 리바운드: 평균 5.9 — 0.6, 2.4, 1.9, 1.0

수비 리바운드: 평균 7.5 — 0.6, 2.2, 3.0, 1.7

림 아래부터 리바운드 위치까지의 거리
● 0~0.9m ● 0.9~1.8m ● 1.8~3m ● 3m 이상

UNCONTESTED REBOUNDS

공격 리바운드: 평균 5.0 — 0.6, 1.0, 1.0, 2.4

수비 리바운드: 평균 22.7 — 4.1, 8.3, 6.2, 4.1

림 아래부터 리바운드 위치까지의 거리
● 0~0.9m ● 0.9~1.8m ● 1.8~3m ● 3m 이상

DEFENSE OF 26 WINS

필드골 허용 %: 44.2%
상대 필드골 시도 84.6
필드골 허용 37.4

3점슛 허용 %: 33.7%
상대 3점슛 시도 35.2
3점슛 허용 11.9

DEFENSE OF 56 LOSSES

필드골 허용 %: 49.8%
상대 필드골 시도 84.1
필드골 허용 41.9

3점슛 허용 %: 37.3%
상대 3점슛 시도 35.9
3점슛 허용 13.4

F 17 Michael PORTER Jr. SF

마이클 포터 주니어 1998.06.29 / 208cm

미국

NBA 드래프트 : 2018년 1라운드 14번
NBA 우승 : 0회 / **파이널 MVP :** 0회
시즌 MVP : 0회 / **NBA 퍼스트팀 :** 0회

2023-24시즌에 이어 2년 연속, 부상 없이 꾸준히 출전했다. 프로 데뷔 후 4년간 크고 작은 부상으로 여러 차례 결장했던 것과 비교하면 다행이었다. 포터는 키가 크고, 윙스팬이 긴 3번이다. 특기는 슈팅. 미드레인지 점퍼와 3점슛 모두 리그 정상급이다. 풀업과 캐치&슛이 다 좋다. 릴리스 포인트가 높고, 부드러운 슛터치와 안정된 스트로크로 코트 전 지역에서 폭발적인 슈팅을 터뜨린다. 림어택, 자유투, 오프-더-볼 무브도 수준급. 연봉은 3833만 달러.

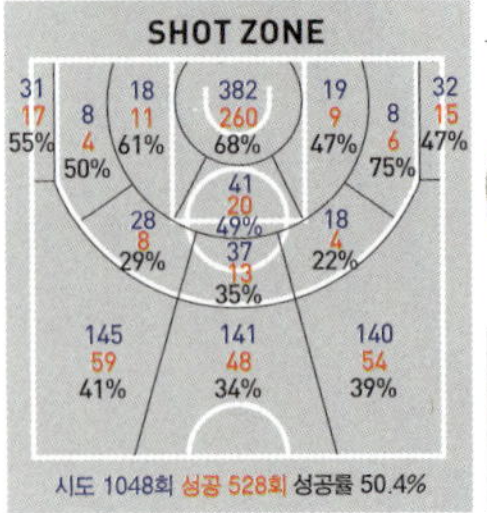

SHOT PROCESS

캐치&슛 427
풀-업 128
드라이빙 104
커팅 89
러닝 107
스텝백 98
풋백 75
앨리웁 5
턴어라운드 15

필드골 1048 시도

SHOT TYPES

626 점프샷
178 레이업
12 핑거롤
50 플로터
89 덩크
5 훅샷
46 팁샷
15 뱅크샷
27 페이드어웨이

필드골 1048 시도

2024-25시즌 덴버 77경기 평균 33.7분

항목	PTS	RB	AS	ST	BL	FG-FGA	3P-3PA	FT-FTA
평균	18.2	7.0	2.1	0.6	0.5	6.9-13.6	2.5-6.4	1.9-2.5
36분	19.4	7.5	2.3	0.7	0.5	7.3-14.5	2.7-6.8	2.1-2.7

항목	OS	CS	MS	3P	FT	SQ	OC	IS	L&F	SD	DD	PH	PF	PC	DRF	PM	PA	BH	DRS	PQ	PV
평점	B-	A+	B-	B-	C	C-	B	D+	A-	D-	B-	D-	D	D+	D-	D	D	C+	C+	D-	F

항목	DEF	ID	PD	ST	BL	HDQ	PP	DC	RB3	OR3	DR3	ATH	SP	AG	STR	VJ	STA	HP	INT	POT	OG
평점	D	D	D+	F	F	D-	D+	F	B+	D+	B	C+	B-	B-	D+	B+	B+	B-	D-	A-	B-

F 21 Noah CLOWNEY PF-C

노아 클라우니 2004.07.14 / 208cm

미국

NBA 드래프트 : 2023년 1라운드 21번
NBA 우승 : 0회 / **파이널 MVP :** 0회
시즌 MVP : 0회 / **NBA 퍼스트팀 :** 0회

정규시즌 46경기에 평균 22.7분씩 뛰며 9.1점, 3.9리바운드, 0.9어시스트를 기록했다. 프로 데뷔 연도인 2023-24시즌보다 모든 면에서 한단계 업그레이드 되었다. 올시즌에는 팀의 선발 파워포워드로 출전할 것이다. 클라우니는 기동력이 우수하고 다재다능하다. 바스켓볼 IQ가 좋고, 스위치 중심 시스템에서의 수비력이 우수하다. 최대 강점은 임팩트 있는 리바운드, 뛰어난 기동력, 코너 3점 슈팅과 픽&팝 상황에서 3점 슈팅 등이다. 연봉은 340만 달러.

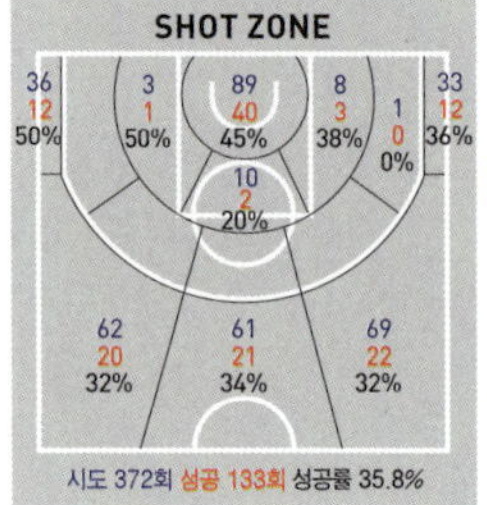

2024-25시즌 브루클린 46경기 평균 22.7분

항목	PTS	RB	AS	ST	BL	FG-FGA	3P-3PA	FT-FTA
평균	9.1	3.9	0.9	0.5	0.5	2.9-8.1	1.9-5.7	1.5-1.7
36분	14.5	6.3	1.4	0.8	0.7	4.6-12.9	3.0-9.0	2.3-2.8

항목	OS	CS	MS	3P	FT	SQ	OC	IS	L&F	SD	DD	PH	PF	PC	DRF	PM	PA	BH	DRS	PQ	PV
평점	D+	F	D+	C	B	C	D-	C-	C-	B-	B-	D-	D-	D-	D+	D-	D-	D-	D-	D+	F

항목	DEF	ID	PD	ST	BL	HDQ	PP	DC	RBB	ORB	DRB	ATH	SP	AG	STR	VJ	STA	HP	INT	POT	OG
평점	D	C-	D	C	F	D+	D	D-	D-	D-	D-	C	D	D	D	C	A-	B	C-	B+	C-

F 8 Haywood HIGHSMITH PF-SF

헤이우드 하이스미스 1996.12.09 / 196cm

미국

NBA 드래프트 : 2018년 지명받지 못함
NBA 우승 : 0회 / **파이널 MVP :** 0회
시즌 MVP : 0회 / **NBA 퍼스트팀 :** 0회

평균 20분 안팎 출전하는 백업 콤보 포워드. 그에게는 "Limited Offensively"라는 수식어가 따라붙는다. 제한된 출전 시간 속에 득점력이 높지 않고, 슈팅 기술도 단순한 편이기 때문이다. 덩크, 레이업 등 림어택과 아크라인 외곽에서의 3점 슈팅이 득점의 대부분을 이룬다. 프로 통산 성공률 61%에 불과한 자유투도 약점이다. 대신, 퍼리미터 1대1 수비, 가로채기, 팀 디펜스 응용 등 전체적인 수비력에서 나름대로 평가를 받는다. 연봉은 562만 달러.

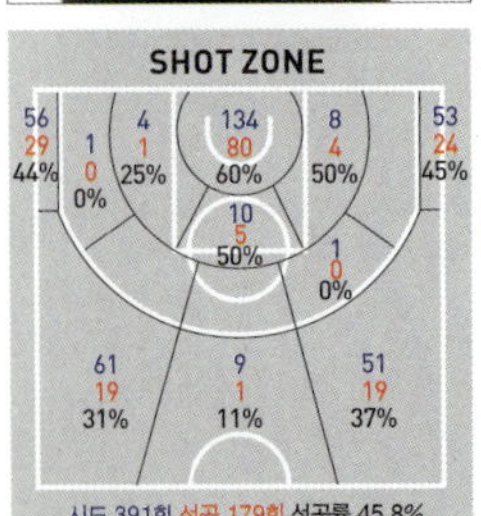

2024-25시즌 마이애미 74경기 평균 24.6분

항목	PTS	RB	AS	ST	BL	FG-FGA	3P-3PA	FT-FTA
평균	6.5	3.4	1.5	0.9	0.5	2.4-5.3	1.2-3.1	0.4-0.6
36분	9.5	5.0	2.2	1.3	0.7	3.5-7.7	1.8-4.6	0.6-0.9

항목	OS	CS	MS	3P	FT	SQ	OC	IS	L&F	SD	DD	PH	PF	PC	DRF	PM	PA	BH	DRS	PQ	PV
평점	C-	B	C-	B-	C	C-	D-	D-	C+	F	F	F	D-	F	F	D-	D-	C-	C+	D-	F

항목	DEF	ID	PD	ST	BL	HDQ	PP	DC	RB3	OR3	DR3	ATH	SP	AG	STR	VJ	STA	HP	INT	POT	OG
평점	C	C	B-	C-	F	C+	C+	C-	D-	C+	D-	C-	C-	B-	D-	C+	B-	D+	F	B	C-

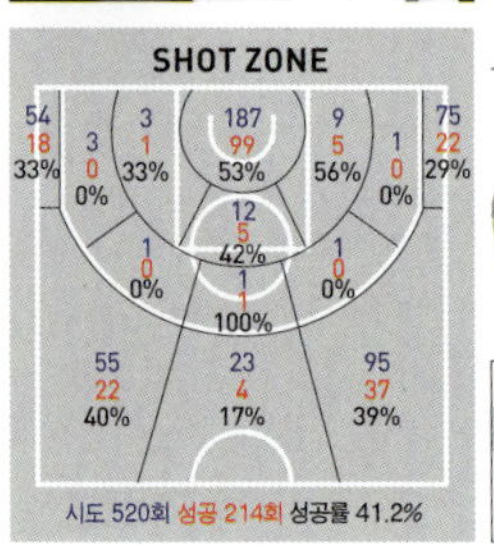

F 1 Ziaire WILLIAMS SF

자이어 윌리엄스 2001.09.12 / 206cm

미국

NBA 드래프트 : 2021년 1라운드 10번
NBA 우승 : 0회 / **파이널 MVP :** 0회
시즌 MVP : 0회 / **NBA 퍼스트팀 :** 0회

2021년 브루클린에 입단한 이래 4년간 꾸준히 출전했다. 지난 시즌엔 63경기(선발 45경기)에 출전해 평균 24.5분씩 뛰며 10.0점, 4.6리바운드, 1.3어시스트의 성적을 남겼다. 윌리엄스는 내외곽에서 고루 득점하는 스몰포워드다. 커팅 덩크, 앨리웁 덩크, 드라이빙 핑거롤로 림을 직접 공략한다. 팀 오펜스 세팅 이후 오픈 찬스에서 던지는 스팟업 점퍼, 과감한 풀업 점퍼도 종종 구사한다. 강한 체력을 바탕으로 한 허슬플레이도 OK. 연봉은 625만 달러.

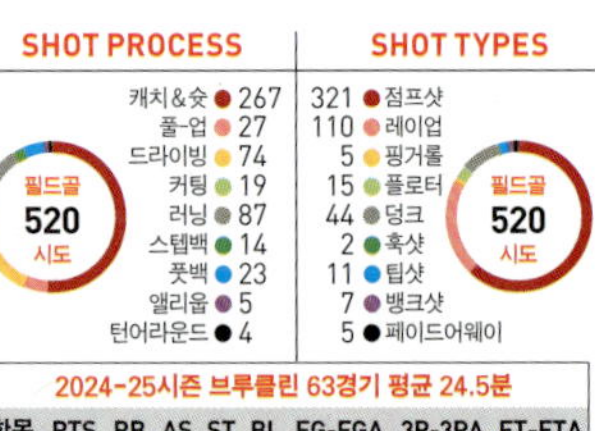

2024-25시즌 브루클린 63경기 평균 24.5분

항목	PTS	RB	AS	ST	BL	FG-FGA	3P-3PA	FT-FTA
평균	10.0	4.6	1.3	1.0	0.4	3.4-8.3	1.6-4.8	1.6-2.0
36분	14.8	6.7	2.0	1.4	0.7	5.0-12.1	2.4-7.1	2.4-2.9

항목	OS	CS	MS	3P	FT	SQ	OC	IS	L&F	SD	DD	PH	PF	PC	DRF	PM	PA	BH	DRS	PQ	PV
평점	D+	D-	D+	C+	B-	C-	D-	D-	C	D	B-	F	F	D-	D-	D-	D-	C+	B-	D-	F

항목	DEF	ID	PD	ST	BL	HDQ	PP	DC	RB3	OR3	DR3	ATH	SP	AG	STR	VJ	STA	HP	INT	POT	OG
평점	C-	D	C	C	F	C-	C	C-	B-	C	B	C+	B+	B+	F	B-	A-	B-	D	B	C

Individual Defense & Team Defense								Offensive & Defensive Rebounding									Physical Fitness & Athleticism							Miscellaneous		
DEF	ID	PD	ST	BL	HDQ	PP	DC	RBG	ORG	DRG	RB3	OR3	DR3	RBB	ORB	DRB	ATH	SP	AG	STR	VJ	STA	HP	INT	POT	OG
수비력 종합	인사이드 디펜스	퍼리미터 디펜스	스틸	블락샷	도움수비 IQ	패스 통찰력	수비 일관성	가드 리바운드	가드 공격RB	가드 수비RB	SF 리바운드	SF 공격RB	SF 수비RB	빅맨 리바운드	빅맨 공격RB	빅맨 수비RB	운동능력 종합	스피드	사이드 스텝	피지컬 파워	버티컬 점프력	지구력	허슬 플레이	영향력	포텐셜	종합 평가

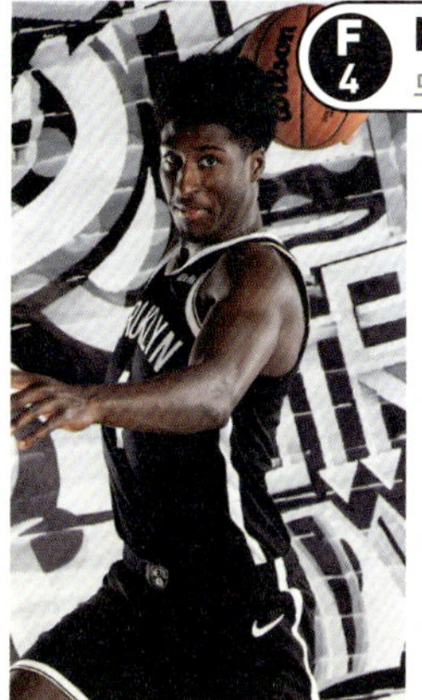

F 4 Drake POWELL SF-SG

드레이크 파월 2005.09.08 / 198cm

미국 NBA 드래프트 : 2025년 1라운드 22번
NBA 우승 : 0회 / 파이널 MVP : 0회
시즌 MVP : 0회 / NBA 퍼스트팀 : 0회

명문 노스캐롤라이나대 1학년만 마치고 프로에 데뷔한다. 2025 NBA 드래프트에서 1라운드 22번으로 애틀랜타에 지명됐고, 곧바로 브루클린으로 트레이드 되었다. 파월은 3D 윙이다. 좋은 움직임, 109cm의 점프력, 213cm의 윙스팬을 공격과 수비할 때 최대한 활용한다. 전형적인 캐치&슈터다. 스윙맨으로 이상적인 198cm의 키에 긴 팔을 이용해 높은 타점에서 점프 슈팅을 시도한다. 플레이메이킹, 패스 능력을 키워야 한다. 연봉은 337만 달러.

SHOT ZONE

2025-26시즌 신인 선수

2024-25시즌 기록 없음

항목	PTS	RB	AS	ST	BL	FG-FGA	3P-3PA	FT-FTA
평균	–	–	–	–	–	–	–	–
36분	–	–	–	–	–	–	–	–

항목	OS	CS	MS	3P	FT	SQ	OC	IS	L&F	SD	DD	PH	PF	PC	DRF	PM	PA	BH	DRS	PQ	PV
평점	–	–	–	–	–	–	–	–	–	–	–	–	–	–	–	–	–	–	–	–	–

항목	DEF	ID	PD	ST	BL	HDQ	PP	DC	RB3	OR3	DR3	ATH	SP	AG	STR	VJ	STA	HP	INT	POT	OG
평점	–	–	–	–	–	–	–	–	–	–	–	–	–	–	–	–	–	–	–	–	–

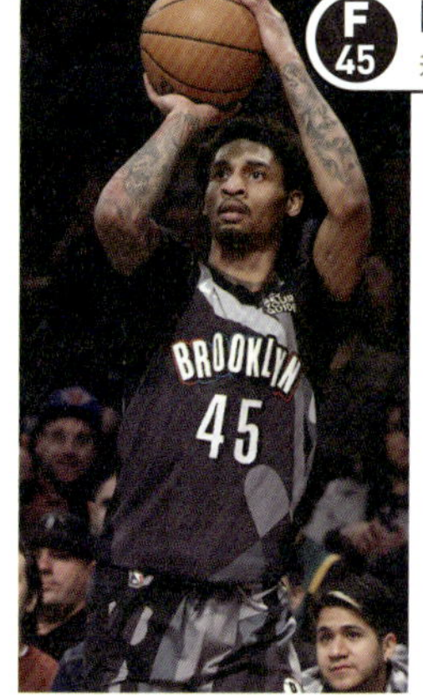

F 45 Keon JOHNSON SF-SG

키온 존슨 2002.03.10 / 196cm

미국 NBA 드래프트 : 2021년 1라운드 21번
NBA 우승 : 0회 / 파이널 MVP : 0회
시즌 MVP : 0회 / NBA 퍼스트팀 : 0회

지난 시즌 만개(滿開)했다. 79경기 평균 24.4분 출전하며 10.6점, 3.8리바운드, 2.2어시스트를 올렸다. 모든 부문에서 2021년 프로 데뷔 후 최고 성적이다. 출전 시간은 1925분으로 그가 데뷔 후 3년간 기록했던 총 시간 1871분보다도 길었다. 과감한 드라이빙, 레이업과 플로터, 전방위에서 터지는 3점 슈팅이 무기다. 여전히 슈팅 셀렉션이 불규칙하고, 수비할 때 파울을 많이 범하는 건 문제다. 235만 달러 연봉 계약을 맺었지만 보장된 액수는 아니다.

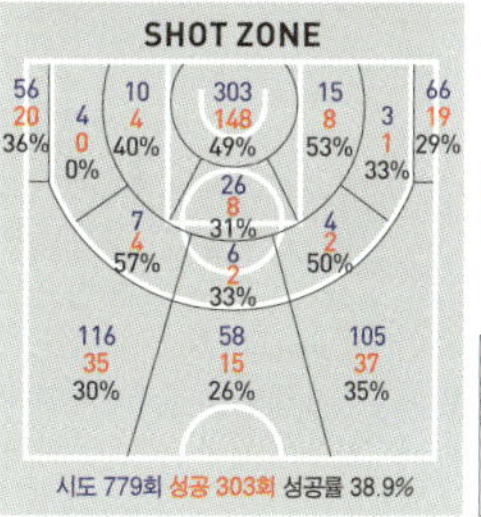

2024-25시즌 브루클린 79경기 평균 24.4분

항목	PTS	RB	AS	ST	BL	FG-FGA	3P-3PA	FT-FTA
평균	8.2	2.7	1.9	0.8	0.3	3.8-9.9	1.6-5.1	1.4-1.8
36분	15.7	5.6	3.3	1.5	0.6	5.7-14.6	2.4-7.5	2.0-2.6

항목	OS	CS	MS	3P	FT	SQ	OC	IS	L&F	SD	DD	PH	PF	PC	DRF	PM	PA	BH	DRS	PQ	PV
평점	C	C	C	C	C+	C	D-	D-	C	F	B-	F	F	F	F	D+	D+	C-	B-	C+	D-

항목	DEF	ID	PD	ST	BL	HDQ	PP	DC	RBG	ORG	DRG	ATH	SP	AG	STR	VJ	STA	HP	INT	POT	OG
평점	C	D-	C	C+	F	D+	D+	D	B-	B-	B	B-	A-	B	F	A+	B+	B	D-	B	C

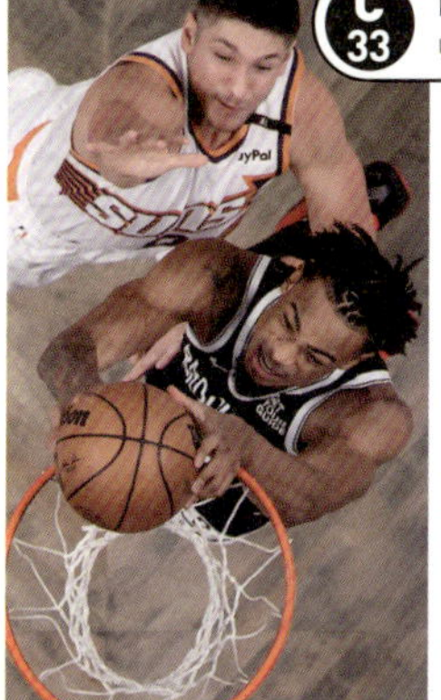

C 33 Nic CLAXTON C

닉 클랙스턴 1999.04.17 / 211cm

미국 NBA 드래프트 : 2019년 2라운드 31번
NBA 우승 : 0회 / 파이널 MVP : 0회
시즌 MVP : 0회 / NBA 퍼스트팀 : 0회

지난해 여름, 1억 달러의 사나이(4년 계약)가 되었던 클랙스턴. 그는 2024-25시즌 70경기 평균 26.9분씩 뛰며 10.3점, 7.4리바운드, 1.4블락을 올리며 '몸값'을 했다. 전형적인 '인사이드 스코어러'로 덩크, 레이업, 핑거롤, 짧은 거리 훅샷으로 득점한다. 통산 필드골 성공률 63.6%는 평균 두자리수 이상 득점한 선수 중 역대급에 속한다. 큰 키에 날렵한 체형, 높은 점프를 이용한 블락은 압도적이다. 팀 디펜스 응용도 좋고, 상대의 1번~5번까지를 모두 수비할 수 있다. 연봉은 2535만 달러.

SHOT ZONE

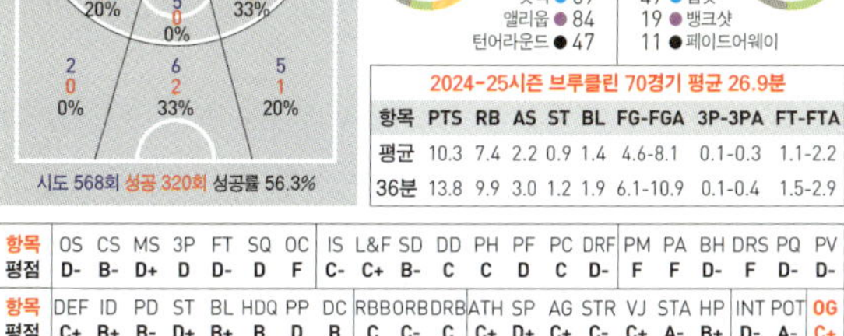

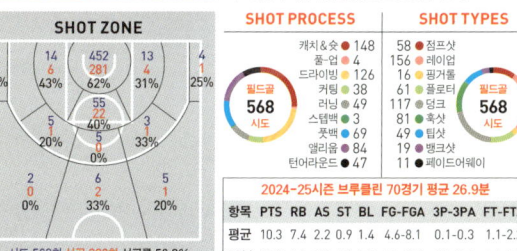

2024-25시즌 브루클린 70경기 평균 26.9분

항목	PTS	RB	AS	ST	BL	FG-FGA	3P-3PA	FT-FTA
평균	10.3	7.4	2.2	0.9	1.4	4.6-8.1	0.1-0.3	1.1-2.2
36분	13.8	9.9	3.0	1.2	1.9	6.1-10.9	0.1-0.4	1.5-2.9

항목	OS	CS	MS	3P	FT	SQ	OC	IS	L&F	SD	DD	PH	PF	PC	DRF	PM	PA	BH	DRS	PQ	PV
평점	D-	B-	D+	D	D-	D	F	C-	C+	B-	C	C	D	C	D-	F	F	D-	F	D-	D-

항목	DEF	ID	PD	ST	BL	HDQ	PP	DC	RBB	ORB	DRB	ATH	SP	AG	STR	VJ	STA	HP	INT	POT	OG
평점	C+	B+	B-	D+	B+	B	D	B	C	C-	C	C+	D+	C+	C-	C+	A-	B+	D-	A-	C+

C 18 Danny WOLF PF-C

대니 울프 2004.05.05 /211cm

미국 NBA 드래프트 : 2025년 1라운드 27번
NBA 우승 : 0회 / 파이널 MVP : 0회
시즌 MVP : 0회 / NBA 퍼스트팀 : 0회

브루클린 네츠가 뽑은 211cm 빅맨. 숙련되고 다재다능한 센터다. 올 시즌 네츠에서 닉 클랙스턴, 데이런 샤프 등 선배 센터들을 잘 뒷받침할 것이다. 울프는 다양한 공격 루트를 선보인다. 드라이브인으로 림을 직접 공략하고, 중거리 페이스업 점프샷, 외곽 3점 슈팅을 두루 구사할 수 있다. 우수한 농구 IQ를 활용하기에 효과적인 포스트 피딩, 지능적인 플레이메이킹을 구사한다. 큰 프레임을 활용한 강력한 리바운드도 OK. 연봉은 280만 달러.

2024-25시즌 기록 없음

항목	PTS	RB	AS	ST	BL	FG-FGA	3P-3PA	FT-FTA
평균	–	–	–	–	–	–	–	–
36분	–	–	–	–	–	–	–	–

항목	OS	CS	MS	3P	FT	SQ	OC	IS	L&F	SD	DD	PH	PF	PC	DRF	PM	PA	BH	DRS	PQ	PV
평점	–	–	–	–	–	–	–	–	–	–	–	–	–	–	–	–	–	–	–	–	–

항목	DEF	ID	PD	ST	BL	HDQ	PP	DC	RBB	ORB	DRB	ATH	SP	AG	STR	VJ	STA	HP	INT	POT	OG
평점	–	–	–	–	–	–	–	–	–	–	–	–	–	–	–	–	–	–	–	–	–

General Stats								Outside Scoring & Shooting							Inside Scoring & Shooting								Play Making, Ball Handling & Passing					
PTS	RB	AS	ST	BL	FG-FGA	3P-3PA	FT-FTA	OS	CS	MS	3P	FT	SQ	OC	IS	L&F	SD	DD	PH	PF	PC	DRF	PM	PA	BH	DRS	PQ	PV
득점	리바운드	어시스트	스틸	블락샷	필드골 성공-시도	3점슈팅 성공-시도	자유투 성공-시도	외곽 득점력	근거리 점프샷	중거리 슈팅	3점 슈팅	자유투	슈팅 IQ	득점 일관성	인사이드 득점력	레이업 플로터	스탠딩 덩크	드라이빙 덩크	포스트 훅샷	포스트 페이드	포스트 컨트롤	파울 유도	플레이 메이킹	패스 능력	볼 핸들링	드리블 스피드	패스 IQ	패스 비전

C 20 Day'Ron SHARPE C-PF

데이런 샤프 2001.11.06 / 211cm

미국

NBA 드래프트 : 2021년 1라운드 29번
NBA 우승 : 0회 / **파이널 MVP :** 0회
시즌 MVP : 0회 / **NBA 퍼스트팀 :** 0회

백업 센터. 블락, 박스아웃, 리바운드, 스크린 등 '블루칼러 워크'에 특화된 빅맨이다. 지난 시즌과 마찬가지로 경기당 20분 안팎 출전하며 닉 클랙스턴의 휴식 시간을 메워줄 것이다. 공격은 평범하다. 득점 대부분은 덩크, 레이업, 짧은 훅샷, 풋백 등 림 근처에서 이뤄진다. '가뭄에 콩나듯' 가비지 타임에는 3점 슈팅을 보여주기도 한다. 지난 시즌 36분 기준 리바운드 13.1개, 공격 리바운드 5.9개로 양부문 모두 리그 정상급이었다. 연봉은 625만 달러.

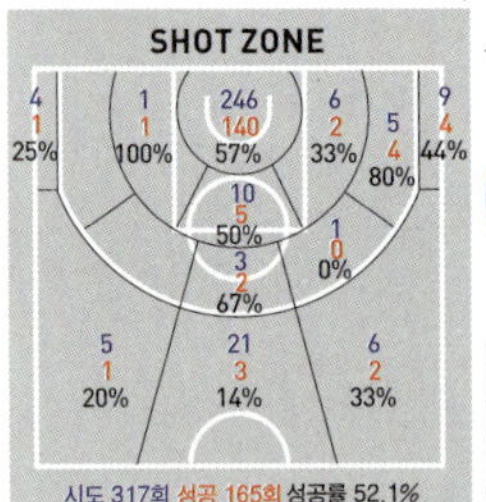

SHOT PROCESS (필드골 317 시도)

캐치&슛	93
풀-업	3
드라이빙	34
커팅	31
러닝	18
스텝백	2
풋백	98
앨리웁	15
턴어라운드	23

SHOT TYPES (필드골 317 시도)

점프샷	61
레이업	120
핑거롤	6
플로터	10
덩크	32
훅샷	32
팁샷	49
뱅크샷	5
페이드어웨이	2

2024-25시즌 브루클린 50경기 평균 18.1분

항목	PTS	RB	AS	ST	BL	FG-FGA	3P-3PA	FT-FTA
평균	7.9	6.6	1.8	0.8	0.8	3.3-6.3	0.2-0.9	1.1-1.5
36분	15.8	13.1	3.6	1.6	1.7	6.5-12.6	0.4-1.8	2.2-2.9

항목	OS	CS	MS	3P	FT	SQ	OC	IS	L&F	SD	DD	PH	PF	PC	DRF	PM	PA	BH	DRS	PQ	PV
평점	D+	B+	C	D+	C	D	F	D-	C-	C	C-	F	F	F	F	D-	D	D-	F	D+	D

항목	DEF	ID	PD	ST	BL	HDQ	PP	DC	RBB	ORB	DRB	ATH	SP	AG	STR	VJ	STA	HP	INT	POT	OG
평점	C-	C-	D	B-	B	D+	D-	D-	A-	A+	C+	C	D-	D-	C+	C-	B-	A	F	B-	C

G 8 Egor DEMIN PG

예고르 데민 2006.03.03 / 206cm

러시아

NBA 드래프트 : 2025년 1라운드 8번
NBA 우승 : 0회 / **파이널 MVP :** 0회
시즌 MVP : 0회 / **NBA 퍼스트팀 :** 0회

러시아 출신. 2023년, 스페인 레알 마드리드에서 데뷔했고, 2024~2025년 미국 브리검영대에서 농구를 이어갔다. 2025 NBA 드래프트에서 브루클린에 1라운드 8번으로 지명됐다. 206cm 장신 PG로 넓은 시야, 폭발적인 스피드에 스킵 패스, 원핸드 패스, 포켓 패스, 트랜지션 패스를 자유자재로 구사한다. 픽&롤, 트랜지션 핸들러로서 팀 공격을 이끌 수 있다. 반면, 상대 수비의 압박 때 턴오버를 많이 범하고, 슈팅에 기복이 심하다. 연봉은 689만 달러.

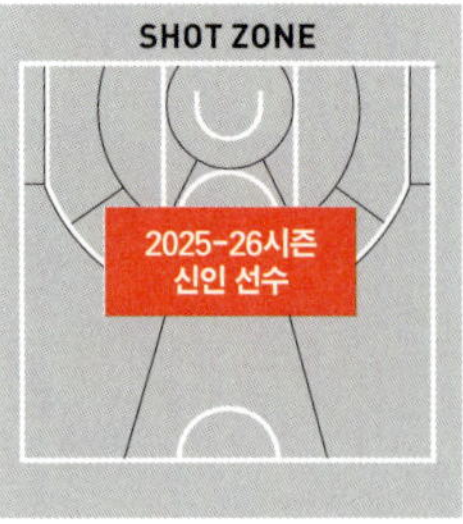

SHOT PROCESS (필드골 0 시도)

캐치&슛, 풀-업, 드라이빙, 커팅, 러닝, 스텝백, 풋백, 앨리웁, 턴어라운드

SHOT TYPES (필드골 0 시도)

점프샷, 레이업, 핑거롤, 플로터, 덩크, 훅샷, 팁샷, 뱅크샷, 페이드어웨이

2024-25시즌 기록 없음

항목	PTS	RB	AS	ST	BL	FG-FGA	3P-3PA	FT-FTA
평균	–	–	–	–	–	–	–	–
36분	–	–	–	–	–	–	–	–

항목	OS	CS	MS	3P	FT	SQ	OC	IS	L&F	SD	DD	PH	PF	PC	DRF	PM	PA	BH	DRS	PQ	PV
평점	–	–	–	–	–	–	–	–	–	–	–	–	–	–	–	–	–	–	–	–	–

항목	DEF	ID	PD	ST	BL	HDQ	PP	DC	RBG	ORG	DRG	ATH	SP	AG	STR	VJ	STA	HP	INT	POT	OG
평점	–	–	–	–	–	–	–	–	–	–	–	–	–	–	–	–	–	–	–	–	–

G 14 Terance MANN SG-SF

테런스 맨 1996.10.18 / 196cm

미국

NBA 드래프트 : 2019년 2라운드 48번
NBA 우승 : 회 / **파이널 MVP :** 회
시즌 MVP : 회 / **NBA 퍼스트팀 :** 회

슬래셔형 콤보 가드. 196cm의 키에 호리호리한 체형이며 순간적으로 방향을 바꾸고 민첩하게 움직인다. 늘 자신 있게 덩크, 레이업, 플로터를 시도한다. 양손으로 마무리할 수 있고, 스핀무브를 자유롭게 구사한다. 가끔 클러치 상황에 터프샷도 성공시킨다. 좌우 코너 3점슛이 많다. 볼을 안정적으로 핸들링하고, 정확하게 패스한다. 픽&롤에서 볼 핸들러와 롤맨 역할을 둘 다 잘 해낸다. 가드치고 공격 리바운드를 잘 잡아낸다. 연봉은 1550만 달러.

SHOT ZONE

시도 413회 성공 205회 성공률 49.6%

SHOT PROCESS (필드골 413 시도)

캐치&슛	139
풀-업	44
드라이빙	59
커팅	22
러닝	63
스텝백	51
풋백	15
앨리웁	1
턴어라운드	19

SHOT TYPES (필드골 413 시도)

점프샷	212
레이업	92
핑거롤	6
플로터	22
덩크	29
훅샷	0
팁샷	12
뱅크샷	1
페이드어웨이	39

2024-25시즌 LA 클리퍼스+애틀랜타 67경기 평균 21.1분

항목	PTS	RB	AS	ST	BL	FG-FGA	3P-3PA	FT-FTA
평균	7.7	3.0	1.8	0.7	0.2	3.1-6.2	0.9-2.4	0.7-1.0
36분	13.2	5.1	3.1	1.2	0.4	5.2-10.5	1.5-4.1	1.2-1.7

항목	OS	CS	MS	3P	FT	SQ	OC	IS	L&F	SD	DD	PH	PF	PC	DRF	PM	PA	BH	DRS	PQ	PV
평점	C-	A	C	B-	D	C-	F	D-	B-	F	C	F	D-	D-	F	C-	C+	C+	C-	B	F

항목	DEF	ID	PD	ST	BL	HDQ	PP	DC	RBG	ORG	DRG	ATH	SP	AG	STR	VJ	STA	HP	INT	POT	OG
평점	D	D	C-	D+	F	D-	D-	D-	C	B+	D-	C	C-	C-	D-	C+	B	A	C-	B	C

G 19 Nolan TRAORÉ

놀란 트라오레 2006.05.28 / 193cm

프랑스

NBA 드래프트 : 2025년 1라운드 19번
NBA 우승 : 0회 / **파이널 MVP :** 0회
시즌 MVP : 0회 / **NBA 퍼스트팀 :** 0회

프랑스 프레테일 발데마네 출신. 2001년부터 3년간 프랑스리그 셍트르 페데랄, 생캉탱에서 뛰었다. 2025 NBA 드래프트를 신청해 뉴저지에 1라운드 19번으로 지명됐다. 가속형 메인 볼 핸들러로 페인트존에 쉽게 진입하고, 픽&롤 디시전 메이킹, 패스의 회전에도 강점이 있다. 과감한 돌파 후 플로터를 주로 구사한다. 점프샷에 기복이 있어 아쉽지만 한번 터지면 못 말린다. 올 시즌 백업 멤버로서 경험을 많이 쌓는 게 중요하다. 연봉은 381만 달러.

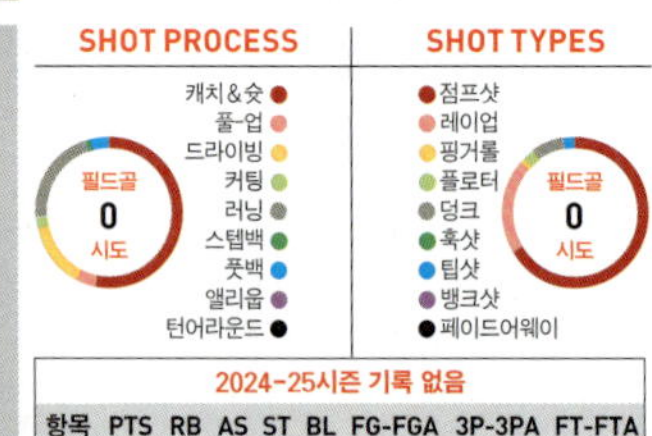

2024-25시즌 기록 없음

항목	PTS	RB	AS	ST	BL	FG-FGA	3P-3PA	FT-FTA
평균	–	–	–	–	–	–	–	–
36분	–	–	–	–	–	–	–	–

항목	OS	CS	MS	3P	FT	SQ	OC	IS	L&F	SD	DD	PH	PF	PC	DRF	PM	PA	BH	DRS	PQ	PV
평점	–	–	–	–	–	–	–	–	–	–	–	–	–	–	–	–	–	–	–	–	–

항목	DEF	ID	PD	ST	BL	HDQ	PP	DC	RBG	ORG	DRG	ATH	SP	AG	STR	VJ	STA	HP	INT	POT	OG
평점	–	–	–	–	–	–	–	–	–	–	–	–	–	–	–	–	–	–	–	–	–

Individual Defense & Team Defense								Offensive & Defensive Rebounding									Physical Fitness & Athleticism							Miscellaneous		
DEF	ID	PD	ST	BL	HDQ	PP	DC	RBG	ORG	DRG	RB3	OR3	DR3	RBB	ORB	DRB	ATH	SP	AG	STR	VJ	STA	HP	INT	POT	OG
수비력 종합	인사이드 디펜스	퍼리미터 디펜스	스틸	블락샷	도움수비 IQ	패스 통찰력	수비 일관성	가드 리바운드	가드 공격RB	가드 수비RB	SF 리바운드	SF 공격RB	SF 수비RB	빅맨 리바운드	빅맨 공격RB	빅맨 수비RB	운동능력 종합	스피드	사이드 스텝	피지컬 파워	버티컬 점프력	지구력	허슬 플레이	영향력	포텐셜	종합 평가

G 22 Jalen WILSON SG-SF

제일런 윌슨 2000.11.04 / 203cm

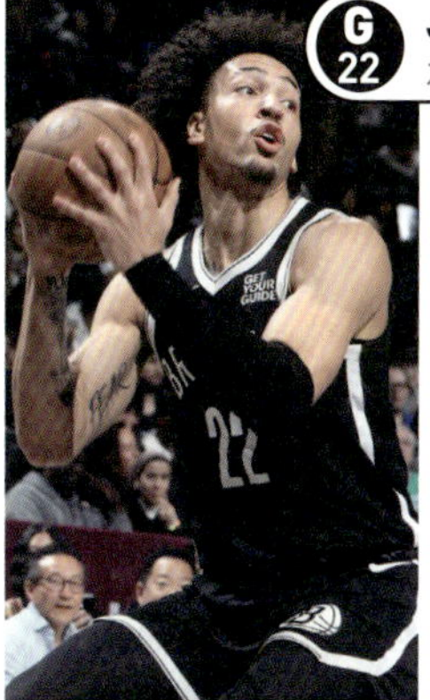

미국

NBA 드래프트 : 2023년 2라운드 51번
NBA 우승 : 0회 / **파이널 MVP :** 0회
시즌 MVP : 0회 / **NBA 퍼스트팀 :** 0회

프로 2년 차인 지난 시즌, 팀의 파워포워드 '3순위'로 나섰다. 하지만 올 시즌엔 팀 사정상 '서드 유닛'의 슈팅가드 혹은 스몰포워드로 출전한다. 윌슨은 좌우 코너, 좌우 윙, 탑 등 다양한 위치에서 과감하게 3점슛을 던진다. 러닝 레이업, 커팅 레이업, 드라이빙 플로터 등으로 림을 공략한다. 스크린, 박스아웃, 수비 리바운드, 나가는 볼 살려내기 등 허슬 플레이도 좋다. 그러나 1대1 수비, 팀 디펜스 등은 많은 개선이 필요하다. 연봉은 222만 달러.

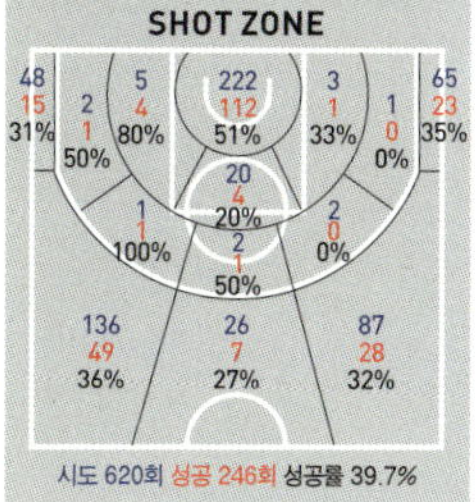

2024-25시즌 브루클린 79경기 평균 25.7분

항목	PTS	RB	AS	ST	BL	FG-FGA	3P-3PA	FT-FTA
평균	9.5	3.4	1.8	0.5	0.1	3.1-7.8	1.5-4.6	1.7-2.1
36분	13.3	4.8	2.6	0.7	0.1	4.4-11.0	2.2-6.4	2.4-2.9

항목	OS	CS	MS	3P	FT	SQ	OC	IS	L&F	SD	DD	PH	PF	PC	DRF	PM	PA	BH	DRS	PQ	PV
평점	C	B-	C+	C	B-	C	D-	D-	C+	F	C	D-	D-	D-	D-	D-	D	D+	C-	D	F

항목	DEF	ID	PD	ST	BL	HDQ	PP	DC	RB3	OR3	DR3	ATH	SP	AG	STR	VJ	STA	HP	INT	POT	OG
평점	D-	D-	D	D-	F	D-	D-	F	D-	C	D-	C	B-	C+	F	C	B-	B	D-	B-	C

G 77 Ben Saraf SG-PG

벤 사라프 2006.04.14 / 198cm

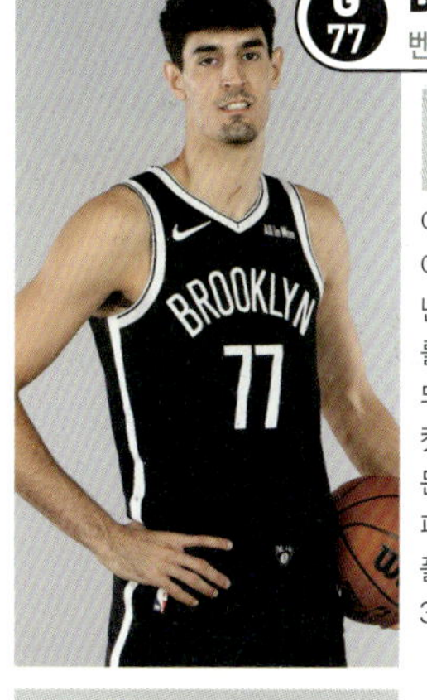

이스라엘

NBA 드래프트 : 2025년 1라운드 26번
NBA 우승 : 0회 / **파이널 MVP :** 0회
시즌 MVP : 0회 / **NBA 퍼스트팀 :** 0회

이스라엘 출신 콤보 가드. 16살 때인 2022년, 이스라엘 리그 엘리추르 네타냐에서 데뷔해 3년간 활약했다. 그리고 2025 NBA 드래프트를 신청해 브루클린에 1라운드 26번으로 지명되었다. 그는 패스의 회전에 중점을 둔다. 바스켓볼 IQ가 높고, 디시전 메이킹이 훌륭하며 모든 종류의 패스를 정확히 구사한다. 돌파 후의 패스 아웃도 OK. 림의 4~5m 지점에서 과감한 풀-업 점퍼를 날린다. 이스라엘 프로 3년차에 3점 슈팅도 늘었다. 연봉은 288만 달러.

SHOT PROCESS

캐치&슛, 풀-업, 드라이빙, 커팅, 러닝, 스텝백, 풋백, 앨리웁, 턴어라운드

필드골 0 시도

SHOT TYPES

점프샷, 레이업, 핑거롤, 플로터, 덩크, 훅샷, 팁샷, 뱅크샷, 페이드어웨이

필드골 0 시도

2024-25시즌 기록 없음

항목	PTS	RB	AS	ST	BL	FG-FGA	3P-3PA	FT-FTA
평균	–	–	–	–	–	–	–	–
36분	–	–	–	–	–	–	–	–

항목	OS	CS	MS	3P	FT	SQ	OC	IS	L&F	SD	DD	PH	PF	PC	DRF	PM	PA	BH	DRS	PQ	PV
평점	–	–	–	–	–	–	–	–	–	–	–	–	–	–	–	–	–	–	–	–	–

항목	DEF	ID	PD	ST	BL	HDQ	PP	DC	RBG	ORG	DRG	ATH	SP	AG	STR	VJ	STA	HP	INT	POT	OG
평점	–	–	–	–	–	–	–	–	–	–	–	–	–	–	–	–	–	–	–	–	–

G 13 Tyrese MARTIN SG-SF

타이리스 마틴 1999.03.07 / 198cm

미국

NBA 드래프트 : 2022년 2라운드 51번
NBA 우승 : 0회 / **파이널 MVP :** 0회
시즌 MVP : 0회 / **NBA 퍼스트팀 :** 0회

2024-25시즌 개막 전(前), 전문가들은 그에 대해 반신반의(半信半疑) 했다. 2023-24시즌 NBA G리그에서만 뛰었기 때문이다. 하지만 그는 지난 시즌에 식스맨으로서 알토란 같은 활약을 보이며 의심의 눈초리를 싹 지워버렸다. 마틴은 3D 플레이어다. 198cm의 이상적인 체형을 지닌 스윙맨으로 과감한 3점 슈팅과 정확한 자유투, 적극적인 수비를 구사한다. 올 시즌에도 세컨드 혹은 서드 유닛 멤버로 동료들을 뒷받침할 것이다. 연봉은 219만 달러.

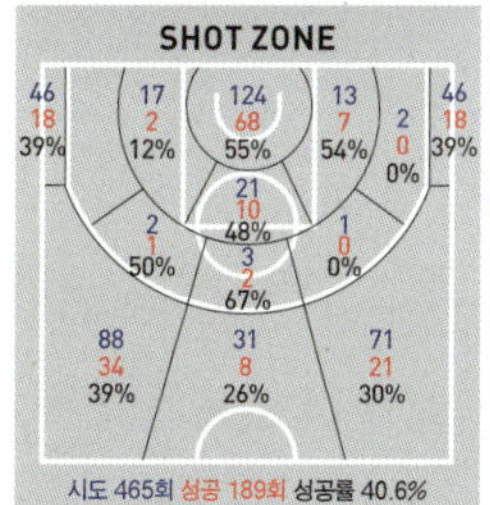

2024-25시즌 브루클린 60경기 평균 21.9분

항목	PTS	RB	AS	ST	BL	FG-FGA	3P-3PA	FT-FTA
평균	8.7	3.7	2.0	0.6	0.2	3.2-7.8	1.7-4.7	0.8-1.0
36분	14.3	6.0	3.3	0.9	0.2	5.2-12.7	2.7-7.7	1.3-1.6

항목	OS	CS	MS	3P	FT	SQ	OC	IS	L&F	SD	DD	PH	PF	PC	DRF	PM	PA	BH	DRS	PQ	PV
평점	C	C-	B-	B-	C	B-	D	D-	D	F	D-	D-	D-	D-	F	D+	C	C-	D-	C	D-

항목	DEF	ID	PD	ST	BL	HDQ	PP	DC	RBG	ORG	DRG	ATH	SP	AG	STR	VJ	STA	HP	INT	POT	OG
평점	D	D	C-	D-	F	D-	F	D-	B	B	B	C-	C-	C-	D-	C-	B	D	C-	B	C-

BROOKLYN NETS 2025-26 REGULAR SEASON SCHEDULE

OCTOBER, 2025

Oct. 22 @ Charlotte Hornets
Oct. 24 vs. Cleveland Cavaliers
Oct. 26 @ San Antonio Spurs
Oct. 27 @ Houston Rockets
Oct. 29 vs. Atlanta Hawks

NOVEMBER, 2025

Nov. 2 vs. Philadelphia 76ers
Nov. 3 vs. Minnesota Timberwolves
Nov. 5 @ Indiana Pacers
Nov. 7 vs. Detroit Pistons
Nov. 9 @ New York Knicks
Nov. 11 vs. Toronto Raptors
Nov. 14 @ Orlando Magic
Nov. 16 @ Washington Wizards
Nov. 18 vs. Boston Celtics
Nov. 21 @ Boston Celtics
Nov. 23 @ Toronto Raptors
Nov. 24 vs. New York Knicks
Nov. 28 vs. Philadelphia 76ers
Nov. 29 @ Milwaukee Bucks

DECEMBER, 2025

Dec. 1 vs. Charlotte Hornets
Dec. 3 @ Chicago Bulls
Dec. 4 vs. Utah Jazz
Dec. 6 vs. New Orleans Pelicans
Dec. 18 vs. Miami Heat
Dec. 21 vs. Toronto Raptors
Dec. 23 @ Philadelphia 76ers
Dec. 27 @ Minnesota Timberwolves
Dec. 29 vs. Golden State Warriors

JANUARY, 2026

Jan. 1 vs. Houston Rockets
Jan. 2 @ Washington Wizards
Jan. 4 vs. Denver Nuggets
Jan. 7 vs. Orlando Magic
Jan. 9 vs. Los Angeles Clippers
Jan. 11 @ Memphis Grizzlies
Jan. 12 @ Dallas Mavericks
Jan. 14 @ New Orleans Pelicans
Jan. 16 vs. Chicago Bulls
Jan. 18 @ Chicago Bulls
Jan. 19 vs. Phoenix Suns
Jan. 21 @ New York Knicks
Jan. 23 vs. Boston Celtics
Jan. 25 @ Los Angeles Clippers
Jan. 27 @ Phoenix Suns
Jan. 29 @ Denver Nuggets
Jan. 30 @ Utah Jazz

FEBRUARY, 2026

Feb. 1 @ Detroit Pistons
Feb. 3 vs. Los Angeles Lakers
Feb. 5 @ Orlando Magic
Feb. 7 vs. Washington Wizards
Feb. 9 vs. Chicago Bulls
Feb. 11 vs. Indiana Pacers
Feb. 19 @ Cleveland Cavaliers
Feb. 20 @ Oklahoma City Thunder
Feb. 22 @ Atlanta Hawks
Feb. 24 vs. Dallas Mavericks
Feb. 26 vs. San Antonio Spurs
Feb. 27 @ Boston Celtics

MARCH, 2026

Mar. 1 vs. Cleveland Cavaliers
Mar. 3 @ Miami Heat
Mar. 5 @ Miami Heat
Mar. 7 @ Detroit Pistons
Mar. 9 vs. Memphis Grizzlies
Mar. 10 vs. Detroit Pistons
Mar. 12 @ Atlanta Hawks
Mar. 14 @ Philadelphia 76ers
Mar. 16 vs. Portland Trail Blazers
Mar. 18 vs. Oklahoma City Thunder
Mar. 20 vs. New York Knicks
Mar. 22 @ Sacramento Kings
Mar. 23 @ Portland Trail Blazers
Mar. 25 @ Golden State Warriors
Mar. 27 @ Los Angeles Lakers
Mar. 29 vs. Sacramento Kings
Mar. 31 vs. Charlotte Hornets

APRIL, 2026

Apr. 3 vs. Atlanta Hawks
Apr. 5 vs. Washington Wizards
Apr. 7 vs. Milwaukee Bucks
Apr. 9 vs. Indiana Pacers
Apr. 10 @ Milwaukee Bucks
Apr. 12 @ Toronto Raptors

KNICKS
NEW YORK KNICKS
experience
abu dhabi
32

공수균형만 보완하면 대권 도전?

*통계는 2025년 9월 10일 기준

정상을 넘보다

리온 로즈 사장+탐 티보도 감독 체제에서 꾸준하게 진행된 전력 보강 작업이 결실을 봤다. 정규시즌 승률 62.2% 리그 전체 5위, 플레이오프 컨퍼런스파이널 진출 금자탑을 쌓았다. 특히 2라운드 통과는 앨런 휴스턴과 라트렐 스프리웰이 뭉쳤던 2000년 '트윈 테러' 시절 이후 최초다. 존엄하신 황상 폐하 제일런 브런슨, 올스타 빅맨 칼-앤써니 타운스, 윙 포지션 삼총사 OG 애누노비, 미칼 브릿지스, 조쉬 하트가 명가 재건에 앞장섰다. 티보도 특유의 근성 농구도 매서웠다.

사냥이 끝난 후 사냥개의 운명

티보도 감독이 시즌 종료 후 전격 경질되었다. 인디애나 상대로 2년 연속 플레이오프 맞대결 시리즈 업셋 패배를 겪은 게 치명타였다. 애당초 우직한 티보도 스타일과 변화무쌍한 업 템포 운영이 장점인 인디애나는 상성 상으로 좋지 않다. 문책성 인사는 코치진에게만 적용되었다. 브릿지스와의 4년 1억 5,000만 달러 연장계약에서 드러나듯, 선수단은 재신임받았다. 프런트코트 에너자이저 거숀 야부셀레, 백코트 득점원 조단 클락슨 FA 영입도 플러스 요인이다.

무르익은 우승 분위기

지난 시즌 우승권 전력을 고스란히 유지했다. 핵심 자원들이 최전성기 구간을 보내고 있기에 노쇠화 우려도 딱히 없다. 관건은 마이크 브라운 신임 감독이 공수 균형을 보완할 수 있을지다. 올스타 원투펀치 브런슨, 타운스가 플레이오프 당시 노출한 스위치(switch) 수비 문제를 해결한다면 대권 도전도 꿈이 아니다. 브런슨이 전면에 나선 공격 코트 경쟁력의 경우 검증이 끝난 상태다. 부상 변수가 없다는 가정 하에 클리블랜드 등과 더불어 유력한 동부컨퍼런스 우승 후보다.

CLUB INFORMATION

 F **Founded** 구단 창립 1946년	 O **Owner** MSG 스포츠그룹	C **CEO** 레온 로즈	HC **Head Coach** 마이크 브라운 1970.03.05	 **24-25 Odds** 스카이벳 : 8.5배 윌리엄힐 : 8.5배
14명 **Nationality** ●미국 선수 10명 ●외국 선수 4명	 **Age** 14명 평균 26.4세	H **Height** 14명 평균 198.8cm	W **Weight** 14명 평균 99.8kg	 **Salary** 12명 평균 1701만 달러
W **Win** 2024-25 : 51승 통산 : 3025승	 L **Loss** 2024-25 : 31패 통산 : 3162패	WP **Winning%** 2024-25 : 62.2% 통산 : 48.9%	 PO **Play-Off** PO 진출 : 46회 PO 탈락 : 33회	 T **Titles** NBA우승 : 2회 컨퍼런스 : 4회
P **Top Scorer** 제일런 브런슨 평균 26.0점	 R **More Rebounds** 칼-앤소니 타운스 평균 12.8리바운드	 **More Assists** 제일런 브런슨 평균 7.3어시스트	 S **More Steals** 조시 하트+1명 평균 1.5스틸	 **More Blocks** OG 애너노비 평균 0.9블락

*항목별 1위는 지난 시즌 뉴욕 소속으로 42경기 이상 출전한 선수 중 선별

Association Icon Statement City

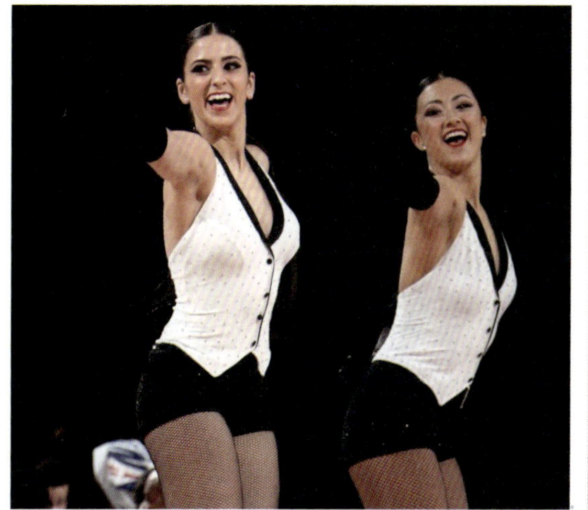

HEAD COACH & STADIUM

Mike BROWN 마이크 브라운

생년월일 : 1970.03.05 / **출생지 :** 미국 오하이오주 컬럼버스
경력 : 1997~1999년 워싱턴 위저즈 코치 / 2000~2003년 샌안토니오 스퍼스 코치 / 2003~2005년 인디애나 페이서스 코치 / 2005~2010년 클리블랜드 캐벌리어스 감독 / 2011~2012년 로스앤젤레스 레이커스 감독 / 2013~2014년 클리블랜드 캐벌리어스 감독 / 2016~2022년 골든스테이트 워리어스 코치 / 2022년~ 새크라멘토 킹스 감독 / 2025년~ 뉴욕 닉스 감독

1997년 워싱턴 위저즈 코치를 시작으로 2000년 샌안토니오 스퍼스, 2003년 인디애나 페이서스에서 각각 코치를 역임했다. 샌안토니오 시절 그렉 포포비치 감독 밑에서 2003년 NBA 파이널 우승과 두 번의 서부 우승을 경험했다. 2005년 클리블랜드 캐벌리어스, 2011년 LA 레이커스, 2013년 클리블랜드 캐벌리어스(복귀)에서 감독을 각각 역임했다. 캐벌리어스에서 2007년 NBA 파이널, 2007년과 2009년 동부 컨퍼런스 파이널에 진출했다. 2016~2022년, 골든스테이트 스티브 커 감독 밑에서 코치를 맡아 2017, 2018, 2022년 3차례 NBA 우승을 경험했다. 2022년 5월, 새크라멘토 킹스 감독으로 부임했고, 2022-23시즌 디비전 타이틀을 안기며 시즌 종료 후 NBA 올해의 감독상을 받았다. 새크라멘토와의 계약이 종료되자 2025년 7월 7일 뉴욕 닉스 지휘봉을 잡았다.

MADISON SQUARE GARDEN

구장 오픈 : 1879년, 1968년
구장 증개축 : 총 2회
오너 : MSG 엔터테인먼트
수용인원 : 1만 9812명
건축비용 : 1968년 1억 2300만 달러 / 1991년 증개축 2억 달러 / 2013년 증개축10억 달러

뉴욕 문화의 상징. 유명 운동선수, 최고의 대중음악 뮤지션, 최고의 아티스트들이 세계에서 가장 유명한 아레나에서 경기를 펼치고, 공연을 열었다. 농구팀 닉스, 하키팀 레인저스가 홈구장으로 사용 중이다. 또한, 프로 복싱, 중요 대학 농구 경기가 열린다. 현재 가든은 매디슨 스퀘어 가든으로 명명된 네 번째 건물이다. 1967-68시즌부터 닉스 홈구장으로 사용돼왔다.

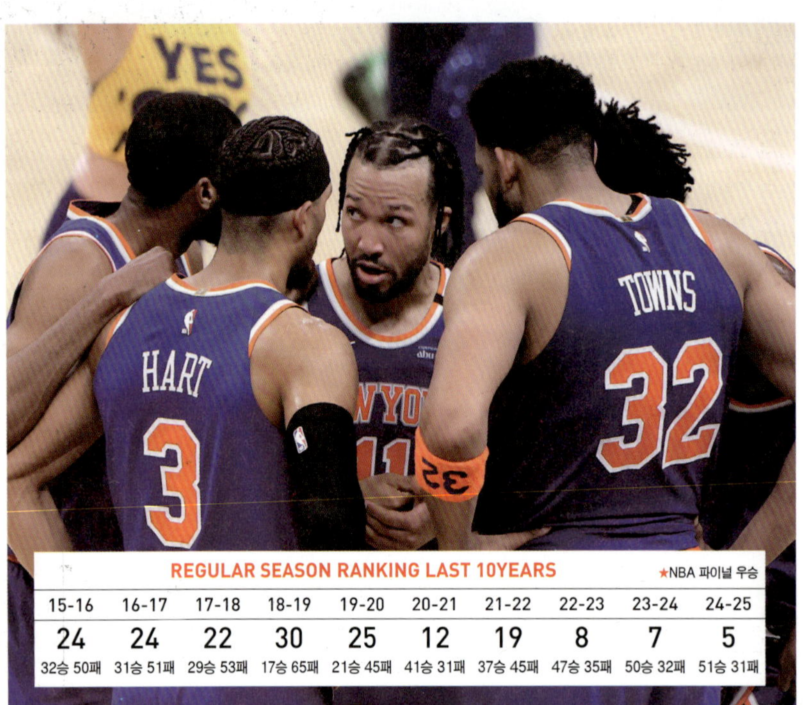

REGULAR SEASON RANKING LAST 10YEARS									★NBA 파이널 우승
15-16	16-17	17-18	18-19	19-20	20-21	21-22	22-23	23-24	24-25
24	24	22	30	25	12	19	8	7	5
32승 50패	31승 51패	29승 53패	17승 65패	21승 45패	41승 31패	37승 45패	47승 35패	50승 32패	51승 31패

Honours

2	4	8	8
NBA CHAMPIONS	CONFERENCE TITLES	DIVISION TITLES	RETIRED NUMBERS

NBA CHAMPIONSHIPS
1970, 1973

CONFERENCE TITLES
1972, 1973, 1994, 1999

DIVISION TITLES
1953, 1954, 1970, 1971, 1989, 1993, 1994, 2013

RETIRED NUMBERS
10, 12, 15, 19, 22, 24, 33, 613

TEAM POTENTIAL

83점

6위

 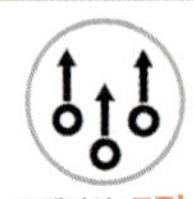      

하프코트 세트오펜스 9점	트랜지션 오펜스 7점	하프코트 세트디펜스 7점	트랜지션 디펜스 8점	리바운드 10점
선수층 8점	선수 경험치 9점	감독 리더십 8점	감독 전술 8점	프런트 9점

*각 항목은 10점 만점, 평점은 NBA 30팀 사이 상대평가

우승 ODDS	배당	순위
Sky Bet	8.5배	3위
Bet Fred	8배	4위
William Hill	8.5배	4위

OFFENSIVE STYLE
트랜지션 오펜스 ↔ 하프코트 세트오펜스

DEFENSIVE STYLE
하이 프레스 ↔ 하프코트 디펜스

SQUAD & TACTICS

STARTERS

PF 조시 하트 37.6분, 13.6점 9.6RB, 5.9AS

C 칼 앤써니 타운스 35.0분, 24.4점 12.8RB, 3.1AS

SF 미칼 브릿지스 37.0분, 17.6점 3.2RB, 3.7AS

SG OG 아누노비 36.6분, 18.0점 4.8RB, 2.2AS

PG 제일런 브런슨 35.4분, 26.0점 2.9RB, 7.3AS

OFF THE BENCH

PG 마일스 맥브라이드 24.9분, 9.5점 2.5RB, 2.9AS

SG 조던 클락슨 26.0분, 16.2점 3.2RB, 3.7AS

SF 타일러 콜렉 7.2분, 2.0점 0.7RB, 1.7AS

PF 게르숑 야부셀레 27.1분, 11.0점 5.6RB, 2.1AS

C 미첼 로빈슨 17.1분, 5.1점 5.9RB, 0.8AS

G 마일스 맥브라이드
G 조던 클락슨
F 파콤 디디에
F 모하메드 디아와라
C 아리엘 후크포르티

Player's Functions

Ball Handlers	Pull-Ups	Catch & Shoot
J.브런슨 M.브릿지스 M.맥브라이드	J.브런슨 M.브릿지스 M.맥브라이드	M.브릿지스 K.앤써니 타운스 OG 아누노비

3 Pointers	Slam Dunkers	Free Throw
M.브릿지스 J.브런슨 K.A.타운스	K.A.타운스 OG.아누노비 G.야부셀레	K.A.타운스 J.브런슨 J.클락슨

Rebounders	1-1 Defenders	Ball Stealers
K.A.타운스 M.로빈슨 J.하트	OG.아누노비 M.브릿지스 M.로빈슨	OG.아누노비 T.콜렉 J.하트

Key Passes	Hustle Players	Rim Protectors
J.브런슨 M.브릿지스 J.하트	J.하트 M.브릿지스 K.A.타운스	M.로빈슨 A.후크포르티

2024-25 SEASON PERFORMANCE

공격 레이팅 118.5(9위) 수비 레이팅 114.3(14위) 레이팅 마진 +4.2(8위) 페이스 96.7(26위)

NEW YORK KNICKS vs. OPPONENTS PER GAME STATS

	득실점	FG 필드골성공	FG↑ 필드골시도	FG% 필드골%	3P 3점성공	3P↑ 3점시도	3P% 3점%	2P 2점성공	2P↑ 2점시도	2P% 2점%	자유투성공	자유투시도	FT% 자유투%	OR 공격 RB	DR 수비 RB	TR 전체 RB	A↑ 어시스트	스틸	블락샷	턴오버	파울
뉴욕	115.8 9위	43.3 7위	89.2 18위	48.6% 5위	12.6 24위	34.1 27위	36.9% 8위	30.8 3위	55.1 6위	55.8% 8위	16.5 21위	20.7 23위	80.0% 5위	10.9 19위	31.8 25위	42.6 24위	27.5 11위	8.2 13위	4 29위	13.3 5위	17.2 4위
상대팀	111.7 9위	41.6 17위	87.7 7위	47.4% 25위	13.1 10위	35.7 5위	36.7% 26위	28.5 20위	52 18위	54.8% 18위	15.4 4위	19.5 4위	78.9% 23위	10.9 11위	31 2위	41.8 2위	25.2 7위	7 3위	5 16위	14.5 14위	19 10위

LINE-UP

* 뉴욕은 지난 시즌 총 321개의 라인업을 가동했다. 득실점차 플러스 10개, 마이너스 10개를 골랐다.

득실점차 플러스(+) 라인업 TOP 10	G	MIN	PPG	RPG	득실차
K. Towns - O. Anunoby - J. Hart - M. Bridges - J. Brunson	48	940	47.6	17.0	+76
K. Towns - O. Anunoby - J. Hart - J. Brunson - M. McBride	20	84	11.3	3.9	+65
K. Towns - C. Payne - O. Anunoby - M. Bridges - M. McBride	16	49	9.3	3.4	+37
K. Towns - C. Payne - J. Hart - M. Bridges - M. McBride	18	83	12.4	4.2	+36
K. Towns - C. Payne - O. Anunoby - J. Hart - M. Bridges	11	98	22.7	7.5	+32
O. Anunoby - M. Bridges - J. Brunson - M. McBride - J. Sims	16	67	10.6	4.1	+32
K. Towns - J. Hart - M. Bridges - J. Brunson - M. McBride	23	64	7.9	2.0	+27
O. Anunoby - M. Bridges - J. Brunson - M. Robinson - M. McBride	4	18	12.3	5.5	+20
K. Towns - C. Payne - J. Hart - M. Bridges - L. Shamet	10	15	3.9	1.5	+19
K. Towns - C. Payne - O. Anunoby - J. Hart - J. Brunson	8	33	11.9	3.9	+18
득실점차 마이너스(-) 라인업 TOP 10	**GP**	**MIN**	**PPG**	**RPG**	**득실차**
O. Anunoby - J. Hart - M. Bridges - J. Brunson - P. Achiuwa	22	124	12.5	4.5	-27
O. Anunoby - J. Hart - M. Bridges - J. Brunson - M. Robinson	6	49	16.7	6.0	-25
J. Hart - J. Brunson - P. Achiuwa - M. McBride - A. Hukporti	3	10	5.0	2.0	-20
J. Hart - M. Bridges - J. Brunson - P. Achiuwa - M. McBride	16	47	5.8	2.4	-16
K. Towns - J. Hart - M. Bridges - M. McBride - T. Kolek	4	15	8.0	2.5	-14
J. Hart - M. Bridges - J. Brunson - M. McBride - J. Sims	11	36	7.4	2.9	-13
M. Ryan - A. Hukporti - J. Sims - T. Kolek - P. Dadiet	2	6	2.5	2.5	-12
O. Anunoby - J. Hart - M. Robinson - L. Shamet - T. Kolek	1	3	3.0	0.0	-11
C. Payne - L. Shamet - P. Achiuwa - M. McBride - A. Hukporti	2	2	1.0	0.5	-11
K. Towns - C. Payne - O. Anunoby - M. Bridges - L. Shamet	8	12	3.0	0.9	-10

PASS COMBINATIONS

→ 해당 선수가 경기당 동료로부터 패스 받은 횟수
→ 해당 선수가 경기당 동료들에게 패스 해준 횟수

받은 횟수	선수	해준 횟수
73.3	제일런 브런슨	59.0
44.0	조시 하트	55.8
43.4	미캘 브릿지스	37.6
36.4	칼-앤소니 타운스	36.8
28.7	마일스 맥브라이드	28.5
26.7	딜런 라이트	28.4
29.7	오지 애너노비	28.0
25.6	캐머런 페인	24.5
14.6	프레시어스 아추아	19.9
9.7	미첼 로빈슨	16.1
7.0	피제이 터커	14.0
8.1	예리코 심스	13.2
14.6	타일러 콜렉	12.9
11.1	랜드리 셰밋	10.5
7.5	케빈 맥클러 주니어	9.5
7.3	아리엘 후크포르티	9.1
5.4	파콤 다디에	7.4
3.3	제이콥 토핀	4.3
2.6	앤튼 왓슨	3.6
4.0	맷 라이언	3.2
2.5	마존 보챔	2.8

2024-25 RANKING

* 는 수치가 낮을수록 랭킹이 높아짐

뉴욕	랭킹	FIVE FACTORS	상대팀	랭킹
55.6%	9위	3점 가중 FG%	54.9%*	22위
11.9*	7위	턴오버 / 100포제션	13.1	13위
26.0%	12위	공격 RB 점유율	25.5%*	18위
74.5%	19위	수비 RB 점유율	74.0%*	11위
18.6%	20위	자유투 / 필드골	17.6%*	6위

득점	랭킹	PLAYTYPE	실점*	랭킹
7.5	11위	아이솔레이션	5.6	1위
23.8	11위	트랜지션	23.1	15위
16.5	11위	픽&롤 볼핸들러	20.9	30위
5.5	26위	픽&롤 롤맨	8.5	29위
5.0	10위	포스트-업	3.4	7위
28.3	10위	스팟-업	22.9	3위
4.6	21위	핸드오프	4.9	9위
10.8	8위	커팅	–	–
4.0	14위	오프 스크린	4.0	11위
7.0	10위	풋백	6.6	17위
2.5	23위	기타	–	–

SHOT ZONE

평균 구간별 슈팅 및 성공률

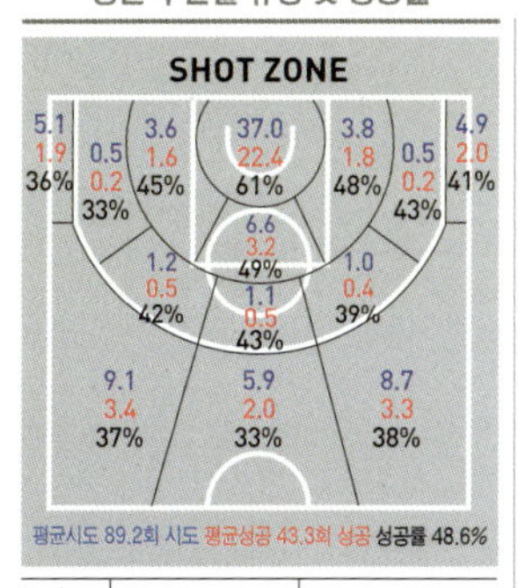

항목	2PA	2PM	2P%	3PA	3PM	3P%
캐치&슛	1.4	0.6	43.8%	23.4	9.1	38.8%
풀업	17.6	6.9	39.2%	9.9	3.2	32.8%
3m 안쪽	36.7	19.7	53.7%	–	–	–
TOTAL	55.9	27.4	48.9%	33.6	12.4	36.9%

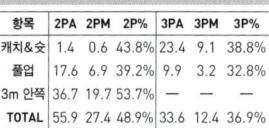

SHOT PROCESS & SHOT TYPES

샷프로세스(시도): 평균 89.2 — 4.1, 3.9, 0.5, 5.4, 8.5, 24.9, 4.6, 13.2, 24.1

샷타입(시도): 평균 89.2 — 1.8, 2.0, 5.0, 4.9, 2.0, 7.2, 43.6, 3.3, 19.4

●캐치&슛 ●풀-업 ●드라이빙 ●커팅 ●러닝 ●스텝백 ●풋백 ●앨리웁 ●턴어라운드

●점프샷 ●레이업 ●핑거롤 ●플로터 ●덩크 ●훅샷 ●팁샷 ●뱅크샷 ●페이드어웨이

샷프로세스(성공): 평균 43.3 — 0.4, 2.6, 1.8, 2.1, 9.7, 5.2, 3.6, 9.7, 8.2

샷타입(성공): 평균 43.3 — 1.2, 0.9, 2.0, 1.0, 4.5, 17.1, 3.4, 2.2, 11.0

SHOOTING

필드골 시도: 평균 89.2 — 17.9, 5.7, 29.7, 35.9

필드골 시도: 평균 89.2 — 9.7, 3.2, 12.3, 10.0, 11.6, 42.4

공격수와 수비수의 거리 ●0~0.6m ●0.6~1.2m ●1.2~1.8m ●1.8m 이상

샷클락 ●22~24초 ●18~22초 ●15~18초 ●7~15초 ●4~7초 ●0~4초

필드골 성공: 평균 43.3 — 7.9, 2.6, 13.7, 19.1

필드골 성공: 평균 43.3 — 4.3, 2.5, 2.2, 7.3, 6.4, 20.6

OPPONENT SHOOTING

상대 필드골 시도: 평균 87.7 — 20.2, 5.7, 34.3, 27.5

상대 필드골 시도: 평균 87.7 — 7.1, 3.1, 7.3, 14.0, 15.5, 40.7

공격수와 수비수의 거리 ●0~0.6m ●0.6~1.2m ●1.2~1.8m ●1.8m 이상

샷클락 ●22~24초 ●18~22초 ●15~18초 ●7~15초 ●4~7초 ●0~4초

필드골 허용: 평균 41.6 — 9.0, 2.8, 11.8, 18.0

필드골 허용: 평균 41.6 — 2.4, 1.9, 3.4, 7.3, 7.5, 19.1

CONTESTED REBOUNDS

공격 리바운드: 평균 6.1 — 0.6, 1.0, 2.3, 2.3

수비 리바운드: 평균 8.8 — 0.6, 1.6, 2.5, 4.1

림 아래부터 리바운드 위치까지의 거리 ●0~0.9m ●0.9~1.8m ●1.8~3m ●3m 이상

UNCONTESTED REBOUNDS

공격 리바운드: 평균 4.6 — 0.6, 2.1, 1.0, 0.9

수비 리바운드: 평균 22.9 — 4.6, 3.5, 5.9, 8.9

림 아래부터 리바운드 위치까지의 거리 ●0~0.9m ●0.9~1.8m ●1.8~3m ●3m 이상

DEFENSE OF 51 WINS

필드골 허용 %: 45.7%

상대 필드골 시도 87.8
필드골 허용 40.1

3점슛 허용 %: 32.8%

상대 3점슛 시도 35.1
3점슛 허용 11.5

DEFENSE OF 31 LOSSES

필드골 허용 %: 50.3%

상대 필드골 시도 87.5
필드골 허용 44.0

3점슛 허용 %: 42.7%

상대 3점슛 시도 36.6
3점슛 허용 15.6

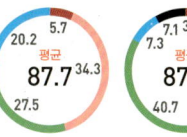

General Stats								Outside Scoring & Shooting							Inside Scoring & Shooting								Play Making, Ball Handling & Passing					
PTS	RB	AS	ST	BL	FG-FGA	3P-3PA	FT-FTA	OS	CS	MS	3P	FT	SQ	OC	IS	L&F	SD	DD	PH	PF	PC	DRF	PM	PA	BH	DRS	PQ	PV
득점	리바운드	어시스트	스틸	블락샷	필드골 성공-시도	3점슈팅 성공-시도	자유투 성공-시도	외곽 득점력	근거리 점프샷	중거리 슈팅	3점 슈팅	자유투	슈팅 IQ	득점 일관성	인사이드 득점력	레이업 플로터	스탠딩 덩크	드라이빙 덩크	포스트 훅샷	포스트 페이드	포스트 컨트롤	파울 유도	플레이 메이킹	패스 능력	볼 핸들링	드리블 스피드	패스 IQ	패스 비전

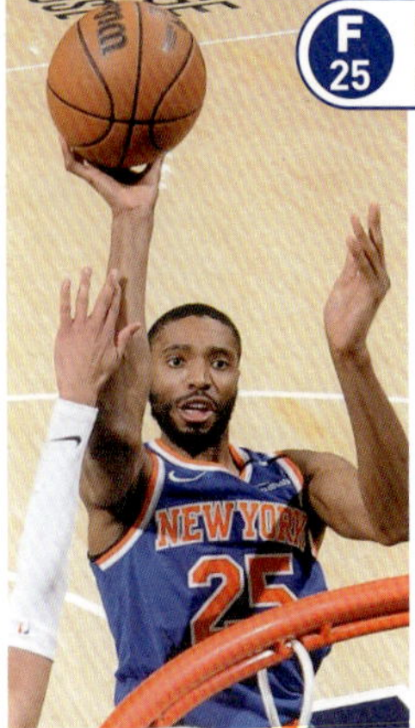

F 25 Mikal BRIDGES SF-SG

미캘 브릿지스 1996.08.30 / 198cm

미국

NBA 드래프트 : 2018년 1라운드 10번
NBA 우승 : 0회 / 파이널 MVP : 0회
시즌 MVP : 0회 / NBA 퍼스트팀 : 0회

전형적인 '2웨이 플레이어.' 뉴욕 닉스 이적 후에는 득점력이 더 향상되었다. 신장 대비 윙스팬이 긴 편이고, 주력이 빨라 3점 슈터 겸 슬래셔로 활약한다. 좌우 코너, 좌우 윙, 탑 등 여러 각도에서 폭발적인 3점 슈팅을 날린다. 과감한 인사이드 돌파로 덩크, 레이업, 핑거롤, 플로터로 득점한다. NBA 탑티어 수비수 중 1명. 에이스 스토퍼 겸 픽&롤 전문 수비수다. 2021-22시즌, 올해의 수비수 투표에서 2위에 오른 적이 있다. 연봉은 2490만 달러.

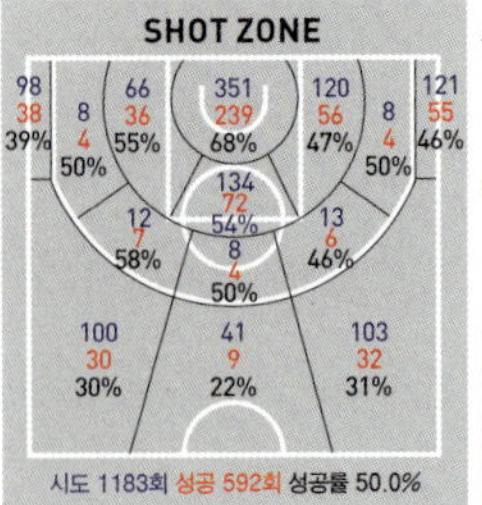

SHOT PROCESS		SHOT TYPES	
캐치&슛	540	점프샷	666
풀-업	192	레이업	183
드라이빙	123	핑거롤	39
커팅	69	플로터	40
러닝	141	덩크	29
스텝백	28	훅샷	1
풋백	19	팁샷	12
앨리웁	9	뱅크샷	21
턴어라운드	62	페이드어웨이	192
필드골 시도	1183	필드골 시도	1183

2024-25시즌 뉴욕 82경기 평균 37.0분

항목	PTS	RB	AS	ST	BL	FG-FGA	3P-3PA	FT-FTA
평균	17.6	3.2	3.7	0.9	0.5	7.2-14.4	2.0-5.6	1.2-1.4
36분	17.1	3.1	3.6	0.9	0.5	7.0-14.0	1.9-5.5	1.1-1.4

항목	OS	CS	MS	3P	FT	SQ	OC	IS	L&F	SD	DD	PH	PF	PC	DRF	PM	PA	BH	DRS	PQ	PV
평점	B	A+	A	B	C+	C	B-	D-	C	F	C	D-	D-	D-	D-	C	C+	B-	C-	B+	D-

항목	DEF	ID	PD	ST	BL	HDQ	PP	DC	RB3	OR3	DR3	ATH	SP	AG	STR	VJ	STA	HP	INT	POT	OG
평점	C+	C-	A-	D-	F	B-	B	B	D-	D	D-	B	B-	B+	D+	B	A-	A	D-	A-	B

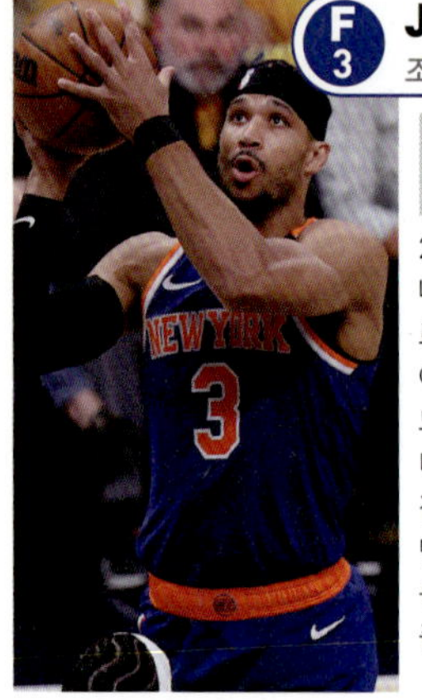

F 3 Josh HART SF-SG

조시 하트 1995.03.06 / 193cm

미국

NBA 드래프트 : 2017년 1라운드 30번
NBA 우승 : 0회 / 파이널 MVP : 0회
시즌 MVP : 0회 / NBA 퍼스트팀 : 0회

2023-24시즌엔 선발과 벤치를 오갔다. 그러나 지난 시즌 풀타임 주전으로 77경기에 선발로 출전했고, 평균 13.6점, 9.6리바운드, 5.9어시스트로 프로 데뷔 후 최고 순간을 보냈다. 드라이빙에서 이어지는 레이업, 핑거롤, 플로터로 림을 직접 노린다. 캐치&슛 점퍼와 풀업 점퍼도 주무기 중 하나. '언더사이즈 3번'이지만 리바운드는 동 포지션 탑클래스다. 바스켓볼 IQ가 좋고, 강한 지구력으로 압도적인 허슬 플레이를 선보인다. 연봉은 1947만 달러.

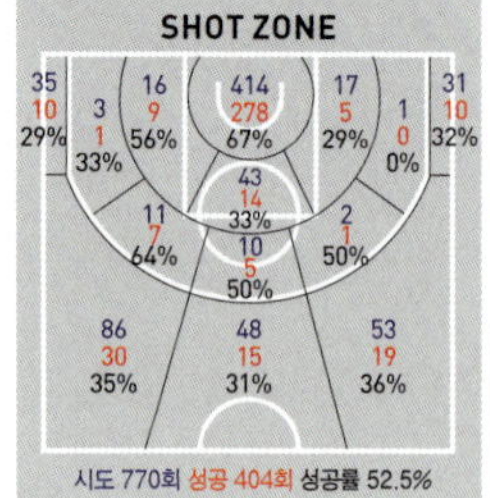

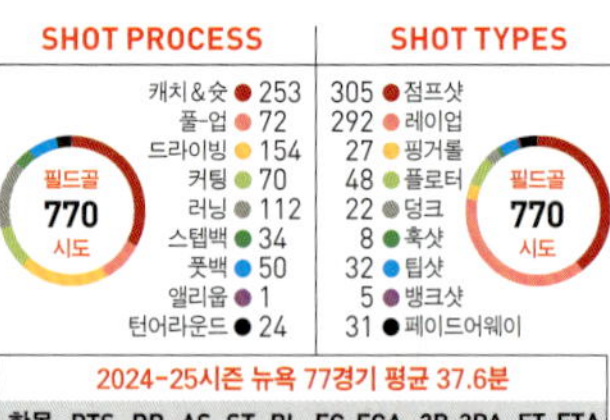

2024-25시즌 뉴욕 77경기 평균 37.6분

항목	PTS	RB	AS	ST	BL	FG-FGA	3P-3PA	FT-FTA
평균	13.6	9.6	5.9	1.5	0.4	5.2-10.0	1.1-3.3	2.1-2.7
36분	13.1	9.2	5.6	1.5	0.3	5.0-9.6	1.0-3.1	2.0-2.5

항목	OS	CS	MS	3P	FT	SQ	OC	IS	L&F	SD	DD	PH	PF	PC	DRF	PM	PA	BH	DRS	PQ	PV
평점	C-	A-	C	C+	C+	D-	D-	D-	B	F	C-	F	D-	F	F	C	C-	C+	C+	C	C-

항목	DEF	ID	PD	ST	BL	HDQ	PP	DC	RBG	ORG	DRG	ATH	SP	AG	STR	VJ	STA	HP	INT	POT	OG
평점	C	B-	A-	C+	F	B-	C+	B-	A	A-	A+	B-	B-	B	D	D+	A+	A+	B-	B+	B

F 13 Tyler KOLEK SF-PG

타일러 콜렉 2001.03.27 / 191cm

미국

NBA 드래프트 : 2024년 2라운드 34번
NBA 우승 : 0회 / 파이널 MVP : 0회
시즌 MVP : 0회 / NBA 퍼스트팀 : 0회

데뷔 시즌 41경기 평균 7.2분씩 뛰었다. 오른 발목 부상으로 2025년 2월과 3월, 결장했다. 올 시즌엔 미켈 브릿지스의 백업 스몰포워드, 제일런 브런슨의 백업 포인트가드를 오가며 출전 기회가 더 늘어날 전망이다. 드라이빙에 이은 레이업, 핑거롤, 플로터로 림을 직접 공략한다. 좌우 윙에서 자신 있게 3점 슈팅을 시도한다. 최대 장점은 코트 비전과 효율적인 볼 배급. 매우 저돌적인 플레이와 기회 창출로 팬들에게 인기를 끈다. 연봉은 219만 달러.

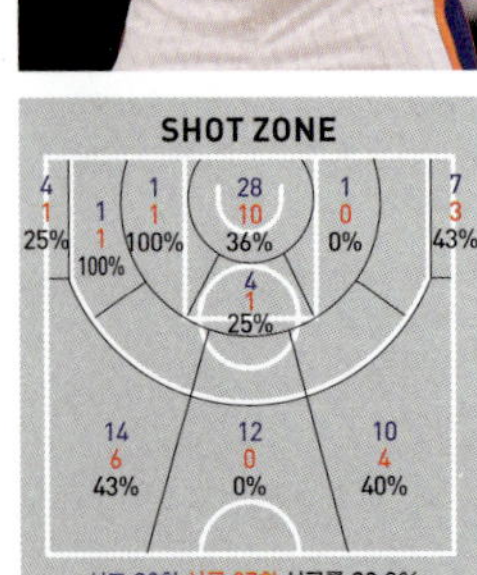

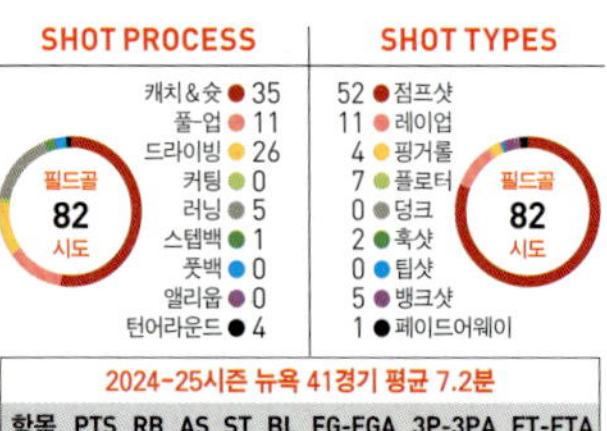

2024-25시즌 뉴욕 41경기 평균 7.2분

항목	PTS	RB	AS	ST	BL	FG-FGA	3P-3PA	FT-FTA
평균	2.0	0.7	1.7	0.3	0.1	0.7-2.0	0.3-1.1	0.3-0.4
36분	9.9	3.3	8.5	1.5	0.5	3.3-10.0	1.7-5.7	1.6-2.1

항목	OS	CS	MS	3P	FT	SQ	OC	IS	L&F	SD	DD	PH	PF	PC	DRF	PM	PA	BH	DRS	PQ	PV
평점	C-	C+	C+	C+	B-	C-	F	D-	C+	F	F	F	D-	F	F	C	C+	C+	C	C+	C-

항목	DEF	ID	PD	ST	BL	HDQ	PP	DC	RBG	ORG	DRG	ATH	SP	AG	STR	VJ	STA	HP	INT	POT	OG
평점	D	D-	B-	C+	F	D-	D-	D-	D-	C+	D-	C+	C	B	D-	C	A-	A-	D-	B	C-

F 28 G. YABUSELE PF-C

게르숑 야부셀레 1995.12.17 / 203cm

프랑스

NBA 드래프트 : 2016년 1라운드 16번
NBA 우승 : 0회 / 파이널 MVP : 0회
시즌 MVP : 0회 / NBA 퍼스트팀 : 0회

콩고민주공화국 이민 2세. 어린 시절 권투를 했으나 15살 때 농구로 전향했다. 2024년 파리 올림픽 때 프랑스 농구 국가대표로 출전해 은메달의 주역이 되었다. 당시 결승에서 르브론 제임스를 상대로 '인유어 페이스 덩크'를 꽂았다. 2024년 여름 필라델피아와 계약해 풀타임 뛰었고, 2025년 여름, 뉴욕으로 옮겼다. 뛰어난 파워와 훌륭한 운동능력으로 스몰 라인업 5번으로 뛴다. 3점 슈팅이 위력적이고, 포스트 수비도 잘 해낸다. 연봉은 550만 달러.

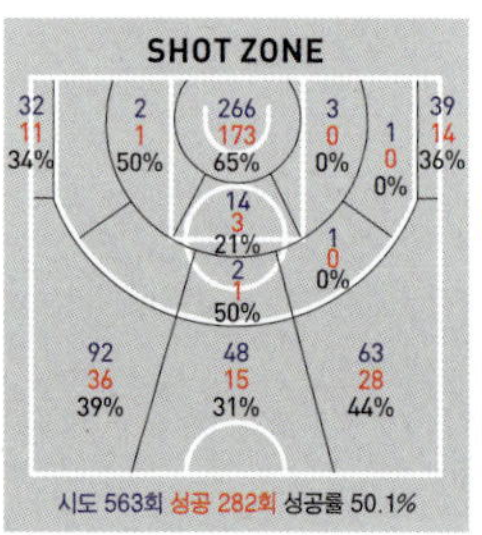

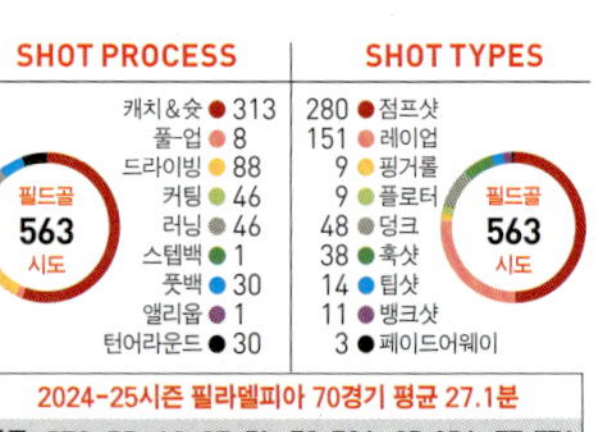

2024-25시즌 필라델피아 70경기 평균 27.1분

항목	PTS	RB	AS	ST	BL	FG-FGA	3P-3PA	FT-FTA
평균	11.0	5.6	2.1	0.8	0.3	4.0-8.0	1.5-3.9	1.4-2.0
36분	14.6	7.5	2.8	1.1	0.5	5.4-10.7	2.0-5.2	1.9-2.6

항목	OS	CS	MS	3P	FT	SQ	OC	IS	L&F	SD	DD	PH	PF	PC	DRF	PM	PA	BH	DRS	PQ	PV
평점	C	B+	D+	B-	C	C	C-	D	B-	D-	B	D-	D-	D-	F	D-	D-	D+	D-	D+	F

항목	DEF	ID	PD	ST	BL	HDQ	PP	DC	RBB	ORB	DRB	ATH	SP	AG	STR	VJ	STA	HP	INT	POT	OG
평점	D	D	D+	D	F	D-	F	F	D-	D+	D-	C	D-	D-	C	C-	B-	B	A-	B	C+

F 35 Pacôme DADIET SF-SG

파콤 다디에 2005.07.27 / 203cm

프랑스

NBA 드래프트 : 2024년 1라운드 25번
NBA 우승 : 0회 / 파이널 MVP : 0회
시즌 MVP : 0회 / NBA 퍼스트팀 : 0회

코트디부아르계 이민 2세로 프랑스 오바뉴에서 태어났다. 2021년부터 3년간 유럽 프로리그에서 뛰었고, 2024 NBA 드래프트를 신청해 뉴욕에 지명됐다. 스윙맨으로 좋은 신체조건, 떡 벌어진 어깨, 민첩한 움직임, 높은 점프력으로 1번~4번까지를 다 수비할 수 있다. 슬래시형 선수로 돌파에 이은 림 어택이 특기이며, 상황에 따라 3점슛도 심심찮게 던진다. 그러나 슈팅 셀렉션이 좋지 않고, 미드레인지 점퍼의 성공률이 불안정하다. 연봉은 285만 달러.

SHOT ZONE

시도 31회 성공 10회 성공률 32.3%

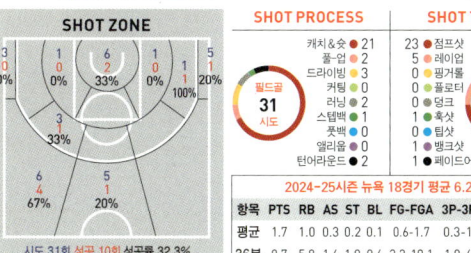

2024-25시즌 뉴욕 18경기 평균 6.2분

항목	PTS	RB	AS	ST	BL	FG-FGA	3P-3PA	FT-FTA
평균	1.7	1.0	0.3	0.2	0.1	0.6-1.7	0.3-1.1	0.2-0.3
36분	9.7	5.8	1.6	1.0	0.6	3.2-10.1	1.9-6.2	1.3-1.9

항목	OS	CS	MS	3P	FT	SQ	OC	IS	L&F	SD	DD	PH	PF	PC	DRF	PM	PA	BH	DRS	PQ	PV
평점	—	—	—	—	—	—	—	—	—	—	—	—	—	—	—	—	—	—	—	—	—

항목	DEF	ID	PD	ST	BL	HDQ	PP	DC	RBG	ORG	DRG	ATH	SP	AG	STR	VJ	STA	HP	INT	POT	OG
평점	—	—	—	—	—	—	—	—	—	—	—	—	—	—	—	—	—	—	—	—	—

F 51 Mohamed DIAWARA SF-PF

모하메드 디아와라 2005.04.29 / 206cm

프랑스

NBA 드래프트 : 2025년 2라운드 51번
NBA 우승 : 0회 / 파이널 MVP : 0회
시즌 MVP : 0회 / NBA 퍼스트팀 : 0회

프랑스 파리 출신. 2021~2025년 프랑스리그에서 뛰었고, 2025 NBA 드래프트에서 뉴욕에 2라운드 51번으로 지명됐다. 키 206cm, 윙스팬 225cm, 스탠딩 리치 280cm다. 이런 압도적인 신체조건과 폭발적인 운동 능력을 수비할 때 적극적으로 활용한다. 리바운드와 블락샷에서 큰 위력을 발휘할 것이다. 또한, NBA 섬머리그에서 좋은 BQ와 넓은 코트비전, 정확한 패스를 선보인 바 있다. 드라이브인 후 패스 아웃으로 오픈 점퍼를 돕는 장면이 좋았다.

2024-25시즌 기록 없음

항목	PTS	RB	AS	ST	BL	FG-FGA	3P-3PA	FT-FTA
평균	—	—	—	—	—	—	—	—
36분	—	—	—	—	—	—	—	—

항목	OS	CS	MS	3P	FT	SQ	OC	IS	L&F	SD	DD	PH	PF	PC	DRF	PM	PA	BH	DRS	PQ	PV
평점	—	—	—	—	—	—	—	—	—	—	—	—	—	—	—	—	—	—	—	—	—

항목	DEF	ID	PD	ST	BL	HDQ	PP	DC	RBG	ORG	DRG	ATH	SP	AG	STR	VJ	STA	HP	INT	POT	OG
평점	—	—	—	—	—	—	—	—	—	—	—	—	—	—	—	—	—	—	—	—	—

출전 시간이 짧아 평점 매길 수 없음

C 32 K. TOWNS C-PF

칼-앤써니 타운스 1995.11.15 / 213cm

미국

NBA 드래프트 : 2015년 1라운드 1번
NBA 우승 : 0회 / 파이널 MVP : 0회
시즌 MVP : 0회 / NBA 퍼스트팀 : 0회

명불허전. 뉴욕에서의 첫 시즌, 평균 24.4점, 12.8리바운드를 찍었다. 타운스는 NBA 역사상 최상급 '빅맨 슈터'다. 중거리 슈팅과 3점 슈팅 모두 폭발적이다. 특히 탑과 좌우 윙에서 던지는 3점 슈팅은 '치명적인 무기.' 덩크, 레이업, 핑거롤, 훅샷 등 페인트존 득점도 막강하다. 코트를 질주하며 속공을 전개하고, 박스 아웃, 리바운드, 스크린 세팅, BQ, 픽&롤 응용력 등도 수준급이다. 그러나 수비력 문제는 여전히 개선되지 않았다. 연봉은 5314만 달러.

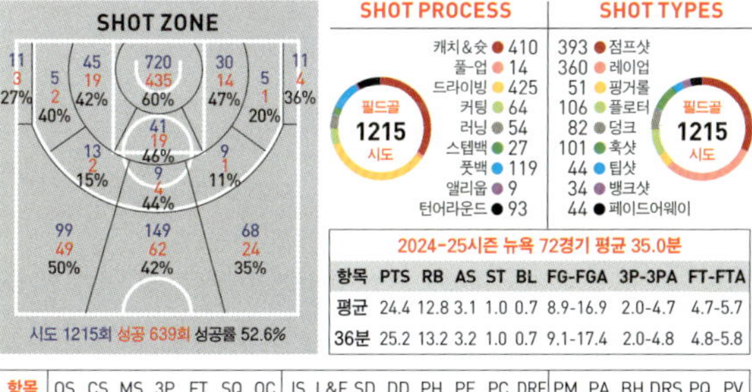

2024-25시즌 뉴욕 72경기 평균 35.0분

항목	PTS	RB	AS	ST	BL	FG-FGA	3P-3PA	FT-FTA
평균	24.4	12.8	3.1	1.0	0.7	8.9-16.9	2.0-4.7	4.7-5.7
36분	25.2	13.2	3.2	1.0	0.7	9.1-17.4	2.0-4.8	4.8-5.8

항목	OS	CS	MS	3P	FT	SQ	OC	IS	L&F	SD	DD	PH	PF	PC	DRF	PM	PA	BH	DRS	PQ	PV
평점	B	A-	D+	B	B-	A	A	B+	B-	B	C	A-	A-	B+	B+	D	D-	D	D	C+	D-

항목	DEF	ID	PD	ST	BL	HDQ	PP	DC	RBB	ORB	DRB	ATH	SP	AG	STR	VJ	STA	HP	INT	POT	OG
평점	D	C	D	D-	F	B-	D-	D+	A	C	A+	B-	C	C+	B+	C-	A+	A	A+	A	A-

C 23 Mitchell ROBINSON C-PF

미첼 로빈슨 1998.04.01 / 213cm

미국

NBA 드래프트 : 2018년 2라운드 36번
NBA 우승 : 0회 / 파이널 MVP : 0회
시즌 MVP : 0회 / NBA 퍼스트팀 : 0회

부상이 문제다. 2023-24시즌 왼 발목 부상으로 일정의 절반 이상을 날리더니, 지난 시즌 부상이 재발해 개막 후 4달이나 지나 코트에 나섰다. 다행히 플레이오프에서는 제 몫을 해냈다. 장신의 로빈슨은 건강할 경우 빠른 스피드, 엄청난 점프력으로 인사이드 1대1 수비, 블락, 스틸, 리바운드에서 극강의 능력을 보여준다. 박스-아웃, 스크린 세팅, 나가는 공 살려내기 등 허슬 플레이도 압권. 그러나 공격에는 뚜렷한 한계가 있다. 연봉은 1295만 달러.

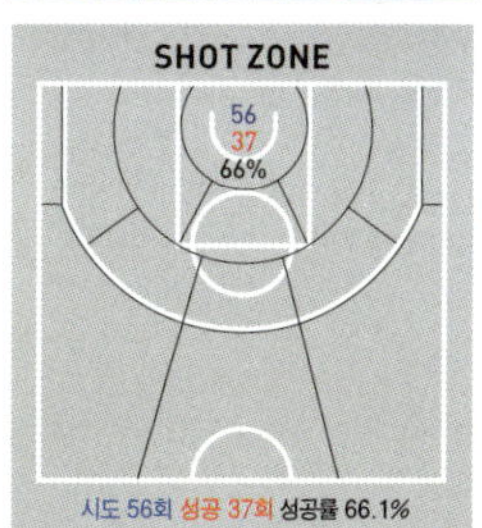

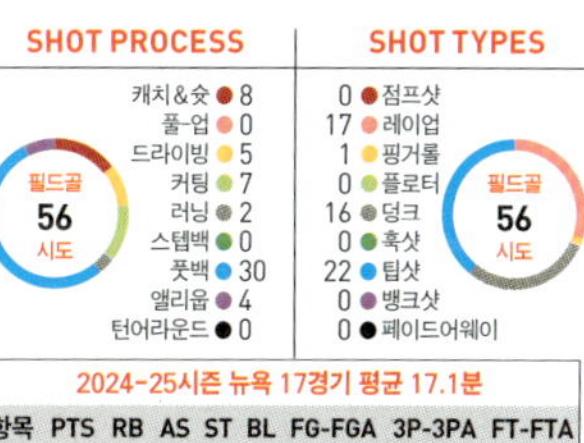

2024-25시즌 뉴욕 17경기 평균 17.1분

항목	PTS	RB	AS	ST	BL	FG-FGA	3P-3PA	FT-FTA
평균	5.1	5.9	0.8	0.9	1.1	2.2-3.3	0.0-0.0	0.8-1.1
36분	10.8	12.5	1.6	2.0	2.2	4.6-7.0	0.0-0.0	1.6-2.4

항목	OS	CS	MS	3P	FT	SQ	OC	IS	L&F	SD	DD	PH	PF	PC	DRF	PM	PA	BH	DRS	PQ	PV
평점	—	—	—	—	—	—	—	—	—	—	—	—	—	—	—	—	—	—	—	—	—

항목	DEF	ID	PD	ST	BL	HDQ	PP	DC	RBB	ORB	DRB	ATH	SP	AG	STR	VJ	STA	HP	INT	POT	OG
평점	—	—	—	—	—	—	—	—	—	—	—	—	—	—	—	—	—	—	—	—	—

출전 시간이 짧아 평점 매길 수 없음

General Stats								Outside Scoring & Shooting							Inside Scoring & Shooting								Play Making, Ball Handling & Passing					
PTS	RB	AS	ST	BL	FG-FGA	3P-3PA	FT-FTA	OS	CS	MS	3P	FT	SQ	OC	IS	L&F	SD	DD	PH	PF	PC	DRF	PM	PA	BH	DRS	PQ	PV
득점	리바운드	어시스트	스틸	블락샷	필드골 성공-시도	3점슈팅 성공-시도	자유투 성공-시도	외곽 득점력	근거리 점프샷	중거리 슈팅	3점 슈팅	자유투	슈팅 IQ	득점 일관성	인사이드 득점력	레이업 플로터	스탠딩 덩크	드라이빙 덩크	포스트 훅샷	포스트 페이드	포스트 컨트롤	파울 유도	플레이 메이킹	패스 능력	볼 핸들링	드리블 스피드	패스 IQ	패스 비전

C 55 Ariel Hukporti PF-C

아리엘 후크포르티 2002.04.12 / 213cm

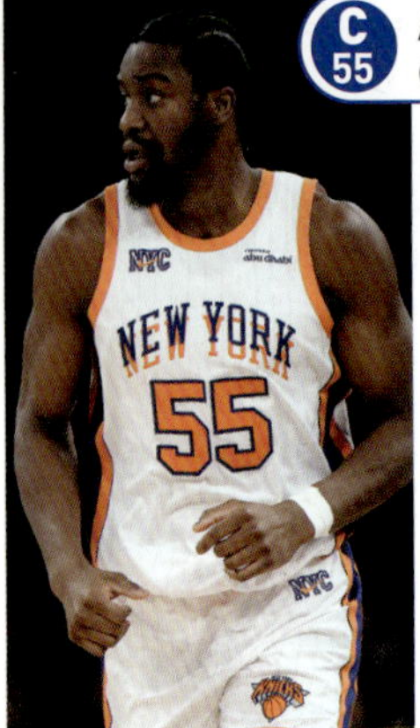

독일

NBA 드래프트 : 2024년 2라운드 58번
NBA 우승 : 0회 / **파이널 MVP** : 0회
시즌 MVP : 0회 / **NBA 퍼스트팀** : 0회

토고계 이민 2세로 독일에서 태어났다. 6년간 독일 리그에서 경험을 쌓았고, 2024 NBA 드래프트를 통해 뉴욕에 입단했다. 큰 키에 탄탄한 체형으로 리바운더 겸 스크린 세터로 활약한다. 박스-아웃, 나가는 공 살려내기, 블락 등 '블루칼러'로 유명하다. 5번치고 볼핸들링도 OK. 림 근처에서 부드러운 슈팅 터치로 득점한다. 그러나 슈팅 레인지가 짧고, 자유투 성공률이 낮다. 퍼리미터 수비는 약점이다. 연봉은 196만 달러이나 보장 계약은 아니다.

SHOT ZONE

26 / 18 / 69%
1 / 0 / 0%
4 / 3 / 75%
시도 31회 성공 21회 성공률 67.7%

SHOT PROCESS

캐치&슛 8
풀-업 0
드라이빙 7
커팅 5
러닝 2
스텝백 0
풋백 4
앨리웁 5
턴어라운드 0
필드골 0 시도

SHOT TYPES

1 점프샷
6 레이업
3 핑거롤
5 플로터
10 덩크
2 훅샷
3 팁샷
1 뱅크샷
0 페이드어웨이
필드골 0 시도

2024-25시즌 뉴욕 25경기 평균 8.7분

항목	PTS	RB	AS	ST	BL	FG-FGA	3P-3PA	FT-FTA
평균	1.9	2.0	0.4	0.0	0.6	0.8-1.2	0.0-0.0	0.2-0.5
36분	8.0	8.5	1.8	0.2	2.5	3.5-5.1	0.0-0.0	1.0-2.2

항목	OS	CS	MS	3P	FT	SQ	OC	IS	L&F	SD	DD	PH	PF	PC	DRF	PM	PA	BH	DRS	PQ	PV
평점	–	–	–	–	–	–	–	–	–	–	–	–	–	–	–	–	–	–	–	–	–

항목	DEF	ID	PD	ST	BL	HDQ	PP	DC	RBB	ORB	DRB	ATH	SP	AG	STR	VJ	STA	HP	INT	POT	OG
평점	–	–	–	–	–	–	–	–	–	–	–	–	–	–	–	–	–	–	–	–	–

G 11 Jalen BRUNSON PG-SG

제일런 브런슨 1996.08.31 / 188cm

미국

NBA 드래프트 : 2018년 2라운드 33번
NBA 우승 : 0회 / **파이널 MVP** : 0회
시즌 MVP : 0회 / **NBA 퍼스트팀** : 0회

'The King of New York'이라는 별명답게 명실상부한 뉴욕의 에이스다. 시즌 초반 다소 부진했으나, 연말을 기점으로 무섭게 페이스를 끌어올렸고, 결국 NBA 올스타에 선정되었다. 휴스턴을 상대로 42점을 폭발시키는 등 평균 26점, 7.3어시스트로 시즌을 마감했고, '올해의 클러치 플레이어'로 선정되었다. 드라이빙에서 이어지는 레이업, 핑거롤, 플로터로 림을 공략한다. 풀업 점퍼, 턴어라운드샷, 페이드어웨이샷 등도 정확하다. 연봉은 3494만 달러.

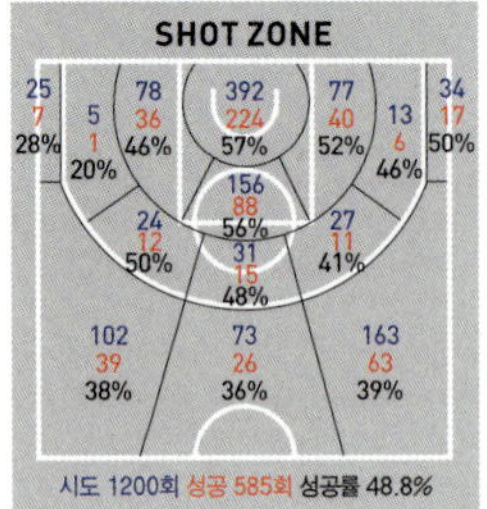

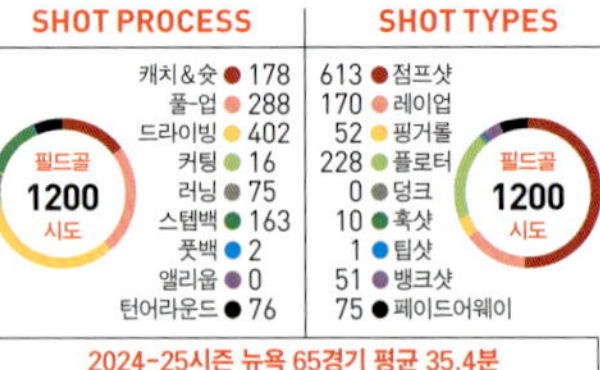

2024-25시즌 뉴욕 65경기 평균 35.4분

항목	PTS	RB	AS	ST	BL	FG-FGA	3P-3PA	FT-FTA
평균	26.0	2.9	7.3	0.9	0.1	9.0-18.5	2.3-6.1	5.7-6.9
36분	26.4	2.9	7.4	0.9	0.1	9.2-18.8	2.4-6.2	5.8-7.0

항목	OS	CS	MS	3P	FT	SQ	OC	IS	L&F	SD	DD	PH	PF	PC	DRF	PM	PA	BH	DRS	PQ	PV
평점	A-	A+	B+	B	B-	A-	A	D+	A+	F	F	D-	D-	D-	A+	A-	A	A	B	A+	C+

항목	DEF	ID	PD	ST	BL	HDQ	PP	DC	RBG	ORG	DRG	ATH	SP	AG	STR	VJ	STA	HP	INT	POT	OG
평점	D	D	C+	D-	D-	C-	C-	C	D-	D-	D-	B-	B	B	D-	C	A+	A	B-	A	A-

G 3 OG ANUNOBY SG-SF

OG 아누노비 1997.07.17 / 201cm

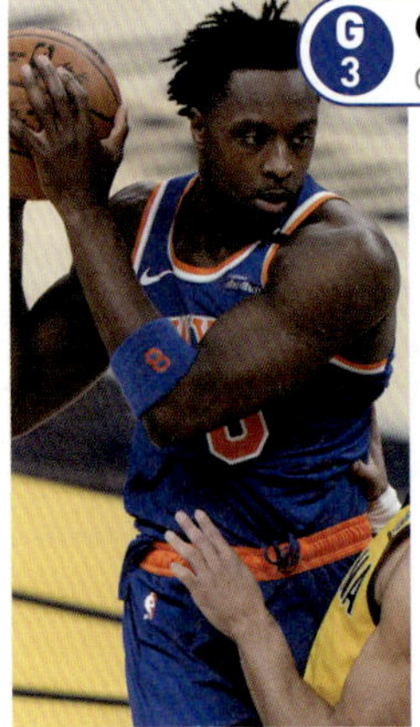

영국

NBA 드래프트 : 2017년 1라운드 23번
NBA 우승 : 1회 / **파이널 MVP** : 0회
시즌 MVP : 0회 / **NBA 퍼스트팀** : 0회

전형적인 3&D 유형이다. 큰 손과 빠른 기동력, 긴 리치를 기반으로 2번, 3번, 4번을 모두 수비할 수 있다. 퍼리미터 1대1 수비와 스틸에 강점이 있고, 늘 DPOY 후보로 거론되는 수준이다. '3점 슈팅의 대가'다. 클러치 상황에서 과감하게 던지는 3점 슈팅 매력적이다. 최근에는 드라이빙 레이업, 드라이빙 덩크, 러닝 덩크 등 림어택을 즐긴다. 과감한 풀업 점퍼도 늘었다. 그러나 BQ, 시야, 볼핸들링이 살짝 부족해 아쉬움을 보인다. 연봉은 3957만 달러.

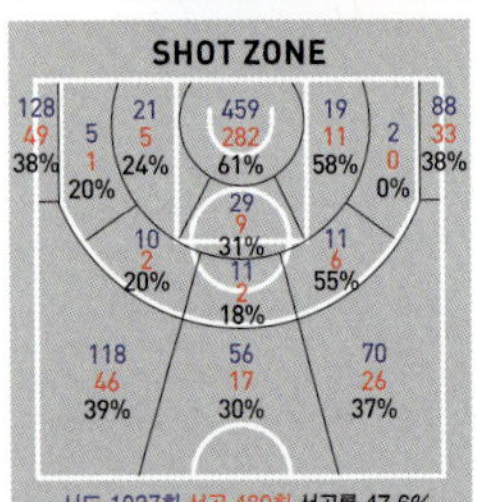

SHOT PROCESS

캐치&슛 435
풀-업 53
드라이빙 201
커팅 65
러닝 141
스텝백 73
풋백 34
앨리웁 6
턴어라운드 19
필드골 1027 시도

SHOT TYPES

535 점프샷
246 레이업
18 핑거롤
19 플로터
143 덩크
7 훅샷
19 팁샷
8 뱅크샷
32 페이드어웨이
필드골 1027 시도

2024-25시즌 뉴욕 74경기 평균 36.6분

항목	PTS	RB	AS	ST	BL	FG-FGA	3P-3PA	FT-FTA
평균	18.0	4.8	2.2	1.5	0.9	6.6-13.9	2.3-6.2	2.5-3.1
36분	17.7	4.8	2.2	1.5	0.9	6.5-13.7	2.3-6.1	2.4-3.0

항목	OS	CS	MS	3P	FT	SQ	OC	IS	L&F	SD	DD	PH	PF	PC	DRF	PM	PA	BH	DRS	PQ	PV
평점	C	C	D-	B-	B-	B-	B-	D-	C	D-	B	F	F	F	D-	D-	D-	C-	C-	D-	F

항목	DEF	ID	PD	ST	BL	HDQ	PP	DC	RBG	ORG	DRG	ATH	SP	AG	STR	VJ	STA	HP	INT	POT	OG
평점	B	B	A	C+	D-	B+	B+	A-	C-	B-	D+	B-	B-	A-	D+	B	B	B	B-	A-	B

G 2 Miles McBRIDE PG-SG

마일스 맥브라이드 2000.09.08 / 188cm

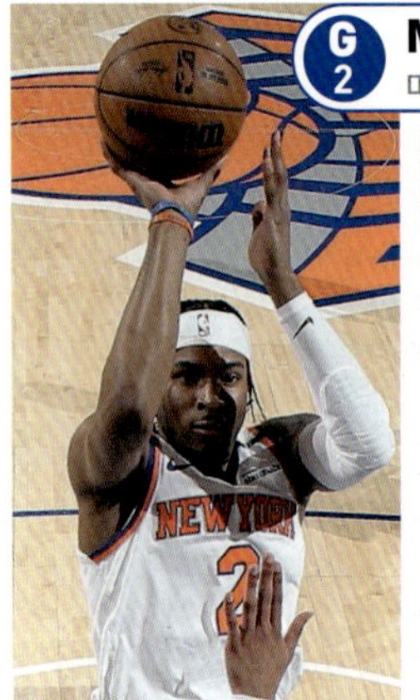

미국

NBA 드래프트 : 2021년 2라운드 36번
NBA 우승 : 0회 / **파이널 MVP** : 0회
시즌 MVP : 0회 / **NBA 퍼스트팀** : 0회

데뷔 첫해부터 2년간 중용 받지 못했으나 지난 시즌부터 출전 시간이 대폭 늘어났다. 올 시즌에도 평균 20분 안팎 출전하며 아누노비, 브런슨의 휴식 시간을 커버할 전망이다. 그는 내외곽 여러 위치에서 슈팅을 시도한다. 드라이빙에서 이어지는 레이업과 플로터, 풀업 점퍼, 러닝 점퍼 등 다양한 형태로 득점한다. 좌우 코너 3점 슈팅은 성공률 40%를 넘나든다. 볼 핸들링, BQ, 시야가 좋은 편이다. 퍼리미터 1대1 수비와 스틸도 OK. 연봉은 433만 달러.

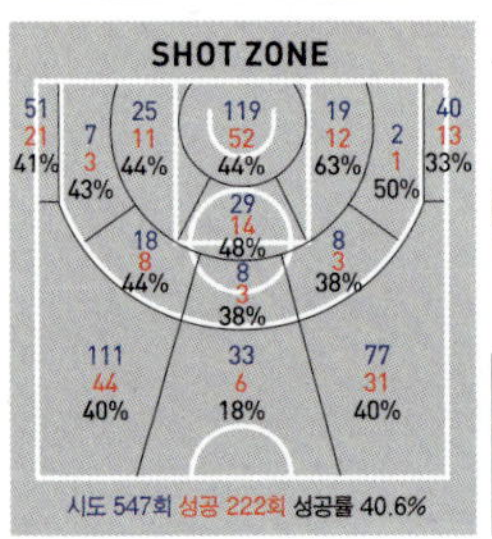

SHOT PROCESS

캐치&슛 191
풀-업 147
드라이빙 69
커팅 9
러닝 58
스텝백 56
풋백 9
앨리웁 0
턴어라운드 8
필드골 547 시도

SHOT TYPES

410 점프샷
76 레이업
11 핑거롤
13 플로터
14 덩크
4 훅샷
5 팁샷
3 뱅크샷
11 페이드어웨이
필드골 547 시도

2024-25시즌 뉴욕 64경기 평균 24.9분

항목	PTS	RB	AS	ST	BL	FG-FGA	3P-3PA	FT-FTA
평균	9.5	2.5	2.9	1.0	0.3	3.5-8.5	1.8-4.9	0.8-1.0
36분	13.8	3.6	4.2	1.5	0.4	5.0-12.4	2.6-7.1	1.2-1.4

항목	OS	CS	MS	3P	FT	SQ	OC	IS	L&F	SD	DD	PH	PF	PC	DRF	PM	PA	BH	DRS	PQ	PV
평점	B-	B-	A	B-	B-	C	D	D-	B-	F	D	F	D-	D-	D-	C-	C-	B+	B	C	D-

항목	DEF	ID	PD	ST	BL	HDQ	PP	DC	RBG	ORG	DRG	ATH	SP	AG	STR	VJ	STA	HP	INT	POT	OG
평점	D+	D-	B	C+	F	C+	C	C	D-	C+	D-	C+	B	B	F	B-	B	B	D-	B	C

G 00 Jordan CLARKSON SG-PG

조던 클락슨 1992.06.07 / 191cm

미국
NBA 드래프트 : 2014년 2라운드 46번
NBA 우승 : 0회 / **파이널 MVP :** 0회
시즌 MVP : 0회 / **NBA 퍼스트팀 :** 0회

2024-25시즌 유타의 식스맨으로 뛰었고, 지난 여름 뉴욕으로 옮겼다. 클락슨은 득점력이 뛰어난 윙이다(36분 기준 22.5점). 1대1 아이솔레이션을 즐기고, 화려한 드리블을 구사하며, 클러치 터프샷을 꽂는다. 풀업 점퍼, 스텝백 점퍼, 캐치&슛, 드라이빙 플로터, 러닝 덩크, 드라이빙 레이업 등 내외곽을 넘나든다. 그러나 퍼리미터 1대1 수비, 팀 디펜스는 부족하다. 그가 데뷔 후 10년 넘게 선발 아닌 식스맨으로 주로 출전한 이유다. 연봉은 363만 달러.

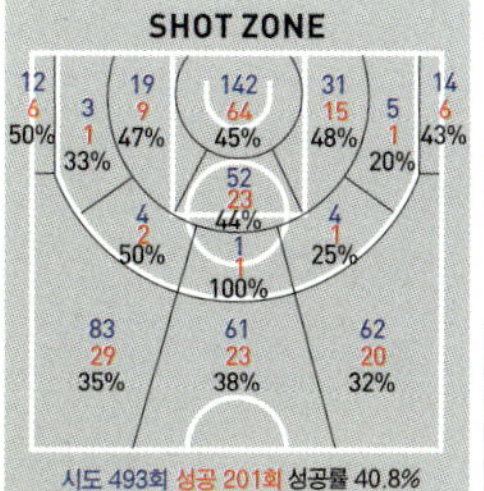

SHOT PROCESS (필드골 493 시도)

캐치&슛 151 / 풀-업 114 / 드라이빙 159 / 커팅 2 / 러닝 25 / 스텝백 23 / 풋백 7 / 앨리웁 0 / 턴어라운드 12

SHOT TYPES (필드골 493 시도)

271 점프샷 / 70 레이업 / 14 핑거롤 / 80 플로터 / 3 덩크 / 8 훅샷 / 6 팁샷 / 18 뱅크샷 / 23 페이드어웨이

2024-25시즌 유타 37경기 평균 26.0분

항목	PTS	RB	AS	ST	BL	FG-FGA	3P-3PA	FT-FTA
평균	16.2	3.2	3.7	0.8	0.2	5.4-13.3	2.3-6.3	3.1-3.9
36분	22.5	4.4	5.2	1.2	0.3	7.5-18.4	3.1-8.7	4.3-5.4

항목	OS	CS	MS	3P	FT	SQ	OC	IS	L&F	SD	DD	PH	PF	PC	DRF	PM	PA	BH	DRS	PQ	PV
평점	B-	B-	B+	B-	B-	C-	B-	D-	B-	F	C-	F	F	F	C	C	C-	B	C+	C-	C-

항목	DEF	ID	PD	ST	BL	HDQ	PP	DC	RBG	ORG	DRG	ATH	SP	AG	STR	VJ	STA	HP	INT	POT	OG
평점	D-	D-	D	D+	F	D-	D-	F	D+	C	D-	C+	C+	C	D-	B	B-	B-	D-	B	C+

G 15 Malcolm BROGDON PG-SG

말콤 브록던 1992.12.11 / 193cm

미국
NBA 드래프트 : 2016년 2라운드 36번
NBA 우승 : 0회 / **파이널 MVP :** 0회
시즌 MVP : 0회 / **NBA 퍼스트팀 :** 0회

NBA 10년 차 가드. 2016-17시즌 신인상, 2022-23시즌에는 식스맨상을 각각 받았다. 이미 전성기는 지났지만, 풍부한 경험으로 '서드 유닛' 멤버의 역할을 잘 해낼 것으로 보인다. 브록던은 높은 농구 IQ, 효율적인 플레이메이킹, 우수한 퍼리미터 디펜스로 유명하다. 3점 슈팅과 자유투가 정확하고, 드라이빙에 이은 림 어택(레이업, 플로터)도 주목받을만하다. 지난 시즌 10차례나 부상자 리스트에 올랐다. 잔 부상을 조심해야 한다. 연봉은 330만 달러.

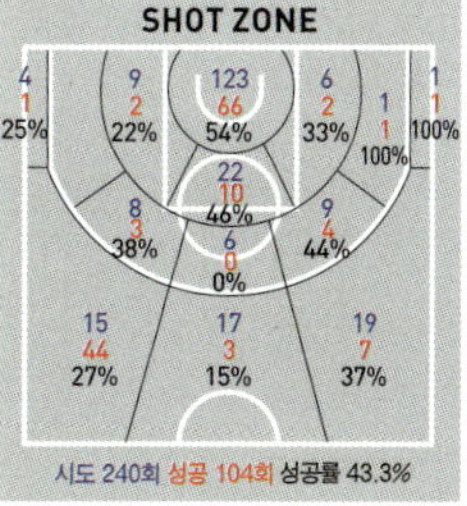

SHOT PROCESS (필드골 240 시도)

캐치&슛 46 / 풀-업 27 / 드라이빙 111 / 커팅 8 / 러닝 25 / 스텝백 16 / 풋백 6 / 앨리웁 0 / 턴어라운드 1

SHOT TYPES (필드골 240 시도)

83 점프샷 / 88 레이업 / 27 핑거롤 / 36 플로터 / 0 덩크 / 0 훅샷 / 1 팁샷 / 2 뱅크샷 / 3 페이드어웨이

2024-25시즌 워싱턴 24경기 평균 23.5분

항목	PTS	RB	AS	ST	BL	FG-FGA	3P-3PA	FT-FTA
평균	12.7	3.8	4.1	0.5	0.2	4.3-10.0	0.7-2.3	3.4-3.8
36분	19.5	5.8	6.3	0.8	0.3	6.6-15.3	1.0-3.6	5.2-5.9

항목	OS	CS	MS	3P	FT	SQ	OC	IS	L&F	SD	DD	PH	PF	PC	DRF	PM	PA	BH	DRS	PQ	PV
평점	C	B	C+	C+	B+	C-	C-	D-	B+	D-	C-	F	F	F	F	B	B+	B	C+	A-	C-

항목	DEF	ID	PD	ST	BL	HDQ	C	DC	RBG	ORG	DRG	ATH	SP	AG	STR	VJ	STA	HP	INT	POT	OG
평점	D+	D+	B-	F	F	C+	C	D+	B	B-	B	B-	C+	B-	D-	C-	A-	A	D-	B+	C+

G 24 Garrison MATHEWS SG

개리슨 매튜스 1996.10.24 / 198cm

미국
NBA 드래프트 : 2019년 미지명
NBA 우승 : 0회 / **파이널 MVP :** 0회
시즌 MVP : 0회 / **NBA 퍼스트팀 :** 0회

애틀랜타의 '서드 유닛' 멤버로 47경기 평균 17.7분씩 출전했다. 2025년 여름, 뉴욕과 트레이닝 캠프 계약을 맺었고, 올 시즌을 함께 한다. 매튜스는 점프 슈터다. 캐치&슛 스타일로 스트로크가 안정돼 있고, 릴리스가 빠르며, 슈팅 터치가 부드럽다. 자신 있게 던지는 '딥-쓰리'는 강력한 무기다. 심장이 강해 결정적인 순간에 한방씩 터뜨린다. 통산 성공률 84%의 자유투도 장점. 수비를 열심히 하고, 손이 빨라 스틸을 많이 해낸다. 연봉은 287만 달러.

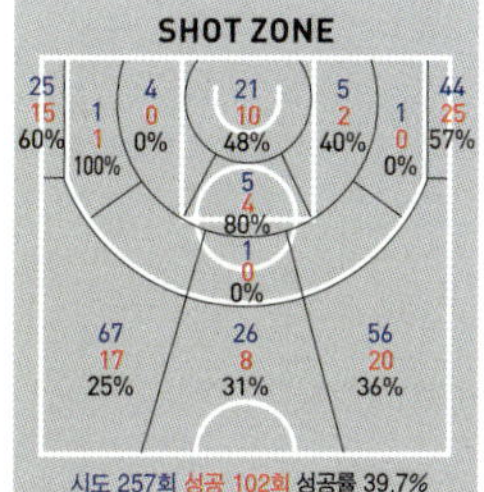

SHOT PROCESS (필드골 257 시도)

캐치&슛 177 / 풀-업 29 / 드라이빙 16 / 커팅 3 / 러닝 20 / 스텝백 10 / 풋백 1 / 앨리웁 0 / 턴어라운드 1

SHOT TYPES (필드골 257 시도)

222 점프샷 / 14 레이업 / 7 핑거롤 / 6 플로터 / 1 덩크 / 0 훅샷 / 0 팁샷 / 2 뱅크샷 / 5 페이드어웨이

2024-25시즌 애틀랜타 47경기 평균 17.7분

항목	PTS	RB	AS	ST	BL	FG-FGA	3P-3PA	FT-FTA
평균	7.5	1.9	1.3	0.6	0.3	2.2-5.5	1.8-4.6	1.4-1.7
36분	15.3	3.8	2.6	1.1	0.7	4.4-11.1	3.7-9.5	2.8-3.4

항목	OS	CS	MS	3P	FT	SQ	OC	IS	L&F	SD	DD	PH	PF	PC	DRF	PM	PA	BH	DRS	PQ	PV
평점	C+	C	B-	B-	B-	A	D-	D-	C+	F	D-	F	F	F	D-	D	C-	C+	F	B-	F

항목	DEF	ID	PD	ST	BL	HDQ	PP	DC	RBG	ORG	DRG	ATH	SP	AG	STR	VJ	STA	HP	INT	POT	OG
평점	D	D-	D	A+	D	D-	D-	F	D-	D	D-	D+	D-	D-	F	D	B+	B+	C	B-	C-

NEW YORK KNICKS 2025-26 REGULAR SEASON SCHEDULE

OCTOBER, 2025
Oct. 22 vs. Cleveland Cavaliers
Oct. 24 vs. Boston Celtics
Oct. 26 @ Miami Heat
Oct. 28 @ Milwaukee Bucks
Oct. 31 @ Chicago Bulls

NOVEMBER, 2025
Nov. 2 vs. Chicago Bulls
Nov. 3 vs. Washington Wizards
Nov. 5 vs. Minnesota Timberwolves
Nov. 9 vs. Brooklyn Nets
Nov. 11 vs. Memphis Grizzlies
Nov. 12 vs. Orlando Magic
Nov. 14 vs. Miami Heat
Nov. 17 @ Miami Heat
Nov. 19 @ Dallas Mavericks
Nov. 22 @ Orlando Magic
Nov. 24 @ Brooklyn Nets
Nov. 26 @ Charlotte Hornets
Nov. 28 vs. Milwaukee Bucks
Nov. 30 vs. Toronto Raptors

DECEMBER, 2025
Dec. 2 @ Boston Celtics
Dec. 3 vs. Charlotte Hornets
Dec. 5 vs. Utah Jazz
Dec. 7 vs. Orlando Magic
Dec. 18 @ Indiana Pacers
Dec. 19 vs. Philadelphia 76ers
Dec. 21 vs. Miami Heat
Dec. 23 @ Minnesota Timberwolves
Dec. 25 vs. Cleveland Cavaliers
Dec. 27 @ Atlanta Hawks
Dec. 29 @ New Orleans Pelicans
Dec. 31 @ San Antonio Spurs

JANUARY, 2026
Jan. 2 vs. Atlanta Hawks
Jan. 3 vs. Philadelphia 76ers
Jan. 5 @ Detroit Pistons
Jan. 7 vs. Los Angeles Clippers
Jan. 9 @ Phoenix Suns
Jan. 11 @ Portland Trail Blazers
Jan. 14 @ Sacramento Kings
Jan. 15 @ Golden State Warriors
Jan. 17 vs. Phoenix Suns
Jan. 19 vs. Dallas Mavericks
Jan. 21 vs. Brooklyn Nets
Jan. 24 @ Philadelphia 76ers
Jan. 27 vs. Sacramento Kings
Jan. 28 @ Toronto Raptors
Jan. 30 vs. Portland Trail Blazers

FEBRUARY, 2026
Feb. 1 vs. Los Angeles Lakers
Feb. 3 @ Washington Wizards
Feb. 4 vs. Denver Nuggets
Feb. 6 @ Detroit Pistons
Feb. 8 @ Boston Celtics
Feb. 10 vs. Indiana Pacers
Feb. 11 @ Philadelphia 76ers
Feb. 19 vs. Detroit Pistons
Feb. 21 vs. Houston Rockets
Feb. 22 @ Chicago Bulls
Feb. 24 @ Cleveland Cavaliers
Feb. 27 @ Milwaukee Bucks

MARCH, 2026
Mar. 1 vs. San Antonio Spurs
Mar. 3 @ Toronto Raptors
Mar. 4 vs. Oklahoma City Thunder
Mar. 6 @ Denver Nuggets
Mar. 8 @ Los Angeles Lakers
Mar. 9 @ Los Angeles Clippers
Mar. 11 @ Utah Jazz
Mar. 13 @ Indiana Pacers
Mar. 15 vs. Golden State Warriors
Mar. 17 vs. Indiana Pacers
Mar. 18 @ Memphis Grizzlies
Mar. 20 @ Brooklyn Nets
Mar. 22 vs. Washington Wizards
Mar. 24 vs. New Orleans Pelicans
Mar. 26 @ Charlotte Hornets
Mar. 29 @ Oklahoma City Thunder
Mar. 31 @ Houston Rockets

APRIL, 2026
Apr. 5 vs. Washington Wizards
Apr. 7 vs. Milwaukee Bucks
Apr. 9 vs. Indiana Pacers
Apr. 10 @ Milwaukee Bucks
Apr. 12 @ Toronto Raptors

PHILADELPHIA 76ERS.

엠비드, 조지, 맥시 '귀하신' 몸

빠른 전멸 선택

선수단을 덮친 끔찍한 부상 악재에 몸서리쳤다. MVP 출신 센터 조엘 엠비드는 그렇다손 치자. 커리어 경기 출전 점유율 자체가 50% 내외인 리그 대표 인저리 프런이다. 더 큰 문제는 작년 여름에 4년 35% 베테랑 맥스 계약으로 영입한 폴 조지 이탈이었다. 1990년생 35세 노장이 사타구니, 발목 등 각종 부상을 호소했다. 고액 연봉자들이 시종일관 벤치를 지켰으니 성적 하락은 당연한 결과였다. 대릴 모리 사장은 탱킹 목적의 빠른 전멸 선택으로 드래프트 지명권만은 지켰다.

드래프트 지명권 잭팟

프런트의 빠른 전멸 선택이 긍정적인 나비효과를 불러왔다. 올해 드래프트 로터리 추첨에서 전체 3순위 지명권을 거머쥐었다! 베일러 대학 출신 슈팅가드 VJ 엣지콤은 윙 포지션 에너지 레벨을 끌어올려 줄 적임자다. 안드레 드러먼드, 켈리 우브레 주니어, 카일 라우리, 에릭 고든 등 베테랑들의 잔류 선언도 눈에 띈다. 특히 우브레 주니어는 가성비 좋은 에너자이저로 선수단 내 신뢰가 두텁다. FA 영입한 트렌든 왓포드 역시 프런트코트 뎁스(depth) 보강에 적합하다.

맥스 계약 삼총사의 건강

맥스 계약 삼총사 엠비드, 조지, 타이리스 맥시의 지난 시즌 합계 경기 출전 점유율이 45.5%에 불과했다. 이번 시즌에 반등하려면 세 선수 건강이 반드시 보장되어야 한다. 무엇보다 엠비드 출전 여부에 따른 팀 단위 경쟁력 격차가 너무 크다. 부디 'The Process'의 무릎이 한 시즌만이라도 버텨주길 기도하자. 만약 2025-26 시즌마저 부상 악재가 반복된다면? 닉 널스 감독을 넘어, 모리 사장에게까지 책임 추궁이 돌아갈 위험이 크다. 이는 리셋(reset) 미래를 예고한다.

*통계는 2025년 9월 10일 기준

CLUB INFORMATION

  F **Founded** 구단 창립 1946년	 O **Owner** 해리슨 블리처 스포츠 & 엔터	C **CEO** 태드 브라운	 HC **Head Coach** 닉 너스 1967.07.24	 **24-25 Odds** 스카이벳 : 35배 윌리엄힐 : 33배
16명 **Nationality** ●미국 선수 12명 ●외국 선수 4명	 Age **Age** 16명 평균 26.5세	H **Height** 16명 평균 198.7cm	W kg **Weight** 16명 평균 99.9kg	 $ **Salary** 14명 평균 1352만 달러
W **Win** 2024-25 : 24승 통산 : 3125승	L **Loss** 2024-25 : 58패 통산 : 2898패	 WP % **Winning%** 2024-25 : 29.3% 통산 : 51.9%	 PO **Play-Off** PO 진출 : 54회 PO 탈락 : 22회	 T **Titles** NBA우승 : 3회 컨퍼런스 : 5회
P **Top Scorer** 타이리스 맥시 평균 26.3점	R **More Rebounds** 켈리 우브레 주니어 평균 6.1리바운드	 A **More Assists** 타이리스 맥시 평균 6.1어시스트	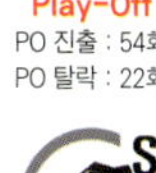 S **More Steals** 타이리스 맥시 평균 1.8스틸	 **More Blocks** 아뎀 보나 평균 1.2블락

*항목별 1위는 지난 시즌 필라델피아 소속으로 42경기 이상 출전한 선수 중 선별

Association Icon Statement City

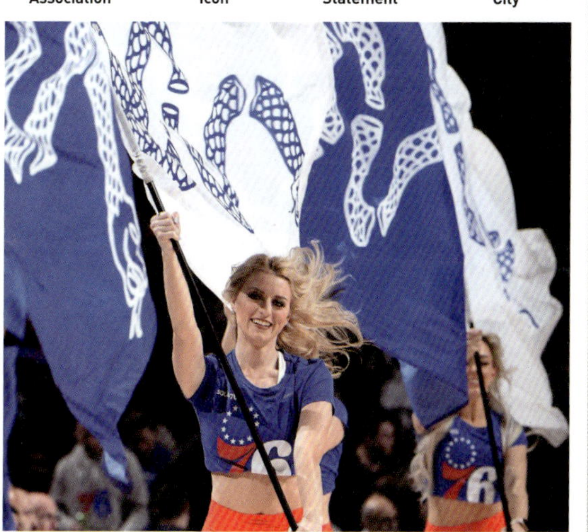

HEAD COACH & STADIUM

Nick NURSE 닉 너스

생년월일 : 1967년 7월 24일 출생 / **출생지 :** 미국 아이오와주 캐럴
경력 : 1989~1995년 대학 4개팀 감독 / 1995~2001년 유럽 프로 4개팀 감독 / 2001년 오클라호마 스톰 코치 / 2007~2011년 아이오와 에너지 감독 / 2011~2013년 리오 그란데 밸리 감독 / 2013~2018년 토론토 랩터스 코치 / 2018~2023년 토론토 랩터스 감독 / 2023년~ 필라델피아 76ers. 감독

쿠엠퍼 가톨릭고를 졸업하고, 노던아이오대로 진학했다. 대학 4년간 선수로 뛰며 111경기에 출전, 47%의 3점 성공률을 기록했다. 현역 은퇴 후 1989년 노던 아이오와대 코치를 시작으로 지도자로 나섰다. 이후 2005년까지 대학 및 마이너 클럽 10개 팀을 지도했다. 그리고 아이오와 에너지(2007~2011년), 리오 그란데 밸리 바이퍼스(2011~2013년), NBA 개발 리그(D-리그)의 수석 코치를 역임. D-리그에서도 감독으로서 두 차례 D-리그 우승(2011, 2013년)을 견인했고, 2011년에 D-리그 올해의 감독상을 수상했다. 감독 경력에 가장 빛났던 시기는 토론토 랩터스 감독을 맡았던 2018~2023년. 그는 부임 첫 시즌, 팀을 정규시즌 58승 24패로 이끌었고, 내친 김에 사상 처음 NBA 우승 타이틀까지 선물했다. 시즌 종료 후 NBA 올해의 감독상을 수상했다. 토론토와 계약이 끝나자 2023년 5월 29일, 필라델피아 세븐티식서스의 26대 감독으로 취임했다.

WELLS FARGO CENTER

구장 오픈 : 1996년
구장 증개축 : -
오너 : 콤캐스트 스펙테이터
수용인원 : 2만 1000명
건축비용 : 2억 1000만달러

개장 이래 이 지역의 상징이 됐다. 1996-97시즌부터 세븐티식서스 홈구장으로 사용돼왔고, 하키팀 플라이어스, NLL팀 윙스의 전용구장이기도 하다. 세계적인 투어와 다양한 이벤트가 개최된다. 특별관람석이라 불리는 럭셔리 스위트 126석, 클럽 박스석 1880석을 갖췄다. 미국 최대 케이블방송 컴캐스트 산하 컴캐스트 스펙타코어가 소유, 운영을 하고 있다.

REGULAR SEASON RANKING LAST 10YEARS

★NBA 파이널 우승

15-16	16-17	17-18	18-19	19-20	20-21	21-22	22-23	23-24	24-25
30	27	5	7	12	3	8	3	14	26
10승 72패	28승 54패	52승 30패	51승 31패	43승 30패	49승 23패	51승 31패	54승 28패	47승 35패	24승 58패

Honours

3	5	12	10
NBA CHAMPIONS	CONFERENCE TITLES	DIVISION TITLES	RETIRED NUMBERS

NBA CHAMPIONSHIPS
1955, 1967, 1983

CONFERENCE TITLES
1977, 1980, 1982, 1983, 2001

DIVISION TITLES
1950, 1952, 1955, 1966, 1967, 1968, 1977, 1978, 1983, 1990, 2001, 2021

RETIRED NUMBERS
2, 3, 4, 6, 10, 13, 15, 24, 32, 34

TEAM POTENTIAL

78점

16위

하프코트 세트오펜스 8점

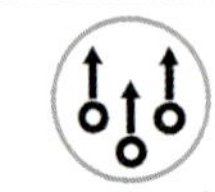
트랜지션 오펜스 7점

하프코트 세트디펜스 8점

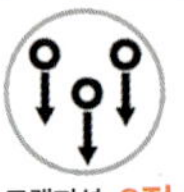
트랜지션 디펜스 8점

리바운드 8점

선수층 7점

선수 경험치 8점

감독 리더십 8점

감독 전술 9점

프런트 7점

*각 항목은 10점 만점, 평점은 NBA 30팀 사이 상대평가

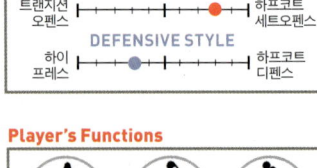

우승 ODDS	배당	순위
Sky Bet	35배	14위
Bet Fred	33배	13위
William Hill	33배	11위

OFFENSIVE STYLE
트랜지션 오펜스 — 하프코트 세트오펜스

DEFENSIVE STYLE
하이 프레스 — 하프코트 디펜스

SQUAD & TACTICS

STARTERS

PF 폴 조지 32.5분, 16.2점 5.3RB, 4.3AS

C 조엘 엠비드 30.2분, 23.8점 8.2RB, 4.5AS

SF 제러드 맥케인 25.7분, 15.3점 2.4RB, 2.6AS

SG 비제이 엣지컴 2025-26시즌 신인 선수

PG 타이리스 맥시 37.7분, 26.3점 3.3RB, 6.1AS

OFF THE BENCH

PG 카일 로우리 18.8분, 3.9점 1.9RB, 2.7AS

SG 에릭 고든 19.7분, 6.8점 1.2RB, 1.7AS

SF 켈리 우브레 Jr. 34.6분, 15.1점 6.1RB, 1.8AS

PF 트렌든 왓포드 20.8분, 10.2점 3.6RB, 2.6AS

C 앤드리 드루먼드 18.8분, 7.3점 7.8RB, 0.9AS

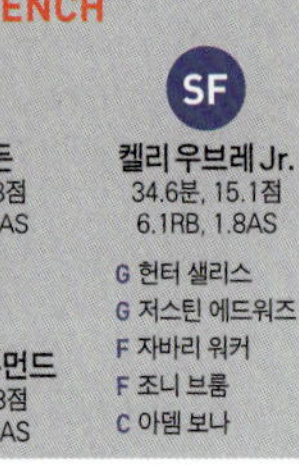

G 헌터 샐리스
G 저스틴 에드워즈
F 자바리 워커
F 조니 브룸
C 아뎀 보나

Player's Functions

Ball Handlers T.맥시 P.조지 J.맥케인

Pull-Ups P.조지 T.맥시 J.맥케인

Catch & Shoot T.맥시 K.우브레 Jr. J.엠비드

3 Pointers J.맥케인 P.조지 T.맥시

Slam Dunkers A.보나 K.우브레 Jr. A.드러먼드

Free Throw J.엠비드 T.맥시 J.맥케인

Rebounders A.드러먼드 J.엠비드 J.워커

1-1 Defenders K.로우리 VJ.에지콤 J.엠비드

Ball Stealers T.맥시 K.로우리 A.드러먼드

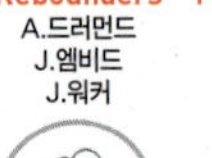

Key Passes T.맥시 P.조지 J.엠비드

Hustle Players A.보나 T.맥시 K.로우리

Rim Protectors A.보나 J.브룸

2024-25 SEASON PERFORMANCE

공격 레이팅 111.9(22위) 수비 레이팅 118.2(26위) 레이팅 마진 -6.4(25위) 페이스 97.4(23위)

PHILADELPHIA 76ers vs. OPPONENTS PER GAME STATS

	득실점	FG 필드골성공	FG↑ 필드골시도	FG% 필드골%	3P 3점성공	3P↑ 3점시도	3P% 3점%	2P 2점성공	2P↑ 2점시도	2P% 2점%	자유투성공	자유투시도	FT% 자유투%	OR 공격 RB	DR 수비 RB	TR 전체 RB	A↑ 어시스트	스틸	블락샷	턴오버	파울
필라델피아	109.6 26위	39.7 26위	87.4 23위	45.4% 23위	12.7 21위	37.2 17위	34.1% 27위	27.0 20위	50.2 18위	53.7% 21위	17.5 7위	22.5 9위	78.0% 15위	10.4 22위	29.4 30위	39.8 30위	23.2 29위	9.2 5위	4.5 23위	13.6 9위	19.0 19위
상대팀	115.8 21위	42.4 20위	86.8 4위	48.8% 30위	14.2 24위	37.6 14위	37.8% 29위	28.1 17위	49.2 5위	57.2% 28위	16.9 14위	21.2 12위	79.4% 28위	11.5 21위	34.0 26위	45.5 26위	28.3 25위	7.4 6위	5.1 19위	16.0 4위	18.7 17위

LINE-UP

* 필라델피아는 지난 시즌 총 854개의 라인업을 가동했다. 득실점차 플러스 10개, 마이너스 10개를 골랐다.

득실점차 플러스(+) 라인업 TOP 10	GP	MIN	PPG	RPG	득실차
P. George - K. Oubre Jr. - G. Yabusele - C. Martin - T. Maxey	7	72	27.6	10.6	+35
K. Oubre Jr. - G. Yabusele - T. Maxey - R. Council IV - J. Edwards	6	47	21.0	6.7	+23
J. Butler - J. Dowtin Jr. - A. Bona - R. Council IV - A. Reese	4	19	14.8	5.8	+23
P. George - J. Embiid - K. Oubre Jr. - T. Maxey - K. Martin	2	32	39.0	13.0	+19
E. Gordon - K. Oubre Jr. - G. Yabusele - C. Martin - T. Maxey	4	25	16.8	3.8	+19
P. George - J. Embiid - G. Yabusele - C. Martin - T. Maxey	4	25	17.3	5.3	+16
L. Walker IV - J. Butler - A. Bona - R. Council IV - A. Reese	1	7	24.0	9.0	+16
P. George - J. Embiid - K. Oubre Jr. - T. Maxey - J. McCain	2	12	16.5	7.0	+15
K. Lowry - P. George - K. Oubre Jr. - G. Yabusele - C. Martin	3	11	9.7	3.7	+13
L. Walker IV - J. Dowtin Jr. - M. Bagley - C. Castleton - R. Council IV	1	5	20.0	8.0	+13
득실점차 마이너스(-) 라인업 TOP 10	**GP**	**MIN**	**PPG**	**RPG**	**득실차**
G. Yabusele - O. Brissett - Q. Grimes - J. Butler - J. Edwards	2	11	4.5	3.5	-24
A. Drummond - K. Oubre Jr. - Q. Grimes - J. Butler - J. Edwards	2	17	15.0	6.5	-23
P. George - A. Drummond - K. Oubre Jr. - Q. Grimes - T. Maxey	4	36	21.0	6.8	-22
G. Yabusele - C. Okeke - Q. Grimes - J. Dowtin Jr. - J. Edwards	1	21	37.0	17.0	-22
E. Gordon - K. Oubre Jr. - G. Yabusele - T. Maxey - J. Edwards	6	70	27.2	6.7	-20
K. Lowry - A. Drummond - K. Oubre Jr. - C. Martin - T. Maxey	7	47	12.3	5.1	-18
P. George - J. Embiid - K. Oubre Jr. - T. Maxey - J. Edwards	3	36	28.3	9.7	-18
E. Gordon - P. George - G. Yabusele - C. Martin - T. Maxey	3	10	6.0	1.3	-18
L. Walker IV - J. Butler - A. Bona - R. Council IV - J. Edwards	3	19	13.7	6.0	-16
A. Drummond - K. Oubre Jr. - C. Martin - T. Maxey - J. McCain	3	12	8.3	2.7	-15

PASS COMBINATIONS

→ 해당 선수가 경기당 동료로부터 패스 받은 횟수
→ 해당 선수가 경기당 동료들에게 패스 해준 횟수

받은 횟수		선수		해준 횟수
74.5	→	타이리스 맥시	→	61.0
44.0	→	폴 조지	→	44.4
51.6	→	퀜틴 그라임스	→	43.3
48.3	→	조엘 엠비드	→	37.2
41.0	→	재러드 버틀러	→	36.1
31.3	→	켈리 우브레 주니어	→	34.6
36.1	→	제일런 후드-시피노	→	34.5
29.8	→	캘럽 마틴	→	32.7
28.2	→	구르숀 야부젤레	→	31.6
25.9	→	카일 로우리	→	31.1
17.0	→	아이재이아 모블리	→	30.0
34.0	→	재러드 맥케인	→	29.4
33.9	→	로니 워커 IV	→	28.4
17.5	→	오셰이 브리셋	→	28.2
20.5	→	추마 오케케	→	27.3
23.8	→	저스틴 에드워즈	→	24.8
24.0	→	제프 다우틴 주니어	→	22.7
13.2	→	콜린 캐스틀레턴	→	21.8
12.5	→	마커스 베이글리	→	20.8
14.5	→	케이제이 마틴	→	20.2
19.7	→	레지 잭슨	→	19.2
9.3	→	알렉스 리스	→	19.1
14.8	→	앤드리 드러먼드	→	18.1
17.8	→	에릭 고든	→	17.3
17.0	→	리키 카운실 IV	→	15.9
9.3	→	피트 낸스	→	13.8
10.1	→	아뎀 보나	→	13.7
10.0	→	데이비드 로디	→	11.0
6.0	→	필립 월러	→	4.4
5.0	→	레스터 키뇨네스	→	4.0
—	→	데니스 슈뢰더	→	1.0

2024-25 RANKING

* 는 수치가 낮을수록 랭킹이 높아짐

필라델피아	랭킹	FIVE FACTORS	상대팀	랭킹
52.7%	22위	3점 가중 FG%	57.0%*	30위
12.3	9위*	턴오버 / 100포제션	14.3	3위
23.4%	22위	공격 RB 점유율	28.2%*	30위
71.8%	30위	수비 RB 점유율	76.6%*	21위
20.1%	4위	자유투 / 필드골	19.4%*	20위

득점	랭킹	PLAYTYPE	실점*	랭킹
9.3	6위	아이솔레이션	6.1	3위
22.0	20위	트랜지션	24.4	22위
16.3	14위	픽&롤 볼핸들러	16.0	12위
7.1	15위	픽&롤 롤맨	8.2	28위
3.5	15위	포스트-업	3.3	5위
27.3	13위	스팟-업	28.3	20위
4.0	24위	핸드오프	4.0	2위
7.4	29위	커팅	—	—
3.0	21위	오프 스크린	3.0	2위
6.3	18위	풋백	6.9	25위
3.0	11위	기타	—	—

SHOT ZONE

평균 구간별 슈팅 및 성공률

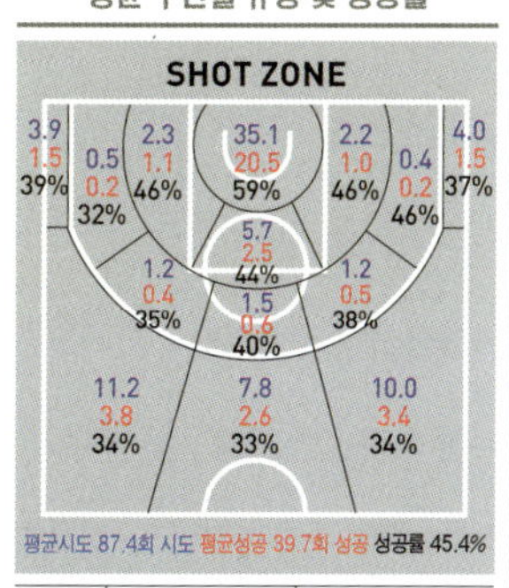

항목	2PA	2PM	2P%	3PA	3PM	3P%
캐치&슛	1.1	0.4	36.3%	24.4	8.8	36.0%
풀업	12.2	5.3	43.8%	12.3	3.7	29.9%
3m 안쪽	36.8	21.2	57.7%	—	—	—
TOTAL	50.2	27.0	53.7%	37.2	12.7	34.1%

SHOT PROCESS & SHOT TYPES

샷프로세스(시도) — 평균 87.4: 3.9, 3.1, 0.5, 6.0, 8.1, 2.8, 13.0, 24.5, 25.5

샷타입(시도) — 평균 87.4: 2.1, 3.2, 1.6, 1.5, 6.1, 4.4, 5.5, 17.4, 45.6

● 캐치&슛 ● 풀-업 ● 드라이빙 ● 커팅 ● 러닝 ● 스텝백 ● 풋백 ● 앨리웁 ● 턴어라운드

● 점프샷 ● 레이업 ● 핑거롤 ● 플로터 ● 덩크 ● 훅샷 ● 팁샷 ● 뱅크샷 ● 페이드어웨이

샷프로세스(성공) 샷타입(성공)

SHOOTING

필드골 시도 — 평균 87.4: 5.9, 21.1, 27.4, 33.0

필드골 시도 — 평균 87.4: 9.4, 2.8, 9.9, 11.6, 12.2, 41.5

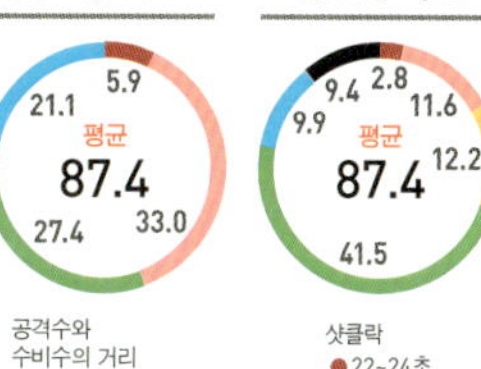

필드골 성공 — 평균 39.7: 8.8, 2.7, 11.3, 16.9

필드골 성공 — 평균 39.7: 3.2, 1.6, 4.1, 6.3, 5.4, 19.1

OPPONENT SHOOTING

상대 필드골 시도 — 평균 86.8: 6.2, 22.2, 33.1, 25.3

상대 필드골 시도 — 평균 86.8: 8.0, 3.2, 7.3, 13.6, 14.4, 40.3

공격수와 수비수의 거리 ● 0~0.6m ● 0.6~1.2m ● 1.2~1.8m ● 1.8m 이상

샷클락 ● 22~24초 ● 18~22초 ● 15~18초 ● 7~15초 ● 4~7초 ● 0~4초

필드골 허용 — 평균 42.4: 9.9, 2.9, 11.5, 18.1

필드골 허용 — 평균 42.4: 3.0, 1.9, 3.4, 7.2, 7.8, 19.1

CONTESTED REBOUNDS

공격 리바운드 — 평균 5.8: 2.5, 2.1, 0.4, 0.8

수비 리바운드 — 평균 6.9: 1.5, 3.8, 1.1, 0.5

림 아래부터 리바운드 위치까지의 거리 ● 0~0.9m ● 0.9~1.8m ● 1.8~3m ● 3m 이상

UNCONTESTED REBOUNDS

공격 리바운드 — 평균 4.1: 1.1, 2.2, 0.6, 0.2

수비 리바운드 — 평균 20.5: 3.9, 12.2, 2.8, 1.6

림 아래부터 리바운드 위치까지의 거리 ● 0~0.9m ● 0.9~1.8m ● 1.8~3m ● 3m 이상

DEFENSE OF 24 WINS

필드골 허용 % — 45.1%

상대 필드골 시도 85.8
필드골 허용 38.7

3점슛 허용 % — 33.3%

상대 3점슛 시도 39.8
3점슛 허용 13.3

DEFENSE OF 58 LOSSES

필드골 허용 % — 50.3%

상대 필드골 시도 87.2
필드골 허용 43.9

3점슛 허용 % — 39.9%

상대 3점슛 시도 36.7
3점슛 허용 14.6

General Stats								Outside Scoring & Shooting							Inside Scoring & Shooting								Play Making, Ball Handling & Passing					
PTS	RB	AS	ST	BL	FG-FGA	3P-3PA	FT-FTA	OS	CS	MS	3P	FT	SQ	OC	IS	L&F	SD	DD	PH	PF	PC	DRF	PM	PA	BH	DRS	PQ	PV
득점	리바운드	어시스트	스틸	블락샷	필드골 성공-시도	3점슈팅 성공-시도	자유투 성공-시도	외곽 득점력	근거리 점프샷	중거리 슈팅	3점 슈팅	자유투	슈팅 IQ	득점 일관성	인사이드 득점력	레이업 플로터	스탠딩 덩크	드라이빙 덩크	포스트 훅샷	포스트 페이드	포스트 컨트롤	파울 유도	플레이 메이킹	패스 능력	볼 핸들링	드리블 스피드	패스 IQ	패스 비전

F 20 Jared McCAIN SF-SG
제러드 맥케인 2004.02.20 / 191cm

미국
NBA 드래프트 : 2024년 1라운드 16번
NBA 우승 : 0회 / **파이널 MVP** : 0회
시즌 MVP : 0회 / **NBA 퍼스트팀** : 0회

시즌 초반, 타이리스 맥시의 부상 이탈 때문에 일찍 선발 포인트가드로 나섰다. 10~11월 눈부신 활약을 펼치며 NBA '이달의 신인'으로 선정되었다. 그러나 12월 15일 왼 무릎 반월판이 파열됐고 시즌 아웃 되었다. 올 시즌 개막전은 정상 출전이 예상된다. 맥케인은 간결한 볼 회전을 중시하는 포인트가드다. 빠른 스피드를 활용한 돌파, 컷인 플레이, 페이크 이후 3점 슈팅 등 다양한 공격 옵션을 지녔다. 수비력 부족은 단점이다. 연봉은 422만 달러.

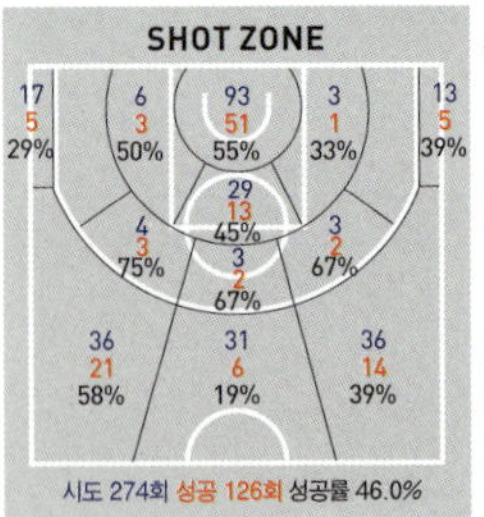

SHOT PROCESS

필드골 274 시도

캐치&슛 80
풀-업 68
드라이빙 70
커팅 3
러닝 32
스텝백 11
풋백 3
앨리웁 1
턴어라운드 6

SHOT TYPES

필드골 274 시도

167 점프샷
38 레이업
40 핑거롤
13 플로터
2 덩크
0 훅샷
1 팁샷
6 뱅크샷
7 페이드어웨이

2024-25시즌 필라델피아 23경기 평균 25.7분

항목	PTS	RB	AS	ST	BL	FG-FGA	3P-3PA	FT-FTA
평균	15.3	2.4	2.6	0.7	0.0	5.5-11.9	2.2-5.8	2.1-2.4
36분	21.4	3.4	3.6	0.9	0.0	7.7-16.7	3.1-8.1	3.0-3.4

항목	OS	CS	MS	3P	FT	SQ	OC	IS	L&F	SD	DD	PH	PF	PC	DRF	PM	PA	BH	DRS	PQ	PV
평점	B	B	A	B-	B+	C	B-	D-	B	F	D-	F	F	F	D-	C	C-	B	C	C-	D+

항목	DEF	ID	PD	ST	BL	HDQ	PP	DC	RBG	ORG	DRG	ATH	SP	AG	STR	VJ	STA	HP	INT	POT	OG
평점	D	D-	C-	D-	F	D-	D-	D-	D-	C-	D-	C	C	C	D-	D+	A	B-	C-	A-	B-

F 8 Paul GEORGE PF-SF
폴 조지 1990.05.02 / 203cm

미국
NBA 드래프트 : 2010년 1라운드 10번
NBA 우승 : 0회 / **파이널 MVP** : 0회
시즌 MVP : 0회 / **NBA 퍼스트팀** : 1회

크고 작은 부상으로 자주 결장하다가 3월 중순, 무릎 치료를 위해 시즌 아웃 됐다. 올 시즌 부상 없이 뛰는 게 가장 중요하다. 정상 컨디션일 경우 공수겸장 '엘리트 스윙맨'이다. 커팅 레이업, 드라이빙 덩크, 드라이빙 플로터, 러닝 덩크, 러닝 레이업으로 림을 공략하고, 스텝백 점퍼, 페이드어웨이샷 등 고난도 슈팅을 자유롭게 구사한다. 코트 여러 위치에서 날리는 3점포도 위력적. 퍼리미터 1대1 수비와 스틸도 수준급이다. 연봉은 5167만 달러.

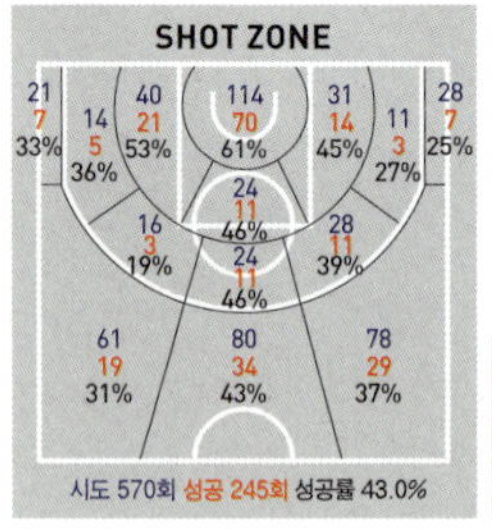

2024-25시즌 필라델피아 41경기 평균 32.5분

항목	PTS	RB	AS	ST	BL	FG-FGA	3P-3PA	FT-FTA
평균	16.2	5.3	4.3	1.8	0.5	6.0-13.9	2.3-6.5	1.9-2.4
36분	17.9	5.9	4.8	2.0	0.5	6.6-15.4	2.6-7.2	2.1-2.6

항목	OS	CS	MS	3P	FT	SQ	OC	IS	L&F	SD	DD	PH	PF	PC	DRF	PM	PA	BH	DRS	PQ	PV
평점	C	B-	B+	B-	B-	D-	D-	D	B	D-	B	F	C	D-	F	C+	C+	B+	C+	C-	C-

항목	DEF	ID	PD	ST	BL	HDQ	PP	DC	RB3	OR3	DR3	ATH	SP	AG	STR	VJ	STA	HP	INT	POT	OG
평점	C+	C	B-	A-	F	C+	C+	C-	D+	D-	B	B-	C+	B	C-	B+	A	C	F	A	B-

F 9 Kelly OUBRE Jr. SF-SG
켈리 우브레 1995.12.09 / 198cm

미국
NBA 드래프트 : 2015년 1라운드 15번
NBA 우승 : 0회 / **파이널 MVP** : 0회
시즌 MVP : 0회 / **NBA 퍼스트팀** : 0회

코트에서 불굴의 투쟁심을 보이는 파이터형 올라운드 플레이어. 과거 격렬하게 대립했던 폴 조지와 동료가 되면서 화해했다고 한다. 우브레 주니어의 최대 강점은 1대1 수비력. 팔이 길고 손이 빨라 드리블러의 볼을 잘 빼앗는다. 반면 팀 디펜스 응용력(헬핑, 픽&롤 수비)은 살짝 아쉬운 부분이다. 공격은 림 어택(덩크, 레이업)과 3점 슈팅 2가지다. 전체적인 슈팅 기술이 투박한 데다 중거리 점퍼 성공률은 기복이 심한 편이다. 시즌 연봉은 838만 달러.

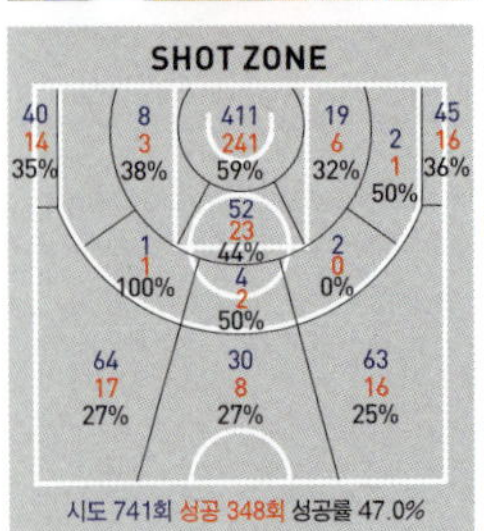

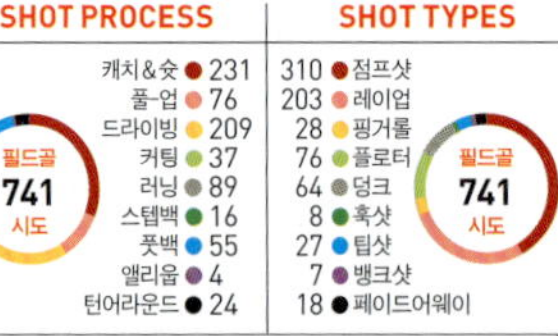

2024-25시즌 필라델피아 60경기 평균 34.6분

항목	PTS	RB	AS	ST	BL	FG-FGA	3P-3PA	FT-FTA
평균	15.1	6.1	1.8	1.5	0.5	5.8-12.4	1.2-4.0	2.3-3.1
36분	15.7	6.4	1.9	1.6	0.5	6.0-12.8	1.2-4.2	2.4-3.2

항목	OS	CS	MS	3P	FT	SQ	OC	IS	L&F	SD	DD	PH	PF	PC	DRF	PM	PA	BH	DRS	PQ	PV
평점	C	B+	C-	C-	C	D	C-	D	B-	F	B	F	D-	D-	C-	D	C-	C	D+	C	F

항목	DEF	ID	PD	ST	BL	HDQ	PP	DC	RB3	OR3	DR3	ATH	SP	AG	STR	VJ	STA	HP	INT	POT	OG
평점	D	D-	C+	B-	F	C-	C	D-	C+	B-	C-	C+	C-	B-	D-	A	A-	C	D-	B	C+

F 12 Trendon WATFORD PF-SF
트렌든 왓포드 2000.11.09 / 203cm

미국
NBA 드래프트 : 2021년 지명받지 못함
NBA 우승 : 0회 / **파이널 MVP** : 0회
시즌 MVP : 0회 / **NBA 퍼스트팀** : 0회

지난 시즌 브루클린에서 '서드 유닛' 파워포워드로 뛰었고, 지난 여름 뉴욕으로 트레이드 되었다. 올 시즌 뉴욕에서도 백업 빅맨으로 어느 정도의 출전 기회를 보장받을 것이다. 왓포드는 공격력이 우수한 포워드다. 라인 밖에서 높은 타점을 활용해 3점 슈팅을 시도한다. 과감한 드라이브인으로 림을 직접 공략해 레이업과 플로터를 구사한다. 반면, 수비력에는 기복이 심하다. 어느 날에는 통곡의 벽, 어느 날에는 자동문이 된다. 연봉 246만 달러.

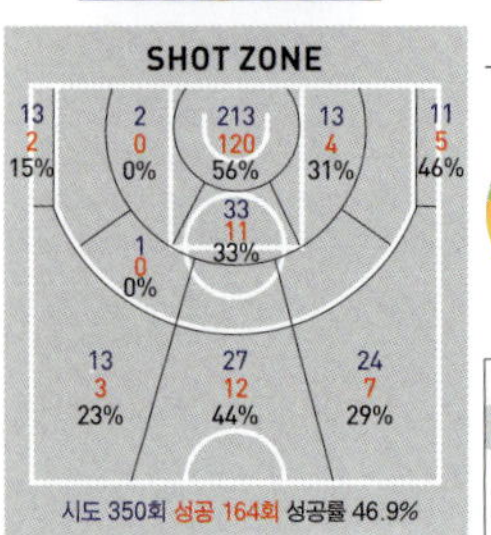

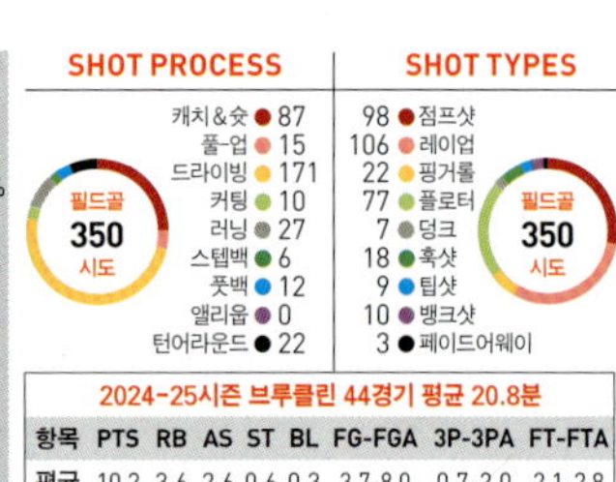

2024-25시즌 브루클린 44경기 평균 20.8분

항목	PTS	RB	AS	ST	BL	FG-FGA	3P-3PA	FT-FTA
평균	10.2	3.6	2.6	0.6	0.3	3.7-8.0	0.7-2.0	2.1-2.8
36분	17.7	6.3	4.5	1.1	0.5	6.5-13.8	1.1-3.5	3.7-4.8

항목	OS	CS	MS	3P	FT	SQ	OC	IS	L&F	SD	DD	PH	PF	PC	DRF	PM	PA	BH	DRS	PQ	PV
평점	C-	B-	C+	C	B-	C-	D-	D+	C-	C	C	D+	D+	D+	D-	D-	D-	D-	D-	D	C-

항목	DEF	ID	PD	ST	BL	HDQ	PP	DC	RBB	ORB	DRB	ATH	SP	AG	STR	VJ	STA	HP	INT	POT	OG
평점	D	C-	D	D	F	D-	D-	F	D-	D-	D-	C	D-	D-	C+	B-	B	C	D-	B	C-

F 34 Jabari WALKER SF-PF

자바리 워커 2002.07.30 / 201cm

미국 **NBA 드래프트 :** 2022년 2라운드 57번 **NBA 우승 :** 0회 / **파이널 MVP :** 0회 **시즌 MVP :** 0회 / **NBA 퍼스트팀 :** 0회

공격력은 평범하고, 리바운드는 우수하다. 주 위치는 3번과 4번을 넘나들지만 지난 시즌엔 주로 3번으로 활약했다. 득점력 자체는 높지 않다. 주로 림 어택(덩크, 레이업, 플로터, 핑거 롤)을 많이 하고, 보조 수단으로 캐치&슛 3점을 던진다. 콜로라도대 시절 부드러운 슛터치와 안정된 스트로크로 유명해 기대를 모았지만, 프로에서는 성공률 30%대 초반에 머물렀다. 반면, 3번으로서 수비 리바운드, 공격 리바운드 모두 최상위권이다. 연봉은 202만 달러.

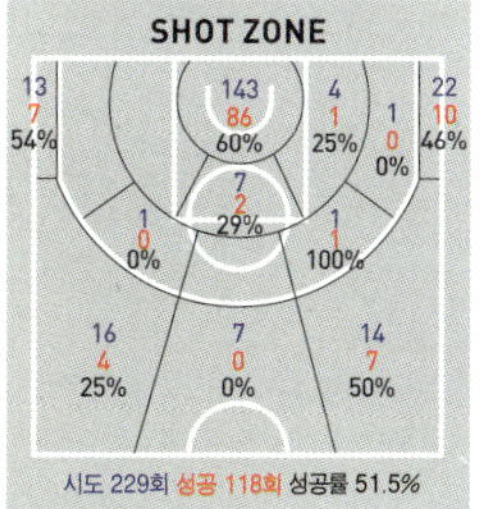

SHOT PROCESS (필드골 229 시도)

캐치&슛 97 / 풀-업 1 / 드라이빙 49 / 커팅 17 / 러닝 27 / 스텝백 1 / 풋백 34 / 앨리웁 0 / 턴어라운드 3

SHOT TYPES (필드골 229 시도)

78 점프샷 / 107 레이업 / 2 핑거롤 / 7 플로터 / 16 덩크 / 3 훅샷 / 8 팁샷 / 2 뱅크샷 / 6 페이드어웨이

2024-25시즌 포틀랜드 60경기 평균 12.5분

항목	PTS	RB	AS	ST	BL	FG-FGA	3P-3PA	FT-FTA
평균	5.2	3.5	0.6	0.6	0.1	2.0-3.8	0.5-1.2	0.8-1.2
36분	15.0	10.1	1.8	1.6	0.3	5.7-11.0	1.3-3.5	2.4-3.4

항목	OS	CS	MS	3P	FT	SQ	OC	IS	L&F	SD	DD	PH	PF	PC	DRF	PM	PA	BH	DRS	PQ	PV
평점	D	C-	C-	C+	D	D-	F	D-	C-	F	C	D	D	D	F	D-	D-	D-	C-	D-	F

항목	DEF	ID	PD	ST	BL	HDQ	PP	DC	RB3	OR3	DR3	ATH	SP	AG	STR	VJ	STA	HP	INT	POT	OG
평점	D+	C-	D	B-	F	D+	D	D-	A	A	A	C-	C	C	F	C+	B-	C-	D-	B	C-

F Johni BROOME PF

저나이 브룸 2002.07.19 / 208cm

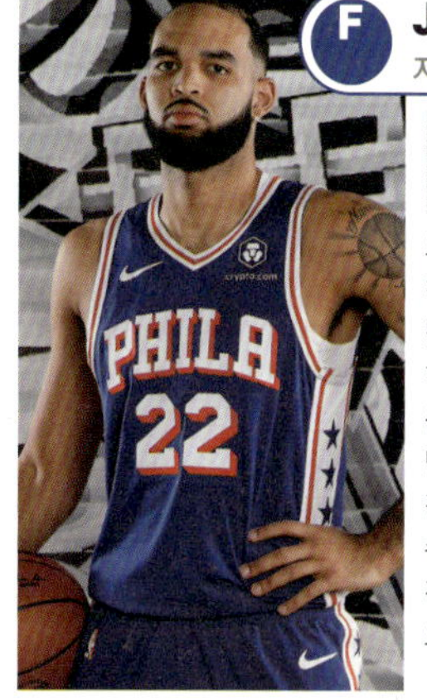

미국 **NBA 드래프트 :** 2025년 2라운드 35번 **NBA 우승 :** 0회 / **파이널 MVP :** 0회 **시즌 MVP :** 0회 / **NBA 퍼스트팀 :** 0회

오번대를 졸업하고 2025 NBA 드래프트를 신청했고, 필라델피아에 2라운드 35번으로 지명됐다. 208cm의 파워포워드로 오번대 시절 대학 최상급 수비수로 명성을 떨쳤다. 긴 팔, 높은 점프, 정확한 타이밍에서 나오는 블락샷은 당장 NBA 무대에서도 제대로 통할 것이라는 평가다. 리바운드, 인사이드 1대1 수비 모두 수준급이다. 바스켓볼 IQ가 높아 포스트에서 정확히 피딩을 하고, 평균 이상의 공격력을 선보일 것으로 전망된다. 연봉은 127만 달러.

SHOT PROCESS (필드골 0 시도)

캐치&슛 / 풀-업 / 드라이빙 / 커팅 / 러닝 / 스텝백 / 풋백 / 앨리웁 / 턴어라운드

SHOT TYPES (필드골 0 시도)

점프샷 / 레이업 / 핑거롤 / 플로터 / 덩크 / 훅샷 / 팁샷 / 뱅크샷 / 페이드어웨이

2024-25시즌 기록 없음

항목	PTS	RB	AS	ST	BL	FG-FGA	3P-3PA	FT-FTA
평균	–	–	–	–	–	–	–	–
36분	–	–	–	–	–	–	–	–

항목	OS	CS	MS	3P	FT	SQ	OC	IS	L&F	SD	DD	PH	PF	PC	DRF	PM	PA	BH	DRS	PQ	PV
평점	–	–	–	–	–	–	–	–	–	–	–	–	–	–	–	–	–	–	–	–	–

항목	DEF	ID	PD	ST	BL	HDQ	PP	DC	RBB	ORB	DRB	ATH	SP	AG	STR	VJ	STA	HP	INT	POT	OG
평점	–	–	–	–	–	–	–	–	–	–	–	–	–	–	–	–	–	–	–	–	–

C 21 Joel EMBIID C

조엘 엠비드 1994.03.16 / 213cm

카메룬 **NBA 드래프트 :** 2014년 1라운드 3번 **NBA 우승 :** 0회 / **파이널 MVP :** 0회 **시즌 MVP :** 1회 / **NBA 퍼스트팀 :** 1회

프로 데뷔 후 최악의 시즌을 보냈다. 초반부터 부상으로 자주 결장하더니, 2월 28일 무릎 수술을 이유로 시즌 아웃. 반월판 이식 및 절골술을 받았다. 여름 오프 시즌에 몸상태가 완벽하지 않다는 소식이 들려왔다. 시즌 개막까지 아직 3주 이상 남았으니 더 지켜볼 필요가 있다. 엠비드는 정상 컨디션일 경우 높은 득점력, 강한 리바운드, 우수한 BQ와 패스 능력 등 리그 정상급 빅맨으로 평가받았다. 과연 그 모습을 다시 볼 수 있을까. 연봉은 5522만 달러.

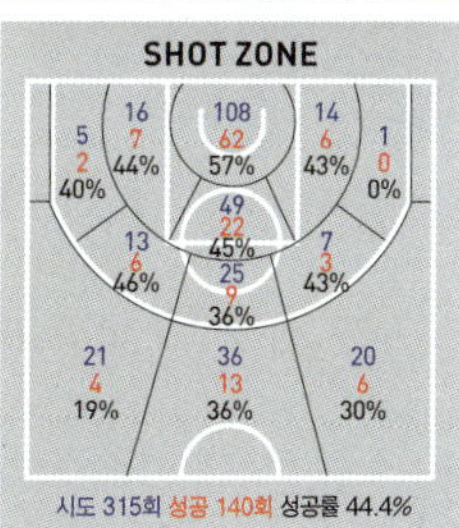

SHOT PROCESS (필드골 315 시도)

캐치&슛 161 / 풀-업 22 / 드라이빙 53 / 커팅 8 / 러닝 2 / 스텝백 16 / 풋백 20 / 앨리웁 0 / 턴어라운드 33

SHOT TYPES (필드골 315 시도)

155 점프샷 / 53 레이업 / 16 핑거롤 / 11 플로터 / 5 덩크 / 13 훅샷 / 12 팁샷 / 6 뱅크샷 / 44 페이드어웨이

2024-25시즌 필라델피아 19경기 평균 30.2분

항목	PTS	RB	AS	ST	BL	FG-FGA	3P-3PA	FT-FTA
평균	23.8	8.2	4.5	0.7	0.9	7.4-16.6	1.2-4.1	7.8-8.9
36분	28.3	9.7	5.3	0.9	1.1	8.8-19.8	1.4-4.8	9.3-10.6

항목	OS	CS	MS	3P	FT	SQ	OC	IS	L&F	SD	DD	PH	PF	PC	DRF	PM	PA	BH	DRS	PQ	PV
평점	B	A	B	C	B+	B-	A	A-	B	B	B-	A	A	A	A-	C-	C	D-	D-	B-	C-

항목	DEF	ID	PD	ST	BL	HDQ	PP	DC	RBB	ORB	DRB	ATH	SP	AG	STR	VJ	STA	HP	INT	POT	OG
평점	C	A-	C-	D-	D	B	D	B	C	D-	B-	C-	D	D+	A	D+	C+	D	D-	A+	A-

C 3 Andre DRUMMOND C-PF

앤드리 드러먼드 1993.08.10 / 211cm

미국 **NBA 드래프트 :** 2012년 1라운드 9번 **NBA 우승 :** 0회 / **파이널 MVP :** 0회 **시즌 MVP :** 0회 / **NBA 퍼스트팀 :** 0회

프로 14년차 베테랑. 지난 시즌엔 발목, 발가락에 자주 부상이 발생해 40경기 출전에 그쳤다. 2년 전 시카고 시절 79경기에 출전했던 것과 비교하면 '반토막'이 난 셈. 그럼에도 주전 센터 조엘 엠비드가 시즌 아웃된 상황에 나름 제 몫을 해냈다는 평이다. 드러먼드는 정상 컨디션일 경우 리그 최고 수준의 리바운더로 평가받는다. 공격 리바운드 후의 풋백, 근거리 레이업, 파워 슬램덩크로 득점을 올린다. 외곽 점프샷은 거의 없는 편. 연봉은 500만 달러.

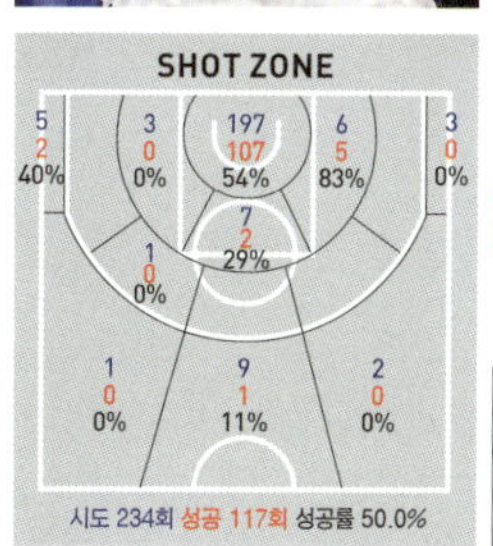

SHOT PROCESS (필드골 234 시도)

캐치&슛 74 / 풀-업 2 / 드라이빙 46 / 커팅 22 / 러닝 7 / 스텝백 0 / 풋백 55 / 앨리웁 13 / 턴어라운드 15

SHOT TYPES (필드골 234 시도)

25 점프샷 / 90 레이업 / 6 핑거롤 / 19 플로터 / 35 덩크 / 21 훅샷 / 32 팁샷 / 4 뱅크샷 / 2 페이드어웨이

2024-25시즌 필라델피아 40경기 평균 18.8분

항목	PTS	RB	AS	ST	BL	FG-FGA	3P-3PA	FT-FTA
평균	7.3	7.8	0.9	1.0	0.5	2.9-5.9	0.1-0.5	1.4-2.3
36분	14.0	14.9	1.6	1.9	0.9	5.6-11.2	0.1-1.0	2.7-4.3

항목	OS	CS	MS	3P	FT	SQ	OC	IS	L&F	SD	DD	PH	PF	PC	DRF	PM	PA	BH	DRS	PQ	PV
평점	D-	A-	F	F	D-	D-	F	D+	D	B	B-	C-	F	D	F	D-	D-	F	F	C-	F

항목	DEF	ID	PD	ST	BL	HDQ	PP	DC	RBB	ORB	DRB	ATH	SP	AG	STR	VJ	STA	HP	INT	POT	OG
평점	C-	C+	D	B+	D-	C	C-	D+	A+	A	A+	C	D-	D-	A	C+	C	C	F	B+	C

General Stats								Outside Scoring & Shooting							Inside Scoring & Shooting								Play Making, Ball Handling & Passing					
PTS	RB	AS	ST	BL	FG-FGA	3P-3PA	FT-FTA	OS	CS	MS	3P	FT	SQ	OC	IS	L&F	SD	DD	PH	PF	PC	DRF	PM	PA	BH	DRS	PQ	PV
득점	리바운드	어시스트	스틸	블락샷	필드골 성공-시도	3점슈팅 성공-시도	자유투 성공-시도	외곽 득점력	근거리 점프샷	중거리 슈팅	3점 슈팅	자유투	슈팅 IQ	득점 일관성	인사이드 득점력	레이업 플로터	스탠딩 덩크	드라이빙 덩크	포스트 훅샷	포스트 페이드	포스트 컨트롤	파울 유도	플레이 메이킹	패스 능력	볼 핸들링	드리블 스피드	패스 IQ	패스 비전

C 30 Adem BONA C-PF

아뎀 보나 2003.03.28 / 208cm

나이지리아 **NBA 드래프트 :** 2024년 2라운드 41번 **NBA 우승 :** 0회 / **파이널 MVP :** 0회 **시즌 MVP :** 0회 / **NBA 퍼스트팀 :** 0회

백업 센터로 58경기 평균 15.6분씩 뛰었다. 당초 예상했던 것보다는 출전 기회가 많았다. 주전 센터 조엘 엠비드가 부상으로 시즌 아웃된 게 큰 영향을 미쳤다. 그런 면에서 볼 때 올 시즌도 보나의 출전 시간은 어느 정도 보장될 가능성이 크다. 보나는 빠른 스피드를 이용해 역동적으로 움직이면서 수비를 안정적으로 전개한다. 팔이 길어 리바운드를 많이 걷어낸다, 블락샷은 리그 최고 수준이다. 2번~5번을 다 수비할 수 있다. 연봉은 196만 달러.

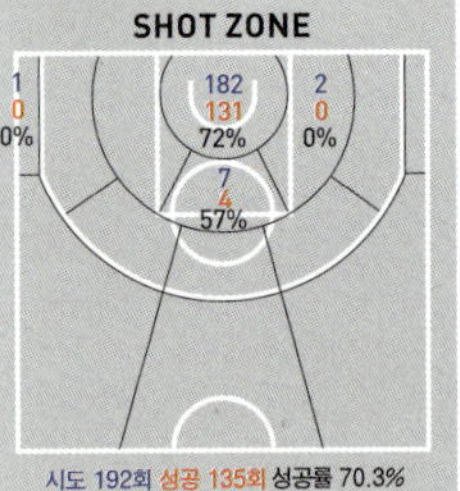

SHOT PROCESS (필드골 192 시도)

캐치&슛 50
풀-업 0
드라이빙 34
커팅 33
러닝 8
스텝백 0
풋백 46
앨리웁 13
턴어라운드 8

SHOT TYPES (필드골 192 시도)

3 점프샷
72 레이업
8 핑거롤
6 플로터
71 덩크
12 훅샷
19 팁샷
1 뱅크샷
0 페이드어웨이

2024-25시즌 필라델피아 58경기 평균 15.6분

항목	PTS	RB	AS	ST	BL	FG-FGA	3P-3PA	FT-FTA
평균	5.8	4.2	0.5	0.4	1.2	2.3-3.3	0.0-0.0	1.2-1.7
36분	13.4	9.7	1.1	1.0	2.7	5.4-7.6	0.0-0.0	2.7-4.0

항목	OS	CS	MS	3P	FT	SQ	OC	IS	L&F	SD	DD	PH	PF	PC	DRF	PM	PA	BH	DRS	PQ	PV
평점	D-	B+	F	F	D+	C-	F	D-	C-	B-	B-	D-	F	D-	F	F	F	D-	D-	F	F

항목	DEF	ID	PD	ST	BL	HDQ	PP	DC	RB	ORB	DRB	ATH	SP	AG	STR	VJ	STA	HP	INT	POT	OG
평점	D	C	D-	D-	A+	C-	D-	D-	C-	B-	D+	B-	B-	D+	C	B+	B	A-	D-	B	C

G 0 Tyrese MAXEY SG-PG

타이리스 맥시 2001.11.04 / 188cm

미국 **NBA 드래프트 :** 2020년 1라운드 21번 **NBA 우승 :** 0회 / **파이널 MVP :** 0회 **시즌 MVP :** 0회 / **NBA 퍼스트팀 :** 0회

조엘 엠비드와 폴 조지가 부상으로 번갈아 아웃되는 상황에 팀의 1옵션으로서 제 몫을 다했다. 햄스트링 부상으로 2주간 결장한 것을 제외한 시즌 성적은 52경기 평균 37.7분, 26.3점, 6.1어시스트. 폭발적인 슬래셔다. 엄청난 스피드를 활용해 돌파, 속공, 컷인으로 림을 공략한다. 드라이빙에 이은 핑거롤, 레이업, 뱅크샷으로 많은 득점을 올렸다. 또한, 외곽에서의 풀업 점퍼, 스텝백 점퍼, 캐치&슛으로 상대 수비를 초토화시켰다. 연봉은 3796만 달러.

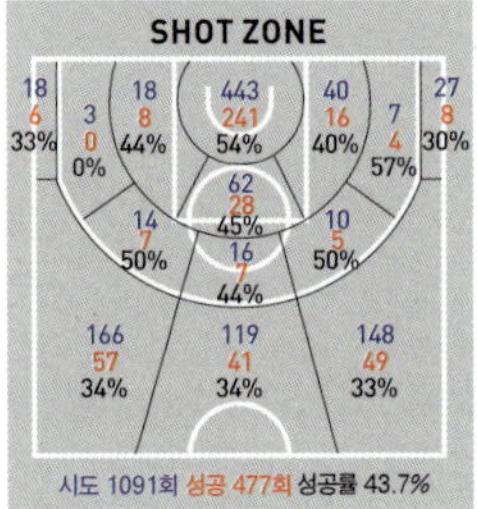

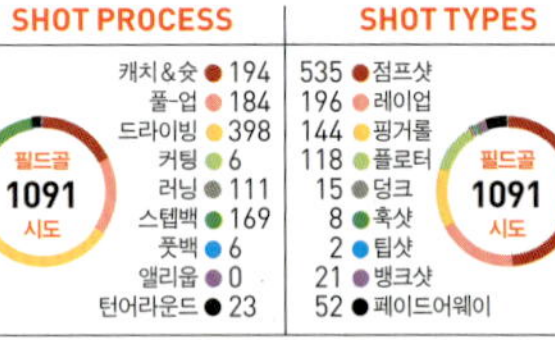

2024-25시즌 필라델피아 52경기 평균 37.7분

항목	PTS	RB	AS	ST	BL	FG-FGA	3P-3PA	FT-FTA
평균	26.3	3.3	6.1	1.8	0.4	9.2-21.0	3.1-9.2	4.9-5.6
36분	25.1	3.2	5.8	1.7	0.4	8.8-20.0	3.0-8.8	4.7-5.3

항목	OS	CS	MS	3P	FT	SQ	OC	IS	L&F	SD	DD	PH	PF	PC	DRF	PM	PA	BH	DRS	PQ	PV
평점	B	B	B	B-	B+	C	A-	D	A	F	C-	F	D-	D	B	B-	B-	B+	A-	B-	C

항목	DEF	ID	PD	ST	BL	HDQ	PP	DC	RBG	ORG	DRG	ATH	SP	AG	STR	VJ	STA	HP	INT	POT	OG
평점	D+	D	B-	B	F	D+	D+	D	D-	D-	D-	B-	A-	A-	F	B-	A+	A	D-	A-	B

G 77 VJ Edgecombe SG

비제이 에지콤 2005.07.30 / 196cm

미국 **NBA 드래프트 :** 2025년 1라운드 3번 **NBA 우승 :** 0회 / **파이널 MVP :** 0회 **시즌 MVP :** 0회 / **NBA 퍼스트팀 :** 0회

베일러대 1학년만 마치고 바로 프로 무대에 뛰어들었다. 2025 NBA 드래프트를 신청해 필라델피아에 1라운드 3번으로 지명되었다. 올 시즌 소속팀의 '서드 유닛' 스윙맨으로 나설 것이다. 에지콤은 이번 드래프티 중 운동 능력이 가장 뛰어난 선수다. 트랜지션 상황에서 엄청난 스피드로 코트를 질주한 뒤 폭발적으로 마무리한다. 퍼리미터 1대1 수비와 스틸도 수준급이다. 약점은 점프샷에 기복을 보인다는 점. 보완이 필요하다. 연봉은 1111만 달러.

SHOT PROCESS (필드골 0 시도)

캐치&슛
풀-업
드라이빙
커팅
러닝
스텝백
풋백
앨리웁
턴어라운드

SHOT TYPES (필드골 0 시도)

점프샷
레이업
핑거롤
플로터
덩크
훅샷
팁샷
뱅크샷
페이드어웨이

2024-25시즌 기록 없음

항목	PTS	RB	AS	ST	BL	FG-FGA	3P-3PA	FT-FTA
평균	–	–	–	–	–	–	–	–
36분	–	–	–	–	–	–	–	–

항목	OS	CS	MS	3P	FT	SQ	OC	IS	L&F	SD	DD	PH	PF	PC	DRF	PM	PA	BH	DRS	PQ	PV
평점	–	–	–	–	–	–	–	–	–	–	–	–	–	–	–	–	–	–	–	–	–

항목	DEF	ID	PD	ST	BL	HDQ	PP	DC	RBG	ORG	DRG	ATH	SP	AG	STR	VJ	STA	HP	INT	POT	OG
평점	–	–	–	–	–	–	–	–	–	–	–	–	–	–	–	–	–	–	–	–	–

G 7 Kyle LOWRY PG

카일 로우리 1986.03.25 / 183cm

미국 **NBA 드래프트 :** 2006년 1라운드 24번 **NBA 우승 :** 1회 / **파이널 MVP :** 0회 **시즌 MVP :** 0회 / **NBA 퍼스트팀 :** 0회

프로 20년 차 포인트가드. 당초 은퇴하는가 했으나 1년 연장했다. 프로 통산 성공률 36.8%의 3점 슈팅은 여전히 강력한 무기다(지난 시즌 필라델피아에서는 33.0%). 다운타운 전 지역에서 3점 슈팅을 던지지만, 그중에서 좌우 윙에서 많이 시도한다. 드라이빙 레이업, 커팅 레이업, 드라이빙 플로터로 림을 공략하고, 외곽에서 풀업 점퍼와 스텝백 점퍼도 종종 던진다. 퍼리미터 1대1 수비와 스틸, 다양한 허슬 플레이로 팀을 돕는다. 연봉은 363만 달러.

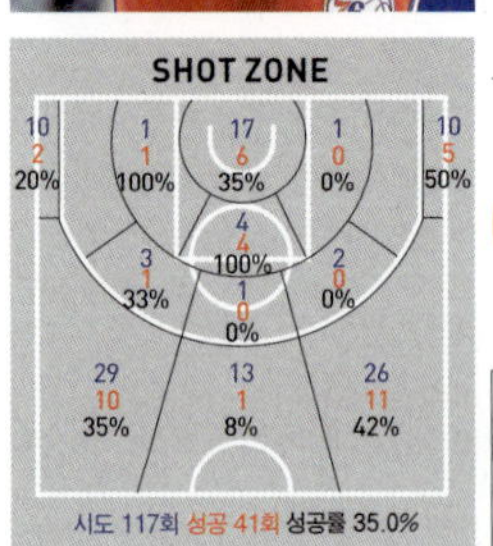

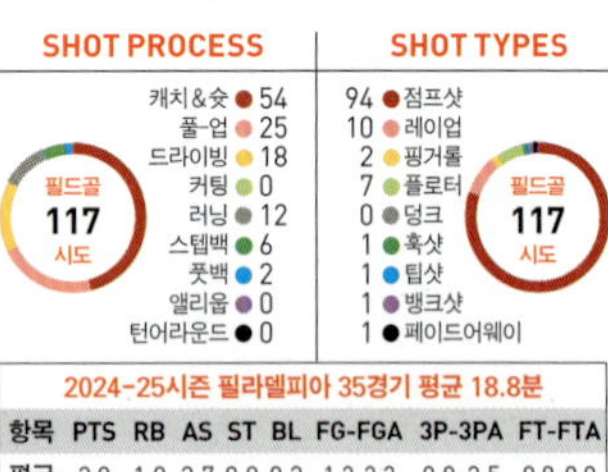

2024-25시즌 필라델피아 35경기 평균 18.8분

항목	PTS	RB	AS	ST	BL	FG-FGA	3P-3PA	FT-FTA
평균	3.9	1.9	2.7	0.9	0.3	1.2-3.3	0.8-2.5	0.8-0.9
36분	7.5	3.7	5.2	1.8	0.6	2.2-6.4	1.6-4.8	1.5-1.8

항목	OS	CS	MS	3P	FT	SQ	OC	IS	L&F	SD	DD	PH	PF	PC	DRF	PM	PA	BH	DRS	PQ	PV
평점	C-	A-	B	C	B-	D-	F	F	C-	F	F	F	F	F	F	C+	C	C+	B	B-	D+

항목	DEF	ID	PD	ST	BL	HDQ	PP	DC	RBG	ORG	DRG	ATH	SP	AG	STR	VJ	STA	HP	INT	POT	OG
평점	C	D	B	B+	F	B-	B-	B-	D-	D-	D	B-	B	B	D+	C-	A	A+	D-	A-	C

G 23 Eric GORDON SG-SF

에릭 고든 1988.12.25 / 191cm

미국
NBA 드래프트 : 2008년 1라운드 7번
NBA 우승 : 0회 / **파이널 MVP** : 0회
시즌 MVP : 0회 / **NBA 퍼스트팀** : 0회

미국과 바하마 이중국적자. 운동능력이 뛰어나고 평균 이상의 수비력을 갖췄다. NBA 트렌드인 3&D, 모션 오펜스, 스위치 디펜스를 모두 해낼 수 있고, 팀에서 세컨드 볼 핸들러를 맡을 수 있는 트위너다. 커리어 통산 3점 슈팅 성공률 37.2%(평균 6.1회 시도-2.3회 성공)로 우수한 편이다. 여러 각도에서 던지지만, 오른쪽 윙에서의 시도가 많다(샷존 참조). 드라이빙에 이은 레이업, 플로터, 핑거롤도 인상적이다. 스틸과 허슬플레이도 OK. 연봉은 3653만 달러.

SHOT ZONE

11 / 5 / 46%
2 / 1 / 50%
56 / 26 / 46%
1 / 1 / 100%
8 / 5 / 63%
6 / 3 / 50%
1 / 0 / 0%
1 / 0 / 0%
30 / 15 / 50%
34 / 11 / 32%
54 / 20 / 37%

시도 204회 성공 87회 성공률 42.6%

SHOT PROCESS

필드골 204 시도

캐치&슛	116
풀-업	9
드라이빙	50
커팅	1
러닝	21
스텝백	4
풋백	3
앨리웁	0
턴어라운드	0

SHOT TYPES

필드골 204 시도

140	점프샷
38	레이업
4	핑거롤
12	플로터
1	덩크
2	훅샷
2	팁샷
5	뱅크샷
0	페이드어웨이

2024-25시즌 필라델피아 39경기 평균 19.7분

항목	PTS	RB	AS	ST	BL	FG-FGA	3P-3PA	FT-FTA
평균	6.8	1.2	1.7	0.7	0.3	2.2-5.2	1.4-3.5	0.9-1.2
36분	12.5	2.2	3.0	1.2	0.6	4.1-9.6	2.6-6.4	1.7-2.3

항목	OS	CS	MS	3P	FT	SQ	OC	IS	L&F	SD	DD	PH	PF	PC	DRF	PM	PA	BH	DRS	PQ	PV
평점	C-	C+	B-	B	C	D-	F	D-	C	F	C-	F	D-	D-	D-	D+	D+	C+	C+	C-	F

항목	DEF	ID	PD	ST	BL	HDQ	PP	DC	RBG	ORG	DRG	ATH	SP	AG	STR	VJ	STA	HP	INT	POT	OG
평점	D	D-	C+	D+	F	C	D+	D-	D-	D-	D-	C+	C+	C+	D-	B-	A-	B	D-	B-	C

G 45 Hunter SALLIS SG

헌터 샐리스 2003.03.26 / 196cm

미국
NBA 드래프트 : 2025년 지명받지 못함
NBA 우승 : 0회 / **파이널 MVP** : 0회
시즌 MVP : 0회 / **NBA 퍼스트팀** : 0회

1,2학년은 곤자가대에서, 3,4학년은 웨이크포리스트대에서 각각 수학했다. 2025년 NBA 드래프트를 신청했으나 어느 팀에서도 지명받지 못했다. 결국, 2025년 6월 26일, 필라델피아와 투웨이 계약을 맺었다. 샐리스는 중거리 점프샷이 정확한 선수다. 트랜지션 게임을 선호해 폭발적인 대시에 이어 과감히 마무리한다. 키는 196cm인데 윙스팬은 210cm로 꽤 길다. 이런 신체를 1대1 수비를 할 때 적극적으로 활용한다. 투웨이 계약이며, 64만 달러.

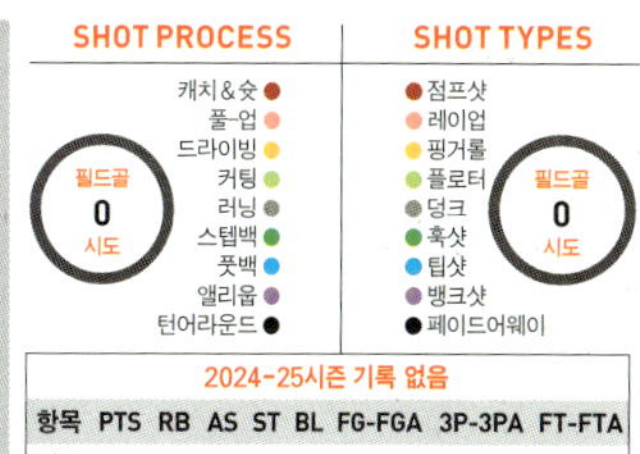

2024-25시즌 기록 없음

항목	PTS	RB	AS	ST	BL	FG-FGA	3P-3PA	FT-FTA
평균	—	—	—	—	—	—	—	—
36분	—	—	—	—	—	—	—	—

항목	OS	CS	MS	3P	FT	SQ	OC	IS	L&F	SD	DD	PH	PF	PC	DRF	PM	PA	BH	DRS	PQ	PV
평점	—	—	—	—	—	—	—	—	—	—	—	—	—	—	—	—	—	—	—	—	—

항목	DEF	ID	PD	ST	BL	HDQ	PP	DC	RBG	ORG	DRG	ATH	SP	AG	STR	VJ	STA	HP	INT	POT	OG
평점	—	—	—	—	—	—	—	—	—	—	—	—	—	—	—	—	—	—	—	—	—

G 11 Justin EDWARDS SF-SG

저스틴 에드워즈 2003.12.16 / 203cm

미국
NBA 드래프트 : 2024년 미지명
NBA 우승 : 0회 / **파이널 MVP** : 0회
시즌 MVP : 0회 / **NBA 퍼스트팀** : 0회

필라델피아와 투웨이 계약을 맺고, 나름대로 쏠쏠한 활약을 펼쳤다. 44경기 평균 26.3분씩 뛰며 10.1점, 3.4리바운드를 기록했다. 올 시즌에도 식스맨으로 일정 부분 이상의 출전 시간을 보장받을 가능성이 크다. 203cm 장신 스윙맨이다. 왼손잡이로 운동 능력이 좋고, 득점, 리바운드, 어시스트 등 다방면에서 재능을 발휘한다. 지난 2017~2019년 KBL 고양 오리온스, 안양 KGC에서 뛰었던 저스틴 에드워즈와는 동명이인이다. 올 시즌 연봉은 205만 달러.

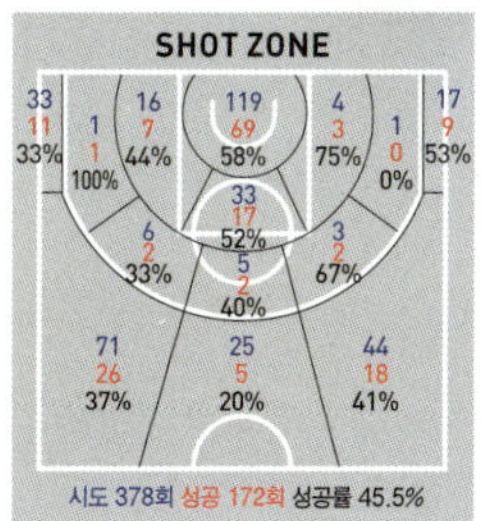

SHOT PROCESS

필드골 378 시도

캐치&슛	153
풀-업	70
드라이빙	68
커팅	8
러닝	46
스텝백	7
풋백	18
앨리웁	0
턴어라운드	8

SHOT TYPES

필드골 378 시도

244	점프샷
65	레이업
17	핑거롤
22	플로터
9	덩크
2	훅샷
10	팁샷
5	뱅크샷
4	페이드어웨이

2024-25시즌 필라델피아 44경기 평균 26.3분

항목	PTS	RB	AS	ST	BL	FG-FGA	3P-3PA	FT-FTA
평균	10.1	3.4	1.6	1.0	0.4	3.9-8.6	1.6-4.3	0.7-1.0
36분	13.9	4.6	2.2	1.4	0.5	5.4-11.8	2.2-5.9	1.0-1.4

항목	OS	CS	MS	3P	FT	SQ	OC	IS	L&F	SD	DD	PH	PF	PC	DRF	PM	PA	BH	DRS	PQ	PV
평점	C	B-	B	B-	C-	C-	D	D-	C+	F	B-	F	F	F	F	D-	D	C-	C+	D	F

항목	DEF	ID	PD	ST	BL	HDQ	PP	DC	RB3	OR3	DR3	ATH	SP	AG	STR	VJ	STA	HP	INT	POT	OG
평점	D	D	C-	C	F	D-	D-	D-	D-	C	D-	C+	B-	B-	D-	B-	B	B-	D	B	C

PHILADELPHIA 76ERS. 2025-26 REGULAR SEASON SCHEDULE

OCTOBER, 2025

Oct. 22 @ Boston Celtics
Oct. 25 vs. Charlotte Hornets
Oct. 27 vs. Orlando Magic
Oct. 28 @ Washington Wizards
Oct. 31 vs. Boston Celtics

NOVEMBER, 2025

Nov. 2 @ Brooklyn Nets
Nov. 4 @ Chicago Bulls
Nov. 5 @ Cleveland Cavaliers
Nov. 8 vs. Toronto Raptors
Nov. 9 vs. Detroit Pistons
Nov. 11 vs. Boston Celtics
Nov. 14 @ Detroit Pistons
Nov. 17 vs. Los Angeles Clippers
Nov. 19 vs. Toronto Raptors
Nov. 20 @ Milwaukee Bucks
Nov. 23 vs. Miami Heat
Nov. 25 vs. Orlando Magic
Nov. 28 @ Brooklyn Nets
Nov. 30 vs. Atlanta Hawks

DECEMBER, 2025

Dec. 2 vs. Washington Wizards
Dec. 4 vs. Golden State Warriors
Dec. 5 @ Milwaukee Bucks
Dec. 7 vs. Los Angeles Lakers
Dec. 19 @ New York Knicks
Dec. 20 vs. Dallas Mavericks
Dec. 23 vs. Brooklyn Nets
Dec. 26 @ Chicago Bulls
Dec. 28 @ Oklahoma City Thunder
Dec. 30 @ Memphis Grizzlies

JANUARY, 2026

Jan. 1 @ Dallas Mavericks
Jan. 3 @ New York Knicks
Jan. 5 vs. Denver Nuggets
Jan. 7 vs. Washington Wizards
Jan. 9 @ Orlando Magic
Jan. 11 @ Toronto Raptors
Jan. 12 @ Toronto Raptors
Jan. 14 vs. Cleveland Cavaliers
Jan. 16 vs. Cleveland Cavaliers
Jan. 19 vs. Indiana Pacers
Jan. 20 vs. Phoenix Suns
Jan. 22 vs. Houston Rockets
Jan. 24 vs. New York Knicks
Jan. 26 @ Charlotte Hornets
Jan. 27 vs. Milwaukee Bucks
Jan. 29 vs. Sacramento Kings
Jan. 31 vs. New Orleans Pelicans

FEBRUARY, 2026

Feb. 2 @ Los Angeles Clippers
Feb. 3 @ Golden State Warriors
Feb. 5 @ Los Angeles Lakers
Feb. 7 @ Phoenix Suns
Feb. 9 @ Portland Trail Blazers
Feb. 11 vs. New York Knicks
Feb. 19 vs. Atlanta Hawks
Feb. 21 @ New Orleans Pelicans
Feb. 22 @ Minnesota Timberwolves
Feb. 24 @ Indiana Pacers
Feb. 26 vs. Miami Heat

MARCH, 2026

Mar. 1 @ Boston Celtics
Mar. 3 vs. San Antonio Spurs
Mar. 4 vs. Utah Jazz
Mar. 7 @ Atlanta Hawks
Mar. 9 @ Cleveland Cavaliers
Mar. 10 vs. Memphis Grizzlies
Mar. 12 @ Detroit Pistons
Mar. 14 vs. Brooklyn Nets
Mar. 15 vs. Portland Trail Blazers
Mar. 17 @ Denver Nuggets
Mar. 19 @ Sacramento Kings
Mar. 21 @ Utah Jazz
Mar. 23 vs. Oklahoma City Thunder
Mar. 25 vs. Chicago Bulls
Mar. 28 @ Charlotte Hornets
Mar. 30 @ Miami Heat

APRIL, 2026

Apr. 1 @ Washington Wizards
Apr. 3 vs. Minnesota Timberwolves
Apr. 4 vs. Detroit Pistons
Apr. 6 @ San Antonio Spurs
Apr. 9 @ Houston Rockets
Apr. 10 @ Indiana Pacers
Apr. 12 vs. Milwaukee Bucks

TORONTO RAPTORS

유지리가 남기고 떠난 유산은 득? 아니면 독?

*통계는 2025년 9월 10일 기준

프런트의 실패한 구상

토론토의 경쟁력은 2019년 파이널 우승 후 완만하게 하향곡선을 그렸다. 2020년대 들어 플레이오프 2회 진출에 머물렀다. 마사이 유지리 구단 운영 책임자의 선택은 윈 나우 기조 유지. 우승 주역들인 파스칼 시아캄, OG 애누노비 트레이드에서도 미래 자산이 아닌, 즉시 전력감 자원을 받았다. 이는 결과론적으로 잘못된 선택이 되었다. 플레이오프 무대 복귀는 고사하고 플레이-인 토너먼트 진출조차 이루어지지 않았다. 선수단 연쇄 부상 악재를 고려하더라도 실망스러운 성과다.

큰 별이 지다

유지리가 시즌 종료 후 프런트 수장직을 내려놓았다. 프랜차이즈 첫 우승을 일궈냈던 영광이 근래 부진으로 인해 빛을 잃었기 때문이다. 다행히 그가 오랜 기간에 걸쳐 구축해 놓은 선수단 틀은 유지되었다. 기둥 센터 야콥 푀틀과의 3년 8,400만 달러 연장계약, 콜린 머레이-보일스(드래프트), 산드로 마무켈라쉬빌리(FA) 보강 선에서 오프 시즌 작업을 마무리했다. 새로운 간판스타 스카티 반즈의 5년 25% 맥스 장기계약이 차기 시즌부터 적용되는 점도 염두에 둬야 한다.

고비용 저효율 위험

예상 주전 5명인 반즈, 브랜든 잉그램, 임마뉴엘 퀵클리, RJ 배럿, 퍼들 모두 고액 장기계약 자원이다. 샐러리캡 총합 역시 퍼스트 에이프런(apron) 근방에 걸쳐있다. 동부컨퍼런스 플레이-인 토너먼트 진출권으로 분류되는 집단치고 덩치가 꽤 큰 편이다. 다르코 라자코비치 감독 이하 선수단이 다시 한번 저조한 성적에 그친다고 가정해 보자. 후폭풍이 어마어마할 것이다. 유지리가 남기고 떠난 유산이 득이 될지, 독이 될지는 차기 시즌 여정에 달려 있다.

CLUB INFORMATION

  **Founded** 구단 창립 1995년	 **Owner** 메이플 리프 스포츠 & 엔터	 **CEO** 9월 10일 현재 공석	 **Head Coach** 다르코 라야코비치 1979.02.22	 **24-25 Odds** 스카이벳 : 175배 윌리엄힐 : 150배
 **Nationality** ●미국 선수 15명 ●외국 선수 5명	 **Age** 20명 평균 24.7세	 **Height** 20명 평균 198.4cm	 **Weight** 20명 평균 98.1kg	 **Salary** 15명 평균 1271만 달러
 **Win** 2024-25 : 30승 통산 : 1126승	 **Loss** 2024-25 : 52패 통산 : 1266패	 **Winning%** 2024-25 : 36.6% 통산 : 47.1%	**Play-Off** PO 진출 : 13회 PO 탈락 : 17회	 **Titles** NBA우승 : 1회 컨퍼런스 : 1회
 **Top Scorer** RJ 배럿 평균 21.1점	 **More Rebounds** 야콥 푀틀 평균 9.6리바운드	 **More Assists** 스카티 반즈 평균 5.8어시스트	**More Steals** 스카티 반즈 평균 1.4스틸	 **More Blocks** 야콥 푀틀 평균 1.2블락

*항목별 1위는 지난 시즌 토론토 소속으로 42경기 이상 출전한 선수 중 선별

Association　Icon　Statement　City

HEAD COACH & STADIUM

Darko RAJAKOVIĆ 다르코 라야코비치

생년월일 : 1979년 2월 22일 / **출생지** : 세르비아 차차크
경력 : 1996~2007년 세르비아 유스 3개팀 감독 / 2009~2012 에스파시오 토렐로도네스 감독 / 2012~2014 털사 76ers. 감독 / 2014~2019 오클라호마시티 선더스 코치 / 2019~2020 피닉스 선즈 코치 / 2020~2023 멤피스 그리즐리스 어시스턴터 / 2023~ 토론토 랩터스 감독

베오그라드 농구 아카데미에서 코치 학위를, 알파 BK 대에서 스포츠 경영학사 학위를 각각 받았다. 16세 때인 1996년, 고향팀 보라치 차차크 유스팀에서 지도자로 출발했다. 이곳에서 3시즌을 보낸 후, 1999년, 레드스타 베오그라드 U-20 팀 감독으로 임명됐다. 그는 8년 임기 동안 레드 스타 유스팀을 두 차례 세르비아 선수권 대회 우승으로 이끌었다. 2014년 오클라호마 시티 선더 어시스턴트로 부임한 그는 2016 서부 컨퍼런스 파이널 진출을 포함, 평균 49승을 거뒀고, 플레이오프에 4차례 출전했다. 2012~2014년엔 오클라호마 G-리그팀 털사 식스티식서스 수석 코치를 역임했고, 2013 NBA G-리그 4강 진출도 달성했다. 이어 2019~2020년, 피닉스 선즈 어시스턴트로 일하며 팀을 최고 승률로 견인했다, 2022~2023 NBA 시즌 멤피스 그리즐리스를 3시즌 연속 NBA 플레이오프에 진출시켰다. 2023년 6월 10일, 토론토의 10대 감독으로 부임했다.

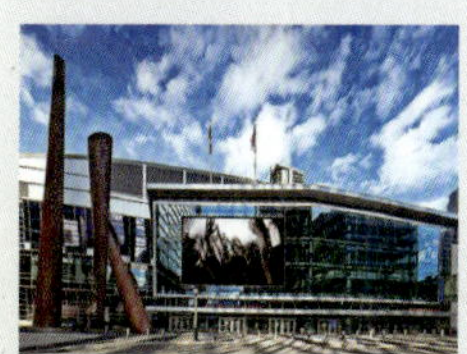

SCOTIABANK ARENA

구장 오픈 : 1999년 2월 1일
구장 증개축 : 총 3회(최종 2015년)
오너 : 메이플리프 스포츠&엔터
수용인원 : 1만 9800명
건축비용 : 2억 6500만 캐나다달러
(현재 가치 4억 4800만 달러)

캐나다 최고의 스포츠 및 엔터테인먼트 경기장이다. 또한, NBA 토론토 랩터스와 NHL 토론토 메이플 리프스의 홈구장이다. MLSE가 소유하고 운영하는 스코티아뱅크 아레나는 1999년 2월 에어캐나다 센터(1999년 2월~2018년 6월)로 문을 열었다. 2018년 7월 1일, 스코티아뱅크 아레나로 이름이 변경되었다. 1998-99시즌부터 랩터스 홈구장으로 사용되고 있다.

REGULAR SEASON RANKING LAST 10YEARS									★NBA 파이널 우승
15-16	16-17	17-18	18-19	19-20	20-21	21-22	22-23	23-24	24-25
4	5	2	★2	2	24	10	18	25	24
56승 26패	51승 31패	59승 23패	58승 24패	53승 19패	27승 45패	48승 34패	41승 41패	25승 57패	30승 52패

Honours

NBA CHAMPIONS	CONFERENCE TITLES	DIVISION TITLES	RETIRED NUMBERS
1	1	7	0

NBA CHAMPIONSHIPS
2019

CONFERENCE TITLES
2019

DIVISION TITLES
2007, 2014, 2015, 2016, 2018, 2019, 2020

RETIRED NUMBERS

TEAM POTENTIAL

76점

19위

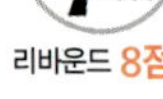

하프코트 세트오펜스 6점	트랜지션 오펜스 8점	하프코트 세트디펜스 9점	트랜지션 디펜스 8점	리바운드 8점
선수층 8점	선수 경험치 7점	감독 리더십 7점	감독 전술 8점	프런트 7점

*각 항목은 10점 만점, 평점은 NBA 30팀 사이 상대평가

우승 ODDS	배당	순위
Sky Bet	175배	21위
Bet Fred	200배	20위
William Hill	150배	20위

OFFENSIVE STYLE
트랜지션 오펜스 — 하프코트 세트오펜스

DEFENSIVE STYLE
하이 프레스 — 하프코트 디펜스

SQUAD & TACTICS

OFF THE BENCH

PG 저멀 셰드
19.6분, 7.1점
1.5RB, 4.2AS

SG 그래이디 딕
29.4분,
14.4점3.6RB, 1.8AS

SF 오차이 아바지
27.2분, 10.4점
3.8RB, 1.5AS

PF 콜린 머레이-보일스
2025-26시즌
신인 선수

C 산드로 마무켈러시빌리
11.2분, 6.3점
3.1RB, 0.8AS

G 개럿 템플
G 자코비 월터
F 제이미슨 배틀
F 울리시 숍세
C 조나산 모보

Player's Functions

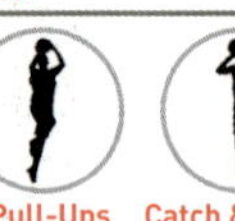

Ball Handlers	Pull-Ups	Catch & Shoot
J.셰드	S.반즈	RJ.배럿
B.잉그램	G.딕	G.딕
I.퀴클리	B.잉그램	S.반즈

3 Pointers	Slam Dunkers	Free Throw
J.배틀	S.반즈	I.퀴클리
I.퀴클리	J.모보	RJ.배럿
B.잉그램	O.아바지	G.딕

Rebounders	1-1 Defenders	Ball Stealers
J.푸틀	RJ.배럿	J.월터
S.반즈	S.반즈	S.반즈
RJ.배럿	J.푸틀	C.머레이-보일스

Key Passes	Hustle Players	Rim Protectors
I.퀴클리	O.아바지	J.푸틀
J.셰드	J.푸틀	U.숍세
S.반즈	J.셰드	S.반즈

2024-25 SEASON PERFORMANCE

공격 레이팅 110.5(25위) 수비 레이팅 114.8(17위) 레이팅 마진 -4.3(24위) 페이스 99.7(11위)

TORONTO RAPTORS vs. OPPONENTS PER GAME STATS

	득실점	FG 필드골성공	FG↑ 필드골시도	FG% 필드골%	3P 3점성공	3P↑ 3점시도	3P% 3점%	2P 2점성공	2P↑ 2점시도	2P% 2점%	자유투성공	자유투시도	FT% 자유투%	OR 공격 RB	DR 수비 RB	TR 전체 RB	A↑ 어시스트	스틸	블락샷	턴오버	파울
토론토	110.9 23위	41.6 15위	91.0 6위	45.8% 20위	11.8 29위	34.0 28위	34.8% 23위	29.8 10위	57.0 3위	52.3% 25위	15.8 28위	21.1 20위	74.8% 29위	12.6 4위	32.5 24위	45.1 10위	28.5 7위	8.1 16위	4.2 28위	15.3 24위	21.2 30위
상대팀	115.2 18위	41.2 10위	88.3 12위	46.6% 14위	13.2 11위	37.7 15위	34.9% 4위	28.0 16위	50.6 9위	55.4% 21위	19.6 30위	25.2 30위	77.8% 15위	11.5 18위	33.5 20위	45.0 21위	25.9 11위	9.2 27위	5.9 29위	15.1 8위	18.1 24위

LINE-UP

* 토론토는 지난 시즌 총 840개의 라인업을 가동했다. 득실점차 플러스 10개, 마이너스 10개를 골랐다.

득실점차 플러스(+) 라인업 TOP 10	G	MIN	PPG	RPG	득실차
J. Poeltl - R. Barrett - O. Agbaji - D. Mitchell - S. Barnes	10	55	13.2	5.9	+36
J. Poeltl - R. Barrett - O. Agbaji - S. Barnes - J. Walter	4	63	41.8	17.5	+28
J. Poeltl - C. Boucher - R. Barrett - G. Dick - J. Shead	11	25	6.7	1.9	+23
K. Olynyk - C. Boucher - R. Barrett - S. Barnes - G. Dick	2	9	19.5	3.0	+17
C. Boucher - R. Barrett - I. Quickley - S. Barnes - G. Dick	1	5	28.0	6.0	+17
J. Poeltl - B. Brown - R. Barrett - D. Mitchell - S. Barnes	4	11	7.5	3.0	+16
J. Poeltl - I. Quickley - S. Barnes - J. Walter - J. Mogbo	2	10	13.5	5.0	+16
I. Quickley - O. Agbaji - S. Barnes - G. Dick - J. Mogbo	4	39	22.0	9.0	+15
O. Agbaji - A. Lawson - J. Shead - J. Mogbo - J. Battle	2	6	11.0	1.5	+15
R. Barrett - O. Agbaji - J. Walter - J. Shead - J. Mogbo	3	17	14.3	6.7	+13
득실점차 마이너스(-) 라인업 TOP 10	**GP**	**MIN**	**PPG**	**RPG**	**득실차**
R. Barrett - I. Quickley - S. Barnes - G. Dick - J. Mogbo	4	37	19.0	6.8	-27
J. Poeltl - R. Barrett - O. Agbaji - S. Barnes - G. Dick	7	61	18.7	8.7	-25
J. Poeltl - R. Barrett - O. Agbaji - D. Mitchell - J. Mogbo	7	9	1.6	1.0	-22
O. Agbaji - S. Barnes - J. Shead - J. Mogbo - J. Battle	2	25	24.5	13.5	-21
J. Poeltl - R. Barrett - I. Quickley - S. Barnes - G. Dick	8	107	28.8	12.1	-18
O. Robinson - J. Walter - J. Shead - J. Mogbo - J. Battle	3	24	15.0	5.0	-17
K. Olynyk - B. Brown - S. Barnes - J. Shead - J. Battle	2	4	1.0	0.5	-17
G. Temple - A. Lawson - J. Shead - J. Mogbo - J. Battle	1	7	12.0	4.0	-16
K. Olynyk - S. Barnes - G. Dick - J. Walter - J. Shead	2	15	15.5	4.5	-15
K. Olynyk - B. Brown - I. Quickley - S. Barnes - J. Walter	3	12	7.7	3.0	-14

PASS COMBINATIONS

→ 해당 선수가 경기당 동료로부터 패스 받은 횟수
→ 해당 선수가 경기당 동료들에게 패스 해준 횟수

받은 횟수	선수	해준 횟수
53.7 →	스카티 반즈	→ 52.9
53.4 →	이매뉴얼 퀴클리	→ 45.5
49.9 →	알제이 배럿	→ 45.2
33.0 →	야콥 푸르틀	→ 43.6
44.9 →	데이비온 미첼	→ 43.0
37.1 →	저멀 셰드	→ 34.3
22.2 →	켈리 올리닉	→ 27.6
21.7 →	올랜도 로빈슨	→ 25.8
19.8 →	콜린 캐스틀레턴	→ 25.7
22.8 →	오차이 아바지	→ 25.3
23.7 →	재러드 로딘	→ 24.6
18.6 →	조나산 모그보	→ 21.9
19.6 →	에이제이 로슨	→ 21.2
27.5 →	그레이디 딕	→ 20.2
21.1 →	브루스 브라운	→ 19.4
20.9 →	자코비 월터	→ 19.1
14.3 →	제이미슨 배틀	→ 13.7
12.9 →	콜 스와이더	→ 13.1
13.1 →	크리스 부셰	→ 12.9
9.9 →	개럿 템플	→ 12.0
10.8 →	브루누 페르난두	→ 11.5
10.3 →	디제이 카튼	→ 10.8
3.0 →	울리시 솜셰	→ 4.3

2024-25 RANKING

* 는 수치가 낮을수록 랭킹이 높아짐

토론토	랭킹	FIVE FACTORS	상대팀	랭킹
52.2%	24위	3점 가중 FG%	54.1%*	14위
13.3*	24위	턴오버 / 100포제션	13.2	10위
27.3%	4위	공격 RB 점유율	26.1%*	24위
73.9%	24위	수비 RB 점유율	76.7%*	22위
17.3%	28위	자유투 / 필드골	22.2%*	30위

득점	랭킹	PLAYTYPE	실점*	랭킹
3.9	29위	아이솔레이션	7.5	21위
26.3	4위	트랜지션	24.2	21위
12.6	27위	픽&롤 볼핸들러	16.6	18위
7.5	11위	픽&롤 롤맨	6.9	13위
3.2	18위	포스트-업	3.6	9위
24.8	22위	스팟-업	27.1	11위
5.5	10위	핸드오프	6.5	30위
12.4	5위	커팅	—	—
4.6	8위	오프 스크린	4.0	11위
7.4	9위	풋백	6.7	20위
2.2	30위	기타	—	—

SHOT ZONE

평균 구간별 슈팅 및 성공률

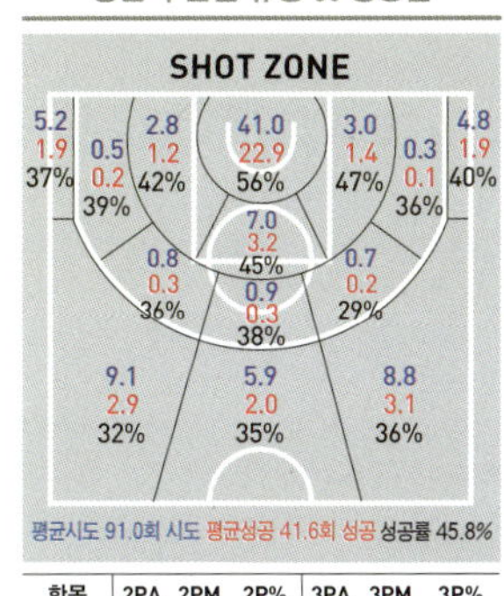

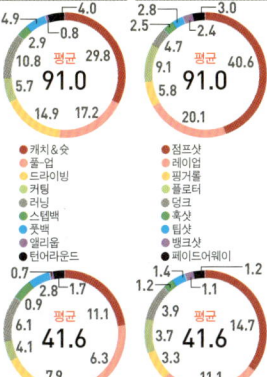

항목	2PA	2PM	2P%	3PA	3PM	3P%
캐치&슛	2.9	1.4	48.7%	27.0	9.7	35.9%
풀업	10.3	4.3	41.5%	6.8	2.1	30.2%
3m 안쪽	43.7	24.1	55.1%	—	—	—
TOTAL	57.0	29.8	52.3%	34.0	11.8	34.8%

SHOT PROCESS & SHOT TYPES

샷프로세스(시도)

4.9 4.0 0.8 2.9 10.8 29.8 5.7 평균 91.0 14.9 17.2

샷타입(시도)

2.8 3.0 2.5 2.4 4.7 9.1 40.6 5.8 평균 91.0 20.1

●캐치&슛 ●풀-업 ●드라이빙 ●커팅 ●러닝 ●스텝백 ●풋백 ●앨리웁 ●턴어라운드

●점프샷 ●레이업 ●핑거롤 ●플로터 ●덩크 ●훅샷 ●팁샷 ●뱅크샷 ●페이드어웨이

0.7 2.8 1.7 0.9 11.1 6.1 4.1 평균 41.6 6.3 7.9

샷프로세스(성공)

1.4 1.2 1.2 1.1 3.9 3.7 평균 41.6 14.7 3.3 11.1

샷타입(성공)

SHOOTING

필드골 시도

7.1 21.8 평균 91.0 25.1 37.0

필드골 시도

7.8 3.4 7.6 17.5 평균 91.0 15.5 39.2

샷클락
●22~24초 ●18~22초 ●15~18초 ●7~15초 ●4~7초 ●0~4초

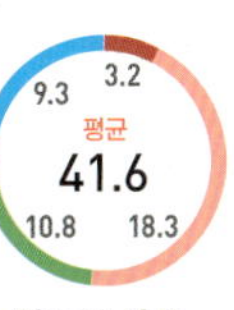

2.8 1.9 3.0 8.6 평균 41.6 7.3 18.0

필드골 성공

필드골 성공

OPPONENT SHOOTING

상대 필드골 시도

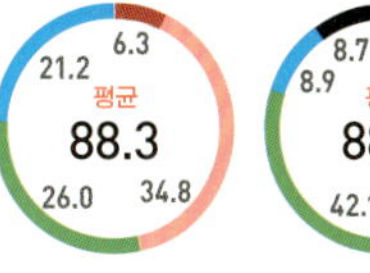

상대 필드골 시도

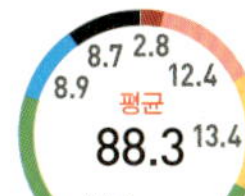

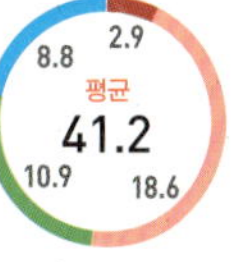

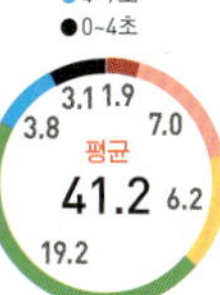

필드골 허용

필드골 허용

CONTESTED REBOUNDS

공격 리바운드

0.5 1.0 평균 2.7 7.1 2.9

수비 리바운드

0.6 1.8 평균 2.0 7.4 3.0

림 아래부터 리바운드 위치까지의 거리
●0~0.9m ●0.9~1.8m ●1.8~3m ●3m 이상

UNCONTESTED REBOUNDS

공격 리바운드

0.7 2.6 평균 1.1 5.5 1.1

수비 리바운드

4.8 3.6 평균 7.0 24.9 9.5

림 아래부터 리바운드 위치까지의 거리
●0~0.9m ●0.9~1.8m ●1.8~3m ●3m 이상

DEFENSE OF 30 WINS

필드골 허용 %

43.0%

상대 필드골 시도 87.1
필드골 허용 37.5

3점슛 허용 %

30.4%

상대 3점슛 시도 35.3
3점슛 허용 10.7

DEFENSE OF 52 LOSSES

필드골 허용 %

48.7%

상대 필드골 시도 89.0
필드골 허용 43.3

3점슛 허용 %

37.2%

상대 3점슛 시도 39.1
3점슛 허용 14.6

General Stats								Outside Scoring & Shooting							Inside Scoring & Shooting								Play Making, Ball Handling & Passing					
PTS	RB	AS	ST	BL	FG-FGA	3P-3PA	FT-FTA	OS	CS	MS	3P	FT	SQ	OC	IS	L&F	SD	DD	PH	PF	PC	DRF	PM	PA	BH	DRS	PQ	PV
득점	리바운드	어시스트	스틸	블락샷	필드골 성공-시도	3점슈팅 성공-시도	자유투 성공-시도	외곽 득점력	근거리 점프샷	중거리 슈팅	3점 슈팅	자유투	슈팅 IQ	득점 일관성	인사이드 득점력	레이업 플로터	스탠딩 덩크	드라이빙 덩크	포스트 훅샷	포스트 페이드	포스트 컨트롤	파울 유도	플레이 메이킹	패스 능력	볼 핸들링	드리블 스피드	패스 IQ	패스 비전

F 3 Brandon INGRAM SF-PF

브랜던 잉그램 1997.09.02 / 203cm

미국

NBA 드래프트 : 2016년 1라운드 2번
NBA 우승 : 0회 / **파이널 MVP :** 0회
시즌 MVP : 0회 / **NBA 퍼스트팀 :** 0회

2024년 12월 8일, 오클라호마전에서 더티 디펜더로 악명 높은 루겐츠 도트의 과격한 수비에 발목을 크게 다쳐 시즌 아웃 되고 말았다. 달랑 18경기 출전. 2025년 2월 6일 1대4 트레이드를 통해 토론토 유니폼을 입었다. 올 시즌 건강이 가장 중요하다. 잉그램은 높은 타점에 부드러운 터치로 안정된 스트로크를 자랑한다. 3점 슈팅, 풀업 점퍼, 스텝백 점퍼 등 고난도 슈팅을 자주 구사한다. 림 어택(덩크, 레이업, 핑거롤)도 훌륭한 편이다. 연봉은 3810만 달러.

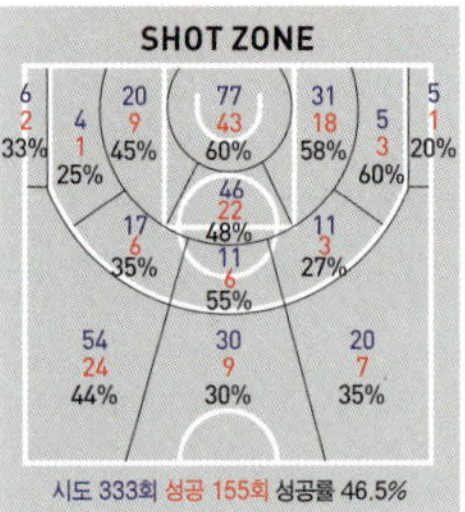

SHOT PROCESS — 필드골 333 시도

캐치&슛	풀-업	드라이빙	커팅	러닝	스텝백	풋백	앨리웁	턴어라운드
117	103	43	2	21	15	4	0	28

SHOT TYPES — 필드골 333 시도

점프샷	레이업	핑거롤	플로터	덩크	훅샷	팁샷	뱅크샷	페이드어웨이
221	33	12	17	9	0	3	2	36

2024-25시즌 뉴올리언스 18경기 평균 33.1분

항목	PTS	RB	AS	ST	BL	FG-FGA	3P-3PA	FT-FTA
평균	22.2	5.6	5.2	0.9	0.6	8.6-18.5	2.4-6.4	2.6-3.1
36분	24.2	6.1	5.6	1.0	0.7	9.4-20.1	2.6-7.0	2.8-3.3

항목	OS	CS	MS	3P	FT	SQ	OC	IS	L&F	SD	DD	PH	PF	PC	DRF	PM	PA	BH	DRS	PQ	PV
평점	B	A-	B+	B-	B	C	A-	C	A-	D	B-	D	C-	C-	C	C	C	B	C-	C	C-

항목	DEF	ID	PD	ST	BL	HDQ	PP	DC	RB3	OR3	DR3	ATH	SP	AG	STR	VJ	STA	HP	INT	POT	OG
평점	D	D	C-	D-	D	D-	D+	F	C-	D+	C+	C	C	C	F	C+	A	B-	D-	A-	B

F 4 Scottie BARNES SF-SG

스카티 반즈 2001.08.01 / 201cm

미국

NBA 드래프트 : 2021년 1라운드 4번
NBA 우승 : 0회 / **파이널 MVP :** 0회
시즌 MVP : 0회 / **NBA 퍼스트팀 :** 0회

시즌 초반 부상으로 결장했지만, 코트 복귀 후 팀의 에이스로서 제 몫을 해냈다. 시즌 성적은 65경기 평균 32.8분에 19.3점, 7.7리바운드. 탄탄한 근육질 몸매에 218cm의 윙스팬을 잘 활용한다. 림어택(덩크, 레이업, 핑거롤, 플로터)과 다운타운 3점 슈팅에서 리그 정상급 선수로 발전했고, 훅샷도 장착했다. 인사이드 1대1, 퍼리미터 1대1, 스틸, 블락 등 수비도 많이 좋아졌다. BQ가 우수하고, 볼핸들링과 패스도 평균 이상이다. 시즌 연봉 3866만 달러.

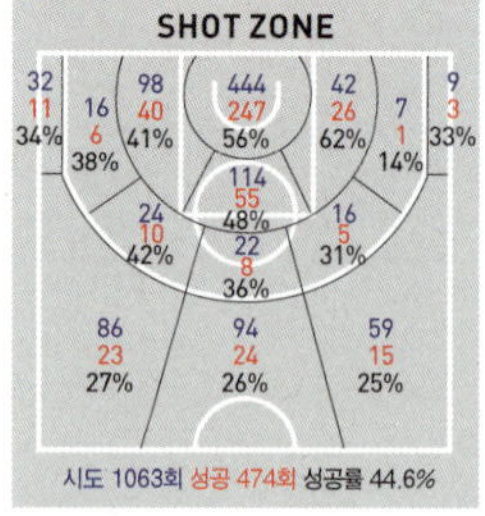

SHOT PROCESS — 필드골 1063 시도

캐치&슛	풀-업	드라이빙	커팅	러닝	스텝백	풋백	앨리웁	턴어라운드
288	186	215	33	98	37	39	13	154

SHOT TYPES — 필드골 1063 시도

점프샷	레이업	핑거롤	플로터	덩크	훅샷	팁샷	뱅크샷	페이드어웨이
480	182	50	54	70	38	23	23	143

2024-25시즌 토론토 65경기 평균 32.8분

항목	PTS	RB	AS	ST	BL	FG-FGA	3P-3PA	FT-FTA
평균	19.3	7.7	5.8	1.4	1.0	7.3-16.4	1.2-4.3	3.5-4.6
36분	21.1	8.5	6.4	1.6	1.1	8.0-17.9	1.3-4.7	3.8-5.1

항목	OS	CS	MS	3P	FT	SQ	OC	IS	L&F	SD	DD	PH	PF	PC	DRF	PM	PA	BH	DRS	PQ	PV
평점	C+	B	B	D+	C+	B	C-	C	B	B-	B-	D-	D-	D-	B	C+	C+	C+	C+	B-	C-

항목	DEF	ID	PD	ST	BL	HDQ	PP	DC	RBB	ORB	DRB	ATH	SP	AG	STR	VJ	STA	HP	INT	POT	OG
평점	B-	B	B	B-	C+	B-	C+	B	D	D-	C-	B	B-	B-	C	A-	B+	A-	A-	A	B

F 30 Ochai AGBAJI SF-SG

오차이 아바지 2000.04.20 / 196cm

미국

NBA 드래프트 : 2022년 1라운드 14번
NBA 우승 : 0회 / **파이널 MVP :** 0회
시즌 MVP : 0회 / **NBA 퍼스트팀 :** 0회

토론토에서의 2년째, 모든 지표가 향상되었다(득점 5.4→10.4, 리바운드 1.8→2.8). 잉그램의 건강 이슈가 있기에 출전 기회가 더 늘어날 가능성도 있다. 아바지는 운동 능력이 좋은 '투웨이 스윙맨'이다. 커팅 레이업, 커팅 덩크, 드라이빙 레이업, 러닝 덩크, 앨리웁 덩크 등 림어택이 주를 이룬다. 그동안 문제로 지적되던 3점 슈팅 성공률도 크게 개선되었다. 좌우 코너, 좌우 윙, 탑 등 모든 위치에서 성공률 40% 안팎을 기록했다. 연봉은 638만 달러.

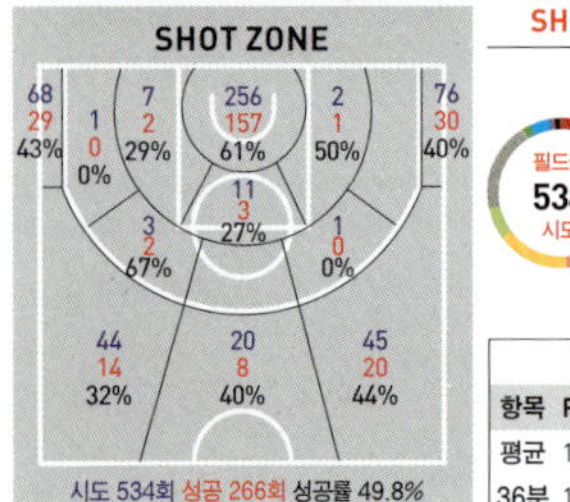

SHOT PROCESS — 필드골 534 시도

캐치&슛	풀-업	드라이빙	커팅	러닝	스텝백	풋백	앨리웁	턴어라운드
239	22	87	35	105	9	25	6	6

SHOT TYPES — 필드골 534 시도

점프샷	레이업	핑거롤	플로터	덩크	훅샷	팁샷	뱅크샷	페이드어웨이
266	134	51	13	36	4	19	5	6

2024-25시즌 토론토 64경기 평균 27.2분

항목	PTS	RB	AS	ST	BL	FG-FGA	3P-3PA	FT-FTA
평균	10.4	3.8	1.5	0.9	0.5	4.2-8.3	1.6-4.0	0.5-0.8
36분	13.8	5.0	2.0	1.2	0.6	5.5-11.1	2.1-5.2	0.7-1.0

항목	OS	CS	MS	3P	FT	SQ	OC	IS	L&F	SD	DD	PH	PF	PC	DRF	PM	PA	BH	DRS	PQ	PV
평점	C-	B-	B-	B-	D+	C-	F	D-	C+	D	B-	D-	D-	D-	F	D-	D-	C	C+	D-	F

항목	DEF	ID	PD	ST	BL	HDQ	PP	DC	RBG	ORG	DRG	ATH	SP	AG	STR	VJ	STA	HP	INT	POT	OG
평점	D+	D	B-	D+	D-	C+	C	D	D-	D-	D-	B-	B	C+	D	B	A-	B	F	B	C-

F 12 Collin MURRAY-BOYLES PF

콜린 머레이-보일스 2005.06.10 / 201cm

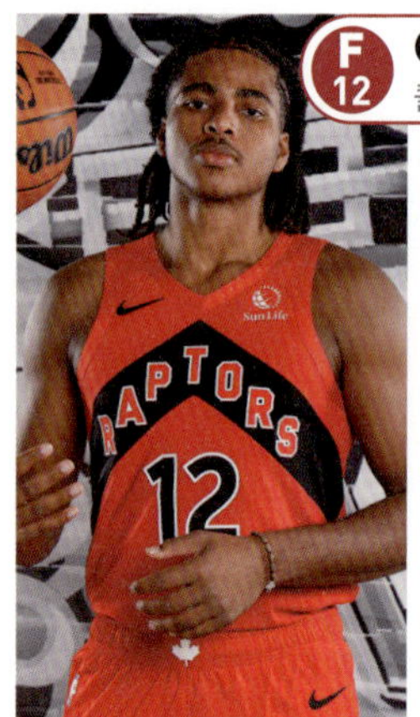

미국

NBA 드래프트 : 2025년 1라운드 9번
NBA 우승 : 0회 / **파이널 MVP :** 0회
시즌 MVP : 0회 / **NBA 퍼스트팀 :** 0회

기술이 우수한 포워드다. 에너지가 충만하고, 안정감 있게 수비를 하며, 농구 IQ와 코트 비전이 우수한 선수다. 포워드로서는 201cm의 평범한 키지만, 윙스팬이 무려 215cm나 되는 데다 스피드와 점프력이 좋아 1대1 수비, 블락샷, 가로채기, 리바운드를 하기에 매우 유리하다. 상대의 에이스 스토퍼가 될 자질이 있는 데다 3, 4, 5번을 모두 막을 수 있다. 반면 슈팅 능력을 더 키워야 한다. 슈팅 거리가 길지 않고, 성공률이 들쭉날쭉하다. 연봉은 633만 달러.

SHOT PROCESS — 필드골 0 시도

캐치&슛, 풀-업, 드라이빙, 커팅, 러닝, 스텝백, 풋백, 앨리웁, 턴어라운드

SHOT TYPES — 필드골 0 시도

점프샷, 레이업, 핑거롤, 플로터, 덩크, 훅샷, 팁샷, 뱅크샷, 페이드어웨이

2024-25시즌 기록 없음

항목	PTS	RB	AS	ST	BL	FG-FGA	3P-3PA	FT-FTA
평균	–	–	–	–	–	–	–	–
36분	–	–	–	–	–	–	–	–

항목	OS	CS	MS	3P	FT	SQ	OC	IS	L&F	SD	DD	PH	PF	PC	DRF	PM	PA	BH	DRS	PQ	PV
평점	–	–	–	–	–	–	–	–	–	–	–	–	–	–	–	–	–	–	–	–	–

항목	DEF	ID	PD	ST	BL	HDQ	PP	DC	RBB	ORB	DRB	ATH	SP	AG	STR	VJ	STA	HP	INT	POT	OG
평점	–	–	–	–	–	–	–	–	–	–	–	–	–	–	–	–	–	–	–	–	–

Individual Defense & Team Defense								Offensive & Defensive Rebounding									Physical Fitness & Athleticism							Miscellaneous		
DEF	ID	PD	ST	BL	HDQ	PP	DC	RBG	ORG	DRG	RB3	OR3	DR3	RBB	ORB	DRB	ATH	SP	AG	STR	VJ	STA	HP	INT	POT	OG
수비력 종합	인사이드 디펜스	퍼리미터 디펜스	스틸	블락샷	도움수비 IQ	패스 통찰력	수비 일관성	가드 리바운드	가드 공격RB	가드 수비RB	SF 리바운드	SF 공격RB	SF 수비RB	빅맨 리바운드	빅맨 공격RB	빅맨 수비RB	운동능력 종합	스피드	사이드 스텝	피지컬 파워	버티컬 점프력	지구력	허슬 플레이	영향력	포텐셜	종합 평가

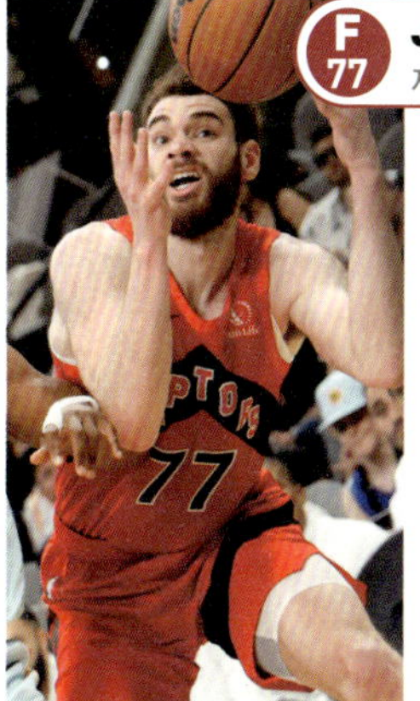

F 77 Jamison BATTLE SF

제이미슨 배틀 2001.05.10 / 201cm

미국 | NBA 드래프트 : 2024년 지명받지 못함
NBA 우승 : 0회 / 파이널 MVP : 0회
시즌 MVP : 0회 / NBA 퍼스트팀 : 0회

토론토에서 풀타임 활약했다. 59경기 평균 17.7분씩 뛰며 7.1점, 2.7리바운드를 기록했다. '서드 유닛' 멤버로 나름대로 활약을 인정받았고, 2025년 7월 토론토와 보장된 3년 계약을 맺었다. 올 시즌 연봉은 196만 달러. 배틀은 '스트레치 4'로 불리는 점프 슈터다. 외곽에서 오픈 찬스를 잡으면 캐치&슛으로 3점포를 터뜨린다. 특히 왼쪽 코너와 왼쪽 윙이 '핫스팟'이다. 물론, 페인트존을 돌파한 후 레이업이나 플로터로도 득점한다. 연봉은 196만 달러.

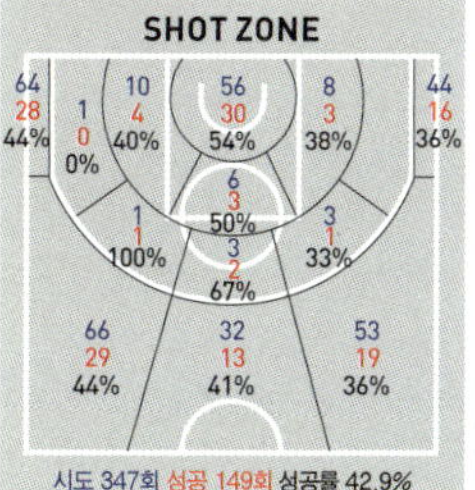

2024-25시즌 토론토 59경기 평균 17.7분

항목	PTS	RB	AS	ST	BL	FG-FGA	3P-3PA	FT-FTA
평균	7.1	2.7	0.9	0.3	0.2	2.5-5.9	1.8-4.4	0.3-0.3
36분	14.5	5.5	1.8	0.6	0.3	5.1-12.0	3.6-8.9	0.6-0.6

항목	OS	CS	MS	3P	FT	SQ	OC	IS	L&F	SD	DD	PH	PF	PC	DRF	PM	PA	BH	DRS	PQ	PV
평점	C+	B	B	B	B-	D	D-	D-	C-	F	D+	D-	D-	D-	F	D-	D-	D-	D-	D-	F

항목	DEF	ID	PD	ST	BL	HDQ	PP	DC	RB3	OR3	DR3	ATH	SP	AG	STR	VJ	STA	HP	INT	POT	OG
평점	D-	D	D	F	F	D-	D-	F	D	C	D+	D+	D	D-	D-	D	B	C	D-	B	C-

F 22 Ulrich CHOMCHE PF-C

울리시 숌세 2005.12.30 / 211cm

카메룬 | NBA 드래프트 : 2024년 2라운드 57번
NBA 우승 : 0회 / 파이널 MVP : 0회
시즌 MVP : 0회 / NBA 퍼스트팀 : 0회

카메룬의 바팡 출신. 2022년에 카메룬의 FAP, 2023년에 르완다의 REG에서 선수로 뛰었다. 2024년 NBA 드래프트를 신청해 토론토에 2라운드 57번으로 지명되었다. 지난 시즌엔 경험을 쌓기 위해 토론토 산하 G리그 팀인 랩터스 905에서 뛰었다. 그리고 올 시즌 풀타임 1군 선수로 로스터에 이름을 올렸다. 211cm의 파워포워드 겸 센터다. 스피드가 뛰어난 데다 225cm의 윙스팬을 지녀 인사이드 1대1 수비, 블락샷, 리바운드에 특화된 선수로 평가받는다. 토론토와 투웨이 계약을 맺었다.

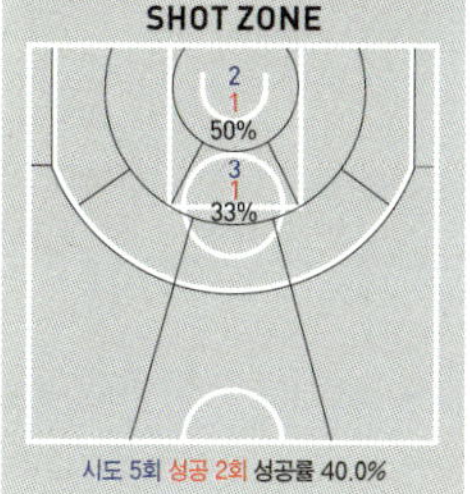

2024-25시즌 토론토 7경기 평균 4.6분

항목	PTS	RB	AS	ST	BL	FG-FGA	3P-3PA	FT-FTA
평균	0.7	1.1	0.3	0.0	0.1	0.3-0.7	0.0-0.0	0.1-0.3
36분	5.6	9.0	2.3	0.0	1.1	2.3-5.6	0.0-0.0	1.1-2.3

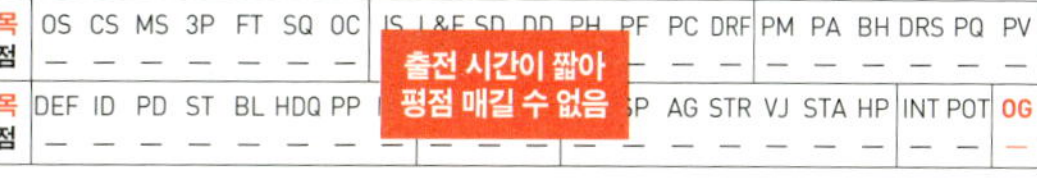

항목	OS	CS	MS	3P	FT	SQ	OC	IS	L&F	SD	DD	PH	PF	PC	DRF	PM	PA	BH	DRS	PQ	PV
평점	–	–	–	–	–	–	–	–	–	–	–	–	–	–	–	–	–	–	–	–	–

항목	DEF	ID	PD	ST	BL	HDQ	PP	DC					SP	AG	STR	VJ	STA	HP	INT	POT	OG
평점	–	–	–	–	–	–	–	–	–	–	–	–	–	–	–	–	–	–	–	–	–

C 19 Jakob PÖLTL C

야콥 푀틀 1995.10.15 / 213cm

오스트리아 | NBA 드래프트 : 2016년 1라운드 9번
NBA 우승 : 0회 / 파이널 MVP : 0회
시즌 MVP : 0회 / NBA 퍼스트팀 : 0회

친정팀 토론토 복귀 후 기량이 더욱 향상되었고, 지난 시즌엔 57경기 평균 29.6분씩 뛰며 14.5점, 9.6리바운드로 본인의 커리어 하이를 기록했다. 푀틀은 올드스쿨 센터의 전형이다. 큰 체격으로 골밑에서 우직하게 버틴다. 득점 대부분은 덩크, 레이업, 공격 리바운드 풋백, 짧은 거리 점프 훅샷 등 대부분 림 근처에서 이뤄진다. 스크린 이해도가 좋아 롤맨으로서 제 몫을 한다. 블락, 리바운드, 허슬 플레이는 상당히 위력적이다. 연봉은 1950만 달러.

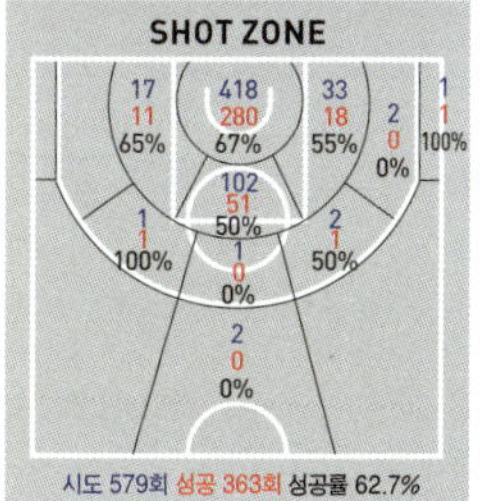

2024-25시즌 토론토 57경기 평균 29.6분

항목	PTS	RB	AS	ST	BL	FG-FGA	3P-3PA	FT-FTA
평균	14.5	9.6	2.8	1.2	1.2	6.4-10.2	0.0-0.1	1.7-2.5
36분	17.6	11.7	3.4	1.4	1.5	7.8-12.4	0.0-0.1	2.1-3.1

항목	OS	CS	MS	3P	FT	SQ	OC	IS	L&F	SD	DD	PH	PF	PC	DRF	PM	PA	BH	DRS	PQ	PV
평점	C-	A+	C+	F	D+	B-	D	C	C-	C	D-	B	C+	B	D-	D-	D+	F	F	D-	D-

항목	DEF	ID	PD	ST	BL	HDQ	PP	DC	RBB	ORB	DRB	ATH	SP	AG	STR	VJ	STA	HP	INT	POT	OG
평점	C	B+	D-	C	B+	C+	D+	B-	B+	B+	B	D+	D-	F	B	D-	B-	B	D+	B+	B-

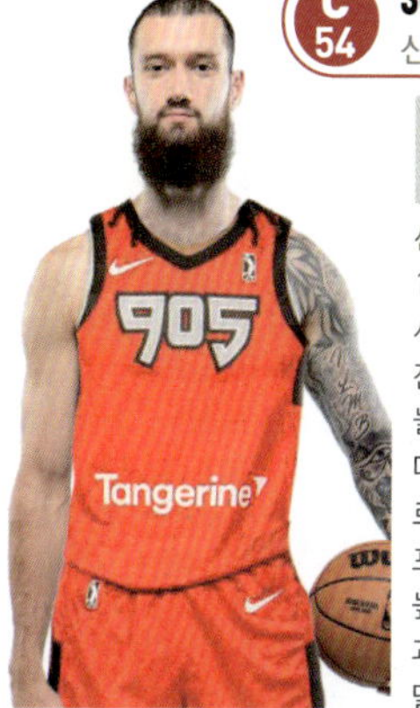

C 54 Sandro MAMUKELASHVILI C-PF

산드로 마무켈라시빌리 1999.05.23 / 206cm

조지아 | NBA 드래프트 : 2021년 2라운드 54번
NBA 우승 : 0회 / 파이널 MVP : 0회
시즌 MVP : 0회 / NBA 퍼스트팀 : 0회

샌안토니오의 '서드 유닛' 센터로 61경기 평균 11.2분씩 출전하면서 빅터 웸반야마의 휴식 시간을 적절히 커버했다. 2023-24시즌의 출전 경험이 자양분이 되면서 지난 시즌 기회가 늘어났다. 그리고 지난여름, 토론토로 이적했다. 올시즌 토론토에서는 야콥 푀틀의 백업으로 벤치에서 대기한다. 마무켈라시빌리는 로포스트에서 덩크와 레이업을 주로 구사하며, 높은 타점을 활용해 좌우 코너와 윙 지역에서 과감히 3점 슈팅을 구사한다. 연봉은 246만 달러.

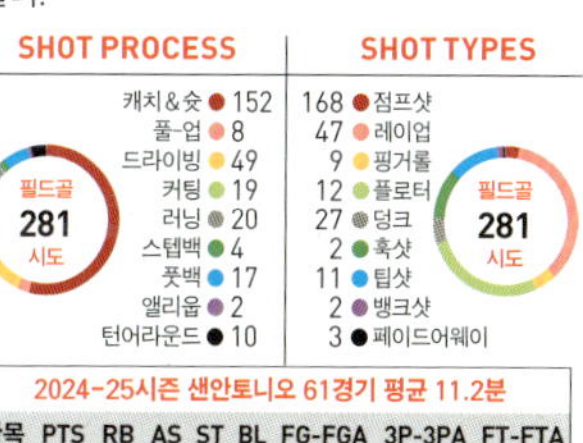

2024-25시즌 샌안토니오 61경기 평균 11.2분

항목	PTS	RB	AS	ST	BL	FG-FGA	3P-3PA	FT-FTA
평균	6.3	3.1	0.8	0.4	0.3	2.3-4.6	1.0-2.6	0.7-1.0
36분	20.4	9.9	2.5	1.2	0.9	7.5-14.9	3.2-8.5	2.3-3.1

항목	OS	CS	MS	3P	FT	SQ	OC	IS	L&F	SD	DD	PH	PF	PC	DRF	PM	PA	BH	DRS	PQ	PV
평점	C	B	D+	B-	C-	C-	D	D	D+	D	D	D-	D-	D-	D-	D-	D	D-	F	C-	F

항목	DEF	ID	PD	ST	BL	HDQ	PP	DC	RBB	ORB	DRB	ATH	SP	AG	STR	VJ	STA	HP	INT	POT	OG
평점	D	D+	D	D+	F	D+	D-	F	C	C+	C-	C	D-	D-	C	D+	B	B	C-	B	C

General Stats								Outside Scoring & Shooting							Inside Scoring & Shooting								Play Making, Ball Handling & Passing					
PTS	RB	AS	ST	BL	FG-FGA	3P-3PA	FT-FTA	OS	CS	MS	3P	FT	SQ	OC	IS	L&F	SD	DD	PH	PF	PC	DRF	PM	PA	BH	DRS	PQ	PV
득점	리바운드	어시스트	스틸	블락샷	필드골 성공-시도	3점슈팅 성공-시도	자유투 성공-시도	외곽 득점력	근거리 점프샷	중거리 슈팅	3점 슈팅	자유투	슈팅 IQ	득점 일관성	인사이드 득점력	레이업 플로터	스탠딩 덩크	드라이빙 덩크	포스트 훅샷	포스트 페이드	포스트 컨트롤	파울 유도	플레이 메이킹	패스 능력	볼 핸들링	드리블 스피드	패스 IQ	패스 비전

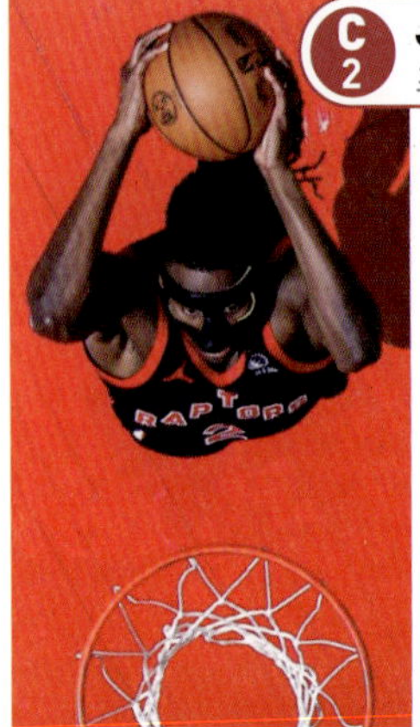

C 2 Jonathan MOGBO PF

조나산 모보 2001.10.29 / 206cm

미국

NBA 드래프트 : 2024년 2라운드 31번
NBA 우승 : 0회 / **파이널 MVP** : 0회
시즌 MVP : 0회 / **NBA 퍼스트팀** : 0회

데뷔 연도인 지난 시즌, 백업 센터 겸 파워포워드로서 나름대로 제 몫을 해냈다. 63경기 평균 20.4분씩 뛰며 6.2점, 4.9리바운드를 기록했다. 36분 기준 10.9점으로 높지 않았으나 이건 득점력 자체가 낮다기보다는, 본인이 슈팅을 좀 자제한 측면이 있다. 엘보우에서 공격을 자주 시작하고, 페이스업과 림어택이 다 가능한 빅맨이며 양손잡이다. 오프더볼 상황에서는 인사이드 수비와 퍼리미터 수비 모두 잘 해낸다. 허슬 플레이도 OK. 연봉은 196만 달러.

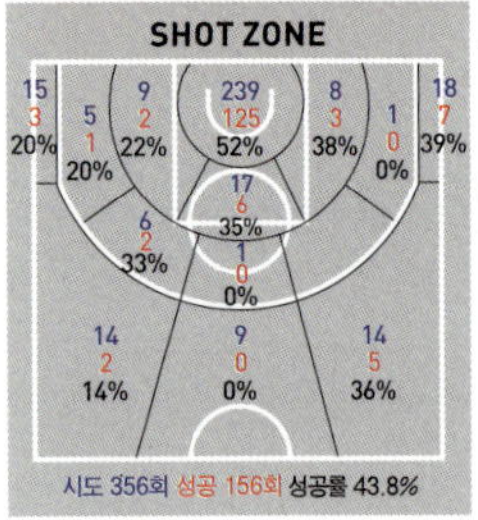

시도 356회 성공 156회 성공률 43.8%

SHOT PROCESS

필드골 356 시도

캐치&슛 116 / 풀-업 6 / 드라이빙 72 / 커팅 56 / 러닝 37 / 스텝백 6 / 풋백 33 / 앨리웁 16 / 턴어라운드 14

SHOT TYPES

필드골 356 시도

87 점프샷 / 92 레이업 / 17 핑거롤 / 44 플로터 / 72 덩크 / 11 훅샷 / 19 팁샷 / 11 뱅크샷 / 3 페이드어웨이

2024-25시즌 토론토 63경기 평균 20.4분

항목	PTS	RB	AS	ST	BL	FG-FGA	3P-3PA	FT-FTA
평균	6.2	4.9	2.3	0.9	0.5	2.5-5.7	0.3-1.1	1.0-1.3
36분	10.9	8.7	4.1	1.5	1.0	4.4-10.0	0.5-2.0	1.7-2.3

항목	OS	CS	MS	3P	FT	SQ	OC	IS	L&F	SD	DD	PH	PF	PC	DRF	PM	PA	BH	DRS	PQ	PV
평점	D-	D-	D-	C-	C-	C	D-	D-	B-	D-	B-	D-	D-	D-	D-	D	D	C-	D+	D+	D-

항목	DEF	ID	PD	ST	BL	HDQ	PP	DC	RBB	ORB	DRB	ATH	SP	AG	STR	VJ	STA	HP	INT	POT	OG
평점	D+	D	D	C+	D-	D+	D+	D	D+	C	D-	B-	A-	C+	D+	C	B+	B+	C	B+	C

G 5 Immanuel QUICKLEY PG-SG

이매뉴얼 퀴클리 1999.06.17/ 188cm

미국

NBA 드래프트 : 2020년 1라운드 25번
NBA 우승 : 0회 / **파이널 MVP** : 0회
시즌 MVP : 0회 / **NBA 퍼스트팀** : 0회

슈팅 능력이 뛰어난 공격형 가드. 올 시즌도 스카티 반즈와 원-투 펀치를 이룬다. 과감한 풀-업 점퍼, 정확한 오프-더-캐치 3점 슈팅, 고난이도 스텝백 점퍼, 적극적인 드라이빙 레이업과 드라이빙 플로터를 자유자재로 구사하며 지난 시즌 평균 17.1점-5.8어시스트(36분 기준 22.1점-7.5어시스트)를 기록했다. 듀얼가드로서 슈팅뿐만 아니라 플레이메이킹, 패스 능력도 향상되었다. 퍼리미터 1대1 수비, 픽&롤 대처도 갈수록 좋아지고 있다. 연봉은 3250만 달러.

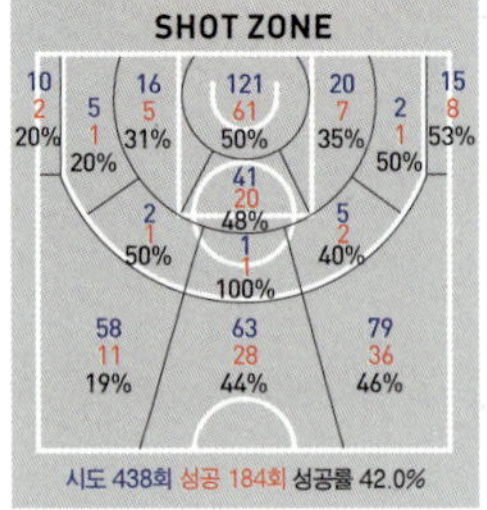

시도 438회 성공 184회 성공률 42.0%

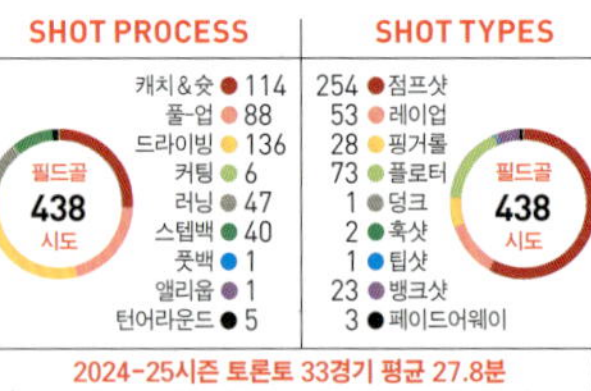

SHOT PROCESS

필드골 438 시도

캐치&슛 114 / 풀-업 88 / 드라이빙 136 / 커팅 6 / 러닝 47 / 스텝백 40 / 풋백 1 / 앨리웁 1 / 턴어라운드 5

SHOT TYPES

필드골 438 시도

254 점프샷 / 53 레이업 / 28 핑거롤 / 73 플로터 / 1 덩크 / 2 훅샷 / 1 팁샷 / 23 뱅크샷 / 3 페이드어웨이

2024-25시즌 토론토 33경기 평균 27.8분

항목	PTS	RB	AS	ST	BL	FG-FGA	3P-3PA	FT-FTA
평균	17.1	3.5	5.8	0.7	0.1	5.6-13.3	2.6-6.8	3.4-3.9
36분	22.1	4.6	7.5	0.9	0.2	7.2-17.2	3.3-8.8	4.4-5.0

항목	OS	CS	MS	3P	FT	SQ	OC	IS	L&F	SD	DD	PH	PF	PC	DRF	PM	PA	BH	DRS	PQ	PV
평점	B-	B	B+	B-	B	B-	B-	D-	B+	F	D-	D-	D-	F	D+	C+	C+	B	C	C+	C

항목	DEF	ID	PD	ST	BL	HDQ	PP	DC	RBG	ORG	DRG	ATH	SP	AG	STR	VJ	STA	HP	INT	POT	OG
평점	D	D-	B+	D-	F	C+	D	C	D+	D	C+	C+	B-	B-	D-	C+	B+	B	D-	B+	B-

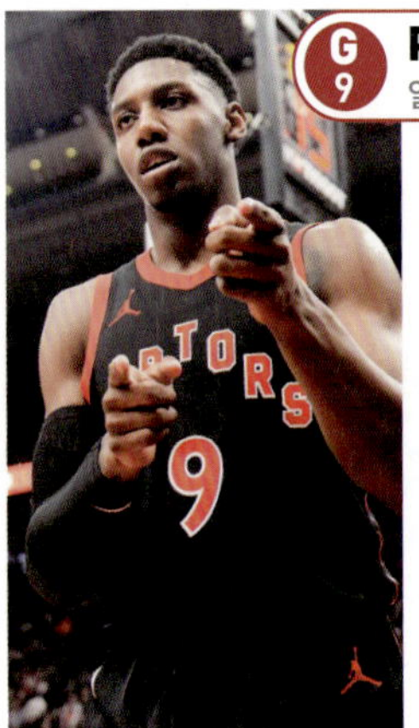

G 9 RJ BARRETT SG-SF

알제이 배릿 2000.06.14 / 198cm

캐나다

NBA 드래프트 : 2019년 1라운드 3번
NBA 우승 : 0회 / **파이널 MVP** : 0회
시즌 MVP : 0회 / **NBA 퍼스트팀** : 0회

2023-24시즌에 이어 2년 연속 좋은 성적을 거뒀다. 58경기 평균 32.2분씩 뛰며 21.1점, 6.3리바운드, 5.4어시스트를 기록했다. 올 시즌에도 상승세를 이어갈 전망이다. 배릿은 운동능력이 좋고, 파이팅이 있는 스윙맨이다. 내외곽을 부지런히 넘나들며 캐치&슛, 풀업 점퍼, 드라이빙에서 이어지는 레이업과 플로터, 덩크, 뱅크샷 등 다양한 공격을 시도한다. 퍼리미터 1대1 수비, 허슬 플레이, 수비 리바운드는 꽤 우수한 편이다. 연봉은 2771만 달러.

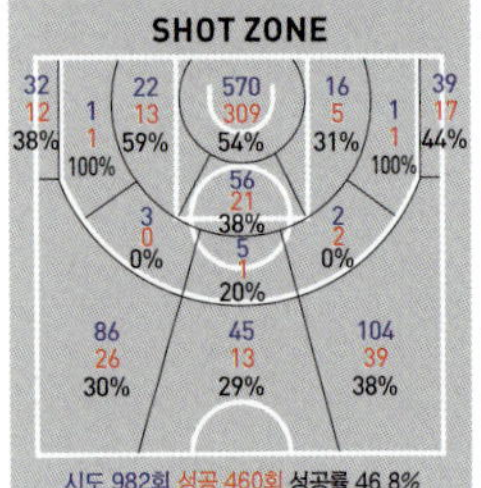

시도 982회 성공 460회 성공률 46.8%

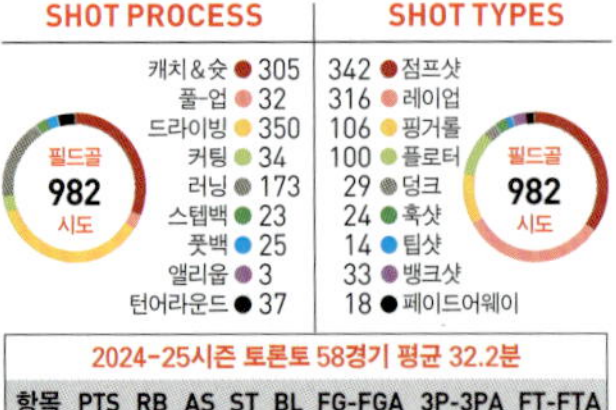

SHOT PROCESS

필드골 982 시도

캐치&슛 305 / 풀-업 32 / 드라이빙 350 / 커팅 34 / 러닝 173 / 스텝백 23 / 풋백 25 / 앨리웁 3 / 턴어라운드 37

SHOT TYPES

필드골 982 시도

342 점프샷 / 316 레이업 / 106 핑거롤 / 100 플로터 / 29 덩크 / 24 훅샷 / 14 팁샷 / 33 뱅크샷 / 18 페이드어웨이

2024-25시즌 토론토 58경기 평균 32.2분

항목	PTS	RB	AS	ST	BL	FG-FGA	3P-3PA	FT-FTA
평균	21.1	6.3	5.4	0.8	0.3	7.9-16.9	1.8-5.3	3.4-5.4
36분	23.6	7.0	6.0	0.9	0.3	8.9-18.9	2.1-5.9	3.8-6.0

항목	OS	CS	MS	3P	FT	SQ	OC	IS	L&F	SD	DD	PH	PF	PC	DRF	PM	PA	BH	DRS	PQ	PV
평점	C+	B	B-	C+	D	B-	B-	C-	B+	F	B-	D-	D-	C+	B-	B-	C+	B-	B-	B	C-

항목	DEF	ID	PD	ST	BL	HDQ	PP	DC	RB3	OR3	DR3	ATH	SP	AG	STR	VJ	STA	HP	INT	POT	OG
평점	C-	D	B	D-	F	C+	C	C	B	C-	B+	B-	B	B	C	B-	A	B-	D-	A-	B-

G 23 Jamal SHEAD PG

저멀 세드 2002.06.24 / 183cm

미국

NBA 드래프트 : 2024년 2라운드 45번
NBA 우승 : 0회 / **파이널 MVP** : 0회
시즌 MVP : 0회 / **NBA 퍼스트팀** : 0회

휴스턴대 출신으로 2024 NBA 드래프트에서 2라운드 45번으로 지명됐다. 최대 강점은 퍼리미터 디펜스. 183cm지만 빠른 스피드, 우수한 민첩성, 균형 잡힌 신체를 수비할 때 적극적으로 활용한다. 픽&롤 수비를 잘 하고, 마크 상대를 늘 정면에 두며 패싱레인을 잘 끊어낸다. BQ가 우수하고 볼 핸들링이 좋으며 패스가 정확하기에 프로에서 경험을 더 쌓으면 훌륭한 PG가 될 것이다. 문제는 들쭉날쭉한 외곽 슈팅. 보강해야 한다. 연봉은 196만 달러.

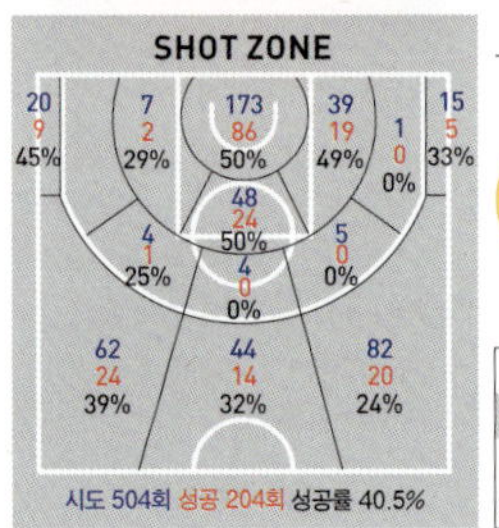

시도 504회 성공 204회 성공률 40.5%

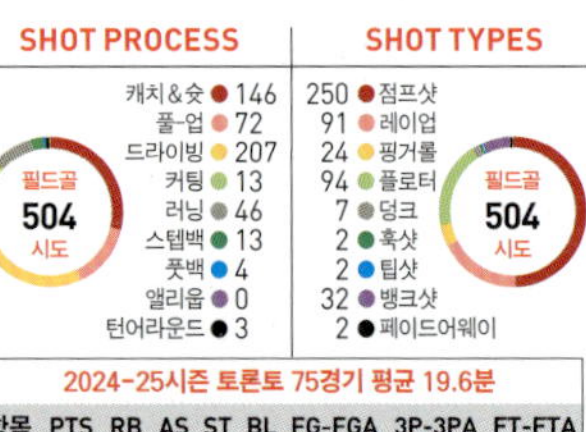

SHOT PROCESS

필드골 504 시도

캐치&슛 146 / 풀-업 72 / 드라이빙 207 / 커팅 13 / 러닝 46 / 스텝백 13 / 풋백 4 / 앨리웁 0 / 턴어라운드 3

SHOT TYPES

필드골 504 시도

250 점프샷 / 91 레이업 / 24 핑거롤 / 94 플로터 / 7 덩크 / 2 훅샷 / 2 팁샷 / 32 뱅크샷 / 2 페이드어웨이

2024-25시즌 토론토 75경기 평균 19.6분

항목	PTS	RB	AS	ST	BL	FG-FGA	3P-3PA	FT-FTA
평균	7.1	1.5	4.2	0.8	0.1	2.7-6.7	1.0-3.0	0.7-0.9
36분	13.1	2.8	7.8	1.4	0.2	5.0-12.4	1.8-5.5	1.3-1.7

항목	OS	CS	MS	3P	FT	SQ	OC	IS	L&F	SD	DD	PH	PF	PC	DRF	PM	PA	BH	DRS	PQ	PV
평점	D+	B	D-	C	C	D-	F	F	C	F	D-	F	F	F	F	B	B-	B+	A	B+	C

항목	DEF	ID	PD	ST	BL	HDQ	PP	DC	RBG	ORG	DRG	ATH	SP	AG	STR	VJ	STA	HP	INT	POT	OG
평점	D	D-	B-	C	F	D+	D-	D-	D-	D+	D-	B-	A+	A	F	C	B+	A	D-	B	C-

G 1 Gradey DICK SF-SG

그레이디 딕 2003.11.20 / 198cm

미국
NBA 드래프트 : 2023년 1라운드 13번
NBA 우승 : 0회 / 파이널 MVP : 0회
시즌 MVP : 0회 / NBA 퍼스트팀 : 0회

잘생긴 외모, 깔끔한 플레이 스타일 때문에 토론토 팬들에게 인기가 높다. 2023 드래프트를 신청했던 선수들 중 정상급 3점 슈터다. 지난 시즌 평균 6.0회의 3점 슈팅을 시도해 2.1회를 성공시켰다. 성공률 35.0%. 또한, 자유투 성공률은 85.8%였다. BQ가 좋아 오프 더 볼 무브가 뛰어나기에 오픈 찬스를 잘 잡는다. 과감한 인사이드 돌파에 이은 덩크, 레이업도 OK. 정확한 볼 핸들링, 패싱 레인 차단, 다양한 허슬 플레이도 합격점을 받는다. 연봉은 499만 달러.

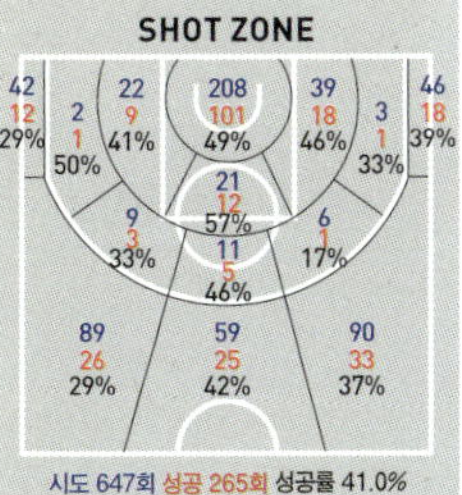

SHOT PROCESS (필드골 647 시도)
- 캐치&슛 244
- 풀-업 116
- 드라이빙 114
- 커팅 35
- 러닝 91
- 스텝백 20
- 풋백 13
- 앨리웁 4
- 턴어라운드 10

SHOT TYPES (필드골 647 시도)
- 399 점프샷
- 93 레이업
- 50 핑거롤
- 27 플로터
- 20 덩크
- 2 훅샷
- 11 팁샷
- 21 뱅크샷
- 24 페이드어웨이

2024-25시즌 토론토 54경기 평균 29.4분

항목	PTS	RB	AS	ST	BL	FG-FGA	3P-3PA	FT-FTA
평균	14.4	3.6	1.8	0.9	0.2	4.9-12.0	2.1-6.0	2.5-2.9
36분	17.6	4.4	2.2	1.1	0.2	6.0-14.7	2.6-7.4	3.0-3.5

항목	OS	CS	MS	3P	FT	SQ	OC	IS	L&F	SD	DD	PH	PF	PC	DRF	PM	PA	BH	DRS	PQ	PV
평점	B-	C	B	C+	B	B-	C	D-	B	F	C	F	F	F	D+	D	C-	C+	C	D+	F

항목	DEF	ID	PD	ST	BL	HDQ	PP	DC	RBG	ORG	DRG	ATH	SP	AG	STR	VJ	STA	HP	INT	POT	OG
평점	D+	D+	B-	D	F	D+	C-	D-	D-	C+	D	C+	C	C	D-	C+	B+	B	C-	B+	C+

G 17 Garrett TEMPLE SG-SF

개럿 템플 1986.05.08 / 196cm

미국
NBA 드래프트 : 2009년 미지명
NBA 우승 : 0회 / 파이널 MVP : 0회
시즌 MVP : 0회 / NBA 퍼스트팀 : 0회

NBA의 유명한 '저니맨'이다. 2010년 드래프트를 신청했지만 어느 팀에서도 지명받지 못했다. 이후 15년간 무려 15번이나 소속팀이 바뀌었다. 하지만 잡초 같은 생명력을 발휘해 NBA에서 살아남았다. 토론토의 '서드 유닛' 스윙맨으로 러닝 핑거롤, 러닝 레이업, 풀업 점퍼가 주 득점 루트다. 퍼리미터 1대1 수비가 좋고, 가드 중에선 리바운드가 상대적으로 많다. 2017년 미스 USA 출신 카라 맥컬로프와 결혼해 자녀 2명을 두었다. 연봉은 363만 달러.

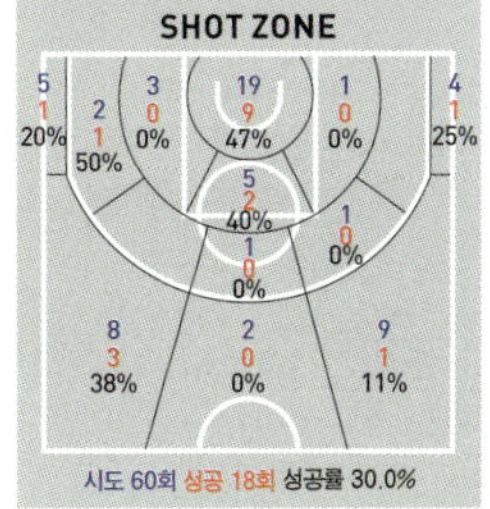

SHOT PROCESS (필드골 60 시도)
- 캐치&슛 27
- 풀-업 5
- 드라이빙 12
- 커팅 6
- 러닝 5
- 스텝백 3
- 풋백 2
- 앨리웁 0
- 턴어라운드 0

SHOT TYPES (필드골 60 시도)
- 32 점프샷
- 14 레이업
- 2 핑거롤
- 4 플로터
- 1 덩크
- 0 훅샷
- 1 팁샷
- 3 뱅크샷
- 3 페이드어웨이

2024-25시즌 토론토 28경기 평균 8.1분

항목	PTS	RB	AS	ST	BL	FG-FGA	3P-3PA	FT-FTA
평균	1.9	1.0	1.1	0.6	0.1	0.6-2.1	0.2-1.0	0.4-0.4
36분	8.4	4.6	4.9	2.7	0.3	2.9-9.5	1.0-4.4	1.7-1.9

항목	OS	CS	MS	3P	FT	SQ	OC	IS	L&F	SD	DD	PH	PF	PC	DRF	PM	PA	BH	DRS	PQ	PV
평점	—	—	—	—	—	—	—	—	—	—	—	—	—	—	—	—	—	—	—	—	—

항목	DEF	ID	PD	ST	BL	HDQ	PP	DC	RBG	ORG	DRG	ATH	SP	AG	STR	VJ	STA	HP	INT	POT	OG
평점	—	—	—	—	—	—	—	—	—	—	—	—	—	—	—	—	—	—	—	—	—

G 14 Ja'Kobe WALTER SG

자코비 월터 2004.09.04 / 196cm

미국
NBA 드래프트 : 2024년 1라운드 19번
NBA 우승 : 0회 / 파이널 MVP : 0회
시즌 MVP : 0회 / NBA 퍼스트팀 : 0회

프로 2년 차 슈팅가드. 196cm의 키에 점프력이 좋고 팔이 길어 높은 타점에서 외곽 슈팅을 시도한다. 안정감 있는 슈팅 스트로크, 부드러운 슈팅 터치를 지녀 점프샷이 정확한 편이다. 좌우 윙에서 시도하는 3점 슈팅은 '치명적인 무기'다. 림 어택 능력도 갖췄다. 드라이빙에서 이어지는 레이업과 플로터는 또 다른 득점 패턴이다. 가드 중에선 리바운드 능력도 최상급이다. 그러나 수비, 볼핸들링, 패스에서 많은 발전이 있어야 한다. 연봉은 364만 달러.

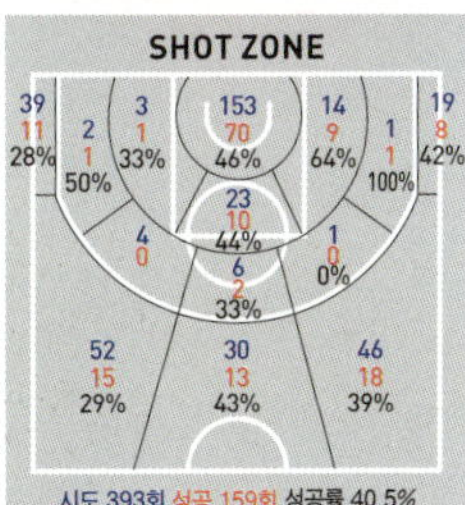

SHOT PROCESS (필드골 393 시도)
- 캐치&슛 160
- 풀-업 41
- 드라이빙 90
- 커팅 22
- 러닝 45
- 스텝백 16
- 풋백 12
- 앨리웁 1
- 턴어라운드 6

SHOT TYPES (필드골 393 시도)
- 216 점프샷
- 78 레이업
- 15 핑거롤
- 34 플로터
- 16 덩크
- 3 훅샷
- 6 팁샷
- 11 뱅크샷
- 14 페이드어웨이

2024-25시즌 토론토 52경기 평균 21.2분

항목	PTS	RB	AS	ST	BL	FG-FGA	3P-3PA	FT-FTA
평균	8.6	3.1	1.6	0.8	0.2	3.1-7.6	1.3-3.6	1.3-1.6
36분	14.7	5.2	2.6	1.4	0.3	5.2-12.8	2.1-6.1	2.2-2.7

항목	OS	CS	MS	3P	FT	SQ	OC	IS	L&F	SD	DD	PH	PF	PC	DRF	PM	PA	BH	DRS	PQ	PV
평점	C	B	C-	C+	C	C-	D	D-	C+	F	C+	F	D-	D-	F	D+	D+	C-	C+	D+	F

항목	DEF	ID	PD	ST	BL	HDQ	PP	DC	RBG	ORG	DRG	ATH	SP	AG	STR	VJ	STA	HP	INT	POT	OG
평점	D	D-	C-	B+	F	D-	D-	D-	A-	A	B	B-	A-	B-	D-	C+	B+	B	C-	B+	C

TORONTO RAPTORS 2025-26 REGULAR SEASON SCHEDULE

OCTOBER, 2025	Dec. 20 vs. Boston Celtics	Feb. 19 @ Chicago Bulls
Oct. 22 @ Atlanta Hawks	Dec. 21 @ Brooklyn Nets	Feb. 22 @ Milwaukee Bucks
Oct. 24 vs. Milwaukee Bucks	Dec. 23 @ Miami Heat	Feb. 24 vs. Oklahoma City Thunder
Oct. 26 @ Dallas Mavericks	Dec. 26 @ Washington Wizards	Feb. 25 vs. San Antonio Spurs
Oct. 27 @ San Antonio Spurs	Dec. 28 vs. Golden State Warriors	Feb. 28 @ Washington Wizards
Oct. 29 vs. Houston Rockets	Dec. 29 vs. Orlando Magic	**MARCH, 2026**
Oct. 31 @ Cleveland Cavaliers	Dec. 31 vs. Denver Nuggets	Mar. 3 vs. New York Knicks
NOVEMBER, 2025	**JANUARY, 2026**	Mar. 5 @ Minnesota Timberwolves
Nov. 2 vs. Memphis Grizzlies	Jan. 3 vs. Atlanta Hawks	Mar. 8 vs. Dallas Mavericks
Nov. 4 vs. Milwaukee Bucks	Jan. 5 vs. Atlanta Hawks	Mar. 10 @ Houston Rockets
Nov. 7 @ Atlanta Hawks	Jan. 7 @ Charlotte Hornets	Mar. 11 @ New Orleans Pelicans
Nov. 8 @ Philadelphia 76ers	Jan. 9 @ Boston Celtics	Mar. 13 vs. Phoenix Suns
Nov. 11 @ Brooklyn Nets	Jan. 11 vs. Philadelphia 76ers	Mar. 15 vs. Detroit Pistons
Nov. 13 @ Cleveland Cavaliers	Jan. 12 vs. Philadelphia 76ers	Mar. 18 @ Chicago Bulls
Nov. 15 @ Indiana Pacers	Jan. 14 @ Indiana Pacers	Mar. 20 @ Denver Nuggets
Nov. 17 vs. Charlotte Hornets	Jan. 16 vs. Los Angeles Clippers	Mar. 22 @ Phoenix Suns
Nov. 19 @ Philadelphia 76ers	Jan. 18 @ Los Angeles Lakers	Mar. 23 @ Utah Jazz
Nov. 21 vs. Washington Wizards	Jan. 20 @ Golden State Warriors	Mar. 25 @ Los Angeles Clippers
Nov. 23 vs. Brooklyn Nets	Jan. 21 @ Sacramento Kings	Mar. 27 vs. New Orleans Pelicans
Nov. 24 vs. Cleveland Cavaliers	Jan. 23 @ Portland Trail Blazers	Mar. 29 vs. Orlando Magic
Nov. 26 vs. Indiana Pacers	Jan. 25 @ Oklahoma City Thunder	Mar. 31 @ Detroit Pistons
Nov. 29 @ Charlotte Hornets	Jan. 28 vs. New York Knicks	**APRIL, 2026**
Nov. 30 @ New York Knicks	Jan. 30 @ Orlando Magic	Apr. 1 vs. Sacramento Kings
DECEMBER, 2025	**FEBRARY, 2026**	Apr. 3 @ Memphis Grizzlies
Dec. 2 vs. Portland Trail Blazers	Feb. 1 vs. Utah Jazz	Apr. 5 @ Boston Celtics
Dec. 4 vs. Los Angeles Lakers	Feb. 4 vs. Minnesota Timberwolves	Apr. 7 vs. Miami Heat
Dec. 5 vs. Charlotte Hornets	Feb. 5 vs. Chicago Bulls	Apr. 9 vs. Miami Heat
Dec. 7 vs. Boston Celtics	Feb. 8 vs. Indiana Pacers	Apr. 10 @ New York Knicks
Dec. 18 @ Milwaukee Bucks	Feb. 11 vs. Detroit Pistons	Apr. 12 vs. Brooklyn Nets

CENTRAL DIVISION

늘 그대로

클리블랜드는 지난 시즌 돌풍을 일으키며 동부 지구 승률 1위에 올랐다. 올 시즌도 유력한 1위 후보다. 도전자는 디트로이트와 인디애나다.

2025-26 DIVISION ODDS

순위	TEAM	스카이벳	벳프레드	윌리엄힐	벳빅터
1	Cleveland Cavaliers	0.2배	0.3배	0.25배	0.25배
2	Detroit Pistons	5배	5배	6배	6배
3	Milwaukee Bucks	10배	8.5배	8배	7배
4	Indiana Pacers	30배	20배	25배	25배
5	Chicago Bulls	100배	100배	150배	150배

2024-25 DIVISION STANDING

순위	TEAM	승	패	승률	승차
1	Cleveland Cavaliers*	64	18	78.0%	—
2	Indiana Pacers*	50	32	61.0%	14
3	Milwaukee Bucks*	48	34	58.5%	16
4	Detroit Pistons*	44	38	53.7%	20
5	Chicago Bulls	39	43	47.6%	25

*플레이오프 진출팀

CHICAGO BULLS

CLEVELAND CAVALIERS
DETROIT PISTONS
Pistons
2
INDIANA PACERS
INDIANA
43
PACERS
MILWAUKEE BUCKS
BUCKS
34

CHICAGO BULLS

올 시즌도 동부 중간계 수호자 되나

동부컨퍼런스 중간계 수호자

적당한 투자와 적당한 성적, 그리고 행복한 이윤. 황소 군단은 2024-25시즌에도 동부컨퍼런스 중간계 수호자로서의 소임을 다했다. 말이 쉽지, 3년 연속 플레이-인 토너먼트 진출에 이은 탈락은 아무나 할 수 있는 게 아니다. 충성스러운 팬들을 위한 헌사도 잊지 않았다. 4연승 2회 포함 후반기 마지막 20경기 15승 5패 승률 75.0% 폭발적인 질주로 상위권 팀들을 긴장시켰다. 허무했던 플레이-인 토너먼트 패배는 괘념치 말자. 'same old bulls' 팬들에게 익숙했던 장면이다.

건전한 샐러리캡 구조

시카고 수뇌부는 사치세 지출이 포함된 운영을 한사코 마다한다. 매일 아침 동쪽에서 해가 뜨는 것과 같은 이치다. 특히 선수단 인건비 상승을 용납하지 않는다. 올해 여름에도 백업 포인트가드 트레 존스 3년 최대 2,400만 달러 재계약, 윙 포지션 에 너자이저 아이작 오코로 트레이드 영입 선에서 전력 보강 작업을 마무리 지었다. 빌리 도노반 감독은 별다른 불협화음 없이 연장 계약 서류에 사인했다. 없는 살림에 불평불만 하지 않는 시카고 최적화 지도자다.

수호자 임무는 계속된다

앞서 살펴봤듯이 성적 개선 여지가 딱히 없다. 경쟁력을 대폭 끌어올린 플레이-인 토너먼트 지박령 동료 애틀랜타와 대조된다. 지난 시즌 하위권에 머물렀던 토론토, 필라델피아, 샬럿의 반격도 부담스럽다. 그나마 미드 시즌 트레이드 카드만큼은 풍족하다. 만기 계약 자원들인 니콜라 뷰세비치, 코비 화이트, 잭 콜린스, 케빈 허더 등을 트레이드 시장에 풀어 새판짜기에 나설 수도 있다. 대규모 연봉 인상이 필요한 프랜차이즈 스타 화이트와 작별하게 된다는 의미이긴 하다.

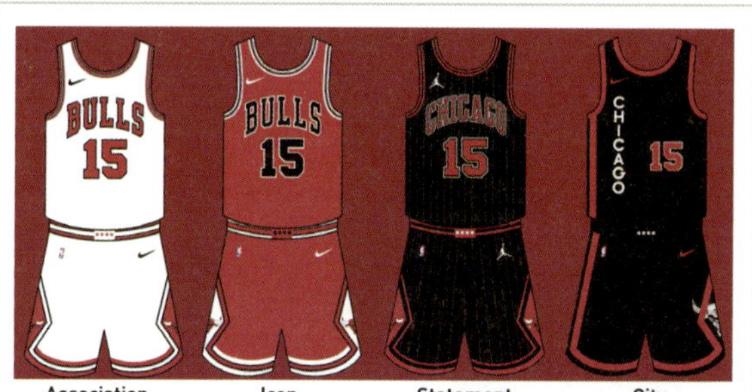

Association Icon Statement City

•통계는 2025년 9월 10일 기준

CLUB INFORMATION

Founded
구단 창립
1966년

Owner
제리 라인스도프

CEO
마이클 라인스도프

Head Coach
빌리 도노번
1965.05.30

24-25 Odds
스카이벳 : 500배
윌리엄힐 : 750배

Nationality
● 미국 선수 14명
● 외국 선수 5명

Age
19명 평균
24.4세

Height
19명 평균
198.7cm

Weight
19명 평균
94.4kg

Salary
14명 평균
1066만 달러

Win
2024-25 : 39승
통산 : 2422승

Loss
2024-25 : 43패
통산 : 2340패

Winning%
2024-25 : 47.6%
통산 : 50.9%

Play-Off
PO 진출 : 37회
PO 탈락 : 22회

Titles
NBA우승 : 6회
컨퍼런스 : 6회

Top Scorer
잭 라빈
평균 24.0점

More Rebounds
니콜라 부체비치
평균 10.1리바운드

More Assists
조시 기디
평균 7.2어시스트

More Steals
조시 기디
평균 1.2스틸

More Blocks
마타스 부젤리스
평균 0.9블락

•항목별 1위는 지난 시즌 시카고 소속으로 42경기 이상 출전한 선수 중 선별

HEAD COACH & STADIUM

Billy DONOVAN 빌리 도노번

생년월일 : 1965.05.30 / **출생지 :** 미국 뉴욕주 록빌센터
경력 : 1989~1994년 켄터키대 코치 / 1994~1996년 마샬대 감독 / 1996~2015년 플로리다대 감독 / 2015~2020년 오클라호마시티 선더 감독 / 2020년~ 시카고 불스 감독

프로비던스 칼리지 소속이던 1983~1987년, 4년 평균 20.6점을 기록했고, 1987년에는 소속팀의 NCAA '파이널 4' 진출을 이끌었다. 그해 NBA 드래프트를 신청해 유타 재즈에 3라운드 68번으로 지명됐다. 그는 그러나 선수 생활을 오래 이어가지 못하고, 1989년에 은퇴했다. 곧바로 켄터키대 어시스턴트를 맡으며 지도자로 나섰다. 1994~1996년에 마샬대, 1996~2015년에 플로리다대를 맡아 대학농구 무대에서 20년 가까이 경험을 쌓았다. NCAA에서 근무하는 동안 2차례 NCAA 우승, 4차례 '파이널 포' 출전을 기록했고, 3차례나 'SEC 올해의 감독'으로 선정되었다. 그리고 2015년, 오클라호마시티 지휘봉을 잡았다. 그는 재임기간 5년간 통산 243승 157패를 기록하며 소속팀을 매년 플레이오프로 진출시켰다. 도노번은 2019-2020시즌, 마이크 버든홀저와 함께 'NBCA 올해의 감독'으로 선정됐다. 2020년 9월 22일, 시카고 불스의 제24대 감독이 되었다.

UNITED CENTER

구장 오픈 : 1994년 8월 18일
구장 증개축 : 총 2회
오너 : UCJV, 시카고불스
수용인원 : 2만 917명
건축비용 : 1억 7500만 달러
(현재 가치 : 3억 6000만 달러)

북미에서 가장 큰 체육관이다. 이곳에서는 매년 200개 이상의 스포츠 및 문화 행사를 개최한다. 높이 41.45m의 강철 콘크리트 건물이며 에스컬레이터 8대, 엘리베이터 9대, 식당 등을 갖추었다. 얼음표면 위에 200개 조각으로 이루어진 농구 플로어를 설치했고, 종목에 따라 시설을 바꾸는 데 2시간 30분이 걸린다. 불스 홈구장이 된 건 1994-95시즌부터다.

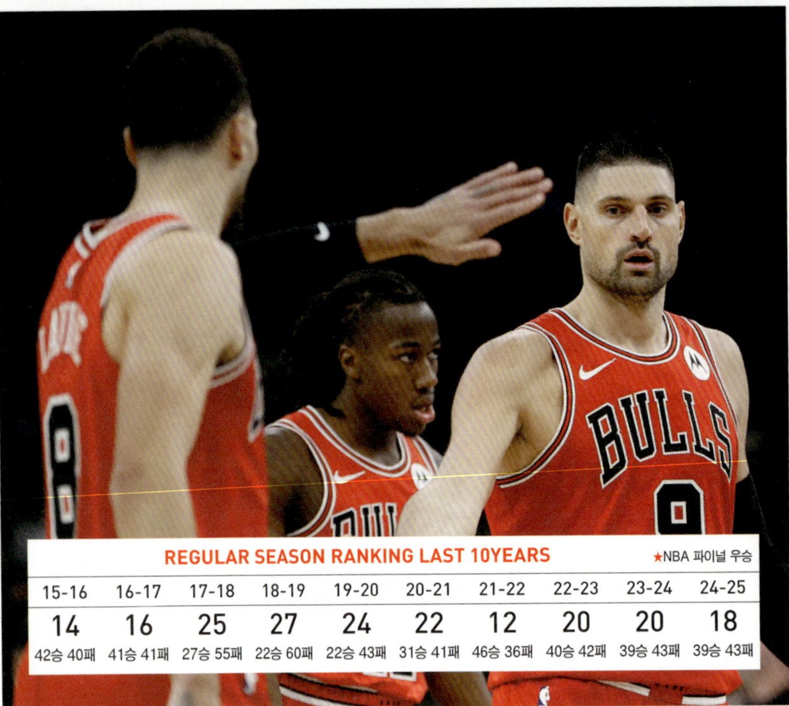

REGULAR SEASON RANKING LAST 10YEARS									★NBA 파이널 우승
15-16	16-17	17-18	18-19	19-20	20-21	21-22	22-23	23-24	24-25
14	16	25	27	24	22	12	20	20	18
42승 40패	41승 41패	27승 55패	22승 60패	22승 43패	31승 41패	46승 36패	40승 42패	39승 43패	39승 43패

Honours

6	6	9	4
NBA CHAMPIONS	CONFERENCE TITLES	DIVISION TITLES	RETIRED NUMBERS

NBA CHAMPIONSHIPS
1991, 1992, 1993, 1996, 1997, 1998

CONFERENCE TITLES
1991, 1992, 1993, 1996, 1997, 1998

DIVISION TITLES
1975, 1991, 1992, 1993, 1996, 1997, 1998, 2011, 2012

RETIRED NUMBERS
4, 10 23, 33

TEAM POTENTIAL

23위

하프코트 세트오펜스 7점

트랜지션 오펜스 9점

하프코트 세트디펜스 6점

트랜지션 디펜스 9점

리바운드 8점

선수층 7점

선수 경험치 7점

감독 리더십 8점

감독 전술 8점

프런트 5점

*각 항목은 10점 만점, 평점은 NBA 30팀 사이 상대평가

우승 ODDS	배당	순위
Sky Bet	500배	24위
Bet Fred	500배	25위
William Hill	750배	25위

OFFENSIVE STYLE
트랜지션 오펜스 ←→ 하프코트 세트오펜스

DEFENSIVE STYLE
하이 프레스 ←→ 하프코트 디펜스

SQUAD & TACTICS

Player's Functions

Ball Handlers	Pull-Ups	Catch & Shoot
C.화이트 T.존스 K.허더	C.화이트 P.윌리엄스 K.허더	N.부체비치 C.화이트 K.허더

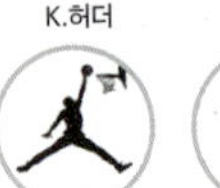

3 Pointers	Slam Dunkers	Free Throw
K.허더 C.화이트 N.부체비치	M.부젤리스 J.스미스 J.필립스	C.화이트 M.부젤리스 Z.콜린스

Rebounders	1-1 Defenders	Ball Stealers
N.부체비치 J.스미스 Z.콜린스	I.오코로 N.에셍게 P.윌리엄스	D.테리 T.존스 J.카터

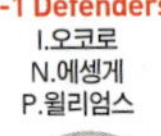

Key Passes	Hustle Players	Rim Protectors
A.도순무 N.부체비치 C.화이트	C.화이트 D.테리 M.부젤리스	M.부젤리스 L.올브리치 J.스미스

2024-25 SEASON PERFORMANCE

공격 레이팅 114.1(20위) 수비 레이팅 115.6(18위) 레이팅 마진 -1.5(20위) 페이스 102.8(2위)

CHICAGO BULLS vs. OPPONENTS PER GAME STATS

	득실점	필드골성공	필드골시도	필드골%	3점성공	3점시도	3점%	2점성공	2점시도	2점%	자유투성공	자유투시도	자유투%	공격 RB	수비 RB	전체 RB	어시스트	스틸	블락샷	턴오버	파울
		FG	FG↑	FG%	3P	3P↑	3P%	2P	2P↑	2P%			FT%	OR	DR	TR	A↑				
시카고	117.8 6위	43.2 8위	92.0 4위	47.0% 15위	15.4 3위	42.0 3위	36.7% 12위	27.8 16위	50.0 20위	55.6% 11위	16.0 27위	19.7 29위	80.9% 3위	10.1 25위	35.8 1위	45.9 3위	29.1 5위	7.6 24위	4.7 18위	14.7 20위	17.6 6위
상대팀	119.4 28위	44.4 29위	95.0 30위	46.7% 16위	13.6 16위	39.6 27위	34.4% 2위	30.8 30위	55.4 29위	55.6% 24위	16.9 16위	21.5 15위	78.6% 21위	11.0 12위	35.1 29위	46.1 28위	28.9 28위	8.1 14위	5.1 18위	12.6 28위	16.8 30위

LINE-UP

* 시카고는 지난 시즌 총 685개의 라인업을 가동했다. 득실점차 플러스 10개, 마이너스 10개를 골랐다.

득실점차 플러스(+) 라인업 TOP 10	G	MIN	PPG	RPG	득실차
N. Vučević - Z. LaVine - L. Ball - C. White - J. Giddey	4	18	18.0	5.0	+32
Z. Collins - K. Huerter - C. White - J. Giddey - M. Buzelis	3	12	14.3	5.0	+30
N. Vučević - L. Ball - C. White - P. Williams - J. Giddey	3	12	13.3	5.7	+24
Z. Collins - J. Carter - T. Horton-Tucker - P. Williams - J. Phillips	4	13	10.5	4.3	+23
N. Vučević - K. Huerter - C. White - J. Phillips - M. Buzelis	4	21	15.5	5.8	+21
N. Vučević - K. Huerter - C. White - J. Giddey - M. Buzelis	9	134	40.0	15.6	+20
N. Vučević - Z. LaVine - L. Ball - P. Williams - J. Giddey	13	79	14.9	5.5	+20
N. Vučević - Z. LaVine - L. Ball - C. White - A. Dosunmu	6	20	10.7	2.8	+20
N. Vučević - Z. LaVine - L. Ball - C. White - P. Williams	7	33	13.3	4.4	+17
Z. Collins - K. Huerter - T. Jones - J. Giddey - M. Buzelis	4	14	11.0	2.8	+17
득실점차 마이너스(-) 라인업 TOP 10	**GP**	**MIN**	**PPG**	**RPG**	**득실차**
N. Vučević - C. White - A. Dosunmu - J. Giddey - M. Buzelis	8	62	15.6	5.1	-49
N. Vučević - C. White - P. Williams - A. Dosunmu - J. Giddey	7	58	20.3	5.4	-31
Z. Collins - C. White - T. Jones - J. Giddey - M. Buzelis	5	35	13.2	6.8	-24
K. Huerter - C. White - J. Smith - D. Terry - J. Phillips	3	7	2.3	0.7	-24
N. Vučević - Z. LaVine - C. White - P. Williams - J. Giddey	22	250	27.4	11.5	-22
C. White - P. Williams - J. Smith - J. Giddey - D. Terry	5	13	4.8	1.4	-21
N. Vučević - C. White - P. Williams - J. Giddey - J. Phillips	3	10	4.7	3.3	-21
N. Vučević - L. Ball - C. White - A. Dosunmu - J. Giddey	6	52	20.0	7.8	-19
J. Carter - T. Horton-Tucker - T. Jones - D. Terry - J. Phillips	1	5	6.0	3.0	-18
Z. Collins - C. White - T. Horton-Tucker - T. Jones - M. Buzelis	2	14	15.5	6.5	-17

PASS COMBINATIONS

→ 해당 선수가 경기당 동료로부터 패스 받은 횟수
→ 해당 선수가 경기당 동료들에게 패스 해준 횟수

받은 횟수	선수	해준 횟수
54.0	조시 기디	60.3
48.1	니콜라 부체비치	47.3
43.6	아요 도순무	43.1
40.9	트레 존스	40.5
50.4	코비 화이트	39.8
46.6	잭 라빈	35.2
32.5	케빈 허더	33.1
31.2	로렌조 볼	32.9
24.3	잭 콜린스	28.2
21.8	패트릭 윌리엄스	26.3
16.3	제일런 스미스	18.6
15.6	댈런 테리	17.0
15.3	마타스 부젤리스	16.2
16.5	테일런 호튼-터커	14.7
11.1	토레이 크레익	13.0
8.5	줄리안 필립스	10.7
10.6	저본 카터	9.9
7.5	자미어 영	7.0
4.1	크리스 두아르테	4.8
4.0	이제이 리델	4.3
4.0	이매뉴얼 밀러	4.2
4.0	아다마 사노고	3.7

2024-25 RANKING

* 는 수치가 낮을수록 랭킹이 높아짐

시카고	랭킹	FIVE FACTORS	상대팀	랭킹
55.3%	13위	3점 가중 FG%	53.9%*	11위
12.7	15위*	턴오버 / 100포제션	10.8	29위
22.3%	28위	공격 RB 점유율	23.4%*	4위
76.6%	4위	수비 RB 점유율	77.7%*	27위
17.3%	29위	자유투 / 필드골	17.8%*	8위

득점	랭킹	PLAYTYPE	실점*	랭킹
5.2	25위	아이솔레이션	6.6	9위
31.9	2위	트랜지션	21.7	5위
16.4	13위	픽&롤 볼핸들러	17.6	27위
8.5	6위	픽&롤 롤맨	10.0	30위
3.4	17위	포스트-업	4.9	29위
29.8	7위	스팟-업	27.9	18위
3.1	29위	핸드오프	5.9	28위
8.6	27위	커팅	—	—
2.6	28위	오프 스크린	4.5	22위
5.3	22위	풋백	6.6	17위
2.6	22위	기타	—	—

SHOT ZONE

평균 구간별 슈팅 및 성공률

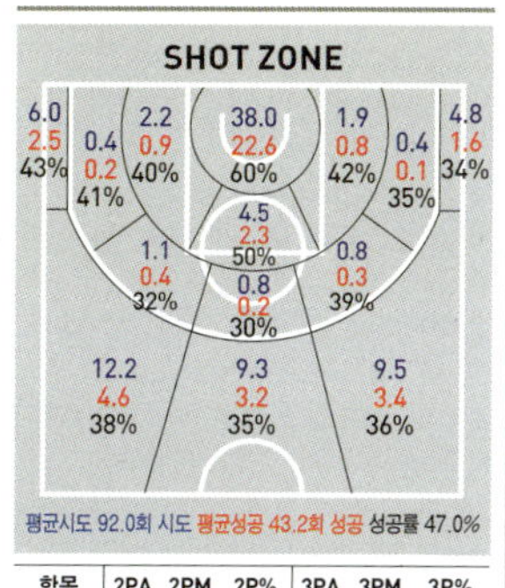

항목	2PA	2PM	2P%	3PA	3PM	3P%
캐치&슛	1.9	0.9	44.9%	31.8	11.7	36.8%
풀업	8.1	3.3	41.1%	9.8	3.5	36.0%
3m 안쪽	39.8	23.5	59.0%	—	—	—
TOTAL	49.9	27.7	55.5%	42.0	15.4	36.7%

SHOT PROCESS & SHOT TYPES

샷프로세스(시도): 평균 92.0 — 3.6, 3.7, 4.7, 0.5, 9.8, 33.7, 3.9, 14.2, 17.9

샷타입(시도): 평균 92.0 — 2.3, 2.7, 3.2, 1.9, 6.3, 3.6, 4.6, 47.3, 20.1

● 캐치&슛 ● 풀-업 ● 드라이빙 ● 커팅 ● 러닝 ● 스텝백 ● 풋백 ● 앨리웁 ● 턴어라운드

● 점프샷 ● 레이업 ● 핑거롤 ● 플로터 ● 덩크 ● 훅샷 ● 팁샷 ● 뱅크샷 ● 페이드어웨이

샷프로세스(성공): 평균 43.2 — 0.3, 2.1, 1.7, 1.8, 5.8, 12.6, 3.0, 6.8, 9.1

샷타입(성공): 평균 43.2 — 1.2, 1.7, 1.0, 3.1, 3.0, 17.5, 3.1, 11.6

SHOOTING

필드골 시도: 평균 92.0 — 6.2, 28.9, 31.8, 25.1

필드골 시도: 평균 92.0 — 6.4, 2.7, 6.9, 17.6, 18.6, 39.8

공격수와 수비수의 거리 ● 0~0.6m ● 0.6~1.2m ● 1.2~1.8m ● 1.8m 이상

샷클락 ● 22~24초 ● 18~22초 ● 15~18초 ● 7~15초 ● 4~7초 ● 0~4초

필드골 성공: 평균 43.2 — 2.9, 11.9, 10.9, 17.5

필드골 성공: 평균 43.2 — 2.5, 3.0, 1.6, 9.3, 17.9, 8.9

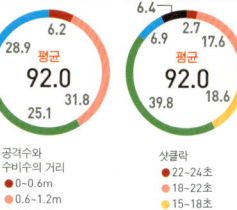

OPPONENT SHOOTING

상대 필드골 시도: 평균 95.0 — 6.7, 22.6, 36.2, 29.5

상대 필드골 시도: 평균 95.0 — 8.0, 3.1, 8.7, 13.1, 16.8, 45.3

공격수와 수비수의 거리 ● 0~0.6m ● 0.6~1.2m ● 1.2~1.8m ● 1.8m 이상

샷클락 ● 22~24초 ● 18~22초 ● 15~18초 ● 7~15초 ● 4~7초 ● 0~4초

필드골 허용: 평균 44.4 — 2.8, 9.3, 12.8, 19.5

필드골 허용: 평균 44.4 — 3.0, 1.8, 3.8, 7.0, 7.7, 21.1

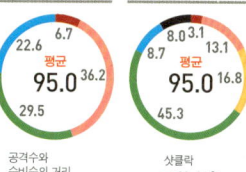

CONTESTED REBOUNDS

공격 리바운드: 평균 5.4 — 0.6, 0.8, 2.0, 2.0

수비 리바운드: 평균 8.8 — 0.7, 1.8, 2.7, 3.6

림 아래부터 리바운드 위치까지의 거리 ● 0~0.9m ● 0.9~1.8m ● 1.8~3m ● 3m 이상

UNCONTESTED REBOUNDS

공격 리바운드: 평균 4.5 — 0.6, 2.3, 0.9, 0.7

수비 리바운드: 평균 26.9 — 5.1, 4.5, 7.0, 10.3

림 아래부터 리바운드 위치까지의 거리 ● 0~0.9m ● 0.9~1.8m ● 1.8~3m ● 3m 이상

DEFENSE OF 39 WINS

필드골 허용 %: 44.0%

상대 필드골 시도 95.2
필드골 허용 41.8

3점슛 허용 %: 30.3%

상대 3점슛 시도 39.0
3점슛 허용 11.8

DEFENSE OF 43 LOSSES

필드골 허용 %: 49.3%

상대 필드골 시도 94.8
필드골 허용 46.7

3점슛 허용 %: 38.0%

상대 3점슛 시도 40.2
3점슛 허용15.3

General Stats								Outside Scoring & Shooting							Inside Scoring & Shooting								Play Making, Ball Handling & Passing					
PTS	RB	AS	ST	BL	FG-FGA	3P-3PA	FT-FTA	OS	CS	MS	3P	FT	SQ	OC	IS	L&F	SD	DD	PH	PF	PC	DRF	PM	PA	BH	DRS	PQ	PV
득점	리바운드	어시스트	스틸	블락샷	필드골 성공-시도	3점슈팅 성공-시도	자유투 성공-시도	외곽 득점력	근거리 점프샷	중거리 슈팅	3점 슈팅	자유투	슈팅 IQ	득점 일관성	인사이드 득점력	레이업 플로터	스탠딩 덩크	드라이빙 덩크	포스트 훅샷	포스트 페이드	포스트 컨트롤	파울 유도	플레이 메이킹	패스 능력	볼 핸들링	드리블 스피드	패스 IQ	패스 비전

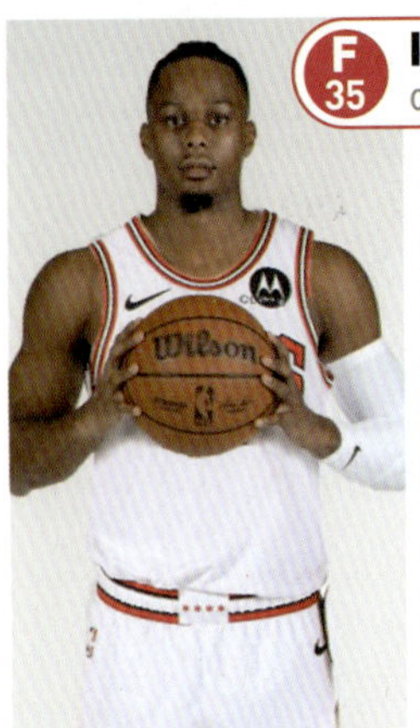

F 35 Isaac OKORO SF-SG

아이작 오코로 2001.01.26 / 196cm

미국
NBA 드래프트 : 2020년 1라운드 5번
NBA 우승 : 0회 / **파이널 MVP :** 0회
시즌 MVP : 0회 / **NBA 퍼스트팀 :** 0회

2024년 12월, 오른 어깨 탈구로 두 달 결장했다. 그러나 남은 기간 식스맨으로 꾸준히 출전했다. 오코로는 탄력적인 몸에 두꺼운 프레임을 지닌 스윙맨이다. 최대 강점은 수비. 지난 시즌 1번~5번을 두루 수비했다. 1대1, 패싱 레인, 픽&롤 수비를 할 때 최대한 집중력을 발휘한다. 주 득점 루트는 3점 슈팅. 특히 좌우 코너 3점의 비중이 높다. 또한, 레이업과 덩크로 림을 직접 공략한다. 볼 핸들링이 불안하고, 득점력에 기복이 크다. 연봉은 1100만 달러.

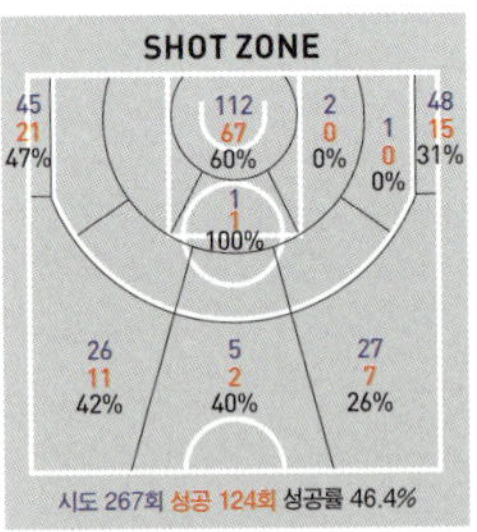

2024-25시즌 클리블랜드 55경기 평균 19.1분

항목	PTS	RB	AS	ST	BL	FG-FGA	3P-3PA	FT-FTA
평균	6.1	2.4	1.2	0.6	0.3	2.3-4.9	1.0-2.7	0.6-0.8
36분	11.5	4.4	2.3	1.1	0.5	4.2-9.1	1.9-5.2	1.1-1.6

항목	OS	CS	MS	3P	FT	SQ	OC	IS	L&F	SD	DD	PH	PF	PC	DRF	PM	PA	BH	DRS	PQ	PV
평점	D	B-	D-	C+	C-	D-	F	D-	B-	F	C	F	F	F	F	D-	D	C-	C-	D+	F

항목	DEF	ID	PD	ST	BL	HDQ	PP	DC	RBG	ORG	DRG	ATH	SP	AG	STR	VJ	STA	HP	INT	POT	OG
평점	C	C-	B+	D	F	B-	B-	B-	D	B	D-	B-	C+	B	D+	B-	B+	B-	D-	B	C

F 14 Matas BUZELIS SF-PF

마타스 부젤리스 2004.10.13 / 208cm

미국
NBA 드래프트 : 2024년 1라운드 11번
NBA 우승 : 0회 / **파이널 MVP :** 0회
시즌 MVP : 0회 / **NBA 퍼스트팀 :** 0회

리투아니아계 이민 2세. 리투아니아 농구협회 요청에 따라 리투아니아 국가대표를 선택했다. NBA 데뷔 연도인 지난 시즌, 80경기에 평균 18.9분씩 출전하며 8.6점, 3.5리바운드를 기록했다. 부젤리스는 높은 타점(키 208cm)에 부드러운 슈팅 터치를 이용해 3점 슈팅을 시도한다. 횟수와 성공률 모두 평균 이상이다. 또한, 드라이빙에 이은 레이업과 덩크로 림을 직접 공략한다. 블락도 OK. 그러나 전체적인 수비력을 더 키워야 한다. 연봉은 546만 달러.

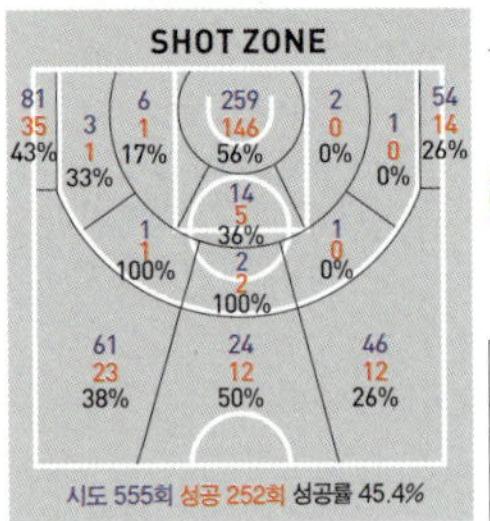

2024-25시즌 시카고 80경기 평균 18.9분

항목	PTS	RB	AS	ST	BL	FG-FGA	3P-3PA	FT-FTA
평균	8.6	3.5	1.0	0.4	0.9	3.2-6.9	1.2-3.3	1.1-1.4
36분	16.4	6.6	1.9	0.7	1.8	6.0-13.2	2.3-6.3	2.1-2.6

항목	OS	CS	MS	3P	FT	SQ	OC	IS	L&F	SD	DD	PH	PF	PC	DRF	PM	PA	BH	DRS	PQ	PV
평점	B-	B	C	C+	B	C	B	C-	B	D	B+	D-	D-	D-	D-	D-	D	C-	C	D+	F

항목	DEF	ID	PD	ST	BL	HDQ	PP	DC	RB3	OR3	DR3	ATH	SP	AG	STR	VJ	STA	HP	INT	POT	OG
평점	D	D	D	F	B+	D	D-	D-	C+	C	B	C+	B	C-	D-	B	A-	B	A-	B+	C+

F 13 Kevin HUERTER SF-SG

케빈 허더 1998.08.27 / 201cm

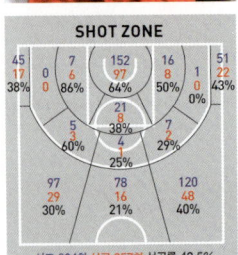

미국
NBA 드래프트 : 2018년 1라운드 19번
NBA 우승 : 0회 / **파이널 MVP :** 0회
시즌 MVP : 0회 / **NBA 퍼스트팀 :** 0회

201cm의 스윙맨. 리그 정상급 외곽슈터다. 득점력은 높지 않지만, 꼭 필요할 때 한방씩 터뜨린다. 타점이 높고, 빠른 타이밍에 릴리스한다. 전체적으로 슈팅 스트로크가 매우 안정되어 있다. 반면, 예전보다 롱 2는 줄었다. 롱 2를 던지느니 아예 3점을 던진 것이다. 스팟-업 점퍼가 주 무기이지만, 풀업 점퍼도 그에 못지않다. 안정감 있게 볼을 핸들링한다. 팀의 보조 볼 핸들러로서도 주목을 받는다. 퍼리미터 1대1 수비도 OK. 연봉은 1799만 달러.

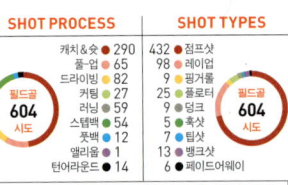

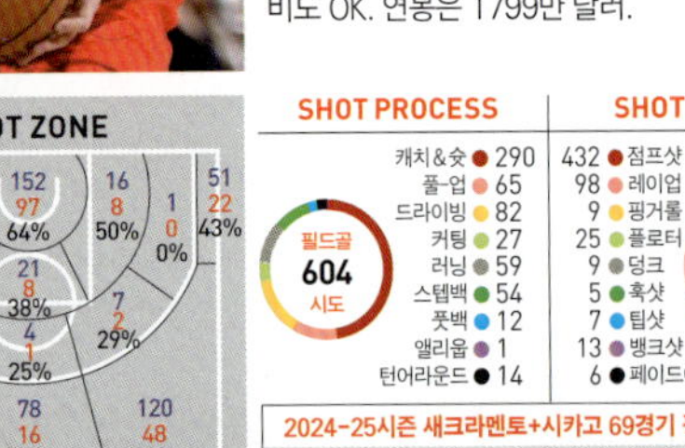

2024-25시즌 새크라멘토+시카고 69경기 평균 24.3분

항목	PTS	RB	AS	ST	BL	FG-FGA	3P-3PA	FT-FTA
평균	9.9	3.0	2.3	1.0	0.3	3.7-8.8	1.9-5.7	0.5-0.7
36분	14.6	4.4	3.3	1.4	0.5	5.5-13.0	2.8-8.4	0.8-1.1

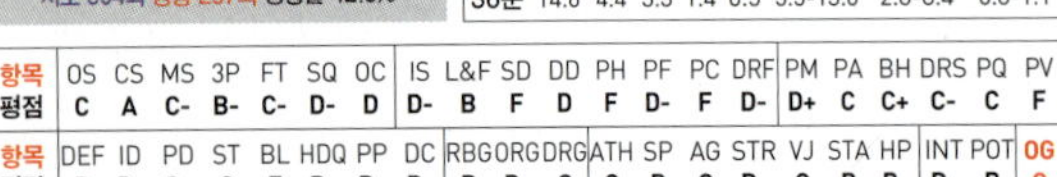

항목	OS	CS	MS	3P	FT	SQ	OC	IS	L&F	SD	DD	PH	PF	PC	DRF	PM	PA	BH	DRS	PQ	PV
평점	C	A	C-	B-	C-	D-	D	D-	B	F	D	F	D-	F	D-	D+	C	C+	C-	C	F

항목	DEF	ID	PD	ST	BL	HDQ	PP	DC	RBG	ORG	DRG	ATH	SP	AG	STR	VJ	STA	HP	INT	POT	OG
평점	D	D-	C+	C	F	D-	D-	D-	D	D-	C	C	B	C	D-	C	B	B-	D-	B	C

F 44 Patrick WILLIAMS PF

패트릭 윌리엄스 2001.08.26 / 201cm

미국
NBA 드래프트 : 2020년 1라운드 4번
NBA 우승 : 0회 / **파이널 MVP :** 0회
시즌 MVP : 0회 / **NBA 퍼스트팀 :** 0회

3, 4번을 오가는 콤보 포워드. 운동능력이 뛰어나 공-수 양면에서 활약한다. 준수한 BQ에 높은 성공률의 미드레인지 풀업 점퍼를 구사하며, 픽&롤의 볼 핸들러로도 간간이 나선다. 프로 데뷔 후 4년간 평균 41.0%의 3점슛 성공률을 보였다. 향후 컷인, 트랜지션 등은 보완이 필요하다. 내외곽 수비 모두 나쁘지 않다. 수비 로테이션을 잘 하고, 림 프로텍팅 능력도 갖췄다. NBA 업계에서는 그를 카와이 레너드와 자주 비교한다. 연봉은 1800만 달러.

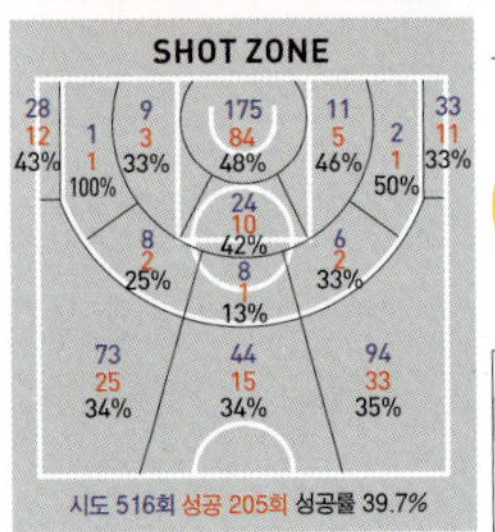

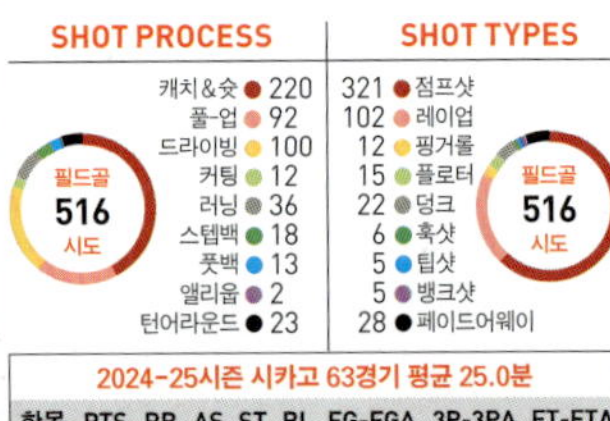

2024-25시즌 시카고 63경기 평균 25.0분

항목	PTS	RB	AS	ST	BL	FG-FGA	3P-3PA	FT-FTA
평균	9.0	3.8	2.0	0.8	0.5	3.3-8.2	1.5-4.3	1.0-1.3
36분	12.9	5.4	2.8	1.1	0.7	4.7-11.8	2.2-6.2	1.4-1.9

항목	OS	CS	MS	3P	FT	SQ	OC	IS	L&F	SD	DD	PH	PF	PC	DRF	PM	PA	BH	DRS	PQ	PV
평점	D+	C-	C-	C+	C-	D-	D-	D-	D+	D-	D	F	F	F	F	D-	D-	C-	D	D	F

항목	DEF	ID	PD	ST	BL	HDQ	PP	DC	RBB	ORG	DRB	ATH	SP	AG	STR	VJ	STA	HP	INT	POT	OG
평점	D+	C	C+	D	F	B-	D	D	D-	D-	D-	C	C-	C	D	C	B+	C	B-	B+	C

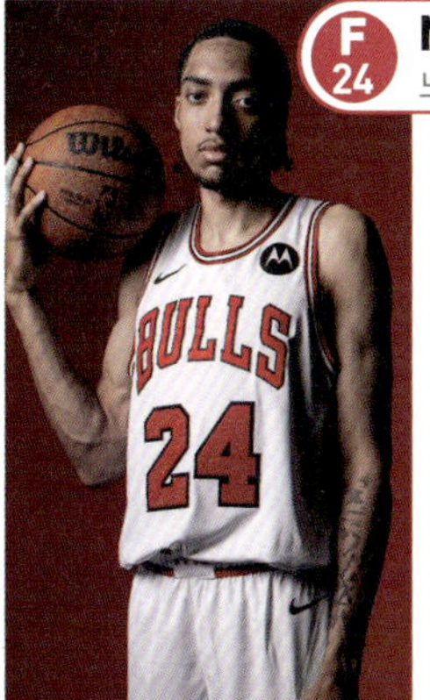

F 24 Noa Essengue PF

노아 에셍게 2006.12.18 / 208cm

프랑스

NBA 드래프트 : 2025년 1라운드 12번
NBA 우승 : 0회 / 파이널 MVP : 0회
시즌 MVP : 0회 / NBA 퍼스트팀 : 0회

프랑스 출신. 2021년부터 3년간 프랑스리그에서 활약했고, 2025년 NBA 드래프트 때 시카고에 1라운드 12번으로 지명되었다. 매우 뛰어난 런&점프 능력을 지닌 그는 트랜지션 게임에서 폭발적인 슬램덩크로 마무리한다. 큰 키와 긴 팔을 활용해 수비 스페셜리스트로서도 기대가 된다. 인사이드와 퍼리미터 1대1에 모두 능하고, 상대의 1번~4번을 모두 수비할 수 있다. NBA에서 성공하려면 점프 슈팅의 정확도를 높여야 한다. 연봉은 543만 달러.

SHOT ZONE

SHOT PROCESS / SHOT TYPES

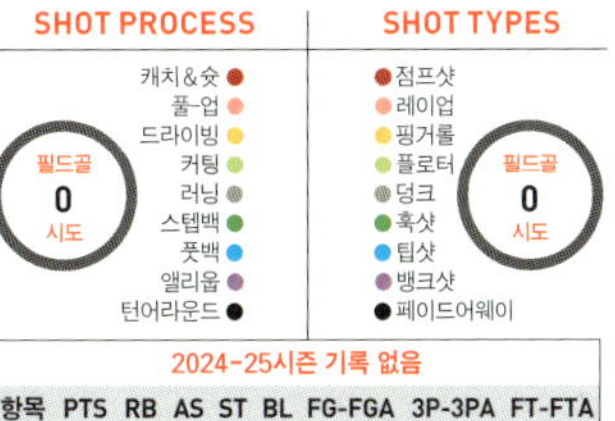

2024-25시즌 기록 없음

항목	PTS	RB	AS	ST	BL	FG-FGA	3P-3PA	FT-FTA
평균	–	–	–	–	–	–	–	–
36분	–	–	–	–	–	–	–	–

항목	OS	CS	MS	3P	FT	SQ	OC	IS	L&F	SD	DD	PH	PF	PC	DRF	PM	PA	BH	DRS	PQ	PV
평점	–	–	–	–	–	–	–	–	–	–	–	–	–	–	–	–	–	–	–	–	–

항목	DEF	ID	PD	ST	BL	HDQ	PP	DC	RBB	ORB	DRB	ATH	SP	AG	STR	VJ	STA	HP	INT	POT	OG
평점	–	–	–	–	–	–	–	–	–	–	–	–	–	–	–	–	–	–	–	–	–

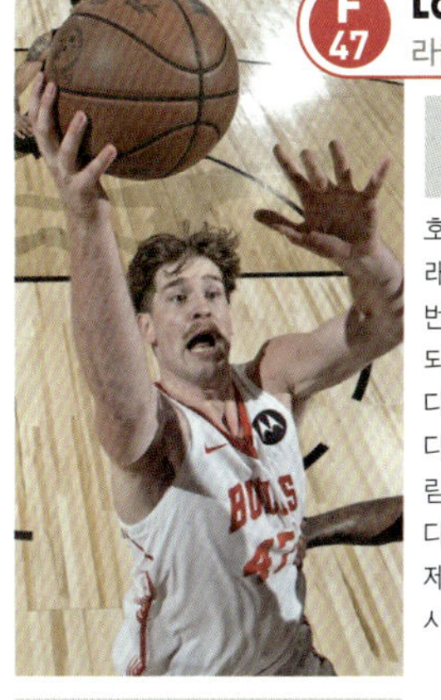

F 47 Lachlan OLBRICH PF-C

라클란 올브리치 2003.12.30 / 208cm

호주

NBA 드래프트 : 2025년 2라운드 55번
NBA 우승 : 0회 / 파이널 MVP : 0회
시즌 MVP : 0회 / NBA 퍼스트팀 : 0회

호주 남부 애들레이드 출신. 2025년 NBA 드래프트를 신청해 LA 레이커스에 2라운드 55번으로 지명된 뒤 곧바로 시카고로 트레이드되었다. 오블리치는 208cm, 110kg의 빅맨이다. 푸트워크가 안정적이고, 농구 IQ가 우수하다. 포스트 피딩이 좋다. 슈팅 터치가 부드러워 림 근처에서 레이업이나 훅샷을 정확히 구사한다. 그러나 발이 빠르지 않아 픽&롤 수비 때 문제가 발생할 수 있고, 점프 슈팅이 불안정하다. 시카고 구단과 투웨이 계약을 맺었다.

SHOT ZONE

2025-26시즌
신인 선수

SHOT PROCESS / SHOT TYPES

필드골 0 시도

캐치&슛 / 풀-업 / 드라이빙 / 커팅 / 러닝 / 스텝백 / 풋백 / 앨리웁 / 턴어라운드

점프샷 / 레이업 / 핑거롤 / 플로터 / 덩크 / 훅샷 / 팁샷 / 뱅크샷 / 페이드어웨이

필드골 0 시도

2024-25시즌 기록 없음

항목	PTS	RB	AS	ST	BL	FG-FGA	3P-3PA	FT-FTA
평균	–	–	–	–	–	–	–	–
36분	–	–	–	–	–	–	–	–

항목	OS	CS	MS	3P	FT	SQ	OC	IS	L&F	SD	DD	PH	PF	PC	DRF	PM	PA	BH	DRS	PQ	PV
평점	–	–	–	–	–	–	–	–	–	–	–	–	–	–	–	–	–	–	–	–	–

항목	DEF	ID	PD	ST	BL	HDQ	PP	DC	RBB	ORB	DRB	ATH	SP	AG	STR	VJ	STA	HP	INT	POT	OG
평점	–	–	–	–	–	–	–	–	–	–	–	–	–	–	–	–	–	–	–	–	–

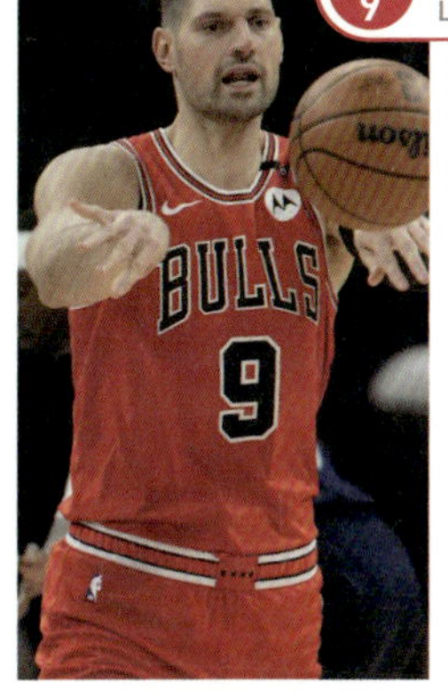

C 9 Nikola VUČEVIĆ C

니콜라 부체비치 1990.10.24 / 208cm

몬테네그로

NBA 드래프트 : 2011년 1라운드 16번
NBA 우승 : 0회 / 파이널 MVP : 0회
시즌 MVP : 0회 / NBA 퍼스트팀 : 0회

프로 데뷔 이후 14년간 꾸준한 활약을 해왔다. 지난 시즌에도 73경기 평균 31.2분씩 출전하며 18.5점, 10.1리바운드를 기록했다. 부체비치는 다양한 기술을 지닌 공격형 센터다. 힘을 바탕으로 로포스트에서 잘 버텨낸다. 골밑 피벗에 이은 림어택과 미드레인지 점퍼가 주무기다. 프로 데뷔 초창기에는 3점 슈팅을 매우 제한적으로 던졌다. 그러나 프로 7년차부터 시도 횟수가 늘었다. 인사이드 디펜스, 리바운드, 허슬 플레이도 OK. 연봉은 2148만 달러.

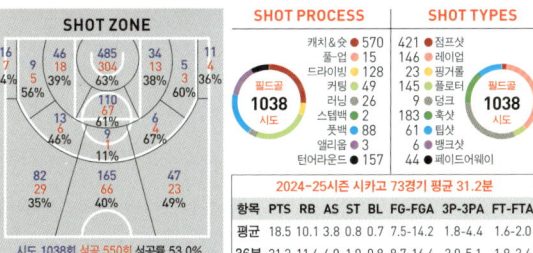

SHOT ZONE

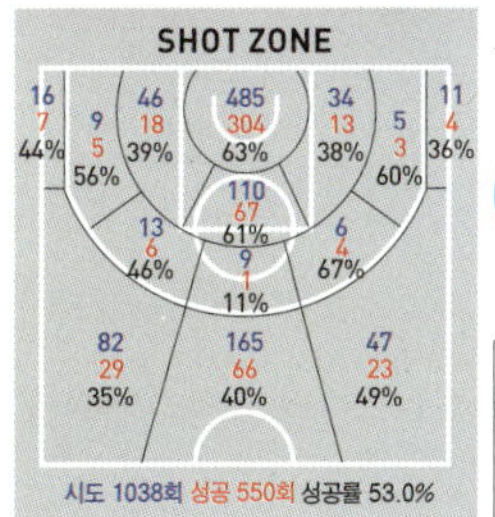

SHOT PROCESS / SHOT TYPES

필드골 1038 시도

SHOT PROCESS	시도
캐치&슛	570
풀-업	15
드라이빙	128
커팅	49
러닝	26
스텝백	2
풋백	88
앨리웁	3
턴어라운드	157

SHOT TYPES	시도
점프샷	421
레이업	146
핑거롤	23
플로터	145
덩크	9
훅샷	183
팁샷	61
뱅크샷	6
페이드어웨이	44

필드골 1038 시도

2024-25시즌 시카고 73경기 평균 31.2분

항목	PTS	RB	AS	ST	BL	FG-FGA	3P-3PA	FT-FTA
평균	18.5	10.1	3.8	0.8	0.7	7.5-14.2	1.8-4.4	1.6-2.0
36분	21.3	11.6	4.0	1.0	0.8	8.7-16.4	2.0-5.1	1.9-2.4

항목	OS	CS	MS	3P	FT	SQ	OC	IS	L&F	SD	DD	PH	PF	PC	DRF	PM	PA	BH	DRS	PQ	PV
평점	B	A+	C+	B	B-	B-	B	C	C-	C	D	B+	B	B+	D-	D-	C+	F	F	C+	D

항목	DEF	ID	PD	ST	BL	HDQ	PP	DC	RBB	ORB	DRB	ATH	SP	AG	STR	VJ	STA	HP	INT	POT	OG
평점	D	C-	D-	D-	F	D+	D-	F	B+	D+	A-	D+	D-	F	B+	F	B+	C-	B	B+	B-

C 25 Jalen SMITH C-PF

제일런 스미스 2000.03.16 / 206cm

미국

NBA 드래프트 : 2020년 1라운드 10번
NBA 우승 : 0회 / 파이널 MVP : 0회
시즌 MVP : 0회 / NBA 퍼스트팀 : 0회

시카고에서의 첫 시즌, 식스맨으로서 쏠쏠히 활약했다. 폭발적인 덩크, 부드러운 레이업, 재치 있는 핑거롤로 림을 공략했다. 또한, 외곽에서도 나름 괜찮은 모습을 보였다. 좋은 활약을 보였다. 좌우 윙, 좌우 코너, 탑 등 여러 위치에서 3점 슈팅을 시도했다. 덩크와 레이업으로 림을 직접 공략했다. '블루 칼러 워크'도 OK. 36분 기준 리그 정상급 리바운드 실력을 뽐냈다. 인사이드 1대1 수비, 블락, 허슬 플레이에서도 위력을 발휘했다. 연봉은 900만 달러.

SHOT ZONE

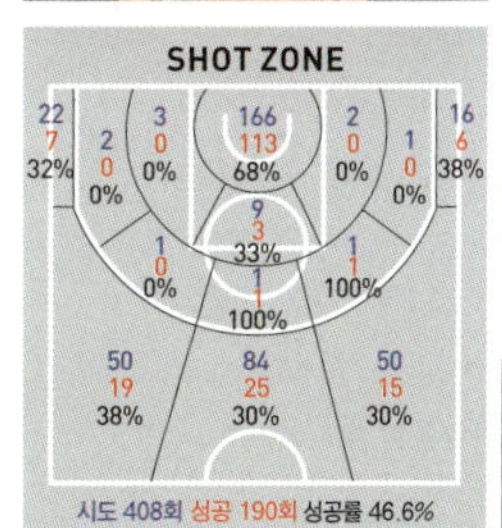

SHOT PROCESS / SHOT TYPES

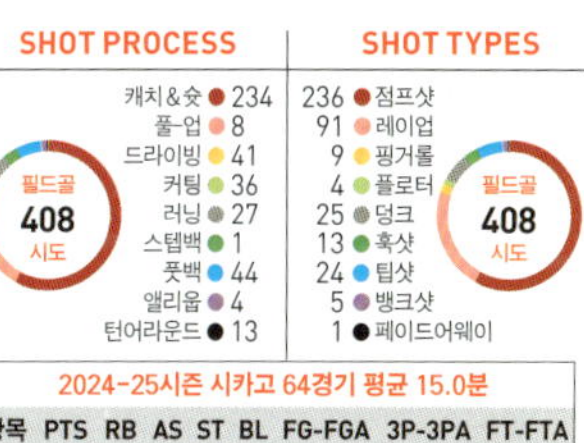

2024-25시즌 시카고 64경기 평균 15.0분

항목	PTS	RB	AS	ST	BL	FG-FGA	3P-3PA	FT-FTA
평균	8.2	5.6	1.0	0.3	0.7	3.0-6.4	1.1-3.5	1.1-1.4
36분	19.6	13.4	2.4	0.6	1.6	7.1-15.3	2.7-8.3	2.7-3.3

항목	OS	CS	MS	3P	FT	SQ	OC	IS	L&F	SD	DD	PH	PF	PC	DRF	PM	PA	BH	DRS	PQ	PV
평점	C	A+	C-	C	B-	D-	D-	C-	D+	B	B-	C-	C-	C-	F	F	F	F	F	F	F

항목	DEF	ID	PD	ST	BL	HDQ	PP	DC	RBB	ORB	DRB	ATH	SP	AG	STR	VJ	STA	HP	INT	POT	OG
평점	D	C	D-	F	B-	C	F	F	A	C+	A+	C-	D+	D+	D	B	B-	C-	F	B	C

General Stats								Outside Scoring & Shooting							Inside Scoring & Shooting								Play Making, Ball Handling & Passing					
PTS	RB	AS	ST	BL	FG-FGA	3P-3PA	FT-FTA	OS	CS	MS	3P	FT	SQ	OC	IS	L&F	SD	DD	PH	PF	PC	DRF	PM	PA	BH	DRS	PQ	PV
득점	리바운드	어시스트	스틸	블락샷	필드골 성공-시도	3점슈팅 성공-시도	자유투 성공-시도	외곽 득점력	근거리 점프샷	중거리 슈팅	3점 슈팅	자유투	슈팅 IQ	득점 일관성	인사이드 득점력	레이업 플로터	스탠딩 덩크	드라이빙 덩크	포스트 훅샷	포스트 페이드	포스트 컨트롤	파울 유도	플레이 메이킹	패스 능력	볼 핸들링	드리블 스피드	패스 IQ	패스 비전

C 12 Zach Collins C-PF

잭 콜린스 1997.11.19 / 211cm

미국

NBA 드래프트 : 2017년 1라운드 10번
NBA 우승 : 0회 / **파이널 MVP :** 0회
시즌 MVP : 0회 / **NBA 퍼스트팀 :** 0회

'서드 유닛' 빅맨. 지난 시즌 도중 샌안토니오에서 시카고로 이적했다. 2024년 11월, 무릎을 다쳐 10경기에 결장한 것을 제외하곤 꾸준히 코트에 나섰다. 콜린스는 에너지가 충만하고, 늘 열정적이다. 림 어택(덩크, 레이업)과 근거리 훅샷, 공격 리바운드 후 풋백으로 많이 득점한다. 데뷔 후 매년 조금씩 발전한 캐치&슛 3점도 OK. 핫스팟은 탑과 좌우 윙이다. 큰 키에 비해 윙스팬이 평범해(215cm) 인사이드 1대1 수비에 제약이 있다. 연봉은 1808만 달러.

SHOT ZONE

시도 302회 성공 153회 성공률 50.71%

SHOT PROCESS / SHOT TYPES

2024-25시즌 샌안토니오+시카고 64경기 평균 15.3분

항목	PTS	RB	AS	ST	BL	FG-FGA	3P-3PA	FT-FTA
평균	6.4	4.5	1.7	0.5	0.5	2.4-4.7	0.5-1.7	1.1-1.2
36분	15.0	10.6	4.1	1.1	1.1	5.6-11.1	1.2-3.9	2.5-2.9

항목	OS	CS	MS	3P	FT	SQ	OC	IS	L&F	SD	DD	PH	PF	PC	DRF	PM	PA	BH	DRS	PQ	PV
평점	C	A-	C+	C-	B+	C-	D-	C-	C-	C-	D-	B	C+	B-	D-	F	F	F	F	F	D

항목	DEF	ID	PD	ST	BL	HDQ	PP	DC	RBB	ORB	DRB	ATH	SP	AG	STR	VJ	STA	HP	INT	POT	OG
평점	D	C-	D-	D	D	D+	D	F	C+	B	C	C-	D	D	D-	C+	C	C+	F	B	C

G 11 Ayo DOSUNMU SG

아요 도순무 2000.01.17 / 196cm

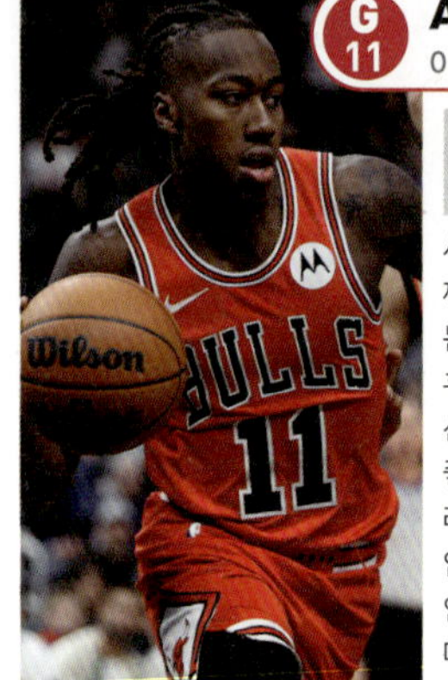

미국

NBA 드래프트 : 2021년 2라운드 38번
NBA 우승 : 0회 / **파이널 MVP :** 0회
시즌 MVP : 0회 / **NBA 퍼스트팀 :** 0회

시즌 전반기에 잘 나갔으나 2025년 3월, 왼 어깨뼈 골절로 시즌 아웃 됐다. 올 시즌 개막 때는 정상 컨디션으로 출전할 것이다. 프로 데뷔 후 4년간 선발과 백업을 오갔지만, 올 시즌은 선발로 나설 가능성이 크다. 중장거리 슈팅이 좋다. 캐치&슛, 풀업 점퍼 모두 평균 이상. 드라이빙 혹은 러닝에서 이어지는 플로터, 레이업, 덩크로 림을 공략한다. 도움 수비, 패싱 레인 수비도 OK. 장신 가드로 1번, 2번, 3번을 다 수비할 수 있다. 연봉은 752만 달러.

SHOT ZONE

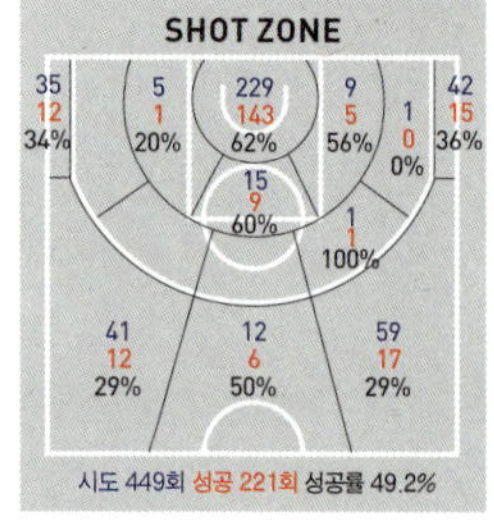

시도 449회 성공 221회 성공률 49.2%

SHOT PROCESS / SHOT TYPES

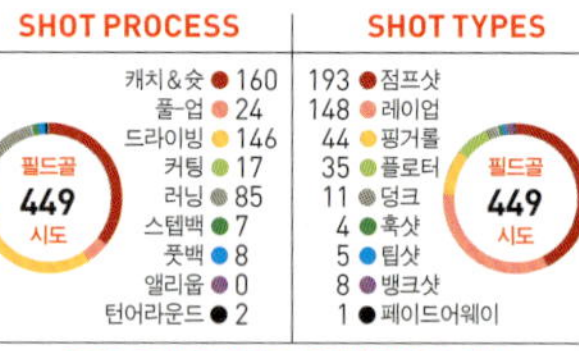

2024-25시즌 시카고 46경기 평균 30.3분

항목	PTS	RB	AS	ST	BL	FG-FGA	3P-3PA	FT-FTA
평균	12.3	3.5	4.5	0.9	0.4	4.8-9.8	1.3-4.1	1.3-1.7
36분	14.6	4.2	5.4	1.1	0.5	5.7-11.6	1.6-4.9	1.6-2.0

항목	OS	CS	MS	3P	FT	SQ	OC	IS	L&F	SD	DD	PH	PF	PC	DRF	PM	PA	BH	DRS	PQ	PV
평점	C+	B+	A-	C	C+	C-	C-	D-	B	F	C+	F	D-	F	F	C	C-	C+	C-	C+	C-

항목	DEF	ID	PD	ST	BL	HDQ	PP	DC	RBG	ORG	DRG	ATH	SP	AG	STR	VJ	STA	HP	INT	POT	OG
평점	D	D-	C-	D	F	D+	D+	D	D	D+	D	C	C	C+	D-	C	B	C	D-	B	C

G 0 Coby WHITE SG-PG

코비 화이트 2000.02.16 / 196cm

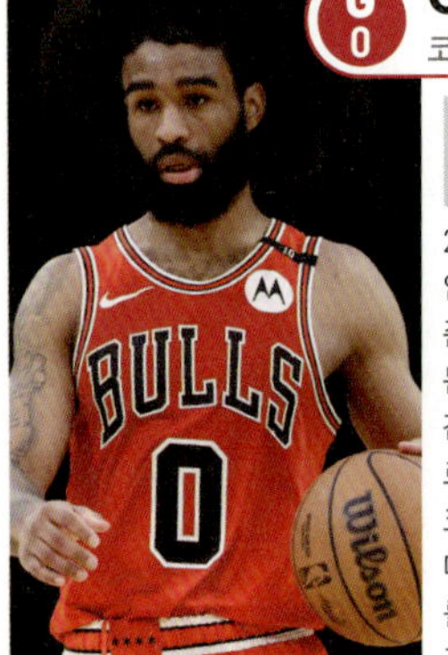

미국

NBA 드래프트 : 2019년 1라운드 7번
NBA 우승 : 0회 / **파이널 MVP :** 0회
시즌 MVP : 0회 / **NBA 퍼스트팀 :** 0회

2023-24시즌에 이어 2년 연속 시카고의 풀타임 선발로 출전했다. 달라진 점은 2023-24시즌에는 포인트가드, 지난 시즌엔 슈팅가드였다는 점이다. 화이트는 퍼스트 스텝이 빠르고, 과감하게 돌파한다. 드라이빙 후 핑거롤, 덩크, 플로터, 레이업 등 다양한 형태로 림을 공격한다. 코트 전 지역에서 중거리슛과 3점슛을 터뜨린다. 볼 핸들러이지만 이타적이다. 허슬 플레이를 열심히 한다. 그러나 전체적인 수비력은 아직도 부족한 편이다. 연봉은 1289만 달러.

SHOT ZONE

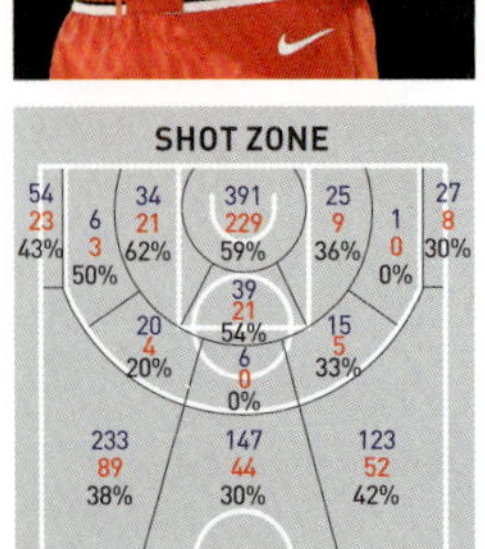

시도 1121회 성공 508회 성공률 45.3%

SHOT PROCESS / SHOT TYPES

2024-25시즌 시카고 74경기 평균 33.1분

항목	PTS	RB	AS	ST	BL	FG-FGA	3P-3PA	FT-FTA
평균	20.4	3.7	4.5	0.9	0.2	6.9-15.1	2.9-7.9	3.7-4.1
36분	22.2	4.0	4.8	1.0	0.2	7.5-16.5	3.2-8.6	4.1-4.5

항목	OS	CS	MS	3P	FT	SQ	OC	IS	L&F	SD	DD	PH	PF	PC	DRF	PM	PA	BH	DRS	PQ	PV
평점	B-	A-	D-	B-	A-	B-	A-	D	A-	F	D-	F	F	F	B	B-	C+	B+	B	B	D+

항목	DEF	ID	PD	ST	BL	HDQ	PP	DC	RBG	ORG	DRG	ATH	SP	AG	STR	VJ	STA	HP	INT	POT	OG
평점	D	D-	D+	D-	F	D	D	D-	D-	D-	D+	B-	B	B	D-	B-	A	B+	C	B+	B-

G 30 Tre Jones PG

트레 존스 2000.01.08 / 185cm

미국

NBA 드래프트 : 2020년 2라운드 41번
NBA 우승 : 0회 / **파이널 MVP :** 0회
시즌 MVP : 0회 / **NBA 퍼스트팀 :** 0회

이타적(利他的)인 포인트가드로 볼을 정확하게 핸들링하고, 리스크를 최소화한다. BQ가 좋고 시야가 넓다. 늘 팀플레이를 먼저 생각하기에 본인의 스탯을 크게 중요하게 생각하지 않는다. 퍼리미터 1대1 수비, 패싱레인 차단을 잘한다. 공격에서는 드라이빙에 이은 핑거롤, 플로터, 레이업으로 림을 노린다. 타이밍에 맞춰 3점 슈팅도 간간이 섞는다. 주로 캐치&슛이다. 시카고에서는 그의 잠재력을 확인했고, 2025년 7월 3년 총액 2400만 달러에 계약했다.

SHOT ZONE

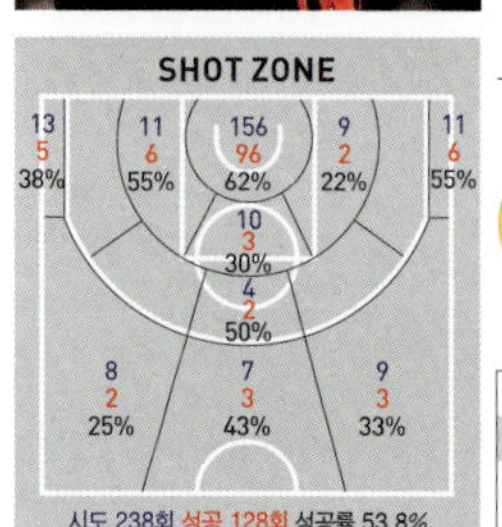

시도 238회 성공 128회 성공률 53.8%

SHOT PROCESS / SHOT TYPES

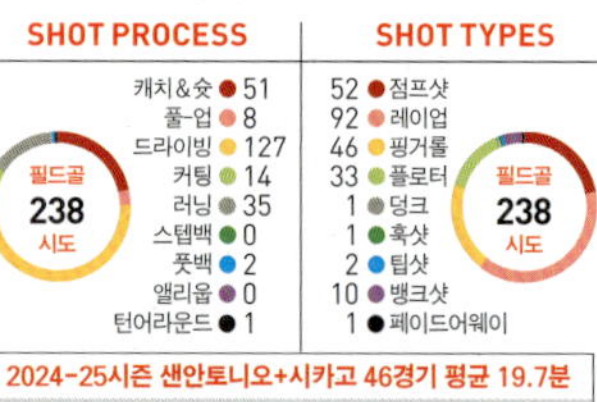

2024-25시즌 샌안토니오+시카고 46경기 평균 19.7분

항목	PTS	RB	AS	ST	BL	FG-FGA	3P-3PA	FT-FTA
평균	7.2	2.5	4.2	0.8	0.2	2.8-5.2	0.4-1.0	1.2-1.5
36분	13.1	4.6	7.6	1.5	0.4	5.1-9.5	0.8-1.9	2.2-2.7

항목	OS	CS	MS	3P	FT	SQ	OC	IS	L&F	SD	DD	PH	PF	PC	DRF	PM	PA	BH	DRS	PQ	PV
평점	C	A	D	C+	B-	C-	D-	D-	B	F	F	F	F	F	D-	B-	B-	B	B-	B	B-

항목	DEF	ID	PD	ST	BL	HDQ	PP	DC	RBG	ORG	DRG	ATH	SP	AG	STR	VJ	STA	HP	INT	POT	OG
평점	D	D-	C	C+	F	C-	D+	D-	D+	B-	D	C	B-	B-	D-	C-	B	C	D-	B	C

Individual Defense & Team Defense								Offensive & Defensive Rebounding									Physical Fitness & Athleticism							Miscellaneous		
DEF	ID	PD	ST	BL	HDQ	PP	DC	RBG	ORG	DRG	RB3	OR3	DR3	RBB	ORB	DRB	ATH	SP	AG	STR	VJ	STA	HP	INT	POT	OG
수비력 종합	인사이드 디펜스	퍼리미터 디펜스	스틸	블락샷	도움수비 IQ	패스 통찰력	수비 일관성	가드 리바운드	가드 공격RB	가드 수비RB	SF 리바운드	SF 공격RB	SF 수비RB	빅맨 리바운드	빅맨 공격RB	빅맨 수비RB	운동능력 종합	스피드	사이드 스텝	피지컬 파워	버티컬 점프력	지구력	허슬 플레이	영향력	포텐셜	종합 평가

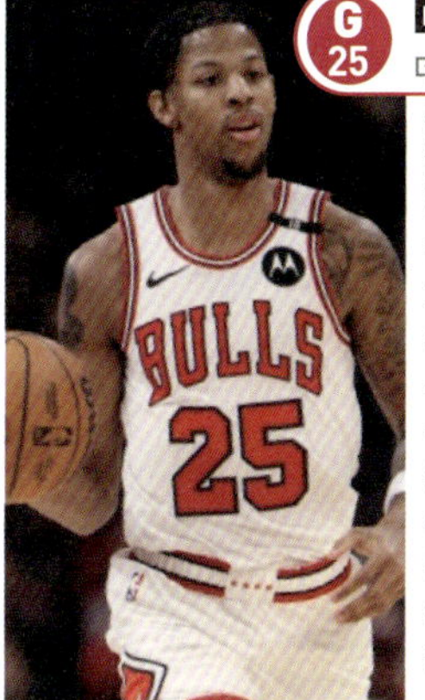

G 25 Dalen TERRY SG-SF

데일런 테리 2002.07.12 / 201cm

미국 NBA 드래프트 : 2022년 1라운드 18번
NBA 우승 : 0회 / 파이널 MVP : 0회
시즌 MVP : 0회 / NBA 퍼스트팀 : 0회

전형적인 3&D 플레이어. 운동능력이 우수하고, 신체조건이 좋으며 이타적인 플레이를 펼친다. 꽤 임팩트 있는 오프 더 볼 수비수다. 패싱 레인을 뛰어넘어 스틸과 블락을 성공시킬 수 있다. 빠른 발과 긴 팔 덕분에 1번, 2번, 3번을 다 수비할 수 있다. 무엇보다도 수비를 열심히 한다. 그러나 공격에는 아직 의문부호가 붙는다. 러닝 덩크, 드라이빙 레이업, 팁슛, 3점슛 등 득점 루트가 제한적이다. 미드-레인지 풀업 점퍼는 없다. 연봉은 540만 달러.

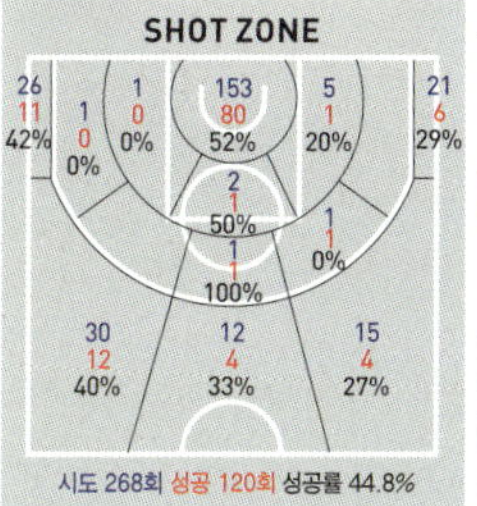

SHOT PROCESS

캐치&슛 101, 풀-업 7, 드라이빙 90, 커팅 13, 러닝 44, 스텝백 1, 풋백 10, 앨리웁 1, 턴어라운드 1

필드골 268 시도

SHOT TYPES

109 점프샷, 93 레이업, 17 핑거롤, 17 플로터, 13 덩크, 3 훅샷, 9 팁샷, 6 뱅크샷, 1 페이드어웨이

필드골 268 시도

2024-25시즌 시카고 73경기 평균 13.5분

항목	PTS	RB	AS	ST	BL	FG-FGA	3P-3PA	FT-FTA
평균	4.5	1.7	1.3	0.6	0.2	1.6-3.7	0.5-1.4	0.7-0.9
36분	11.9	4.5	3.5	1.6	0.5	4.4-9.8	1.3-3.8	1.8-2.5

항목	OS	CS	MS	3P	FT	SQ	OC	IS	L&F	SD	DD	PH	PF	PC	DRF	PM	PA	BH	DRS	PQ	PV
평점	C-	C+	C-	C+	D+	D	D-	D-	C+	F	B-	F	F	F	D-	C-	C	B-	C	C+	F

항목	DEF	ID	PD	ST	BL	HDQ	PP	DC	RBG	ORG	DRG	ATH	SP	AG	STR	VJ	STA	HP	INT	POT	OG
평점	D	D-	C-	B-	F	D+	C-	D	D	B	D-	C	C	C	D-	D+	B	B	C-	B	C-

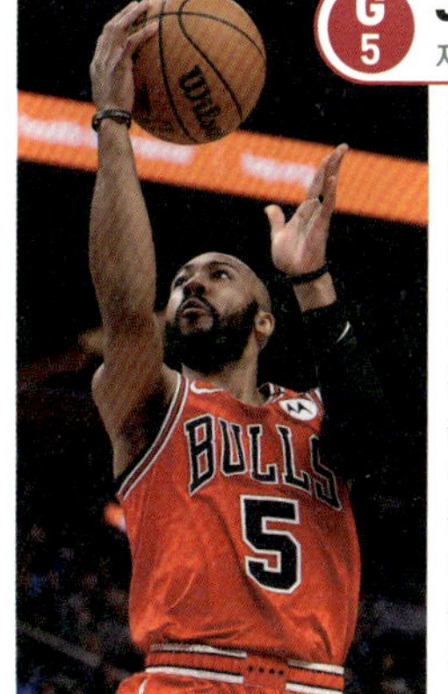

G 5 Jevon CARTER PG

제본 카터 1995.09.14 / 185cm

미국 NBA 드래프트 : 2018년 2라운드 32번
NBA 우승 : 0회 / 파이널 MVP : 0회
시즌 MVP : 0회 / NBA 퍼스트팀 : 0회

2025년 1월 알려지지 않은 질병, 4월 어깨 부상으로 결장했다. 지난 시즌 출전 횟수는 36경기로 2023-24시즌 72경기의 딱 절반이었다. 올 시즌엔 반등을 노린다. 카터는 정상적인 몸 상태일 경우 뛰어난 볼 핸들러다. 특히 상대 수비를 일거에 무너트리는 킬러 크로스오버 드리블은 최강의 무기다. 또한, 패스, 가로채기, 나가는 공 살려내기 등 허슬 플레이를 열심히 해준다. 퍼리미터 1대1 수비와 패싱 레인 차단에 모두 능하다. 연봉 681만 달러.

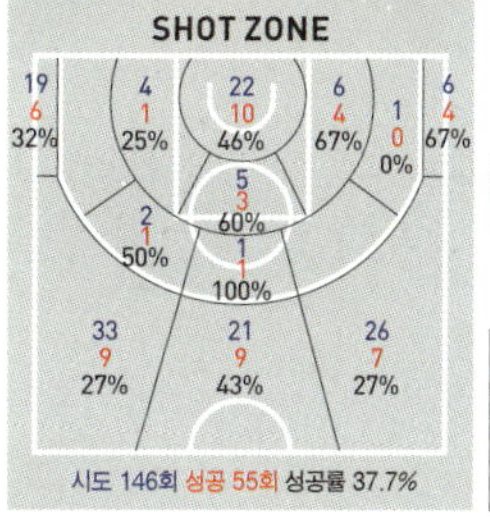

SHOT PROCESS

SHOT TYPES

2024-25시즌 시카고 36경기 평균 8.9분

항목	PTS	RB	AS	ST	BL	FG-FGA	3P-3PA	FT-FTA
평균	4.3	1.1	1.1	0.4	0.1	1.5-4.1	1.0-2.9	0.2-0.3
36분	17.2	4.4	4.5	1.5	0.3	6.2-16.4	3.9-11.8	0.9-1.1

항목	OS	CS	MS	3P	FT	SQ	OC	IS	L&F	SD	DD	PH	PF	PC	DRF	PM	PA	BH	DRS	PQ	PV
평점	B-	A-	B+	B-	B-	B-	D-	F	C	F	F	F	F	F	F	C	C	C+	C	C-	D+

항목	DEF	ID	PD	ST	BL	HDQ	PP	DC	RBG	ORG	DRG	ATH	SP	AG	STR	VJ	STA	HP	INT	POT	OG
평점	D	D-	B-	C+	F	C-	C	C-	D-	D-	C	C	C	B-	D-	C-	B	C	D-	B-	C-

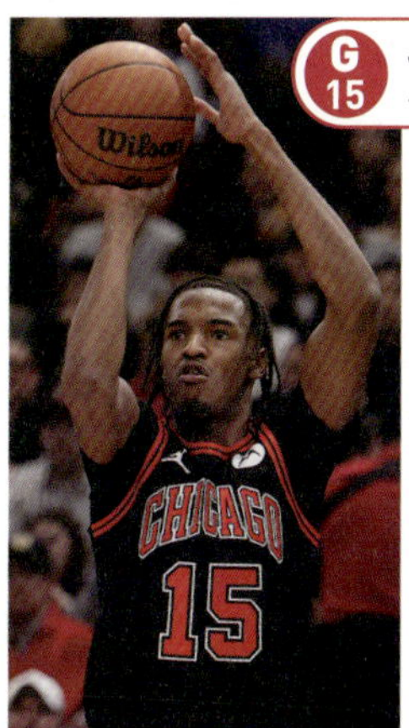

G 15 Julian PHILLIPS SG-SF

줄리안 필립스 2003.11.05 / 203cm

미국 NBA 드래프트 : 2023년 2라운드 35번
NBA 우승 : 0회 / 파이널 MVP : 0회
시즌 MVP : 0회 / NBA 퍼스트팀 : 0회

프로 2년 차인 지난 시즌, 벤치 멤버로 79경기 평균 14.2분씩 출전하며 4.6점, 2.1리바운드를 기록했다. 데뷔 연도인 2023-24시즌 기록(40경기, 8.1분, 2.2점, 0.9리바운드)의 거의 2배에 해당한다. 올 시즌에도 팀의 '서드 유닛' 멤버로 더 발전할 모습을 보일 것이다. 필립스는 203cm의 장신 스윙맨인 데다 리치가 유난히 길다. 운동능력이 좋아 수비력 향상을 기대해도 좋다. 덩크, 레이업, 코너 3점 슈팅으로 알토란처럼 득점한다. 연봉은 222만 달러.

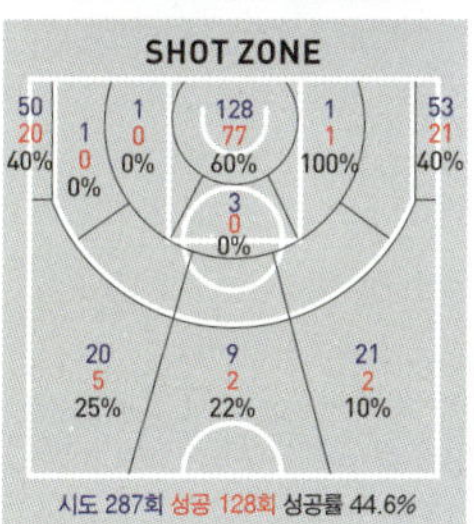

SHOT PROCESS

캐치&슛 147, 풀-업 4, 드라이빙 39, 커팅 25, 러닝 39, 스텝백 0, 풋백 30, 앨리웁 1, 턴어라운드 2

필드골 287 시도

SHOT TYPES

156 점프샷, 54 레이업, 4 핑거롤, 9 플로터, 36 덩크, 4 훅샷, 23 팁샷, 1 뱅크샷, 0 페이드어웨이

필드골 287 시도

2024-25시즌 시카고 79경기 평균 14.2분

항목	PTS	RB	AS	ST	BL	FG-FGA	3P-3PA	FT-FTA
평균	4.6	2.1	0.5	0.5	0.3	1.6-3.6	0.6-1.9	0.8-1.0
36분	11.7	5.4	1.3	1.2	0.6	4.1-9.2	1.6-4.9	1.9-2.4

항목	OS	CS	MS	3P	FT	SQ	OC	IS	L&F	SD	DD	PH	PF	PC	DRF	PM	PA	BH	DRS	PQ	PV
평점	C-	B-	D+	C	C+	C-	D-	D-	C-	F	B-	D-	D-	D-	D-	D-	D-	D+	D+	D-	F

항목	DEF	ID	PD	ST	BL	HDQ	PP	DC	RB3	OR3	DR3	ATH	SP	AG	STR	VJ	STA	HP	INT	POT	OG
평점	D	D	C-	D+	F	D+	D+	D	D-	B+	D-	C	C-	C+	F	B-	B	B	D-	B-	C-

CHICAGO BULLS 2025-26 REGULAR SEASON SCHEDULE

CHICAGO BULLS

OCTOBER, 2025

Oct. 22 vs. Detroit Pistons
Oct. 25 @ Orlando Magic
Oct. 27 vs. Atlanta Hawks
Oct. 29 vs. Sacramento Kings
Oct. 31 vs. New York Knicks

NOVEMBER, 2025

Nov. 2 @ New York Knicks
Nov. 4 vs. Philadelphia 76ers
Nov. 7 @ Milwaukee Bucks
Nov. 8 @ Cleveland Cavaliers
Nov. 10 vs. San Antonio Spurs
Nov. 12 @ Detroit Pistons
Nov. 16 @ Utah Jazz
Nov. 17 @ Denver Nuggets
Nov. 19 @ Portland Trail Blazers
Nov. 21 vs. Miami Heat
Nov. 22 vs. Washington Wizards
Nov. 24 @ New Orleans Pelicans
Nov. 28 @ Charlotte Hornets
Nov. 29 @ Indiana Pacers

DECEMBER, 2025

Dec. 1 @ Orlando Magic
Dec. 3 vs. Brooklyn Nets
Dec. 5 vs. Indiana Pacers
Dec. 7 vs. Golden State Warriors
Dec. 17 vs. Cleveland Cavaliers
Dec. 19 @ Cleveland Cavaliers
Dec. 21 @ Atlanta Hawks
Dec. 23 @ Atlanta Hawks
Dec. 26 vs. Philadelphia 76ers
Dec. 27 vs. Milwaukee Bucks
Dec. 29 vs. Minnesota Timberwolves
Dec. 31 vs. New Orleans Pelicans

JANUARY, 2026

Jan. 2 vs. Orlando Magic
Jan. 3 vs. Charlotte Hornets
Jan. 5 @ Boston Celtics
Jan. 7 @ Detroit Pistons
Jan. 8 vs. Miami Heat
Jan. 10 vs. Dallas Mavericks
Jan. 13 @ Houston Rockets
Jan. 14 vs. Utah Jazz
Jan. 16 @ Brooklyn Nets
Jan. 18 vs. Brooklyn Nets
Jan. 20 vs. Los Angeles Clippers
Jan. 22 @ Minnesota Timberwolves
Jan. 24 vs. Boston Celtics
Jan. 26 vs. Los Angeles Lakers
Jan. 28 @ Indiana Pacers
Jan. 30 @ Miami Heat

FEBRUARY, 2026

Feb. 1 @ Miami Heat
Feb. 3 @ Milwaukee Bucks
Feb. 5 @ Toronto Raptors
Feb. 7 vs. Denver Nuggets
Feb. 9 @ Brooklyn Nets
Feb. 11 @ Boston Celtics
Feb. 19 vs. Toronto Raptors
Feb. 21 vs. Detroit Pistons
Feb. 22 vs. New York Knicks
Feb. 24 vs. Charlotte Hornets
Feb. 26 vs. Portland Trail Blazers

MARCH, 2026

Mar. 1 vs. Milwaukee Bucks
Mar. 3 vs. Oklahoma City Thunder
Mar. 5 @ Phoenix Suns
Mar. 8 @ Sacramento Kings
Mar. 10 @ Golden State Warriors
Mar. 12 @ Los Angeles Lakers
Mar. 13 @ Los Angeles Clippers
Mar. 16 vs. Memphis Grizzlies
Mar. 18 vs. Toronto Raptors
Mar. 19 vs. Cleveland Cavaliers
Mar. 23 vs. Houston Rockets
Mar. 25 @ Philadelphia 76ers
Mar. 27 @ Oklahoma City Thunder
Mar. 28 @ Memphis Grizzlies
Mar. 30 @ San Antonio Spurs

APRIL, 2026

Apr. 1 vs. Indiana Pacers
Apr. 3 @ New York Knicks
Apr. 5 vs. Phoenix Suns
Apr. 7 @ Washington Wizards
Apr. 9 @ Washington Wizards
Apr. 10 vs. Orlando Magic
Apr. 12 @ Dallas Mavericks

CLEVELAND CAVALIERS

르브론 제임스 2기 이후 첫 파이널 우승 정조준

공격농구 혁명

새롭게 부임한 케니 앳킨스 감독이 공격농구 혁명을 선도했다. 백코트 볼 핸들러 중심 다채로운 스크린 연계 플레이, 화려한 역습, 4쿼터 클러치 타임 집중력이 강렬한 인상을 남겼다. 경기당 평균 121.9득점, 100번의 공격 기회에서 득점 기대치인 오펜시브 레이팅(ORtg) 121.0, 3점슛과 자유투에 보정을 가한 슈팅 효율성 지표인 TS%(True Shooting%) 60.7% 모두 리그 전체 1위에 올랐을 정도다. 2023-24시즌 공격 지표가 중하위권이었음을 떠올려보면 천지개벽이다.

운신의 폭이 좁았던 오프 시즌

리그 전체를 통틀어 유일하게 선수단 샐러리캡 총합이 세컨드 에이프런(apron) 라인을 초과한 집단이다. 알다시피 현행 CBA 구조에서 해당 라인을 넘어서면 전력 보강 수단이 거의 없다. 쉽게 말해 화통하기로 유명한 댄 길버트 구단주가 투자 의욕을 가졌다고 한들, 손발이 묶인 신세다. 그나마 건강만 보장되면 쏠쏠한 자원들인 론조 볼과 래리 낸스 주니어 영입으로 벤치 경쟁력을 끌어올렸다. 샷건 캐치&슈터 샘 메릴과의 4년 3,800만 달러 재계약도 소소한 성과다.

Finish the Story!

지난 시즌에 구단 역대 두 번째로 높은 승률인 78.0%를 쓸어 담았다. 1번 시드로 출격한 플레이오프 1라운드 관문도 가볍게 통과했다. 그러나 2라운드 진출이 한계였고, 정규시즌 호랑이에 불과했다는 조롱을 받게 된다. 차기 시즌 목표는 명확하다. 르브론 제임스 2기 시절인 2016년 이후 첫 파이널 우승을 정조준한다. 보스턴, 인디애나 등 최상위권 팀들 전력 약화는 분명 호재. 관건은 선수단이 더 높은 곳으로 올라가기 위한 플레이오프 DNA를 발휘할 수 있을지다.

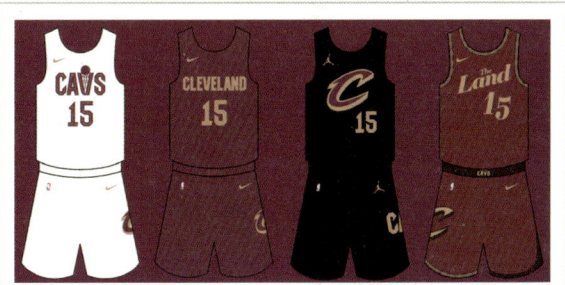

Association Icon Statement City

*통계는 2025년 10월 1일 기준

CLUB INFORMATION

  Founded 구단 창립 1970년	 Owner 댄 길버트 외 3명	 CEO 닉 발라지	  Head Coach 케니 앳킨슨 1967.06.02	 24-25 Odds 스카이벳 : 6배 윌리엄힐 : 7.5배
 Nationality ●미국 선수 13명 ●외국 선수 2명	 Age 15명 평균 26.2세	 Height 15명 평균 198.2cm	Weight 15명 평균 95.6kg	  Salary 13명 평균 1737만 달러
 Win 2024-25 : 64승 통산 : 2096승	 Loss 2024-25 : 18패 통산 : 2339패	 Winning% 2024-25 : 78.0% 통산 : 47.3%	 Play-Off PO 진출 : 25회 PO 탈락 : 30회	 Titles NBA우승 : 1회 컨퍼런스 : 5회
  Top Scorer 도노번 미첼 평균 24.0점	 More Rebounds 재럿 앨런 평균 9.7리바운드	 More Assists 대리어스 갈란드 평균 6.7어시스트	More Steals 도노번 미첼 평균 1.3스틸	 More Blocks 에반 모블리 평균 1.6블락

*항목별 1위는 지난 시즌 클리블랜드 소속으로 42경기 이상 출전한 선수 중 선별

HEAD COACH & STADIUM

Kenny ATKINSON 케니 앳킨슨

생년월일 : 1967.06.02 / **출생지 :** 미국 뉴욕주 노스포트
경력 : 2004~2006년 파리 라싱 코치 / 2008~2012 뉴욕 닉스 코치 / 2012~2016 애틀랜타 호크스 코치 / 2016~2020년 브루클린 네츠 감독 / 2020~2021년 LA 클리퍼스 코치 / 2021~2024년 골든스테이트 코치 / 2023년~ 프랑스 코치 / 2024년~ 클리블랜드 캐벌리어스 감독

세인트앤소니고와 리치몬드대에서 농구를 배웠다. 1988년 소속팀 리치몬드대를 NCAA 스윗 식스틴(16강)으로 이끌었다. 그는 대학 졸업 후 NBA 드래프트를 신청했으나 어느 팀에도 지명을 받지 못했다. 유럽으로 진출해 14년간 스페인, 이탈리아, 독일, 프랑스, 네덜란드에서 17개 클럽을 옮겨다녔다. 은퇴 직후인 2004년, 파리 바스켓 라싱 클럽에서 어시스턴트 코치로 출발했다. 다행히 지도자로서는 운이 트였다. 2008년부터 NBA 팀들과 연계가 되었다. 2008년 뉴욕 닉스 어시스턴트, 2012년 애틀랜타 호크스 어시스턴트, 2016년 브루클린 네츠 감독, 2020년 로스앤젤레스 클리퍼스 어시스턴트, 2021년 골든스테이트 어시스턴트를 각각 역임했다. 브루클린 시절인 2019년에는 플레이오프 진출, 골든스테이트 시절인 2022년에는 NBA 파이널 우승을 각각 경험했다. 골든스테이트와 계약이 종료되자 2024년 6월 28일, 클리블랜드 캐벌리어스 제24대 감독으로 부임했다.

Rocket Mortgage FieldHouse

구장 오픈 : 1994년 10월 17일
구장 증개축 : 2019년
오너 : GEDC
수용인원 : 1만 9432명
건축비용 : 1억 달러
(현재 가치 : 2억 600만 달러)

오하이오주 북동부 최고의 스포츠 및 엔터테인먼트 시설이다. 이곳에서 매년 200개 이상의 콘서트 투어, 패밀리 쇼, 시그니처 이벤트 등이 열려 200만 명 이상의 고객을 클리블랜드 시내로 끌어들인다. 클리블랜드 캐벌리어스, 클리블랜드 몬스터의 홈구장이자, 남녀 대학 농구 경기도 열린다. 캐벌리어스 홈구장으로 사용되기 시작한 건 1994-95시즌부터다.

REGULAR SEASON RANKING LAST 10YEARS

★NBA 파이널 우승

15-16	16-17	17-18	18-19	19-20	20-21	21-22	22-23	23-24	24-25
★3	7	6	28	29	26	15	6	11	2
57승 25패	51승 31패	50승 32패	19승 63패	19승 46패	22승 50패	44승 38패	51승 31패	48승 34패	64승 18패

Honours

1	5	8	7
NBA CHAMPIONS	CONFERENCE TITLES	DIVISION TITLES	RETIRED NUMBERS

NBA CHAMPIONSHIPS
2016

CONFERENCE TITLES
2007, 2015, 2016, 2017, 2018

DIVISION TITLES
1976, 2009, 2010, 2015, 2016, 2017, 2018, 2025

RETIRED NUMBERS
7, 11, 22, 25, 34, 42, 43

TEAM POTENTIAL

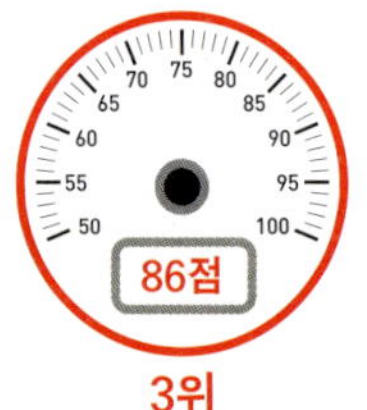
86점
3위

하프코트 세트오펜스 10점
트랜지션 오펜스 8점
하프코트 세트디펜스 9점
트랜지션 디펜스 9점
리바운드 8점
선수층 9점
선수 경험치 8점
감독 리더십 8점
감독 전술 9점
프런트 8점

*각 항목은 10점 만점, 평점은 NBA 30팀 사이 상대평가

우승 ODDS	배당	순위
Sky Bet	6배	2위
Bet Fred	8배	4위
William Hill	7.5배	2위

OFFENSIVE STYLE
트랜지션 오펜스 ↔ 하프코트 세트오펜스

DEFENSIVE STYLE
하이 프레스 ↔ 하프코트 디펜스

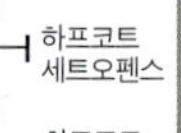

SQUAD & TACTICS

STARTERS

- PF 에반 모블리 30.5분, 18.5점 9.3RB, 3.2AS
- C 재럿 앨런 28.0분, 13.5점 9.7RB, 1.9AS
- SF 디앤드리 헌터 27.2분, 17.0점 4.0RB, 1.4AS
- SG 맥스 스트루스 25.5분, 9.4점 4.3RB, 3.2AS
- PG 도노번 미첼 31.4분, 24.0점 4.5RB, 5.0AS

OFF THE BENCH

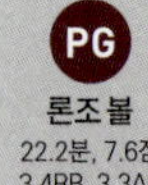
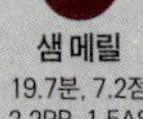

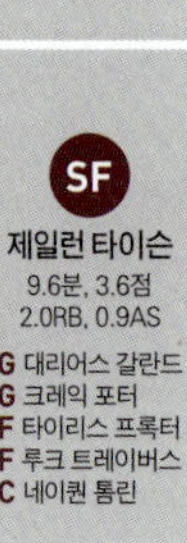

- PG 론조 볼 22.2분, 7.6점 3.4RB, 3.3AS
- SG 샘 메릴 19.7분, 7.2점 2.2RB, 1.5AS
- SF 제일런 타이슨 9.6분, 3.6점 2.0RB, 0.9AS
- PF 딘 웨이드 21.2분, 5.4점 4.2RB, 1.3AS
- C 래리 낸스 Jr. 19.3분, 8.5점 4.3RB, 1.6AS

G 대리어스 갈란드
G 크레익 포터
F 타이리스 프록터
F 루크 트레이버스
C 네이퀀 톰린

Player's Functions

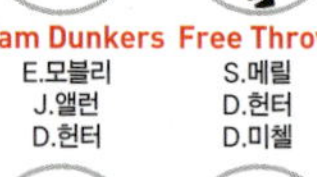

Ball Handlers	Pull-Ups	Catch & Shoot
D.미첼 L.볼 D.갈란드	D.미첼 D.갈란드 D.헌터	D.헌터 E.모블리 D.미첼

3 Pointers	Slam Dunkers	Free Throw
D.미첼 M.스트루스 D.갈란드	E.모블리 J.앨런 D.헌터	S.메릴 D.헌터 D.미첼

Rebounders	1-1 Defenders	Ball Stealers
J.앨런 E.모블리 J.타이슨	E.모블리 J.앨런 L.볼	L.낸스 Jr. L.볼 D.미첼

Key Passes	Hustle Players	Rim Protectors
D.미첼 L.볼 D.갈란드	E.모블리 J.타이슨 D.갈란드	E.모블리 N.톰린

2024-25 SEASON PERFORMANCE

공격 레이팅 121.7(1위) 수비 레이팅 112.2(8위) 레이팅 마진 +9.5(2위) 페이스 99.8(10위)

CLEVELAND CAVALIERS vs. OPPONENTS PER GAME STATS

	득실점	필드골성공	필드골시도	필드골%	3점성공	3점시도	3점%	2점성공	2점시도	2점%	자유투성공	자유투시도	자유투%	공격 RB	수비 RB	전체 RB	어시스트	스틸	블락샷	턴오버	파울
클리블랜드	121.9 1위	44.5 4위	90.8 7위	49.1% 2위	15.9 2위	41.5 4위	38.3% 2위	28.6 13위	49.3 23위	58.1% 1위	17 15위	21.9 15위	77.6% 17위	11.2 13위	34.2 5위	45.4 6위	28.1 9위	8.2 14위	4.3 27위	13.2 3위	18.1 11위
상대팀	112.4 12위	41.2 11위	90.9 22위	45.4% 3위	13.5 13위	37.5 13위	35.9% 13위	27.8 13위	53.4 24위	52.0% 2위	16.5 13위	21.1 11위	77.9% 16위	11.5 22위	32 8위	43.5 11위	25.6 8위	7.8 10위	4.4 8위	14.5 14위	18.9 11위

LINE-UP

* 클리블랜드는 지난 시즌 총 519개의 라인업을 가동했다. 득실점차 플러스 10개, 마이너스 10개를 골랐다.

득실점차 플러스(+) 라인업 TOP 10	G	MIN	PPG	RPG	득실차
D. Mitchell - J. Allen - M. Strus - D. Garland - E. Mobley	22	243	28.3	11.5	+61
C. LeVert - G. Niang - D. Mitchell - S. Merrill - E. Mobley	17	84	12.6	4.2	+60
C. LeVert - D. Mitchell - J. Allen - D. Garland - E. Mobley	21	82	10.3	3.5	+40
D. Mitchell - J. Allen - D. Garland - D. Wade - E. Mobley	21	197	23.6	8.5	+26
C. LeVert - J. Allen - D. Garland - T. Jerome - D. Wade	17	29	5.4	1.7	+25
J. Allen - M. Strus - D. Hunter - D. Garland - J. Green	4	11	11.8	3.0	+24
D. Hunter - T. Jerome - D. Wade - S. Merrill - E. Mobley	4	48	33.0	13.0	+23
J. Allen - M. Strus - D. Garland - D. Wade - I. Okoro	7	26	9.4	4.7	+23
D. Mitchell - T. Jerome - I. Okoro - S. Merrill - E. Mobley	3	11	12.0	4.3	+23
G. Niang - D. Mitchell - J. Allen - M. Strus - T. Jerome	3	9	10.7	5.3	+23
득실점차 마이너스(-) 라인업 TOP 10	**G**	**MIN**	**PPG**	**RPG**	**득실차**
C. LeVert - G. Niang - J. Allen - M. Strus - D. Garland	11	33	6.6	2.4	-23
C. LeVert - G. Niang - D. Mitchell - M. Strus - E. Mobley	10	72	16.2	6.4	-20
T. Thompson - T. Jerome - J. Thor - C. Porter Jr. - J. Tyson	3	11	4.3	5.0	-20
G. Niang - D. Mitchell - T. Jerome - S. Merrill - E. Mobley	15	76	10.9	5.0	-19
T. Thompson - E. Bates - N. Tomlin - C. Porter Jr. - J. Tyson	1	13	15.0	17.0	-16
D. Mitchell - T. Jerome - D. Wade - I. Okoro - S. Merrill	3	14	8.3	2.7	-12
D. Mitchell - D. Wade - I. Okoro - S. Merrill - E. Mobley	10	28	5.7	2.4	-11
C. LeVert - J. Allen - D. Garland - D. Wade - I. Okoro	6	18	7.7	2.0	-11
G. Niang - D. Mitchell - T. Jerome - E. Mobley - J. Tyson	2	10	8.0	5.0	-11
T. Thompson - D. Wade - J. Green - C. Porter Jr. - J. Tyson	1	4	3.0	2.0	-11

PASS COMBINATIONS

→ 해당 선수가 경기당 동료로부터 패스 받은 횟수
→ 해당 선수가 경기당 동료들에게 패스 해준 횟수

받은 패스	선수	해준 패스
53.2	대리어스 갈랜드	42.1
31.2	에반 모블리	39.7
48.3	도노번 미첼	34.8
25.5	맥스 스트루스	31.8
31.7	타이 제롬	28.1
21.7	재럿 앨런	25.6
28.0	캐리스 러버트	25.4
16.2	조지 니앙	22.1
13.9	딘 웨이드	21.6
18.5	디앤드리 헌터	20.0
14.5	추마 오케케	16.5
16.8	샘 메릴	15.7
14.1	크레익 포터 주니어	14.1
13.1	아이작 오코로	13.4
8.8	트리스탄 탐슨	11.2
11.8	탐린 네이퀀	10.2
8.1	루크 트레이버스	10.2
9.1	제일런 타이슨	9.7
7.1	자본테 그린	9.6
8.2	이모니 베이츠	6.7
4.8	제이트 토르	5.9

2024-25 RANKING

* 는 수치가 낮을수록 랭킹이 높아짐

클리블랜드	랭킹	FIVE FACTORS	상대팀	랭킹
57.8%	1위	3점 가중 FG%	52.8%*	3위
11.6*	3위	턴오버 / 100포제션	12.6	16위
25.9%	13위	공격 RB 점유율	25.2%*	15위
74.8%	15위	수비 RB 점유율	74.1%*	12위
18.7%	18위	자유투 / 필드골	18.1%*	11위

득점	랭킹	PLAYTYPE	실점*	랭킹
5.3	24위	아이솔레이션	9.6	30위
23.5	13위	트랜지션	22.6	11위
24.3	1위	픽&롤 볼핸들러	14.0	5위
9.1	4위	픽&롤 롤맨	5.1	1위
2.0	25위	포스트-업	4.3	23위
27.2	14위	스팟-업	28.7	23위
5.1	15위	핸드오프	5.1	13위
12.9	3위	커팅	—	—
3.2	19위	오프 스크린	3.2	5위
5.3	22위	풋백	6.2	9위
3.5	2위	기타	—	—

SHOT ZONE

평균 구간별 슈팅 및 성공률

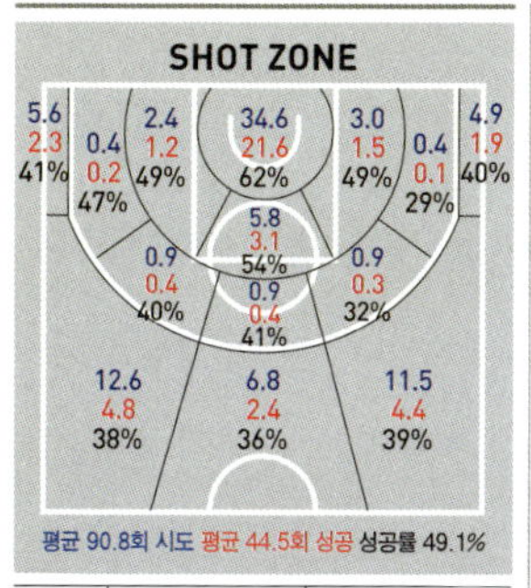

항목	2PA	2PM	2P%	3PA	3PM	3P%
캐치&슛	1.1	0.5	43.2%	27.5	10.8	39.3%
풀업	9.8	4.3	43.9%	13.8	5.0	36.3%
3m 안쪽	38.4	23.9	62.2%	—	—	—
TOTAL	49.3	28.6	58.1%	41.5	15.9	38.3%

SHOT PROCESS & SHOT TYPES

샷프로세스(시도) 샷타입(시도)

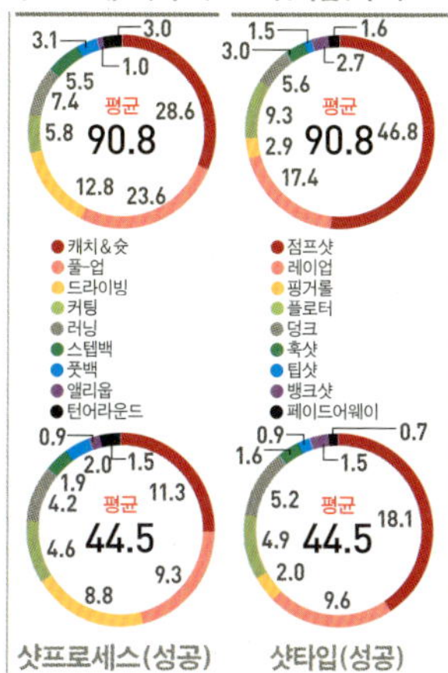

샷프로세스(성공) 샷타입(성공)

SHOOTING

필드골 시도 필드골 시도

공격수와 수비수의 거리
0~0.6m
0.6~1.2m
1.2~1.8m
1.8m 이상

샷클락
22~24초
18~22초
15~18초
7~15초
4~7초
0~4초

필드골 성공 필드골 성공

OPPONENT SHOOTING

상대 필드골 시도 상대 필드골 시도

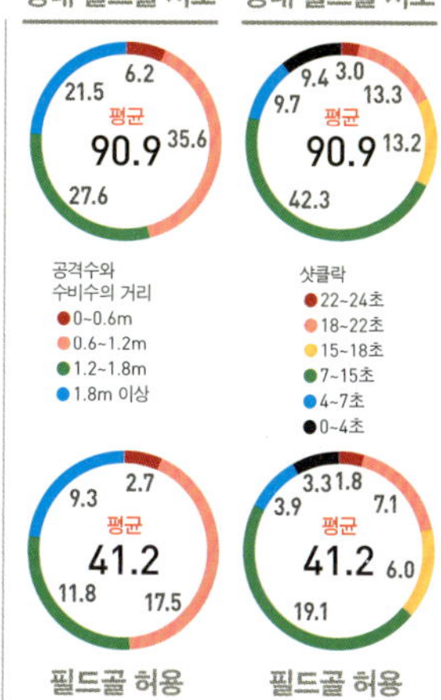

필드골 허용 필드골 허용

CONTESTED REBOUNDS

공격 리바운드 수비 리바운드

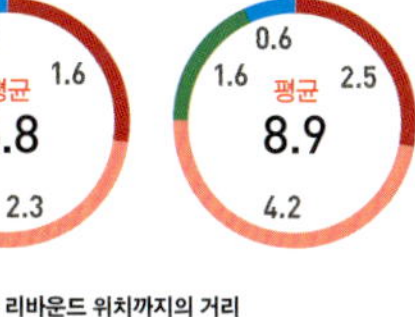

림 아래부터 리바운드 위치까지의 거리
0~0.9m 0.9~1.8m 1.8~3m 3m 이상

UNCONTESTED REBOUNDS

공격 리바운드 수비 리바운드

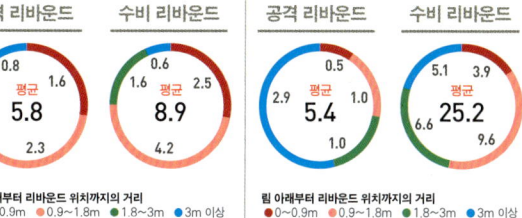

림 아래부터 리바운드 위치까지의 거리
0~0.9m 0.9~1.8m 1.8~3m 3m 이상

DEFENSE OF 64 WINS

필드골 허용 % 3점슛 허용 %

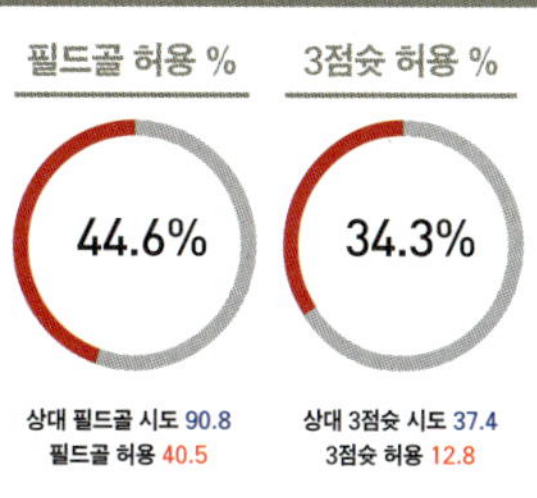

상대 필드골 시도 90.8
필드골 허용 40.5

상대 3점슛 시도 37.4
3점슛 허용 12.8

DEFENSE OF 18 LOSSES

필드골 허용 % 3점슛 허용 %

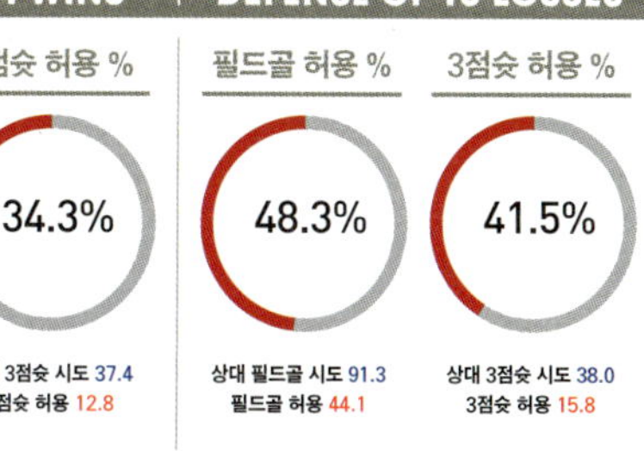

상대 필드골 시도 91.3
필드골 허용 44.1

상대 3점슛 시도 38.0
3점슛 허용 15.8

General Stats								Outside Scoring & Shooting							Inside Scoring & Shooting								Play Making, Ball Handling & Passing					
PTS	RB	AS	ST	BL	FG-FGA	3P-3PA	FT-FTA	OS	CS	MS	3P	FT	SQ	OC	IS	L&F	SD	DD	PH	PF	PC	DRF	PM	PA	BH	DRS	PQ	PV
득점	리바운드	어시스트	스틸	블락샷	필드골 성공-시도	3점슈팅 성공-시도	자유투 성공-시도	외곽 득점력	근거리 점프샷	중거리 슈팅	3점 슈팅	자유투	슈팅 IQ	득점 일관성	인사이드 득점력	레이업 플로터	스탠딩 덩크	드라이빙 덩크	포스트 훅샷	포스트 페이드	포스트 컨트롤	파울 유도	플레이 메이킹	패스 능력	볼 핸들링	드리블 스피드	패스 IQ	패스 비전

F 12 De'Andre HUNTER SF

디앤드리 헌터 1997.12.02 / 203cm

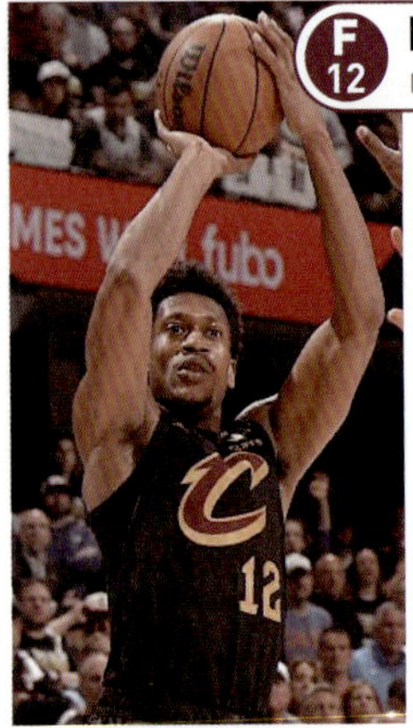

미국

NBA 드래프트 : 2019년 1라운드 4번
NBA 우승 : 0회 / **파이널 MVP** : 0회
시즌 MVP : 0회 / **NBA 퍼스트팀** : 0회

지난 시즌 도중 애틀랜타에서 클리블랜드로 트레이드됐다. 일부 컨디션 난조, 감독의 결정에 의한 결장 등을 제외하곤 풀타임 활약했다. 헌터는 전형적인 3&D 플레이어다. 탑, 윙, 코너 등 코트 전 지역에서 3점 슈팅을 시도한다. 미드레인지에서 가끔 터프샷도 성공시킨다. 트랜지션 오펜스, 자유투도 OK. 203cm의 키, 218cm의 윙스팬에 운동능력이 뛰어나 1번~5번을 다 수비할 수 있다. 특히 퍼리미터 1대1 수비는 수준급이다. 연봉은 2330만 달러.

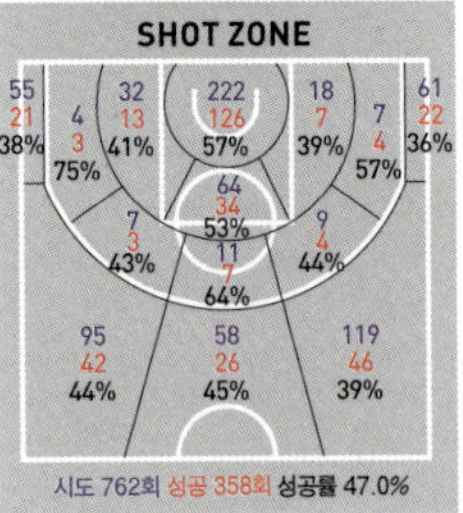

SHOT PROCESS / SHOT TYPES

2024-25시즌 애틀랜타+클리블랜드 64경기 평균 27.2분

항목	PTS	RB	AS	ST	BL	FG-FGA	3P-3PA	FT-FTA
평균	17.0	4.0	1.4	0.8	0.2	5.6-11.9	2.5-6.1	3.4-4.0
36분	22.5	5.3	1.9	1.0	0.3	7.4-15.8	3.2-8.0	4.4-5.3

항목	OS	CS	MS	3P	FT	SQ	OC	IS	L&F	SD	DD	PH	PF	PC	DRF	PM	PA	BH	DRS	PQ	PV
평점	B	A-	A	B	B	C-	C	D	C+	D	C-	D-	D-	D-	D-	D-	D+	C-	D+	D	F

항목	DEF	ID	PD	ST	BL	HDQ	PP	DC	RB3	OR3	DR3	ATH	SP	AG	STR	VJ	STA	HP	INT	POT	OG
평점	D+	D	B	D-	F	B-	D-	B-	D-	D+	D+	C+	C	B-	D+	C	B+	B-	D-	B+	B-

F 4 Evan MOBLEY PF-C

에반 모블리 2001.06.18 / 211cm

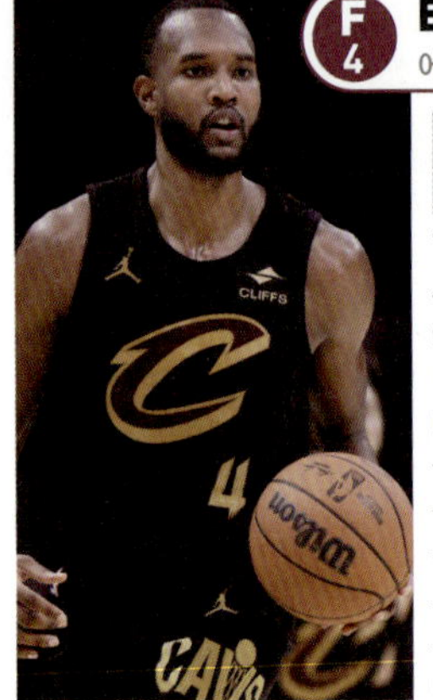

미국

NBA 드래프트 : 2021년 1라운드 3번
NBA 우승 : 0회 / **파이널 MVP** : 0회
시즌 MVP : 0회 / **NBA 퍼스트팀** : 0회

'건강한 모블리'가 돌아왔다. 그는 2023-24시즌, 무릎, 발목 부상으로 32경기에 결장했다. 그러나 2024-25시즌엔 71경기에 출전해 18.5점, 9.3리바운드, 1.6블락으로 골밑을 지배했다. 정상 컨디션의 모블리는 리그 최정상급 수비수 중 1명이다. 발이 빠르고 점프력이 좋으며 막강한 림 프로텍터다. 외곽 수비가 가능하기에 모든 포지션의 선수를 막을 수 있다. 폭발적인 덩크, 부드러운 레이업, 정확한 외곽 슈팅으로 득점한다. BQ도 좋다. 연봉은 4639만 달러.

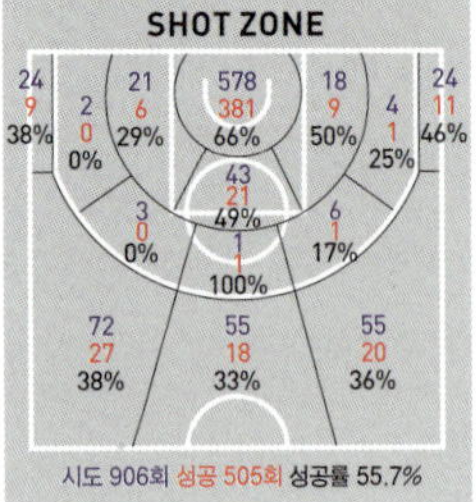

SHOT PROCESS

필드골 906 시도

캐치&슛 307
풀-업 39
드라이빙 211
커팅 114
러닝 50
스텝백 5
풋백 71
앨리웁 34
턴어라운드 75

SHOT TYPES

필드골 906 시도

265 점프샷
200 레이업
20 핑거롤
45 플로터
181 덩크
97 훅샷
37 팁샷
34 뱅크샷
27 페이드어웨이

2024-25시즌 클리블랜드 71경기 평균 30.5분

항목	PTS	RB	AS	ST	BL	FG-FGA	3P-3PA	FT-FTA
평균	18.5	9.3	3.2	0.9	1.6	7.1-12.8	1.2-3.2	3.1-4.3
36분	21.9	10.9	3.8	1.0	1.9	8.4-15.1	1.4-3.8	3.7-5.1

항목	OS	CS	MS	3P	FT	SQ	OC	IS	L&F	SD	DD	PH	PF	PC	DRF	PM	PA	BH	DRS	PQ	PV
평점	C	B	D+	B-	C	B-	C-	B-	B	B	B	B-	B-	B-	D+	D	D+	D-	D	C	D-

항목	DEF	ID	PD	ST	BL	HDQ	PP	DC	RBB	ORB	DRB	ATH	SP	AG	STR	VJ	STA	HP	INT	POT	OG
평점	B	A+	B	D-	B+	A	B	A	B-	D+	B+	B-	C-	C+	C	B-	A-	A-	C-	A+	B+

F 24 Jaylon TYSON SF-SG

제일런 타이슨 2002.12.02 / 198cm

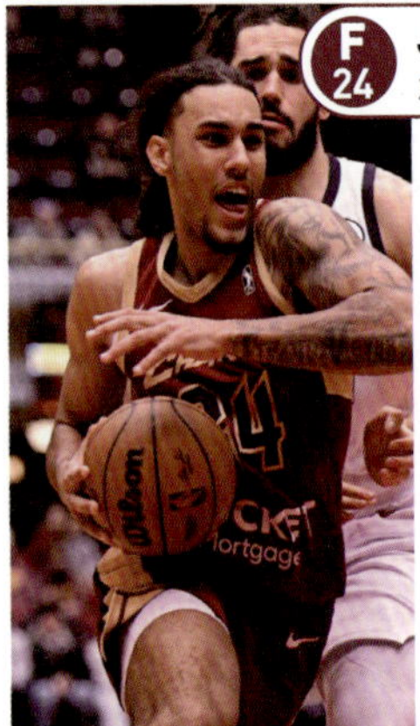

미국

NBA 드래프트 : 2024년 1라운드 20번
NBA 우승 : 0회 / **파이널 MVP** : 0회
시즌 MVP : 0회 / **NBA 퍼스트팀** : 0회

크고 작은 부상으로 정규시즌 47경기 출전에 그쳤다. 2024년 11월 엉덩이 부상, 12월 알려지지 않은 질병, 2025년 3월 왼 무릎 부상이 그의 행진을 멈춰 세웠다. 올 시즌은 부상 없이 풀타임 출전하는 게 목표다. 정상 컨디션의 타이슨은 다재다능한 포인트가드다. 다양한 슈팅 기술, 강력한 공격 리바운드, 픽&롤에서의 플레이메이킹으로 잘 알려져 있다. 드라이빙 레이업과 플로터, 3점 슈팅, 높은 농구 IQ, 화려한 볼핸들링이 특기다. 연봉은 349만 달러.

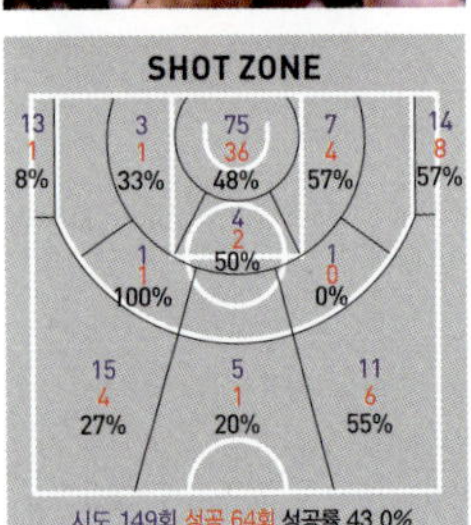

SHOT PROCESS

필드골 149 시도

캐치&슛 65
풀-업 8
드라이빙 36
커팅 7
러닝 16
스텝백 1
풋백 10
앨리웁 1
턴어라운드 5

SHOT TYPES

필드골 149 시도

64 점프샷
41 레이업
5 핑거롤
16 플로터
6 덩크
5 훅샷
6 팁샷
5 뱅크샷
1 페이드어웨이

2024-25시즌 클리블랜드 47경기 평균 9.6분

항목	PTS	RB	AS	ST	BL	FG-FGA	3P-3PA	FT-FTA
평균	3.6	2.0	0.9	0.3	0.1	1.4-3.2	0.4-1.2	0.4-0.5
36분	13.3	7.6	3.5	1.0	0.2	5.1-11.8	1.6-4.6	1.5-1.9

항목	OS	CS	MS	3P	FT	SQ	OC	IS	L&F	SD	DD	PH	PF	PC	DRF	PM	PA	BH	DRS	PQ	PV
평점	C-	B	C+	B-	B-	C-	F	D-	C+	F	C-	F	D-	D-	F	D	D-	C	C+	D	F

항목	DEF	ID	PD	ST	BL	HDQ	PP	DC	RBG	ORG	DRG	ATH	SP	AG	STR	VJ	STA	HP	INT	POT	OG
평점	D+	D+	C	D-	F	D-	D-	F	A-	A	B+	C+	B-	C+	D-	C	B	A	F	B+	C-

F 32 Dean WADE PF-SF

딘 웨이드 1996.11.20 / 206cm

미국

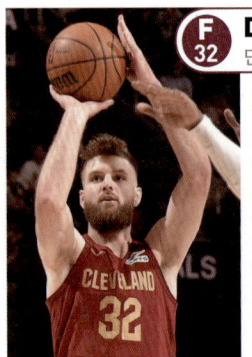

NBA 드래프트 : 2019년 미지명
NBA 우승 : 0회 / **파이널 MVP** : 0회
시즌 MVP : 0회 / **NBA 퍼스트팀** : 0회

팀 상황에 따라 2번, 3번, 4번을 넘나들었다. 206cm의 장신 스윙맨으로 주무기는 3점 슈팅이다. 통산 37%, 지난 시즌 36%였다. 타점이 높고, 늘 자신 있게 던진다. 특히 미드레인지에서 한발 물러나 던지는 스텝백 3점은 강력한 무기다. 화려하지 않지만 안정된 볼 핸들링을 구사한다. 상대의 페싱 레인을 잘 끊어낸다. 지난 시즌 오른 무릎 부상, 발목 염좌, 어깨 부상 등으로 23경기 결장했다. 올 시즌은 건강하게 뛰는 게 중요하다. 연봉은 662만 달러.

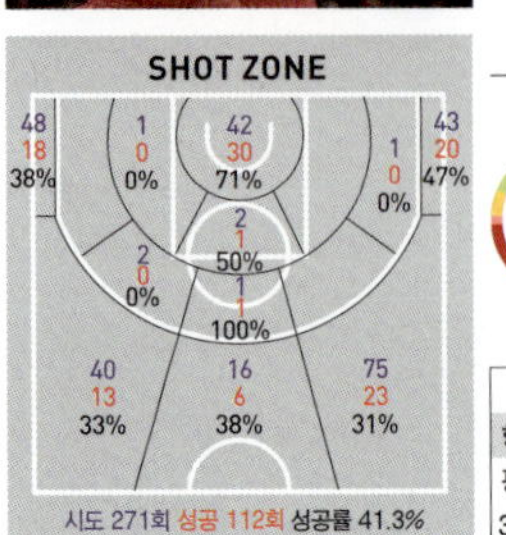

SHOT PROCESS

필드골 271 시도

캐치&슛 201
풀-업 6
드라이빙 15
커팅 12
러닝 26
스텝백 4
풋백 5
앨리웁 1
턴어라운드 1

SHOT TYPES

필드골 271 시도

226 점프샷
28 레이업
1 핑거롤
1 플로터
8 덩크
2 훅샷
3 팁샷
0 뱅크샷
2 페이드어웨이

2024-25시즌 클리블랜드 59경기 평균 21.2분

항목	PTS	RB	AS	ST	BL	FG-FGA	3P-3PA	FT-FTA
평균	5.4	4.2	1.3	0.7	0.3	1.9-4.6	1.4-3.8	0.3-0.5
36분	9.2	7.2	2.2	1.2	0.6	3.2-7.8	2.3-6.4	0.5-0.9

항목	OS	CS	MS	3P	FT	SQ	OC	IS	L&F	SD	DD	PH	PF	PC	DRF	PM	PA	BH	DRS	PQ	PV
평점	C-	C+	C-	C+	D-	B	D	D	C+	B-	C	D-	D-	D-	F	F	F	D-	F	D-	F

항목	DEF	ID	PD	ST	BL	HDQ	PP	DC	RBB	ORB	DRB	ATH	SP	AG	STR	VJ	STA	HP	INT	POT	OG
평점	D	D	B-	D+	F	C	D+	D	D-	D-	D-	C	D-	C	D-	B-	B-	B	D-	B	C-

F 24 Tyrese PROCTOR SG-SF

타이리스 프록터 2004.01.01 / 198cm

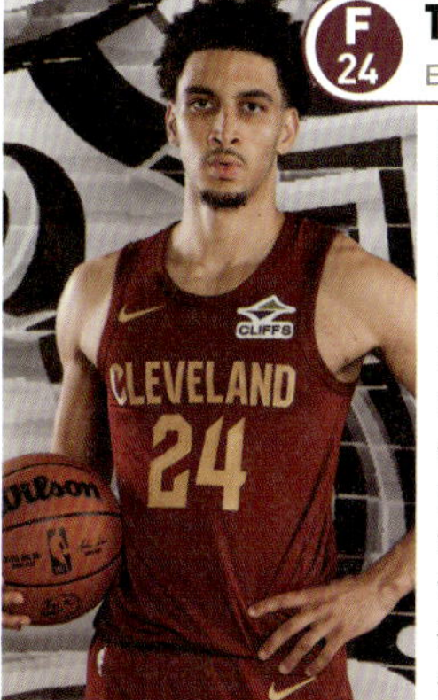

호주 **NBA 드래프트 :** 2025년 2라운드 49번 **NBA 우승 :** 0회 / **파이널 MVP :** 0회 **시즌 MVP :** 0회 / **NBA 퍼스트팀 :** 0회

호주 시드니 출신으로 농구 명문 듀크대 3학년을 마치고 2025년 NBA 드래프트를 신청했다. 그 결과 클리블랜드에 2라운드 49번으로 지명되었다. 대학 3년간 106경기에 출전해 평균 10.8점, 3.0리바운드, 3.0어시스트를 기록했다. 농구 IQ가 우수하고, 하프코트 게임에 능하며, 중거리 슈팅과 3점 슈팅이 비교적 정확하다. 그러나 퍼스트-스텝이 느리고, 페인트존 공략이 잘 안 된다. '몸빵'으로 밀고 들어오는 선수에 대한 수비도 약점이다. 연봉은 127만 달러.

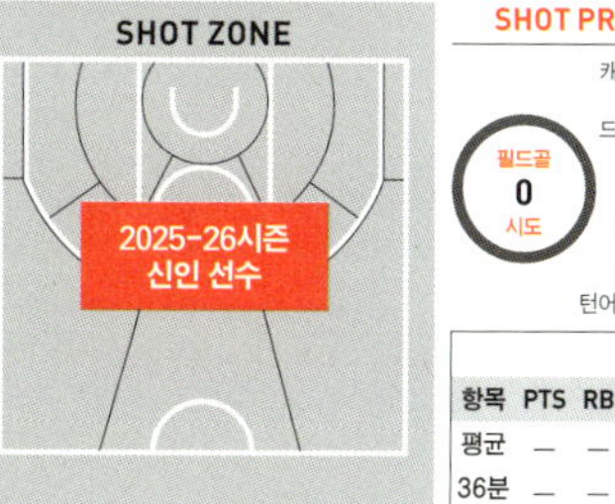

2024-25시즌 기록 없음

항목	PTS	RB	AS	ST	BL	FG-FGA	3P-3PA	FT-FTA
평균	—	—	—	—	—	—	—	—
36분	—	—	—	—	—	—	—	—

항목	OS	CS	MS	3P	FT	SQ	OC	IS	L&F	SD	DD	PH	PF	PC	DRF	PM	PA	BH	DRS	PQ	PV
평점	—	—	—	—	—	—	—	—	—	—	—	—	—	—	—	—	—	—	—	—	—

항목	DEF	ID	PD	ST	BL	HDQ	PP	DC	RBG	ORG	DRG	ATH	SP	AG	STR	VJ	STA	HP	INT	POT	OG
평점	—	—	—	—	—	—	—	—	—	—	—	—	—	—	—	—	—	—	—	—	—

F 33 Luke Travers SF-SG

루크 트레이버스 2001.09.03/ 201cm

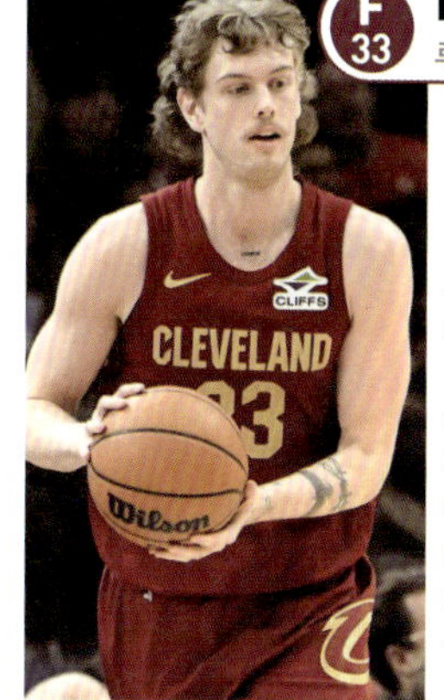

호주 **NBA 드래프트 :** 2022년 2라운드 56번 **NBA 우승 :** 0회 / **파이널 MVP :** 0회 **시즌 MVP :** 0회 / **NBA 퍼스트팀 :** 0회

'서드 유닛' 포워드였으나 시즌 12경기 출전에 그쳤다. 발목 부상으로 인한 치료, 감독의 결정, G리그 출전 등 여러 가지 원인이 있다. G리그 클리블랜드 차지에서는 여러 차례 트리플더블을 기록했다. 기본적으로 리바운드에 강하고, 정확한 패스를 구사하며, 본능적인 수비 센스를 지녔다. 호주 출신 콤보 포워드지만, NBA에서는 스몰포워드나 파워포워드를 막는 데 뚜렷한 어려움을 겪는 트위너다. 구단과 연봉 64만원에 투웨이 계약을 맺었다.

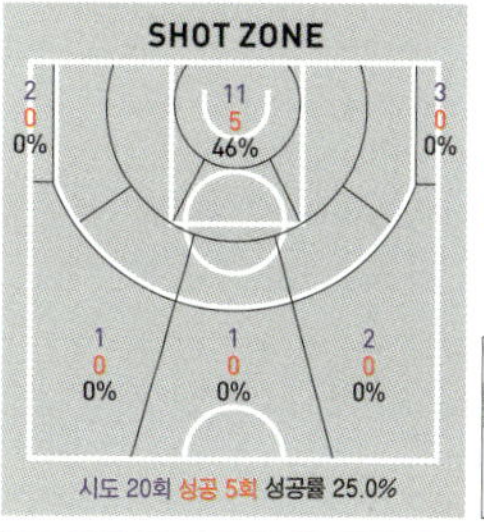

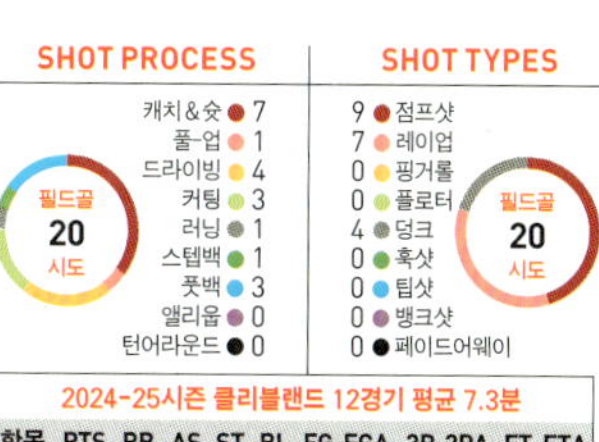

2024-25시즌 클리블랜드 12경기 평균 7.3분

항목	PTS	RB	AS	ST	BL	FG-FGA	3P-3PA	FT-FTA
평균	1.0	1.7	0.7	0.1	0.1	0.4-1.7	0.0-0.8	0.2-0.2
36분	4.9	8.2	3.3	0.4	0.4	2.0-8.2	0.0-3.7	0.8-0.8

출전 시간이 짧아 평점 매길 수 없음

항목	OS	CS	MS	3P	FT	SQ	OC	IS	L&F	SD	DD	PH	PF	PC	DRF	PM	PA	BH	DRS	PQ	PV
평점	—	—	—	—	—	—	—	—	—	—	—	—	—	—	—	—	—	—	—	—	—

항목	DEF	ID	PD	ST	BL	HDQ	PP	DC	RB3	OR3	DR3	ATH	SP	AG	STR	VJ	STA	HP	INT	POT	OG
평점	—	—	—	—	—	—	—	—	—	—	—	—	—	—	—	—	—	—	—	—	—

C 31 Jarrett ALLEN C

재럿 앨런 1998.04.21 / 206cm

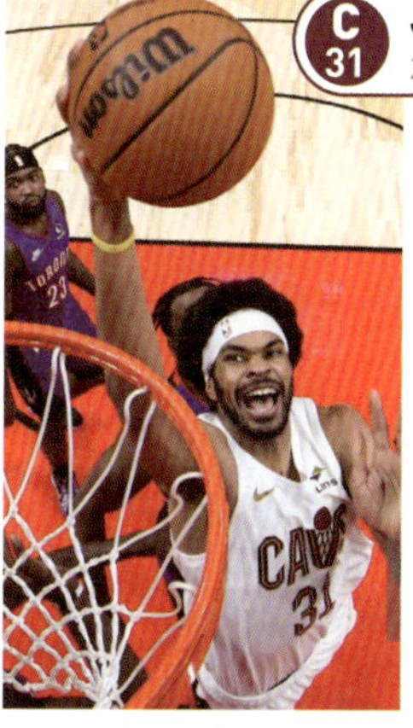

미국 **NBA 드래프트 :** 2017년 1라운드 22번 **NBA 우승 :** 0회 / **파이널 MVP :** 0회 **시즌 MVP :** 0회 / **NBA 퍼스트팀 :** 0회

부상 없이 정규시즌 82경기, 플레이오프 9경기 등 총 91경기에 모두 선발로 출전했다. 평균 출전 시간 29분으로 예전보다 3~4분 가량 줄었다. 이건 감독이 앨런의 체력을 철저히 관리해 준 덕분이다. 앨런은 리그의 정상급 '수비 괴물'이자 '블루워커'다. 세로 수비, 가로 수비, 로테이션, 미스매치 대처 능력, 블락샷, 리바운드 모두 압도적이다. 커팅, 드라이빙, 앨리웁에서 이어지는 덩크는 폭발적이다. 레이업, 플로터, 훅샷도 OK. 연봉은 2000만 달러.

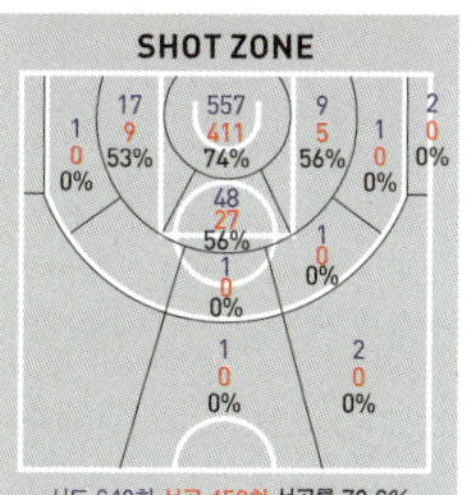

2024-25시즌 클리블랜드 82경기 평균 28.0분

항목	PTS	RB	AS	ST	BL	FG-FGA	3P-3PA	FT-FTA
평균	13.5	9.7	1.9	0.9	0.9	5.5-7.8	0.0-0.1	2.4-3.4
36분	17.3	12.5	2.5	1.2	1.1	7.1-10.0	0.0-0.1	3.1-4.3

항목	OS	CS	MS	3P	FT	SQ	OC	IS	L&F	SD	DD	PH	PF	PC	DRF	PM	PA	BH	DRS	PQ	PV
평점	C+	A+	B-	D-	C	A-	D-	B-	B-	A-	B	B-	D-	B	D-	F	F	F	F	F	F

항목	DEF	ID	PD	ST	BL	HDQ	PP	DC	RBB	ORB	DRB	ATH	SP	AG	STR	VJ	STA	HP	INT	POT	OG
평점	C	A-	C	D+	D	B+	D+	B	A-	C+	A	B-	C	C-	B	C+	A-	A-	D-	A-	B

C 22 Larry Nance Jr. PF-C

래리 낸스 주니어 1993.01.01 / 203cm

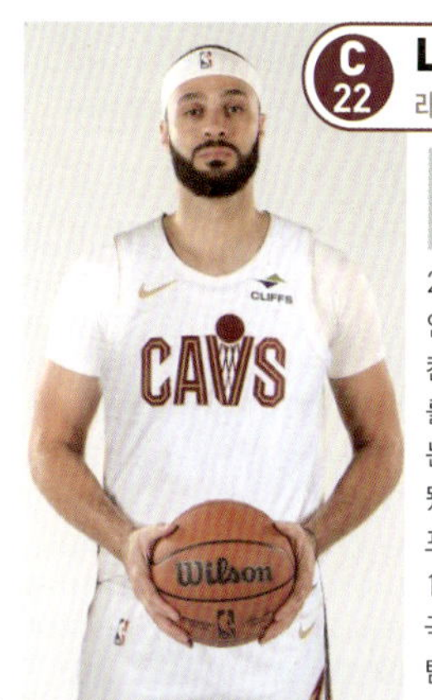

미국 **NBA 드래프트 :** 2015년 1라운드 27번 **NBA 우승 :** 0회 / **파이널 MVP :** 0회 **시즌 MVP :** 0회 / **NBA 퍼스트팀 :** 0회

218cm의 윙스팬, 높은 점프를 이용한 폭발적인 덩크가 주무기. 2018 NBA 올스타전 덩크 컨테스트 때 결승에 진출했다. 레이업과 핑거롤도 레퍼토리의 하나. 캐치&슛으로 시도하는 3점 슈팅은 프로 데뷔 후 매년 조금씩 향상됐다. 가끔 터프샷도 성공시킨다. 픽&롤 응용, 포스트 피딩 능력도 OK. 인사이드에서 강력한 1대1 수비를 펼치고, 스틸을 곧잘 해낸다. 적극적인 수비 리바운드와 강력한 허슬 플레이로 팀플레이를 뒷받침한다. 연봉은 363만 달러.

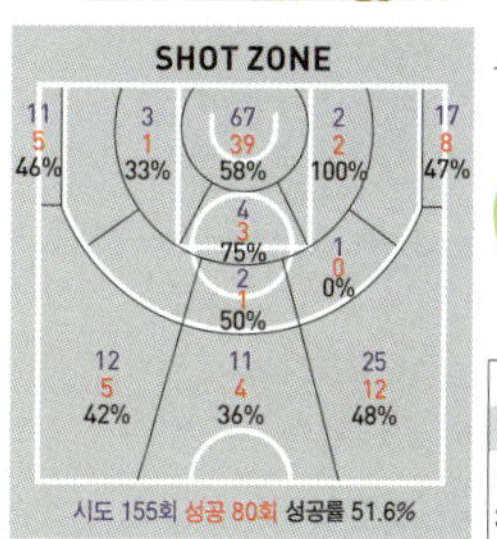

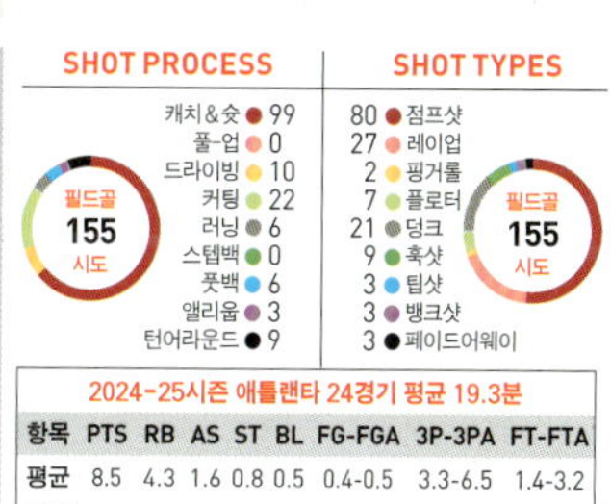

2024-25시즌 애틀랜타 24경기 평균 19.3분

항목	PTS	RB	AS	ST	BL	FG-FGA	3P-3PA	FT-FTA
평균	8.5	4.3	1.6	0.8	0.5	0.4-0.5	3.3-6.5	1.4-3.2
36분	15.8	8.0	3.0	1.6	1.0	6.2-12.1	2.6-5.9	0.7-1.0

항목	OS	CS	MS	3P	FT	SQ	OC	IS	L&F	SD	DD	PH	PF	PC	DRF	PM	PA	BH	DRS	PQ	PV
평점	C-	A-	C	C	C-	D	F	D+	C-	B	B	D-	D-	D-	D-	D-	D+	D	F	C-	F

항목	DEF	ID	PD	ST	BL	HDQ	PP	DC	RBB	ORB	DRB	ATH	SP	AG	STR	VJ	STA	HP	INT	POT	OG
평점	C	C+	D	B-	D-	C+	C	D-	D-	D-	D+	C	D	D-	D+	B	B-	B	D-	B	C

General Stats								Outside Scoring & Shooting							Inside Scoring & Shooting								Play Making, Ball Handling & Passing					
PTS	RB	AS	ST	BL	FG-FGA	3P-3PA	FT-FTA	OS	CS	MS	3P	FT	SQ	OC	IS	L&F	SD	DD	PH	PF	PC	DRF	PM	PA	BH	DRS	PQ	PV
득점	리바운드	어시스트	스틸	블락샷	필드골 성공-시도	3점슈팅 성공-시도	자유투 성공-시도	외곽 득점력	근거리 점프샷	중거리 슈팅	3점 슈팅	자유투	슈팅 IQ	득점 일관성	인사이드 득점력	레이업 플로터	스탠딩 덩크	드라이빙 덩크	포스트 훅샷	포스트 페이드	포스트 컨트롤	파울 유도	플레이 메이킹	패스 능력	볼 핸들링	드리블 스피드	패스 IQ	패스 비전

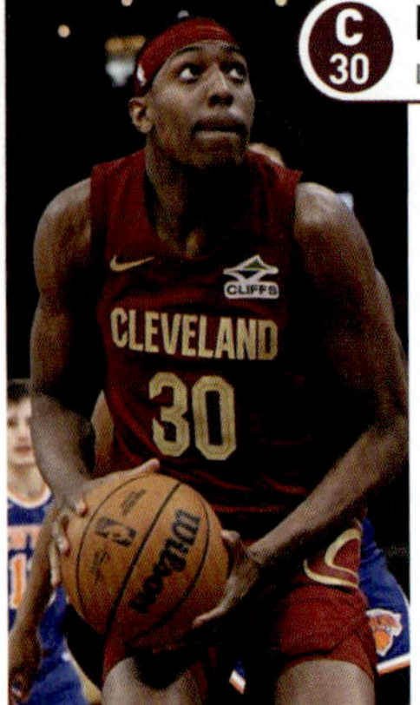

C 30 Nae'Qwan Tomlin PF-C
네이퀀 톰린 2000.12.19 / 208cm

미국
NBA 드래프트 : 2024년 미지명
NBA 우승 : 0회 / 파이널 MVP : 0회
시즌 MVP : 0회 / NBA 퍼스트팀 : 0회

앨런, 낸스 주니어에 이은 '넘버 3' 센터. 두 선수와 레벨 차이가 크기에 톰린은 경기 당 5분 안팎 출전하면서 주전 빅맨들의 휴식 시간만 커버해주면 된다. 톰린은 미국 대학농구 명문교인 캔자스 주립대와 멤피스대에서 농구를 배웠다. 2024년 NBA 드래프트를 신청했으나 지명받지는 못했다. 대신 지난해 클리블랜드 캐벌리어스와 투웨이 계약을 맺고 주로 G리그 소속인 클리블랜드 차지에서 활약했다. 올 시즌은 실질적인 NBA 데뷔 연도가 될 것이다.

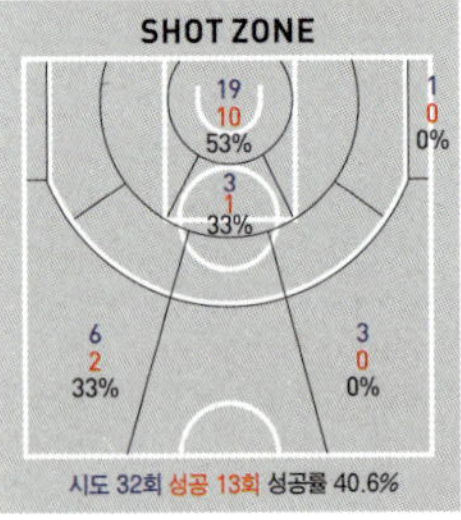

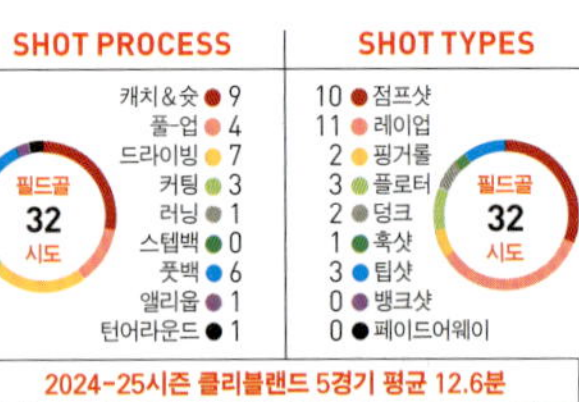

2024-25시즌 클리블랜드 5경기 평균 12.6분

항목	PTS	RB	AS	ST	BL	FG-FGA	3P-3PA	FT-FTA
평균	7.2	4.2	0.4	0.0	0.2	2.6-6.4	0.4-2.0	1.6-2.2
36분	20.6	12.0	1.1	0.0	0.6	7.4-18.3	1.1-5.7	4.6-6.3

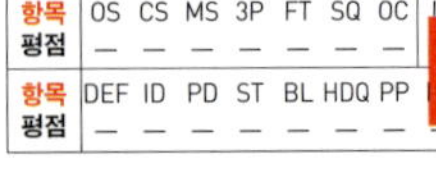
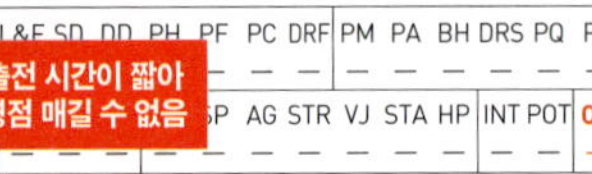

항목	OS	CS	MS	3P	FT	SQ	OC	IS	L&F	SD	DD	PH	PF	PC	DRF	PM	PA	BH	DRS	PQ	PV
평점	—	—	—	—	—	—	—	—	—	—	—	—	—	—	—	—	—	—	—	—	—

항목	DEF	ID	PD	ST	BL	HDQ	PP	…	SP	AG	STR	VJ	STA	HP	INT	POT	OG
평점	—	—	—	—	—	—	—	—	—	—	—	—	—	—	—	—	—

출전 시간이 짧아 평점 매길 수 없음

G 45 Donovan MITCHELL SG-PG
도노번 미첼 1996.09.07 / 191cm

미국
NBA 드래프트 : 2017년 1라운드 13번
NBA 우승 : 0회 / 파이널 MVP : 0회
시즌 MVP : 0회 / NBA 퍼스트팀 : 0회

지난 시즌 평균 24.0점, 4.5리바운드, 5.0어시스트를 기록하며 구단을 64승 18패로 이끌었다. 시즌 도중 올스타전에 출전했고, 종료 후 NBA 퍼스트팀에 이름을 올렸다. 미첼은 최강의 공격수다. 드라이빙에서 이어지는 레이업, 플로터, 핑거롤, 덩크는 가히 환상적이고, 미드레인지 풀업 점퍼, 탑과 좌우 윙에서 폭발하는 3점슛은 압권이다. 스틸, 수비 리바운드, 볼핸들링도 OK. 그러나 듀얼가드로서 플레이메이킹이 살짝 부족하다. 연봉은 4639만 달러.

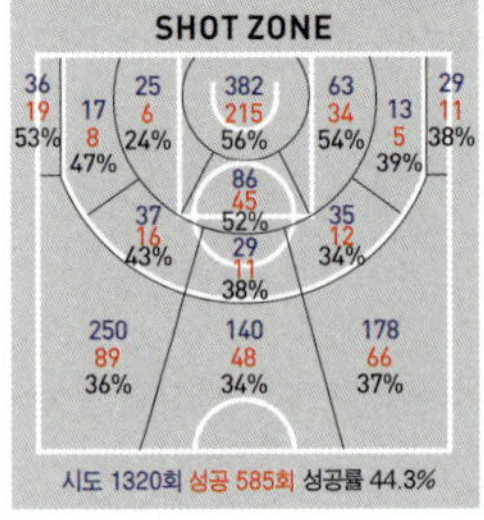

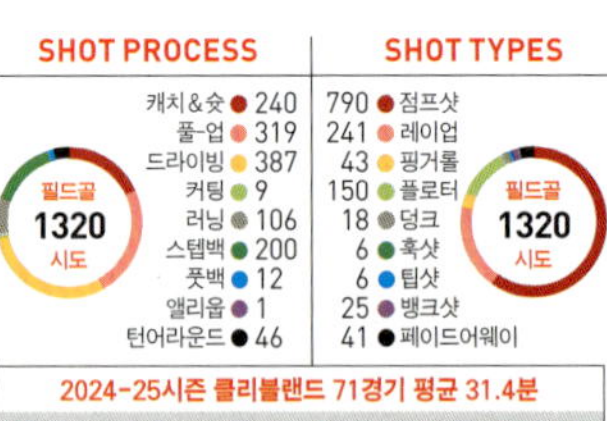

2024-25시즌 클리블랜드 71경기 평균 31.4분

항목	PTS	RB	AS	ST	BL	FG-FGA	3P-3PA	FT-FTA
평균	24.0	4.5	5.0	1.3	0.2	8.2-18.6	3.3-8.9	4.2-5.1
36분	27.4	5.2	5.7	1.5	0.3	9.4-21.3	3.8-10.2	4.8-5.8

항목	OS	CS	MS	3P	FT	SQ	OC	IS	L&F	SD	DD	PH	PF	PC	DRF	PM	PA	BH	DRS	PQ	PV
평점	B+	A	B-	B	B-	B	A	D+	A	D-	A-	F	F	F	A-	B	B	A-	B	B	C-

항목	DEF	ID	PD	ST	BL	HDQ	PP	DC	RBG	ORG	DRG	ATH	SP	AG	STR	VJ	STA	HP	INT	POT	OG
평점	C-	C-	C+	C+	F	C+	C+	C	C	C	B-	B+	A	A-	D-	A+	A	A	A-	A	A-

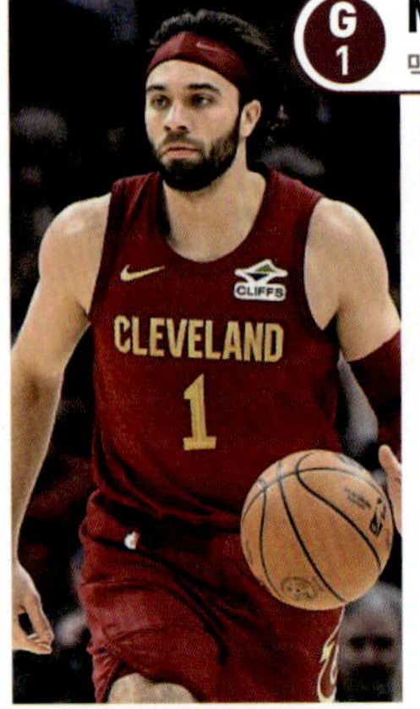

G 1 Max STRUS SG-SF
맥스 스트루스 1996.03.28 / 196cm

미국
NBA 드래프트 : 2019년 미지명
NBA 우승 : 0회 / 파이널 MVP : 0회
시즌 MVP : 0회 / NBA 퍼스트팀 : 0회

2시즌 연속 부상이 문제였다. 지난 시즌 오른 발목 부상으로 10월, 11월에 결장했다. 올 시즌엔 2025년 8월 왼발 중족골 골절로 수술을 받아 역시 시즌 개막 후 두달 간 출전할 수 없다. 빨리 건강을 되찾는 게 급선무다. 스트루스는 정상 컨디션일 경우 '3점 슈팅의 대가'로 유명하다. 슈팅 스트로크가 안정되어 있고, 슈팅 터치가 부드러우며 연속적으로 폭발 시킬 수 있다. 덩크, 레이업, 플로터, 핑거롤로 림을 직접 공략하기도 한다. 연봉은 1594만 달러.

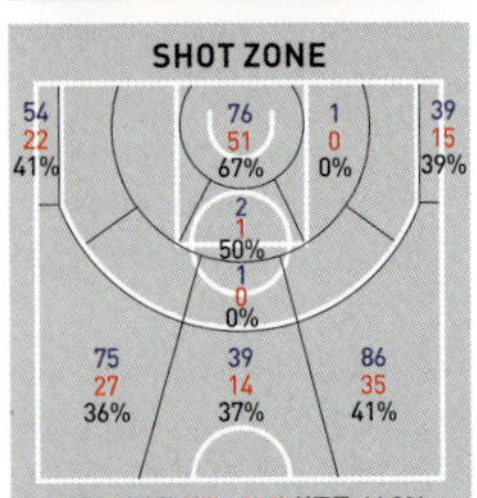

2024-25시즌 클리블랜드 50경기 평균 25.5분

항목	PTS	RB	AS	ST	BL	FG-FGA	3P-3PA	FT-FTA
평균	9.4	4.3	3.2	0.5	0.2	3.7-8.6	2.3-6.2	0.8-1.0
36분	13.3	6.1	4.5	0.7	0.3	4.7-10.5	3.2-8.3	0.8-1.0

항목	OS	CS	MS	3P	FT	SQ	OC	IS	L&F	SD	DD	PH	PF	PC	DRF	PM	PA	BH	DRS	PQ	PV
평점	C+	B	B	B-	B	C-	F	D-	C	F	D	F	F	F	F	D+	C-	D+	C	C-	D-

항목	DEF	ID	PD	ST	BL	HDQ	PP	DC	RB3	OR3	DR3	ATH	SP	AG	STR	VJ	STA	HP	INT	POT	OG
평점	D	D-	D+	F	F	D-	D-	D-	C-	C+	C-	C	C	C	F	C	A	C-	D-	B+	C

G 2 Lonzo BALL PG
론조 볼 1997.10.27 / 198cm

미국
NBA 드래프트 : 2017년 1라운드 2번
NBA 우승 : 0회 / 파이널 MVP : 0회
시즌 MVP : 0회 / NBA 퍼스트팀 : 0회

왼쪽 무릎이 문제다. 그는 무릎 부상으로 수술을 받았고, 2022-23, 2023-24 두 시즌을 통째로 날린 데다 지난 시즌에도 35경기 출전에 그쳤다. 새 구단 클리블랜드에서는 과연 건강할 수 있을까. 볼은 정상 컨디션일 경우 '3&D 리딩형 포인트 가드'로 시야가 넓고, 정확한 3점슈팅을 구사한다. 강력한 퍼리미터 1대1 수비와 런&건에서도 평가를 받는다. 하지만 이런 평가들은 그의 몸 상태가 정상일 경우에만 해당한다. 건강이 최고다. 연봉은 1000만 달러.

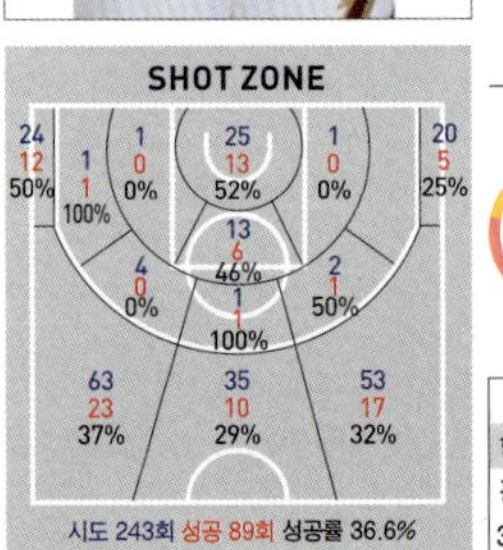

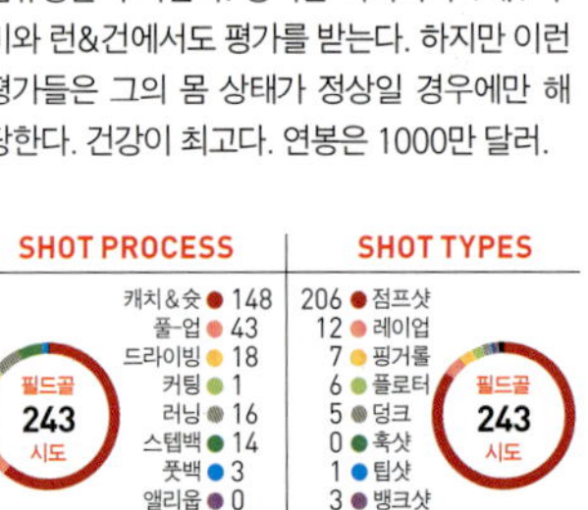

2024-25시즌 시카고 35경기 평균 22.2분

항목	PTS	RB	AS	ST	BL	FG-FGA	3P-3PA	FT-FTA
평균	7.6	3.4	3.3	1.3	0.5	2.5-6.9	1.9-5.6	0.6-0.8
36분	12.4	5.5	5.3	2.2	0.8	4.1-11.3	3.1-9.0	1.0-1.3

항목	OS	CS	MS	3P	FT	SQ	OC	IS	L&F	SD	DD	PH	PF	PC	DRF	PM	PA	BH	DRS	PQ	PV
평점	D	D-	D+	C+	B-	D-	D-	D-	C-	F	C	F	F	F	D-	B-	B-	B	B	B-	D+

항목	DEF	ID	PD	ST	BL	HDQ	PP	DC	RBG	ORG	DRG	ATH	SP	AG	STR	VJ	STA	HP	INT	POT	OG
평점	B-	D	B+	A	F	B	B	B	B-	B-	B-	C+	B	B	D-	B-	A-	C-	C-	B+	C+

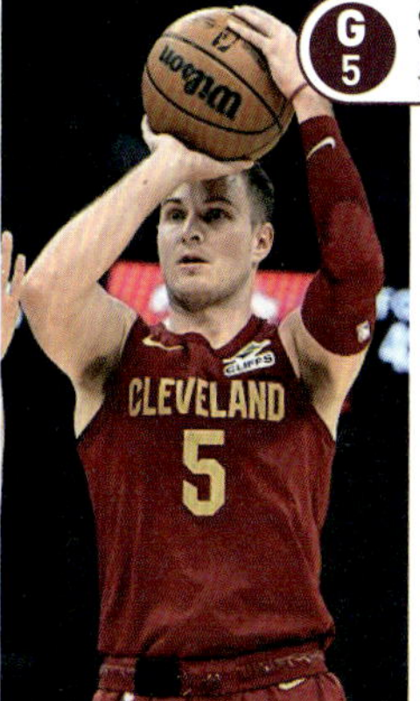

G 5 Sam MERRILL SG

샘 메릴 1996.05.15 / 193cm

미국
NBA 드래프트 : 2020년 2라운드 60번
NBA 우승 : 1회 / 파이널 MVP : 0회
시즌 MVP : 0회 / NBA 퍼스트팀 : 0회

'서드 유닛' 슈팅가드. 대학 시절부터 유명했던 슈팅력은 프로에서도 제 몫을 해내고 있다. 지난 시즌 평균 19.7분의 짧은 출전 시간에도 3점 슈팅 37.2%(5.2회 시도-1.9회 성공)의 적중도를 보였다. 또한, 96.6%의 자유투는 그야말로 리그 최상급이다. 그의 주득점은 캐치&슛에서 나오지만 풀업 점퍼도 간간이 시도한다. 림어택은 레이업이 대부분이다. 퍼리미터 1대1 수비, 가로채기, 팀 디펜스 등에서는 많은 발전이 있어야 한다. 연봉은 848만 달러.

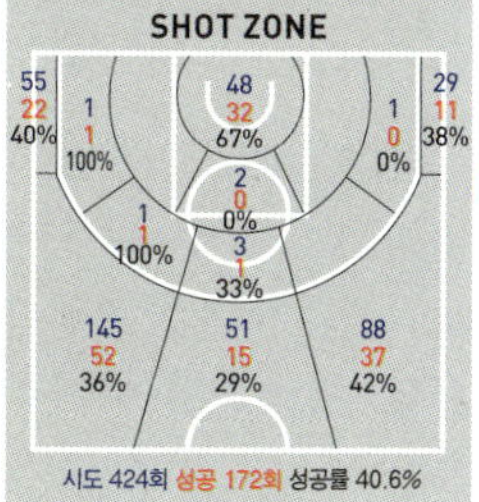

SHOT PROCESS — 필드골 424 시도
- 캐치&슛 274
- 풀-업 50
- 드라이빙 12
- 커팅 22
- 러닝 52
- 스텝백 12
- 풋백 2
- 앨리웁 0
- 터어라운드 0

SHOT TYPES — 필드골 424 시도
- 371 점프샷
- 40 레이업
- 5 핑거롤
- 3 플로터
- 0 덩크
- 0 혹샷
- 2 팁샷
- 3 뱅크샷
- 0 페이드어웨이

2024-25시즌 클리블랜드 71경기 평균 19.7분

항목	PTS	RB	AS	ST	BL	FG-FGA	3P-3PA	FT-FTA
평균	7.2	2.2	1.5	0.7	0.2	2.4-6.0	1.9-5.2	0.4-0.4
36분	13.1	4.0	2.8	1.4	0.4	4.4-10.9	3.5-9.5	0.7-0.7

항목	OS	CS	MS	3P	FT	SQ	OC	IS	L&F	SD	DD	PH	PF	PC	DRF	PM	PA	BH	DRS	PQ	PV
평점	B-	C-	B-	B	A+	C	C	D-	D	F	F	F	F	F	D-	D	C	C	D-	C+	F

항목	DEF	ID	PD	ST	BL	HDQ	PP	DC	RBG	ORG	DRG	ATH	SP	AG	STR	VJ	STA	HP	INT	POT	OG
평점	D	D-	C-	C	F	D-	D-	D-	D-	C+	D-	D	D-	D+	D-	D-	B-	D-	D-	B	C

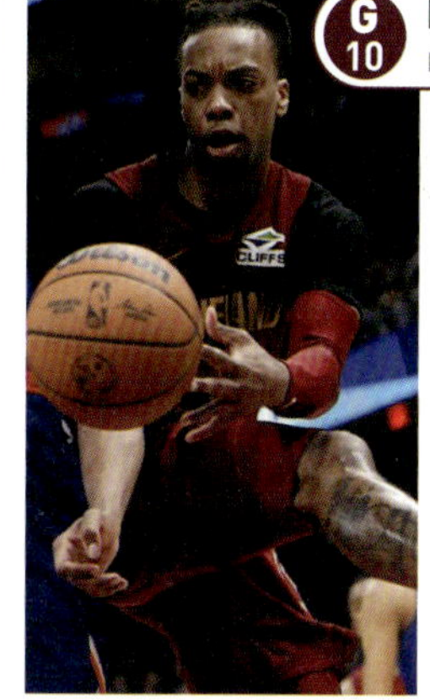

G 10 Darius GARLAND PG-SG

대리어스 갈란드 2000.01.26 / 185cm

미국
NBA 드래프트 : 2019년 1라운드 5번
NBA 우승 : 0회 / 파이널 MVP : 0회
시즌 MVP : 0회 / NBA 퍼스트팀 : 0회

지난 시즌, 프로 데뷔 6년 만에 최고의 순간을 보냈다. 본인의 역대 최다인 75경기에 출전했고, 평균 20.6점, 6.7어시스트를 기록했다. 시즌 중 올스타전 백업 멤버에 선정되었고, 시즌 종료 후 '올해의 클러치 플레이어' 투표에서 6위에 올랐다. 2023-24시즌 이런저런 부상으로 고전했던 것과 비교하면 큰 발전이었다. 양손잡이로 자유롭게 볼을 다루고, 정확한 패스를 뿌린다. 슬래셔로서 림을 직접 공략하고, 중장거리 슈팅을 터뜨린다. 연봉은 3945만 달러.

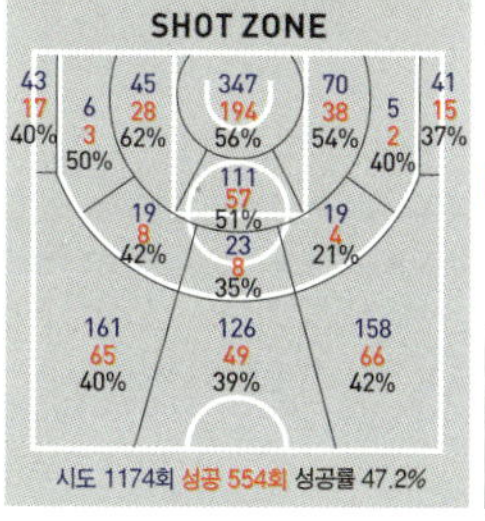

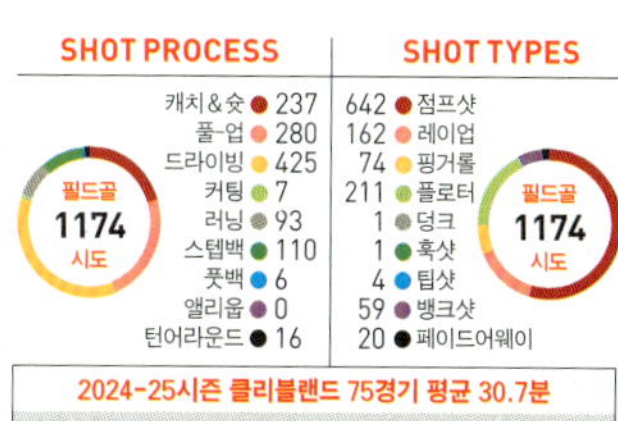

2024-25시즌 클리블랜드 75경기 평균 30.7분

항목	PTS	RB	AS	ST	BL	FG-FGA	3P-3PA	FT-FTA
평균	20.6	2.9	6.7	1.2	0.1	7.4-15.7	2.8-7.1	3.0-3.4
36분	24.2	3.3	7.9	1.4	0.2	8.7-18.4	3.3-8.3	3.5-4.0

항목	OS	CS	MS	3P	FT	SQ	OC	IS	L&F	SD	DD	PH	PF	PC	DRF	PM	PA	BH	DRS	PQ	PV
평점	B	A	B	B	B+	C	B-	D-	B-	F	F	F	F	F	C	B+	A-	B+	B+	A	C

항목	DEF	ID	PD	ST	BL	HDQ	PP	DC	RBG	ORG	DRG	ATH	SP	AG	STR	VJ	STA	HP	INT	POT	OG
평점	D	D-	C	C	F	D+	D	D-	D-	D+	D-	B-	B+	B+	F	B	A	A	B-	A-	B+

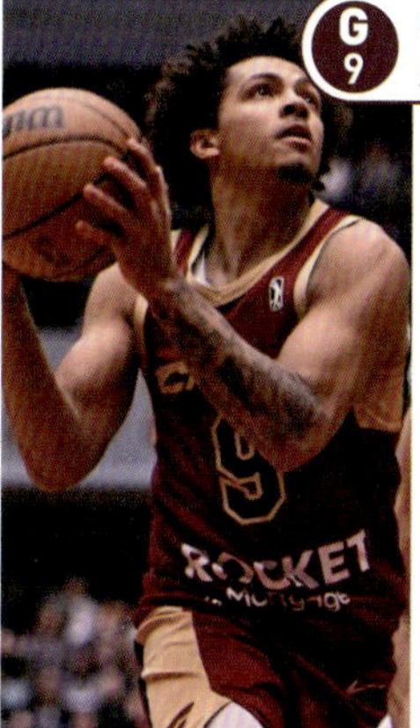

G 9 Craig PORTER Jr. PG

크레이그 포터 주니어 2000.02.26 / 185cm

미국
NBA 드래프트 : 2023년 미지명
NBA 우승 : 0회 / 파이널 MVP : 0회
시즌 MVP : 0회 / NBA 퍼스트팀 : 0회

2024년 12월의 발목 부상, G리그 출전 등으로 지난 시즌 51경기 출전에 그쳤다. 2025년 7월 섬머리그 때 왼쪽 햄스트링 부상으로 남은 일정을 취소했다. 올 시즌 부상 없이 레이스를 펼쳐야 한다. 포터는 정상 컨디션일 경우 매우 역동적인 포인트가드로 활약한다. 과감한 드라이브인으로 레이업, 핑거롤, 플로터를 성공시킨다. 풀업 점퍼와 스텝백 점퍼도 레퍼토리 중 하나. 높은 바스켓볼 IQ와 플레이메이킹도 돋보인다. 문제는 수비. 연봉은 222만 달러.

SHOT PROCESS — 필드골 140 시도
- 캐치&슛 23
- 풀-업 19
- 드라이빙 49
- 커팅 8
- 러닝 12
- 스텝백 17
- 풋백 3
- 앨리웁 0
- 터어라운드 9

SHOT TYPES — 필드골 140 시도
- 54 점프샷
- 45 레이업
- 6 핑거롤
- 9 플로터
- 7 덩크
- 2 혹샷
- 2 팁샷
- 6 뱅크샷
- 9 페이드어웨이

2024-25시즌 클리블랜드 51경기 평균 10.1분

항목	PTS	RB	AS	ST	BL	FG-FGA	3P-3PA	FT-FTA
평균	3.7	1.3	1.4	0.3	0.3	1.4-2.7	0.4-0.9	0.5-0.6
36분	13.2	4.7	5.0	1.2	1.1	5.1-9.8	1.5-3.4	1.6-2.2

항목	OS	CS	MS	3P	FT	SQ	OC	IS	L&F	SD	DD	PH	PF	PC	DRF	PM	PA	BH	DRS	PQ	PV
평점	C-	B-	B	B-	D+	D	F	D-	C+	F	D-	F	F	F	D-	C-	C	C-	C+	C	D-

항목	DEF	ID	PD	ST	BL	HDQ	PP	DC	RBG	ORG	DRG	ATH	SP	AG	STR	VJ	STA	HP	INT	POT	OG
평점	D	D-	C-	D+	D	D-	D-	D-	D+	B-	D	C+	C+	C+	F	C-	B+	A-	C-	B	C-

CLEVELAND CAVALIERS 2025-26 REGULAR SEASON SCHEDULE

OCTOBER, 2025
- Oct. 22 @ New York Knicks
- Oct. 24 @ Brooklyn Nets
- Oct. 26 vs. Milwaukee Bucks
- Oct. 27 @ Detroit Pistons
- Oct. 29 @ Boston Celtics
- Oct. 31 vs. Toronto Raptors

NOVEMBER, 2025
- Nov. 2 vs. Atlanta Hawks
- Nov. 5 vs. Philadelphia 76ers
- Nov. 7 @ Washington Wizards
- Nov. 8 vs. Chicago Bulls
- Nov. 10 @ Miami Heat
- Nov. 12 @ Miami Heat
- Nov. 13 vs. Toronto Raptors
- Nov. 15 vs. Memphis Grizzlies
- Nov. 17 vs. Milwaukee Bucks
- Nov. 19 vs. Houston Rockets
- Nov. 21 vs. Indiana Pacers
- Nov. 23 vs. Los Angeles Clippers
- Nov. 24 @ Toronto Raptors
- Nov. 28 @ Atlanta Hawks
- Nov. 30 vs. Boston Celtics

DECEMBER, 2025
- Dec. 1 @ Indiana Pacers
- Dec. 3 vs. Portland Trail Blazers
- Dec. 5 vs. San Antonio Spurs
- Dec. 6 vs. Golden State Warriors
- Dec. 17 @ Chicago Bulls
- Dec. 19 vs. Chicago Bulls
- Dec. 22 vs. Charlotte Hornets
- Dec. 23 vs. New Orleans Pelicans
- Dec. 25 @ New York Knicks
- Dec. 27 @ Houston Rockets
- Dec. 29 @ San Antonio Spurs
- Dec. 31 vs. Phoenix Suns

JANUARY, 2026
- Jan. 2 vs. Denver Nuggets
- Jan. 4 vs. Detroit Pistons
- Jan. 6 @ Indiana Pacers
- Jan. 8 @ Minnesota Timberwolves
- Jan. 10 vs. Minnesota Timberwolves
- Jan. 12 vs. Utah Jazz
- Jan. 14 @ Philadelphia 76ers
- Jan. 16 @ Philadelphia 76ers
- Jan. 19 vs. Oklahoma City Thunder
- Jan. 21 @ Charlotte Hornets
- Jan. 23 vs. Sacramento Kings
- Jan. 24 @ Orlando Magic
- Jan. 26 vs. Orlando Magic
- Jan. 28 vs. Los Angeles Lakers
- Jan. 30 @ Phoenix Suns

FEBRUARY, 2026
- Feb. 1 @ Portland Trail Blazers
- Feb. 4 @ Los Angeles Clippers
- Feb. 7 @ Sacramento Kings
- Feb. 9 @ Denver Nuggets
- Feb. 11 vs. Washington Wizards
- Feb. 19 vs. Brooklyn Nets
- Feb. 20 @ Charlotte Hornets
- Feb. 22 @ Oklahoma City Thunder
- Feb. 24 vs. New York Knicks
- Feb. 25 @ Milwaukee Bucks
- Feb. 27 @ Detroit Pistons

MARCH, 2026
- Mar. 1 @ Brooklyn Nets
- Mar. 3 vs. Detroit Pistons
- Mar. 8 vs. Boston Celtics
- Mar. 9 vs. Philadelphia 76ers
- Mar. 11 @ Orlando Magic
- Mar. 13 @ Dallas Mavericks
- Mar. 15 vs. Dallas Mavericks
- Mar. 17 @ Milwaukee Bucks
- Mar. 19 @ Chicago Bulls
- Mar. 21 @ New Orleans Pelicans
- Mar. 24 vs. Orlando Magic
- Mar. 25 vs. Miami Heat
- Mar. 27 vs. Miami Heat
- Mar. 30 @ Utah Jazz
- Mar. 31 @ Los Angeles Lakers

APRIL, 2026
- Apr. 2 @ Golden State Warriors
- Apr. 5 vs. Indiana Pacers
- Apr. 6 @ Memphis Grizzlies
- Apr. 8 vs. Atlanta Hawks
- Apr. 10 @ Atlanta Hawks
- Apr. 12 vs. Washington Wizards

DETROIT PISTONS
DETROIT
PISTONS
Pistons
2
Stock
Kings

극적인 반등, 모터 시티의 야망

케이드 커닝햄의 각성

2018-19시즌 이후 최초로 플레이오프 진출 기쁨을 누렸다. 모터 시티의 부흥 배경은 크게 세 가지다. 첫째, 케이드 커닝햄이 마침내 각성했다. 커리어 첫 올스타+All-NBA 팀 선정이 2021년 드래프트 전체 1순위 지명 유망주의 성장을 증명해준다. 둘째, JB 비커스태프 신임 감독이 선수단에 수비 개념을 주입했다. 수비 전술만큼은 수준급 지도자다. 셋째, 토바이어스 해리스, 비즐리 등 작년 여름에 영입한 베테랑들의 분전이 눈부셨다. 신구조화가 성립되었던 셈이다.

물 들어올 때 노 젓는다

구단 프런트가 물 들어올 때 빠르게 노 저었다. 특히 백코트 해결사 캐리스 르버트를 2년 약 2,900만 달러 FA 계약으로 잡았다. 간판스타 커닝햄의 부담을 덜어줄 적임자다. 또한, 던컨 로빈슨 3년 최대 4,800만 달러 사인&트레이드 영입을 통해 기존 퍼리미터 지역 슈터들인 비즐리, 팀 하더웨이 주니어, 시모네 폰테키오 이탈에 대비했다. 재계약에 성공한 백업 빅맨 폴 리드 역시 제일런 두렌(파울 트러블), 아이재이아 스튜어트(폭력성) 불안 요소를 보완해 줄 것으로 기대된다.

모터 시티의 야망

디트로이트는 근래 가장 극적인 반등 서사를 일궈낸 팀이다. 직전 2시즌 연속 리그 전체 꼴찌에 머물렀던 구제 불능 약체가 단숨에 동부컨퍼런스 플레이오프 직행권 강호로 거듭났다! 다소 부족한 선수단 경험이 문제일 뿐, 개별 포지션 능력치도 고르게 분포되어 있다. 여기에 리그 4년차 가드 제이든 아이비가 왼쪽 다리 부상에서 돌아온다. 커닝햄, 아이비, 르버트, 아우사르 탐슨이 뭉친 백코트 사각 편대가 경기 막판 클러치 코트 흥행을 책임질 것이다.

Association | Icon | Statement | City

*통계는 2025년 9월 10일 기준

CLUB INFORMATION

  **Founded** 구단 창립 1937년	  **Owner** 탐 고어스	 **CEO** 트래전 랭던 1976.05.13	**Head Coach** 제이비 비커스태프 1979.03.10	 **24-25 Odds** 스카이벳 : 33배 윌리엄힐 : 50배
  17명 **Nationality** ●미국 선수 16명 ●외국 선수 1명	 **Age** 17명 평균 25.1세	 **Height** 17명 평균 199.4cm	 **Weight** 17명 평균 96.8kg	 **Salary** 15명 평균 1127만 달러
  **Win** 2024-25 : 44승 통산 : 2871승	 **Loss** 2024-25 : 38패 통산 : 3209패	 **Winning%** 2024-25 : 53.7% 통산 : 47.2%	 **Play-Off** PO 진출 : 43회 PO 탈락 : 34회	 **Titles** NBA우승 : 3회 컨퍼런스 : 5회
Top Scorer 케이드 커닝햄 평균 26.1점	  **More Rebounds** 제일런 두렌 평균 10.3리바운드	 **More Assists** 케이드 커닝햄 평균 9.1어시스트	  **More Steals** 어사 탐슨 평균 1.7스틸	 **More Blocks** 아이재이아 스튜어트 평균 1.4블락

*항목별 1위는 지난 시즌 디트로이트 소속으로 42경기 이상 출전한 선수 중 선별

HEAD COACH & STADIUM

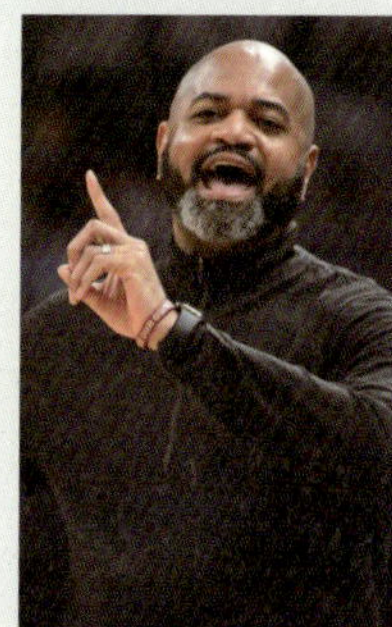

JB BICKERSTAFF 제이비 비커스태프

생년월일 : 1979.03.10 / **출생지 :** 미국 덴버주 콜로라도
경력 : 2004~2007년 샬럿 호네츠 코치 / 2007~2011년 미네소타 팀버울브스 코치 / 2011~2015년 휴스턴 로키츠 코치 / 2015~2016년 휴스턴 로키츠 임시 감독 /

이스트 고등학교를 졸업하고 오리건 주립대에 진학했다. 1999년 17세 신입생으로 그 당시까지 역대 최연소 NCAA 디비전1 선수가 되었다. 이후 미네소타대로 옮겨 선수 생활을 마쳤다. 2004년 샬럿 밥케츠 어시스턴트를 시작으로 지도자로 나섰다. 2007년부터 2017년까지는 미네소타, 휴스턴, 멤피스의 어시스턴트로 감독을 보조했다. 2015-16시즌 휴스턴 시절엔 팀의 플레이오프 진출에 힘을 보탰다. 2018-19시즌엔 멤피스 감독으로 승격했고, 그해 팀을 NBA 최소 실점 3위의 수비팀으로 탈바꿈시켰다. 2020~2024년, 클리블랜드 캐벌리어스 감독을 역임했다. 이 기간, 팀을 2년 연속 PO에 진출시켰다. 그리고 2024년 7월 3일, 디트로이트 피스톤스 제38대 감독으로 부임했다. 제이비와 아내 니키는 슬하에 3자녀를 두고 있다. 니키는 사회적 고립을 줄이고, 더 건강한 생활 방식을 위한 길을 모색하는 '더 디테일 재단'의 이사로 활동하고 있다.

LITTLE CAESARS ARENA

구장 오픈 : 2017년 9월 5일
구장 증개축 : –
오너 : 다운타운 개발청
수용인원 : 2만 332명
건축비용 : 8억 6300만달러
(현재 가치 11억 달러)

디트로이트 재건 계획의 상징물이다. 농구팀 디트로이트 피스톤스, 하키팀 디트로이트 레드윙스의 홈구장이다. 수많은 스포츠, 엔터테인먼트, 커뮤니티 이벤트를 위한 주요 무대로 사용되고 있다. 최첨단 기술, 팬 편의시설, 비아, 벨포어 트레이닝 센터, 쉐보레 플라자와 같은 활동적인 커뮤니티 공간도 갖추고 있다. 피스톤스 홈구장이 된 건 2017-18시즌부터다.

REGULAR SEASON RANKING LAST 10YEARS									★NBA 파이널 우승
15-16	16-17	17-18	18-19	19-20	20-21	21-22	22-23	23-24	24-25
12	19	19	16	26	29	28	30	30	14
44승 38패	37승 45패	39승 43패	41승 41패	20승 46패	20승 52패	23승 59패	17승 65패	14승 68패	44승 38패

Honours

3	5	15	11
NBA CHAMPIONS	CONFERENCE TITLES	DIVISION TITLES	RETIRED NUMBERS

NBA CHAMPIONSHIPS
1989, 1990, 2004

CONFERENCE TITLES
1988, 1989, 1990, 2004, 2005

DIVISION TITLES
1955, 1956, 1988, 1989, 1990, 2002, 2003, 2005, 2006, 2007, 2008

RETIRED NUMBERS
1, 2, 3, 4, 10, 11, 15, 16, 21, 32, 4

TEAM POTENTIAL

81점

9위

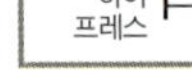

하프코트 세트오펜스 7점 | 트랜지션 오펜스 9점 | 하프코트 세트디펜스 9점 | 트랜지션 디펜스 8점 | 리바운드 8점
선수층 9점 | 선수 경험치 7점 | 감독 리더십 8점 | 감독 전술 7점 | 프런트 9점

*각 항목은 10점 만점, 평점은 NBA 30팀 사이 상대평가

우승 ODDS	배당	순위
Sky Bet	33배	12위
Bet Fred	40배	15위
William Hill	50배	15위

OFFENSIVE STYLE: 트랜지션 오펜스 ↔ 하프코트 세트오펜스

DEFENSIVE STYLE: 하이 프레스 ↔ 하프코트 디펜스

SQUAD & TACTICS

STARTERS

PF 토바이어스 해리스 31.6분, 13.7점 5.9RB, 2.2AS

C 제일런 두렌 26.1분, 11.8점 10.3RB, 2.7AS

SF 어사 톰슨 22.5분, 10.1점 5.1RB, 2.3AS

SG 제이든 아이비 29.9분, 17.6점 4.1RB, 4.0AS

PG 케이드 커닝햄 35.0분, 26.1점 6.1RB, 9.1AS

OFF THE BENCH

PG 캐리스 르버트 24.9분, 12.1점 3.2RB, 3.4AS

SG 론 홀랜드 15.6분, 6.4점 2.7RB, 1.0AS

SF 던컨 로빈슨 24.1분, 11.0점 2.3RB, 2.4AS

PF 아이재이아 스튜어트 19.9분, 6.0점 5.5RB, 1.7AS

C 폴 리드 9.7분, 4.1점 2.7RB, 1.0AS

G 마커스 새서
G 자본테 그린
F 채즈 래니어
F 톨루 스미스
C 보비 클린트먼

Player's Functions

Ball Handlers	Pull-Ups	Catch & Shoot
C.커닝햄 J.아이비 C.르버트	C.커닝햄 T.해리스 D.로빈슨	C.커닝햄 T.해리스 D.로빈슨
3 Pointers	**Slam Dunkers**	**Free Throw**
D.로빈슨 C.커닝햄 J.아이비	J.두렌 A.톰슨 T.해리스	C.커닝햄 T.해리스 D.로빈슨
Rebounders	**1-1 Defenders**	**Ball Stealers**
J.두렌 P.리드 A.톰슨	A.톰슨 J.그린 T.스미스	A.톰슨 P.리드 J.그린
Key Passes	**Hustle Players**	**Rim Protectors**
C.커닝햄 B.클린트만 J.아이비	A.톰슨 I.스튜어트 C.커닝햄	I.스튜어트 P.리드 J.두렌

2024-25 SEASON PERFORMANCE

공격 레이팅 115.0(16위) 수비 레이팅 113.1(11위) 레이팅 마진 +1.9(13위) 페이스 99.8(9위)

DETROIT PISTONS vs. OPPONENTS PER GAME STATS

	득실점	필드골성공	필드골시도	필드골%	3점성공	3점시도	3점%	2점성공	2점시도	2점%	자유투성공	자유투시도	자유투%	공격 RB	수비 RB	전체 RB	어시스트	스틸	블락샷	턴오버	파울
디트로이트	115.5 12위	42.7 10위	89.8 14위	47.6% 13위	12.8 20위	35.4 22위	36.2% 17위	29.9 7위	54.4 8위	55.0% 17위	17.2 11위	22.3 11위	77.4% 20위	11.4 11위	33.4 12위	44.8 13위	26.4 15위	8 19위	5.3 9위	14.9 21위	20.7 27위
상대팀	113.6 14위	40.6 9위	87.9 9위	46.1% 9위	13.6 18위	37.2 12위	36.6% 25위	26.9 4위	50.7 12위	53.1% 6위	18.8 28위	24.3 28위	77.6% 12위	10.5 6위	31.9 7위	42.5 6위	24.8 6위	8.9 24위	5 17위	15.1 9위	18.9 13위

LINE-UP

* 디트로이트는 지난 시즌 총 434개의 라인업을 가동했다. 득실점차 플러스 10개, 마이너스 10개를 골랐다.

득실점차 플러스(+) 라인업 TOP 10	G	MIN	PPG	RPG	득실차
T. Harris - T. Hardaway Jr. - C. Cunningham - J. Duren - A. Thompson	39	491	31.2	12.8	+60
T. Harris - M. Beasley - C. Cunningham - J. Duren - S. Fontecchio	14	33	7.1	2.0	+34
T. Harris - T. Hardaway Jr. - M. Beasley - I. Stewart - C. Cunningham	33	80	6.1	2.3	+31
D. Schröder - T. Hardaway Jr. - M. Beasley - J. Duren - A. Thompson	8	71	23.1	9.4	+25
T. Harris - D. Schröder - M. Beasley - I. Stewart - S. Fontecchio	15	35	6.0	2.3	+23
M. Beasley - C. Cunningham - J. Duren - S. Fontecchio - R. Holland II	12	28	6.3	2.7	+22
P. Reed - W. Moore Jr. - M. Sasser - A. Thompson - R. Holland II	4	22	14.0	4.5	+22
T. Harris - D. Schröder - M. Beasley - I. Stewart - C. Cunningham	10	21	5.4	1.9	+22
T. Harris - M. Beasley - C. Cunningham - J. Ivey - J. Duren	15	62	10.1	4.5	+19
T. Harris - M. Beasley - I. Stewart - C. Cunningham - R. Holland II	12	32	6.9	2.8	+19

득실점차 마이너스(-) 라인업 TOP 10	GP	MIN	PPG	RPG	득실차
T. Harris - M. Beasley - C. Cunningham - J. Duren - A. Thompson	20	56	6.2	2.2	-30
T. Harris - D. Schröder - T. Hardaway Jr. - J. Duren - A. Thompson	5	30	11.2	4.6	-22
M. Beasley - I. Stewart - M. Sasser - S. Fontecchio - R. Holland II	25	103	9.9	3.6	-18
M. Beasley - J. Ivey - J. Duren - S. Fontecchio - R. Holland II	8	22	4.4	2.6	-18
T. Hardaway Jr. - C. Cunningham - J. Duren - S. Fontecchio - A. Thompson	4	6	2.3	1.0	-18
T. Harris - T. Hardaway Jr. - M. Beasley - J. Ivey - J. Duren	7	52	15.7	6.0	-17
T. Harris - M. Beasley - I. Stewart - C. Cunningham - J. Ivey	13	34	4.8	3.0	-17
T. Harris - T. Hardaway Jr. - J. Duren - M. Sasser - R. Holland II	5	18	7.0	2.8	-17
T. Hardaway Jr. - C. Cunningham - J. Duren - S. Fontecchio - R. Holland II	9	12	2.6	0.9	-17
T. Hardaway Jr. - M. Beasley - I. Stewart - M. Sasser - A. Thompson	4	5	2.0	1.0	-16

PASS COMBINATIONS

→ 해당 선수가 경기당 동료로부터 패스 받은 횟수
→ 해당 선수가 경기당 동료들에게 패스 해준 횟수

받은 횟수	선수	해준 횟수
72.5	케이드 커닝햄	59.7
49.1	데니스 슈뢰더	44.1
47.8	제이든 아이비	39.3
20.0	제일런 두렌	33.6
28.7	토바이어스 해리스	31.3
25.9	마커스 세이서	22.8
21.2	어사 탐슨	21.4
28.4	말릭 비즐리	20.8
21.0	톨루 스미스	20.0
21.1	팀 하더웨이 주니어	19.3
14.3	아이재이아 스튜어트	19.1
12.8	시모네 폰테키오	16.3
12.0	론 하퍼 주니어	16.0
12.6	로널드 홀랜드 II	15.2
9.2	웬델 무어 주니어	11.5
8.6	폴 리드	11.0
5.6	바비 클린트먼	7.6
8.1	린디 워터스 III	7.6
5.5	콜 스와이더	6.5
7.7	대니스 젠킨스	5.8
4.0	알론디스 윌리엄스	2.0

2024-25 RANKING

* 는 수치가 낮을수록 랭킹이 높아짐

디트로이트	랭킹	FIVE FACTORS	상대팀	랭킹
54.7%	16위	3점 가중 FG%	53.9%*	10위
13.0*	21위	턴오버 / 100포제션	13.3	9위
26.2%	11위	공격 RB 점유율	24.0%*	7위
76.0%	7위	수비 RB 점유율	73.8%*	10위
19.2%	13위	자유투 / 필드골	21.4%*	27위

득점	랭킹	PLAYTYPE	실점*	랭킹
5.8	21위	아이솔레이션	7.3	17위
26.2	21위	트랜지션	21.7	5위
17.2	9위	픽&롤 볼핸들러	18.5	28위
5.9	25위	픽&롤 롤맨	7.9	25위
4.5	11위	포스트-업	3.3	5위
22.3	29위	스팟-업	24.9	7위
7.7	3위	핸드오프	5.6	23위
9.4	16위	컷인	—	—
5.4	4위	오프 스크린	4.0	11위
7.7	4위	풋백	5.6	2위
2.9	13위	기타	—	—

SHOT ZONE

평균 구간별 슈팅 및 성공률

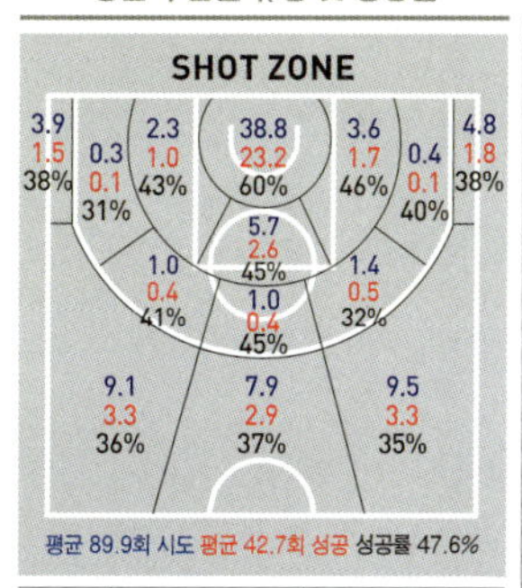

항목	2PA	2PM	2P%	3PA	3PM	3P%
캐치&숏	1.0	0.5	49.4%	24.7	9.2	37.4%
풀업	12.6	5.2	41.5%	10.4	3.5	33.4%
3m 안쪽	40.7	24.1	59.3%	—	—	—
TOTAL	54.4	29.9	55.0%	35.3	12.8	36.2%

SHOT PROCESS & SHOT TYPES

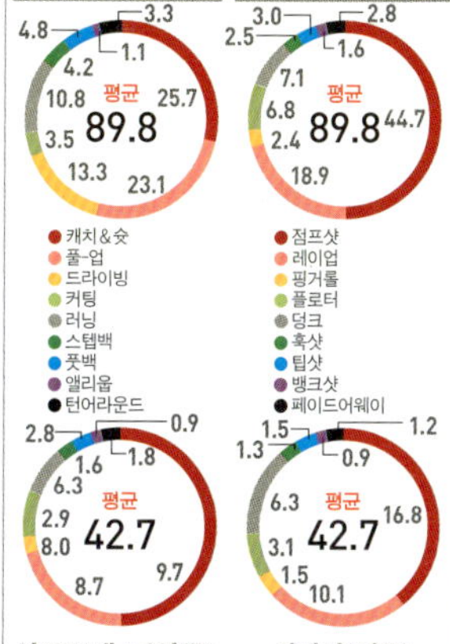

SHOOTING

필드골 시도: 6.8 / 18.0 / 평균 89.8 / 25.7 / 39.3

필드골 시도: 7.5 / 3.9 / 8.4 / 14.9 / 평균 89.8 / 13.4 / 41.7

공격수와 수비수의 거리: ● 0~0.6m ● 0.6~1.2m ● 1.2~1.8m ● 1.8m 이상

샷클락: ● 22~24초 ● 18~22초 ● 15~18초 ● 7~15초 ● 4~7초 ● 0~4초

필드골 성공: 3.1 / 7.8 / 평균 42.7 / 11.9 / 19.9

필드골 성공: 2.7 / 2.3 / 3.8 / 8.1 / 평균 42.7 / 6.3 / 19.5

OPPONENT SHOOTING

상대 필드골 시도: 5.7 / 21.1 / 평균 87.9 / 34.3 / 26.8

상대 필드골 시도: 8.0 / 2.6 / 8.2 / 13.2 / 평균 87.9 / 13.6 / 42.3

공격수와 수비수의 거리: ● 0~0.6m ● 0.6~1.2m ● 1.2~1.8m ● 1.8m 이상

샷클락: ● 22~24초 ● 18~22초 ● 15~18초 ● 7~15초 ● 4~7초 ● 0~4초

필드골 허용: 2.6 / 9.2 / 평균 40.6 / 12.1 / 16.7

필드골 허용: 2.7 / 1.7 / 3.3 / 6.8 / 평균 40.6 / 6.2 / 19.9

CONTESTED REBOUNDS

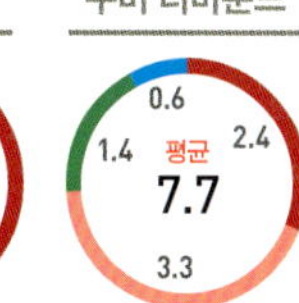

수비 리바운드: 0.6 / 1.4 / 평균 7.7 / 2.4 / 3.3

림 아래부터 리바운드 위치까지의 거리
● 0~0.9m ● 0.9~1.8m ● 1.8~3m ● 3m 이상

UNCONTESTED REBOUNDS

공격 리바운드: 0.8 / 2.2 / 평균 5.1 / 1.3 / 0.8

수비 리바운드: 4.9 / 4.3 / 평균 25.5 / 6.5 / 9.8

림 아래부터 리바운드 위치까지의 거리
● 0~0.9m ● 0.9~1.8m ● 1.8~3m ● 3m 이상

DEFENSE OF 44 WINS

필드골 허용 %: 43.9%
상대 필드골 시도 87.8
필드골 허용 38.6

3점슛 허용 %: 33.8%
상대 3점슛 시도 36.8
3점슛 허용 12.4

DEFENSE OF 38 LOSSES

필드골 허용 %: 48.7%
상대 필드골 시도 88.1
필드골 허용 42.9

3점슛 허용 %: 39.8%
상대 3점슛 시도 37.8
3점슛 허용 15.1

General Stats								Outside Scoring & Shooting							Inside Scoring & Shooting								Play Making, Ball Handling & Passing					
PTS	RB	AS	ST	BL	FG-FGA	3P-3PA	FT-FTA	OS	CS	MS	3P	FT	SQ	OC	IS	L&F	SD	DD	PH	PF	PC	DRF	PM	PA	BH	DRS	PQ	PV
득점	리바운드	어시스트	스틸	블락샷	필드골 성공-시도	3점슈팅 성공-시도	자유투 성공-시도	외곽 득점력	근거리 점프샷	중거리 슈팅	3점 슈팅	자유투 슈팅	슈팅 IQ	득점 일관성	인사이드 득점력	레이업 플로터	스탠딩 덩크	드라이빙 덩크	포스트 훅샷	포스트 페이드	포스트 컨트롤	파울 유도	플레이 메이킹	패스 능력	볼 핸들링	드리블 스피드	패스 IQ	패스 비전

F 9 Ausar THOMPSON SF-SG

어사 톰슨 2003.01.30 / 198cm

미국
NBA 드래프트 : 2023년 1라운드 5번
NBA 우승 : 0회 / 파이널 MVP : 0회
시즌 MVP : 0회 / NBA 퍼스트팀 : 0회

2024년 3월 20일, 혈전 제거 수술을 받았다. 천만다행으로 2024-25시즌 큰 문제 없이 풀타임 활약했다. 올 시즌도 기대된다. 탐슨은 리그 최고 수준의 수비수다. BQ가 좋아 예측을 잘 하며, 퍼리미터 1대1 수비, 스틸, 팀 디펜스 모두 압도적이다. 또한, 스몰포워드 중 최고 수준의 리바운드 실력을 갖췄다. 그러나 "Limited Offensively"다. 덩크와 레이업이 득점의 대부분이다. 가끔 3점 슈팅을 시도하지만, 성공률 22%에 그쳤다. 연봉은 878만 달러.

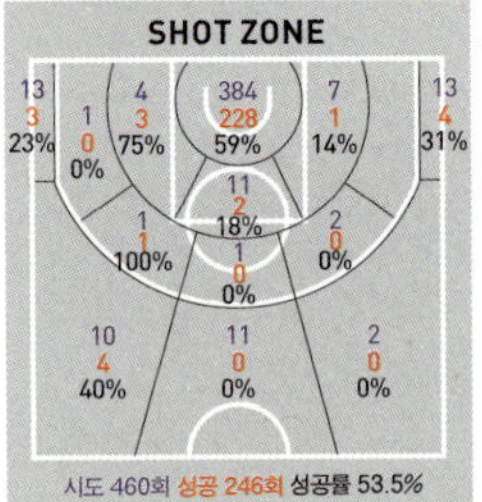

SHOT PROCESS | **SHOT TYPES**

캐치&슛 105 / 풀-업 16 / 드라이빙 127 / 커팅 44 / 러닝 80 / 스텝백 2 / 풋백 55 / 앨리웁 14 / 턴어라운드 17

필드골 460 시도

점프샷 67 / 레이업 154 / 핑거롤 11 / 플로터 29 / 덩크 118 / 훅샷 9 / 팁샷 45 / 뱅크샷 16 / 페이드어웨이 11

필드골 460 시도

2024-25시즌 디트로이트 59경기 평균 22.5분

항목	PTS	RB	AS	ST	BL	FG-FGA	3P-3PA	FT-FTA
평균	10.1	5.1	2.3	1.7	0.7	4.2-7.8	0.2-0.8	1.5-2.4
36분	16.1	8.2	3.6	2.7	1.1	6.7-12.5	0.3-1.3	2.5-3.8

항목	OS	CS	MS	3P	FT	SQ	OC	IS	L&F	SD	DD	PH	PF	PC	DRF	PM	PA	BH	DRS	PQ	PV
평점	D-	B	D-	D	D-	F	F	D-	B	D-	A-	F	F	F	F	C-	C-	C+	B+	C-	D-

항목	DEF	ID	PD	ST	BL	HDQ	PP	DC	RB3	OR3	DR3	ATH	SP	AG	STR	VJ	STA	HP	INT	POT	OG
평점	B+	B+	A-	A+	D	B+	B+	A-	A-	A	B-	B	A	A-	D-	A+	A	A	F	B+	B

F 12 Tobias HARRIS PF-SF

토바이어스 해리스 1992.07.15 / 203cm

미국
NBA 드래프트 : 2011년 1라운드 9번
NBA 우승 : 0회 / 파이널 MVP : 0회
시즌 MVP : 0회 / NBA 퍼스트팀 : 0회

2025년 초반 오른발 뒤꿈치, 머리, 왼 종아리에 잔부상이 생겼다. 불행 중 다행으로 큰 부상은 아니었기에 9경기 결장에 그쳤다. 올 시즌 정상 컨디션을 유지하는 게 가장 중요하다. 해리스는 3번과 4번을 겸한다. 득점력이 우수하기에 어느 팀에 가더라도 공격 '2옵션'을 맡을 수 있다. 중거리 풀업 점퍼와 턴어라운드 페이드어웨이샷은 치명적인 무기다. 레이업, 플로터, 덩크 등 림어택도 쏠쏠하다. 1번~4번을 모두 수비할 수 있다. 연봉은 2663만 달러.

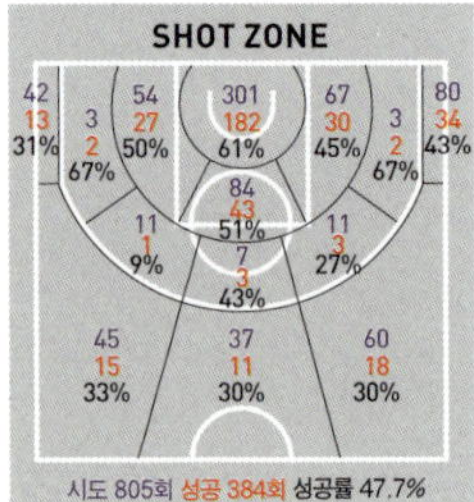

SHOT PROCESS | **SHOT TYPES**

캐치&슛 283 / 풀-업 114 / 드라이빙 123 / 커팅 34 / 러닝 93 / 스텝백 43 / 풋백 24 / 앨리웁 2 / 턴어라운드 89

2024-25시즌 디트로이트 73경기 평균 31.6분

항목	PTS	RB	AS	ST	BL	FG-FGA	3P-3PA	FT-FTA
평균	13.7	5.9	2.2	1.0	0.8	5.3-11.0	1.2-3.6	2.0-2.3
36분	15.6	6.7	2.5	1.2	0.9	6.0-12.6	1.4-4.1	2.2-2.6

항목	OS	CS	MS	3P	FT	SQ	OC	IS	L&F	SD	DD	PH	PF	PC	DRF	PM	PA	BH	DRS	PQ	PV
평점	C+	A	C-	C+	B+	D-	C	C	B-	D	C	C-	C-	B	D+	D	C+	C+	D-	C+	F

항목	DEF	ID	PD	ST	BL	HDQ	PP	DC	RB	ORB	DRB	ATH	SP	AG	STR	VJ	STA	HP	INT	POT	OG
평점	D	D+	D	D+	D-	D+	D	D-	D-	D-	D-	C+	C	D+	C-	C+	A+	C-	B-	B+	B-

F 55 Duncan ROBINSON SF

던컨 로빈슨 1994.01.24 / 201cm

미국
NBA 드래프트 : 2018년 지명받지 못함
NBA 우승 : 0회 / 파이널 MVP : 0회
시즌 MVP : 0회 / NBA 퍼스트팀 : 0회

치명적인 3점 슈터. 평균 2.6회 3점 슈팅을 넣으며 성공률 39%를 기록했다. 203cm의 큰 키라 타점이 높은 데다, 안정된 스트로크, 부드러운 슈팅 터치를 이용해 한 템포 빨리 릴리스한다. 상대 수비가 블락하기 꽤 어렵다. 로빈슨은 일단 '던지고 보는' 슈터다. 이런 자신감과 적극성이 그를 '양궁 선수'로 만들었다. 그러나 스피드가 느려 발이 빠른 윙을 잡지 못해 '자동문'이 된다. 리바운드, 트랜지션 게임도 보완해야 한다. 연봉은 1683만 달러.

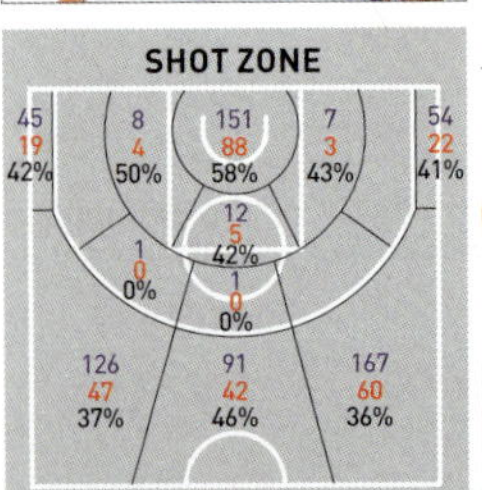

SHOT PROCESS | **SHOT TYPES**

2024-25시즌 마이애미 74경기 평균 24.1분

항목	PTS	RB	AS	ST	BL	FG-FGA	3P-3PA	FT-FTA
평균	11.0	2.3	2.4	0.5	0.1	3.9-9.0	2.6-6.5	0.6-0.7
36분	16.5	3.4	3.5	0.8	0.1	5.8-13.4	3.8-9.7	0.9-1.1

항목	OS	CS	MS	3P	FT	SQ	OC	IS	L&F	SD	DD	PH	PF	PC	DRF	PM	PA	BH	DRS	PQ	PV
평점	B-	A	B-	B	A-	C	C-	D-	C	F	C	F	F	F	D-	D	D	C-	D-	C	D-

항목	DEF	ID	PD	ST	BL	HDQ	PP	DC	RB3	OR3	DR3	ATH	SP	AG	STR	VJ	STA	HP	INT	POT	OG
평점	D-	D	D	F	F	D-	D-	F	D-	D-	D-	D+	D-	D	F	C-	B	C	C	B	C

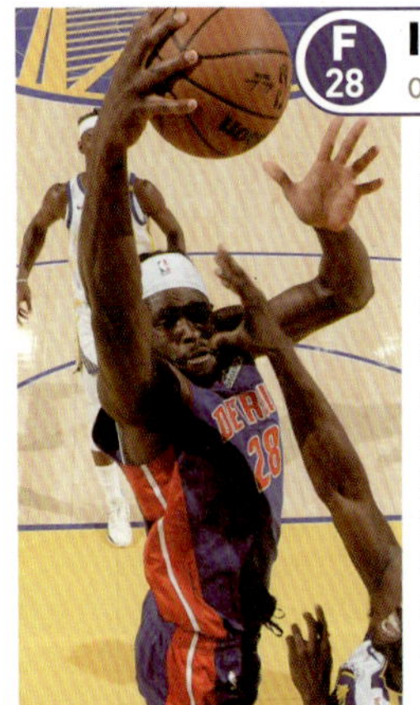

F 28 Isaiah STEWART PF-C

아이재아 스튜어트 2001.05.22 / 203cm

미국
NBA 드래프트 : 2020년 1라운드 16번
NBA 우승 : 0회 / 파이널 MVP : 0회
시즌 MVP : 0회 / NBA 퍼스트팀 : 0회

2024-25 정규시즌엔 큰 문제 없이 풀타임 출전했다. 그러나 2025 플레이오프 때 무릎 염증이 발생해 최종 5경기에 뛸 수 없었다. 올 시즌을 건강하게 치르는 게 무엇보다도 중요하다. 스튜어트는 두꺼운 몸에 근육이 많은 203cm의 파워포워드 겸 센터다. 부드러운 슈팅 터치로 레이업과 핑거롤을 림에 얹는다. 파워 덩크도 한몫한다. 탑, 윙, 코너 등 코트 여러 위치에서 3점포를 터뜨린다. 트랜지션 게임, 허슬 플레이도 OK. 시즌 연봉은 1500만 달러.

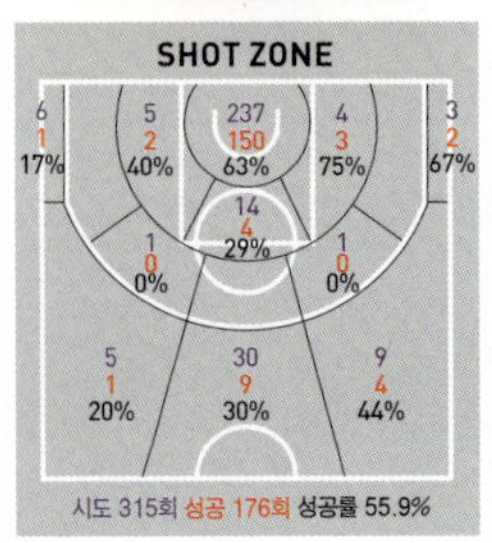

SHOT PROCESS | **SHOT TYPES**

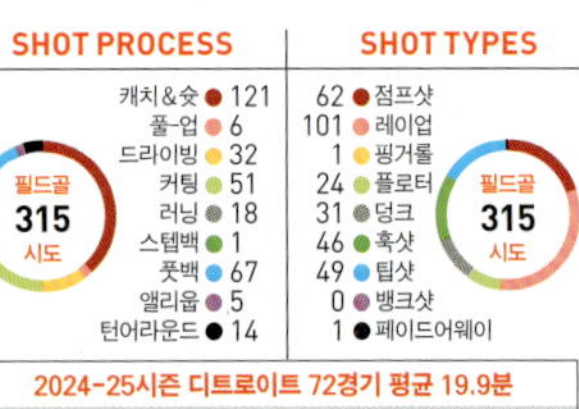

2024-25시즌 디트로이트 72경기 평균 19.9분

항목	PTS	RB	AS	ST	BL	FG-FGA	3P-3PA	FT-FTA
평균	6.0	5.5	1.7	0.4	1.4	2.4-4.4	0.2-0.7	0.9-1.2
36분	10.9	10.0	3.1	0.7	2.5	4.4-7.9	0.4-1.3	1.7-2.2

항목	OS	CS	MS	3P	FT	SQ	OC	IS	L&F	SD	DD	PH	PF	PC	DRF	PM	PA	BH	DRS	PQ	PV
평점	C-	A	C	C-	C	D-	D-	D+	C	C	C-	C	D	C	D-	F	F	F	D-	D-	F

항목	DEF	ID	PD	ST	BL	HDQ	PP	DC	RB	ORB	DRB	ATH	SP	AG	STR	VJ	STA	HP	INT	POT	OG
평점	D	B-	C-	F	A+	C-	F	D-	C	C+	C	C+	D-	C-	B+	C-	B-	B	F	B	C

F 20 Chaz LANIER SG-SF

채즈 러니어 2001.12.19 / 193cm

미국
NBA 드래프트 : 2025년 2라운드 37번
NBA 우승 : 0회 / 파이널 MVP : 0회
시즌 MVP : 0회 / NBA 퍼스트팀 : 0회

테네시대 1학년을 마치고 2025 NBA 드래프트를 신청했다. 디트로이트에 2라운드 37번으로 지명되었다. 대학 시절 38경기에 출전해 평균 18.0점, 3.9리바운드를 기록했다. 슈팅가드 겸 스몰포워드로서 득점력을 어느정도는 인정 받은 셈이다. 그는 내외곽 어디에서든 득점을 올린다. 오프더볼 움직임이 좋고, 캐치&슈터로 정확한 외곽 슈팅을 구사한다. 긴 윙스팬과 높은 점프력을 지녀 림 어택(덩크, 레이업, 플로터)으로도 득점할 수 있다. 연봉은 137만 달러.

SHOT ZONE

2025-26시즌 신인 선수

SHOT PROCESS

필드골 0 시도

캐치&슛 ● / 풀-업 ● / 드라이빙 ● / 커팅 ● / 러닝 ● / 스텝백 ● / 풋백 ● / 앨리웁 ● / 턴어라운드 ●

SHOT TYPES

필드골 0 시도

● 점프샷 / ● 레이업 / ● 핑거롤 / ● 플로터 / ● 덩크 / ● 훅샷 / ● 팁샷 / ● 뱅크샷 / ● 페이드어웨이

2024-25시즌 기록 없음

항목	PTS	RB	AS	ST	BL	FG-FGA	3P-3PA	FT-FTA
평균	—	—	—	—	—	—	—	—
36분	—	—	—	—	—	—	—	—

항목	OS	CS	MS	3P	FT	SQ	OC	IS	L&F	SD	DD	PH	PF	PC	DRF	PM	PA	BH	DRS	PQ	PV
평점	—	—	—	—	—	—	—	—	—	—	—	—	—	—	—	—	—	—	—	—	—

항목	DEF	ID	PD	ST	BL	HDQ	PP	DC	RBG	ORG	DRG	ATH	SP	AG	STR	VJ	STA	HP	INT	POT	OG
평점	—	—	—	—	—	—	—	—	—	—	—	—	—	—	—	—	—	—	—	—	—

F 35 Tolu SMITH PF

톨루 스미스 2000.07.26 / 211cm

미국
NBA 드래프트 : 2024년 지명받지 못함
NBA 우승 : 0회 / 파이널 MVP : 0회
시즌 MVP : 0회 / NBA 퍼스트팀 : 0회

웨스턴 켄터키대, 미시시피 주립대에서 농구를 배웠다. 미시시피 주립대 시절 30경기에 출전해 평균 15.7점과 필드골 성공률 57.2%를 기록했다. 2024년 NBA 드래프트를 신청했지만 지명을 받지 못했고, 2025년 1월 디트로이트와 투웨이 계약을 맺었다. 그는 전형적인 '올드 스쿨 빅맨'이다. 주로 인사이드에서 덩크, 레이업, 훅샷으로 득점하고 강력한 수비와 리바운드를 구사한다. 2025년 NBA 섬머리그에서는 한층 발전된 기량을 선보인 바 있다.

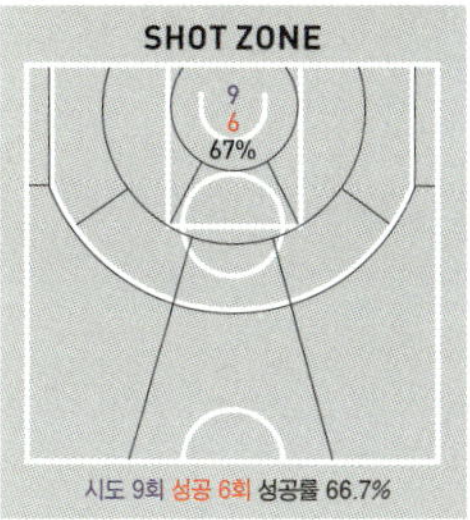

SHOT PROCESS

필드골 9 시도

캐치&슛 ● 5 / 풀-업 ● 0 / 드라이빙 ● 0 / 커팅 ● 2 / 러닝 ● 0 / 스텝백 ● 0 / 풋백 ● 2 / 앨리웁 ● 0 / 턴어라운드 ● 0

SHOT TYPES

필드골 9 시도

0 ● 점프샷 / 9 ● 레이업 / 0 ● 핑거롤 / 0 ● 플로터 / 0 ● 덩크 / 0 ● 훅샷 / 0 ● 팁샷 / 0 ● 뱅크샷 / 0 ● 페이드어웨이

2024-25시즌 디트로이트 1경기 평균 22.0분

항목	PTS	RB	AS	ST	BL	FG-FGA	3P-3PA	FT-FTA
평균	14.0	8.0	0.0	0.0	0.0	6.0-9.0	0.0-0.0	2.0-3.0
36분	22.9	14.1	0.0	0.0	0.0	9.8-14.7	0.0-0.0	3.3-4.9

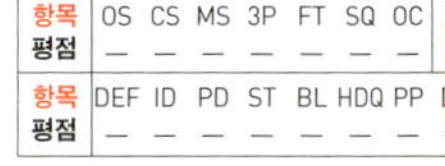

항목	OS	CS	MS	3P	FT	SQ	OC	IS	L&F	SD	DD	PH	PF	PC	DRF	PM	PA	BH	DRS	PQ	PV
평점	—	—	—	—	—	—	—						—	—	—	—	—	—	—	—	—

항목	DEF	ID	PD	ST	BL	HDQ	PP	DC	RBG	ORG	DRG	ATH	SP	AG	STR	VJ	STA	HP	INT	POT	OG
평점	—	—	—	—	—	—	—	—	—	—	—	—	—	—	—	—	—	—	—	—	—

C 0 Jalen DUREN C

제일런 두렌 2003.11.18 / 208cm

미국
NBA 드래프트 : 2022년 1라운드 13번
NBA 우승 : 0회 / 파이널 MVP : 0회
시즌 MVP : 0회 / NBA 퍼스트팀 : 0회

뛰어난 운동능력을 갖춘 '올드 스쿨' 빅맨. 208cm 키에 227cm 윙스팬으로 골밑을 지켜낸다. 공격 및 수비 리바운드 모두 리그 최상급이고, 높은 점프를 이용해 돌고래처럼 튀어 올라 블락을 한다. 지난 시즌 시도한 546회의 필드골 중 무려 529회가 림 근처에서 이뤄졌다(샷존 참조). 파워 슬램덩크, 레이업, 플로터, 짧은 거리 훅샷, 공격 리바운드 후 풋백이 득점의 대부분이다. 스트레치 빅맨을 선호하는 요즘 트렌드와는 맞지 않는 편이다. 648만 달러.

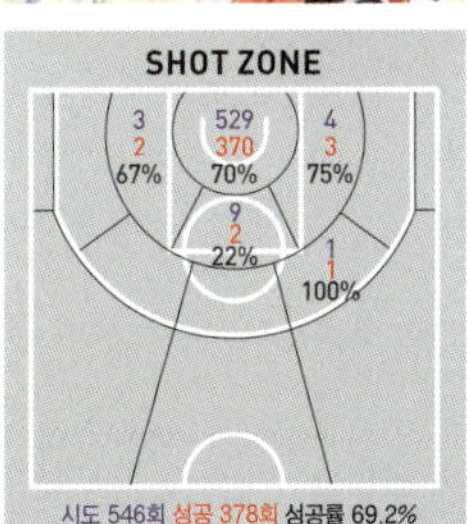

SHOT PROCESS

필드골 546 시도

캐치&슛 ● 63 / 풀-업 ● 3 / 드라이빙 ● 106 / 커팅 ● 68 / 러닝 ● 64 / 스텝백 ● 0 / 풋백 ● 148 / 앨리웁 ● 65 / 턴어라운드 ● 29

SHOT TYPES

필드골 546 시도

7 ● 점프샷 / 156 ● 레이업 / 5 ● 핑거롤 / 21 ● 플로터 / 213 ● 덩크 / 45 ● 훅샷 / 88 ● 팁샷 / 5 ● 뱅크샷 / 6 ● 페이드어웨이

2024-25시즌 디트로이트 78경기 평균 26.1분

항목	PTS	RB	AS	ST	BL	FG-FGA	3P-3PA	FT-FTA
평균	11.8	10.3	2.7	0.7	1.1	4.8-7.0	0.0-0.0	2.1-3.1
36분	16.2	14.3	3.7	1.0	1.6	6.7-9.7	0.0-0.0	2.9-4.3

항목	OS	CS	MS	3P	FT	SQ	OC	IS	L&F	SD	DD	PH	PF	PC	DRF	PM	PA	BH	DRS	PQ	PV
평점	D-	A+	D-	F	D+	C-	D-	C-	C	B-	B-	B-	D-	B-	F	D-	D-	D-	D-	D-	D-

항목	DEF	ID	PD	ST	BL	HDQ	PP	DC	RBB	ORB	DRB	ATH	SP	AG	STR	VJ	STA	HP	INT	POT	OG
평점	C+	A-	D	D-	B-	B+	B+	B	A+	A	A	B-	C-	D+	B-	B	B+	B	D-	B+	B-

C 44 Paul REED C-PF

폴 리드 1999.06.14 / 206cm

미국
NBA 드래프트 : 2020년 2라운드 58번
NBA 우승 : 0회 / 파이널 MVP : 0회
시즌 MVP : 0회 / NBA 퍼스트팀 : 0회

2023-24시즌엔 전경기(82경기) 출전했다. 그러나 지난 시즌 45경기 출전에 그쳤다. 특별한 부상이 있던 건 아니고, 감독의 결정이었다. 올 시즌 제일런 두렌, 바비 클린트만의 백업 센터로서 얼마만큼 역할을 할지 봐야 한다. 리드는 블락, 스틸, 스크린 세팅 등 허슬 플레이를 열심히 한다. 예전에 비해 파울 횟수도 줄었다. 득점은 대부분 림 근처에서 이뤄지지만, 패턴 플레이에서 나온 오픈 찬스 때 가끔 중장거리 슈팅을 시도한다. 연봉은 513만 달러.

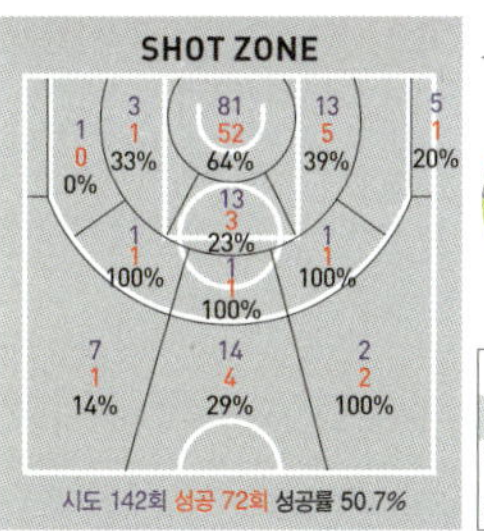

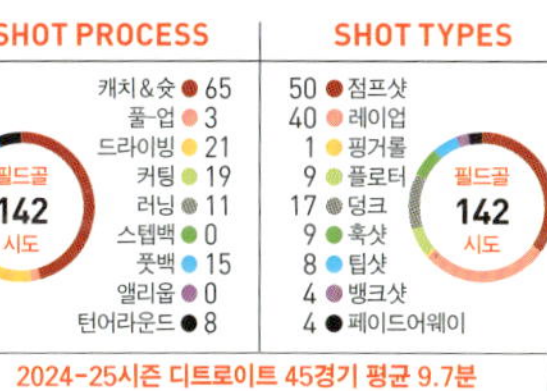

SHOT PROCESS

필드골 142 시도

캐치&슛 ● 65 / 풀-업 ● 3 / 드라이빙 ● 21 / 커팅 ● 19 / 러닝 ● 11 / 스텝백 ● 0 / 풋백 ● 15 / 앨리웁 ● 0 / 턴어라운드 ● 8

SHOT TYPES

필드골 142 시도

50 ● 점프샷 / 40 ● 레이업 / 1 ● 핑거롤 / 9 ● 플로터 / 17 ● 덩크 / 9 ● 훅샷 / 8 ● 팁샷 / 4 ● 뱅크샷 / 4 ● 페이드어웨이

2024-25시즌 디트로이트 45경기 평균 9.7분

항목	PTS	RB	AS	ST	BL	FG-FGA	3P-3PA	FT-FTA
평균	4.1	2.7	1.0	0.9	0.6	1.6-3.2	0.2-0.6	0.7-0.9
36분	15.1	10.1	3.6	3.2	2.1	5.9-11.7	0.7-2.3	2.6-3.5

항목	OS	CS	MS	3P	FT	SQ	OC	IS	L&F	SD	DD	PH	PF	PC	DRF	PM	PA	BH	DRS	PQ	PV
평점	D+	C+	B	C-	C+	D-	F	C-	D+	B-	C	C-	C-	C-	D	F	F	D-	F	F	D-

항목	DEF	ID	PD	ST	BL	HDQ	PP	DC	RBB	ORB	DRB	ATH	SP	AG	STR	VJ	STA	HP	INT	POT	OG
평점	D	C-	D-	A+	A-	D+	D-	F	C	C+	C	C-	F	D-	B+	D	B	B-	D-	B	C-

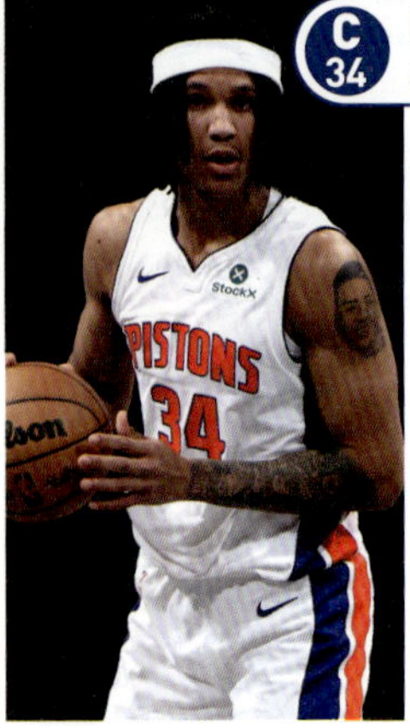

C 34 Bobi KLINTMAN PF-C

바비 클란트만 2003.03.06 / 208cm

스웨덴

NBA 드래프트 : 2024년 2라운드 37번
NBA 우승 : 0회 / **파이널 MVP :** 0회
시즌 MVP : 0회 / **NBA 퍼스트팀 :** 0회

2024년 10월초, 오른 종아리 부상이 발생했고, 결국 시즌 대부분을 날려 먹었다. 올 시즌 개막전에는 정상 출전이 가능할 것으로 보인다. 건강한 클린트만은 다재다능한 빅맨으로 평가받는다. 장신이면서도 중장거리 슈팅력을 갖췄다. 대학 시절 3점 슈팅 36.8%, 자유투 74.3%의 성공률을 보였다. 또한, 안정된 볼 핸들링과 정확한 패스 능력을 선보였다. 오프-볼 커터로서 위력적이다. 운동능력이 뛰어나 1번~5번을 다 수비할 수 있다. 연봉은 196만 달러.

SHOT ZONE

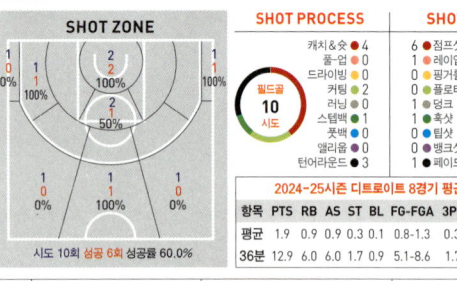

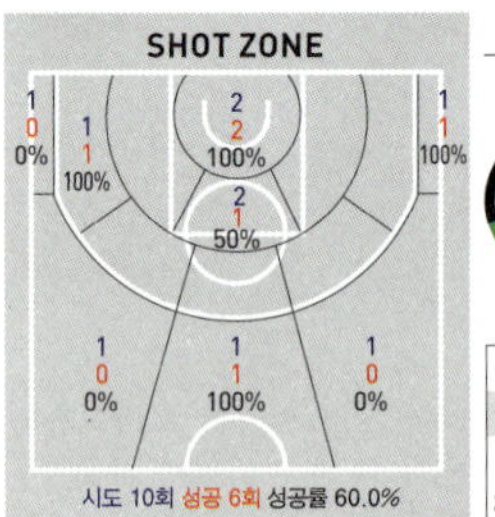

SHOT PROCESS / SHOT TYPES

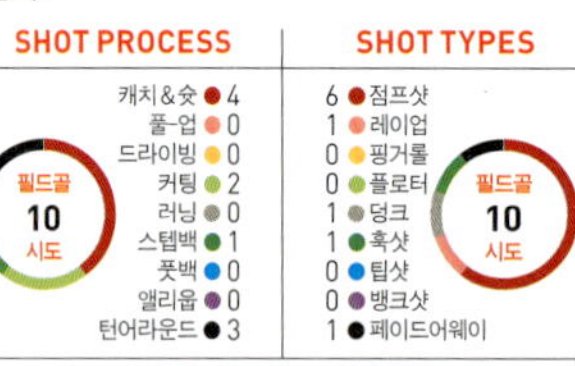

2024-25시즌 디트로이트 8경기 평균 5.3분

항목	PTS	RB	AS	ST	BL	FG-FGA	3P-3PA	FT-FTA
평균	1.9	0.9	0.9	0.3	0.1	0.8-1.3	0.3-0.6	0.1-0.3
36분	12.9	6.0	6.0	1.7	0.9	5.1-8.6	1.7-4.3	0.9-1.7

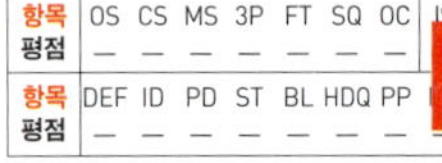
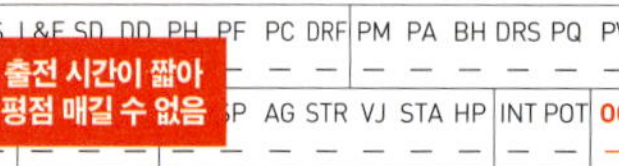

항목	OS	CS	MS	3P	FT	SQ	OC	IS	L&F	SD	DD	PH	PF	PC	DRF	PM	PA	BH	DRS	PQ	PV
평점	—	—	—	—	—	—	—	—	—	—	—	—	—	—	—	—	—	—	—	—	—

항목	DEF	ID	PD	ST	BL	HDQ	PP	DC	RBG	ORG	DRG	ATH	SP	AG	STR	VJ	STA	HP	INT	POT	OG
평점	—	—	—	—	—	—	—	—	—	—	—	—	—	—	—	—	—	—	—	—	—

출전 시간이 짧아 평점 매길 수 없음

G 2 Cade CUNNINGHAM PG-SG

케이드 커닝햄 2001.09.25 / 198cm

미국

NBA 드래프트 : 2021년 1라운드 1번
NBA 우승 : 0회 / **파이널 MVP :** 0회
시즌 MVP : 0회 / **NBA 퍼스트팀 :** 0회

70경기 평균 26.1점, 9.1AS로 데뷔 후 최고 퍼포먼스를 선보이며 디트로이트를 PO로 이끌었다. 올스타전에 출전했고, MVP 투표 7위에 올랐으며, 올-NBA 서드팀에 뽑혔다. 커닝햄은 최강의 만능 공격수다. 풀업 점퍼, 스텝백 점퍼, 턴어라운드샷, 페이드어웨이샷 등 고난도 슈팅을 즐긴다. 덩크, 레이업, 플로터, 핑거롤로 림을 직접 공략한다. 드리블이 안정돼 있고, 체인지 디렉션과 체인지 페이스를 잘 쓴다. 패스도 꽤 정확하다. 연봉은 4639만 달러.

SHOT ZONE

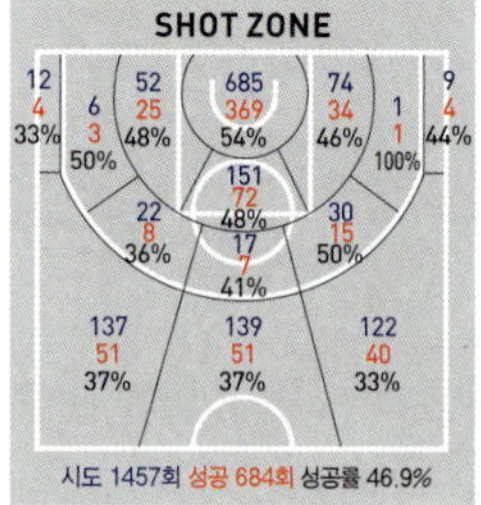

SHOT PROCESS / SHOT TYPES

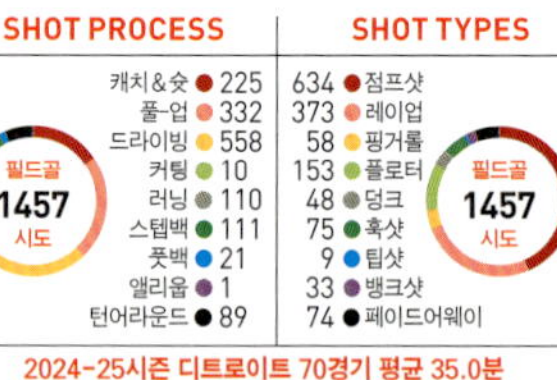

2024-25시즌 디트로이트 70경기 평균 35.0분

항목	PTS	RB	AS	ST	BL	FG-FGA	3P-3PA	FT-FTA
평균	26.1	6.1	9.1	1.0	0.8	9.8-20.8	2.1-6.0	4.5-5.3
36분	26.9	6.2	9.4	1.0	0.8	10.0-21.4	2.2-6.1	4.6-5.4

항목	OS	CS	MS	3P	FT	SQ	OC	IS	L&F	SD	DD	PH	PF	PC	DRF	PM	PA	BH	DRS	PQ	PV
평점	B+	A	B	B-	B	A-	A+	C-	A	F	C	D-	D-	D-	B+	B+	A-	B	B-	A-	A-

항목	DEF	ID	PD	ST	BL	HDQ	PP	DC	RBG	ORG	DRG	ATH	SP	AG	STR	VJ	STA	HP	INT	POT	OG
평점	D+	D	C+	D-	F	C	C	C	B+	C-	A-	B-	B-	B-	D-	B-	A	A-	A	A	A-

G 23 Jaden IVEY SG

제이든 아이비 2002.02.13 / 193cm

미국

NBA 드래프트 : 2022년 1라운드 5번
NBA 우승 : 0회 / **파이널 MVP :** 0회
시즌 MVP : 0회 / **NBA 퍼스트팀 :** 0회

시즌 전반기에는 나름 제 몫을 해냈다. 그러나 2025년 1월 1일, 왼쪽 종아리뼈가 부러져 수술을 받고 시즌 아웃 됐다. 2025-26시즌 개막을 앞둔 현재는 정상 상태다. 아이비는 정상 컨디션일 경우 코트를 엄청난 속도로 왕복하고, 공격과 수비에 줄기차게 가담한다. 민첩한 스텝을 통한 순간 가속이 일품이며, 드라이빙에서 이어지는 레이업, 덩크, 플로터로 림을 공략한다. 3점 슈팅도 주무기 중 하나. 퍼리미터 1대1 수비도 OK. 연봉은 1011만 달러.

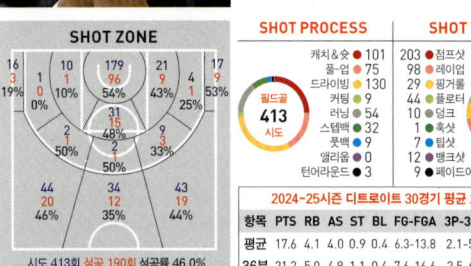

SHOT ZONE

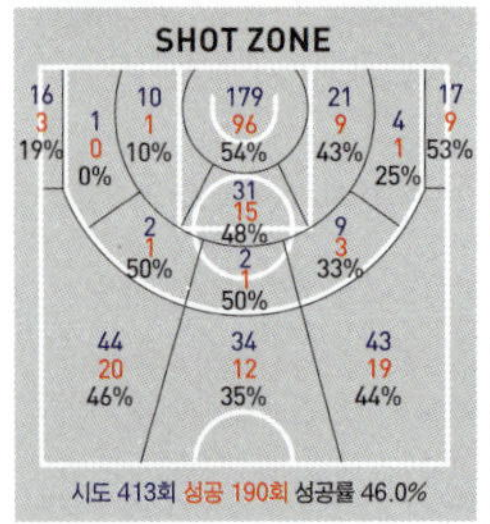

SHOT PROCESS

캐치&슛 101
풀-업 75
드라이빙 130
커팅 9
러닝 54
스텝백 32
풋백 9
앨리웁 0
턴어라운드 3

필드골 413 시도

SHOT TYPES

203 점프샷
98 레이업
29 핑거롤
44 플로터
10 덩크
1 훅샷
7 팁샷
12 뱅크샷
9 페이드어웨이

필드골 413 시도

2024-25시즌 디트로이트 30경기 평균 29.9분

항목	PTS	RB	AS	ST	BL	FG-FGA	3P-3PA	FT-FTA
평균	17.6	4.1	4.0	0.9	0.4	6.3-13.8	2.1-5.1	2.8-3.9
36분	21.2	5.0	4.8	1.1	0.4	7.6-16.6	2.5-6.2	3.4-4.7

항목	OS	CS	MS	3P	FT	SQ	OC	IS	L&F	SD	DD	PH	PF	PC	DRF	PM	PA	BH	DRS	PQ	PV
평점	C-	B-	D	B	C-	D-	D	D-	B	F	B	F	F	F	D	B-	C+	B	B+	C+	C-

항목	DEF	ID	PD	ST	BL	HDQ	PP	DC	RBG	ORG	DRG	ATH	SP	AG	STR	VJ	STA	HP	INT	POT	OG
평점	D	D	C	D	F	C-	D+	D	C-	B	D	B-	B+	A-	D-	B	A-	B	B-	B+	C+

G 8 Caris LeVert SG-SF

캐리스 르버트 1994.08.25 / 198cm

미국

NBA 드래프트 : 2016년 1라운드 20번
NBA 우승 : 0회 / **파이널 MVP :** 0회
시즌 MVP : 0회 / **NBA 퍼스트팀 :** 0회

지난 시즌 클리블랜드와 애틀랜타에서 활약했다. 2024년 12월에 왼 무릎을, 2025년 4월에 오른 무릎을 각각 다쳤다. 이 때문에 정규시즌 64경기 출전에 그쳤다. 시즌 종료 후 디트로이트와 계약했다. 르버트는 공격 기술이 다양하다. 드라이빙에서 이어지는 덩크, 레이업, 플로터 가 주무기다. 캐치&슛, 풀업, 스텝백에서 이어지는 3점 슈팅도 위력적이다. 퍼리미터 1대1 수비와 스틸도 OK. 올 시즌 부상 없이 마무리하는 게 중요하다. 연봉은 1410만 달러.

SHOT ZONE

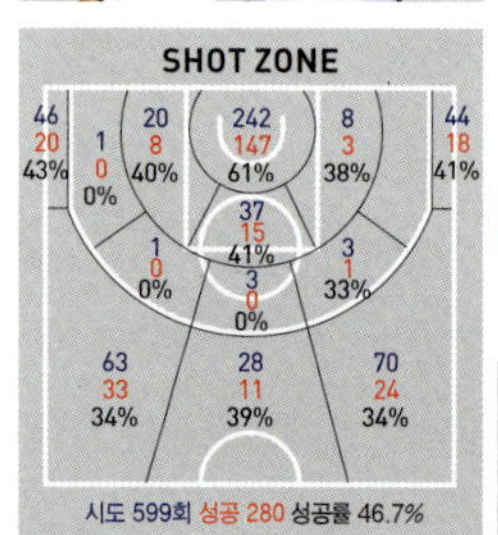

SHOT PROCESS / SHOT TYPES

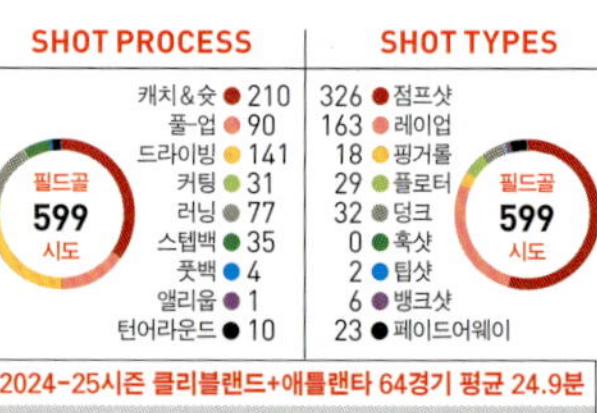

2024-25시즌 클리블랜드+애틀랜타 64경기 평균 24.9분

항목	PTS	RB	AS	ST	BL	FG-FGA	3P-3PA	FT-FTA
평균	12.1	3.2	3.4	0.9	0.5	4.4-9.4	1.7-4.4	1.7-2.4
36분	17.5	4.6	4.8	1.3	0.7	6.3-13.5	2.4-6.4	2.5-3.5

항목	OS	CS	MS	3P	FT	SQ	OC	IS	L&F	SD	DD	PH	PF	PC	DRF	PM	PA	BH	DRS	PQ	PV
평점	C	B-	C-	B-	C-	C-	B-	D+	B-	D-	C	D-	D-	F	C+	C+	C	B	C-	B	D

항목	DEF	ID	PD	ST	BL	HDQ	PP	DC	RBG	ORG	DRG	ATH	SP	AG	STR	VJ	STA	HP	INT	POT	OG
평점	D	D-	C	C-	F	C-	D+	D-	D+	C	C-	C+	C	C+	D-	B-	A-	B-	D-	B+	C+

G 5 Ron HOLLAND SG-SF

론 홀랜드 2005.07.07 / 203cm

미국

NBA 드래프트 : 2024년 1라운드 5번
NBA 우승 : 0회 / **파이널 MVP :** 0회
시즌 MVP : 0회 / **NBA 퍼스트팀 :** 0회

2023-24시즌 G리그 29경기에 출전하는데 그쳤던 홀랜드. 그러나 지난 시즌엔 NBA에서 풀타임 활약하며 무려 81경기에 나섰다. 2025-26시즌도 풀타임 NBA 리거로 제 몫을 할 것이다. 홀랜드는 203cm의 장신 스윙맨이다. 폭발적인 대시로 트랜지션 게임에서 마무리한다. 캐치&슈터로 자신 있게 중장거리 슈팅을 구사한다. 퍼리미터 1대1 수비 능력은 NBA에 바로 적응했을 정도로 수준급이다. 아직은 턴오버가 많아 아쉽다. 연봉은 866만 달러.

SHOT ZONE

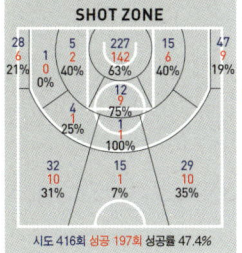

28 / 6 / 21% · 1 / 0 / 0% · 5 / 2 / 40% · 227 / 142 / 63% · 15 / 6 / 40% · 47 / 9 / 19%
12 / 9 / 75% · 4 / 1 / 25% · 1 / 1 / 100%
32 / 10 / 31% · 15 / 1 / 7% · 29 / 10 / 35%

시도 416회 성공 197회 성공률 47.4%

SHOT PROCESS		SHOT TYPES	
캐치&슛	151	점프샷	166
풀-업	24	레이업	137
드라이빙	125	핑거롤	11
커팅	14	플로터	34
러닝	77	덩크	38
스텝백	9	훅샷	6
풋백	11	팁샷	3
앨리웁	0	뱅크샷	16
턴어라운드	5	페이드어웨이	5
필드골 416 시도		필드골 416 시도	

2024-25시즌 디트로이트 81경기 평균 15.6분

항목	PTS	RB	AS	ST	BL	FG-FGA	3P-3PA	FT-FTA
평균	6.4	2.7	1.0	0.6	0.2	2.4-5.1	0.4-1.9	1.1-1.5
36분	14.8	6.2	2.3	1.4	0.5	5.6-11.8	1.0-4.3	2.6-3.5

항목	OS	CS	MS	3P	FT	SQ	OC	IS	L&F	SD	DD	PH	PF	PC	DRF	PM	PA	BH	DRS	PQ	PV
평점	C-	A	C-	D-	C+	C	F	D-	B	D-	B-	F	F	F	D-	D-	D-	C-	C+	D-	F

항목	DEF	ID	PD	ST	BL	HDQ	PP	DC	RB3	OR3	DR3	ATH	SP	AG	STR	VJ	STA	HP	INT	POT	OG
평점	D	D+	C	C	F	D+	D	D-	C	C-	B-	C+	B	B	D-	B-	A-	C-	C	B+	C

G 25 Marcus SASSER PG

마커스 세이서 2000.09.21 / 188cm

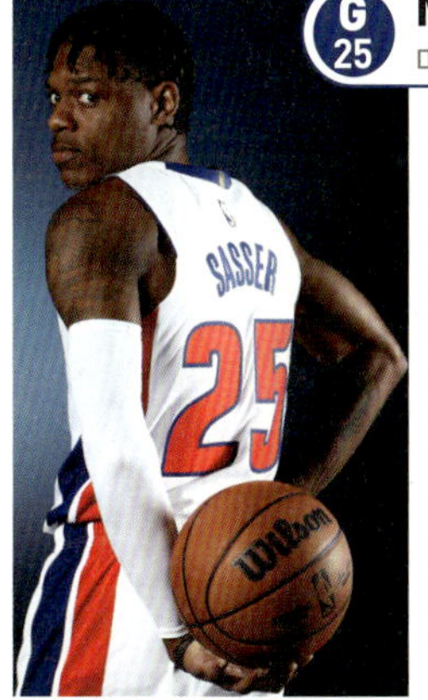

미국

NBA 드래프트 : 2023년 1라운드 25번
NBA 우승 : 0회 / **파이널 MVP :** 0회
시즌 MVP : 0회 / **NBA 퍼스트팀 :** 0회

지난 시즌 디트로이트의 백업 PG로 평균 14.2분씩 출전해 6.6점, 2.3어시스트를 기록했다. 올 시즌에도 그의 역할은 변함이 없을 것이다. 세이서는 언더사이즈 콤보 가드다. 과감한 풀업 점퍼는 최강의 무기다. 또한, 캐치&슛을 활용한 3점 슈팅, 드라이빙 플로터, 드라이빙 레이업, 스텝백 점퍼도 자주 구사한다. 화려하지는 않지만 안정된 볼 핸들링을 구사한다. 다양한 허슬 플레이도 그의 몫이다. 퍼리미터 1대1 수비는 나쁘지 않다. 연봉은 289만 달러.

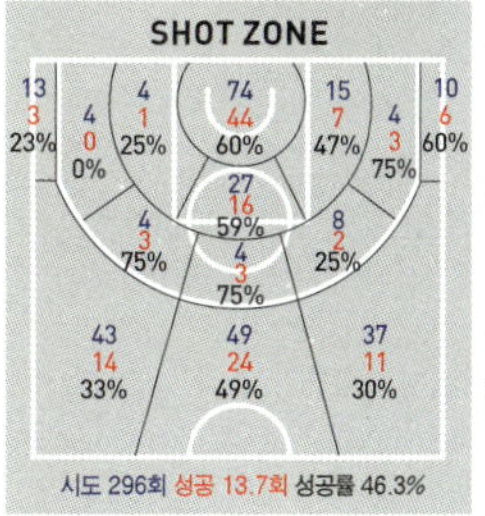

SHOT PROCESS		SHOT TYPES	
캐치&슛	71	점프샷	192
풀-업	61	레이업	50
드라이빙	69	핑거롤	9
커팅	6	플로터	38
러닝	29	덩크	0
스텝백	59	훅샷	0
풋백	1	팁샷	1
앨리웁	0	뱅크샷	3
턴어라운드	0	페이드어웨이	3
필드골 296 시도		필드골 296 시도	

2024-25시즌 디트로이트 57경기 평균 14.2분

항목	PTS	RB	AS	ST	BL	FG-FGA	3P-3PA	FT-FTA
평균	6.6	1.2	2.3	0.6	0.1	2.4-5.2	1.0-2.7	0.8-0.9
36분	16.6	3.1	5.9	1.6	0.2	6.1-13.1	2.6-6.7	1.9-2.3

항목	OS	CS	MS	3P	FT	SQ	OC	IS	L&F	SD	DD	PH	PF	PC	DRF	PM	PA	BH	DRS	PQ	PV
평점	C+	A	C-	B-	B	C	D-	F	C+	F	D-	F	F	F	F	C	C	B-	C	C	C-

항목	DEF	ID	PD	ST	BL	HDQ	PP	DC	RBG	ORG	DRG	ATH	SP	AG	STR	VJ	STA	HP	INT	POT	OG
평점	D	D-	C	B-	F	C+	C+	C	D-	C-	D-	C	C	B-	F	D+	B	B	D	B+	C-

G 8 Javonte GREEN SG-SF

자본테 그린 1993.07.23 / 196cm

미국

NBA 드래프트 : 2015년 지명받지 못함
NBA 우승 : 0회 / **파이널 MVP :** 0회
시즌 MVP : 0회 / **NBA 퍼스트팀 :** 0회

'서드 유닛' 멤버로 출전할 가능성이 크다. 스윙맨으로 뛰어난 스피드를 적극적으로 활용한다. 늘 에너지가 충만하다. 트랜지션 상황에 저돌적으로 돌진해 림을 공략한다. 확실한 오프-볼 커터다. 또한, 유용한 3점 슈터다. 그가 NBA에 데뷔한 이래 3점 슈팅 성공률은 거의 매년 상승곡선을 그었다. 상대의 패싱 레인으로 거의 점프를 하며 어프로치 한다. 그래서 스틸을 많이 성공시키지만, 그 반대로 완전 노마크 찬스를 주기도 한다. 연봉은 287만 달러.

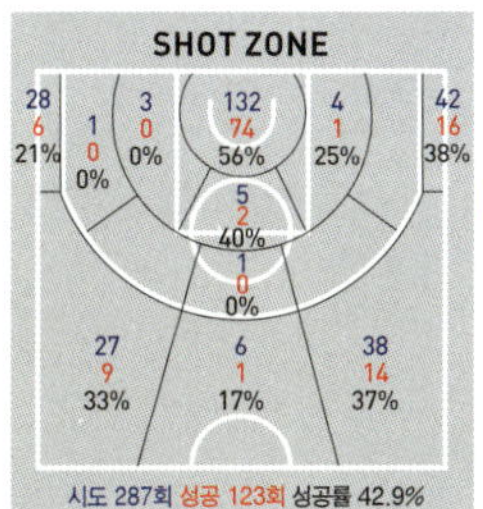

SHOT PROCESS		SHOT TYPES	
캐치&슛	152	점프샷	145
풀-업	5	레이업	70
드라이빙	50	핑거롤	11
커팅	24	플로터	22
러닝	35	덩크	20
스텝백	1	훅샷	5
풋백	18	팁샷	11
앨리웁	1	뱅크샷	1
턴어라운드	1	페이드어웨이	2
필드골 287 시도		필드골 287 시도	

2024-25시즌 뉴올리언스+클리블랜드 68경기 평균 18.5분

항목	PTS	RB	AS	ST	BL	FG-FGA	3P-3PA	FT-FTA
평균	5.1	3.2	0.8	1.0	0.5	1.8-4.2	0.7-2.1	0.8-1.1
36분	9.9	6.2	1.6	1.9	0.9	3.5-8.2	1.3-4.0	1.6-2.2

항목	OS	CS	MS	3P	FT	SQ	OC	IS	L&F	SD	DD	PH	PF	PC	DRF	PM	PA	BH	DRS	PQ	PV
평점	D	D-	C-	C+	C-	D-	F	D-	C+	F	B	D-	D-	D-	D-	D-	D-	C-	D+	D+	F

항목	DEF	ID	PD	ST	BL	HDQ	PP	DC	RBG	ORG	DRG	ATH	SP	AG	STR	VJ	STA	HP	INT	POT	OG
평점	C+	C+	B-	B+	D-	C	B-	C	B+	B+	B	C-	C-	C	F	B	B-	C	F	B	C-

DETROIT PISTONS 2025-26 REGULAR SEASON SCHEDULE

OCTOBER, 2025

Oct. 22 @ Chicago Bulls
Oct. 24 @ Houston Rockets
Oct. 26 vs. Boston Celtics
Oct. 27 vs. Cleveland Cavaliers
Oct. 29 vs. Orlando Magic

NOVEMBER, 2025

Nov. 1 vs. Dallas Mavericks
Nov. 3 @ Memphis Grizzlies
Nov. 5 vs. Utah Jazz
Nov. 7 @ Brooklyn Nets
Nov. 9 @ Philadelphia 76ers
Nov. 10 vs. Washington Wizards
Nov. 12 vs. Chicago Bulls
Nov. 14 vs. Philadelphia 76ers
Nov. 17 vs. Indiana Pacers
Nov. 18 @ Atlanta Hawks
Nov. 22 @ Milwaukee Bucks
Nov. 24 @ Indiana Pacers
Nov. 26 @ Boston Celtics
Nov. 28 vs. Orlando Magic
Nov. 29 @ Miami Heat

DECEMBER, 2025

Dec. 1 vs. Atlanta Hawks
Dec. 3 @ Milwaukee Bucks
Dec. 5 vs. Portland Trail Blazers
Dec. 6 vs. Milwaukee Bucks
Dec. 18 @ Dallas Mavericks
Dec. 20 vs. Charlotte Hornets
Dec. 22 @ Portland Trail Blazers
Dec. 23 @ Sacramento Kings
Dec. 26 @ Utah Jazz
Dec. 28 @ Los Angeles Clippers
Dec. 30 @ Los Angeles Lakers

JANUARY, 2026

Jan. 1 vs. Miami Heat
Jan. 4 @ Cleveland Cavaliers
Jan. 5 vs. New York Knicks
Jan. 7 vs. Chicago Bulls
Jan. 10 vs. Los Angeles Clippers
Jan. 15 vs. Phoenix Suns
Jan. 17 vs. Indiana Pacers
Jan. 19 vs. Boston Celtics
Jan. 21 @ New Orleans Pelicans
Jan. 23 vs. Houston Rockets
Jan. 25 vs. Sacramento Kings
Jan. 27 @ Denver Nuggets
Jan. 29 @ Phoenix Suns
Jan. 30 @ Golden State Warriors

FEBRUARY, 2026

Feb. 1 vs. Brooklyn Nets
Feb. 3 vs. Denver Nuggets
Feb. 5 vs. Washington Wizards
Feb. 6 vs. New York Knicks
Feb. 9 @ Charlotte Hornets
Feb. 11 @ Toronto Raptors
Feb. 19 @ New York Knicks
Feb. 21 @ Chicago Bulls
Feb. 23 vs. San Antonio Spurs
Feb. 25 vs. Oklahoma City Thunder
Feb. 27 vs. Cleveland Cavaliers

MARCH, 2026

Mar. 1 @ Orlando Magic
Mar. 3 @ Cleveland Cavaliers
Mar. 5 @ San Antonio Spurs
Mar. 7 vs. Brooklyn Nets
Mar. 8 @ Miami Heat
Mar. 10 @ Brooklyn Nets
Mar. 12 vs. Philadelphia 76ers
Mar. 13 vs. Memphis Grizzlies
Mar. 15 @ Toronto Raptors
Mar. 17 @ Washington Wizards
Mar. 19 @ Washington Wizards
Mar. 20 vs. Golden State Warriors
Mar. 23 vs. Los Angeles Lakers
Mar. 25 vs. Atlanta Hawks
Mar. 26 vs. New Orleans Pelicans
Mar. 28 @ Minnesota Timberwolves
Mar. 30 @ Oklahoma City Thunder
Mar. 31 vs. Toronto Raptors

APRIL, 2026

Apr. 2 vs. Minnesota Timberwolves
Apr. 4 @ Philadelphia 76ers
Apr. 6 @ Orlando Magic
Apr. 8 vs. Milwaukee Bucks
Apr. 10 @ Charlotte Hornets
Apr. 12 @ Indiana Pacers

INDIANA PACERS

탁월한 전술, 활짝 열린 기회의 문

성적과 흥행, 두 마리 토끼를 잡다

리그 전체에서 가장 박진감 넘치는 농구를 선보였다. 명장 릭 칼라일 감독의 영도하에 날카로운 창이 상대 수비 전열을 어떻게 찢어발기는지 잘 보여줬다. 올스타 포인트가드 타이리스 할리버튼의 창의적인 공격 조립은 두말하면 잔소리. 파스칼 시아캄, 마일스 터너, 애런 니스미스, 오비 토핀 등 프런트코트 동료들 역시 48분 내내 다이내믹한 움직임을 가져갔다. 플레이오프 파이널 전장에서 서부컨퍼런스 챔피언 오클라호마시티를 벼랑 끝까지 몰아붙인 근성도 대단했다.

거대한 부상 악재

안타깝게도 간판스타 할리버튼이 플레이오프 파이널 시리즈를 완주하지 못했다. 치명적인 오른쪽 아킬레스건 파열 부상을 겪었으며 차기 시즌 전체 일정 결장이 유력하다. 이는 구단 수뇌부의 오프 시즌 행보에 지대한 영향을 끼쳤다. 샐러리캡 사치세 라인 돌파 결심이 필요했던 터너와의 재계약 협상에 소극적으로 임해버렸다. 그 결과, 프랜차이즈 스타가 하필 디비전 라이벌 밀워키로 FA 이적하게 된다. 할리버튼 없이 소화할 2025-26시즌 기대치를 스스로 낮춘 모양새다.

릭 칼라일의 새로운 도전

불행 중 다행은 칼라일 감독과의 다년 연장계약 체결 소식이다. 전술 역량이 탁월하기에 할리버튼, 터너 이탈 공백을 어떻게든 메꿔줄 것으로 기대된다. 앤드류 넴하드, TJ 맥코넬, 베네딕트 매써린 등 제한적인 역할만 소화해 왔던 나머지 가드 포지션 선수들에게도 기회의 문이 열렸다. 패스-슈팅 게임이 핵심인 칼라일 오펜스 시스템에서 백코트 자원은 다다익선이기도 하다. 빅맨 전력 약화는 어쩔 수 없다. 시아캄이 5번에 배치된 스몰라인업 활용 빈도가 증가할 전망이다.

*통계는 2025년 9월 10일 기준

CLUB INFORMATION

Founded	Owner	CEO	Head Coach	24-25 Odds
구단 창립 1967년	허브 사이먼 1934.10.23	케빈 프리차드 1967.07.18	릭 칼라일 1959.10.27	스카이벳 : 90배 윌리엄힐 : 100배

Nationality	Age	Height	Weight	Salary
●미국 선수 14명 ●외국 선수 4명	18명 평균 25.2세	18명 평균 199.1cm	18명 평균 94.7kg	15명 평균 1208만 달러

Win	Loss	Winning%	Play-Off	Titles
2024-25 : 50승 통산 : 2407승	2024-25 : 32패 통산 : 2287패	2024-25 : 61.0% 통산 : 51.3%	PO 진출 : 38회 PO 탈락 : 20회	NBA우승 : 0회 ABA 우승 : 3회

Top Scorer	More Rebounds	More Assists	More Steals	More Blocks
파스칼 시아캄 평균 20.2점	파스칼 시아캄 평균 6.9리바운드	타이리스 할리버튼 평균 9.2어시스트	타이리스 할리버튼 평균 1.4스틸	마일스 터너 평균 2.0블락

*항목별 1위는 지난 시즌 인디애나 소속으로 42경기 이상 출전한 선수 중 선별

Association Icon Statement City

HEAD COACH & STADIUM

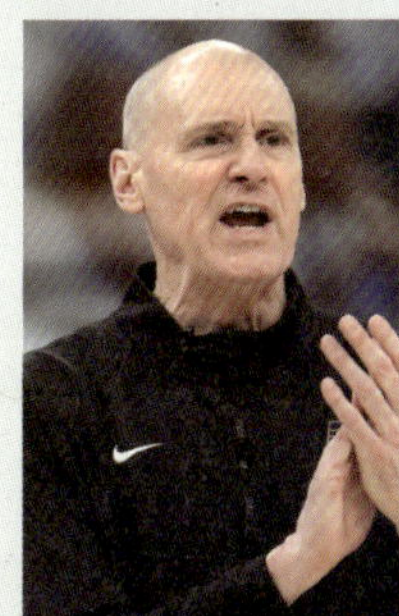

Rick CARLISLE 릭 칼라일

생년월일 : 1959.10.27 / **출생지 :** 미국 뉴욕주 오그덴스버그
경력 : 1989~1994년 뉴저지 네츠 코치 / 1994~1997년 포틀랜드 트레일블레이저스 코치 / 1997~2000년 인디애나 페이서스 코치

리스본 센트럴고를 졸업하고, 1979년 메인대에 입학해 2년을 다녔다. 1982년에 버지니아대로 편입해 졸업했다. 버지니아대 시절인 1984년, 소속팀 공동 주장을 맡아 팀의 파이널4 진출에 힘을 보탰다. 1984년 보스턴에 입단했고, 1986년에는 팀의 NBA 우승에 일조했다. 1989년 뉴저지에서 은퇴한 그는 곧바로 그 팀 어시스턴트가 되면서 지도자로 출발했다. 1994년 포틀랜드, 1997년 인디애나에서 어시스턴트로 일했다. 디트로이트 감독 시절이던 2001~2003년에는 100승 64패를 기록하며 두 번 센트럴 디비전 타이틀을 차지했고, 2002년에는 NBA 올해의 감독상을 받았다. 인디애나 시절인 2003~2007년에는 181승 147패를 기록하며 팀을 3년 연속 PO 무대로 이끌었다. 그리고 2008~2021년에 걸친 댈러스 시절. 이때 그는 정규시즌 555승 478패, PO 9회 출전, 2011년 NBA 우승까지 견인했다. 댈러스와 계약을 끝낸 후 2021년 6월 24일, 인디애나의 제17대 감독으로 부임했다.

GAINBRIDGE FIELDHOUSE

구장 오픈 : 1999년 11월 6일
구장 증개축 : 2020~2022년
오너 : 인디애나 자본개선위원회
수용인원 : 1만 7274명
건축비용 : 1억 8300만달러
(현재 가치) 3억 3500만달러

인디애나폴리스는 미국에서 가장 빠르게 성장하는 도시다. 게인브릿지 필드하우스는 이 도시의 스카이라인을 배경으로 만들어진 상징적인 건축물이다. 이 최첨단 시설은 매년 스포츠뿐만 아니라 550회의 공연, 다양한 전시회, 게임대회를 개최하며 200만 명 이상의 고객이 다녀가는 최고의 장소가 되었다. 페이서스 홈구장이 된 건 지난 1999-2000시즌부터다.

REGULAR SEASON RANKING LAST 10YEARS

★NBA 파이널 우승

15-16	16-17	17-18	18-19	19-20	20-21	21-22	22-23	23-24	24-25
11	14	8	12	7	18	26	24	13	7
45승 37패	42승 40패	48승 34패	48승 34패	45승 28패	34승 38패	25승 57패	35승 47패	47승 35패	50승 32패

Honours

 0 NBA CHAMPIONS
 2 CONFERENCE TITLES
 9 DIVISION TITLES
 4 RETIRED NUMBERS

NBA CHAMPIONSHIPS
NONE

ABA CHAMPIONSHIPS
1970, 1972, 1973

CONFERENCE TITLES
2000, 2025

DIVISION TITLES
ABA : 1969, 1970, 1971 / NBA : 1995, 1999, 2000, 2004, 2013, 2014

RETIRED NUMBERS
30, 31, 34, 35, 529

TEAM POTENTIAL

19위

 하프코트 세트오펜스 8점
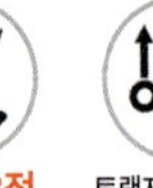 트랜지션 오펜스 7점
 하프코트 세트디펜스 7점
 트랜지션 디펜스 7점
 리바운드 6점

선수층 6점
선수 경험치 8점
감독 리더십 8점
감독 전술 10점
프런트 9점

*각 항목은 10점 만점, 평점은 NBA 30팀 사이 상대평가

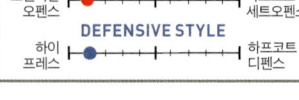

우승 ODDS	배당	순위
Sky Bet	90배	18위
Bet Fred	80배	18위
William Hill	100배	18위

OFFENSIVE STYLE
트랜지션 오펜스 — 하프코트 세트오펜스

DEFENSIVE STYLE
하이 프레스 — 하프코트 디펜스

SQUAD & TACTICS

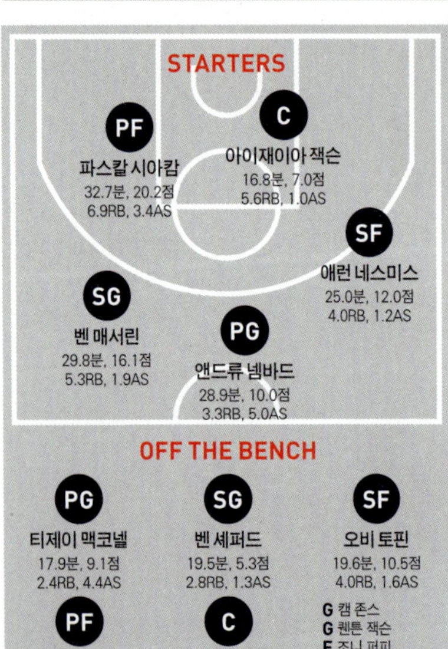

STARTERS

PF 파스칼 시아캄
32.7분, 20.2점
6.9RB, 3.4AS

C 아이재이아 잭슨
16.8분, 7.0점
5.6RB, 1.0AS

SF 애런 네스미스
25.0분, 12.0점
4.0RB, 1.2AS

SG 벤 매서린
29.8분, 16.1점
5.3RB, 1.9AS

PG 앤드류 넴바드
28.9분, 10.0점
3.3RB, 5.0AS

OFF THE BENCH

PG 티제이 맥코넬
17.9분, 9.1점
2.4RB, 4.4AS

SG 벤 셰퍼드
19.5분, 5.3점
2.8RB, 1.3AS

SF 오비 토핀
19.6분, 10.5점
4.0RB, 1.6AS

PF 제어리스 워커
15.8분, 6.1점
3.1RB, 1.5AS

C 토니 브래들리
8.1분, 4.4점
3.0RB, 0.4AS

G 캠 존스
G 퀸튼 잭슨
F 조니 퍼피
F 제임스 와이즈먼
C 제이 허프

Player's Functions

Ball Handlers
TJ.맥코넬
A.넴바드
K.존스

Pull-Ups
TJ.맥코넬
P.시아캄
B.매서린

Catch & Shoot
P.시아캄
O.토핀
J.허프

3 Pointers
A.니스미스
O.토핀
B.매서린

Slam Dunkers
P.시아캄
O.토핀
J.허프

Free Throw
A.니스미스
B.매서린
B.셰퍼드

Rebounders
J.와이즈만
O.토핀
J.퍼피

1-1 Defenders
P.시아캄
A.넴바드
TJ.맥코넬

Ball Stealers
J.워커
TJ.맥코넬
J.퍼피

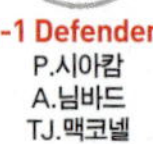
Key Passes
TJ.맥코넬
A.넴바드
P.시아캄

Hustle Players
B.셰퍼드
TJ.맥코넬
J.허프

Rim Protectors
J.허프
T.브래들리
I.잭슨

2024-25 SEASON PERFORMANCE

공격 레이팅 116.5(9위) 수비 레이팅 114.3(13위) 레이팅 마진 +2.2(12위) 페이스 99.9(7위)

INDIANA PACERS vs. OPPONENTS PER GAME STATS

	득실점	FG 필드골성공	FG↑ 필드골시도	FG% 필드골%	3P 3점성공	3P↑ 3점시도	3P% 3점%	2P 2점성공	2P↑ 2점시도	2P% 2점%	자유투성공	자유투시도	FT% 자유투%	OR 공격 RB	DR 수비 RB	TR 전체 RB	A↑ 어시스트	스틸	블락샷	턴오버	파울
인디애나	117.4 7위	43.6 5위	89.3 17위	48.8% 3위	13.2 16위	35.8 21위	36.8% 9위	30.4 5위	53.6 12위	56.8% 4위	17.0 14위	21.6 18위	78.9% 9위	9.2 29위	32.7 22위	41.8 28위	29.2 3위	8.5 9위	5.5 6위	13.2 3위	18.7 15위
상대팀	115.1 17위	42.6 21위	89.9 18위	47.4% 23위	12.9 7위	36.3 9위	35.5% 9위	29.7 27위	53.6 25위	55.4% 22위	17.0 17위	22.0 19위	77.3% 8위	11.2 15위	33.8 22위	45.0 22위	26.0 12위	7.2 4위	4.5 10위	15.0 11위	18.8 15위

LINE-UP

* 인디애나는 지난 시즌 총 443개의 라인업을 가동했다. 득실점차 플러스 10개, 마이너스 10개를 골랐다.

득실점차 플러스(+) 라인업 TOP 10	G	MIN	PPG	RPG	득실차
M. Turner - P. Siakam - A. Nembhard - T. Haliburton - B. Mathurin	37	435	28.3	10.8	+105
M. Turner - P. Siakam - A. Nembhard - T. Haliburton - A. Nesmith	26	383	36.7	12.2	+88
T. Bradley - Q. Jackson - J. Furphy - E. Freeman - R. Dennis	1	20	60.0	31.0	+36
P. Siakam - A. Nembhard - O. Toppin - T. Haliburton - A. Nesmith	10	23	9.0	1.4	+32
T. McConnell - M. Turner - P. Siakam - B. Mathurin - B. Sheppard	10	32	8.4	2.8	+28
M. Turner - A. Nembhard - O. Toppin - T. Haliburton - A. Nesmith	22	92	10.6	3.5	+26
M. Turner - P. Siakam - T. Haliburton - A. Nesmith - B. Sheppard	7	47	19.7	6.1	+25
M. Turner - P. Siakam - A. Nembhard - T. Haliburton - J. Walker	7	26	10.0	3.3	+22
T. McConnell - P. Siakam - T. Bryant - B. Mathurin - B. Sheppard	16	54	9.1	3.4	+21
P. Siakam - A. Nembhard - O. Toppin - T. Haliburton - B. Mathurin	11	50	11.9	3.9	+20
득실점차 마이너스(-) 라인업 TOP 10	**GP**	**MIN**	**PPG**	**RPG**	**득실차**
M. Turner - P. Siakam - A. Nembhard - A. Nesmith - B. Sheppard	9	9	1.8	0.8	-27
T. McConnell - T. Bryant - O. Toppin - A. Nesmith - B. Sheppard	12	30	5.4	2.5	-22
T. McConnell - M. Turner - T. Haliburton - J. Walker - B. Sheppard	2	6	3.0	0.5	-19
T. Bryant - A. Nembhard - O. Toppin - T. Haliburton - A. Nesmith	12	29	6.0	2.2	-18
T. McConnell - M. Turner - P. Siakam - J. Walker - B. Sheppard	8	24	5.6	1.9	-17
P. Siakam - T. Haliburton - B. Mathurin - J. Walker - E. Freeman	1	13	17.0	12.0	-16
M. Turner - O. Toppin - T. Haliburton - B. Mathurin - J. Walker	12	21	3.3	1.4	-15
M. Turner - P. Siakam - T. Haliburton - B. Mathurin - Q. Jackson	9	106	27.6	11.0	-13
P. Siakam - O. Toppin - T. Haliburton - B. Mathurin - Q. Jackson	4	8	3.8	0.5	-13
T. Bradley - O. Toppin - B. Mathurin - Q. Jackson - J. Furphy	1	6	11.0	2.0	-13

PASS COMBINATIONS

→ 해당 선수가 경기당 동료로부터 패스 받은 횟수
→ 해당 선수가 경기당 동료들에게 패스 해준 횟수

받은 횟수	선수	해준 횟수
74.0	타이리스 할리버튼	74.7
46.3	앤드류 넴바드	45.4
42.8	티제이 맥코넬	40.4
40.6	파스칼 시아캄	36.2
36.0	베네딕트 매서린	32.8
24.5	애런 네스미스	27.6
21.8	오비 토핀	26.5
30.2	마일스 터너	26.3
18.6	벤 셰퍼드	22.2
20.0	퀜튼 잭슨	20.6
17.5	재어리스 워커	19.0
12.2	아이재이아 잭슨	16.8
14.4	토머스 브라이언트	16.0
12.5	레이 데니스	11.6
6.7	조니 퍼피	8.3
5.4	엔리케 프리먼	7.7
7.6	토니 브래들리	7.1
4.8	모제스 브라운	4.8
5.0	제임스 와이즈맨	4.0
4.3	제임스 존슨	3.9
4.8	트리스텐 뉴튼	3.4
1.0	잘릴 오카포	3.0

2024-25 RANKING

* 는 수치가 낮을수록 랭킹이 높아짐

인디애나	랭킹	FIVE FACTORS	상대팀	랭킹
56.2%	4위	3점 가중 FG%	54.6%*	19위
11.8*	4위	턴오버 / 100포제션	13.1	12위
21.3%	29위	공격 RB 점유율	25.5%*	18위
74.5%	20위	수비 RB 점유율	78.7%*	29위
19.0%	14위	자유투 / 필드골	19.0%*	16위

득점	랭킹	PLAYTYPE	실점*	랭킹
5.8	21위	아이솔레이션	7.1	14위
26.2	6위	트랜지션	22.7	12위
18.5	4위	픽&롤 볼핸들러	16.0	12위
9.2	2위	픽&롤 롤맨	8.0	27위
5.8	6위	포스트-업	3.8	12위
26.3	16위	스팟-업	27.3	13위
4.4	23위	핸드오프	5.5	20위
8.9	20위	커팅	–	–
2.9	25위	오프 스크린	3.8	10위
5.3	22위	풋백	6.5	12위
3.6	1위	기타	–	–

SHOT ZONE

평균 구간별 슈팅 및 성공률

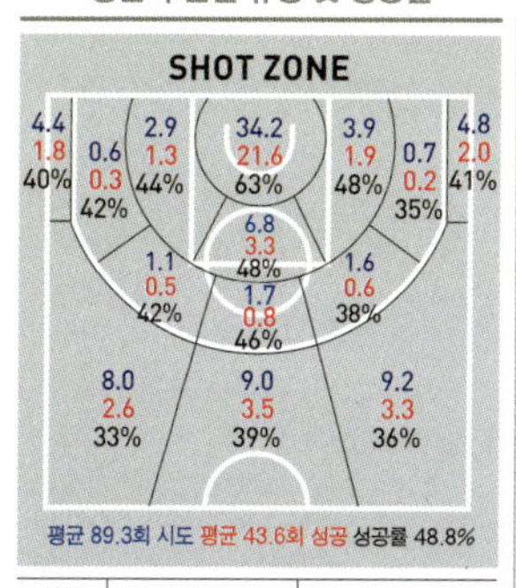

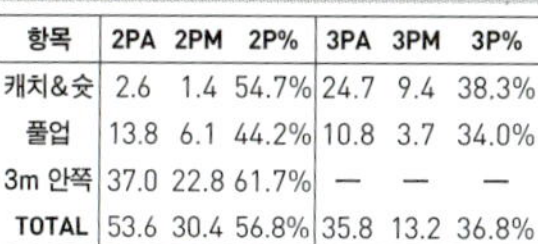

항목	2PA	2PM	2P%	3PA	3PM	3P%
캐치&슛	2.6	1.4	54.7%	24.7	9.4	38.3%
풀업	13.8	6.1	44.2%	10.8	3.7	34.0%
3m 안쪽	37.0	22.8	61.7%	—	—	—
TOTAL	53.6	30.4	56.8%	35.8	13.2	36.8%

SHOT PROCESS & SHOT TYPES

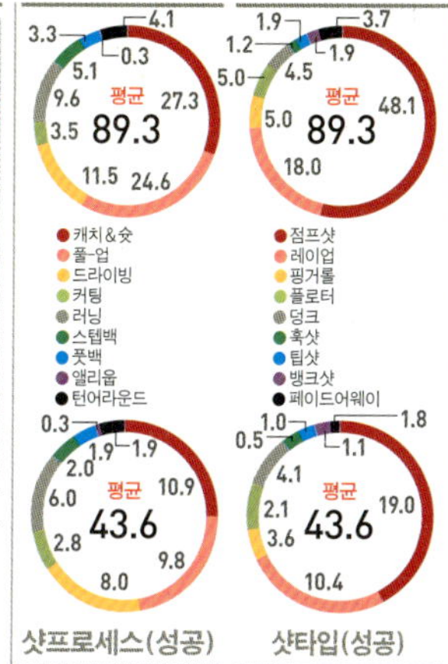

SHOOTING

필드골 시도

5.0 / 26.9 / 평균 89.3 / 31.1 / 26.4

필드골 시도

8.3 / 2.4 / 8.3 / 15.6 / 평균 89.3 / 15.7 / 39.0

공격수와 수비수의 거리
● 0~0.6m
● 0.6~1.2m
● 1.2~1.8m
● 1.8m 이상

샷클락
● 22~24초
● 18~22초
● 15~18초
● 7~15초
● 4~7초
● 0~4초

2.4 / 11.9 / 평균 43.6 / 16.6 / 12.7

필드골 성공

3.1 / 1.5 / 3.7 / 8.8 / 평균 43.6 / 7.9 / 18.6

필드골 성공

OPPONENT SHOOTING

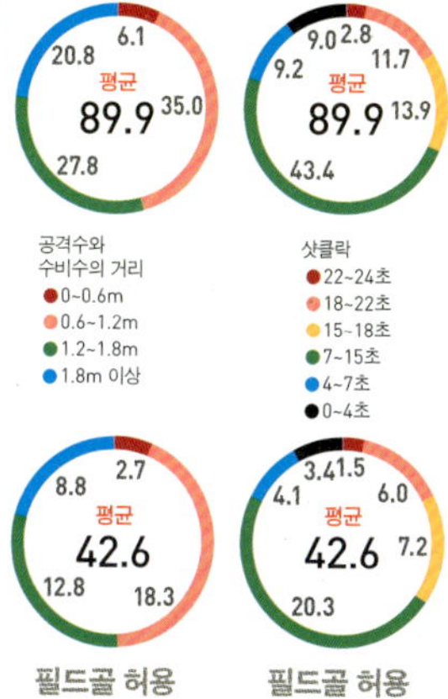

CONTESTED REBOUNDS

공격 리바운드

0.6 / 0.6 / 평균 5.1 / 1.9 / 2.0

수비 리바운드

0.5 / 1.5 / 평균 7.4 / 2.2 / 3.2

UNCONTESTED REBOUNDS

공격 리바운드

0.6 / 2.1 / 평균 4.1 / 0.7 / 0.7

수비 리바운드

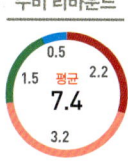

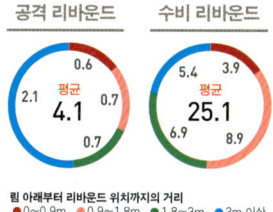

5.4 / 3.9 / 평균 25.1 / 6.9 / 8.9

림 아래부터 리바운드 위치까지의 거리
● 0~0.9m ● 0.9~1.8m ● 1.8~3m ● 3m 이상

DEFENSE OF 50 WINS | DEFENSE OF 32 LOSSES

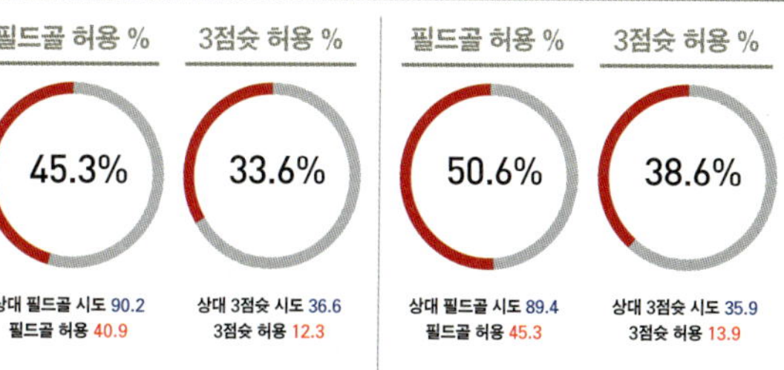

General Stats								Outside Scoring & Shooting							Inside Scoring & Shooting								Play Making, Ball Handling & Passing					
PTS	RB	AS	ST	BL	FG-FGA	3P-3PA	FT-FTA	OS	CS	MS	3P	FT	SQ	OC	IS	L&F	SD	DD	PH	PF	PC	DRF	PM	PA	BH	DRS	PQ	PV
득점	리바운드	어시스트	스틸	블락샷	필드골 성공-시도	3점슈팅 성공-시도	자유투 성공-시도	외곽 득점력	근거리 점프샷	중거리 슈팅	3점 슈팅	자유투	슈팅 IQ	득점 일관성	인사이드 득점력	레이업 플로터	스탠딩 덩크	드라이빙 덩크	포스트 훅샷	포스트 페이드	포스트 컨트롤	파울 유도	플레이 메이킹	패스 능력	볼 핸들링	드리블 스피드	패스 IQ	패스 비전

Aaron NESMITH SF-SG

F 23

애런 니스미스 1999.10.16 / 198cm

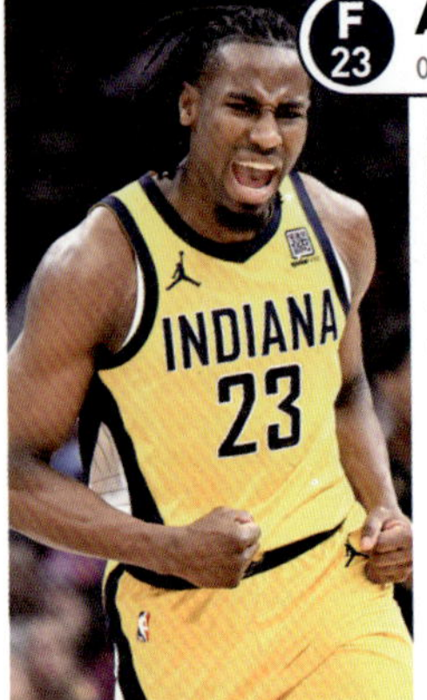

미국

NBA 드래프트 : 2020년 1라운드 14번
NBA 우승 : 0회 / 파이널 MVP : 0회
시즌 MVP : 0회 / NBA 퍼스트팀 : 0회

정규시즌 때는 발목, 엉덩이, 허리 부상으로 45경기 출전에 그쳤다. 그러나 PO에서 '신들린 플레이'로 팀을 NBA 파이널까지 이끌었다. 특히 컨퍼런스 파이널 1차전에서는 4쿼터에 20점을 폭발시키며 팀 선배 레지 밀러를 소환시켰다. 니스미스는 안정된 스트로크와 부드러운 슈팅 터치로 3점 슈팅을 시도한다. 드라이빙 혹은 러닝에서 이어지는 레이업, 플로터로 림을 직접 공략한다. 수비를 열심히 해주고 허슬 플레이에 몸을 던진다. 연봉 1100만 달러.

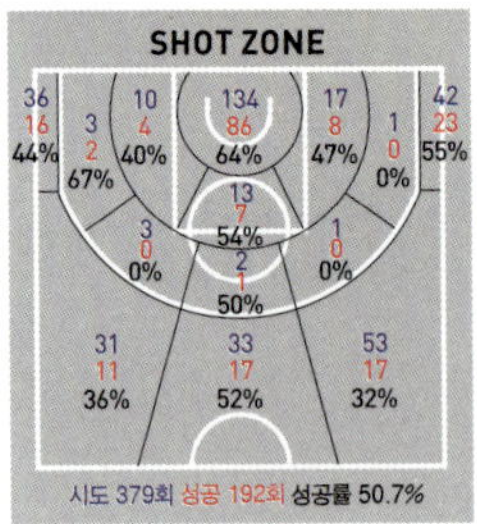

SHOT PROCESS

캐치&슛 146
풀-업 40
드라이빙 79
커팅 11
러닝 69
스텝백 16
풋백 13
앨리웁 0
턴어라운드 5

필드골 379 시도

SHOT TYPES

224 점프샷
83 레이업
17 핑거롤
18 플로터
12 덩크
0 훅샷
10 팁샷
7 뱅크샷
8 페이드어웨이

필드골 379 시도

2024-25시즌 인디애나 45경기 평균 25.0분

항목	PTS	RB	AS	ST	BL	FG-FGA	3P-3PA	FT-FTA
평균	12.0	4.0	1.2	0.8	0.4	4.3-8.4	1.9-4.3	1.6-1.8
36분	17.3	5.7	1.7	1.1	0.5	6.2-12.1	2.7-6.3	2.3-2.6

항목	OS	CS	MS	3P	FT	SQ	OC	IS	L&F	SD	DD	PH	PF	PC	DRF	PM	PA	BH	DRS	PQ	PV
평점	B-	A	C+	B+	A-	D-	C	D-	C+	F	D-	D-	D-	D-	C+	D-	D+	C-	D	D	F

항목	DEF	ID	PD	ST	BL	HDQ	PP	DC	RB3	OR3	DR3	ATH	SP	AG	STR	VJ	STA	HP	INT	POT	OG
평점	D+	C	B-	D	F	C	D-	C	D	C-	D+	C+	C+	C+	D-	C+	B+	B	D-	B+	B-

Pascal SIAKAM PF

F 43

파스칼 시아캄 1994.04.02 / 203cm

카메룬

NBA 드래프트 : 2016년 1라운드 27번
NBA 우승 : 1회 / 파이널 MVP : 0회
시즌 MVP : 0회 / NBA 퍼스트팀 : 0회

지난해 여름 구단과 4년 총액 1억 8950만 달러에 계약하며 잭팟을 터뜨렸고, 그에 확실히 보답했다. 특히 컨퍼런스 파이널에서는 MVP를 차지했다. 올 시즌 초반 타이리스 할리버튼이 부상으로 빠지는 만큼, '공격 1옵션'으로 나선다. 드라이빙, 러닝에서 이어지는 시아캄의 레이업, 플로터, 덩크, 핑거롤은 하이라이트 필름이다. 클러치 상황에 터지는 중장거리 슈팅도 압도적. 인사이드 1대1, 퍼리미터 1대1 수비 모두 수준급이다. 연봉은 4555만 달러.

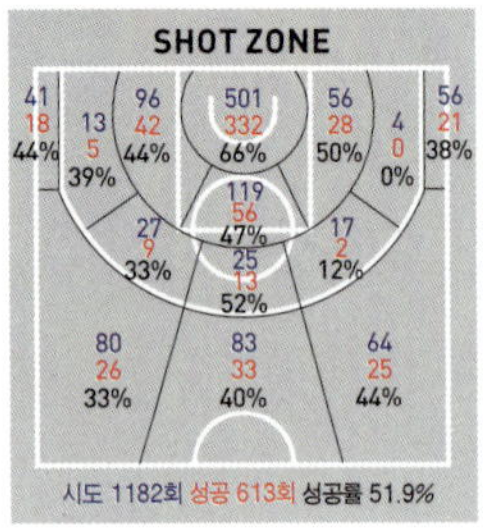

SHOT PROCESS

캐치&슛 471
풀-업 91
드라이빙 215
커팅 37
러닝 122
스텝백 26
풋백 57
앨리웁 5
턴어라운드 158

필드골 1182 시도

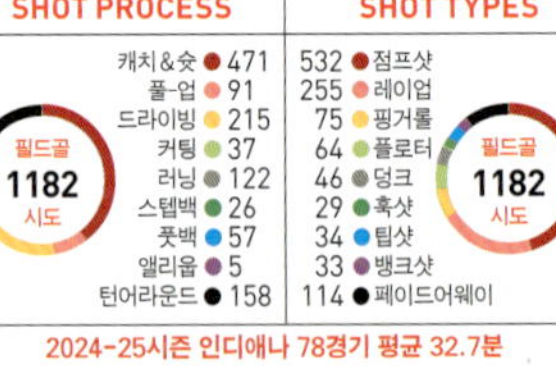

2024-25시즌 인디애나 78경기 평균 32.7분

항목	PTS	RB	AS	ST	BL	FG-FGA	3P-3PA	FT-FTA
평균	20.2	6.9	3.4	0.9	0.5	7.9-15.2	1.6-4.2	2.9-3.9
36분	22.3	7.6	3.7	1.0	0.6	8.7-16.7	1.8-4.6	3.2-4.4

항목	OS	CS	MS	3P	FT	SQ	OC	IS	L&F	SD	DD	PH	PF	PC	DRF	PM	PA	BH	DRS	PQ	PV
평점	B	A+	B-	B-	C	A-	A-	B	B+	B-	B-	B+	B+	B+	C+	C-	C-	C+	D+	C+	D-

항목	DEF	ID	PD	ST	BL	HDQ	PP	DC	RBB	ORB	DRB	ATH	SP	AG	STR	VJ	STA	HP	INT	POT	OG
평점	C	B+	B-	D-	F	B	B-	B-	D-	D-	D-	B-	C	C+	C-	C+	A	B-	B	A-	B+

Obi TOPPIN PF

F 1

오비 토핀 1998.03.04 / 206cm

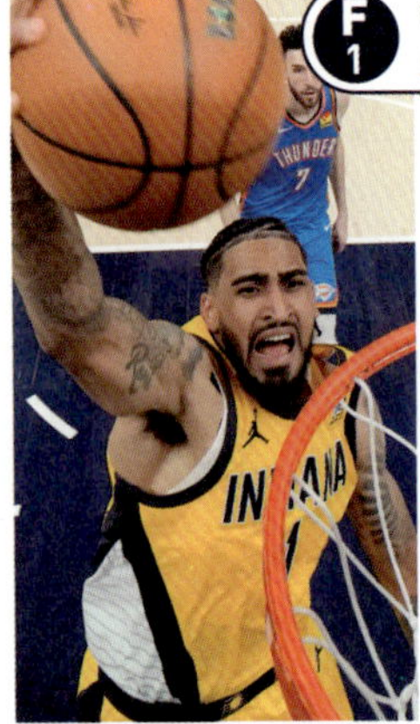

미국

NBA 드래프트 : 2020년 1라운드 8번
NBA 우승 : 0회 / 파이널 MVP : 0회
시즌 MVP : 0회 / NBA 퍼스트팀 : 0회

운동능력이 매우 뛰어난 포워드. 이 장점을 적극 활용해 엄청난 덩크를 폭발시킨다. 앨리웁, 드라이빙, 커팅, 러닝 등 모든 채널을 활용해 '슈퍼 덩크'를 터뜨린다. 힘을 뺀 림어택(레이업, 플로터, 핑거롤)도 상당하다. 출전 시간 대비 3점 슈팅 횟수는 적지 않은 편이고, 중거리 풀업 점퍼와 스텝백 점퍼도 위력적이다. 문제는 수비. 1대1은 어찌어찌 비벼 보더라도, 팀 디펜스, 허슬 플레이는 부족하다. 그가 식스맨으로 기용되는 이유다. 연봉은 1400만 달러.

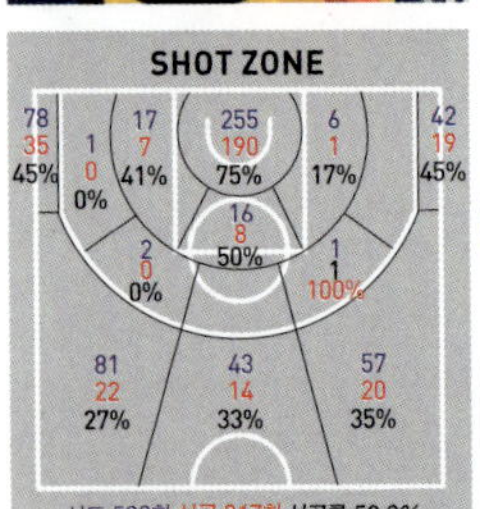

2024-25시즌 인디애나 79경기 평균 19.6분

항목	PTS	RB	AS	ST	BL	FG-FGA	3P-3PA	FT-FTA
평균	10.5	4.0	1.6	0.6	0.4	4.0-7.6	1.4-3.8	1.1-1.4
36분	19.4	7.4	3.0	1.1	0.7	7.4-14.0	2.6-7.0	2.1-2.7

항목	OS	CS	MS	3P	FT	SQ	OC	IS	L&F	SD	DD	PH	PF	PC	DRF	PM	PA	BH	DRS	PQ	PV
평점	C-	A+	D-	B-	C+	C-	D-	C+	B+	B	A-	D+	D+	D+	D-	D-	D-	D-	D-	D-	F

항목	DEF	ID	PD	ST	BL	HDQ	PP	DC	RBB	ORB	DRB	ATH	SP	AG	STR	VJ	STA	HP	INT	POT	OG
평점	D	C-	D-	D	F	D-	F	F	D-	D-	D+	C+	C-	D+	C	A	A-	C-	A	B+	B-

Jarace Walker PF-SF

F 5

제러스 워커 2003.09.04 / 201cm

미국

NBA 드래프트 : 2023년 1라운드 8번
NBA 우승 : 0회 / 파이널 MVP : 0회
시즌 MVP : 0회 / NBA 퍼스트팀 : 0회

2023-24시즌 33경기 평균 10.3분에서 지난 시즌 75경기 평균 15.8분으로 출전 기회가 대폭 늘었다. 드래프트 1순위로서 코칭스태프의 기대를 충족시켰다. 사이트 '훕스 하이프'에서는 그를 '스위스 군용 칼 같은 수비수'라고 했다. 1번~5번을 다 막아내고, '2개의 심장'을 지닌 것처럼 끊임없이 코트를 누빈다. 스틸, 블락, 스크린 세팅 등 허슬 플레이도 좋다. 부드러운 슈팅 터치의 점퍼, 림 어택(덩크, 레이업, 플로터)으로 득점한다. 연봉은 667만 달러.

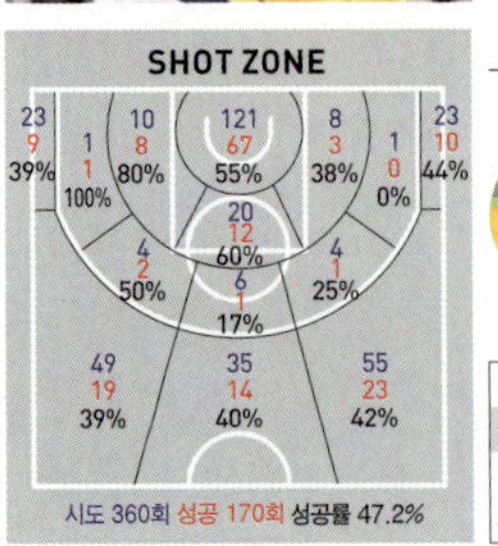

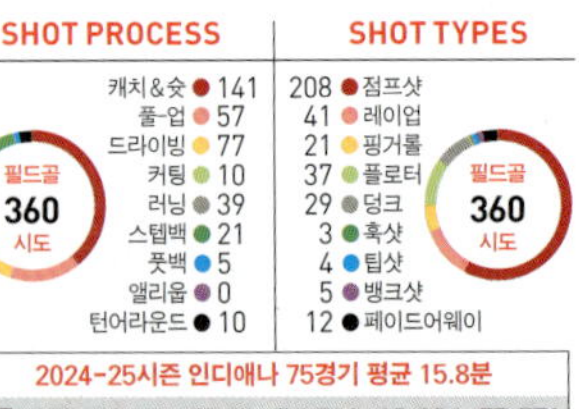

2024-25시즌 인디애나 75경기 평균 15.8분

항목	PTS	RB	AS	ST	BL	FG-FGA	3P-3PA	FT-FTA
평균	6.1	3.1	1.5	0.7	0.3	2.3-4.8	1.0-2.5	0.6-0.9
36분	14.0	6.9	3.3	1.6	0.8	5.2-10.9	2.3-5.6	1.4-2.1

항목	OS	CS	MS	3P	FT	SQ	OC	IS	L&F	SD	DD	PH	PF	PC	DRF	PM	PA	BH	DRS	PQ	PV
평점	C-	A	B+	B	D	D-	F	D	C+	C-	B	D-	D-	D-	F	D-	D+	D-	C-	D+	F

항목	DEF	ID	PD	ST	BL	HDQ	PP	DC	RBB	ORB	DRB	ATH	SP	AG	STR	VJ	STA	HP	INT	POT	OG
평점	D	C-	D	B-	F	D-	D-	D-	D-	D-	D+	B-	B-	B-	B-	A-	A-	B-	D-	B+	C-

Individual Defense & Team Defense								Offensive & Defensive Rebounding									Physical Fitness & Athleticism							Miscellaneous		
DEF	ID	PD	ST	BL	HDQ	PP	DC	RBG	ORG	DRG	RB3	OR3	DR3	RBB	ORB	DRB	ATH	SP	AG	STR	VJ	STA	HP	INT	POT	OG
수비력 종합	인사이드 디펜스	퍼리미터 디펜스	스틸	블락샷	도움수비 IQ	패스 통찰력	수비 일관성	가드 리바운드	가드 공격RB	가드 수비RB	SF 리바운드	SF 공격RB	SF 수비RB	빅맨 리바운드	빅맨 공격RB	빅맨 수비RB	운동능력 종합	스피드	사이드 스텝	피지컬 파워	버티컬 점프력	지구력	허슬 플레이	영향력	포텐셜	종합 평가

F 12 Johnny FURPHY SF-SG

조니 퍼피 2004.12.08 / 206cm

호주 NBA 드래프트 : 2024년 2라운드 35번
NBA 우승 : 0회 / 파이널 MVP : 0회
시즌 MVP : 0회 / NBA 퍼스트팀 : 0회

데뷔 연도에 부상으로 고전했다. 2024년 12월~2025년 1월 사이에 발목 부상과 알려지지 않은 질병이 발생해 결장했다. 시즌 성적은 50경기 평균 7.6분에 2.1점, 1.4리바운드. 올 시즌은 건강한 몸 상태로 '서드 유닛' 일원으로서 더 큰 역할을 해줘야 한다. 퍼피는 부드러운 터치에서 나오는 정확한 중장거리 슈팅이 주무기다. 포지션 대비 키가 크기에 리바운드를 곧잘 걷어낸다. 트랜지션 마무리, BQ 및 플레이메이킹도 OK다. 연봉은 196만 달러.

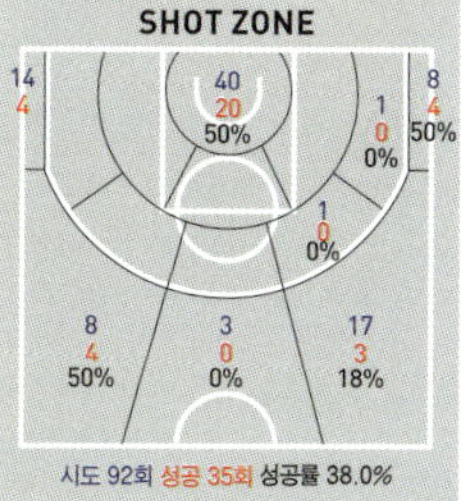

SHOT PROCESS (필드골 92 시도): 캐치&슛 49, 풀-업 2, 드라이빙 9, 커팅 4, 러닝 20, 스텝백 1, 풋백 6, 앨리웁 0, 턴어라운드 1

SHOT TYPES (필드골 92 시도): 52 점프샷, 25 레이업, 2 핑거롤, 1 플로터, 8 덩크, 0 훅샷, 2 팁샷, 1 뱅크샷, 1 페이드어웨이

2024-25시즌 인디애나 50경기 평균 7.6분

항목	PTS	RB	AS	ST	BL	FG-FGA	3P-3PA	FT-FTA
평균	2.1	1.4	0.4	0.4	0.2	0.7-1.8	0.3-1.0	0.4-0.4
36분	9.8	6.7	1.8	1.7	1.0	3.3-8.7	1.4-4.7	1.7-2.1

항목	OS	CS	MS	3P	FT	SQ	OC	IS	L&F	SD	DD	PH	PF	PC	DRF	PM	PA	BH	DRS	PQ	PV
평점	D+	C+	C+	B-	B-	D-	D-	D-	C+	D-	D-	F	D-	F	F	D-	D-	D-	D-	D	F

항목	DEF	ID	PD	ST	BL	HDQ	PP	DC	RBG	ORG	DRG	ATH	SP	AG	STR	VJ	STA	HP	INT	POT	OG
평점	D	D	D	B	D-	D-	F	D-	A-	A-	B	C	C+	D-	D-	C+	B	A-	F	B+	C-

F 13 James WISEMAN PF-C

제임스 와이즈먼 2001.03.31 / 211cm

미국 NBA 드래프트 : 2020년 1라운드 2번
NBA 우승 : 1회 / 파이널 MVP : 0회
시즌 MVP : 0회 / NBA 퍼스트팀 : 0회

아킬레스건이 파열되어 지난 시즌을 통째로 날렸다. 1년간 재활에 몰두했고, 올 시즌 정상 출전을 기대하고 있다. 와이즈먼은 2020-21시즌, 19세 때 NBA에 진출했다. 프로 6년 차지만, 아직 24세다. 211cm 키에 충격적인 운동능력(스피드+점프력)을 지녔다. 압도적인 피지컬을 로포스트에서 잘 활용한다. 트랜지션에 이은 폭발적인 덩크 마무리는 예술품 그 자체. 높은 타점에서 시도하는 미드레인지 점퍼도 꽤 정확한 편이다. 연봉은 267만 달러.

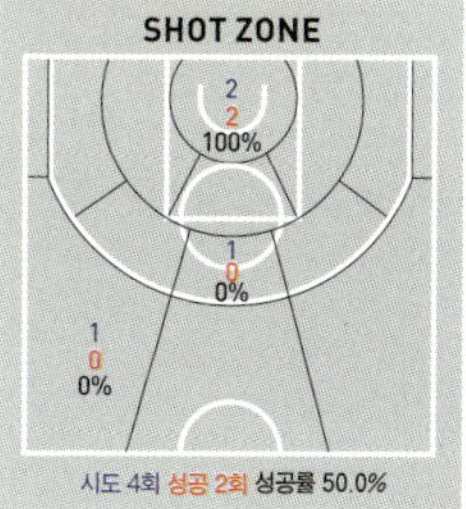

SHOT PROCESS (필드골 4 시도): 캐치&슛 3, 풀-업 0, 드라이빙 0, 커팅 0, 러닝 1, 스텝백 0, 풋백 0, 앨리웁 0, 턴어라운드 0

SHOT TYPES (필드골 4 시도): 3 점프샷, 0 레이업, 0 핑거롤, 1 플로터, 0 덩크, 0 훅샷, 0 팁샷, 0 뱅크샷, 0 페이드어웨이

2024-25시즌 인디애나 1경기 평균 5.0분

항목	PTS	RB	AS	ST	BL	FG-FGA	3P-3PA	FT-FTA
평균	6.0	1.0	0.0	0.0	0.0	2.0-4.0	0.0-1.0	2.0-2.0
36분	43.2	7.2	0.0	0.0	0.0	14.4-28.8	0.0-7.2	14.4-14.4

항목	OS	CS	MS	3P	FT	SQ	OC	IS	L&F	SD	DD	PH	PF	PC	DRF	PM	PA	BH	DRS	PQ	PV
평점	—	—	—	—	—	—	—	—	—	—	—	—	—	—	—	—	—	—	—	—	—

항목	DEF	ID	PD	ST	BL	HDQ	PP	DC	RBG	ORG	DRG	ATH	SP	AG	STR	VJ	STA	HP	INT	POT	OG
평점	—	—	—	—	—	—	—	—	—	—	—	—	—	—	—	—	—	—	—	—	—

출전 시간이 짧아 평점 매길 수 없음

C 22 Isaiah JACKSON PF-C

아이재이아 잭슨 2002.01.10 / 206cm

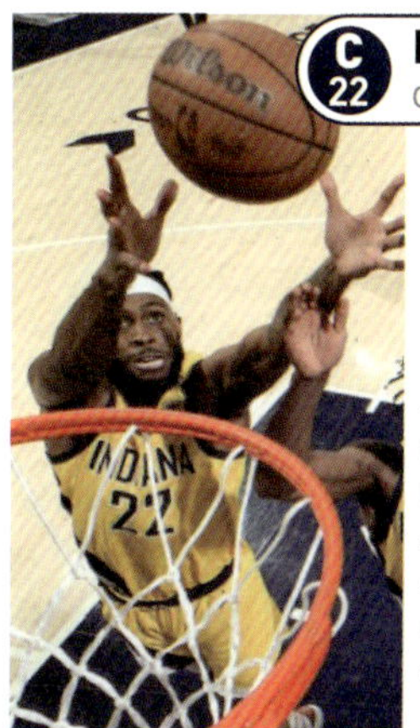

미국 NBA 드래프트 : 2021년 1라운드 22번
NBA 우승 : 0회 / 파이널 MVP : 0회
시즌 MVP : 0회 / NBA 퍼스트팀 : 0회

2024년 10월에 사타구니 부상, 11월에 아킬레스건 파열로 시즌 아웃 됐다. 팀의 선발 센터인 만큼 올 시즌 개막 전(前)까지 몸 상태를 최상으로 만들어야 한다. 잭슨은 유용한 옵션이다. 공격 루트는 단순하지만 확실하게 득점한다. 림 어택(덩크, 레이업), 가까운 거리 훅샷, 공격 리바운드 이후의 풋백으로 골을 넣는다. 출전 시간 대비 리바운드는 정상급이다. 리그에서 손꼽히는 블로커이고, 스틸에서도 쏠쏠한 활약을 펼친다. 연봉은 644만 달러.

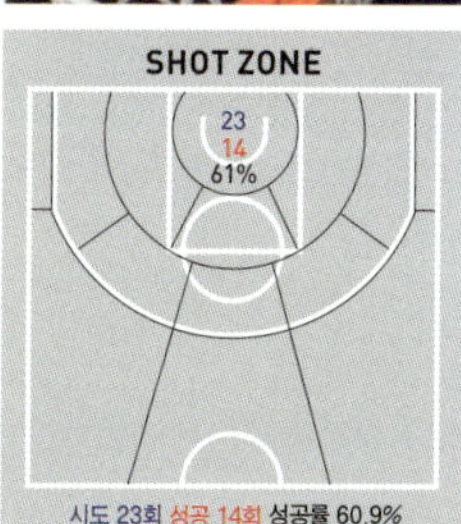

SHOT PROCESS (필드골 23 시도): 캐치&슛 10, 풀-업 0, 드라이빙 1, 커팅 3, 러닝 2, 스텝백 0, 풋백 5, 앨리웁 2, 턴어라운드 0

SHOT TYPES (필드골 23 시도): 0 점프샷, 8 레이업, 0 핑거롤, 2 플로터, 7 덩크, 1 훅샷, 5 팁샷, 0 뱅크샷, 0 페이드어웨이

2024-25시즌 인디애나 5경기 평균 16.8분

항목	PTS	RB	AS	ST	BL	FG-FGA	3P-3PA	FT-FTA
평균	7.0	5.6	1.0	0.6	1.6	2.8-4.6	0.0-0.0	1.4-2.8
36분	15.0	12.0	2.1	1.3	3.4	6.0-9.9	0.0-0.0	3.0-6.0

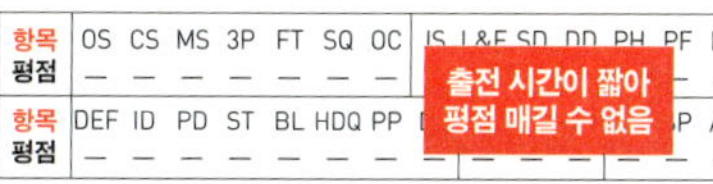
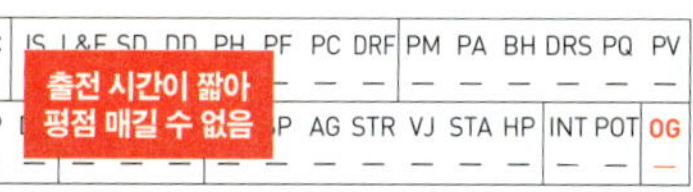

항목	OS	CS	MS	3P	FT	SQ	OC	IS	L&F	SD	DD	PH	PF	PC	DRF	PM	PA	BH	DRS	PQ	PV
평점	—	—	—	—	—	—	—	—	—	—	—	—	—	—	—	—	—	—	—	—	—

항목	DEF	ID	PD	ST	BL	HDQ	PP	DC	RBG	ORG	DRG	ATH	SP	AG	STR	VJ	STA	HP	INT	POT	OG
평점	—	—	—	—	—	—	—	—	—	—	—	—	—	—	—	—	—	—	—	—	—

출전 시간이 짧아 평점 매길 수 없음

C 13 Tony BRADLEY C-PF

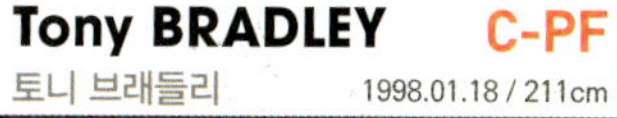

토니 브래들리 1998.01.18 / 211cm

미국 NBA 드래프트 : 2017년 1라운드 28번
NBA 우승 : 0회 / 파이널 MVP : 0회
시즌 MVP : 0회 / NBA 퍼스트팀 : 0회

NBA 경력 8년 차 센터. 2017년 노스캐롤라이나대 소속으로 NCAA 우승을 경험했다. NBA에 데뷔한 이후 유타, 필라델피아, 오클라호마, 시카고에서 뛰었고, 지난 시즌 인디애나 유니폼을 입었다. 브래들리는 211cm, 115kg의 듬직한 체격을 지녔다. 양손잡이 포스트 플레이어로 덩크, 레이업, 훅샷 등 림 근처에서 주로 득점을 올린다. '몸빵'으로 자리를 잡고 리바운드를 쉽게 걷어낸다. 세로 수비와 가로 수비 모두 우수한 편이다. 연봉은 294만 달러.

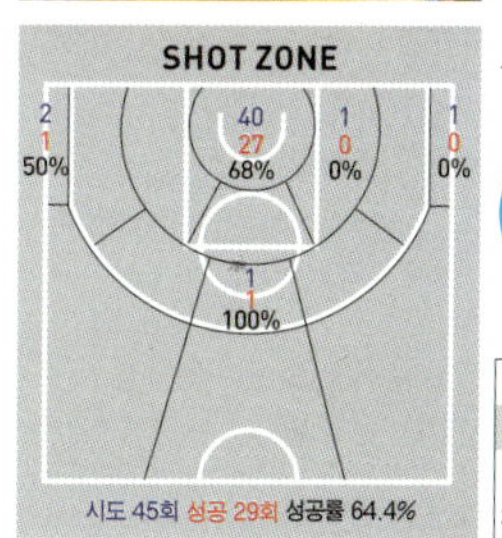

SHOT PROCESS (필드골 45 시도): 캐치&슛 12, 풀-업 0, 드라이빙 5, 커팅 6, 러닝 8, 스텝백 0, 풋백 9, 앨리웁 0, 턴어라운드 5

SHOT TYPES (필드골 45 시도): 5 점프샷, 19 레이업, 1 핑거롤, 1 플로터, 4 덩크, 7 훅샷, 7 팁샷, 1 뱅크샷, 0 페이드어웨이

2024-25시즌 인디애나 14경기 평균 8.1분

항목	PTS	RB	AS	ST	BL	FG-FGA	3P-3PA	FT-FTA
평균	4.4	3.0	0.4	0.1	0.6	2.1-3.2	0.1-0.2	0.1-0.4
36분	19.4	13.4	1.9	0.6	2.9	9.2-14.3	0.3-1.0	0.6-1.9

항목	OS	CS	MS	3P	FT	SQ	OC	IS	L&F	SD	DD	PH	PF	PC	DRF	PM	PA	BH	DRS	PQ	PV
평점	—	—	—	—	—	—	—	—	—	—	—	—	—	—	—	—	—	—	—	—	—

항목	DEF	ID	PD	ST	BL	HDQ	PP	DC	RBG	ORG	DRG	ATH	SP	AG	STR	VJ	STA	HP	INT	POT	OG
평점	—	—	—	—	—	—	—	—	—	—	—	—	—	—	—	—	—	—	—	—	—

출전 시간이 짧아 평점 매길 수 없음

General Stats

PTS	RB	AS	ST	BL	FG-FGA	3P-3PA	FT-FTA
득점	리바운드	어시스트	스틸	블락샷	필드골 성공-시도	3점슈팅 성공-시도	자유투 성공-시도

Outside Scoring & Shooting

OS	CS	MS	3P	FT	SQ	OC
외곽 득점력	근거리 점프샷	중거리 슈팅	3점 슈팅	자유투	슈팅 IQ	득점 일관성

Inside Scoring & Shooting

IS	L&F	SD	DD	PH	PF	PC	DRF
인사이드 득점력	레이업 플로터	스탠딩 덩크	드라이빙 덩크	포스트 훅샷	포스트 페이드	포스트 컨트롤	파울 유도

Play Making, Ball Handling & Passing

PM	PA	BH	DRS	PQ	PV
플레이 메이킹	패스 능력	볼 핸들링	드리블 스피드	패스 IQ	패스 비전

C 32 Jay HUFF C

제이 허프 1997.08.25 / 216cm

미국

NBA 드래프트 : 2021년 미지명
NBA 우승 : 0회 / 파이널 MVP : 0회
시즌 MVP : 0회 / NBA 퍼스트팀 : 0회

지난 시즌 멤피스에서 백업 센터로 활약했고, 오프시즌에 인디애나 유니폼을 입었다. 216cm의 큰 키와 높은 점프를 활용해 상대의 슈팅을 무자비하게 블락해 버린다. 출전 시간 대비 블락 수치는 현 NBA에서 단연 최고 수준이다. 인사이드 1대1 수비, 픽&롤 대처 방법에서도 합격점을 받는다. 공격 루트는 다양하다. 덩크, 레이업으로 림을 직접 공략하지만, 3점 슈팅도 꽤 많이 던진다. 특히 탑과 왼쪽 윙에서 많이 시도하는 편이다. 연봉은 235만 달러.

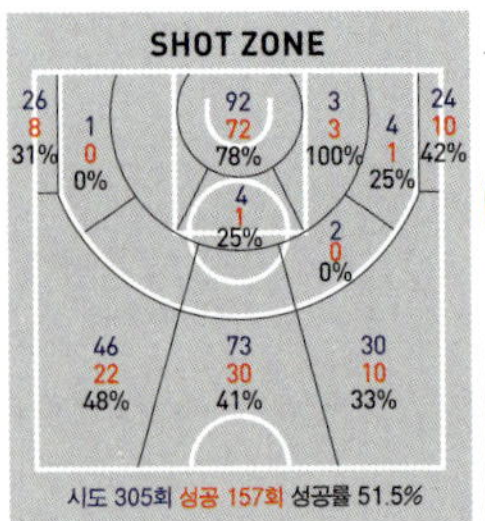

2024-25시즌 멤피스 64경기 평균 11.7분

항목	PTS	RB	AS	ST	BL	FG-FGA	3P-3PA	FT-FTA
평균	6.9	2.0	0.6	0.3	0.9	2.5-4.8	1.3-3.1	0.7-0.9
36분	21.1	6.2	1.8	0.8	2.7	7.6-14.7	3.9-9.6	2.1-2.7

항목	OS	CS	MS	3P	FT	SQ	OC	IS	L&F	SD	DD	PH	PF	PC	DRF	PM	PA	BH	DRS	PQ	PV
평점	C+	B+	C-	B	C+	B-	C	D+	D+	D	D	C	C	C	F	F	D-	F	F	D-	F

항목	DEF	ID	PD	ST	BL	HDQ	PP	DC	RBG	ORG	DRG	ATH	SP	AG	STR	VJ	STA	HP	INT	POT	OG
평점	D+	B-	D-	F	A+	C+	D	C	D-	D-	D-	D	F	F	D-	D-	B	B+	C-	B	C

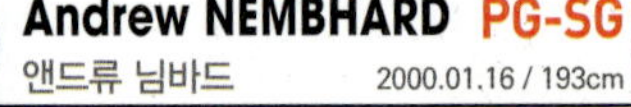

G 2 Andrew NEMBHARD PG-SG

앤드류 넴바드 2000.01.16 / 193cm

캐나다

NBA 드래프트 : 2022년 2라운드 31번
NBA 우승 : 0회 / 파이널 MVP : 0회
시즌 MVP : 0회 / NBA 퍼스트팀 : 0회

'2옵션 볼 핸들러'다. 픽&롤 스페셜리스트로 롤러에게 칼날 패스를 넣어 쉬운 레이업을 유도한다. 득점력이 높지는 않으나 코트 전 지역에서 다양하게 슈팅을 시도한다. 림 어택(레이업, 핑거롤, 플로터), 미드레인지 점퍼, 3점 슈팅 등 내외곽 상관없이 고른 분포를 보인다(샷존 참조). 퍼리미터 1대1 수비, 스틸도 OK. 뉴욕과의 동부 컨퍼런스 준결승 3차전에서 종료 16초 전, 초장거리 역전 버저비터를 성공시켜 강렬한 인상을 남겼다. 연봉은 1810만 달러.

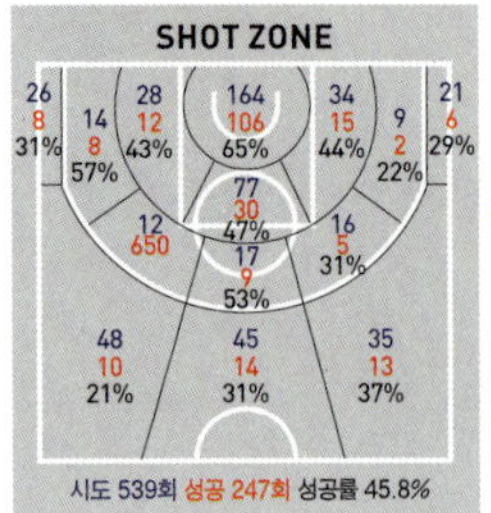

2024-25시즌 인디애나 경기 평균 28.9분

항목	PTS	RB	AS	ST	BL	FG-FGA	3P-3PA	FT-FTA
평균	10.0	3.3	5.0	1.2	0.2	3.8-8.3	0.8-2.7	1.7-2.1
36분	12.5	4.1	6.2	1.5	0.2	4.7-10.3	1.0-3.3	2.1-2.6

항목	OS	CS	MS	3P	FT	SQ	OC	IS	L&F	SD	DD	PH	PF	PC	DRF	PM	PA	BH	DRS	PQ	PV
평점	B-	A	A+	B	C+	C-	D-	D-	B-	F	D-	F	D-	F	F	C+	B-	C+	C	B-	C-

항목	DEF	ID	PD	ST	BL	HDQ	PP	DC	RBG	ORG	DRG	ATH	SP	AG	STR	VJ	STA	HP	INT	POT	OG
평점	C+	C-	A-	C+	F	B	B	B	D-	D+	D+	C	C	B+	F	C-	B	D+	D-	B+	B-

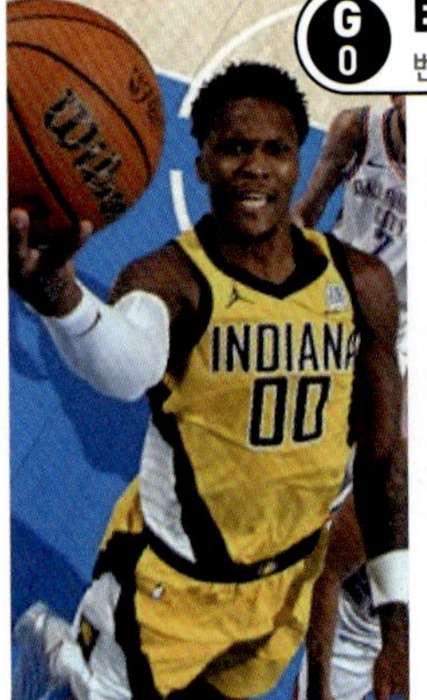

G 0 Benn MATHURIN SG-SF

벤 매서린 2002.06.19 / 196cm

캐나다

NBA 드래프트 : 2022년 1라운드 6번
NBA 우승 : 0회 / 파이널 MVP : 0회
시즌 MVP : 0회 / NBA 퍼스트팀 : 0회

'건강한 매서린'이 돌아왔다. 지난 시즌, 최상의 몸 상태로 72경기에 풀타임 출전하며 평균 16.1점, 5.3리바운드를 기록했다. 오른 어깨 관절와순 파열로 고생했던 2023-24시즌과는 근본적으로 다른 상황. 매서린은 196cm의 스윙맨이다. 출전 시간 대비 득점력이 높다. 풀업 점퍼와 캐치&슛 모두 OK. 탑과 좌우 윙에서 시도하는 3점포는 '치명적인 무기'다. 트랜지션 상황에서 환상적인 플레이메이킹과 날카로운 패스를 구사한다. 연봉은 919만 달러.

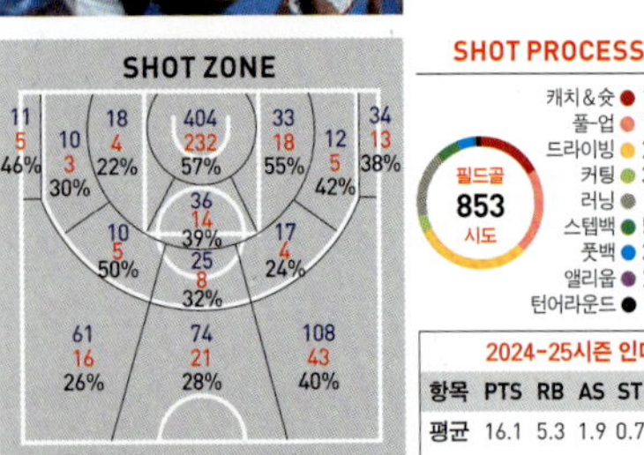

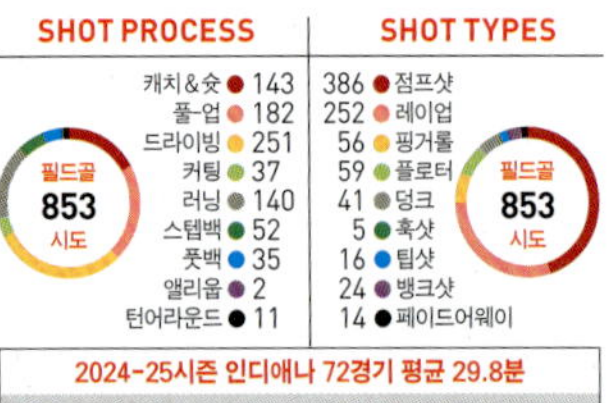

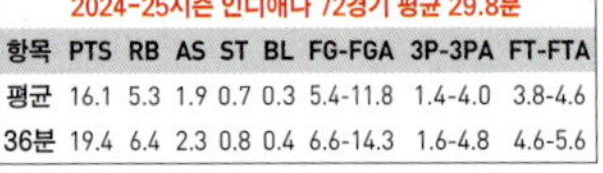

2024-25시즌 인디애나 72경기 평균 29.8분

항목	PTS	RB	AS	ST	BL	FG-FGA	3P-3PA	FT-FTA
평균	16.1	5.3	1.9	0.7	0.3	5.4-11.8	1.4-4.0	3.8-4.6
36분	19.4	6.4	2.3	0.8	0.4	6.6-14.3	1.6-4.8	4.6-5.6

항목	OS	CS	MS	3P	FT	SQ	OC	IS	L&F	SD	DD	PH	PF	PC	DRF	PM	PA	BH	DRS	PQ	PV
평점	C	A-	C-	C+	B-	D-	C	D	C+	F	B-	D-	D-	D-	D+	C-	C	C+	B-	B-	F

항목	DEF	ID	PD	ST	BL	HDQ	PP	DC	RB3	OR3	DR3	ATH	SP	AG	STR	VJ	STA	HP	INT	POT	OG
평점	D	D-	C-	F	F	D+	D-	D-	C+	C+	C+	B-	B	B	D-	B-	A	B	D-	B+	C+

G 9 TJ McCONNELL PG

티제이 맥코넬 1992.03.25 / 185cm

미국

NBA 드래프트 : 2015년 미지명
NBA 우승 : 0회 / 파이널 MVP : 0회
시즌 MVP : 0회 / NBA 퍼스트팀 : 0회

맥코넬의 지난 시즌은 농구 인생의 터닝 포인트였다. 백업 포인트가드로서 정규시즌에 꾸준히 평균 18분씩 출전했고, 플레이오프에서는 결정적인 순간마다 한방씩 해주며 팀이 NBA 파이널에 진출하도록 이끌었다. 우수한 바스켓볼 IQ와 '패스 퍼스트'의 이타적(利他的)인 마인드로 동료들을 뒷받침했다. 끈질긴 1대1 수비와 이해력 높은 팀 디펜스, 과감한 스틸로 수비에서도 제 몫을 해냈다. 올 시즌은 더 업그레이드될 것이다. 연봉은 1020만 달러.

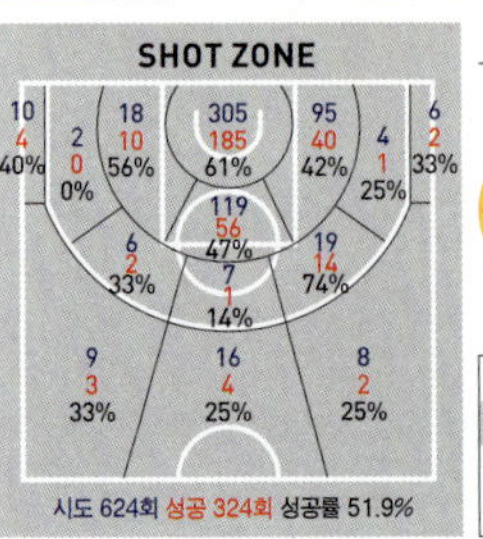

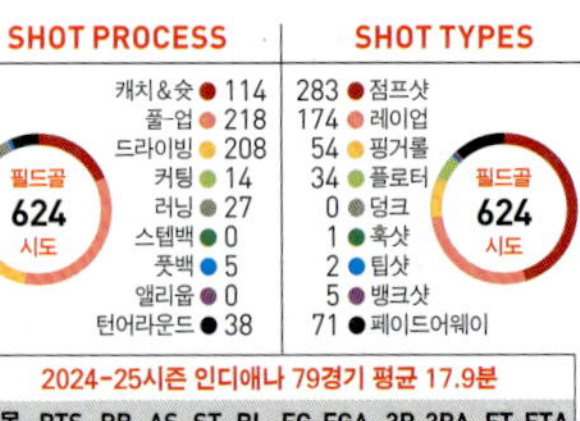

2024-25시즌 인디애나 79경기 평균 17.9분

항목	PTS	RB	AS	ST	BL	FG-FGA	3P-3PA	FT-FTA
평균	9.1	2.4	4.4	1.1	0.3	4.1-7.9	0.2-0.6	0.7-1.0
36분	18.3	4.9	8.9	2.1	0.5	8.2-15.9	0.4-1.2	1.5-2.0

항목	OS	CS	MS	3P	FT	SQ	OC	IS	L&F	SD	DD	PH	PF	PC	DRF	PM	PA	BH	DRS	PQ	PV
평점	B-	A	A	C	C	B-	C	F	C	F	F	F	D-	F	F	B-	B+	C+	C-	B	B

항목	DEF	ID	PD	ST	BL	HDQ	PP	DC	RBG	ORG	DRG	ATH	SP	AG	STR	VJ	STA	HP	INT	POT	OG
평점	C	D-	B	A-	F	C-	B+	B-	C-	C+	C	C	C	B-	F	D	B+	A-	B	B+	B-

G 26 Ben SHEPPARD SG

벤 셰퍼드 2001.07.16 / 198cm

미국

NBA 드래프트 : 2023년 1라운드 26번
NBA 우승 : 0회 / **파이널 MVP :** 0회
시즌 MVP : 0회 / **NBA 퍼스트팀 :** 0회

198cm의 장신 가드. 전형적인 캐치&슛 플레이어다. 제한된 출전 시간에 과감하게 3점포를 터뜨린다. 드라이빙 레이업, 커팅 핑거롤 등 림을 직접 공략하기도 한다. 그러나 미드레인지 점퍼는 매우 적고, 3점 슈팅 성공률이 높지 않다. 하지만 영리한 선수로서 플레이메이킹, 볼핸들링, 패스로 팀을 이끈다. 엔트리 패스 혹은 돌파 후의 연결로 동료 빅맨의 쉬운 덩크를 돕는다. 좋은 신체, 적극적인 성격으로 패싱 레인을 끊어낸다. 연봉은 279만 달러.

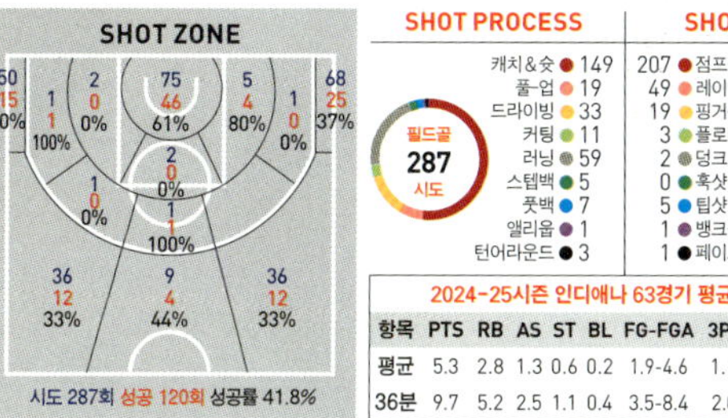

SHOT PROCESS (필드골 287 시도)

캐치&슛 149 · 풀-업 19 · 드라이빙 33 · 커팅 11 · 러닝 59 · 스텝백 5 · 풋백 7 · 앨리웁 1 · 턴어라운드 3

SHOT TYPES (필드골 287 시도)

207 점프샷 · 49 레이업 · 19 핑거롤 · 3 플로터 · 2 덩크 · 0 훅샷 · 5 팁샷 · 1 뱅크샷 · 1 페이드어웨이

2024-25시즌 인디애나 63경기 평균 19.5분

항목	PTS	RB	AS	ST	BL	FG-FGA	3P-3PA	FT-FTA
평균	5.3	2.8	1.3	0.6	0.2	1.9-4.6	1.1-3.2	0.4-0.4
36분	9.7	5.2	2.5	1.1	0.4	3.5-8.4	2.0-5.8	0.7-0.8

항목	OS	CS	MS	3P	FT	SQ	OC	IS	L&F	SD	DD	PH	PF	PC	DRF	PM	PA	BH	DRS	PQ	PV
평점	C+	B-	C+	C+	A-	C	D-	D-	C+	F	D-	F	F	F	F	D	C-	C-	C	C-	F

항목	DEF	ID	PD	ST	BL	HDQ	PP	DC	RBG	ORG	DRG	ATH	SP	AG	STR	VJ	STA	HP	INT	POT	OG
평점	D+	D	B-	D	F	C+	C	C	C	B-	C	C+	B	B	D-	B	B	A-	D-	B+	C

G 7 Kam JONES PG-SG

캠 존스 2002.02.25 / 196cm

미국

NBA 드래프트 : 2025년 2라운드 38번
NBA 우승 : 0회 / **파이널 MVP :** 0회
시즌 MVP : 0회 / **NBA 퍼스트팀 :** 0회

마켓대 4학년을 마치고 2025 NBA 드래프트를 신청했다. 샌안토니오에 2라운드 38번으로 지명된 후 인디애나로 트레이드 됐다. 그는 대학 4년간 총 137경기에 출전해 평균 14.9점, 3.1리바운드, 2.9어시스트를 기록했다. 뛰어난 슈팅 감각, 훌륭한 바스켓볼 IQ, 강력한 수비로 유명했다. 검증된 중거리 스팟업 슈터이고, 림 근처에서 양손을 활용해 자유롭게 마무리한다. 그러나 3점 슈팅이 불안정하고, 운동능력은 평범한 편이다. 연봉은 127만 달러.

2024-25시즌 기록 없음

항목	PTS	RB	AS	ST	BL	FG-FGA	3P-3PA	FT-FTA
평균	–	–	–	–	–	–	–	–
36분	–	–	–	–	–	–	–	–

항목	OS	CS	MS	3P	FT	SQ	OC	IS	L&F	SD	DD	PH	PF	PC	DRF	PM	PA	BH	DRS	PQ	PV
평점	–	–	–	–	–	–	–	–	–	–	–	–	–	–	–	–	–	–	–	–	–

항목	DEF	ID	PD	ST	BL	HDQ	PP	DC	RBG	ORG	DRG	ATH	SP	AG	STR	VJ	STA	HP	INT	POT	OG
평점	–	–	–	–	–	–	–	–	–	–	–	–	–	–	–	–	–	–	–	–	–

G 29 Quenton JACKSON PG-SG

퀜튼 잭슨 1998.09.15 / 196cm

미국

NBA 드래프트 : 2022년 미지명
NBA 우승 : 0회 / **파이널 MVP :** 0회
시즌 MVP : 0회 / **NBA 퍼스트팀 :** 0회

지난 시즌 NBA와 G리그를 넘나들었다. 올 시즌엔 NBA 출전 기회가 늘 것이다. 잭슨은 195cm 스윙맨이다. 캐치&슛, 오프더드리블 슈팅 모두 우수하다. 자유투가 정확한 편이고, 평균 이상의 플레이메이킹을 선보인다. 몸동작과 손이 빨라 스틸을 잘 성공시킨다. 수비와 리바운드 능력을 더 키워야 한다. 왼발 부상으로 2025 섬머리그 일정을 소화하지 못했지만, 시즌 개막전 로스터에는 이름을 올릴 것이다. 구단과 64만 달러에 투웨이 계약을 맺었다.

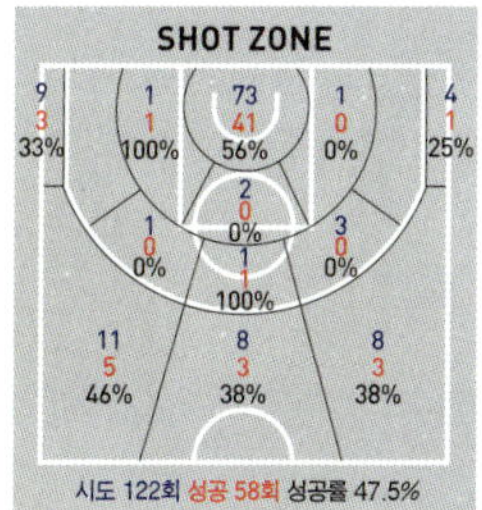

SHOT PROCESS (필드골 122 시도)

캐치&슛 32 · 풀-업 14 · 드라이빙 39 · 커팅 6 · 러닝 20 · 스텝백 7 · 풋백 4 · 앨리웁 0 · 턴어라운드 0

SHOT TYPES (필드골 122 시도)

45 점프샷 · 52 레이업 · 6 핑거롤 · 5 플로터 · 9 덩크 · 0 훅샷 · 2 팁샷 · 1 뱅크샷 · 2 페이드어웨이

2024-25시즌 인디애나 28경기 평균 13.6분

항목	PTS	RB	AS	ST	BL	FG-FGA	3P-3PA	FT-FTA
평균	5.8	1.6	1.9	0.8	0.2	2.1-4.4	0.5-1.4	1.1-1.4
36분	15.3	4.2	5.0	2.0	0.5	5.5-11.5	1.4-3.8	2.9-3.8

항목	OS	CS	MS	3P	FT	SQ	OC	IS	L&F	SD	DD	PH	PF	PC	DRF	PM	PA	BH	DRS	PQ	PV
평점	C+	B-	C+	C	C	D-	F	D-	B-	F	B-	F	F	F	F	D+	C-	C-	C	D-	D

항목	DEF	ID	PD	ST	BL	HDQ	PP	DC	RBG	ORG	DRG	ATH	SP	AG	STR	VJ	STA	HP	INT	POT	OG
평점	D	D-	C	A-	F	C-	C	D	D	B-	D-	C+	B	B	F	B+	B-	C	F	B-	C-

INDIANA PACERS 2025-26 REGULAR SEASON SCHEDULE

OCTOBER, 2025

Oct. 23	vs.	Oklahoma City Thunder
Oct. 25	@	Memphis Grizzlies
Oct. 26	@	Minnesota Timberwolves
Oct. 29	@	Dallas Mavericks
Oct. 31	vs.	Atlanta Hawks

NOVEMBER, 2025

Nov. 1	vs.	Golden State Warriors
Nov. 3	vs.	Milwaukee Bucks
Nov. 5	vs.	Brooklyn Nets
Nov. 8	@	Denver Nuggets
Nov. 9	@	Golden State Warriors
Nov. 11	@	Utah Jazz
Nov. 13	@	Phoenix Suns
Nov. 15	vs.	Toronto Raptors
Nov. 17	@	Detroit Pistons
Nov. 19	vs.	Charlotte Hornets
Nov. 21	@	Cleveland Cavaliers
Nov. 24	vs.	Detroit Pistons
Nov. 26	@	Toronto Raptors
Nov. 28	vs.	Washington Wizards
Nov. 29	vs.	Chicago Bulls

DECEMBER, 2025

Dec. 1	vs.	Cleveland Cavaliers
Dec. 3	vs.	Denver Nuggets
Dec. 5	@	Chicago Bulls
Dec. 8	vs.	Sacramento Kings
Dec. 18	vs.	New York Knicks
Dec. 20	@	New Orleans Pelicans
Dec. 22	@	Boston Celtics
Dec. 23	vs.	Milwaukee Bucks
Dec. 26	vs.	Boston Celtics
Dec. 27	@	Miami Heat
Dec. 29	@	Houston Rockets
Dec. 31	vs.	Orlando Magic

JANUARY, 2026

Jan. 2	vs.	San Antonio Spurs
Jan. 4	@	Orlando Magic
Jan. 6	vs.	Cleveland Cavaliers
Jan. 8	@	Charlotte Hornets
Jan. 10	vs.	Miami Heat
Jan. 12	vs.	Boston Celtics
Jan. 14	vs.	Toronto Raptors
Jan. 16	vs.	New Orleans Pelicans
Jan. 17	@	Detroit Pistons
Jan. 19	@	Philadelphia 76ers
Jan. 21	@	Boston Celtics
Jan. 23	@	Oklahoma City Thunder
Jan. 26	@	Atlanta Hawks
Jan. 28	vs.	Chicago Bulls
Jan. 31	vs.	Atlanta Hawks

FEBRUARY, 2026

Feb. 2	vs.	Houston Rockets
Feb. 3	vs.	Utah Jazz
Feb. 6	@	Milwaukee Bucks
Feb. 8	@	Toronto Raptors
Feb. 10	@	New York Knicks
Feb. 11	@	Brooklyn Nets
Feb. 19	@	Washington Wizards
Feb. 20	@	Washington Wizards
Feb. 22	vs.	Dallas Mavericks
Feb. 24	vs.	Philadelphia 76ers
Feb. 26	vs.	Charlotte Hornets

MARCH, 2026

Mar. 1	vs.	Memphis Grizzlies
Mar. 4	@	Los Angeles Clippers
Mar. 6	@	Los Angeles Lakers
Mar. 8	@	Portland Trail Blazers
Mar. 10	@	Sacramento Kings
Mar. 12	vs.	Phoenix Suns
Mar. 13	vs.	New York Knicks
Mar. 15	@	Milwaukee Bucks
Mar. 17	@	New York Knicks
Mar. 18	vs.	Portland Trail Blazers
Mar. 21	@	San Antonio Spurs
Mar. 23	@	Orlando Magic
Mar. 25	vs.	Los Angeles Lakers
Mar. 27	vs.	Los Angeles Clippers
Mar. 29	vs.	Miami Heat

APRIL, 2026

Apr. 1	@	Chicago Bulls
Apr. 3	@	Charlotte Hornets
Apr. 5	@	Cleveland Cavaliers
Apr. 7	vs.	Minnesota Timberwolves
Apr. 9	@	Brooklyn Nets
Apr. 10	vs.	Philadelphia 76ers
Apr. 12	vs.	Detroit Pistons

MILWAUKEE BUCKS
MILWAUKEE BUCKS
BUCKS
34

구단은 말 그대로 올인, 눈앞의 성과가 필요

허물어져 가는 프랜차이즈

밀워키는 2021년 플레이오프 파이널 우승으로 정점을 찍은 후 줄곧 뒷걸음질 치고 있다. 2023년 충격적인 1번 시드 업셋 탈락에 이어(vs 8번 시드 MIA), 2024~25년 1라운드에서는 디비전 라이벌 인디애나 상대로 연거푸 쓴맛을 봤다. 역동성이 떨어진 노장 위주 선수단, 잦은 부상, 잇따른 감독 교체 등 각종 악재가 겹친 탓이다. 그나마 궁핍할수록 총명해지는 닥 리버스 감독이 적재적소 미봉책을 발휘한 덕분에 최악의 상황은 모면했다. 최선과는 거리가 멀었지만 말이다.

우린 보법이 다르다

오랜 기간에 걸쳐 윈 나우 운영을 펼친 집단답게 샐러리캡 여유 공간, 미래 자산 양쪽 모두 거덜 난 상태다. 급기야 고액 연봉자 데미안 릴라드가 올해 플레이오프 전장에서 쓰러졌다. 차기 시즌 전체 일정 결장이 우려되는 왼쪽 아킬레스건 파열 부상이다. 구단 프런트는 다시 한번 극약 처방을 들고 왔다. 놀랍게도 릴라드의 잔여 계약 1억 1,250만 달러를 전액 보장해 주고 방출 처리했다! 덕분에 없던 샐러리캡 여유 공간을 억지로 창출해 냈다(stretch provision rule).

Giannis, This Is For You!

앞서 살펴본 스트레치 프로비전 룰 활용은 현재 부담을 미래에 떠넘기는 위험천만한 행위다. 단언컨대 대체할 수 없는 에이스 야니스 아테토쿤보를 달래기 위한 고육지책이었긴 하다. 실제로 급작스럽게 마련된 샐러리캡 여유 공간에 힘입어 마일스 터너 4년 1억 900만 달러 FA 영입, 바비 포티스, 케빈 포터 주니어, 라이언 롤린스 재계약이 경쾌하게 이루어졌다. 이젠 그리스 괴인이 구단의 온몸 비틀기에 화답할 차례. 문자 그대로 올-인한 만큼 어떻게든 성과를 내야 한다.

Association | Icon | Statement | City

•통계는 2025년 9월 10일 기준

CLUB INFORMATION

Founded	Owner	CEO	Head Coach	24-25 Odds
구단 창립 1968년	웨스 댄스 외 3명	피터 페이진	닥 리버스 1961.10.13	스카이벳 : 60배 윌리엄힐 : 50배

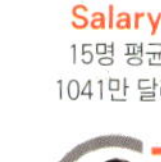

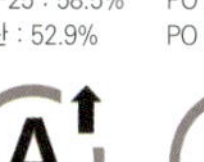

Nationality	Age	Height	Weight	Salary
19명 ●미국 선수 명 ●외국 선수 명	19명 평균 26.4세	19명 평균 198.6cm	19명 평균 96.9kg	15명 평균 1041만 달러

Win	Loss	Winning%	Play-Off	Titles
2024-25 : 48승 통산 : 2437승	2024-25 : 34패 통산 : 2170패	2024-25 : 58.5% 통산 : 52.9%	PO 진출 : 37회 PO 탈락 : 20회	NBA우승 : 2회 컨퍼런스 : 3회

Top Scorer	More Rebounds	More Assists	More Steals	More Blocks
야니스 아데토쿤보 평균 30.4점	야니스 아데토쿤보 평균 11.9리바운드	대미안 릴라드 평균 7.1어시스트	대미안 릴라드 평균 1.2스틸	브룩 로페스 평균 1.9블락

•항목별 1위는 지난 시즌 밀워키 소속으로 42경기 이상 출전한 선수 중 선별

HEAD COACH & STADIUM

Doc RIVERS 닥 리버스

생년월일 : 1961.10.13 / **출생지 :** 미국 일리노이주 시카고
경력 : 1999~2003년 올랜도 매직 감독 / 2004~2013년 보스턴 셀틱스 감독 / 2013~2020년 로스앤젤레스 클리퍼스 감독 / 2020~2023년 필라델피아 76ers. 감독 / 2024년 ~ 밀워키 벅스 감독

프로비소 이스트고를 졸업하고 마켓대에 입학했다. 대학 3학년 때 NBA 드래프트를 신청했고, 애틀랜타 호크스에 2라운드 33번으로 지명되었다. 그는 NBA의 정상급 포인트가드로 13년간 활약했다. 1996년 샌안토니오에서 은퇴한 후 2년 정도 쉬다가 1999년 올랜도 매직 감독으로 코트에 복귀했다. 이어 2004~2013년 보스턴 셀틱스, 2013~2020년 LA 클리퍼스, 2020~2023년 필라델피아 세븐티식서스에서 각각 선수들을 지휘했다. 올랜도 감독으로서 2000년 NBA 올해의 감독상을 받았다. 보스턴 감독으로 정규시즌 통산 416승 305패를 기록했고, 2008년 NBA 우승 트로피를 품에 안았다. 클리퍼스 시절엔 356승 208패를 기록하며 프랜차이즈 역사상 가장 많은 승리를 거둔 감독이 되었다. 필라델피아 감독으로서의 첫 시즌엔 49승 23패의 성적으로 동부 컨퍼런스 1번 시드를 획득한 바 있다. 리버스는 필라델피아와 계약이 종료된 후 2024년 1월 26일, 밀워키 제18대 감독으로 부임했다.

FISERV FORUM

구장 오픈 : 2018년 8월 26일
구장 증개축 : –
오너 : 위스콘신주
수용인원 : 1만 7385명
건축비용 : 12억 달러
(현재 가치) 15억 달러

구장 명칭은 금융 전산 서비스 기술 제공 기업 파이서브와 25년간 명명권 계약을 체결하면서 붙인 것이다. 도시 밀워키의 유산, 역사, 개성을 반영하는 동시에 새로운 공동체 의식을 적극적으로 투영하기 위해 설계됐다. 이 최첨단 경기장은 위스콘신주 엔터테인먼트의 허브이자, 밀워키 시내의 성장을 이끄는 엔진이다. 벅스 홈구장이 된 건 2018-19시즌부터다.

REGULAR SEASON RANKING LAST 10YEARS ★NBA 파이널 우승

15-16	16-17	17-18	18-19	19-20	20-21	21-22	22-23	23-24	24-25
22	13	16	1	1	★7	6	1	8	13
33승 49패	42승 40패	44승 38패	60승 22패	56승 17패	46승 26패	51승 31패	58승 24패	49승 33패	48승 34패

Honours

2	3	19	9
NBA CHAMPIONS	CONFERENCE TITLES	DIVISION TITLES	RETIRED NUMBERS

NBA CHAMPIONSHIPS
1971, 2021

CONFERENCE TITLES
1971, 1974, 2021

DIVISION TITLES
1971, 1972, 1973, 1974, 1976, 1980, 1981, 1982, 1983, 1984, 1985, 1986, 2001, 2019, 2020, 2021, 2022, 2023, 2024

RETIRED NUMBERS
1, 2, 4, 8, 10, 14, 16, 32, 33

TEAM POTENTIAL

79점
15위

하프코트 세트오펜스 8점
트랜지션 오펜스 8점

하프코트 세트디펜스 8점

트랜지션 디펜스 8점

리바운드 7점

선수층 8점
선수 경험치 8점
감독 리더십 8점

감독 전술 8점
프런트 8점

*각 항목은 10점 만점, 평점은 NBA 30팀 사이 상대평가

우승 ODDS	배당	순위
Sky Bet	60배	17위
Bet Fred	50배	17위
William Hill	50배	15위

OFFENSIVE STYLE
트랜지션 오펜스 ←→ 하프코트 세트오펜스

DEFENSIVE STYLE
하이 프레스 ←→ 하프코트 디펜스

SQUAD & TACTICS

STARTERS

- PF 야니스 아데토쿤보 — 34.2분, 30.4점, 11.9RB, 6.5AS
- C 마일스 터너 — 30.2분, 15.6점, 6.5RB, 1.5AS
- SF 카일 쿠즈마 — 29.8분, 14.8점, 5.7RB, 2.3AS
- SG 에이제이 그린 — 22.7분, 7.4점, 2.4RB, 1.5AS
- PG 라이언 롤린스 — 14.6분, 6.2점, 1.9RB, 1.9AS

OFF THE BENCH

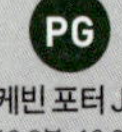
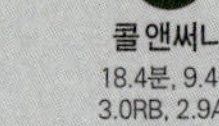
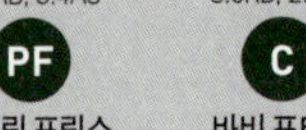
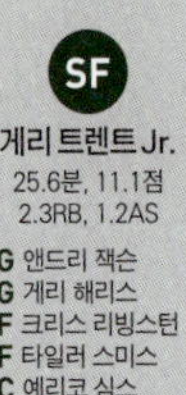

- PG 케빈 포터 Jr. — 19.8분, 10.3점, 3.7RB, 3.4AS
- SG 콜 앤써니 — 18.4분, 9.4점, 3.0RB, 2.9AS
- SF 게리 트렌트 Jr. — 25.6분, 11.1점, 2.3RB, 1.2AS
- PF 토어린 프린스 — 27.1분, 8.2점, 3.6RB, 1.9AS
- C 바비 포티스 — 25.4분, 13.9점, 8.4RB, 2.1AS

G 앤드리 잭슨
G 게리 해리스
F 크리스 리빙스턴
F 타일러 스미스
C 예리코 심스

Player's Functions

Ball Handlers: K.포터 Jr., G.아데토쿤보, C.앤써니
Pull-Ups: G.아데토쿤보, K.포터 Jr., G.트렌트 Jr.
Catch & Shoot: M.터너, AJ.그린, G.아데토쿤보

3 Pointers: G.트렌트 Jr., T.프린스, AJ.그린
Slam Dunkers: G.아데토쿤보, M.터너, J.심스
Free Throw: R.롤린스, C.앤써니, G.트렌트 Jr.

Rebounders: G.아데토쿤보, J.심스, B.포티스
1-1 Defenders: G.아데토쿤보, M.터너, G.해리스
Ball Stealers: C.리빙스턴, R.롤린스, K.포터 Jr.

Key Passes: K.포터 Jr., G.아데토쿤보, C.앤써니
Hustle Players: K.쿠즈마, B.포티스, J.심스
Rim Protectors: M.터너, J.심스

2024-25 SEASON PERFORMANCE

공격 레이팅 115.9(11위) 수비 레이팅 113.4(12위) 레이팅 마진 +2.5(11위) 페이스 99.3(13위)

MILWAUKEE BUCKS vs. OPPONENTS PER GAME STATS

	득실점	FG 필드골성공	FG↑ 필드골시도	FG% 필드골%	3P 3점성공	3P↑ 3점시도	3P% 3점%	2P 2점성공	2P↑ 2점시도	2P% 2점%	자유투성공	자유투시도	FT% 자유투%	OR 공격 RB	DR 수비 RB	TR 전체 RB	A↑ 어시스트	스틸	블락샷	턴오버	파울
밀워키	115.5 11위	42.0 12위	86.4 25위	48.6% 4위	14.2 8위	36.6 18위	38.7% 1위	27.9 15위	49.7 21위	56.0% 6위	17.3 8위	23.1 5위	75.0% 28위	8.2 30위	35.1 2위	43.4 22위	25.5 21위	7.3 27위	4.7 19위	13.4 7위	17.9 9위
상대팀	113.0 13위	41.6 18위	91.1 23위	45.7% 5위	13.9 19위	39.4 26위	35.3% 7위	27.7 12위	51.7 15위	53.6% 9위	15.9 6위	20.3 5위	78.3% 19위	11.0 13위	34.3 28위	45.3 24위	26.4 14위	7.3 5위	3.8 2위	12.9 26위	18.8 12위

LINE-UP

* 밀워키는 지난 시즌 총 489개의 라인업을 가동했다. 득실점차 플러스 10개, 마이너스 10개를 골랐다.

득실점차 플러스(+) 라인업 TOP 10	G	MIN	PPG	RPG	득실차
B. Lopez - D. Lillard - B. Portis - G. Trent Jr. - A. Green	16	121	19.2	7.1	+52
G. Antetokounmpo - B. Portis - G. Trent Jr. - K. Porter Jr. - A. Green	3	42	44.3	17.0	+48
B. Lopez - G. Antetokounmpo - T. Prince - K. Kuzma - R. Rollins	11	146	35.0	10.2	+38
B. Lopez - D. Lillard - G. Antetokounmpo - T. Prince - A. Green	27	110	9.6	4.2	+36
K. Middleton - G. Antetokounmpo - B. Portis - G. Trent Jr. - A. Green	9	57	17.6	5.9	+35
B. Lopez - G. Antetokounmpo - G. Trent Jr. - K. Porter Jr. - A. Green	6	17	8.7	2.7	+30
G. Antetokounmpo - P. Connaughton - G. Trent Jr. - K. Porter Jr. - A. Green	2	19	28.0	10.0	+24
B. Portis - K. Kuzma - G. Trent Jr. - K. Porter Jr. - A. Green	2	14	22.0	8.5	+21
B. Lopez - D. Lillard - G. Antetokounmpo - T. Prince - K. Kuzma	14	205	35.6	15.0	+20
B. Lopez - D. Lillard - G. Antetokounmpo - T. Prince - R. Rollins	5	26	15.2	5.6	+20
득실점차 마이너스(-) 라인업 TOP 10	**GP**	**MIN**	**PPG**	**RPG**	**득실차**
B. Lopez - D. Lillard - K. Kuzma - G. Trent Jr. - A. Green	11	31	5.9	2.0	-24
D. Lillard - K. Kuzma - G. Trent Jr. - J. Sims - A. Green	10	43	9.6	3.9	-22
B. Lopez - G. Antetokounmpo - D. Wright - T. Prince - A. Green	2	16	14.5	6.0	-20
T. Prince - K. Kuzma - G. Trent Jr. - K. Porter Jr. - J. Sims	6	12	4.2	1.3	-17
D. Lillard - K. Kuzma - K. Porter Jr. - J. Sims - A. Green	5	18	7.6	3.8	-15
D. Lillard - B. Portis - P. Connaughton - G. Trent Jr. - A. Green	3	7	3.7	2.0	-14
B. Lopez - T. Prince - K. Kuzma - G. Trent Jr. - K. Porter Jr.	6	39	15.5	5.0	-13
B. Lopez - D. Lillard - K. Middleton - B. Portis - G. Trent Jr.	7	36	12.1	4.3	-13
B. Lopez - D. Lillard - K. Middleton - T. Prince - G. Trent Jr.	3	11	6.0	2.7	-13
D. Lillard - B. Portis - T. Prince - K. Kuzma - G. Trent Jr.	3	9	7.3	1.7	-13

PASS COMBINATIONS

→ 해당 선수가 경기당 동료로부터 패스 받은 횟수
→ 해당 선수가 경기당 동료들에게 패스 해준 횟수

받은 횟수	선수	해준 횟수
70.0	대미안 릴라드	60.0
57.4	야니스 아데토쿤보	53.4
27.8	바비 포티스	34.7
30.9	크리스 미들턴	31.6
32.8	케빈 포터 주니어	30.9
29.9	카일 쿠즈마	29.6
27.1	브룩 로페스	26.3
21.3	피트 낸스	25.8
24.4	딜런 라이트	25.1
20.6	토어린 프린스	22.5
19.1	에이제이 그린	22.2
22.8	라이언 롤린스	21.8
22.2	자마리 부에이	20.6
16.1	팻 코너턴	20.1
9.2	예리코 심스	18.2
11.9	앤드리 잭슨 주니어	15.7
19.4	게리 트렌트 주니어	14.9
11.3	에이제이 존슨	11.8
4.8	타일러 스미스	6.3
4.3	크리스 리빙스턴	5.8
4.8	리암 로빈스	4.5
4.9	마존 뷰챔프	4.4
3.7	스탠리 우무데	3.9

2024-25 RANKING

* 는 수치가 낮을수록 랭킹이 높아짐

밀워키	랭킹	FIVE FACTORS	상대팀	랭킹
56.8%	3위	3점 가중 FG%	53.3%*	6위
12.2*	8위	턴오버 / 100포제션	11.4	26위
19.3%	30위	공격 RB 점유율	23.8%*	5위
76.2%	5위	수비 RB 점유율	80.7%*	30위
20.1%	5위	자유투 / 필드골	17.4%*	5위

득점	랭킹	PLAYTYPE	실점*	랭킹
8.6	7위	아이솔레이션	6.4	6위
21.7	22위	트랜지션	23.3	16위
16.0	18위	픽&롤 볼핸들러	17.1	21위
9.2	2위	픽&롤 롤맨	7.3	18위
7.1	2위	포스트-업	2.7	1위
26.3	16위	스팟-업	27.1	11위
6.7	5위	핸드오프	5.0	10위
8.7	25위	커팅	—	—
2.2	30위	오프 스크린	4.4	20위
5.3	22위	풋백	6.5	12위
3.1	9위	기타	—	—

SHOT ZONE

평균 구간별 슈팅 및 성공률

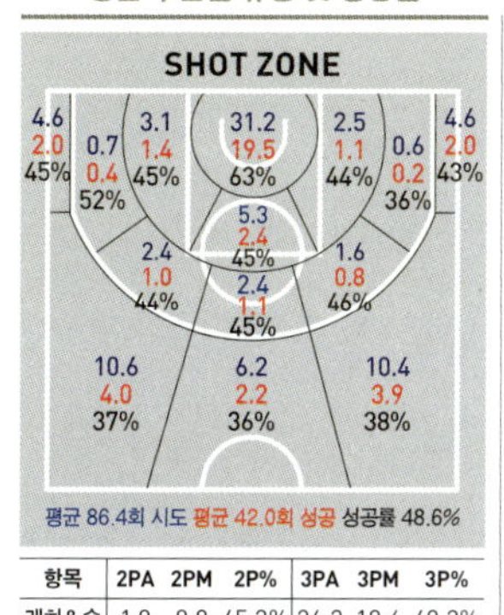

항목	2PA	2PM	2P%	3PA	3PM	3P%
캐치&슛	1.8	0.8	45.3%	26.2	10.6	40.2%
풀업	14.1	6.2	44.3%	10.1	3.5	34.9%
3m 안쪽	33.6	20.7	61.5%	—	—	—
TOTAL	49.7	27.9	56.0%	36.6	14.2	38.7%

SHOT PROCESS & SHOT TYPES

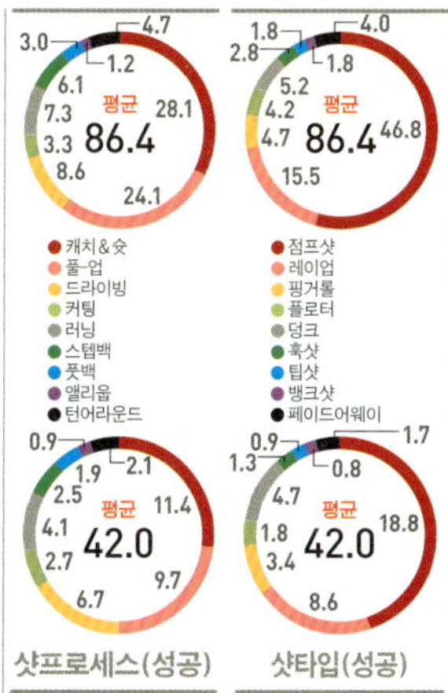

SHOOTING

필드골 시도: 5.5, 21.0, 평균 86.4, 30.0, 29.9
필드골 시도: 7.6, 2.1, 7.9, 10.7, 평균 86.4, 15.1, 43.0

공격수와 수비수의 거리: 0~0.6m, 0.6~1.2m, 1.2~1.8m, 1.8m 이상

샷클락: 22~24초, 18~22초, 15~18초, 7~15초, 4~7초, 0~4초

필드골 성공: 9.3, 2.7, 평균 42.0, 13.4, 16.6
필드골 성공: 2.6, 1.3, 3.5, 5.7, 평균 42.0, 8.0, 20.9

OPPONENT SHOOTING

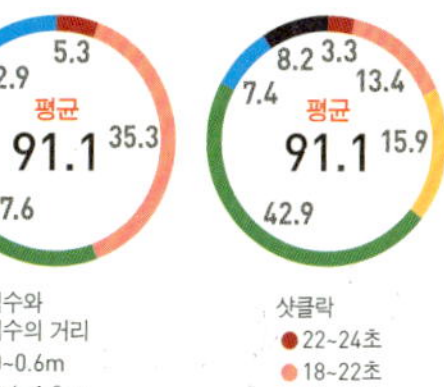

공격수와 수비수의 거리: 0~0.6m, 0.6~1.2m, 1.2~1.8m, 1.8m 이상

샷클락: 22~24초, 18~22초, 15~18초, 7~15초, 4~7초, 0~4초

필드골 허용: 9.5, 2.5, 평균 41.6, 11.9, 17.7
필드골 허용: 2.7, 1.9, 3.1, 7.0, 평균 41.6, 7.2, 19.7

CONTESTED REBOUNDS

공격 리바운드: 1.9, 평균 4.7, 1.7, 0.3, 0.8
수비 리바운드: 1.6, 4.1, 평균 7.9, 1.5, 0.7

림 아래부터 리바운드 위치까지의 거리: 0~0.9m, 0.9~1.8m, 1.8~3m, 3m 이상

UNCONTESTED REBOUNDS

공격 리바운드: 0.7, 1.7, 평균 3.0, 0.4, 0.2
수비 리바운드: 5.1, 14.3, 평균 25.4, 3.8, 2.2

림 아래부터 리바운드 위치까지의 거리: 0~0.9m, 0.9~1.8m, 1.8~3m, 3m 이상

DEFENSE OF 48 WINS

필드골 허용 %: 50.7%
상대 필드골 시도 86.2
필드골 허용 43.2

3점슛 허용 %: 41.1%
상대 3점슛 시도 36.9
3점슛 허용 15.2

DEFENSE OF 34 LOSSES

필드골 허용 %: 45.8%
상대 필드골 시도 86.6
필드골 허용 39.7

3점슛 허용 %: 35.1%
상대 3점슛 시도 36.2
3점슛 허용 12.7

F 34 Giannis ANTETOKOUNMPO PF-SF
야니스 아데토쿤보 1994.12.06 / 211cm

그리스 나이지리아
NBA 드래프트 : 2013년 1라운드 15번
NBA 우승 : 1회 / **파이널 MVP :** 1회
시즌 MVP : 2회 / **NBA 퍼스트팀 :** 6회

올스타전에 출전했고, MVP 3위, 올해의 수비 선수 8위에 올랐다. 올-NBA 퍼스트팀에도 선정되었다. 이런 상황은 2016-17시즌 이후 9년째 연례행사로 이어져 왔다. 그는 3점 라인 바로 안쪽에서 유로 스텝을 밟고 림을 공략한다. 덩크, 핑거롤, 플로터, 레이업 등 모든 공격 방법을 최고 수준으로 활용한다. 풋백, 훅샷, 스텝백 점퍼, 풀업 점퍼도 수준급이다. 인사이드 및 퍼리미터 1대1, 볼 핸들링, 패스, BQ 등 리그 최고의 선수다. 연봉은 5413만 달러.

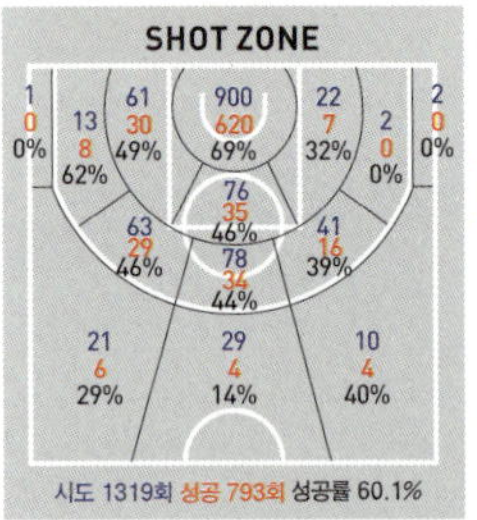

SHOT PROCESS

캐치&슛 166 / 풀-업 228 / 드라이빙 441 / 커팅 91 / 러닝 153 / 스텝백 11 / 풋백 84 / 앨리웁 47 / 턴어라운드 98

필드골 1319 시도

SHOT TYPES

276 점프샷 / 347 레이업 / 189 핑거롤 / 23 플로터 / 262 덩크 / 54 훅샷 / 41 팁샷 / 15 뱅크샷 / 112 페이드어웨이

필드골 1319 시도

2024-25시즌 밀워키 경기 평균 34.2분

항목	PTS	RB	AS	ST	BL	FG-FGA	3P-3PA	FT-FTA
평균	30.4	11.9	6.5	0.9	1.2	11.8-19.7	0.2-0.9	6.5-10.6
36분	32.0	12.6	6.8	0.9	1.2	12.5-20.7	0.2-1.0	6.9-11.1

항목	OS	CS	MS	3P	FT	SQ	OC	IS	L&F	SD	DD	PH	PF	PC	DRF	PM	PA	BH	DRS	PQ	PV
평점	B	A-	B	D-	D-	A	A+	A	A+	B	A-	C+	C	A	A+	B	B	B+	B-	A	B-

항목	DEF	ID	PD	ST	BL	HDQ	PP	DC	RB	ORB	DRB	ATH	SP	AG	STR	VJ	STA	HP	INT	POT	OG
평점	B+	A	A-	D-	D+	A-	B+	A	A-	A-	A+	A-	B+	B	A	B	A+	A	A	A+	A+

F 18 Kyle KUZMA PF-SF
카일 쿠즈마 1995.07.24 / 206cm

미국
NBA 드래프트 : 2017년 1라운드 27번
NBA 우승 : 0회 / **파이널 MVP :** 0회
시즌 MVP : 0회 / **NBA 퍼스트팀 :** 0회

워싱턴 공격 '1옵션'이었으나 지난 시즌 도중 밀워키로 옮겼다. 파워포워드이면서 스윙맨처럼 플레이하는 '윙4'다. 몸놀림이 유연하면서도 폭발적이다. 과감한 드라이빙에서 파생되는 덩크, 리버스 덩크, 레이업, 리버스 레이업으로 림을 직접 공략하며, 근거리에서 플로터와 점프 훅샷을 던진다. 미드레인지 풀업 점퍼, 코트 전 지역에서 터뜨리는 3점 슈팅 등 공격 루트가 다양하다. 클러치 본능도 있다. 수비와 리바운드는 여전히 문제다. 연봉은 2241만 달러.

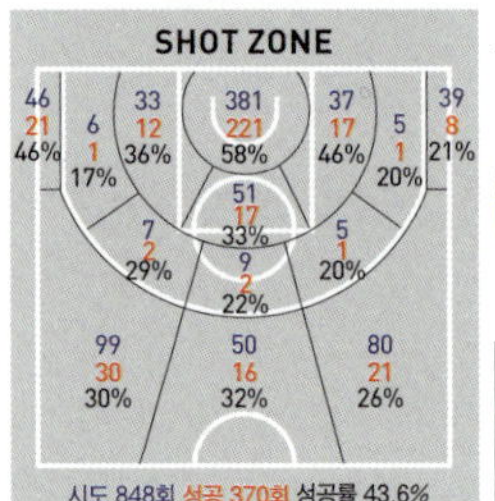

SHOT PROCESS

캐치&슛 259 / 풀-업 76 / 드라이빙 261 / 커팅 37 / 러닝 96 / 스텝백 32 / 풋백 18 / 앨리웁 3 / 턴어라운드 66

필드골 848 시도

SHOT TYPES

361 점프샷 / 215 레이업 / 36 핑거롤 / 72 플로터 / 24 덩크 / 50 훅샷 / 11 팁샷 / 39 뱅크샷 / 40 페이드어웨이

필드골 848 시도

2024-25시즌 워싱턴+밀워키 65경기 평균 29.8분

항목	PTS	RB	AS	ST	BL	FG-FGA	3P-3PA	FT-FTA
평균	14.8	5.7	2.3	0.6	0.3	5.7-13.0	1.5-4.8	2.0-3.1
36분	17.9	6.9	2.8	0.7	0.4	6.1-13.5	1.8-5.3	2.4-3.6

항목	OS	CS	MS	3P	FT	SQ	OC	IS	L&F	SD	DD	PH	PF	PC	DRF	PM	PA	BH	DRS	PQ	PV
평점	C+	B-	D-	C	D-	D-	D-	C-	C	C	C	D	D	D	D-	D+	D	C+	D+	C+	F

항목	DEF	ID	PD	ST	BL	HDQ	PP	DC	RB	ORB	DRB	ATH	SP	AG	STR	VJ	STA	HP	INT	POT	OG
평점	D	D+	C+	F	F	C	C-	C-	D-	D-	D+	B-	C	C	C	C	B	A	C-	B+	C+

F 33 Gary TRENT Jr. SF-SG
게리 트렌트 주니어 1999.01.18 / 196cm

미국
NBA 드래프트 : 2018년 2라운드 37번
NBA 우승 : 0회 / **파이널 MVP :** 0회
시즌 MVP : 0회 / **NBA 퍼스트팀 :** 0회

평균 출전 시간 25.6분에 11.1점, 2.3리바운드, 1.2어시스트. 이 수치는 지난 2020-21시즌 이후 5년 만에 최저 기록이다. 지난 시즌에 특별히 아픈 곳은 없었다. 단지 팀의 공격 옵션에서 다른 선수들에게 살짝 밀렸다는 결론이 나온다. 그럼에도 불구하고, 올 시즌 팀의 백업 포워드로서 평균 10~15점 정도는 올려줘야 한다. 강점인 캐치&슛에 다양한 무빙 슈팅과 풀업 점퍼까지 장착했다. 과거 NBA 선수였던 게리 트렌트의 아들이다. 연봉은 370만 달러.

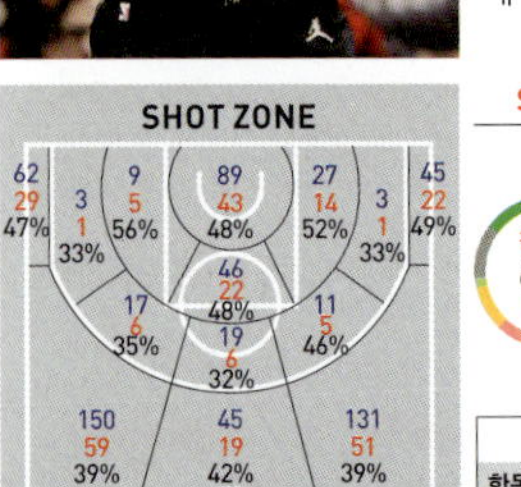

SHOT PROCESS

캐치&슛 295 / 풀-업 111 / 드라이빙 64 / 커팅 12 / 러닝 79 / 스텝백 82 / 풋백 4 / 앨리웁 0 / 턴어라운드 10

필드골 657 시도

SHOT TYPES

529 점프샷 / 49 레이업 / 6 핑거롤 / 45 플로터 / 2 덩크 / 4 훅샷 / 4 팁샷 / 5 뱅크샷 / 13 페이드어웨이

필드골 657 시도

2024-25시즌 밀워키 74경기 평균 25.6분

항목	PTS	RB	AS	ST	BL	FG-FGA	3P-3PA	FT-FTA
평균	11.1	2.3	1.2	1.0	0.1	3.8-8.9	2.4-5.9	1.1-1.2
36분	15.7	3.2	1.7	1.4	0.1	5.4-12.5	3.4-8.2	1.5-1.7

항목	OS	CS	MS	3P	FT	SQ	OC	IS	L&F	SD	DD	PH	PF	PC	DRF	PM	PA	BH	DRS	PQ	PV
평점	C+	A	C+	B	B-	D	D-	D-	B-	F	C	F	F	F	B	D+	C-	C+	C+	C-	F

항목	DEF	ID	PD	ST	BL	HDQ	PP	DC	RBG	ORG	DRG	ATH	SP	AG	STR	VJ	STA	HP	INT	POT	OG
평점	D	D	D+	C	D-	D-	D	F	D-	D-	D-	C+	B	C	D-	A-	B-	C-	C-	B+	C+

F 12 Taurean PRINCE PF-SF
토어린 프린스 1994.03.22 / 198cm

미국
NBA 드래프트 : 2016년 1라운드 12번
NBA 우승 : 0회 / **파이널 MVP :** 0회
시즌 MVP : 0회 / **NBA 퍼스트팀 :** 0회

2023-24시즌 LA 레이커스, 지난 시즌 밀워키에서 각각 NBA 컵대회에서 우승했다. 서로 다른 두 팀에서 2년 연속 컵대회 우승을 경험한 최초의 선수가 되었다. 성실한 3&D 플레이어다. 지난 시즌 3점 슈팅 성공률이 무려 44%였다. 좌우 윙과 좌우 코너에서 많이 던졌고, 탑에서의 시도 횟수는 적었다(샷존 참조). 가끔 페인트존을 돌파해 레이업, 핑거롤로 마무리한다. 평균 이상의 퍼리미터 수비와 적극적인 허슬 플레이를 구사한다. 연봉 370만 달러.

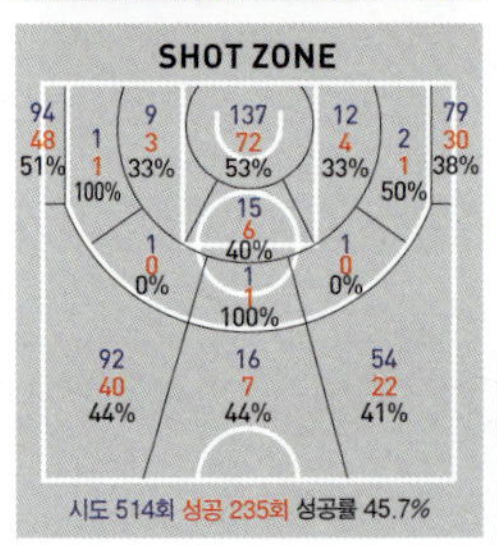

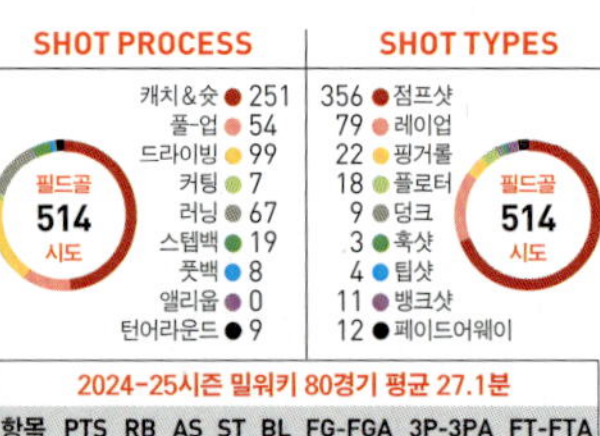

SHOT PROCESS

캐치&슛 251 / 풀-업 54 / 드라이빙 99 / 커팅 7 / 러닝 67 / 스텝백 19 / 풋백 8 / 앨리웁 0 / 턴어라운드 9

필드골 514 시도

SHOT TYPES

356 점프샷 / 79 레이업 / 22 핑거롤 / 18 플로터 / 9 덩크 / 3 훅샷 / 4 팁샷 / 11 뱅크샷 / 12 페이드어웨이

필드골 514 시도

2024-25시즌 밀워키 80경기 평균 27.1분

항목	PTS	RB	AS	ST	BL	FG-FGA	3P-3PA	FT-FTA
평균	8.2	3.6	1.9	1.0	0.2	2.9-6.4	1.8-4.2	0.5-0.6
36분	10.9	4.8	2.6	1.3	0.2	3.9-8.5	2.4-5.6	0.6-0.8

항목	OS	CS	MS	3P	FT	SQ	OC	IS	L&F	SD	DD	PH	PF	PC	DRF	PM	PA	BH	DRS	PQ	PV
평점	C+	C-	B-	B	B-	B-	D-	D	C	C	C-	D-	F	D-	D-	D-	D+	C-	D+	D-	F

항목	DEF	ID	PD	ST	BL	HDQ	PP	DC	RB3	OR3	DR3	ATH	SP	AG	STR	VJ	STA	HP	INT	POT	OG
평점	D	D+	C+	C-	F	C+	B-	D-	D-	D-	D+	C+	B-	C+	D-	B	B	B	D-	B	C

F 7 Chris LIVINGSTON SF-PF

크리스 리빙스턴 2003.10.15 / 198cm

미국

NBA 드래프트 : 2023년 2라운드 58번
NBA 우승 : 0회 / **파이널 MVP :** 0회
시즌 MVP : 0회 / **NBA 퍼스트팀 :** 0회

'서드 유닛' 콤보 포워드로 지난 시즌 21경기 출전에 그쳤다. 61경기에 결장한 원인은 발목 염좌, 코로나 감염 및 치료, 감독의 결정, G리그 출전 등 복합적이었다. 구단 프런트에서는 '블루 칼러'로서 리빙스턴의 역할이 필요하다고 보고, 투웨이가 아닌 연봉 230만 달러에 정식 계약을 맺었다. 힘이 좋기에 수비와 바디 컨택을 강하게 하는 상황에도 림어택을 구사한다. 그가 NBA에서 살아남으려면 슈팅 능력을 정말 많이 보완해야 한다.

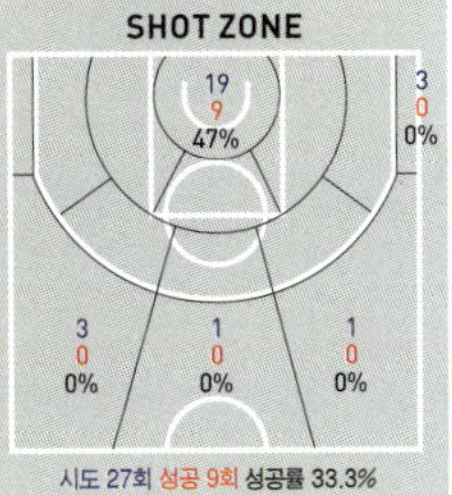

SHOT PROCESS

필드골 27 시도

캐치&슛 12
풀-업 0
드라이빙 6
커팅 1
러닝 3
스텝백 0
풋백 5
앨리웁 0
턴어라운드 0

SHOT TYPES

필드골 27 시도

8 점프샷
13 레이업
1 핑거롤
0 플로터
2 덩크
1 훅샷
2 팁샷
0 뱅크샷
0 페이드어웨이

2024-25시즌 밀워키 21경기 평균 5.0분

항목	PTS	RB	AS	ST	BL	FG-FGA	3P-3PA	FT-FTA
평균	1.4	1.7	0.2	0.2	0.0	0.4-1.3	0.0-0.4	0.6-0.8
36분	10.2	11.9	1.7	1.7	0.0	3.1-9.2	0.0-2.7	4.1-5.4

항목	OS	CS	MS	3P	FT	SQ	OC	IS	L&F	SD	DD	PH	PF	PC	DRF	PM	PA	BH	DRS	PQ	PV
평점	D	C	D+	C-	C-	D-	F	D-	C	D-	B-	F	F	F	F	D-	D	D+	D+	D-	F

항목	DEF	ID	PD	ST	BL	HDQ	PP	DC	RB3	OR3	DR3	ATH	SP	AG	STR	VJ	STA	HP	INT	POT	OG
평점	D	D	C-	B	F	D-	D	F	A+	A	A+	C	B-	B-	D-	B-	B	D+	B-	B-	D+

F 15 Tyler SMITH PF-C

타일러 스미스 2004.11.02 / 211cm

미국

NBA 드래프트 : 2024년 2라운드 33번
NBA 우승 : 0회 / **파이널 MVP :** 0회
시즌 MVP : 0회 / **NBA 퍼스트팀 :** 0회

2024년 11월 발목 부상, 2025년 7월 무릎 부상 이슈가 있었다. 다행히 9월 1일 현재 정상 컨디션을 되찾았고, 개막전 로스터에 이름을 올릴 것으로 보인다. 스미스는 "윙의 화려한 기술을 지닌 유연한 파워포워드(Smooth power forward with flashes of wing skills)"로 불린다. 슬래셔 / 커터로 림을 직접 공략하고, 안정된 스트로크에서 나오는 정확한 3점 슈팅을 주무기로 사용한다. 운동능력이 좋아 1번~5번을 다 수비한다. 연봉은 196만 달러.

2024-25시즌 밀워키 23경기 평균 5.3분

항목	PTS	RB	AS	ST	BL	FG-FGA	3P-3PA	FT-FTA
평균	2.9	1.1	0.2	0.1	0.2	1.0-2.2	0.6-1.3	0.3-0.3
36분	19.8	7.4	1.2	0.9	1.2	7.1-14.8	3.8-8.9	1.8-2.4

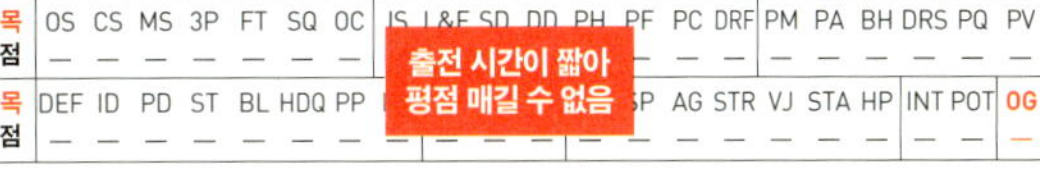

항목	OS	CS	MS	3P	FT	SQ	OC	IS	L&F	SD	DD	PH	PF	PC	DRF	PM	PA	BH	DRS	PQ	PV
평점	—	—	—	—	—	—	—						—	—	—	—	—	—	—	—	—

항목	DEF	ID	PD	ST	BL	HDQ	PP						P	AG	STR	VJ	STA	HP	INT	POT	OG
평점	—	—	—	—	—	—	—	—	—	—	—	—	—	—	—	—	—	—	—	—	—

출전 시간이 짧아 평점 매길 수 없음

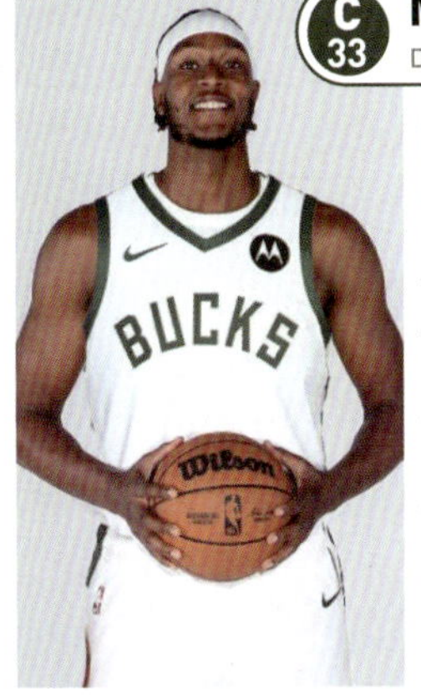

C 33 Myles TURNER C-PF

마일스 터너 1996.03.24 / 211cm

미국

NBA 드래프트 : 2015년 1라운드 11번
NBA 우승 : 0회 / **파이널 MVP :** 0회
시즌 MVP : 0회 / **NBA 퍼스트팀 :** 0회

2015-16시즌 데뷔 연도를 제외하고 10년 연속 선발 센터로 활약 중이다. 좋은 체격, 긴 윙스팬, 폭발적인 점프력을 로포스트에서 적극적으로 활용한다. 리그 정상급 블로커이고, 인사이드 1대1 수비, 수비 리바운드, 스크린 세팅, 나가는 공 살려내기 등 다양한 플레이로 동료를 돕는다. 비교적 정확한 3점 슈터이고, 늘 자신 있게 림을 공략한다. 문제는 건강. 지난 시즌 큰 부상은 없었지만, 치료 기간 2~3일짜리 잔부상이 많았다. 연봉은 2532만 달러.

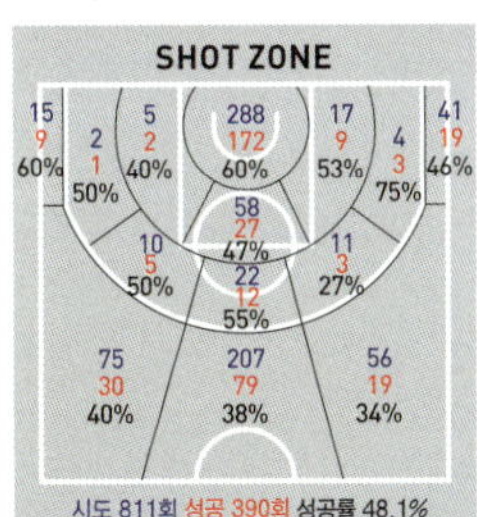

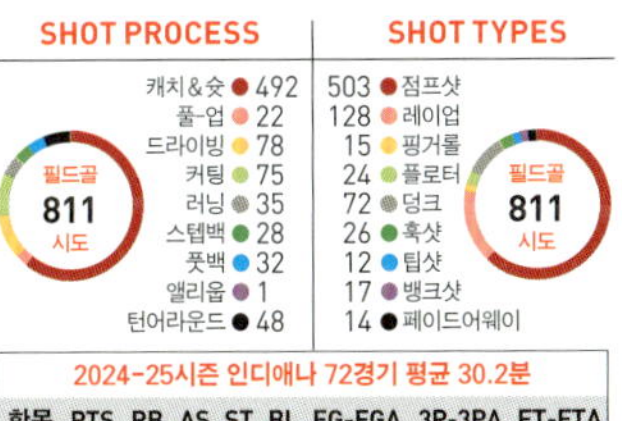

2024-25시즌 인디애나 72경기 평균 30.2분

항목	PTS	RB	AS	ST	BL	FG-FGA	3P-3PA	FT-FTA
평균	15.6	6.5	1.5	0.8	2.0	5.4-11.3	2.2-5.5	2.6-3.3
36분	18.5	7.8	1.8	0.9	2.4	6.5-13.4	2.6-6.5	3.0-3.9

항목	OS	CS	MS	3P	FT	SQ	OC	IS	L&F	SD	DD	PH	PF	PC	DRF	PM	PA	BH	DRS	PQ	PV
평점	B-	B-	A	B-	C+	C-	C	C+	C+	B-	D	C	B-	B	D-	F	F	F	F	D+	F

항목	DEF	ID	PD	ST	BL	HDQ	PP	DC	RBB	ORB	DRB	ATH	SP	AG	STR	VJ	STA	HP	INT	POT	OG
평점	C+	A-	C	D-	A	A-	C-	B	D	D-	C	C	D-	D+	B-	D+	A	B-	B-	B+	B-

C 9 Bobby PORTIS C-PF

바비 포티스 1995.02.10 / 208cm

미국

NBA 드래프트 : 2015년 1라운드 22번
NBA 우승 : 1회 / **파이널 MVP :** 0회
시즌 MVP : 0회 / **NBA 퍼스트팀 :** 0회

NBA에 데뷔한 이래 10년 만에 가장 적은 49경기 출전에 그쳤다. 고질적인 팔꿈치 부상이 자주 재발했고, 도핑테스트 양성 반응으로 출전 정지를 당했다. 다행히 올 시즌 개막 전(前)에는 정상 컨디션을 유지하고 있다. 포티스는 '든든한 백업 센터'다. 출전 시간 대비 득점력은 높은 편이다(36분 기준 19.7점). 정확한 중거리 슈팅과 근거리 훅샷이 주 무기다. 또한, '받아먹기 3점'도 쏠쏠하다. 트랜지션에서 폭발적인 덩크로 마무리한다. 연봉은 1345만 달러.

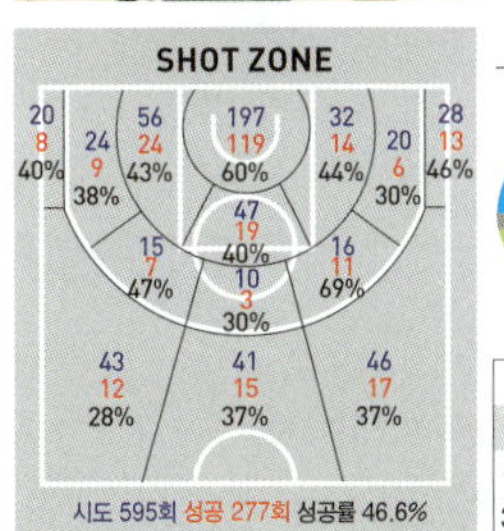

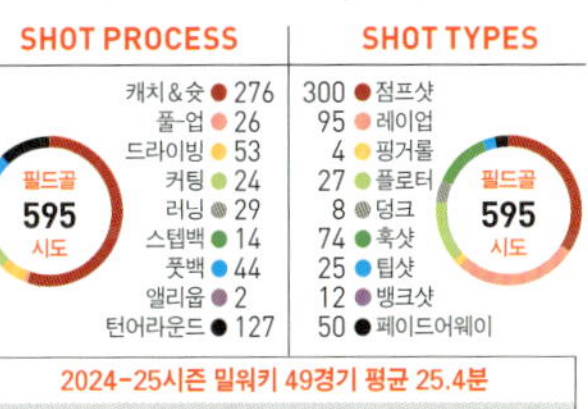

2024-25시즌 밀워키 49경기 평균 25.4분

항목	PTS	RB	AS	ST	BL	FG-FGA	3P-3PA	FT-FTA
평균	13.9	8.4	2.1	0.7	0.5	5.7-12.1	1.3-3.6	1.2-1.5
36분	19.7	11.9	3.0	1.0	0.8	8.0-17.2	1.9-5.2	1.8-2.1

항목	OS	CS	MS	3P	FT	SQ	OC	IS	L&F	SD	DD	PH	PF	PC	DRF	PM	PA	BH	DRS	PQ	PV
평점	B-	A-	C+	B-	B-	C	B-	C+	C	C	C-	B-	B-	B-	C	D-	D-	D-	D-	D-	F

항목	DEF	ID	PD	ST	BL	HDQ	PP	DC	RBB	ORB	DRB	ATH	SP	AG	STR	VJ	STA	HP	INT	POT	OG
평점	D	B-	D-	D-	F	C	D	D	B+	D	A	C	D	D	B-	D	B-	A-	C-	B+	B-

General Stats								Outside Scoring & Shooting							Inside Scoring & Shooting								Play Making, Ball Handling & Passing					
PTS	RB	AS	ST	BL	FG-FGA	3P-3PA	FT-FTA	OS	CS	MS	3P	FT	SQ	OC	IS	L&F	SD	DD	PH	PF	PC	DRF	PM	PA	BH	DRS	PQ	PV
득점	리바운드	어시스트	스틸	블락샷	필드골 성공-시도	3점슈팅 성공-시도	자유투 성공-시도	외곽 득점력	근거리 점프샷	중거리 슈팅	3점 슈팅	자유투	슈팅 IQ	득점 일관성	인사이드 득점력	레이업 플로터	스탠딩 덩크	드라이빙 덩크	포스트 훅샷	포스트 페이드	포스트 컨트롤	파울 유도	플레이 메이킹	패스 능력	볼 핸들링	드리블 스피드	패스 IQ	패스 비전

C 00 Jericho SIMS C-PF

예리코 심스 1998.10.20 / 208cm

미국

NBA 드래프트 : 2021년 2라운드 58번
NBA 우승 : 0회 / **파이널 MVP :** 0회
시즌 MVP : 0회 / **NBA 퍼스트팀 :** 0회

터너, 포티스에 이은 '3옵션' 빅맨. 평균 출전 시간은 10분 안팎이지만, 팀에 꼭 필요한 벤치 멤버다. 근육질 상체에 폭발적인 점프력을 지녀 상대 빅맨들에겐 '바위'같은 존재로 느껴진다. 인사이드 1대1 수비, 공격 리바운드, 블락, 스크린 세팅에 특화된 선수다. 반면, 공격에서는 "limited offensively"다. 득점 대부분이 덩크와 레이업으로 이뤄진다. 그렇기에 지난 시즌 68%, 프로 통산 71%의 엄청난 필드골 성공률을 보였다. 시즌 연봉은 246만 달러.

SHOT ZONE

2 1 50%
67 44 66%
2 0 0%

시도 71회 성공 45회 성공률 63.4%

SHOT PROCESS / SHOT TYPES

2024-25시즌 뉴욕+밀워키 53경기 평균 11.9분

항목	PTS	RB	AS	ST	BL	FG-FGA	3P-3PA	FT-FTA
평균	1.8	3.7	0.6	0.2	0.4	0.8-1.3	0.0-0.0	0.2-0.2
36분	5.6	11.2	1.9	0.6	1.1	2.6-4.0	0.0-0.0	0.5-0.7

항목	OS	CS	MS	3P	FT	SQ	OC	IS	L&F	SD	DD	PH	PF	PC	DRF	PM	PA	BH	DRS	PQ	PV
평점	D-	D+	D+	F	D-	D-	F	D+	D	B-	B+	D-	D-	D-	F	F	F	F	F	F	F

항목	DEF	ID	PD	ST	BL	HDQ	PP	DC	RBB	ORB	DRB	ATH	SP	AG	STR	VJ	STA	HP	INT	POT	OG
평점	D	C-	D-	F	D	D	D-	F	B	B+	C+	B-	B-	B-	D+	B-	B	A-	F	B	C-

G 13 Ryan ROLLINS PG

라이언 롤린스 2002.07.03 / 191cm

미국

NBA 드래프트 : 2022년 2라운드 44번
NBA 우승 : 0회 / **파이널 MVP :** 0회
시즌 MVP : 0회 / **NBA 퍼스트팀 :** 0회

어깨 부상이 재발해 경기에서 몇 번 제외됐다. 올 시즌을 건강하게 치르는 게 가장 중요하다. 캐치&슈터로서 여러 각도에서 3점 슈팅을 시도한다. 드라이빙, 러닝에서 이어지는 레이업, 핑거롤, 플로터로 림을 직접 공략한다. 발이 빠르고 손동작이 민첩해 스틸을 자주 성공시킨다. 그러나 점프샷에 일관성이 부족하고, 수비와 리바운드에서도 문제점을 노출한다. 지난 여름 구단과 3년 총액 1200만 달러에 계약했다. 올 시즌은 일단 400만 달러를 받는다.

SHOT ZONE

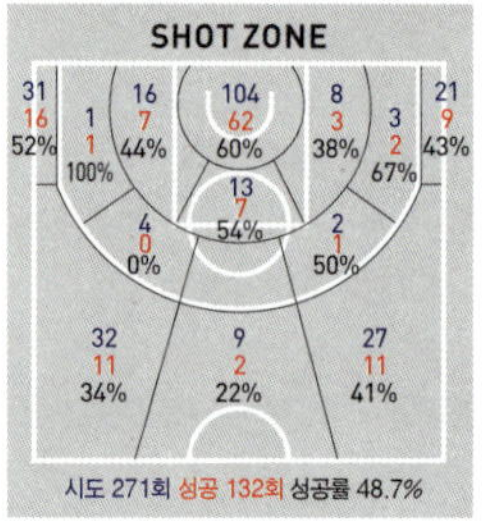

시도 271회 성공 132회 성공률 48.7%

SHOT PROCESS / SHOT TYPES

2024-25시즌 밀워키 56경기 평균 14.6분

항목	PTS	RB	AS	ST	BL	FG-FGA	3P-3PA	FT-FTA
평균	6.2	1.6	1.9	0.8	0.3	2.4-4.8	0.9-2.1	0.6-0.8
36분	15.3	4.7	4.6	1.8	0.7	5.8-11.9	2.2-5.3	1.6-2.0

항목	OS	CS	MS	3P	BL	SQ	OC	IS	L&F	SD	DD	PH	PF	PC	DRF	PM	PA	BH	DRS	PQ	PV
평점	C	B-	C	B	B	C-	D-	D-	C+	F	D	F	F	F	C+	C+	C+	C+	B-	C+	C-

항목	DEF	ID	PD	ST	BL	HDQ	PP	DC	RBG	ORG	DRG	ATH	SP	AG	STR	VJ	STA	HP	INT	POT	OG
평점	D	D-	D	B+	F	D-	D-	F	D+	C	C	C	B	B	F	B-	B	C+	C-	B	C

G 20 AJ GREEN SG

AJ 그린 1999.09.27 / 193cm

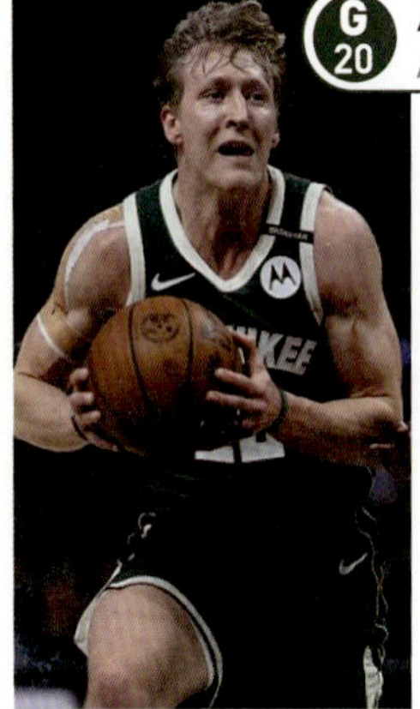

미국

NBA 드래프트 : 2022년 미지명
NBA 우승 : 0회 / **파이널 MVP :** 0회
시즌 MVP : 0회 / **NBA 퍼스트팀 :** 0회

팀 내 최고이자 NBA 최상급 3점 슈터다. 지난 시즌 성공시킨 필드골 182개 중 무려 155개가 3점이다(!). 정말 엄청난 비중이다. 스크린을 잘 활용하고, 슈팅 스트로크가 안정되어 있으며 릴리스가 빠르다. 캐치&슛 뿐 아니라 풀업, 스텝백 상황에서도 3점을 던진다. 프로 통산 86%의 자유투 역시 강력한 무기다. 일정 수준 이상의 플레이메이킹과 수비력을 지녔다. 반면, 1번 수비 때는 스피드 부족, 2번 수비 때는 신장 열세가 문제다. 연봉은 230만 달러.

SHOT ZONE

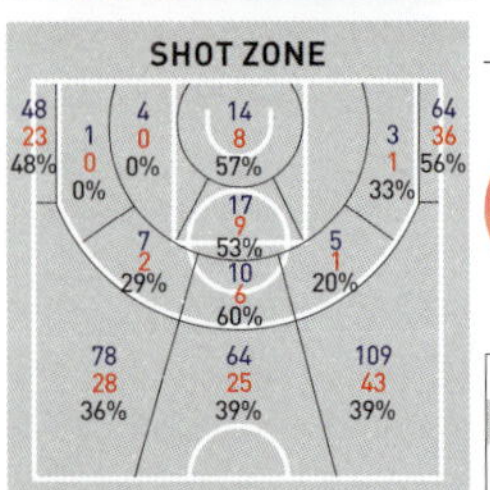

시도 424회 성공 182회 성공률 42.9%

SHOT PROCESS / SHOT TYPES

2024-25시즌 밀워키 73경기 평균 22.7분

항목	PTS	RB	AS	ST	BL	FG-FGA	3P-3PA	FT-FTA
평균	7.4	2.4	1.5	0.5	0.1	2.5-5.8	2.1-5.0	0.3-0.4
36분	11.7	3.8	2.3	0.8	0.2	3.9-9.2	3.4-7.9	0.5-0.6

항목	OS	CS	MS	3P	FT	SQ	OC	IS	L&F	SD	DD	PH	PF	PC	DRF	PM	PA	BH	DRS	PQ	PV
평점	C	D-	B-	B	B	C-	D	F	C-	F	F	F	F	F	F	D-	D-	C-	D+	D-	F

항목	DEF	ID	PD	ST	BL	HDQ	PP	DC	RBG	ORG	DRG	ATH	SP	AG	STR	VJ	STA	HP	INT	POT	OG
평점	D-	D-	D+	F	F	D-	D-	F	D-	D-	D	D+	D+	D+	F	C	B-	C-	D-	B+	C-

G 7 Kevin PORTER Jr. SG-SF

케빈 포터 주니어 2000.05.04 / 193cm

미국

NBA 드래프트 : 2019년 1라운드 30번
NBA 우승 : 0회 / **파이널 MVP :** 0회
시즌 MVP : 0회 / **NBA 퍼스트팀 :** 0회

지난 시즌 도중 LA 클리퍼스에서 밀워키로 트레이드 되었다. 백업 가드로 나름 쏠쏠한 활약을 보였다. 그는 '악마의 재능'이다. 터지는 날은 정말 무섭게 폭발한다. 덩크, 레이업, 플로터, 핑거롤, 풀업 점퍼, 스텝백 점퍼 등 고난도 슈팅을 폭포수처럼 쏟아낸다. 크로스오버 드리블을 비롯한 환상적인 볼 핸들링을 선보인다. 그러나 안 풀리는 날 그의 슈팅은 림을 철저히 외면하고, 턴오버가 속출한다. 천당과 지옥을 수시로 오간다. 연봉은 513만 달러.

SHOT ZONE

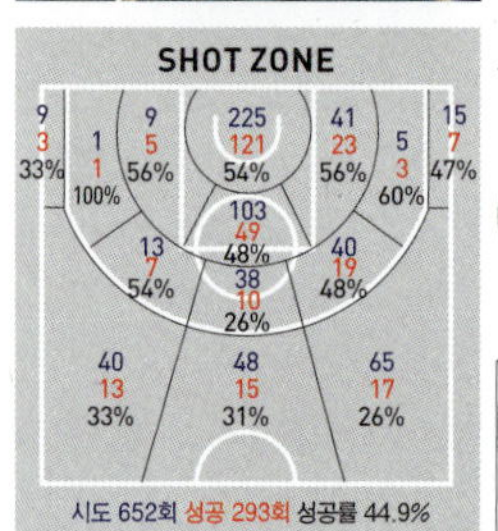

시도 652회 성공 293회 성공률 44.9%

SHOT PROCESS / SHOT TYPES

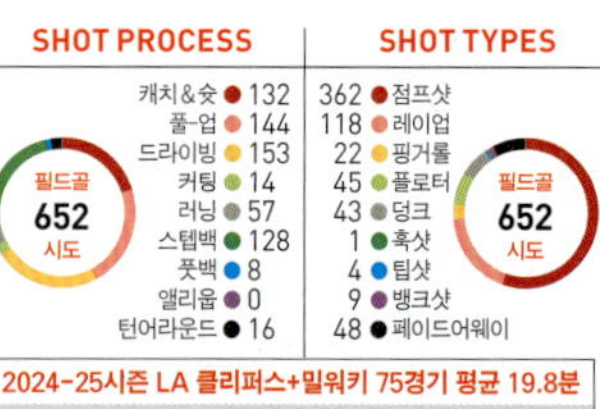

2024-25시즌 LA 클리퍼스+밀워키 75경기 평균 19.8분

항목	PTS	RB	AS	ST	BL	FG-FGA	3P-3PA	FT-FTA
평균	10.3	3.7	3.4	1.1	0.2	3.9-8.7	0.7-2.4	1.7-2.3
36분	18.7	6.8	6.2	2.0	0.3	7.1-15.8	1.3-4.3	3.2-4.1

항목	OS	CS	MS	3P	FT	SQ	OC	IS	L&F	SD	DD	PH	PF	PC	DRF	PM	PA	BH	DRS	PQ	PV
평점	C-	B+	B	C+	C	D-	D-	D-	B	F	B-	F	D-	F	B	B-	B-	B-	B-	B-	C-

항목	DEF	ID	PD	ST	BL	HDQ	PP	DC	RBG	ORG	DRG	ATH	SP	AG	STR	VJ	STA	HP	INT	POT	OG
평점	D	D-	C-	A-	F	D	D-	F	A-	C+	A	C	B	C	D-	C	B+	B-	D-	B	C

G 25 Cole ANTHONY PG

콜 앤써니 2000.05.15 / 188cm

미국
NBA 드래프트 : 2020년 1라운드 15번
NBA 우승 : 0회 / 파이널 MVP : 0회
시즌 MVP : 0회 / NBA 퍼스트팀 : 0회

득점력이 좋은 콤보 가드. 데뷔 초창기에 비해 개인기를 바탕으로 슈팅 기회를 잘 만들고, 훨씬 효율적으로 공격을 전개한다. 스크린을 잘 활용하기에 탑, 윙에서 상대 수비를 빠르게 제치고 림까지 파고든다. 상대 수비가 더블팀을 하면 정확하게 외곽으로 빼준다. 예전만 하더라도 수비가 약하다는 평가였으나, 최근 열정적으로 움직이며 파울을 많이 유도하고, 굵은 상체를 활용해 범핑도 잘 한다. 가드 중 리바운드를 많이 따낸다. 연봉은 267만 달러.

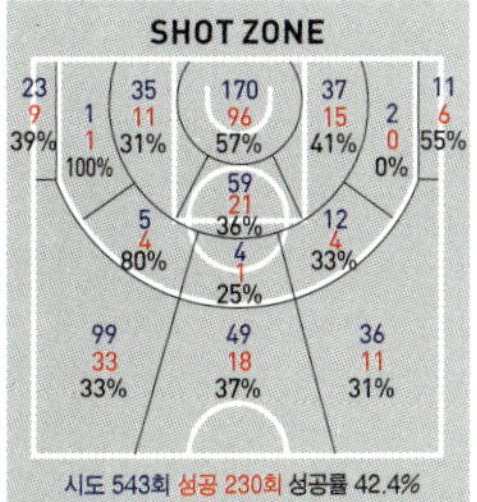

시도 543회 성공 230회 성공률 42.4%

SHOT PROCESS

캐치&슛 188 / 풀-업 91 / 드라이빙 161 / 커팅 6 / 러닝 47 / 스텝백 24 / 풋백 7 / 앨리웁 0 / 턴어라운드 19

필드골 543 시도

SHOT TYPES

293 점프샷 / 92 레이업 / 16 핑거롤 / 65 플로터 / 3 덩크 / 12 훅샷 / 6 팁샷 / 24 뱅크샷 / 32 페이드어웨이

필드골 543 시도

2024-25시즌 올랜도 67경기 평균 18.4분

항목	PTS	RB	AS	ST	BL	FG-FGA	3P-3PA	FT-FTA
평균	9.4	3.0	2.9	0.7	0.5	3.4-8.1	1.1-3.3	1.4-1.7
36분	18.4	6.0	5.6	1.3	0.9	6.7-15.8	2.2-6.4	2.7-3.3

항목	OS	CS	MS	3P	FT	SQ	OC	IS	L&F	SD	DD	PH	PF	PC	DRF	PM	PA	BH	DRS	PQ	PV
평점	C+	B+	C-	C+	B-	C-	C	D-	C+	F	B	F	D-	F	D-	C+	C+	B	B	C+	C-

항목	DEF	ID	PD	ST	BL	HDQ	PP	DC	RBG	ORG	DRG	ATH	SP	AG	STR	VJ	STA	HP	INT	POT	OG
평점	D	D-	C-	C-	D-	D-	D-	F	B+	B-	B	B-	B	B	D-	C+	B+	B	D-	B+	C+

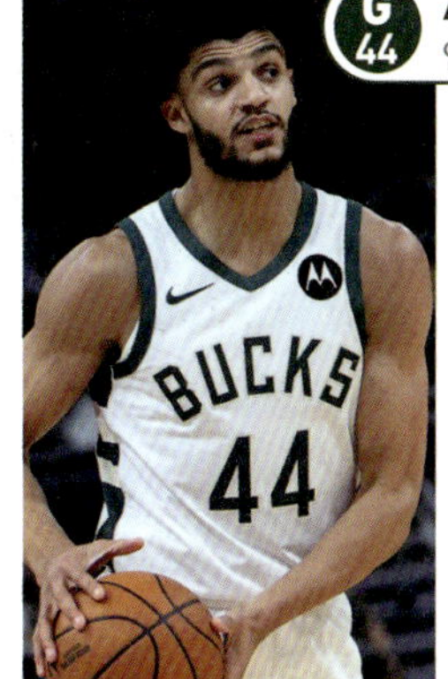

G 44 Andre JACKSON Jr. SG

앤드리 잭슨 주니어 2001.11.13 / 198cm

미국
NBA 드래프트 : 2023년 2라운드 36번
NBA 우승 : 0회 / 파이널 MVP : 0회
시즌 MVP : 0회 / NBA 퍼스트팀 : 0회

지난 시즌 엉덩이, 발목, 팔목에 발생한 잔부상, 감독의 결정에 의해 리그 67경기에 출전했다. 잭슨은 수비 스페셜리스트다. 좋은 체격에 운동능력을 갖췄기에 1번~4번을 다 수비할 수 있다. 퍼리미터 1대1 때 발을 잘 움직이면서 철저히 체크한다. 픽&롤 수비에 대한 대처도 좋다. 가드 포지션에선 최고 수준의 리바운더다. 득점력은 높지 않다. 드라이빙에서 이어지는 덩크와 레이업, 오픈 상태의 중거리 슈팅, 3점 슈팅이 대부분이다. 연봉은 222만 달러.

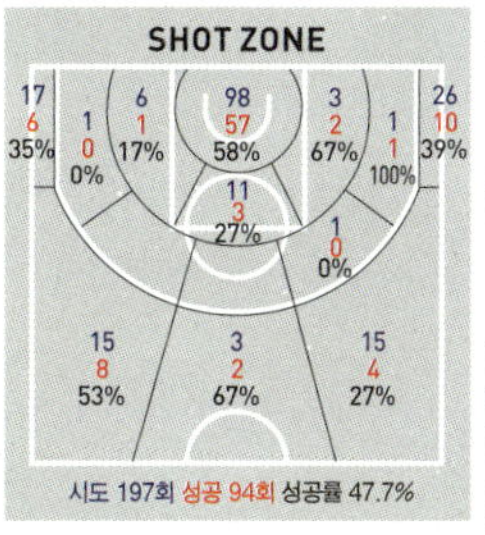

시도 197회 성공 94회 성공률 47.7%

SHOT PROCESS

SHOT TYPES

2024-25시즌 밀워키 67경기 평균 14.6분

항목	PTS	RB	AS	ST	BL	FG-FGA	3P-3PA	FT-FTA
평균	3.4	1.7	2.7	1.2	0.5	1.4-2.9	0.4-1.1	0.2-0.4
36분	8.4	6.7	3.0	1.2	0.5	3.5-7.2	1.1-2.8	0.4-0.9

항목	OS	CS	MS	3P	FT	SQ	OC	IS	L&F	SD	DD	PH	PF	PC	DRF	PM	PA	BH	DRS	PQ	PV
평점	D	C	D+	B-	C-	D-	F	D-	D+	F	B+	F	F	F	F	D-	D	D	C	D-	F

항목	DEF	ID	PD	ST	BL	HDQ	PP	DC	RBG	ORG	DRG	ATH	SP	AG	STR	VJ	STA	HP	INT	POT	OG
평점	C-	D	B	D+	F	B-	B-	B-	A	A	B-	B-	B	B+	D-	B+	A-	B-	F	B	C-

G 11 Gary HARRIS SG

게리 해리스 1994.09.14 / 193cm

미국
NBA 드래프트 : 2014년 1라운드 19번
NBA 우승 : 0회 / 파이널 MVP : 0회
시즌 MVP : 0회 / NBA 퍼스트팀 : 0회

전형적인 3-D 스윙맨. 동료와 늘 합을 잘 맞춘다. 프로 초창기, 그의 외곽 슈팅, 특히 3점 슈팅은 들쭉날쭉했다. 잘 들어갈 때와 그렇지 않을 때 격차가 큰 편이었다. 그러나 2021-22 시즌, 성공 횟수와 성공률 면에서 큰 발전이 있었다. 이제는 자신 있게 "3&D"라고 외칠 수 있다. 전체적으로 수비력이 뛰어난 선수다. 강한 스태미나를 바탕으로 역동적으로 움직인다. 훌륭한 퍼리미터 수비수이고, 다양한 허슬 플레이로 팀을 돕는다. 연봉은 363만 달러.

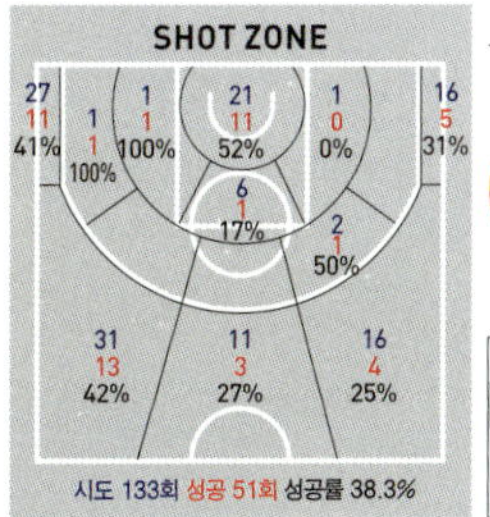

시도 133회 성공 51회 성공률 38.3%

SHOT PROCESS

캐치&슛 95 / 풀-업 5 / 드라이빙 13 / 커팅 3 / 러닝 11 / 스텝백 6 / 풋백 0 / 앨리웁 0 / 턴어라운드 0

필드골 133 시도

SHOT TYPES

107 점프샷 / 8 레이업 / 8 핑거롤 / 6 플로터 / 1 덩크 / 2 훅샷 / 0 팁샷 / 0 뱅크샷 / 1 페이드어웨이

필드골 133 시도

2024-25시즌 올랜도 48경기 평균 14.8분

항목	PTS	RB	AS	ST	BL	FG-FGA	3P-3PA	FT-FTA
평균	3.0	1.3	0.6	0.5	0.3	1.1-2.8	0.8-2.1	0.1-0.3
36분	7.3	3.2	1.5	1.3	0.6	2.6-6.7	1.8-5.1	0.4-0.6

항목	OS	CS	MS	3P	FT	SQ	OC	IS	L&F	SD	DD	PH	PF	PC	DRF	PM	PA	BH	DRS	PQ	PV
평점	C-	B+	C+	C	C+	D-	D-	D-	B	F	D-	F	F	F	D-	D	C	C	C-	C	F

항목	DEF	ID	PD	ST	BL	HDQ	PP	DC	RBG	ORG	DRG	ATH	SP	AG	STR	VJ	STA	HP	INT	POT	OG
평점	C-	C-	B	C-	F	B-	D-	B-	D-	C+	D-	C	C	B-	D-	C+	B	B-	F	B	C-

NEW YORK KNICKS 2025-26 REGULAR SEASON SCHEDULE

OCTOBER, 2025
Oct. 22 vs. Washington Wizards
Oct. 24 @ Toronto Raptors
Oct. 26 @ Cleveland Cavaliers
Oct. 28 vs. New York Knicks
Oct. 30 vs. Golden State Warriors

NOVEMBER, 2025
Nov. 1 vs. Sacramento Kings
Nov. 3 @ Indiana Pacers
Nov. 4 @ Toronto Raptors
Nov. 7 vs. Chicago Bulls
Nov. 9 vs. Houston Rockets
Nov. 10 @ Dallas Mavericks
Nov. 12 @ Charlotte Hornets
Nov. 14 vs. Charlotte Hornets
Nov. 15 vs. Los Angeles Lakers
Nov. 17 @ Cleveland Cavaliers
Nov. 20 vs. Philadelphia 76ers
Nov. 22 vs. Detroit Pistons
Nov. 24 vs. Portland Trail Blazers
Nov. 26 @ Miami Heat
Nov. 28 @ New York Knicks
Nov. 29 vs. Brooklyn Nets

DECEMBER, 2025
Dec. 1 @ Washington Wizards
Dec. 3 vs. Detroit Pistons
Dec. 5 vs. Philadelphia 76ers
Dec. 6 @ Detroit Pistons
Dec. 18 vs. Toronto Raptors
Dec. 1 @ Washington Wizards
Dec. 3 vs. Detroit Pistons
Dec. 5 vs. Philadelphia 76ers
Dec. 6 @ Detroit Pistons
Dec. 18 vs. Toronto Raptors

JANUARY, 2026
Jan. 2 vs. Charlotte Hornets
Jan. 4 @ Sacramento Kings
Jan. 7 @ Golden State Warriors
Jan. 9 @ Los Angeles Lakers
Jan. 11 @ Denver Nuggets
Jan. 13 vs. Minnesota Timberwolves
Jan. 15 @ San Antonio Spurs
Jan. 19 @ Atlanta Hawks
Jan. 21 vs. Oklahoma City Thunder
Jan. 23 vs. Denver Nuggets
Jan. 25 vs. Dallas Mavericks
Jan. 27 @ Philadelphia 76ers
Jan. 29 @ Washington Wizards

FEBRUARY, 2026
Feb. 1 @ Boston Celtics
Feb. 3 vs. Chicago Bulls
Feb. 4 vs. New Orleans Pelicans
Feb. 6 vs. Indiana Pacers
Feb. 9 @ Orlando Magic
Feb. 11 @ Orlando Magic
Feb. 12 @ Oklahoma City Thunder
Feb. 20 @ New Orleans Pelicans
Feb. 22 vs. Toronto Raptors
Feb. 24 vs. Miami Heat
Feb. 25 vs. Cleveland Cavaliers
Feb. 27 vs. New York Knicks

MARCH, 2026
Mar. 1 @ Chicago Bulls
Mar. 2 vs. Boston Celtics
Mar. 4 vs. Atlanta Hawks
Mar. 7 vs. Utah Jazz
Mar. 8 vs. Orlando Magic
Mar. 10 vs. Phoenix Suns
Mar. 12 @ Miami Heat
Mar. 14 @ Atlanta Hawks
Mar. 15 vs. Indiana Pacers
Mar. 17 vs. Cleveland Cavaliers
Mar. 19 @ Utah Jazz
Mar. 21 @ Phoenix Suns
Mar. 23 @ Los Angeles Clippers
Mar. 25 @ Portland Trail Blazers
Mar. 28 vs. San Antonio Spurs
Mar. 29 vs. Los Angeles Clippers

APRIL, 2026
Apr. 1 @ Houston Rockets
Apr. 3 vs. Boston Celtics
Apr. 5 vs. Memphis Grizzlies
Apr. 7 @ Brooklyn Nets
Apr. 8 @ Detroit Pistons
Apr. 10 vs. Brooklyn Nets
Apr. 12 @ Philadelphia 76ers
Apr. 12 vs. Detroit Pistons

SOUTHEAST DIVISION

한판 승부

올랜도 매직과 애틀랜타 호크스는 올 시즌 전력이 크게 좋아진 팀들이다. 사우스웨스트 디비전 판도를 놓고 두 팀이 한판승부를 벌일 것이다.

2025-26 DIVISION ODDS

순위	TEAM	스카이벳	벳프레드	윌리엄힐	벳빅터
1	Orlando Magic	0.62배	0.57배	0.44배	0.42배
2	Atlanta Hawks	1.63배	1.75배	2배	2배
3	Miami Heat	8.5배	11배	12배	16배
4	Charlotte Hornets	175배	200배	150배	250배
5	Washington Wizards	500배	250배	250배	400배

2024-25 DIVISION STANDING

순위	TEAM	승	패	승률	승차
1	Orlando Magic*	41	41	50.0%	—
2	Atlanta Hawks	40	42	48.8%	1
3	Miami Heat*	37	45	45.1%	4
4	Charlotte Hornets	19	63	23.2%	22
5	Washington Wizards	18	64	22.0%	23

*플레이오프 진출팀

ATLANTA HAWKS

CHARLOTTE HORNETS
MIAMI HEAT
HORNETS
1
ORLANDO MAGIC
WASHINGTON WIZARDS
ORLANDO
5
the District
OF COLUMBIA
0
Robinhood

ATLANTA HAWKS

구멍 뚫린 수비 바보 오명에서 탈출?

플레이-인 토너먼트 개근상

의욕적으로 임한 시즌치고 결과물이 만족스럽지 않았다. 프런트코트 전력이 말썽을 부렸기 때문이다. '르네상스 맨' 제일런 존슨이 왼쪽 어깨 수술을 받은 가운데, 기둥 센터 클린트 카펠라마저 노쇠화에 시달렸다. 대체 자원 온예카 오콩우 역시 눈에 보이는 성적 대비 인-게임 영향력이 아쉬웠다는 평가다. 그나마 플레이-인 토너먼트 개근 행진은 이어갔다. 해당 포맷이 도입된 2020년 이래 4회 이상 진출 사례는 애틀랜타가 유일하다(2022~23년 PIT 통과, 2024~25년 탈락).

활발했던 오프 시즌

서부컨퍼런스의 휴스턴, 덴버와 더불어 가장 알찬 오프 시즌을 보냈다. 특히 지난 시즌 약점으로 지적받던 프런트코트 경쟁력을 대폭 끌어올렸다. 현대 농구 흐름에 최적화된 스트레치+림 보호 빅맨 크리스탑스 포르징기스, 신인 에너자이저 애사 뉴웰이 합류했다. 뉴웰 트레이드 영입 과정에서 뉴올리언스 또는 밀워키의 2026년 드래프트 1라운드 비보호 지명권도 덤으로 받았다. 사인&트레이드로 영입한 니킬 알랙산더-워커의 경우 윙 포지션 뎁스(depth)를 든든하게 다져준다.

수비 바보 오명을 벗어던질 수 있을까?

애틀랜타에게 주어진 과제는 한결같다. 간판스타 트레이 영의 화력을 극대화하고, 구멍 뚫린 수비 문제는 가려야 한다. 플레이-인 토너먼트 지박령 신세였던 최근 4시즌 합계 공격(ORtg), 수비(DRtg) 지표를 살펴보면 각각 리그 전체 6위, 27위로 편차가 대단히 크다. 차기 시즌 전망은 밝은 편이다. 지난 시즌 급성장한 다이슨 다니엘스에 더해, 검증된 POA(Point Of Attack) 저격수 알랙산더-워커까지 손에 넣었다. 인저리 프론 포르징기스가 건강을 유지할 수 있다면 금상첨화다.

Association | Icon | Statement | City

*통계는 2025년 10월 1일 기준

CLUB INFORMATION

Founded 구단 창립 1946년	Owner 토니 레슬러	CEO 스티브 쿠닌	Head Coach 퀸 스나이더 1966.10.30	24-25 Odds 스카이벳 : 25배 윌리엄힐 : 33배
				 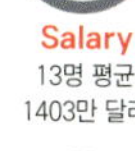
Nationality ●미국 선수 9명 ●외국 선수 9명	Age 18명 평균 23.7세	Height 18명 평균 201.7cm	Weight 18명 평균 94.1kg	Salary 13명 평균 1403만 달러

Win 2024-25 : 40승 통산 : 2967승	Loss 2024-25 : 42패 통산 : 3052패	Winning% 2024-25 : 48.8% 통산 : 49.3%	Play-Off PO 진출 : 50회 PO 탈락 : 26회	Titles NBA우승 : 1회 컨퍼런스 : 0회

Top Scorer 트레이 영 평균 24.2점	More Rebounds 온예카 오콩우 평균 8.9리바운드	More Assists 트레이 영 평균 11.6어시스트	More Steals 다이슨 대니얼스 평균 3.0스틸	More Blocks 클린트 카펠라 평균 1.0블락

*항목별 1위는 지난 시즌 애틀랜타 소속으로 42경기 이상 출전한 선수 중 선별

HEAD COACH & STADIUM

Quin SNYDER 퀸 스나이더

생년월일 : 1966.10.30 / **출생지 :** 미국 워싱턴주 머서아일랜드
경력 : 1992~1993년 로스앤젤레스 클리퍼스 코치 / 1995~1999년 듀크대 코치 / 1999~2006년 미주리대 감독 / 2007~2010년 오스틴 토로스대 / 2010~2011년 필라델피아 76ers. 코치 / 2011~2012년 로스앤젤레스 레이커스 코치 / 2012~2013년 CSKA 모스크바 코치 / 2013~2014년 애틀랜타 호크스 코치 / 2014~2022년 유타 재즈 감독 / 2023년~ 애틀랜타 호크스 감독

머서 아일랜드고 재학 시절, 두 번이나 워싱턴주 최우수 고교 선수로 뽑혔다. 고교를 졸업하고, 1985년 듀크대에 입학했다. 이곳에서 4년간, 팀을 3차례나 NCAA 파이널포로 이끌었고, 4학년 때는 올어메리카 퍼스트팀에 선정됐다. 대학 졸업 후 NBA 드래프트를 신청했으나 어느 팀에서도 지명을 받지 못했고, 미련 없이 유니폼을 벗은 후 지도자로 나섰다. 1992년 LA 클리퍼스 어시스턴트로 출발해 2014년까지 대학팀 감독 및 프로팀 어시스턴트를 두루 거쳤다. 2014-15시즌 유타 재즈 감독으로 임명돼 2021-22시즌까지 지휘봉을 잡았다. 이 기간 팀은 정규 시즌 372승 264패를 기록했다. 2020-21시즌 유타를 52승 20패로 견인하며 서부 컨퍼런스 1위에 올랐다. 이 공으로 그해 NBA 올해의 감독상 후보로 노미네이트 됐다. 2023년 2월 26일, 애틀랜타 호크스 제32대 감독으로 부임했다.

STATE FARM ARENA

구장 오픈 : 1999년 9월 18일
구장 증개축 : 2017~2018년
오너 : 스티브 쿠닌
수용인원 : 1만 6600명
건축비용 : 2억 1350만달러
(현재 가치) 3억 9000만달러

아틀란타 시내 중심부에 있다. 1999년에 완공됐고, 2017년에 개축했다. 리노베이션을 통해 삼성의 플렉서블 디스플레이 기술을 활용한 총 둘레 52m, 높이 8.5m 크기의 모서리 없는 360° 스마트 LED 전광판이 새롭게 설치되었다. 또한, 최신식 시설, 테라스 테이블, 카바나 등 팬들이 즐길만한 요소가 대폭 확충됐다. 호크스 홈구장이 된 건 1999-2000시즌부터다.

REGULAR SEASON RANKING LAST 10YEARS ★NBA 파이널 우승

15-16	16-17	17-18	18-19	19-20	20-21	21-22	22-23	23-24	24-25
10	12	27	26	27	11	16	17	21	16
48승 34패	43승 39패	24승 58패	29승 53패	20승 47패	41승 31패	43승 39패	41승 41패	36승 46패	40승 42패

Honours

1	0	12	5
NBA CHAMPIONS	CONFERENCE TITLES	DIVISION TITLES	RETIRED NUMBERS

NBA CHAMPIONSHIPS
1958

CONFERENCE TITLES
NONE

DIVISION TITLES
1957, 1958, 1959, 1960, 1961, 1968, 1970, 1980, 1987, 1994, 2015, 2021

RETIRED NUMBERS
9, 21, 23, 44, 55

TEAM POTENTIAL

80점

13위

- 하프코트 세트오펜스 9점
- 트랜지션 오펜스 9점
- 하프코트 세트디펜스 7점
- 트랜지션 디펜스 7점
- 리바운드 8점
- 선수층 8점
- 선수 경험치 7점
- 감독 리더십 8점
- 감독 전술 8점
- 프런트 9점

*각 항목은 10점 만점, 평점은 NBA 30팀 사이 상대평가

우승 ODDS	배당	순위
bet 365	25배	10위
Paddy Power	28배	11위
William Hill	25배	11위

OFFENSIVE STYLE
트랜지션 오펜스 — 하프코트 세트오펜스

DEFENSIVE STYLE
하이 프레스 — 하프코트 디펜스

SQUAD & TACTICS

STARTERS

- PF 제일런 존슨 35.7분, 18.9점 8.3RB, 10.0AS
- C 크리스탑스 포르징기스 8.8분, 19.5점 6.8RB, 2.1AS
- SF 자카리 리자셰 24.6분, 12.6점 3.6RB, 1.2AS
- SG 다이슨 대니얼스 33.8분, 14.1점 5.9RB, 4.4AS
- PG 트레이 영 36.0분, 24.2점 3.1RB, 11.6AS

OFF THE BENCH

- PG 비트 크레이치 20.2분, 7.2점 2.7RB, 2.6AS
- SG 니킬 알렉산더-워커 25.3분, 9.4점 3.2RB, 2.7AS
- SF 루크 케나드 22.6분, 8.9점 2.8RB, 3.3AS
- PF 아사 뉴웰 2025-26시즌 신인 선수
- C 온예카 오콩우 27.9분, 13.4점 8.9RB, 2.3AS

G 코비 버프킨
G 니콜라 주리시치
F 제이컵 토핀
F 엘리 은디아이
C 모하메드 게이

Player's Functions

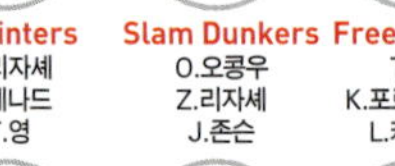

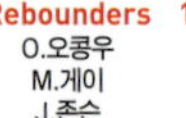

Ball Handlers	Pull-Ups	Catch & Shoot
T.영 N.알렉산더워커 D.대니얼스	T.영 L.케나드 N.알렉산더워커	Z.리자셰 D.대니얼스 K.포르징기스

3 Pointers	Slam Dunkers	Free Throw
Z.리자셰 L.케나드 T.영	O.오콩우 Z.리자셰 J.존슨	T.영 K.포르징기스 L.케나드

Rebounders	1-1 Defenders	Ball Stealers
O.오콩우 M.게이 J.존슨	D.대니얼스 E.은디아이 A.뉴웰	D.대니얼스 M.게이 J.존슨

Key Passes	Hustle Players	Rim Protectors
T.영 J.존슨 D.대니얼스	O.오콩우 M.게이 J.존슨	K.포르징기스 M.게이 A.뉴웰

2024-25 SEASON PERFORMANCE

공격 레이팅 114.6(19위) 수비 레이팅 115.7(19위) 레이팅 마진 -1.1(18위) 페이스 102.6(3위)

ATLANTA HAWKS vs. OPPONENTS PER GAME STATS

	득실점	필드골성공	필드골시도	필드골%	3점성공	3점시도	3점%	2점성공	2점시도	2점%	자유투성공	자유투시도	자유투%	공격 RB	수비 RB	전체 RB	어시스트	스틸	블락샷	턴오버	파울
		FG	FG↑	FG%	3P	3P↑	3P%	2P	2P↑	2P%			FT%	OR	DR	TR	A↑				
애틀랜타	118.2 5위	43.4 6위	91.8 5위	47.2% 14위	13.5 14위	37.7 15위	35.8% 18위	29.9 8위	54.1 9위	55.2% 13위	18 3위	23.2 4위	77.5% 18위	11.9 9위	32.6 23위	44.5 14위	29.6 2위	9.7 2위	5.1 12위	15.5 26위	19.1 22위
상대팀	119.3 27위	43.4 25위	90.2 20위	48.1% 28위	14.3 25위	37.8 16위	37.7% 28위	29.2 23위	52.4 21위	55.7% 25위	18.2 24위	22.7 23위	80.2% 30위	10.3 5위	33.4 18위	43.7 12위	28.2 24위	9.2 28위	4.9 15위	16 3위	19.1 8위

LINE-UP

* 애틀랜타는 지난 시즌 총 489개의 라인업을 가동했다. 득실점차 플러스 10개, 마이너스 10개를 골랐다.

득실점차 플러스(+) 라인업 TOP 10	G	MIN	PPG	RPG	득실차
T. Young - O. Okongwu - D. Daniels - M. Gueye - Z. Risacher	25	248	25.8	9.5	+38
C. Capela - T. Young - D. Hunter - J. Johnson - D. Daniels	16	104	16.8	6.8	+34
C. LeVert - T. Young - T. Mann - O. Okongwu - D. Daniels	10	42	9.6	4.0	+29
L. Nance Jr. - T. Young - D. Hunter - G. Mathews - J. Johnson	3	31	31.7	10.3	+28
C. Capela - T. Young - G. Mathews - J. Johnson - D. Daniels	6	24	12.5	4.0	+28
G. Niang - T. Young - O. Okongwu - V. Krejčí - D. Daniels	4	23	17.5	5.0	+27
C. Capela - B. Bogdanović - T. Young - D. Hunter - D. Daniels	14	32	6.5	1.6	+21
C. LeVert - G. Niang - T. Mann - D. Daniels - D. Barlow	8	16	5.5	2.8	+20
C. LeVert - G. Niang - T. Young - O. Okongwu - D. Daniels	20	106	14.5	4.7	+17
T. Young - T. Mann - O. Okongwu - M. Gueye - Z. Risacher	7	10	5.0	1.6	+17
득실점차 마이너스(-) 라인업 TOP 10	**GP**	**MIN**	**PPG**	**RPG**	**득실차**
C. Capela - T. Young - D. Hunter - D. Daniels - Z. Risacher	11	20	2.7	1.9	-26
L. Nance Jr. - D. Hunter - V. Krejčí - D. Daniels - K. Wallace	5	16	5.8	3.0	-22
T. Young - O. Okongwu - V. Krejčí - D. Daniels - Z. Risacher	7	27	9.0	2.6	-20
C. LeVert - G. Niang - T. Mann - O. Okongwu - D. Daniels	11	19	2.9	1.5	-20
T. Young - G. Mathews - O. Okongwu - D. Daniels - D. Roddy	4	17	6.5	3.3	-19
L. Nance Jr. - T. Young - G. Mathews - O. Okongwu - D. Daniels	2	4	0.0	1.0	-19
C. LeVert - T. Young - O. Okongwu - V. Krejčí - D. Daniels	3	12	8.3	2.7	-17
T. Young - T. Mann - O. Okongwu - D. Daniels - Z. Risacher	7	21	6.9	2.6	-16
T. Young - O. Okongwu - J. Johnson - D. Daniels - Z. Risacher	6	16	7.2	1.2	-16
C. Capela - T. Young - G. Mathews - J. Johnson - Z. Risacher	6	12	5.0	1.0	-16

PASS COMBINATIONS

→ 해당 선수가 경기당 동료로부터 패스 받은 횟수
→ 해당 선수가 경기당 동료들에게 패스 해준 횟수

받은 횟수	선수	해준 횟수
44.7	제일런 존슨	66.1
80.5	트레이 영	61.1
40.0	다이슨 대니얼스	45.3
24.5	온예카 오콩우	28.0
29.4	키튼 월러스	27.5
24.2	비트 크레이치	25.2
20.5	조지 니앙	24.3
23.0	제이캅 토핀	23.0
25.4	보그단 보그다노비치	22.9
28.9	캐리스 러버트	22.9
26.4	디앤드리 헌터	22.8
22.7	코비 버프킨	19.6
21.0	자카리 리자셰	19.4
17.8	래리 낸스 주니어	19.1
15.4	클린트 카펠라	18.8
17.5	테런스 맨	18.5
11.5	데이빗 로디	15.4
15.4	개리슨 매슈스	14.1
10.5	게이 모하메드	13.2

2024-25 RANKING

* 는 수치가 낮을수록 랭킹이 높아짐

애틀랜타	랭킹	FIVE FACTORS	상대팀	랭킹
54.6%	17위	3점 가중 FG%	56%*	28위
13.2*	23위	턴오버 / 100포제션	13.8	5위
26.3%	10위	공격 RB 점유율	24.0%*	7위
76.0%	9위	수비 RB 점유율	73.7%*	8위
19.6%	10위	자유투 / 필드골	20.2%*	22위

득점	랭킹	PLAYTYPE	실점*	랭킹
3.7	30위	아이솔레이션	7.3	17위
27.4	3위	트랜지션	23.5	18위
17.4	7위	픽&롤 볼핸들러	17.3	24위
9.8	1위	픽&롤 롤맨	7.5	20위
1.6	28위	포스트-업	4.1	18위
26.1	19위	스팟-업	28.7	23위
5.7	9위	핸드오프	5.0	10위
12.7	4위	커팅	–	–
3.0	21위	오프 스크린	4.4	20위
6.8	11위	풋백	5.8	4위
3.4	3위	기타	–	–

SHOT ZONE

평균 구간별 슈팅 및 성공률

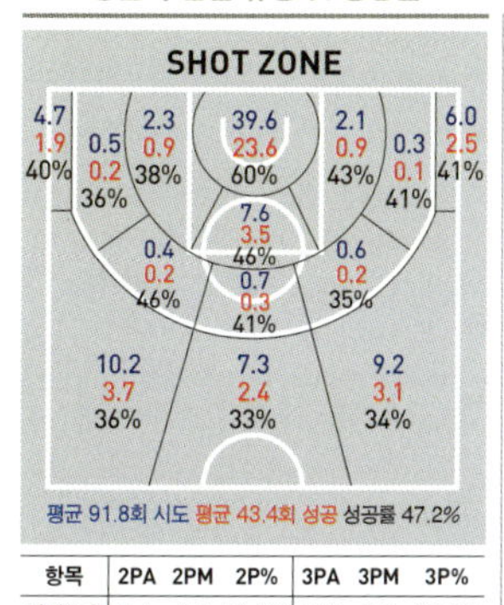

항목	2PA	2PM	2P%	3PA	3PM	3P%
캐치&슛	1.6	0.7	44.5%	26.5	9.8	37.3%
풀업	8.6	3.5	41.2%	11.2	3.7	32.7%
3m 안쪽	43.9	25.6	58.3%	–	–	–
TOTAL	54.1	29.8	55.2%	37.7	13.5	35.8%

SHOT PROCESS & SHOT TYPES

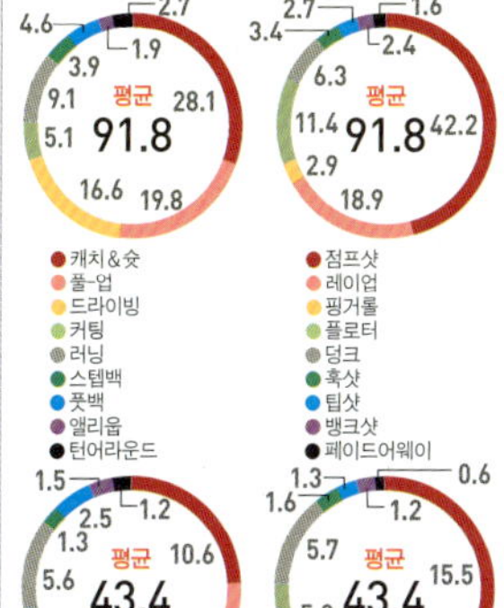

샷프로세스(성공): 1.5, 2.5, 1.2, 1.3, 5.6, 평균 43.4, 10.6, 3.8, 7.2, 9.7

샷타입(성공): 1.6, 1.3, 0.6, 1.2, 5.7, 평균 43.4, 15.5, 5.3, 1.7, 10.5

SHOOTING

필드골 시도: 25.1, 5.8, 평균 91.8, 24.2, 36.7

필드골 시도: 6.1, 6.8, 3.5, 16.7, 평균 91.8, 39.5, 19.2

공격수와 수비수의 거리: ●0~0.6m ●0.6~1.2m ●1.2~1.8m ●1.8m 이상

샷클락: ●22~24초 ●18~22초 ●15~18초 ●7~15초 ●4~7초 ●0~4초

필드골 성공: 10.7, 2.8, 평균 43.4, 11.1, 18.8

필드골 성공: 2.8, 2.5, 1.8, 8.9, 평균 43.4, 8.9, 18.5

OPPONENT SHOOTING

상대 필드골 시도: 21.7, 6.1, 평균 90.2, 34.4, 28.0

상대 필드골 시도: 9.0, 2.9, 8.5, 12.8, 평균 90.2, 14.0, 43.0

공격수와 수비수의 거리: ●0~0.6m ●0.6~1.2m ●1.2~1.8m ●1.8m 이상

샷클락: ●22~24초 ●18~22초 ●15~18초 ●7~15초 ●4~7초 ●0~4초

필드골 허용: 9.6, 2.9, 평균 43.4, 12.8, 18.1

필드골 허용: 3.7, 1.7, 3.7, 7.2, 평균 43.4, 6.8, 20.3

CONTESTED REBOUNDS

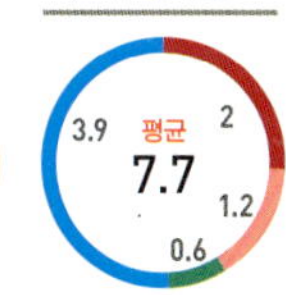

수비 리바운드: 3.9, 평균 7.7, 2, 1.2, 0.6

림 아래부터 리바운드 위치까지의 거리
●0~0.9m ●0.9~1.8m ●1.8~3m ●3m 이상

UNCONTESTED REBOUNDS

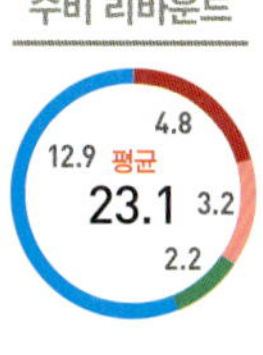

수비 리바운드: 12.9, 4.8, 평균 23.1, 3.2, 2.2

림 아래부터 리바운드 위치까지의 거리
●0~0.9m ●0.9~1.8m ●1.8~3m ●3m 이상

DEFENSE OF 40 WINS

필드골 허용 %: 44.9%

상대 필드골 시도 90.2
필드골 허용 40.5

3점슛 허용 %: 36.2%

상대 3점슛 시도 39.9
3점슛 허용 14.5

DEFENSE OF 42 LOSSES

필드골 허용 %: 51.3%

상대 필드골 시도 90.2
필드골 허용 46.3

3점슛 허용 %: 39.3%

상대 3점슛 시도 35.8
3점슛 허용 14.1

General Stats								Outside Scoring & Shooting							Inside Scoring & Shooting								Play Making, Ball Handling & Passing					
PTS	RB	AS	ST	BL	FG-FGA	3P-3PA	FT-FTA	OS	CS	MS	3P	FT	SQ	OC	IS	L&F	SD	DD	PH	PF	PC	DRF	PM	PA	BH	DRS	PQ	PV
득점	리바운드	어시스트	스틸	블락샷	필드골 성공-시도	3점슛팅 성공-시도	자유투 성공-시도	외곽 득점력	근거리 점프샷	중거리 슈팅	3점 슈팅	자유투	슈팅 IQ	득점 일관성	인사이드 득점력	레이업 플로터	스탠딩 덩크	드라이빙 덩크	포스트 훅샷	포스트 페이드	포스트 컨트롤	파울 유도	플레이 메이킹	패스 능력	볼 핸들링	드리블 스피드	패스 IQ	패스 비전

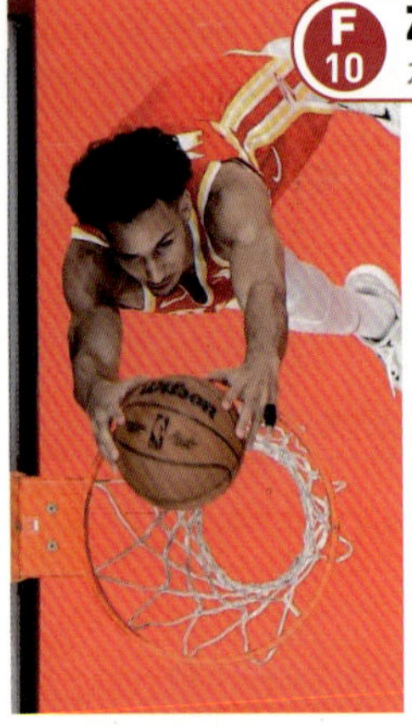

F 10 Zaccharie RISACHE SF

자카리 리자셰 2005.04.08 / 206cm

프랑스 **NBA 드래프트 :** 2024년 1라운드 1번 **NBA 우승 :** 0회 / **파이널 MVP :** 0회 **시즌 MVP :** 0회 / **NBA 퍼스트팀 :** 0회

NBA 데뷔 시즌부터 강한 임팩트를 남겼다. 정규시즌 75경기 평균 24.6분씩 뛰며 12.6점, 3.6리바운드를 기록했다. 시즌 종료 후 '올해의 신인상' 투표에서 스테판 캐슬(샌안토니오)에 이어 2위에 올랐다. 프랑스 출신 206cm의 장신 스윙맨이다. 체격이 크지만, 볼을 잘 다룬다. 높은 릴리스에서 나오는 중장거리 슈팅이 정확하다. 효과적인 오프-볼 플레이어로 캐치&슛에 능하다. 키와 스피드를 갖춰 1번~4번을 다 수비할 수 있다. 연봉은 1,320만 달러.

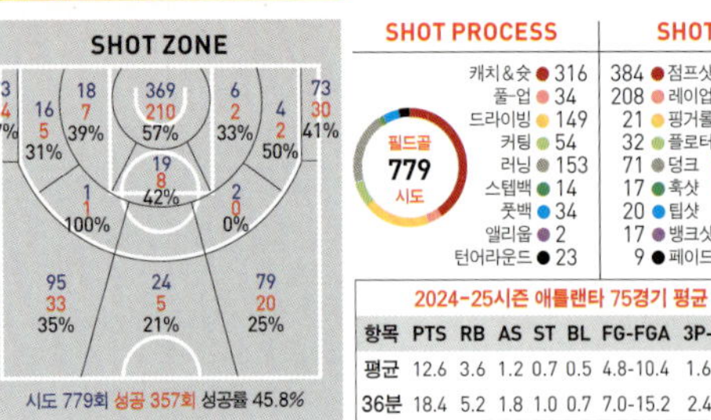

SHOT TYPES: 384 점프샷 / 208 레이업 / 21 핑거롤 / 32 플로터 / 71 덩크 / 17 훅샷 / 20 팁샷 / 17 뱅크샷 / 9 페이드어웨이 — 필드골 779 시도

2024-25시즌 애틀랜타 75경기 평균 24.6분

항목	PTS	RB	AS	ST	BL	FG-FGA	3P-3PA	FT-FTA
평균	12.6	3.6	1.2	0.7	0.5	4.8-10.4	1.6-4.6	1.4-2.0
36분	18.4	5.2	1.8	1.0	0.7	7.0-15.2	2.4-6.7	2.1-2.9

항목	OS	CS	MS	3P	FT	SQ	OC	IS	L&F	SD	DD	PH	PF	PC	DRF	PM	PA	BH	DRS	PQ	PV
평점	C+	A-	C	B-	C-	B	C-	D	B-	D-	C-	D-	D-	D-	D-	D	C-	C+	D+	C-	F

항목	DEF	ID	PD	ST	BL	HDQ	PP	DC	RB3	OR3	DR3	ATH	SP	AG	STR	VJ	STA	HP	INT	POT	OG
평점	C-	D	B-	D-	F	C+	C+	C	D-	B-	D-	C	C-	B-	D-	A-	B	B-	B-	A-	B-

F 1 Jalen JOHNSON SF-PF

제일런 존슨 2001.12.18 / 203cm

미국 **NBA 드래프트 :** 2021년 1라운드 20번 **NBA 우승 :** 0회 / **파이널 MVP :** 0회 **시즌 MVP :** 0회 / **NBA 퍼스트팀 :** 0회

203cm 콤보 포워드. 팀 내 최고 수준의 덩크 전문가다. 러닝 덩크, 드라이빙 덩크, 앨리웁 덩크 등 역동적인 장면이 인상적이다. 드라이빙에서 파생되는 레이업과 플로터도 레퍼토리 중 하나. 슈팅 스트로크가 좋고, 코트 여러 위치에서 3점 슈팅을 시도한다. 스몰포워드 중에서 최상위권 리바운더다. 스틸과 다양한 허슬 플레이로 팀을 돕는다. 퍼리미터 1대1 수비, 인사이드 1대1 수비, 팀 디펜스를 더 보완해야 한다는 지적이다. 연봉은 3,000만 달러.

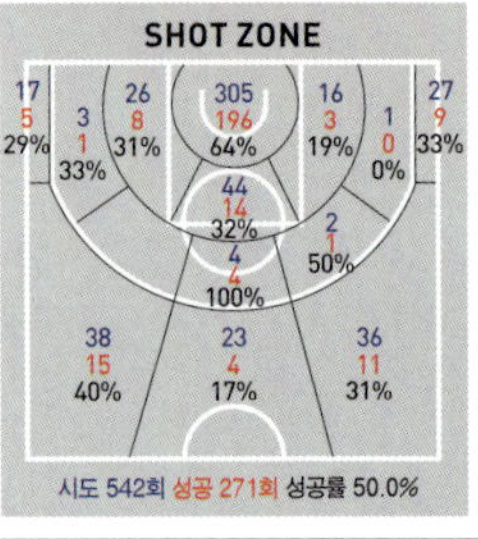

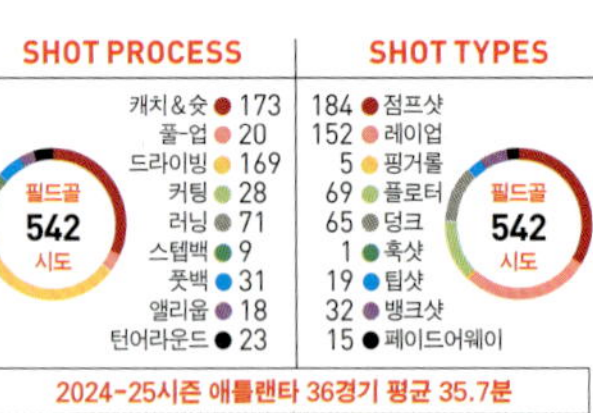

2024-25시즌 애틀랜타 36경기 평균 35.7분

항목	PTS	RB	AS	ST	BL	FG-FGA	3P-3PA	FT-FTA
평균	18.9	10.0	5.0	1.6	1.0	7.5-15.1	1.2-3.9	2.6-3.5
36분	19.1	10.1	5.1	1.6	1.0	7.6-15.2	1.2-4.0	2.6-3.5

항목	OS	CS	MS	3P	FT	SQ	OC	IS	L&F	SD	DD	PH	PF	PC	DRF	PM	PA	BH	DRS	PQ	PV
평점	C+	B-	C+	C	C	C	B-	C	B-	C	A	D	C	D+	D-	D+	D+	D-	C	D+	C-

항목	DEF	ID	PD	ST	BL	HDQ	PP	DC	RB3	OR3	DR3	ATH	SP	AG	STR	VJ	STA	HP	INT	POT	OG
평점	D	D+	D+	B-	D-	D-	D-	D-	A	B-	A	C+	C	C	D+	B-	B	B-	C	A-	B-

F 3 Luke KENNARD SG-SF

루크 케나드 1996.06.24 / 196cm

미국 **NBA 드래프트 :** 2017년 1라운드 12번 **NBA 우승 :** 0회 / **파이널 MVP :** 0회 **시즌 MVP :** 0회 / **NBA 퍼스트팀 :** 0회

건강한 케나드는 꽤 쓸쓸한 선수였다. 2023-24시즌 왼 무릎 통증으로 39경기 출전에 그쳤으나, 지난 시즌엔 65경기에 나섰고 식스맨으로서 나름대로 몫을 해냈다. 케나드는 리그 정상급 3점 슈터다. 통산 44%, 지난 시즌 43%였다. 왼손잡이로 릴리스가 빠르고, 터치가 부드럽다. 핫스팟은 좌우 윙이다. 스테픈 커리, 트레이 영처럼 '딥 쓰리'도 종종 성공시킨다. 자유투는 89%. 볼을 잘 다루기에 가끔 '파트타임 1번'을 맡는다. 연봉은 1,100만 달러.

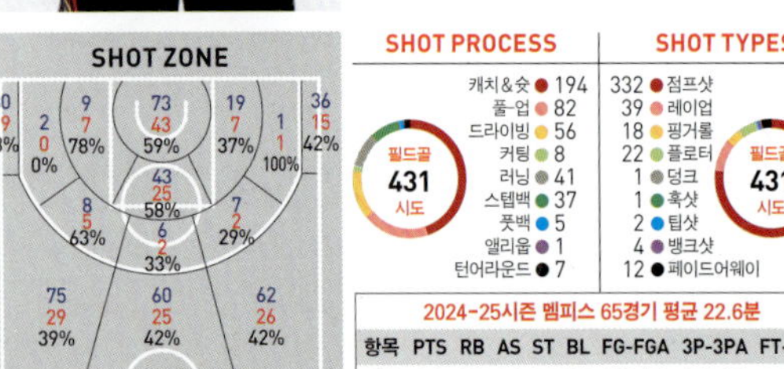

SHOT TYPES 필드골 431 시도

2024-25시즌 멤피스 65경기 평균 22.6분

항목	PTS	RB	AS	ST	BL	FG-FGA	3P-3PA	FT-FTA
평균	8.9	2.8	3.3	0.8	0.1	3.2-6.6	1.7-4.0	0.8-0.9
36분	14.1	4.5	5.3	1.2	0.1	5.0-10.5	2.8-6.4	1.2-1.4

항목	OS	CS	MS	3P	FT	SQ	OC	IS	L&F	SD	DD	PH	PF	PC	DRF	PM	PA	BH	DRS	PQ	PV
평점	B-	A-	B+	B+	B+	C-	D	F	C-	F	D-	F	F	F	F	C-	C	C	D	C	D+

항목	DEF	ID	PD	ST	BL	HDQ	PP	DC	RBG	ORG	DRG	ATH	SP	AG	STR	VJ	STA	HP	INT	POT	OG
평점	D-	D-	D	D+	D-	D-	D-	F	D	C	D+	D+	D+	D+	F	D	A-	C-	D-	B	C

F 14 Asa NEWELL PF

아사 뉴웰 2005.10.05 / 208cm

미국 **NBA 드래프트 :** 2025년 1라운드 23번 **NBA 우승 :** 0회 / **파이널 MVP :** 0회 **시즌 MVP :** 0회 / **NBA 퍼스트팀 :** 0회

조지아대 1학년을 마치고 2025 NBA 드래프트를 신청했다. 뉴올리언스에 1라운드 23번으로 지명되었고, 애틀랜타로 트레이드됐다. 고교 명문 몬트버드 아카데미 시절에는 쿠퍼 플래그와 동료로 뛰기도 했다. 뉴웰은 211cm의 운동능력이 뛰어난 포워드다. 트랜지션 상황에 폭발적으로 점프해 하이라이트 필름 같은 슬램 덩크를 꽂아버린다. 공격 리바운드, 헬프 디펜스, 블락샷이 수준급이다. 수비에서는 1번~5번을 다 마크할 수 있다. 연봉은 324만 달러.

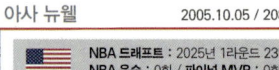

2024-25시즌 기록 없음

항목	PTS	RB	AS	ST	BL	FG-FGA	3P-3PA	FT-FTA
평균	–	–	–	–	–	–	–	–
36분	–	–	–	–	–	–	–	–

항목	OS	CS	MS	3P	FT	SQ	OC	IS	L&F	SD	DD	PH	PF	PC	DRF	PM	PA	BH	DRS	PQ	PV
평점	–	–	–	–	–	–	–	–	–	–	–	–	–	–	–	–	–	–	–	–	–

항목	DEF	ID	PD	ST	BL	HDQ	PP	DC	RBG	ORB	DRB	ATH	SP	AG	STR	VJ	STA	HP	INT	POT	OG
평점	–	–	–	–	–	–	–	–	–	–	–	–	–	–	–	–	–	–	–	–	–

F 00 Jacob TOPPIN SF

제이콥 토핀 2000.05.08 / 203cm

미국
NBA 드래프트 : 2023년 미지명
NBA 우승 : 0회 / **파이널 MVP :** 0회
시즌 MVP : 0회 / **NBA 퍼스트팀 :** 0회

시즌 도중 뉴욕에서 애틀랜타로 이적했다. 주로 G리그에서 뛰었고, 2024년 10월에 발목, 2025년 3월에 종아리 등 부상 이슈도 있었다. 결국, NBA 무대에서는 달랑 17경기 평균 4.5분 출전하는 데 그쳤다. 토핀은 지난여름, 애틀랜타와 연봉 64만 달러에 투웨이 계약을 맺었다. 올 시즌 더 분발해야 하는 이유다. 운동능력이 좋고, 수비와 리바운드에 특화된 파워포워드다. 구단에서도 이런 점에 기대를 건다. 그러나 외곽 슈팅 능력을 더 키워야 한다.

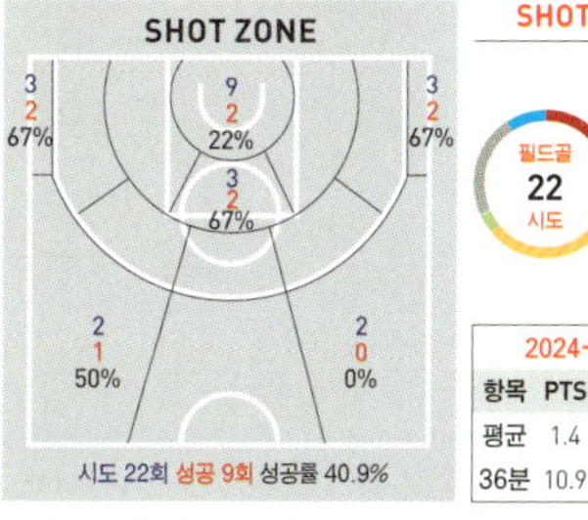

SHOT PROCESS		SHOT TYPES	
캐치&슛	7	점프샷	10
풀-업	0	레이업	4
드라이빙	7	핑거롤	1
커팅	1	플로터	3
러닝	5	덩크	1
스텝백	0	훅샷	1
풋백	2	팁샷	1
앨리웁	0	뱅크샷	0
턴어라운드	0	페이드어웨이	1

필드골 22 시도

2024-25시즌 뉴욕+애틀랜타 17경기 평균 4.5분

항목	PTS	RB	AS	ST	BL	FG-FGA	3P-3PA	FT-FTA
평균	1.4	0.9	0.4	0.1	0.0	0.5-1.3	0.3-0.6	0.0-0.0
36분	10.9	7.1	2.8	0.9	0.0	4.3-10.4	2.4-4.7	0.0-0.0

항목	OS	CS	MS	3P	FT	SQ	OC	IS	L&F	SD	DD	PH	PF	PC	DRF	PM	PA	BH	DRS	PQ	PV
평점	–	–	–	–	–	–	–	–	–	–	–	–	–	–	–	–	–	–	–	–	–

항목	DEF	ID	PD	ST	BL	HDQ	PP	DC	RBB	ORB	DRB	ATH	SP	AG	STR	VJ	STA	HP	INT	POT	OG
평점	–	–	–	–	–	–	–	–	–	–	–	–	–	–	–	–	–	–	–	–	–

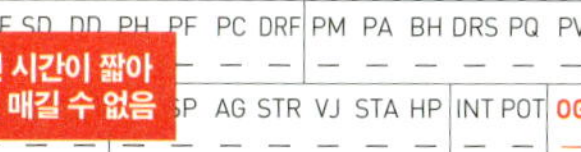

F Eli NDIAYE PF-C

엘리 은디아이 2004.06.26 / 203cm

세네갈
NBA 드래프트 : 2025년 미지명
NBA 우승 : 0회 / **파이널 MVP :** 0회
시즌 MVP : 0회 / **NBA 퍼스트팀 :** 0회

세네갈 출신으로 스페인 국적을 지닌 파워포워드 겸 센터. 2021년부터 3년간 스페인 명문 레알 마드리드에서 활약했다. 2025년 NBA 드래프트를 신청했으나 지명받지 못했고, 애틀랜타와 연봉 64만 달러에 투웨이 계약을 맺었다. 올 시즌 더 분발해야 한다. 은디아이는 국제무대에서는 나름 높은 평가를 받는 선수였다. 탄탄한 근육질 체격에 슈팅 능력까지 갖췄다. 체력과 슈팅 능력이 향상된다면 '스트레치 4' 또는 하이-엔드 롤 플레이어가 될 것이다.

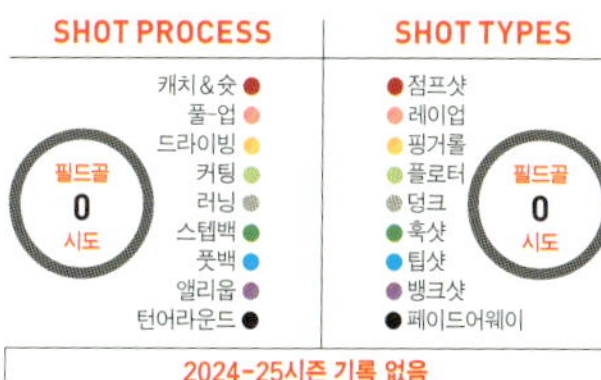

SHOT PROCESS		SHOT TYPES	
캐치&슛		점프샷	
풀-업		레이업	
드라이빙		핑거롤	
커팅		플로터	
러닝		덩크	
스텝백		훅샷	
풋백		팁샷	
앨리웁		뱅크샷	
턴어라운드		페이드어웨이	

필드골 0 시도

2024-25시즌 기록 없음

항목	PTS	RB	AS	ST	BL	FG-FGA	3P-3PA	FT-FTA
평균	–	–	–	–	–	–	–	–
36분	–	–	–	–	–	–	–	–

항목	OS	CS	MS	3P	FT	SQ	OC	IS	L&F	SD	DD	PH	PF	PC	DRF	PM	PA	BH	DRS	PQ	PV
평점	–	–	–	–	–	–	–	–	–	–	–	–	–	–	–	–	–	–	–	–	–

항목	DEF	ID	PD	ST	BL	HDQ	PP	DC	RBB	ORB	DRB	ATH	SP	AG	STR	VJ	STA	HP	INT	POT	OG
평점	–	–	–	–	–	–	–	–	–	–	–	–	–	–	–	–	–	–	–	–	–

C 8 Kristaps PORZINGIS C-PF

크리스탑스 포르징기스 1995.08.02 / 218cm

라트비아
NBA 드래프트 : 2015년 1라운드 4번
NBA 우승 : 1회 / **파이널 MVP :** 0회
시즌 MVP : 0회 / **NBA 퍼스트팀 :** 0회

지난여름, 보스턴 2년 생활을 청산하고, 애틀랜타로 이적했다. 키가 큰 데다 슈팅 거리가 길고, 슈팅 터치가 부드럽다. 클러치 상황에서 침착히 빅샷을 성공시킨다. 프로 초창기에 비해 자신감이 크게 늘어 앨리웁 덩크, 커팅 덩크, 커팅 레이업 등 림을 직접 공략하는 빈도가 늘었다. 넓은 시야를 이용한 패스도 OK. 세로수비, 가로수비까지 특별한 약점은 없다. 지난해 6월 발목 인대 수술을 받았다. 부상 재발을 조심해야 한다. 연봉은 3,073만 달러.

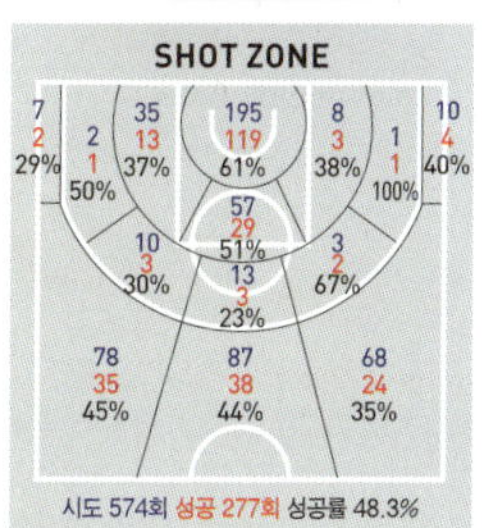

SHOT PROCESS		SHOT TYPES	
캐치&슛	306	점프샷	357
풀-업	28	레이업	60
드라이빙	49	핑거롤	6
커팅	36	플로터	15
러닝	29	덩크	53
스텝백	13	훅샷	10
풋백	31	팁샷	26
앨리웁	20	뱅크샷	23
턴어라운드	62	페이드어웨이	24

필드골 574 시도

2024-25시즌 보스턴 42경기 평균 28.8분

항목	PTS	RB	AS	ST	BL	FG-FGA	3P-3PA	FT-FTA
평균	19.5	6.8	2.1	0.7	1.5	6.6-13.7	2.5-6.0	3.8-4.7
36분	24.3	8.4	2.6	0.9	1.9	8.2-17.1	3.1-7.4	4.8-5.9

항목	OS	CS	MS	3P	FT	SQ	OC	IS	L&F	SD	DD	PH	PF	PC	DRF	PM	PA	BH	DRS	PQ	PV
평점	B-	A	D	B	B-	B-	B-	B-	C+	A-	C	B	B+	B	D-	D-	D-	D+	D-	F	F

항목	DEF	ID	PD	ST	BL	HDQ	PP	DC	RBB	ORB	DRB	ATH	SP	AG	STR	VJ	STA	HP	INT	POT	OG
평점	D+	C+	D	D-	B+	C	D-	D-	D	D-	D+	C+	D	D	C	C+	A	B	B-	A-	B

C 17 Onyeka OKONGWU C-PF

온예카 오콩우 2000.12.11 / 208cm

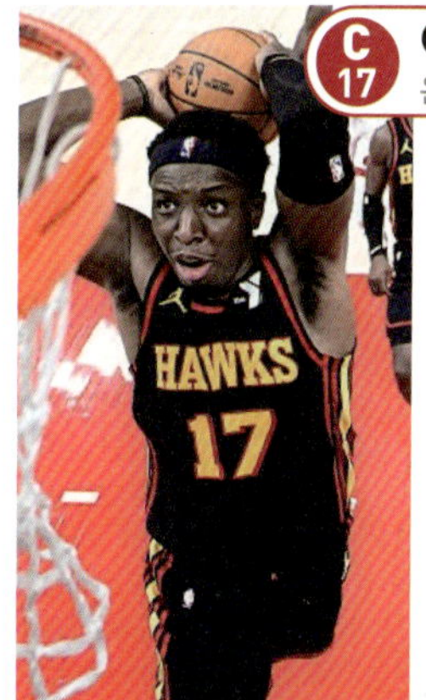

미국
NBA 드래프트 : 2020년 1라운드 6번
NBA 우승 : 0회 / **파이널 MVP :** 0회
시즌 MVP : 0회 / **NBA 퍼스트팀 :** 0회

현대농구에 최적화된 빅맨이다. 공격과 수비에서 모두 다이내믹한 플레이를 펼친다. 긴 팔과 정확한 타이밍, 높은 점프를 활용해 리바운드를 걷어내거나 상대의 슈팅을 무섭게 처낸다. 발이 빠르기에 2대2 수비 때 상대 팀 가드에게 바로 스위치 한다. 주공격 루트는 덩크와 레이업이다. 그러나 다운타운에서 3점 슈팅도 심심찮게 시도한다. 올 시즌 포르징기스가 팀에 합류했지만 누가 선발 센터로 더 적합한지는 지켜봐야 알 수 있다. 연봉은 1,500만 달러.

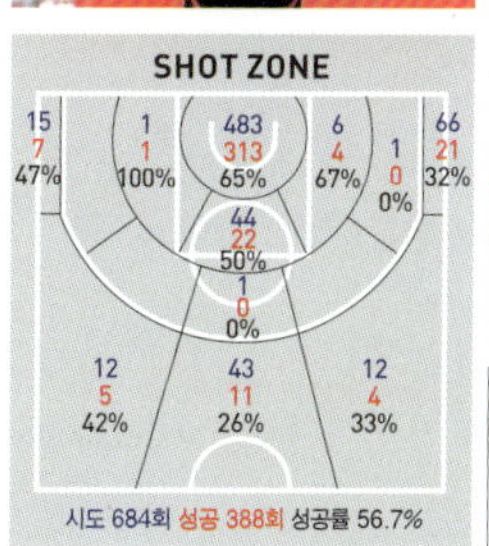

SHOT PROCESS		SHOT TYPES	
캐치&슛	258	점프샷	149
풀-업	3	레이업	209
드라이빙	94	핑거롤	4
커팅	101	플로터	53
러닝	31	덩크	94
스텝백	0	훅샷	101
풋백	101	팁샷	64
앨리웁	48	뱅크샷	8
턴어라운드	48	페이드어웨이	2

필드골 684 시도

2024-25시즌 애틀랜타 74경기 평균 27.9분

항목	PTS	RB	AS	ST	BL	FG-FGA	3P-3PA	FT-FTA
평균	13.4	8.9	2.3	0.9	0.9	5.2-9.2	0.6-2.0	2.2-2.9
36분	17.2	11.5	2.0	1.2	1.2	6.8-11.9	0.8-2.6	2.9-3.8

항목	OS	CS	MS	3P	FT	SQ	OC	IS	L&F	SD	DD	PH	PF	PC	DRF	PM	PA	BH	DRS	PQ	PV
평점	C+	A-	B+	C	C	C	C-	D+	B	B	B	D-	D-	D-	D-	D-	D-	D-	D-	D-	F

항목	DEF	ID	PD	ST	BL	HDQ	PP	DC	RBB	ORB	DRB	ATH	SP	AG	STR	VJ	STA	HP	INT	POT	OG
평점	C-	B-	D+	D+	D+	B-	D	D	B	B	B	B-	C	C	C-	C	B+	A	C-	B+	B-

General Stats								Outside Scoring & Shooting							Inside Scoring & Shooting								Play Making, Ball Handling & Passing					
PTS	RB	AS	ST	BL	FG-FGA	3P-3PA	FT-FTA	OS	CS	MS	3P	FT	SQ	OC	IS	L&F	SD	DD	PH	PF	PC	DRF	PM	PA	BH	DRS	PQ	PV
득점	리바운드	어시스트	스틸	블락샷	필드골 성공-시도	3점슈팅 성공-시도	자유투 성공-시도	외곽 득점력	근거리 점프샷	중거리 슈팅	3점 슈팅	자유투	슈팅 IQ	득점 일관성	인사이드 득점력	레이업 플로터	스탠딩 덩크	드라이빙 덩크	포스트 훅샷	포스트 페이드	포스트 컨트롤	파울 유도	플레이 메이킹	패스 능력	볼 핸들링	드리블 스피드	패스 IQ	패스 비전

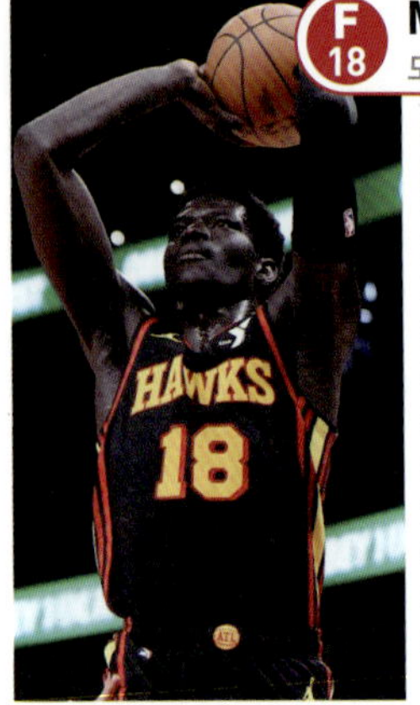

F 18 Mouhamed GUEYE PF-C

모하메드 게이 2002.11.09 / 208cm

세네갈

NBA 드래프트 : 2023년 2라운드 39번
NBA 우승 : 0회 / **파이널 MVP :** 0회
시즌 MVP : 0회 / **NBA 퍼스트팀 :** 0회

팀의 '서드 유닛' 센터로 33경기 평균 16.2분씩 뛰었다. 특별한 부상 이슈는 없었고, 감독의 결정 및 G리그 경기 참가 때문에 NBA 경기 출전은 제한됐다. 올 시즌도 크게 다르지는 않을 것이다. 세네갈 다카르 출신이다. 키 208cm, 윙스팬 220cm의 신체를 적극적으로 활용한다. '에너자이저' 스태미너로 부지런히 코트를 누빈다. 덩크, 레이업, 좌우 코너 3점 슈팅이 주공격 루트다. 출전 시간 대비 스틸과 블락샷은 리그 정상급이다. 연봉은 222만 달러.

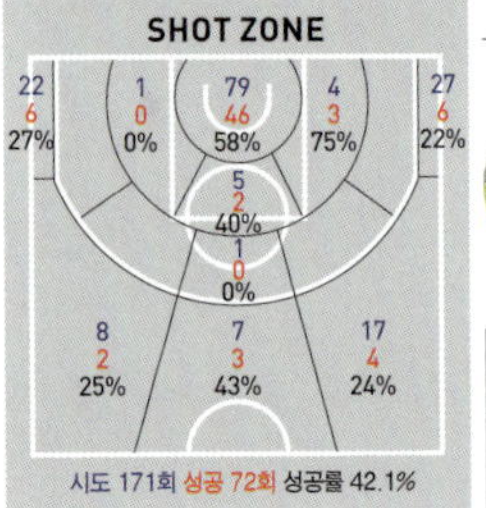

SHOT PROCESS

캐치&슛 102, 풀-업 2, 드라이빙 13, 커팅 12, 러닝 21, 스텝백 1, 풋백 13, 앨리웁 3, 턴어라운드 4

필드골 171 시도

SHOT TYPES

89 점프샷, 36 레이업, 0 핑거롤, 5 플로터, 28 덩크, 5 훅샷, 4 팁샷, 3 뱅크샷, 1 페이드어웨이

필드골 171 시도

2024-25시즌 애틀랜타 33경기 평균 16.2분

항목	PTS	RB	AS	ST	BL	FG-FGA	3P-3PA	FT-FTA
평균	6.0	4.2	0.8	0.8	1.0	2.2-5.2	0.6-2.5	1.0-1.3
36분	13.3	9.4	1.8	1.9	2.2	4.9-11.5	1.4-5.5	2.2-2.8

항목	OS	CS	MS	3P	FT	SQ	OC	IS	L&F	SD	DD	PH	PF	PC	DRF	PM	PA	BH	DRS	PQ	PV
평점	C-	C	D+	D-	C-	C	C-	D	C-	C	B-	D-	D-	D-	D-	D-	D-	D-	D-	D-	F

항목	DEF	ID	PD	ST	BL	HDQ	PP	DC	RBB	ORB	DRB	ATH	SP	AG	STR	VJ	STA	HP	INT	POT	OG
평점	D	D+	D-	B+	A	D-	D-	F	C-	C-	D+	C	D+	D+	D-	C	B+	A-	B-	B-	C

G 11 Trae YOUNG PG-SG

트레이 영 1998.09.19 / 185cm

미국

NBA 드래프트 : 2018년 1라운드 5번
NBA 우승 : 0회 / **파이널 MVP :** 0회
시즌 MVP : 0회 / **NBA 퍼스트팀 :** 0회

NBA의 슈퍼스타 포인트가드. 지난 시즌 76경기 평균 36분씩 뛰며 24.2점, 11.6어시스트로 최고의 활약을 보였다. 올스타전에 출전했고, 시즌 종료 후 '올해의 클러치 플레이어' 투표에서 4위에 올랐다. 드라이빙에서 이어지는 플로터, 레이업, 핑거롤은 그의 치명적인 무기다. 풀업 점퍼, 스텝백 점퍼, 3점 슈팅을 자유자재로 구사한다. 그의 볼 핸들링은 안정감과 화려함을 겸비했다. 날카롭고 정확한 패스로 동료의 득점을 돕는다. 연봉은 4,600만 달러.

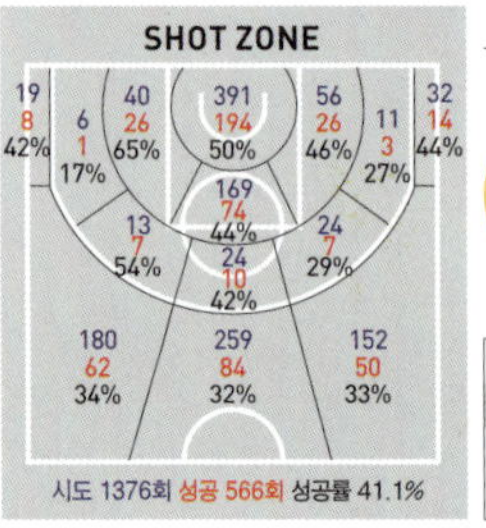

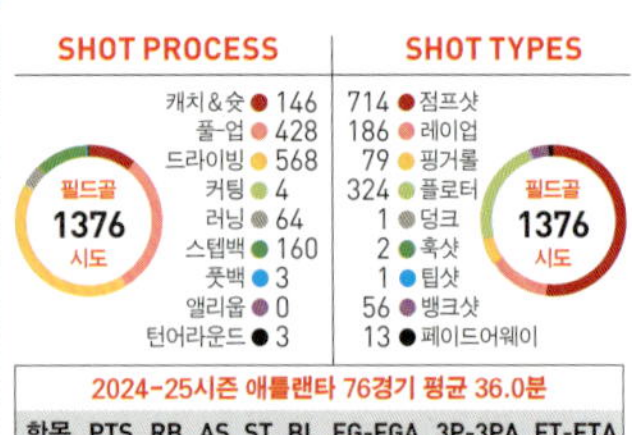

2024-25시즌 애틀랜타 76경기 평균 36.0분

항목	PTS	RB	AS	ST	BL	FG-FGA	3P-3PA	FT-FTA
평균	24.2	3.1	11.6	1.2	0.2	7.4-18.1	2.9-8.4	6.5-7.4
36분	24.2	3.1	11.6	1.2	0.2	7.4-18.1	2.9-8.4	6.5-7.4

항목	OS	CS	MS	3P	FT	SQ	OC	IS	L&F	SD	DD	PH	PF	PC	DRF	PM	PA	BH	DRS	PQ	PV
평점	B+	A-	B	B	B+	B-	A+	D-	A	F	F	F	D-	F	A	A-	A-	A	B	A+	A

항목	DEF	ID	PD	ST	BL	HDQ	PP	DC	RBG	ORG	DRG	ATH	SP	AG	STR	VJ	STA	HP	INT	POT	OG
평점	D-	D-	D+	D+	D-	D-	C-	F	D-	D-	D-	C+	B	B	D-	C+	A	C	B	A	A-

G 5 Dyson DANIELS PG-SG

다이슨 대니얼스 2003.03.17 / 201cm

호주

NBA 드래프트 : 2022년 1라운드 8번
NBA 우승 : 0회 / **파이널 MVP :** 0회
시즌 MVP : 0회 / **NBA 퍼스트팀 :** 0회

NBA 데뷔 3년 차에 풀타임 주전으로 뛰었다. 슈퍼스타 트레이 영과 백코트에서 절묘한 호흡을 맞췄다. 대니얼스는 DPOY급 수비와 좋은 운동능력, 훌륭한 사이즈를 갖춘 수비 스페셜리스트다. 상대팀 '에이스 스토퍼'이고, 1번~4번을 다 수비한다. 공격력도 크게 향상됐다. 드라이빙에서 이어지는 플로터, 레이업, 덩크, 공격 리바운드 후 풋백, 턴어라운드 점퍼, 3점 슈팅을 고루 구사하며 평균 14.1점으로 데뷔 후 최고의 성적을 냈다. 연봉은 771만 달러.

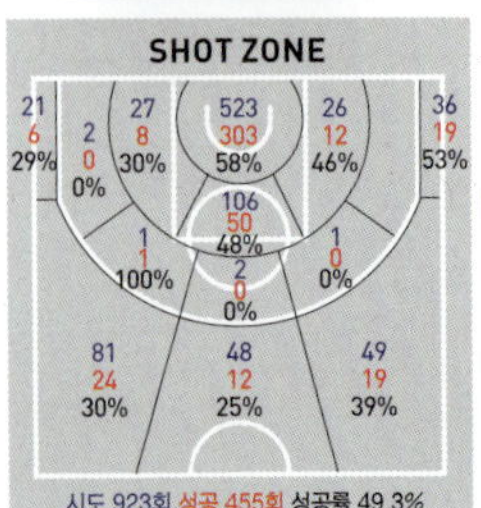

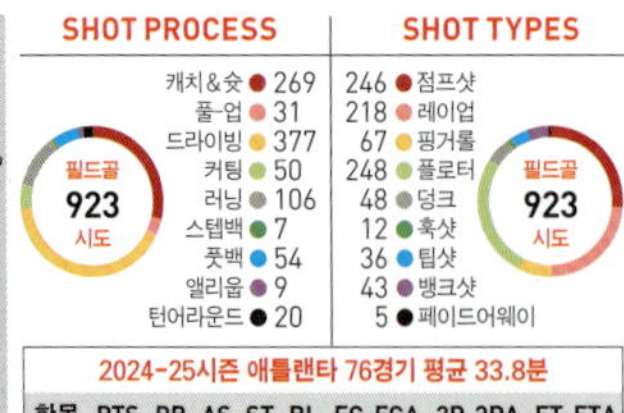

2024-25시즌 애틀랜타 76경기 평균 33.8분

항목	PTS	RB	AS	ST	BL	FG-FGA	3P-3PA	FT-FTA
평균	14.1	5.9	4.4	3.0	0.7	6.0-12.1	1.1-3.1	1.1-1.8
36분	15.0	6.3	4.7	3.2	0.8	6.4-12.9	1.1-3.3	1.2-2.0

항목	OS	CS	MS	3P	FT	SQ	OC	IS	L&F	SD	DD	PH	PF	PC	DRF	PM	PA	BH	DRS	PQ	PV
평점	C-	A-	D+	B-	D-	C-	D-	D-	B	F	C	F	D-	F	D-	C	C+	C+	C+	C+	D

항목	DEF	ID	PD	ST	BL	HDQ	PP	DC	RBG	ORG	DRG	ATH	SP	AG	STR	VJ	STA	HP	INT	POT	OG
평점	B+	C-	A+	A+	F	B+	A	A-	B+	B+	B	C+	C+	A-	D-	C	B+	B	D-	A-	B-

G 27 Vit KREJČÍ PG-SG

비트 크레이치 2000.06.19 / 203cm

체코

NBA 드래프트 : 2020년 2라운드 37번
NBA 우승 : 0회 / **파이널 MVP :** 0회
시즌 MVP : 0회 / **NBA 퍼스트팀 :** 0회

2024년 10월에 허벅지 통증, 2025년 2월에 허리 통증 등 몇 차례 부상 이슈로 결장했다. 그러나 이를 제외하고 57경기 평균 20분씩 뛰며 7.2점, 2.7RB를 기록했다. 현대농구의 윙답게 키가 크고, 윙스팬이 길며 운동능력이 좋다. 주무기는 좌우 윙과 탑에서 터뜨리는 3점 슈팅. 높은 릴리스 포인트, 안정된 스트로크, 부드러운 슈팅 터치로 43.7%를 성공시켰다. BQ가 좋고, 패스가 정확하며 항상 이타적(利他的)으로 플레이한다. 연봉은 235만 달러.

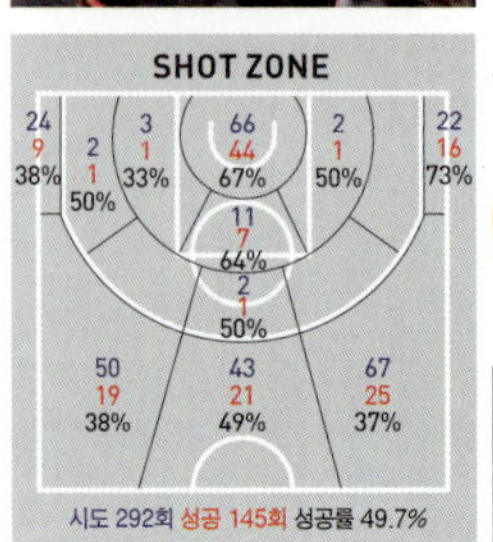

2024-25시즌 애틀랜타 57경기 평균 20.2분

항목	PTS	RB	AS	ST	BL	FG-FGA	3P-3PA	FT-FTA
평균	7.2	2.7	2.6	0.6	0.5	2.5-5.1	1.6-3.6	0.6-0.8
36분	12.9	4.9	4.6	1.1	0.8	4.5-9.1	2.8-6.4	1.0-1.4

항목	OS	CS	MS	3P	FT	SQ	OC	IS	L&F	SD	DD	PH	PF	PC	DRF	PM	PA	BH	DRS	PQ	PV
평점	C-	B	D	B	D+	B	D-	D-	C-	F	C-	F	F	F	F	D+	D+	C-	C	C-	D

항목	DEF	ID	PD	ST	BL	HDQ	PP	DC	RBG	ORG	DRG	ATH	SP	AG	STR	VJ	STA	HP	INT	POT	OG
평점	D	D	D	D	F	D-	D-	F	C-	D+	B-	C-	C	C	F	C+	B-	C	C-	B-	C-

G 7 Nickeil ALEXANDER-WALKER SG

니킬 알렉산더-워커 1998.09.02 / 196cm

캐나다

NBA 드래프트 : 2019년 1라운드 17번
NBA 우승 : 0회 / 파이널 MVP : 0회
시즌 MVP : 0회 / NBA 퍼스트팀 : 0회

지난 시즌 백업 슈팅가드로 82경기에 모두 출전했다. 제한된 출전 시간 속에 나름대로 제 몫을 해냈다. 주무기는 3점 슈팅. 캐치&슛이 대부분이지만, 풀업 점퍼도 시도한다. 또한, 과감한 돌파 후 정확한 레이업으로 마무리한다. 좋은 사이즈와 우수한 운동능력을 활용해 강력한 퍼리미터 1대1 수비를 펼친다. 흔히 말하는 '에이스 스토퍼'다. 스틸 실력도 우수하다. 캐나다 온타리오주 토론토 출신. 셰이 길저스-알렉산더와 사촌 관계다. 연봉은 1,516만 달러.

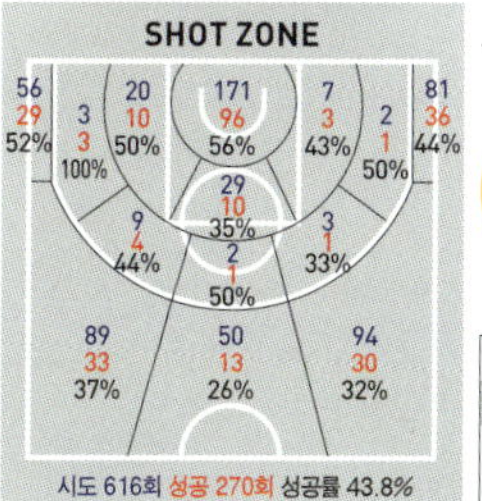

2024-25시즌 미네소타 82경기 평균 25.3분

항목	PTS	RB	AS	ST	BL	FG-FGA	3P-3PA	FT-FTA
평균	9.4	3.2	2.7	0.6	0.4	3.3-7.5	1.7-4.5	1.1-1.4
36분	13.4	4.6	3.9	0.9	0.6	4.7-10.7	2.4-6.4	1.6-2.0

항목	OS	CS	MS	3P	FT	SQ	OC	IS	L&F	SD	DD	PH	PF	PC	DRF	PM	PA	BH	DRS	PQ	PV
평점	C	B-	B	B-	C+	C-	D-	D	B-	F	D-	D-	D-	D	D+	C-	C	B-	C-	C	D-

항목	DEF	ID	PD	ST	BL	HDQ	PP	DC	RBG	ORG	DRG	ATH	SP	AG	STR	VJ	STA	HP	INT	POT	OG
평점	C	D	B+	D-	F	B-	B-	B-	C-	C	C-	C	C-	B+	D-	C-	A-	C	C-	B	C+

G 4 Kobe BUFKIN SG-PG

코비 버프킨 2003.09.21 / 196cm

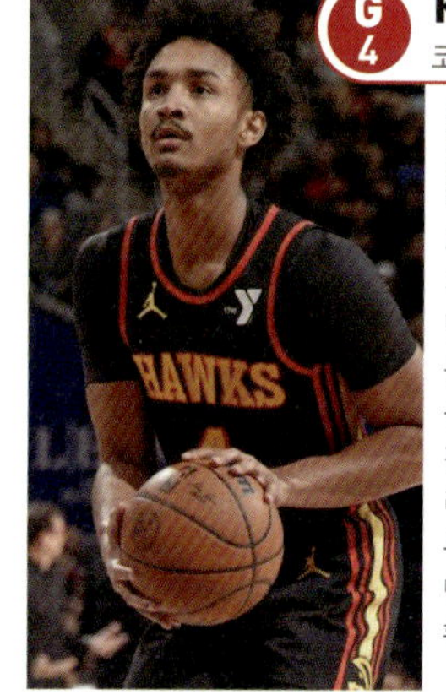

미국

NBA 드래프트 : 2023년 1라운드 15번
NBA 우승 : 0회 / 파이널 MVP : 0회
시즌 MVP : 0회 / NBA 퍼스트팀 : 0회

2024년 섬머리그 직전 어깨를 다쳤다. 시즌 개막 이후 부상이 자주 재발했다. 결국, 2025년 1월 수술을 받으며 시즌 아웃 됐다. 다행히 올 시즌 개막전 로스터에는 이름을 올릴 수 있을 것이다. 건강한 상태의 버프킨은 온-볼 디펜스, 풀업 점퍼, 스텝백 점퍼, 캐치&슛, 양손 레이업, 아이솔레이션, 허슬 플레이가 강점인 투웨이 가드 유망주였다. 올 시즌 부상만 없다면 트레이 영의 백업 포인트가드로 꽤 쏠쏠한 활약을 기대할 수 있다. 연봉은 450만 달러.

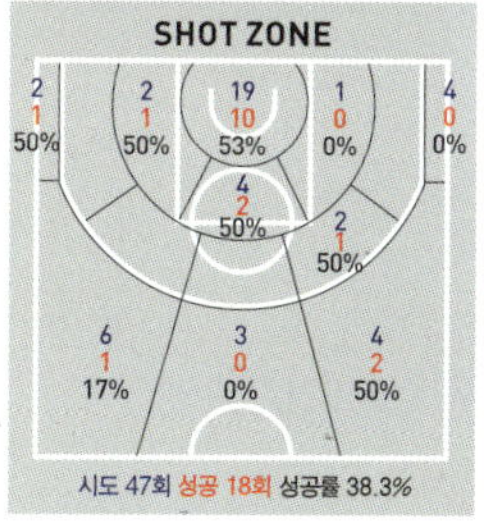

SHOT PROCESS

필드골 47 시도

- 캐치&슛 13
- 풀-업 6
- 드라이빙 15
- 커팅 1
- 러닝 6
- 스텝백 2
- 풋백 1
- 앨리웁 1
- 턴어라운드 2

SHOT TYPES

필드골 47 시도

- 25 점프샷
- 13 레이업
- 1 핑거롤
- 6 플로터
- 0 덩크
- 1 훅샷
- 0 팁샷
- 0 뱅크샷
- 1 페이드어웨이

2024-25시즌 애틀랜타 10경기 평균 12.4분

항목	PTS	RB	AS	ST	BL	FG-FGA	3P-3PA	FT-FTA
평균	5.3	2.1	1.7	0.3	0.2	1.8-4.7	0.4-1.9	1.3-1.8
36분	15.4	6.1	4.9	0.9	0.6	5.2-13.6	1.2-5.5	3.8-5.2

출전 시간이 짧아 평점 매길 수 없음

항목	OS	CS	MS	3P	FT	SQ	OC	IS	L&F	SD	DD	PH	PF	PC	DRF	PM	PA	BH	DRS	PQ	PV
평점	–	–	–	–	–	–	–	–	–	–	–	–	–	–	–	–	–	–	–	–	–

항목	DEF	ID	PD	ST	BL	HDQ	PP	DC	RBG	ORG	DRG	ATH	SP	AG	STR	VJ	STA	HP	INT	POT	OG
평점	–	–	–	–	–	–	–	–	–	–	–	–	–	–	–	–	–	–	–	–	–

G 22 Nikola ĐURIŠIĆ SG-SF

니콜라 주리시치 2004.02.23 / 203cm

벨기에

NBA 드래프트 : 2024년 2라운드 43번
NBA 우승 : 0회 / 파이널 MVP : 0회
시즌 MVP : 0회 / NBA 퍼스트팀 : 0회

세르비아와 벨기에 2중 국적이지만, 세르비아 국가대표를 선택했다. 2020년부터 4년간 세르비아 리그에서 활약했다. 2024년 NBA 드래프트에서 마이애미에 2라운드 43번으로 지명됐고, 애틀랜타로 트레이드됐다. 2024-25시즌 G리그에서만 뛰었고, 2025-26시즌 루키로 NBA에 데뷔한다. 높은 BQ, 넓은 코트비전, 정확한 패스, 안정된 볼 핸들링, 강력한 림 어택(덩크, 레이업), 정확한 중장거리 슈팅 등 '토털 패키지 가드'로 평가받는다. 연봉은 127만 달러.

SHOT PROCESS

필드골 0 시도

- 캐치&슛
- 풀-업
- 드라이빙
- 커팅
- 러닝
- 스텝백
- 풋백
- 앨리웁
- 턴어라운드

SHOT TYPES

필드골 0 시도

- 점프샷
- 레이업
- 핑거롤
- 플로터
- 덩크
- 훅샷
- 팁샷
- 뱅크샷
- 페이드어웨이

2024-25시즌 기록 없음

항목	PTS	RB	AS	ST	BL	FG-FGA	3P-3PA	FT-FTA
평균	–	–	–	–	–	–	–	–
36분	–	–	–	–	–	–	–	–

항목	OS	CS	MS	3P	FT	SQ	OC	IS	L&F	SD	DD	PH	PF	PC	DRF	PM	PA	BH	DRS	PQ	PV
평점	–	–	–	–	–	–	–	–	–	–	–	–	–	–	–	–	–	–	–	–	–

항목	DEF	ID	PD	ST	BL	HDQ	PP	DC	RBG	ORG	DRG	ATH	SP	AG	STR	VJ	STA	HP	INT	POT	OG
평점	–	–	–	–	–	–	–	–	–	–	–	–	–	–	–	–	–	–	–	–	–

ATLANTA HAWKS 2025-26 REGULAR SEASON SCHEDULE

OCTOBER, 2025

- Oct. 22 vs. Toronto Raptors
- Oct. 24 @ Orlando Magic
- Oct. 25 vs. Oklahoma City Thunder
- Oct. 27 @ Chicago Bulls
- Oct. 29 @ Brooklyn Nets
- Oct. 31 @ Indiana Pacers

NOVEMBER, 2025

- Nov. 2 @ Cleveland Cavaliers
- Nov. 4 vs. Orlando Magic
- Nov. 7 vs. Toronto Raptors
- Nov. 8 vs. Los Angeles Lakers
- Nov. 10 @ Los Angeles Clippers
- Nov. 12 @ Sacramento Kings
- Nov. 13 @ Utah Jazz
- Nov. 16 @ Phoenix Suns
- Nov. 18 vs. Detroit Pistons
- Nov. 20 @ San Antonio Spurs
- Nov. 22 @ New Orleans Pelicans
- Nov. 23 vs. Charlotte Hornets
- Nov. 25 @ Washington Wizards
- Nov. 28 vs. Cleveland Cavaliers
- Nov. 30 @ Philadelphia 76ers

DECEMBER, 2025

- Dec. 1 @ Detroit Pistons
- Dec. 3 vs. Los Angeles Clippers
- Dec. 5 vs. Denver Nuggets
- Dec. 6 @ Washington Wizards
- Dec. 18 @ Charlotte Hornets
- Dec. 19 vs. San Antonio Spurs
- Dec. 21 vs. Chicago Bulls
- Dec. 23 vs. Chicago Bulls
- Dec. 26 vs. Miami Heat
- Dec. 27 vs. New York Knicks
- Dec. 29 @ Oklahoma City Thunder
- Dec. 31 vs. Minnesota Timberwolves

JANUARY, 2026

- Jan. 2 @ New York Knicks
- Jan. 3 @ Toronto Raptors
- Jan. 5 @ Toronto Raptors
- Jan. 7 vs. New Orleans Pelicans
- Jan. 9 @ Denver Nuggets
- Jan. 11 @ Golden State Warriors
- Jan. 13 @ Los Angeles Lakers
- Jan. 15 @ Portland Trail Blazers
- Jan. 17 vs. Boston Celtics
- Jan. 19 vs. Milwaukee Bucks
- Jan. 21 @ Memphis Grizzlies
- Jan. 23 vs. Phoenix Suns
- Jan. 26 vs. Indiana Pacers
- Jan. 28 @ Boston Celtics
- Jan. 29 vs. Houston Rockets
- Jan. 31 @ Indiana Pacers

FEBRUARY, 2026

- Feb. 3 @ Miami Heat
- Feb. 5 vs. Utah Jazz
- Feb. 7 vs. Charlotte Hornets
- Feb. 9 @ Minnesota Timberwolves
- Feb. 11 @ Charlotte Hornets
- Feb. 19 @ Philadelphia 76ers
- Feb. 20 vs. Miami Heat
- Feb. 22 vs. Brooklyn Nets
- Feb. 24 vs. Washington Wizards
- Feb. 26 vs. Washington Wizards

MARCH, 2026

- Mar. 1 vs. Portland Trail Blazers
- Mar. 4 @ Milwaukee Bucks
- Mar. 7 vs. Philadelphia 76ers
- Mar. 10 vs. Dallas Mavericks
- Mar. 12 vs. Brooklyn Nets
- Mar. 14 vs. Milwaukee Bucks
- Mar. 16 vs. Orlando Magic
- Mar. 18 @ Dallas Mavericks
- Mar. 20 @ Houston Rockets
- Mar. 21 vs. Golden State Warriors
- Mar. 23 vs. Memphis Grizzlies
- Mar. 25 @ Detroit Pistons
- Mar. 27 @ Boston Celtics
- Mar. 28 vs. Sacramento Kings
- Mar. 30 vs. Boston Celtics

APRIL, 2026

- Apr. 1 @ Orlando Magic
- Apr. 3 @ Brooklyn Nets
- Apr. 6 vs. New York Knicks
- Apr. 8 @ Cleveland Cavaliers
- Apr. 10 vs. Cleveland Cavaliers
- Apr. 12 @ Miami Heat

CHARLOTTE HORNETS
CHARLOTTE
HORNETS
HORNETS
1

미래 성장 가능성을 제시할 수 있다면 만족

강요된 탱킹 집단

3시즌 연속 의도치 않게 탱킹 행보를 밟았다. 선수단 전반적인 시스템이 올스타 출신 포인트가드 라멜로 볼에게 맞춰진 현실. 핵심 부품이 자주 고장 난 터라 100% 전력 가동이 성립되지 않았다. 간판스타의 같은 기간 합계 경기 출전 점유율이 42.7%에 불과하다. 쉽게 말해 라멜로 없는 라멜로 팀으로 전락했던 처지다. 설상가상으로 부상이 전염병처럼 퍼졌다. 마크 윌리엄스, 브랜든 밀러 등 나머지 주축 선수들마저 잇따라 코트를 비운 탓에 승점 자판기 신세를 면치 못했다.

티끌 모아 태산

신인 드래프트 작황이 나쁘지 않다. 영리한 볼 핸들러+득점원 콘 크누펠(전체 4순위), NCAA 무대에서 잔뼈가 굵은 사이언 제임스(33순위), 신체 조건이 우수한 빅맨 라이언 칼크브레너를 지명했다(34순위). 세 선수 모두 즉시 전력감으로 활용하기에 부족함이 없다. 라멜로 부상 이탈에 대비한 안전장치 마련에도 심혈을 기울였다. 백코트 득점원 콜린 섹스턴(트레이드), 베테랑 포인트가드 스펜서 딘위디(FA), 트레 맨(재계약)이 차기 시즌 주력 로테이션 자리를 놓고 경쟁하게 된다.

찰스 리 감독의 시험대

찰스 리는 애틀랜타, 밀워키, 보스턴 등에서 어시스턴트 코치 경력을 쌓았다. 미래의 감독 인재로 주목받던 시기다. 그러나 정작 샬럿 감독으로 부임한 후에 맞이한 첫 번째 시즌 성적은 형편없었다. 선수단 연쇄 부상 악재를 고려하더라도 말이다. 차기 시즌은 시험대가 될 전망이다. 절대적인 물량이 채워진 만큼 다채로운 전술 역량을 발휘해 줘야 한다. 당장 플레이오프 진출과 같은 두드러진 성과를 바라지 않는다. 팀 단위 미래 성장 가능성을 제시할 수 있다면 만족이다.

*통계는 2025년 10월 1일 기준

CLUB INFORMATION

  **Founded** 구단 창립 1988년	 **Owner** 게이브 플로트킨 릭 슈낼 + 3명	 **CEO** 셸리 케이티 웨스턴	 **Head Coach** 찰스 리 1984.11.11	 **24-25 Odds** 스카이벳 : 500배 윌리엄힐 : 1000배
 **Nationality** ●미국 선수 18명 ●외국 선수 3명	 **Age** 21명 평균 24.8세	 **Height** 21명 평균 198.1cm	 **Weight** 21명 평균 95.7kg	 **Salary** 19명 평균 939만 달러
 **Win** 2024-25 : 19승 통산 : 1193승	 **Loss** 2024-25 : 63패 통산 : 1602패	 **Winning%** 2024-25 : 23.2% 통산 : 42.7%	 **Play-Off** PO 진출 : 10회 PO 탈락 : 25회	 **Titles** NBA우승 : 0회 컨퍼런스 : 0회
 **Top Scorer** 라멜로 볼 평균 25.2점	  **More Rebounds** 마크 윌리엄스 평균 10.2리바운드	**More Assists** 라멜로 볼 평균 7.4어시스트	 **More Steals** 라멜로 볼 평균 1.1스틸	 **More Blocks** 마크 윌리엄스 평균 1.2블락

*항목별 1위는 지난 시즌 샬럿 소속으로 42경기 이상 출전한 선수 중 선별

HEAD COACH & STADIUM

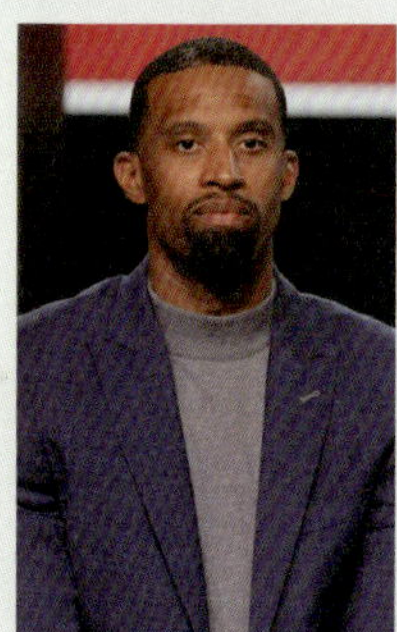

Charles LEE 찰스 리

생년월일 : 1984.11.11 / **출생지 :** 미국 워싱턴 DC
경력 : 2012~2014년 버크넬대 코치 / 2014~2018년 애틀랜타 호크스 코치 / 2023~2024년 보스턴 셀틱스 코치 / 2024년~ 샬럿 호네츠 감독

퀸스 오차드고를 졸업하고, 버크넬대로 진학했다. 대학에서 농구와 학업을 병행했다. 전공은 경영학. 2006년 '올해의 패트리어트 선수상'을 받고 NBA 드래프트를 신청했으나 어느 팀에서도 지명을 받지 못했다. 결국, 유럽으로 눈을 돌려 이스라엘, 벨기에, 독일 리그에서 4년간 활약한 뒤 26살의 젊은 나이에 은퇴했다. 2012년, 모교인 버크넬대 어시스턴트로 지도자 생활을 시작했고, 2014년부터 10년간 애틀랜타 호크스, 밀워키 벅스, 보스턴 셀틱스에서 어시스턴트로 경험을 쌓았다. 애틀랜타에서는 2014~15시즌 60승을 포함해 3년 연속 PO 진출을 도왔다. 2020-21시즌에는 밀워키의 NBA 우승에 힘을 보탰다. 2023-24시즌에는 보스턴 셀틱스가 2008년 이후 처음으로 NBA에서 우승하도록 선수들을 지도했다. 이렇게 어시스턴트로서 뚜렷한 족적을 남겼기에 보스턴과의 계약 기간이 종료될 시점에 많은 팀에서 그를 탐냈다. 그리고 2024년 5월 9일, 샬럿 호네츠의 제12대 감독이 되었다.

SPECTRUM CENTER

구장 오픈 : 2005년 10월 21일
구장 증개축 : 2016년
오너 : 샬럿시
수용인원 : 1만 9077명
건축비용 : 2억 6000만달러
(현재가치)4억 600만달러

프로 스포츠팀과 대학 스포츠팀이 공동으로 사용한다. 매년 약 150개의 공연 및 전시회가 열린다. 샬럿의 다양한 도시 문화와 도시의 강인함, 그리고 안정성을 상징하도록 설계됐다. 스펙트럼 센터는 퀸시티 주민들이 역동적인 미래를 만드는 데 도움을 주고자 현대적인 디자인 요소들을 최대한 반영해 건설되었다. 호네츠 홈구장이 된 건 2002-26시즌부터다.

REGULAR SEASON RANKING LAST 10YEARS ★NBA 파이널 우승

15-16	16-17	17-18	18-19	19-20	20-21	21-22	22-23	23-24	24-25
9	20	20	17	22	19	17	27	27	28
48승 34패	36승 46패	36승 46패	39승 43패	23승 42패	33승 39패	43승 39패	27승 55패	21승 61패	19승 63패

Honours

NBA CHAMPIONS	CONFERENCE TITLES	DIVISION TITLES	RETIRED NUMBERS
0	0	0	1

NBA CHAMPIONSHIPS
NONE

CONFERENCE TITLES
NONE

DIVISION TITLES
NONE

RETIRED NUMBERS
13

TEAM POTENTIAL

68점
28위

하프코트 세트오펜스 7점
트랜지션 오펜스 6점
하프코트 세트디펜스 7점
트랜지션 디펜스 7점
리바운드 7점
선수층 7점
선수 경험치 6점
감독 리더십 7점
감독 전술 8점
프런트 6점

*각 항목은 10점 만점, 평점은 NBA 30팀 사이 상대평가

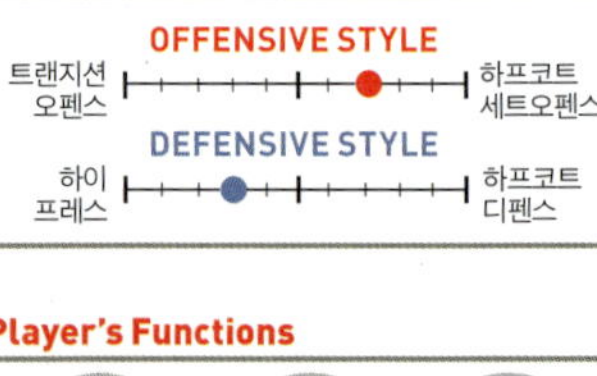

우승 ODDS	배당	순위
Sky Bet	500배	24위
Bet Fred	500배	25위
William Hill	1000배	27위

OFFENSIVE STYLE: 트랜지션 오펜스 ↔ 하프코트 세트오펜스
DEFENSIVE STYLE: 하이 프레스 ↔ 하프코트 디펜스

SQUAD & TACTICS

STARTERS

- PF 마일스 브릿지스 31.7분, 20.3점 7.5RB, 3.9AS
- C 무사 디아바테 17.5분, 5.7점 6.2RB, 0.8AS
- SF 칸 크니플 2025-26시즌 신인 선수
- SG 브랜든 밀러 34.2분, 21.0점 4.9RB, 3.6AS
- PG 라멜로 볼 32.0분, 25.2점 4.9RB, 7.4AS

OFF THE BENCH

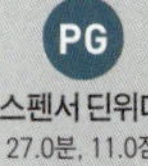 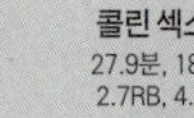 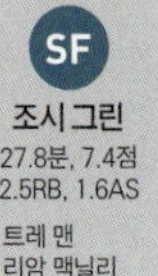 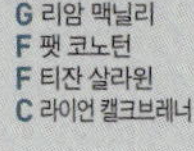

- PG 스펜서 딘위디 27.0분, 11.0점 2.6RB, 4.4AS
- SG 콜린 섹스턴 27.9분, 18.4점 2.7RB, 4.2AS
- SF 조시 그린 27.8분, 7.4점 2.5RB, 1.6AS
- PF 그랜트 윌리엄스 29.9분, 10.4점 5.1RB, 2.3AS
- C 메이슨 플럼리 17.6분, 4.5점 6.1RB, 1.8AS

G 트레 맨
G 리암 맥닐리
F 팻 코노턴
F 티잔 살라원
C 라이언 캘크브레너

Player's Functions

        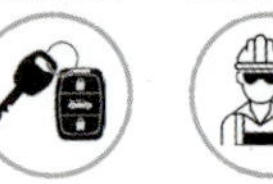  

Ball Handlers	Pull-Ups	Catch & Shoot
L.볼 B.밀러 S.딘위디	C.섹스턴 M.브릿지스 L.볼	M.브릿지스 J.그린 L.볼

3 Pointers	Slam Dunkers	Free Throw
L.볼 T.맨 J.그린	M.디아바테 M.플럼리 M.브릿지스	M.브릿지스 L.볼 C.섹스턴

Rebounders	1-1 Defenders	Ball Stealers
M.디아바테 M.플럼리 R.칼크브레너	M.플럼리 S.딘위디 R.칼크브레너	L.볼 S.딘위디 L.맥닐리

Key Passes	Hustle Players	Rim Protectors
L.볼 S.딘위디 C.섹스턴	J.그린 T.살라원 M.디아바테	M.플럼리 M.디아바테 R.칼크브레너

2024-25 SEASON PERFORMANCE

공격 레이팅 107.3(29위) 수비 레이팅 116.6(24위) 레이팅 마진 -9.3(28위) 페이스 97.6(20위)

CHARLOTTE HORNETS vs. OPPONENTS PER GAME STATS

HORNETS	득실점	필드골성공	필드골시도	필드골%	3점성공	3점시도	3점%	2점성공	2점시도	2점%	자유투성공	자유투시도	자유투%	공격 RB	수비 RB	전체 RB	어시스트	스틸	블락샷	턴오버	파울
		FG	FG↑	FG%	3P	3P↑	3P%	2P	2P↑	2P%			FT%	OR	DR	TR	A↑				
샬럿	105.1 30위	38.3 28위	89.1 19위	43.0% 30위	13 18위	38.3 11위	33.9% 28위	25.3 28위	50.8 15위	49.9% 30위	15.5 29위	19.8 28위	78.3% 14위	12.2 6위	33 16위	45.2 9위	24.3 26위	7.4 26위	4.5 21위	15.5 25위	18.7 16위
상대팀	114.2 16위	41.6 14위	88.9 15위	46.7% 15위	14.2 22위	40 28위	35.5% 8위	27.4 7위	49 4위	55.9% 26위	16.9 15위	21.4 13위	79.0% 25위	11.3 17위	33.9 24위	45.2 23위	26.8 16위	8.8 22위	5.3 23위	13.3 23위	18.1 22위

LINE-UP

* 샬럿은 지난 시즌 총 969개의 라인업을 가동했다. 득실점차 플러스 10개, 마이너스 10개를 골랐다.

득실점차 플러스(+) 라인업 TOP 10	G	MIN	PPG	RPG	득실차
C. Martin - G. Williams - T. Mann - M. Diabate - B. Miller	5	20	11.2	5.4	+31
M. Bridges - D. Jeffries - L. Ball - J. Green - M. Williams	6	76	34.7	10.3	+24
C. Martin - G. Williams - L. Ball - M. Diabate - B. Miller	6	30	12.7	5.3	+24
S. Curry - M. Bridges - J. Okogie - M. Williams - K. Simpson	2	11	16.5	5.0	+20
C. Martin - G. Williams - T. Mann - M. Diabate - T. Salaün	2	15	22.5	9.5	+19
C. Martin - J. Green - N. Richards - B. Miller - K. Simpson	4	15	12.3	3.5	+18
S. Curry - V. Micić - M. Bridges - J. Okogie - D. Jeffries	1	6	22.0	9.0	+17
M. Bridges - D. Jeffries - L. Ball - M. Diabaté - N. Smith Jr.	5	20	12.4	4.0	+15
V. Micić - C. Martin - J. Green - N. Richards - B. Miller	4	33	18.5	9.0	+14
T. Gibson - S. Curry - D. Jeffries - I. Wong - K. Simpson	2	7	10.0	4.0	+14

득실점차 마이너스(-) 라인업 TOP 10	GP	MIN	PPG	RPG	득실차
M. Bridges - L. Ball - J. Green - M. Williams - N. Smith Jr.	13	119	20.8	8.8	-33
M. Bridges - J. Green - M. Williams - N. Smith Jr. - K. Simpson	6	65	21.5	11.2	-32
C. Martin - L. Ball - M. Diabate - B. Miller - T. Salaün	5	14	2.0	2.0	-26
S. Curry - M. Bridges - D. Jeffries - M. Williams - K. Simpson	5	14	4.8	2.2	-25
S. Curry - D. Jeffries - J. Green - M. Williams - D. Baugh	1	12	20.0	11.0	-21
V. Micić - M. Bridges - C. Martin - J. Green - N. Richards	3	14	6.3	4.3	-19
V. Micić - J. Green - M. Diabate - B. Miller - T. Salaün	6	43	12.3	5.0	-16
T. Gibson - L. Ball - J. Green - B. Miller - T. Salaün	4	30	13.0	8.3	-16
C. Martin - M. Williams - B. Miller - N. Smith Jr. - K. Simpson	2	5	3.0	0.5	-16
M. Bridges - J. Green - M. Diabaté - N. Smith Jr. - D. Baugh	5	28	14.4	4.6	-14

PASS COMBINATIONS

→ 해당 선수가 경기당 동료로부터 패스 받은 횟수
→ 해당 선수가 경기당 동료들에게 패스 해준 횟수

받은 횟수	선수	해준 횟수
69.9	라멜로 볼	55.1
48.0	브랜든 밀러	47.0
42.3	마일스 브릿지스	40.6
39.1	대미언 바	39.7
40.7	바실리예 미치치	38.9
39.6	케이제이 심슨	37.9
34.8	엘프리드 페이튼	37.2
38.0	트레 맨	34.5
31.3	닉 스미스 주니어	33.5
31.8	마커스 개릿	32.5
21.7	코디 마틴	28.1
24.0	그랜드 윌리엄스	25.4
26.6	마크 윌리엄스	23.9
17.5	웬델 무어 주니어	23.4
16.3	티잔 살라윈	23.1
25.8	유수프 누르키치	23.0
19.3	제일런 심스	22.2
19.5	조시 그린	21.4
21.0	말라키 플린	21.0
17.8	조시 오코기	19.1
19.8	아이재이아 윙	18.4
16.9	데이퀀 제프리스	18.1
15.5	세스 커리	16.1
16.2	닉 리차즈	15.7
12.6	무사 디아바테	13.7
7.4	타지 깁슨	7.5
4.0	재러드 로딘	5.7

2024-25 RANKING

* 는 수치가 낮을수록 랭킹이 높아짐

샬럿	랭킹	FIVE FACTORS	상대팀	랭킹
50.3%	30위	3점 가중 FG%	54.7%*	20위
13.7*	27위	턴오버 / 100포제션	11.9	22위
26.5%	8위	공격 RB 점유율	25.5%*	18위
74.5%	21위	수비 RB 점유율	73.5%*	7위
17.4%	27위	자유투 / 필드골	19.0%*	17위

득점	랭킹	PLAYTYPE	실점*	랭킹
6.1	20위	아이솔레이션	6.6	9위
18.8	30위	트랜지션	23.9	19위
18.9	30위	픽&롤 볼핸들러	16.4	16위
7.9	9위	픽&롤 롤맨	6.6	8위
2.2	23위	포스트-업	4.7	26위
23.8	27위	스팟-업	25.4	8위
5.1	15위	핸드오프	5.9	28위
8.8	22위	커팅	—	—
4.1	11위	오프 스크린	4.9	29위
6.5	14위	풋백	6.5	12위
2.5	23위	기타	—	—

SHOT ZONE

평균 구간별 슈팅 및 성공률

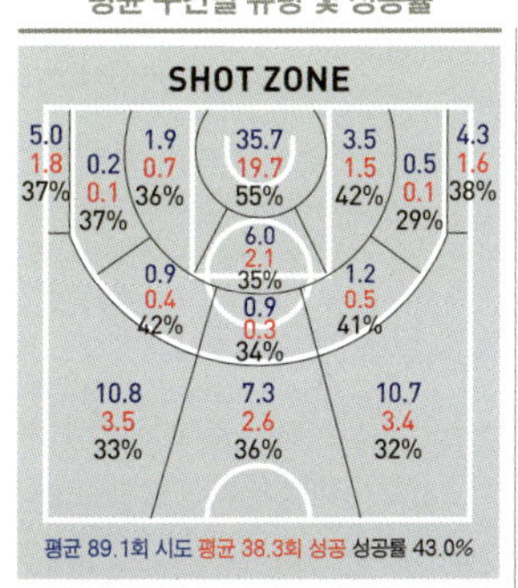

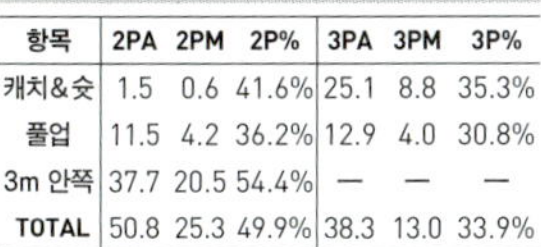

항목	2PA	2PM	2P%	3PA	3PM	3P%
캐치&슛	1.5	0.6	41.6%	25.1	8.8	35.3%
풀업	11.5	4.2	36.2%	12.9	4.0	30.8%
3m 안쪽	37.7	20.5	54.4%	—	—	—
TOTAL	50.8	25.3	49.9%	38.3	13.0	33.9%

SHOT PROCESS & SHOT TYPES

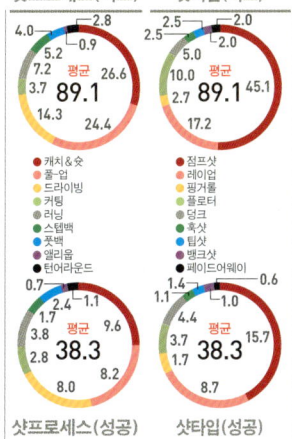

샷프로세스(시도): 평균 89.1 (4.0, 2.8, 0.9, 5.2, 7.2, 26.6, 3.7, 14.3, 24.4)

샷타입(시도): 평균 89.1 (2.5, 2.5, 2.0, 2.0, 5.0, 10.0, 45.1, 2.7, 17.2)

샷프로세스 범례: 캐치&슛, 풀-업, 드라이빙, 커팅, 러닝, 스텝백, 풋백, 앨리웁, 턴어라운드

샷타입 범례: 점프샷, 레이업, 핑거롤, 플로터, 덩크, 훅샷, 팁샷, 뱅크샷, 페이드어웨이

샷프로세스(성공): 평균 38.3 (0.7, 2.4, 1.1, 1.7, 9.6, 3.8, 2.8, 8.2, 8.0)

샷타입(성공): 평균 38.3 (1.4, 1.1, 0.6, 1.0, 4.4, 15.7, 3.7, 1.7, 8.7)

SHOOTING

필드골 시도: 평균 89.1 (21.4, 6.2, 35.3, 26.2)

필드골 시도: 평균 89.1 (8.4, 3.1, 10.9, 9.3, 13.7, 43.7)

공격수와 수비수의 거리: 0~0.6m, 0.6~1.2m, 1.2~1.8m, 1.8m 이상

샷클락: 22~24초, 18~22초, 15~18초, 7~15초, 4~7초, 0~4초

필드골 성공: 평균 38.3 (8.4, 2.7, 16.9, 10.3)

필드골 성공: 평균 38.3 (3.0, 1.8, 5.4, 3.8, 5.8, 18.5)

OPPONENT SHOOTING

상대 필드골 시도: 평균 88.9 (24.9, 6.4, 32.9, 24.7)

상대 필드골 시도: 평균 88.9 (7.6, 3.0, 13.3, 8.0, 14.4, 42.6)

공격수와 수비수의 거리: 0~0.6m, 0.6~1.2m, 1.2~1.8m, 1.8m 이상

샷클락: 22~24초, 18~22초, 15~18초, 7~15초, 4~7초, 0~4초

필드골 허용: 평균 41.6 (10.1, 3.0, 17.6, 10.9)

필드골 허용: 평균 41.6 (2.7, 1.8, 7.1, 3.6, 6.8, 19.6)

CONTESTED REBOUNDS

공격 리바운드: 평균 6.9 (0.7, 2.3, 2.8, 1.1)

수비 리바운드: 평균 7.8 (0.5, 2.2, 3.7, 1.4)

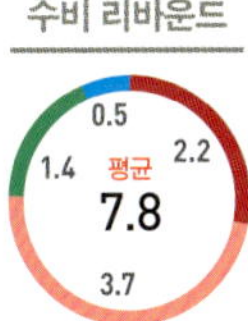

림 아래부터 리바운드 위치까지의 거리
● 0~0.9m ● 0.9~1.8m ● 1.8~3m ● 3m 이상

UNCONTESTED REBOUNDS

공격 리바운드: 평균 5.2 (0.6, 1.1, 1.1, 2.4)

수비 리바운드: 평균 25.0 (3.9, 9.9, 6.5, 4.7)

림 아래부터 리바운드 위치까지의 거리
● 0~0.9m ● 0.9~1.8m ● 1.8~3m ● 3m 이상

DEFENSE OF 19 WINS

필드골 허용 %: 46.4%

상대 필드골 시도 90.2
필드골 허용 41.8

3점슛 허용 %: 38.6%

상대 3점슛 시도 41.4
3점슛 허용 16.0

DEFENSE OF 63 LOSSES

필드골 허용 %: 41.9%

상대 필드골 시도 88.8
필드골 허용 37.3

3점슛 허용 %: 32.3%

상대 3점슛 시도 37.4
3점슛 허용 12.1

PTS	RB	AS	ST	BL	FG-FGA	3P-3PA	FT-FTA	OS	CS	MS	3P	FT	SQ	OC	IS	L&F	SD	DD	PH	PF	PC	DRF	PM	PA	BH	DRS	PQ	PV
General Stats								Outside Scoring & Shooting							Inside Scoring & Shooting								Play Making, Ball Handling & Passing					
득점	리바운드	어시스트	스틸	블락샷	필드골 성공-시도	3점슈팅 성공-시도	자유투 성공-시도	외곽 득점력	근거리 점프샷	중거리 슈팅	3점 슈팅	자유투	슈팅 IQ	득점 일관성	인사이드 득점력	레이업 플로터	스탠딩 덩크	드라이빙 덩크	포스트 훅샷	포스트 페이드	포스트 컨트롤	파울 유도	플레이 메이킹	패스 능력	볼 핸들링	드리블 스피드	패스 IQ	패스 비전

F 7 Kon KNUEPPEL SF-SG

콘 크니플 2005.08.03 / 196cm

미국 NBA 드래프트 : 2025년 1라운드 4번
NBA 우승 : 0회 / 파이널 MVP : 0회
시즌 MVP : 0회 / NBA 퍼스트팀 : 0회

명문 듀크대 출신. 1학년 때 39경기에 출전해 14.4점, 4.0리바운드를 기록했고, ACC(애틀랜틱 디비전) MVP로 선정됐다. 2025 NBA 드래프트를 신청해 샬럿에 1라운드 4번으로 지명됐다. 크니플은 우수한 농구 IQ, 교과서적인 슈팅 폼을 지닌 엘리트 포워드다. 뛰어난 3점 슈터다. 캐치&슛, 오프-더-드리블, 트랜지션 등 모든 상황에서 3점 슈팅을 시도할 수 있다. 세컨더리 볼 핸들러 겸 정확한 패서로 공격을 조율할 수 있다. 연봉은 1,002만 달러.

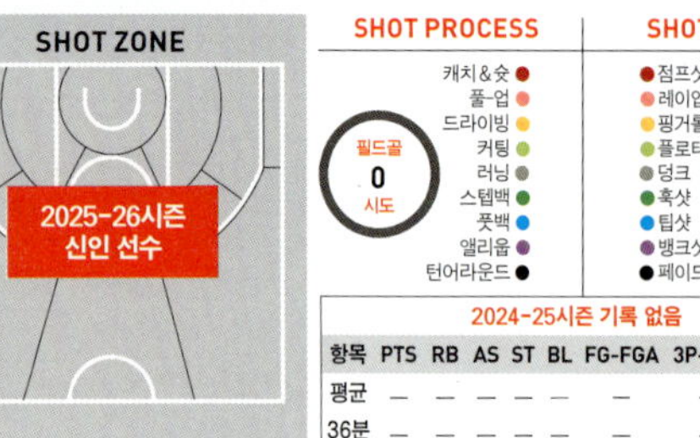

2024-25시즌 기록 없음

항목	PTS	RB	AS	ST	BL	FG-FGA	3P-3PA	FT-FTA
평균	–	–	–	–	–	–	–	–
36분	–	–	–	–	–	–	–	–

항목	OS	CS	MS	3P	FT	SQ	OC	IS	L&F	SD	DD	PH	PF	PC	DRF	PM	PA	BH	DRS	PQ	PV
평점	–	–	–	–	–	–	–	–	–	–	–	–	–	–	–	–	–	–	–	–	–

항목	DEF	ID	PD	ST	BL	HDQ	PP	DC	RB3	OR3	DR3	ATH	SP	AG	STR	VJ	STA	HP	INT	POT	OG
평점	–	–	–	–	–	–	–	–	–	–	–	–	–	–	–	–	–	–	–	–	–

F 0 Miles BRIDGES PF-SF

마일스 브릿지스 1998.03.21 / 201cm

미국 NBA 드래프트 : 2018년 1라운드 12번
NBA 우승 : 0회 / 파이널 MVP : 0회
시즌 MVP : 0회 / NBA 퍼스트팀 : 0회

올 시즌 신인 스윙맨 콘 크니플이 합류했기에 브릿지스는 파워포워드로 뛸 것이다. 그는 '페인트존을 사랑하는 남자'다. 드라이브인을 즐기며 플로터, 덩크, 레이업, 핑거롤 등 림 어택을 정말 즐긴다. NBA 최고의 덩커 중 1명이며 훌륭한 피니셔다. 트랜지션 때 샬럿의 달리는 농구 하이라이트에 자주 등장한다. 지난 2022년 사건에 휘말려 1년간 출전 정지를 당한 적이 있다. 팀을 위해서도 평소 행동을 조심해야 한다. 연봉은 2,500만 달러.

SHOT ZONE

55 18 33% · 1 0 0% · 16 6 38% · 508 290 57% · 42 13 31% · 6 2 33% · 56 24 43%
51 13 26% · 3 1 33% · 4 0 0% · 8 3 38%
109 36 33% · 93 24 26% · 137 39 29%

시도 1089회 성공 469회 성공률 43.1%

SHOT PROCESS

캐치&슛 293
풀-업 138
드라이빙 428
커팅 16
러닝 73
스텝백 55
풋백 34
앨리웁 14
턴어라운드 38
필드골 1089 시도

SHOT TYPES

473 점프샷
261 레이업
46 핑거롤
122 플로터
59 덩크
35 훅샷
19 팁샷
39 뱅크샷
35 페이드어웨이
필드골 1089 시도

2024-25시즌 샬럿 64경기 평균 31.7분

항목	PTS	RB	AS	ST	BL	FG-FGA	3P-3PA	FT-FTA
평균	20.3	7.5	3.9	0.7	0.7	7.3-17.0	2.2-7.0	3.5-4.0
36분	23.1	8.5	4.4	0.8	0.8	8.3-19.3	2.5-8.0	3.9-4.5

항목	OS	CS	MS	3P	FT	SQ	OC	IS	L&F	SD	DD	PH	PF	PC	DRF	PM	PA	BH	DRS	PQ	PV
평점	C+	A-	C-	C	B+	C-	B-	B-	B	D-	B+	B	B	B	C	C-	D+	C	C-	C	C-

항목	DEF	ID	PD	ST	BL	HDQ	PP	DC	RBB	ORB	DRB	ATH	SP	AG	STR	VJ	STA	HP	INT	POT	OG
평점	D	D	D	F	F	D-	D+	F	D	D-	B-	B-	C	C	B	B	A-	B-	F	B+	B-

F 8 Josh GREEN SF-SG

조시 그린 2000.11.16 / 196cm

호주 NBA 드래프트 : 2020년 1라운드 18번
NBA 우승 : 0회 / 파이널 MVP : 0회
시즌 MVP : 0회 / NBA 퍼스트팀 : 0회

스윙맨으로 이상적인 체격(196cm, 100kg)에 발군의 운동능력을 코트에서 발휘한다. 팀에서의 제한적 역할 때문에 슈팅 시도 횟수 자체는 많지 않다. 그러나 전형적인 '오프-볼 슬래셔'로 기회를 잡으면 폭발적인 덩크, 부드러운 레이업, 현란한 핑거롤, 수비 타이밍을 뺏는 플로터 등 다양한 방법으로 림을 공략한다. 외곽 슈팅도 OK. 퍼리미터 1대1 수비 때 장점(운동능력)을 적극적으로 활용한다. 볼 핸들링 스킬은 우수하지 않다. 연봉은 1,367만 달러.

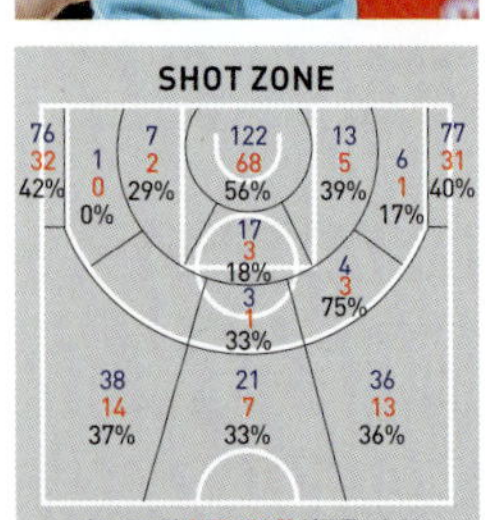

SHOT PROCESS

캐치&슛 211
풀-업 38
드라이빙 66
커팅 10
러닝 74
스텝백 10
풋백 8
앨리웁 0
턴어라운드 4
필드골 421 시도

SHOT TYPES

288 점프샷
79 레이업
7 핑거롤
14 플로터
16 덩크
2 훅샷
3 팁샷
8 뱅크샷
4 페이드어웨이
필드골 421 시도

2024-25시즌 샬럿 68경기 평균 27.8분

항목	PTS	RB	AS	ST	BL	FG-FGA	3P-3PA	FT-FTA
평균	7.4	2.5	1.6	1.1	0.2	2.6-6.2	1.4-3.6	0.7-1.1
36분	9.7	3.3	2.1	1.4	0.3	3.4-8.0	1.9-4.7	0.9-1.4

항목	OS	CS	MS	3P	FT	SQ	OC	IS	L&F	SD	DD	PH	PF	PC	DRF	PM	PA	BH	DRS	PQ	PV
평점	D	B-	D+	B-	D+	D-	F	D-	C	F	B-	F	F	F	F	D-	D+	C-	C-	D	F

항목	DEF	ID	PD	ST	BL	HDQ	PP	DC	RBG	ORG	DRG	ATH	SP	AG	STR	VJ	STA	HP	INT	POT	OG
평점	D+	D-	B-	C	F	C+	C+	C	D-	C+	D-	B-	B	B	D-	B-	B+	A-	C-	B	C-

F 2 Grant WILLIAMS PF-C

그랜트 윌리엄스 1998.11.30 / 198cm

미국 NBA 드래프트 : 2019년 1라운드 22번
NBA 우승 : 0회 / 파이널 MVP : 0회
시즌 MVP : 0회 / NBA 퍼스트팀 : 0회

2024년 11월, 경기 도중 오른 무릎 십자인대가 파열돼 수술대에 올랐다. 수술은 잘 끝났고, 현재 재활 중이다. 빠르면 11월쯤 코트에 복귀할 수 있다. 건강한 상태의 윌리엄스는 리그에서 가장 힘이 좋은 선수 중 1명으로 꼽힌다. 강력한 파워로 로포스트에서 잘 버티며, 박스아웃에 이은 리바운드를 잘 잡고, 2대2 공격 때 스크린을 잘 세팅해준다. 덩크, 레이업, 플로터, 공격 리바운드 후의 풋백이 주무기이며, BQ가 좋은 선수다. 연봉은 1,365만 달러.

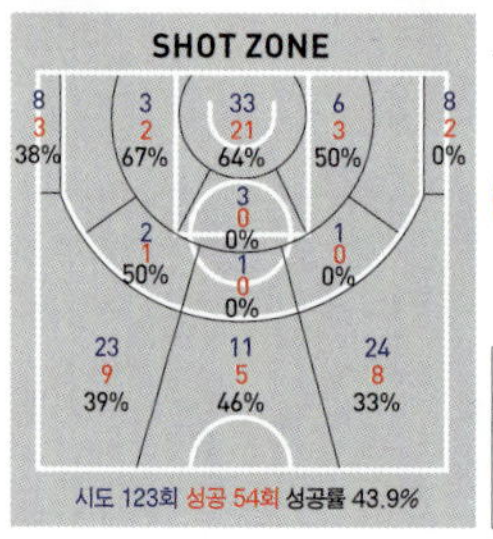

SHOT TYPES

84 점프샷
22 레이업
0 핑거롤
5 플로터
3 덩크
0 훅샷
1 팁샷
3 뱅크샷
5 페이드어웨이
필드골 123 시도

2024-25시즌 샬럿 16경기 평균 29.9분

항목	PTS	RB	AS	ST	BL	FG-FGA	3P-3PA	FT-FTA
평균	10.4	5.1	2.3	1.1	0.8	3.4-7.7	1.7-4.6	1.9-2.3
36분	12.5	6.2	2.8	1.4	1.0	4.1-9.2	2.0-5.6	2.3-2.8

항목	OS	CS	MS	3P	FT	SQ	OC	IS	L&F	SD	DD	PH	PF	PC	DRF	PM	PA	BH	DRS	PQ	PV
평점	C-	B-	C-	B-	B	C-	F	D-	C+	D-	D-	D-	D-	D+	F	D-	D+	D	D-	C-	F

항목	DEF	ID	PD	ST	BL	HDQ	PP	DC	RBB	ORB	DRB	ATH	SP	AG	STR	VJ	STA	HP	INT	POT	OG
평점	D+	C-	C-	C	D-	D+	D-	D-	D-	D-	D-	C	D-	C-	C-	D	B+	B-	D-	B	C-

Individual Defense & Team Defense
Offensive & Defensive Rebounding
Physical Fitness & Athleticism
Miscellaneous
DEF 수비력 종합 | ID 인사이드 디펜스 | PD 퍼리미터 디펜스 | ST 스틸 | BL 블락샷 | HDQ 도움수비 IQ | PP 패스 통찰력 | DC 수비 일관성
RBG 가드 리바운드 | ORG 가드 공격RB | DRG 가드 수비RB | RB3 SF 리바운드 | OR3 SF 공격RB | DR3 SF 수비RB | RBB 빅맨 리바운드 | ORB 빅맨 공격RB | DRB 빅맨 수비RB
ATH 운동능력 종합 | SP 스피드 | AG 사이드 스텝 | STR 피지컬 파워 | VJ 버티컬 점프력 | STA 지구력 | HP 허슬 플레이
INT 영향력 | POT 포텐셜 | OG 종합 평가

F 21 Pat CONNAUGHTON SF-SG

팻 코너턴 1993.01.06 / 196cm

미국 **NBA 드래프트 :** 2015년 2라운드 41번 **NBA 우승 :** 1회 / **파이널 MVP :** 0회 **시즌 MVP :** 0회 / **NBA 퍼스트팀 :** 0회

2024년 11월 오른손 뼈 골절, 2025년 2월 왼 종아리 통증, 그해 4월 오른 발목 염좌까지. 코너턴의 지난 시즌은 연속된 부상으로 고생한 기간이었다. 올 시즌을 건강하게 치르는 게 가장 중요하다. 스팟업 3점 슈팅이 주무기이고, 왕성한 활동으로 돌파, 속공 상황에서 트레일러를 맡는다. 110cm의 엄청난 점프를 이용해 폭발적인 덩크를 구사한다. 퍼리미터 1대1 수비, 허슬 플레이, 리바운드에서도 비교적 좋은 평가를 받는다. 연봉은 942만 달러.

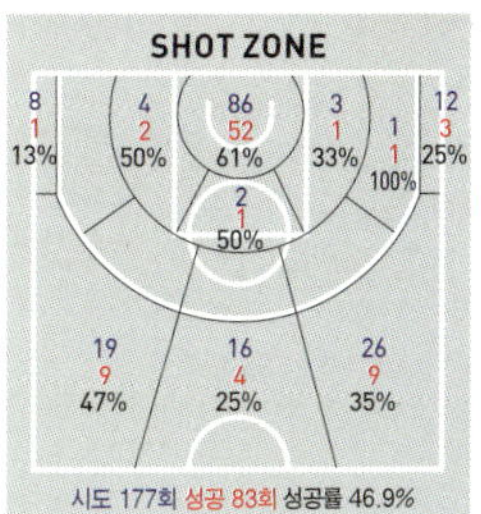

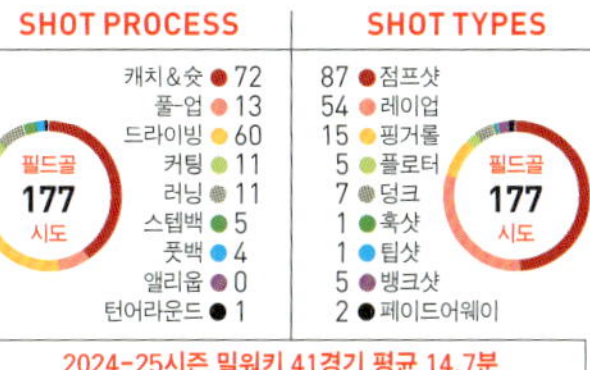

2024-25시즌 밀워키 41경기 평균 14.7분

항목	PTS	RB	AS	ST	BL	FG-FGA	3P-3PA	FT-FTA
평균	5.3	2.7	1.7	0.2	0.3	2.0-4.3	0.6-2.0	0.6-0.8
36분	12.9	6.5	4.2	0.5	0.7	5.0-10.6	1.6-4.8	1.4-1.9

항목	OS	CS	MS	3P	FT	SQ	OC	IS	L&F	SD	DD	PH	PF	PC	DRF	PM	PA	BH	DRS	PQ	PV
평점	D	B-	D+	C-	C-	C-	F	D-	C+	F	B	F	F	F	D	D+	D+	C+	D	C+	F

항목	DEF	ID	PD	ST	BL	HDQ	PP	DC	RBG	ORG	DRG	ATH	SP	AG	STR	VJ	STA	HP	INT	POT	OG
평점	D	D-	C	F	F	C-	C-	D	A-	C+	A-	C+	C+	C+	F	A	B-	B-	F	B	C-

F 31 Tidjane SALAÜN PF

티잔 살라윈 2005.08.10 / 206cm

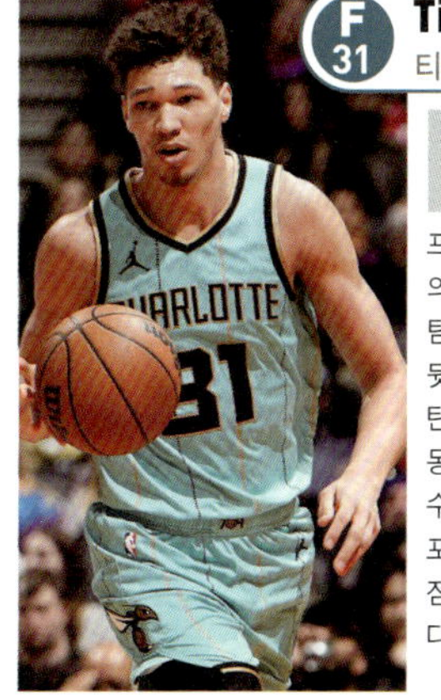

프랑스 **NBA 드래프트 :** 2024년 1라운드 6번 **NBA 우승 :** 0회 / **파이널 MVP :** 0회 **시즌 MVP :** 0회 / **NBA 퍼스트팀 :** 0회

프랑스 출신. NBA 데뷔 연도인 지난 시즌, 팀의 식스맨으로 꾸준히 출전했다. 올 시즌에도 팀의 '서드 유닛' 파워포워드로 주전 선수들을 뒷받침할 것이다. 살라윈은 큰 키, 긴 윙스팬, 탄탄한 체형을 지닌 콤보 포워드다. 뛰어난 운동능력을 바탕으로 자신 있게 림을 공략하며, 수비에도 적극적으로 가담한다. 높은 릴리스 포인트와 부드러운 슈팅 터치를 이용해 중거리 점퍼와 3점 슈팅을 시도한다. 상대 2번~4번을 다 수비한다. 연봉은 786만 달러.

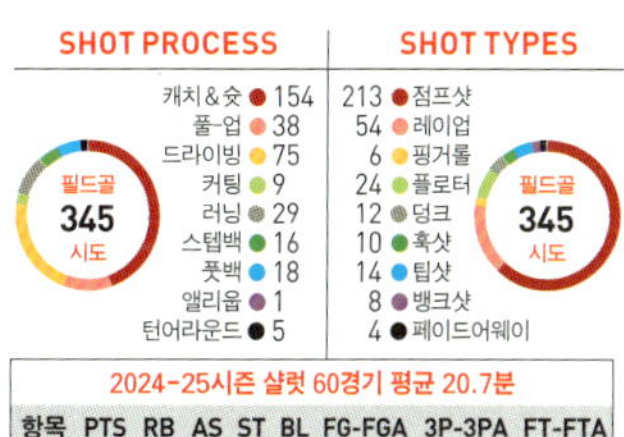

2024-25시즌 샬럿 60경기 평균 20.7분

항목	PTS	RB	AS	ST	BL	FG-FGA	3P-3PA	FT-FTA
평균	5.9	4.7	1.2	0.2	0.2	1.9-5.8	1.0-3.4	1.1-1.6
36분	10.2	8.1	2.1	0.8	0.4	3.3-10.0	1.7-5.9	1.9-2.7

항목	OS	CS	MS	3P	FT	SQ	OC	IS	L&F	SD	DD	PH	PF	PC	DRF	PM	PA	BH	DRS	PQ	PV
평점	D-	F	D	C-	C-	B-	F	D	C	D	B-	D-	D-	D-	F	D-	F	D+	D+	D	F

항목	DEF	ID	PD	ST	BL	HDQ	PP	DC	RBB	ORB	DRB	ATH	SP	AG	STR	VJ	STA	HP	INT	POT	OG
평점	D	C-	C+	F	F	D	D-	D-	D-	D-	D	C+	C-	B-	D-	B-	B+	A-	C-	B+	C-

C 14 Moussa DIABATÉ PF-C

무사 디아바테 2002.01.21 / 206cm

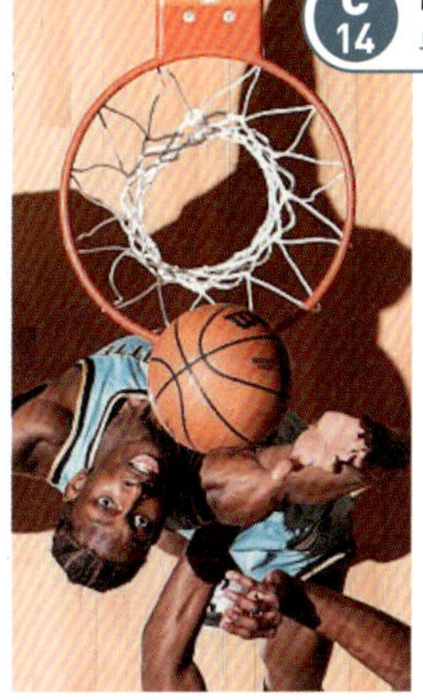

프랑스 **NBA 드래프트 :** 2022년 2라운드 43번 **NBA 우승 :** 0회 / **파이널 MVP :** 0회 **시즌 MVP :** 0회 / **NBA 퍼스트팀 :** 0회

원래 백업 센터였다. 그러나 주전 센터 마크 윌리엄스가 팀을 떠났기에 올 시즌 선발로 나설 가능성이 크다. 디아바테는 체격이 탄탄하고, 팔이 길며 운동 능력이 뛰어나다. 전형적인 인사이드 플레이어다. 지난 시즌 280개의 필드골 중 무려 248개가 림 근처에서 나왔다(덩크, 레이업, 플로터, 팁샷). 페인트존에서 상대 빅맨을 상대로 강력한 수비를 펼치고, 리바운드를 곧잘 걷어낸다. 현대농구에 어울리지 않게 외곽 슈팅이 정말 1도 없다. 연봉은 227만 달러.

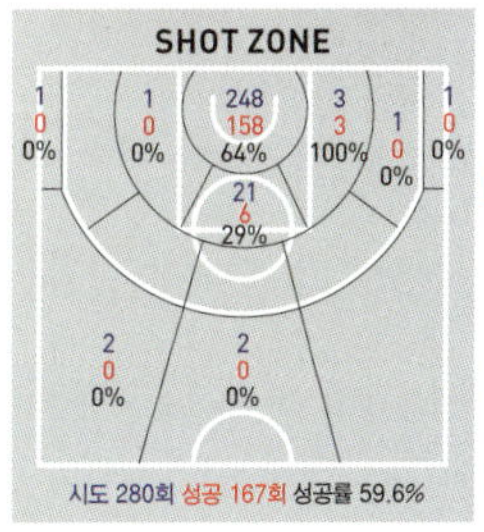

2024-25시즌 샬럿 71경기 평균 17.5분

항목	PTS	RB	AS	ST	BL	FG-FGA	3P-3PA	FT-FTA
평균	5.7	6.2	0.8	0.6	0.6	2.4-3.9	0.0-0.1	1.0-1.6
36분	11.7	12.7	1.6	1.3	1.2	4.8-8.1	0.0-0.2	2.0-3.4

항목	OS	CS	MS	3P	FT	SQ	OC	IS	L&F	SD	DD	PH	PF	PC	DRF	PM	PA	BH	DRS	PQ	PV
평점	D-	B	D+	D+	D-	D-	F	D-	D+	D	B-	D-	D-	D-	F	F	F	F	D+	B-	B-

항목	DEF	ID	PD	ST	BL	HDQ	PP	DC	RBB	ORB	DRB	ATH	SP	AG	STR	VJ	STA	HP	INT	POT	OG
평점	D	D+	D-	C-	D+	D	D-	D-	A-	A	B-	C	C-	C-	D-	C+	B-	A-	F	B	C-

C 22 Mason PLUMLEE C-PF

메이슨 플럼리 1990.03.05 / 208cm

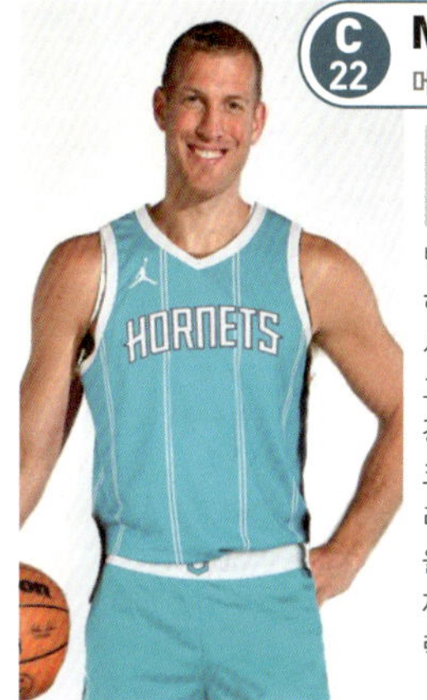

미국 **NBA 드래프트 :** 2013년 1라운드 22번 **NBA 우승 :** 0회 / **파이널 MVP :** 0회 **시즌 MVP :** 0회 / **NBA 퍼스트팀 :** 0회

백업 센터로 정규시즌 74경기에 꾸준히 출전하며 주전 빅맨들을 잘 뒷받침했다. 2023-24시즌, 왼쪽 측부 인대 부상으로 46경기 출전에 그쳤던 것과 비교된다. 플럼리는 림을 지키는 강력한 빅맨이자 타고난 수비수다. 빅맨치고 코트 비전이 넓고, 늘 이타적(利他的)으로 플레이한다. 큰 체격에 비해 잘 달린다. 림 어택을 효과적으로 마무리한다. 그러나 한계도 존재한다. 자유투, 외곽 점퍼, 득점 기회 창출 능력은 부족한 편이다. 연봉은 363만 달러.

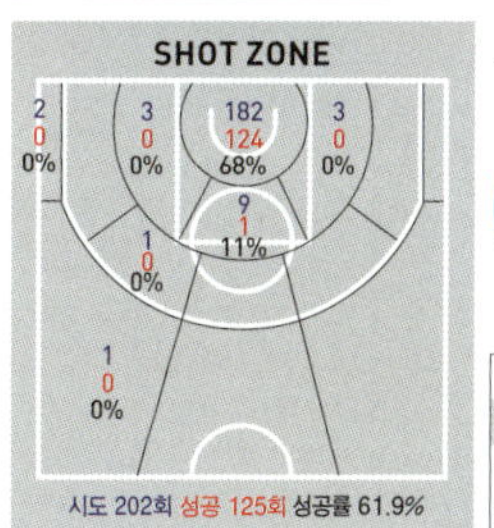

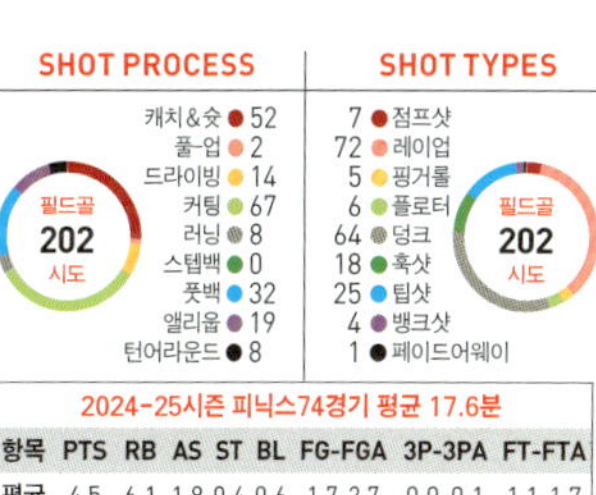

2024-25시즌 피닉스74경기 평균 17.6분

항목	PTS	RB	AS	ST	BL	FG-FGA	3P-3PA	FT-FTA
평균	4.5	6.1	1.8	0.4	0.6	1.7-2.7	0.0-0.1	1.1-1.7
36분	9.2	12.6	3.7	0.9	1.3	3.5-5.6	0.0-0.1	2.3-3.5

항목	OS	CS	MS	3P	FT	SQ	OC	IS	L&F	SD	DD	PH	PF	PC	DRF	PM	PA	BH	DRS	PQ	PV
평점	D	B	D-	D-	D	C-	D-	C-	B-	B	B-	C	C-	C-	F	D-	C	F	D-	C-	D-

항목	DEF	ID	PD	ST	BL	HDQ	PP	DC	RBB	ORB	DRB	ATH	SP	AG	STR	VJ	STA	HP	INT	POT	OG
평점	D	C+	D-	D-	C-	C-	D+	D-	A-	C	A	C-	D-	F	B-	C	C+	A-	F	B	C

General Stats								Outside Scoring & Shooting							Inside Scoring & Shooting								Play Making, Ball Handling & Passing					
PTS	RB	AS	ST	BL	FG-FGA	3P-3PA	FT-FTA	OS	CS	MS	3P	FT	SQ	OC	IS	L&F	SD	DD	PH	PF	PC	DRF	PM	PA	BH	DRS	PQ	PV
득점	리바운드	어시스트	스틸	블락샷	필드골 성공-시도	3점슈팅 성공-시도	자유투 성공-시도	외곽 득점력	근거리 점프샷	중거리 슈팅	3점 슈팅	자유투	슈팅 IQ	득점 일관성	인사이드 득점력	레이업 플로터	스탠딩 덩크	드라이빙 덩크	포스트 훅샷	포스트 페이드	포스트 컨트롤	파울 유도	플레이 메이킹	패스 능력	볼 핸들링	드리블 스피드	패스 IQ	패스 비전

C 11 Ryan KALKBRENNER C

라이언 칼크브레너 2002.01.17 / 216cm

미국
NBA 드래프트 : 2025년 2라운드 34번
NBA 우승 : 0회 / **파이널 MVP :** 0회
시즌 MVP : 0회 / **NBA 퍼스트팀 :** 0회

크레이턴대 4학년을 마치고 NBA 드래프트에서 샬럿에 2라운드 34번으로 지명됐다. 칼크브레너는 대학 시절 빅-이스트 컨퍼런스 4년 연속 '올해의 수비 선수상'을 받은 '수비 괴물'이다. 216cm의 키, 230cm의 윙스팬을 수비할 때 아주 잘 활용한다. 페인트존에서 강력한 1대1 수비를 펼치고, 다이내믹하게 블락을 시도하지만, 파울을 적게 범한다. 득점은 주로 림 근처에서 이뤄진다. 약점은 스피드 및 플레이메이킹 능력 부족이다. 연봉은 230만 달러.

SHOT ZONE

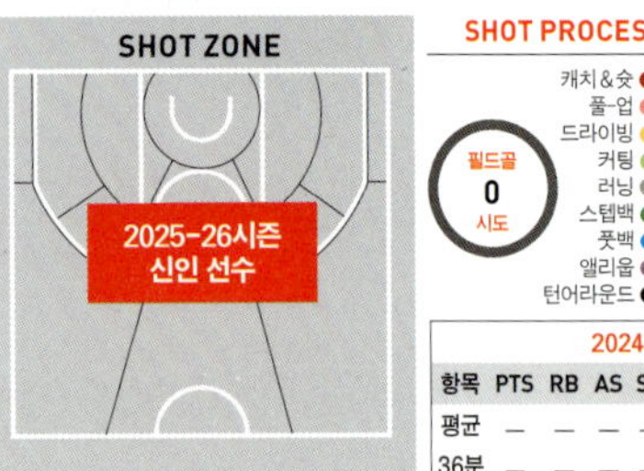

SHOT PROCESS

필드골 0 시도

캐치&슛 / 풀-업 / 드라이빙 / 커팅 / 러닝 / 스텝백 / 풋백 / 앨리웁 / 턴어라운드

SHOT TYPES

필드골 0 시도

점프샷 / 레이업 / 핑거롤 / 플로터 / 덩크 / 훅샷 / 팁샷 / 뱅크샷 / 페이드어웨이

2024-25시즌 기록 없음

항목	PTS	RB	AS	ST	BL	FG-FGA	3P-3PA	FT-FTA
평균	–	–	–	–	–	–	–	–
36분	–	–	–	–	–	–	–	–

항목	OS	CS	MS	3P	FT	SQ	OC	IS	L&F	SD	DD	PH	PF	PC	DRF	PM	PA	BH	DRS	PQ	PV
평점	–	–	–	–	–	–	–	–	–	–	–	–	–	–	–	–	–	–	–	–	–

항목	DEF	ID	PD	ST	BL	HDQ	PP	DC	RBB	ORB	DRB	ATH	SP	AG	STR	VJ	STA	HP	INT	POT	OG
평점	–	–	–	–	–	–	–	–	–	–	–	–	–	–	–	–	–	–	–	–	–

G 1 LaMelo BALL PG

라멜로 볼 2001.08.22 / 201cm

미국
NBA 드래프트 : 2020년 1라운드 3번
NBA 우승 : 0회 / **파이널 MVP :** 0회
시즌 MVP : 0회 / **NBA 퍼스트팀 :** 0회

발목이 문제였다. 2023년 2월 이후 발목 부상이 여러 번 재발했고, 이 때문에 2년간 100경기 이상 결장해야 했다. 2024-25시즌엔 괜찮을까 싶었으나 부상이 다시 도졌고, 결국 2025년 3월 수술대에 올랐다. 볼은 '농구천재'로 불린다. 최상급 BQ에서 나오는 창의적인 플레이, 밀집 수비를 뚫고 들어가는 화려한 드리블, 지능적인 픽&롤 응용, 과감한 풀업 점퍼, 폭발적인 3점 슈팅, 레이업, 플로터에 덩크까지. 일단 건강해야 한다. 연봉은 3,796만 달러.

SHOT ZONE

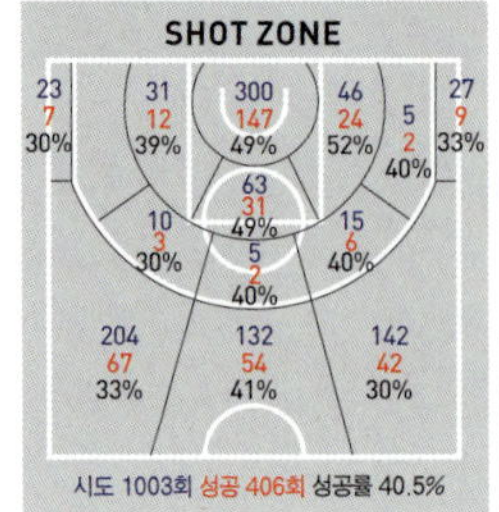

시도 1003회 성공 406회 성공률 40.5%

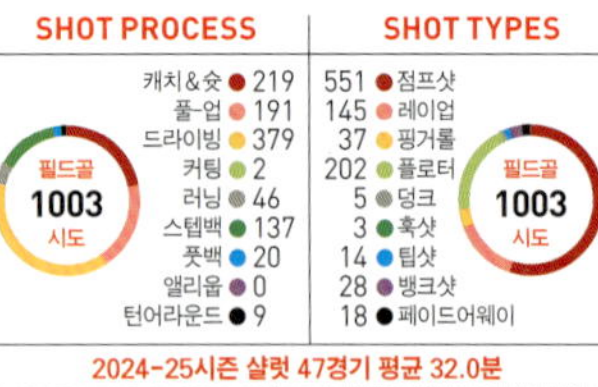

SHOT PROCESS

필드골 1003 시도

캐치&슛 219 / 풀-업 191 / 드라이빙 379 / 커팅 2 / 러닝 46 / 스텝백 137 / 풋백 20 / 앨리웁 0 / 턴어라운드 9

SHOT TYPES

필드골 1003 시도

551 점프샷 / 145 레이업 / 37 핑거롤 / 202 플로터 / 5 덩크 / 3 훅샷 / 14 팁샷 / 28 뱅크샷 / 18 페이드어웨이

2024-25시즌 샬럿 47경기 평균 32.0분

항목	PTS	RB	AS	ST	BL	FG-FGA	3P-3PA	FT-FTA
평균	25.2	4.9	7.4	1.1	0.3	8.6-21.3	3.8-11.2	4.1-4.9
36분	28.3	5.5	8.3	1.3	0.3	9.7-24.0	4.3-12.6	4.6-5.5

항목	OS	CS	MS	3P	FT	SQ	OC	IS	L&F	SD	DD	PH	PF	PC	DRF	PM	PA	BH	DRS	PQ	PV
평점	B	B	C+	B-	B	B	A-	C+	B	F	C	D-	D-	D-	B-	A-	A	B+	B	A-	A-

항목	DEF	ID	PD	ST	BL	HDQ	PP	DC	RBG	ORG	DRG	ATH	SP	AG	STR	VJ	STA	HP	INT	POT	OG
평점	D+	D-	C	C-	F	C+	B+	C	B-	C+	B	B-	B	B	D-	C+	A-	B+	C	A	B+

G 24 Brandon MILLER SF-SG

브랜든 밀러 2002.11.22 / 201cm

미국
NBA 드래프트 : 2023년 1라운드 2번
NBA 우승 : 0회 / **파이널 MVP :** 0회
시즌 MVP : 0회 / **NBA 퍼스트팀 :** 0회

2025년 1월, 오른 손목 견갑골 인대 파열로 수술대에 올랐고, 시즌 아웃 됐다. 정상 컨디션일 경우 슈팅과 볼핸들링이 좋은 스윙맨이다. 201cm로 슈팅 타점이 높고, 릴리스가 빨라 상대 수비의 블락에 잘 걸리지 않는다. 림어택, 미드레인지 점퍼, 3점 슈팅까지 두루 갖췄다. 가벼운 스텝으로 빠르게 올라가는 풀업 점퍼, 드리블 후 스텝백 점퍼는 강력한 무기다. 키, 윙스팬, 스피드, 점프력을 갖췄기에 1번~4번을 다 수비할 수 있다. 연봉은 1,197만 달러.

SHOT ZONE

시도 491회 성공 198회 성공률 40.3%

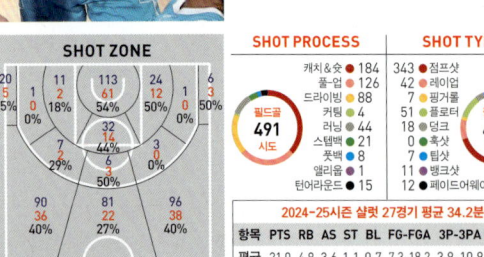

SHOT PROCESS

필드골 491 시도

캐치&슛 184 / 풀-업 126 / 드라이빙 88 / 커팅 4 / 러닝 44 / 스텝백 21 / 풋백 8 / 앨리웁 1 / 턴어라운드 15

SHOT TYPES

필드골 491 시도

343 점프샷 / 42 레이업 / 7 핑거롤 / 51 플로터 / 18 덩크 / 0 훅샷 / 7 팁샷 / 11 뱅크샷 / 12 페이드어웨이

2024-25시즌 샬럿 27경기 평균 34.2분

항목	PTS	RB	AS	ST	BL	FG-FGA	3P-3PA	FT-FTA
평균	21.0	4.9	3.6	1.1	0.7	7.3-18.2	3.9-10.9	2.5-2.9
36분	22.1	5.1	3.8	1.1	0.8	7.7-19.1	4.1-11.4	2.6-3.1

항목	OS	CS	MS	3P	FT	SQ	OC	IS	L&F	SD	DD	PH	PF	PC	DRF	PM	PA	BH	DRS	PQ	PV
평점	B-	C+	C	C+	B	A-	B-	D	B-	D-	B+	F	D	F	D-	C	C	B	C+	C	D

항목	DEF	ID	PD	ST	BL	HDQ	PP	DC	RB3	OR3	DR3	ATH	SP	AG	STR	VJ	STA	HP	INT	POT	OG
평점	D	D	C	D	F	D+	D+	D	D-	D+	D	C+	C+	B-	D-	B	A	B-	A-	A	B-

G 26 Spencer DINWIDDIE PG-SG

스펜서 딘위디 1993.04.06 / 196cm

미국
NBA 드래프트 : 2014년 2라운드 38번
NBA 우승 : 0회 / **파이널 MVP :** 0회
시즌 MVP : 0회 / **NBA 퍼스트팀 :** 0회

지난 시즌 79경기 평균 27분씩 뛰며 11.0점, 4.4어시스트를 기록했다. 백업 가드로 제한된 출전 시간 대비해 기록은 괜찮았다. 딘위디는 사이즈와 가성비가 좋은 콤보 가드이자 훌륭한 플레이메이커다. 드라이브&킥으로 동료에게 좋은 기회를 만들어준다. 코트에서는 늘 에너지가 충만하며 열심히 뛴다. 주공격 루트는 레이업, 뱅크샷, 3점 슈팅이다. 3점 슈팅은 주로 좌우 코너에서 많이 시도한다. 클러치 타임에 한 방 날리기도 한다. 연봉은 363만 달러.

SHOT ZONE

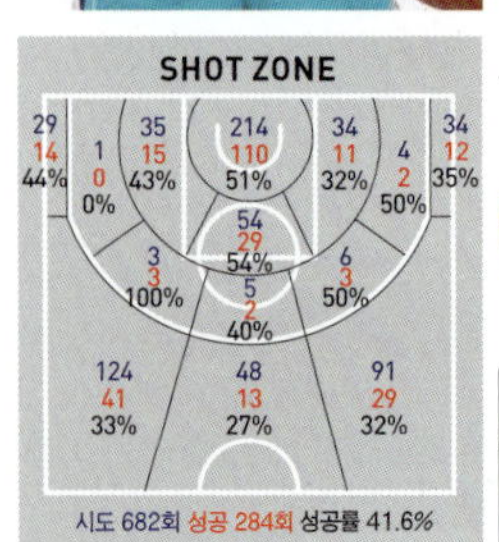

시도 682회 성공 284회 성공률 41.6%

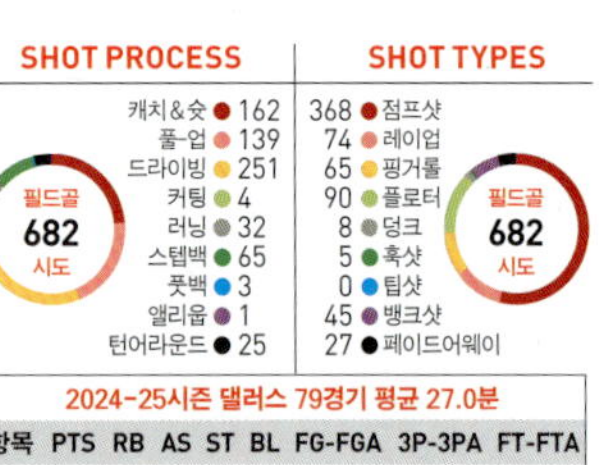

SHOT PROCESS

필드골 682 시도

캐치&슛 162 / 풀-업 139 / 드라이빙 251 / 커팅 4 / 러닝 32 / 스텝백 65 / 풋백 3 / 앨리웁 1 / 턴어라운드 25

SHOT TYPES

필드골 682 시도

368 점프샷 / 74 레이업 / 65 핑거롤 / 90 플로터 / 8 덩크 / 5 훅샷 / 0 팁샷 / 45 뱅크샷 / 27 페이드어웨이

2024-25시즌 댈러스 79경기 평균 27.0분

항목	PTS	RB	AS	ST	BL	FG-FGA	3P-3PA	FT-FTA
평균	11.0	2.6	4.4	0.9	0.2	3.6-8.6	1.4-4.1	2.5-3.1
36분	14.7	3.5	5.9	1.2	0.3	4.8-11.5	1.8-5.5	3.3-4.1

항목	OS	CS	MS	3P	FT	SQ	OC	IS	L&F	SD	DD	PH	PF	PC	DRF	PM	PA	BH	DRS	PQ	PV
평점	C-	B	A-	C+	B-	D-	D-	D-	B-	F	D-	F	D-	D-	D-	B	B+	B+	B-	A-	C-

항목	DEF	ID	PD	ST	BL	HDQ	PP	DC	RBG	ORG	DRG	ATH	SP	AG	STR	VJ	STA	HP	INT	POT	OG
평점	D	D-	C+	D+	F	D+	D-	C-	D-	D-	D-	C+	B-	B-	F	C	A	B	D-	B+	C

G 8 Collin SEXTON SG-PG

콜린 섹스턴 1999.01.04 / 191cm

미국
NBA 드래프트 : 2018년 1라운드 8번
NBA 우승 : 0회 / 파이널 MVP : 0회
시즌 MVP : 0회 / NBA 퍼스트팀 : 0회

공격력이 우수한 콤보 가드. 지난 시즌 36분 기준 23.7점이었다. 뛰어난 운동 능력을 최대한 활용한다. 풀업 점퍼와 캐치&슛이 다 된다. 탑과 좌우 윙에서 터지는 3점 슈팅은 강력한 무기다. 늘 자신 있게 페인트존을 파고들어 덩크, 레이업, 플로터를 성공시킨다. 트랜지션에서의 마무리는 폭발적이다. 기본적으로 볼 핸들링이 좋은 선수였고, 부족했던 플레이메이킹 능력도 조금씩 좋아지고 있다. 그러나 수비는 아직까지 문제로 꼽힌다. 연봉은 1,898만 달러.

SHOT ZONE

33 / 15 / 46%
6 / 3 / 50%
45 / 21 / 47%
367 / 205 / 56%
45 / 15 / 33%
2 / 1 / 50%
28 / 13 / 46%
87 / 48 / 55%
17 / 4 / 24%
14 / 5 / 36%
13 / 4 / 31%
81 / 38 / 47%
59 / 22 / 37%
70 / 22 / 31%

시도 867회 성공 416회 성공률 48.0%

SHOT PROCESS (필드골 867 시도)

캐치&슛	풀-업	드라이빙	커팅	러닝	스텝백	풋백	앨리웁	턴어라운드
159	219	281	17	84	61	20	3	23

SHOT TYPES (필드골 867 시도)

점프샷	레이업	핑거롤	플로터	덩크	훅샷	팁샷	뱅크샷	페이드어웨이
415	206	55	92	5	8	16	44	26

2024-25시즌 유타 63경기 평균 27.9분

항목	PTS	RB	AS	ST	BL	FG-FGA	3P-3PA	FT-FTA
평균	18.4	2.7	4.2	0.7	0.1	6.6-13.8	1.7-4.3	3.4-4.0
36분	23.7	3.5	5.4	1.0	0.1	8.5-17.8	2.3-5.5	4.4-5.1

항목	OS	CS	MS	3P	FT	SQ	OC	IS	L&F	SD	DD	PH	PF	PC	DRF	PM	PA	BH	DRS	PQ	PV
평점	B	A	B-	B	B+	B-	B-	D-	B-	F	C	F	F	F	D-	C+	C	B	B+	C	C-

항목	DEF	ID	PD	ST	BL	HDQ	PP	DC	RBG	ORG	DRG	ATH	SP	AG	STR	VJ	STA	HP	INT	POT	OG
평점	D	D-	B-	D-	F	D-	D-	D-	D-	B-	D-	B-	B+	B+	F	B	A	B-	D	B+	B-

G 23 Tre MANN PG-SG

트레 맨 2001.02.03 / 191cm

미국
NBA 드래프트 : 2021년 1라운드 18번
NBA 우승 : 0회 / 파이널 MVP : 0회
시즌 MVP : 0회 / NBA 퍼스트팀 : 0회

2024-25시즌 개막하기 전(前)만 해도 기대를 모았던 백업 포인트가드다. 그러나 2024년 말, 허리 디스크가 발생했고, 고통을 견디지 못해 결국 수술대에 오르며 시즌 아웃 됐다. 다행히 수술 결과가 좋았기에 2025년 7월, 샬럿과 연봉 800만 달러에 재계약했다. 정상 컨디션의 맨은 수준급 볼 핸들러다. 특히 킬러 크로스오버는 그의 치명적인 무기다. 부드러운 슈팅 터치와 빠른 릴리스로 과감한 중장거리 슈팅을 시도한다. 드라이빙 레이업도 수준급이다.

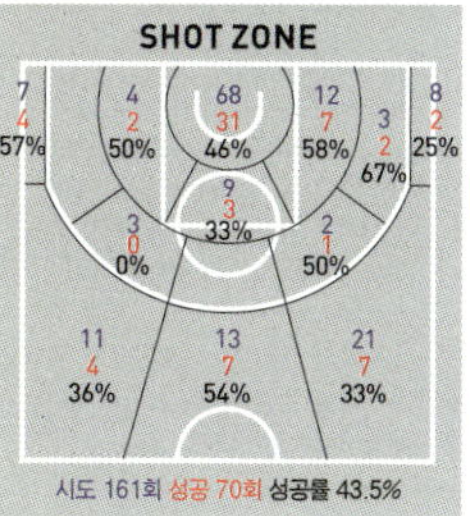

SHOT PROCESS (필드골 161 시도)

캐치&슛	풀-업	드라이빙	커팅	러닝	스텝백	풋백	앨리웁	턴어라운드
30	29	71	1	3	20	5	0	2

SHOT TYPES (필드골 161 시도)

점프샷	레이업	핑거롤	플로터	덩크	훅샷	팁샷	뱅크샷	페이드어웨이
76	39	6	23	1	0	4	7	5

2024-25시즌 샬럿 13경기 평균 24.5분

항목	PTS	RB	AS	ST	BL	FG-FGA	3P-3PA	FT-FTA
평균	14.1	2.9	3.0	0.5	0.3	5.4-12.4	1.8-4.6	1.5-1.6
36분	20.7	4.3	4.4	0.8	0.5	7.9-18.2	2.7-6.8	2.1-2.4

항목	OS	CS	MS	3P	FT	SQ	OC	IS	L&F	SD	DD	PH	PF	PC	DRF	PM	PA	BH	DRS	PQ	PV
평점	B-	A-	A-	B	B	C-	C	D-	B+	F	D-	F	D-	D-	F	C	C+	B-	C-	C	C-

항목	DEF	ID	PD	ST	BL	HDQ	PP	DC	RBG	ORG	DRG	ATH	SP	AG	STR	VJ	STA	HP	INT	POT	OG
평점	D	D-	D	F	F	D-	D-	F	D-	B	D-	C-	C	C	D-	D+	B+	C	F	B	C

G 33 Liam McNeeley SG-SF

리암 맥닐리 2005.10.10 / 201cm

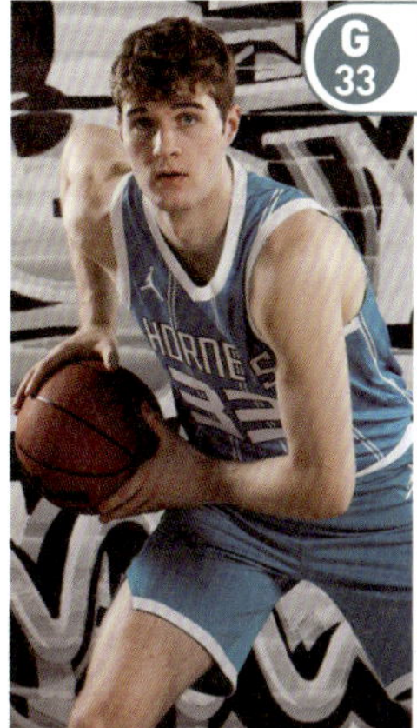

미국
NBA 드래프트 : 2025년 1라운드 29번
NBA 우승 : 0회 / 파이널 MVP : 0회
시즌 MVP : 0회 / NBA 퍼스트팀 : 0회

명문 코네티컷대 1학년 빅-이스트 컨퍼런스 올해의 신인상을 받았다. 그는 준비된 신인이다. 최강의 무기는 슈팅. 높은 타점, 교과서적이고 일정한 폼, 부드러운 슈팅 터치로 정확한 슈팅을 구사한다. 캐치&슛, 오프-더-드리블, 오프-더-볼 무브먼트, 픽&팝 등 다양한 상황에서 최선의 결과를 만들어낸다. 가드로서 플레이메이킹에는 한계가 있다. 대학 시절, 발목, 아킬레스건에 잔부상이 발생한 적이 있다. 몸 관리를 잘 해야 한다. 연봉은 276만 달러.

SHOT PROCESS (필드골 0 시도)

캐치&슛, 풀-업, 드라이빙, 커팅, 러닝, 스텝백, 풋백, 앨리웁, 턴어라운드

SHOT TYPES (필드골 0 시도)

점프샷, 레이업, 핑거롤, 플로터, 덩크, 훅샷, 팁샷, 뱅크샷, 페이드어웨이

2024-25시즌 기록 없음

항목	PTS	RB	AS	ST	BL	FG-FGA	3P-3PA	FT-FTA
평균	–	–	–	–	–	–	–	–
36분	–	–	–	–	–	–	–	–

항목	OS	CS	MS	3P	FT	SQ	OC	IS	L&F	SD	DD	PH	PF	PC	DRF	PM	PA	BH	DRS	PQ	PV
평점	–	–	–	–	–	–	–	–	–	–	–	–	–	–	–	–	–	–	–	–	–

항목	DEF	ID	PD	ST	BL	HDQ	PP	DC	RBG	ORG	DRG	ATH	SP	AG	STR	VJ	STA	HP	INT	POT	OG
평점	–	–	–	–	–	–	–	–	–	–	–	–	–	–	–	–	–	–	–	–	–

CHARLOTTE HORNETS 2025-26 REGULAR SEASON SCHEDULE

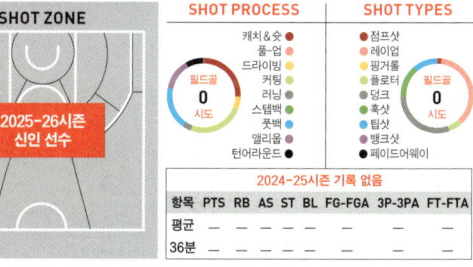

OCTOBER, 2025
- Oct. 22 vs. Brooklyn Nets
- Oct. 25 @ Philadelphia 76ers
- Oct. 26 @ Washington Wizards
- Oct. 28 @ Miami Heat
- Oct. 30 vs. Orlando Magic

NOVEMBER, 2025
- Nov. 1 vs. Minnesota Timberwolves
- Nov. 2 vs. Utah Jazz
- Nov. 4 @ New Orleans Pelicans
- Nov. 7 @ Miami Heat
- Nov. 10 vs. Los Angeles Lakers
- Nov. 12 vs. Milwaukee Bucks
- Nov. 14 @ Milwaukee Bucks
- Nov. 15 vs. Oklahoma City Thunder
- Nov. 17 @ Toronto Raptors
- Nov. 19 @ Indiana Pacers
- Nov. 22 vs. Los Angeles Clippers
- Nov. 23 @ Atlanta Hawks
- Nov. 26 vs. New York Knicks
- Nov. 28 vs. Chicago Bulls
- Nov. 29 vs. Toronto Raptors

DECEMBER, 2025
- Dec. 1 @ Brooklyn Nets
- Dec. 3 @ New York Knicks
- Dec. 5 @ Toronto Raptors
- Dec. 7 vs. Denver Nuggets
- Dec. 18 vs. Atlanta Hawks
- Dec. 20 @ Detroit Pistons
- Dec. 22 @ Cleveland Cavaliers
- Dec. 23 vs. Washington Wizards
- Dec. 26 @ Orlando Magic
- Dec. 29 vs. Milwaukee Bucks
- Dec. 31 vs. Golden State Warriors

JANUARY, 2026
- Jan. 2 @ Milwaukee Bucks
- Jan. 3 @ Chicago Bulls
- Jan. 5 @ Oklahoma City Thunder
- Jan. 7 vs. Toronto Raptors
- Jan. 8 vs. Indiana Pacers
- Jan. 10 @ Utah Jazz
- Jan. 12 @ Los Angeles Clippers
- Jan. 15 @ Los Angeles Lakers
- Jan. 17 @ Golden State Warriors
- Jan. 18 @ Denver Nuggets
- Jan. 21 vs. Cleveland Cavaliers
- Jan. 22 @ Orlando Magic
- Jan. 24 vs. Washington Wizards
- Jan. 26 vs. Philadelphia 76ers
- Jan. 28 @ Memphis Grizzlies
- Jan. 29 @ Dallas Mavericks
- Jan. 31 vs. San Antonio Spurs

FEBRUARY, 2026
- Feb. 2 vs. New Orleans Pelicans
- Feb. 5 @ Houston Rockets
- Feb. 7 @ Atlanta Hawks
- Feb. 9 vs. Detroit Pistons
- Feb. 11 vs. Atlanta Hawks
- Feb. 19 vs. Houston Rockets
- Feb. 20 vs. Cleveland Cavaliers
- Feb. 22 @ Washington Wizards
- Feb. 24 @ Chicago Bulls
- Feb. 26 @ Indiana Pacers
- Feb. 28 vs. Portland Trail Blazers

MARCH, 2026
- Mar. 3 vs. Dallas Mavericks
- Mar. 4 @ Boston Celtics
- Mar. 6 vs. Miami Heat
- Mar. 8 @ Phoenix Suns
- Mar. 10 @ Portland Trail Blazers
- Mar. 11 @ Sacramento Kings
- Mar. 14 @ San Antonio Spurs
- Mar. 17 vs. Miami Heat
- Mar. 19 vs. Orlando Magic
- Mar. 21 vs. Memphis Grizzlies
- Mar. 24 vs. Sacramento Kings
- Mar. 26 vs. New York Knicks
- Mar. 28 vs. Philadelphia 76ers
- Mar. 29 vs. Boston Celtics
- Mar. 31 @ Brooklyn Nets

APRIL, 2026
- Apr. 2 vs. Phoenix Suns
- Apr. 3 vs. Indiana Pacers
- Apr. 5 @ Minnesota Timberwolves
- Apr. 7 @ Boston Celtics
- Apr. 10 vs. Detroit Pistons
- Apr. 12 @ New York Knicks

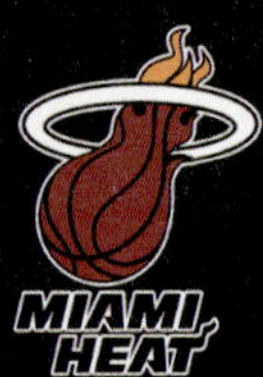

MIAMI HEAT

훌륭한 병사는 주변을 돌아보지 않는다

알력 다툼의 폐단

NBA 역사상 가장 완고한 프런트 수장 중 하나인 팻 라일리와 자존심 강하기로 유명한 지미 버틀러가 정면충돌했다. 토사구팽 본능이 살아난 라일리, 고액 재계약을 외친 버틀러 양쪽 모두 한 치의 양보도 없었다. 당연히 선수단 분위기는 나락으로 갔다. 천하의 에릭 스포엘스트라 감독조차 해결책 제시에 실패했으니 말 다 했다. 알력 다툼 승자는 버틀러였다. 골든스테이트로 트레이드 이적해 본인 가치를 다시 끌어올렸다. 친정팀의 경우 플레이오프 1라운드 탈락 쓴맛을 봤다.

우리 이제 그만하자

위 문단에서 연결된다. 라일리가 지난 30년(!) 동안 마이애미에 끼친 영향력은 분명 거대하다. 프랜차이즈 근간에 깔린 '히트 컬처' 자체가 불굴의 투사 라일리 작품이다. 단, 세월의 흐름 앞에 장사 없다. 2020년대 들어 더욱 중요해진 샐러리캡과 미래 자산 관리에 약점을 드러내고 있다. 이젠 과거에 누렸던 성공 모델이 통하지 않는다! 고인 물은 썩기 마련이다. 이선으로 물러나든, 유능한 외부 인재 영입이 동반된 프런트 혁신에 나서든 변화가 필요한 시점이다.

감독님이 퍼스트 옵션입니다

"훌륭한 병사는 주변을 돌아보지 않는다. 그저 묵묵히 승리를 향해 나아갈 뿐이다." 스포엘스트라 감독을 상징하는 문장이다. 아군 리시버가 불안하게 토스하더라도, 어떻게든 강스파이크를 날린다! 올해 여름 전력 보강은 고작 백코트 득점원 노먼 파웰 트레이드 영입과 신인 포인트가드 카스파라스 야쿠쇼니스 지명. 누가 봐도 변변찮은 성과다. 명장 스포엘스트라가 서류상의 80% 전력을 늘 100%로 치환해 주기에 프런트의 방만한 운영이 지속되는 건지도 모르겠다.

Association Icon Statement City

*통계는 2025년 10월 1일 기준

CLUB INFORMATION

- **Founded** 구단 창립 1988년
- **Owner** 미키 애리슨 1949.06.29
- **CEO** 닉 애리슨
- **Head Coach** 에릭 스폴스트라 1970.11.01
- **24-25 Odds** 스카이벳 : 125배 윌리엄힐 : 150배

- **Nationality** 17명 ●미국 선수 명11 ●외국 선수 6명
- **Age** 17명 평균 25.7세
- **Height** 17명 평균 198.2cm
- **Weight** 17명 평균 97.0kg
- **Salary** 14명 평균 1329만 달러

- **Win** 2024-25 : 37승 통산 : 1558승
- **Loss** 2024-25 : 45패 통산 : 1409패
- **Winning%** 2024-25 : 45.1% 통산 : 52.5%
- **Play-Off** PO 진출 : 26회 PO 탈락 : 11회
- **Titles** NBA우승 : 3회 컨퍼런스 : 7회

- **Top Scorer** 타일러 히어로 평균 23.9점
- **More Rebounds** 뱀 아데바요 평균 9.6 리바운드
- **More Assists** 타일러 히어로 평균 5.5어시스트
- **More Steals** 뱀 아데바요 평균 1.3스틸
- **More Blocks** 컬릴 웨어 평균 1.1블락

*항목별 1위는 지난 시즌 마이애미 소속으로 42경기 이상 출전한 선수 중 선별

HEAD COACH & STADIUM

Erik SPOELSTRA 에릭 스폴스트라

생년월일 : 1970.01.11 / **국적** : 미국 / **출생지** : 미국 일리노이주 에반스턴
경력 : 1993~1995년 투스 헤어텐 코치 / 1997-2008년 마이애미 히트 어시트턴트 / 2008년~ 마이애미 히트 감독

1988년, 오리건주 비버튼에 위치한 예수회 고등학교를 졸업했다. 포틀랜드대에 진학했고, 4년간 포인트가드로 뛰었다. 1992년 NBA 드래프트를 신청했으나 어느 팀에서도 지명을 받지 못했다. 결국, 유럽으로 눈을 돌렸다. 독일 분데스리가 2부 팀인 투스 헤르텐에서 플레잉코치로 2년간 활약했고, 그 후 본격적으로 지도자로 나섰다. 1997년부터 2008년까지 투스 헤르텐 어시스턴트로 일했다. 그리고 2008년 4월 28일, 마이애미 제6대 감독으로 부임했다. 그는 마이애미 한 팀에서만 올해로 17년째 일하고 있다. 이 팀을 지도하면서 2011-12, 2012-13시즌 NBA 연속 우승을 견인했고, 2019-20시즌 다시 한번 파이널에 진출시켰다. 2016-17시즌에는 뛰어난 지도력을 인정받아 마이크 댄토니 감독과 함께 NBCA 올해의 감독상 공동 수상자로 선정되었다. 그리고, 뉴올리언스에서 열린 올스타전에서 2017 동부 컨퍼런스 감독을 맡기도 했다. 스포엘스트라는 아시아계 미국인으로는 최초로 4대 프로스포츠의 감독이 되었다.

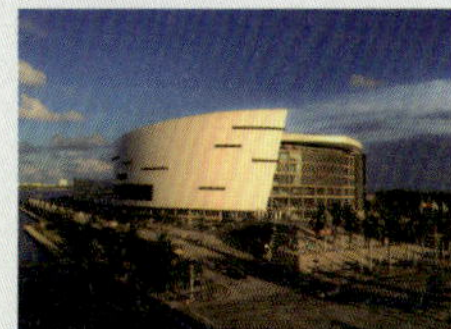

KASEYA CENTER

구장 오픈 : 1999년 12월 13일
구장 증개축 :
오너 : 마이애미-데이드 카운티
수용인원 : 1만 9600명
건축비용 : 2억 1300만달러
(현재가치) 3억 9000만달러

호황을 누리는 마이애미 시내와 엔터테인먼트 구역의 중심부에 위치한다. 이 아레나는 빠르게 발전하는 도심 지역을 알리는 상징물이다. 매우 좋은 로케이션, 풍부한 편의시설, 멋진 주변 환경, 인상적인 다양한 이벤트를 갖췄다. 다른 지역 사람들이나 외국인들이 엔터테인먼트와 재미를 찾을 때 최고의 선택일 수 있다. 히트 홈구장이 된 건 2000-01시즌부터다.

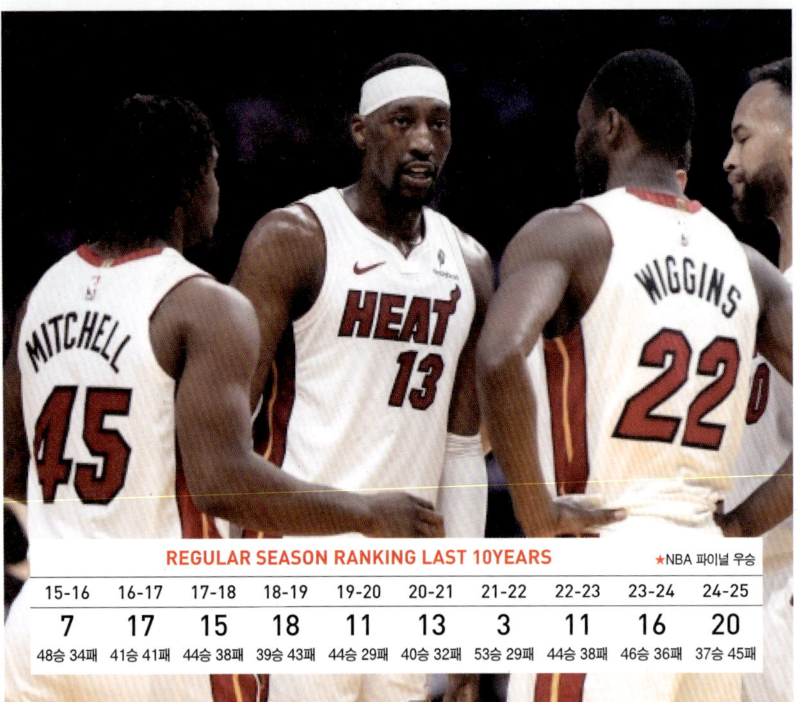

REGULAR SEASON RANKING LAST 10YEARS

★NBA 파이널 우승

15-16	16-17	17-18	18-19	19-20	20-21	21-22	22-23	23-24	24-25
7	17	15	18	11	13	3	11	16	20
48승 34패	41승 41패	44승 38패	39승 43패	44승 29패	40승 32패	53승 29패	44승 38패	46승 36패	37승 45패

Honours

3	7	16	7
NBA CHAMPIONS	CONFERENCE TITLES	DIVISION TITLES	RETIRED NUMBERS

NBA CHAMPIONSHIPS
2006, 2012, 2013

CONFERENCE TITLES
2006, 2011, 2012, 2013, 2014, 2020, 2023

DIVISION TITLES
1997, 1998, 1999, 2000, 2005, 2006, 2007, 2011, 2012, 2013, 2014, 2016, 2018, 2020, 2022, 2023

RETIRED NUMBERS
1, 3, 10, 23, 32, 33, 40

TEAM POTENTIAL

78점

16위

하프코트 세트오펜스 7점

트랜지션 오펜스 7점

하프코트 세트디펜스 9점

트랜지션 디펜스 8점

리바운드 7점

선수층 7점

선수 경험치 7점

감독 리더십 10점

감독 전술 10점

프런트 6점

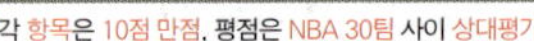

*각 항목은 10점 만점, 평점은 NBA 30팀 사이 상대평가

우승 ODDS	배당	순위
bet 365	125배	19위
Paddy Power	200배	20위
William Hill	150배	20위

OFFENSIVE STYLE
트랜지션 오펜스 ←→ 하프코트 세트오펜스

DEFENSIVE STYLE
하이 프레스 ←→ 하프코트 디펜스

SQUAD & TACTICS

STARTERS

- **PF** 뱀 아데바요 — 34.3분, 18.1점, 9.6RB, 4.3AS
- **C** 컬릴 웨어 — 22.2분, 9.3점, 7.4RB, 0.9AS
- **SF** 노먼 파웰 — 32.6분, 21.8점, 3.2RB, 2.1AS
- **SG** 앤드류 위긴스 — 30.7분, 18.0점, 4.5RB, 2.6AS
- **PG** 타일러 히어로 — 35.4분, 23.9점, 5.2RB, 5.5AS

OFF THE BENCH

- **PG** 데비언 미첼 — 27.4분, 7.9점, 2.3RB, 4.9AS
- **SG** 헤이우드 하이스미스 — 24.6분, 6.5점, 3.4RB, 1.5AS
- **SF** 하이메 하케스 Jr. — 20.7분, 8.6점, 4.4RB, 2.5AS
- **PF** 시모네 폰테키오 — 16.5분, 5.9점, 2.9RB, 0.9AS
- **C** 니콜라 요비치 — 25.1분, 10.7점, 3.9RB, 2.8AS

G 카스파라스 야쿠초니스
G 테리 로지어
F 펠레 러숀
F 케샤드 존슨
C 블라디슬라프 골딘

Player's Functions

Ball Handlers	Pull-Ups	Catch & Shoot
D.미첼	T.히어로	B.아데바요
T.로지어	B.아데바요	T.히어로
T.히어로	N.파웰	A.위긴스

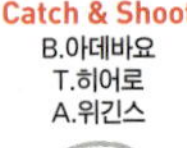

3 Pointers	Slam Dunkers	Free Throw
T.히어로	B.아데바요	N.파웰
N.파웰	K.웨어	S.폰테키오
A.위긴스	A.위긴스	T.히어로

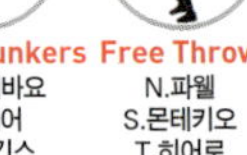

Rebounders	1-1 Defenders	Ball Stealers
K.웨어	B.아데바요	J.하케스 Jr.
V.골딘	D.미첼	K.존슨
J.하케스 Jr.	K.웨어	P.라르손

Key Passes	Hustle Players	Rim Protectors
D.미첼	D.미첼	K.웨어
T.히어로	J.하케스 Jr.	V.골딘
B.아데바요	N.파웰	K.존슨

2024-25 SEASON PERFORMANCE

공격 레이팅 113.5(21위) 수비 레이팅 112.9(9위) 레이팅 마진 +0.6(15위) 페이스 96.2(28위)

MIAMI HEAT vs. OPPONENTS PER GAME STATS

MIAMI HEAT	득실점	FG 필드골성공	FG 필드골시도	FG% 필드골%	3P 3점성공	3P 3점시도	3P% 3점%	2P 2점성공	2P 2점시도	2P% 2점%	자유투성공	자유투시도	FT% 자유투%	OR 공격 RB	DR 수비 RB	TR 전체 RB	A 어시스트	스틸	블락샷	턴오버	파울
마이애미	110.6 24위	40.5 24위	87.0 24위	46.5% 18위	13.7 12위	37.3 16위	36.7% 11위	26.8 23위	49.7 22위	53.8% 20위	16.0 26위	20.2 27위	79.1% 8위	9.7 26위	33.7 9위	43.4 21위	26.4 14위	8.1 15위	3.8 30위	13.6 8위	15.5 1위
상대팀	110.0 7위	41.3 12위	88.6 14위	46.6% 12위	13.6 16위	37.9 17위	36.0% 14위	27.6 10위	50.6 11위	54.5% 17위	13.9 2위	17.9 2위	77.6% 11위	10.7 10위	33.9 24위	44.7 19위	26.5 15위	7.5 7위	4.7 13위	13.8 19위	17.0 29위

LINE-UP

* 마이애미는 지난 시즌 총 558개의 라인업을 가동했다. 득실점차 플러스 10개, 마이너스 10개를 골랐다.

득실점차 플러스(+) 라인업 TOP 10	G	MIN	PPG	RPG	득실차
K. Anderson - B. Adebayo - H. Highsmith - T. Herro - D. Mitchell	5	34	20.6	5.0	+37
A. Burks - A. Wiggins - B. Adebayo - T. Herro - K. Ware	4	46	33.5	12.8	+36
D. Robinson - H. Highsmith - T. Herro - D. Mitchell - K. Ware	7	27	10.1	3.7	+26
A. Wiggins - H. Highsmith - T. Herro - D. Mitchell - K. Ware	5	25	13.8	4.6	+25
B. Adebayo - D. Robinson - H. Highsmith - T. Herro - D. Mitchell	8	48	13.5	4.9	+21
J. Butler - T. Rozier - B. Adebayo - T. Herro - D. Smith	2	14	18.0	7.5	+20
J. Butler - B. Adebayo - D. Robinson - H. Highsmith - T. Herro	17	189	26.5	10.4	+18
A. Burks - T. Rozier - B. Adebayo - D. Robinson - N. Jović	3	26	17.7	9.7	+18
T. Rozier - T. Herro - J. Jaquez Jr. - P. Larsson - K. Ware	2	10	16.0	6.0	+17
H. Highsmith - T. Herro - N. Jović - J. Jaquez Jr. - K. Ware	6	21	10.3	4.5	+16
득실점차 마이너스(-) 라인업 TOP 10	**GP**	**MIN**	**PPG**	**RPG**	**득실차**
J. Butler - T. Rozier - B. Adebayo - T. Herro - N. Jović	9	95	22.1	8.7	-40
T. Rozier - B. Adebayo - H. Highsmith - T. Herro - J. Jaquez Jr.	15	120	16.2	6.5	-35
T. Rozier - T. Herro - N. Jović - J. Jaquez Jr. - K. Ware	10	55	13.2	5.1	-26
B. Adebayo - D. Robinson - H. Highsmith - T. Herro - J. Jaquez Jr.	10	67	13.1	6.3	-23
T. Rozier - H. Highsmith - T. Herro - J. Jaquez Jr. - K. Ware	7	13	4.0	1.0	-18
A. Burks - H. Highsmith - T. Herro - P. Larsson - K. Ware	2	14	14.0	5.0	-17
T. Rozier - B. Adebayo - D. Robinson - D. Smith - J. Jaquez Jr.	6	32	12.2	3.3	-15
T. Herro - D. Mitchell - J. Jaquez Jr. - P. Larsson - K. Ware	3	8	6.0	1.7	-15
K. Love - J. Butler - T. Rozier - T. Herro - P. Larsson	3	9	3.7	2.7	-14
A. Burks - T. Herro - D. Mitchell - N. Jović - K. Ware	2	8	6.5	1.0	-14

PASS COMBINATIONS

→ 해당 선수가 경기당 동료로부터 패스 받은 횟수
→ 해당 선수가 경기당 동료들에게 패스 해준 횟수

받은 횟수	선수	해준 횟수
50.4	데이비온 미첼	49.7
55.8	타일러 히어로	47.5
45.5	뱀 아데바요	43.9
42.3	지미 버틀러 III	40.7
37.9	테리 로지어	34.9
28.9	니콜라 요비치	31.5
24.6	조시 리차드슨	28.1
37.5	앤드류 위긴스	28.1
23.6	카일 앤더슨	26.4
23.4	하이메 자케스 주니어	26.1
20.9	드루 스미스	24.0
27.4	던컨 로빈슨	23.4
15.9	컬릴 웨어	21.8
16.5	헤이우드 하이스미스	21.2
18.6	알렉 벅스	20.9
13.7	케빈 러브	17.5
13.2	펠르 라슨	13.7
8.9	토머스 브라이언트	12.8
5.6	케서드 존슨	6.1
5.9	조시 크리스토퍼	5.6
3.3	아이재이아 스티븐스	3.7

2024-25 RANKING

* 는 수치가 낮을수록 랭킹이 높아짐

마이애미	랭킹	FIVE FACTORS	상대팀	랭킹
54.4%	19위	3점 가중 FG%	54.3%*	17위
12.4*	12위	턴오버 / 100포제션	12.5	17위
22.3%	27위	공격 RB 점유율	24.2%*	10위
75.8%	10위	수비 RB 점유율	77.7%*	27위
18.3%	22위	자유투 / 필드골	15.7%*	2위

득점	랭킹	PLAYTYPE	실점*	랭킹
6.2	19위	아이솔레이션	6.2	5위
20.8	25위	트랜지션	21.5	4위
15.5	22위	픽&롤 볼핸들러	16.3	15위
7.3	13위	픽&롤 롤맨	6.7	10위
3.9	12위	포스트-업	3.9	14위
28.6	9위	스팟-업	27.7	17위
6.2	7위	핸드오프	5.3	16위
9.6	14위	커팅	—	—
4.5	9위	오프 스크린	3.7	9위
5.2	27위	풋백	6.3	11위
2.4	28위	기타	—	—

SHOT ZONE

평균 구간별 슈팅 및 성공률

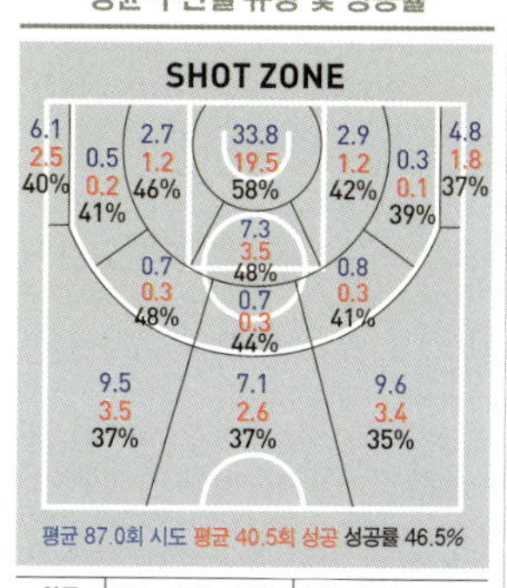

평균 87.0회 시도 평균 40.5회 성공 성공률 46.5%

항목	2PA	2PM	2P%	3PA	3PM	3P%
캐치&슛	2.5	1.1	44.5%	26.1	9.8	37.7%
풀업	10.3	4.6	44.8%	11.0	3.8	34.6%
3m 안쪽	36.7	20.9	57.0%	—	—	—
TOTAL	49.7	26.8	53.8%	37.3	13.7	36.7%

SHOT PROCESS & SHOT TYPES

샷프로세스(시도) 샷타입(시도)

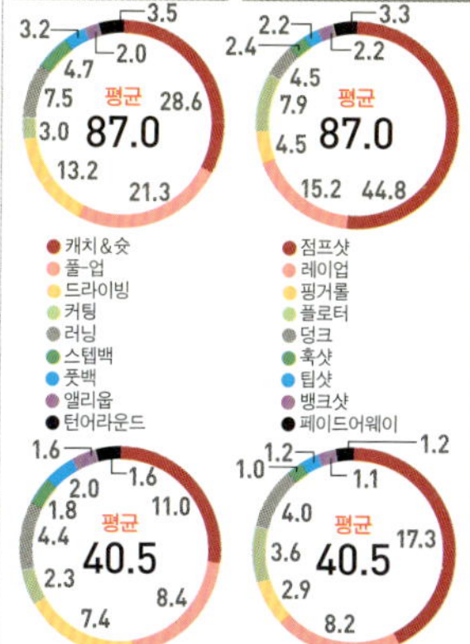

샷프로세스(성공) 샷타입(성공)

SHOOTING

필드골 시도 필드골 시도

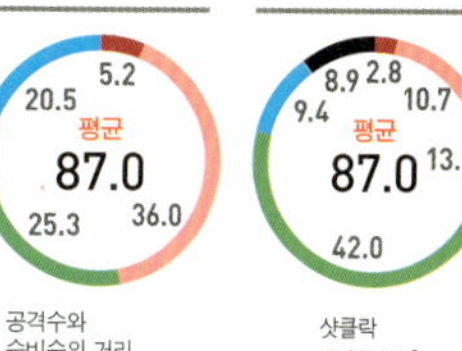

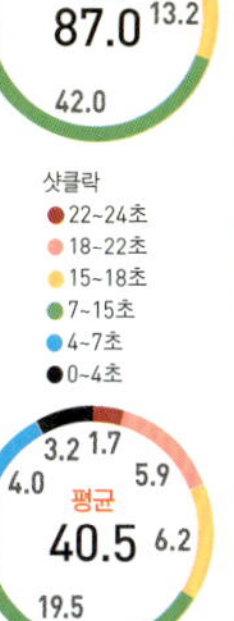

공격수와 수비수의 거리: 0~0.6m, 0.6~1.2m, 1.2~1.8m, 1.8m 이상

샷클락: 22~24초, 18~22초, 15~18초, 7~15초, 4~7초, 0~4초

9.1 2.4 평균 40.5 11.3 17.7

3.2 1.7 4.0 5.9 평균 40.5 6.2 19.5

필드골 성공 필드골 성공

OPPONENT SHOOTING

상대 필드골 시도 상대 필드골 시도

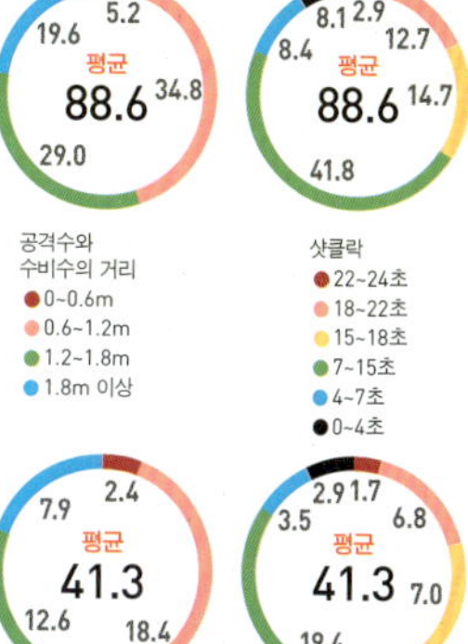

7.9 2.4 평균 41.3 12.6 18.4

2.9 1.7 3.5 6.8 평균 41.3 7.0 19.4

필드골 허용 필드골 허용

CONTESTED REBOUNDS

공격 리바운드: 0.5, 0.8, 1.8, 평균 5.2, 2.1

수비 리바운드: 0.6, 1.7, 2.1, 평균 8.1, 3.7

림 아래부터 리바운드 위치까지의 거리: 0~0.9m, 0.9~1.8m, 1.8~3m, 3m 이상

UNCONTESTED REBOUNDS

공격 리바운드: 0.6, 2.1, 0.8, 평균 4.4, 0.9

수비 리바운드: 5.2, 3.9, 평균 25.3, 6.9, 9.3

림 아래부터 리바운드 위치까지의 거리: 0~0.9m, 0.9~1.8m, 1.8~3m, 3m 이상

DEFENSE OF 37 WINS

필드골 허용 %: 43.3%
상대 필드골 시도 88.1
필드골 허용 38.1

3점슛 허용 %: 33.0%
상대 3점슛 시도 37.8
3점슛 허용 12.5

DEFENSE OF 45 LOSSES

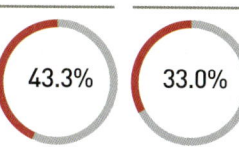

필드골 허용 %: 49.3%
상대 필드골 시도 89.0
필드골 허용 43.8

3점슛 허용 %: 38.4%
상대 3점슛 시도 38.0
3점슛 허용 14.6

General Stats								Outside Scoring & Shooting							Inside Scoring & Shooting								Play Making, Ball Handling & Passing					
PTS 득점	RB 리바운드	AS 어시스트	ST 스틸	BL 블락샷	FG-FGA 필드골 성공-시도	3P-3PA 3점슈팅 성공-시도	FT-FTA 자유투 성공-시도	OS 외곽 득점력	CS 근거리 점프샷	MS 중거리 슈팅	3P 3점 슈팅	FT 자유투	SQ 슈팅 IQ	OC 득점 일관성	IS 인사이드 득점력	L&F 레이업 플로터	SD 스탠딩 덩크	DD 드라이빙 덩크	PH 포스트 훅샷	PF 포스트 페이드	PC 포스트 컨트롤	DRF 파울 유도	PM 플레이 메이킹	PA 패스 능력	BH 볼 핸들링	DRS 드리블 스피드	PQ 패스 IQ	PV 패스 비전

F 13 Bam ADEBAYO PF-C

뱀 아데바요 1997.07.18 / 206cm

미국 **NBA 드래프트 :** 2017년 1라운드 14번
NBA 우승 : 0회 / **파이널 MVP :** 0회
시즌 MVP : 0회 / **NBA 퍼스트팀 :** 0회

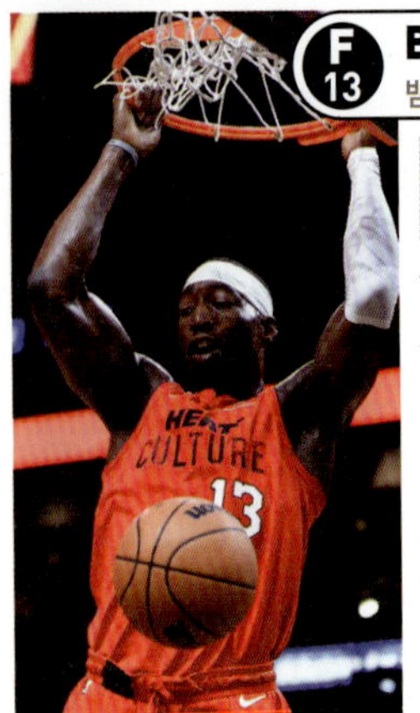

시즌 전반기 센터로 뛸 때는 매우 부진했다. 그러나 시즌 중반, 파워포워드로 옮기면서 성적이 크게 좋아졌다. 올 시즌도 4번으로 뛴다. BQ가 정말 좋다. 리스트릭트존에서 엄청난 위력의 슬램덩크를 꽂아 넣는다. 레이업, 핑거롤, 풋백, 가까운 거리 훅샷도 레퍼터리 중 하나. 터프샷 성공률은 리그 최고다. 코트비전이 우수해 늘 오픈된 슈터를 찾아낸다. 인사이드 1대1, 퍼리미터 1대1 수비 모두 최상급이다. 1번~5번을 다 수비한다. 연봉은 3,710만 달러.

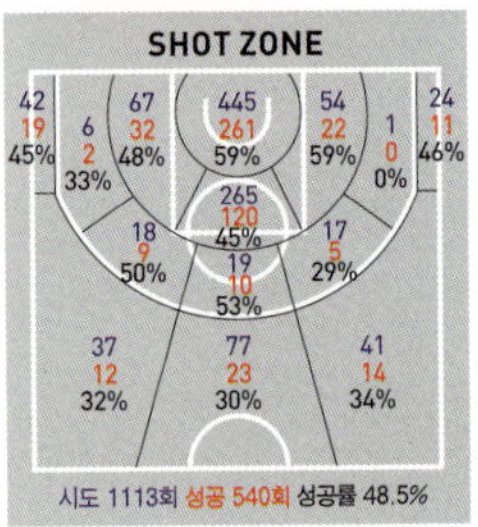

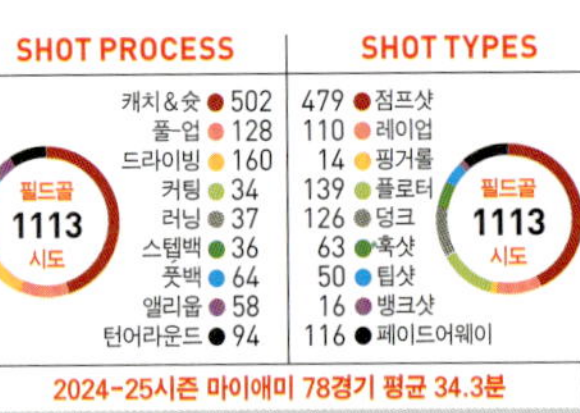

2024-25시즌 마이애미 78경기 평균 34.3분

항목	PTS	RB	AS	ST	BL	FG-FGA	3P-3PA	FT-FTA
평균	18.1	9.6	4.3	1.3	0.7	6.9-14.3	1.0-2.8	3.2-4.2
36분	19.0	10.1	4.5	1.3	0.7	7.3-15.0	1.1-3.0	4.4-3.4

항목	OS	CS	MS	3P	FT	SQ	OC	IS	L&F	SD	DD	PH	PF	PC	DRF	PM	PA	BH	DRS	PQ	PV
평점	B-	B+	B+	C+	C	C	B-	B-	B-	B	B-	B-	B-	B-	D-	C-	C-	D+	D	C	C-

항목	DEF	ID	PD	ST	BL	HDQ	PP	DC	RBB	ORB	DRB	ATH	SP	AG	STR	VJ	STA	HP	INT	POT	OG
평점	B	A	A-	C-	F	A	B-	A	C	D	B	B	C	B	B	B-	A-	A-	C-	A-	B+

F 24 Norman POWELL SF-SG

노먼 파웰 1993.05.25 / 193cm

미국 **NBA 드래프트 :** 2015년 2라운드 46번
NBA 우승 : 1회 / **파이널 MVP :** 0회
시즌 MVP : 0회 / **NBA 퍼스트팀 :** 0회

키는 크지 않지만, 탄력 넘치는 체형에 윙스팬이 길고, 운동 능력이 뛰어난 스윙맨. 슬래셔로서 림을 적극적으로 공략해 덩크를 터뜨리고, 레이업을 얹는다. 라인 밖에서는 주로 캐치&슛으로 3점을 던진다. 핫스팟은 왼쪽 코너와 왼쪽 윙. 풀업 점퍼도 시도하지만, 캐치&슛에 비해 횟수가 훨씬 적다. 퍼리미터에서는 1번~3번을 다 막을 수 있다. 그러나 경기마다 슈팅과 수비에서 큰 기복을 보인다. 그가 식스맨으로 출전하는 이유다. 연봉은 2,048만 달러.

SHOT ZONE

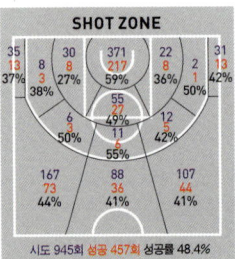

시도 945회 성공 457회 성공률 48.4%

2024-25시즌 LA 클리퍼스 60경기 평균 32.6분

항목	PTS	RB	AS	ST	BL	FG-FGA	3P-3PA	FT-FTA
평균	21.8	3.2	2.1	1.2	0.2	7.6-15.8	3.0-7.1	3.6-4.4
36분	24.0	3.5	2.3	1.3	0.2	8.4-17.4	3.3-7.9	3.9-4.9

항목	OS	CS	MS	3P	FT	SQ	OC	IS	L&F	SD	DD	PH	PF	PC	DRF	PM	PA	BH	DRS	PQ	PV
평점	B	B+	B-	B	B-	B-	B	D-	B+	F	B-	F	F	F	D+	D+	C	C+	C+	C	F

항목	DEF	ID	PD	ST	BL	HDQ	PP	DC	RBG	ORG	DRG	ATH	SP	AG	STR	VJ	STA	HP	INT	POT	OG
평점	D+	D	B-	C-	F	C+	C	C	D-	D-	D-	C+	C+	B-	F	B-	A-	A-	B-	B+	B

F 11 Jaime JAQUEZ Jr. SF-PF

하이메 하케스 주니어 2001.02.18 / 198cm

미국 **NBA 드래프트 :** 2023년 1라운드 18번
NBA 우승 : 0회 / **파이널 MVP :** 0회
시즌 MVP : 0회 / **NBA 퍼스트팀 :** 0회

이제 프로 3년 차지만, 플레이는 10년 차 베테랑처럼 보인다. 운동 능력보다는 좋은 BQ와 팀 플레이로 승리를 이끄는 스타일이다. 볼 핸들링, 플레이메이킹이 우수하고, 강력한 덩크와 부드러운 레이업, 좌우 코너에서 터뜨리는 3점 슈팅으로 승부를 본다. 2023-24시즌 데뷔하자마자 뛰어난 활약을 펼쳤고, 지난 시즌에도 식스맨으로서 제 몫을 해냈다. 멕시코 아버지와 노르웨이 어머니 사이에 미국 캘리포니아주 어바인에서 태어났다. 연봉은 386만 달러.

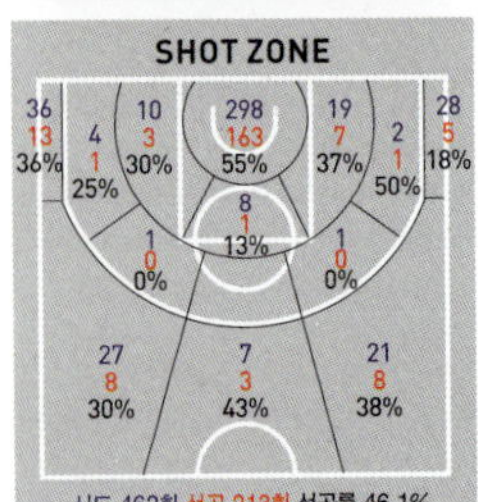

2024-25시즌 마이애미 66경기 평균 20.7분

항목	PTS	RB	AS	ST	BL	FG-FGA	3P-3PA	FT-FTA
평균	8.6	4.4	2.5	0.9	0.2	3.2-7.0	0.6-1.8	1.6-2.2
36분	15.0	7.6	4.4	1.6	0.4	5.6-12.2	1.0-3.1	2.8-3.7

항목	OS	CS	MS	3P	FT	SQ	OC	IS	L&F	SD	DD	PH	PF	PC	DRF	PM	PA	BH	DRS	PQ	PV
평점	C-	B-	D+	C-	C	C-	D-	D	C	D-	B+	D-	D	D-	F	D+	C-	C	D	C	D

항목	DEF	ID	PD	ST	BL	HDQ	PP	DC	RB3	OR3	DR3	ATH	SP	AG	STR	VJ	STA	HP	INT	POT	OG
평점	C-	C-	C	B-	F	C	C-	C	B+	B+	B	C+	D+	C	D+	B-	B+	A-	D-	B+	C

F 0 Simone FONTECCHIO SF

시모네 폰테키오 1995.12.09 / 201cm

이탈리아 **NBA 드래프트 :** 2017년 미지명
NBA 우승 : 0회 / **파이널 MVP :** 0회
시즌 MVP : 0회 / **NBA 퍼스트팀 :** 0회

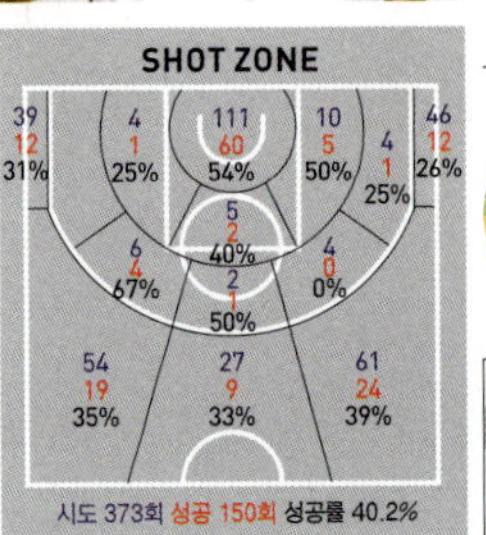

지난 시즌 디트로이트 소속 '세컨드 유닛' 포워드로 75경기에 출전했다. 시즌 도중 손가락뼈 탈골, 발가락 통증 등 가벼운 부상이 있었으나 큰 문제는 아니었다. 시즌 종료 후 마이애미로 이적했다. 폰테키오는 201cm 스윙맨이다. 주무기는 오픈 3점 슈팅이고, 오프 더 드리블로 직접 기회를 만든다. 그러나 수비가 집중된 상황에서는 성공률이 많이 떨어진다. 샷 셀렉션도 문제. 1대1 수비가 약하고, 파울 트러블에 자주 걸린다. 연봉은 831만 달러.

SHOT ZONE

시도 373회 성공 150회 성공률 40.2%

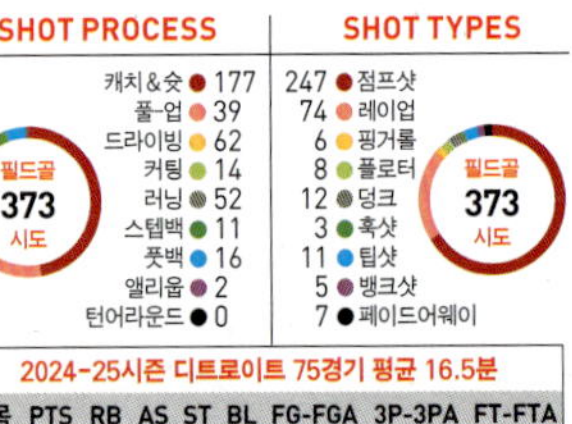

2024-25시즌 디트로이트 75경기 평균 16.5분

항목	PTS	RB	AS	ST	BL	FG-FGA	3P-3PA	FT-FTA
평균	5.9	2.9	0.9	0.4	0.2	2.0-5.0	1.0-3.0	0.9-1.1
36분	13.0	6.3	1.9	0.9	0.3	4.4-10.9	2.2-6.6	2.0-2.4

항목	OS	CS	MS	3P	FT	SQ	OC	IS	L&F	SD	DD	PH	PF	PC	DRF	PM	PA	BH	DRS	PQ	PV
평점	C	B	B-	C	B-	C-	D-	D-	C+	F	D	D-	D-	D-	D-	D-	D-	D-	D-	C-	F

항목	DEF	ID	PD	ST	BL	HDQ	PP	DC	RB3	OR3	DR3	ATH	SP	AG	STR	VJ	STA	HP	INT	POT	OG
평점	D	D	C-	D-	F	D	F	F	C	C+	C-	C-	D-	D+	D-	B-	A	B-	D-	B	C-

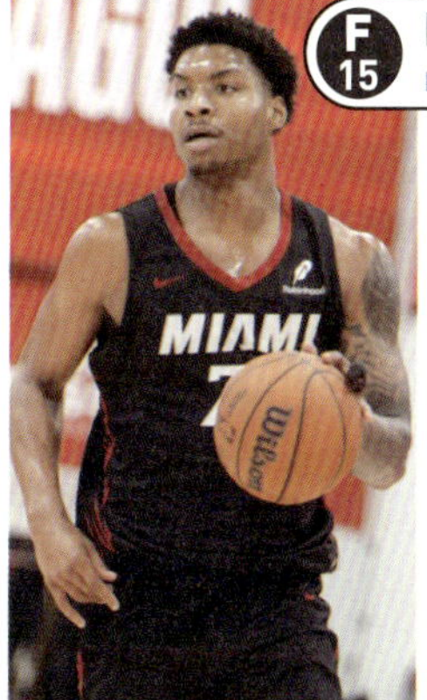

F 15 Myron Gardner SF-SG

마이런 가드너 2001.05.21 / 198cm

미국 — **NBA 드래프트 :** 2023년 미지명 / **NBA 우승 :** 0회 / **파이널 MVP :** 0회 / **시즌 MVP :** 0회 / **NBA 퍼스트팀 :** 0회

2019~2023년, 조지타운대, 사우스플레인스대, 리틀락대 등 3개 대학을 거쳤다. 2023년 NBA 드래프트에서 지명받지 못했고, 그해 여름 올랜도 매직 산하 G리그 팀 오셀로아 매직과 계약했다. 지난 2년 간 G리그에서 뛰었고, 2025년 여름 마이애미와 연봉 64만 달러에 투웨이 계약을 맺었다. 198cm의 스윙맨이다. 넘치는 에너지, 탄탄한 수비, 성실한 허슬 플레이, 강력한 리바운드, 정확한 3점 슈팅, 안정감 있는 볼 핸들링 등 장점을 두루 갖춘 선수다.

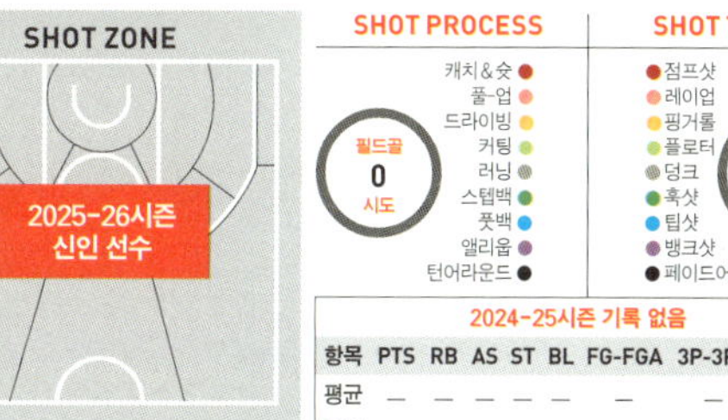

2024-25시즌 기록 없음

항목	PTS	RB	AS	ST	BL	FG-FGA	3P-3PA	FT-FTA
평균	–	–	–	–	–	–	–	–
36분	–	–	–	–	–	–	–	–

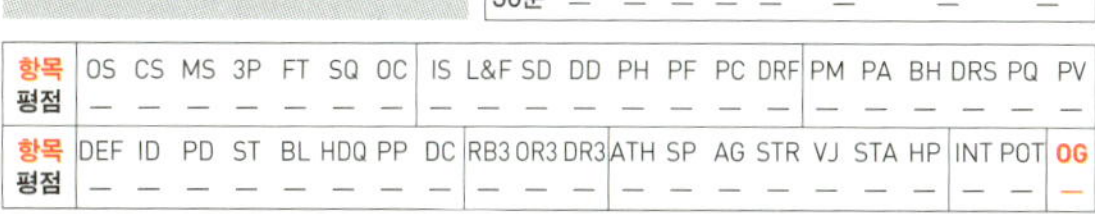

항목	OS	CS	MS	3P	FT	SQ	OC	IS	L&F	SD	DD	PH	PF	PC	DRF	PM	PA	BH	DRS	PQ	PV
평점	–	–	–	–	–	–	–	–	–	–	–	–	–	–	–	–	–	–	–	–	–

항목	DEF	ID	PD	ST	BL	HDQ	PP	DC	RB3	OR3	DR3	ATH	SP	AG	STR	VJ	STA	HP	INT	POT	OG
평점	–	–	–	–	–	–	–	–	–	–	–	–	–	–	–	–	–	–	–	–	–

F 16 Keshad JOHNSON SF

키쇼드 존슨 2001.06.23 / 201cm

미국 — **NBA 드래프트 :** 2024년 미지명 / **NBA 우승 :** 0회 / **파이널 MVP :** 0회 / **시즌 MVP :** 0회 / **NBA 퍼스트팀 :** 0회

지난 시즌 NBA 마이애미 히트와 G리그 시폭스 폴스를 넘나들었다. 올 시즌에는 마이애미에서 보낼 시간이 늘어날 전망이다. 존슨은 200cm의 스윙맨이다. 영리한 수비와 강력한 리바운드, 폭발적인 운동 능력으로 유명한 선수다. 공격에서는 캐치&슛을 기반으로 한 중장거리 슈팅이 강점이다. 픽&롤에서 기회를 창출하는 능력도 우수하다. 지난해 드래프트에서 지명받지 못하고 투웨이 계약을 맺었으나 2025년 여름엔 보장된 연봉 196만 달러에 사인했다.

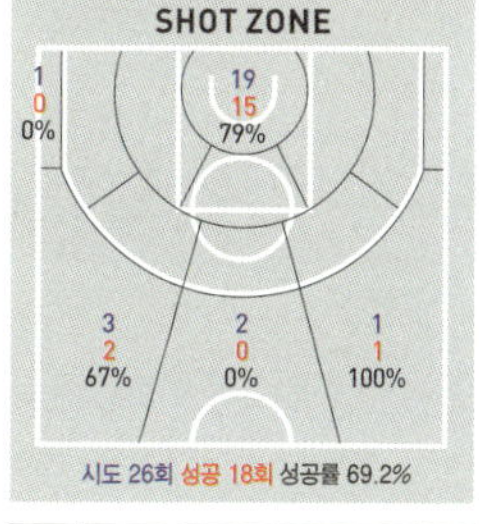

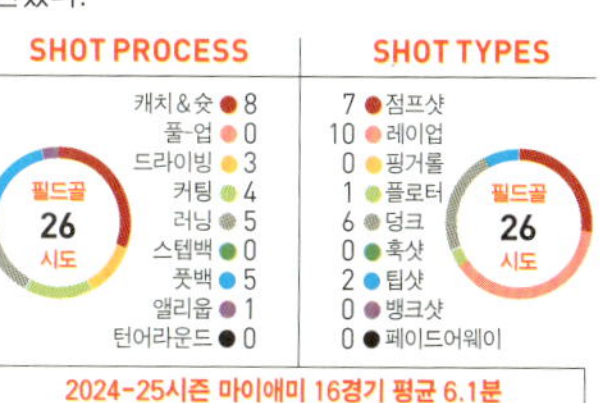

2024-25시즌 마이애미 16경기 평균 6.1분

항목	PTS	RB	AS	ST	BL	FG-FGA	3P-3PA	FT-FTA
평균	2.7	1.8	0.3	0.3	0.3	1.1-1.6	0.2-0.4	0.3-0.6
36분	15.8	10.3	1.5	1.8	1.5	6.6-9.6	1.1-2.6	1.5-3.3

항목	OS	CS	MS	3P	FT	SQ	OC	IS	L&F	SD	DD	PH	PF	PC	DRF	PM	PA	BH	DRS	PQ	PV
평점	D+	C	C-	C-	C-	D-	D	D-	D+	D-	C	D-	D-	D-	F	D-	D-	D	C-	D-	F

항목	DEF	ID	PD	ST	BL	HDQ	PP	DC	RB3	OR3	DR3	ATH	SP	AG	STR	VJ	STA	HP	INT	POT	OG
평점	D	D	D	B+	C+	D-	D-	F	A	B+	A	B-	A-	B-	D	B+	B+	A-	F	B	D+

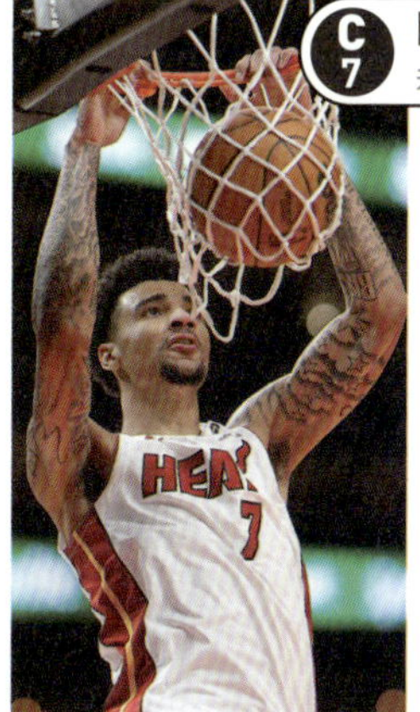

C 7 Kel'el WARE C

커릴 웨어 2004.04.20 / 213cm

미국 — **NBA 드래프트 :** 2024년 1라운드 15번 / **NBA 우승 :** 0회 / **파이널 MVP :** 0회 / **시즌 MVP :** 0회 / **NBA 퍼스트팀 :** 0회

데뷔 시즌에 기대에 미치지 못하는 성적을 남겼다. 시즌 초반에는 선배 빅맨들에 밀려 출전하지 못했다. 그러다 2024년 12월, 케빈 러브의 부상 이후 기회를 잡았으나 2025년 3월, 왼 무릎을 다쳐 시즌 아웃 됐다. 오프시즌에 재활을 잘 했고, 2025-26시즌 정상 출격할 것이다. 팀 사정상 올 시즌에는 웨어가 선발 센터로 출전한다. 정확한 3점 슈팅, 강력한 림 어택, 큰 키와 운동 능력을 활용한 인사이드 디펜스와 블락샷에 기대를 건다. 연봉은 444만 달러.

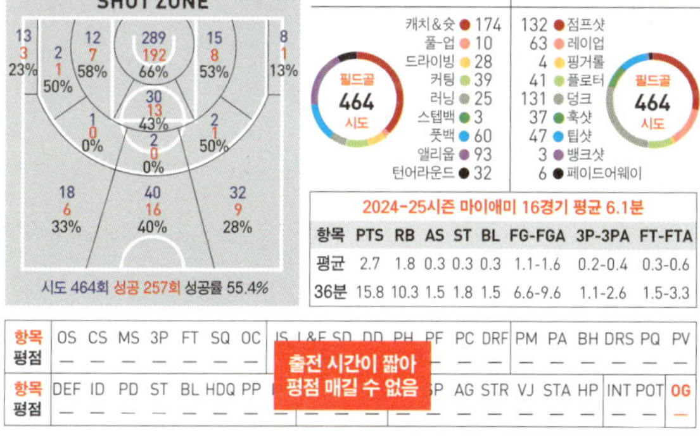

2024-25시즌 마이애미 16경기 평균 6.1분

항목	PTS	RB	AS	ST	BL	FG-FGA	3P-3PA	FT-FTA
평균	2.7	1.8	0.3	0.3	0.3	1.1-1.6	0.2-0.4	0.3-0.6
36분	15.8	10.3	1.5	1.8	1.5	6.6-9.6	1.1-2.6	1.5-3.3

항목	OS	CS	MS	3P	FT	SQ	OC	IS	L&F	SD	DD	PH	PF	PC	DRF	PM	PA	BH	DRS	PQ	PV
평점	–	–	–	–	–	–	–	–	–	–	–	–	–	–	–	–	–	–	–	–	–

항목	DEF	ID	PD	ST	BL	HDQ	PP	DC	RB3	OR3	DR3	ATH	SP	AG	STR	VJ	STA	HP	INT	POT	OG
평점	–	–	–	–	–	–	–	–	–	–	–	–	–	–	–	–	–	–	–	–	–

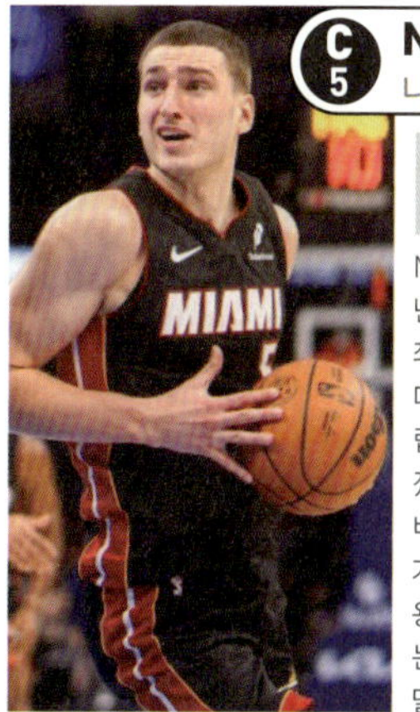

C 5 Nikola JOVIĆ PF

니콜라 요비치 2003.06.09 / 208cm

세르비아 — **NBA 드래프트 :** 2022년 1라운드 27번 / **NBA 우승 :** 0회 / **파이널 MVP :** 0회 / **시즌 MVP :** 0회 / **NBA 퍼스트팀 :** 0회

NBA 데뷔 후 매년 건강 문제가 발생했다. 지난 시즌도 마찬가지. 2024년 12월 왼 발목 염좌, 2025년 2월 오른손등 골절로 자주 결장했다. 그리고 2025년 8월, 세르비아 대표로 유럽선수권대회에 출전했다가 손가락뼈가 부러졌다. 이 수렁에서 언제 벗어날 수 있을까. 요비치는 '가드의 기술을 보유한 빅맨'이다. BQ가 좋고 볼을 잘 다루며 픽&롤 플레이를 잘 응용한다. 높은 타점, 안정된 스트로크에서 나오는 중장거리 점퍼가 주무기다. 연봉은 445만 달러.

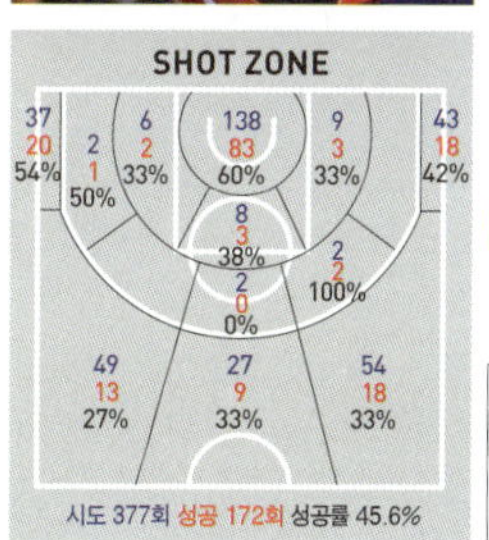

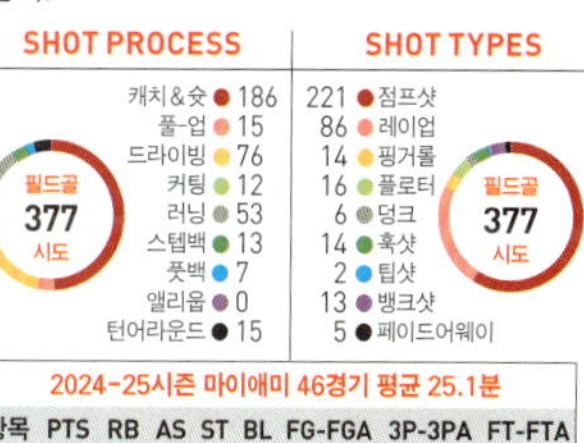

2024-25시즌 마이애미 46경기 평균 25.1분

항목	PTS	RB	AS	ST	BL	FG-FGA	3P-3PA	FT-FTA
평균	10.7	3.9	2.8	0.8	0.3	3.7-8.2	1.7-4.6	1.6-1.9
36분	15.4	5.6	4.1	1.2	0.4	5.4-11.7	2.4-6.5	2.2-2.7

항목	OS	CS	MS	3P	FT	SQ	OC	IS	L&F	SD	DD	PH	PF	PC	DRF	PM	PA	BH	DRS	PQ	PV
평점	C+	B	C-	B-	B-	B	C-	D-	B-	F	D-	D-	D-	F	D	D+	D+	C-	D+	D+	D

항목	DEF	ID	PD	ST	BL	HDQ	PP	DC	RBB	ORB	DRB	ATH	SP	AG	STR	VJ	STA	HP	INT	POT	OG
평점	D	D	D	D+	F	D-	D-	F	D-	D-	D-	C-	D+	D+	F	C-	B	C-	C	B	C

General Stats								Outside Scoring & Shooting							Inside Scoring & Shooting							Play Making, Ball Handling & Passing					
PTS	RB	AS	ST	BL	FG-FGA	3P-3PA	FT-FTA	OS	CS	MS	3P	FT	SQ	OC	IS	L&F	SD	DD	PH	PF	PC	DRF	PM	PA	BH	DRS	PQ	PV
득점	리바운드	어시스트	스틸	블락샷	필드골 성공-시도	3점슈팅 성공-시도	자유투 성공-시도	외곽 득점력	근거리 점프샷	중거리 슈팅	3점 슈팅	자유투	슈팅 IQ	득점 일관성	인사이드 득점력	레이업 플로터	스탠딩 덩크	드라이빙 덩크	포스트 훅샷	포스트 페이드	포스트 컨트롤	파울 유도	플레이 메이킹	패스 능력	볼 핸들링	드리블 스피드	패스 IQ	패스 비전

C 50 Vladislav GOLDIN C

블라디슬라프 골딘 2001.05.12 / 213cm

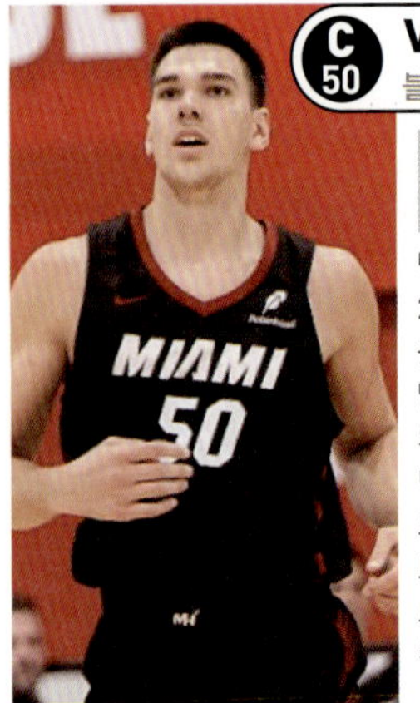

러시아

NBA 드래프트 : 2025년 미지명
NBA 우승 : 0회 / **파이널 MVP :** 0회
시즌 MVP : 0회 / **NBA 퍼스트팀 :** 0회

텍사스공대, 플로리다, 미시건대를 거쳤다. 2025년 NBA 드래프트를 신청했으나 지명받지 못했고, 6월 26일 마이애미 히트와 연봉 64만 달러에 투웨이 계약을 맺었다. 골딘은 213cm의 키에 228cm 윙스팬을 지닌 러시아 출신 빅맨이다. 인사이드에서 덩크, 레이업, 훅샷으로 효율적으로 득점을 올린다. 파워를 이용해 페인트존에서 강력한 1대 1 수비를 펼치며, 리바운드를 곧잘 걷어낸다. 포스트 피딩과 플레이메이킹, 2대 2 수비력을 더 보완해야 한다.

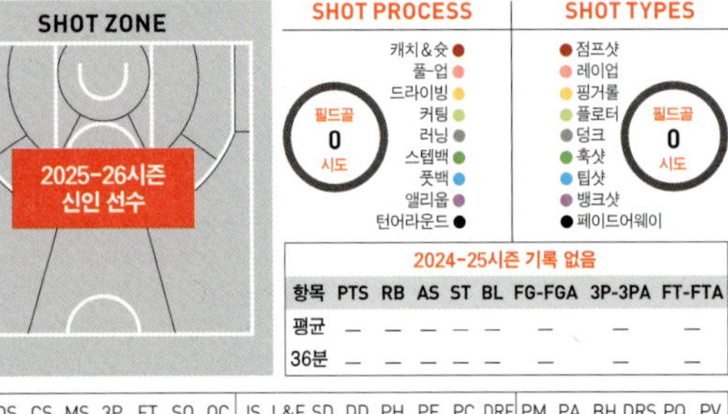

2024-25시즌 기록 없음

항목	PTS	RB	AS	ST	BL	FG-FGA	3P-3PA	FT-FTA
평균	–	–	–	–	–	–	–	–
36분	–	–	–	–	–	–	–	–

항목	OS	CS	MS	3P	FT	SQ	OC	IS	L&F	SD	DD	PH	PF	PC	DRF	PM	PA	BH	DRS	PQ	PV
평점	–	–	–	–	–	–	–	–	–	–	–	–	–	–	–	–	–	–	–	–	–

항목	DEF	ID	PD	ST	BL	HDQ	PP	DC	RBG	ORG	DRG	ATH	SP	AG	STR	VJ	STA	HP	INT	POT	OG
평점	–	–	–	–	–	–	–	–	–	–	–	–	–	–	–	–	–	–	–	–	–

G 14 Tyler HERRO SG

타일러 히어로 2000.01.20 / 196cm

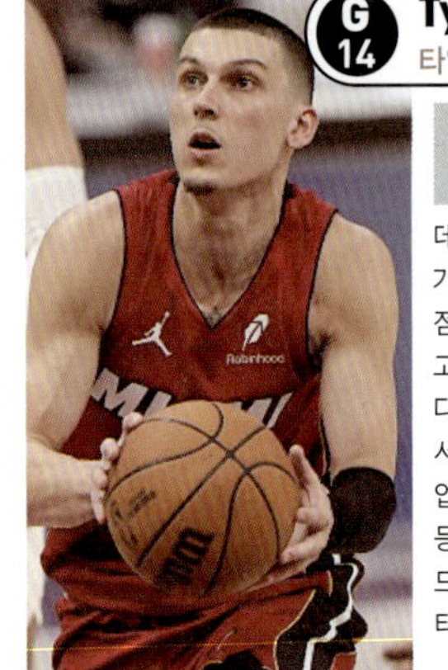

미국

NBA 드래프트 : 2019년 1라운드 13번
NBA 우승 : 0회 / **파이널 MVP :** 0회
시즌 MVP : 0회 / **NBA 퍼스트팀 :** 0회

데뷔 6년 차인 지난 시즌, 드디어 팀의 에이스가 되었다. 정규시즌 77경기에서 평균 23.9점, 5.2RB, 5.5AS를 찍었다. 개인 스탯을 최고로 올린 데다, 생애 첫 올스타 멤버로 뽑혔다. 히어로는 중거리 풀업 점퍼, 다양한 위치에서의 3점 슈팅, 드라이빙에서 이어지는 레이업과 플로터, 턴어라운드샷과 페이드어웨이샷 등 슈팅 기술을 다 동원한다. 스윙맨 중 리바운드 수치도 높은 편. 프로 초창기에 비해 퍼리미터 디펜스도 좋아졌다. 연봉은 3,100만 달러.

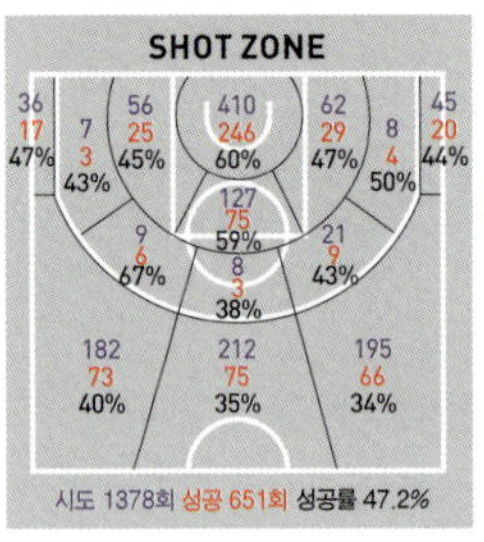

SHOT PROCESS (필드골 1378 시도)

캐치&슛 347 · 풀-업 340 · 드라이빙 400 · 커팅 10 · 러닝 134 · 스텝백 103 · 풋백 10 · 앨리웁 0 · 턴어라운드 34

SHOT TYPES (필드골 1378 시도)

793 점프샷 · 196 레이업 · 88 핑거롤 · 173 플로터 · 11 덩크 · 3 훅샷 · 6 팁샷 · 51 뱅크샷 · 57 페이드어웨이

2024-25시즌 마이애미 77경기 평균 35.4분

항목	PTS	RB	AS	ST	BL	FG-FGA	3P-3PA	FT-FTA
평균	23.9	5.2	5.5	0.9	0.2	8.5-17.9	3.3-8.7	3.7-4.2
36분	24.3	5.3	5.6	0.9	0.2	8.6-18.2	3.3-8.9	3.8-4.3

항목	OS	CS	MS	3P	FT	SQ	OC	IS	L&F	SD	DD	PH	PF	PC	DRF	PM	PA	BH	DRS	PQ	PV
평점	A-	A+	A-	B	B	B	A	D-	A-	F	D-	F	F	F	B-	C+	C+	B-	C	B	C-

항목	DEF	ID	PD	ST	BL	HDQ	PP	DC	RBG	ORG	DRG	ATH	SP	AG	STR	VJ	STA	HP	INT	POT	OG
평점	D	D-	C-	D-	F	D	D-	D-	C+	D-	B+	C	C+	C+	D-	C-	B	C-	B-	A-	B

G 22 Andrew WIGGINS SF-SG

앤드류 위긴스 1995.02.23 / 201cm

캐나다

NBA 드래프트 : 2014년 1라운드 1번
NBA 우승 : 1회 / **파이널 MVP :** 0회
시즌 MVP : 0회 / **NBA 퍼스트팀 :** 0회

2024년 10월~2025년 4월까지 다리, 발목, 허리, 어깨, 엉덩이, 햄스트링 등에서 잔부상이 11차례나 생겼다. "가랑비에 옷 젖는다"고 잔부상 때문에 생긴 1~2경기씩의 결장이 차곡차곡 쌓여 총 22경기에 출전하지 못했다. 올 시즌 몸 관리를 더 잘 해야 한다. 드라이빙에서 이어지는 림 어택(덩크, 플로터, 레이업)은 NBA 정상급으로 꼽힌다. 좌우 윙에서 던지는 3점 슈팅도 '치명적인 무기'다. 퍼리미터 디펜스와 수비 리바운드도 OK. 연봉은 2,822만 달러.

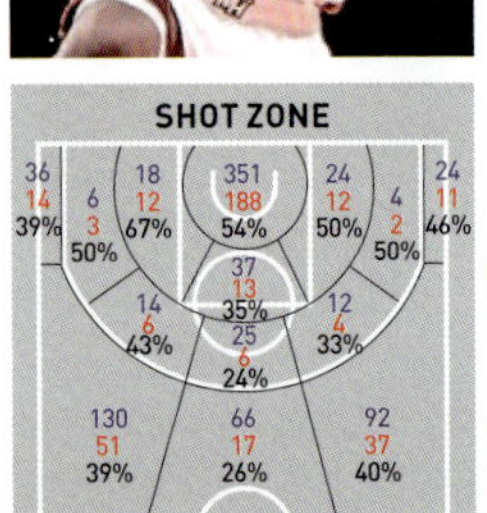

2024-25시즌 골든스테이트+마이애미 60경기 평균 30.7분

항목	PTS	RB	AS	ST	BL	FG-FGA	3P-3PA	FT-FTA
평균	18.0	4.5	2.6	1.0	0.8	6.3-14.0	2.2-5.8	3.3-4.3
36분	21.1	5.3	3.1	1.2	1.0	7.3-16.4	2.5-6.8	3.8-5.0

항목	OS	CS	MS	3P	FT	SQ	OC	IS	L&F	SD	DD	PH	PF	PC	DRF	PM	PA	BH	DRS	PQ	PV
평점	C+	A	C+	B-	C+	C-	C-	D+	C+	F	B	D	C	C+	D-	D	D-	C+	B-	D-	D-

항목	DEF	ID	PD	ST	BL	HDQ	PP	DC	RB3	OR3	DR3	ATH	SP	AG	STR	VJ	STA	HP	INT	POT	OG
평점	D	D	C+	D+	D-	C-	D+	D	D-	B-	D-	B-	B-	B-	D-	A+	B+	A-	D-	A-	B-

G 45 Davion MITCHELL PG

데이비온 미첼 1998.09.05 / 183cm

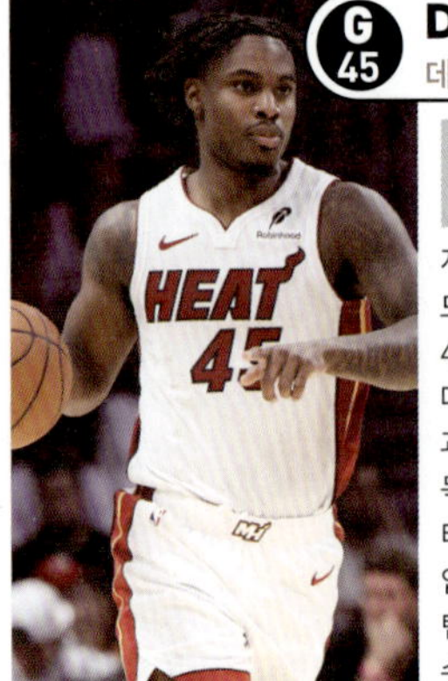

미국

NBA 드래프트 : 2021년 1라운드 9번
NBA 우승 : 0회 / **파이널 MVP :** 0회
시즌 MVP : 0회 / **NBA 퍼스트팀 :** 0회

지난 시즌 도중 토론토에서 마이애미로 트레이드 되었다. 74경기 27.4분씩 뛰며 평균 7.9점, 4.9어시스트로 식스맨의 역할을 쏠쏠히 해냈다. 포인트가드로서 볼을 잘 다루고, 코트 비전과 패스 감각이 좋다. 내외곽 어디에서든 고루 득점한다. 드라이빙 레이업과 드라이빙 플로터는 강력한 무기다. 중장거리 캐치&슛과 풀업 점퍼도 OK. 빠른 스피드, 민첩한 퍼스트-스텝, 안정적인 밸런스를 이용한 퍼리미터 1대1 수비력은 꽤 우수하다. 연봉은 1,160만 달러.

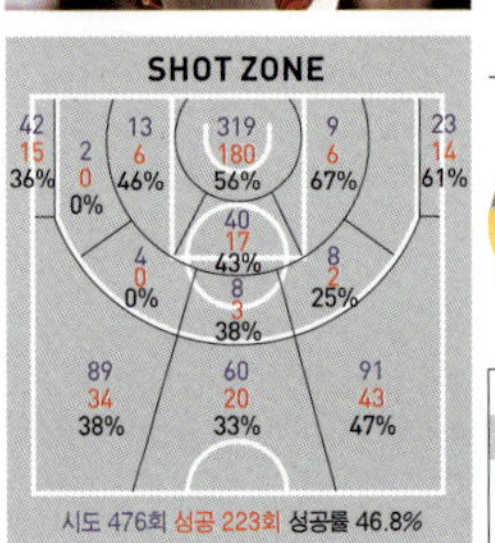

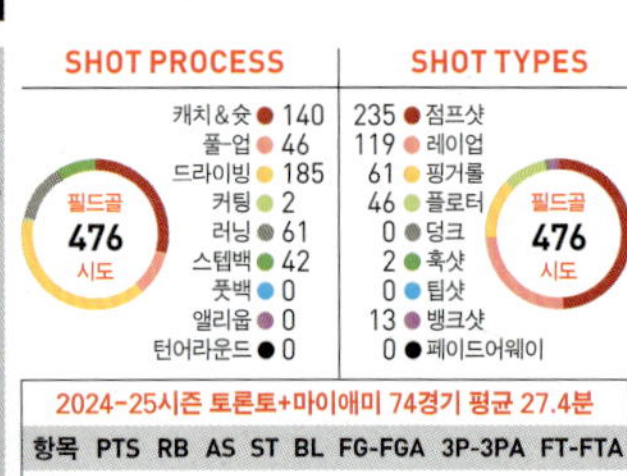

2024-25시즌 토론토+마이애미 74경기 평균 27.4분

항목	PTS	RB	AS	ST	BL	FG-FGA	3P-3PA	FT-FTA
평균	7.9	2.3	4.9	1.0	0.2	3.0-6.4	1.1-2.9	0.8-1.1
36분	10.4	3.0	6.4	1.3	0.3	4.0-8.5	1.5-3.7	1.0-1.5

항목	OS	CS	MS	3P	FT	SQ	OC	IS	L&F	SD	DD	PH	PF	PC	DRF	PM	PA	BH	DRS	PQ	PV
평점	D	B	F	B	D+	D	F	F	C+	F	F	F	F	F	F	C+	C	B	B-	C	C-

항목	DEF	ID	PD	ST	BL	HDQ	PP	DC	RBG	ORG	DRG	ATH	SP	AG	STR	VJ	STA	HP	INT	POT	OG
평점	C-	D-	A-	C-	F	B	B-	B	D-	D	D-	B-	B-	B+	D-	C-	A-	A	D-	B+	C+

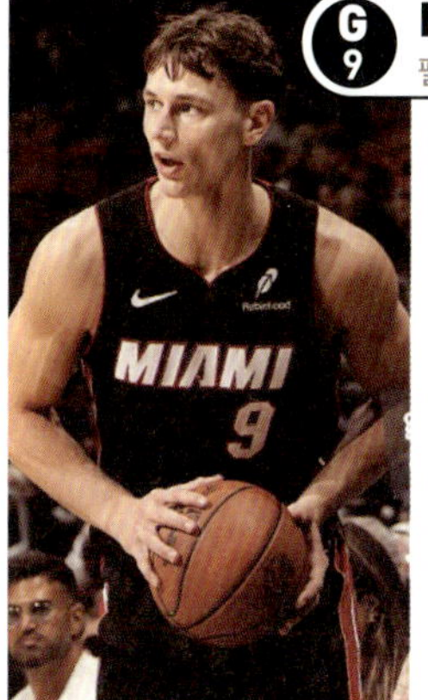

G 9 Pelle LARSSON SG-SF

펠러 라르손 2001.02.23 / 196cm

스웨덴

NBA 드래프트 : 2024년 2라운드 44번
NBA 우승 : 0회 / 파이널 MVP : 0회
시즌 MVP : 0회 / NBA 퍼스트팀 : 0회

스웨덴 나카 출신의 3&D 플레이어. 팀의 '서드 유닛' 스윙맨으로 지난 시즌 55경기 평균 14분씩 뛰면서 주전 멤버들의 휴식 시간을 적절히 커버해줬다. 올 시즌도 그의 이런 역할에는 변함이 없을 것이다. 라르손은 '세컨더리 볼 핸들러'다. 이타적(利他的)인 선수로 동료들이 공격을 쉽게 하도록 만들고, 득점 기회를 창출해낸다. 레이업과 플로터로 림을 직접 공략하고, 좌우 코너와 좌우 윙에서 시도하는 3점 슈팅으로 승부를 본다. 연봉은 196만 달러.

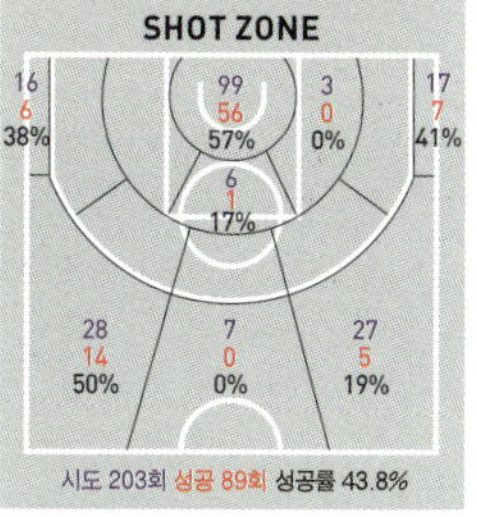

2024-25시즌 마이애미 55경기 평균 14.2분

항목	PTS	RB	AS	ST	BL	FG-FGA	3P-3PA	FT-FTA
평균	4.6	1.7	1.2	0.6	0.1	1.6-3.7	0.6-1.7	0.7-1.1
36분	11.6	4.2	3.0	1.5	0.3	4.1-9.3	1.5-4.4	1.9-2.8

항목	OS	CS	MS	3P	FT	SQ	OC	IS	L&F	SD	DD	PH	PF	PC	DRF	PM	PA	BH	DRS	PQ	PV
평점	C	C+	C+	C+	D+	C	C	D-	C	F	C	F	F	F	D-	D-	D-	D	C	D	F

항목	DEF	ID	PD	ST	BL	HDQ	PP	DC	RBG	ORG	DRG	ATH	SP	AG	STR	VJ	STA	HP	INT	POT	OG
평점	D	D	D+	C+	F	D-	D-	D-	D-	B-	D-	C+	B+	B-	D-	C+	B	B	C	B	C

G 25 Kasparas JAKUČIONIS SG-PG

카스퍼러스 야쿠초니스 2006.05.29 / 198cm

리투아니아

NBA 드래프트 : 2025년 1라운드 20번
NBA 우승 : 0회 / 파이널 MVP : 0회
시즌 MVP : 0회 / NBA 퍼스트팀 : 0회

리투아니아 출신 듀얼 가드. 2021년부터 4년간 페를라스 빌니우스, FC 바르셀로나 등 유럽 프로무대에서 뛰었다. 2025년 NBA 드래프트를 신청해 마이애미에 1라운드 20번으로 지명되었다. 야쿠초니스는 능수능란하고, BQ가 우수하며, 다양한 기술로 숙련된 '준비된 신인'이다. 볼을 안정감 있게 핸들링 하고, 과감하게 림 어택(덩크, 플로터, 레이업)을 하며, 열심히 수비를 하는 것으로 유명하다. 아직까지 3점 슈팅이 들쭉날쭉해 아쉽다. 연봉은 366만 달러.

2024-25시즌 기록 없음

항목	PTS	RB	AS	ST	BL	FG-FGA	3P-3PA	FT-FTA
평균	–	–	–	–	–	–	–	–
36분	–	–	–	–	–	–	–	–

항목	OS	CS	MS	3P	FT	SQ	OC	IS	L&F	SD	DD	PH	PF	PC	DRF	PM	PA	BH	DRS	PQ	PV
평점	–	–	–	–	–	–	–	–	–	–	–	–	–	–	–	–	–	–	–	–	–

항목	DEF	ID	PD	ST	BL	HDQ	PP	DC	RBG	ORG	DRG	ATH	SP	AG	STR	VJ	STA	HP	INT	POT	OG
평점	–	–	–	–	–	–	–	–	–	–	–	–	–	–	–	–	–	–	–	–	–

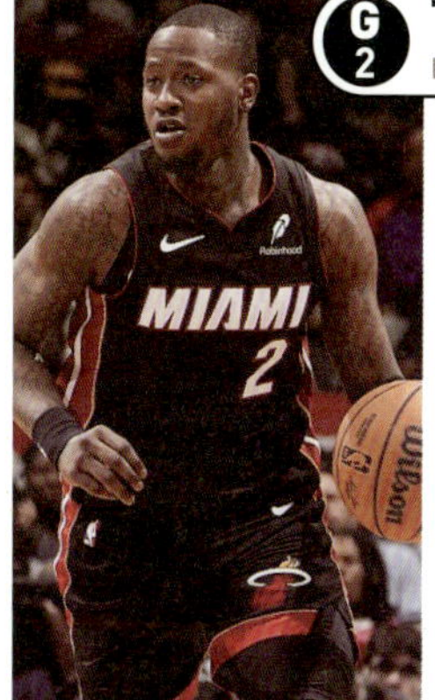

G 2 Terry ROZIER PG-SG

테리 로지어 1994.03.17 / 185cm

미국

NBA 드래프트 : 2015년 1라운드 16번
NBA 우승 : 0회 / 파이널 MVP : 0회
시즌 MVP : 0회 / NBA 퍼스트팀 : 0회

공격형 콤보 가드. 지난 시즌 64경기 평균 25.9분씩 뛰며 10.6점, 3.7리바운드, 2.6어시스트를 기록했다. 결장한 18경기는 모두 감독의 결정에 따른 것이다(부상 이슈는 없었다). 로지어는 풀업 점퍼, 스텝백 점퍼, 페이드어웨이 점퍼 등 고난도 중장거리 슈팅을 성공시킨다. 림 근처에서는 드라이빙 혹은 러닝에서 이어지는 레이업, 플로터, 핑거롤로 마무리한다. 볼 핸들링이 화려하고, 패스가 정확하다. 퍼리미터 1대1 수비, 스틸도 OK. 연봉은 2,664만 달러.

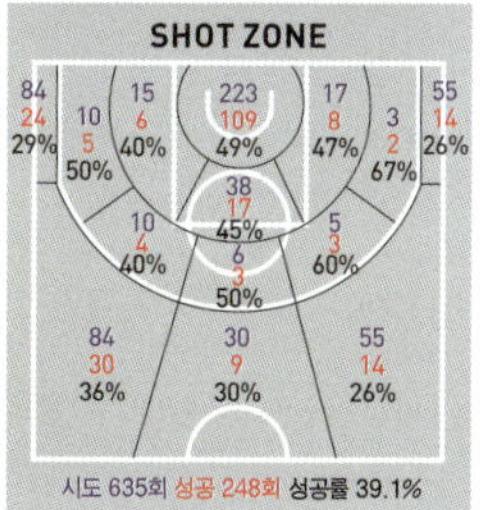

SHOT PROCESS

캐치&슛 165
풀-업 64
드라이빙 187
커팅 8
러닝 67
스텝백 124
풋백 12
앨리웁 0
턴어라운드 8

필드골 635 시도

SHOT TYPES

364 점프샷
102 레이업
82 핑거롤
51 플로터
1 덩크
2 훅샷
7 팁샷
17 뱅크샷
9 페이드어웨이

필드골 635 시도

2024-25시즌 마이애미 64경기 평균 25.9분

항목	PTS	RB	AS	ST	BL	FG-FGA	3P-3PA	FT-FTA
평균	10.6	3.7	2.6	0.6	0.2	3.9-9.9	1.4-4.8	1.4-1.7
36분	14.7	5.2	3.6	0.8	0.3	5.4-13.8	2.0-6.7	2.0-2.3

항목	OS	CS	MS	3P	FT	SQ	OC	IS	L&F	SD	DD	PH	PF	PC	DRF	PM	PA	BH	DRS	PQ	PV
평점	C-	B	B-	C-	B	D-	D-	D	B	F	C	F	D-	F	B	C+	C	B+	B-	C+	D-

항목	DEF	ID	PD	ST	BL	HDQ	PP	DC	RBG	ORG	DRG	ATH	SP	AG	STR	VJ	STA	HP	INT	POT	OG
평점	D	D	C+	F	F	D-	D+	D-	C	C+	B-	B-	B-	B-	D-	B	A+	A-	D-	B+	C

MIAMI HEAT 2025-26 REGULAR SEASON SCHEDULE

OCTOBER, 2025

Oct. 22 @ Orlando Magic
Oct. 24 @ Memphis Grizzlies
Oct. 26 vs. New York Knicks
Oct. 28 vs. Charlotte Hornets
Oct. 30 @ San Antonio Spurs

NOVEMBER, 2025

Nov. 2 @ Los Angeles Lakers
Nov. 3 @ Los Angeles Clippers
Nov. 5 @ Denver Nuggets
Nov. 7 vs. Charlotte Hornets
Nov. 8 vs. Portland Trail Blazers
Nov. 10 vs. Cleveland Cavaliers
Nov. 12 vs. Cleveland Cavaliers
Nov. 14 @ New York Knicks
Nov. 17 vs. New York Knicks
Nov. 19 vs. Golden State Warriors
Nov. 21 @ Chicago Bulls
Nov. 23 @ Philadelphia 76ers
Nov. 24 vs. Dallas Mavericks
Nov. 26 vs. Milwaukee Bucks
Nov. 29 vs. Detroit Pistons

DECEMBER, 2025

Dec. 1 vs. Los Angeles Clippers
Dec. 3 @ Dallas Mavericks
Dec. 5 @ Orlando Magic
Dec. 6 vs. Sacramento Kings
Dec. 18 @ Brooklyn Nets
Dec. 19 @ Boston Celtics
Dec. 21 @ New York Knicks
Dec. 23 vs. Toronto Raptors
Dec. 26 @ Atlanta Hawks
Dec. 27 vs. Indiana Pacers
Dec. 29 vs. Denver Nuggets

JANUARY, 2026

Jan. 1 @ Detroit Pistons
Jan. 3 vs. Minnesota Timberwolves
Jan. 4 vs. New Orleans Pelicans
Jan. 6 @ Minnesota Timberwolves
Jan. 8 @ Chicago Bulls
Jan. 10 @ Indiana Pacers
Jan. 11 @ Oklahoma City Thunder
Jan. 13 vs. Phoenix Suns
Jan. 15 vs. Boston Celtics
Jan. 17 vs. Oklahoma City Thunder
Jan. 19 @ Golden State Warriors
Jan. 20 @ Sacramento Kings
Jan. 22 @ Portland Trail Blazers
Jan. 24 @ Utah Jazz
Jan. 25 @ Phoenix Suns
Jan. 28 vs. Orlando Magic
Jan. 30 vs. Chicago Bulls

FEBRUARY, 2026

Feb. 1 vs. Chicago Bulls
Feb. 3 vs. Atlanta Hawks
Feb. 6 @ Boston Celtics
Feb. 8 @ Washington Wizards
Feb. 9 vs. Utah Jazz
Feb. 11 @ New Orleans Pelicans
Feb. 20 @ Atlanta Hawks
Feb. 21 vs. Memphis Grizzlies
Feb. 24 @ Milwaukee Bucks
Feb. 26 @ Philadelphia 76ers
Feb. 28 vs. Houston Rockets

MARCH, 2026

Mar. 3 vs. Brooklyn Nets
Mar. 5 vs. Brooklyn Nets
Mar. 6 @ Charlotte Hornets
Mar. 8 vs. Detroit Pistons
Mar. 10 vs. Washington Wizards
Mar. 12 vs. Milwaukee Bucks
Mar. 14 vs. Orlando Magic
Mar. 17 @ Charlotte Hornets
Mar. 19 vs. Los Angeles Lakers
Mar. 21 @ Houston Rockets
Mar. 23 vs. San Antonio Spurs
Mar. 25 @ Cleveland Cavaliers
Mar. 27 @ Cleveland Cavaliers
Mar. 29 @ Indiana Pacers
Mar. 30 vs. Philadelphia 76ers

APRIL, 2026

Apr. 1 vs. Boston Celtics
Apr. 4 vs. Washington Wizards
Apr. 7 @ Toronto Raptors
Apr. 9 @ Toronto Raptors
Apr. 10 @ Washington Wizards
Apr. 12 vs. Atlanta Hawks

ORLANDO MAGIC

신구조화로 현재와 미래를 동시에

3점 라인과의 악연

시즌 내내 선수단 부상 악재와 맞서 싸웠다. 원투펀치 파올로 밴케로와 프란츠 바그너, 백코트 에너자이저 제일린 석스, 주력 로테이션 구성원들인 웬델 카터 주니어, 모리츠 바그너 등이 교대로 코트를 비웠다. 급기야 시즌 중반에는 주전 5명 전원이 결장하는 경기가 속출했다. 퍼리미터 지역 생산력 부진에도 발목 잡혔다. 공간 활용이 지상과제인 현대 농구에서 경기당 평균 3점 슈팅 성공 11.2개, 성공률 31.8%로 좋은 결과를 기대하긴 어렵다. 양쪽 모두 리그 전체 꼴찌 수치다.

약점 보완 성공

프런트 조직이 팀 단위 약점을 정확하게 짚었다. 검증된 슈팅가드 데스먼드 베인을 전격 트레이드 영입했다. 제한적인 볼 핸들러+득점원 기능성까지 탑재된 인재다. 1번 포지션 문제 해결에도 적극적으로 나섰다. FA 계약으로 영입한 타이어스 존스는 기존 포인트가드들인 코리 조셉, 콜 앤써니와 비교해 분명 업그레이드다. 간판스타 밴케로와는 5년 25%, 최대 30% 맥스 연장계약을 체결했다. 이로써 밴케로+동생 바그너 조합을 최소 2029-30시즌까지 유지할 수 있게 되었다.

시선은 플레이오프 전장

올랜도는 현대 농구 리빌딩 5단계를 무난하게 소화한 팀이다. 특히 올해 여름 베인, 존스 영입에 힘입어 베테랑 전력 보강 방점을 찍었다. 탱킹-리빌딩 기간 당시 수급한 영건들 나이가 24세 내외임을 떠올려보자. 신구조화가 성립된다는 가정하에 현재와 미래를 동시에 잡을 수 있다. 목표가 플레이오프 진출 정도에 그친다면 겸손이다. 2라운드 이상에 맞춰진 패기를 부려볼 만하다. 마지막으로 파이널 무대를 밟았던 시점은 슈퍼스타 드와이트 하워드를 앞세웠던 2009년이다.

Association　Icon　Statement　City

•통계는 2025년 9월 10일 기준

CLUB INFORMATION

  **Founded** 구단 창립 1989년	 **Owner** RDV 스포츠 INC	 **CEO** 알렉스 마틴스 1964.01.12	 **Head Coach** 자말 모슬리 1978.10.06	 **24-25 Odds** 스카이벳 : 14배 윌리엄힐 : 16배
 **Nationality** 20명 ●미국 선수 명 ●외국 선수 명	 **Age** 20명 평균 24.4세	 **Height** 20명 평균 200.4cm	 **Weight** 20명 평균 99.3kg	 **Salary** 15명 평균 1304만 달러
 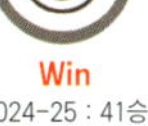 **Win** 2024-25 : 41승 통산 : 승	 **Loss** 2024-25 : 41패 통산 : 패	 **Winning%** 2024-25 : 50.0% 통산 : %	 **Play-Off** PO 진출 : 회 PO 탈락 : 회	 **Titles** NBA우승 : 회 컨퍼런스 : 회
Top Scorer 파올로 반케로 평균 25.9점	**More Rebounds** 파올로 반케로 평균 7.5리바운드	  **More Assists** 파올로 반케로 평균 4.8어시스트	**More Steals** 켄타비우스 콜드웰포프 평균 1.3스틸	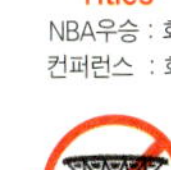 **More Blocks** 고가 비타제 평균 1.4블락

•항목별 1위는 지난 시즌 올랜도 소속으로 42경기 이상 출전한 선수 중 선별

HEAD COACH & STADIUM

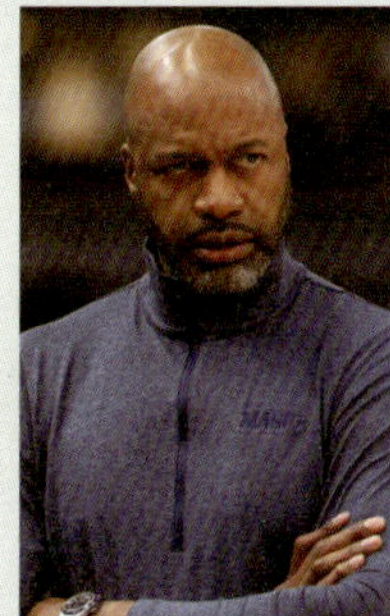

Jamahl MOSLEY 자말 모슬리

생년월일 : 1978.10.06 / **출생지 :** 미국 위스콘신주 밀워키
경력 : 2005~2010년 덴버 너기츠 코치 / 2010~2014년 클리블랜드 캐벌리어스 코치 / 2014~2021년 댈러스 매버릭스 코치 / 2021년~ 올랜도 매직 감독

캘리포니아 소재 랜초 부에나 비스타고를 졸업하고, 1997년 콜로라도대에 입학했다. 대학 3학년 때인 1999-2000시즌에는 소속 컨퍼런스인 빅12의 올-써드팀에 뽑혔다. 졸업 후 드래프트를 신청했지만, 어느 팀에서도 지명받지 못했다. 결국, 2001년부터 5년간 페트롤레로스 살라만카, 비토리아 타이탄스, 발론세스토 레온, 코리헤이트, 삼성 썬더스 등 외국 리그에서 뛰었다. 현역 은퇴 후 2005년부터 2년간 덴버 너기츠 선수 육성 및 스카우트 팀에서 근무했고, 2007년 덴버 어시스턴트가 되면서 정식으로 지도자 생활을 시작했다. 2010년 클리블랜드 캐벌리어스, 2014년 댈러스 매버릭스에서 모두 어시스턴트를 지냈다. 덴버 어시스턴트 시절에는 팀이 3년 연속 50승+α를 거두도록 도왔고, 댈러스 어시스턴트 시절에는 소속팀이 4차례나 NBA 플레이오프에 오르도록 힘을 보탰다. 그리고 2021년 7월 11일, 올랜도 매직의 제14대 감독으로 부임했다.

KIA CENTER

구장 오픈 : 2010년 10월 1일
구장 증개축 : -
오너 : 올랜도시
수용인원 : 1만 8846명
건축비용 : 4억 8000만달러
(현재 가치) 6억 7900만달러

올랜도 최고의 스포츠, 엔터테인먼트 중심지다. 2023년 12월 20일, 기아 센터로 이름이 변경됐다. 이 아레나에는 새로운 실내외 간판이 들어섰고, 전기차 충전소가 설치되어 있으며, 기아가 생산한 다수 자동차들이 전시되어 있다. 자동차 애호가, 스포츠 및 음악 팬들이 즐길 수 있는 라운지인 기아 테라스도 자리한다. 매직 홈구장이 된 건 2010-11시즌부터.

REGULAR SEASON RANKING LAST 10YEARS									★NBA 파이널 우승
15-16	16-17	17-18	18-19	19-20	20-21	21-22	22-23	23-24	24-25
20	26	26	14	18	28	29	25	12	15
35승 47패	29승 53패	25승 57패	42승 40패	33승 40패	21승 51패	22승 60패	34승 48패	47승 35패	41승 41패

Honours

NBA CHAMPIONS	CONFERENCE TITLES	DIVISION TITLES	RETIRED NUMBERS
0	2	8	2

NBA CHAMPIONSHIPS
NONE

CONFERENCE TITLES
1995, 2009

DIVISION TITLES
1995, 1996, 2008, 2009, 2010, 2019, 2024, 2025

RETIRED NUMBERS
6, 32

TEAM POTENTIAL

9위

하프코트 세트오펜스 8점

트랜지션 오펜스 8점

하프코트 세트디펜스 9점

트랜지션 디펜스 9점

리바운드 8점

선수층 8점

선수 경험치 7점

감독 리더십 8점

감독 전술 8점

프런트 8점

*각 항목은 10점 만점, 평점은 NBA 30팀 사이 상대평가

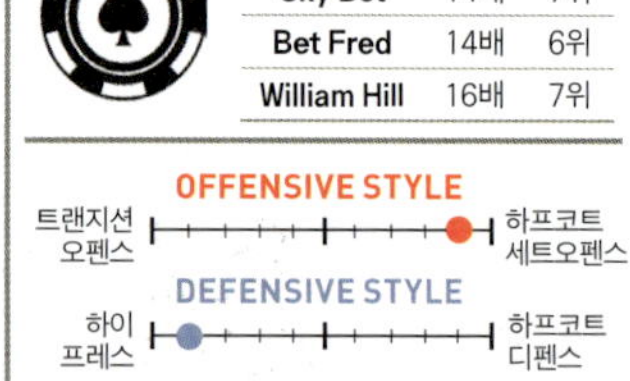

우승 ODDS	배당	순위
Sky Bet	14배	7위
Bet Fred	14배	6위
William Hill	16배	7위

OFFENSIVE STYLE: 트랜지션 오펜스 ↔ 하프코트 세트오펜스

DEFENSIVE STYLE: 하이 프레스 ↔ 하프코트 디펜스

SQUAD & TACTICS

STARTERS

- PF 파올로 반케로 34.4분, 25.9점 7.5RB, 4.8AS
- C 웬델 카터 Jr. 25.9분, 9.1점 7.2RB, 2.0AS
- SF 프란츠 바그너 33.7분, 24.2점 5.7RB, 4.7AS
- SG 데스먼드 베인 32.0분, 19.2점 6.1RB, 5.3AS
- PG 제일린 석스 28.6분, 16.2점 4.0RB, 3.7AS

OFF THE BENCH

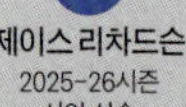

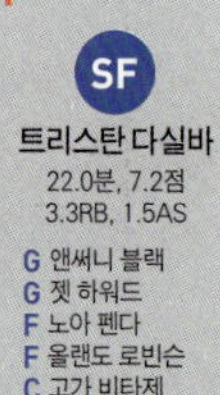

- PG 타이어스 존스 26.8분, 10.2점 2.4RB, 5.3AS
- SG 제이스 리차드슨 2025-26시즌 신인 선수
- SF 트리스탄 다실바 22.0분, 7.2점 3.3RB, 1.5AS
- PF 조나산 아이작 15.4분, 5.4점 4.4RB, 0.6AS
- C 모리츠 바그너 18.8분, 12.9점 4.9RB, 1.4AS

G 앤써니 블랙
G 젯 하워드
F 노아 펜다
F 올랜도 로빈슨
C 고가 비타제

Player's Functions

Ball Handlers	Pull-Ups	Catch & Shoot
F.바그너 T.존스 D.베인	P.반케로 D.베인 F.바그너	T.존스 F.바그너 T.다실바

3 Pointers	Slam Dunkers	Free Throw
D.베인 M.바그너 T.존스	W.카터 Jr. G.비타제 P.반케로	F.바그너 D.베인 J.석스

Rebounders	1-1 Defenders	Ball Stealers
G.비타제 O.로빈슨 W.카터 Jr.	J.아이작 J.석스 A.블랙	J.아이작 A.블랙 J.석스

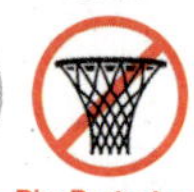

Key Passes	Hustle Players	Rim Protectors
T.존스 F.바그너 P.반케로	O.로빈슨 W.카터 Jr. A.블랙	G.비타제 J.아이작

2024-25 SEASON PERFORMANCE

공격 레이팅 109.4(27위) 수비 레이팅 109.6(2위) 레이팅 마진 -0.1(17위) 페이스 96.1(29위)

ORLANDO MAGIC vs. OPPONENTS PER GAME STATS

	득실점	필드골성공	필드골시도	필드골%	3점성공	3점시도	3점%	2점성공	2점시도	2점%	자유투성공	자유투시도	자유투%	공격 RB	수비 RB	전체 RB	어시스트	스틸	블락샷	턴오버	파울
		FG	FG↑	FG%	3P	3P↑	3P%	2P	2P↑	2P%			FT%	OR	DR	TR	A↑				
올랜도	105.4 28위	38.2 29위	85.8 29위	44.5% 27위	11.2 30위	35.3 23위	31.8% 30위	26.9 21위	50.5 17위	53.3% 22위	17.9 5위	23.0 7위	77.5% 19위	11.1 14위	30.7 28위	41.8 27위	23.0 30위	8.9 6위	6.0 1위	14.2 16위	20.1 26위
상대팀	105.5 1위	38.1 2위	81.5 1위	46.8% 17위	11.4 1위	31.4 1위	36.5% 23위	26.7 3위	50.1 7위	53.2% 7위	17.9 22위	23.4 24위	76.6% 3위	9.2 1위	33.0 14위	42.1 3위	22.8 1위	7.7 9위	4.4 8위	16.2 2위	20.3 1위

LINE-UP

* 토론토는 지난 시즌 총 645개의 라인업을 가동했다. 득실점차 플러스 10개, 마이너스 10개를 골랐다.

득실점차 플러스(+) 라인업 TOP 10	G	MIN	PPG	RPG	득실차
K. Caldwell-Pope - W. Carter Jr. - C. Anthony - F. Wagner - P. Banchero	16	187	27.5	10.3	+49
K. Caldwell-Pope - W. Carter Jr. - G. Bitadze - F. Wagner - J. Suggs	5	75	38.0	12.8	+45
C. Joseph - K. Caldwell-Pope - W. Carter Jr. - F. Wagner - P. Banchero	16	216	31.2	11.4	+43
K. Caldwell-Pope - G. Bitadze - F. Wagner - A. Black - T. da Silva	13	43	7.5	2.2	+21
G. Harris - J. Isaac - M. Wagner - F. Wagner - A. Black	7	20	7.0	3.7	+20
C. Joseph - K. Caldwell-Pope - G. Bitadze - F. Wagner - P. Banchero	6	19	9.2	4.3	+18
G. Bitadze - T. Queen - A. Black - J. Howard	1	7	31.0	7.0	+18
G. Harris - W. Carter Jr. - P. Banchero - C. Houstan - A. Black	3	7	7.0	2.3	+17
K. Caldwell-Pope - W. Carter Jr. - P. Banchero - A. Black - T. da Silva	4	22	13.5	5.0	+16
W. Carter Jr. - F. Wagner - J. Suggs - P. Banchero - T. da Silva	1	4	20.0	5.0	+16

득실점차 마이너스(-) 라인업 TOP 10	GP	MIN	PPG	RPG	득실차
K. Caldwell-Pope - W. Carter Jr. - F. Wagner - P. Banchero - A. Black	20	66	5.7	2.9	-30
K. Caldwell-Pope - G. Harris - W. Carter Jr. - C. Anthony - P. Banchero	7	24	4.6	3.6	-28
K. Caldwell-Pope - G. Harris - G. Bitadze - C. Anthony - P. Banchero	6	18	4.5	2.3	-27
K. Caldwell-Pope - W. Carter Jr. - C. Anthony - P. Banchero - T. da Silva	6	42	13.3	7.0	-23
G. Bitadze - F. Wagner - P. Banchero - A. Black - T. da Silva	5	20	7.6	3.4	-22
K. Caldwell-Pope - G. Bitadze - F. Wagner - P. Banchero - A. Black	13	54	8.3	3.5	-18
K. Caldwell-Pope - G. Bitadze - J. Suggs - C. Houstan - T. da Silva	3	15	9.7	4.7	-18
K. Caldwell-Pope - W. Carter Jr. - F. Wagner - J. Suggs - P. Banchero	6	82	29.7	13.2	-17
J. Isaac - T. Queen - P. Banchero - C. Houstan - A. Black	3	22	13.3	5.0	-16
K. Caldwell-Pope - M. Wagner - F. Wagner - J. Suggs - A. Black	3	18	11.0	3.3	-16

PASS COMBINATIONS

→ 해당 선수가 경기당 동료로부터 패스 받은 횟수
→ 해당 선수가 경기당 동료들에게 패스 해준 횟수

받은 패스	선수	해준 패스
56.3 →	파올로 반케로	→ 47.8
50.0 →	제일런 석스	→ 46.8
52.3 →	프란츠 바그너	→ 41.1
39.0 →	앤써니 블랙	→ 37.0
31.3 →	앤써니 콜	→ 28.4
21.0 →	고가 비타제	→ 28.0
22.6 →	켄타비우스 콜드웰포프	→ 25.6
22.3 →	웬델 카터 주니어	→ 25.2
19.6 →	코리 조셉	→ 20.9
21.5 →	모리츠 바그너	→ 19.8
18.3 →	트리스탄 다실바	→ 19.7
9.3 →	조나단 아이작	→ 16.1
14.0 →	트레블린 퀸	→ 14.6
8.3 →	캘럽 휴스턴	→ 10.2
8.6 →	개리 해리스	→ 9.6
8.5 →	맥 맥클렁	→ 9.5
11.5 →	젯 하워드	→ 9.1

2024-25 RANKING

* 는 수치가 낮을수록 랭킹이 높아짐

올랜도	랭킹	FIVE FACTORS	상대팀	랭킹
51.0%	29위	3점 가중 FG%	53.8%*	9위
12.9*	19위	턴오버 / 100포제션	15.0	1위
25.3%	17위	공격 RB 점유율	23.0%*	2위*
77.0%	2위	수비 RB 점유율	74.7%*	16위*
20.8%	2위	자유투 / 필드골	22.0%	29위*

득점	랭킹	PLAYTYPE	실점*	랭킹
6.8	17위	아이솔레이션	7.8	26위
19.8	26위	트랜지션	22.0	8위
16.5	11위	픽&롤 볼핸들러	16.8	19위
6.8	19위	픽&롤 롤맨	6.7	10위
3.8	13위	포스트-업	4.8	28위
24.0	26위	스팟-업	21.3	1위
3.6	26위	핸드오프	4.8	7위
11.0	7위	컷인	—	—
2.7	27위	오프 스크린	4.5	22위
6.5	14위	풋백	4.9	1위
3.4	3위	기타	—	—

SHOT ZONE

평균 구간별 슈팅 및 성공률

항목	2PA	2PM	2P%	3PA	3PM	3P%
캐치&슛	1.7	0.8	47.1%	25.9	8.5	32.7%
풀업	12.5	5.1	40.9%	9.1	2.7	29.5%
3m 안쪽	36.2	21.0	58.1%	—	—	—
TOTAL	50.5	26.9	53.3%	35.3	11.2	31.8%

SHOT PROCESS & SHOT TYPES

샷프로세스(시도)

3.9 3.5 1.3 4.2 7.7 평균 85.8 27.5 3.8 12.3 21.6

샷타입(시도)

2.2 1.0 2.0 1.0 5.2 6.3 평균 85.8 2.6 18.0 44.9

캐치&슛, 풀-업, 드라이빙, 커팅, 러닝, 스텝백, 풋백, 앨리웁, 턴어라운드

점프샷, 레이업, 핑거롤, 플로터, 덩크, 훅샷, 팁샷, 뱅크샷, 페이드어웨이

1.0 2.2 1.6 1.5 9.2 평균 4.4 38.2 3.0 7.8 7.5

0.8 1.2 1.1 1.0 4.5 평균 15.3 2.5 38.2 1.9 9.9

샷프로세스(성공)

샷타입(성공)

SHOOTING

필드골 시도

21.9 6.2 평균 85.8 25.9 31.8

필드골 시도

9.8 2.7 11.2 9.4 평균 85.8 10.8 41.9

공격수와 수비수의 거리: 0~0.6m, 0.6~1.2m, 1.2~1.8m, 1.8m 이상

샷클락: 22~24초, 18~22초, 15~18초, 7~15초, 4~7초, 0~4초

8.6 2.8 평균 38.2 10.6 16.2

3.2 1.7 3.9 5.8 평균 38.2 4.7 18.9

필드골 성공

필드골 성공

OPPONENT SHOOTING

상대 필드골 시도

17.3 6.4 평균 81.5 25.5 32.3

상대 필드골 시도

8.2 2.0 11.8 8.5 평균 81.5 13.9 37.1

공격수와 수비수의 거리: 0~0.6m, 0.6~1.2m, 1.2~1.8m, 1.8m 이상

샷클락: 22~24초, 18~22초, 15~18초, 7~15초, 4~7초, 0~4초

7.7 2.8 평균 38.1 11.7 15.9

3.0 1.2 3.6 6.3 평균 38.1 17.3 3.6

필드골 허용

필드골 허용

CONTESTED REBOUNDS

공격 리바운드

0.7 0.9 평균 2.2 6.3 2.5

수비 리바운드

0.6 1.4 평균 2.2 7.5 3.3

UNCONTESTED REBOUNDS

공격 리바운드

0.7 2.4 평균 4.9 0.9 0.9

수비 리바운드

4.6 3.6 평균 23.1 6.0 8.9

림 아래부터 리바운드 위치까지의 거리: 0~0.9m, 0.9~1.8m, 1.8~3m, 3m 이상

DEFENSE OF 41 WINS

필드골 허용 %

44.5%

상대 필드골 시도 81.8
필드골 허용 36.4

3점슛 허용 %

34.4%

상대 3점슛 시도 31.9
3점슛 허용 11.0

DEFENSE OF 41 LOSSES

필드골 허용 %

49.1%

상대 필드골 시도 81.1
필드골 허용 39.8

3점슛 허용 %

38.7%

상대 3점슛 시도 30.8
3점슛 허용 11.9

F 5 Paolo BANCHERO PF

파울로 반케로 2002.11.12 / 208cm

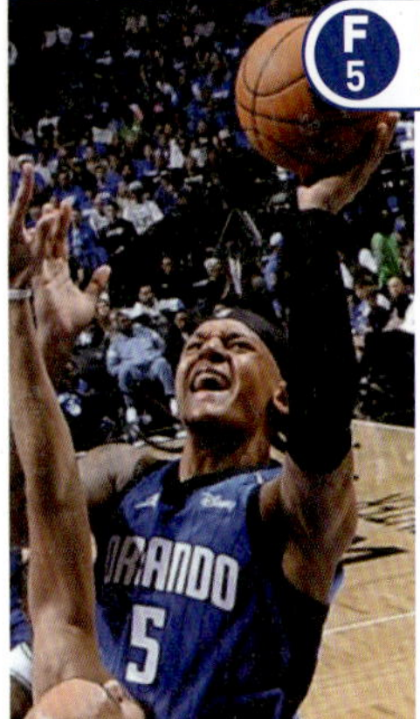

미국

NBA 드래프트 : 2022년 1라운드 1번
NBA 우승 : 0회 / **파이널 MVP :** 0회
시즌 MVP : 0회 / **NBA 퍼스트팀 :** 0회

2024년 10월 29일, 인디애나전에서 50점(!)을 폭발시켰다. 그러나 바로 다음 날, 오른쪽 사선 근육이 파열되어 이후 70여 일간 결장했다. 그래도 1월 중순에 복귀한 이후 올랜도의 에이스로 활약했다. 시즌 성적은 46경기 평균 25.9점, 7.5리바운드. 드리블 이후 헤지테이션 풀업 점퍼, 크로스오버 풀업 점퍼, 스텝백 점퍼 등 고난도 슈팅을 마음껏 구사한다. 또한, 드라이빙에서 이어지는 림 어택(덩크, 플로터, 레이업)도 최강의 무기다. 연봉은 1,533만 달러.

SHOT ZONE

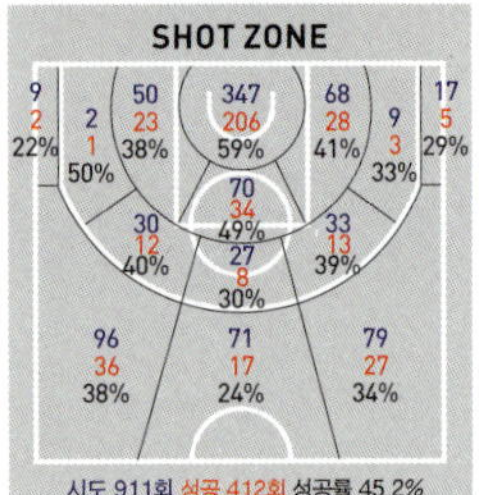

시도 911회 성공 412회 성공률 45.2%

SHOT PROCESS (필드골 911 시도)

- 캐치&숫 155
- 풀-업 233
- 드라이빙 227
- 커팅 15
- 러닝 84
- 스텝백 100
- 풋백 17
- 앨리웁 5
- 턴어라운드 75

SHOT TYPES (필드골 911 시도)

- 479 점프샷
- 207 레이업
- 22 핑거롤
- 60 플로터
- 50 덩크
- 10 훅샷
- 4 팁샷
- 22 뱅크샷
- 57 페이드어웨이

2024-25시즌 올랜도 46경기 평균 34.4분

항목	PTS	RB	AS	ST	BL	FG-FGA	3P-3PA	FT-FTA
평균	25.9	7.5	4.8	0.8	0.6	9.0-19.8	1.9-5.9	6.1-8.4
36분	27.1	7.9	5.0	0.8	0.6	9.4-20.7	2.0-6.2	6.4-8.8

항목	OS	CS	MS	3P	FT	SQ	OC	IS	L&F	SD	DD	PH	PF	PC	DRF	PM	PA	BH	DRS	PQ	PV
평점	B	B	C+	C+	C-	A-	A+	B	A-	C	B	B	B	B	B+	C	C	C	C	C+	C-

항목	DEF	ID	PD	ST	BL	HDQ	PP	DC	RB	ORB	DRB	ATH	SP	AG	STR	VJ	STA	HP	INT	POT	OG
평점	D	C-	D+	F	F	D	D+	F	D-	D-	C	B-	B-	B-	C+	B-	A-	B	A+	A	A-

F 22 Franz WAGNER SF

프란츠 바그너 2001.08.27 / 208cm

독일

NBA 드래프트 : 2021년 1라운드 8번
NBA 우승 : 0회 / **파이널 MVP :** 0회
시즌 MVP : 0회 / **NBA 퍼스트팀 :** 0회

공격과 수비, 인사이드와 아웃사이드, 온-볼과 오프-볼, 콤보 플레이와 솔로 플레이에 모두 능한 포워드. 긴 보폭의 유로 스텝을 활용해 페인트존을 번개처럼 돌파한다. 드라이빙, 무빙, 커팅 등 다양한 동작에서 파생되는 덩크, 레이업, 플로터, 핑거롤 등 무기가 다양하다. 스텝백 또는 풀업 3점 슈팅도 위력적이다. BQ가 우수해 플레이메이킹과 패스를 잘 해낸다. 수비에서는 1번~4번을 다 막을 수 있다. 열심히 허슬 플레이를 한다. 연봉은 3,866만 달러.

SHOT ZONE

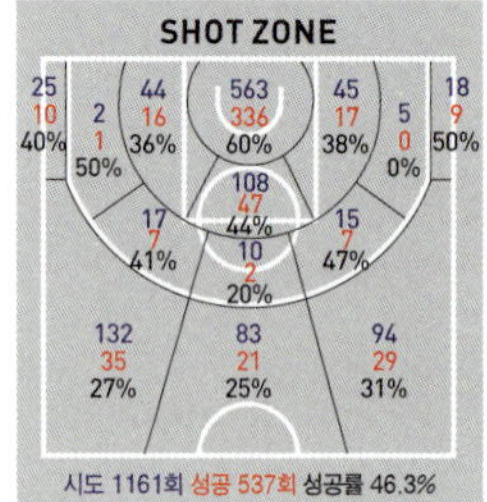

시도 1161회 성공 537회 성공률 46.3%

SHOT PROCESS (필드골 1161 시도)

- 캐치&숫 251
- 풀-업 135
- 드라이빙 444
- 커팅 48
- 러닝 116
- 스텝백 87
- 풋백 14
- 앨리웁 5
- 턴어라운드 61

SHOT TYPES (필드골 1161 시도)

- 448 점프샷
- 315 레이업
- 40 핑거롤
- 186 플로터
- 42 덩크
- 42 훅샷
- 4 팁샷
- 52 뱅크샷
- 32 페이드어웨이

2024-25시즌 올랜도 60경기 평균 33.7분

항목	PTS	RB	AS	ST	BL	FG-FGA	3P-3PA	FT-FTA
평균	24.2	5.7	4.7	1.3	0.4	9.0-19.4	1.7-5.9	4.5-5.2
36분	25.8	6.1	5.1	1.3	0.4	9.6-20.7	1.9-6.3	4.8-5.5

항목	OS	CS	MS	3P	FT	SQ	OC	IS	L&F	SD	DD	PH	PF	PC	DRF	PM	PA	BH	DRS	PQ	PV
평점	B-	A-	C	C	B	C-	A+	C	A-	D-	B-	D-	D-	D-	A	C+	B-	B	D+	B	C-

항목	DEF	ID	PD	ST	BL	HDQ	PP	DC	RB3	OR3	DR3	ATH	SP	AG	STR	VJ	STA	HP	INT	POT	OG
평점	D+	D	C	C-	F	C	C-	C-	C-	D+	B-	C	C-	C-	D	C	B-	B	C	A	B

F 23 Tristan DA SILVA SF-PF

트리스탄 다실바 2001.05.15 / 203cm

독일

NBA 드래프트 : 2024년 1라운드 18번
NBA 우승 : 0회 / **파이널 MVP :** 0회
시즌 MVP : 0회 / **NBA 퍼스트팀 :** 0회

팀의 백업 포워드로서 74경기 평균 22분씩 출전했다. 특히 에이스 반케로가 사선 근육 파열로 빠진 70여 일간 큰 몫을 해냈다. 올 시즌에도 식스맨의 역할을 다할 전망이다. 다실바는 정확한 캐치&숫으로 자신 있게 3점포를 터뜨린다. 또한, 자유투 성공률 87%도 인상적이었다. 페인트존에서 양손으로 점프 훅샷을 시도한다. BQ가 좋고, 비교적 안정된 볼 핸들링을 전개하며, 정확하게 패스한다. 그러나 NBA급 수비력을 갖추지 못했다. 연봉은 381만 달러.

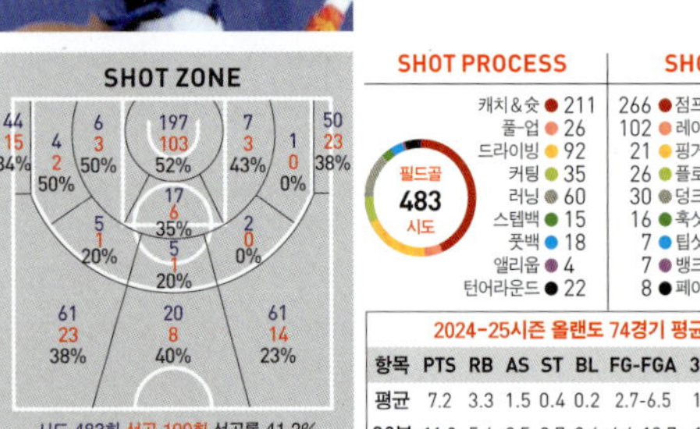

SHOT ZONE

시도 483회 성공 199회 성공률 41.2%

SHOT PROCESS (필드골 483 시도)

- 캐치&숫 211
- 풀-업 26
- 드라이빙 92
- 커팅 35
- 러닝 60
- 스텝백 15
- 풋백 18
- 앨리웁 4
- 턴어라운드 22

SHOT TYPES (필드골 483 시도)

- 266 점프샷
- 102 레이업
- 21 핑거롤
- 26 플로터
- 30 덩크
- 16 훅샷
- 7 팁샷
- 7 뱅크샷
- 8 페이드어웨이

2024-25시즌 올랜도 74경기 평균 22.0분

항목	PTS	RB	AS	ST	BL	FG-FGA	3P-3PA	FT-FTA
평균	7.2	3.3	1.5	0.4	0.2	2.7-6.5	1.1-3.2	0.7-0.9
36분	11.8	5.4	2.5	0.7	0.4	4.4-10.7	1.8-5.3	1.2-1.4

항목	OS	CS	MS	3P	FT	SQ	OC	IS	L&F	SD	DD	PH	PF	PC	DRF	PM	PA	BH	DRS	PQ	PV
평점	C-	B+	F	C	B	B	D-	D	C+	D-	D	D-	D-	D-	F	D-	D	D+	D-	D+	F

항목	DEF	ID	PD	ST	BL	HDQ	PP	DC	RB3	OR3	DR3	ATH	SP	AG	STR	VJ	STA	HP	INT	POT	OG
평점	D	D+	D+	F	F	D-	D-	D-	D-	B-	D-	C+	B	D+	D-	D+	A-	B	C-	B+	C

F 1 Jonathan ISAAC PF

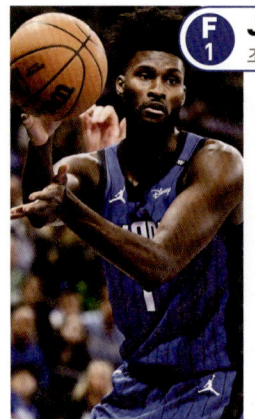

조너선 아이작 1997.10.03 / 208cm

미국

NBA 드래프트 : 2017년 1라운드 6번
NBA 우승 : 0회 / **파이널 MVP :** 0회
시즌 MVP : 0회 / **NBA 퍼스트팀 :** 0회

2024-25시즌은 아이작에게 '터닝 포인트'가 된 시기다. 그동안 늘 부상 이슈(아킬레스건, 무릎, 햄스트링 등)가 따라붙었으나, 지난 시즌엔 큰 부상 없이 무난히 일정을 마쳤다(71경기 평균 15.4분). 리그 정상급 수비수로 1번~5번까지 다 막을 수 있다. 인사이드와 퍼리미터, 1대1 수비와 팀 디펜스, 가로채기 모두 압도적이다. 블락은 단연 리그 최고 수준이다. 득점 패턴은 덩크, 레이업, 3점 슈팅, 스팟업 점프샷으로 비교적 단순하다. 연봉은 1,500만 달러.

SHOT ZONE

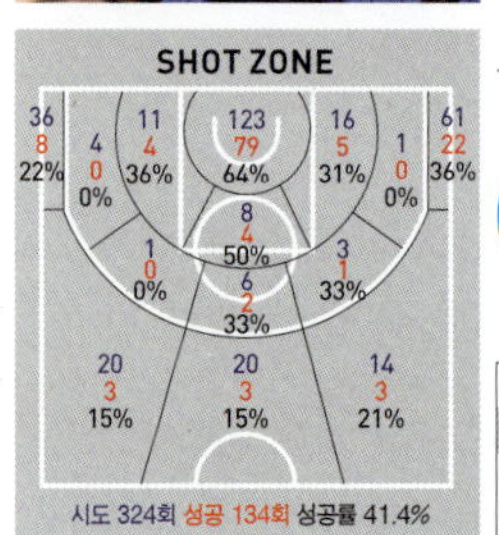

시도 324회 성공 134회 성공률 41.4%

SHOT PROCESS (필드골 324 시도)

- 캐치&숫 170
- 풀-업 14
- 드라이빙 8
- 커팅 25
- 러닝 15
- 스텝백 4
- 풋백 60
- 앨리웁 10
- 턴어라운드 18

SHOT TYPES (필드골 324 시도)

- 189 점프샷
- 45 레이업
- 4 핑거롤
- 1 플로터
- 43 덩크
- 1 훅샷
- 29 팁샷
- 0 뱅크샷
- 12 페이드어웨이

2024-25시즌 올랜도 71경기 평균 15.4분

항목	PTS	RB	AS	ST	BL	FG-FGA	3P-3PA	FT-FTA
평균	5.4	4.4	0.6	0.9	1.1	1.9-4.6	0.5-2.1	1.0-1.5
36분	12.6	10.4	1.3	2.0	2.6	4.4-10.7	1.3-5.0	2.4-3.5

항목	OS	CS	MS	3P	FT	SQ	OC	IS	L&F	SD	DD	PH	PF	PC	DRF	PM	PA	BH	DRS	PQ	PV
평점	D-	C	F	D	D+	F	F	D-	D+	D-	C-	F	F	F	F	D-	D-	D-	D	D-	F

항목	DEF	ID	PD	ST	BL	HDQ	PP	DC	RB	ORB	DRB	ATH	SP	AG	STR	VJ	STA	HP	INT	POT	OG
평점	B	B	B	A-	A+	B-	C+	B-	C+	B+	D+	C-	C-	B-	C-	B-	C-	D	F	B	C-

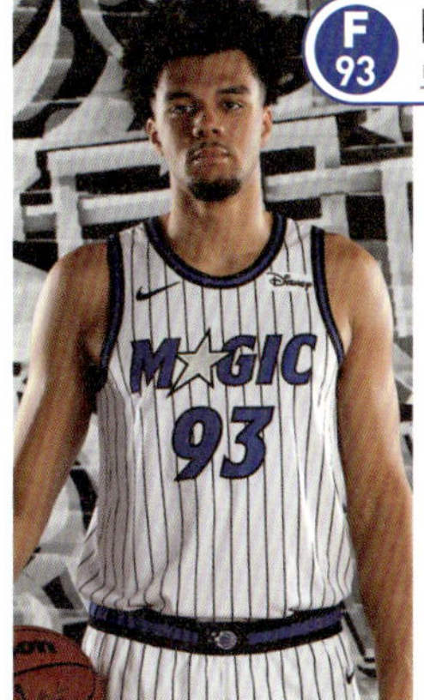

F 93 Noah PENDA SF-SG

노아 펜다 2005.01.07 / 198cm

미국 | NBA 드래프트 : 2025년 2라운드 32번 / NBA 우승 : 0회 / 파이널 MVP : 0회 / 시즌 MVP : 0회 / NBA 퍼스트팀 : 0회

프랑스 출신. 2022년부터 2년간 프랑스리그의 JA 비시-클레어몽, 르망 사르트에서 활약했다. 2025년 NBA 드래프트를 신청해 보스턴에 2라운드 32번으로 지명된 뒤 올랜도로 트레이드 됐다. 펜다는 203cm 스몰포워드로 줄기찬 움직임, 강한 신체, 끈질긴 투쟁심으로 무장해 '타고난 수비수'로 평가받는다. 인&아웃 수비가 모두 가능하고, 패싱레인을 잘 끊어낸다. 캐치&슈터 스타일이고, 발군의 운동능력을 활용해 림을 직접 공략한다. 연봉은 127만 달러.

SHOT ZONE

2025-26시즌 신인 선수

SHOT PROCESS: 필드골 0 시도 — 캐치&숏, 풀-업, 드라이빙, 커팅, 러닝, 스텝백, 풋백, 앨리웁, 턴어라운드

SHOT TYPES: 필드골 0 시도 — 점프샷, 레이업, 핑거롤, 플로터, 덩크, 훅샷, 팁샷, 뱅크샷, 페이드어웨이

2024-25시즌 기록 없음

항목	PTS	RB	AS	ST	BL	FG-FGA	3P-3PA	FT-FTA
평균	–	–	–	–	–	–	–	–
36분	–	–	–	–	–	–	–	–

항목	OS	CS	MS	3P	FT	SQ	OC	IS	L&F	SD	DD	PH	PF	PC	DRF	PM	PA	BH	DRS	PQ	PV
평점	–	–	–	–	–	–	–	–	–	–	–	–	–	–	–	–	–	–	–	–	–

항목	DEF	ID	PD	ST	BL	HDQ	PP	DC	RBB	ORB	DRB	ATH	SP	AG	STR	VJ	STA	HP	INT	POT	OG
평점	–	–	–	–	–	–	–	–	–	–	–	–	–	–	–	–	–	–	–	–	–

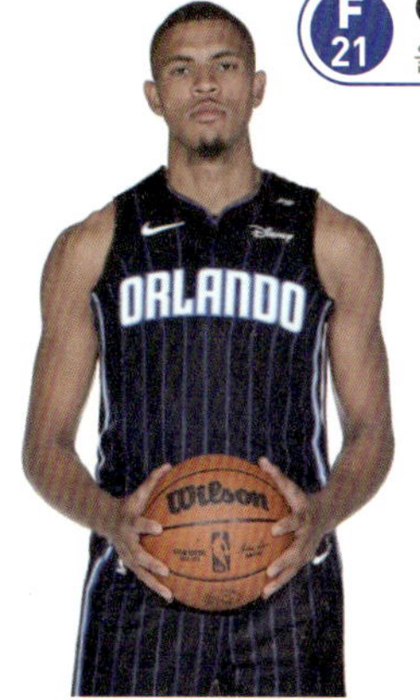

F 21 Orlando ROBINSON PF-C

올랜도 로빈슨 2000.07.10 / 208cm

미국 | NBA 드래프트 : 2022년 미지명 / NBA 우승 : 0회 / 파이널 MVP : 0회 / 시즌 MVP : 0회 / NBA 퍼스트팀 : 0회

2024년 10월 19일, 무릎을 다쳐 한 달 결장했고, 감독의 선택 및 G리그 출전 등이 어우러져 44경기 출전에 그쳤다. 시즌 종료 후 토론토와 계약이 종료됐고, 올해 7월, 올랜도와 연봉 64만 달러에 투웨이 계약을 맺었다. '서드 유닛' 멤버로 경기당 10여 분 뛰며 동료들의 휴식 시간을 커버하면 된다. '언더 사이즈 빅맨'이지만 인사이드에서 덩크, 레이업, 훅샷을 자주 구사한다. 출전 시간 대비 공격 리바운드는 리그 정상급이다. 허슬 플레이도 OK.

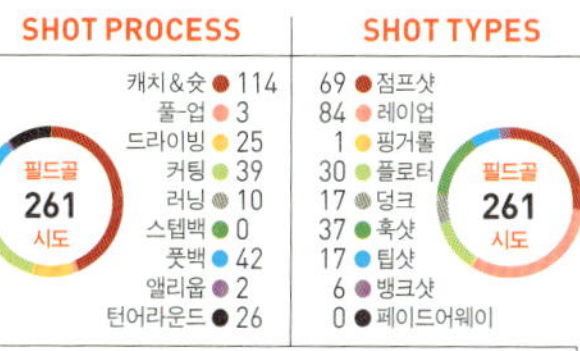

2024-25시즌 새크라멘토+토론토 44경기 평균 17.5분

항목	PTS	RB	AS	ST	BL	FG-FGA	3P-3PA	FT-FTA
평균	6.9	5.0	1.8	0.4	0.4	2.6-5.9	0.4-1.2	1.2-1.6
36분	14.2	10.3	3.6	0.8	0.7	5.4-12.2	0.8-2.4	2.5-3.3

항목	OS	CS	MS	3P	FT	SQ	OC	IS	L&F	SD	DD	PH	PF	PC	DRF	PM	PA	BH	DRS	PQ	PV
평점	D+	C	D+	C	B-	C-	F	D-	C-	C-	D-	D-	D-	D-	F	F	D-	F	F	D-	D-

항목	DEF	ID	PD	ST	BL	HDQ	PP	DC	RBB	ORB	DRB	ATH	SP	AG	STR	VJ	STA	HP	INT	POT	OG
평점	D	D	D-	F	F	D-	D-	D-	C	A-	D	D+	F	F	C-	D	B-	A	D-	B-	C-

C 34 Wendell CARTER Jr. C-PF

웬델 카터 주니어 1999.04.16 / 208cm

미국 | NBA 드래프트 : 2018년 1라운드 7번 / NBA 우승 : 0회 / 파이널 MVP : 0회 / 시즌 MVP : 0회 / NBA 퍼스트팀 : 0회

올 시즌에도 올랜도의 선발 센터로 출전한다. 그를 괴롭히던 부상 이슈도 올 시즌에는 없어 보인다. 카터 주니어는 공수 밸런스가 좋은 빅맨이다. 여러 종류의 덩크(스탠딩 덩크, 무빙 덩크, 앨리웁 덩크)와 레이업, 짧은 거리 훅샷으로 득점을 올린다. 픽&롤 전술 롤맨으로서의 득점력도 갖췄다. 예전에 비해 3점 성공률이 많이 높아져 '스트레치 5번'에 점점 가까워지고 있다. 스크린 세팅, 핸드오프 플레이, 공-수 리바운드도 OK. 연봉은 1,085만 달러.

SHOT ZONE

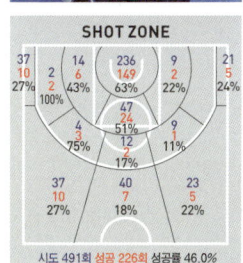

37 10 27% / 2 2 100% / 14 6 43% / 236 149 63% / 9 2 22% / 21 5 24% / 47 24 51% / 4 3 75% / 12 2 17% / 9 1 11% / 37 10 27% / 40 7 18% / 23 5 22%

시도 491회 성공 226회 성공률 46.0%

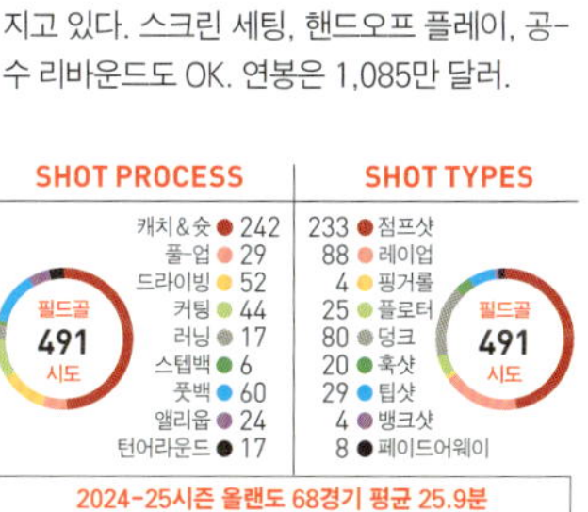

2024-25시즌 올랜도 68경기 평균 25.9분

항목	PTS	RB	AS	ST	BL	FG-FGA	3P-3PA	FT-FTA
평균	9.1	7.2	2.0	0.8	0.6	3.3-7.2	0.5-2.3	1.9-2.6
36분	12.7	10.1	2.7	1.1	0.8	4.6-10.1	0.8-3.2	2.6-3.6

항목	OS	CS	MS	3P	FT	SQ	OC	IS	L&F	SD	DD	PH	PF	PC	DRF	PM	PA	BH	DRS	PQ	PV
평점	D+	C+	B-	D-	C	D	F	B-	C+	B-	C	B-	B-	B-	C	D-	D-	D-	F	C	F

항목	DEF	ID	PD	ST	BL	HDQ	PP	DC	RBB	ORB	DRB	ATH	SP	AG	STR	VJ	STA	HP	INT	POT	OG
평점	D+	B-	D-	D	F	B-	C-	C-	C	C	C+	C	D+	D-	B-	D+	B	A-	F	B+	C+

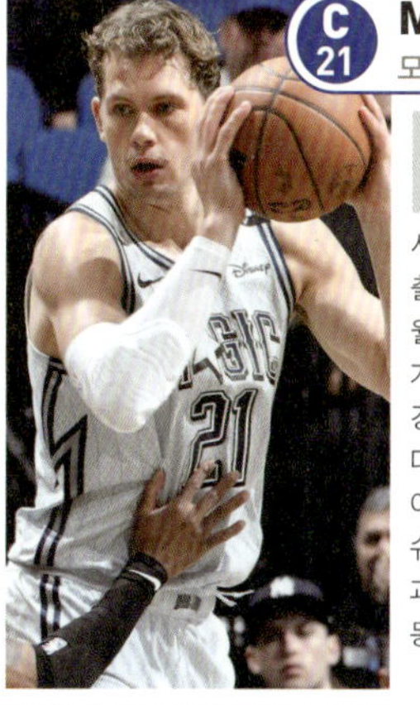

C 21 Moritz WAGNER C-PF

모리츠 바그너 1997.04.26 / 211cm

독일 | NBA 드래프트 : 2018년 1라운드 25번 / NBA 우승 : 0회 / 파이널 MVP : 0회 / 시즌 MVP : 0회 / NBA 퍼스트팀 : 0회

시즌 초반 백업 센터로 30경기 평균 18.8분씩 출전하며 역할을 해냈다. 그러나 2024년 12월 23일, 경기 도중 왼쪽 무릎 전방 십자인대가 파열되어 수술을 받았다. 시즌 아웃. 다행히 경과가 좋아 올 시즌 출전에 문제는 없어 보인다. 모리츠는 대부분 림 어택(덩크, 앨리웁, 레이업, 핑거롤), 짧은 거리 훅샷, 캐치&숏 3점 슈팅으로 득점한다. 그러나 힘 좋은 상대 빅맨과의 1대1 수비 때 많이 밀린다. 모리츠는 팀 동료 프란츠의 형이다. 연봉은 500만 달러.

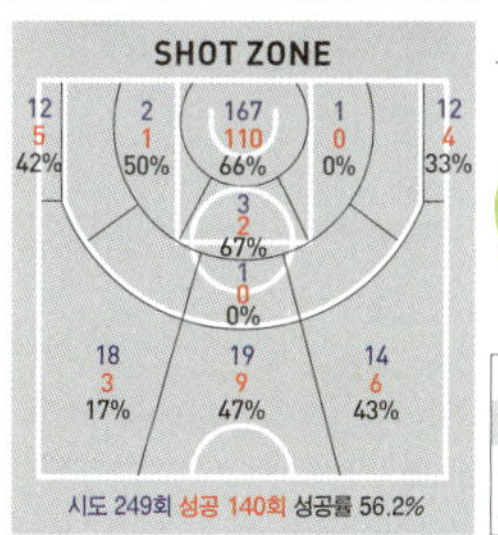

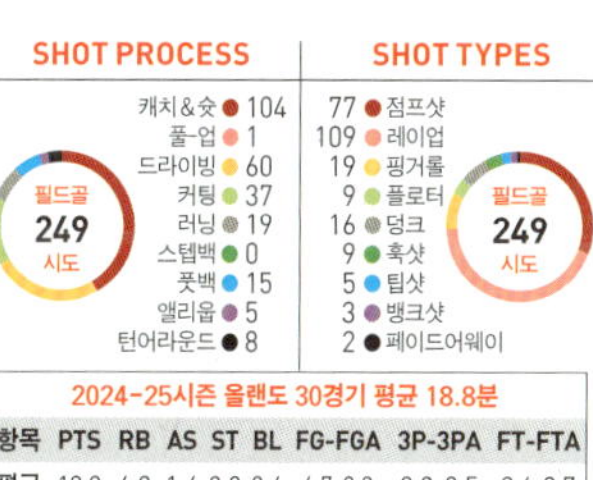

2024-25시즌 올랜도 30경기 평균 18.8분

항목	PTS	RB	AS	ST	BL	FG-FGA	3P-3PA	FT-FTA
평균	12.9	4.9	1.4	0.8	0.4	4.7-8.3	0.9-2.5	2.6-3.7
36분	24.6	9.4	2.7	1.5	0.8	8.9-15.9	1.7-4.8	5.0-7.0

항목	OS	CS	MS	3P	FT	SQ	OC	IS	L&F	SD	DD	PH	PF	PC	DRF	PM	PA	BH	DRS	PQ	PV
평점	C+	A	C+	B-	C-	D-	B-	D+	C	C	D	C	C	C	F	D-	D-	F	D-	D-	D-

항목	DEF	ID	PD	ST	BL	HDQ	PP	DC	RBB	ORB	DRB	ATH	SP	AG	STR	VJ	STA	HP	INT	POT	OG
평점	D	D	D-	C+	F	D-	D-	F	C-	D	C+	C+	C-	D+	C+	C	C+	B	F	B	C

General Stats								Outside Scoring & Shooting							Inside Scoring & Shooting								Play Making, Ball Handling & Passing					
PTS	RB	AS	ST	BL	FG-FGA	3P-3PA	FT-FTA	OS	CS	MS	3P	FT	SQ	OC	IS	L&F	SD	DD	PH	PF	PC	DRF	PM	PA	BH	DRS	PQ	PV
득점	리바운드	어시스트	스틸	블락샷	필드골 성공-시도	3점슈팅 성공-시도	자유투 성공-시도	외곽 득점력	근거리 점프샷	중거리 슈팅	3점 슈팅	자유투	슈팅 IQ	득점 일관성	인사이드 득점력	레이업 플로터	스탠딩 덩크	드라이빙 덩크	포스트 훅샷	포스트 페이드	포스트 컨트롤	파울 유도	플레이 메이킹	패스 능력	볼 핸들링	드리블 스피드	패스 IQ	패스 비전

C 35 Goga BITADZE C-PF

고가 비타제 1999.07.20 / 208cm

조지아 | **NBA 드래프트 :** 2019년 1라운드 18번 / **NBA 우승 :** 0회 / **파이널 MVP :** 0회 / **시즌 MVP :** 0회 / **NBA 퍼스트팀 :** 0회

유럽 조지아의 사가레요 출신. 2015~2019년, 유럽 프로리그에서 뛰었다. 2019년 NBA 드래프트를 신청해 인디애나에 지명되었고, 2023년 여름 올랜도로 이적했다. 비타제는 정확한 타이밍에 거의 본능적으로 슈팅을 한다. 덩크, 레이업, 공격 리바운드 풋백 등 림 근처에서 득점이 집중적으로 이뤄진다. 가끔, 패턴에 의해 오픈 찬스를 잡으면 3점 슈팅을 시도한다. 블락과 리바운드는 수준급. 그러나 인사이드 1대1 수비는 부족하다. 연봉은 833만 달러.

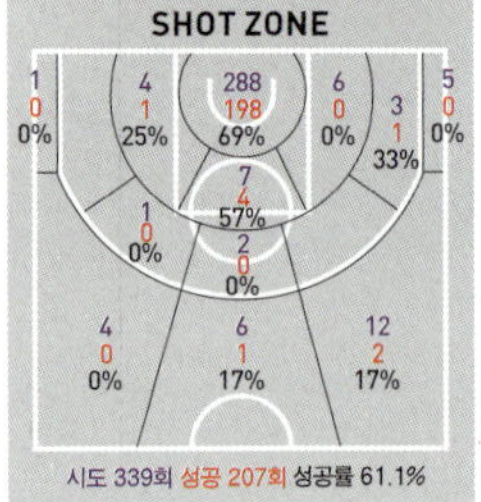

SHOT PROCESS (필드골 339 시도)

캐치&슛 97 / 풀-업 2 / 드라이빙 29 / 커팅 55 / 러닝 11 / 스텝백 0 / 풋백 80 / 앨리웁 44 / 턴어라운드 21

SHOT TYPES (필드골 339 시도)

38 점프샷 / 99 레이업 / 1 핑거롤 / 10 플로터 / 88 덩크 / 36 훅샷 / 65 팁샷 / 1 뱅크샷 / 1 페이드어웨이

2024-25시즌 올랜도 70경기 평균 20.4분

항목	PTS	RB	AS	ST	BL	FG-FGA	3P-3PA	FT-FTA
평균	7.2	6.6	2.0	0.7	1.4	3.0-4.8	0.0-0.4	1.2-1.9
36분	12.6	11.7	3.4	1.2	2.5	5.2-8.5	0.1-0.7	2.1-3.3

항목	OS	CS	MS	3P	FT	SQ	OC	IS	L&F	SD	DD	PH	PF	PC	DRF	PM	PA	BH	DRS	PQ	PV
평점	D+	A+	D+	D	D	C-	F	D	D-	C	D	C	D+	C	F	D-	D-	D-	D-	D+	D-

항목	DEF	ID	PD	ST	BL	HDQ	PP	DC	RBB	ORB	DRB	ATH	SP	AG	STR	VJ	STA	HP	INT	POT	OG
평점	D	B-	D-	D+	A+	B-	F	B-	B+	A-	B-	D+	D-	F	B+	D-	B-	C	F	B	C

G 4 Jalen SUGGS SG-PG

제일런 석스 2001.06.03 / 196cm

미국 | **NBA 드래프트 :** 2021년 1라운드 5번 / **NBA 우승 :** 0회 / **파이널 MVP :** 0회 / **시즌 MVP :** 0회 / **NBA 퍼스트팀 :** 0회

시즌 개막 직후부터 근육통, 발목 염좌, 손목 염좌, 허리 통증 등 잔부상이 계속 발생했다. 하지만 그때까지만 해도 큰 문제는 아니었다. 그런데 2025년 1월 30일, 왼 무릎에 극심한 통증을 느꼈고, 결국 무릎 연골 조각 제거 수술을 받은 후 시즌 아웃 됐다. 프로 데뷔 후 최고의 순간을 보냈던 지난 2023-24시즌과 극명하게 대비되는 순간이었다. 석스는 리그 최고의 퍼리미터 수비수다. 림 어택과 3점 슈팅으로 득점할 수 있다. 연봉은 3,500만 달러.

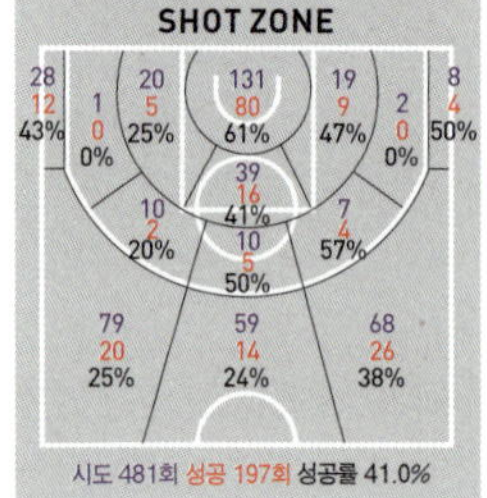

SHOT PROCESS / **SHOT TYPES**

2024-25시즌 올랜도 35경기 평균 28.6분

항목	PTS	RB	AS	ST	BL	FG-FGA	3P-3PA	FT-FTA
평균	16.2	4.0	3.7	1.5	0.9	5.6-13.7	2.2-6.9	2.8-3.1
36분	20.4	5.1	4.6	1.8	1.2	7.1-17.3	2.7-8.7	3.5-4.0

항목	OS	CS	MS	3P	FT	SQ	OC	IS	L&F	SD	DD	PH	PF	PC	DRF	PM	PA	BH	DRS	PQ	PV
평점	C+	B-	C+	C+	B+	C-	C-	D-	B-	F	B-	F	F	C	D-	C+	C+	B-	B+	C+	C-

항목	DEF	ID	PD	ST	BL	HDQ	PP	DC	RBG	ORG	DRG	ATH	SP	AG	STR	VJ	STA	HP	INT	POT	OG
평점	B-	D	A	B+	D+	B	B-	B	C	C-	B-	B-	B+	A-	D-	A-	B+	B-	D-	A-	B-

G 3 Desmond BANE SF-SG

데스먼드 베인 1998.06.25 / 196cm

미국 | **NBA 드래프트 :** 2020년 1라운드 30번 / **NBA 우승 :** 0회 / **파이널 MVP :** 0회 / **시즌 MVP :** 0회 / **NBA 퍼스트팀 :** 0회

NBA 최고의 3점 슈터 중 1명이다. 픽&롤을 활용해 찬스를 잡는다. 중거리와 3점 라인 밖에서 풀업 점퍼, 캐치&슛, 스텝백 점퍼를 최고 수준으로 구사한다. 드라이빙 후 림 어택도 OK. 프로 초창기 대비 볼 핸들링, 플레이메이킹이 늘었다. 퍼리미터에서 열심히 수비한다. 문제는 부상. 지난 시즌에도 허리, 발가락, 발목, 사타구니 등 여러 부위를 돌아가며 다쳤다. 그나마 잔부상이라 다행이었다. 올 시즌 몸 관리를 더 잘 해야 한다. 연봉은 3,673만 달러.

SHOT PROCESS

SHOT TYPES (필드골 1018 시도)

528 점프샷 / 190 레이업 / 138 핑거롤 / 90 플로터 / 5 덩크 / 0 훅샷 / 8 팁샷 / 46 뱅크샷 / 13 페이드어웨이

2024-25시즌 멤피스 69경기 평균 32.0분

항목	PTS	RB	AS	ST	BL	FG-FGA	3P-3PA	FT-FTA
평균	19.2	6.1	5.3	1.2	0.4	7.1-14.8	2.4-6.1	2.6-2.9
36분	21.7	6.8	6.0	1.3	0.5	8.0-16.6	2.7-6.8	2.9-3.2

항목	OS	CS	MS	3P	FT	SQ	OC	IS	L&F	SD	DD	PH	PF	PC	DRF	PM	PA	BH	DRS	PQ	PV
평점	B+	A-	A	B+	B+	B-	B-	D-	B-	F	C	F	D-	D-	F	C	C+	B-	C-	C+	C-

항목	DEF	ID	PD	ST	BL	HDQ	PP	DC	RBG	ORG	DRG	ATH	SP	AG	STR	VJ	STA	HP	INT	POT	OG
평점	D+	D	B-	C-	F	C+	C+	C-	A-	C+	A	C+	C	B-	D-	C+	A-	B	D-	B+	B-

G 2 Tyus JONES PG

타이어스 존스 1996.05.10 / 185cm

미국 | **NBA 드래프트 :** 2015년 1라운드 24번 / **NBA 우승 :** 0회 / **파이널 MVP :** 0회 / **시즌 MVP :** 0회 / **NBA 퍼스트팀 :** 0회

피닉스 소속으로 81경기 평균 26.8분씩 뛰며 10.2점, 5.3어시스트, 41.4%의 3점 슈팅 성공률(경기당 5.0회 시도-2.0회 성공)을 보였다. 대부분의 지표에서 2015-16시즌 프로 데뷔 이후 가장 좋았다. 시즌 종료 후 올랜도로 이적했다. 존스는 패스의 회전에 중점을 두는 정통 포인트가드다. 볼을 매우 안정되게 핸들링하고(턴오버가 적다), 날카롭게 패스한다. 드라이빙에서 이어지는 플로터가 특기이고, 캐치&슛 3점 슈팅이 정확하다. 연봉은 700만 달러.

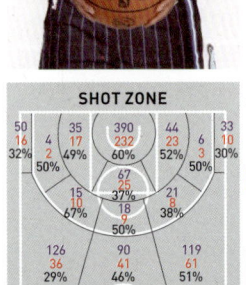

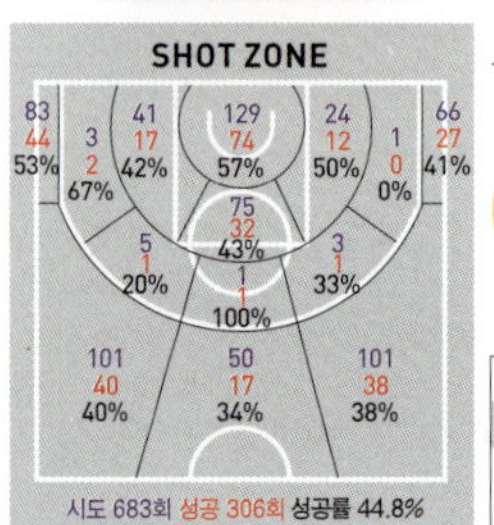

SHOT PROCESS (필드골 683 시도)

캐치&슛 322 / 풀-업 92 / 드라이빙 199 / 커팅 2 / 러닝 57 / 스텝백 8 / 풋백 2 / 앨리웁 0 / 턴어라운드 1

SHOT TYPES (필드골 683 시도)

438 점프샷 / 51 레이업 / 16 핑거롤 / 134 플로터 / 0 덩크 / 0 훅샷 / 1 팁샷 / 35 뱅크샷 / 8 페이드어웨이

2024-25시즌 피닉스 81경기 평균 26.8분

항목	PTS	RB	AS	ST	BL	FG-FGA	3P-3PA	FT-FTA
평균	10.2	2.4	5.3	0.9	0.1	3.8-8.4	2.0-5.0	0.6-0.7
36분	13.7	3.2	7.1	1.1	0.1	5.1-11.3	2.7-6.6	0.8-0.9

항목	OS	CS	MS	3P	FT	SQ	OC	IS	L&F	SD	DD	PH	PF	PC	DRF	PM	PA	BH	DRS	PQ	PV
평점	B-	A-	C-	B	B+	A	D-	D-	B+	F	F	F	F	F	C	B-	B	B	D+	B+	C-

항목	DEF	ID	PD	ST	BL	HDQ	PP	DC	RBG	ORG	DRG	ATH	SP	AG	STR	VJ	STA	HP	INT	POT	OG
평점	D	D-	C-	D	D-	D-	B-	D-	D-	D+	D-	C-	C-	C-	F	D-	A	B+	D-	B	C+

G 11 Jase RICHARDSON PG-SG

제이스 리차드슨 2005.10.16 / 183cm

미국 NBA 드래프트 : 2025년 1라운드 25번
NBA 우승 : 0회 / 파이널 MVP : 0회
시즌 MVP : 0회 / NBA 퍼스트팀 : 0회

명문 미시건 주립대 1학년을 마치고 2025 NBA 드래프트를 신청했다. 그리고 올랜도 매직에 1라운드 25번으로 지명되었다. 대학 시절부터 이미 '완성형 신인'으로 평가받았다. 올랜도에서는 첫 시즌부터 백업 가드로 나름 중요한 역할을 할 것이다. 리차드슨의 강점은 슈팅이다. 캐치&슈터로 좌우 윙과 탑에서 폭발적인 3점 슈팅을 터뜨린다. 오프 밸런스 상황에서 터프샷도 곧잘 넣는다. 바스켓볼 IQ가 높아 플레이메이킹에도 일가견이 있다. 연봉은 298만 달러.

SHOT ZONE

2025-26시즌 신인 선수

SHOT PROCESS

필드골 0 시도

캐치&슛, 풀-업, 드라이빙, 커팅, 러닝, 스텝백, 풋백, 앨리웁, 턴어라운드

SHOT TYPES

필드골 0 시도

점프샷, 레이업, 핑거롤, 플로터, 덩크, 훅샷, 팁샷, 뱅크샷, 페이드어웨이

2024-25시즌 기록 없음

항목	PTS	RB	AS	ST	BL	FG-FGA	3P-3PA	FT-FTA
평균	–	–	–	–	–	–	–	–
36분	–	–	–	–	–	–	–	–

항목	OS	CS	MS	3P	FT	SQ	OC	IS	L&F	SD	DD	PH	PF	PC	DRF	PM	PA	BH	DRS	PQ	PV
평점	–	–	–	–	–	–	–	–	–	–	–	–	–	–	–	–	–	–	–	–	–

항목	DEF	ID	PD	ST	BL	HDQ	PP	DC	RBG	ORG	DRG	ATH	SP	AG	STR	VJ	STA	HP	INT	POT	OG
평점	–	–	–	–	–	–	–	–	–	–	–	–	–	–	–	–	–	–	–	–	–

G 0 Anthony BLACK PG-SG

앤써니 블랙 2004.01.20 / 201cm

미국 NBA 드래프트 : 2023년 1라운드 6번
NBA 우승 : 0회 / 파이널 MVP : 0회
시즌 MVP : 0회 / NBA 퍼스트팀 : 0회

201cm 장신 콤보 가드. 키가 크고, 팔이 길며 운동능력이 좋기에 2023 드래프트 당시부터 많은 주목을 받았다. 덩크, 앨리웁 덩크, 드라이빙 레이업으로 림을 공략한다. 풀업 점퍼 혹은 캐치&슛에서 나오는 3점 슈팅이 좋다. 볼을 안정적으로 핸들링하고, 정확한 패스를 구사한다. 프로 3년 차에 불과하지만, 이미 노련한 플레이메이커로 불린다. 그의 체형, 전체적인 플레이 스타일을 봤을 때 론조 볼, 숀 리빙스턴과 자주 비교된다. 연봉은 797만 달러.

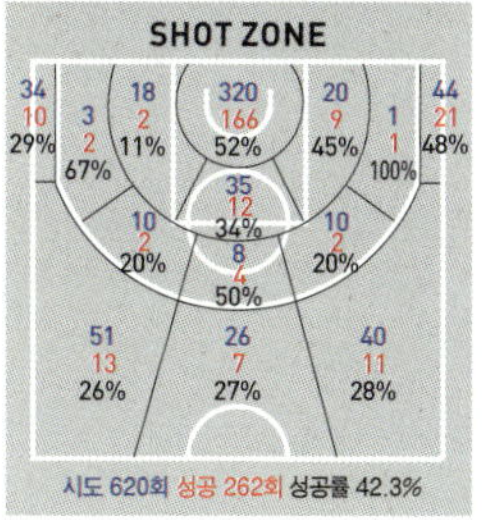

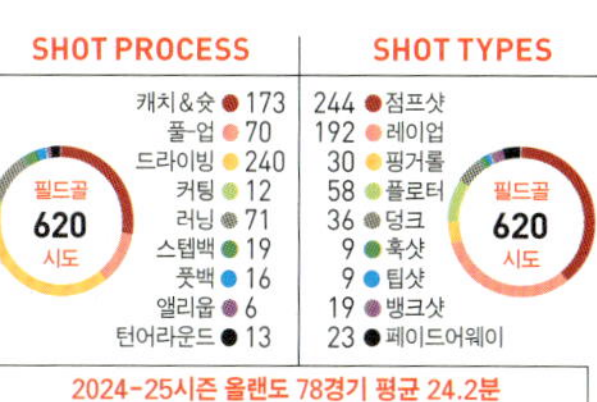

2024-25시즌 올랜도 78경기 평균 24.2분

항목	PTS	RB	AS	ST	BL	FG-FGA	3P-3PA	FT-FTA
평균	9.4	2.9	3.1	1.1	0.6	3.4-7.9	0.8-2.5	1.9-2.5
36분	14.0	4.4	4.6	1.6	0.9	5.0-11.8	1.2-3.7	2.9-3.8

항목	OS	CS	MS	3P	FT	SQ	OC	IS	L&F	SD	DD	PH	PF	PC	DRF	PM	PA	BH	DRS	PQ	PV
평점	C-	B-	C-	C+	C	C-	F	D-	B	F	C	F	D-	D-	D+	C+	B-	B	C	C+	D+

항목	DEF	ID	PD	ST	BL	HDQ	PP	DC	RBG	ORG	DRG	ATH	SP	AG	STR	VJ	STA	HP	INT	POT	OG
평점	C+	D	B+	B-	D-	B	B-	B-	D-	C+	D-	C+	C	B	D-	C	A-	A-	B-	B+	C+

G 13 Jett HOWARD SG-SF

젯 하워드 2003.09.14 / 198cm

미국 NBA 드래프트 : 2023년 1라운드 11번
NBA 우승 : 0회 / 파이널 MVP : 0회
시즌 MVP : 0회 / NBA 퍼스트팀 : 0회

'18경기 평균 3.7분에서 60경기 평균 11.7분으로.' 하워드는 1년 사이에 크게 발전했다. 출전 경기 수와 경기당 출전 시간에서 2023-24시즌보다 큰 폭으로 상승했다. 2025년 1월, 왼발목 염좌로 몇 경기 빠진 것을 제외하면 거의 풀타임 활약했다. 올 시즌도 팀의 '서드 유닛' 멤버로 주전들의 휴식 시간을 커버한다. 하워드는 198cm의 스윙맨이다. 빠른 타이밍의 캐치&슛 3점 슈팅이 주무기다. 핫스팟은 좌우 윙. 풀업 점퍼도 OK. 연봉은 553만 달러.

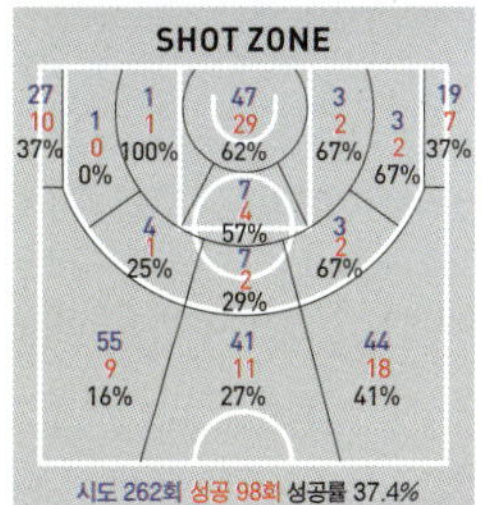

SHOT PROCESS

필드골 262 시도

캐치&슛	134
풀-업	45
드라이빙	26
커팅	5
러닝	27
스텝백	18
풋백	4
앨리웁	0
턴어라운드	3

SHOT TYPES

필드골 262 시도

208	점프샷
31	레이업
4	핑거롤
8	플로터
6	덩크
1	훅샷
1	팁샷
1	뱅크샷
2	페이드어웨이

2024-25시즌 올랜도 60경기 평균 11.7분

항목	PTS	RB	AS	ST	BL	FG-FGA	3P-3PA	FT-FTA
평균	4.5	1.2	0.7	0.2	0.2	1.6-4.4	0.9-3.1	0.3-0.4
36분	13.7	3.6	2.3	0.7	0.6	5.0-13.5	2.8-9.6	0.8-1.2

항목	OS	CS	MS	3P	FT	SQ	OC	IS	L&F	SD	DD	PH	PF	PC	DRF	PM	PA	BH	DRS	PQ	PV
평점	–	–	–	–	–	–	–	–	–	–	–	–	–	–	–	–	–	–	–	–	–

항목	DEF	ID	PD	ST	BL	HDQ	PP	DC	RBG	ORG	DRG	ATH	SP	AG	STR	VJ	STA	HP	INT	POT	OG
평점	–	–	–	–	–	–	–	–	–	–	–	–	–	–	–	–	–	–	–	–	–

출전 시간이 짧아 평점 매길 수 없음

ORLANDO MAGIC 2025-26 REGULAR SEASON SCHEDULE

OCTOBER, 2025

Oct. 22 vs. Miami Heat
Oct. 24 vs. Atlanta Hawks
Oct. 25 vs. Chicago Bulls
Oct. 27 @ Philadelphia 76ers
Oct. 29 @ Detroit Pistons
Oct. 30 @ Charlotte Hornets

NOVEMBER, 2025

Nov. 1 @ Washington Wizards
Nov. 4 @ Atlanta Hawks
Nov. 7 vs. Boston Celtics
Nov. 9 vs. Boston Celtics
Nov. 10 vs. Portland Trail Blazers
Nov. 12 @ New York Knicks
Nov. 14 vs. Brooklyn Nets
Nov. 16 @ Houston Rockets
Nov. 18 vs. Golden State Warriors
Nov. 20 vs. Los Angeles Clippers
Nov. 22 vs. New York Knicks
Nov. 23 @ Boston Celtics
Nov. 25 @ Philadelphia 76ers
Nov. 28 @ Detroit Pistons

DECEMBER, 2025

Dec. 1 vs. Chicago Bulls
Dec. 3 vs. San Antonio Spurs
Dec. 5 vs. Miami Heat
Dec. 7 @ New York Knicks
Dec. 18 @ Denver Nuggets
Dec. 20 @ Utah Jazz
Dec. 22 @ Golden State Warriors
Dec. 23 @ Portland Trail Blazers
Dec. 26 vs. Charlotte Hornets
Dec. 27 vs. Denver Nuggets
Dec. 29 @ Toronto Raptors
Dec. 31 @ Indiana Pacers

JANUARY, 2026

Jan. 2 @ Chicago Bulls
Jan. 4 vs. Indiana Pacers
Jan. 6 @ Washington Wizards
Jan. 7 @ Brooklyn Nets
Jan. 9 vs. Philadelphia 76ers
Jan. 11 vs. New Orleans Pelicans
Jan. 15 vs. Memphis Grizzlies
Jan. 18 @ Memphis Grizzlies
Jan. 22 vs. Charlotte Hornets
Jan. 24 vs. Cleveland Cavaliers
Jan. 26 @ Cleveland Cavaliers
Jan. 28 @ Miami Heat
Jan. 30 vs. Toronto Raptors

FEBRUARY, 2026

Feb. 1 @ San Antonio Spurs
Feb. 3 @ Oklahoma City Thunder
Feb. 5 vs. Brooklyn Nets
Feb. 7 vs. Utah Jazz
Feb. 9 vs. Milwaukee Bucks
Feb. 11 vs. Milwaukee Bucks
Feb. 19 @ Sacramento Kings
Feb. 21 @ Phoenix Suns
Feb. 22 @ Los Angeles Clippers
Feb. 24 @ Los Angeles Lakers
Feb. 26 vs. Houston Rockets

MARCH, 2026

Mar. 1 vs. Detroit Pistons
Mar. 3 vs. Washington Wizards
Mar. 5 vs. Dallas Mavericks
Mar. 7 @ Minnesota Timberwolves
Mar. 8 @ Milwaukee Bucks
Mar. 11 vs. Cleveland Cavaliers
Mar. 12 vs. Washington Wizards
Mar. 14 @ Miami Heat
Mar. 16 @ Atlanta Hawks
Mar. 17 vs. Oklahoma City Thunder
Mar. 19 @ Charlotte Hornets
Mar. 21 vs. Los Angeles Lakers
Mar. 23 vs. Indiana Pacers
Mar. 24 @ Cleveland Cavaliers
Mar. 26 vs. Sacramento Kings
Mar. 29 @ Toronto Raptors
Mar. 31 vs. Phoenix Suns

APRIL, 2026

Apr. 1 vs. Atlanta Hawks
Apr. 3 @ Dallas Mavericks
Apr. 5 @ New Orleans Pelicans
Apr. 6 vs. Detroit Pistons
Apr. 8 vs. Minnesota Timberwolves
Apr. 10 @ Chicago Bulls
Apr. 12 @ Boston Celtics

WASHINGTON WIZARDS
WASHINGTON
WIZARDS
the District
OF COLUMBIA
Robinhood

코어 자리 놓고 무한경쟁 돌입

기층 민중의 비애

리그 30개 팀을 통틀어 가장 명확한 전면 탱킹 의사를 밝혔다. 긴 호흡의 재건 노선을 밟았기에 거듭된 연패는 딱히 흠 잡힐 대목이 아니다. 구단 역대 최다와 동률인 16연패를 두 차례나 겪었을 정도다. 시즌 후반기에는 영건 군단 출전 시간을 대폭 늘렸다. 알렉스 사르, 버브 캐링턴, 키숀 조지 등 자체 생산 유망주들이 무한대에 가까운 기회를 받았다. 아쉬웠던 대목은 리그 2년차 윙 자원 빌랄 쿨리발리의 오른쪽 햄스트링 부상 아웃이다. 성장 곡선이 정체되었던 이유다.

교과서적인 트레이드 중계상 역할

탱킹 집단의 권리 중 하나는 트레이드 중계상 역할이다. 처치 곤란한 악성 계약과 미래 자산을 동시에 받는 구조다. 올해 여름에도 휴스턴, 뉴올리언스 등 샐러리캡이 포화 상태에 도달한 타 팀들 가려운 부위를 시원하게 긁어줬다. 이는 차기 시즌에도 탱킹이 계속된다는 의미이긴 하다. 본업인 신인 드래프트에서는 전체 6순위 지명권으로 텍사스 대학 출신 슈팅가드 트레 존슨을 선택했다. 기존 에이스 조던 풀이 뉴올리언스로 떠난 자리에 무혈입성할 것으로 기대된다.

유망주 옥석 가리기

지난 2년에 걸친 전면 탱킹에도 불구하고 코어(core) 유망주는 수급하지 못했다. 반대로 생각하면 쿨리발리, 사르, 존슨 등에게 기회의 문이 활짝 열려 있다. 외부 영입 유망주들인 캠 위트모어, AJ 존슨 등도 무한 경쟁에 의욕적으로 가세하게 된다. 베테랑 고액 연봉자 듀오 크리스 미들턴, CJ 맥컬럼은 미드 시즌 트레이드 후보군이다. 두 선수 모두 만기 계약 자원인 덕분에 트레이드 난이도는 까다롭지 않다. 추가 미래 드래프트 지명권을 남기며 아름답게 이별할 전망이다.

Association Icon Statement City

*통계는 2025년 10월 1일 기준

CLUB INFORMATION

 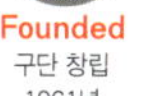 **Founded** 구단 창립 1961년	 **Owner** 모누멘털 스포츠 & 엔터	  **CEO** 마이클 윙어	 **Head Coach** 브라이언 키프 1976.04.07	 **24-25 Odds** 스카이벳 : 500배 윌리엄힐 : 1000배
 **Nationality** ●미국 선수 명 ●외국 선수 명	 **Age** 19명 평균 23.6세	 **Height** 19명 평균 201.2cm	 **Weight** 19명 평균 93.2kg	 **Salary** 16명 평균 866만 달러
 **Win** 2024-25 : 18승 통산 : 2290승	 **Loss** 2024-25 : 64패 통산 : 2879패	 **Winning%** 2024-25 : 22.0% 통산 : 44.3%	 **Play-Off** PO 진출 : 30회 PO 탈락 : 34회	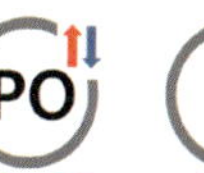 **Titles** NBA우승 : 1회 컨퍼런스 : 4회
 **Top Scorer** 조던 풀 평균 20.5점	 **More Rebounds** 요나스 발란추나스 평균 8.2리바운드	 **More Assists** 조던 풀 평균 4.5어시스트	 **More Steals** 빌랄 쿨리발리 평균 1.3스틸	 **More Blocks** 알렉스 사 평균 1.5블락

*항목별 1위는 지난 시즌 워싱턴 소속으로 42경기 이상 출전한 선수 중 선별

HEAD COACH & STADIUM

Brian KEEFE 브라이언 키프

생년월일 : 1976.04.07 / **출생지 :** 미국 매사추세츠주 윈체스터
경력 : 2000~2001년 사우스 플로리다대 코치 / 2001~2005년 브라이언트대 코치 / 2007~2015년 시애틀 슈퍼소닉스+오클라호마시티 선더스 코치 / 2021~2023년 워싱턴 위저즈 코치 / 2024년~ 워싱턴 위저즈 감독

윈체스터고를 졸업하고, 1994년 UC 어바인에 입학해 2학년까지 마쳤다. 3학년 때 UNLV(네바다 라스베거스대)로 편입했고, 그곳에서 졸업했다. UC 어바인 시절엔 올-빅 웨스트 컨퍼런스 세컨드 팀에 선정되었고, UNLV에서는 소속팀을 NCAA 토너먼트로 진출시켰다. 현역 시절 가드로 뛰었지만 NBA 팀들로부터 주목을 받지 못했고, 결국 졸업하자마자 바로 지도자로 나섰다. 2000년 사우스 플로리다대 어시스턴트를 시작으로, 2001년 브라이언트대, 2005년 샌안토니오(비디오 코디네이터), 2007년 시애틀 슈퍼소닉스/오클라호마 시티 선더, 2015년 뉴욕 닉스, 2016년 LA 레이커스, 2019년 오클라호마시티 선더스, 2021년 브루클린 네츠, 2023년 워싱턴 위저즈까지 23년간 어시스턴트로 근무하면서 풍부한 경험을 쌓았다. 샌안토니오 시절엔 그의 비디오 분석이 소속팀의 NBA 챔피언십 우승에 크게 도움이 되었다고 한다. 그리고 2024년 1월 25일, 워싱턴 위저즈의 제26대 감독으로 부임했다.

CAPITAL ONE ARENA

구장 오픈 : 1997년 12월 2일
구장 증개축 : —
오너 : 모누멘탈 스포츠&엔터
수용인원 : 2만 356명
건축비용 : 2억 6000만달러
(현재 가치) 4억 7500만달러

이 아레나는 NBA 농구팀 워싱턴 위저즈, 2018 NHL 우승팀 워싱턴 캐피털스, 그리고 NCAA(대학농구) 명문 조지타운대에서 홈구장으로 사용 중이다. 이 경기장에서는 매년 평균 220회 안팎의 다양한 이벤트(스포츠, 공연, 전시회)가 열린다. 지난 2024년 7월 22일에는 아이유 투어 콘서트 'HEREH'가 개최되었다. 위저즈 홈구장이 된 건 1997-98시즌부터다.

REGULAR SEASON RANKING LAST 10YEARS									★NBA 파이널 우승
15-16	16-17	17-18	18-19	19-20	20-21	21-22	22-23	23-24	24-25
17	9	17	25	23	16	21	23	29	27
41승 41패	49승 33패	43승 39패	32승 50패	25승 47패	34승 38패	35승 47패	35승 47패	15승 67패	18승 64패

Honours

1	4	8	5
NBA CHAMPIONS	CONFERENCE TITLES	DIVISION TITLES	RETIRED NUMBERS

NBA CHAMPIONSHIPS
1978

CONFERENCE TITLES
1971, 1975, 1978, 1979

DIVISION TITLES
1969, 1971, 1972, 1973, 1974, 1975, 1979, 2017

RETIRED NUMBERS
10, 11, 25, 41, 45

TEAM POTENTIAL

64점

30위

하프코트 세트오펜스 5점 / 트랜지션 오펜스 7점 / 하프코트 세트디펜스 6점 / 트랜지션 디펜스 6점 / 리바운드 6점

선수층 6점 / 선수 경험치 6점 / 감독 리더십 7점 / 감독 전술 7점 / 프런트 8점

*각 항목은 10점 만점, 평점은 NBA 30팀 사이 상대평가

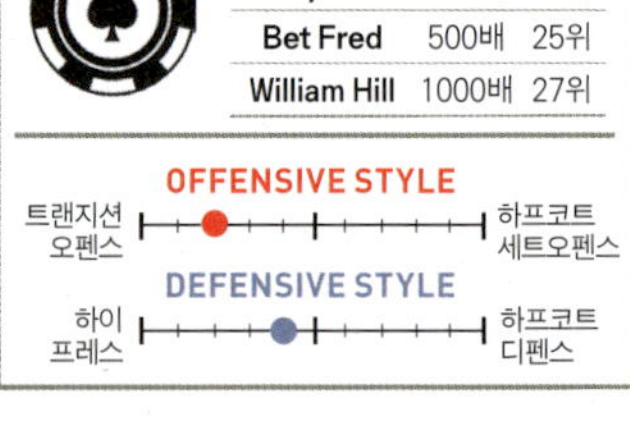

우승 ODDS	배당	순위
Sky Bet	500배	24위
Bet Fred	500배	25위
William Hill	1000배	27위

OFFENSIVE STYLE: 트랜지션 오펜스 ↔ 하프코트 세트오펜스

DEFENSIVE STYLE: 하이 프레스 ↔ 하프코트 디펜스

SQUAD & TACTICS

STARTERS

PF 키션 조지 26.5분, 8.7점 4.2RB, 2.5AS

C 알렉스 사 27.1분, 13.0점 6.5RB, 2.4AS

SF 빌럴 쿨리발리 33.0분, 12.3점 5.0RB, 3.4AS

SG 씨제이 맥컬럼 32.7분, 21.1점 3.8RB, 4.1AS

PG 칼튼 캐링턴 30.0분, 9.8점 4.2RB, 4.4AS

OFF THE BENCH

PG 트레 존스 2025-26시즌 신인 선수

SG 코리 키스퍼트 26.3분, 11.6점 3.0RB, 1.7AS

SF 크리스 미들턴 22.8분, 11.9점 3.7RB, 4.1AS

PF 저스틴 샹페니 21.6분, 8.8점 5.7RB, 1.0AS

C 마빈 배글리 III 8.5분, 4.4점 2.7RB, 0.4AS

G 말라키 브래넘
G 에이제이 존슨
F 윌 라일리
F 캠 위트모어
C 트리스탄 부크체비치

Player's Functions

Ball Handlers: C.위트모어, C.캐링턴, CJ.맥컬럼

Pull-Ups: C.캐링턴, CJ.맥컬럼, K.조지

Catch & Shoot: A.사, K.조지, C.캐링턴

3 Pointers: K.조지, CJ.맥컬럼, C.키스퍼트

Slam Dunkers: B.쿨리발리, A.사, C.위트모어

Free Throw: K.미들턴, M.브래넘, T.부크체비치

Rebounders: M.배글리, T.부크체비치, J.샹페니

1-1 Defenders: B.쿨리발리, T.존슨, A.사

Ball Stealers: J.샹페니, K.미들턴, C.위트모어

Key Passes: C.캐링턴, B.쿨리발리, K.미들턴

Hustle Players: CJ.맥컬럼, K.조지, J.샹페니

Rim Protectors: A.사, T.부크체비치

2024-25 SEASON PERFORMANCE

공격 레이팅 106.8(30위) 수비 레이팅 119.1(27위) 레이팅 마진 -12.3(30위) 페이스 100.9(4위)

WASHINGTON WIZARDS vs. OPPONENTS PER GAME STATS

	득실점	필드골성공	필드골시도	필드골%	3점성공	3점시도	3점%	2점성공	2점시도	2점%	자유투성공	자유투시도	자유투%	공격 RB	수비 RB	전체 RB	어시스트	스틸	블락샷	턴오버	파울
		FG	FG↑	FG%	3P	3P↑	3P%	2P	2P↑	2P%			FT%	OR	DR	TR	A↑				
워싱턴	108.0 27위	39.4 27위	89.9 12위	43.9% 28위	13.1 17위	39.1 9위	33.5% 29위	26.3 25위	50.7 16위	51.9% 26위	16.0 25위	20.6 25위	77.8% 16위	10.6 21위	33.1 15위	43.7 18위	25.1 25위	7.6 23위	5.1 11위	15.6 27위	19.7 24위
상대팀	120.4 29위	43.7 26위	92.8 27위	47.1% 19위	14.3 26위	39.2 22위	36.4% 20위	29.4 25위	53.6 26위	54.9% 19위	18.8 27위	23.7 26위	79.3% 27위	12.9 30위	36.0 30위	48.9 30위	28.5 26위	9.1 26위	5.2 21위	13.3 22위	18.2 21위

LINE-UP

* 워싱턴은 지난 시즌 총 582개의 라인업을 가동했다. 득실점차 플러스 10개, 마이너스 10개를 골랐다.

득실점차 플러스(+) 라인업 TOP 10	G	MIN	PPG	RPG	득실차
J. Valančiūnas - M. Brogdon - K. Kuzma - C. Kispert - K. George	3	20	17.7	7.7	+24
J. Poole - C. Kispert - B. Coulibaly - A. Sarr - K. George	16	53	9.1	2.8	+19
M. Smart - R. Holmes - C. Kispert - B. Coulibaly - B. Carrington	3	8	9.3	4.3	+18
M. Bagley III - J. Butler - A. Gill - J. Davis - P. Baldwin Jr.	7	26	9.9	4.1	+17
R. Holmes - J. Butler - J. Champagnie - C. Kispert - K. George	1	14	43.0	18.0	+17
J. Poole - C. Kispert - B. Coulibaly - T. Vukcevic - K. George	4	13	11.3	2.5	+16
A. Gill - J. Thor - C. Jones - T. Vukcevic - A. Johnson	1	7	22.0	7.0	+15
J. Valančiūnas - J. Poole - C. Kispert - B. Coulibaly - K. George	22	89	10.4	3.7	+13
K. Middleton - R. Holmes - B. Coulibaly - K. George	2	29	37.0	11.5	+12
J. Butler - C. Kispert - B. Coulibaly - A. Sarr - K. George	5	17	8.6	4.0	+12

득실점차 마이너스(-) 라인업 TOP 10	GP	MIN	PPG	RPG	득실차
K. Kuzma - J. Poole - B. Coulibaly - A. Sarr - B. Carrington	17	208	23.8	10.8	-159
J. Valančiūnas - K. Kuzma - C. Kispert - B. Carrington - K. George	14	91	14.7	5.4	-43
J. Valančiūnas - K. Kuzma - J. Poole - B. Coulibaly - K. George	6	63	19.3	9.2	-38
K. Middleton - J. Poole - J. Champagnie - A. Sarr - K. George	4	55	29.8	11.5	-34
J. Valančiūnas - J. Poole - C. Kispert - B. Coulibaly - B. Carrington	17	37	4.0	1.6	-34
J. Poole - J. Champagnie - A. Sarr - B. Carrington - A. Johnson	5	79	35.6	12.4	-33
C. Kispert - B. Coulibaly - A. Sarr - B. Carrington - K. George	18	57	7.8	2.4	-31
J. Champagnie - C. Jones - T. Vukcevic - J. Martin - A. Johnson	2	19	17.5	3.5	-27
J. Poole - B. Coulibaly - A. Sarr - B. Carrington - K. George	13	107	17.8	7.2	-25
J. Valančiūnas - J. Poole - J. Champagnie - B. Coulibaly - B. Carrington	4	43	24.8	12.0	-25

PASS COMBINATIONS

→ 해당 선수가 경기당 동료로부터 패스 받은 횟수
→ 해당 선수가 경기당 동료들에게 패스 해준 횟수

받은 패스		선수		해준 패스
47.3	→	버브 캐링턴	→	49.9
51.4	→	조던 풀	→	39.3
41.0	→	말콤 브록던	→	36.3
39.1	→	에이제이 존슨	→	35.9
32.0	→	알렉스 사	→	35.3
37.6	→	빌랄 쿨리발리	→	34.3
28.2	→	키션 조지	→	34.1
26.4	→	요나스 발란추나스	→	31.1
23.6	→	콜비 존스	→	25.7
29.0	→	카일 쿠즈마	→	23.3
27.1	→	크리스 미들턴	→	23.1
24.4	→	코리 키스퍼트	→	22.9
18.3	→	제일런 마틴	→	22.1
15.2	→	저스틴 샴페니	→	21.9
25.7	→	마커스 스마트	→	21.6
21.5	→	재러드 버틀러	→	18.2
15.2	→	리션 홈즈	→	17.4
18.3	→	트리스탄 부크체비치	→	16.4
9.4	→	제이티 토르	→	13.4
7.4	→	마빈 베이글리 III	→	8.2
6.3	→	앤써니 길	→	7.0
5.9	→	조니 데이비스	→	5.7
3.9	→	패트릭 볼드윈 주니어	→	4.7
3.0	→	제일런 맥대니얼	→	3.5

2024-25 RANKING

* 는 수치가 낮을수록 랭킹이 높아짐

워싱턴	랭킹	FIVE FACTORS	상대팀	랭킹
51.2%	28위	3점 가중 FG%	54.8%*	21위
13.6*	26위	턴오버 / 100포제션	11.4	25위
22.7%	25위	공격 RB 점유율	28.1%*	29위
71.9%	29위	수비 RB 점유율	77.3%*	25위
17.8%	25위	자유투 / 필드골	20.2%*	23위

득점	랭킹	PLAYTYPE	실점*	랭킹
4.1	28위	아이솔레이션	7.3	17위
23.7	12위	트랜지션	25.9	28위
17.3	8위	픽&롤 볼핸들러	16.5	17위
8.6	5위	픽&롤 롤맨	7.9	25위
2.8	20위	포스트-업	4.4	25위
23.0	28위	스팟-업	27.4	14위
5.8	8위	핸드오프	5.8	26위
8.9	20위	커팅	—	—
4.1	11위	오프 스크린	4.0	11위
6.7	13위	풋백	6.8	22위
2.7	19위	기타	—	—

SHOT ZONE

평균 구간별 슈팅 및 성공률

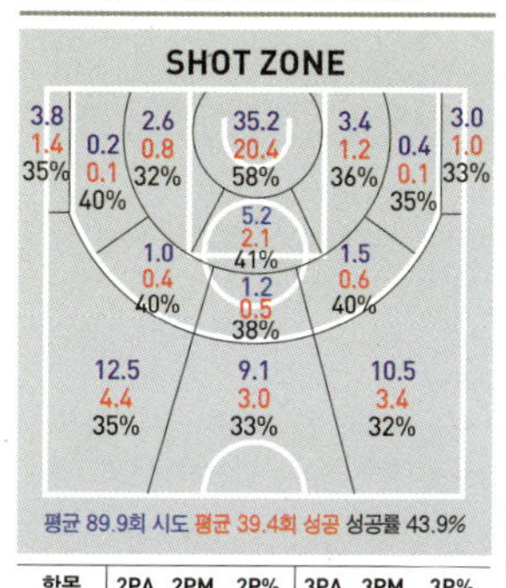

항목	2PA	2PM	2P%	3PA	3PM	3P%
캐치&슛	2.1	0.9	42.8%	26.9	9.1	33.9%
풀업	10.0	3.8	37.8%	11.8	3.9	33.0%
3m 안쪽	38.4	21.6	56.2%	—	—	—
TOTAL	50.7	26.3	51.9%	39.1	13.1	33.5%

SHOT PROCESS & SHOT TYPES

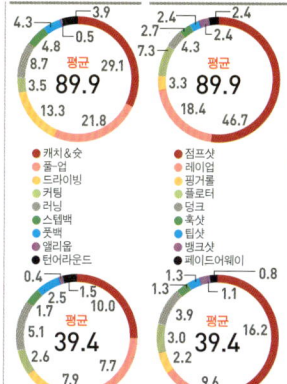

샷프로세스(시도): 평균 89.9

샷타입(시도): 평균 89.9

● 캐치&슛 ● 풀-업 ● 드라이빙 ● 커팅 ● 러닝 ● 스텝백 ● 풋백 ● 앨리웁 ● 턴어라운드

● 점프샷 ● 레이업 ● 핑거롤 ● 플로터 ● 덩크 ● 훅샷 ● 팁샷 ● 뱅크샷 ● 페이드어웨이

샷프로세스(성공): 평균 39.4

샷타입(성공): 평균 39.4

SHOOTING

필드골 시도: 평균 89.9

필드골 시도: 평균 89.9

공격수와 수비수의 거리
● 0~0.6m ● 0.6~1.2m ● 1.2~1.8m ● 1.8m 이상

남은 시간
● 22~24초 ● 18~22초 ● 15~18초 ● 7~15초 ● 4~7초 ● 0~4초

필드골 성공: 평균 39.4

필드골 성공: 평균 39.4

OPPONENT SHOOTING

상대 필드골 시도: 평균 92.8

상대 필드골 시도: 평균 92.8

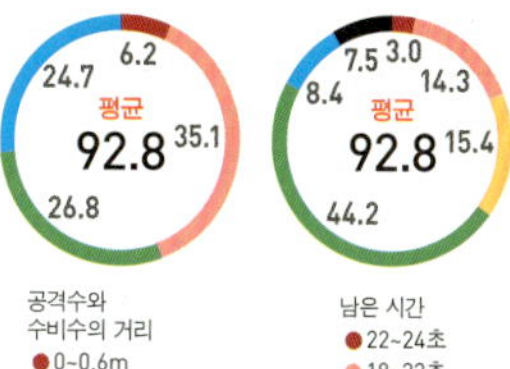

공격수와 수비수의 거리
● 0~0.6m ● 0.6~1.2m ● 1.2~1.8m ● 1.8m 이상

남은 시간
● 22~24초 ● 18~22초 ● 15~18초 ● 7~15초 ● 4~7초 ● 0~4초

필드골 허용: 평균 43.7

필드골 허용: 평균 43.7

CONTESTED REBOUNDS

공격 리바운드: 평균 6.0

수비 리바운드: 평균 7.9

림 아래부터 리바운드 위치까지의 거리
● 0~0.9m ● 0.9~1.8m ● 1.8~3m ● 3m 이상

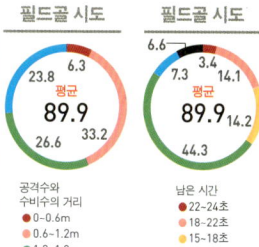

UNCONTESTED REBOUNDS

공격 리바운드: 평균 4.5

수비 리바운드: 평균 25.1

림 아래부터 리바운드 위치까지의 거리
● 0~0.9m ● 0.9~1.8m ● 1.8~3m ● 3m 이상

DEFENSE OF 18 WINS

필드골 허용 %: 44.7%

상대 필드골 시도 92.9
필드골 허용 41.5

3점슛 허용 %: 32.2%

상대 3점슛 시도 37.1
3점슛 허용 11.9

DEFENSE OF 64 LOSSES

필드골 허용 %: 47.8%

상대 필드골 시도 92.8
필드골 허용 44.3

3점슛 허용 %: 39.8%

상대 3점슛 시도 39.8
3점슛 허용 14.9

General Stats								Outside Scoring & Shooting							Inside Scoring & Shooting								Play Making, Ball Handling & Passing					
PTS	RB	AS	ST	BL	FG-FGA	3P-3PA	FT-FTA	OS	CS	MS	3P	FT	SQ	OC	IS	L&F	SD	DD	PH	PF	PC	DRF	PM	PA	BH	DRS	PQ	PV
득점	리바운드	어시스트	스틸	블락샷	필드골 성공-시도	3점슈팅 성공-시도	자유투 성공-시도	외곽 득점력	근거리 점프샷	중거리 슈팅	3점 슈팅	자유투 슈팅	슈팅 IQ	득점 일관성	인사이드 득점력	레이업 플로터	스탠딩 덩크	드라이빙 덩크	포스트 훅샷	포스트 페이드	포스트 컨트롤	파울 유도	플레이 메이킹	패스 능력	볼 핸들링	드리블 스피드	패스 IQ	패스 비전

F 0 Bilal COULIBALY SF

빌랄 쿨리발리 2004.07.26 / 203cm

프랑스 NBA 드래프트 : 2023년 1라운드 7번
NBA 우승 : 0회 / 파이널 MVP : 0회
시즌 MVP : 0회 / NBA 퍼스트팀 : 0회

지난 시즌 59경기 평균 33분, 12.3점, 5.0리바운드로 잘 나갔다. 그러나 2025년 3월 13일, 햄스트링을 크게 다쳐 시즌 아웃 됐다. 현재는 정상 컨디션을 유지하고 있다. 203cm에 윙스팬 218cm의 훌륭한 하드웨어를 갖췄다. 리그 최상위권 '블루워커'다. '엘리트 윙 스토퍼'이고, 리바운드도 평균 이상이다. BQ와 볼 핸들링도 OK. 폭발적인 덩크를 구사하고, 부드러운 레이업을 얹는다. 중거리 슈팅과 3점 슈팅 능력을 더 키워야 한다. 연봉은 728만 달러.

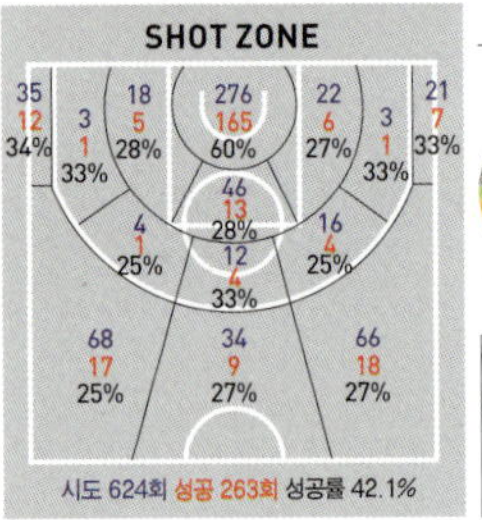

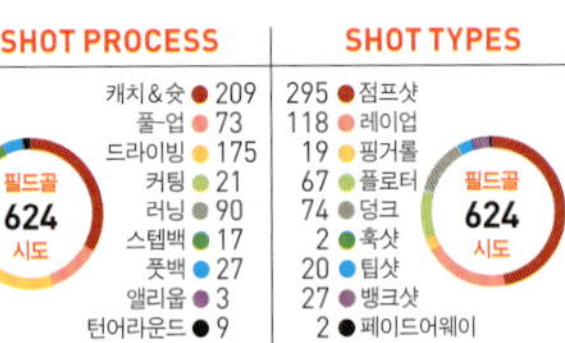

2024-25시즌 워싱턴 59경기 평균 33.0분

항목	PTS	RB	AS	ST	BL	FG-FGA	3P-3PA	FT-FTA
평균	12.3	5.0	3.4	1.3	0.7	4.5-10.6	1.1-3.8	2.3-3.1
36분	13.4	5.4	3.7	1.4	0.8	4.9-11.5	1.2-4.1	2.6-3.4

항목	OS	CS	MS	3P	FT	SQ	OC	IS	L&F	SD	DD	PH	PF	PC	DRF	PM	PA	BH	DRS	PQ	PV
평점	D	C-	D-	C	C	C	D-	D	C	D-	B	D-	D-	D-	B-	D+	D+	C-	D	C-	D-

항목	DEF	ID	PD	ST	BL	HDQ	PP	DC	RB3	OR3	DR3	ATH	SP	AG	STR	VJ	STA	HP	INT	POT	OG
평점	C	C-	B	C	F	C+	C+	C	D-	B-	D-	B-	B-	B	D-	B	A-	B-	A	A-	C+

F 18 Kyshawn GEORGE SF-SG

키션 조지 2003.12.12 / 203cm

스위스 NBA 드래프트 : 2024년 1라운드 24번
NBA 우승 : 0회 / 파이널 MVP : 0회
시즌 MVP : 0회 / NBA 퍼스트팀 : 0회

스위스 출신으로 2024 NBA 드래프트를 통해 워싱턴에 입단했다. 조지는 203cm의 3번이다. 성장 잠재력이 풍부하고, 향후 다재다능한 스윙맨이 될 수 있다. 운동 능력을 활용해 림을 직접 공략할 수 있다. 드라이빙에 이은 레이업과 플로터는 강력한 무기다. 좌우 윙, 탑, 좌우 코너에서 시도하는 3점 슈팅도 OK. 스윙맨치고 리바운드를 상대적으로 많이 걷어내는 편이다. 퍼리미터 디펜스와 인사이드 디펜스 모두 보완해야 한다. 연봉은 297만 달러.

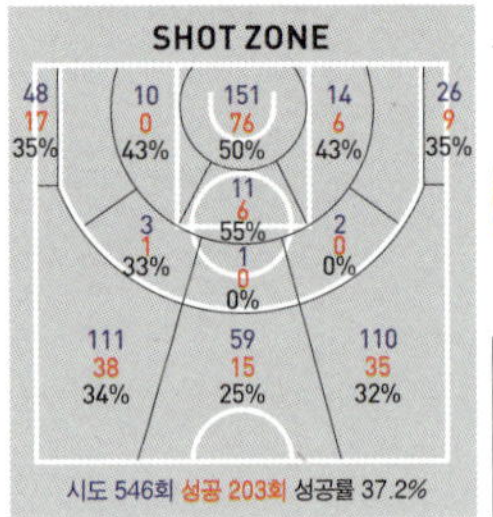

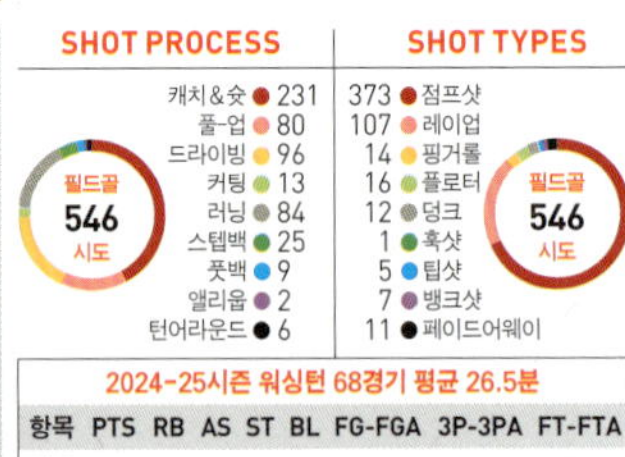

2024-25시즌 워싱턴 68경기 평균 26.5분

항목	PTS	RB	AS	ST	BL	FG-FGA	3P-3PA	FT-FTA
평균	8.7	4.2	2.5	1.0	0.7	3.0-8.0	1.7-5.2	1.0-1.4
36분	11.8	5.7	3.4	1.4	1.0	4.1-10.9	2.3-7.1	1.4-1.9

항목	OS	CS	MS	3P	FT	SQ	OC	IS	L&F	SD	DD	PH	PF	PC	DRF	PM	PA	BH	DRS	PQ	PV
평점	C	C	D-	B-	C+	B	C-	D-	B-	F	D-	D-	D-	D-	F	D-	D	C	D-	D	F

항목	DEF	ID	PD	ST	BL	HDQ	PP	DC	RBG	ORG	DRG	ATH	SP	AG	STR	VJ	STA	HP	INT	POT	OG
평점	D+	C	C	C	D-	C-	C-	D-	B-	C+	B+	C	D	C	D-	C-	A-	B	A-	B+	C+

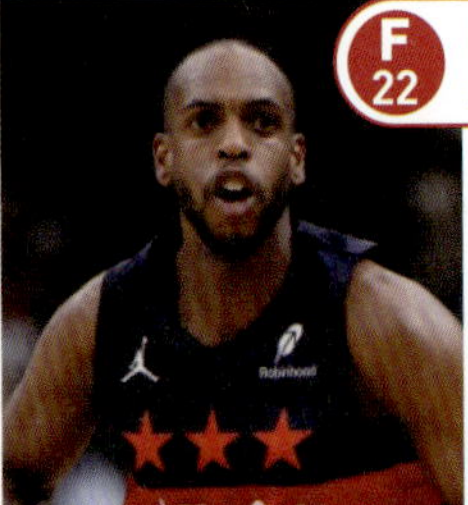

F 22 Khris MIDDLETON SF-SG

크리스 미들턴 1991.08.12 / 201cm

미국 NBA 드래프트 : 2012년 2라운드 39번
NBA 우승 : 1회 / 파이널 MVP : 0회
시즌 MVP : 0회 / NBA 퍼스트팀 : 0회

발목 통증 때문에 2024년 여름 수술을 받았다. 하지만 끝이 아니었다. 2025년 들어 발목에 자주 통증을 느꼈다. 치료 기간 1~4일짜리, 잔 부상이었다. 그가 선수 생활을 하면서 발목 때문에 부상자 리스트에 올라간 횟수만 무려 17번(!)이다. 건강한 미들턴은 팀의 '고-투-가이'다. 림 어택, 풀업 점퍼, 스텝백 점퍼, 턴어라운드샷, 3점 슈팅 등 모든 공격 방법을 높은 수준으로 시도한다. 그리고 위력적이다. 그러나 건강할 때만 그렇다. 연봉은 3335만 달러.

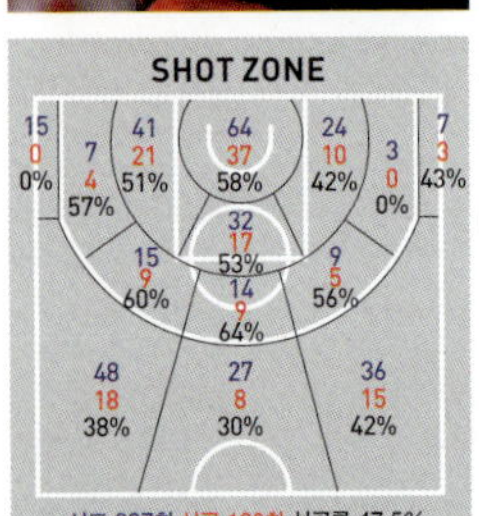

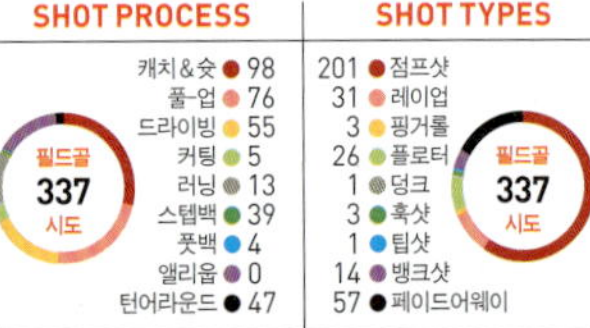

2024-25시즌 밀워키+워싱턴 37경기 평균 22.8분

항목	PTS	RB	AS	ST	BL	FG-FGA	3P-3PA	FT-FTA
평균	11.9	3.7	4.1	0.9	0.2	4.3-9.1	1.3-3.6	1.9-2.3
36분	18.8	5.9	6.4	1.5	0.3	6.8-14.4	2.0-5.7	3.1-3.6

항목	OS	CS	MS	3P	FT	SQ	OC	IS	L&F	SD	DD	PH	PF	PC	DRF	PM	PA	BH	DRS	PQ	PV
평점	C+	A	A	B-	B	D-	F	D	B-	F	D	D+	C	C	F	C	C	C	C-	C	C

항목	DEF	ID	PD	ST	BL	HDQ	PP	DC	RB3	OR3	DR3	ATH	SP	AG	STR	VJ	STA	HP	INT	POT	OG
평점	D+	C-	C+	C+	F	C	C-	C-	D+	D-	B	C	C-	C	C-	D	C	B-	F	A-	C+

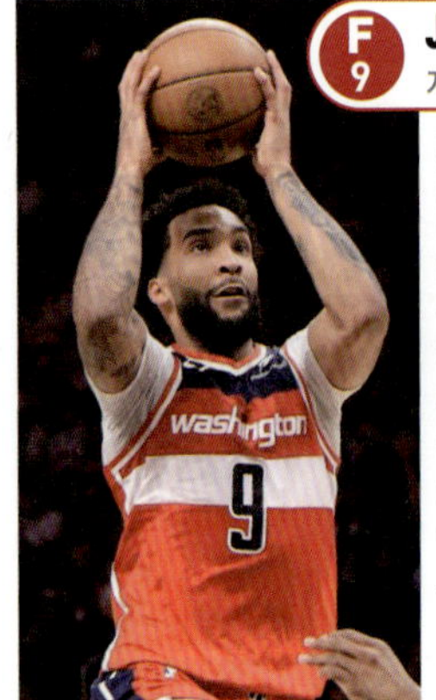

F 9 Justin CHAMPAGNIE SF-SG

저스틴 샹페니 2001.06.29 / 198cm

미국 NBA 드래프트 : 2021년 미지명
NBA 우승 : 0회 / 파이널 MVP : 0회
시즌 MVP : 0회 / NBA 퍼스트팀 : 0회

2024년 11월, 근육통으로 3주간 결장했다. 그걸 제외하곤 꾸준히 출전했다. 62경기 평균 8.8점, 5.7리바운드. 샹페니는 198cm의 스윙맨이다. 다재다능하고, 위협적인 리바운더 겸 수비수로 꼽힌다. 지난 시즌 36분 기준 9.4개의 리바운드를 걷어내 스몰포워드 중 최고 수준을 보였다. 퍼리미터 수비는 리그 정상급이고, 스틸도 꽤 많이 시도한다. 공격에서는 림 어택, 공격 리바운드 후의 풋백, 좌우 윙에서 쏘는 3점 슈팅이 주무기다. 연봉은 235만 달러.

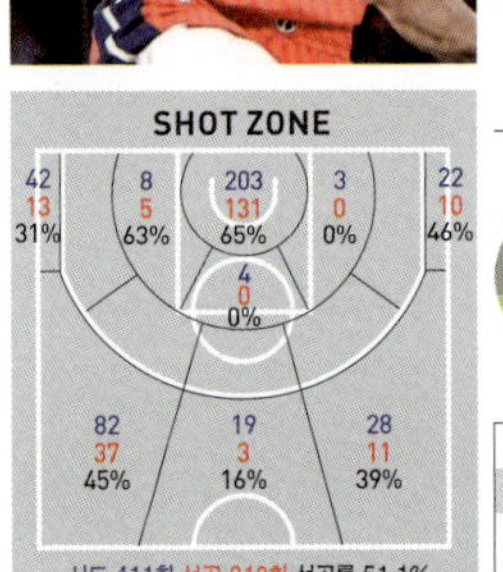

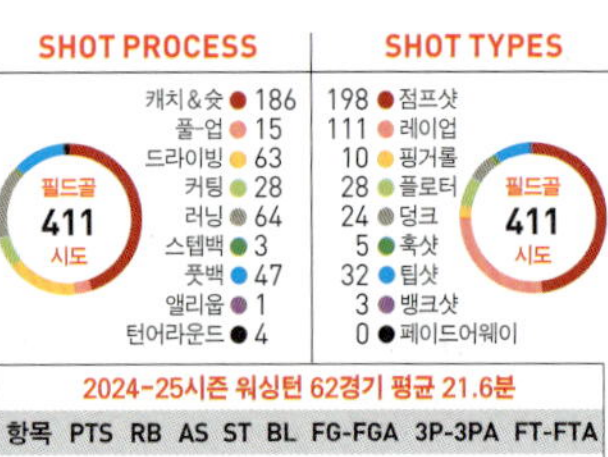

2024-25시즌 워싱턴 62경기 평균 21.6분

항목	PTS	RB	AS	ST	BL	FG-FGA	3P-3PA	FT-FTA
평균	8.8	5.7	1.0	1.0	0.6	3.4-6.6	1.2-3.1	0.8-1.2
36분	14.6	9.4	1.6	1.7	1.0	5.6-11.0	2.0-5.2	1.3-2.0

항목	OS	CS	MS	3P	FT	SQ	OC	IS	L&F	SD	DD	PH	PF	PC	DRF	PM	PA	BH	DRS	PQ	PV
평점	C	C+	D+	B-	C	B-	D	D-	C+	D	C	F	F	F	F	D-	D-	D+	D	D-	F

항목	DEF	ID	PD	ST	BL	HDQ	PP	DC	RB3	OR3	DR3	ATH	SP	AG	STR	VJ	STA	HP	INT	POT	OG
평점	D+	D-	B-	B	D-	D-	C-	D-	A	A	A-	C-	C-	C-	F	C+	B-	B	D-	B-	C

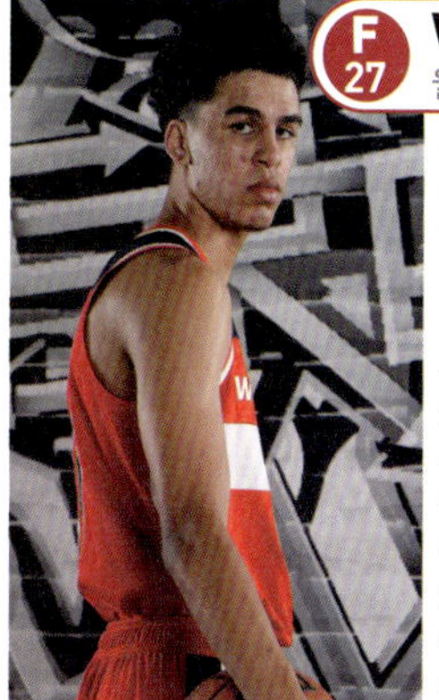

F 27 Will RILEY SF

윌 라일리 2006.02.10 / 203cm

미국

NBA 드래프트 : 2025년 1라운드 21번
NBA 우승 : 0회 / **파이널 MVP :** 0회
시즌 MVP : 0회 / **NBA 퍼스트팀 :** 0회

일리노이스대 1학년을 마치고 2025 NBA 드래프트를 신청했다. 유타에 1라운드 21번으로 지명된 뒤 워싱턴으로 트레이드됐다. 라일리는 203cm의 스몰포워드다. 타고난 공격 재능과 우수한 바스켓볼 IQ가 돋보이는 선수다. 그는 강력한 패서, 커터, 샷-크리에이터다. 시야가 넓고 상황 판단이 빠르며 오프더 볼 상황에 스페이스를 만들거나 파고든다. 오프더드리블로 직접 득점 기회를 만들고, 스팟업 상태에서 정확한 점퍼를 성공시킨다. 연봉은 351만 달러.

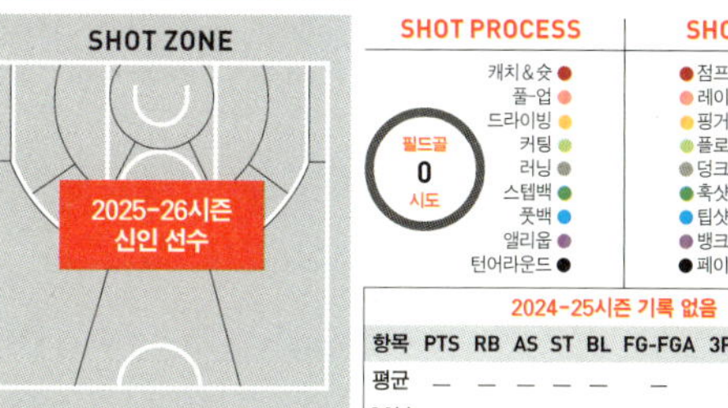

2024-25시즌 기록 없음

항목	PTS	RB	AS	ST	BL	FG-FGA	3P-3PA	FT-FTA
평균	–	–	–	–	–	–	–	–
36분	–	–	–	–	–	–	–	–

항목	OS	CS	MS	3P	FT	SQ	OC	IS	L&F	SD	DD	PH	PF	PC	DRF	PM	PA	BH	DRS	PQ	PV
평점	–	–	–	–	–	–	–	–	–	–	–	–	–	–	–	–	–	–	–	–	–

항목	DEF	ID	PD	ST	BL	HDQ	PP	DC	RB3	OR3	DR3	ATH	SP	AG	STR	VJ	STA	HP	INT	POT	OG
평점	–	–	–	–	–	–	–	–	–	–	–	–	–	–	–	–	–	–	–	–	–

F 1 Cam WHITMORE SF-PF

캠 위트모어 2004.07.08 / 201cm

미국

NBA 드래프트 : 2023년 1라운드 20번
NBA 우승 : 0회 / **파이널 MVP :** 0회
시즌 MVP : 0회 / **NBA 퍼스트팀 :** 0회

지난 시즌 휴스턴에서 활약했고, 오프시즌에 워싱턴 유니폼을 입었다. 무릎 통증으로 12월에 약 3주간 쉰 것을 제외하고는 거의 풀타임 출전했다. 51경기 평균 16.2분을 뛰며 9.4점을 올렸다. 36분 기준으로는 20.8점이다. 나름대로 득점력은 있는 선수다. 위트모어는 가속이 붙으면 막기 힘들다. 저돌적으로 돌파한 뒤 폭발적인 덩크를 내리꽂거나 부드러운 레이업을 얹는다. 외곽에서는 캐치&슛, 풀업 점퍼로 3점 슈팅을 넣는다. 연봉은 354만 달러.

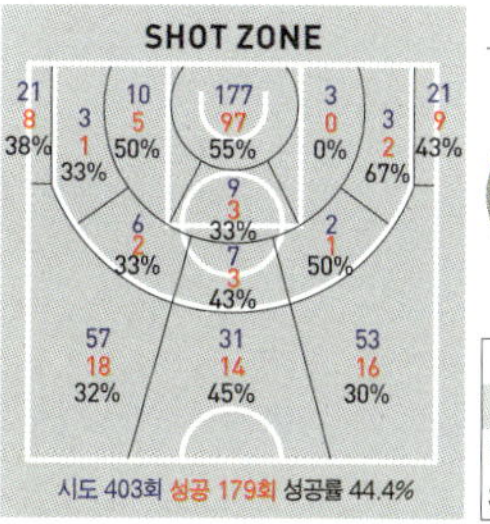

2024-25시즌 휴스턴 51경기 평균 16.2분

항목	PTS	RB	AS	ST	BL	FG-FGA	3P-3PA	FT-FTA
평균	9.4	3.0	1.0	0.6	0.3	3.5-7.9	1.3-3.6	1.1-1.4
36분	20.8	6.6	2.1	1.3	0.6	7.8-17.5	2.8-8.0	2.4-3.1

항목	OS	CS	MS	3P	FT	SQ	OC	IS	L&F	SD	DD	PH	PF	PC	DRF	PM	PA	BH	DRS	PQ	PV
평점	C	D	B+	C-	C	C-	C-	D-	B-	F	B-	F	F	F	F	D+	D+	B	B	D+	F

항목	DEF	ID	PD	ST	BL	HDQ	PP	DC	RB3	OR3	DR3	ATH	SP	AG	STR	VJ	STA	HP	INT	POT	OG
평점	D	D	C-	C-	F	D-	D-	D-	C+	B-	C+	B-	B	B	D+	B	B	B-	D-	B+	C

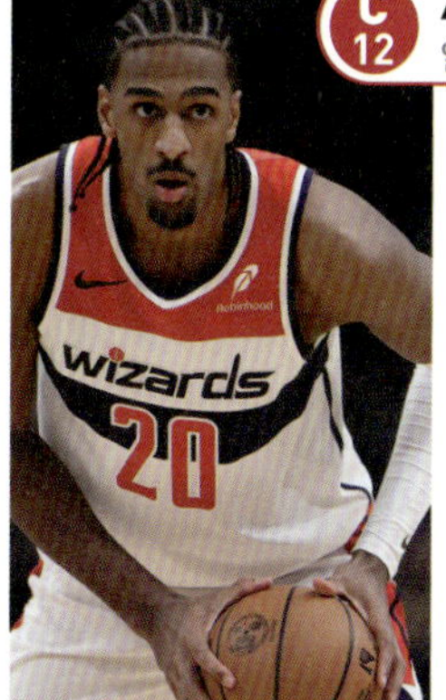

C 12 Alex SARR C-PF

알렉스 사 2005.04.26 / 213cm

프랑스

NBA 드래프트 : 2024년 1라운드 2번
NBA 우승 : 0회 / **파이널 MVP :** 0회
시즌 MVP : 0회 / **NBA 퍼스트팀 :** 0회

세네갈계 프랑스 선수. 아버지 마사는 세네갈에서 선수로 뛰었고, 형 올리비에는 현재 토론토에서 활약하기에 '형제 선수'로 유명하다. 알렉스는 2021~2024년 유럽과 호주 리그에서 활약했고, 2024 드래프트를 통해 워싱턴에 입단했다. 213cm 큰 키에 비해 민첩하다. 덩크, 레이업, 훅샷, 풋백 등 림 근처에서 주로 득점한다. 페이스업 점퍼, 3점 슈팅도 정확하다. 프로 2년 차가 되면서 인사이드 디펜스가 많이 늘었다는 평이다. 연봉은 1181만 달러.

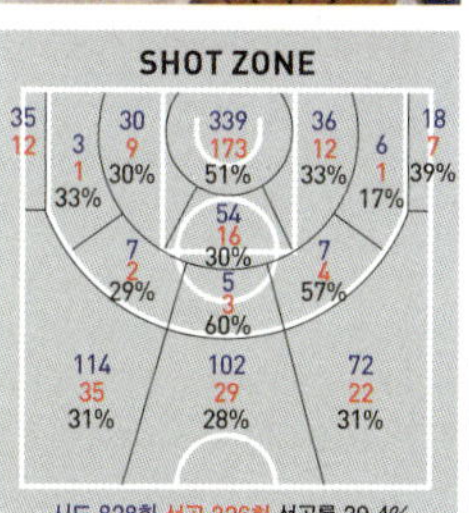

SHOT PROCESS (필드골 828 시도)

캐치&슛 412 · 풀-업 16 · 드라이빙 136 · 커팅 43 · 러닝 40 · 스텝백 12 · 풋백 43 · 앨리웁 9 · 턴어라운드 117

SHOT TYPES (필드골 828 시도)

402 점프샷 · 116 레이업 · 10 핑거롤 · 84 플로터 · 62 덩크 · 76 훅샷 · 9 팁샷 · 19 뱅크샷 · 50 페이드어웨이

2024-25시즌 워싱턴 67경기 평균 27.1분

항목	PTS	RB	AS	ST	BL	FG-FGA	3P-3PA	FT-FTA
평균	13.0	6.5	2.4	0.7	1.5	4.9-12.4	1.6-5.1	1.7-2.5
36분	17.2	8.6	3.2	0.9	2.0	6.5-16.4	2.1-6.8	2.2-3.3

항목	OS	CS	MS	3P	FT	SQ	OC	IS	L&F	SD	DD	PH	PF	PC	DRF	PM	PA	BH	DRS	PQ	PV
평점	C-	C-	C-	C+	D	C-	C-	C	B-	A-	B	D-	D-	D	C+	D	D	C-	D+	D	D-

항목	DEF	ID	PD	ST	BL	HDQ	PP	DC	RBB	ORB	DRB	ATH	SP	AG	STR	VJ	STA	HP	INT	POT	OG
평점	C	B-	C	D-	A-	C	B-	C	D	D	D+	C+	C-	C-	D+	C+	B-	B	A-	A-	B-

C 35 Marvin BAGLEY III C-PF

마빈 배글리 1999.03.14 / 208cm

미국

NBA 드래프트 : 2018년 1라운드 2번
NBA 우승 : 0회 / **파이널 MVP :** 0회
시즌 MVP : 0회 / **NBA 퍼스트팀 :** 0회

원래 좋지 않던 무릎이 2024년 크리스마스 때 큰 문제를 일으켰다. 이 때문에 2025년 2월 말까지 두 달간 경기에 전혀 출전할 수 없었다. 부상, 감독의 선택에 의해 시즌 31경기 출전에 그쳤다. 그는 정상 컨디션일 경우 림 어택(덩크, 레이업, 팁샷)으로 득점한다. 가끔 좌우 코너에서 3점 슈팅을 시도한다. 출전 시간 대비 공격 리바운드는 리그 최고 수준이다. 올 시즌 무릎이 잘 버텨줘야 백업 센터로서 나름 제 몫을 할 것이다. 연봉은 308만 달러.

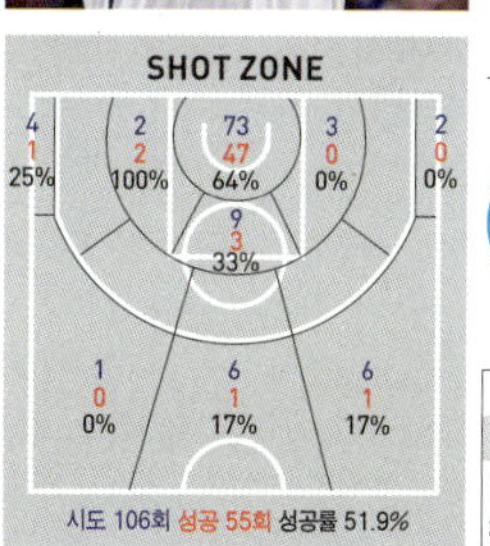

SHOT PROCESS (필드골 106 시도)

캐치&슛 36 · 풀-업 3 · 드라이빙 19 · 커팅 3 · 러닝 8 · 스텝백 0 · 풋백 24 · 앨리웁 9 · 턴어라운드 4

SHOT TYPES (필드골 106 시도)

25 점프샷 · 25 레이업 · 3 핑거롤 · 15 플로터 · 16 덩크 · 4 훅샷 · 16 팁샷 · 2 뱅크샷 · 0 페이드어웨이

2024-25시즌 워싱턴+멤피스 31경기 평균 8.5분

항목	PTS	RB	AS	ST	BL	FG-FGA	3P-3PA	FT-FTA
평균	4.4	2.7	0.4	0.3	0.3	1.8-3.4	0.1-0.6	0.7-1.1
36분	18.5	11.4	1.5	1.2	1.1	7.5-14.4	0.4-2.6	3.1-4.8

항목	OS	CS	MS	3P	FT	SQ	OC	IS	L&F	SD	DD	PH	PF	PC	DRF	PM	PA	BH	DRS	PQ	PV
평점	D	B	C-	C-	D+	F	D-	C-	C+	C-	C	C	C-	C	D-	D-	F	D-	D	D-	F

항목	DEF	ID	PD	ST	BL	HDQ	PP	DC	RBB	ORB	DRB	ATH	SP	AG	STR	VJ	STA	HP	INT	POT	OG
평점	D	D	D-	D+	D	D-	D	F	B	A	D+	B-	C-	C	B-	B	B	B-	F	B	C-

General Stats							Outside Scoring & Shooting							Inside Scoring & Shooting								Play Making, Ball Handling & Passing					
PTS	RB	AS	ST	BL	FG-FGA	3P-3PA	FT-FTA	OS	CS	MS	3P	FT	SQ	OC	IS	L&F	SD	DD	PH	PF	PC	DRF	PM	PA	BH	DRS	PQ	PV
득점	리바운드	어시스트	스틸	블락샷	필드골 성공-시도	3점슈팅 성공-시도	자유투 성공-시도	외곽 득점력	근거리 점프샷	중거리 슈팅	3점 슈팅	자유투	슈팅 IQ	득점 일관성	인사이드 득점력	레이업 플로터	스탠딩 덩크	드라이빙 덩크	포스트 훅샷	포스트 페이드	포스트 컨트롤	파울 유도	플레이 메이킹	패스 능력	볼 핸들링	드리블 스피드	패스 IQ	패스 비전

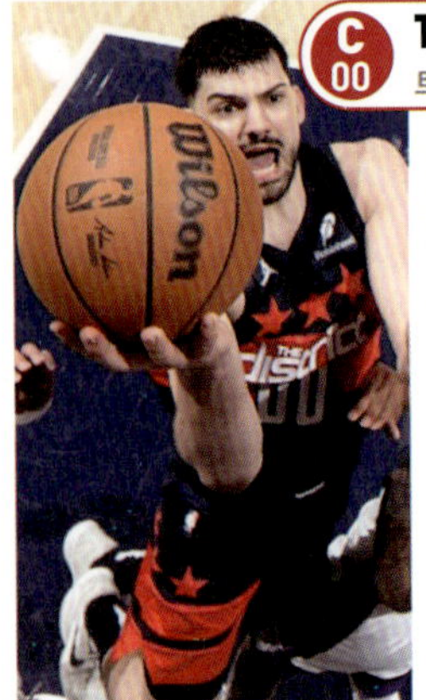

C 00 Tristan VUKČEVIĆ PF-C

트리스탄 부크체비치 2003.03.11 / 213cm

미국 — **NBA 드래프트** : 2023년 2라운드 42번 / **NBA 우승** : 0회 / **파이널 MVP** : 0회 / **시즌 MVP** : 0회 / **NBA 퍼스트팀** : 0회

세르비아 출신 빅맨. 2019년부터 5년간 레알 마드리드, 파르티잔 베오그라드에서 선수로 활약했고, 2023년부터 NBA에서 뛰고 있다. 2024년 11월 발목, 2025년 4월 무릎에 각각 큰 문제가 발생하면서 시즌을 접었다. 부크체비치는 인&아웃 사이드에서 고루 득점한다. 주로 캐치&슛이다. 바스켓볼 IQ가 우수하고 시야가 넓어 정확한 패스를 찔러준다. 올 시즌을 건강하게 치르는 게 가장 중요하다. 연봉 64만 달러에 워싱턴 구단과 투웨이 계약을 맺었다.

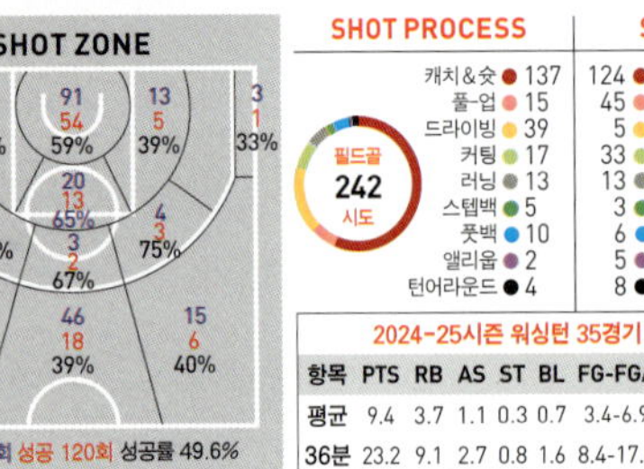

시도 242회 성공 120회 성공률 49.6%

SHOT PROCESS (필드골 242 시도)

캐치&슛	풀-업	드라이빙	커팅	러닝	스텝백	풋백	앨리웁	턴어라운드
137	15	39	17	13	5	10	2	4

SHOT TYPES (필드골 242 시도)

점프샷	레이업	핑거롤	플로터	덩크	훅샷	팁샷	뱅크샷	페이드어웨이
124	45	5	33	13	3	6	5	8

2024-25시즌 워싱턴 35경기 평균 14.7분

항목	PTS	RB	AS	ST	BL	FG-FGA	3P-3PA	FT-FTA
평균	9.4	3.7	1.1	0.3	0.7	3.4-6.9	1.1-2.9	1.5-1.9
36분	23.2	9.1	2.7	0.8	1.6	8.4-17.0	2.7-7.2	3.6-4.7

항목	OS	CS	MS	3P	FT	SQ	OC	IS	L&F	SD	DD	PH	PF	PC	DRF	PM	PA	BH	DRS	PQ	PV
평점	C-	B-	B	C+	C+	C-	F	D+	C-	C-	D	D	D+	D+	F	D-	F	D-	D-	D-	F

항목	DEF	ID	PD	ST	BL	HDQ	PP	DC	RBB	ORB	DRB	ATH	SP	AG	STR	VJ	STA	HP	INT	POT	OG
평점	D	D	D-	F	B+	D-	F	F	D+	D-	B-	C-	D-	D-	C-	D	B+	B-	F	B	C-

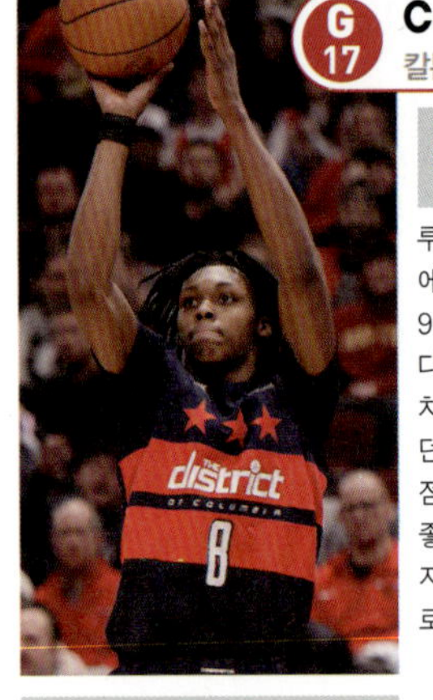

G 17 Carlton CARRINGTON PG

칼튼 캐링턴 2005.07.21 / 198cm

미국 — **NBA 드래프트** : 2024년 1라운드 14번 / **NBA 우승** : 0회 / **파이널 MVP** : 0회 / **시즌 MVP** : 0회 / **NBA 퍼스트팀** : 0회

루키 시즌부터 빛을 발했다. 정규리그 82경기에 출전했고(그중 57선발), 평균 30분씩 뛰며 9.8점, 4.2리바운드, 4.4어시스트를 기록했다. 캐링턴은 198cm의 장신 포인트가드다. 캐치&슛 상황에 안정된 스트로크로 3점 슈팅을 던진다. 81%의 자유투도 OK. 림 어택과 풀업 점퍼의 성공률을 더 높여야 한다. 운동 능력이 좋아 온-볼, 오프-볼 수비를 다 잘 해낸다. 단지, 스위치 상황에서 상대 빅맨에게 미스매치로 종종 당한다. 연봉은 468만 달러.

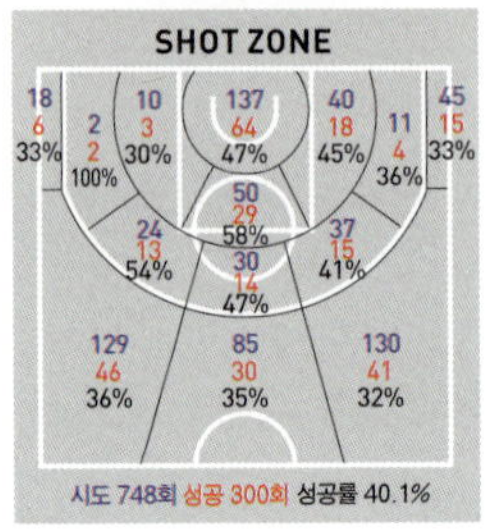

시도 748회 성공 300회 성공률 40.1%

SHOT PROCESS (필드골 748 시도)

캐치&슛	풀-업	드라이빙	커팅	러닝	스텝백	풋백	앨리웁	턴어라운드
232	247	98	21	54	80	8	0	8

SHOT TYPES (필드골 748 시도)

점프샷	레이업	핑거롤	플로터	덩크	훅샷	팁샷	뱅크샷	페이드어웨이
553	75	17	43	20	2	8	8	22

2024-25시즌 워싱턴 82경기 평균 30.0분

항목	PTS	RB	AS	ST	BL	FG-FGA	3P-3PA	FT-FTA
평균	9.8	4.2	4.4	0.7	0.3	3.7-9.1	1.7-5.0	0.8-1.0
36분	11.8	5.0	5.3	0.8	0.3	4.4-11.0	2.0-6.0	1.0-1.2

항목	OS	CS	MS	3P	FT	SQ	OC	IS	L&F	SD	DD	PH	PF	PC	DRF	PM	PA	BH	DRS	PQ	PV
평점	B-	B+	A-	C+	B-	B-	C-	D-	C	F	C-	D-	D-	D-	D-	C+	C+	B-	C+	C+	C-

항목	DEF	ID	PD	ST	BL	HDQ	PP	DC	RBG	ORG	DRG	ATH	SP	AG	STR	VJ	STA	HP	INT	POT	OG
평점	D-	D-	D	F	F	D-	D-	F	C-	D-	B	C	B-	C-	D-	C	B+	B-	B	B+	C+

G 3 CJ McCOLLUM PG-SG

씨제이 맥컬럼 1991.09.19 / 191cm

미국 — **NBA 드래프트** : 2013년 1라운드 10번 / **NBA 우승** : 0회 / **파이널 MVP** : 0회 / **시즌 MVP** : 0회 / **NBA 퍼스트팀** : 0회

공격력만 놓고 보면 리그에서 손꼽히는 콤보가드다. 매 경기 평균 20점 이상을 효율적인 상황에 찍는다. 드라이빙 플로터, 드라이빙 레이업, 풀업 점퍼, 스텝백 점퍼, 캐치&슛을 자유롭게 구사한다. 위력적인 3점 슈팅은 강력한 무기. 시도 횟수와 성공률 모두 탑클래스다. 가끔 '롱 2도' 던진다. 볼을 안전하게 핸들링하고, 동료가 오픈 찬스를 잡도록 제때 패스해준다. 예전보다 퍼리미터 수비가 좋아졌지만 락다운까지는 가지 못했다. 연봉은 3067만 달러.

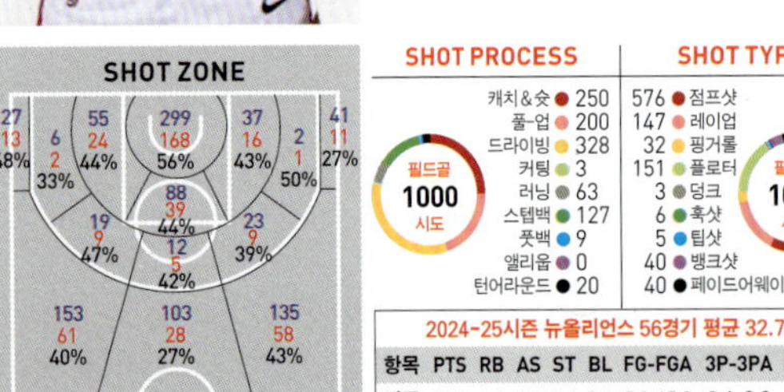

시도 1000회 성공 444회 성공률 44.4%

SHOT PROCESS (필드골 1000 시도)

캐치&슛	풀-업	드라이빙	커팅	러닝	스텝백	풋백	앨리웁	턴어라운드
250	200	328	3	63	127	9	0	20

SHOT TYPES (필드골 1000 시도)

점프샷	레이업	핑거롤	플로터	덩크	훅샷	팁샷	뱅크샷	페이드어웨이
576	147	32	151	3	6	5	40	40

2024-25시즌 뉴올리언스 56경기 평균 32.7분

항목	PTS	RB	AS	ST	BL	FG-FGA	3P-3PA	FT-FTA
평균	21.1	3.8	4.1	0.8	0.4	7.9-17.9	3.1-8.2	2.2-3.1
36분	23.2	4.2	4.5	0.9	0.5	8.7-19.7	3.4-9.0	2.4-3.4

항목	OS	CS	MS	3P	FT	SQ	OC	IS	L&F	SD	DD	PH	PF	PC	DRF	PM	PA	BH	DRS	PQ	PV
평점	B-	A-	C+	B-	C-	B-	B-	D-	B+	F	F	F	F	F	D-	C+	C	B	B-	C	C-

항목	DEF	ID	PD	ST	BL	HDQ	PP	DC	RBG	ORG	DRG	ATH	SP	AG	STR	VJ	STA	HP	INT	POT	OG
평점	D	D-	C+	D-	F	C-	D-	D	D-	C-	D-	B-	B-	B	D-	B-	A+	A	C-	A-	B-

G 12 Tre JOHNSON SG

트레 존슨 2006.03.07 / 196cm

미국 — **NBA 드래프트** : 2025년 1라운드 6번 / **NBA 우승** : 0회 / **파이널 MVP** : 0회 / **시즌 MVP** : 0회 / **NBA 퍼스트팀** : 0회

텍사스대 1학년이던 지난 시즌, 33경기에 출전해 평균 19.9점을 기록했다. 그리고 2025 NBA 드래프트를 통해 워싱턴에 1라운드 6번으로 지명되었다. 존슨은 '쓰리웨이 슈팅 머신'이다. 오프-더-드리블 샷, 캐치&슛, 픽&롤 응용 샷 등 3가지 슈팅 방법을 자유자재로 구사한다. 커팅 플레이와 드라이브-인 & 킥-아웃을 모두 잘 해낸다. 이타적(利他的)인 볼 핸들러로 동료에게 쉬운 찬스를 제공한다. 부족한 점은 수비와 리바운드. 연봉은 824만 달러.

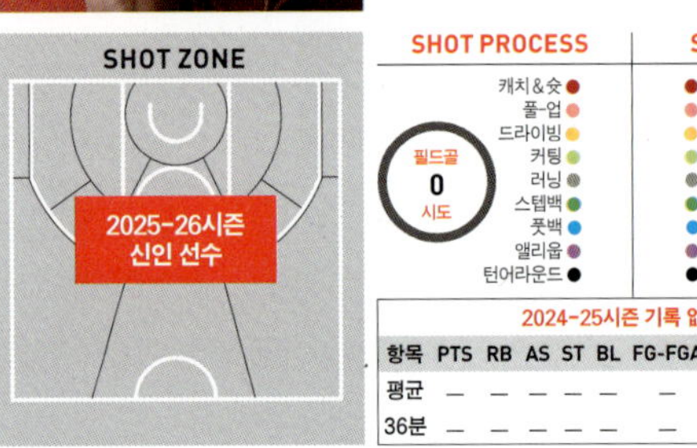

SHOT PROCESS (필드골 0 시도)

캐치&슛	풀-업	드라이빙	커팅	러닝	스텝백	풋백	앨리웁	턴어라운드

SHOT TYPES (필드골 0 시도)

점프샷	레이업	핑거롤	플로터	덩크	훅샷	팁샷	뱅크샷	페이드어웨이

2024-25시즌 기록 없음

항목	PTS	RB	AS	ST	BL	FG-FGA	3P-3PA	FT-FTA
평균	–	–	–	–	–	–	–	–
36분	–	–	–	–	–	–	–	–

항목	OS	CS	MS	3P	FT	SQ	OC	IS	L&F	SD	DD	PH	PF	PC	DRF	PM	PA	BH	DRS	PQ	PV
평점	–	–	–	–	–	–	–	–	–	–	–	–	–	–	–	–	–	–	–	–	–

항목	DEF	ID	PD	ST	BL	HDQ	PP	DC	RBG	ORG	DRG	ATH	SP	AG	STR	VJ	STA	HP	INT	POT	OG
평점	–	–	–	–	–	–	–	–	–	–	–	–	–	–	–	–	–	–	–	–	–

G 24 Corey KISPERT SG-SF

코리 키스퍼트 1999.03.03 / 198cm

미국 · **NBA 드래프트 :** 2021년 1라운드 15번 · **NBA 우승 :** 0회 / **파이널 MVP :** 0회 · **시즌 MVP :** 0회 / **NBA 퍼스트팀 :** 0회

세컨드 유닛 가드이자 198cm의 스윙맨이다. 키스퍼트는 3점 슈팅 전문가다. 코트 여러 위치에서 3점포를 날리지만, 특히 좌우 윙에서 많이 시도한다. 드라이빙에 이은 레이업과 덩크도 OK. 프로 통산 80.5%, 지난 시즌 85.2%에 달했던 자유투도 훌륭하다. 윙으로서 볼 핸들링이 안정적이고, 열심히 허슬 플레이를 한다. 퍼리미터 1대1 수비는 그런대로 나쁘지 않다. 그러나 투맨 게임, 픽&롤 응용력 등에서 다소 약점을 보인다. 연봉은 1398만 달러.

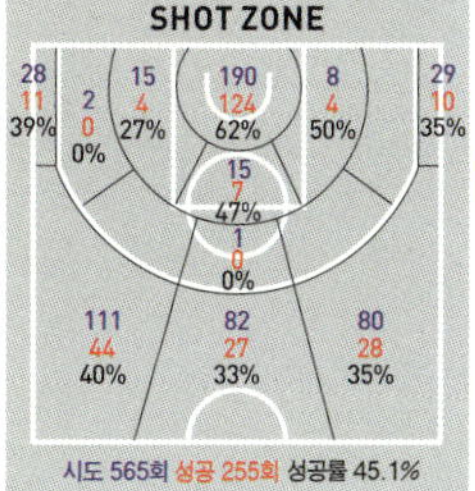

SHOT PROCESS (필드골 565 시도)

캐치&슛	풀-업	드라이빙	커팅	러닝	스텝백	풋백	앨리웁	턴어라운드
269	39	139	33	65	6	10	0	4

SHOT TYPES (필드골 565 시도)

점프샷	레이업	핑거롤	플로터	덩크	훅샷	팁샷	뱅크샷	페이드어웨이
337	133	26	39	7	3	1	17	2

2024-25시즌 워싱턴 61경기 평균 26.3분

항목	PTS	RB	AS	ST	BL	FG-FGA	3P-3PA	FT-FTA
평균	11.6	3.0	1.7	0.4	0.2	4.2-9.3	2.0-5.4	1.2-1.4
36분	15.8	4.1	2.3	0.6	0.3	5.7-12.7	2.7-7.4	1.7-2.0

항목	OS	CS	MS	3P	FT	SQ	OC	IS	L&F	SD	DD	PH	PF	PC	DRF	PM	PA	BH	DRS	PQ	PV
평점	B-	A-	B	B	B	C-	D	D-	C-	F	D-	F	F	F	D-	D-	D	C-	D	D+	F

항목	DEF	ID	PD	ST	BL	HDQ	PP	DC	RB3	OR3	DR3	ATH	SP	AG	STR	VJ	STA	HP	INT	POT	OG
평점	D	D	C	F	F	D+	D+	D	D-	D	D-	C	C	C	D-	D+	B	B-	F	B	C

G 8 Malaki BRANHAM SG-SF

말라치 브래넘 2003.05.12 / 193cm

미국 · **NBA 드래프트 :** 2022년 1라운드 20번 · **NBA 우승 :** 0회 / **파이널 MVP :** 0회 · **시즌 MVP :** 0회 / **NBA 퍼스트팀 :** 0회

샌안토니오에서의 지난 3년간 팀의 백업 혹은 선발 멤버로서 묵묵히 제 몫을 해냈다. 올 시즌 워싱턴에서도 그 역할은 계속될 것이다. 브래넘은 193cm 스윙맨이다. 드라이빙 레이업, 커팅 레이업, 드라이빙 플로터로 림을 공략한다. 미드레인지에서는 다양한 움직임으로 슈팅을 시도한다. 3점 구역에서는 풀업 점퍼와 캐치&슛을 고루 섞어 던진다. 가끔 롱 2도 구사한다. 패싱, 볼핸들링에는 약점이 있다. 스윙맨으로서 수비력도 부족하다. 연봉은 496만 달러.

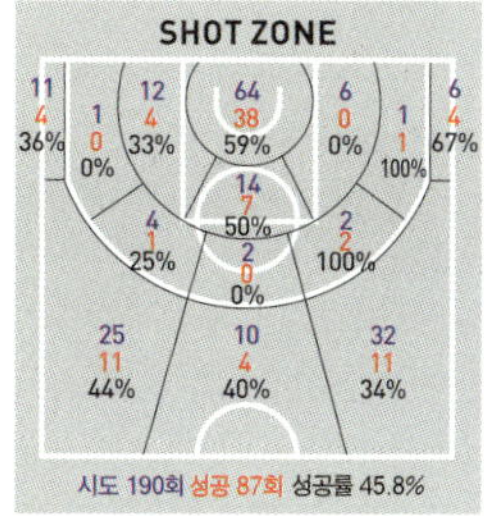

SHOT PROCESS (필드골 190 시도)

캐치&슛	풀-업	드라이빙	커팅	러닝	스텝백	풋백	앨리웁	턴어라운드
61	39	53	8	19	9	0	0	1

SHOT TYPES (필드골 190 시도)

점프샷	레이업	핑거롤	플로터	덩크	훅샷	팁샷	뱅크샷	페이드어웨이
114	41	12	11	5	0	0	4	3

2024-25시즌 샌안토니오 47경기 평균 9.1분

항목	PTS	RB	AS	ST	BL	FG-FGA	3P-3PA	FT-FTA
평균	5.0	1.1	0.8	0.2	0.0	1.9-4.0	0.7-1.8	0.6-0.7
36분	19.8	4.3	3.2	0.9	0.2	7.3-16.0	2.9-7.1	2.3-2.8

항목	OS	CS	MS	3P	FT	SQ	OC	IS	L&F	SD	DD	PH	PF	PC	DRF	PM	PA	BH	DRS	PQ	PV
평점	C	C	C	B-	B-	C-	D	D-	C	D-	C	F	F	F	D-	D	D-	D+	C	D-	D-

항목	DEF	ID	PD	ST	BL	HDQ	PP	DC	RBG	ORG	DRG	ATH	SP	AG	STR	VJ	STA	HP	INT	POT	OG
평점	D-	D-	D+	D-	F	D-	D-	F	D-	D	C-	C	B-	B-	D-	C	B	C-	F	B+	C-

G 5 AJ JOHNSON SG

에이제이 존슨 2004.12.01 / 196cm

미국 · **NBA 드래프트 :** 2024년 1라운드 23번 · **NBA 우승 :** 0회 / **파이널 MVP :** 0회 · **시즌 MVP :** 0회 / **NBA 퍼스트팀 :** 0회

2024년 11월 20일부터 40일간 아킬레스건 부상, 여러 질병으로 결장했고, 감독의 선택에 의해 벤치에 앉아 있기도 했다. 데뷔 시즌 29경기 평균 22.0분, 7.6점, 2.6어시스트. 올 시즌 출전 기회는 늘어날 것이다. 존슨은 좋은 사이즈(196cm)의 SG다. 슬래셔로 페인트존에서 긴 스트라이드와 빠른 스피드를 이용해 림을 공략한다. 그의 덩크는 폭발적이다. 트랜지션 게임 때 특히 위력적이다. 운동 능력을 활용한 1대1 수비도 OK. 연봉은 309만 달러.

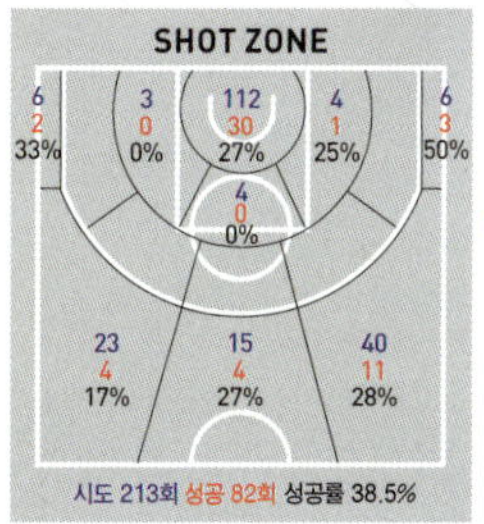

SHOT PROCESS (필드골 213 시도)

캐치&슛	풀-업	드라이빙	커팅	러닝	스텝백	풋백	앨리웁	턴어라운드
50	22	78	3	38	17	1	2	2

SHOT TYPES (필드골 213 시도)

점프샷	레이업	핑거롤	플로터	덩크	훅샷	팁샷	뱅크샷	페이드어웨이
94	70	20	1	21	2	0	5	0

2024-25시즌 밀워키+워싱턴 29경기 평균 22.0분

항목	PTS	RB	AS	ST	BL	FG-FGA	3P-3PA	FT-FTA
평균	7.6	2.0	2.6	0.4	0.1	2.8-7.3	0.8-3.1	1.1-1.3
36분	12.4	3.3	4.3	0.7	0.2	4.6-12.0	1.4-5.1	1.8-2.1

항목	OS	CS	MS	3P	FT	SQ	OC	IS	L&F	SD	DD	PH	PF	PC	DRF	PM	PA	BH	DRS	PQ	PV
평점	C-	B	C	C-	C	C	D-	D-	B	F	B-	F	F	F	D-	C	C-	B	C+	C-	D+

항목	DEF	ID	PD	ST	BL	HDQ	PP	DC	RBG	ORG	DRG	ATH	SP	AG	STR	VJ	STA	HP	INT	POT	OG
평점	D-	D-	D	D-	D-	F	F	F	D-	D-	D-	C-	B-	C-	F	C	B-	C	A-	B+	C-

WASHINGTON WIZARDS 2025-26 REGULAR SEASON SCHEDULE

OCTOBER, 2025

- Oct. 22 @ Milwaukee Bucks
- Oct. 24 @ Dallas Mavericks
- Oct. 26 vs. Charlotte Hornets
- Oct. 28 vs. Philadelphia 76ers
- Oct. 30 @ Oklahoma City Thunder

NOVEMBER, 2025

- Nov. 1 vs. Orlando Magic
- Nov. 3 @ New York Knicks
- Nov. 5 @ Boston Celtics
- Nov. 7 vs. Cleveland Cavaliers
- Nov. 8 vs. Dallas Mavericks
- Nov. 10 @ Detroit Pistons
- Nov. 12 @ Houston Rockets
- Nov. 16 vs. Brooklyn Nets
- Nov. 19 @ Minnesota Timberwolves
- Nov. 21 @ Toronto Raptors
- Nov. 22 @ Chicago Bulls
- Nov. 25 vs. Atlanta Hawks
- Nov. 28 @ Indiana Pacers

DECEMBER, 2025

- Dec. 1 vs. Milwaukee Bucks
- Dec. 2 @ Philadelphia 76ers
- Dec. 4 vs. Boston Celtics
- Dec. 6 vs. Atlanta Hawks
- Dec. 17 @ San Antonio Spurs
- Dec. 20 @ Memphis Grizzlies
- Dec. 21 vs. San Antonio Spurs
- Dec. 23 @ Charlotte Hornets
- Dec. 26 vs. Toronto Raptors
- Dec. 28 vs. Memphis Grizzlies
- Dec. 29 vs. Phoenix Suns
- Dec. 31 @ Milwaukee Bucks

JANUARY, 2026

- Jan. 2 vs. Brooklyn Nets
- Jan. 4 vs. Minnesota Timberwolves
- Jan. 6 vs. Orlando Magic
- Jan. 7 @ Philadelphia 76ers
- Jan. 9 vs. New Orleans Pelicans
- Jan. 11 @ Phoenix Suns
- Jan. 14 @ Los Angeles Clippers
- Jan. 16 @ Sacramento Kings
- Jan. 17 @ Denver Nuggets
- Jan. 19 vs. Los Angeles Clippers
- Jan. 22 vs. Denver Nuggets
- Jan. 24 @ Charlotte Hornets
- Jan. 27 vs. Portland Trail Blazers
- Jan. 29 vs. Milwaukee Bucks
- Jan. 30 vs. Los Angeles Lakers

FEBRUARY, 2026

- Feb. 1 vs. Sacramento Kings
- Feb. 3 vs. New York Knicks
- Feb. 5 @ Detroit Pistons
- Feb. 7 @ Brooklyn Nets
- Feb. 8 vs. Miami Heat
- Feb. 11 @ Cleveland Cavaliers
- Feb. 19 vs. Indiana Pacers
- Feb. 20 vs. Indiana Pacers
- Feb. 22 vs. Charlotte Hornets
- Feb. 24 @ Atlanta Hawks
- Feb. 26 @ Atlanta Hawks
- Feb. 28 vs. Toronto Raptors

MARCH, 2026

- Mar. 2 vs. Houston Rockets
- Mar. 3 @ Orlando Magic
- Mar. 5 vs. Utah Jazz
- Mar. 8 @ New Orleans Pelicans
- Mar. 10 @ Miami Heat
- Mar. 12 @ Orlando Magic
- Mar. 14 @ Boston Celtics
- Mar. 16 vs. Golden State Warriors
- Mar. 17 vs. Detroit Pistons
- Mar. 19 vs. Detroit Pistons
- Mar. 21 vs. Oklahoma City Thunder
- Mar. 22 @ New York Knicks
- Mar. 25 @ Utah Jazz
- Mar. 27 @ Golden State Warriors
- Mar. 29 @ Portland Trail Blazers
- Mar. 30 @ Los Angeles Lakers

APRIL, 2026

- Apr. 1 vs. Philadelphia 76ers
- Apr. 4 @ Miami Heat
- Apr. 5 @ Brooklyn Nets
- Apr. 7 vs. Chicago Bulls
- Apr. 9 vs. Chicago Bulls
- Apr. 10 vs. Miami Heat
- Apr. 12 @ Cleveland Cavaliers

WESTERN CONFERENCE

2025-26 WESTERN CONFERENCE ODDS

순위	TEAM	스카이벳	벳프레드	윌리엄힐	벳빅터
1	Oklahoma City Thunder	1.3배	1.5배	1.5배	1.6배
2	Denver Nuggets	5배	5배	4.5배	4.5배
3	Houston Rockets	5.5배	5배	5배	5배
4	Los Angeles Lakers	8배	11배	9배	9배
5	Minnesota Timberwolves	10배	10배	10배	10배
6	Los Angeles Clippers	10배	11배	11배	9배
7	Golden State Warriors	14배	16배	12배	16배
8	Dallas Mavericks	20배	20배	16배	20배
9	San Antonio Spurs	25배	28배	28배	28배
10	Memphis Grizzlies	60배	66배	50배	66배
11	New Orleans Pelicans	300배	150배	125배	125배
12	Phoenix Suns	300배	150배	150배	150배
13	Sacramento Kings	200배	150배	250배	250배
14	Portland Trail Blazers	300배	250배	300배	250배
15	Utah Jazz	500배	250배	500배	500배

전국 7웅

오클라호마시티는 완벽한 우승 레이스를 펼쳤다. 길저스-알렉산더, 윌리엄스, 홈그렌 등 최강 멤버가 왕조를 구축할 준비를 끝냈다. 그러나 요키치의 덴버, 에드워즈의 미네소타, 르브론의 레이커스, 커리의 골든스테이트, 듀란트의 휴스턴, 웸반야마의 샌안토니오 등 강력한 도전자가 버티고 있다. 격전은 불을 보듯 뻔하다.

2024–25 WESTERN CONFERENCE STANDING

순위	TEAM	승	패	승률	승차
1	Oklahoma City Thunder*	68	14	82.9%	—
2	Houston Rockets*	52	30	63.4%	16
3	Los Angeles Lakers*	50	32	61.0%	18
4	Denver Nuggets*	50	32	61.0%	18
5	Los Angeles Clippers*	50	32	61.0%	18
6	Minnesota aTimberwolves*	49	33	59.8%	19
7	Golden State Warriors*	48	34	58.5%	20
8	Memphis Grizzlies*	48	34	58.5%	20
9	Sacramento Kings	40	42	48.8%	28
10	Dallas Mavericks	39	43	47.6%	29
11	Phoenix Suns	36	46	43.9%	32
12	Portland Trail Blazers	36	46	43.9%	32
13	San Antonio Spurs	34	48	41.5%	34
14	New Orleans Pelicans	21	61	25.6%	47
15	Utah Jazz	17	65	20.7%	51

*플레이오프 진출팀

격전필지

NORTHWEST DIVISION

스타워즈

'별들의 전쟁'. 시즌 MVP 셰이 길저스알렉산더, 농구코트 마술사 니콜라 요키치, 실력과 외모에서 조던을 빼닮은 앤써니 에드워즈가 '불꽃 승부'를 펼친다.

2025-26 DIVISION ODDS

순위	TEAM	스카이벳	벳프레드	윌리엄힐	벳빅터
1	Oklahoma City Thunder	0.17배	0.25배	0.22배	0.25배
2	Denver Nuggets	4.5배	4.5배	4.5배	4.5배
3	Minnesota Timberwolves	10배	10배	10배	11배
4	Portland Trail Blazers	500배	250배	150배	150배
5	Utah Jazz	500배	250배	500배	500배

2024-25 DIVISION STANDING

순위	TEAM	승	패	승률	승차
1	Oklahoma City Thunder*	68	14	82.9%	—
2	Denver Nuggets*	50	32	61.0%	18
3	Minnesota Timberwolves*	49	33	59.8%	19
4	Portland Trail Blazers	36	46	43.9%	32
5	Utah Jazz	17	65	20.7%	51

*플레이오프 진출팀

DENVER NUGGET

MINNESOTA TIMBERWOLVES
OKLAHOMA CITY THUNDER
PORTLAND TRAIL BLAZERS
UTAH JAZZ
BRIGHTSIDE
WINDOWS
BLAZERS
UTAH
23

DENVER NUGGETS

OKIĆ

"어게인 2023", 우승 클래스 팀 재구축

중간이 없다

여러모로 불안정한 시즌을 보냈다. 첫째, 주전-벤치 경쟁력 격차가 컸다. 벤치 대결 구간만 시작되면 코트 주도권이 증발한 사례가 많았다. 둘째, 주전 라인업 내에서도 포지션별 편차가 심했다. MVP 센터 니콜라 요키치와 터프가이 포워드 애런 고든이 뭉친 프런트코트 대비 백코트 생산력이 아쉬웠다. 셋째, 공수 균형마저 형편없었다. 경기당 평균 116.9실점은 플레이오프에 진출한 16개 팀 중 가장 높은 수치다(120.8득점 3위). 그나마 2라운드까지 진출하며 유종의 미는 거뒀다.

윗선 개입 효과

엇박자는 코치진-프런트 사이에서도 발생했다. 마이클 말론 감독과 캘빈 부스 단장 간의 알력 다툼이 선수단 분위기에 악영향을 끼쳤다. 불안정한 동거는 구단주 그룹이 개입한 후에야 해결되었다. 감독, 단장을 동시에 해고했다! 교통 정리가 깔끔하게 이루어졌던 덕분일까? 오프 시즌에는 A+ 학점을 받았다. 특히 고비용 저효율 자원 마이클 포터 주니어 트레이드 처분에 힘입어 전력 강화 모멘텀을 마련했다. 양질의 윙 포워드 카메론 존슨 트레이드 영입이 대표적인 성과다.

2023년 영광 재현을 노린다

2025년 플레이오프 당시 능력을 인정받은 데이비드 아델만이 정식 감독으로 승격했다. 어시스턴트 코치진과 전력 분석 인원도 대폭 보강된 상태다. 리더십이 안정된 만큼 전술 운용 역시 탄력받을 것으로 기대된다. 또한, 벤치 뎁스(depth)가 한결 두꺼워졌다. 역전의 용사들인 브루스 브라운, 요나스 발렌슈나스, 팀 하더웨이 주니어가 가세했다. 선수단 알파이자 오메가 요키치의 눈높이에 맞는 동료들이다. 2023년 플레이오프 파이널 우승 수준 선수단이 재구축되었다는 평가다.

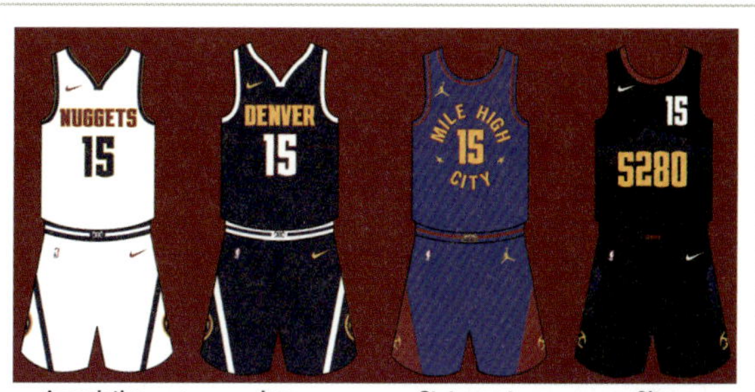

Association　Icon　Statement　City

*통계는 2025년 10월 1일 기준

CLUB INFORMATION

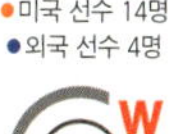

Founded	Owner	CEO	Head Coach	24-25 Odds
구단 창립 1967년	크론키 스포츠엔터테인먼트	조시 크론키 1980.05.07	데이비드 아델만 1981.05.15	스카이벳 : 8.5배 윌리엄힐 : 7.5배
Nationality	**Age**	**Height**	**Weight**	**Salary**
●미국 선수 14명 ●외국 선수 4명	18명 평균 26.2세	18명 평균 199.9cm	18명 평균 98.9kg	14명 평균 1345만 달러
Win	**Loss**	**Winning%**	**Play-Off**	**Titles**
2024-25 : 50승 통산 : 2417승	2024-25 : 32패 통산 : 2278패	2024-25 : 61.0% 통산 : 51.5%	PO 진출 : 40회 PO 탈락 : 18회	NBA우승 : 1회 컨퍼런스 : 1회
Top Scorer	**More Rebounds**	**More Assists**	**More Steals**	**More Blocks**
니콜라 요키치 평균 29.6점	니콜라 요키치 평균 12.7리바운드	니콜라 요키치 평균 10.2어시스트	니콜라 요키치 평균 1.8스틸	페이튼 왓슨 평균 1.4블록

*항목별 1위는 지난 시즌 덴버 소속으로 42경기 이상 출전한 선수 중 선별

HEAD COACH & STADIUM

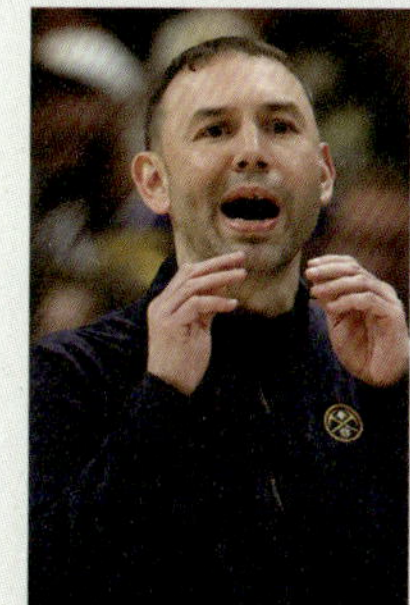

David Adelman 데이비드 아델만

생년월일 : 1981.05.15 / **출생지** : 미국 오리건주 살렘
경력 : 2002~2006년 제주엇고 코치 / 2006~2011년 링컨고 감독 / 2011~2016년 미네소타 팀버울브스 코치 / 2016~2017년 올랜도 매직 코치 / 2017~2025년 덴버 너기츠 코치 / 2025년~덴버 너기츠 감독

과거 NBA 명장 중 1명인 릭 아델만의 아들이다. 데이비드는 제주엇고와 서던 뉴햄프셔대에서 농구 선수로 뛰었지만, 그리 두각을 나타내지는 못했다. 대신, 지도자로서 오랜 경험을 쌓았다. 2002년, 모교 제주엇고에서 코치로 출발했고, 2006년엔 링컨고의 감독으로 자리를 옮겨 총 10년간 고교 선수들을 가르쳤다. 2011년에 미네소타 팀버울브스 선수 육성군 코치로 자리를 옮겼고, 부친 릭이 은퇴한 2014년부터 2년간 플립 손더스, 샘 미첼 밑에서 지도자 수업을 계속했다. 2016-17시즌, 올랜도 매직에서 프랭크 보겔 감독을 도와 코치를 맡았고, 2017-18시즌, 덴버 너기츠로 옮겨 8년 간 코치로 활약했다. 이 기간 지도력을 인정받아 2025년 4월 8일, 전임자 마이클 말론이 성적 부진으로 해임된 직후 팀의 임시 감독이 되었다. 그리고 5월 22일, 정식 감독으로 승격했다.

BALL ARENA

구장 오픈 : 1999년 11월 20일
구장 증개축 : —
오너 : 크랑키 스포츠&엔터
수용인원 : 1만 8000명
건축비용 : 1억 8700만달러
(현재 가치) 3억 5500만달러

이전 명칭은 펩시 센터였다. 이 아레나는 콜로라도주 최고의 스포츠, 엔터테인먼트 시설 중 하나다. 매년 스포츠 경기, 각종 공연, 음악 콘서트, 다양한 패밀쇼, 전시회 등 250개 이상의 행사가 개최된다. 농구팀 덴버 너기츠, 하키팀 콜로라도 애벌랜치, 라크로스팀 콜로라도 매머드의 홈구장으로 사용되고 있다. 너기츠 홈구장이 된 건 1999-2000시즌부터다.

REGULAR SEASON RANKING LAST 10YEARS

★NBA 파이널 우승

15-16	16-17	17-18	18-19	19-20	20-21	21-22	22-23	23-24	24-25
23	18	14	4	6	5	11	★4	3	6
33승 49패	40승 42패	46승 36패	54승 28패	46승 27패	47승 25패	48승 34패	53승 29패	57승 25패	50승 32패

Honours

1	1	12	7
NBA CHAMPIONS	CONFERENCE TITLES	DIVISION TITLES	RETIRED NUMBERS

NBA CHAMPIONSHIPS
2023

CONFERENCE TITLES
2023

DIVISION TITLES
ABA : 1970, 1975 / NBA : 1977, 1978, 1985, 1988, 2006, 2009, 2010, 2019, 2020, 2023

RETIRED NUMBERS
2, 12, 33, 40, 44, 55, 432

TEAM POTENTIAL

85점

4위

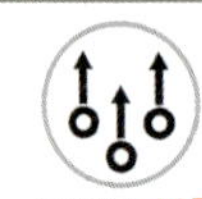

하프코트 세트오펜스 9점 | 트랜지션 오펜스 10점 | 하프코트 세트디펜스 7점 | 트랜지션 디펜스 8점 | 리바운드 10점

선수층 8점 | 선수 경험치 9점 | 감독 리더십 8점 | 감독 전술 8점 | 프런트 8점

*각 항목은 10점 만점, 평점은 NBA 30팀 사이 상대평가

우승 ODDS	배당	순위
Sky Bet	8.5배	3위
Bet Fred	7.5배	3위
William Hill	7.5배	2위

OFFENSIVE STYLE
트랜지션 오펜스 ← → 하프코트 세트오펜스

DEFENSIVE STYLE
하이 프레스 ← → 하프코트 디펜스

SQUAD & TACTICS

STARTERS

- PF 애런 고든 — 28.4분, 14.7점, 4.8RB, 3.2AS
- C 니콜라 요키치 — 36.7분, 29.6점, 12.7RB, 10.2AS
- SF 캠 존슨 — 31.6분, 18.8점, 4.3RB, 3.4AS
- SG 크리스찬 브론 — 33.9분, 15.4점, 5.2RB, 2.6AS
- PG 저멀 머레이 — 36.1분, 21.4점, 3.9RB, 6.0AS

OFF THE BENCH

- PG 브루스 브라운 — 22.5분, 8.3점, 4.0RB, 2.0AS
- SG 줄리안 스트로더 — 21.3분, 9.0점, 2.2RB, 1.3AS
- SF 팀 하더웨이 Jr. — 28.0분, 11.0점, 2.4RB, 1.6AS
- PF 페이튼 왓슨 — 24.4분, 8.1점, 3.4RB, 1.4AS
- C 요나스 발란추나스 — 18.8분, 10.4점, 7.7RB, 2.0AS

G 타마 베이츠
G 제일런 피켓
F 헌터 타이슨
F 지크 나지
C 더론홈즈

Player's Functions

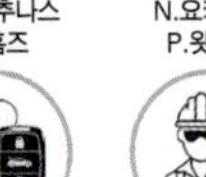

Ball Handlers	Pull-Ups	Catch & Shoot
J.머레이 T.하더웨이 Jr. B.브라운	J.머레이 C.존슨 T.하더웨이 Jr.	N.요키치 J.머레이 C.존슨

3 Pointers	Slam Dunkers	Free Throw
C.존슨 T.하더웨이 Jr. J.머레이	C.브라운 A.고든 P.왓슨	N.요키치 C.존슨 J.머레이

Rebounders	1-1 Defenders	Ball Stealers
N.요키치 J.발란추나스 D.홈즈	A.고든 N.요키치 P.왓슨	C.브라운 N.요키치 Z.나지

Key Passes	Hustle Players	Rim Protectors
N.요키치 J.머레이 B.브라운	A.고든 C.브라운 Z.나지	P.왓슨 Z.나지 D.홈즈

2024-25 SEASON PERFORMANCE

공격 레이팅 119.9(4위) 수비 레이팅 116.0(22위) 레이팅 마진 +3.9(9위) 페이스 99.8(8위)

DENVER NUGGETS vs. OPPONENTS PER GAME STATS

	득실점	필드골성공	필드골시도	필드골%	3점성공	3점시도	3점%	2점성공	2점시도	2점%	자유투성공	자유투시도	자유투%	공격 RB	수비 RB	전체 RB	어시스트	스틸	블락샷	턴오버	파울
		FG	FG↑	FG%	3P	3P↑	3P%	2P	2P↑	2P%			FT%	OR	DR	TR	A↑				
덴버	120.8 3위	45.4 1위	89.8 16위	50.6% 1위	12.0 28위	31.9 30위	37.6% 5위	33.4 1위	57.8 1위	57.8% 2위	17.9 4위	23.3 1위	77.0% 23위	11.2 12위	34.5 3위	45.7 4위	31.0 1위	8.0 17위	4.9 15위	14.3 17위	17.6 6위
상대팀	116.9 25위	43.3 24위	93.0 29위	46.6% 13위	14.1 20위	38.7 21위	36.5% 22위	29.2 24위	54.4 28위	53.8% 11위	16.1 8위	20.7 8위	77.7% 13위	11.7 25위	30.7 1위	42.5 6위	29.0 29위	8.7 21위	5.1 19위	13.0 25위	19.0 9위

LINE-UP

* 덴버는 지난 시즌 총 364개의 라인업을 가동했다. 득실점차 플러스 10개, 마이너스 10개를 골랐다.

득실점차 플러스(+) 라인업 TOP 10	G	MIN	PPG	RPG	득실차
A. Gordon - N. Jokić - J. Murray - M. Porter Jr. - C. Braun	12	242	47.3	18.9	+53
R. Westbrook - A. Gordon - N. Jokić - J. Murray - C. Braun	11	97	21.3	9.0	+15
R. Westbrook - D. Jordan - J. Murray - M. Porter Jr. - P. Watson	2	7	10.0	2.0	+6
N. Jokić - M. Porter Jr. - J. Pickett - C. Braun - P. Watson	1	1	7.0	2.0	+4
R. Westbrook - N. Jokić - J. Murray - M. Porter Jr. - C. Braun	4	4	2.0	1.3	+3
D. Jordan - A. Gordon - J. Murray - M. Porter Jr. - P. Watson	1	1	3.0	1.0	+3
R. Westbrook - A. Gordon - N. Jokić - J. Murray - P. Watson	2	8	9.5	4.0	+2
R. Westbrook - A. Gordon - J. Murray - M. Porter Jr. - C. Braun	2	5	7.5	0.5	+2
N. Jokić - J. Murray - J. Strawther - C. Braun - P. Watson	1	4	10.0	3.0	+2
A. Gordon - N. Jokić - J. Murray - J. Strawther - C. Braun	1	1	2.0	0.0	+2
득실점차 마이너스(-) 라인업 TOP 10	**GP**	**MIN**	**PPG**	**RPG**	**득실차**
R. Westbrook - D. Šarić - M. Porter Jr. - J. Strawther - P. Watson	6	24	5.3	2.8	-31
R. Westbrook - D. Jordan - M. Porter Jr. - J. Strawther - P. Watson	6	23	7.8	4.7	-22
R. Westbrook - A. Gordon - J. Murray - M. Porter Jr. - C. Braun	2	17	19.0	4.0	-22
J. Pickett - Z. Nnaji - J. Strawther - T. Alexander - H. Tyson	5	19	6.8	2.2	-21
R. Westbrook - M. Porter Jr. - Z. Nnaji - J. Strawther - H. Tyson	4	16	4.8	3.3	-20
R. Westbrook - D. Jordan - M. Porter Jr. - J. Strawther - C. Braun	5	11	3.6	1.8	-20
J. Pickett - T. Alexander - P. Hall - H. Tyson - S. Jones	5	18	6.8	4.0	-18
R. Westbrook - D. Šarić - M. Porter Jr. - J. Strawther - C. Braun	3	8	3.3	1.7	-18
R. Westbrook - V. Čančar - M. Porter Jr. - J. Pickett - Z. Nnaji	2	7	2.5	4.0	-18
R. Westbrook - N. Jokić - J. Murray - J. Strawther - P. Watson	14	35	6.5	2.1	-16

PASS COMBINATIONS

→ 해당 선수가 경기당 동료로부터 패스 받은 횟수
→ 해당 선수가 경기당 동료들에게 패스 해준 횟수

받은 횟수	선수	해준 횟수
70.6	니콜라 요키치	76.6
57.2	저멀 머레이	46.1
44.4	러셀 웨스트브룩	41.7
29.6	크리스천 브런	31.6
28.6	마이클 포터 주니어	29.3
29.7	애런 고든	28.1
18.8	페이튼 왓슨	21.8
19.3	제일런 피켓	19.6
15.7	다리오 샤리치	18.4
20.0	줄리안 스트로더	17.5
9.8	디앤드리 조던	13.1
10.5	블라트코 찬차르	12.4
7.6	트레이 알렉산더	7.5
6.1	지크 나지	6.6
6.2	헌터 타이슨	5.9
4.1	스펜서 존스	4.5
3.1	피제이 홀	4.4

2024-25 RANKING

* 는 수치가 낮을수록 랭킹이 높아짐

덴버	랭킹	FIVE FACTORS	상대팀	랭킹
57.3%	2위	3점 가중 FG%	54.2%*	16위
12.5*	13위	턴오버 / 100포제션	11.3	27위
26.7%	7위	공격 RB 점유율	25.4%*	16위
74.6%	17위	수비 RB 점유율	73.3%*	6위
20.0%	7위	자유투 / 필드골	17.3%*	4위

득점	랭킹	PLAYTYPE	실점*	랭킹
5.2	25위	아이솔레이션	7.6	22위
26.3	4위	트랜지션	23.4	17위
12.5	28위	픽&롤 볼핸들러	14.5	8위
7.0	16위	픽&롤 롤맨	7.7	24위
8.3	1위	포스트-업	3.4	7위
22.1	30위	스팟-업	30.4	29위
6.7	5위	핸드오프	5.6	23위
15.7	1위	커팅	—	—
5.1	6위	오프 스크린	4.5	22위
7.9	3위	풋백	6.5	12위
3.3	5위	기타	—	—

SHOT ZONE

평균 구간별 슈팅 및 성공률

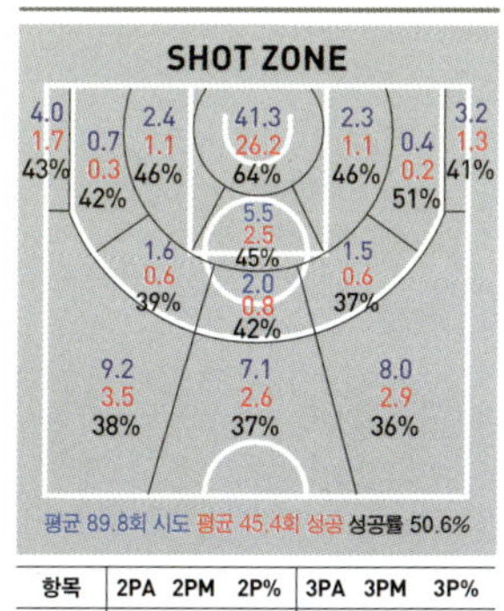

항목	2PA	2PM	2P%	3PA	3PM	3P%
캐치&숏	1.7	0.8	48.6%	23.0	8.8	38.2%
풀업	11.2	4.5	40.5%	7.9	2.8	35.5%
3m 안쪽	43.8	27.4	62.6%	—	—	—
TOTAL	57.2	33.1	57.9%	31.5	11.8	37.5%

SHOT PROCESS & SHOT TYPES

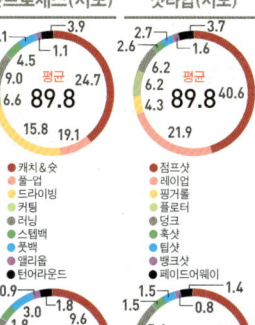

샷프로세스(시도)

평균 89.8 — 24.7, 19.1, 15.8, 6.6, 9.0, 4.5, 5.1, 1.1, 3.9

샷타입(시도)

평균 89.8 — 40.6, 21.9, 4.3, 6.2, 6.2, 2.6, 2.7, 1.6, 3.7

●캐치&숏 ●풀-업 ●드라이빙 ●커팅 ●러닝 ●스텝백 ●풋백 ●앨리웁 ●턴어라운드

●점프샷 ●레이업 ●핑거롤 ●플로터 ●덩크 ●훅샷 ●팁샷 ●뱅크샷 ●페이드어웨이

샷프로세스(성공)

평균 45.4 — 9.6, 7.3, 8.7, 5.1, 7.2, 1.8, 3.0, 0.9, 1.8

샷타입(성공)

평균 45.4 — 15.9, 12.9, 3.0, 3.0, 5.4, 1.5, 1.4, 0.8

SHOOTING

필드골 시도

평균 89.8 — 7.3, 36.6, 24.8, 21.1

공격수와 수비수의 거리 ●0~0.6m ●0.6~1.2m ●1.2~1.8m ●1.8m 이상

필드골 시도

평균 89.8 — 2.8, 15.6, 14.1, 42.8, 7.4, 7.1

샷클락 ●22~24초 ●18~22초 ●15~18초 ●7~15초 ●4~7초 ●0~4초

필드골 성공

평균 45.4 — 3.5, 20.5, 12.5, 8.9

필드골 성공

평균 45.4 — 1.6, 9.1, 7.2, 21.5, 3.4, 2.6

OPPONENT SHOOTING

상대 필드골 시도

평균 93.0 — 5.9, 36.1, 27.6, 23.4

공격수와 수비수의 거리 ●0~0.6m ●0.6~1.2m ●1.2~1.8m ●1.8m 이상

상대 필드골 시도

평균 93.0 — 2.7, 14.7, 15.5, 42.5, 8.8, 8.8

샷클락 ●22~24초 ●18~22초 ●15~18초 ●7~15초 ●4~7초 ●0~4초

필드골 허용

평균 43.3 — 2.8, 18.4, 12.2, 9.9

필드골 허용

평균 43.3 — 1.6, 7.8, 7.2, 19.8, 3.9, 3.0

CONTESTED REBOUNDS

공격 리바운드

평균 7.0 — 0.4, 2.8, 3.0, 0.8

수비 리바운드

평균 9.0 — 0.5, 2.9, 4.2, 1.4

림 아래부터 리바운드 위치까지의 거리 ●0~0.9m ●0.9~1.8m ●1.8~3m ●3m 이상

UNCONTESTED REBOUNDS

공격 리바운드

평균 4.1 — 0.6, 0.9, 0.8, 1.8

수비 리바운드

평균 25.5 — 4.5, 9.6, 6.7, 4.7

림 아래부터 리바운드 위치까지의 거리 ●0~0.9m ●0.9~1.8m ●1.8~3m ●3m 이상

DEFENSE OF 50 WINS

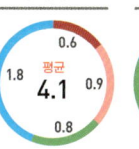

필드골 허용 %

45.0%

상대 필드골 시도 93.8
필드골 허용 42.2

3점슛 허용 %

34.3%

상대 3점슛 시도 38.3
3점슛 허용 13.2

DEFENSE OF 32 LOSSES

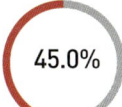

필드골 허용 %

49.2%

상대 필드골 시도 91.8
필드골 허용 45.2

3점슛 허용 %

39.7%

상대 3점슛 시도 39.2
3점슛 허용 15.6

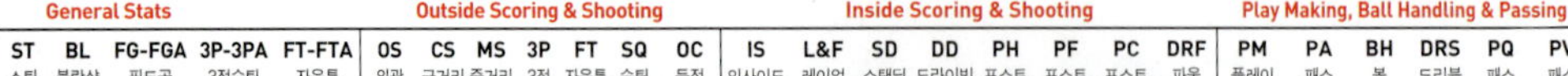

General Stats								Outside Scoring & Shooting							Inside Scoring & Shooting								Play Making, Ball Handling & Passing					
PTS	RB	AS	ST	BL	FG-FGA	3P-3PA	FT-FTA	OS	CS	MS	3P	FT	SQ	OC	IS	L&F	SD	DD	PH	PF	PC	DRF	PM	PA	BH	DRS	PQ	PV
득점	리바운드	어시스트	스틸	블락샷	필드골 성공-시도	3점슈팅 성공-시도	자유투 성공-시도	외곽 득점력	근거리 점프샷	중거리 슈팅	3점 슈팅	자유투	슈팅 IQ	득점 일관성	인사이드 득점력	레이업 플로터	스탠딩 덩크	드라이빙 덩크	포스트 훅샷	포스트 페이드	포스트 컨트롤	파울 유도	플레이 메이킹	패스 능력	볼 핸들링	드리블 스피드	패스 IQ	패스 비전

F 23 Cameron JOHNSON PF-SF

캐머런 존슨 1996.03.13 / 203cm

미국

NBA 드래프트 : 2019년 1라운드 11번
NBA 우승 : 0회 / 파이널 MVP : 0회
시즌 MVP : 0회 / NBA 퍼스트팀 : 0회

발목, 허리, 무릎, 엉덩이, 질병. 잔 부상에 시달린 한 시즌이었다. 치료 기간 1일~10일짜리 짧은 부상자 리스트에 오른 것만 무려 10번(!)이다. 그런데 이런 일은 매년 반복되었다. 올 시즌 건강이 가장 중요하다. 존슨은 벌크업으로 인해 포스트에서 버티는 힘이 좋아졌다. 이후 팀의 3&D 자원으로 나름 쏠쏠한 활약을 해왔다. 타점 높은 캐치&슛, 과감한 풀업 점퍼, 드라이빙 레이업, 드라이빙 덩크 등 다양한 공격 루트를 선보인다. 연봉은 2106만 달러.

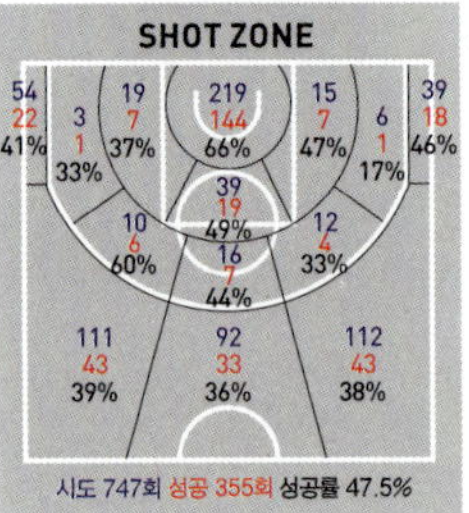

SHOT PROCESS

필드골 747 시도

- 캐치&슛 293
- 풀-업 121
- 드라이빙 140
- 커팅 20
- 러닝 81
- 스텝백 60
- 풋백 17
- 앨리웁 1
- 턴어라운드 14

SHOT TYPES

필드골 747 시도

- 487 점프샷
- 133 레이업
- 30 핑거롤
- 30 플로터
- 26 덩크
- 0 훅샷
- 10 팁샷
- 7 뱅크샷
- 24 페이드어웨이

2024-25시즌 브루클린 57경기 평균 31.6분

항목	PTS	RB	AS	ST	BL	FG-FGA	3P-3PA	FT-FTA
평균	18.8	4.3	3.4	0.9	0.4	6.2-13.1	2.8-7.2	3.5-3.9
36분	21.4	4.9	3.9	1.1	0.5	7.1-14.9	3.2-8.2	4.0-4.5

항목	OS	CS	MS	3P	FT	SQ	OC	IS	L&F	SD	DD	PH	PF	PC	DRF	PM	PA	BH	DRS	PQ	PV
평점	B	B	C+	B-	B+	A	B	D	C+	D-	D-	D+	D+	D	D-	D-	D-	D-	F	D	D+

항목	DEF	ID	PD	ST	BL	HDQ	PP	DC	RB	ORB	DRB	ATH	SP	AG	STR	VJ	STA	HP	INT	POT	OG
평점	D	D+	C-	D	F	D	D+	D	D-	D-	D-	C	C-	C-	D-	C+	B	B	A-	B+	B-

F 32 Aaron GORDON PF-SF

애런 고든 1995.09.16 / 203cm

미국

NBA 드래프트 : 2014년 1라운드 4번
NBA 우승 : 1회 / 파이널 MVP : 0회
시즌 MVP : 0회 / NBA 퍼스트팀 : 0회

지난 시즌 종아리 통증으로 13회, 발목 염좌로 4회씩 부상자 리스트에 올랐다. 큰 부상은 없었고, 모두 치료 기간 1일~10일짜리 잔 부상이었다. 건강이 가장 중요하다. 정상 상태의 고든은 폭발적인 운동능력을 자랑한다. '언더 사이즈 4번'이지만, 빅윙의 역할이 중요한 현대 농구 트렌드에서 장점을 살릴 수 있다. 슬램덩크 컨테스트에서 보듯, 리그 최상급 덩크 아티스트다. 인사이드와 퍼리미터 수비, 허슬 플레이 모두 평균 이상이다. 연봉은 2284만 달러.

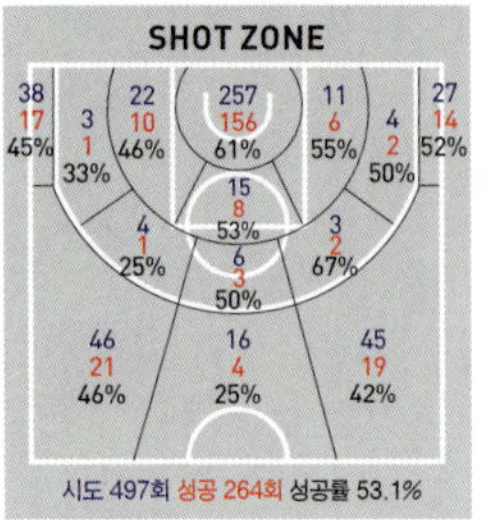

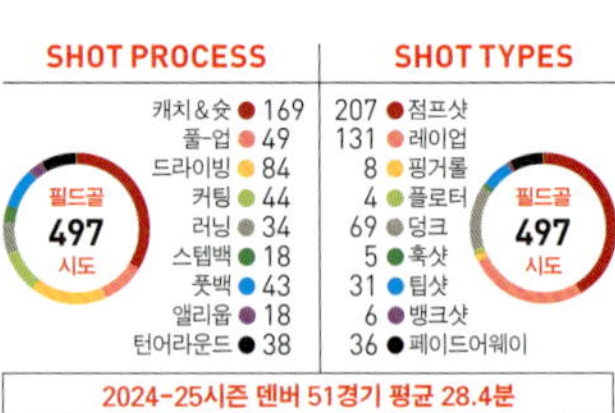

SHOT PROCESS

필드골 497 시도

- 캐치&슛 169
- 풀-업 49
- 드라이빙 84
- 커팅 44
- 러닝 34
- 스텝백 18
- 풋백 43
- 앨리웁 18
- 턴어라운드 38

SHOT TYPES

필드골 497 시도

- 207 점프샷
- 131 레이업
- 8 핑거롤
- 4 플로터
- 69 덩크
- 5 훅샷
- 31 팁샷
- 6 뱅크샷
- 36 페이드어웨이

2024-25시즌 덴버 51경기 평균 28.4분

항목	PTS	RB	AS	ST	BL	FG-FGA	3P-3PA	FT-FTA
평균	14.7	4.8	3.2	0.5	0.3	5.2-9.7	1.5-3.4	2.8-3.5
36분	18.6	6.1	4.1	0.6	0.3	6.6-12.4	1.9-4.3	3.6-4.5

항목	OS	CS	MS	3P	FT	SQ	OC	IS	L&F	SD	DD	PH	PF	PC	DRF	PM	PA	BH	DRS	PQ	PV
평점	B-	A-	B+	B	B-	C-	C-	B-	B	B	A	D-	D-	C	B	D-	D	D	D	D-	D-

항목	DEF	ID	PD	ST	BL	HDQ	PP	DC	RB	ORB	DRB	ATH	SP	AG	STR	VJ	STA	HP	INT	POT	OG
평점	C	B	A-	F	F	B	B-	B-	D-	D-	D-	B	C-	B	C-	A-	A	A	D-	B+	B-

F 10 Tim HARDAWAY Jr. SF-SG

팀 하더웨이 주니어 1992.03.16 / 196cm

미국

NBA 드래프트 : 2013년 1라운드 24번
NBA 우승 : 0회 / 파이널 MVP : 0회
시즌 MVP : 0회 / NBA 퍼스트팀 : 0회

'크로스오버의 전설' 팀 하더웨이 시니어의 아들. 역대급 PG였던 아버지와는 플레이 스타일이 전혀 다르다. 하더웨이 주니어는 타고난 3점 슈터다. 캐치&슛 능력은 압도적이다. 코트 전 지역에서 무차별 폭격한다. 클러치 타임 때 승부를 결정짓는 담대함까지 지녔다. 드라이빙에서 이어지는 레이업, 핑거롤, 플로터, 덩크로 림을 공략한다. 퍼리미터 1대1 수비와 리바운드는 부족하다. 그가 막강한 공격에도 식스맨으로 출전하는 이유다. 연봉 363만 달러.

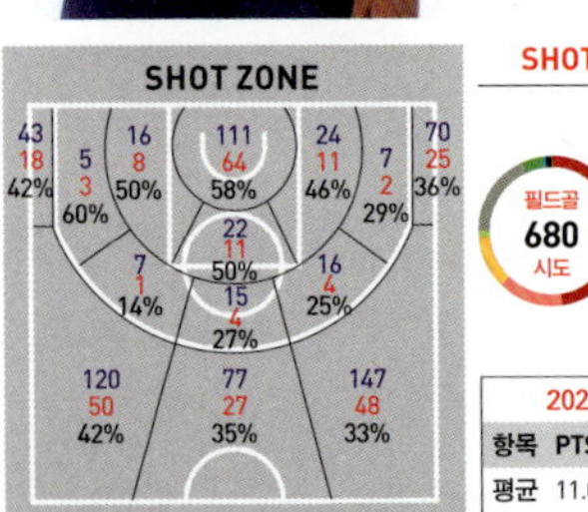

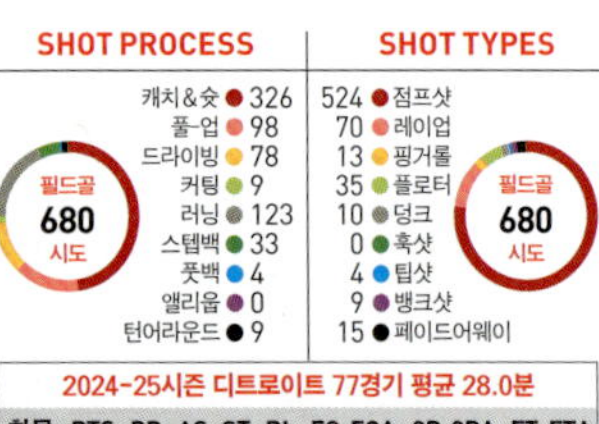

SHOT PROCESS

필드골 680 시도

- 캐치&슛 326
- 풀-업 98
- 드라이빙 78
- 커팅 9
- 러닝 123
- 스텝백 33
- 풋백 4
- 앨리웁 0
- 턴어라운드 9

SHOT TYPES

필드골 680 시도

- 524 점프샷
- 70 레이업
- 13 핑거롤
- 35 플로터
- 10 덩크
- 0 훅샷
- 4 팁샷
- 9 뱅크샷
- 15 페이드어웨이

2024-25시즌 디트로이트 77경기 평균 28.0분

항목	PTS	RB	AS	ST	BL	FG-FGA	3P-3PA	FT-FTA
평균	11.0	2.4	1.6	0.5	0.1	3.6-8.8	2.2-5.9	1.6-1.9
36분	14.1	3.1	2.1	0.6	0.1	4.6-11.4	2.8-7.6	2.1-2.4

항목	OS	CS	MS	3P	FT	SQ	OC	IS	L&F	SD	DD	PH	PF	PC	DRF	PM	PA	BH	DRS	PQ	PV
평점	B-	A-	C-	B	B-	B	B-	D-	B	F	C+	F	D-	F	C-	D+	C	C+	D+	B	F

항목	DEF	ID	PD	ST	BL	HDQ	PP	DC	RBG	ORG	DRG	ATH	SP	AG	STR	VJ	STA	HP	INT	POT	OG
평점	D	D-	C	F	F	D-	D-	D-	D-	D-	D-	C	D+	C	D-	C+	B	B-	B	B	C+

F 8 Peyton WATSON SF-SG

페이튼 왓슨 2002.09.11 / 201cm

미국

NBA 드래프트 : 2022년 1라운드 30번
NBA 우승 : 1회 / 파이널 MVP : 0회
시즌 MVP : 0회 / NBA 퍼스트팀 : 0회

좋은 사이즈와 긴 윙스팬을 지닌 스윙맨. 최대 장점은 수비. 특히 블락은 웬만한 빅맨을 능가하는 수준이다. 상대의 림 어택을 따라가면서 위에서 찍어버리는 블락은 단연 압권이다. 수비 리바운드도 평균 이상이다. 공격에서는 페인트존을 과감하게 자르고 들어가는 슬래셔 타입. 전체 필드골의 절반 이상이 림 근처에서 이뤄진다. 호쾌한 덩크를 자랑하지만, 레이업 성공률은 평균 이하다. 그리고, 외곽 슈팅, 모션 오펜스 응용도 부족하다. 연봉 436만 달러.

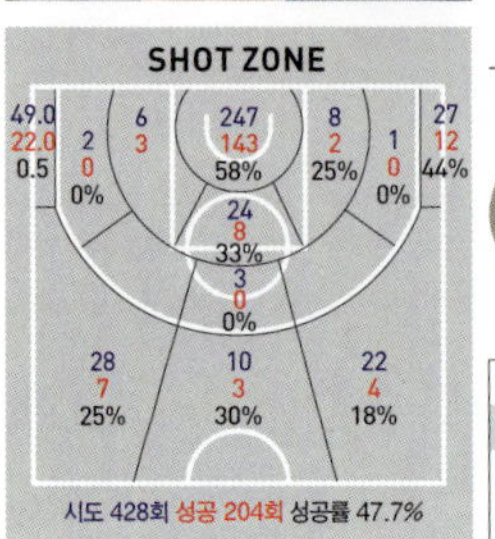

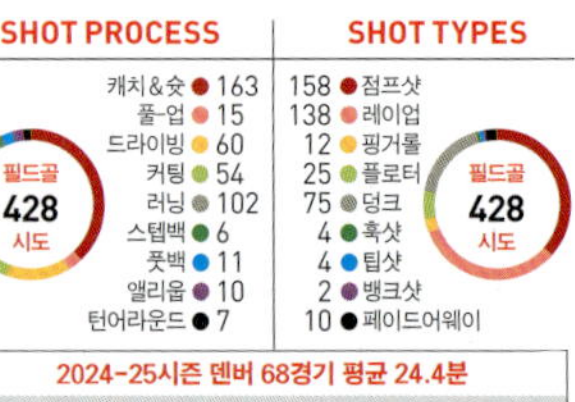

SHOT PROCESS

필드골 428 시도

- 캐치&슛 163
- 풀-업 15
- 드라이빙 60
- 커팅 54
- 러닝 102
- 스텝백 6
- 풋백 11
- 앨리웁 10
- 턴어라운드 7

SHOT TYPES

필드골 428 시도

- 158 점프샷
- 138 레이업
- 12 핑거롤
- 25 플로터
- 75 덩크
- 4 훅샷
- 4 팁샷
- 2 뱅크샷
- 10 페이드어웨이

2024-25시즌 덴버 68경기 평균 24.4분

항목	PTS	RB	AS	ST	BL	FG-FGA	3P-3PA	FT-FTA
평균	8.1	3.4	1.4	0.7	1.4	3.0-6.3	0.7-2.0	1.4-2.0
36분	12.0	5.1	2.0	1.0	2.0	4.4-9.3	1.0-3.0	2.1-3.0

항목	OS	CS	MS	3P	FT	SQ	OC	IS	L&F	SD	DD	PH	PF	PC	DRF	PM	PA	BH	DRS	PQ	PV
평점	D	C+	F	C+	C-	C-	F	D-	C	D-	D	F	F	F	F	D-	D-	C-	C	D-	F

항목	DEF	ID	PD	ST	BL	HDQ	PP	DC	RB3	OR3	DR3	ATH	SP	AG	STR	VJ	STA	HP	INT	POT	OG
평점	C+	B-	B-	D-	A-	B-	C+	B-	D-	D+	D-	C+	C+	B-	D-	B-	B+	C	D-	B+	C

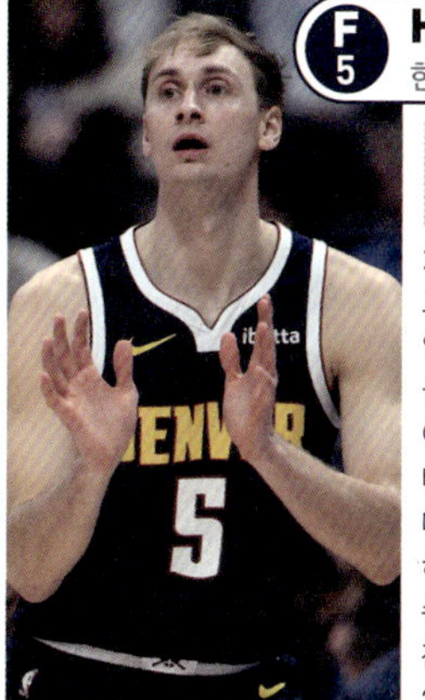

F 5 Hunter TYSON PF-SF

헌터 타이슨 2000.06.13 / 203cm

미국
NBA 드래프트 : 2023년 2라운드 37번
NBA 우승 : 0회 / **파이널 MVP :** 0회
시즌 MVP : 0회 / **NBA 퍼스트팀 :** 0회

2025년 5월, 발목 부상으로 시즌 아웃 됐다. 그러나 그 이전까지 51경기 평균 7.8분씩 뛰었다. 데뷔 연도인 2023-24시즌(18경기 평균 2.7분)과 비교해 많이 발전한 셈이다. 타이슨은 현대농구에 적합한 '스트레치 4번'이다. 210cm의 긴 윙스팬을 적극적으로 활용한다. '스나이퍼'라는 별명처럼 캐치&슛을 정확히 성공시킨다. 그러나 스피드 부족으로 상대 수비를 제치거나 림을 공략하는 능력은 떨어진다. 아직 수비에서도 발전해야 한다. 연봉은 222만 달러.

SHOT ZONE

11 / 4 / 36%
1 / 0 / 0%
1 / 1 / 100%
37 / 19 / 51%
1 / 0 / 0%
1 / 1 / 100%
12 / 2 / 17%
2 / 1 / 50%
2 / 0 / 0%
1 / 0 / 0%
19 / 8 / 42%
11 / 4 / 36%
21 / 5 / 24%

시도 120회 성공 45회 성공률 37.5%

2024-25시즌 덴버 51경기 평균 7.8분

항목	PTS	RB	AS	ST	BL	FG-FGA	3P-3PA	FT-FTA
평균	2.6	1.5	0.4	0.2	0.1	0.9-2.4	0.5-1.5	0.4-0.5
36분	12.1	7.0	1.8	0.9	0.5	4.1-10.8	2.1-6.7	1.9-2.5

항목	OS	CS	MS	3P	FT	SQ	OC	IS	L&F	SD	DD	PH	PF	PC	DRF	PM	PA	BH	DRS	PQ	PV
평점	D+	C-	C	C-	C-	D	F	D-	C-	D-	C	F	F	F	D-	D-	D	D+	D-	D	F

항목	DEF	ID	PD	ST	BL	HDQ	PP	DC	RBB	ORB	DRB	ATH	SP	AG	STR	VJ	STA	HP	INT	POT	OG
평점	D	D	D	D-	F	D-	D-	F	D-	D-	D-	C-	D+	D+	D-	C+	B+	C	D-	B	C-

F 22 Zeke NNAJI PF-C

지크 나지 2001.01.09 / 206cm

미국
NBA 드래프트 : 2020년 1라운드 22번
NBA 우승 : 1회 / **파이널 MVP :** 0회
시즌 MVP : 0회 / **NBA 퍼스트팀 :** 0회

'언더사이즈 빅맨'이다. 206cm는 평범하지만, 윙스팬이 무려 220cm다. 이런 신체조건과 폭발적인 운동능력을 활용해 림을 직접 공략한다. 지난 시즌 전체 필드골 141회 중 림 어택(레이업, 덩크, 팁샷)만 무려 80회였다. 돌고래처럼 솟구쳐 찍어대는 블락은 그야말로 압권이다. 그러나 팀플레이를 더 생각할 필요가 있다. 공격 리바운드를 잡으면 무조건 풋백을 시도한다. 그러다 슈팅이 불발되거나 수비에 막힐 때가 많은 데도 말이다. 연봉은 818만 달러.

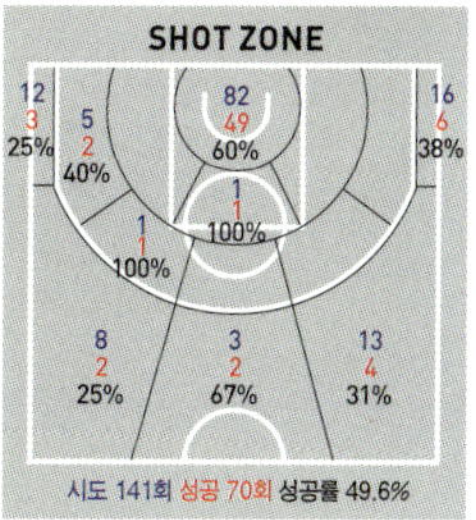

SHOT PROCESS

캐치&슛 70
풀-업 0
드라이빙 14
커팅 17
러닝 18
스텝백 0
풋백 16
앨리웁 5
턴어라운드 1

필드골 141 시도

SHOT TYPES

60 점프샷
47 레이업
0 핑거롤
0 플로터
25 덩크
0 훅샷
8 팁샷
0 뱅크샷
1 페이드어웨이

필드골 141 시도

2024-25시즌 덴버 57경기 평균 10.7분

항목	PTS	RB	AS	ST	BL	FG-FGA	3P-3PA	FT-FTA
평균	3.2	1.6	0.4	0.4	0.7	1.2-2.5	0.3-0.9	0.5-0.8
36분	10.9	5.3	1.4	1.5	2.3	4.1-8.3	1.0-3.1	1.6-2.6

항목	OS	CS	MS	3P	FT	SQ	OC	IS	L&F	SD	DD	PH	PF	PC	DRF	PM	PA	BH	DRS	PQ	PV
평점	D	C-	C	C	D-	D-	F	C-	C+	B-	C-	D+	D+	D+	D+	F	F	F	D-	D-	F

항목	DEF	ID	PD	ST	BL	HDQ	PP	DC	RBB	ORB	DRB	ATH	SP	AG	STR	VJ	STA	HP	INT	POT	OG
평점	D	C	D	C+	A	D-	F	D-	D-	D-	D-	B-	C+	C+	C-	B-	B-	B+	D	B	C-

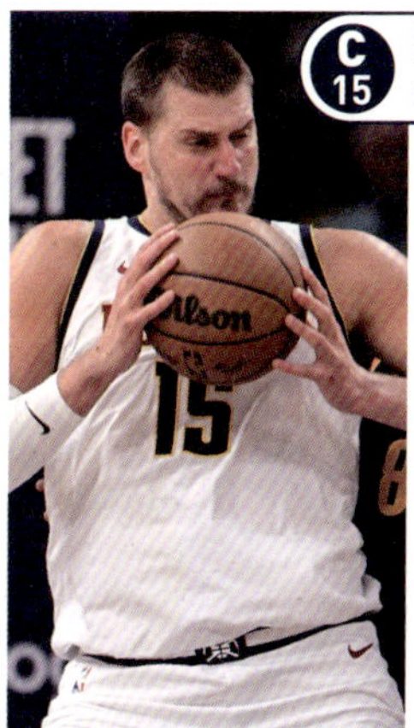

C 15 Nikola JOKIĆ C

니콜라 요키치 1995.02.19 / 211cm

세르비아
NBA 드래프트 : 2014년 2라운드 41번
NBA 우승 : 1회 / **파이널 MVP :** 1회
시즌 MVP : 3회 / **NBA 퍼스트팀 :** 4회

셰이 길저스-알렉산더와 함께 현역 NBA 최고의 선수다. 최근 7년 연속 MVP 후보로 노미네이트 되었고, 그중 1위 3회, 2위 2회였다. '조커'라는 별명처럼 다재다능하다. 3점 슈팅, 미드레인지 점퍼, 레이업, 핑거롤, 풋백, 뱅크샷, 훅샷 등 모든 슈팅을 최고 수준으로 성공시킨다. 클러치 상황을 즐긴다. 리그 최고 수준 BQ로 환상적인 패스를 구사한다. 온-볼 상황 탑에 포진해 공격을 지휘한다. 리바운드, 인사이드 1대1도 최상급이다. 연봉은 5522만 달러.

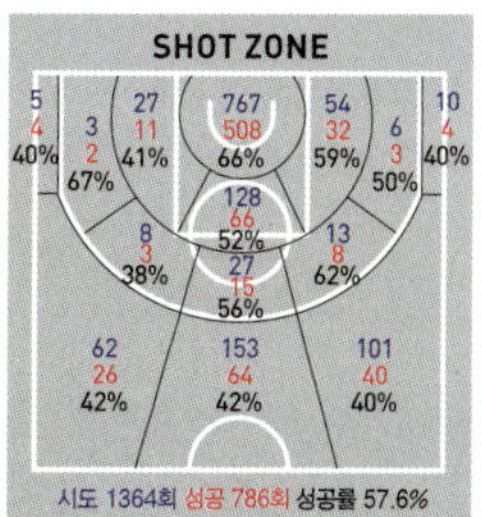

SHOT PROCESS

캐치&슛 565
풀-업 52
드라이빙 272
커팅 99
러닝 75
스텝백 24
풋백 115
앨리웁 0
턴어라운드 162

필드골 1364 시도

SHOT TYPES

467 점프샷
320 레이업
73 핑거롤
182 플로터
26 덩크
162 훅샷
50 팁샷
30 뱅크샷
54 페이드어웨이

필드골 1364 시도

2024-25시즌 덴버 70경기 평균 36.7분

항목	PTS	RB	AS	ST	BL	FG-FGA	3P-3PA	FT-FTA
평균	29.6	12.7	10.2	1.8	0.6	11.2-19.5	2.0-4.7	5.2-6.4
36분	29.0	12.5	10.0	1.8	0.6	11.0-19.1	1.9-4.6	5.1-6.3

항목	OS	CS	MS	3P	FT	SQ	OC	IS	L&F	SD	DD	PH	PF	PC	DRF	PM	PA	BH	DRS	PQ	PV
평점	A-	A+	A+	B	B-	B	A+	A-	A-	A-	C	A	A	A+	A+	B	A-	C	D-	A+	A+

항목	DEF	ID	PD	ST	BL	HDQ	PP	DC	RBB	ORB	DRB	ATH	SP	AG	STR	VJ	STA	HP	INT	POT	OG
평점	D+	B	D	B+	F	B-	B-	B-	A-	D+	A	C+	D-	D-	A	D-	A+	B-	C	A+	A+

C 17 Jonas VALANČIŪNAS C

요나스 발란추나스 1992.05.06 / 211cm

리투아니아
NBA 드래프트 : 2011년 1라운드 5번
NBA 우승 : 0회 / **파이널 MVP :** 0회
시즌 MVP : 0회 / **NBA 퍼스트팀 :** 0회

지난 시즌 평균 18.8분 동안 10.4점-7.7RB를 기록했다. 36분 기준으로 환산하면 19.9점-14.8RB다. 키 211cm, 윙스팬 230cm의 정통파 빅맨. 큰 체격과 강력한 파워를 이용한 포스트업이 위력적이다. 최강의 무기는 림 가까운 거리에서 시도하는 훅샷. 상대 수비는 알고도 막지 못한다. 덩크, 레이업, 핑거롤, 파워 슬램 덩크와 부드러운 레이업도 레퍼토리의 하나다. 박스 아웃, 리바운드, 블락, 허슬 플레이에서 나름 큰 몫을 한다. 연봉은 1040만 달러.

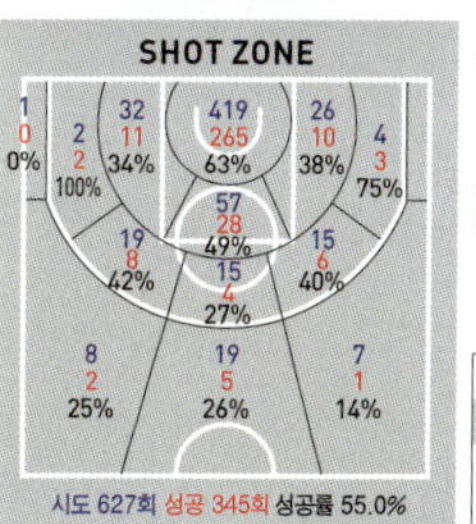

SHOT PROCESS

캐치&슛 262
풀-업 5
드라이빙 90
커팅 46
러닝 2
스텝백 0
풋백 129
앨리웁 1
턴어라운드 92

필드골 627 시도

SHOT TYPES

173 점프샷
147 레이업
1 핑거롤
31 플로터
41 덩크
99 훅샷
78 팁샷
17 뱅크샷
40 페이드어웨이

필드골 627 시도

2024-25시즌 워싱턴+새크라멘토 81경기 평균 18.8분

항목	PTS	RB	AS	ST	BL	FG-FGA	3P-3PA	FT-FTA
평균	10.4	7.7	2.0	0.5	0.6	4.3-7.7	0.1-0.5	1.8-2.0
36분	19.9	14.8	3.9	0.9	1.1	7.6-13.6	0.1-0.7	3.3-3.9

항목	OS	CS	MS	3P	FT	SQ	OC	IS	L&F	SD	DD	PH	PF	PC	DRF	PM	PA	BH	DRS	PQ	PV
평점	C	A+	B-	D-	B+	C-	D-	C	B-	B-	D	B	D	B	D	F	F	F	F	D	D

항목	DEF	ID	PD	ST	BL	HDQ	PP	DC	RBB	ORB	DRB	ATH	SP	AG	STR	VJ	STA	HP	INT	POT	OG
평점	D	C-	D-	D-	D	D-	F	F	A+	A-	A+	C-	F	F	A-	D-	A-	B-	F	B+	C+

General Stats								Outside Scoring & Shooting							Inside Scoring & Shooting								Play Making, Ball Handling & Passing					
PTS	RB	AS	ST	BL	FG-FGA	3P-3PA	FT-FTA	OS	CS	MS	3P	FT	SQ	OC	IS	L&F	SD	DD	PH	PF	PC	DRF	PM	PA	BH	DRS	PQ	PV
득점	리바운드	어시스트	스틸	블락샷	필드골 성공-시도	3점슈팅 성공-시도	자유투 성공-시도	외곽 득점력	근거리 점프샷	중거리 슈팅	3점 슈팅	자유투	슈팅 IQ	득점 일관성	인사이드 득점력	레이업 플로터	스탠딩 덩크	드라이빙 덩크	포스트 훅샷	포스트 페이드	포스트 컨트롤	파울 유도	플레이 메이킹	패스 능력	볼 핸들링	드리블 스피드	패스 IQ	패스 비전

C 14 DaRon HOLMES II C

더론 홈즈 2002.08.15 / 208cm

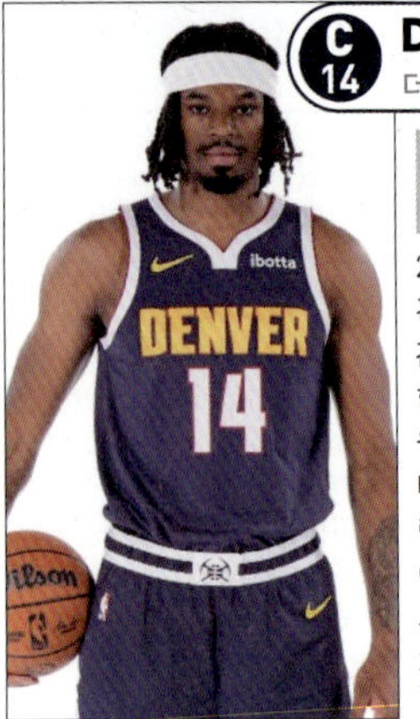

미국

NBA 드래프트 : 2024년 1라운드 22번
NBA 우승 : 0회 / **파이널 MVP** : 0회
시즌 MVP : 0회 / **NBA 퍼스트팀** : 0회

2024년 10월 19일, 섬머리그 도중 아킬레스건이 파열되어 수술대에 올랐다. 순수 치료 기간만 9개월이었고, 재활 물리 치료 기간 3개월 합해 꼬박 1년을 보냈다. 다행히 정상 컨디션을 되찾아 올 시즌 출전이 가능할 것으로 보인다. 홈즈는 재능이 풍부한 빅맨이다. 높은 득점력, 강력한 리바운드, 공간 창출 능력, 높은 BQ에서 나오는 픽&롤 응용까지 공격적인 측면에서는 '토털 패키지'다. 올 시즌 백업 센터로서 기대를 걸만하다. 연봉은 322만 달러.

2024-25시즌 기록 없음

항목	PTS	RB	AS	ST	BL	FG-FGA	3P-3PA	FT-FTA
평균	–	–	–	–	–	–	–	–
36분	–	–	–	–	–	–	–	–

항목	OS	CS	MS	3P	FT	SQ	OC	IS	L&F	SD	DD	PH	PF	PC	DRF	PM	PA	BH	DRS	PQ	PV
평점	–	–	–	–	–	–	–	–	–	–	–	–	–	–	–	–	–	–	–	–	–

항목	DEF	ID	PD	ST	BL	HDQ	PP	DC	RBG	ORG	DRG	ATH	SP	AG	STR	VJ	STA	HP	INT	POT	OG
평점	–	–	–	–	–	–	–	–	–	–	–	–	–	–	–	–	–	–	–	–	–

G 27 Jamal MURRAY PG-SG

저멀 머레이 1997.02.23 / 193cm

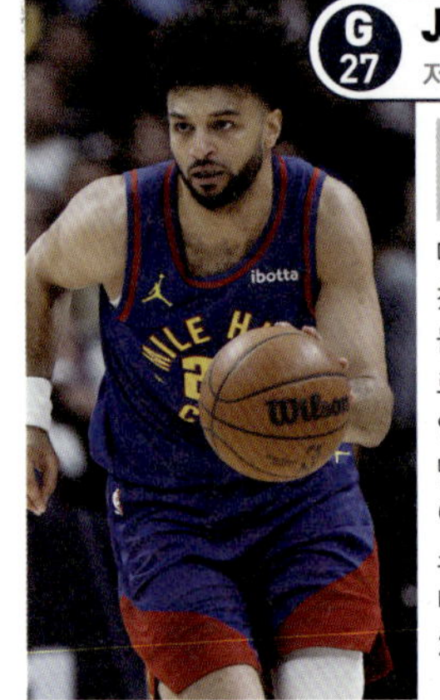

캐나다

NBA 드래프트 : 2016년 1라운드 7번
NBA 우승 : 1회 / **파이널 MVP** : 0회
시즌 MVP : 0회 / **NBA 퍼스트팀** : 0회

데뷔 연도인 2023-24시즌 27경기 출전에 그쳤으나, 지난 시즌 49경기로 출전 횟수가 대폭 늘었다. 올 시즌에도 팀의 세컨더리 볼 핸들러로 활약할 것이다. 머레이는 'NBA의 작은 거인'이다. 키 188cm지만, 탄탄한 체형에 뛰어난 운동 능력으로 코트를 지배한다. 드라이빙에서 이어지는 레이업과 플로터, 중간 거리의 스텝백 점퍼, 다양한 위치에서의 3점 슈팅을 다양하게 시도한다. 센터 요키치와 환상의 2대2 공격을 펼친다. 연봉은 4639만 달러.

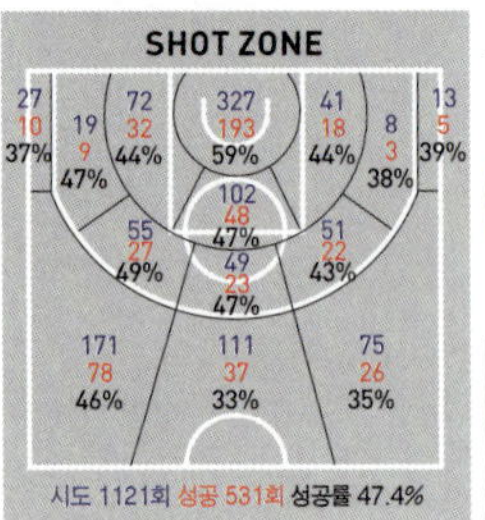

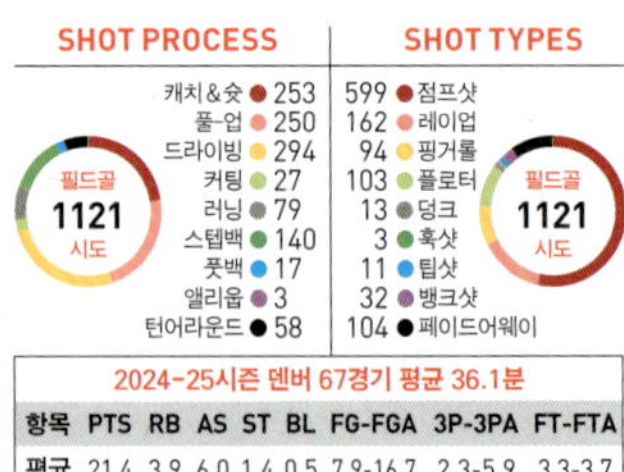

2024-25시즌 덴버 67경기 평균 36.1분

항목	PTS	RB	AS	ST	BL	FG-FGA	3P-3PA	FT-FTA
평균	21.4	3.9	6.0	1.4	0.5	7.9-16.7	2.3-5.9	3.3-3.7
36분	21.4	3.9	6.0	1.4	0.5	7.9-16.7	2.3-5.9	3.2-3.7

항목	OS	CS	MS	3P	FT	SQ	OC	IS	L&F	SD	DD	PH	PF	PC	DRF	PM	PA	BH	DRS	PQ	PV
평점	B	A	B+	B	B+	C	B-	D	A-	F	B-	F	F	C	C+	B-	B	B+	C+	B	C-

항목	DEF	ID	PD	ST	BL	HDQ	PP	DC	RBG	ORG	DRG	ATH	SP	AG	STR	VJ	STA	HP	INT	POT	OG
평점	D	D-	B-	C	F	C	C-	C-	D-	D+	D-	C+	B-	B-	D-	B-	A	B	D	A-	B

G 0 Christian BRAUN SG

크리스천 브라운 2001.04.17 / 198cm

미국

NBA 드래프트 : 2022년 1라운드 21번
NBA 우승 : 1회 / **파이널 MVP** : 0회
시즌 MVP : 0회 / **NBA 퍼스트팀** : 0회

2022-23시즌 프로 데뷔 후 2년 간은 식스맨이었다. 그러나 지난 시즌엔 79경기 중 77경기에 선발로 출전하면서 주전 자리를 굳혔다. 브라운은 리그 상위권의 블루칼러 워커이자 에너자이저다. 36분 기준 득점과 어시스트는 평범해 보인다. 그러나 트랜지션 오펜스에서 잘 달리고, 세트 오펜스에서 컷인 플레이를 잘 해낸다. 외곽 슈팅보다는 덩크, 레이업, 핑거롤 등 림 어택 득점이 훨씬 많다. 가드 중 리바운드를 많이 걷어내는 편이다. 연봉은 492만 달러.

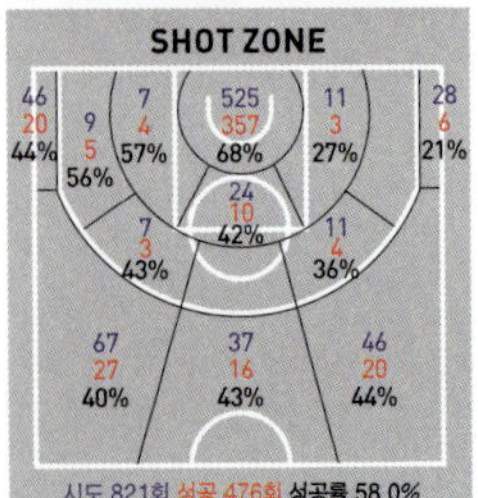

2024-25시즌 덴버 79경기 평균 33.9분

항목	PTS	RB	AS	ST	BL	FG-FGA	3P-3PA	FT-FTA
평균	15.4	5.2	2.6	1.1	0.5	6.0-10.4	1.1-2.8	2.2-2.7
36분	16.4	5.5	2.8	1.1	0.5	6.4-11.0	1.2-3.0	2.4-2.9

항목	OS	CS	MS	3P	FT	SQ	OC	IS	L&F	SD	DD	PH	PF	PC	DRF	PM	PA	BH	DRS	PQ	PV
평점	B-	A	B	B	B-	B-	D	D-	B	F	B	F	D-	F	D-	D+	D+	D+	C	D+	F

항목	DEF	ID	PD	ST	BL	HDQ	PP	DC	RBG	ORG	DRG	ATH	SP	AG	STR	VJ	STA	HP	INT	POT	OG
평점	D+	D-	B-	A+	D	C+	B-	B-	B-	B-	B-	B-	B-	B-	F	B-	A-	A	C	B+	B-

G 11 Bruce BROWN PG-SG

브루스 브라운 1996.08.15 / 193cm

미국

NBA 드래프트 : 2018년 2라운드 42번
NBA 우승 : 1회 / **파이널 MVP** : 0회
시즌 MVP : 0회 / **NBA 퍼스트팀** : 0회

지난 시즌 도중 토론토에서 뉴올리언스로 이적했고, 여름 오프 시즌 때 덴버 유니폼을 입었다. 2024년 9월 무릎 관절경 수술을 받고, 시즌 일정의 절반을 날려버렸다. 후반기에 복귀했고, 41경기 평균 22분씩 뛰었다. 정상 컨디션의 브라운은 다재다능한 콤보 가드다. 3&D 윙으로 활약하면서도 픽&롤 '언더사이즈 빅'의 역할도 해낼 수 있다. 캐치&슛에서 이어지는 3점 슈팅, 드라이빙에서 파생되는 레이업과 플로터도 주무기 중 하나다. 연봉은 308만 달러.

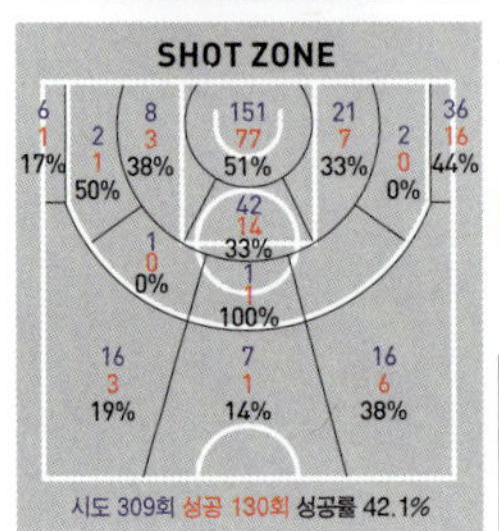

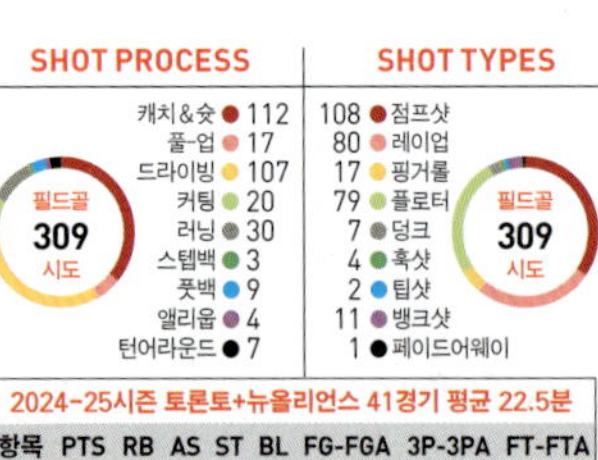

2024-25시즌 토론토+뉴올리언스 41경기 평균 22.5분

항목	PTS	RB	AS	ST	BL	FG-FGA	3P-3PA	FT-FTA
평균	8.3	4.0	2.0	0.8	0.2	3.2-7.5	0.7-2.0	1.3-1.6
36분	13.3	6.4	3.3	1.3	0.4	5.1-12.1	1.1-3.2	2.1-2.5

항목	OS	CS	MS	3P	FT	SQ	OC	IS	L&F	SD	DD	PH	PF	PC	DRF	PM	PA	BH	DRS	PQ	PV
평점	C-	C	D-	C	B	C	C-	D-	C-	F	C-	F	F	F	D	C	C+	C+	C	B+	D-

항목	DEF	ID	PD	ST	BL	HDQ	PP	DC	RBG	ORG	DRG	ATH	SP	AG	STR	VJ	STA	HP	INT	POT	OG
평점	D+	D	B-	C-	F	C+	C	D	A-	B	B+	B-	C+	C+	C	B-	A-	B-	C-	B+	C+

Individual Defense & Team Defense								Offensive & Defensive Rebounding									Physical Fitness & Athleticism							Miscellaneous		
DEF	ID	PD	ST	BL	HDQ	PP	DC	RBG	ORG	DRG	RB3	OR3	DR3	RBB	ORB	DRB	ATH	SP	AG	STR	VJ	STA	HP	INT	POT	OG
수비력 종합	인사이드 디펜스	퍼리미터 디펜스	스틸	블락샷	도움수비 IQ	패스 통찰력	수비 일관성	가드 리바운드	가드 공격RB	가드 수비RB	SF 리바운드	SF 공격RB	SF 수비RB	빅맨 리바운드	빅맨 공격RB	빅맨 수비RB	운동능력 종합	스피드	사이드 스텝	피지컬 파워	버티컬 점프력	지구력	허슬 플레이	영향력	포텐셜	종합 평가

G 3 Julian STRAWTHER SG-SF

줄리안 스트로더 2002.04.18 / 198cm

미국
NBA 드래프트 : 2023년 1라운드 29번
NBA 우승 : 0회 / **파이널 MVP :** 0회
시즌 MVP : 0회 / **NBA 퍼스트팀 :** 0회

2025년 3월 2일, 왼 무릎을 다쳐 한 달 결장했다. 그걸 제외하고는 시즌 65경기에 출전해 평균 9.0점, 2.2리바운드를 기록했다. 올 시즌도 팀의 백업 멤버로 출전 기회를 더 늘려나갈 것이다. 스트로더는 프레임이 좋은 스윙맨이다. 큰 키, 빠른 릴리스, 안정된 스트로크에서 나오는 3점 슈팅이 특기다. 지난 시즌엔 성공률이 낮았으나, 오프-볼 무브를 향상시켜 오픈 찬스를 더 많이 잡는다면 향상될 수 있다. 퍼리미터 수비도 좋아졌다. 연봉은 267만 달러.

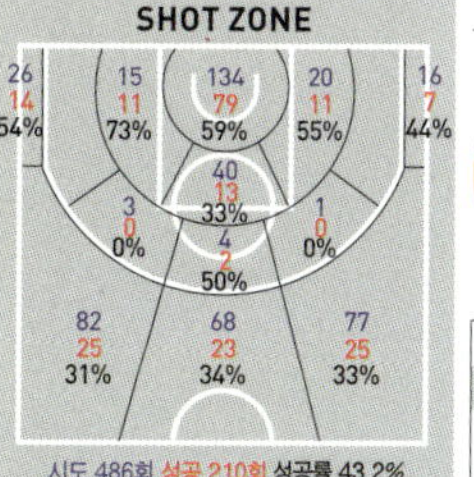

시도 486회 성공 210회 성공률 43.2%

SHOT PROCESS

캐치&슛	199
풀-업	39
드라이빙	146
커팅	8
러닝	61
스텝백	18
풋백	9
앨리웁	0
턴어라운드	6

SHOT TYPES

필드골 486 시도

272	점프샷
86	레이업
19	핑거롤
74	플로터
4	덩크
2	훅샷
3	팁샷
24	뱅크샷
2	페이드어웨이

2024-25시즌 덴버 65경기 평균 21.3분

항목	PTS	RB	AS	ST	BL	FG-FGA	3P-3PA	FT-FTA
평균	9.0	2.2	1.3	0.6	0.2	3.2-7.5	1.4-4.1	1.1-1.4
36분	15.3	3.7	2.2	1.0	0.4	5.5-12.6	2.4-7.0	1.9-2.3

항목	OS	CS	MS	3P	FT	SQ	OC	IS	L&F	SD	DD	PH	PF	PC	DRF	PM	PA	BH	DRS	PQ	PV
평점	C	A	D-	C+	B-	C	D-	D-	C+	D-	C-	F	F	F	D	D-	D	C	D-	D	F

항목	DEF	ID	PD	ST	BL	HDQ	PP	DC	RBG	ORG	DRG	ATH	SP	AG	STR	VJ	STA	HP	INT	POT	OG
평점	D	D-	C+	D-	F	D+	D+	D	D-	D-	D-	C-	D	C-	D-	D	A-	C	A	B+	C

G Tamar BATES PG-SG

타마 베이츠 2003.02.21 / 196cm

미국
NBA 드래프트 : 2025년 미지명
NBA 우승 : 0회 / **파이널 MVP :** 0회
시즌 MVP : 0회 / **NBA 퍼스트팀 :** 0회

1,2학년은 인디애나대, 3,4학년은 미주리대에서 각각 수학했다. 2025년 NBA 드래프트를 신청했으나 지명받지 못했고, 그해 7월 덴버와 연봉 64만 달러에 투웨이 계약을 맺었다. 베이츠는 공격력이 우수한 듀얼 가드다. 신체조건이 좋고, 득점력을 갖췄다. 지난해 대학 농구 리그에서 3점 슈팅 40%, 자유투 95%를 찍었다. 운동 능력을 활용해 강력한 수비를 펼친다. NBA에서 3&D 식스맨으로 활용하면 효과를 볼 것이다. 플레이메이킹은 더 보완해야 한다.

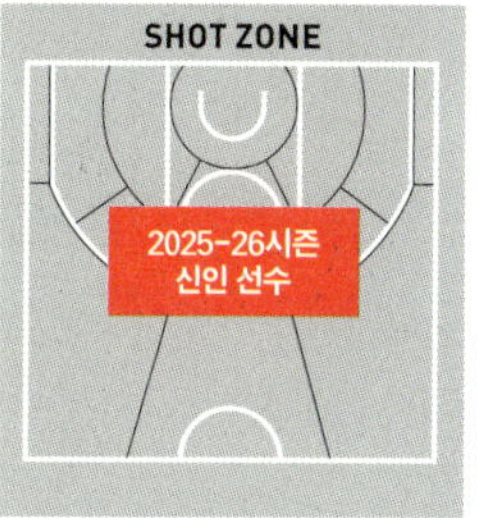

SHOT PROCESS

필드골 0 시도

캐치&슛, 풀-업, 드라이빙, 커팅, 러닝, 스텝백, 풋백, 앨리웁, 턴어라운드

SHOT TYPES

필드골 0 시도

점프샷, 레이업, 핑거롤, 플로터, 덩크, 훅샷, 팁샷, 뱅크샷, 페이드어웨이

2024-25시즌 기록 없음

항목	PTS	RB	AS	ST	BL	FG-FGA	3P-3PA	FT-FTA
평균	–	–	–	–	–	–	–	–
36분	–	–	–	–	–	–	–	–

항목	OS	CS	MS	3P	FT	SQ	OC	IS	L&F	SD	DD	PH	PF	PC	DRF	PM	PA	BH	DRS	PQ	PV
평점	–	–	–	–	–	–	–	–	–	–	–	–	–	–	–	–	–	–	–	–	–

항목	DEF	ID	PD	ST	BL	HDQ	PP	DC	RBG	ORG	DRG	ATH	SP	AG	STR	VJ	STA	HP	INT	POT	OG
평점	–	–	–	–	–	–	–	–	–	–	–	–	–	–	–	–	–	–	–	–	–

G 24 Jalen PICKETT SG-SF

제일런 피켓 1999.10.22 / 188cm

미국
NBA 드래프트 : 2023년 2라운드 32번
NBA 우승 : 0회 / **파이널 MVP :** 0회
시즌 MVP : 0회 / **NBA 퍼스트팀 :** 0회

프로 1년 차였던 지난 시즌, 27경기에 출전했다. 결장한 55경기 중엔 감독 결정 33경기, G리그 출전으로 인한 결장 22경기가 포함되어 있다. 올 시즌엔 정식 계약을 맺고 출발하기에 출전 시간은 많이 늘어날 전망이다. 피켓은 제한된 출전 시간에 득점력은 그리 높지 않지만, 단단한 근육질 몸매를 활용해 림을 직접 공략한다. 대학 시절 중거리 점퍼와 3점 슈팅은 나름 괜찮은 수준이었다. 픽&롤 응용력과 스틸 능력은 나쁘지 않다. 연봉은 222만 달러.

시도 180회 성공 77회 성공률 42.8%

SHOT PROCESS

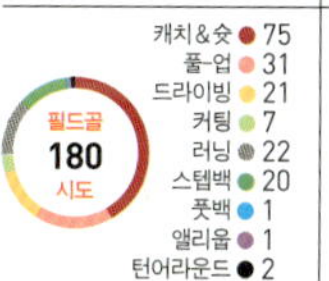

캐치&슛	75
풀-업	31
드라이빙	21
커팅	7
러닝	22
스텝백	20
풋백	1
앨리웁	1
턴어라운드	2

SHOT TYPES

필드골 180 시도

134	점프샷
26	레이업
1	핑거롤
11	플로터
0	덩크
0	훅샷
1	팁샷
2	뱅크샷
5	페이드어웨이

2024-25시즌 덴버 49경기 평균 13.6분

항목	PTS	RB	AS	ST	BL	FG-FGA	3P-3PA	FT-FTA
평균	4.1	1.4	2.2	0.4	0.1	1.6-3.7	0.8-2.1	0.1-0.2
36분	10.8	3.8	5.8	1.0	0.3	4.2-9.7	2.2-5.5	0.3-0.4

항목	OS	CS	MS	3P	FT	SQ	OC	IS	L&F	SD	DD	PH	PF	PC	DRF	PM	PA	BH	DRS	PQ	PV
평점	C	A-	C-	B-	C	C	D-	D-	C	F	D-	D-	D-	D-	D-	C-	C-	C	C-	C	C-

항목	DEF	ID	PD	ST	BL	HDQ	PP	DC	RBG	ORG	DRG	ATH	SP	AG	STR	VJ	STA	HP	INT	POT	OG
평점	D	D+	D	D-	F	D-	D-	F	D-	C-	D-	C-	C-	C-	D-	D+	B+	C-	C-	B	C-

DENVER NUGGETS 2025-26 REGULAR SEASON SCHEDULE

OCTOBER, 2025

Oct. 23 @ Golden State Warriors
Oct. 25 vs. Phoenix Suns
Oct. 27 @ Minnesota Timberwolves
Oct. 29 vs. New Orleans Pelicans
Oct. 31 @ Portland Trail Blazers

NOVEMBER, 2025

Nov. 3 vs. Sacramento Kings
Nov. 5 vs. Miami Heat
Nov. 7 vs. Golden State Warriors
Nov. 8 vs. Indiana Pacers
Nov. 11 @ Sacramento Kings
Nov. 12 @ Los Angeles Clippers
Nov. 15 @ Minnesota Timberwolves
Nov. 17 vs. Chicago Bulls
Nov. 19 @ New Orleans Pelicans
Nov. 21 @ Houston Rockets
Nov. 22 vs. Sacramento Kings
Nov. 24 @ Memphis Grizzlies
Nov. 28 vs. San Antonio Spurs
Nov. 29 @ Phoenix Suns

DECEMBER, 2025

Dec. 1 vs. Dallas Mavericks
Dec. 3 @ Indiana Pacers
Dec. 5 @ Atlanta Hawks
Dec. 7 @ Charlotte Hornets
Dec. 18 vs. Orlando Magic
Dec. 20 vs. Houston Rockets
Dec. 22 vs. Utah Jazz
Dec. 23 @ Dallas Mavericks
Dec. 25 vs. Minnesota Timberwolves
Dec. 27 @ Orlando Magic
Dec. 29 @ Miami Heat
Dec. 31 @ Toronto Raptors

JANUARY, 2026

Jan. 2 @ Cleveland Cavaliers
Jan. 4 @ Brooklyn Nets
Jan. 5 @ Philadelphia 76ers
Jan. 7 @ Boston Celtics
Jan. 9 vs. Atlanta Hawks
Jan. 11 vs. Milwaukee Bucks
Jan. 13 @ New Orleans Pelicans
Jan. 14 @ Dallas Mavericks
Jan. 17 vs. Washington Wizards
Jan. 18 vs. Charlotte Hornets
Jan. 20 vs. Los Angeles Lakers
Jan. 22 @ Washington Wizards
Jan. 23 @ Milwaukee Bucks
Jan. 25 @ Memphis Grizzlies
Jan. 27 vs. Detroit Pistons
Jan. 29 vs. Brooklyn Nets
Jan. 30 vs. Los Angeles Clippers

FEBRUARY, 2026

Feb. 1 vs. Oklahoma City Thunder
Feb. 3 @ Detroit Pistons
Feb. 4 @ New York Knicks
Feb. 7 @ Chicago Bulls
Feb. 9 vs. Cleveland Cavaliers
Feb. 11 vs. Memphis Grizzlies
Feb. 19 @ Los Angeles Clippers
Feb. 20 @ Portland Trail Blazers
Feb. 22 @ Golden State Warriors
Feb. 25 vs. Boston Celtics
Feb. 27 @ Oklahoma City Thunder

MARCH, 2026

Mar. 1 vs. Minnesota Timberwolves
Mar. 2 @ Utah Jazz
Mar. 5 vs. Los Angeles Lakers
Mar. 6 vs. New York Knicks
Mar. 9 @ Oklahoma City Thunder
Mar. 11 vs. Houston Rockets
Mar. 12 @ San Antonio Spurs
Mar. 14 @ Los Angeles Lakers
Mar. 17 vs. Philadelphia 76ers
Mar. 20 vs. Toronto Raptors
Mar. 22 vs. Portland Trail Blazers
Mar. 24 @ Phoenix Suns
Mar. 25 vs. Dallas Mavericks
Mar. 27 vs. Utah Jazz
Mar. 29 vs. Golden State Warriors

APRIL, 2026

Apr. 1 @ Utah Jazz
Apr. 4 vs. San Antonio Spurs
Apr. 6 vs. Portland Trail Blazers
Apr. 8 vs. Memphis Grizzlies
Apr. 10 vs. Oklahoma City Thunder
Apr. 12 @ San Antonio Spurs

MINNESOTA TIMBERWOLVES

'와일드 웨스트', 최후 관문 돌파할까

늑대 무리의 포효

창단 이래 최초로 2년 연속 플레이오프 컨퍼런스파이널 무대를 밟았다. 이는 프랜차이즈 역대 최고 슈퍼스타 케빈 가넷조차 도달하지 못했던 영역이다. 크리스 핀치 감독의 적재적소 용병술, 슈퍼스타 잠재력을 뽐낸 앤써니 에드워즈, 루디 고베어와 줄리어스 랜들, 나즈 리드가 뭉친 빅맨 삼총사의 분전이 돋보였다. 올스타 출신 빅맨 랜들의 경우 뉴욕으로 떠난 칼-앤써니 타운스 공백을 성공적으로 메꿨다. 가성비만 놓고 보면 (구) 프랜차이즈 스타 대비 우수했다.

핵심 전력 보전

까다로운 숙제인 핵심 전력 보전에 성공했다. 각각 리드를 5년 1억 2,500만 달러, 랜들은 3년 1억 달러 재계약으로 눌러 앉혔다. 고베어와도 일찌감치 3년 1억 950만 달러 연장계약을 체결했다. 놀랍게도 세 선수 모두 시장가 대비 저렴한 조건을 받아들였다! 여기에 신인 드래프트를 통해 프랑스 출신 유망주 요안 베링제가 합류했다(프로필 신장 208cm, 윙스팬 223cm). 리그 no.1 마천루 로테이션을 구축했다고 표현하더라고 과언이 아니다. 높이만큼은 누구도 부럽지 않다.

서부 최후의 관문을 돌파할 수 있을까?

차기 시즌 관건은 '와일드 와일드 웨스트' 최후의 관문을 돌파할 수 있을지다. 2024년 플레이오프 당시 댈러스, 작년에는 오클라호마시티에게 가로막혔던 아픈 기억이 있다. 불안 요소는 윙 포지션 경쟁력 약화다. POA(Point Of Attack) 저격수 니킬 알랙산더-워커가 이탈했다. 테렌스 쉐넌 주니어, 제일런 클락 등 해당 포지션 유망주들의 빠른 성장이 더욱 중요해졌다. 컨퍼런스파이널 전장에서 2년 연속 2% 부족한 모습을 노출한 간판스타 에드워즈의 심기일전도 요구된다.

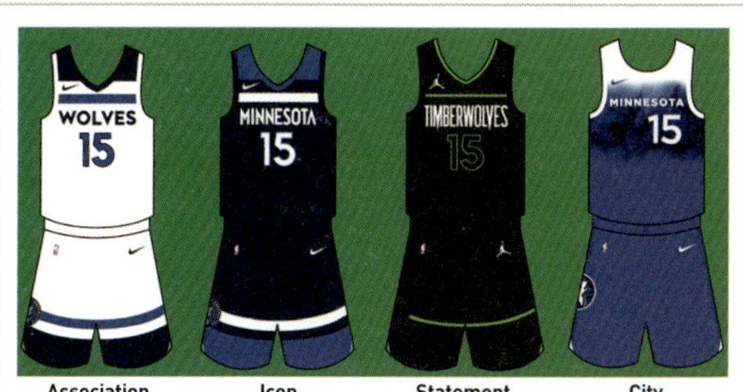

Association | Icon | Statement | City

*통계는 2025년 10월 1일 기준

CLUB INFORMATION

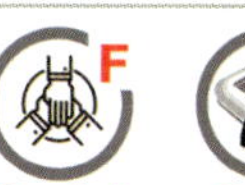 F **Founded** 구단 창립 1989년	 O **Owner** 알렉스 로드리게스 마크 로어	 C **CEO** 이선 캐슨	 HC **Head Coach** 크리스 핀치 1969.11.06	 **24-25 Odds** 벳365 : 16배 윌리엄힐 : 16배
 17명 **Nationality** ●미국 선수 12명 ●외국 선수 5명	 Age **Age** 17명 평균 25.8세	 H **Height** 17명 평균 200.2cm	W kg **Weight** 17명 평균 97.1kg	 **Salary** 13명 평균 1544만 달러
 W **Win** 2024-25 : 49승 통산 : 1196승	 L **Loss** 2024-25 : 33패 통산 : 1680패	 WP **Winning%** 2024-25 : 59.8% 통산 : 41.6%	PO **Play-Off** PO 진출 : 13회 PO 탈락 : 23회	 T **Titles** NBA우승 : 0회 컨퍼런스 : 0회
P **Top Scorer** 앤써니 에드워즈 평균 27.6점	 R **More Rebounds** 루디 고베어 평균 10.9리바운드	 A **More Assists** 줄리어스 랜들 평균 4.7어시스트	 S **More Steals** 제이든 맥대니얼스 평균 1.3스틸	 **More Blocks** 루디 고베어 평균 1.4블록

*항목별 1위는 지난 시즌 미네소타 소속으로 42경기 이상 출전한 선수 중 선별

HEAD COACH & STADIUM

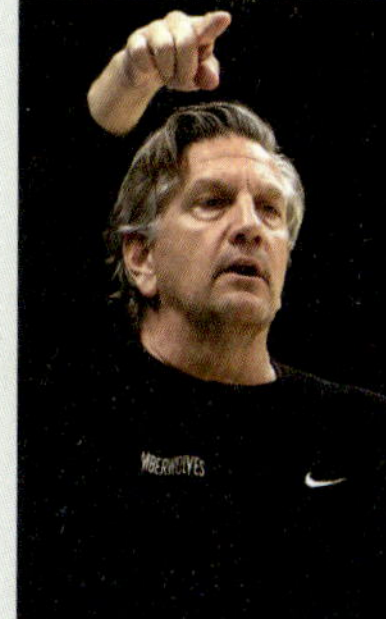

Chris FINCH 크리스 핀치

생년월일 : 1969.11.06 / **출생지** : 미국 오하이오주 캠브리지
경력 : 1997~2003년 셰필드 샥스 감독 / 2003~2004년 지센 46ERS. / 2004~2007년 유포니 브리 감독 / 2007~2009년 벨피우몽에노 감독 / 2009~2011년 리오 그란데 밸리 감독 /

윌슨 고등학교를 졸업한 후 1988년 프랭클린&마샬 칼리지에 입학했다. 대학 시절 2번의 올-어메리칸 플레이어로 선정됐다. 대학 졸업 후 영국으로 건너가 1993~1997년, 셰필드 포거즈에서 활약했다. 비교적 일찍 선수 생활을 접고 1997년부터 지도자로 나섰다. 2010년까지 주로 영국, 독일, 벨기에 등 유럽 리그, 그리고 NBA 산하 G리그(리오 그란데 밸리)에서 감독으로 일했다. 2011년, 휴스턴 로키츠 어시스턴트가 되면서 본격적으로 NBA 지도자의 길을 걷기 시작했다. 이어 2016년 덴버 너기츠, 2017년 뉴올리언스 펠리컨스, 2020년 토론토 랩터스 등에서도 어시스턴트로 경험을 쌓았다. 2021년 2월 22일, 핀치는 미네소타 팀버울브스의 제14대 감독으로 부임했다. 그는 2002년 프랭클린&마샬 명예의 전당에 헌액되었고, 2019년에는 펜실베이니아 스포츠 명예의 전당에도 이름을 올렸다. 2024년에는 NBA 올스타게임에서 웨스턴 컨퍼런스 팀 감독을 맡아 선수들을 지휘했다.

TARGET CENTER

구장 오픈 : 1990.10.13년
구장 증개축 : 2004, 2014, 2017년
오너 : 미니애폴리스시
수용인원 : 1만 8798명
건축비용 : 1억 400만달러
(현재 가치) 2억 6800만달러

미니애폴리스 시내 활기찬 구역 중심부에 위치한 스포츠 및 엔터테인먼트 허브다. NBA 팀 미네소타 팀버울브스와 WNBA 챔피언팀 미네소타 링스가 공동 홈구장으로 사용 중이다. 매년 스포츠 경기, 음악 콘서트, 각종 공연, 전시회 등 다양한 행사를 개최하며 100만 명 이상이 이곳을 방문한다. 팀버울브스 홈구장으로 사용된 건 1990-91시즌부터다.

REGULAR SEASON RANKING LAST 10YEARS ★NBA 파이널 우승

15-16	16-17	17-18	18-19	19-20	20-21	21-22	22-23	23-24	24-25
26	25	13	21	28	25	13	15	4	10
29승 53패	31승 51패	47승 35패	36승 46패	19승 45패	23승 49패	46승 36패	42승 40패	56승 26패	49승 33패

Honours

NBA CHAMPIONS	CONFERENCE TITLES	DIVISION TITLES	RETIRED NUMBERS
0	0	1	1

NBA CHAMPIONSHIPS
NONE

CONFERENCE TITLES
NONE

DIVISION TITLES
2004

RETIRED NUMBERS
2

TEAM POTENTIAL

82점
7위

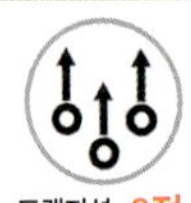

하프코트 세트오펜스 9점 / 트랜지션 오펜스 6점 / 하프코트 세트디펜스 9점 / 트랜지션 디펜스 8점 / 리바운드 8점
선수층 8점 / 선수 경험치 8점 / 감독 리더십 9점 / 감독 전술 8점 / 프런트 9점

*각 항목은 10점 만점, 평점은 NBA 30팀 사이 상대평가

우승 ODDS	배당	순위
Sky Bet	16배	8위
Bet Fred	14배	6위
William Hill	16배	7위

OFFENSIVE STYLE: 트랜지션 오펜스 ↔ 하프코트 세트오펜스
DEFENSIVE STYLE: 하이 프레스 ↔ 하프코트 디펜스

SQUAD & TACTICS

STARTERS

PF 줄리어스 랜들 32.3분, 18.7점 7.1RB, 4.7AS
C 루디 고베어 33.2분, 12.0점 10.9RB, 1.8AS
SF 제이든 맥대니얼 31.9분, 12.2점 5.7RB, 2.0AS
SG 앤써니 에드워즈 36.3분, 27.6점 5.7RB, 4.5AS
PG 마이크 콘리 24.7분, 점 2.6RB, 4.5AS

OFF THE BENCH

PG 롭 딜링엄 10.5분, 4.5점 1.0RB, 2.0AS
SG 단테 디빈첸초 25.9분, 11.7점 3.7RB, 3.6AS
SF 테런스 섀넌 Jr. 10.6분, 4.3점 1.5RB, 1.0AS
PF 나즈 리드 27.5분, 14.2점 6.0RB, 2.3AS
C 요안 베링제 2025-26시즌 신인 선수

G 트리스텐 뉴튼
G 조 잉글스
F 제일런 클락
F 레너드 밀러
C 로코 지카스키

Player's Functions

Ball Handlers	Pull-Ups	Catch & Shoot
R.딜링엄 J.랜들 A.에드워즈	A.에드워즈 M.콘리 J.맥대니얼스	N.리드 A.에드워즈 J.랜들

3 Pointers	Slam Dunkers	Free Throw
A.에드워즈 M.콘리 D.디빈첸조	R.고베어 A.에드워즈 J.맥대니얼스	A.에드워즈 J.랜들 M.콘리

Rebounders	1-1 Defenders	Ball Stealers
R.고베어 J.클락 J.베링제	J.맥대니얼스 R.고베어 M.콘리	J.클락 M.콘리 D.디빈첸조

Key Passes	Hustle Players	Rim Protectors
M.콘리 R.딜링엄 J.잉글스	N.리드 R.고베어 A.에드워즈	R.고베어 J.베링제 R.지카스키

2024-25 SEASON PERFORMANCE

공격 레이팅 116.6(8위) 수비 레이팅 수비 레이팅 111.5(6위) 레이팅 마진 +5.1(4위) 페이스 97.3(24위)

MINNESOTA TIMBERWOLVES vs. OPPONENTS PER GAME STATS

	득실점	FG 필드골성공	FG↑ 필드골시도	FG% 필드골%	3P 3점성공	3P↑ 3점시도	3P% 3점%	2P 2점성공	2P↑ 2점시도	2P% 2점%	자유투성공	자유투시도	FT% 자유투%	OR 공격 RB	DR 수비 RB	TR 전체 RB	A↑ 어시스트	스틸	블락샷	턴오버	파울
미네소타	114.3 13위	41.0 19위	87.6 22위	46.8% 16위	15.0 5위	39.9 5위	37.7% 4위	26.0 26위	47.7 28위	54.5% 18위	17.2 12위	21.8 16위	78.9% 10위	11.1 15위	33.2 13위	44.3 15위	26.1 17위	8.0 18위	5.0 14위	14.5 18위	18.3 12위
상대팀	109.3 5위	40.5 7위	88.0 10위	46.0% 7위	12.7 3위	36.0 7위	35.3% 6위	27.8 14위	52.0 17위	53.4% 8위	15.7 5위	20.4 6위	76.7% 4위	11.0 14위	31.8 6위	42.9 8위	24.8 5위	8.4 18위	4.5 11위	14.7 13위	19.2 7위

LINE-UP

* 미네소타는 지난 시즌 총 312개의 라인업을 가동했다. 득실점차 플러스 10개, 마이너스 10개를 골랐다.

득실점차 플러스(+) 라인업 TOP 10	G	MIN	PPG	RPG	득실차
M. Conley - R. Gobert - N. Reid - A. Edwards - J. McDaniels	26	114	11.1	4.5	+62
M. Conley - R. Gobert - J. Randle - A. Edwards - J. McDaniels	55	714	30.0	11.7	+61
M. Conley - R. Gobert - D. DiVincenzo - N. Alexander-Walker - N. Reid	29	123	10.1	4.2	+60
R. Gobert - D. DiVincenzo - N. Alexander-Walker - N. Reid - A. Edwards	44	123	7.0	2.3	+51
J. Randle - D. DiVincenzo - N. Alexander-Walker - N. Reid - A. Edwards	51	188	9.7	2.8	+43
M. Conley - R. Gobert - J. Randle - N. Alexander-Walker - A. Edwards	17	45	6.5	2.6	+33
J. Randle - D. DiVincenzo - N. Alexander-Walker - N. Reid - J. Minott	14	66	12.4	4.7	+23
M. Conley - R. Gobert - N. Alexander-Walker - N. Reid - J. Clark	7	23	9.0	2.7	+22
R. Gobert - N. Alexander-Walker - N. Reid - A. Edwards - R. Dillingham	8	26	8.6	2.9	+19
R. Gobert - D. DiVincenzo - N. Reid - A. Edwards - J. McDaniels	37	108	6.5	3.3	+18
득실점차 마이너스(-) 라인업 TOP 10	**GP**	**MIN**	**PPG**	**RPG**	**득실차**
R. Gobert - N. Alexander-Walker - N. Reid - A. Edwards - J. McDaniels	27	98	7.7	3.3	-27
J. Randle - D. DiVincenzo - N. Reid - A. Edwards - J. McDaniels	32	113	7.8	3.1	-19
M. Conley - R. Gobert - D. DiVincenzo - N. Reid - J. McDaniels	19	36	3.8	1.5	-18
M. Conley - N. Reid - A. Edwards - J. McDaniels - J. Clark	5	35	15.6	5.8	-18
M. Conley - N. Alexander-Walker - N. Reid - A. Edwards - J. McDaniels	9	36	9.8	3.6	-16
R. Gobert - J. Randle - D. DiVincenzo - N. Alexander-Walker - J. McDaniels	11	13	1.8	1.1	-16
M. Conley - J. Randle - D. DiVincenzo - N. Alexander-Walker - N. Reid	15	42	5.3	2.5	-14
R. Gobert - D. DiVincenzo - N. Alexander-Walker - N. Reid - R. Dillingham	5	19	6.2	3.2	-14
J. Randle - N. Alexander-Walker - N. Reid - J. Minott - R. Dillingham	3	4	0.7	0.3	-14
R. Gobert - D. DiVincenzo - N. Alexander-Walker - J. McDaniels - R. Dillingham	1	2	2.0	0.0	-12

PASS COMBINATIONS

→ 해당 선수가 경기당 동료로부터 패스 받은 횟수
→ 해당 선수가 경기당 동료들에게 패스 해준 횟수

받은 횟수	선수	해준 횟수
58.2	앤써니 에드워즈	45.1
43.2	마이크 콘리	41.9
43.9	줄리어스 랜들	37.6
35.7	단테 디빈첸조	37.1
33.6	니킬 알렉산더-워커	34.3
21.1	루디 고베어	32.6
29.0	나즈 리드	32.6
23.7	제이든 맥대니얼	29.3
18.8	롭 딜링엄	15.6
11.7	조 잉글스	10.9
8.2	테런스 섀넌 주니어	7.7
5.9	루카 가자	7.1
7.3	데이신 닉스	6.3
4.7	피제이 도지어	6.2
6.5	제일런 클락	6.0
5.5	본즈 하일랜드	5.8
4.8	조시 미놋	4.5
3.3	트리스텐 뉴튼	3.7
2.4	레너드 밀러	3.5
2.0	제시 에드워즈	2.0

2024-25 RANKING

* 는 수치가 낮을수록 랭킹이 높아짐

미네소타	랭킹	FIVE FACTORS	상대팀	랭킹
55.4%	10위	3점 가중 FG%	53.2%*	5위
13.0*	20위	턴오버 / 100포제션	13.2	11위
25.8%	14위	공격 RB 점유율	24.9%*	12위
75.1%	12위	수비 RB 점유율	74.2%*	13위
19.6%	8위	자유투 / 필드골	17.8%*	9위

득점	랭킹	PLAYTYPE	실점*	랭킹
7.6	10위	아이솔레이션	7.3	17위
19.2	29위	트랜지션	23.0	14위
16.6	10위	픽&롤 볼핸들러	17.4	25위
7.0	16위	픽&롤 롤맨	7.5	20위
3.7	14위	포스트-업	2.9	2위
30.7	4위	스팟-업	23.6	4위
4.8	18위	핸드오프	4.8	7위
8.7	25위	컷인	—	—
5.4	4위	오프 스크린	4.5	22위
7.5	8위	풋백	5.8	4위
2.5	23위	기타	—	—

SHOT ZONE

평균 구간별 슈팅 및 성공률

항목	2PA	2PM	2P%	3PA	3PM	3P%
캐치&숏	0.6	0.2	31.3%	24.9	9.6	38.6%
풀업	10.2	4.0	38.8%	14.7	5.3	36.2%
3m 안쪽	36.7	21.8	59.3%	—	—	—
TOTAL	47.7	26.0	54.4%	39.9	15.0	37.7%

SHOT PROCESS & SHOT TYPES

샷프로세스(시도) 샷타입(시도)

샷프로세스(성공) 샷타입(성공)

SHOOTING

필드골 시도 필드골 시도

공격수와 수비수의 거리
● 0~0.6m ● 0.6~1.2m ● 1.2~1.8m ● 1.8m 이상

샷클락
● 22~24초 ● 18~22초 ● 15~18초 ● 7~15초 ● 4~7초 ● 0~4초

평균 41.0 평균 41.0

필드골 성공 필드골 성공

OPPONENT SHOOTING

상대 필드골 시도 상대 필드골 시도

평균 88.0 평균 88.0

공격수와 수비수의 거리
● 0~0.6m ● 0.6~1.2m ● 1.2~1.8m ● 1.8m 이상

샷클락
● 22~24초 ● 18~22초 ● 15~18초 ● 7~15초 ● 4~7초 ● 0~4초

평균 40.5 평균 40.5

필드골 허용 필드골 허용

CONTESTED REBOUNDS

공격 리바운드: 평균 6.3
수비 리바운드: 평균 8.2

림 아래부터 리바운드 위치까지의 거리
● 0~0.9m ● 0.9~1.8m ● 1.8~3m ● 3m 이상

UNCONTESTED REBOUNDS

공격 리바운드: 평균 4.7
수비 리바운드: 평균 25.1

림 아래부터 리바운드 위치까지의 거리
● 0~0.9m ● 0.9~1.8m ● 1.8~3m ● 3m 이상

DEFENSE OF 49 WINS

필드골 허용 %: 44.6%
3점슛 허용 %: 32.9%

상대 필드골 시도 87.6
필드골 허용 39.1

상대 3점슛 시도 35.5
3점슛 허용 11.7

DEFENSE OF 33 LOSSES

필드골 허용 %: 48.0%
3점슛 허용 %: 38.7%

상대 필드골 시도 88.5
필드골 허용 42.5

상대 3점슛 시도 36.6
3점슛 허용 14.2

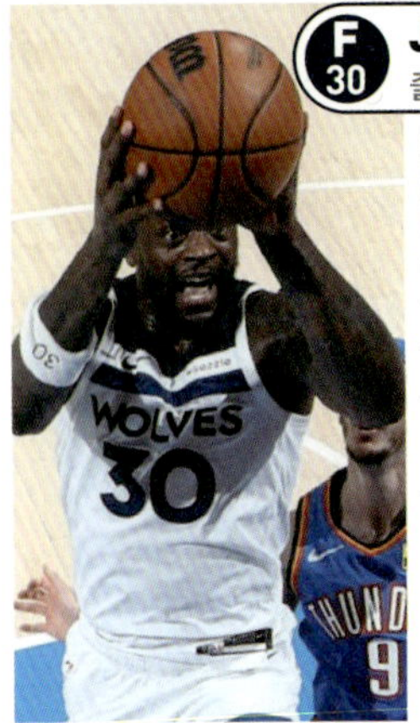

F 30 Julius RANDLE PF-C

줄리어스 랜들 1994.11.29 / 203cm

미국

NBA 드래프트 : 2014년 1라운드 7번
NBA 우승 : 0회 / **파이널 MVP** : 0회
시즌 MVP : 0회 / **NBA 퍼스트팀** : 0회

미네소타 입단 첫 시즌, 허벅지 부상으로 20일, 사타구니 통증으로 열흘 결장한 것을 제외하고 꾸준히 출전했다. 2023-24시즌 어깨 탈구로 후반기를 통째로 날렸던 것과 비교하면 '완벽한 부활'이었다. 랜들은 엘보우 지역에서 과감하게 공격한다. 수비의 힘이 좋으면 백다운으로 기회를 잡는다. 덩크, 레이업, 플로터로 림을 공략한다. 스텝백, 풀업, 페이드어웨이 등 다양한 무기를 선보인다. 지나치게 왼손에 의존하는 건 약점이다. 연봉은 3086만 달러.

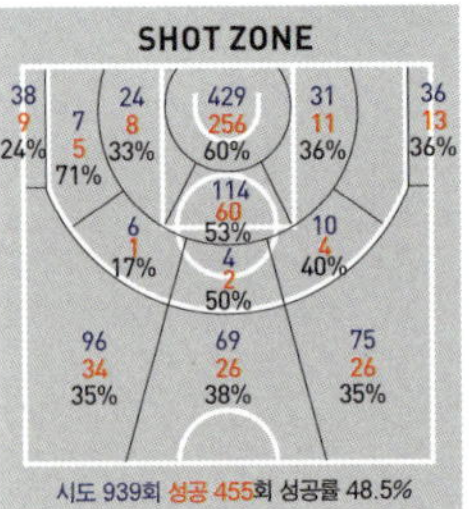

시도 939회 성공 455회 성공률 48.5%

SHOT PROCESS

캐치&슛 314 / 풀-업 71 / 드라이빙 232 / 커팅 32 / 러닝 79 / 스텝백 60 / 풋백 55 / 앨리웁 0 / 턴어라운드 96

필드골 939 시도

SHOT TYPES

411 점프샷 / 226 레이업 / 31 핑거롤 / 63 플로터 / 48 덩크 / 18 훅샷 / 20 팁샷 / 35 뱅크샷 / 87 페이드어웨이

필드골 939 시도

2024-25시즌 미네소타 69경기 평균 32.3분

항목	PTS	RB	AS	ST	BL	FG-FGA	3P-3PA	FT-FTA
평균	18.7	7.1	4.7	0.7	0.2	6.6-13.6	1.6-4.6	3.9-4.9
36분	20.8	7.9	5.2	0.8	0.3	7.4-15.2	1.7-5.1	4.4-5.4

항목	OS	CS	MS	3P	FT	SQ	OC	IS	L&F	SD	DD	PH	PF	PC	DRF	PM	PA	BH	DRS	PQ	PV
평점	B	B	A-	C	B-	C	A	B-	B+	B	B-	C+	D-	B	A-	C	C	B-	D+	B	C-

항목	DEF	ID	PD	ST	BL	HDQ	PP	DC	RBB	ORB	DRB	ATH	SP	AG	STR	VJ	STA	HP	INT	POT	OG
평점	D	B-	C	F	F	C-	D-	C	D-	D-	D-	B-	C-	C	B+	D+	A	A-	B-	A-	B

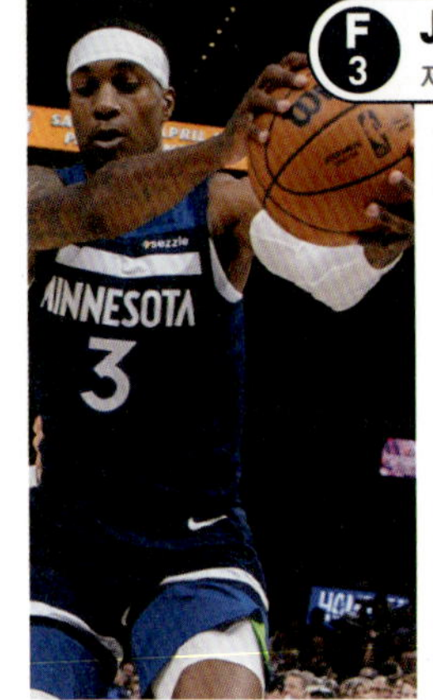

F 3 Jaden McDANIELS SF-PF

제이든 맥대니얼스 2000.09.29 / 206cm

미국

NBA 드래프트 : 2020년 1라운드 28번
NBA 우승 : 0회 / **파이널 MVP** : 0회
시즌 MVP : 0회 / **NBA 퍼스트팀** : 0회

키는 크지만 마른 체형의 콤보 포워드다. 뛰어난 수비력을 갖춘 NBA 정상급 '블루워커'이자 '에너자이저'다. 큰 키, 긴 팔, 우수한 운동능력을 활용해 1번~4번까지 모두 수비한다. 인사이드 1대1, 퍼리미터 1대1 수비에 모두 강점이 있는 '에이스 스토퍼'로서 주가를 높인다. 공격은 림 어택과 3점 슈팅으로 제한적이다. 전체 림 어택 대비 덩크의 비중이 높다. 외곽에서는 높은 타점, 부드러운 터치, 안정된 스트로크로 점퍼를 시도한다. 연봉 2486만 달러.

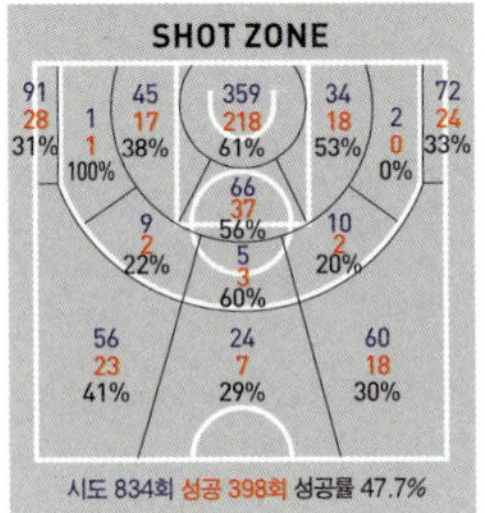

시도 834회 성공 398회 성공률 47.7%

SHOT PROCESS

캐치&슛 317 / 풀-업 109 / 드라이빙 193 / 커팅 41 / 러닝 67 / 스텝백 29 / 풋백 51 / 앨리웁 5 / 턴어라운드 22

필드골 834 시도

SHOT TYPES

417 점프샷 / 163 레이업 / 26 핑거롤 / 88 플로터 / 59 덩크 / 4 훅샷 / 25 팁샷 / 18 뱅크샷 / 34 페이드어웨이

필드골 834 시도

2024-25시즌 미네소타 82경기 평균 31.9분

항목	PTS	RB	AS	ST	BL	FG-FGA	3P-3PA	FT-FTA
평균	12.2	5.7	2.0	1.3	0.9	4.9-10.2	1.2-3.7	1.3-1.6
36분	13.8	6.5	2.2	1.5	1.0	5.5-11.5	1.4-4.2	1.4-1.8

항목	OS	CS	MS	3P	FT	SQ	OC	IS	L&F	SD	DD	PH	PF	PC	DRF	PM	PA	BH	DRS	PQ	PV
평점	C+	B+	A-	B-	B-	C-	D-	D-	B	F	C	D-	D-	D-	F	D-	F	C+	C-	F	F

항목	DEF	ID	PD	ST	BL	HDQ	PP	DC	RBB	ORB	DRB	ATH	SP	AG	STR	VJ	STA	HP	INT	POT	OG
평점	B	B	A	C+	D-	B+	B+	A-	D-	D-	D-	B-	C+	A-	D-	B-	B	B	D-	B+	B-

F 1 Terrence SHANNON Jr. SF-SG

테런스 셰넌 주니어 2000.07.30 / 198cm

미국

NBA 드래프트 : 2024년 1라운드 27번
NBA 우승 : 0회 / **파이널 MVP** : 0회
시즌 MVP : 0회 / **NBA 퍼스트팀** : 0회

백업 포워드로 2024년에는 꾸준히 출전했다. 그러나 2025년 들어 '부상 병동'이 되었다. 1월의 오른발 중족골 부상, 4월 사타구니 부상, 5월 오른 어깨 탈구 등이 연달아 발생했다. 결국 데뷔 시즌에 32경기 평균 10.6분 출전에 그쳤다. 셰넌은 정상 컨디션일 경우 출중한 운동능력을 활용해 빠른 퍼스트-스텝과 다이내믹한 림 어택을 선보인다. 적극적으로 중장거리 슈팅을 시도하고, 신체 조건을 앞세워 재빠르게 스틸을 성공시킨다. 연봉은 267만 달러.

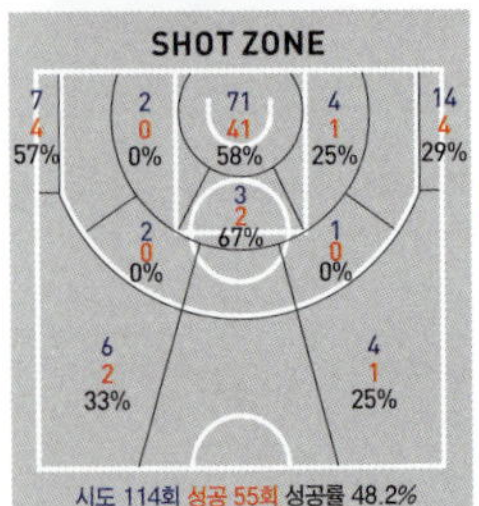

시도 114회 성공 55회 성공률 48.2%

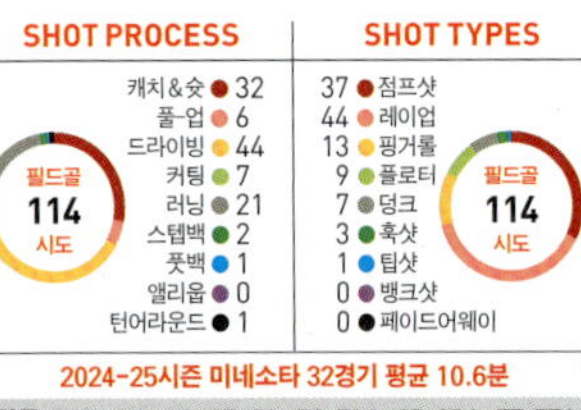

SHOT PROCESS

캐치&슛 32 / 풀-업 6 / 드라이빙 44 / 커팅 7 / 러닝 21 / 스텝백 2 / 풋백 1 / 앨리웁 0 / 턴어라운드 1

필드골 114 시도

SHOT TYPES

37 점프샷 / 44 레이업 / 13 핑거롤 / 9 플로터 / 7 덩크 / 3 훅샷 / 1 팁샷 / 0 뱅크샷 / 0 페이드어웨이

필드골 114 시도

2024-25시즌 미네소타 32경기 평균 10.6분

항목	PTS	RB	AS	ST	BL	FG-FGA	3P-3PA	FT-FTA
평균	4.3	1.5	1.0	0.2	0.2	1.7-3.6	0.3-1.0	0.5-0.7
36분	14.7	5.0	3.4	0.7	0.5	5.8-12.1	1.2-3.3	1.8-2.2

항목	OS	CS	MS	3P	FT	SQ	OC	IS	L&F	SD	DD	PH	PF	PC	DRF	PM	PA	BH	DRS	PQ	PV
평점	C	B-	C	C	B-	C-	D-	D-	B-	F	B	F	D-	F	D-	C	D+	C+	B	D+	D-

항목	DEF	ID	PD	ST	BL	HDQ	PP	DC	RBG	ORG	DRG	ATH	SP	AG	STR	VJ	STA	HP	INT	POT	OG
평점	D	D-	C	F	F	D-	D-	D-	C	C+	C-	B-	B+	B+	D-	B-	A-	C	F	B+	C-

F 11 Naz REID C-PF

나즈 리드 1999.08.26 / 206cm

미국

NBA 드래프트 : 2019년 미지명
NBA 우승 : 0회 / **파이널 MVP** : 0회
시즌 MVP : 0회 / **NBA 퍼스트팀** : 0회

정말 든든한 '백업 빅맨'이다. 지난 시즌 단 한 차례의 부상도 없이 80경기에 출전하며 평균 27.5분씩 뛰었다. 현대농구에 적합한 '스트레치 빅맨'으로 슈팅 거리가 길고, 포물선이 높다. 3점 슈팅의 경우 점프를 거의 하지 않고 던진다. 신장 대비 나쁘지 않은 블락, 박스 아웃, 리바운드, 허슬 플레이도 OK. 팀의 수비 전술에 따라 빅맨으로서는 인사이드 1대1 수비, 빅윙으로서는 팀의 로테이션 수비에 각각 잘 적응한 모습을 보인다. 연봉은 2155만 달러.

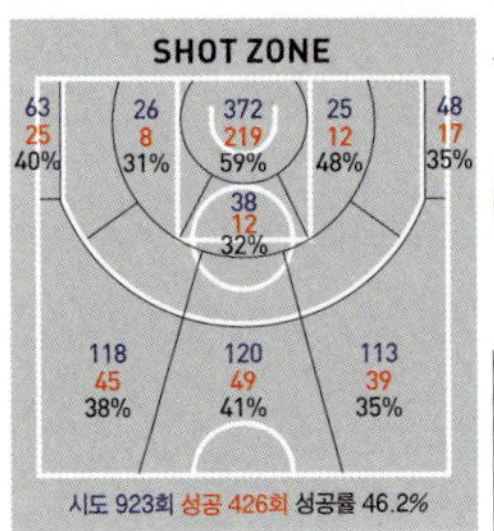

시도 923회 성공 426회 성공률 46.2%

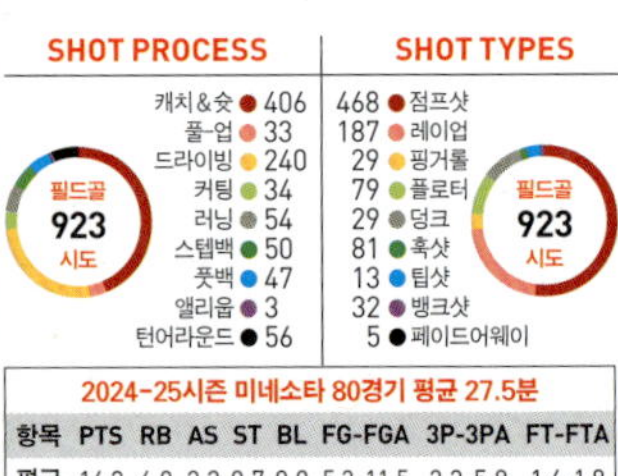

SHOT PROCESS

캐치&슛 406 / 풀-업 33 / 드라이빙 240 / 커팅 34 / 러닝 54 / 스텝백 50 / 풋백 47 / 앨리웁 3 / 턴어라운드 56

필드골 923 시도

SHOT TYPES

468 점프샷 / 187 레이업 / 29 핑거롤 / 79 플로터 / 29 덩크 / 81 훅샷 / 13 팁샷 / 32 뱅크샷 / 5 페이드어웨이

필드골 923 시도

2024-25시즌 미네소타 80경기 평균 27.5분

항목	PTS	RB	AS	ST	BL	FG-FGA	3P-3PA	FT-FTA
평균	14.2	6.0	2.3	0.7	0.9	5.3-11.5	2.2-5.8	1.4-1.8
36분	18.6	7.9	3.0	0.9	1.2	7.0-15.1	2.9-7.6	1.8-2.3

항목	OS	CS	MS	3P	FT	SQ	OC	IS	L&F	SD	DD	PH	PF	PC	DRF	PM	PA	BH	DRS	PQ	PV
평점	C+	A-	C+	B-	C+	D-	B-	B-	C	B-	B-	B-	C-	B-	C	D-	D-	D-	F	D	F

항목	DEF	ID	PD	ST	BL	HDQ	PP	DC	RBB	ORB	DRB	ATH	SP	AG	STR	VJ	STA	HP	INT	POT	OG
평점	D+	B-	D	D-	D+	B-	D	C	D-	D-	C-	C+	D-	D-	B+	C	B+	A	D-	B+	B-

Individual Defense & Team Defense								Offensive & Defensive Rebounding									Physical Fitness & Athleticism							Miscellaneous		
DEF	ID	PD	ST	BL	HDQ	PP	DC	RBG	ORG	DRG	RB3	OR3	DR3	RBB	ORB	DRB	ATH	SP	AG	STR	VJ	STA	HP	INT	POT	OG
수비력 종합	인사이드 디펜스	퍼리미터 디펜스	스틸	블락샷	도움수비 IQ	패스 통찰력	수비 일관성	가드 리바운드	가드 공격RB	가드 수비RB	SF 리바운드	SF 공격RB	SF 수비RB	빅맨 리바운드	빅맨 공격RB	빅맨 수비RB	운동능력 종합	스피드	사이드 스텝	피지컬 파워	버티컬 점프력	지구력	허슬 플레이	영향력	포텐셜	종합 평가

F 22 Jaylen Clark SF-SG

제일런 클락 2001.10.13 / 193cm

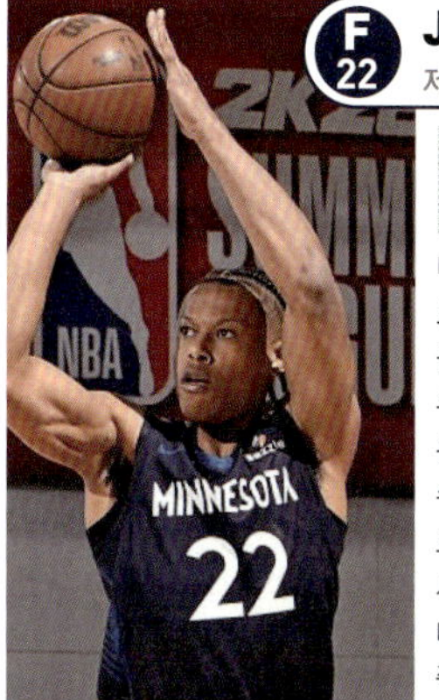

미국 NBA 드래프트 : 2023년 2라운드 53번
NBA 우승 : 0회 / 파이널 MVP : 0회
시즌 MVP : 0회 / NBA 퍼스트팀 : 0회

미네소타에서의 첫 번째 시즌, 백업 스윙맨으로서 비교적 무난한 성적을 냈다. 올 시즌에도 클락의 역할은 크게 바뀌지 않을 것이다. 그는 우수한 운동 능력을 수비할 때 적극적으로 활용한다. 퍼리미터 1대1 때 세로 수비와 가로 수비 모두 수준급이다. 눈과 손이 매우 빨라 가로채기 능력은 현 NBA 최고 수준이다. 공격에서는 주로 드라이빙 & 림 어택(레이업, 플로터)에 의존한다. 존에 따라 3점 슈팅이 들쭉날쭉한 건 문제다. 연봉은 219만 달러.

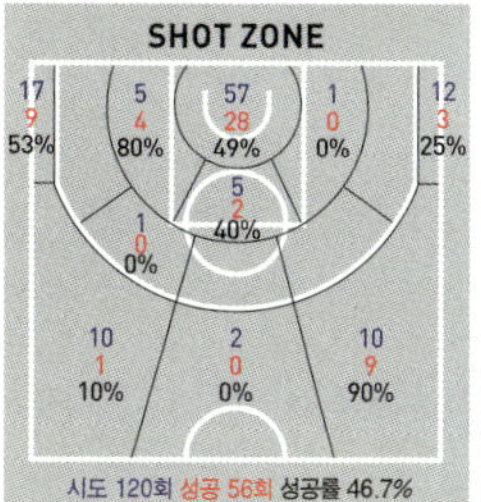

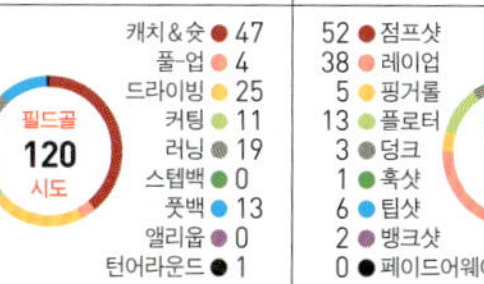

2024-25시즌 미네소타 40경기 평균 13.1분

항목	PTS	RB	AS	ST	BL	FG-FGA	3P-3PA	FT-FTA
평균	4.1	1.3	0.7	0.9	0.1	1.4-3.0	0.6-1.3	0.7-0.9
36분	11.2	3.7	1.8	2.5	0.1	3.9-8.3	1.5-3.5	2.0-2.6

항목	OS	CS	MS	3P	FT	SQ	OC	IS	L&F	SD	DD	PH	PF	PC	DRF	PM	PA	BH	DRS	PQ	PV
평점	D+	B	D-	B-	C+	C-	F	D-	C-	D-	C-	F	F	F	F	D-	D-	D+	C	D-	F

항목	DEF	ID	PD	ST	BL	HDQ	PP	DC	RBG	ORG	DRG	ATH	SP	AG	STR	VJ	STA	HP	INT	POT	OG
평점	C	D	B	A+	D-	B-	B-	C	D-	B+	D-	C+	C+	B	D-	C+	B	B	D-	B+	C-

F 33 Leonard MILLER SF

레너드 밀러 2003.11.26 / 208cm

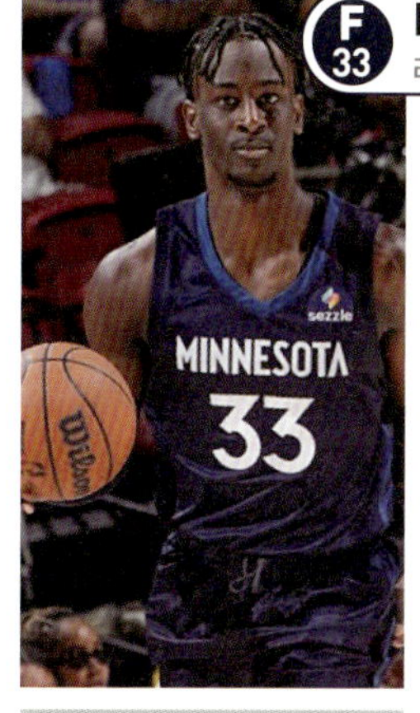

캐나다 NBA 드래프트 : 2023년 2라운드 33번
NBA 우승 : 0회 / 파이널 MVP : 0회
시즌 MVP : 0회 / NBA 퍼스트팀 : 0회

사이즈와 스피드를 겸했다. 주공격 루트는 림 어택. 과감한 드라이빙에 이은 레이업, 핑거롤, 덩크로 득점한다. 3번 중 출전 시간 대비 리바운드는 최상위권이다. 공격 리바운드 후의 풋백은 위력적이다. 팀 상황에 따라 임시 플레이메이커를 맡기도 한다. 지난 시즌 13경기 출전에 그쳤다. 특별한 부상 이슈는 없었다. 아직 실력이 부족해 NBA와 G리그(아이오와 울브스)를 넘나들었기 때문이다. 올 시즌 연봉 222만 달러다. 투웨이가 아닌 정식 계약이다.

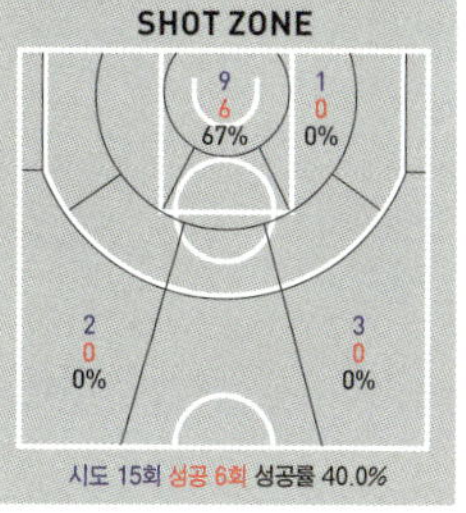

2024-25시즌 미네소타 13경기 평균 2.5분

항목	PTS	RB	AS	ST	BL	FG-FGA	3P-3PA	FT-FTA
평균	1.5	0.8	0.0	0.2	0.1	0.5-1.2	0.0-0.4	0.6-0.6
36분	22.5	12.4	0.0	2.3	1.1	6.8-16.9	0.0-5.6	9.0-9.0

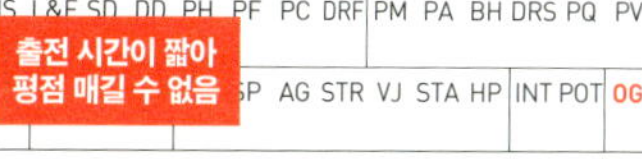

항목	OS	CS	MS	3P	FT	SQ	OC	IS	L&F	SD	DD	PH	PF	PC	DRF	PM	PA	BH	DRS	PQ	PV
평점																					

항목	DEF	ID	PD	ST	BL	HDQ	PP	…	SP	AG	STR	VJ	STA	HP	INT	POT	OG
평점																	

C 27 Rudy GOBERT C

루디 고베어 1992.06.26 / 216cm

프랑스 NBA 드래프트 : 2013년 1라운드 27번
NBA 우승 : 0회 / 파이널 MVP : 0회
시즌 MVP : 0회 / NBA 퍼스트팀 : 0회

리그 최고 수비수다. 2014-15시즌 이후 무려 10차례 DPOY(올해의 수비선수상) 후보에 노미네이트됐고, 그중 4번을 수상했다. 또한, 올-NBA 디펜시브 팀에 8번 선정됐다. 더 이상 설명이 필요 없을 정도다. 216cm의 키, 235cm의 윙스팬, 293cm의 스탠딩 리치 등 더할 나위 없이 좋은 신체 조건이다. 인사이드 1대1 수비는 단연 리그 1등이다. 리바운드, 블락, 스크린 세팅 모두 최정상급이다. 필드골 510회 중 490회가 림 어택이었다. 연봉은 3500만 달러.

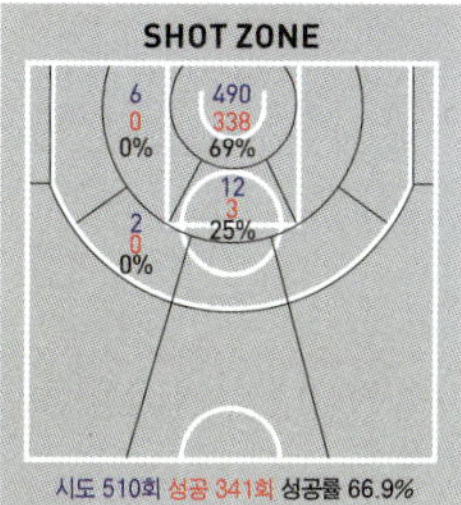

2024-25시즌 미네소타 72경기 평균 33.2분

항목	PTS	RB	AS	ST	BL	FG-FGA	3P-3PA	FT-FTA
평균	12.0	10.9	1.8	0.8	1.4	4.7-7.1	0.0-0.0	2.6-3.8
36분	13.1	11.8	1.9	0.8	1.6	5.1-7.7	0.0-0.0	2.8-4.1

항목	OS	CS	MS	3P	FT	SQ	OC	IS	L&F	SD	DD	PH	PF	PC	DRF	PM	PA	BH	DRS	PQ	PV
평점	D-	D	D-	F	D+	C	F	C-	D-	A-	C	D	D-	D	C-	F	D+	F	F	D	F

항목	DEF	ID	PD	ST	BL	HDQ	PP	DC	RBB	ORB	DRB	ATH	SP	AG	STR	VJ	STA	HP	INT	POT	OG
평점	B-	A+	D-	F	B	A	C	A	B+	B+	B	C	F	D	B+	D-	A-	A	A	A-	B

C 19 Joan BERINGER PF-C

요안 베링제 2006.11.11 / 208cm

프랑스 NBA 드래프트 : 2025년 1라운드 17번
NBA 우승 : 0회 / 파이널 MVP : 0회
시즌 MVP : 0회 / NBA 퍼스트팀 : 0회

"찾았다. 고베어의 백업을." 2025 NBA 드래프트가 끝나고 미네소타 코칭 스태프는 만족한 표정을 지었다. 베링제를 뽑았기 때문이다. 프랑스 출신의 이 빅맨은 여러모로 고베어와 닮았다. 인사이드 수비 전문가이고 강력한 블락으로 실점을 막아낸다. 다재다능함, 우수한 운동 능력, 수비에 대한 진한 열정 등 모든 면에서 고베어의 백업으로 손색이 없다는 평이다. 공격에서는 림 어택이 대부분이고, 중거리와 3점 슈팅은 기대하기 어렵다. 연봉은 420만 달러.

2024-25시즌 기록 없음

항목	PTS	RB	AS	ST	BL	FG-FGA	3P-3PA	FT-FTA
평균	–	–	–	–	–	–	–	–
36분	–	–	–	–	–	–	–	–

항목	OS	CS	MS	3P	FT	SQ	OC	IS	L&F	SD	DD	PH	PF	PC	DRF	PM	PA	BH	DRS	PQ	PV
평점	–	–	–	–	–	–	–	–	–	–	–	–	–	–	–	–	–	–	–	–	–

항목	DEF	ID	PD	ST	BL	HDQ	PP	DC	RBB	ORB	DRB	ATH	SP	AG	STR	VJ	STA	HP	INT	POT	OG
평점	–	–	–	–	–	–	–	–	–	–	–	–	–	–	–	–	–	–	–	–	–

General Stats								Outside Scoring & Shooting							Inside Scoring & Shooting								Play Making, Ball Handling & Passing					
PTS	RB	AS	ST	BL	FG-FGA	3P-3PA	FT-FTA	OS	CS	MS	3P	FT	SQ	OC	IS	L&F	SD	DD	PH	PF	PC	DRF	PM	PA	BH	DRS	PQ	PV
득점	리바운드	어시스트	스틸	블락샷	필드골 성공-시도	3점슈팅 성공-시도	자유투 성공-시도	외곽 득점력	근거리 점프샷	중거리 슈팅	3점 슈팅	자유투	슈팅 IQ	득점 일관성	인사이드 득점력	레이업 플로터	스탠딩 덩크	드라이빙 덩크	포스트 훅샷	포스트 페이드	포스트 컨트롤	파울 유도	플레이 메이킹	패스 능력	볼 핸들링	드리블 스피드	패스 IQ	패스 비전

C 44 Rocco ZIKARSKY

로코 지카스키 2006.07.11 / 221cm

호주
NBA 드래프트 : 2025년 2라운드 45번
NBA 우승 : 0회 / **파이널 MVP :** 0회
시즌 MVP : 0회 / **NBA 퍼스트팀 :** 0회

호주 퀸즈랜드 선샤인코스트 출신. 2023년부터 3년간 BA센터, 브리스번 불리츠 등 호주 리그에서 활약했다. 2025년 8월 NBA 드래프트를 신청했고, 시카고에 2라운드 45번으로 지명된 후 미네소타로 트레이드됐다. 221cm의 거대한 체격을 지닌 정통 센터다. 동료의 로브 패스를 받아 쉽게 골을 얻어 넣는다. 림 프로텍팅은 NBA 정상급이다. 아직 경험이 일천하고, 공격이 다양하지 않다. 시간이 필요하다. 구단과 연봉 64만 달러에 투웨이 계약을 했다.

SHOT ZONE

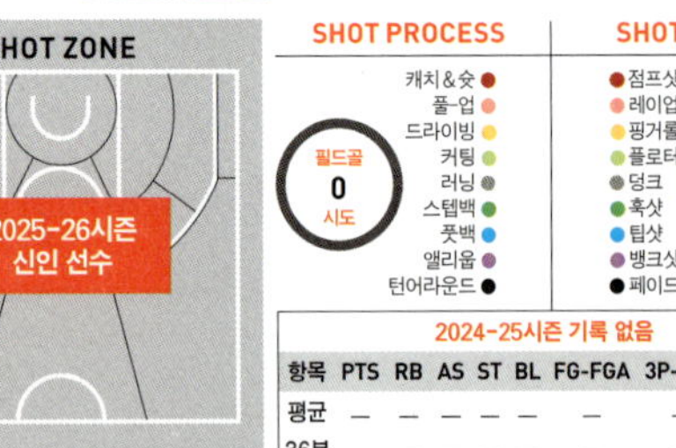

SHOT PROCESS

필드골 0 시도

캐치&슛, 풀-업, 드라이빙, 커팅, 러닝, 스텝백, 풋백, 앨리웁, 턴어라운드

SHOT TYPES

필드골 0 시도

점프샷, 레이업, 핑거롤, 플로터, 덩크, 훅샷, 팁샷, 뱅크샷, 페이드어웨이

2024-25시즌 기록 없음

항목	PTS	RB	AS	ST	BL	FG-FGA	3P-3PA	FT-FTA
평균	–	–	–	–	–	–	–	–
36분	–	–	–	–	–	–	–	–

항목	OS	CS	MS	3P	FT	SQ	OC	IS	L&F	SD	DD	PH	PF	PC	DRF	PM	PA	BH	DRS	PQ	PV
평점	–	–	–	–	–	–	–	–	–	–	–	–	–	–	–	–	–	–	–	–	–

항목	DEF	ID	PD	ST	BL	HDQ	PP	DC	RBG	ORG	DRG	ATH	SP	AG	STR	VJ	STA	HP	INT	POT	OG
평점	–	–	–	–	–	–	–	–	–	–	–	–	–	–	–	–	–	–	–	–	–

G 5 Anthony EDWARDS SG

앤써니 에드워즈 2001.08.05 / 193cm

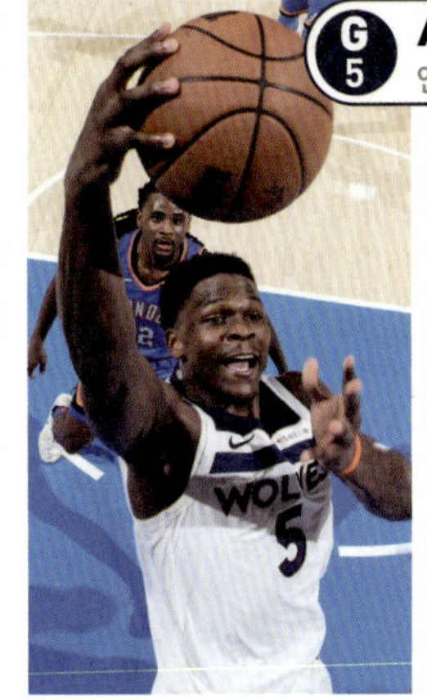

미국
NBA 드래프트 : 2020년 1라운드 1번
NBA 우승 : 0회 / **파이널 MVP :** 0회
시즌 MVP : 0회 / **NBA 퍼스트팀 :** 0회

현역 NBA 최고의 슈퍼스타 중 1명. 외모와 실력 모두 마이클 조던을 빼닮았다. 최근 NBA에 유럽 출신 스타가 많아진 데 비해 미국인 스타가 부족해지면서 더 주목받는다. 그는 공수겸장이다. 폭발적인 운동능력, 뛰어난 풋워크, 화려한 볼 핸들링, 저돌적인 돌파와 마무리(덩크, 레이업, 플로터, 핑거롤), 어느 위치에서든 불을 뿜는 풀업 점퍼와 캐치&슛, 강력한 퍼리미터 1대1 수비, BQ를 활용한 팀 디펜스 등 모든 걸 다 잘 한다. 연봉은 4555만 달러.

SHOT ZONE

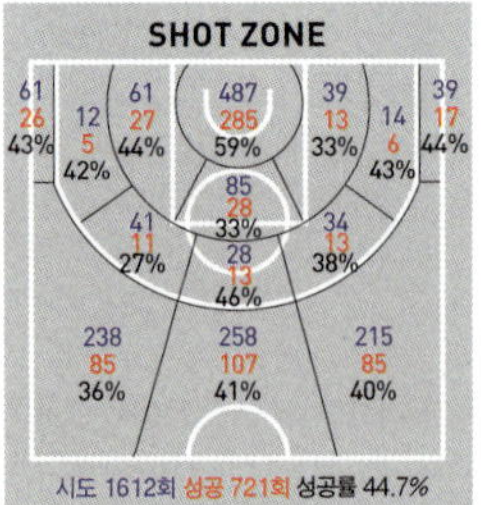

SHOT PROCESS

필드골 1612 시도

- 캐치&슛 236
- 풀-업 491
- 드라이빙 396
- 커팅 18
- 러닝 107
- 스텝백 280
- 풋백 17
- 앨리웁 2
- 턴어라운드 65

SHOT TYPES

필드골 1612 시도

- 1023 점프샷
- 282 레이업
- 59 핑거롤
- 68 플로터
- 62 덩크
- 13 훅샷
- 12 팁샷
- 38 뱅크샷
- 55 페이드어웨이

2024-25시즌 미네소타 79경기 평균 36.3분

항목	PTS	RB	AS	ST	BL	FG-FGA	3P-3PA	FT-FTA
평균	27.6	5.7	4.5	1.2	0.6	9.1-20.4	4.1-10.3	5.3-6.3
36분	27.3	5.6	4.5	1.1	0.6	9.0-20.2	4.0-10.2	5.2-6.2

항목	OS	CS	MS	3P	FT	SQ	OC	IS	L&F	SD	DD	PH	PF	PC	DRF	PM	PA	BH	DRS	PQ	PV
평점	B+	A-	C+	B+	B	A-	A+	C+	A	D-	A+	D-	D-	D-	A	B-	C+	B	B	B-	C-

항목	DEF	ID	PD	ST	BL	HDQ	PP	DC	RBG	ORG	DRG	ATH	SP	AG	STR	VJ	STA	HP	INT	POT	OG
평점	C	D	B-	D	F	B	B	B	B-	C-	B+	B+	A-	A-	D-	A+	A+	A-	A-	A+	A

G 10 Mike CONLEY PG

마이크 콘리 1987.10.11 / 183cm

미국
NBA 드래프트 : 2007년 1라운드 4번
NBA 우승 : 0회 / **파이널 MVP :** 0회
시즌 MVP : 0회 / **NBA 퍼스트팀 :** 0회

프로 19년 차 베테랑 포인트가드. 올해 38세지만, 여전히 팀플레이의 중심을 잡는다. 양손으로 드리블을 할 수 있고, 볼 핸들링이 좋아 소유권을 잘 지키며, 턴오버를 매우 적게 범한다. 풀업 점퍼와 캐치&슛을 섞은 3점 슈팅은 성공률 41%로 매우 정확하다. 재미있는 건, 점프샷을 왼손으로 쏘지만, 플로터 마무리는 오른손으로 한다는 점. 빠른 사이드 스텝을 바탕으로 강력한 퍼리미터 1대1 수비를 구사한다. 패싱레인 수비도 OK. 연봉은 1077만 달러.

SHOT ZONE

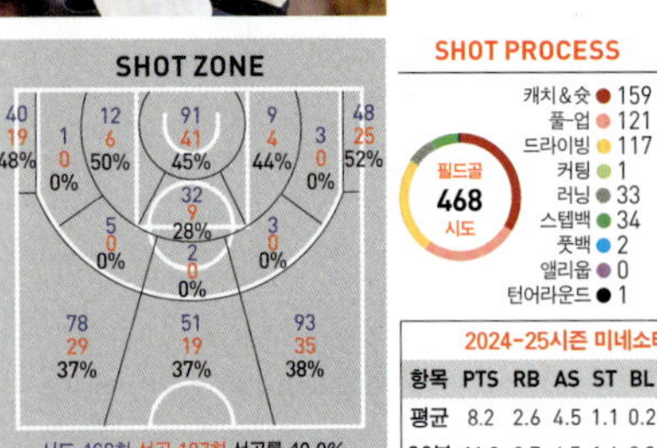

SHOT PROCESS

필드골 468 시도

- 캐치&슛 159
- 풀-업 121
- 드라이빙 117
- 커팅 1
- 러닝 33
- 스텝백 34
- 풋백 2
- 앨리웁 0
- 턴어라운드 1

SHOT TYPES

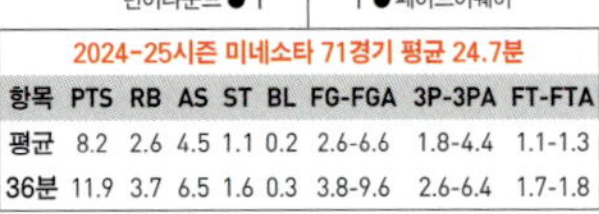

필드골 468 시도

- 324 점프샷
- 38 레이업
- 24 핑거롤
- 69 플로터
- 0 덩크
- 2 훅샷
- 2 팁샷
- 8 뱅크샷
- 1 페이드어웨이

2024-25시즌 미네소타 71경기 평균 24.7분

항목	PTS	RB	AS	ST	BL	FG-FGA	3P-3PA	FT-FTA
평균	8.2	2.6	4.5	1.1	0.2	2.6-6.6	1.8-4.4	1.1-1.3
36분	11.9	3.7	6.5	1.6	0.3	3.8-9.6	2.6-6.4	1.7-1.8

항목	OS	CS	MS	3P	FT	SQ	OC	IS	L&F	SD	DD	PH	PF	PC	DRF	PM	PA	BH	DRS	PQ	PV
평점	C-	C-	C-	B	A-	C-	F	F	C	F	F	F	D-	F	D-	B-	B	B	B-	B	C-

항목	DEF	ID	PD	ST	BL	HDQ	PP	DC	RBG	ORG	DRG	ATH	SP	AG	STR	VJ	STA	HP	INT	POT	OG
평점	C-	D-	B	B-	F	B-	B-	B-	D-	D+	D-	C+	B-	B-	F	A-	B	B-	D-	B+	C+

G 4 Rob DILLINGHAM PG-SG

롭 딜링엄 2005.01.04 / 191cm

미국
NBA 드래프트 : 2024년 1라운드 8번
NBA 우승 : 0회 / **파이널 MVP :** 0회
시즌 MVP : 0회 / **NBA 퍼스트팀 :** 0회

발목이 문제였다. 2024년 11월, 염좌가 발생해 2주간 결장했다. 그 후 큰 문제는 없었으나 2025년 5월, 통증이 매우 심해지며 결국 수술을 받고 시즌 아웃 됐다. 이 때문에 정규시즌 막판, 플레이오프에 모두 결장했다. 건강한 상태의 딜링엄은 퍼스트스텝이 빠르고, 자신 있게 돌파를 시도한다. 드라이빙에 이은 레이업, 핑거롤, 플로터로 림을 공략한다. 좌우 윙과 탑에서 과감한 3점 슈팅을 시도한다. 오픈 동료를 잘 찾아 패스해준다. 연봉은 658만 달러.

SHOT ZONE

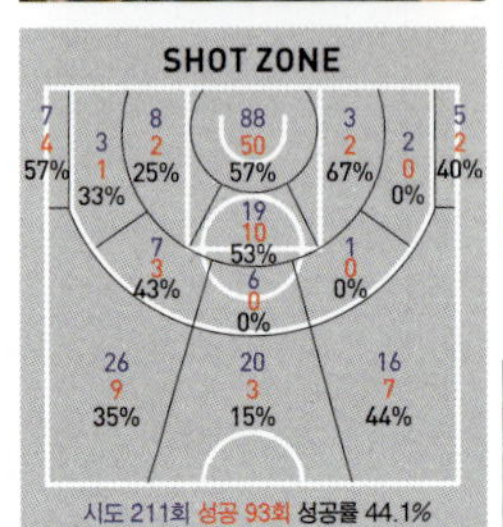

SHOT PROCESS

필드골 211 시도

- 캐치&슛 38
- 풀-업 54
- 드라이빙 79
- 커팅 3
- 러닝 22
- 스텝백 10
- 풋백 0
- 앨리웁 0
- 턴어라운드 5

SHOT TYPES

필드골 211 시도

- 103 점프샷
- 39 레이업
- 32 핑거롤
- 21 플로터
- 3 덩크
- 1 훅샷
- 0 팁샷
- 9 뱅크샷
- 3 페이드어웨이

2024-25시즌 미네소타 49경기 평균 10.5분

항목	PTS	RB	AS	ST	BL	FG-FGA	3P-3PA	FT-FTA
평균	4.5	1.0	2.0	0.4	0.0	1.9-4.3	0.5-1.5	0.2-0.3
36분	15.3	3.5	6.8	1.4	0.1	6.5-14.7	1.7-5.2	0.6-1.0

항목	OS	CS	MS	3P	FT	SQ	OC	IS	L&F	SD	DD	PH	PF	PC	DRF	PM	PA	BH	DRS	PQ	PV
평점	C-	B+	D-	B-	C-	D	D-	D-	C+	F	C	F	D-	F	F	C+	D+	A-	A-	D+	C

항목	DEF	ID	PD	ST	BL	HDQ	PP	DC	RBG	ORG	DRG	ATH	SP	AG	STR	VJ	STA	HP	INT	POT	OG
평점	D-	D-	D	C	D-	D-	D-	D-	D-	C-	D-	C+	A-	B	F	B	A-	B	B	A-	C

G 0 Donte DIVINCENZO SG-PG

단테 디빈첸조 1997.01.31 / 193cm

미국

NBA 드래프트 : 2018년 1라운드 17번
NBA 우승 : 1회 / 파이널 MVP : 0회
시즌 MVP : 0회 / NBA 퍼스트팀 : 0회

2023-24시즌 뉴욕에서는 주전 멤버로 81경기(선발 63경기)에 출전했다. 그러나 지난 시즌 미네소타로 이적한 이후에는 백업 멤버로 62경기(선발 10경기)에 나섰다. 올 시즌도 '세컨 유닛' 가드로 출전한다. 디빈첸조는 운동 능력이 좋다. 드라이빙, 혹은 커팅에서 이어지는 레이업과 플로터로 림을 공략한다. 프로 입단 후 조금씩 향상되던 3점 슈팅은 지난 시즌 꽃을 피웠다(성공률 40%). 퍼리미터 1대1 수비, 가로채기도 수준급. 시즌 연봉은 1199만 달러.

SHOT PROCESS (필드골 593 시도)

캐치&슛 297 · 풀-업 89 · 드라이빙 103 · 커팅 7 · 러닝 48 · 스텝백 38 · 풋백 10 · 앨리웁 0 · 턴어라운드 1

SHOT TYPES (필드골 593 시도)

점프샷 439 · 레이업 80 · 핑거롤 19 · 플로터 30 · 덩크 7 · 훅샷 0 · 팁샷 8 · 뱅크샷 9 · 페이드어웨이 1

2024-25시즌 미네소타 62경기 평균 25.9분

항목	PTS	RB	AS	ST	BL	FG-FGA	3P-3PA	FT-FTA
평균	11.7	3.7	3.6	1.2	0.3	4.0-9.6	2.8-7.1	0.8-1.0
36분	16.2	5.1	5.0	1.6	0.4	5.6-13.3	3.9-9.8	1.1-1.4

항목	OS	CS	MS	3P	FT	SQ	OC	IS	L&F	SD	DD	PH	PF	PC	DRF	PM	PA	BH	DRS	PQ	PV
평점	C	C	B-	B	C+	C	D-	D-	B-	F	C	F	D-	F	D-	C+	C+	C+	B-	C+	C-

항목	DEF	ID	PD	ST	BL	HDQ	PP	DC	RBG	ORG	DRG	ATH	SP	AG	STR	VJ	STA	HP	INT	POT	OG
평점	C	D	B	B-	F	B	B+	B-	C	D+	B	B	B+	B+	D-	A	A-	B	C-	B	C+

G 13 Tristen NEWTON SG

트리스틴 뉴턴 2001.04.26 / 196cm

미국

NBA 드래프트 : 2024년 2라운드 49번
NBA 우승 : 0회 / 파이널 MVP : 0회
시즌 MVP : 0회 / NBA 퍼스트팀 : 0회

지난 시즌 인디애나와 미네소타 2팀에서 뛰었다. 주로 G리그에서 활약했고, NBA에서는 8경기 출전에 그쳤다. 뉴턴은 바스켓볼 IQ가 높고, 코트 비전이 넓으며 패스의 회전에 중점을 두는 정통파 PG다. 늘 정확히 판단하고, 동료에게 좋은 패스를 뿌려준다. 드라이빙에 이은 레이업과 플로터로 림을 공략한다. 퍼리미터 온볼 디펜더로서 평가를 받는다. 그러나 3점 슈팅이 들쭉날쭉하고, 운동 능력은 우수하지 않다. 연봉 64만 달러에 투웨이 계약을 맺었다.

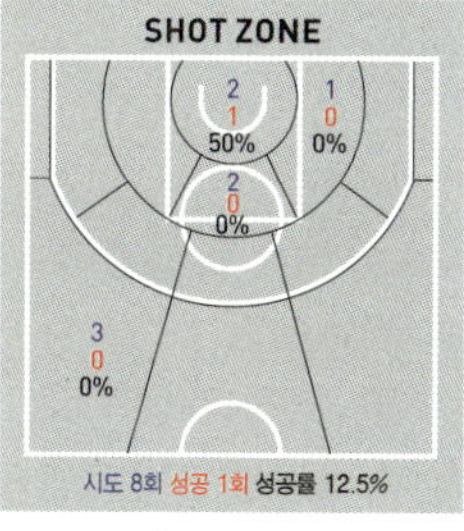

2024-25시즌 인디애나+미네소타 8경기 평균 2.0분

항목	PTS	RB	AS	ST	BL	FG-FGA	3P-3PA	FT-FTA
평균	0.4	0.5	0.3	0.1	0.0	0.1-1.0	0.0-0.4	0.1-0.1
36분	6.8	9.0	4.5	2.3	0.0	2.3-18.0	0.0-6.8	2.3*2.3

항목	OS	CS	MS	3P	FT	SQ	OC	IS	L&F	SD	DD	PH	PF	PC	DRF	PM	PA	BH	DRS	PQ	PV
평점	—	—	—	—	—	—	—	—	—	—	—	—	—	—	—	—	—	—	—	—	—

항목	DEF	ID	PD	ST	BL	HDQ	PP	DC	RBG	ORG	DRG	ATH	SP	AG	STR	VJ	STA	HP	INT	POT	OG
평점	—	—	—	—	—	—	—	—	—	—	—	—	—	—	—	—	—	—	—	—	—

G 7 Joe INGLES SF-PF

조 잉글스 1987.10.02 / 206cm

호주

NBA 드래프트 : 2009년 미지명
NBA 우승 : 0회 / 파이널 MVP : 0회
시즌 MVP : 0회 / NBA 퍼스트팀 : 0회

19경기 평균 6.0분 출전. 지난 시즌은 프로 데뷔 11년 만에 가장 저조한 시간이었다. 2024년 11월, 종아리 부상으로 한 달 결장한 건 사실이다. 그러나 결장의 대부분은 감독의 결정에 의한 것이다. 잉글스에게는 자폐증을 앓는 8살 아들 제이콥이 있다. 경기장에 가게 되면 감각적 자극을 받아 힘들었는데 3월 22일, 용기를 내어 경기장을 찾았다. 이에 감독이 잉글스를 전격 선발로 출전시켜 6분간 뛰게 했다. 제이콥은 환호하며 박수쳤다. 연봉은 363만 달러.

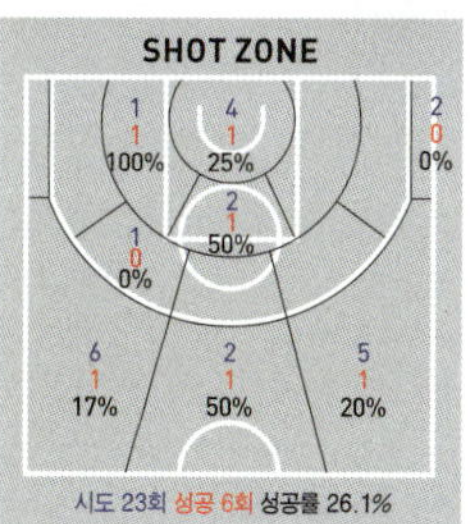

SHOT PROCESS (필드골 23 시도)

캐치&슛 8 · 풀-업 6 · 드라이빙 6 · 커팅 0 · 러닝 2 · 스텝백 1 · 풋백 0 · 앨리웁 0 · 턴어라운드 0

SHOT TYPES (필드골 23 시도)

점프샷 15 · 레이업 2 · 핑거롤 1 · 플로터 5 · 덩크 0 · 훅샷 0 · 팁샷 0 · 뱅크샷 0 · 페이드어웨이 0

2024-25시즌 미네소타 19경기 평균 6.0분

항목	PTS	RB	AS	ST	BL	FG-FGA	3P-3PA	FT-FTA
평균	0.8	0.6	1.2	0.1	0.0	0.3-1.2	0.2-0.8	0.0-0.0
36분	4.7	3.5	7.3	0.6	0.0	1.9-7.3	0.9-4.7	0.0-0.0

항목	OS	CS	MS	3P	FT	SQ	OC	IS	L&F	SD	DD	PH	PF	PC	DRF	PM	PA	BH	DRS	PQ	PV
평점	—	—	—	—	—	—	—	—	—	—	—	—	—	—	—	—	—	—	—	—	—

항목	DEF	ID	PD	ST	BL	HDQ	PP	DC	RBG	ORG	DRG	ATH	SP	AG	STR	VJ	STA	HP	INT	POT	OG
평점	—	—	—	—	—	—	—	—	—	—	—	—	—	—	—	—	—	—	—	—	—

MINNESOTA TIMBERWOLVES 2025-26 REGULAR SEASON SCHEDULE

OCTOBER, 2025

Oct. 22 @ Portland Trail Blazers
Oct. 24 @ Los Angeles Lakers
Oct. 26 vs. Indiana Pacers
Oct. 27 vs. Denver Nuggets
Oct. 29 vs. Los Angeles Lakers
Nov. 1 @ Charlotte Hornets

NOVEMBER, 2025

Nov. 3 @ Brooklyn Nets
Nov. 5 @ New York Knicks
Nov. 7 vs. Utah Jazz
Nov. 9 @ Sacramento Kings
Nov. 10 @ Utah Jazz
Nov. 14 vs. Sacramento Kings
Nov. 15 vs. Denver Nuggets
Nov. 17 vs. Dallas Mavericks
Nov. 19 vs. Washington Wizards
Nov. 21 @ Phoenix Suns
Nov. 24 @ Sacramento Kings
Nov. 26 @ Oklahoma City Thunder
Nov. 29 vs. Boston Celtics
Nov. 30 vs. San Antonio Spurs

DECEMBER, 2025

Dec. 2 @ New Orleans Pelicans
Dec. 4 @ New Orleans Pelicans
Dec. 6 vs. Los Angeles Clippers
Dec. 8 vs. Phoenix Suns
Dec. 17 vs. Memphis Grizzlies
Dec. 19 vs. Oklahoma City Thunder
Dec. 21 vs. Milwaukee Bucks
Dec. 23 vs. New York Knicks
Dec. 25 @ Denver Nuggets
Dec. 27 vs. Brooklyn Nets
Dec. 29 @ Chicago Bulls
Dec. 31 @ Atlanta Hawks

JANUARY, 2026

Jan. 3 @ Miami Heat
Jan. 4 @ Washington Wizards
Jan. 6 vs. Miami Heat
Jan. 8 vs. Cleveland Cavaliers
Jan. 10 @ Cleveland Cavaliers
Jan. 11 vs. San Antonio Spurs
Jan. 13 @ Milwaukee Bucks
Jan. 16 @ Houston Rockets
Jan. 17 @ San Antonio Spurs
Jan. 20 @ Utah Jazz
Jan. 22 vs. Chicago Bulls
Jan. 24 vs. Golden State Warriors
Jan. 26 vs. Golden State Warriors
Jan. 28 @ Dallas Mavericks
Jan. 29 vs. Oklahoma City Thunder
Jan. 31 @ Memphis Grizzlies

FEBRUARY, 2026

Feb. 2 @ Memphis Grizzlies
Feb. 4 @ Toronto Raptors
Feb. 6 vs. New Orleans Pelicans
Feb. 8 vs. Los Angeles Clippers
Feb. 9 vs. Atlanta Hawks
Feb. 11 vs. Portland Trail Blazers
Feb. 20 vs. Dallas Mavericks
Feb. 22 vs. Philadelphia 76ers
Feb. 24 @ Portland Trail Blazers
Feb. 26 @ Los Angeles Clippers

MARCH, 2026

Mar. 1 @ Denver Nuggets
Mar. 3 vs. Memphis Grizzlies
Mar. 5 vs. Toronto Raptors
Mar. 7 vs. Orlando Magic
Mar. 10 @ Los Angeles Lakers
Mar. 11 @ Los Angeles Clippers
Mar. 13 @ Golden State Warriors
Mar. 15 @ Oklahoma City Thunder
Mar. 17 vs. Phoenix Suns
Mar. 18 vs. Utah Jazz
Mar. 20 vs. Portland Trail Blazers
Mar. 22 @ Boston Celtics
Mar. 25 vs. Houston Rockets
Mar. 28 vs. Detroit Pistons
Mar. 30 @ Dallas Mavericks

APRIL, 2026

Apr. 2 @ Detroit Pistons
Apr. 3 @ Philadelphia 76ers
Apr. 5 vs. Charlotte Hornets
Apr. 7 @ Indiana Pacers
Apr. 8 @ Orlando Magic
Apr. 10 @ Houston Rockets
Apr. 12 vs. New Orleans Pelicans

OKLAHOMA CITY THUNDER

창업보다 어려운 수성의 길에 돌입

우등생의 정상 정복

오클라호마시티는 지난 5년에 걸친 모범적인 운영에 힘입어 플레이오프 파이널 정상에 섰다. '2020~22시즌 구간 탱킹+리빌딩 → 2022-23시즌 유망주 옥석 가리기 작업 → 2023-24시즌 플레이오프 무대 복귀 → 2024-25시즌 베테랑 전력 보강+파이널 우승' 과정이 톱니바퀴처럼 정확하게 맞물려 돌아갔다. 말이 쉽지, 아무나 벤치마킹할 수 없는 여정을 깔끔하게 마무리 지었다. 모든 프로 스포츠 구단이 꿈꾸는 이상향을 제시한 집단이다. 심지어 스몰마켓임에도 말이다.

모두가 만족스러운 논공행상

프랜차이즈 첫 우승을 일궈낸 선수단 구성원들에게 풍성한 논공행상이 돌아갔다(시애틀 연고지 시절 제외). 특히 MVP 볼 핸들러+득점원 셰이 길저스-알렉산더가 5년 35% 슈퍼맥스 연장계약 잭팟을 터트렸다. 평균 연봉이 무려 6,811만 달러에 달한다. 2022년 드래프트 동기 듀오 제일런 윌리엄스와 쳇 홈그렌 역시 5년 25% 맥스 연장계약 수혜를 누렸다. 올스타 살림꾼 윌리엄스의 경우 차기 시즌 수상 여부에 따라 30% 규모까지 업그레이드될 수도 있다.

창업보다 어려운 수성에 성공할까?

샘 프레스티 단장의 천재성은 샐러리캡 관리에서도 드러난다. 우승 전력을 사치세 지출 없이 만들어 냈다. 더욱 경악스러운 사실은? 차기 시즌에도 사치세 라인을 넘지 않는다! 추가 전력 보강 여지가 남아있다는 의미다. 단, 윌리엄스, 홈그렌의 거대 규모 연장계약이 적용될 2026-27시즌부터는 샐러리캡 관리 난이도가 급격하게 치솟는다. 2025-26시즌 올-인이 필요한 배경 중 하나다. 마지막으로 파이널 리핏(repeat)을 달성했던 팀은 2017~18년 골든스테이트다.

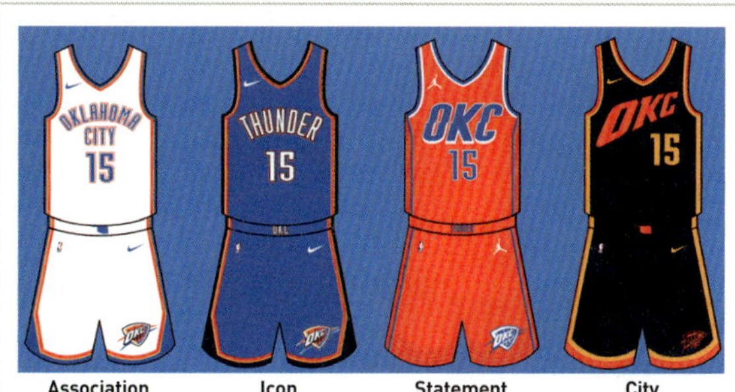

Association Icon Statement City

*통계는 2025년 10월 1일 기준

CLUB INFORMATION

 Founded 구단 창립 1967년	 Owner 프로페셔널 바스켓볼 클럽 LLC	 CEO 샘 프레스티	 Head Coach 마크 데이그널트 1985.02.23	 24-25 Odds 벳365 : 2배 윌리엄힐 : 2.25배
 Nationality ●미국 선수 10명 ●외국 선수 7명	 Age 17명 평균 24.5세	 Height 17명 평균 200.4cm	Weight 17명 평균 94.8kg	 Salary 15명 평균 1246만 달러
 Win 2024-25 : 68승 통산 : 2538승	Loss 2024-25 : 14패 통산 : 2150패	Winning% 2024-25 : 82.9% 통산 : 54.1%	Play-Off PO 진출 : 34회 PO 탈락 : 24회	 Titles NBA우승 : 1회 컨퍼런스 : 4회
Top Scorer 셰이 길저스-알렉산더 평균 32.7점	  More Rebounds 아이재이아 하텐스타인 평균 10.7리바운드	 More Assists 셰이 길저스-알렉산더 평균 6.4어시스트	 More Steals 카슨 월러스 평균 1.8스틸	More Blocks 아이재이아 하텐스타인 평균 1.1블록

*항목별 1위는 지난 시즌 오클라호마 소속으로 42경기 이상 출전한 선수 중 선별

HEAD COACH & STADIUM

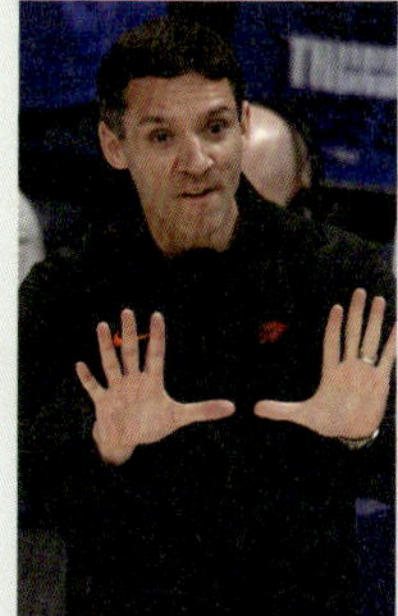

Mark DAIGNEAULT 마크 데이그널트

생년월일 : 1985.02.23 / **국적** : 미국 / **출생지** : 미국 매사추세츠주 레먼스터
경력 : 2007~2010년 홀리 크로스대 코치 / 2010~ 2014년 플로리다대 코치 / 2014~2016년 오클라호마 시티 블루 감독 / 2016년 오클라호마 시티 선더 코치 / 2017~2019년 오클라호마 시티 블루 감독 / 2019~2020년 오클라호마 시티 선더 코치 / 2020년~ 오클라호마 시티 선더 감독

레오민스터고를 졸업했다. 2003년 코네티컷대에 입학해 3학년까지 다녔고, 플로리다대로 편입해 4학년을 마쳤다. 그는 코네티컷대 시절, 농구팀 학생 매니저로 근무했다. 교육학 학위를 취득했고, 선수들과 제대로 소통할 수 있다는 걸 보여줬다. 2007년 홀리 크로스대 어시스턴트로 지도자 생활을 시작했다. 2010~2014년 플로리다대, 2014~2019년 오클라호마시티 블루, 2016년 오클라호마시티 선더, 2019~2020년 오클라호마시티 선더(복귀) 등 13년간 어시스턴트로 일했다. 오클라호마시티 블루 시절, 팀을 G리그 3연속 우승으로 견인했다. 2016년에는 팀 코칭스태프에 합류하여 팀이 서부 컨퍼런스 결승에 진출하는 데 일조했다. 2020년 11월 11일, 그는 오클라호마시티 선더의 제4대 감독이 되었다. 그는 2023-24시즌 훌륭한 지도력을 발휘하며 오클라호마시티가 정규시즌 57승 25패(리그 2위)를 기록하도록 만들었다. 그리고 시즌 종료 후 NBA 올해의 감독상을 받았다.

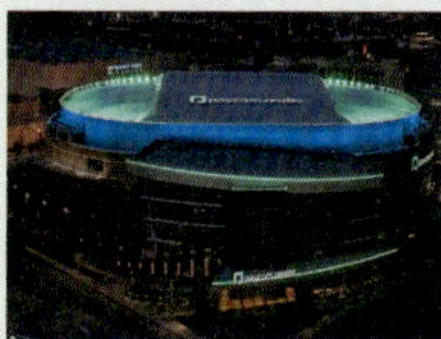

PAYCOM CENTER

구장 오픈 : 2002년 5월 11일
구장 증개축 : –
오너 : 오클라호마시
수용인원 : 1만 8203명
건축비용 : 8920만달러
(현재 가치) 1억 5100만달러

이곳에서는 콘서트, 패밀리 쇼, 스포츠 이벤트 및 다양한 엔터테인먼트가 개최된다. 이 경기장은 다운타운 르네상스의 중심부에 위치한다. 오클라호마시티 시내와 브릭타운의 호텔, 레스토랑, 엔터테인먼트 장소에서 매우 가깝다. 20025-06시즌엔 뉴올리언스와 오클라호마시티가 공동 홈구장으로 사용했고, 2008-09시즌부터 오클라호마가 단독으로 사용 중이다.

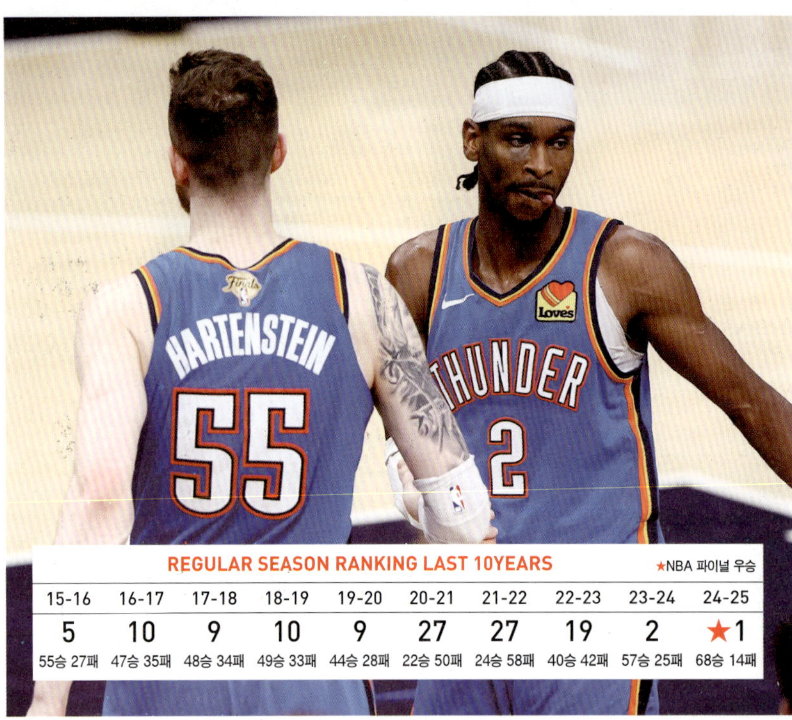

REGULAR SEASON RANKING LAST 10YEARS

★NBA 파이널 우승

15-16	16-17	17-18	18-19	19-20	20-21	21-22	22-23	23-24	24-25
5	10	9	10	9	27	27	19	2	★1
55승 27패	47승 35패	48승 34패	49승 33패	44승 28패	22승 50패	24승 58패	40승 42패	57승 25패	68승 14패

Honours

2	5	13	7
NBA CHAMPIONS	CONFERENCE TITLES	DIVISION TITLES	RETIRED NUMBERS

NBA CHAMPIONSHIPS
1979, 2025

CONFERENCE TITLES
1978, 1979, 1996, 2012, 2025

DIVISION TITLES
1979, 1994, 1996, 1997, 1998, 2005, 2011, 2012, 2013, 2014, 2016, 2024, 2025

RETIRED NUMBERS
1, 4, 10, 19, 24, 32, 43

TEAM POTENTIAL

91점

1위

하프코트 세트오펜스 8점

트랜지션 오펜스 10점

하프코트 세트디펜스 10점

트랜지션 디펜스 10점

리바운드 7점

선수층 9점

선수 경험치 9점

감독 리더십 9점

감독 전술 9점

프런트 10점

*각 항목은 10점 만점, 평점은 NBA 30팀 사이 상대평가

우승 ODDS	배당	순위
bet 365	2배	1위
Paddy Power	2.5배	1위
William Hill	2.25배	1위

OFFENSIVE STYLE
트랜지션 오펜스 ↔ 하프코트 세트오펜스

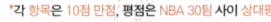

DEFENSIVE STYLE
하이 프레스 ↔ 하프코트 디펜스

SQUAD & TACTICS

STARTERS

PF 쳇 홈그렌 27.4분, 15.0점 8.0RB, 2.0AS

C 아이재이아 하텐스타인 27.9분, 11.2점 10.7RB, 3.8AS

SF 제일런 윌리엄스 32.4분, 21.6점 5.3RB, 5.1AS

SG 루겐츠 도트 29.2분, 10.1점 4.1RB, 1.6AS

PG 셰이 길저스-알렉산더 34.2분, 32.7점 5.0RB, 6.4AS

OFF THE BENCH

PG 케이슨 월러스 27.6분, 8.4점 3.4RB, 2.5AS

SG 아이재이아 조 21.7분, 10.2점 2.6RB, 1.6AS

SF 알렉스 카루소 19.3분, 7.1점 2.9RB, 2.5AS

PF 애런 위긴스 22.9분, 12.0점 3.9RB, 1.8AS

C 제일린 윌리엄스 16.7분, 5.9점 5.6RB, 2.6AS

G 니콜라 토피치
G 아자이 미첼
F 켄리치 윌리엄스
F 우스만 젱
C 토머스 소버

Player's Functions

Ball Handlers
S.길저스알렉산더
JE.윌리엄스
A.미첼

Pull-Ups
S.길저스알렉산더
JE.윌리엄스
L.도트

Catch & Shoot
S.길저스알렉산더
JE.윌리엄스
I.하텐슈타인

3 Pointers
I.조
L.도트
JY.윌리엄스

Slam Dunkers
I.하텐슈타인
JE.윌리엄스
S.길저스알렉산더

Free Throw
S.길저스알렉산더
A.위긴스
A.카루소

Rebounders
I.하텐슈타인
JY.윌리엄스
C.홈그렌

1-1 Defenders
S.길저스알렉산더
L.도트
JE.윌리엄스

Ball Stealers
JE.윌리엄스
A.카루소
C.월러스

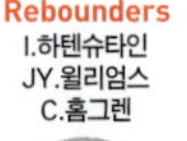

Key Passes
S.길저스알렉산더
JE.윌리엄스
I.하텐슈타인

Hustle Players
I.하텐슈타인
L.도트
S.길저스알렉산더

Rim Protectors
C.홈그렌
I.하텐슈타인
T.소버

2024-25 SEASON PERFORMANCE

공격 레이팅 120.3(3위) 수비 레이팅 107.5(1위) 레이팅 마진 +12.8(1위) 페이스 100.0(6위)

OKLAHOMA CITY THUNDER vs. OPPONENTS PER GAME STATS

THUNDER OKC	득실점	FG 필드골성공	FG↑ 필드골시도	FG% 필드골%	3P 3점성공	3P↑ 3점시도	3P% 3점%	2P 2점성공	2P↑ 2점시도	2P% 2점%	자유투성공	자유투시도	FT% 자유투%	OR 공격 RB	DR 수비 RB	TR 전체 RB	A 어시스트	스틸	블락샷	턴오버	파울
오클라호마	120.5 4위	44.6 3위	92.7 3위	48.2% 7위	14.5 6위	38.8 10위	37.4% 6위	30.1 6위	53.9 10위	55.9% 7위	16.7 19위	20.4 26위	81.9% 1위	10.6 20위	34.2 6위	44.8 11위	26.9 12위	10.3 1위	5.7 2위	11.7 1위	19.9 25위
상대팀	107.6 3위	37.9 1위	87.0 6위	43.6% 1위	13.5 13위	39.3 23위	34.2% 1위	24.5 1위	47.6 1위	51.3% 1위	18.3 25위	23.7 27위	77.4% 9위	11.6 23위	33.3 17위	44.9 20위	24.6 4위	6.7 1위	4.8 14위	17.0 1위	18.1 23위

LINE-UP

* 오클라호마는 지난 시즌 총 618개의 라인업을 가동했다. 득실점차 플러스 10개, 마이너스 10개를 골랐다.

득실점차 플러스(+) 라인업 TOP 10	G	MIN	PPG	RPG	득실차
I. Hartenstein - S. Gilgeous-Alexander - L. Dort - J. Williams - C. Wallace	29	316	27.1	10.5	+97
S. Gilgeous-Alexander - K. Williams - L. Dort - I. Joe - J. Williams	9	33	12.2	3.6	+60
I. Hartenstein - S. Gilgeous-Alexander - L. Dort - C. Holmgren - J. Williams	14	167	33.0	12.1	+56
I. Hartenstein - S. Gilgeous-Alexander - L. Dort - A. Wiggins - J. Williams	14	80	15.6	5.1	+56
S. Gilgeous-Alexander - L. Dort - I. Joe - A. Wiggins - J. Williams	13	36	7.7	3.6	+45
S. Gilgeous-Alexander - L. Dort - C. Holmgren - J. Williams - C. Wallace	10	90	24.1	8.9	+42
S. Gilgeous-Alexander - L. Dort - I. Joe - J. Williams - C. Wallace	14	58	10.8	4.2	+40
A. Caruso - A. Wiggins - C. Holmgren - J. Williams - C. Wallace	5	34	20.0	6.2	+38
S. Gilgeous-Alexander - K. Williams - I. Joe - A. Wiggins - J. Williams	6	15	9.7	2.3	+28
A. Caruso - I. Hartenstein - S. Gilgeous-Alexander - A. Wiggins - J. Williams	4	21	16.0	6.0	+26
득실점차 마이너스(-) 라인업 TOP 10	**GP**	**MIN**	**PPG**	**RPG**	**득실차**
I. Hartenstein - S. Gilgeous-Alexander - I. Joe - J. Williams - C. Wallace	12	38	6.3	2.6	-22
A. Caruso - S. Gilgeous-Alexander - I. Joe - A. Wiggins - J. Williams	6	16	7.3	1.5	-22
A. Caruso - S. Gilgeous-Alexander - L. Dort - A. Wiggins - J. Williams	5	10	1.8	1.0	-18
K. Williams - L. Dort - A. Wiggins - J. Williams - C. Wallace	3	7	3.3	1.3	-17
I. Hartenstein - K. Williams - A. Wiggins - J. Williams - C. Wallace	6	26	8.7	3.5	-15
A. Caruso - I. Hartenstein - K. Williams - I. Joe - J. Williams	3	11	5.0	3.7	-15
S. Gilgeous-Alexander - L. Dort - A. Wiggins - J. Williams - J. Williams	6	23	8.3	2.2	-12
A. Caruso - A. Wiggins - J. Williams - O. Dieng - C. Wallace	4	15	7.5	2.5	-12
K. Williams - I. Joe - A. Wiggins - J. Williams - C. Wallace	3	8	4.3	1.3	-12
A. Wiggins - O. Dieng - A. Flagler - B. Carlson - A. Ducas	1	7	8.0	6.0	-12

PASS COMBINATIONS

→ 해당 선수가 경기당 동료로부터 패스 받은 횟수
→ 해당 선수가 경기당 동료들에게 패스 해준 횟수

받은 횟수	선수	해준 횟수
51.2	제일런 윌리엄스	45.4
31.5	아이재이아 하텐스타인	44.3
61.0	셰이 길저스-알렉산더	41.4
21.3	제일런 윌리엄스	31.4
23.6	쳇 홈그렌	29.6
20.5	알렉스 카루소	26.6
22.7	케이선 월러스	25.1
21.9	애런 위긴스	21.3
21.8	아재이아 미첼	19.6
19.8	루겐츠 도트	19.3
21.8	아이재이아 조	18.7
13.4	켄리치 윌리엄스	16.0
10.4	딜런 존스	12.8
10.7	우스만 젱	12.1
7.8	브랜든 칼슨	10.0
8.1	애덤 플래글러	7.2
3.8	알렉스 두카스	5.0
3.2	맬러비 레온스	3.2

2024-25 RANKING

* 는 수치가 낮을수록 랭킹이 높아짐

오클라호마	랭킹	FIVE FACTORS	상대팀	랭킹
56.0%	7위	3점 가중 FG%	51.3%*	1위
10.3*	1위	턴오버 / 100포제션	14.9	2위
24.2%	21위	공격 RB 점유율	25.4%*	16위
74.6%	16위	수비 RB 점유율	75.8%*	20위
18.0%	24위	자유투 / 필드골	21.1%*	26위

득점	랭킹	PLAYTYPE	실점*	랭킹
10.5	2위	아이솔레이션	5.8	2위
25.5	8위	트랜지션	19.7	1위
19.3	2위	픽&롤 볼핸들러	14.4	7위
7.5	11위	픽&롤 롤맨	6.5	6위
1.5	30위	포스트-업	4.2	21위
29.6	8위	스팟-업	30.0	28위
4.6	21위	핸드오프	4.5	4위
11.5	6위	커팅	–	–
3.0	21위	오프 스크린	4.0	11위
4.5	29위	풋백	6.8	22위
2.5	23위	기타	–	–

SHOT ZONE

평균 구간별 슈팅 및 성공률

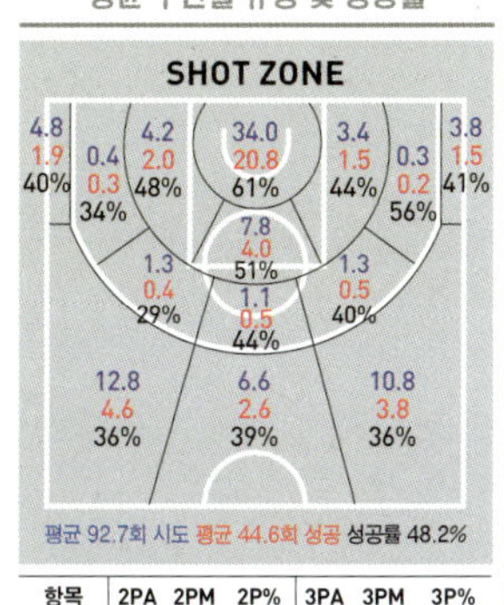

항목	2PA	2PM	2P%	3PA	3PM	3P%
캐치&슛	2.7	1.4	53.4%	28.2	11.1	39.4%
풀업	15.4	7.1	46.1%	10.4	3.4	32.4%
3m 안쪽	35.7	21.5	60.3%	—	—	—
TOTAL	53.9	30.1	55.9%	38.8	14.5	37.4%

SHOT PROCESS & SHOT TYPES

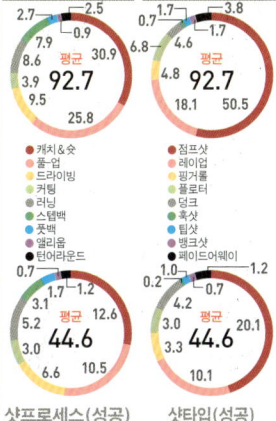

샷프로세스(시도): 평균 92.7 — 2.7, 2.5, 0.9, 7.9, 8.6, 30.9, 3.9, 9.5, 25.8

샷타입(시도): 평균 92.7 — 0.7, 1.7, 3.8, 1.7, 6.8, 4.6, 4.8, 18.1, 50.5

● 캐치&슛 ● 풀-업 ● 드라이빙 ● 커팅 ● 러닝 ● 스텝백 ● 풋백 ● 앨리움 ● 턴어라운드

● 점프샷 ● 레이업 ● 핑거롤 ● 플로터 ● 덩크 ● 훅샷 ● 팁샷 ● 뱅크샷 ● 페이드어웨이

샷프로세스(성공): 평균 44.6 — 0.7, 1.7, 1.2, 3.1, 5.2, 12.6, 3.0, 6.6, 10.5

샷타입(성공): 평균 44.6 — 0.2, 1.0, 1.2, 0.7, 4.2, 3.0, 3.3, 20.1, 10.1

SHOOTING

필드골 시도: 평균 92.7 — 5.4, 27.3, 30.2, 29.8

필드골 시도: 평균 92.7 — 2.2, 1.7, 2.7, 7.1, 9.2, 21.7

공격수와 수비수의 거리 ● 0~0.6m ● 0.6~1.2m ● 1.2~1.8m ● 1.8m 이상

샷클락 ● 22~24초 ● 18~22초 ● 15~18초 ● 7~15초 ● 4~7초 ● 0~4초

필드골 성공: 평균 44.6 — 2.4, 11.8, 16.5, 13.9

필드골 성공: 평균 44.6 — 2.2, 1.7, 2.7, 7.1, 9.2, 21.7

OPPONENT SHOOTING

상대 필드골 시도: 평균 87.0 — 5.9, 22.3, 33.7, 25.1

상대 필드골 시도: 평균 87.0 — 8.7, 2.8, 8.3, 10.7, 15.1, 41.4

공격수와 수비수의 거리 ● 0~0.6m ● 0.6~1.2m ● 1.2~1.8m ● 1.8m 이상

샷클락 ● 22~24초 ● 18~22초 ● 15~18초 ● 7~15초 ● 4~7초 ● 0~4초

필드골 허용: 평균 37.9 — 2.9, 8.7, 10.4, 15.9

필드골 허용: 평균 37.9 — 2.7, 1.6, 3.4, 5.4, 6.8, 18

CONTESTED REBOUNDS

공격 리바운드: 평균 5.5 — 0.8, 1.8, 0.9, 2.0

수비 리바운드: 평균 9.3 — 0.8, 1.8, 2.7, 4.0

림 아래부터 리바운드 위치까지의 거리 ● 0~0.9m ● 0.9~1.8m ● 1.8~3m ● 3m 이상

UNCONTESTED REBOUNDS

공격 리바운드: 평균 5.1 — 0.6, 2.8, 0.8, 0.9

수비 리바운드: 평균 24.5 — 5.2, 3.5, 6.7, 9.1

림 아래부터 리바운드 위치까지의 거리 ● 0~0.9m ● 0.9~1.8m ● 1.8~3m ● 3m 이상

DEFENSE OF 68 WINS

필드골 허용 %: 42.5%
상대 필드골 시도 87.0
필드골 허용 37.0

3점슛 허용 %: 32.9%
상대 3점슛 시도 39.8
3점슛 허용 13.1

DEFENSE OF 14 LOSSES

필드골 허용 %: 49.1%
상대 필드골 시도 86.8
필드골 허용 42.6

3점슛 허용 %: 41.1%
상대 3점슛 시도 36.9
3점슛 허용 15.1

General Stats								Outside Scoring & Shooting							Inside Scoring & Shooting								Play Making, Ball Handling & Passing					
PTS	RB	AS	ST	BL	FG-FGA	3P-3PA	FT-FTA	OS	CS	MS	3P	FT	SQ	OC	IS	L&F	SD	DD	PH	PF	PC	DRF	PM	PA	BH	DRS	PQ	PV
득점	리바운드	어시스트	스틸	블락샷	필드골 성공-시도	3점슈팅 성공-시도	자유투 성공-시도	외곽 득점력	근거리 점프샷	중거리 슈팅	3점 슈팅	자유투	슈팅 IQ	득점 일관성	인사이드 득점력	레이업 플로터	스탠딩 덩크	드라이빙 덩크	포스트 훅샷	포스트 페이드	포스트 컨트롤	파울 유도	플레이 메이킹	패스 능력	볼 핸들링	드리블 스피드	패스 IQ	패스 비전

F 7 Chet HOLMGREN PF-C

챗 홈그렌 2002.05.01 / 216cm

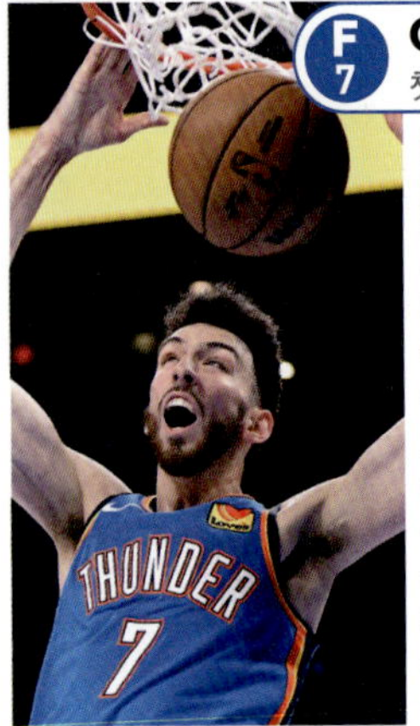

미국

NBA 드래프트 : 2022년 1라운드 2번
NBA 우승 : 1회 / 파이널 MVP : 0회
시즌 MVP : 0회 / NBA 퍼스트팀 : 0회

시즌 개막 후 펄펄 날아다녔다. 그러나 2024년 11월 11일, 골든스테이트전에서 오른쪽 골반 장골(날개뼈)이 부러졌다. 당초 복귀 시점은 3월로 예상됐으나, 1월 중순 팀에 합류했고, 2월 8일 토론토전에서 복귀했다. 이후 플레이오프에서 길저스알렉산더를 잘 보조하며 팀에 우승 트로피를 안겼다. 건강한 홈그렌은 슈팅, 운동능력, BQ, 패스, 핸들링, 세로수비, 가로수비 등 현대 농구 빅맨에게 필요한 모든 능력치를 갖춘 '유니콘'이다. 연봉은 1373만 달러.

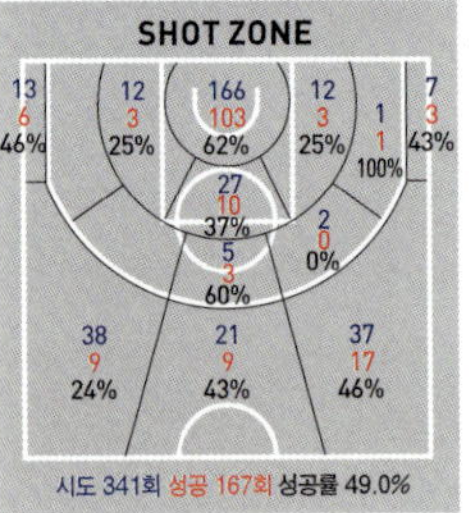

SHOT PROCESS — 필드골 341 시도

캐치&숏 144
풀-업 24
드라이빙 54
커팅 28
러닝 27
스텝백 7
풋백 28
앨리웁 6
턴어라운드 23

SHOT TYPES — 필드골 341 시도

157 점프샷
75 레이업
19 핑거롤
17 플로터
35 덩크
3 훅샷
18 팁샷
2 뱅크샷
15 페이드어웨이

2024-25시즌 오클라호마시티 32경기 평균 27.4분

항목	PTS	RB	AS	ST	BL	FG-FGA	3P-3PA	FT-FTA
평균	15.0	8.0	2.0	0.7	2.2	5.2-10.7	1.4-3.6	3.2-4.2
36분	19.7	10.5	2.6	0.9	2.9	6.9-14.0	1.8-4.8	4.1-5.5

항목	OS	CS	MS	3P	FT	SQ	OC	IS	L&F	SD	DD	PH	PF	PC	DRF	PM	PA	BH	DRS	PQ	PV
평점	B-	A	C	B-	C-	B-	C	B-	B	C	C	C+	C+	C+	B	D-	D-	D	D+	D-	F

항목	DEF	ID	PD	ST	BL	HDQ	PP	DC	RB	ORB	DRB	ATH	SP	AG	STR	VJ	STA	HP	INT	POT	OG
평점	B-	B+	C+	D-	A+	B+	C+	B	C+	D-	A-	C	C	C	F	C	B+	A-	A	A	B+

F 8 Jalen WILLIAMS SG-SF

제일런 윌리엄스 2001.04.14 / 196cm

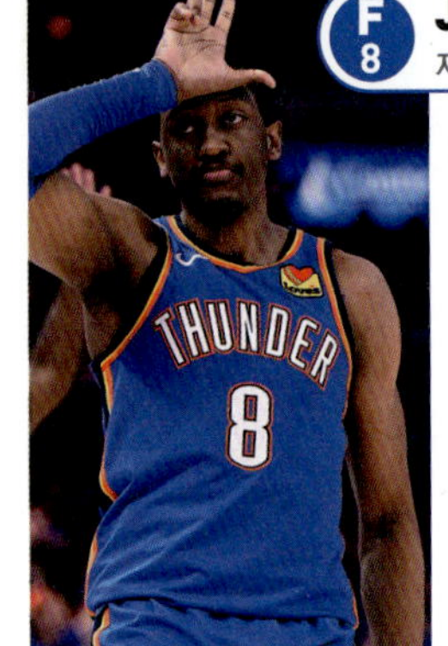

미국

NBA 드래프트 : 2022년 1라운드 12번
NBA 우승 : 1회 / 파이널 MVP : 0회
시즌 MVP : 0회 / NBA 퍼스트팀 : 0회

쳇 홈그렌과 최강의 프런트 코트 콤비를 이룬다. 윌리엄스는 우수한 공수겸장 포워드다. 196cm 키에 윙스팬이 무려 218cm다(!). 탄탄한 상체와 강력한 파워까지 갖췄다. 필드골 1168개 중 444개가 림 어택(덩크, 레이업, 핑거롤, 플로터)에서 나왔다. 과감하게 시도하는 미드레인지 풀업 점퍼는 최고의 무기 중 하나. 좌우 윙과 탑에서 폭발하는 3점포도 꽤 위력적이다. 퍼리미터 1대1 수비, 팀 디펜스, 스틸, 리바운드 능력도 좋다. 연봉은 658만 달러.

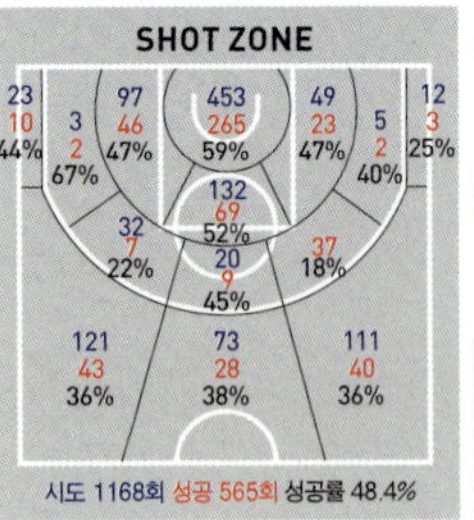

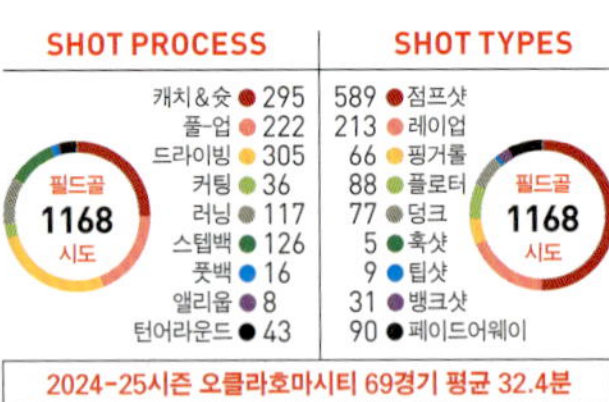

2024-25시즌 오클라호마시티 69경기 평균 32.4분

항목	PTS	RB	AS	ST	BL	FG-FGA	3P-3PA	FT-FTA
평균	21.6	5.3	5.1	1.6	0.7	8.2-16.9	1.8-4.9	3.4-4.3
36분	24.0	5.9	5.7	1.8	0.7	9.1-18.8	2.0-5.5	3.8-4.8

항목	OS	CS	MS	3P	FT	SQ	OC	IS	L&F	SD	DD	PH	PF	PC	DRF	PM	PA	BH	DRS	PQ	PV
평점	B	B	A	B	C+	B	A-	D+	B+	F	B-	D+	D+	D	D-	C+	C+	B	B-	C+	C-

항목	DEF	ID	PD	ST	BL	HDQ	PP	DC	RBG	ORG	DRG	ATH	SP	AG	STR	VJ	STA	HP	INT	POT	OG
평점	B+	B+	A	B+	F	A-	A-	A	B	C	A-	B	B+	A-	D+	B-	A-	A-	C	A	A-

F 9 Alex CARUSO SG-SF

알렉스 카루소 1994.02.28 / 196cm

미국

NBA 드래프트 : 2016년 미지명
NBA 우승 : 2회 / 파이널 MVP : 0회
시즌 MVP : 0회 / NBA 퍼스트팀 : 0회

발목, 허리, 엉덩이 등 여러 부위에 걸쳐 잔 부상이 계속 발생했다. 큰 부상은 없었기에 꾹 참고 계속 코트에 나섰다. 54경기 평균 19.3분. 그리고, 플레이오프에서 44%의 3점 슈팅과 발군의 수비력을 뽐내며 팀을 다시 한번 정상으로 이끌었다. 카루소는 리그 정상급 퍼리미터 수비수이자 최고의 블루칼러 워커다. 상대 '에이스 스토퍼'이자 '볼 핸들러 마크맨'이다. 외곽 점프샷이 주특기지만, 가끔 시원한 드라이빙 덩크를 꽂아 넣는다. 연봉은 1810만 달러.

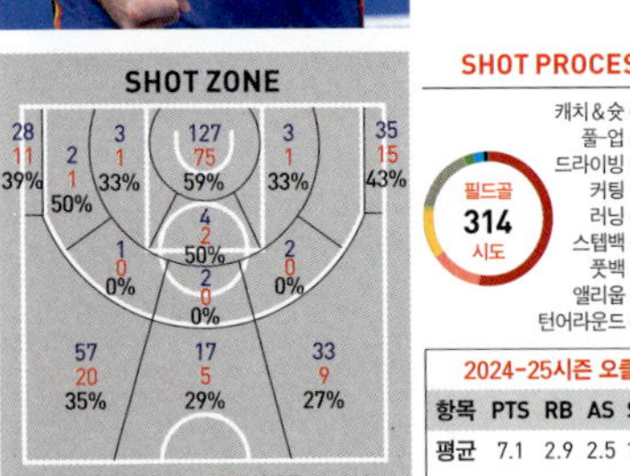

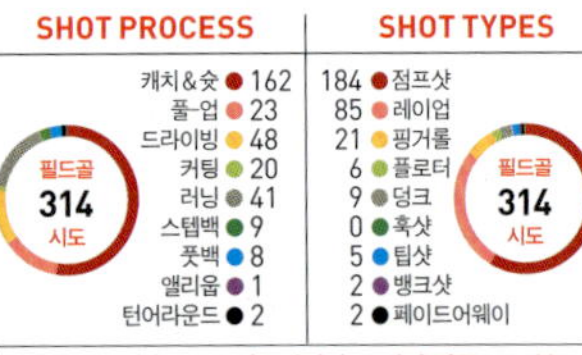

2024-25시즌 오클라호마시티 54경기 평균 19.3분

항목	PTS	RB	AS	ST	BL	FG-FGA	3P-3PA	FT-FTA
평균	7.1	2.9	2.5	1.6	0.6	2.6-5.8	1.1-3.1	0.8-0.9
36분	13.2	5.5	4.7	3.0	1.0	4.8-10.9	2.1-5.9	1.5-1.8

항목	OS	CS	MS	3P	FT	SQ	OC	IS	L&F	SD	DD	PH	PF	PC	DRF	PM	PA	BH	DRS	PQ	PV
평점	D+	B	B-	C+	B-	D-	F	D-	C	F	C	F	F	F	D-	C	C	C+	B-	C	D

항목	DEF	ID	PD	ST	BL	HDQ	PP	DC	RBG	ORG	DRG	ATH	SP	AG	STR	VJ	STA	HP	INT	POT	OG
평점	B+	D	A	A+	D-	A-	A-	A	B-	B-	B-	C+	B-	A	F	C-	B	B	D-	B+	

F 21 Aaron WIGGINS SF-SG

애런 위긴스 1999.01.02 / 196cm

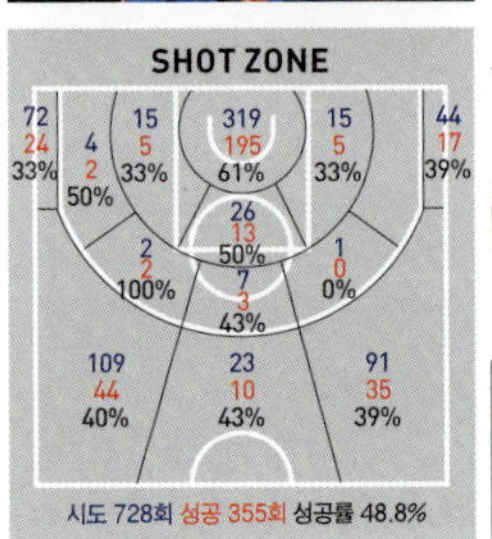

미국

NBA 드래프트 : 2021년 2라운드 55번
NBA 우승 : 1회 / 파이널 MVP : 0회
시즌 MVP : 0회 / NBA 퍼스트팀 : 0회

196cm의 키에 208cm 윙스팬을 지닌 스윙맨. 벤치 멤버로 쏠쏠한 활약을 보인다. 지난 시즌 제한된 출전 시간 속에서도 평균 이상의 득점력을 보였다. 그 원동력은 역시 캐치&숏에서 터지는 폭발적인 3점 슈팅. 높은 타점, 부드러운 슈팅 터치, 빠른 릴리스, 안정된 스트로크로 38%를 적중시켰다(339회 시도-130회 성공). 드라이빙 레이업, 커팅 레이업으로 림을 직접 공략한다. 수비 리바운드와 패싱 레인 수비는 꽤 좋은 편이다. 연봉은 967만 달러.

SHOT ZONE

시도 728회 성공 355회 성공률 48.8%

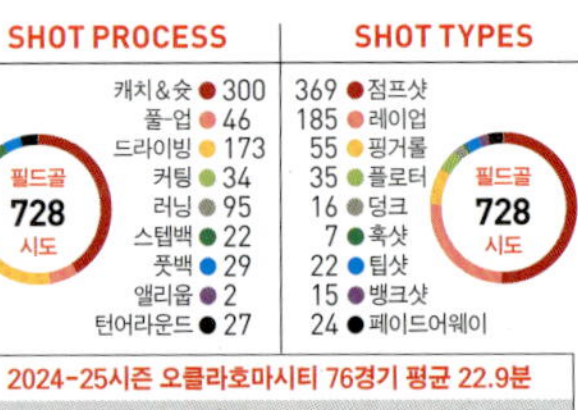

2024-25시즌 오클라호마시티 76경기 평균 22.9분

항목	PTS	RB	AS	ST	BL	FG-FGA	3P-3PA	FT-FTA
평균	12.0	3.9	1.8	0.8	0.2	4.7-9.6	1.7-4.5	1.0-1.2
36분	18.9	6.1	2.8	1.2	0.4	7.3-15.0	2.7-7.0	1.5-1.8

항목	OS	CS	MS	3P	FT	SQ	OC	IS	L&F	SD	DD	PH	PF	PC	DRF	PM	PA	BH	DRS	PQ	PV
평점	C+	B-	C-	B-	B-	B-	C	D-	B-	F	C-	D-	D-	D-	D	D	D+	C-	C	D+	F

항목	DEF	ID	PD	ST	BL	HDQ	PP	DC	RBG	ORG	DRG	ATH	SP	AG	STR	VJ	STA	HP	INT	POT	OG
평점	D	D-	D	D+	F	D-	D-	D-	B+	B+	B	C-	B	B	F	C-	B-	D	D-	B	C+

F 34 Kenrich WILLIAMS PF-SF

켄리치 윌리엄스 1994.12.02 / 198cm

미국

NBA 드래프트 : 2018년 미지명
NBA 우승 : 1회 / **파이널 MVP :** 0회
시즌 MVP : 0회 / **NBA 퍼스트팀 :** 0회

평균 출전 시간 16.4분. 프로 데뷔 후 4~5년간 평균 22분 안팎 뛰었던 것과 비교하면 살짝 아쉽다. 윌리엄스는 203cm의 윙스팬을 적극적으로 활용한다. 1번~4번을 다 수비할 수 있다. 공격력도 나름 OK. 스팟업 오픈 상황에서 3점 슈팅을 시도한다. 레이업과 핑거롤, 공격리바운드 후의 풋백도 득점루트의 하나. BQ가 우수해 림으로 자르고 들어가거나 패스 아웃할 수 있다. 그러나 파워포워드로서 리바운드가 많지 않아 아쉽다. 연봉은 716만 달러.

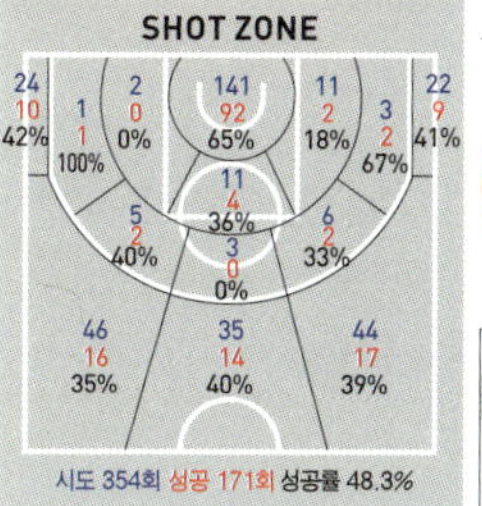

2024-25시즌 오클라호마시티 69경기 평균 16.4분

항목	PTS	RB	AS	ST	BL	FG-FGA	3P-3PA	FT-FTA
평균	6.3	3.5	1.4	0.6	0.1	2.5-5.1	1.0-2.5	0.4-0.6
36분	13.9	7.7	3.1	1.4	0.3	5.4-11.3	2.1-5.4	0.9-1.2

항목	OS	CS	MS	3P	FT	SQ	OC	IS	L&F	SD	DD	PH	PF	PC	DRF	PM	PA	BH	DRS	PQ	PV
평점	C	B+	C	B	B-	C-	D-	D-	C+	F	D	D+	D-	D-	D-	D-	D+	D+	D-	D+	F

항목	DEF	ID	PD	ST	BL	HDQ	PP	DC	RBB	ORB	DRB	ATH	SP	AG	STR	VJ	STA	HP	INT	POT	OG
평점	D+	C-	C+	C	F	C	C	C	D-	D-	D-	C	D+	C	D-	C-	B-	A-	D	B	C

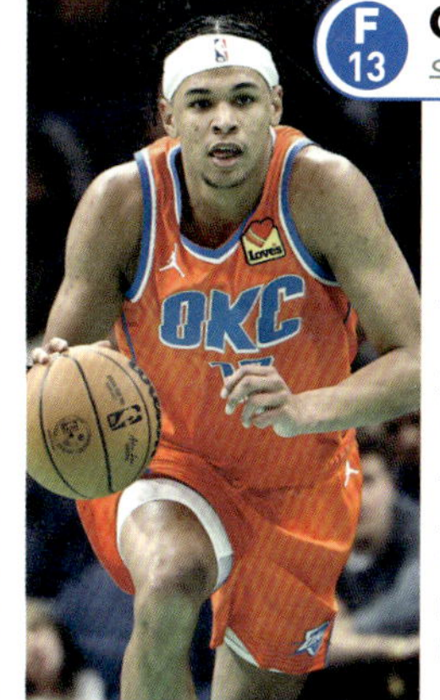

F 13 Ousmane DIENG PF-C

우스만 젱 2003.05.21 / 206cm

프랑스

NBA 드래프트 : 2022년 1라운드 11번
NBA 우승 : 1회 / **파이널 MVP :** 0회
시즌 MVP : 0회 / **NBA 퍼스트팀 :** 0회

2022년 NBA 드래프트에서 1라운드 11번으로 뉴욕에 지명됐다. 그러나 오클라호마에서 미래 1라운드 지명권을 3장이나 주고 그를 데려갔다. 큰 투자였다. 2024년 NBA G리그 파이널에서 오클라호마시티 블루의 우승을 이끌며 파이널 MVP를 받았다. 지난 시즌 NBA 37경기 출전에 그쳤지만, 여전히 잠재력이 많은 빅맨이다. 코트 여러 위치에서 3점 슈팅을 시도한다. 오프-더-드리블 점퍼도 가능하다. 수비할 때 더 강력해져야 한다. 연봉은 667만 달러.

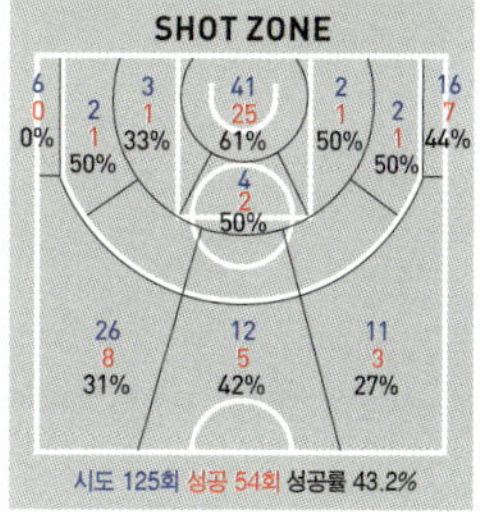

SHOT PROCESS

캐치&슛 63
풀-업 10
드라이빙 14
커팅 6
러닝 16
스텝백 12
풋백 4
앨리웁 0
턴어라운드 0
필드골 125 시도

SHOT TYPES

83 점프샷
14 레이업
2 핑거롤
7 플로터
15 덩크
0 훅샷
4 팁샷
0 뱅크샷
0 페이드어웨이
필드골 125 시도

2024-25시즌 오클라호마시티 37경기 평균 10.9분

항목	PTS	RB	AS	ST	BL	FG-FGA	3P-3PA	FT-FTA
평균	3.8	2.2	0.8	0.5	0.2	1.5-3.4	0.6-1.9	0.3-0.4
36분	12.6	7.2	2.8	1.5	0.6	4.8-11.1	2.0-6.3	1.0-1.4

항목	OS	CS	MS	3P	FT	SQ	OC	IS	L&F	SD	DD	PH	PF	PC	DRF	PM	PA	BH	DRS	PQ	PV
평점	D	C	C-	D+	D	C	F	D-	D+	F	C	F	F	D-	F	D	D+	C-	C	C-	F

항목	DEF	ID	PD	ST	BL	HDQ	PP	DC	RBB	ORB	DRB	ATH	SP	AG	STR	VJ	STA	HP	INT	POT	OG
평점	D	C-	C-	C+	F	D-	D-	F	D-	D-	D-	C+	C+	C+	D-	C+	B+	B-	C	B+	C-

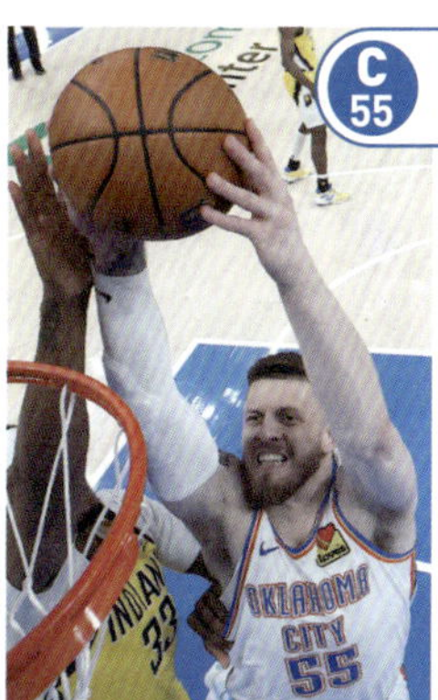

C 55 Isaiah HARTENSTEIN C-PF

아이재이아 하텐슈타인 1998.05.05 / 213cm

독일

NBA 드래프트 : 2017년 2라운드 43번
NBA 우승 : 1회 / **파이널 MVP :** 0회
시즌 MVP : 0회 / **NBA 퍼스트팀 :** 0회

뉴욕에서 선발 겸 백업 센터로 활약했고, 지난여름 오클라호마로 이적해 주전 센터로 발돋움했다. 213cm의 이상적인 체격에 다양한 옵션을 수행한다. 공격 루트는 매우 단순하다. 덩크, 레이업, 팁인, 플로터, 근거리 훅숏 등 대부분 림 근처에서 이뤄졌다. 그나마 점퍼도 3m 안쪽에서 성공시킨 게 전부다. 그렇기에 통산 필드골 성공률이 59%에 달한다. 스크린 세팅, 블락, 스틸, 박스아웃, 리바운드 등 허슬 플레이 능력은 매우 우수하다. 연봉은 2850만 달러.

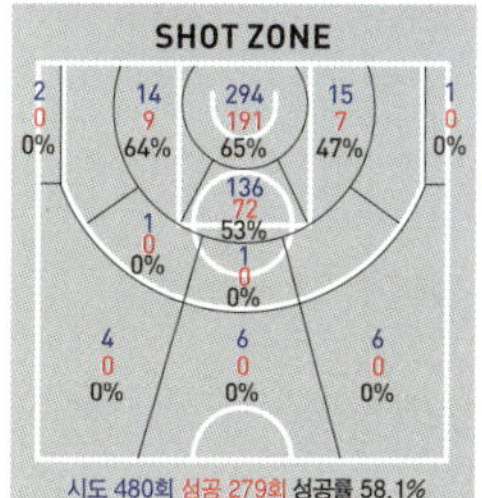

2024-25시즌 오클라호마시티 57경기 평균 27.9분

항목	PTS	RB	AS	ST	BL	FG-FGA	3P-3PA	FT-FTA
평균	11.2	10.7	3.8	0.8	1.1	4.9-8.4	0.0-0.3	1.4-2.1
36분	14.4	13.8	5.0	1.1	1.4	6.3-10.9	0.0-0.4	1.8-2.6

항목	OS	CS	MS	3P	FT	SQ	OC	IS	L&F	SD	DD	PH	PF	PC	DRF	PM	PA	BH	DRS	PQ	PV
평점	C-	A+	B	D-	D+	C	D-	C-	C+	C	D+	C	D	C-	C-	D-	D-	D-	F	D-	D+

항목	DEF	ID	PD	ST	BL	HDQ	PP	DC	RBB	ORB	DRB	ATH	SP	AG	STR	VJ	STA	HP	INT	POT	OG
평점	D+	B+	D-	D	C	B-	D-	B-	A	B	A+	C	D-	D-	B	C-	B-	A	D-	B+	B-

C 6 Jaylin WILLIAMS PF-C

제일린 윌리엄스 2002.06.29 / 206cm

미국

NBA 드래프트 : 2022년 2라운드 34번
NBA 우승 : 1회 / **파이널 MVP :** 0회
시즌 MVP : 0회 / **NBA 퍼스트팀 :** 0회

센터 겸 파워포워드. 제한된 출전 시간 안에서 나름 역할을 잘 해주고 있다. 득점 루트는 2가지다. 3점 슈팅과 드라이빙, 커팅에서 이어지는 림 어택(레이업, 덩크). 지난 시즌 평균 3.3회의 3점 슈팅을 시도해 1.3회 성공시키며 성공률 39.9%를 기록했다. 인사이드 1대1 수비는 그런대로 괜찮고, 수비 리바운드와 허슬 플레이는 매우 훌륭하다. 아버지는 미국인, 어머니는 베트남인이다. 그래서 얼굴에 동양적인 풍모가 많이 나타난다. 연봉은 845만 달러.

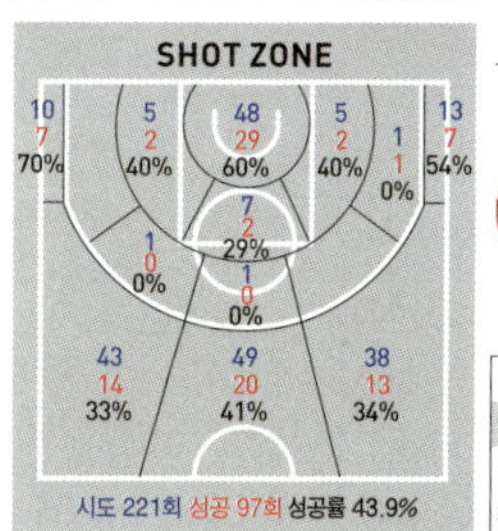

SHOT PROCESS

캐치&슛 171
풀-업 5
드라이빙 16
커팅 10
러닝 5
스텝백 0
풋백 13
앨리웁 0
턴어라운드 1
필드골 221 시도

SHOT TYPES

158 점프샷
22 레이업
2 핑거롤
14 플로터
10 덩크
2 훅샷
9 팁샷
2 뱅크샷
2 페이드어웨이
필드골 221 시도

2024-25시즌 오클라호마시티 47경기 평균 13.0분

항목	PTS	RB	AS	ST	BL	FG-FGA	3P-3PA	FT-FTA
평균	5.9	5.6	2.6	0.5	0.6	2.1-4.7	1.3-3.3	0.5-0.6
36분	12.8	12.0	5.5	1.0	1.3	4.5-10.1	2.8-7.0	1.1-1.4

항목	OS	CS	MS	3P	FT	SQ	OC	IS	L&F	SD	DD	PH	PF	PC	DRF	PM	PA	BH	DRS	PQ	PV
평점	C+	B+	B	B-	B-	C-	D-	D	D+	C-	C-	D-	D	D-	F	D-	C-	D-	F	C	D+

항목	DEF	ID	PD	ST	BL	HDQ	PP	DC	RBB	ORB	DRB	ATH	SP	AG	STR	VJ	STA	HP	INT	POT	OG
평점	D	C-	D-	D-	C-	D-	D	D-	B+	D-	A	D+	D-	D-	D-	D-	B-	A-	D-	B	C

General Stats								Outside Scoring & Shooting							Inside Scoring & Shooting								Play Making, Ball Handling & Passing					
PTS	RB	AS	ST	BL	FG-FGA	3P-3PA	FT-FTA	OS	CS	MS	3P	FT	SQ	OC	IS	L&F	SD	DD	PH	PF	PC	DRF	PM	PA	BH	DRS	PQ	PV
득점	리바운드	어시스트	스틸	블락샷	필드골 성공-시도	3점슈팅 성공-시도	자유투 성공-시도	외곽 득점력	근거리 점프샷	중거리 슈팅	3점 슈팅	자유투	슈팅 IQ	득점 일관성	인사이드 득점력	레이업 플로터	스탠딩 덩크	드라이빙 덩크	포스트 훅샷	포스트 페이드	포스트 컨트롤	파울 유도	플레이 메이킹	패스 능력	볼 핸들링	드리블 스피드	패스 IQ	패스 비전

C 12 Thomas SORBER PF-C

토마스 소버 2005.12.25 / 208cm

미국 NBA 드래프트 : 2025년 1라운드 15번
NBA 우승 : 0회 / 파이널 MVP : 0회
시즌 MVP : 0회 / NBA 퍼스트팀 : 0회

조지타운대 1학년을 마치고 2025 NBA 드래프트를 신청해 오클라호마시티에 1라운드 15번으로 지명되었다. 조지타운대는 패트릭 유잉, 디켐베 무톰보 등 NBA 명 센터들을 다수 배출한 학교로 유명하다. 소버는 그 전통을 잇는 선수다. 골밑에서 매우 영리하고, 강력한 신체와 운동능력을 이용해 적극적인 수비를 펼친다. 포지셔닝을 잘 잡기에 리바운드를 잘 걷어낸다. 공격에서는 림 어택(덩크, 레이업, 풋백, 짧은 훅샷)으로 득점한다. 연봉은 466만 달러.

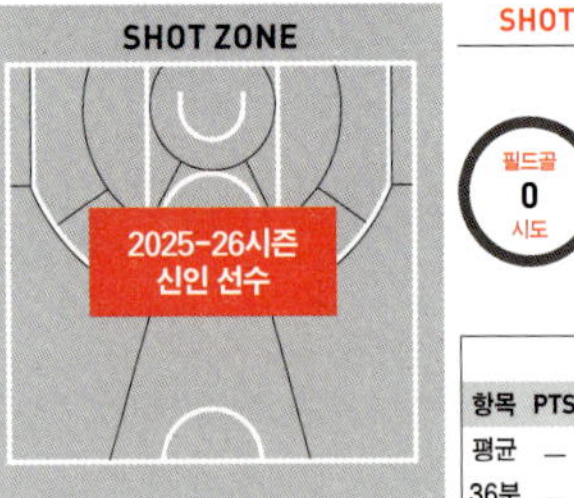

SHOT PROCESS / SHOT TYPES

필드골 0 시도

캐치&슛, 풀-업, 드라이빙, 커팅, 러닝, 스텝백, 풋백, 앨리웁, 턴어라운드

점프샷, 레이업, 핑거롤, 플로터, 덩크, 훅샷, 팁샷, 뱅크샷, 페이드어웨이

2024-25시즌 기록 없음

항목	PTS	RB	AS	ST	BL	FG-FGA	3P-3PA	FT-FTA
평균	–	–	–	–	–	–	–	–
36분	–	–	–	–	–	–	–	–

항목	OS	CS	MS	3P	FT	SQ	OC	IS	L&F	SD	DD	PH	PF	PC	DRF	PM	PA	BH	DRS	PQ	PV
평점	–	–	–	–	–	–	–	–	–	–	–	–	–	–	–	–	–	–	–	–	–

항목	DEF	ID	PD	ST	BL	HDQ	PP	DC	RBG	ORG	DRG	ATH	SP	AG	STR	VJ	STA	HP	INT	POT	OG
평점	–	–	–	–	–	–	–	–	–	–	–	–	–	–	–	–	–	–	–	–	–

G 2 Shai GILGEOUS-ALEXANDER PG-SG

셰이 길저스-알렉산더 1998.07.12 / 198cm

캐나다 NBA 드래프트 : 2018년 1라운드 11번
NBA 우승 : 1회 / 파이널 MVP : 1회
시즌 MVP : 1회 / NBA 퍼스트팀 : 3회

현 NBA 최고 선수. '캐나다의 마이클 조던'이다. 소속팀을 NBA 우승으로 이끌었고, 정규시즌과 파이널 MVP, 득점왕 타이틀을 독식했다. 길저스알렉산더는 슬래셔형 콤보가드다. 폭발적인 돌파 후 덩크, 레이업, 플로터, 핑거롤 등 모든 공격 수단을 리그 최고 수준으로 마무리한다. NBA 최고의 풀업 점퍼를 구사하고, 좌우 윙, 탑에서 3점포를 폭발시킨다. 퍼리미터 수비, 스틸, 리바운드, 볼 핸들링, 패스, BQ 등 모든 면에서 정상급이다. 연봉 3833만 달러.

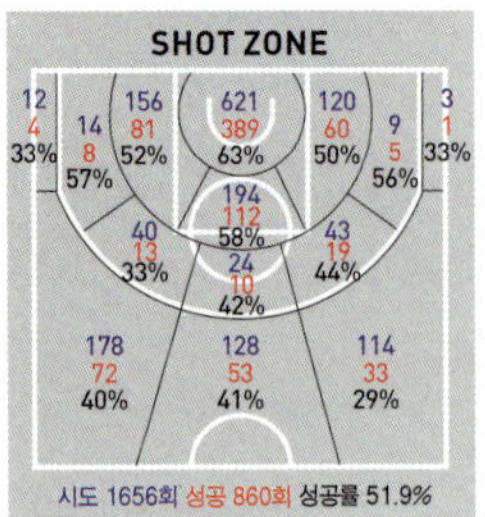

2024-25시즌 오클라호마시티 76경기 평균 34.2분

항목	PTS	RB	AS	ST	BL	FG-FGA	3P-3PA	FT-FTA
평균	32.7	5.0	6.4	1.7	1.0	11.3-21.8	2.1-5.7	7.9-8.8
36분	34.4	5.3	6.7	1.8	1.1	11.9-22.9	2.3-6.0	8.3-9.3

항목	OS	CS	MS	3P	FT	SQ	OC	IS	L&F	SD	DD	PH	PF	PC	DRF	PM	PA	BH	DRS	PQ	PV
평점	A	A+	A+	B-	A-	A-	A+	B-	A+	F	C+	D+	C-	C-	A+	A-	A+	A	B+	A+	A

항목	DEF	ID	PD	ST	BL	HDQ	PP	DC	RBG	ORG	DRG	ATH	SP	AG	STR	VJ	STA	HP	INT	POT	OG
평점	B+	C	A-	A-	D	A-	A	B+	B-	C	B	B	B	B	D	B+	A+	A-	A	A+	A+

G 5 Luguentz DORT SF-SG

루겐츠 도트 1999.04.19 / 193cm

캐나다 NBA 드래프트 : 2019년 미지명
NBA 우승 : 1회 / 파이널 MVP : 0회
시즌 MVP : 0회 / NBA 퍼스트팀 : 0회

리그 최고의 퍼리미터 수비수 중 1명. 1번~4번을 다 막는다. 스윙맨으로 키(193cm)는 평범하지만, 힘이 좋고 발이 빠르며 204cm의 윙스팬을 지녔다. 이 장점을 잘 활용한다. 사이드 스텝이 빨라 상대 에이스의 돌파를 쉽게 허용하지 않는다. 루즈 볼 상황에 바로 몸을 던져 공을 살려낸다. 공격력 자체는 평범하다. 최근 슈팅 셀렉션이 좋아져 3점 성공률이 41.2%로 크게 향상됐다. 트랜지션 상황에 덩크나 레이업으로 마무리한다. 연봉은 1822만 달러.

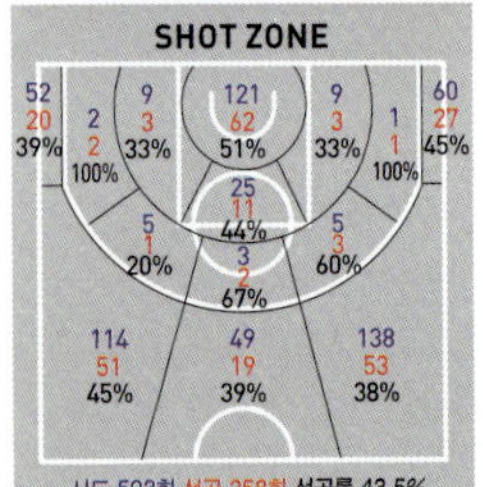

2024-25시즌 오클라호마시티 71경기 평균 29.2분

항목	PTS	RB	AS	ST	BL	FG-FGA	3P-3PA	FT-FTA
평균	10.1	4.1	1.6	1.1	0.5	3.6-8.4	2.4-5.8	0.5-0.6
36분	12.5	5.1	2.0	1.4	0.7	4.5-10.3	3.0-7.2	0.6-0.8

항목	OS	CS	MS	3P	FT	SQ	OC	IS	L&F	SD	DD	PH	PF	PC	DRF	PM	PA	BH	DRS	PQ	PV
평점	C-	C+	B+	B	C	D-	D-	D-	C+	D-	B	F	F	F	D-	D-	D+	C-	C	D+	F

항목	DEF	ID	PD	ST	BL	HDQ	PP	DC	RB3	OR3	DR3	ATH	SP	AG	STR	VJ	STA	HP	INT	POT	OG
평점	B+	C+	A+	C	F	A	B+	A-	D-	C+	D-	B	C+	A	C-	B+	A-	A	D+	B+	B-

G 22 Cason WALLACE SG-PG

케이슨 월러스 2003.11.07 / 191cm

미국 NBA 드래프트 : 2023년 1라운드 10번
NBA 우승 : 1회 / 파이널 MVP : 0회
시즌 MVP : 0회 / NBA 퍼스트팀 : 0회

오른 어깨 부상으로 시즌 종반부에 결장한 것을 제외하곤, 시즌 68경기에 평균 27.6분씩 꾸준히 출전했다. 세컨더리 볼 핸들러 겸 수비수라는 그의 역할은 올 시즌에도 변함이 없다. 월러스는 볼을 안정적으로 핸들링하고, 동료에게 정확한 패스를 찔러준다. 픽&롤을 잘 응용한다. 수준급 퍼리미터 수비수이고, 상대의 패싱 레인을 잘 자른다. 반면, 공격력은 평범하다. 오프-볼 움직임에서 캐치&슛으로 이어지는 3점 슈팅이 주무기다. 연봉은 582만 달러.

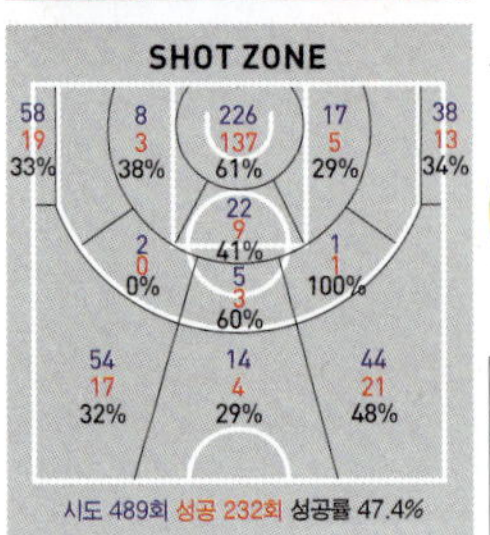

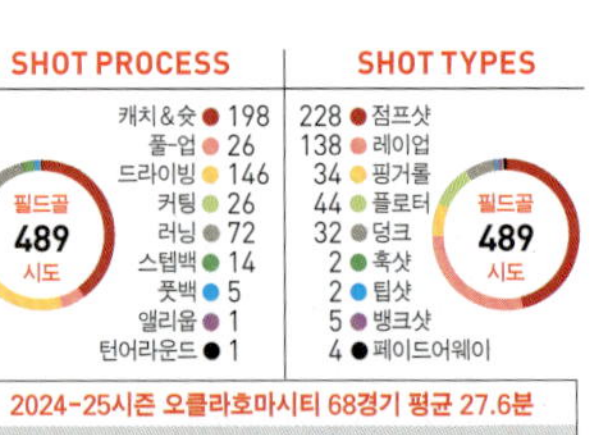

2024-25시즌 오클라호마시티 68경기 평균 27.6분

항목	PTS	RB	AS	ST	BL	FG-FGA	3P-3PA	FT-FTA
평균	8.4	3.4	2.5	1.8	0.5	3.4-7.2	1.1-3.1	0.4-0.5
36분	10.9	4.4	3.3	2.3	0.7	4.5-9.4	1.4-4.0	0.6-0.7

항목	OS	CS	MS	3P	FT	SQ	OC	IS	L&F	SD	DD	PH	PF	PC	DRF	PM	PA	BH	DRS	PQ	PV
평점	C-	A-	C-	B-	B-	D	F	D-	B	F	C-	F	F	F	D-	D+	C	C+	C	C	F

항목	DEF	ID	PD	ST	BL	HDQ	PP	DC	RBG	ORG	DRG	ATH	SP	AG	STR	VJ	STA	HP	INT	POT	OG
평점	B	C	A-	A	F	B+	B+	A-	D-	B	D-	C+	C	A-	D-	C-	A-	B	F	B+	C+

G 11 Isaiah JOE — SG

아이재이아 조 · 1999.07.02 / 191cm

미국 · **NBA 드래프트 :** 2020년 2라운드 49번 · **NBA 우승 :** 1회 / **파이널 MVP :** 0회 · **시즌 MVP :** 0회 / **NBA 퍼스트팀 :** 0회

'백업 가드' 혹은 '서드 유닛 가드'로 출전한다. 제한된 출전 시간에 비해 득점력은 평균 이상이다(36분 기준 17.0점). 가장 강력한 무기는 역시 3점 슈팅. 안정된 스트로크로 좌우 윙, 탑, 좌우 코너 등 여러 위치에서 폭발적으로 성공시킨다. 주로 캐치&슛이 많지만, 간혹 풀업 점퍼를 던질 때도 있다. 성공률 82.1%의 자유투도 무기다. 그러나 림 어택은 많지 않다. 수비 때 빠른 스피드와 저돌적인 승부 근성으로 상대의 볼을 잘 가로챈다. 연봉은 1236만 달러.

2024-25시즌 오클라호마시티 74경기 평균 21.7분

항목	PTS	RB	AS	ST	BL	FG-FGA	3P-3PA	FT-FTA
평균	10.2	2.6	1.6	0.6	0.1	3.5-7.9	2.6-6.3	0.6-0.8
36분	17.0	4.4	2.7	1.1	0.2	5.8-13.2	4.3-10.5	1.0-1.3

항목	OS	CS	MS	3P	FT	SQ	OC	IS	L&F	SD	DD	PH	PF	PC	DRF	PM	PA	BH	DRS	PQ	PV
평점	B-	A-	C-	B+	C+	B-	C	D-	B-	F	D-	F	F	F	B	D-	D+	C	D-	D+	F

항목	DEF	ID	PD	ST	BL	HDQ	PP	DC	RBG	ORG	DRG	ATH	SP	AG	STR	VJ	STA	HP	INT	POT	OG
평점	D	D-	C-	D	D-	D-	D-	D-	D+	C	D-	C	C-	C+	F	C+	B-	C	C	B	C+

G 44 Nikola TOPIĆ — PG

니콜라 토피치 · 2005.08.10 / 198cm

세르비아 · **NBA 드래프트 :** 2024년 1라운드 12번 · **NBA 우승 :** 1회 / **파이널 MVP :** 0회 · **시즌 MVP :** 0회 / **NBA 퍼스트팀 :** 0회

세르비아 출신 포인트가드. 2022년부터 2년간 츠르베나 즈베다, 슬로데스, OKK 베오그라드, 메가 등 세르비아 리그에서 선수로 뛰었다. 2024년 NBA 드래프트를 신청했고, 오클라호마시티에 1라운드 12번으로 지명됐다. 지난 시즌 기대를 모으고 출발하려 했으나 아킬레스건 부상으로 데뷔를 1년 미뤄야 했다. 토피치는 뛰어난 농구 IQ와 안정된 볼 핸들링, 정확한 패스를 구사한다. 과감한 돌파 후, 림을 직접 공략한다. 약점은 3점 슈팅. 연봉은 518만 달러.

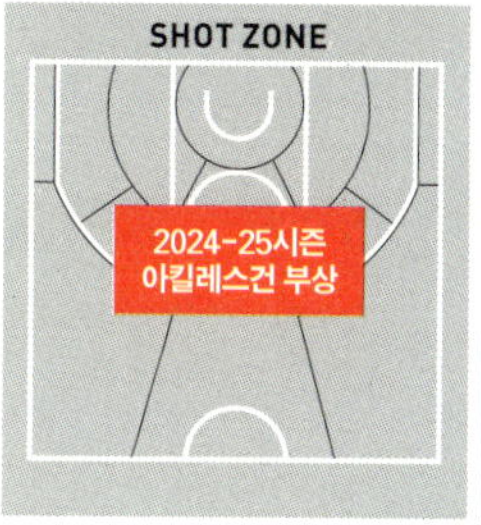

SHOT PROCESS

캐치&슛 · 풀-업 · 드라이빙 · 커팅 · 러닝 · 스텝백 · 풋백 · 앨리웁 · 턴어라운드 — 필드골 0 시도

SHOT TYPES

점프샷 · 레이업 · 핑거롤 · 플로터 · 덩크 · 훅샷 · 팁샷 · 뱅크샷 · 페이드어웨이 — 필드골 0 시도

2024-25시즌 기록 없음

항목	PTS	RB	AS	ST	BL	FG-FGA	3P-3PA	FT-FTA
평균	–	–	–	–	–	–	–	–
36분	–	–	–	–	–	–	–	–

항목	OS	CS	MS	3P	FT	SQ	OC	IS	L&F	SD	DD	PH	PF	PC	DRF	PM	PA	BH	DRS	PQ	PV
평점	–	–	–	–	–	–	–	–	–	–	–	–	–	–	–	–	–	–	–	–	–

항목	DEF	ID	PD	ST	BL	HDQ	PP	DC	RBG	ORG	DRG	ATH	SP	AG	STR	VJ	STA	HP	INT	POT	OG
평점	–	–	–	–	–	–	–	–	–	–	–	–	–	–	–	–	–	–	–	–	–

G 25 Ajay MITCHELL — SF-PG

아자이 미첼 · 2002.06.25 / 196cm

벨기에 · **NBA 드래프트 :** 2024년 2라운드 38번 · **NBA 우승 :** 0회 / **파이널 MVP :** 0회 · **시즌 MVP :** 0회 / **NBA 퍼스트팀 :** 0회

벨기에 앙스 출신. 지난 시즌 전반기 백업 가드로서 36경기에 꾸준히 출전했다. 그러나 2025년 1월, 오른 엄지발가락 골절로 수술을 받아 시즌 아웃됐고, 플레이오프에 복귀해 팀 우승에 일조했다. 정상 컨디션의 미첼은 캐치&슛 혹은 풀업 상황에 과감히 3점 슈팅을 시도한다. 드라이빙에 이은 레이업과 핑거롤도 주무기. 왼손잡이 볼 핸들러로 높은 BQ와 넓은 시야로 경기를 조율한다. 아직까지 수비에서는 NBA 수준에 도달하지 못했다. 연봉은 300만 달러.

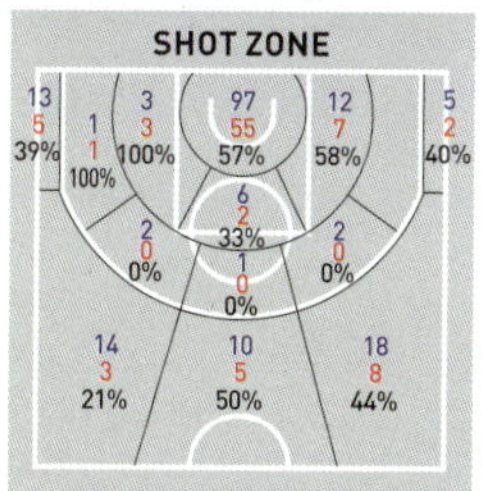

2024-25시즌 오클라호마시티 36경기 평균 16.6분

항목	PTS	RB	AS	ST	BL	FG-FGA	3P-3PA	FT-FTA
평균	6.5	1.9	1.8	0.7	0.1	2.5-5.1	0.6-1.7	0.8-1.0
36분	14.1	4.1	3.9	1.5	0.2	5.5-11.1	1.4-3.6	1.7-2.1

항목	OS	CS	MS	3P	FT	SQ	OC	IS	L&F	SD	DD	PH	PF	PC	DRF	PM	PA	BH	DRS	PQ	PV
평점	C+	A-	C+	B	B	C-	D-	D-	C	F	C-	F	F	F	D-	C-	C	B-	C+	C	D-

항목	DEF	ID	PD	ST	BL	HDQ	PP	DC	RBG	ORG	DRG	ATH	SP	AG	STR	VJ	STA	HP	INT	POT	OG
평점	D	D-	D+	C+	F	D-	D-	F	D-	C+	D-	C	B-	B-	D-	D	B+	C	C-	B+	C-

OKLAHOMA CITY THUNDER 2025-26 REGULAR SEASON SCHEDULE

OCTOBER, 2025

- Oct. 21 vs. Houston Rockets
- Oct. 23 @ Indiana Pacers
- Oct. 25 @ Atlanta Hawks
- Oct. 27 @ Dallas Mavericks
- Oct. 28 vs. Sacramento Kings
- Oct. 30 vs. Washington Wizards

NOVEMBER, 2025

- Nov. 2 vs. New Orleans Pelicans
- Nov. 4 @ Los Angeles Clippers
- Nov. 5 @ Portland Trail Blazers
- Nov. 7 @ Sacramento Kings
- Nov. 9 @ Memphis Grizzlies
- Nov. 11 vs. Golden State Warriors
- Nov. 12 vs. Los Angeles Lakers
- Nov. 15 @ Charlotte Hornets
- Nov. 17 @ New Orleans Pelicans
- Nov. 19 vs. Sacramento Kings
- Nov. 21 @ Utah Jazz
- Nov. 23 vs. Portland Trail Blazers
- Nov. 26 vs. Minnesota Timberwolves
- Nov. 28 vs. Phoenix Suns
- Nov. 30 @ Portland Trail Blazers

DECEMBER, 2025

- Dec. 2 @ Golden State Warriors
- Dec. 5 vs. Dallas Mavericks
- Dec. 7 @ Utah Jazz
- Dec. 17 vs. Los Angeles Clippers
- Dec. 19 @ Minnesota Timberwolves
- Dec. 22 vs. Memphis Grizzlies
- Dec. 23 @ San Antonio Spurs
- Dec. 25 vs. San Antonio Spurs
- Dec. 28 vs. Philadelphia 76ers
- Dec. 29 vs. Atlanta Hawks
- Dec. 31 vs. Portland Trail Blazers

JANUARY, 2026

- Jan. 2 @ Golden State Warriors
- Jan. 4 @ Phoenix Suns
- Jan. 5 vs. Charlotte Hornets
- Jan. 7 vs. Utah Jazz
- Jan. 9 @ Memphis Grizzlies
- Jan. 11 vs. Miami Heat
- Jan. 13 vs. San Antonio Spurs
- Jan. 15 @ Houston Rockets
- Jan. 17 @ Miami Heat
- Jan. 19 @ Cleveland Cavaliers
- Jan. 21 @ Milwaukee Bucks
- Jan. 23 vs. Indiana Pacers
- Jan. 25 vs. Toronto Raptors
- Jan. 27 vs. New Orleans Pelicans
- Jan. 29 @ Minnesota Timberwolves

FEBRUARY, 2026

- Feb. 1 @ Denver Nuggets
- Feb. 3 vs. Orlando Magic
- Feb. 4 @ San Antonio Spurs
- Feb. 7 vs. Houston Rockets
- Feb. 9 @ Los Angeles Lakers
- Feb. 11 @ Phoenix Suns
- Feb. 12 vs. Milwaukee Bucks
- Feb. 20 vs. Brooklyn Nets
- Feb. 22 vs. Cleveland Cavaliers
- Feb. 24 @ Toronto Raptors
- Feb. 25 @ Detroit Pistons
- Feb. 27 vs. Denver Nuggets

MARCH, 2026

- Mar. 1 @ Dallas Mavericks
- Mar. 3 @ Chicago Bulls
- Mar. 4 @ New York Knicks
- Mar. 7 vs. Golden State Warriors
- Mar. 9 vs. Denver Nuggets
- Mar. 12 vs. Boston Celtics
- Mar. 15 vs. Minnesota Timberwolves
- Mar. 17 @ Orlando Magic
- Mar. 18 @ Brooklyn Nets
- Mar. 21 @ Washington Wizards
- Mar. 23 @ Philadelphia 76ers
- Mar. 25 @ Boston Celtics
- Mar. 27 vs. Chicago Bulls
- Mar. 29 vs. New York Knicks
- Mar. 30 vs. Detroit Pistons

APRIL, 2026

- Apr. 2 vs. Los Angeles Lakers
- Apr. 5 vs. Utah Jazz
- Apr. 7 @ Los Angeles Lakers
- Apr. 8 @ Los Angeles Clippers
- Apr. 10 @ Denver Nuggets
- Apr. 12 vs. Phoenix Suns

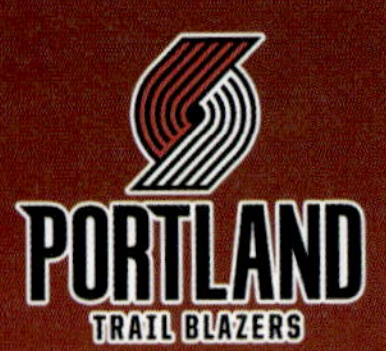

PORTLAND TRAIL BLAZERS

중후반기 전력, 플레이-인 토너먼트 가능

리빌딩 윤곽을 잡다

시즌 첫 41경기에서 승률 31.7% 리그 전체 25위에 머물렀던 반면, 마지막 41경기에서는 승률 56.1% 14위에 올랐다. 리빌딩 집단의 영원한 과제인 선수단 옥석 가리기 작업이 진척되었던 덕분이다. 특히 리그 5년차 포워드 대니 아브디야가 난전의 제왕으로 우뚝 섰다. POA(Point Of Attack) 저격수 투마니 카마라의 눈부신 성장도 눈에 띈다. 천시 빌럽스 감독이 고비용 저효율 베테랑들인 디안드레 에이튼, 제라미 그랜트, 앤퍼니 사이먼스의 비중을 줄인 선택도 주효했다.

투 트랙(two track) 설계

우승 청부 업자 즈루 홀리데이를 전격 트레이드 영입했다. 어수선했던 백코트 로테이션 중심축을 잡아줄 적임자다. 이로써 스쿳 헨더슨, 쉐이든 샤프 등 유망주들을 더욱 강하게 채찍질할 수 있게 되었다. 포지션 선의의 경쟁은 언제든지 환영이다. 에이튼이 이탈한 자리에는 중국 출신 신인 빅맨 양 한센을 채워 넣었다(드래프트 전체 16순위 지명). 드래프트 1년 선배 도노반 클링언과 함께 주전 다툼을 벌이게 된다. 베테랑 로버트 윌리엄스 3세도 호시탐탐 주전 보직을 노린다.

플레이-인 토너먼트 진출 경쟁 참전

지난 시즌 중후반기 경쟁력만 놓고 보면 서부컨퍼런스 플레이-인 토너먼트 진출 후보군으로 꼽기에 부족함이 없다. 감독 5년차 시즌을 앞둔 빌럽스의 지도력도 나름 정상궤도에 진입했다. 구단 수뇌부는 밝은 미래에 낭만을 더했다. 2010년대 흥행을 책임졌던 프랜차이즈 스타 데미안 릴라드를 재영입했다. 왼쪽 아킬레스건 파열 부상 탓에 차기 시즌 출전이 어렵지만, 선수단 리더로써의 존재감만큼은 건재하다. 홀리데이와 더불어 베테랑 리더십을 발휘해 줄 것으로 기대된다.

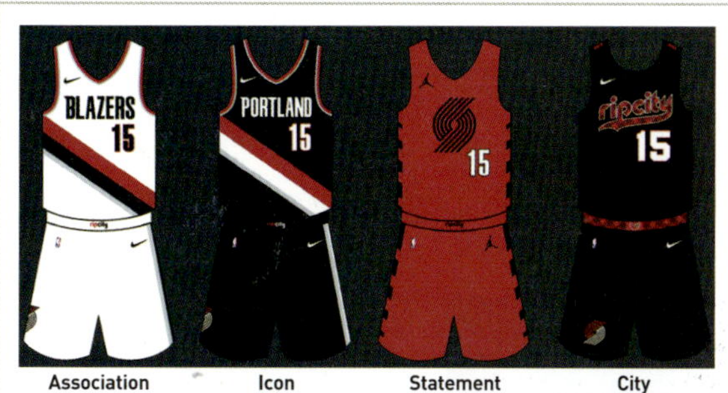

Association Icon Statement City

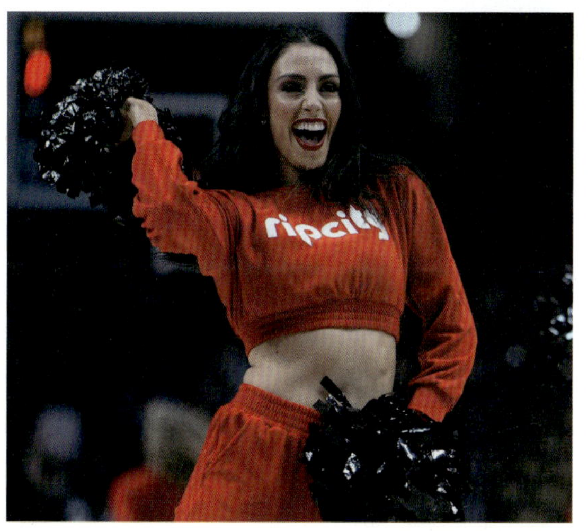

*통계는 2025년 9월 10일 기준

CLUB INFORMATION

 **Founded** 구단 창립 1970년	 **Owner** 폴 앨런 에스테이트	 **CEO** 드웨인 핸킨스	 **Head Coach** 천시 빌럽스 1976.09.25	 **24-25 Odds** 스카이벳 : 500배 윌리엄힐 : 750배
 **Nationality** ●미국 선수 13명 ●외국 선수 4명	 **Age** 17명 평균 25.4세	 **Height** 17명 평균 200.5cm	**Weight** 17명 평균 100.9kg	 **Salary** 14명 평균 1130만 달러
 **Win** 2024-25 : 36승 통산 : 2328승	 **Loss** 2024-25 : 46패 통산 : 2116패	**Winning%** 2024-25 : 43.9% 통산 : 52.4%	 **Play-Off** PO 진출 : 37회 PO 탈락 : 18회	 **Titles** NBA우승 : 1회 컨퍼런스 : 3회
Top Scorer 앤퍼니 사이먼스 평균 19.3점	**More Rebounds** 도노번 클링언 평균 7.9리바운드	 **More Assists** 스쿠트 헨더슨 평균 5.1어시스트	 **More Steals** 투마니 카마라 평균 1.5스틸	 **More Blocks** 도노번 클링언 평균 1.6블록

*항목별 1위는 지난 시즌 포틀랜드 소속으로 42경기 이상 출전한 선수 중 선별

HEAD COACH & STADIUM

Chauncey BILLUPS 천시 빌럽스

생년월일 : 1976.09.25 / **출생지 :** 미국 콜로라도주 덴버
경력 : 2020~2021년 로스앤젤레스 클리퍼스 코치 / 2021년~포틀랜드 트레일블레이저스 감독

조지 워싱턴고를 졸업하고 1995년 콜로라도대에 입학했다. 빌럽스는 1997년에 올-어메리카 세컨드팀 및 올-빅12 퍼스트팀에 각각 선정되었다. 1997년 NBA 드래프트에서 보스턴 셀틱스에 지명됐고, 이후 17년간 보스턴, 토론토, 덴버, 미네소타, 디트로이트, 뉴욕, LA 클리퍼스 등을 거쳤다. 현역 시절 NBA 올스타전 출전 5회, 올-NBA 세컨드팀 1회, 올-NBA 서드팀 2회, 올-디펜시브 세컨드팀 2회씩 수상했다. 2003-2004시즌에는 디트로이트가 NBA에서 우승하자 파이널 MVP를 수상했다. 2014년 디트로이트 소속으로 현역에서 은퇴했고, 2016년 2월, 구단에 의해 그의 유니폼 1번은 영구결번이 되었다. 2020년 LA 클리퍼스 어시스턴트로 출발했다. 부임 첫해에 LA 클리퍼스를 47승 25패 서부 4번 시드로 견인했다. 그리고 2021년 6월 27일, 포틀랜드 트레일블레이저스의 제15대 감독으로 부임했다. 그런데 그가 팀을 맡고 3년이 지난 시점, 팀 운영에 대해서는 합격점을 주기 어렵다. 올 시즌 더 분발해야 한다.

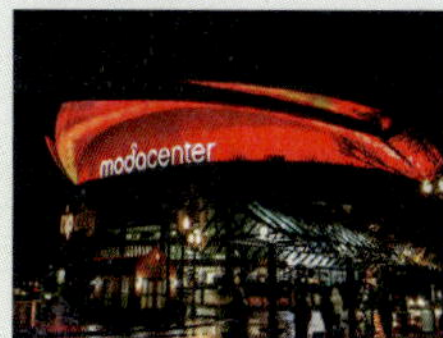

MODA CENTER

구장 오픈 : 1995년 10월 12일
구장 증개축 : -
오너 : 포틀랜드시
수용인원 : 1만 9393명
건축비용 : 2억 6200만달러
(현재 가치) 5억 2400만달러

1995년 가을, 로즈 가든으로 개장했고, 2013년 의료보험 회사 모다헬스가 명명권을 사들여, 모다 센터가 되었다. 지역의 지속적인 커뮤니티 아이콘이었다. 농구장은 1만 9393명, 콘서트 때는 2만 500명을 각각 수용한다. 70개의 스위트룸, 8개의 스카이박스를 갖췄다. 1995-96시즌부터 트레일블레이저스 홈구장이 됐고, WHL 윈터호크스도 함께 사용하고 있다.

REGULAR SEASON RANKING LAST 10YEARS

★NBA 파이널 우승

15-16	16-17	17-18	18-19	19-20	20-21	21-22	22-23	23-24	24-25
13	15	7	6	15	9	25	26	28	22
44승 38패	41승 41패	49승 33패	53승 29패	35승 39패	42승 30패	27승 55패	33승 49패	21승 61패	36승 46패

Honours

1	3	6	12
NBA CHAMPIONS	CONFERENCE TITLES	DIVISION TITLES	RETIRED NUMBERS

NBA CHAMPIONSHIPS
1977

CONFERENCE TITLES
1977, 1990, 1992

DIVISION TITLES
1978, 1991, 1992, 1999, 2015, 2018

RETIRED NUMBERS
1, 13, 14, 15, 20, 22, 30, 30, 32, 36, 45, 77

TEAM POTENTIAL

23위

하프코트 세트오펜스	6점
트랜지션 오펜스	8점
하프코트 세트디펜스	8점
트랜지션 디펜스	8점
리바운드	8점
선수층	6점
선수 경험치	7점
감독 리더십	8점
감독 전술	7점
프런트	8점

*각 항목은 10점 만점, 평점은 NBA 30팀 사이 상대평가

우승 ODDS	배당	순위
bet 365	500배	24위
Paddy Power	500배	25위
William Hill	750배	26위

OFFENSIVE STYLE
트랜지션 오펜스 ↔ 하프코트 세트오펜스

DEFENSIVE STYLE
하이 프레스 ↔ 하프코트 디펜스

SQUAD & TACTICS

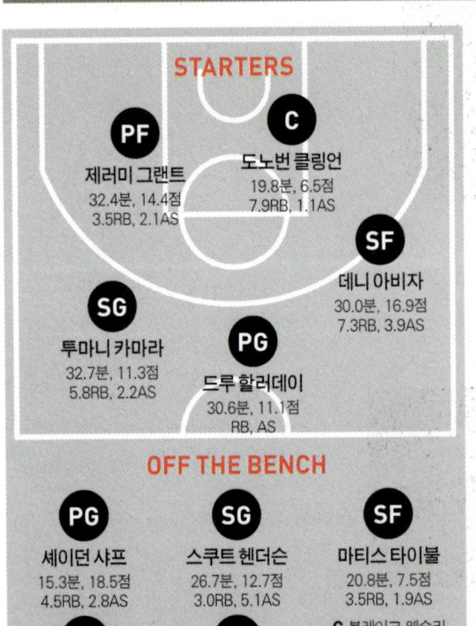

STARTERS

- PF 제러미 그랜트 — 32.4분, 14.4점, 3.5RB, 2.1AS
- C 도노번 클링언 — 19.8분, 6.5점, 7.9RB, 1.1AS
- SF 데니 아비자 — 30.0분, 16.9점, 7.3RB, 3.9AS
- SG 투마니 카마라 — 32.7분, 11.3점, 5.8RB, 2.2AS
- PG 드루 할러데이 — 30.6분, 11.1점, RB, AS

OFF THE BENCH

- PG 셰이던 샤프 — 15.3분, 18.5점, 4.5RB, 2.8AS
- SG 스쿠트 헨더슨 — 26.7분, 12.7점, 3.0RB, 5.1AS
- SF 마티스 타이불 — 20.8분, 7.5점, 3.5RB, 1.9AS
- PF 양한센 — 2025-26시즌 신인 선수
- C 로버트 윌리엄스 — 2025-26시즌 신인 선수

G 블레이크 웨슬리
G 시디 시소코
F 라이언 루퍼트
F 크리스 머레이
C 두옵 리스

Player's Functions

Ball Handlers	Pull-Ups	Catch & Shoot
S.헨더슨	S.샤프	D.아브디야
S.샤프	S.헨더슨	T.카마라
B.웨슬리	J.할러데이	S.샤프

3 Pointers	Slam Dunkers	Free Throw
J.할러데이	D.클링언	J.할러데이
S.샤프	R.윌리엄스	S.샤프
T.카마라	T.카마라	D.아브디야

Rebounders	1-1 Defenders	Ball Stealers
D.클링언	M.타이불	M.타이불
R.윌리엄스 III	D.클링언	B.웨슬리
T. 카마라	J.할러데이	T.카마라

Key Passes	Hustle Players	Rim Protectors
S.헨더슨	D.아브디야	D.클링언
B.웨슬리	J.그랜트	R.윌리엄스
J.할러데이	J.할러데이	

2024-25 SEASON PERFORMANCE

공격 레이팅 111.7(23위) 수비 레이팅 114.7(16위) 레이팅 마진 -3.0(22위) 페이스 98.8(16위)

PORTLAND TRAILBLAZERS vs. OPPONENTS PER GAME STATS

PORTLAND	득실점	FG 필드골성공	FG↑ 필드골시도	FG% 필드골%	3P 3점성공	3P↑ 3점시도	3P% 3점%	2P 2점성공	2P↑ 2점시도	2P% 2점%	자유투성공	자유투시도	FT% 자유투%	OR 공격 RB	DR 수비 RB	TR 전체 RB	A↑ 어시스트	스틸	블락샷	턴오버	파울
포틀랜드	110.9 22위	40.5 23위	90.2 9위	45.0% 26위	12.9 19위	37.7 14위	34.2% 26위	27.7 17위	52.5 14위	52.7% 24위	16.9 16위	22.2 12위	76.2% 26위	13.4 2위	31.4 27위	44.8 12위	23.8 27위	8.3 11위	5.3 8위	16.0 29위	19.0 21위
상대팀	113.9 15위	41.6 16위	88.3 11위	47.1% 20위	12.7 4위	35.2 3위	36.1% 16위	28.9 21위	53.1 22위	54.4% 14위	18.0 23위	22.5 21위	79.9% 29위	11.9 27위	32.3 10위	44.2 18위	26.2 13위	9.5 29위	5.5 26위	15.5 6위	19.3 3위

LINE-UP

* 포틀랜드는 지난 시즌 총 509개의 라인업을 가동했다. 득실점차 플러스 10개, 마이너스 10개를 골랐다.

득실점차 플러스(+) 라인업 TOP 10	G	MIN	PPG	RPG	득실차
J. Grant - A. Simons - D. Avdija - T. Camara - D. Clingan	7	70	26.3	10.9	+55
J. Grant - R. Williams III - S. Henderson - S. Sharpe - T. Camara	8	26	9.8	4.4	+34
J. Grant - A. Simons - D. Avdija - D. Banton - T. Camara	4	17	14.0	5.5	+21
A. Simons - D. Ayton - D. Avdija - D. Banton - T. Camara	3	12	12.3	4.7	+20
J. Grant - A. Simons - R. Williams III - S. Henderson - T. Camara	5	11	7.8	1.8	+17
A. Simons - D. Ayton - D. Avdija - S. Henderson - T. Camara	17	69	9.8	3.4	+16
J. Grant - A. Simons - D. Ayton - S. Henderson - S. Sharpe	4	20	15.0	4.0	+16
R. Williams III - D. Avdija - D. Banton - S. Sharpe - T. Camara	2	9	12.0	5.5	+16
A. Simons - D. Banton - S. Henderson - T. Camara - D. Clingan	2	6	11.0	4.0	+16
J. Grant - A. Simons - D. Ayton - D. Banton - T. Camara	4	7	5.8	2.3	+15
득실점차 마이너스(-) 라인업 TOP 10	**GP**	**MIN**	**PPG**	**RPG**	**득실차**
J. Grant - A. Simons - D. Ayton - S. Sharpe - T. Camara	13	137	20.4	9.5	-91
J. Grant - A. Simons - D. Ayton - D. Avdija - T. Camara	20	251	26.6	11.3	-72
J. Grant - A. Simons - S. Sharpe - T. Camara - D. Clingan	9	60	11.4	6.3	-38
D. Avdija - S. Henderson - S. Sharpe - T. Camara - D. Clingan	16	74	8.8	4.5	-34
J. Grant - A. Simons - D. Ayton - S. Henderson - T. Camara	12	35	4.1	3.0	-32
A. Simons - D. Ayton - S. Henderson - S. Sharpe - T. Camara	7	32	10.9	2.6	-27
J. Grant - A. Simons - R. Williams III - S. Sharpe - T. Camara	4	18	6.0	3.0	-27
S. Henderson - K. Murray - R. Rupert - T. Camara - D. Clingan	3	6	3.0	1.7	-17
J. Grant - S. Henderson - S. Sharpe - T. Camara - D. Clingan	12	60	10.8	4.2	-16
M. Thybulle - D. Banton - J. Walker - K. Murray - R. Rupert	1	4	8.0	1.0	-16

PASS COMBINATIONS

→ 해당 선수가 경기당 동료로부터 패스 받은 횟수
→ 해당 선수가 경기당 동료들에게 패스 해준 횟수

받은 패스		선수		해준 패스
38.7	→	데이 아브디아	→	45.9
53.8	→	앤퍼니 사이먼스	→	44.4
49.3	→	스쿠트 헨더슨	→	43.4
24.8	→	투마니 카마라	→	32.0
37.3	→	셰이든 샤프	→	32.0
28.8	→	디앤드리 에이튼	→	30.0
29.3	→	달라노 밴튼	→	27.2
29.4	→	제러미 그랜트	→	24.6
20.5	→	타제 무어	→	23.5
16.5	→	마티스 타이불	→	22.2
14.4	→	도노반 클링언	→	18.8
14.3	→	로버트 윌리엄스 III	→	18.1
23.0	→	시디 시소코	→	17.2
9.3	→	라이언 루페어	→	10.8
9.4	→	크리스 머레이	→	10.6
9.3	→	자바리 워커	→	10.4
10.4	→	두압 레스	→	9.8
5.6	→	저스틴 미나야	→	6.2
4.3	→	브라이스 맥고언스	→	3.6

2024-25 RANKING

* 는 수치가 낮을수록 랭킹이 높아짐

포틀랜드	랭킹	FIVE FACTORS	상대팀	랭킹
52.1%	25위	3점 가중 FG%	54.3%*	18위
13.8*	29위	턴오버 / 100포제션	13.6	8위
29.2%	2위	공격 RB 점유율	27.5%*	28위
72.5%	28위	수비 RB 점유율	70.8%*	2위
18.7%	17위	자유투 / 필드골	20.4%*	24위

득점	랭킹	PLAYTYPE	실점*	랭킹
7.7	9위	아이솔레이션	7.1	14위
22.1	18위	트랜지션	25.5	24위
18.4	5위	픽&롤 볼핸들러	17.1	21위
6.3	23위	픽&롤 롤맨	5.9	3위
1.6	28위	포스트-업	3.7	10위
28.0	12위	스팟-업	24.7	6위
5.2	13위	핸드오프	5.5	20위
6.8	30위	커팅	—	—
3.1	20위	오프 스크린	4.0	11위
8.4	2위	풋백	6.2	9위
3.0	11위	기타	—	—

SHOT ZONE

평균 구간별 슈팅 및 성공률

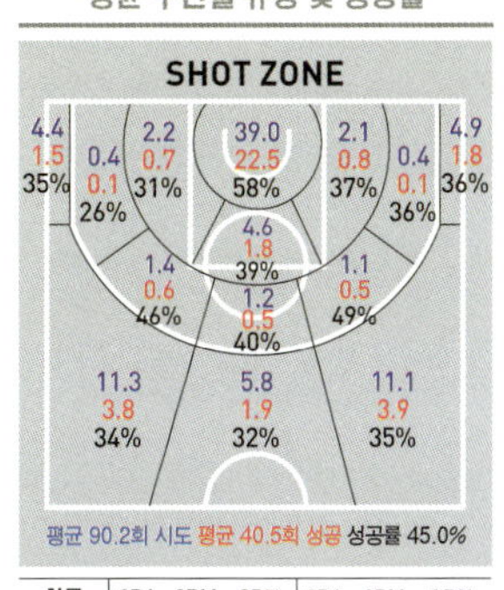

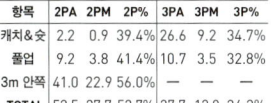

항목	2PA	2PM	2P%	3PA	3PM	3P%
캐치&슛	2.2	0.9	39.4%	26.6	9.2	34.7%
풀업	9.2	3.8	41.4%	10.7	3.5	32.8%
3m 안쪽	41.0	22.9	56.0%	—	—	—
TOTAL	52.5	27.7	52.7%	37.7	12.9	34.2%

SHOT PROCESS & SHOT TYPES

샷프로세스(시도): 평균 90.2 — 2.3, 1.5, 28.8, 19.9, 14.4, 2.9, 9.5, 5.5, 5.4

샷타입(시도): 평균 90.2 — 2.5, 1.9, 45.3, 21.9, 3.3, 5.2, 5.5, 1.18, 2.8

● 캐치&슛 ● 풀-업 ● 드라이빙 ● 커팅 ● 러닝 ● 스텝백 ● 풋백 ● 앨리웁 ● 턴어라운드

● 점프샷 ● 레이업 ● 핑거롤 ● 플로터 ● 덩크 ● 훅샷 ● 팁샷 ● 뱅크샷 ● 페이드어웨이

샷프로세스(성공): 평균 40.5 — 1.3, 0.9, 10.1, 7.3, 8.4, 1.9, 5.2, 2.2, 3.2

샷타입(성공): 평균 40.5 — 1.6, 1.0, 0.9, 16.0, 11.7, 2.0, 1.9, 4.6, 0.8

SHOOTING

필드골 시도 (공격수와 수비수의 거리): 평균 90.2 — 7.3, 34.9, 26.0, 22.0

필드골 시도 (샷클락): 평균 90.2 — 3.5, 13.8, 14.7, 43.4, 7.2, 7.6

공격수와 수비수의 거리: ● 0~0.6m ● 0.6~1.2m ● 1.2~1.8m ● 1.8m 이상

샷클락: ● 22~24초 ● 18~22초 ● 15~18초 ● 7~15초 ● 4~7초 ● 0~4초

필드골 성공 (공격수와 수비수의 거리): 평균 40.5 — 3.0, 17.8, 11.0, 8.7

필드골 성공 (샷클락): 평균 40.5 — 2.1, 6.9, 6.5, 19.5, 3.1, 2.4

OPPONENT SHOOTING

상대 필드골 시도 (공격수와 수비수의 거리): 평균 88.3 — 5.7, 35.0, 27.3, 20.3

상대 필드골 시도 (샷클락): 평균 88.3 — 3.1, 13.9, 12.5, 41.1, 8.7, 9.0

공격수와 수비수의 거리: ● 0~0.6m ● 0.6~1.2m ● 1.2~1.8m ● 1.8m 이상

샷클락: ● 22~24초 ● 18~22초 ● 15~18초 ● 7~15초 ● 4~7초 ● 0~4초

필드골 허용 (공격수와 수비수의 거리): 평균 41.6 — 2.8, 17.7, 12.4, 8.7

필드골 허용 (샷클락): 평균 41.6 — 1.8, 7.6, 5.8, 19.4, 3.7, 3.3

CONTESTED REBOUNDS

공격 리바운드: 평균 7.9 — 0.6, 2.8, 3.3, 1.2

수비 리바운드: 평균 7.5 — 0.6, 2.5, 3.2, 1.2

림 아래부터 리바운드 위치까지의 거리 ● 0~0.9m ● 0.9~1.8m ● 1.8~3m ● 3m 이상

UNCONTESTED REBOUNDS

공격 리바운드: 평균 5.4 — 0.7, 1.3, 1.3, 2.1

수비 리바운드: 평균 23.6 — 3.9, 9.1, 5.9, 4.7

림 아래부터 리바운드 위치까지의 거리 ● 0~0.9m ● 0.9~1.8m ● 1.8~3m ● 3m 이상

DEFENSE OF 36 WINS

필드골 허용 %: 43.6%
상대 필드골 시도 87.4
필드골 허용 38.1

3점슛 허용 %: 31.6%
상대 3점슛 시도 33.9
3점슛 허용 10.7

DEFENSE OF 46 LOSSES

필드골 허용 %: 49.8%
상대 필드골 시도 88.9
필드골 허용 44.3

3점슛 허용 %: 39.5%
상대 3점슛 시도 36.2
3점슛 허용 14.3

General Stats								Outside Scoring & Shooting							Inside Scoring & Shooting								Play Making, Ball Handling & Passing					
PTS	RB	AS	ST	BL	FG-FGA	3P-3PA	FT-FTA	OS	CS	MS	3P	FT	SQ	OC	IS	L&F	SD	DD	PH	PF	PC	DRF	PM	PA	BH	DRS	PQ	PV
득점	리바운드	어시스트	스틸	블락샷	필드골 성공-시도	3점슈팅 성공-시도	자유투 성공-시도	외곽 득점력	근거리 점프샷	중거리 슈팅	3점 슈팅	자유투	슈팅 IQ	득점 일관성	인사이드 득점력	레이업 플로터	스탠딩 덩크	드라이빙 덩크	포스트 훅샷	포스트 페이드	포스트 컨트롤	파울 유도	플레이 메이킹	패스 능력	볼 핸들링	드리블 스피드	패스 IQ	패스 비전

F 8 Deni AVDIJA SF

데니 아브디야 2001.01.03 / 206cm

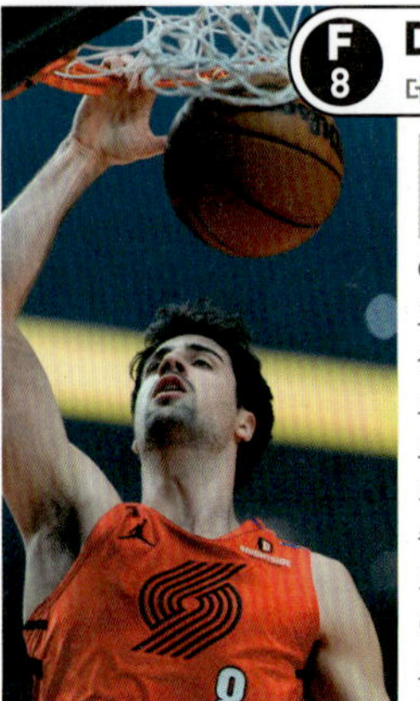

이스라엘

NBA 드래프트 : 2020년 1라운드 9번
NBA 우승 : 0회 / **파이널 MVP :** 0회
시즌 MVP : 0회 / **NBA 퍼스트팀 :** 0회

이스라엘 출신. 2017~2020년, 이스라엘 리그 마카비 텔아비브에서 활약했고, 2020년 워싱턴에 입단했다. 그리고 지난해 여름 포틀랜드로 옮겼다. 아브디야는 206cm의 윙이다. 덩크, 레이업, 핑거롤 등 림 어택이 전체 필드골의 절반을 넘는다. 그다음 옵션은 정확한 3점 슈팅. 높은 릴리스, 안정된 스트로크로 36.5%의 성공률을 보였다. 큰 키를 이용해 퍼리미터에서 좋은 수비를 보인다. 3번 중에서 리바운드를 많이 걷어내는 편이다. 연봉은 1438만 달러.

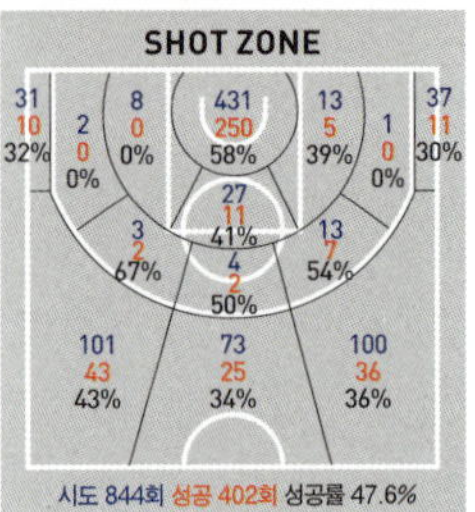

2024-25시즌 포틀랜드 72경기 평균 30.0분

항목	PTS	RB	AS	ST	BL	FG-FGA	3P-3PA	FT-FTA
평균	16.9	7.3	3.9	1.0	0.5	5.6-11.7	1.7-4.8	4.0-5.2
36분	20.3	8.7	4.7	1.2	0.6	6.7-14.1	2.1-5.7	4.8-6.2

항목	OS	CS	MS	3P	FT	SQ	OC	IS	L&F	SD	DD	PH	PF	PC	DRF	PM	PA	BH	DRS	PQ	PV
평점	C+	B+	B-	B-	C+	C-	B-	D+	B+	F	C	D-	D-	D-	B-	C	C+	C+	D+	C+	D+

항목	DEF	ID	PD	ST	BL	HDQ	PP	DC	RB3	OR3	DR3	ATH	SP	AG	STR	VJ	STA	HP	INT	POT	OG
평점	C-	D	B	D+	F	C+	C+	B-	A-	B	A	B-	C	B-	D+	C+	B+	A	D-	B+	B-

F 9 Jeremi GRANT PF-SF

제러미 그랜트 1994.03.12 / 201cm

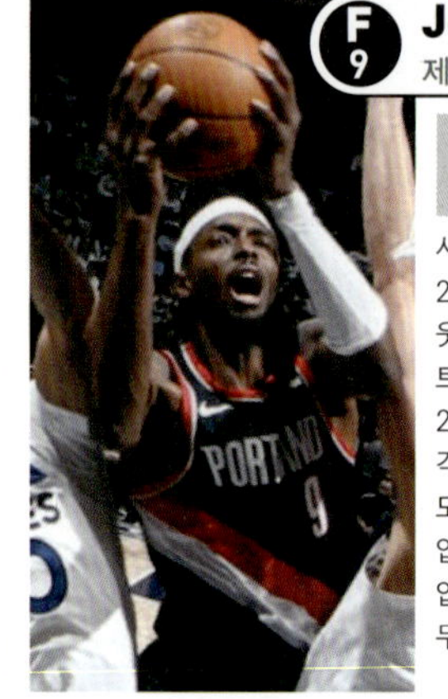

미국

NBA 드래프트 : 2014년 2라운드 39번
NBA 우승 : 0회 / **파이널 MVP :** 0회
시즌 MVP : 0회 / **NBA 퍼스트팀 :** 0회

시즌 개막 후 꾸준히 선발 출전했다. 그러나 2025년 2월 초 무릎에 큰 문제가 생겨 시즌 아웃 됐다. 2025년 9월 현재는 정상이다. 그랜트는 데뷔 후 오랜 기간 3&D 플레이어였으나 2020-21시즌 디트로이트로 이적한 이후 공격형 PF로 '페이스-오프' 했고, 그 기조는 현재도 이어지고 있다. 폭발적인 덩크, 정확한 레이업과 플로터로 림을 공략한다. 미드레인지 풀업 점퍼, 페이드어웨이샷, 과감한 3점 슈팅 등 무기가 다양한 편이다. 연봉은 3200만 달러.

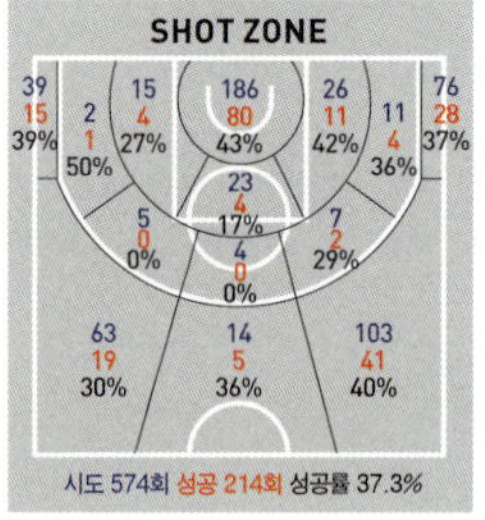

2024-25시즌 포틀랜드 47경기 평균 32.4분

항목	PTS	RB	AS	ST	BL	FG-FGA	3P-3PA	FT-FTA
평균	14.4	3.5	2.1	0.9	1.0	4.6-12.2	2.3-6.3	3.0-3.5
36분	16.0	3.9	2.4	1.0	1.1	5.1-13.6	2.6-7.0	3.3-3.9

항목	OS	CS	MS	3P	FT	SQ	OC	IS	L&F	SD	DD	PH	PF	PC	DRF	PM	PA	BH	DRS	PQ	PV
평점	C-	D-	C	B-	B	C-	C	C+	B+	B-	B	D-	D-	D+	C	D	D+	C	D-	D-	F

항목	DEF	ID	PD	ST	BL	HDQ	PP	DC	RBB	ORB	DRB	ATH	SP	AG	STR	VJ	STA	HP	INT	POT	OG
평점	C-	D+	C-	D-	D	C+	C-	C	D-	D-	D-	B-	C+	C+	D+	C+	A	A	D-	B+	C+

F 4 Matisse THYBULLE SG-SF

마티스 타이불 1997.03.04 / 196cm

미국

NBA 드래프트 : 2019년 1라운드 20번
NBA 우승 : 0회 / **파이널 MVP :** 0회
시즌 MVP : 0회 / **NBA 퍼스트팀 :** 0회

리그 정상급 수비수. 퍼리미터 1대1 수비는 정말 환상적이다. 평범한 체격이지만 운동능력이 우수한 데다 승부 근성까지 갖췄다. 상대 '에이스 스토퍼'를 맡는다. 또한, 패싱 레인을 날카롭게 자르며 가끔 블락도 성공시킨다. 하지만 팀 디펜스에서는 살짝 아쉬움을 남긴다. 공격은 제한적이다. 돌파에 이은 레이업, 여러 위치에서 던지는 캐치&슛 3점이 대부분이다. 프로 통산 3점 슈은 34%로 평범했으나 지난 시즌만 44%였다. 연봉은 1155만 달러.

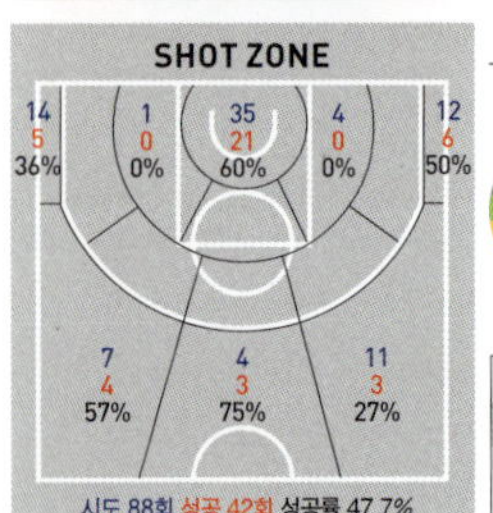

SHOT PROCESS

캐치&슛 41
풀-업 2
드라이빙 21
커팅 5
러닝 14
스텝백 4
풋백 1
앨리웁 0
턴어라운드 0

필드골 88 시도

SHOT TYPES

48 점프샷
17 레이업
4 핑거롤
8 플로터
8 덩크
2 훅샷
0 팁샷
1 뱅크샷
0 페이드어웨이

필드골 88 시도

2024-25시즌 포틀랜드 15경기 평균 20.8분

항목	PTS	RB	AS	ST	BL	FG-FGA	3P-3PA	FT-FTA
평균	7.5	3.5	1.9	2.2	0.6	2.8-5.9	1.4-3.2	0.5-1.0
36분	12.9	6.0	3.2	3.8	1.0	4.8-10.2	2.4-5.5	0.8-1.7

항목	OS	CS	MS	3P	FT	SQ	OC	IS	L&F	SD	DD	PH	PF	PC	DRF	PM	PA	BH	DRS	PQ	PV
평점	D-	C+	F	B-	D+	D-	F	F	C	F	C-	F	F	F	F	D-	D-	D+	D+	D-	F

항목	DEF	ID	PD	ST	BL	HDQ	PP	DC	RBG	ORG	DRG	ATH	SP	AG	STR	VJ	STA	HP	INT	POT	OG
평점	B	D	B+	A+	D-	B	A+	B	B+	B	B	C+	C	B	D-	C-	B	A-	F	B	C

F 16 YANG Hansen PF-C

양한센 2005.06.26 / 216cm

미국

NBA 드래프트 : 2025년 1라운드 16번
NBA 우승 : 0회 / **파이널 MVP :** 0회
시즌 MVP : 0회 / **NBA 퍼스트팀 :** 0회

현시점, 아시아 최고의 빅맨이다. 2023년부터 2년간 칭다오 이글스에서 활약했고, 2025 NBA 드래프트에서 포틀랜드에 1라운드 16번으로 지명됐다. 최고 장점은 패스와 플레이메이킹. 중국에서는 그의 비중 때문에 '야오밍의 후계자'로 불리지만, 실제 플레이 스타일은 '중국의 요키치'에 더 가깝다. BQ가 매우 우수하고, 시야가 넓으며 환상적인 패스를 구사한다. 부드러운 포스트무브와 풋워크를 지녔고, 림 어택 능력이 탁월하다. 연봉은 442만 달러.

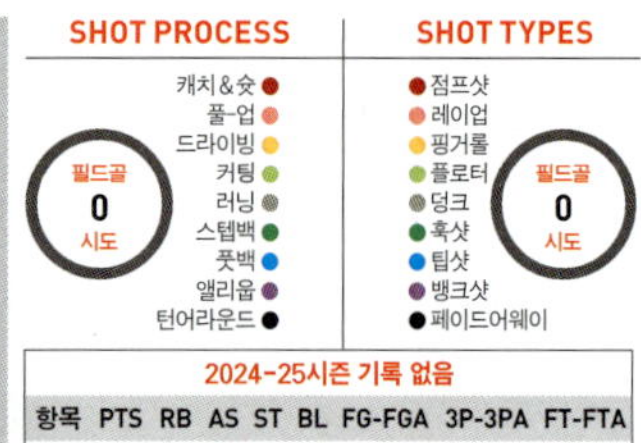

2024-25시즌 기록 없음

항목	PTS	RB	AS	ST	BL	FG-FGA	3P-3PA	FT-FTA
평균	–	–	–	–	–	–	–	–
36분	–	–	–	–	–	–	–	–

항목	OS	CS	MS	3P	FT	SQ	OC	IS	L&F	SD	DD	PH	PF	PC	DRF	PM	PA	BH	DRS	PQ	PV
평점	–	–	–	–	–	–	–	–	–	–	–	–	–	–	–	–	–	–	–	–	–

항목	DEF	ID	PD	ST	BL	HDQ	PP	DC	RBB	ORB	DRB	ATH	SP	AG	STR	VJ	STA	HP	INT	POT	OG
평점	–	–	–	–	–	–	–	–	–	–	–	–	–	–	–	–	–	–	–	–	–

Individual Defense & Team Defense								Offensive & Defensive Rebounding									Physical Fitness & Athleticism							Miscellaneous		
DEF	ID	PD	ST	BL	HDQ	PP	DC	RBG	ORG	DRG	RB3	OR3	DR3	RBB	ORB	DRB	ATH	SP	AG	STR	VJ	STA	HP	INT	POT	OG
수비력 종합	인사이드 디펜스	퍼리미터 디펜스	스틸	블락샷	도움수비 IQ	패스 통찰력	수비 일관성	가드 리바운드	가드 공격RB	가드 수비RB	SF 리바운드	SF 공격RB	SF 수비RB	빅맨 리바운드	빅맨 공격RB	빅맨 수비RB	운동능력 종합	스피드	사이드 스텝	피지컬 파워	버티컬 점프력	지구력	허슬 플레이	영향력	포텐셜	종합 평가

F 21 Rayan RUPERT SG-SF

라이언 루페어 2004.05.31 / 198cm

프랑스 **NBA 드래프트 :** 2023년 2라운드 43번
NBA 우승 : 0회 / **파이널 MVP :** 0회
시즌 MVP : 0회 / **NBA 퍼스트팀 :** 0회

지난 시즌 52경기 평균 8.8분씩 출전했다. 특별한 부상 이슈가 있었던 건 아니고, 전술 운영상 감독의 선택이었다. 올 시즌도 '서드 유닛' 포워드로 주전 선수들의 휴식 시간을 잠깐씩 메워주면 된다. 루퍼트는 198cm 스윙맨이다. 공격보다는 수비와 리바운드에 특화되어 있다. 리치가 길고 손이 빨라 1번~3번을 모두 수비한다. 드라이빙에 이은 레이업과 플로터, 공격 리바운드 후 풋백, 좌우 코너와 윙에서 시도하는 3점 슈팅이 주무기다. 연봉은 222만 달러.

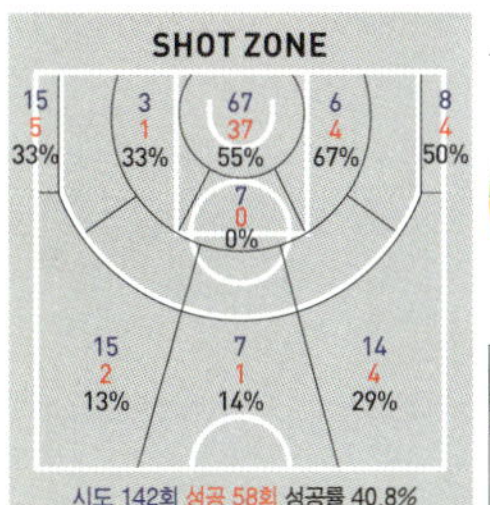

시도 142회 성공 58회 성공률 40.8%

SHOT PROCESS

캐치&슛 50 / 풀-업 17 / 드라이빙 40 / 커팅 7 / 러닝 18 / 스텝백 0 / 풋백 7 / 앨리웁 0 / 턴어라운드 3

필드골 142 시도

SHOT TYPES

60 점프샷 / 42 레이업 / 6 핑거롤 / 12 플로터 / 5 덩크 / 1 훅샷 / 3 팁샷 / 6 뱅크샷 / 7 페이드어웨이

필드골 142 시도

2024-25시즌 포틀랜드 52경기 평균 8.8분

항목	PTS	RB	AS	ST	BL	FG-FGA	3P-3PA	FT-FTA
평균	3.0	1.3	0.5	0.3	0.1	1.1-2.7	0.3-1.1	0.4-0.6
36분	12.1	5.5	2.2	1.3	0.3	4.5-11.1	1.3-4.6	1.8-2.3

항목	OS	CS	MS	3P	FT	SQ	OC	IS	L&F	SD	DD	PH	PF	PC	DRF	PM	PA	BH	DRS	PQ	PV
평점	D+	D-	D-	C-	C	B-	D	D-	B-	F	C-	F	F	F	F	D-	D+	C-	D	D+	F

항목	DEF	ID	PD	ST	BL	HDQ	PP	DC	RBG	ORG	DRG	ATH	SP	AG	STR	VJ	STA	HP	INT	POT	OG
평점	D	D	C	C-	F	C-	C-	D	B-	A-	D	C-	D+	C-	D-	D+	B+	B	A	B	C-

F 24 Kris MURRAY SF

크리스 머레이 2000.08.19 / 203cm

미국 **NBA 드래프트 :** 2023년 1라운드 23번
NBA 우승 : 0회 / **파이널 MVP :** 0회
시즌 MVP : 0회 / **NBA 퍼스트팀 :** 0회

'서드 유닛' SF로 시즌 67경기 평균 15분씩 출전했다. 크리스는 림 어택 전문가다. 주로 왼쪽을 돌파한 뒤 긴 팔과 부드러운 슈팅 터치로 레이업, 핑거롤을 정확히 마무리한다. BQ가 좋아 미스매치를 잘 활용한다. 좋은 슈팅 매커니즘을 바탕으로 캐치&슛을 시도하지만 3점 슈팅 성공률은 들쭉날쭉하다. '머레이가(家)'는 '바스켓볼 패밀리'다. 크리스의 아버지 케니언은 아이오와대 감독, 쌍둥이 동생 키건은 현재 새크라멘토 소속이다. 연봉은 313만 달러.

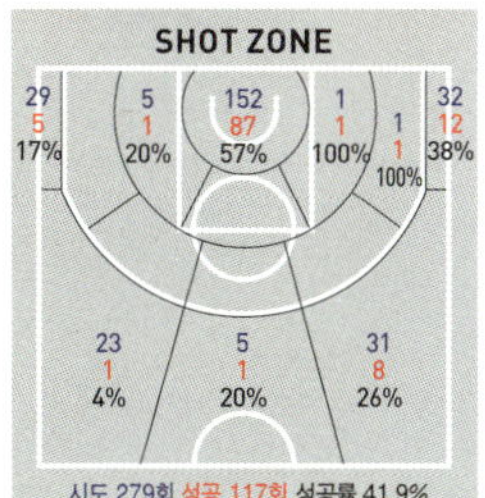

시도 279회 성공 117회 성공률 41.9%

SHOT PROCESS

캐치&슛 100 / 풀-업 9 / 드라이빙 70 / 커팅 15 / 러닝 48 / 스텝백 7 / 풋백 28 / 앨리웁 0 / 턴어라운드 2

필드골 279 시도

SHOT TYPES

123 점프샷 / 87 레이업 / 6 핑거롤 / 3 플로터 / 35 덩크 / 1 훅샷 / 19 팁샷 / 5 뱅크샷 / 0 페이드어웨이

2024-25시즌 포틀랜드 69경기 평균 15.1분

항목	PTS	RB	AS	ST	BL	FG-FGA	3P-3PA	FT-FTA
평균	4.2	2.6	1.0	0.5	0.2	1.7-4.0	0.4-1.7	0.4-0.8
36분	9.9	6.3	2.4	1.2	0.6	4.1-9.7	0.9-4.2	0.9-2.0

항목	OS	CS	MS	3P	FT	SQ	OC	IS	L&F	SD	DD	PH	PF	PC	DRF	PM	PA	BH	DRS	PQ	PV
평점	D	C+	C-	D-	F	C	C-	D-	C-	D-	C	D-	D-	D-	D-	D-	D-	D+	D-	D-	F

항목	DEF	ID	PD	ST	BL	HDQ	PP	DC	RB3	OR3	DR3	ATH	SP	AG	STR	VJ	STA	HP	INT	POT	OG
평점	D	D	C-	D+	F	D	D	D-	C	A-	D-	C	D+	C-	D-	C	A-	B-	A-	B+	C-

C 23 Donovan CLINGAN C

도노번 클링언 2004.02.23 / 218cm

미국 **NBA 드래프트 :** 2024년 1라운드 7번
NBA 우승 : 0회 / **파이널 MVP :** 0회
시즌 MVP : 0회 / **NBA 퍼스트팀 :** 0회

시즌 전반기 디앤드리 에이튼의 백업 센터였다. 그러나 그가 2025년 1월 이후 종아리, 발목 부상으로 빠지며 주전이 됐다. 에이튼이 지난여름 LA 레이커스로 이적했기에 클링언은 올 시즌 초반부터 선발로 출전한다. '올드 스쿨 센터'다. 218cm, 130kg에 주로 림 근처에서 활동한다. 스크린을 세팅하고, 롤 한 다음 진격해서 덩크를 꽂는다. 림 근처에서 캐치&슛의 점프샷, 훅샷을 시도한다. 수비에서는 확실한 앵커 역할을 한다. 연봉은 718만 달러.

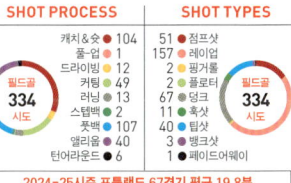

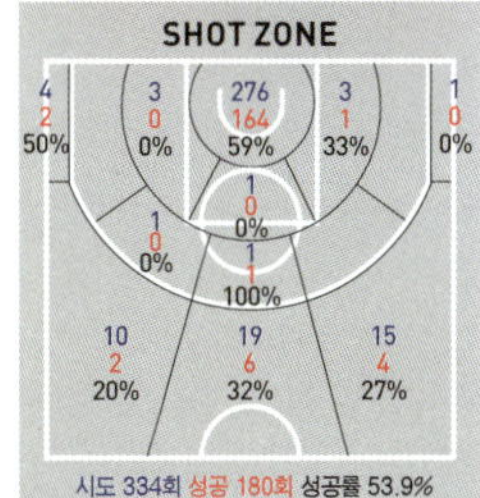

시도 334회 성공 180회 성공률 53.9%

SHOT PROCESS

캐치&슛 104 / 풀-업 1 / 드라이빙 12 / 커팅 49 / 러닝 13 / 스텝백 2 / 풋백 107 / 앨리웁 40 / 턴어라운드 6

필드골 334 시도

SHOT TYPES

51 점프샷 / 157 레이업 / 2 핑거롤 / 2 플로터 / 67 덩크 / 11 훅샷 / 40 팁샷 / 3 뱅크샷 / 1 페이드어웨이

필드골 334 시도

2024-25시즌 포틀랜드 67경기 평균 19.8분

항목	PTS	RB	AS	ST	BL	FG-FGA	3P-3PA	FT-FTA
평균	6.5	7.9	1.1	0.5	1.6	2.7-5.0	0.2-0.7	0.9-1.6
36분	11.9	14.3	2.1	0.9	3.0	4.9-9.1	0.4-1.3	1.7-2.8

항목	OS	CS	MS	3P	FT	SQ	OC	IS	L&F	SD	DD	PH	PF	PC	DRF	PM	PA	BH	DRS	PQ	PV
평점	D-	D+	D-	C-	D-	C-	F	D+	D-	B	C	C-	D-	D+	F	F	D-	F	F	D	F

항목	DEF	ID	PD	ST	BL	HDQ	PP	DC	RBB	ORB	DRB	ATH	SP	AG	STR	VJ	STA	HP	INT	POT	OG
평점	C-	B	D-	D-	A+	B	D-	B-	A+	A+	A-	D	F	F	C+	D-	B-	C	D-	A-	C+

C 35 Robert WILLIAMS III C-PF

로버트 윌리엄스 3세 1997.10.17 / 206cm

미국 **NBA 드래프트 :** 2018년 1라운드 27번
NBA 우승 : 0회 / **파이널 MVP :** 0회
시즌 MVP : 0회 / **NBA 퍼스트팀 :** 0회

무릎이 문제다. 그는 프로 데뷔 후 늘 양쪽 무릎에 부상을 달고 살았다. 그런데 지난 시즌에는 무릎뿐 아니라 발목, 손목에까지 이상이 생겼고, 결국 20경기 출전에 그쳤다. 윌리엄스는 '언더 사이즈 빅맨'이지만 228cm의 윙스팬, 높은 점프를 잘 활용한다. 스피드가 좋아 1번~5번을 다 수비한다. 스틸, 박스아웃, 리바운드, 블락에서 높은 평가를 받는다. 스위칭과 드랍백 수비 모두 OK다. 공격은 덩크, 레이업, 풋백으로 제한적이다. 연봉은 1329만 달러.

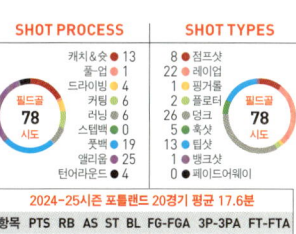

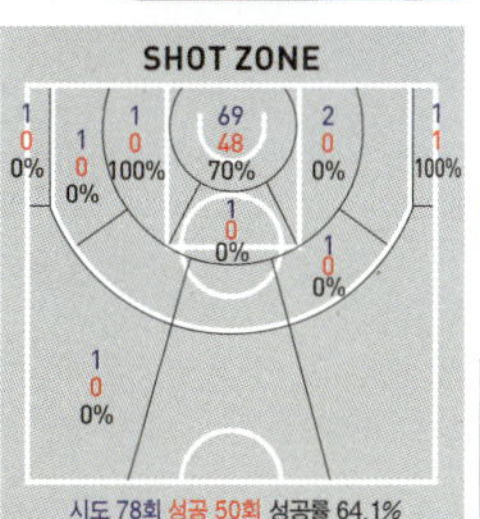

시도 78회 성공 50회 성공률 64.1%

SHOT PROCESS

캐치&슛 13 / 풀-업 1 / 드라이빙 4 / 커팅 6 / 러닝 6 / 스텝백 0 / 풋백 19 / 앨리웁 25 / 턴어라운드 4

필드골 78 시도

SHOT TYPES

8 점프샷 / 22 레이업 / 1 핑거롤 / 2 플로터 / 26 덩크 / 5 훅샷 / 13 팁샷 / 1 뱅크샷 / 0 페이드어웨이

필드골 78 시도

2024-25시즌 포틀랜드 20경기 평균 17.6분

항목	PTS	RB	AS	ST	BL	FG-FGA	3P-3PA	FT-FTA
평균	5.8	5.9	1.1	0.7	1.7	2.5-3.9	0.1-0.2	0.8-0.9
36분	11.9	12.1	2.2	1.3	3.4	5.1-8.0	0.1-0.3	1.5-1.7

항목	OS	CS	MS	3P	FT	SQ	OC	IS	L&F	SD	DD	PH	PF	PC	DRF	PM	PA	BH	DRS	PQ	PV
평점	D-	A	D+	F	B-	D-	F	D+	B-	B-	C	D-	D-	D	F	F	D-	F	F	D	F

항목	DEF	ID	PD	ST	BL	HDQ	PP	DC	RBB	ORB	DRB	ATH	SP	AG	STR	VJ	STA	HP	INT	POT	OG
평점	B-	B+	D-	C-	A+	B+	B	B	B+	B-	A-	C+	C-	D	B-	C	B-	A-	F	B+	C+

C 26 Duop REATH PF-C

두프 리스 1996.06.26 / 206cm

남수단
NBA 드래프트 : 2018년 미지명
NBA 우승 : 0회 / **파이널 MVP :** 0회
시즌 MVP : 0회 / **NBA 퍼스트팀 :** 0회

2024년 12월 허리 통증, 2025년 4월 무릎 염좌로 46경기 출전에 그쳤다. 2025년 9월 현재 정상 컨디션을 유지하고 있다. 리스는 우수한 운동능력, 안정된 슈팅 스트로크, 부드러운 슈팅 터치를 지닌 '스트레치 빅맨'이다. 남수단 와트 출신이고, 현재 국적은 호주로 되어 있다. NBA 입문 전 세르비아, 호주, 중국, 레바논 리그에서 5년간 활약했고, 2023년 포틀랜드와 투웨이 계약을 맺으며 NBA에 진출했다. 올 시즌은 보장 계약으로 연봉 222만 달러다.

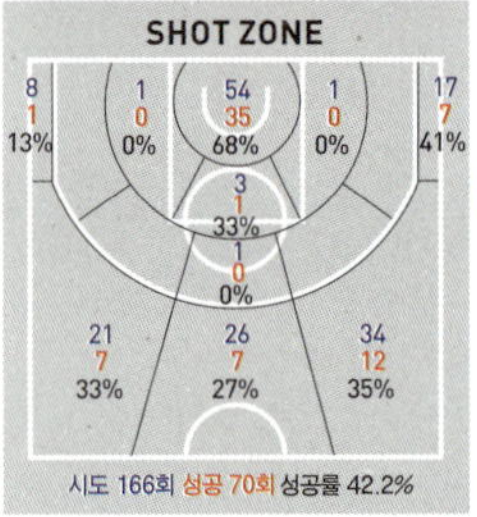

2024-25시즌 포틀랜드 46경기 평균 10.2분

항목	PTS	RB	AS	ST	BL	FG-FGA	3P-3PA	FT-FTA
평균	4.2	2.0	0.6	0.3	0.3	1.5-3.6	0.7-2.3	0.4-0.5
36분	14.9	7.1	2.0	0.9	1.1	5.4-12.7	2.6-8.1	1.5-1.7

항목	OS	CS	MS	3P	FT	SQ	OC	IS	L&F	SD	DD	PH	PF	PC	DRF	PM	PA	BH	DRS	PQ	PV
평점	C	B	D+	C	B-	C-	D	D-	D+	F	D-	D-	D-	D-	D+	F	F	D-	F	F	F

항목	DEF	ID	PD	ST	BL	HDQ	PP	DC	RB	ORB	DRB	ATH	SP	AG	STR	VJ	STA	HP	INT	POT	OG
평점	D	D	D-	D-	D	D+	D-	D-	D-	C+	D-	C-	D-	D-	C-	C	B-	A-	C	B-	C-

G 5 Jrue HOLIDAY PG-SG

드루 할러데이 1990.06.12 / 193cm

미국
NBA 드래프트 : 2009년 1라운드 17번
NBA 우승 : 2회 / **파이널 MVP :** 0회
시즌 MVP : 0회 / **NBA 퍼스트팀 :** 0회

지난 시즌 보스턴 주전 가드였고, 올여름 포틀랜드로 이적했다. 공수 겸장 듀얼 가드다. 드라이빙에서 이어지는 레이업, 플로터, 덩크 등 화려한 림 어택이 특기다. 중거리에서 짧게 돌파하다 급정거한 후 바로 슈팅한다. 코너, 윙, 탑 등 여러 위치에서 폭발적인 3점 슈팅을 시도한다. 림 근처 터프샷 성공률도 높다. '자물쇠'라는 별명처럼 상대팀 가드 에이스를 꽁꽁 묶는다. 1~3번을 주로 수비하지만, 상황에 따라 4번과 5번도 맡는다. 연봉은 3240만 달러.

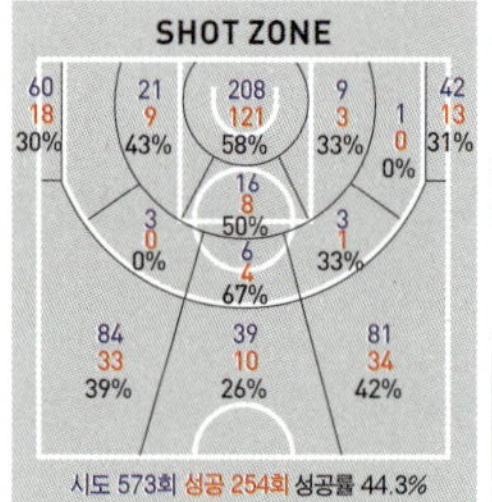

2024-25시즌 보스턴 62경기 평균 30.6분

항목	PTS	RB	AS	ST	BL	FG-FGA	3P-3PA	FT-FTA
평균	11.1	4.3	3.9	1.1	0.4	4.1-9.2	1.7-4.9	1.1-1.2
36분	13.0	5.0	4.5	1.3	0.5	4.8-10.9	2.1-5.8	1.3-1.5

항목	OS	CS	MS	3P	FT	SQ	OC	IS	L&F	SD	DD	PH	PF	PC	DRF	PM	PA	BH	DRS	PQ	PV
평점	C-	B	B+	B-	A-	D-	F	D-	B	F	D	F	C	F	D-	C-	C	C	C+	C	D

항목	DEF	ID	PD	ST	BL	HDQ	PP	DC	RBG	ORG	DRG	ATH	SP	AG	STR	VJ	STA	HP	INT	POT	OG
평점	B	C-	A	C-	F	B+	A-	A-	C-	B	D+	C+	C+	A-	F	D+	B-	A-	F	A-	B-

G 33 Toumani CAMARA PF-SF

투마니 카마라 2000.05.08 / 201cm

벨기에
NBA 드래프트 : 2023년 2라운드 52번
NBA 우승 : 0회 / **파이널 MVP :** 0회
시즌 MVP : 0회 / **NBA 퍼스트팀 :** 0회

현대 농구에 맞는 가드 겸 포워드. 득점은 림 근처에서 많이 이뤄진다. 드라이빙, 커팅에서 이어지는 덩크, 레이업, 핑거롤이 주무기다. 보조 수단으로 캐치&슛 3점을 종종 시도한다. 스틸, 박스아웃, 스크린세팅, 리바운드 등 허슬 플레이를 열심히 하면서 팀플레이를 뒷받침한다. 카마라는 여러 가지를 다 조금씩 할 수 있다. 성실한 편이다. 그러나 특별히 잘 하는 건 또 없다. 그래서 선발보다는 백업으로 출전했다. 올 시즌도 마찬가지. 연봉은 222만 달러.

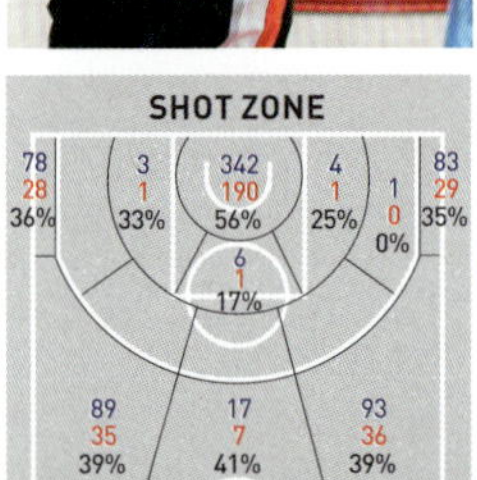

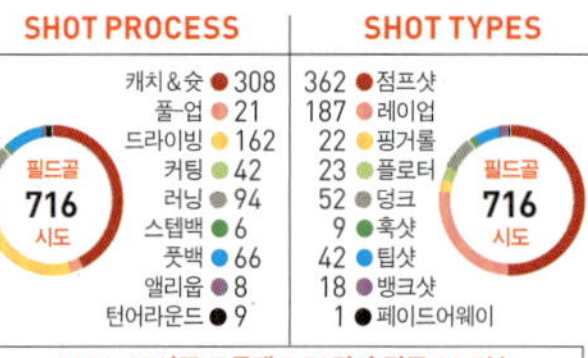

2024-25시즌 포틀랜드 78경기 평균 32.7분

항목	PTS	RB	AS	ST	BL	FG-FGA	3P-3PA	FT-FTA
평균	11.3	5.8	2.2	1.5	0.6	4.2-9.2	1.7-4.6	1.2-1.6
36분	12.5	6.4	2.5	1.6	0.7	4.6-10.1	1.9-5.1	1.3-1.8

항목	OS	CS	MS	3P	FT	SQ	OC	IS	L&F	SD	DD	PH	PF	PC	DRF	PM	PA	BH	DRS	PQ	PV
평점	C-	B-	D+	B-	C	C-	D-	D-	B-	D-	C	D-	D-	D-	F	D-	D+	D	D-	D+	F

항목	DEF	ID	PD	ST	BL	HDQ	PP	DC	RB3	OR3	DR3	ATH	SP	AG	STR	VJ	STA	HP	INT	POT	OG
평점	B+	A-	A	B-	F	A-	A-	A	C+	A-	D-	B-	D-	B+	C+	C+	B+	A-	F	B+	B-

G 17 Shaedon SHARPE SG

셰이든 샤프 2003.05.30 / 196cm

캐나다
NBA 드래프트 : 2022년 1라운드 7번
NBA 우승 : 0회 / **파이널 MVP :** 0회
시즌 MVP : 0회 / **NBA 퍼스트팀 :** 0회

72경기(선발 52경기) 출전에 평균 18.5점. 지난 시즌은 본인의 프로 데뷔 3년만에 최고의 순간을 보낸 기간이었다. 올 시즌도 팀의 주전급 가드로 제 몫을 할 것이다. 샤프는 196cm 스윙맨이지만, 213cm 윙스팬과 120cm 버티컬 점프를 활용해 폭발적인 덩크를 구사한다. 레이업, 핑거롤, 플로터는 또 다른 무기. 미드레인지 풀업 점퍼와 스텝백 점퍼도 강력한 무기다. 반면, 퍼리미터 1대1, 팀 디펜스 등 수비력을 더 보완해야 한다. 연봉은 840만 달러.

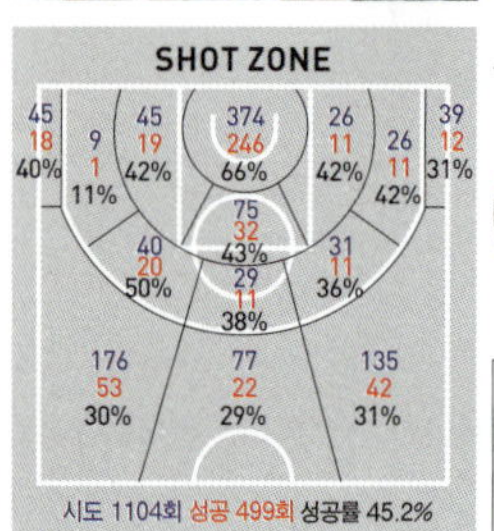

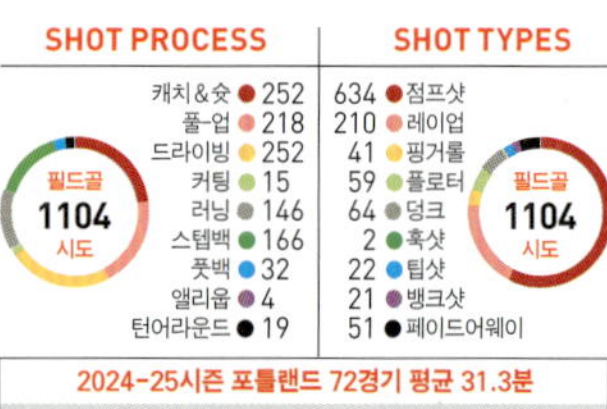

2024-25시즌 포틀랜드 72경기 평균 31.3분

항목	PTS	RB	AS	ST	BL	FG-FGA	3P-3PA	FT-FTA
평균	18.5	4.5	2.8	0.9	0.2	6.9-15.3	2.0-6.6	2.6-3.4
36분	21.3	5.2	3.2	1.0	0.3	8.0-17.6	2.3-7.5	3.0-3.9

항목	OS	CS	MS	3P	FT	SQ	OC	IS	L&F	SD	DD	PH	PF	PC	DRF	PM	PA	BH	DRS	PQ	PV
평점	B-	C+	B+	C-	B-	B-	B-	D-	B	F	A	F	F	F	B	C-	D+	B-	B	D+	D-

항목	DEF	ID	PD	ST	BL	HDQ	PP	DC	RBG	ORG	DRG	ATH	SP	AG	STR	VJ	STA	HP	INT	POT	OG
평점	D	D-	C-	D-	F	D	C	F	C	C+	C+	B-	B+	B+	D-	B	B	B	C	A-	B-

G 00 Scoot HENDERSON PG
스쿠트 헨더슨 2004.02.03 / 191cm

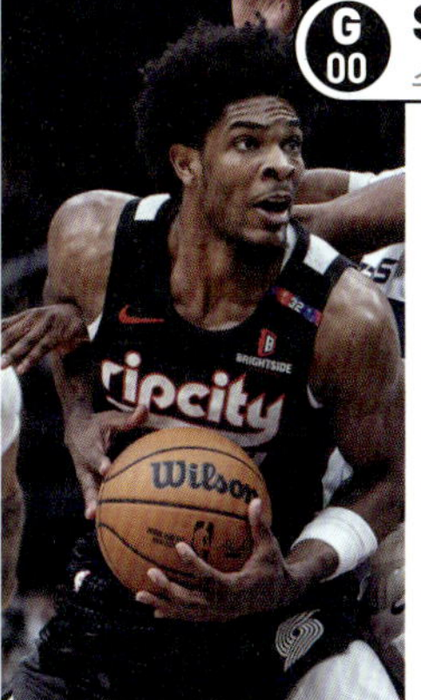

미국
NBA 드래프트 : 2023년 1라운드 3번
NBA 우승 : 0회 / **파이널 MVP :** 0회
시즌 MVP : 0회 / **NBA 퍼스트팀 :** 0회

백업 포인트가드로 지난 시즌 66경기(선발 10경기) 평균 26.7분씩 뛰었다. 올여름 드루 할러데이가 영입됐기에 헨더슨은 올 시즌에도 백업 포인트가드에 만족해야 한다. 헨더슨은 투쟁심이 강한 선수다. 그 누구를 만나도 절대 겁내지 않고 도전한다. 스피드는 리그 탑클래스이고, 드라이빙 플로터, 드라이빙 핑거롤, 풀업 점퍼, 스텝백 점퍼등 내외곽을 넘나들며 골을 터뜨린다. 볼 핸들링과 패스가 좋아 플레이메이커로서 중심을 잡는다. 연봉은 1075만 달러.

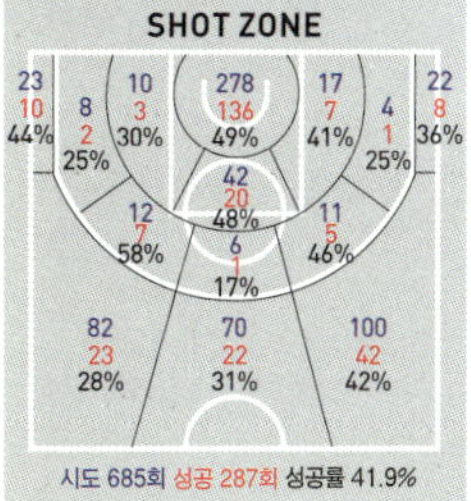

시도 685회 성공 287회 성공률 41.9%

SHOT PROCESS (필드골 685 시도)
캐치&슛 176 / 풀-업 134 / 드라이빙 237 / 커팅 5 / 러닝 59 / 스텝백 51 / 풋백 10 / 앨리웁 0 / 턴어라운드 13

SHOT TYPES (필드골 685 시도)
376 점프샷 / 167 레이업 / 40 핑거롤 / 52 플로터 / 11 덩크 / 5 훅샷 / 8 팁샷 / 16 뱅크샷 / 10 페이드어웨이

2024-25시즌 포틀랜드 66경기 평균 26.7분

항목	PTS	RB	AS	ST	BL	FG-FGA	3P-3PA	FT-FTA
평균	12.7	3.0	5.1	1.0	0.2	4.3-10.4	1.6-4.5	2.4-3.1
36분	17.1	4.1	6.9	1.4	0.3	5.9-14.0	2.1-6.1	3.2-4.2

항목	OS	CS	MS	3P	FT	SQ	OC	IS	L&F	SD	DD	PH	PF	PC	DRF	PM	PA	BH	DRS	PQ	PV
평점	C	C	C+	C+	C+	C-	C	D-	B-	F	B+	F	F	F	F	B-	C+	B+	A-	C+	C

항목	DEF	ID	PD	ST	BL	HDQ	PP	DC	RBG	ORG	DRG	ATH	SP	AG	STR	VJ	STA	HP	INT	POT	OG
평점	D	D-	C-	C	F	D	D+	D-	D-	C+	D-	B-	A-	B+	D-	A-	A	B-	D	A-	C+

G 1 Blake WESLEY SG
블레이크 웨슬리 2003.03.16 / 191cm

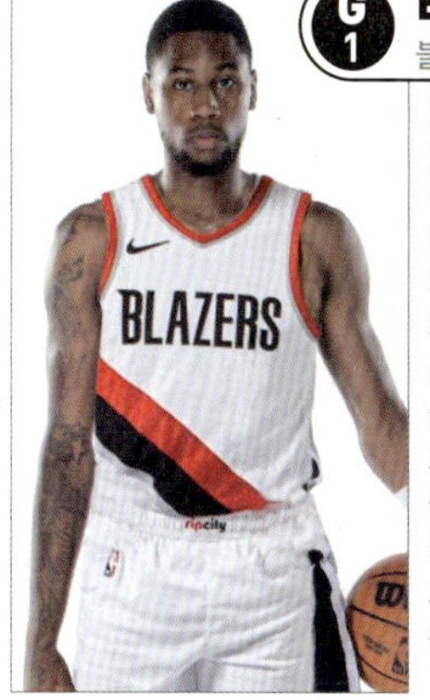

미국
NBA 드래프트 : 2022년 1라운드 25번
NBA 우승 : 0회 / **파이널 MVP :** 0회
시즌 MVP : 0회 / **NBA 퍼스트팀 :** 0회

지난 시즌 NBA의 샌안토니오 스퍼스와 G리그 오스틴 스퍼스를 넘나들었다. 올여름 포틀랜드로 이적했고, 샌안토니오 시절보다는 NBA 출전 시간이 훨씬 길 것이다. 웨슬리는 슈팅 기술이 좋은 '윙-가드'다. 풀업 점퍼와 캐치&슛으로 3점 슈팅과 롱2를 시도한다. 뛰어난 운동능력을 바탕으로 드라이빙을 시도한 후 레이업, 플로터, 덩크로 마무리한다. 체인지 페이스 드리블로 상대 수비를 혼란스럽게 만들고, 정확한 패스를 찔러준다. 연봉은 238만 달러.

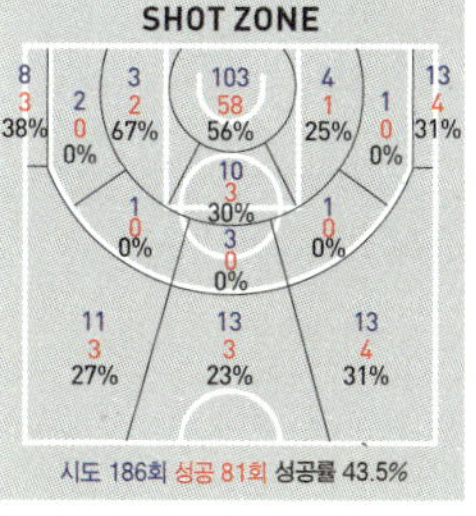

시도 186회 성공 81회 성공률 43.5%

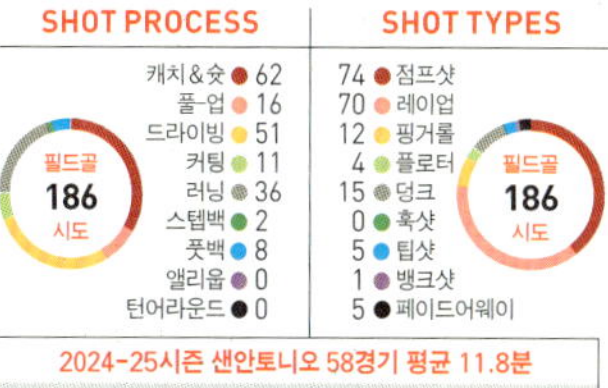

SHOT PROCESS (필드골 186 시도)
캐치&슛 62 / 풀-업 16 / 드라이빙 51 / 커팅 11 / 러닝 36 / 스텝백 2 / 풋백 8 / 앨리웁 0 / 턴어라운드 0

SHOT TYPES (필드골 186 시도)
74 점프샷 / 70 레이업 / 12 핑거롤 / 4 플로터 / 15 덩크 / 0 훅샷 / 5 팁샷 / 1 뱅크샷 / 5 페이드어웨이

2024-25시즌 샌안토니오 58경기 평균 11.8분

항목	PTS	RB	AS	ST	BL	FG-FGA	3P-3PA	FT-FTA
평균	3.7	1.1	2.0	0.6	0.1	1.4-3.2	0.3-1.0	0.7-1.1
36분	11.4	3.2	6.0	2.0	0.3	4.3-9.8	0.9-3.1	2.0-3.2

항목	OS	CS	MS	3P	FT	SQ	OC	IS	L&F	SD	DD	PH	PF	PC	DRF	PM	PA	BH	DRS	PQ	PV
평점	D	D+	D-	C-	D	C-	B-	D-	C	F	B+	D-	D-	D-	D-	C-	D+	B-	C+	D+	C-

항목	DEF	ID	PD	ST	BL	HDQ	PP	DC	RBG	ORG	DRG	ATH	SP	AG	STR	VJ	STA	HP	INT	POT	OG
평점	D	D-	C	A-	F	D-	D-	D-	D-	C	D-	C	C+	C+	F	B	A-	C	C-	B+	C-

G 25 Sidy CISSOKO SG-SF
시디 시소코 2004.04.02 / 198cm

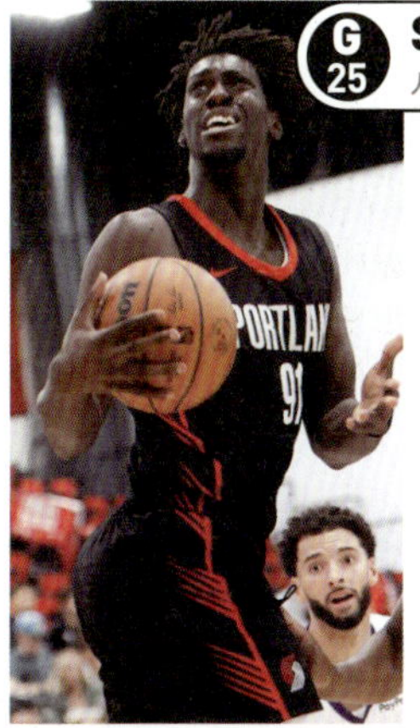

미국
NBA 드래프트 : 2023년 2라운드 44번
NBA 우승 : 0회 / **파이널 MVP :** 0회
시즌 MVP : 0회 / **NBA 퍼스트팀 :** 0회

프로 3년 차 '서드 유닛' 멤버. NBA와 G리그(오스틴 스퍼스)를 넘나들었고, 지난 시즌 도중 포틀랜드로 이적했다. 시소코는 203cm 장신 스윙맨이다. 온-더-볼과 오프-더-볼 플레이에 모두 잘 적응한다. 빅윙치고 볼 핸들링이 좋은 편이고, 패스를 정확하게 찔러준다. 그는 수비 스페셜리스트다. 208cm 윙스팬과 운동능력을 활용해 상대 팀 1번~4번을 모두 수비할 수 있다. 공격 리바운드와 스틸이 특기다. 구단과 연봉 64만 달러에 투웨이 계약을 맺었다.

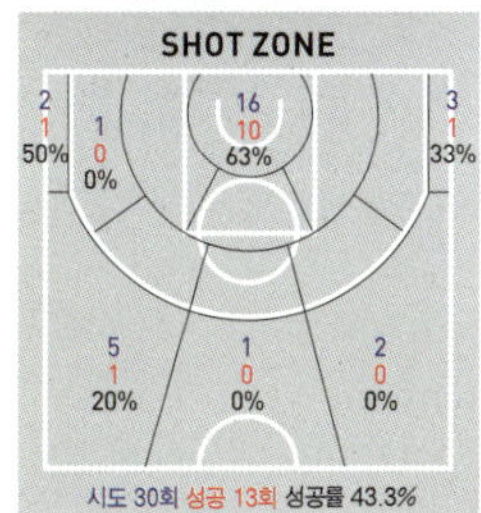

시도 30회 성공 13회 성공률 43.3%

SHOT PROCESS (필드골 30 시도)
캐치&슛 12 / 풀-업 0 / 드라이빙 9 / 커팅 2 / 러닝 4 / 스텝백 2 / 풋백 1 / 앨리웁 0 / 턴어라운드 0

SHOT TYPES (필드골 30 시도)
14 점프샷 / 7 레이업 / 2 핑거롤 / 0 플로터 / 5 덩크 / 0 훅샷 / 0 팁샷 / 2 뱅크샷 / 0 페이드어웨이

2024-25시즌 샌안토니오+포틀랜드 22경기 평균 5.2분

항목	PTS	RB	AS	ST	BL	FG-FGA	3P-3PA	FT-FTA
평균	1.5	1.0	0.7	0.1	0.0	0.6-1.4	0.1-0.6	0.1-0.4
36분	10.1	6.6	4.7	0.6	0.3	4.1-9.5	0.9-4.1	0.9-2.8

항목	OS	CS	MS	3P	FT	SQ	OC	IS	L&F	SD	DD	PH	PF	PC	DRF	PM	PA	BH	DRS	PQ	PV
평점	–	–	–	–	–	–	–	–	–	–	–	–	–	–	–	–	–	–	–	–	–

항목	DEF	ID	PD	ST	BL	HDQ	PP	DC	RBG	ORG	DRG	ATH	SP	AG	STR	VJ	STA	HP	INT	POT	OG
평점	–	–	–	–	–	–	–	–	–	–	–	–	–	–	–	–	–	–	–	–	–

출전 시간이 짧아 평점 매길 수 없음

PORTLAND TRAILBLAZERS 2025-26 REGULAR SEASON SCHEDULE

PORTLAND TRAIL BLAZERS

OCTOBER, 2025
Oct. 22 vs. Minnesota Timberwolves
Oct. 24 vs. Golden State Warriors
Oct. 26 @ Los Angeles Clippers
Oct. 27 @ Los Angeles Lakers
Oct. 29 @ Utah Jazz
Oct. 31 vs. Denver Nuggets

NOVEMBER, 2025
Nov. 3 vs. Los Angeles Lakers
Nov. 5 vs. Oklahoma City Thunder
Nov. 8 @ Miami Heat
Nov. 10 @ Orlando Magic
Nov. 12 @ New Orleans Pelicans
Nov. 14 @ Houston Rockets
Nov. 16 @ Dallas Mavericks
Nov. 18 vs. Phoenix Suns
Nov. 19 vs. Chicago Bulls
Nov. 21 @ Golden State Warriors
Nov. 23 @ Oklahoma City Thunder
Nov. 24 @ Milwaukee Bucks
Nov. 26 vs. San Antonio Spurs
Nov. 30 vs. Oklahoma City Thunder

DECEMBER, 2025
Dec. 2 @ Toronto Raptors
Dec. 3 @ Cleveland Cavaliers
Dec. 5 @ Detroit Pistons
Dec. 7 @ Memphis Grizzlies
Dec. 18 vs. Sacramento Kings
Dec. 20 @ Sacramento Kings
Dec. 22 vs. Detroit Pistons
Dec. 23 vs. Orlando Magic
Dec. 26 vs. Los Angeles Clippers
Dec. 28 vs. Boston Celtics
Dec. 29 vs. Dallas Mavericks
Dec. 31 @ Oklahoma City Thunder

JANUARY, 2026
Jan. 2 @ New Orleans Pelicans
Jan. 3 @ San Antonio Spurs
Jan. 5 vs. Utah Jazz
Jan. 7 vs. Houston Rockets
Jan. 9 vs. Houston Rockets
Jan. 11 vs. New York Knicks
Jan. 13 @ Golden State Warriors
Jan. 15 vs. Atlanta Hawks
Jan. 17 vs. Los Angeles Lakers
Jan. 18 @ Sacramento Kings
Jan. 22 vs. Miami Heat
Jan. 23 vs. Toronto Raptors
Jan. 26 @ Boston Celtics
Jan. 27 @ Washington Wizards
Jan. 30 @ New York Knicks

FEBRUARY, 2026
Feb. 1 vs. Cleveland Cavaliers
Feb. 3 vs. Phoenix Suns
Feb. 6 vs. Memphis Grizzlies
Feb. 7 vs. Memphis Grizzlies
Feb. 9 vs. Philadelphia 76ers
Feb. 11 @ Minnesota Timberwolves
Feb. 12 @ Utah Jazz
Feb. 20 vs. Denver Nuggets
Feb. 22 @ Phoenix Suns
Feb. 24 vs. Minnesota Timberwolves
Feb. 26 @ Chicago Bulls
Feb. 28 @ Charlotte Hornets

MARCH, 2026
Mar. 1 @ Atlanta Hawks
Mar. 4 @ Memphis Grizzlies
Mar. 6 @ Houston Rockets
Mar. 8 vs. Indiana Pacers
Mar. 10 vs. Charlotte Hornets
Mar. 13 vs. Utah Jazz
Mar. 15 @ Philadelphia 76ers
Mar. 16 @ Brooklyn Nets
Mar. 18 @ Indiana Pacers
Mar. 20 @ Minnesota Timberwolves
Mar. 22 @ Denver Nuggets
Mar. 23 vs. Brooklyn Nets
Mar. 25 vs. Milwaukee Bucks
Mar. 27 vs. Dallas Mavericks
Mar. 29 vs. Washington Wizards
Mar. 31 @ Los Angeles Clippers

APRIL, 2026
Apr. 2 vs. New Orleans Pelicans
Apr. 6 @ Denver Nuggets
Apr. 8 @ San Antonio Spurs
Apr. 10 vs. Los Angeles Clippers
Apr. 12 vs. Sacramento Kings

UTAH JAZZ
UTAH
23

구단 수뇌부, 또 탱킹하나

포제션의 소중함

농구는 27개 아웃 카운트가 정해진 야구와 달리 포제션(possession) 활용 빈도가 유동적이다. 대표적인 변수가 실책. 실책이 발생하면 아군 공격 기회가 감소하고, 상대 기회는 증가하기 때문이다. 유타의 고민거리는 해당 항목에서 시작된다. 경기당 평균 17.2실책, 실책 마진 -5.4회, 실책 기반 득실점 마진 -8.4점 모두 리그 전체 압도적인 꼴찌였다. NBA 역사상 2024-25시즌 유타보다 많은 누적 실책 마진을 기록했던 팀 따윈 없다(+444개). 한 마디로 엉망진창이었다.

뒤로 넘어져도 코가 깨진다

탱킹 집단의 유일한 낙은 신인 드래프트다. 아낌없이 갈아 넣은 패배를 높은 드래프트 순번으로 보상받는다. 그러나 유타는 로터리 추첨 신에게조차 외면받은 신세다. 탱킹이 진행된 직전 3시즌 동안 각각 전체 9순위, 10순위, 5순위 지명권 획득에 그쳤다. 안 되는 팀은 뒤로 넘어져도 코가 깨진다. 그나마 올해 드래프트에서는 성장 잠재력이 높은 윙 포워드 에이스 베일리가 5순위까지 추락한 덕분에 최악의 상황은 모면했다. 베일리의 불안정한 멘탈 관리는 프런트 몫이다.

어디로 가야 하오?

갈림길 앞에 섰다. 오클라호마시티로 넘어간 내년 드래프트 1라운드 지명권에 1~8순위 보호 조항이 붙어있다. 권리를 지키려면 4시즌 연속 탱킹이 불가피한 실정이다. 하필 AJ 다빈샤, 대린 피터슨, 카메론 부저 등 프랜차이즈 미래를 바꿀 만한 특급 인재들이 참여할 황금 드래프트이기도 하다. 선수단 내에 리빌딩 코어(core) 유망주가 없음을 떠올려보자. 거듭된 패배에 지친 팬들에게 고통스럽겠지만, 구단 수뇌부의 선택은 추가 탱킹으로 귀결될 공산이 크다.

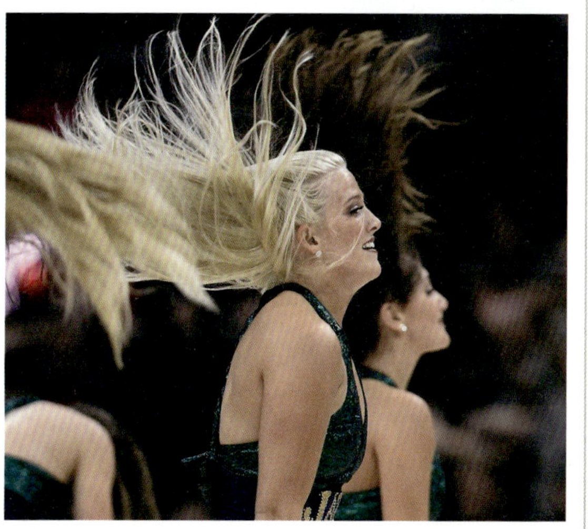

*통계는 2025년 10월 1일 기준

CLUB INFORMATION

  **Founded** 구단 창립 1974년	 **Owner** 라이언 스미스	 **CEO** 대니 에인지 1959.03.17	 **Head Coach** 윌 하디 1988.01.21	 **24-25 Odds** 스카이벳 : 500배 윌리엄힐 : 1000배
 **Nationality** ●미국 선수 14명 ●외국 선수 4명	 **Age** 18명 평균 24.9세	 **Height** 18명 평균 201.0cm	**Weight** 18명 평균 101.1kg	 **Salary** 16명 평균 884만 달러
  **Win** 2024-25 : 17승 통산 : 2194승	 **Loss** 2024-25 : 65패 통산 : 1920패	**Winning%** 2024-25 : 20.7% 통산 : 53.3%	  **Play-Off** PO 진출 : 31회 PO 탈락 : 20회	 **Titles** NBA우승 : 0회 컨퍼런스 : 2회
 **Top Scorer** 라우리 마카넨 평균 19.0점	 **More Rebounds** 워커 케슬러 평균 12.2리바운드	 **More Assists** 아이재이아 콜리어 평균 6.3어시스트	 **More Steals** 아이재이아 콜리어 평균 0.9스틸	 **More Blocks** 워커 케슬러 평균 2.4블록

*항목별 1위는 지난 시즌 유타 소속으로 42경기 이상 출전한 선수 중 선별

HEAD COACH & STADIUM

William HARDY 윌리엄 하디

생년월일 : 1988.01.21 / **출생지 :** 미국 버지니아주 리치먼드
경력 : 2015~2021년 샌안토니오 스퍼스 코치 / 2021~2022년 보스턴 셀틱스 코치 / 2022년~ 유타 재즈 감독

세인트 크리스토퍼고를 졸업하고, 2006년 윌리엄스 칼리지에 입학해 농구 선수로 활약했다. 그가 4학년 때인 2010년, 소속팀은 30승 2패를 기록하며, 전미 대학 랭킹 2위에 올랐다. 하디는 그러나 프로 선수가 되지 않고, 일찍 지도자로 나섰다. 2010년 샌안토니오 스퍼스에서 농구 운영 인턴으로 경력을 쌓기 시작했고, 이듬해엔 팀의 비디오 코디네이터로 승진했다. 그레그 포포비치 감독의 전폭적인 신뢰 속에 2016-17시즌 어시스턴트 코치가 되었다. 하디가 2010~2021년 샌안토니오 프런트에서 일하는 동안 팀은 9번의 플레이오프 참가, 22번의 NBA 파이널 진출, 그리고 2014년에는 NBA 우승을 차지했다. 샌안토니오와 계약이 끝나자 그는 이메 우도카 감독이 지휘하던 보스턴 셀틱스의 어시스턴트가 되어 팀이 2010년 이후 처음 NBA 파이널에 진출할 수 있도록 힘을 보탰다. 그리고 2022년 6월 29일, 유타 재즈의 9대 감독으로 부임했다. 새 구단주 라이언 스미스의 "새 술은 새 부대에" 라는 의지의 표현이었다.

DELTA CENTER

구장 오픈 : 1991년 10월 9일
구장 증개축 : –
오너 : 라이언 스미스
수용인원 : 1만 8306명
건축비용 : 9300만 달러
(현재 가치) 2억 1700만 달러

유타 재즈의 홈구장이고, 솔트레이크시티 시내 최고의 스포츠 및 엔터테인먼트 장소다. NBA 경기를 포함해 매년 320일 이상 다양한 이벤트(음악 콘서트, 전시회 등)을 개최한다. 연간 약 180만 명의 고객이 경기장을 찾는다. 아레나 입구에는 유타 재즈 레전드인 칼 말론과 존 스탁턴의 동상이 있다. 재즈 홈구장으로 사용되기 시작한 건 1991-92시즌부터다.

REGULAR SEASON RANKING LAST 10YEARS ★NBA 파이널 우승

15-16	16-17	17-18	18-19	19-20	20-21	21-22	22-23	23-24	24-25
19	8	10	8	10	1	9	22	23	30
40승 42패	51승 31패	48승 34패	50승 32패	44승 28패	52승 20패	49승 33패	37승 45패	31승 51패	17승 65패

Honours

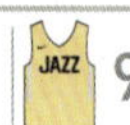

NBA CHAMPIONS	CONFERENCE TITLES	DIVISION TITLES	RETIRED NUMBERS
0	2	11	9

NBA CHAMPIONSHIPS
NONE

CONFERENCE TITLES
1997, 1998

DIVISION TITLES
1984, 1989, 1992, 1997, 1998, 2000, 2007, 2008, 2017, 2021, 2022

RETIRED NUMBERS
1, 4, 7, 9, 12, 14, 32, 35, 53

TEAM POTENTIAL

65점
29위

하프코트 세트오펜스 5점 / 트랜지션 오펜스 6점 / 하프코트 세트디펜스 6점 / 트랜지션 디펜스 6점 / 리바운드 9점
선수층 6점 / 선수 경험치 6점 / 감독 리더십 8점 / 감독 전술 7점 / 프런트 6점

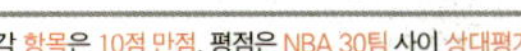
*각 항목은 10점 만점, 평점은 NBA 30팀 사이 상대평가

우승 ODDS	배당	순위
bet 365	500배	24위
Paddy Power	500배	26위
William Hill	1000배	27위

OFFENSIVE STYLE
트랜지션 오펜스 ←→ 하프코트 세트오펜스

DEFENSIVE STYLE
하이 프레스 ←→ 하프코트 디펜스

SQUAD & TACTICS

STARTERS

PF 카일 필리포우스키 21.1분, 9.6점 6.1RB, 1.9AS
C 워커 케슬러 30.0분, 11.1점 12.2RB, 1.7AS
SF 라우리 마카넨 31.4분, 19.0점 5.9RB, 1.5AS
SG 에이스 베일리 2025-26시즌 신인 선수
PG 아이재이아 콜리어 25.9분, 8.7점 3.3RB, 6.3AS

OFF THE BENCH

PG 월터 클레이튼 2025-26시즌 신인 선수
SG 브라이스 센저바우 20.2분, 10.9점 3.0RB, 1.5AS
SF 코디 윌리엄스 21.2분, 4.6점 2.3RB, 1.2AS
PF 조지 니앙 21.5분, 9.9점 3.4RB, 1.4AS
C 유수프 누르키치 20.8분, 8.9점 7.8RB, 2.3AS

G 키욘테 조지
G 스비 미하일리우크
F 카일 앤더슨
F 케이제이 마틴
C 테일러 헨드릭스

Player's Functions

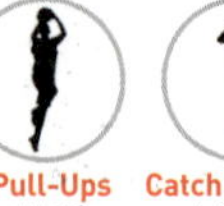

Ball Handlers: I.콜리어, C.윌리엄스, K.조지
Pull-Ups: K.조지, B.센자바우, I.콜리어
Catch & Shoot: L.마카넨, G.니앙, K.필리포우스키

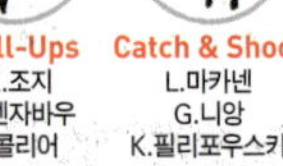

3 Pointers: L.마카넨, G.니앙, K.조지
Slam Dunkers: W.케슬러, L.마카넨, K.필리포우스키
Free Throw: L.마카넨, K.조지, B.센자바우

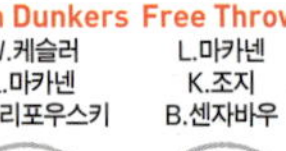

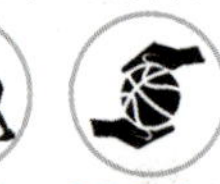

Rebounders: W.케슬러, J.누르키치, T.헨드릭스
1-1 Defenders: W.케슬러, C.윌리엄스, A.베일리
Ball Stealers: I.콜리어, K.조지, K.앤더슨

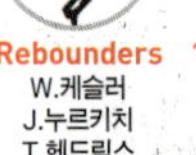

Key Passes: I.콜리어, K.조지, K.앤더슨
Hustle Players: K.필리포우스키, W.케슬러, K.조지
Rim Protectors: W.케슬러, T.헨드릭스, J.누르키치

2024-25 SEASON PERFORMANCE

공격 레이팅 111.2(24위) 수비 레이팅 120.4(30위) 레이팅 마진 -9.3(27위) 페이스 100.0(5위)

UTAH JAZZ vs. OPPONENTS PER GAME STATS

	득실점	필드골성공	필드골시도	필드골%	3점성공	3점시도	3점%	2점성공	2점시도	2점%	자유투성공	자유투시도	자유투%	공격 RB	수비 RB	전체 RB	어시스트	스틸	블락샷	턴오버	파울
유타	111.9 21위	40.3 25위	88.7 20위	45.4% 22위	14.0 10위	39.8 6위	35.0% 22위	26.4 24위	48.8 25위	54.0% 19위	17.3 8위	22.4 10위	77.4% 22위	12.0 8위	33.4 11위	45.4 5위	25.5 20위	6.8 30위	4.4 24위	17.2 30위	18.9 18위
상대팀	121.2 30위	44.6 30위	93.0 28위	48.0% 26위	14.9 30위	41.5 30위	35.8% 12위	29.7 28위	51.5 14위	57.7% 29위	17.2 19위	22.6 22위	76.3% 2위	11.7 24위	32.6 12위	44.2 17위	29.6 30위	9.8 30위	6.4 30위	11.8 30위	19.3 4위

LINE-UP

* 유타는 지난 시즌 총 785개의 라인업을 가동했다. 득실점차 플러스 10개, 마이너스 10개를 골랐다.

득실점차 플러스(+) 라인업 TOP 10	G	MIN	PPG	RPG	득실차
L. Markkanen - J. Collins - C. Sexton - W. Kessler - K. George	14	196	36.4	14.9	+34
J. Collins - S. Mykhailiuk - C. Sexton - W. Kessler - K. George	2	26	41.5	18.5	+31
L. Markkanen - J. Collins - C. Sexton - W. Kessler - I. Collier	5	33	16.8	7.6	+19
S. Mykhailiuk - M. Potter - K. George - C. Williams - K. Filipowski	1	11	31.0	12.0	+19
J. Springer - M. Potter - O. Tshiebwe - K. George - C. Williams	1	13	38.0	16.0	+17
S. Mykhailiuk - W. Kessler - K. George - C. Williams - I. Collier	3	10	10.7	3.7	+17
J. Clarkson - L. Markkanen - C. Sexton - W. Kessler - C. Williams	3	20	19.3	8.7	+15
P. Mills - S. Mykhailiuk - D. Eubanks - B. Sensabaugh - K. Filipowski	1	15	35.0	13.0	+12
J. Clarkson - J. Collins - S. Mykhailiuk - W. Kessler - I. Collier	1	12	36.0	21.0	+12
S. Mykhailiuk - J. Springer - M. Potter - O. Tshiebwe - B. Sensabaugh	2	5	10.5	3.5	+12
득실점차 마이너스(-) 라인업 TOP 10	**GP**	**MIN**	**PPG**	**RPG**	**득실차**
L. Markkanen - C. Sexton - W. Kessler - C. Williams - I. Collier	6	37	14.3	5.7	-34
C. Sexton - W. Kessler - C. Williams - I. Collier - K. Filipowski	5	34	13.4	6.2	-31
M. Potter - K. George - B. Sensabaugh - I. Collier - K. Filipowski	5	15	4.0	2.2	-23
J. Collins - W. Kessler - K. George - B. Sensabaugh - I. Collier	7	16	4.9	0.9	-21
L. Markkanen - J. Juzang - B. Sensabaugh - I. Collier - K. Filipowski	3	10	5.7	2.0	-21
S. Mykhailiuk - M. Potter - K. George - B. Sensabaugh - C. Williams	2	6	3.0	1.0	-21
L. Markkanen - J. Juzang - W. Kessler - B. Sensabaugh - I. Collier	3	17	9.0	5.0	-20
K. Martin - J. Springer - K. George - C. Williams - K. Filipowski	3	16	10.0	4.0	-17
C. Sexton - W. Kessler - K. George - I. Collier - K. Filipowski	4	12	5.3	2.5	-17
L. Markkanen - D. Eubanks - J. Juzang - B. Sensabaugh - I. Collier	3	11	6.0	1.7	-17

PASS COMBINATIONS

→ 해당 선수가 경기당 동료로부터 패스 받은 횟수
→ 해당 선수가 경기당 동료들에게 패스 해준 횟수

받은 패스	선수	해준 패스
59.5	키욘테 조지	54.1
49.6	아이재이아 콜린스	50.5
45.9	콜린 섹스턴	34.0
29.9	존 콜린스	33.7
38.7	조던 클락슨	29.5
27.6	라우리 마카넨	27.0
19.3	워커 케슬러	26.1
18.9	카일 필리포우스키	24.7
22.2	패티 밀스	21.5
21.4	스비 미하일리우크	21.3
10.5	마이카 포터	18.4
15.4	케이제이 마틴	17.4
16.9	조니 주쟁	17.3
13.3	테일러 헨드릭스	16.7
19.2	브라이스 센자바우	16.6
14.3	코디 윌리엄스	16.6
11.5	오스카 시브웨	16.3
10.0	엘리자 하클레스	14.2
12.3	드류 유뱅크스	13.9
10.5	제이든 스프링어	8.9

2024-25 RANKING

* 는 수치가 낮을수록 랭킹이 높아짐

유타	랭킹	FIVE FACTORS	상대팀	랭킹
53.3%	21위	3점 가중 FG%	55.9%*	27위
14.9*	30위	턴오버 / 100포제션	10.3	30위
26.9%	6위	공격 RB 점유율	25.9%*	22위
74.1%	22위	수비 RB 점유율	73.1%*	5위
19.5%	11위	자유투 / 필드골	18.5%*	12위

득점	랭킹	PLAYTYPE	실점*	랭킹
7.3	14위	아이솔레이션	7.6	22위
22.1	18위	트랜지션	29.7	30위
14.3	24위	픽&롤 볼핸들러	12.6	2위
6.6	20위	픽&롤 롤맨	6.6	8위
1.7	27위	포스트-업	4.2	21위
24.4	23위	스팟-업	28.3	20위
7.1	4위	핸드오프	5.3	16위
10.2	12위	커팅	—	—
7.3	2위	오프 스크린	6.2	30위
7.7	4위	풋백	6.9	25위
2.9	13위	기타	—	—

SHOT ZONE

평균 구간별 슈팅 및 성공률

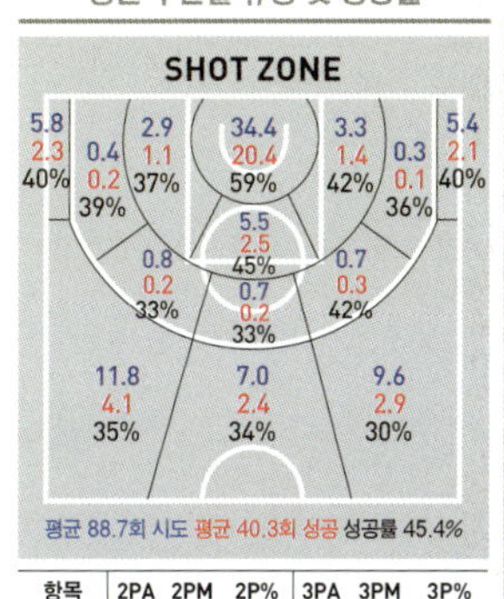

항목	2PA	2PM	2P%	3PA	3PM	3P%
캐치&슛	0.9	0.3	35.1%	28.0	10.1	36.1%
풀업	8.9	3.5	39.1%	11.5	3.7	32.3%
3m 안쪽	39.0	22.5	57.8%	—	—	—
TOTAL	48.8	26.4	54.0%	39.8	13.9	35.0%

SHOT PROCESS & SHOT TYPES

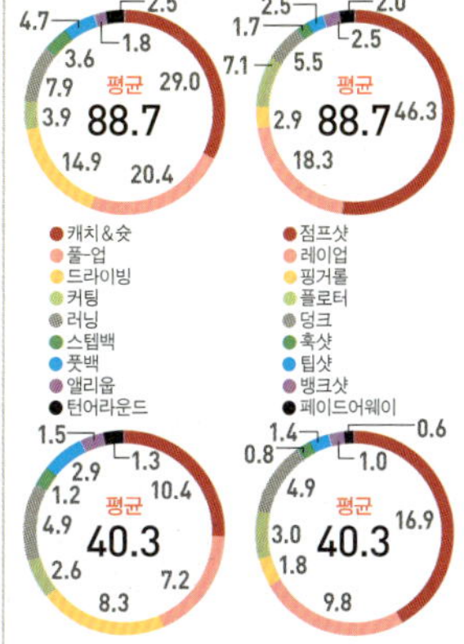

SHOOTING

필드골 시도: 평균 88.7 (18.8 / 6.3 / 35.7 / 27.9)

필드골 시도: 평균 88.7 (8.3 / 3.1 / 12.3 / 13.3 / 43.0 / 8.7)

공격수와 수비수의 거리: ● 0~0.6m ● 0.6~1.2m ● 1.2~1.8m ● 1.8m 이상

샷클락: ● 22~24초 ● 18~22초 ● 15~18초 ● 7~15초 ● 4~7초 ● 0~4초

필드골 성공: 평균 40.3 (7.7 / 2.8 / 17.6 / 12.2)

필드골 성공: 평균 40.3 (3.1 / 1.8 / 6.5 / 6.0 / 19.1 / 3.8)

OPPONENT SHOOTING

상대 필드골 시도: 평균 93.0 (26.7 / 6.5 / 32.6 / 27.2)

상대 필드골 시도: 평균 93.0 (6.7 / 3.2 / 16.8 / 16.7 / 42.9 / 6.7)

공격수와 수비수의 거리: ● 0~0.6m ● 0.6~1.2m ● 1.2~1.8m ● 1.8m 이상

샷클락: ● 22~24초 ● 18~22초 ● 15~18초 ● 7~15초 ● 4~7초 ● 0~4초

필드골 허용: 평균 44.6 (11.1 / 3.4 / 17.7 / 12.4)

필드골 허용: 평균 44.6 (2.9 / 2.5 / 2.0 / 8.9 / 7.7 / 20.6)

CONTESTED REBOUNDS

공격 리바운드: 평균 6.9 (0.6 / 2.7 / 2.4 / 1.2)

수비 리바운드: 평균 7.8 (0.6 / 2.1 / 3.6 / 1.5)

림 아래부터 리바운드 위치까지의 거리
● 0~0.9m ● 0.9~1.8m ● 1.8~3m ● 3m 이상

UNCONTESTED REBOUNDS

공격 리바운드: 평균 5.2 (0.5 / 1.1 / 1.0 / 2.6)

수비 리바운드: 평균 25.7 (5.3 / 4.5 / 9.6 / 6.3)

림 아래부터 리바운드 위치까지의 거리
● 0~0.9m ● 0.9~1.8m ● 1.8~3m ● 3m 이상

DEFENSE OF 17 WINS

필드골 허용 %: 42.9%

상대 필드골 시도 94.7
필드골 허용 40.6

3점슛 허용 %: 30.9%

상대 3점슛 시도 44.4
3점슛 허용 13.7

DEFENSE OF 65 LOSSES

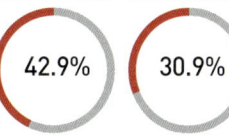

필드골 허용 %: 49.3%

상대 필드골 시도 92.5
필드골 허용 45.6

3점슛 허용 %: 37.2%

상대 3점슛 시도 40.8
3점슛 허용 15.2

General Stats								Outside Scoring & Shooting							Inside Scoring & Shooting								Play Making, Ball Handling & Passing					
PTS	RB	AS	ST	BL	FG-FGA	3P-3PA	FT-FTA	OS	CS	MS	3P	FT	SQ	OC	IS	L&F	SD	DD	PH	PF	PC	DRF	PM	PA	BH	DRS	PQ	PV
득점	리바운드	어시스트	스틸	블락샷	필드골 성공-시도	3점슈팅 성공-시도	자유투 성공-시도	외곽 득점력	근거리 점프샷	중거리 슈팅	3점 슈팅	자유투	슈팅 IQ	득점 일관성	인사이드 득점력	레이업 플로터	스탠딩 덩크	드라이빙 덩크	포스트 훅샷	포스트 페이드	포스트 컨트롤	파울 유도	플레이 메이킹	패스 능력	볼 핸들링	드리블 스피드	패스 IQ	패스 비전

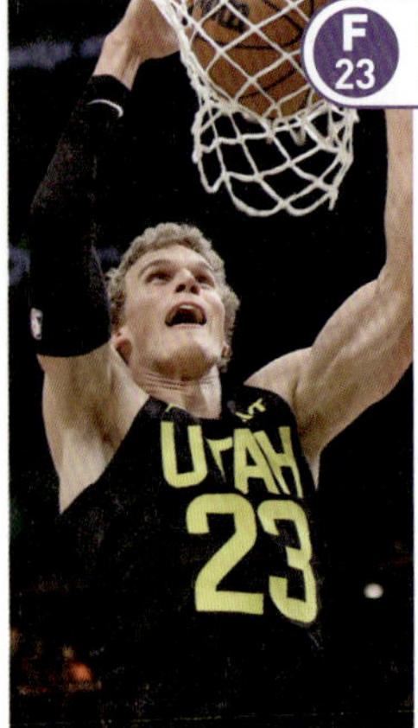

F 23 Lauri MARKKANEN PF-SF

라우리 마카넨 1997.05.22 / 213cm

핀란드

NBA 드래프트 : 2017년 1라운드 7번
NBA 우승 : 0회 / **파이널 MVP** : 0회
시즌 MVP : 0회 / **NBA 퍼스트팀** : 0회

2025년 8월, 유타와 5년 총액 2억 3800만 달러에 계약했다. 이로써 '빅마켓 팀 이적' 루머를 잠재웠다. 마카넨은 캐치&슛, 풀업, 드라이빙, 커팅, 러닝, 풋백, 스텝백, 턴어라운드 등 모든 형태의 공격 프로세스를 선보인다. 이 프로세스에서 이어지는 점프샷, 레이업, 덩크, 플로터, 핑거롤, 훅샷, 뱅크샷, 페이드어웨이샷 등 모든 형태의 슈팅 타입을 구사한다. 문제는 부상. 지난 시즌에도 왼 무릎 부상으로 일정의 절반을 날려버렸다. 연봉은 4639만 달러.

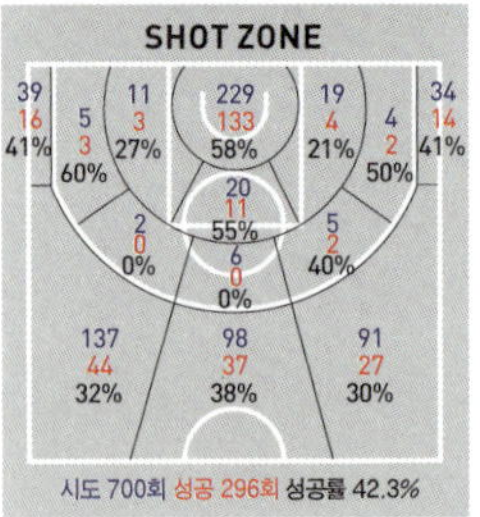

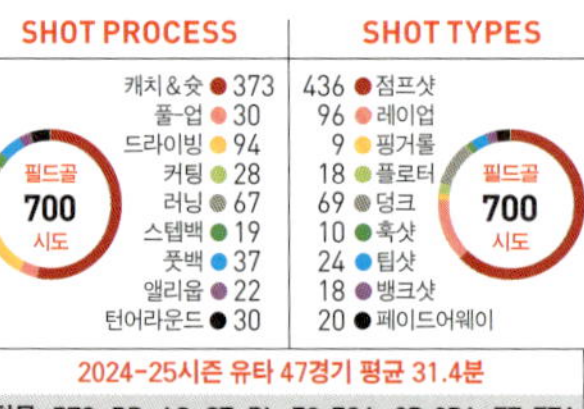

2024-25시즌 유타 47경기 평균 31.4분

항목	PTS	RB	AS	ST	BL	FG-FGA	3P-3PA	FT-FTA
평균	19.0	5.9	1.5	0.7	0.4	6.3-14.9	2.9-8.5	3.4-3.9
36분	21.8	6.8	1.7	0.8	0.4	7.2-17.1	3.4-9.7	4.0-4.5

항목	OS	CS	MS	3P	FT	SQ	OC	IS	L&F	SD	DD	PH	PF	PC	DRF	PM	PA	BH	DRS	PQ	PV
평점	B	A+	C-	B-	B+	B	B	B-	C	C	C	B-	B-	B+	B-	D-	D-	D	D-	C	D-

항목	DEF	ID	PD	ST	BL	HDQ	PP	DC	RBB	ORB	DRB	ATH	SP	AG	STR	VJ	STA	HP	INT	POT	OG
평점	D+	D+	D+	F	F	D+	D	D	D-	D-	D-	C-	D	D	D-	D	B	B	B-	A-	B

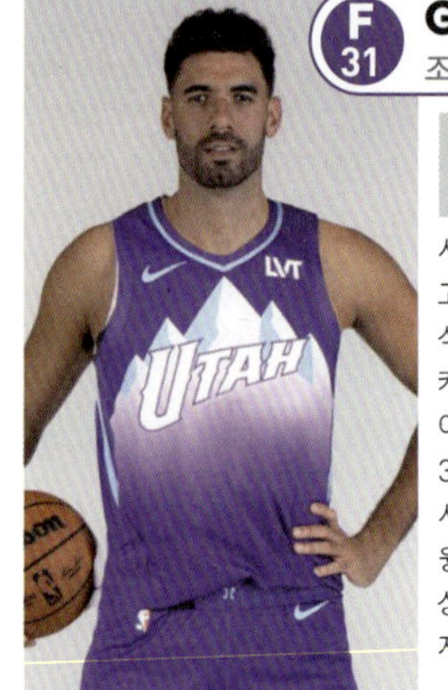

F 31 Georges NIANG PF

조지 니앙 1993.06.17 / 201cm

미국

NBA 드래프트 : 2016년 2라운드 50번
NBA 우승 : 0회 / **파이널 MVP** : 0회
시즌 MVP : 0회 / **NBA 퍼스트팀** : 0회

시즌 도중 클리블랜드에서 애틀랜타로 이적했고, 여름에 유타와 계약했다. 프로 데뷔 후 늘 식스맨으로 활약했다. 하지만 올 시즌에는 마카넨과 함께 선발 포워드 콤비로 출전할 전망이다. 니앙은 늘 성실한 모습을 보인다. 장점은 3점 슈팅. 항상 좋은 자리를 잡고, 높은 타점에서 한 템포 빨리 릴리스한다. 스윗 스팟은 왼쪽 윙. 인사이드 1대1 수비, 블락 등은 취약하다. 상대 팀은 그를 스위치 후의 미스매치 상대로 자주 활용한다. 연봉은 820만 달러.

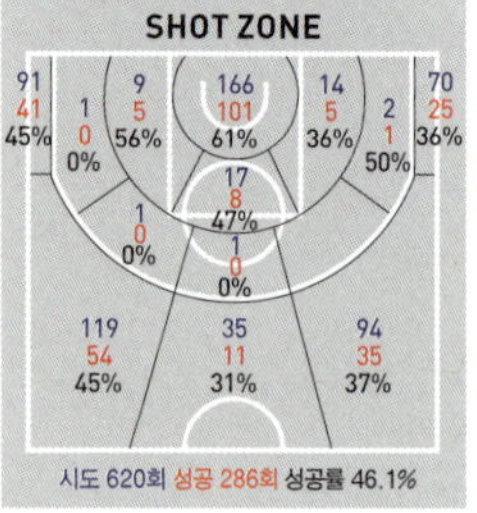

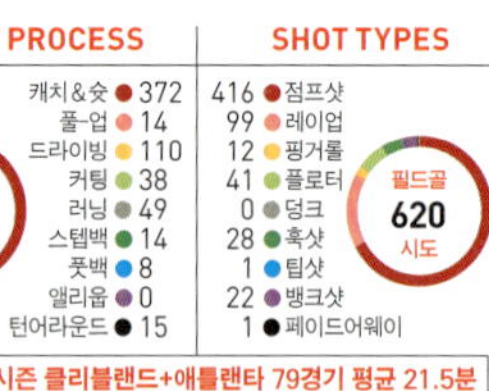

2024-25시즌 클리블랜드+애틀랜타 79경기 평균 21.5분

항목	PTS	RB	AS	ST	BL	FG-FGA	3P-3PA	FT-FTA
평균	9.9	3.4	1.4	0.4	0.2	3.6-7.8	2.1-5.2	0.6-0.7
36분	16.6	5.8	2.4	0.6	0.3	6.1-13.2	3.5-8.7	1.0-1.2

항목	OS	CS	MS	3P	FT	SQ	OC	IS	L&F	SD	DD	PH	PF	PC	DRF	PM	PA	BH	DRS	PQ	PV
평점	C	A+	C+	B	B-	C-	F	D-	C	F	D-	C-	C-	C-	F	D-	D	D+	D-	C-	F

항목	DEF	ID	PD	ST	BL	HDQ	PP	DC	RBB	ORB	DRB	ATH	SP	AG	STR	VJ	STA	HP	INT	POT	OG
평점	D	D	D	F	F	D	D-	F	D-	D-	D-	C-	F	D-	D	C-	A-	B-	C-	B-	C

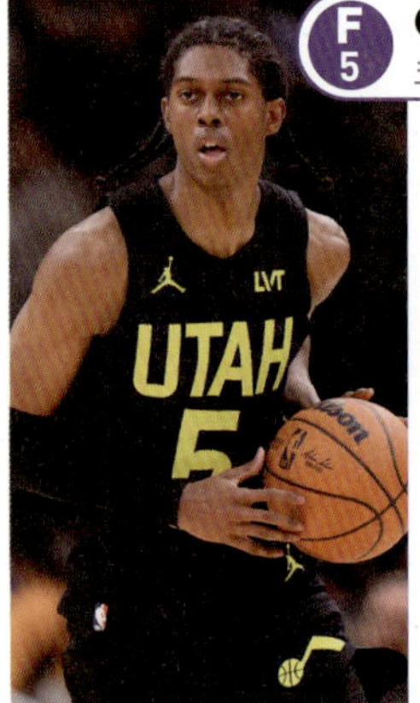

F 5 Cody WILLIAMS SF-SG

코디 윌리엄스 2004.11.24 / 203cm

미국

NBA 드래프트 : 2024년 1라운드 10번
NBA 우승 : 0회 / **파이널 MVP** : 0회
시즌 MVP : 0회 / **NBA 퍼스트팀** : 0회

콜로라도대 1학년을 마치고 2024년 NBA 드래프트를 통해 유타에 입단했다. 그의 형 제일런은 현재 오클라호마 시티에서 활약 중이다. 코디는 203cm의 장신 윙으로 운동 능력이 뛰어나고, 투쟁심이 강하다. 스팟업 슈터 겸 슬래셔다. 상대팀 림 프로텍터 위에서 덩크를 그냥 찍어버린다. 트래지션 게임 마무리도 훌륭하다. 1번~4번을 다 수비할 수 있다. 문제는 질병. 지난 시즌 도중 전염성 단핵구증 양성 반응을 받아 시즌 아웃 됐다. 연봉은 574만 달러.

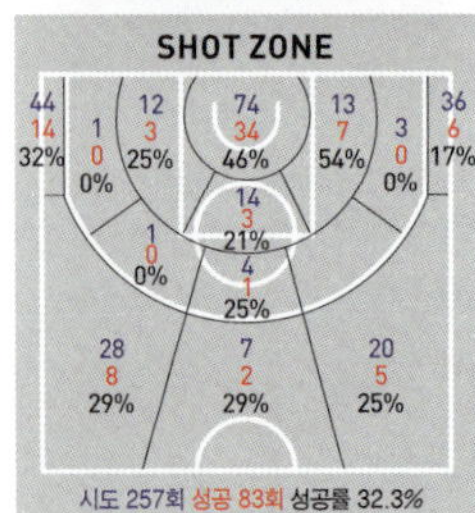

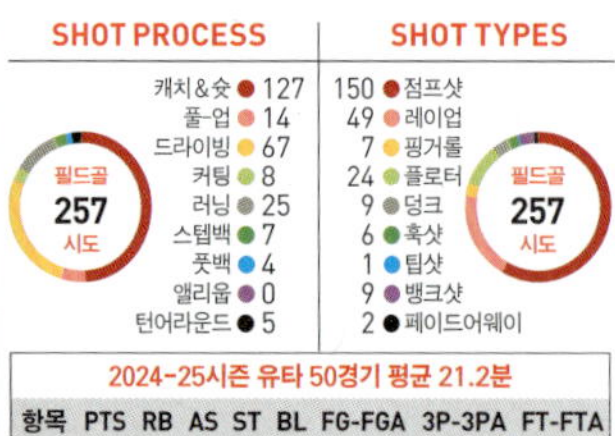

2024-25시즌 유타 50경기 평균 21.2분

항목	PTS	RB	AS	ST	BL	FG-FGA	3P-3PA	FT-FTA
평균	4.6	2.3	1.2	0.5	0.3	1.7-5.1	0.7-2.7	0.6-0.8
36분	7.8	3.8	2.0	0.8	0.5	2.8-8.7	1.2-4.6	1.0-1.4

항목	OS	CS	MS	3P	FT	SQ	OC	IS	L&F	SD	DD	PH	PF	PC	DRF	PM	PA	BH	DRS	PQ	PV
평점	D-	C	D-	D	C-	D	F	D-	C	D-	B-	F	F	D-	F	D	D-	B-	C+	D-	F

항목	DEF	ID	PD	ST	BL	HDQ	PP	DC	RBG	ORG	DRG	ATH	SP	AG	STR	VJ	STA	HP	INT	POT	OG
평점	D	D	C+	F	F	C-	D-	D-	D-	C	D-	C+	B+	B	D-	C	A-	C	D-	B+	C-

F 22 Kyle FILIPOWSKI PF-C

카일 필리포우스키 2003.11.07 / 213cm

미국

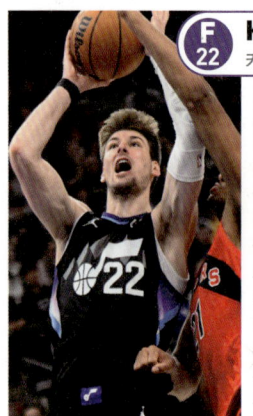

NBA 드래프트 : 2024년 2라운드 32번
NBA 우승 : 0회 / **파이널 MVP** : 0회
시즌 MVP : 0회 / **NBA 퍼스트팀** : 0회

NBA 데뷔 시즌에 72경기(선발은 27경기) 평균 21.1분씩 뛰며 9.6점, 6.1리바운드를 기록했다. 드래프트 하위 순번 선수로서 가성비가 높았다. 올 시즌에도 팀의 '세컨드 유닛' 멤버로 나선다. 빅맨으로 타점이 높고, 릴리스가 안정되어 있으며, 슈팅 터치가 부드럽다. 좌우 코너, 좌우 윙, 탑 등 여러 각도에서 정확한 3점 슈팅을 시도했다. 대부분 캐치&슛이고, 풀업은 많지 않았다. 그러나 수비에서는 여전히 '자동문' 수준이다. 올 시즌 연봉은 300만 달러.

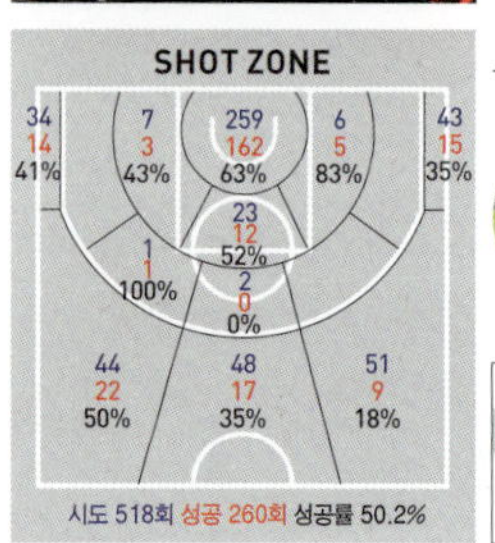

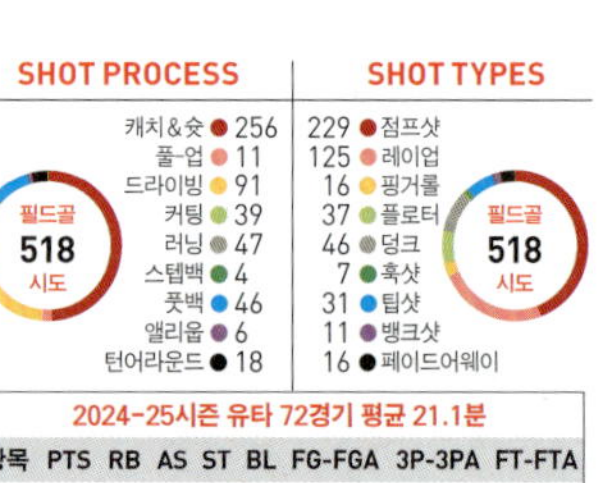

2024-25시즌 유타 72경기 평균 21.1분

항목	PTS	RB	AS	ST	BL	FG-FGA	3P-3PA	FT-FTA
평균	9.6	6.1	1.9	0.7	0.3	3.6-7.2	1.1-3.1	1.3-2.0
36분	16.3	10.4	3.3	1.1	0.5	6.1-12.3	1.8-5.2	2.2-3.4

항목	OS	CS	MS	3P	FT	SQ	OC	IS	L&F	SD	DD	PH	PF	PC	DRF	PM	PA	BH	DRS	PQ	PV
평점	C+	A+	C-	B-	D	B-	C	C-	D	C-	C-	C	C-	C-	D-	D-	D-	D+	D-	D-	D-

항목	DEF	ID	PD	ST	BL	HDQ	PP	DC	RBB	ORB	DRB	ATH	SP	AG	STR	VJ	STA	HP	INT	POT	OG
평점	D	D	D	D	F	D+	D-	F	C+	D	B	C	C+	D-	D-	D-	B-	A-	B-	B+	C+

Individual Defense & Team Defense								Offensive & Defensive Rebounding									Physical Fitness & Athleticism							Miscellaneous		
DEF	ID	PD	ST	BL	HDQ	PP	DC	RBG	ORG	DRG	RB3	OR3	DR3	RBB	ORB	DRB	ATH	SP	AG	STR	VJ	STA	HP	INT	POT	OG
수비력 종합	인사이드 디펜스	퍼리미터 디펜스	스틸	블락샷	도움수비 IQ	패스 통찰력	수비 일관성	가드 리바운드	가드 공격RB	가드 수비RB	SF 리바운드	SF 공격RB	SF 수비RB	빅맨 리바운드	빅맨 공격RB	빅맨 수비RB	운동능력 종합	스피드	사이드 스텝	피지컬 파워	버티컬 점프력	지구력	허슬 플레이	영향력	포텐셜	종합 평가

F 2 Kyle ANDERSON SF-PF

카일 앤더슨 1993.09.20 / 206cm

미국 **NBA 드래프트 :** 2014년 1라운드 30번
NBA 우승 : 0회 / **파이널 MVP :** 0회
시즌 MVP : 0회 / **NBA 퍼스트팀 :** 0회

"One of the slowest players in the NBA." 농구 전문 '훕스-하이프'에 나온 선수 소개다. 그는 정말로 '느림의 미학'을 실천한다. 운동 능력이 많이 떨어지지만, 훌륭한 BQ, 넓은 시야, 특유의 리듬을 살려 적절히 밀고 당기며 NBA 무대에서 10년간 살아남았다. 레이업, 핑거롤, 플로터와 중거리 점퍼가 정확하며, 아주 가끔 3점 슈팅도 던진다. 볼을 잘 다루기에 2옵션 볼 핸들러를 맡을 수도 있다. 퍼리미터 1대1 수비도 나쁘지 않다. 연봉은 922만 달러.

SHOT ZONE

시도 303회 성공 142회 성공률 46.9%

2024-25시즌 골든스테이트+마이애미 61경기 평균 16.4분

항목	PTS	RB	AS	ST	BL	FG-FGA	3P-3PA	FT-FTA
평균	5.9	3.4	2.4	0.7	0.5	2.3-5.0	0.4-1.1	0.8-1.1
36분	12.8	7.4	5.2	1.4	1.2	5.1-10.9	0.9-2.5	1.7-2.3

항목	OS	CS	MS	3P	FT	SQ	OC	IS	L&F	SD	DD	PH	PF	PC	DRF	PM	PA	BH	DRS	PQ	PV
평점	D+	A-	F	C+	C-	D-	F	D-	C+	D-	D-	F	F	F	D-	C	C+	B-	D+	C+	C-

항목	DEF	ID	PD	ST	BL	HDQ	PP	DC	RBG	ORB	DRB	ATH	SP	AG	STR	VJ	STA	HP	INT	POT	OG
평점	C	D	B-	C	D+	C+	C	C	D-	D-	D-	C-	D	B-	D-	D	B	D	D-	B	C

F 99 KJ MARTIN SF-PF

케이제이 마틴 2001.01.06 / 198cm

미국 **NBA 드래프트 :** 2020년 2라운드 52번
NBA 우승 : 0회 / **파이널 MVP :** 0회
시즌 MVP : 0회 / **NBA 퍼스트팀 :** 0회

지난 시즌 전반기에는 필라델피아, 후반기에는 유타에서 각각 뛰었다. 본명은 케년 마틴 주니어. 2000~2015년 NBA에서 활약했던 올스타 포워드 케년 마틴의 아들이다. 아버지와 이름이 같기에 KJ라는 애칭을 쓰고 있다. 주 위치는 3번 혹은 4번이다. 그러나 운동능력과 볼 무브먼트가 중시되는 스몰 라인업에서는 가끔 5번을 보기도 한다. 덩크, 레이업, 공격 리바운드 후의 풋백이 주 득점 루트다. 가끔 터프샷을 과감하게 성공시킨다. 연봉은 803만 달러.

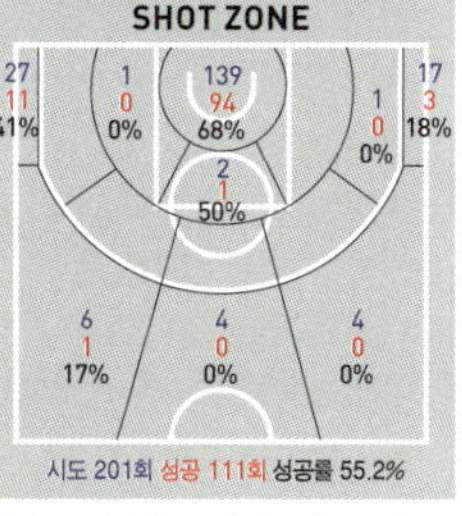

2024-25시즌 필라델피아+유타 43경기 평균 21.2분

항목	PTS	RB	AS	ST	BL	FG-FGA	3P-3PA	FT-FTA
평균	6.4	2.9	1.1	0.4	0.5	2.6-4.7	0.3-1.3	0.9-1.1
36분	10.8	4.9	1.9	0.7	0.9	4.4-7.9	0.6-2.3	1.5-1.9

항목	OS	CS	MS	3P	FT	SQ	OC	IS	L&F	SD	DD	PH	PF	PC	DRF	PM	PA	BH	DRS	PQ	PV
평점	D+	A+	D+	D+	C+	D-	D-	D	B-	C	A-	F	F	F	C-	D-	D	C	D+	D	F

항목	DEF	ID	PD	ST	BL	HDQ	PP	DC	RBG	ORB	DRB	ATH	SP	AG	STR	VJ	STA	HP	INT	POT	OG
평점	D	D	C-	F	D-	D-	D-	D-	D-	D-	D-	C+	B-	B-	D-	A-	B-	D-	C	B	C-

C 24 Walker KESSLER C

워커 케슬러 2001.07.26 / 213cm

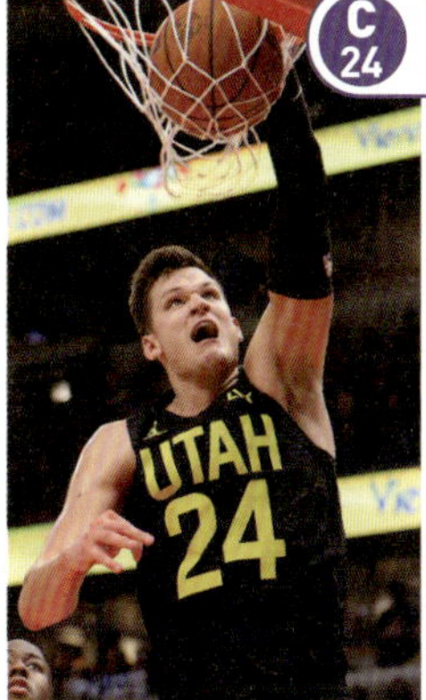

미국 **NBA 드래프트 :** 2022년 1라운드 22번
NBA 우승 : 0회 / **파이널 MVP :** 0회
시즌 MVP : 0회 / **NBA 퍼스트팀 :** 0회

잔 부상이 여러 차례 발생해 정규 시즌 58경기 출전에 그쳤다. 리그 최강의 림 프로텍터로 꼽힌다. 지난 시즌 36분 기준 2.9개의 블락으로 리그 톱5에 들었다. 큰 키와 긴 윙스팬으로 강력한 인사이드 1대1 수비를 펼치고, 박스아웃, 리바운드, 스크린 세팅 등 블루워커로서 제 몫을 다 하고 있다. 상대의 픽&롤 때 드랍 수비를 주로 한다. 골밑에서 덩크, 레이업으로 잘 마무리하고, 가끔 안정된 스트로크로 3점 슈팅을 던지기도 한다. 연봉은 488만 달러.

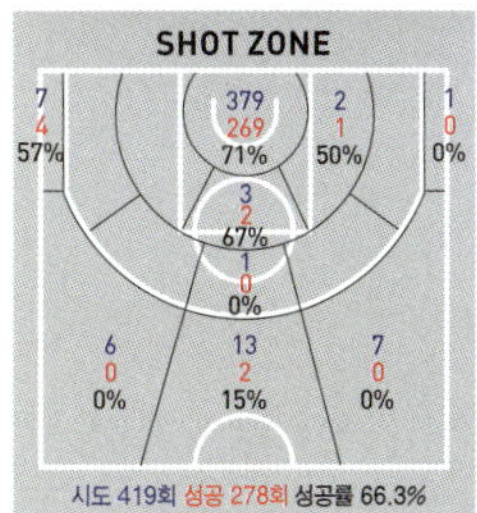

2024-25시즌 유타 58경기 평균 30.0분

항목	PTS	RB	AS	ST	BL	FG-FGA	3P-3PA	FT-FTA
평균	11.1	12.2	1.7	0.6	2.4	4.8-7.2	0.1-0.6	1.4-2.6
36분	13.3	14.6	2.0	0.7	2.9	5.8-8.7	0.1-0.7	1.6-3.1

항목	OS	CS	MS	3P	FT	SQ	OC	IS	L&F	SD	DD	PH	PF	PC	DRF	PM	PA	BH	DRS	PQ	PV
평점	D+	A+	D+	D-	D-	B-	D	C-	D	B	C	C	D	C	D-	F	D-	F	F	D-	F

항목	DEF	ID	PD	ST	BL	HDQ	PP	DC	RBG	ORB	DRB	ATH	SP	AG	STR	VJ	STA	HP	INT	POT	OG
평점	C+	B+	C-	F	A+	B+	D-	B	A+	A+	A	D+	F	D-	C	D-	B+	A-	B-	A-	B-

C 30 Jusuf NURKIć C

유수프 누르키치 1994.08.23 / 213cm

미국 **NBA 드래프트 :** 2014년 1라운드 16번
NBA 우승 : 0회 / **파이널 MVP :** 0회
시즌 MVP : 0회 / **NBA 퍼스트팀 :** 0회

피닉스와 샬럿에서 뛰었고, 오프시즌 때 유타로 이적했다. 213cm, 131kg의 빅맨이다. 큰 체격 대비 풋워크와 운동 능력은 OK. 림 근처 덩크와 레이업, 가까운 거리 점프 훅샷을 시도한다. 높은 타점을 활용해 6~7m 롱2 혹은 3점 슈팅을 던진다. 유럽 출신답게 BQ가 우수하다. 리그 최고의 스크린 세터 중 1명이다. 넓은 어깨로 스페이스를 만들고, 기습적인 다운-로 후 피니시 한다. 포스트 피딩이 좋고, 리바운드는 리그 최상급이다. 연봉은 1938만 달러.

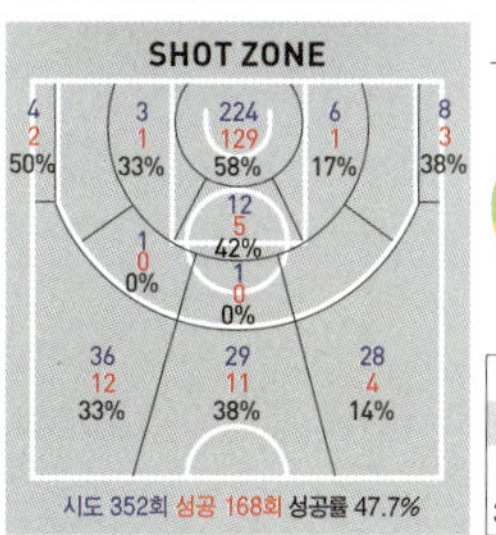

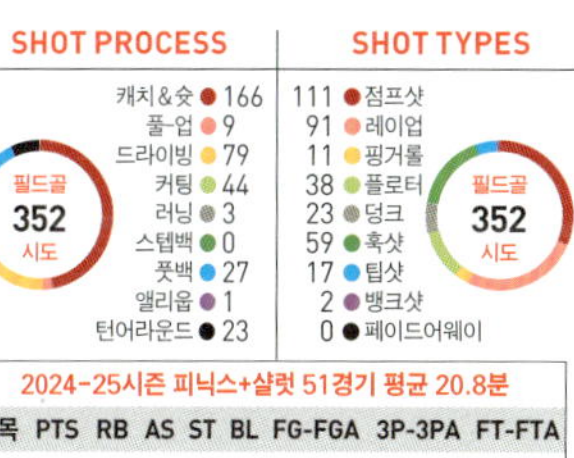

2024-25시즌 피닉스+샬럿 51경기 평균 20.8분

항목	PTS	RB	AS	ST	BL	FG-FGA	3P-3PA	FT-FTA
평균	8.9	7.8	2.3	0.8	0.7	3.3-6.9	0.6-2.1	1.7-2.5
36분	15.3	13.5	3.9	1.4	1.2	5.7-11.9	1.1-3.6	2.9-4.3

항목	OS	CS	MS	3P	FT	SQ	OC	IS	L&F	SD	DD	PH	PF	PC	DRF	PM	PA	BH	DRS	PQ	PV
평점	C-	A-	B+	C-	D+	D-	D-	C	D+	C	D	C+	C-	C+	C-	D-	D-	F	F	B-	D+

항목	DEF	ID	PD	ST	BL	HDQ	PP	DC	RBG	ORB	DRB	ATH	SP	AG	STR	VJ	STA	HP	INT	POT	OG
평점	C-	C+	D-	C	D+	C+	D-	C-	A	C-	A+	D+	D-	F	A-	D-	B	C-	D-	B+	C+

General Stats								Outside Scoring & Shooting							Inside Scoring & Shooting								Play Making, Ball Handling & Passing					
PTS	RB	AS	ST	BL	FG-FGA	3P-3PA	FT-FTA	OS	CS	MS	3P	FT	SQ	OC	IS	L&F	SD	DD	PH	PF	PC	DRF	PM	PA	BH	DRS	PQ	PV
득점	리바운드	어시스트	스틸	블락샷	필드골 성공-시도	3점슈팅 성공-시도	자유투 성공-시도	외곽 득점력	근거리 점프샷	중거리 슈팅	3점 슈팅	자유투	슈팅 IQ	득점 일관성	인사이드 득점력	레이업 플로터	스탠딩 덩크	드라이빙 덩크	포스트 훅샷	포스트 페이드	포스트 컨트롤	파울 유도	플레이 메이킹	패스 능력	볼 핸들링	드리블 스피드	패스 IQ	패스 비전

C 0 Taylor HENDRICKS PF-C

테일러 헨드릭스 2003.11.22 / 206cm

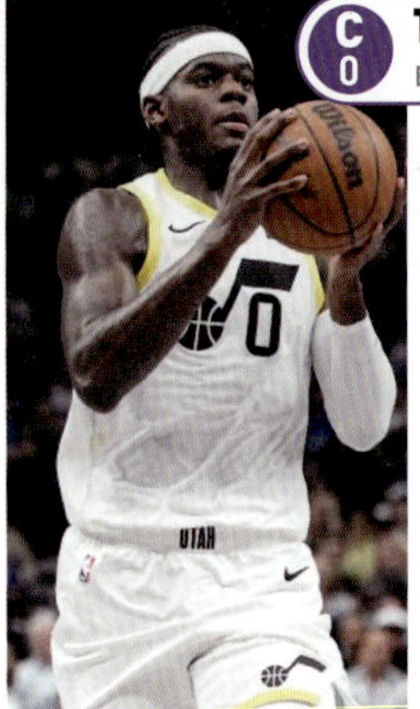

미국 NBA 드래프트 : 2023년 1라운드 9번
NBA 우승 : 0회 / 파이널 MVP : 0회
시즌 MVP : 0회 / NBA 퍼스트팀 : 0회

2024년 10월 28일, 댈러스 원정경기 때 오른발 비골이 골절되고, 오른 발목뼈가 탈구되는 중상을 입었다. 즉시 수술대에 올랐고, 바로 시즌 아웃 됐다. 출전 경기는 달랑 3경기. 다행히 수술 및 재활 경과가 좋기에 2025-26시즌 정상 출격이 가능해졌다. 부상 재발 방지에 모든 신경을 써야 한다. 건강한 상태에서의 헨드릭스는 운동 능력이 좋고, 활동 범위가 넓은 '스트레치 빅맨'으로 불린다. 수비에서도 1번~5번을 다 막을 수 있다. 연봉은 613만 달러.

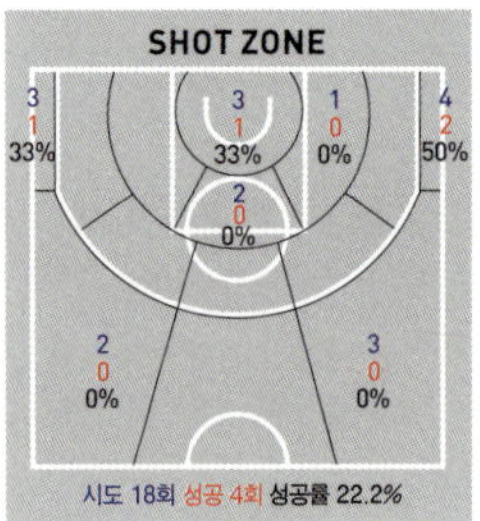

SHOT PROCESS

필드골 18 시도

캐치&슛 14
풀-업 1
드라이빙 1
커팅 0
러닝 0
스텝백 0
풋백 1
앨리웁 0
턴어라운드 1

SHOT TYPES

필드골 18 시도

12 점프샷
0 레이업
0 핑거롤
1 플로터
1 덩크
1 훅샷
1 팁샷
1 뱅크샷
1 페이드어웨이

2024-25시즌 유타 3경기 평균 25.0분

항목	PTS	RB	AS	ST	BL	FG-FGA	3P-3PA	FT-FTA
평균	4.7	5.0	0.7	1.7	1.3	1.3-6.0	1.0-4.0	1.0-1.3
36분	6.7	7.2	1.0	2.4	1.9	1.9-8.6	1.4-5.8	1.4-1.9

항목	OS	CS	MS	3P	FT	SQ	OC	IS	L&F	SD	DD	PH	PF	PC	DRF	PM	PA	BH	DRS	PQ	PV
평점	—	—	—	—	—	—	—	—	—	—	—	—	—	—	—	—	—	—	—	—	—

항목	DEF	ID	PD	ST	BL	HDQ	PP	DC	RBB	ORB	DRB	ATH	SP	AG	STR	VJ	STA	HP	INT	POT	OG
평점	—	—	—	—	—	—	—	—	—	—	—	—	—	—	—	—	—	—	—	—	—

G 8 Isaiah COLLIER PG

아이재이아 콜리어 2004.10.08 / 193cm

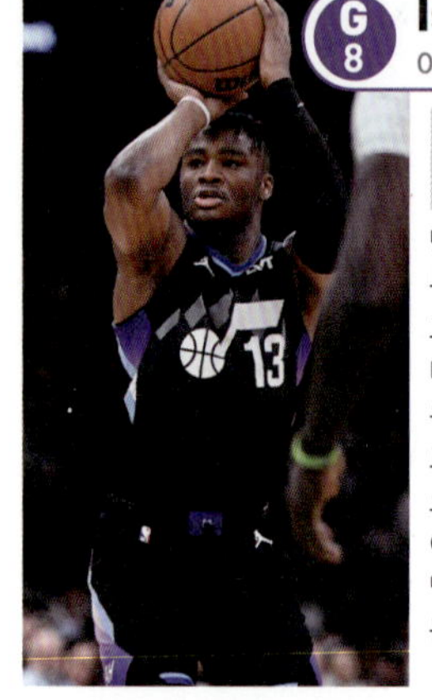

미국 NBA 드래프트 : 2024년 1라운드 29번
NBA 우승 : 0회 / 파이널 MVP : 0회
시즌 MVP : 0회 / NBA 퍼스트팀 : 0회

당초 그에 대해서는 "서드 유닛이 될 것"이라는 예상이 많았다. 그러나 한 시즌을 치른 현재 그는 당당히 주전급 포인트가드로 대접받고 있다. 콜리어는 포지션 대비 좋은 체격에 BQ가 우수하고, 재능이 풍부하다. 퍼스트 스텝이 빠르고, 볼 핸들링이 화려하며, 넓은 시야를 바탕으로 정확한 패스를 찔러준다. 돌파에 이은 레이업은 위력적이다. 그러나 외곽 슈팅이 들쭉날쭉해서 불안하다. 퍼리미터 1대1, 팀 디펜스 능력을 키워야 한다. 연봉은 264만 달러.

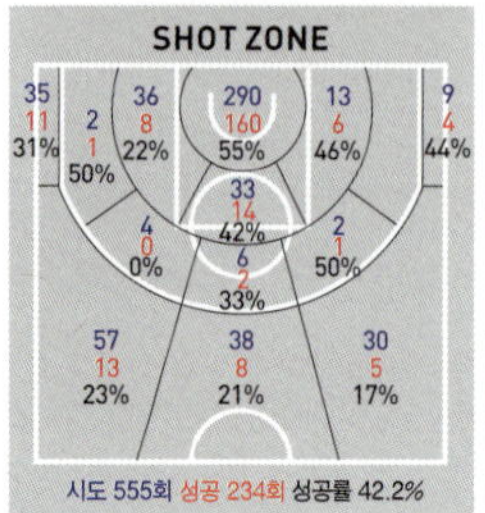

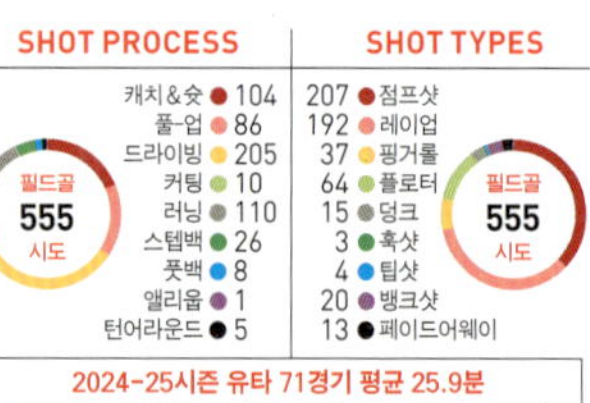

2024-25시즌 유타 71경기 평균 25.9분

항목	PTS	RB	AS	ST	BL	FG-FGA	3P-3PA	FT-FTA
평균	8.7	3.3	6.3	0.9	0.2	3.3-7.8	0.6-2.4	1.5-2.2
36분	12.0	4.6	8.7	1.3	0.3	4.6-10.9	0.8-3.3	2.1-3.0

항목	OS	CS	MS	3P	FT	SQ	OC	IS	L&F	SD	DD	PH	PF	PC	DRF	PM	PA	BH	DRS	PQ	PV
평점	C-	B+	D-	C	D+	C	C-	D-	B+	F	C	F	F	F	D-	B	B	B	A	B	C+

항목	DEF	ID	PD	ST	BL	HDQ	PP	DC	RBG	ORG	DRG	ATH	SP	AG	STR	VJ	STA	HP	INT	POT	OG
평점	D	D-	D+	C-	F	D-	D-	D-	D+	D	C+	B-	A	B+	D-	C	B+	B-	D-	B+	C+

G 19 Ace BAILEY SF

에이스 베일리 2006.08.13 / 201cm

미국 NBA 드래프트 : 2025년 1라운드 5번
NBA 우승 : 0회 / 파이널 MVP : 0회
시즌 MVP : 0회 / NBA 퍼스트팀 : 0회

럿거스대 1학년을 마치고, NBA 드래프트를 신청해 유타에 1라운드 5번으로 지명되었다. 베일리는 다양한 미드레인지 슈팅 기술, 퍼리미터 샷 메이킹에 특화된 스코어러다. 사이즈가 좋고 운동능력이 특출하기에 풀업 점퍼, 스텝백 점퍼, 턴어라운드샷, 페이드어웨이샷 등 고난도 슈팅을 자유롭게 구사한다. 반면, 림 어택 능력은 다소 떨어진다는 평가다. 공간을 선점하는 수비는 좋다. 그러나 예측 수비, 온볼 디펜스에서는 약점을 보인다. 연봉은 907만 달러.

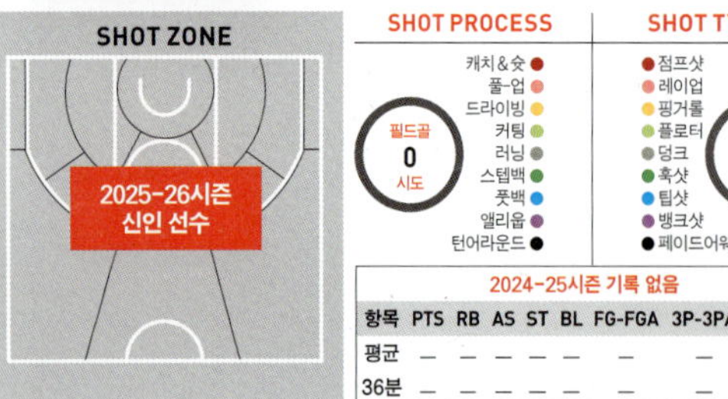

2024-25시즌 기록 없음

항목	PTS	RB	AS	ST	BL	FG-FGA	3P-3PA	FT-FTA
평균	—	—	—	—	—	—	—	—
36분	—	—	—	—	—	—	—	—

항목	OS	CS	MS	3P	FT	SQ	OC	IS	L&F	SD	DD	PH	PF	PC	DRF	PM	PA	BH	DRS	PQ	PV
평점	—	—	—	—	—	—	—	—	—	—	—	—	—	—	—	—	—	—	—	—	—

항목	DEF	ID	PD	ST	BL	HDQ	PP	DC	RB3	OR3	DR3	ATH	SP	AG	STR	VJ	STA	HP	INT	POT	OG
평점	—	—	—	—	—	—	—	—	—	—	—	—	—	—	—	—	—	—	—	—	—

G 13 Walter Clayton Jr. PG-SG

월터 클레이턴 주니어 2003.03.06 / 188cm

미국 NBA 드래프트 : 2025년 1라운드 18번
NBA 우승 : 0회 / 파이널 MVP : 0회
시즌 MVP : 0회 / NBA 퍼스트팀 : 0회

1,2학년을 아이오나대에서 3,4학년을 플로리다대에서 수학했다. 2025년 NBA 드래프트를 신청해 워싱턴에 1라운드 18번으로 지명된 후 유타로 트레이드 되었다. 대학농구의 엘리트 슈터 출신이다. 지난 시즌 평균 18.3점에 3점슈팅 38.6%, 자유투 87.5%를 기록했다. 안정된 스트로크와 부드러운 터치로 정확한 외곽 슈팅을 시도한다. 올 시즌 유타에서는 '서드 유닛' 가드로 출전하면서 동료 슈터들의 휴식 시간을 커버하면 된다. 연봉은 399만 달러.

SHOT PROCESS

필드골 0 시도

캐치&슛
풀-업
드라이빙
커팅
러닝
스텝백
풋백
앨리웁
턴어라운드

SHOT TYPES

필드골 0 시도

점프샷
레이업
핑거롤
플로터
덩크
훅샷
팁샷
뱅크샷
페이드어웨이

2024-25시즌 기록 없음

항목	PTS	RB	AS	ST	BL	FG-FGA	3P-3PA	FT-FTA
평균	—	—	—	—	—	—	—	—
36분	—	—	—	—	—	—	—	—

항목	OS	CS	MS	3P	FT	SQ	OC	IS	L&F	SD	DD	PH	PF	PC	DRF	PM	PA	BH	DRS	PQ	PV
평점	—	—	—	—	—	—	—	—	—	—	—	—	—	—	—	—	—	—	—	—	—

항목	DEF	ID	PD	ST	BL	HDQ	PP	DC	RBG	ORG	DRG	ATH	SP	AG	STR	VJ	STA	HP	INT	POT	OG
평점	—	—	—	—	—	—	—	—	—	—	—	—	—	—	—	—	—	—	—	—	—

Individual Defense & Team Defense								Offensive & Defensive Rebounding									Physical Fitness & Athleticism							Miscellaneous		
DEF	ID	PD	ST	BL	HDQ	PP	DC	RBG	ORG	DRG	RB3	OR3	DR3	RBB	ORB	DRB	ATH	SP	AG	STR	VJ	STA	HP	INT	POT	OG
수비력 종합	인사이드 디펜스	퍼리미터 디펜스	스틸	블락샷	도움수비 IQ	패스 통찰력	수비 일관성	가드 리바운드	가드 공격RB	가드 수비RB	SF 리바운드	SF 공격RB	SF 수비RB	빅맨 리바운드	빅맨 공격RB	빅맨 수비RB	운동능력 종합	스피드	사이드 스텝	피지컬 파워	버티컬 점프력	지구력	허슬 플레이	영향력	포텐셜	종합 평가

G 28 Brice SENSABAUGH SG-SF

브라이스 센자바우 2003.10.30 / 196cm

미국 NBA 드래프트 : 2023년 1라운드 28번
NBA 우승 : 0회 / 파이널 MVP : 0회
시즌 MVP : 0회 / NBA 퍼스트팀 : 0회

슈팅 기술이 좋은 196cm의 윙. 효율적인 캐치&슛 플레이어다. 슈팅 거리는 미드레인지부터 3점 라인 밖까지 넓은 편이다. 타점이 높고, 릴리스 타이밍이 빨라 상대의 블락에 잘 걸리지 않는다. 강심장이라 클러치 상황에 터프샷을 자신 있게 성공시킨다. 키가 크고 운동 능력이 뛰어나 1번~4번을 다 수비할 수 있다. 넓은 가슴을 앞으로 쭉 내밀면 상대 볼 핸들러가 위축된다. 포인트가드로서 플레이메이킹 능력을 더 키워야 한다. 연봉은 269만 달러.

SHOT ZONE

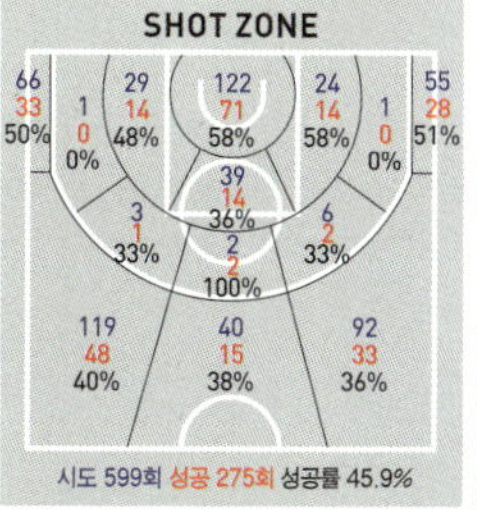

SHOT PROCESS / SHOT TYPES

2024-25시즌 유타 71경기 평균 20.2분

항목	PTS	RB	AS	ST	BL	FG-FGA	3P-3PA	FT-FTA
평균	10.9	3.0	1.5	0.6	0.1	3.9-8.4	2.2-5.2	0.9-1.0
36분	19.4	5.3	2.8	1.2	0.2	6.9-15.1	3.9-9.4	1.6-1.8

항목	OS	CS	MS	3P	FT	SQ	OC	IS	L&F	SD	DD	PH	PF	PC	DRF	PM	PA	BH	DRS	PQ	PV
평점	B-	A	C	B	A-	C	D+	D-	B-	F	D-	D-	D-	D-	F	D-	D	C	D-	D-	F

항목	DEF	ID	PD	ST	BL	HDQ	PP	DC	RB3	OR3	DR3	ATH	SP	AG	STR	VJ	STA	HP	INT	POT	OG
평점	D-	D	D	D+	F	D-	D-	F	D-	C-	D	C-	D-	D+	D	C-	B+	C-	D-	B+	C-

G 3 Keyonte GEORGE PG-SG

키온테 조지 2003.11.08 / 193cm

미국 NBA 드래프트 : 2023년 1라운드 16번
NBA 우승 : 0회 / 파이널 MVP : 0회
시즌 MVP : 0회 / NBA 퍼스트팀 : 0회

아이재이아 콜리어와 주전 포인트가드 자리를 반분했다. 올 시즌에도 두 선수간 선의의 경쟁이 치열할 것이다. 조지는 미드레인지와 3점 라인 밖에서 과감한 풀업 점퍼를 시도한다. 물론, 캐치&슛도 안정적. 림을 파고들어 얹는 레이업과 핑거롤도 볼만하다. 82%의 자유투도 OK. '야전 사령관'으로 유려한 볼 핸들링과 정확한 패스를 구사한다. 그러나 지난 시즌 NBA 수준 수비를 보여주지 못했다. 수비 강화가 필수 요소로 떠올랐다. 연봉은 428만 달러.

SHOT ZONE

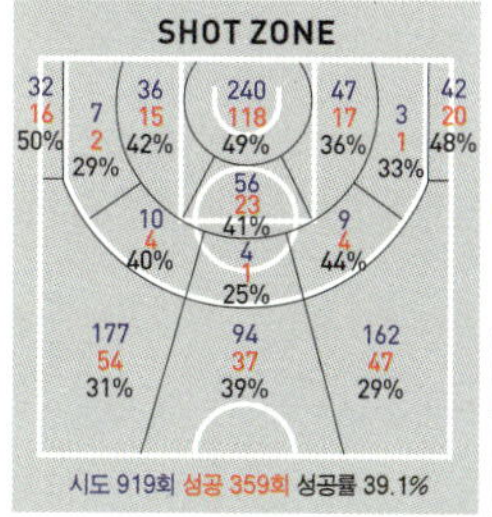

SHOT PROCESS / SHOT TYPES

필드골 919 시도

캐치&슛	풀-업	드라이빙	커팅	러닝	스텝백	풋백	앨리웁	턴어라운드
246	230	278	14	66	71	8	0	6

점프샷	레이업	핑거롤	플로터	덩크	훅샷	팁샷	뱅크샷	페이드어웨이
561	138	49	101	14	2	2	41	11

2024-25시즌 유타 67경기 평균 31.5분

항목	PTS	RB	AS	ST	BL	FG-FGA	3P-3PA	FT-FTA
평균	16.8	3.8	5.6	0.7	0.1	5.4-13.7	2.6-7.6	3.5-4.3
36분	19.2	4.3	6.4	0.8	0.2	6.1-15.7	3.0-8.7	4.0-4.9

항목	OS	CS	MS	3P	FT	SQ	OC	IS	L&F	SD	DD	PH	PF	PC	DRF	PM	PA	BH	DRS	PQ	PV
평점	C+	B+	D+	C+	B-	B-	C	D-	B-	F	D	F	D-	F	D-	C+	C+	B	C+	C+	C

항목	DEF	ID	PD	ST	BL	HDQ	PP	DC	RBG	ORG	DRG	ATH	SP	AG	STR	VJ	STA	HP	INT	POT	OG
평점	D	D-	D+	F	F	D-	D-	D-	D-	D-	C+	C+	C+	C+	D-	C-	B	B	A-	B+	C+

G 10 Svi MYKHAILIUK SG-SF

스비 미카일리우크 1997.06.10 / 201cm

우크라이나 NBA 드래프트 : 2018년 2라운드 47번
NBA 우승 : 1회 / 파이널 MVP : 0회
시즌 MVP : 0회 / NBA 퍼스트팀 : 0회

프로 입문 후 7년간 소속팀이 8번이나 바뀐 '저니맨'이다. 지난 시즌 '서드 유닛' 일원으로 평균 20분 정도 뛰었다. 올 시즌도 역할은 크게 바뀌지 않을 것이다. 제한된 출전 시간 대비 득점력은 낮지 않다(36분 기준 15.8점). 전형적인 외곽 슈터다. 키가 크고 오프-볼 무브를 활용해 오픈 찬스를 잡아 던진다. 타점이 높고, 슈팅 터치가 부드러워 안정적으로 슈팅한다. 그러나 전체적인 수비력은 최하위권이다. 그냥 '원-웨이 플레이어'다. 연봉은 368만 달러.

SHOT ZONE

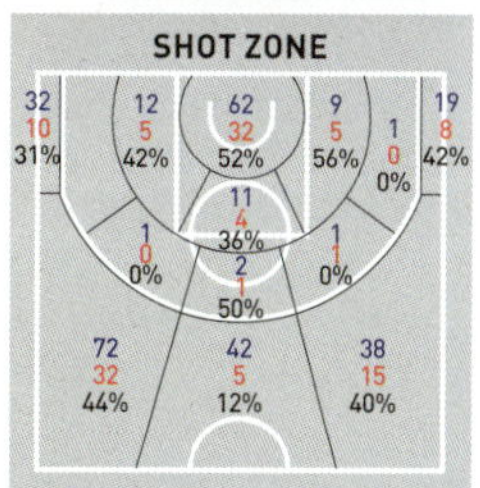

SHOT PROCESS / SHOT TYPES

2024-25시즌 유타 38경기 평균 20.0분

항목	PTS	RB	AS	ST	BL	FG-FGA	3P-3PA	FT-FTA
평균	8.8	2.4	2.0	0.5	0.2	3.1-7.9	1.8-5.3	0.7-0.9
36분	15.8	4.3	3.6	0.9	0.3	5.6-14.3	3.3-9.6	1.3-1.7

항목	OS	CS	MS	3P	FT	SQ	OC	IS	L&F	SD	DD	PH	PF	PC	DRF	PM	PA	BH	DRS	PQ	PV
평점	C-	B-	C+	C	C+	C-	D-	D-	C-	F	D-	F	D-	F	F	D	D+	D	C	D	D-

항목	DEF	ID	PD	ST	BL	HDQ	PP	DC	RB3	OR3	DR3	ATH	SP	AG	STR	VJ	STA	HP	INT	POT	OG
평점	D-	D-	D	D-	F	D-	D-	F	D-	D+	D-	C-	B-	B-	D-	D+	B-	D	C-	B	C-

UTAH JAZZ 2025-26 REGULAR SEASON SCHEDULE

OCTOBER, 2025
- Oct. 22 vs. Los Angeles Clippers
- Oct. 24 @ Sacramento Kings
- Oct. 27 vs. Phoenix Suns
- Oct. 29 vs. Portland Trail Blazers
- Oct. 31 @ Phoenix Suns

NOVEMBER, 2025
- Nov. 2 @ Charlotte Hornets
- Nov. 3 @ Boston Celtics
- Nov. 5 @ Detroit Pistons
- Nov. 7 @ Minnesota Timberwolves
- Nov. 10 vs. Minnesota Timberwolves
- Nov. 11 vs. Indiana Pacers
- Nov. 13 vs. Atlanta Hawks
- Nov. 16 vs. Chicago Bulls
- Nov. 18 @ Los Angeles Lakers
- Nov. 21 vs. Oklahoma City Thunder
- Nov. 23 vs. Los Angeles Lakers
- Nov. 24 @ Golden State Warriors
- Nov. 28 vs. Sacramento Kings
- Nov. 30 vs. Houston Rockets

DECEMBER, 2025
- Dec. 1 vs. Houston Rockets
- Dec. 4 @ Brooklyn Nets
- Dec. 5 @ New York Knicks
- Dec. 7 vs. Oklahoma City Thunder
- Dec. 18 vs. Los Angeles Lakers
- Dec. 20 vs. Orlando Magic
- Dec. 22 @ Denver Nuggets
- Dec. 23 vs. Memphis Grizzlies
- Dec. 26 vs. Detroit Pistons
- Dec. 27 @ San Antonio Spurs
- Dec. 30 vs. Boston Celtics

JANUARY, 2026
- Jan. 1 @ Los Angeles Clippers
- Jan. 3 @ Golden State Warriors
- Jan. 5 @ Portland Trail Blazers
- Jan. 7 @ Oklahoma City Thunder
- Jan. 8 vs. Dallas Mavericks
- Jan. 10 vs. Charlotte Hornets
- Jan. 12 @ Cleveland Cavaliers
- Jan. 14 @ Chicago Bulls
- Jan. 15 @ Dallas Mavericks
- Jan. 17 @ Dallas Mavericks
- Jan. 19 @ San Antonio Spurs
- Jan. 20 vs. Minnesota Timberwolves
- Jan. 22 vs. San Antonio Spurs
- Jan. 24 vs. Miami Heat
- Jan. 27 vs. Los Angeles Clippers
- Jan. 28 vs. Golden State Warriors
- Jan. 30 vs. Brooklyn Nets

FEBRUARY, 2026
- Feb. 1 @ Toronto Raptors
- Feb. 3 @ Indiana Pacers
- Feb. 5 @ Atlanta Hawks
- Feb. 7 @ Orlando Magic
- Feb. 9 @ Miami Heat
- Feb. 11 vs. Sacramento Kings
- Feb. 12 vs. Portland Trail Blazers
- Feb. 20 @ Memphis Grizzlies
- Feb. 23 @ Houston Rockets
- Feb. 26 vs. New Orleans Pelicans
- Feb. 28 vs. New Orleans Pelicans

MARCH, 2026
- Mar. 2 vs. Denver Nuggets
- Mar. 4 @ Philadelphia 76ers
- Mar. 5 @ Washington Wizards
- Mar. 7 @ Milwaukee Bucks
- Mar. 9 vs. Golden State Warriors
- Mar. 11 vs. New York Knicks
- Mar. 13 @ Portland Trail Blazers
- Mar. 15 @ Sacramento Kings
- Mar. 18 @ Minnesota Timberwolves
- Mar. 19 vs. Milwaukee Bucks
- Mar. 21 vs. Philadelphia 76ers
- Mar. 23 vs. Toronto Raptors
- Mar. 25 vs. Washington Wizards
- Mar. 27 @ Denver Nuggets
- Mar. 28 @ Phoenix Suns
- Mar. 30 vs. Cleveland Cavaliers

APRIL, 2026
- Apr. 1 vs. Denver Nuggets
- Apr. 3 @ Houston Rockets
- Apr. 5 @ Oklahoma City Thunder
- Apr. 7 @ New Orleans Pelicans
- Apr. 10 vs. Memphis Grizzlies
- Apr. 12 @ Los Angeles Lakers

PACIFIC DIVISION

영웅전설

르브론 제임스, 스테픈 커리, 제임스 하든. NBA 역사상 가장 위대한 선수 중 1명으로 꼽히는 들 베테랑 트리오사 치열한 각축전을 벌일 것이다.

2025-26 DIVISION ODDS

순위	TEAM	스카이벳	벳프레드	윌리엄힐	벳빅터
1	Los Angeles Lakers	1.25배	1.63배	1.5배	1.5배
2	Los Angeles Clippers	1.88배	1.38배	1.5배	1.5배
3	Golden State Warriors	2.5배	3배	2.5배	2.75배
4	Sacramento Kings	30배	28배	33배	33배
5	Phoenix Suns	55배	50배	50배	75배

2024-25 DIVISION STANDING

순위	TEAM	승	패	승률	승차
1	Los Angeles Lakers*	50	32	61.0%	—
2	Los Angeles Clippers*	50	32	61.0%	—
3	Golden State Warriors*	48	34	58.5%	2
4	Sacramento Kings	40	42	48.8%	10
5	Phoenix Suns	36	46	43.9%	14

*플레이오프 진출팀

GOLDEN STATE WARRIORS

LOS ANGELES CLIPPERS
LOS ANGELES LAKERS
LAKERS
23
bibigo
PHOENIX SUNS
PayPal
SUNS
1
SACRAMENTO KINGS
Kings

GOLDEN STATE WARRIORS
GOLDEN STATE
WARRIORS
2025 PLAYOFFS
WED. APRIL 23 8:30PM
GAME TWO
LIFTOFF
GOLDEN STATE
30
Rakuten

골든스테이트 버전 라스트 댄스?

지미 버틀러 트레이드 영입 승부수

희로애락이 진하게 묻어난 시즌을 보냈다. 우선 개막 15경기 구간에서 12승을 쓸어 담았다. 스티브 커 감독의 적극적인 벤치 전력 활용이 돋보였던 시기다. 그러나 시즌 중반에는 연패 수렁에 빠졌다. 공수 균형이 무너졌던 탓이다. 프런트의 승부수는 백전노장 지미 버틀러 트레이드 영입. 덕분에 마지막 31경기 기준 승률 74.2% 호성적을 수확했다. 플레이오프 2라운드 탈락은 아쉬웠던 결말이다. 간판스타 스테픈 커리의 왼쪽 햄스트링 부상 이탈 여파를 극복하지 못했다.

조나단 쿠밍가 재계약 딜레마

오프 시즌이 조나단 쿠밍가 재계약 사가(saga)에 매몰되었다. 방출, 장기계약, 사인&트레이드, 퀄리파잉 오퍼(Qualifying Offer)+1년 재계약 선택지 사이에서 갈팡질팡했다. 무엇보다 쿠밍가와의 재계약 협상에만 몰두한 결과, 추가 전력 보강이 너무 늦게 이루어졌다. 프리 시즌 개막을 앞두고야 선수단 윤곽이 잡혔으니 말 다 했다. 휴스턴, 덴버, LA 클리퍼스 등 한 박자 빠른 행보에 힘입어 오프 시즌 우등생으로 거듭났던 서부컨퍼런스 경쟁팀들과 대조된다.

베테랑 트리오의 라스트 댄스

베테랑 트리오 커리(차기 시즌 37~38세), 버틀러(36세), 드레이먼드 그린(35~36세)이 출사표를 던졌다. 공교롭게도 세 선수 모두 2026-27시즌을 끝으로 고액 장기계약이 마무리된다. 골든스테이트 버전 라스트 댄스를 앞둔 셈이다. 팬들의 높은 기대치에 부응하려면 롤 플레이어들 지원 사격이 필수다. 노장들의 떨어진 활동량을 보완해 줘야 한다. 2020년대 핵심 화두 중 하나가 에너지 레벨임을 잊지 말자. 슈퍼스타 존재감만으로 '와일드 와일드 웨스트' 정복은 쉽지 않다.

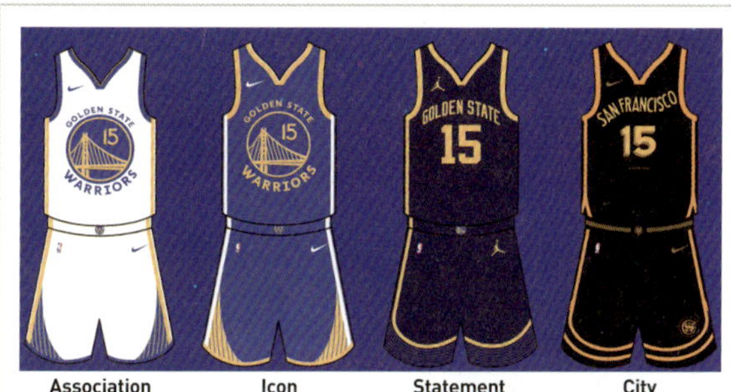
Association　Icon　Statement　City

*통계는 2025년 10월 1일 기준

CLUB INFORMATION

 F **Founded** 구단 창립 1946년	 O **Owner** 조 레이컵 피터 구버	 C **CEO** 브랜든 슈나이더	 HC **Head Coach** 스티브 커 1965.09.27	 **24-25 Odds** 스카이벳 : 25배 윌리엄힐 : 25배
 18명 **Nationality** ●미국 선수 14명 ●외국 선수 4명	 Age **Age** 18명 평균 27.1세	 H **Height** 18명 평균 198.6cm	 W kg **Weight** 18명 평균 96.8kg	**Salary** 9명 평균 1894만 달러
 W **Win** 2024-25 : 48승 통산 : 3017승	 L **Loss** 2024-25 : 34패 통산 : 3168패	WP % **Winning%** 2024-25 : 58.5% 통산 : 48.8%	 PO **Play-Off** PO 진출 : 38회 PO 탈락 : 41회	 T **Titles** NBA우승 : 7회 컨퍼런스 : 7회
  P **Top Scorer** 스테픈 커리 평균 24.5점	 R **More Rebounds** 드레이먼드 그린 평균 6.1리바운드	 A **More Assists** 스테픈 커리 평균 6.0어시스트	S **More Steals** 드레이먼드 그린 평균 1.5스틸	 **More Blocks** 드레이먼드 그린 평균 1.0블록

*항목별 1위는 지난 시즌 골든스테이트 소속으로 42경기 이상 출전한 선수 중 선별

HEAD COACH & STADIUM

Steve KERR 스티브 커

생년월일 : 1965.09.27 / **출생지 :** 레바논 베이루트
경력 : 2014년~ 골든스테이트 워리어스 감독

캘리포니아주 로스앤젤레스의 팰리세이즈 차터고를 다녔고, 1983년 애리조나대에 입학해 1988년에 졸업했다. 커는 대학 시절 소속팀이 NCAA 토너먼트 '파이널 포'에 진출하도록 힘을 보탰다. 1988년 NBA 드래프트 2라운드에서 피닉스 선즈에 지명되었다. 그는 NBA에서 피닉스, 클리블랜드, 올랜도, 시카고, 샌안토니오, 포틀랜드를 거치며 15년간 활약했다. 1993년에는 시카고의 NBA 3년 연속 우승에, 샌안토니오에서는 NBA 우승 2번에 각각 기여했다. 은퇴 후 2004년 피닉스 경영진에 합류했고, 2007년에 피닉스 단장을 맡았다. 피닉스 보드진으로서의 계약이 끝난 후 TNT 해설가로 잠시 일했다. 그러다 2014년 5월 19일, 커는 골든스테이트의 제25대 감독이 되었다. 커는 팀의 NBA 파이널 우승 4회(2015, 2017, 2018, 2022년)로 견인했다. 2016년 'NBA 올해의 감독상'을 받았고, NBA로부터 '역대 가장 위대한 감독 15명'에 선정됐다.

CHASE CENTER

구장 오픈 : 2019년 9월 6일
구장 증개축 : —
오너 : 골든스테이트 워리어스
수용인원 : 1만 8064명
건축비용 : 14억 달러
(현재 가치) 16억 7000만달러

샌프란시스코 미션 베이 지역에 위치한 스포츠&엔터 허브. JP모건 체이스의 기금으로 지어져 체이스 센터로 명명됐다. NBA 7회 우승의 골든스테이트 워리어스의 홈구장이다. 스포츠 외에 콘서트, 패밀리 쇼, 특별 공연, 전시회 등을 개최한다. 이곳에서 리그 오브 레전드 2022 월드 챔피언십 결승전이 개최되었다. 워리어스 홈구장이 된 건 2019-20시즌부터다.

REGULAR SEASON RANKING LAST 10YEARS									★NBA 파이널 우승
15-16	16-17	17-18	18-19	19-20	20-21	21-22	22-23	23-24	24-25
1	★1	★3	3	30	17	★4	13	18	11
73승 9패	67승 15패	58승 24패	57승 25패	15승 50패	39승 33패	53승 29패	44승 38패	46승 36패	48승 34패

Honours

7	7	12	7
NBA CHAMPIONS	CONFERENCE TITLES	DIVISION TITLES	RETIRED NUMBERS

NBA CHAMPIONSHIPS
1947, 1956, 1975, 2015, 2017, 2018, 2022

CONFERENCE TITLES
1975, 2015, 2016, 2017, 2018, 2019, 2022

DIVISION TITLES
1948, 1951, 1956, 1964, 1967, 1975, 1976, 2015, 2016, 2017, 2018, 2019

RETIRED NUMBERS
6, 13, 14, 16, 17, 24, 42

TEAM POTENTIAL

13위

하프코트 세트오펜스 8점	트랜지션 오펜스 7점	하프코트 세트디펜스 9점	트랜지션 디펜스 8점	리바운드 8점
선수층 7점	선수 경험치 9점	감독 리더십 9점	감독 전술 8점	프런트 7점

*각 항목은 10점 만점, 평점은 NBA 30팀 사이 상대평가

우승 ODDS	배당	순위
bet 365	25배	10위
Paddy Power	22배	10위
William Hill	25배	10위

OFFENSIVE STYLE

트랜지션 오펜스 — 하프코트 세트오펜스

DEFENSIVE STYLE

하이 프레스 — 하프코트 디펜스

SQUAD & TACTICS

STARTERS

PF 드레이먼드 그린 29.2분, 9.0점 6.1RB, 5.6AS

C 퀸튼 포스트 16.3분, 8.1점 2.7RB, 3.5AS

SF 지미 버틀러 31.7분, 17.5점 5.4RB, 5.4AS

SG 버디 힐드 22.7분, 11.1점 3.2RB, 1.6AS

PG 스테픈 커리 32.2분, 24.5점 4.4RB, 6.0AS

OFF THE BENCH

PG 브랜딘 포젬스키 26.8분, 11.7점 5.1RB, 3.4AS

SG 모제스 무디 22.3분, 9.8점 2.6RB, 1.3AS

SF 알렉스 투히 2025-26시즌 신인 선수

PF 기 산토스 3.6분, 4.1점 3.1RB, 1.4AS

C 트레이스 잭슨-데이비스 15.6분, 6.6점 5.0RB, 1.7AS

G
G 윌 리차드
F 잭슨 로우
F
C

Player's Functions

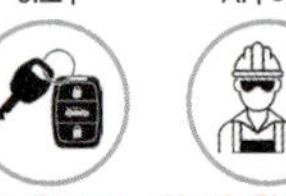

Ball Handlers	Pull-Ups	Catch & Shoot
S.커리 B.포젬스키 J.버틀러	S.커리 B.힐드 B.포젬스키	S.커리 B.힐드 Q.포스트

3 Pointers	Slam Dunkers	Free Throw
S.커리 B.힐드 Q.포스트	T.잭슨데이비스 J.버틀러 M.무디	S.커리 J.버틀러 Q.포스트

Rebounders	1-1 Defenders	Ball Stealers
T.잭슨데이비스 G.산토스 J.로우	D.그린 J.버틀러 A.투히	D.그린 J.버틀러 S.커리

Key Passes	Hustle Players	Rim Protectors
S.커리 D.그린 J.버틀러	J.버틀러 D.그린 T.잭슨데이비스	T.잭슨데이비스 D.그린 A.투히

2024-25 SEASON PERFORMANCE

공격 레이팅 115.0(15위) 수비 레이팅 111.7(7위) 레이팅 마진 +3.3(10위) 페이스 98.7(17위)

GOLDEN STATE WARRIORS vs. OPPONENTS PER GAME STATS

	득실점	필드골성공	필드골시도	필드골%	3점성공	3점시도	3점%	2점성공	2점시도	2점%	자유투성공	자유투시도	자유투%	공격 RB	수비 RB	전체 RB	어시스트	스틸	블락샷	턴오버	파울
		FG	FG↑	FG%	3P	3P↑	3P%	2P	2P↑	2P%			FT%	OR	DR	TR	A↑				
골든스테이트	113.8 17위	40.8 21위	90.4 8위	45.1% 25위	15.4 4위	42.4 2위	36.4% 16위	25.3 27위	48.0 27위	52.8% 23위	16.9 17위	22.1 13위	76.4% 25위	12.5 5위	32.8 19위	45.4 7위	29.1 4위	9.4 4위	4.8 17위	14.0 14위	19.2 23위
상대팀	110.5 8위	40.4 5위	86.9 5위	46.5% 11위	13.2 12위	36.3 8위	36.3% 19위	27.3 6위	50.6 10위	53.9% 12위	16.4 11위	21.4 13위	76.9% 5위	10.6 8위	33.5 19위	44.1 15위	25.9 10위	7.6 8위	5.4 24위	15.7 5위	18.6 18위

LINE-UP

* 토론토는 지난 시즌 총 840개의 라인업을 가동했다. 득실점차 플러스 10개, 마이너스 10개를 골랐다.

득실점차 플러스(+) 라인업 TOP 10	G	MIN	PPG	RPG	득실차
S. Curry - J. Butler III - D. Green - M. Moody - B. Podziemski	21	211	26.5	9.3	+85
J. Butler III - D. Green - M. Moody - B. Podziemski - Q. Post	18	125	15.2	6.3	+39
J. Butler III - D. Green - B. Hield - B. Podziemski - Q. Post	11	42	9.7	3.8	+33
J. Butler III - K. Looney - B. Hield - G. Santos - B. Podziemski	9	31	9.3	3.8	+31
S. Curry - D. Green - A. Wiggins - D. Melton - J. Kuminga	2	17	29.5	7.5	+28
S. Curry - K. Looney - B. Hield - G. Payton II - J. Kuminga	16	53	8.8	3.1	+27
S. Curry - D. Green - B. Hield - G. Payton II - Q. Post	8	15	7.1	1.9	+26
S. Curry - D. Green - A. Wiggins - B. Hield - G. Payton II	12	26	4.7	1.9	+24
S. Curry - K. Looney - B. Hield - G. Payton II - B. Podziemski	4	13	12.3	3.0	+24
D. Green - L. Waters III - M. Moody - T. Jackson-Davis - B. Podziemski	2	19	29.0	10.5	+20
득실점차 마이너스(-) 라인업 TOP 10	**GP**	**MIN**	**PPG**	**RPG**	**득실차**
S. Curry - A. Wiggins - K. Looney - B. Hield - J. Kuminga	6	22	8.2	2.3	-29
S. Curry - D. Green - B. Hield - B. Podziemski - Q. Post	2	18	17.0	5.0	-29
S. Curry - D. Green - D. Schröder - A. Wiggins - K. Looney	2	12	10.0	3.5	-25
S. Curry - J. Butler III - K. Looney - B. Hield - M. Moody	4	7	2.8	1.0	-22
D. Schröder - A. Wiggins - B. Hield - J. Kuminga - T. Jackson-Davis	6	15	3.2	3.2	-21
S. Curry - D. Green - G. Payton II - J. Kuminga - B. Podziemski	5	16	5.4	2.4	-19
S. Curry - D. Green - A. Wiggins - M. Moody - T. Jackson-Davis	3	13	8.3	3.3	-17
J. Butler III - K. Looney - B. Hield - M. Moody - B. Podziemski	3	9	4.0	1.0	-17
S. Curry - D. Green - D. Schröder - A. Wiggins - T. Jackson-Davis	8	74	19.0	9.4	-16
D. Schröder - A. Wiggins - B. Hield - M. Moody - T. Jackson-Davis	4	23	11.5	4.3	-16

PASS COMBINATIONS

→ 해당 선수가 경기당 동료로부터 패스 받은 횟수
→ 해당 선수가 경기당 동료들에게 패스 해준 횟수

받은 횟수	선수	해준 횟수
44.9	드레이먼드 그린	54.4
58.5	데니스 슈뢰더	53.1
51.6	지미 버틀러 III	50.4
43.4	브랜딘 포젬스키	43.2
57.1	스테픈 커리	42.9
32.5	디앤써니 멜튼	30.0
33.7	조나산 쿠밍가	29.1
34.4	앤드류 위긴스	29.1
28.9	버디 힐드	28.9
22.3	카일 앤더슨	25.9
20.0	트레이스 잭슨-데이비스	23.4
16.6	케본 루니	22.2
20.0	퀸턴 포스트	21.9
19.9	린디 워터스 III	20.0
18.0	유리 콜린스	19.5
15.3	게리 페이튼 II	19.3
21.5	모제스 무디	17.3
13.8	기 산토스	17.2
13.2	팻 스펜서	13.1
7.8	잭슨 로우	10.4
7.8	케빈 녹스 II	6.3
5.7	브랙스턴 키	5.7
3.5	리스 비크먼	4.5

2024-25 RANKING

* 는 수치가 낮을수록 랭킹이 높아짐

골든스테이트	랭킹	FIVE FACTORS	상대팀	랭킹
53.6%	20위	3점 가중 FG%	54.1%*	15위
12.3*	11위	턴오버 / 100포제션	14.1	4위
27.3%	5위	공격 RB 점유율	24.4%*	11위
75.6%	11위	수비 RB 점유율	72.7%*	4위
18.7%	19위	자유투 / 필드골	18.9%*	15위

득점	랭킹	PLAYTYPE	실점*	랭킹
4.8	27위	아이솔레이션	7.7	25위
22.8	16위	트랜지션	22.0	7위
12.4	29위	픽&롤 볼핸들러	13.7	4위
4.8	28위	픽&롤 롤맨	6.5	6위
2.4	22위	포스트-업	4.1	18위
28.3	10위	스팟-업	29.5	25위
5.2	13위	핸드오프	4.4	3위
14.5	2위	커팅	—	—
9.1	1위	오프 스크린	3.1	3위
5.8	21위	풋백	6.6	17위
3.3	5위	기타	—	—

SHOT ZONE

평균 구간별 슈팅 및 성공률

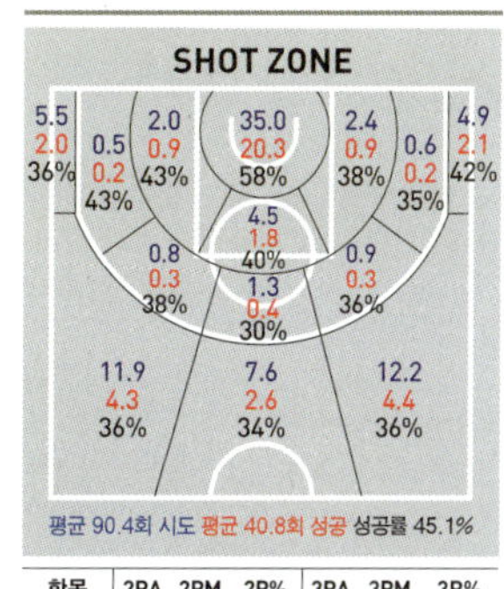

항목	2PA	2PM	2P%	3PA	3PM	3P%
캐치&슛	1.5	0.6	36.8%	30.0	11.2	37.4%
풀업	9.4	3.7	39.4%	11.8	4.0	33.9%
3m 안쪽	37.0	21.0	56.9%	—	—	—
TOTAL	47.9	25.3	52.8%	42.3	15.4	36.4%

SHOT PROCESS & SHOT TYPES

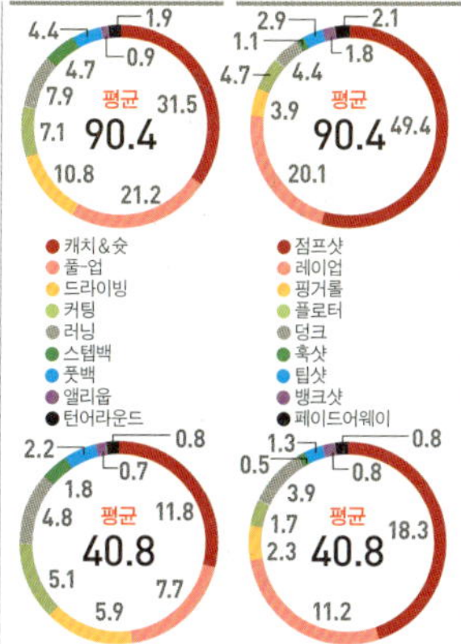

SHOOTING

필드골 시도

8.8 3.1 13.1 7.9 평균 90.4 15.3 42.2

샷클락: 22~24초, 18~22초, 15~18초, 7~15초, 4~7초, 0~4초

2.8 10.4 평균 40.8 11.4 16.2 — 필드골 성공

3.0 1.4 3.4 6.9 평균 40.8 6.9 19.2 — 필드골 성공

OPPONENT SHOOTING

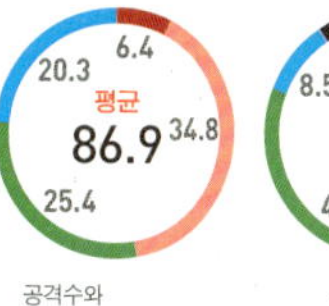

상대 필드골 시도

8.0 3.0 12.3 8.5 평균 86.9 14.4 40.7

공격수와 수비수의 거리: 0~0.6m, 0.6~1.2m, 1.2~1.8m, 1.8m 이상

샷클락: 22~24초, 18~22초, 15~18초, 7~15초, 4~7초, 0~4초

2.9 8.4 평균 40.4 11.5 17.6 — 필드골 허용

2.9 1.7 3.9 6.5 평균 40.4 6.9 18.5 — 필드골 허용

CONTESTED REBOUNDS

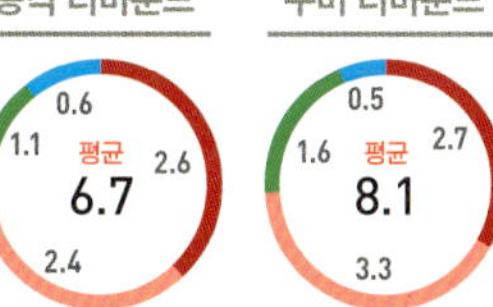

림 아래부터 리바운드 위치까지의 거리
● 0~0.9m ● 0.9~1.8m ● 1.8~3m ● 3m 이상

UNCONTESTED REBOUNDS

림 아래부터 리바운드 위치까지의 거리
● 0~0.9m ● 0.9~1.8m ● 1.8~3m ● 3m 이상

DEFENSE OF 48 WINS

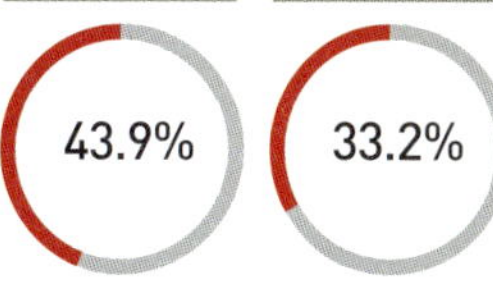

상대 필드골 시도 87.4
필드골 허용 38.4

상대 3점슛 시도 36.1
3점슛 허용 12.0

DEFENSE OF 34 LOSSES

필드골 허용 % — 50.3%

3점슛 허용 % — 40.7%

상대 필드골 시도 86.1
필드골 허용 43.3

상대 3점슛 시도 36.5
3점슛 허용 14.9

General Stats								Outside Scoring & Shooting							Inside Scoring & Shooting								Play Making, Ball Handling & Passing					
PTS	RB	AS	ST	BL	FG-FGA	3P-3PA	FT-FTA	OS	CS	MS	3P	FT	SQ	OC	IS	L&F	SD	DD	PH	PF	PC	DRF	PM	PA	BH	DRS	PQ	PV
득점	리바운드	어시스트	스틸	블락샷	필드골 성공-시도	3점슈팅 성공-시도	자유투 성공-시도	외곽 득점력	근거리 점프샷	중거리 슈팅	3점 슈팅	자유투	슈팅 IQ	득점 일관성	인사이드 득점력	레이업 플로터	스탠딩 덩크	드라이빙 덩크	포스트 훅샷	포스트 페이드	포스트 컨트롤	파울 유도	플레이 메이킹	패스 능력	볼 핸들링	드리블 스피드	패스 IQ	패스 비전

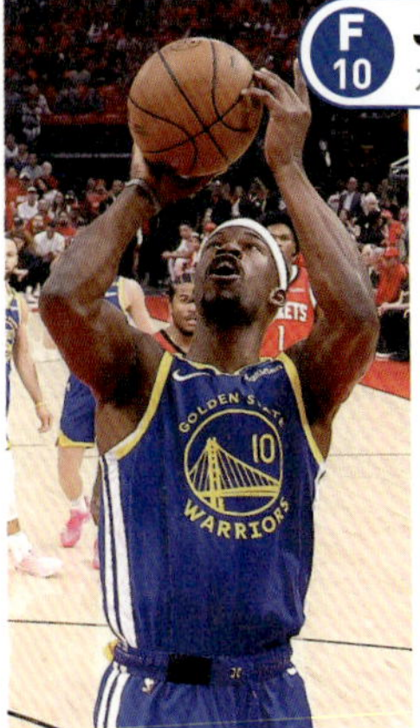

F 10 Jimmy BUTLER SF-PF

지미 버틀러 1989.09.14 / 201cm

미국 **NBA 드래프트 :** 2011년 1라운드 30번 **NBA 우승 :** 0회 / **파이널 MVP :** 0회 **시즌 MVP :** 0회 / **NBA 퍼스트팀 :** 0회

시즌 도중 팻 라일리 사장과 심각한 불화를 겪었다. 마이애미 구단으로부터 7경기 출전 정지까지 당했다. 결국, 2025년 2월 5일 골든스테이트 워리어스로 전격 트레이드 되었다. 새 소속팀에서는 '업&다운'이 심했다. 그래도 시즌 후반기와 PO에서 평타 이상을 해냈다. 올 시즌은 그에게 '터닝 포인트'다. 폭발적인 림 어택, 위치 가리지 않고 터뜨리는 3점 슈팅, 클러치 타임 때의 결정적 한방, 최강의 수비 등 개인 기량은 여전하다. 연봉은 5413만 달러.

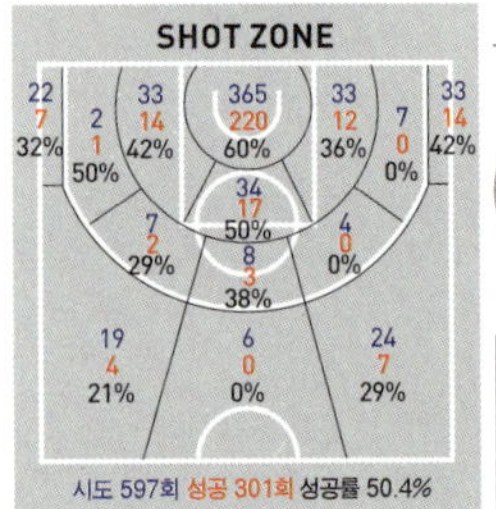

SHOT PROCESS (필드골 597 시도)

캐치&슛 155 / 풀-업 46 / 드라이빙 154 / 커팅 59 / 러닝 69 / 스텝백 13 / 풋백 41 / 앨리웁 16 / 턴어라운드 44

SHOT TYPES (필드골 597 시도)

170 점프샷 / 211 레이업 / 16 핑거롤 / 46 플로터 / 53 덩크 / 4 훅샷 / 28 팁샷 / 20 뱅크샷 / 49 페이드어웨이

2024-25시즌 마이애미+골든스테이트 55경기 평균 31.7분

항목	PTS	RB	AS	ST	BL	FG-FGA	3P-3PA	FT-FTA
평균	17.5	5.4	5.4	1.4	0.3	5.5-10.9	0.6-1.9	6.0-7.1
36분	19.9	6.1	6.1	1.6	0.4	6.2-12.3	0.7-2.1	6.8-8.1

항목	OS	CS	MS	3P	FT	SQ	OC	IS	L&F	SD	DD	PH	PF	PC	DRF	PM	PA	BH	DRS	PQ	PV
평점	C+	B+	C+	C	B-	D-	B-	C+	B+	F	C+	B-	B-	B-	B+	B-	B	B	B-	B+	C-

항목	DEF	ID	PD	ST	BL	HDQ	PP	DC	RB3	OR3	DR3	ATH	SP	AG	STR	VJ	STA	HP	INT	POT	OG
평점	B-	B	A-	B-	F	B+	B+	B	C-	A-	D-	B+	B	A-	C+	B-	A+	A+	C	A	B+

F 7 Buddy HIELD SG-SF

버디 힐드 1992.12.17 / 193cm

바하마스 **NBA 드래프트 :** 2016년 1라운드 6번 **NBA 우승 :** 0회 / **파이널 MVP :** 0회 **시즌 MVP :** 0회 / **NBA 퍼스트팀 :** 0회

커리를 받쳐줄 확실한 '넘버 2' 득점 옵션이자 외곽 슈터로 활약했다. 플레이오프 휴스턴전에서는 '인생 경기'를 펼치며 팀을 2라운드로 이끌었다. 힐드는 타고난 슈터다. 리그 최고의 3점 슈터 중 1명이다. 강심장이라 실패를 전혀 두려워하지 않고, 볼을 잡으면 일단 던지고 본다. 특히 좌우 윙과 탑에서 폭발적으로 시도한다. 트랜지션 상황에서 마무리도 나름 잘 하는 편이다. 키에 비해 팔이 짧다. 그래서 퍼리미터 1대1 수비에 취약하다. 연봉은 922만 달러.

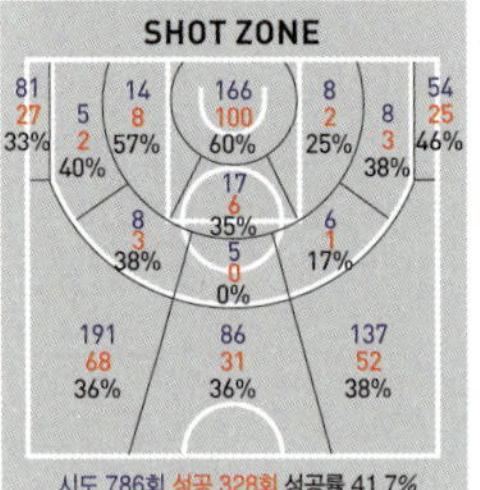

SHOT PROCESS / **SHOT TYPES**

2024-25시즌 골든스테이트 82경기 평균 22.7분

항목	PTS	RB	AS	ST	BL	FG-FGA	3P-3PA	FT-FTA
평균	11.1	3.2	1.6	0.8	0.3	4.0-9.6	2.5-6.7	0.6-0.8
36분	17.6	5.1	2.6	1.3	0.4	6.3-15.2	3.9-10.6	1.0-1.2

항목	OS	CS	MS	3P	FT	SQ	OC	IS	L&F	SD	DD	PH	PF	PC	DRF	PM	PA	BH	DRS	PQ	PV
평점	C	A+	D-	B	C+	C	D-	D-	C	F	D+	F	F	F	D-	D+	C-	C+	C	C-	F

항목	DEF	ID	PD	ST	BL	HDQ	PP	DC	RBG	ORG	DRG	ATH	SP	AG	STR	VJ	STA	HP	INT	POT	OG
평점	D	D-	C-	C-	F	D-	D-	D-	C	C+	C+	C-	C	C+	F	C+	A	D-	C	B+	C+

F 22 Alex TOOHEY PF

알렉스 투히 2004.05.05 / 203cm

호주 **NBA 드래프트 :** 2025년 2라운드 52번 **NBA 우승 :** 0회 / **파이널 MVP :** 0회 **시즌 MVP :** 0회 / **NBA 퍼스트팀 :** 0회

호주 캔버라 출신. 2021년부터 4년간 호주리그의 BA 센터, 시드니 킹스에서 활약했다. 2025년 NBA 드래프트를 신청해 피닉스에 2라운드 52번으로 지명됐고, 곧바로 골든스테이트로 트레이드됐다. 투히는 바스켓볼 IQ가 높고, 체격 조건이 우수하며(203cm, 103kg), 다재다능한 포워드다. 1대1 수비와 팀 디펜스 응용력 모두 NBA 수준에 올라 있다. 이타적(利他的)인 패스 플레이어다. 그러나 공격력은 제한적이다. 점프샷의 성공률을 높여야 한다.

2024-25시즌 기록 없음

항목	PTS	RB	AS	ST	BL	FG-FGA	3P-3PA	FT-FTA
평균	–	–	–	–	–	–	–	–
36분	–	–	–	–	–	–	–	–

항목	OS	CS	MS	3P	FT	SQ	OC	IS	L&F	SD	DD	PH	PF	PC	DRF	PM	PA	BH	DRS	PQ	PV
평점	–	–	–	–	–	–	–	–	–	–	–	–	–	–	–	–	–	–	–	–	–

항목	DEF	ID	PD	ST	BL	HDQ	PP	DC	RBB	ORB	DRB	ATH	SP	AG	STR	VJ	STA	HP	INT	POT	OG
평점	–	–	–	–	–	–	–	–	–	–	–	–	–	–	–	–	–	–	–	–	–

F 15 Gui SANTOS SF-PF

기 산토스 2002.06.22 / 198cm

브라질 **NBA 드래프트 :** 2022년 2라운드 55번 **NBA 우승 :** 0회 / **파이널 MVP :** 0회 **시즌 MVP :** 0회 / **NBA 퍼스트팀 :** 0회

브라질 수도 브라질리아 출신이다. 2018~2022년, 브라질 클럽 미나스에서 활약했고, 2022 드래프트를 통해 골든스테이트에 입단했다. 2023-24시즌엔 NBA와 G리그를 넘나들었으나, 지난 시즌엔 풀타임 NBA 리거로 활약했다. 올라운드 콤보 포워드다. 오프-더-드리블샷이 좋다. 타점이 높고, 릴리스 포인트가 일정하며 펄로스루도 좋다. 가끔 스텝백 3점 슈팅도 던진다. 드라이빙하는 상대에 잘 뚫린다. 림 어택 시 마무리가 불안하다. 연봉은 222만 달러.

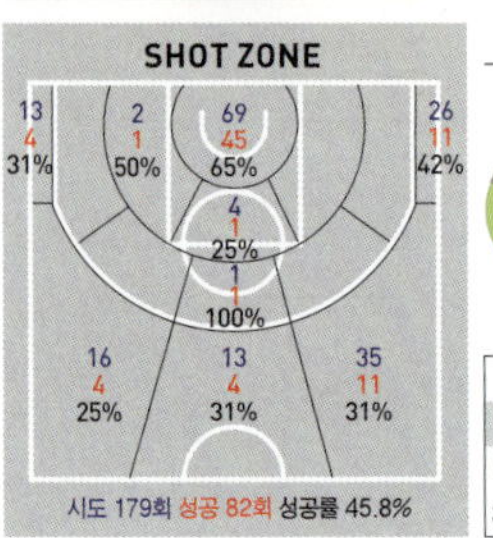

SHOT PROCESS (필드골 179 시도)

캐치&슛 105 / 풀-업 3 / 드라이빙 11 / 커팅 26 / 러닝 18 / 스텝백 3 / 풋백 11 / 앨리웁 1 / 턴어라운드 1

SHOT TYPES (필드골 179 시도)

106 점프샷 / 44 레이업 / 5 핑거롤 / 6 플로터 / 7 덩크 / 2 훅샷 / 6 팁샷 / 1 뱅크샷 / 2 페이드어웨이

2024-25시즌 골든스테이트 56경기 평균 13.6분

항목	PTS	RB	AS	ST	BL	FG-FGA	3P-3PA	FT-FTA
평균	4.1	3.1	1.4	0.4	0.2	1.5-3.2	0.6-1.8	0.5-0.8
36분	10.7	8.1	3.8	1.2	0.5	3.9-8.5	1.6-4.9	1.4-2.0

항목	OS	CS	MS	3P	FT	SQ	OC	IS	L&F	SD	DD	PH	PF	PC	DRF	PM	PA	BH	DRS	PQ	PV
평점	C-	B	D+	C+	C-	C-	D-	D-	C-	D-	D+	D-	D-	D-	F	D-	D-	D-	D+	D-	D-

항목	DEF	ID	PD	ST	BL	HDQ	PP	DC	RBB	ORB	DRB	ATH	SP	AG	STR	VJ	STA	HP	INT	POT	OG
평점	D	D+	C-	D+	F	C-	D-	D-	D-	C+	D-	C-	C	C-	D-	C	B-	D	B	B	C-

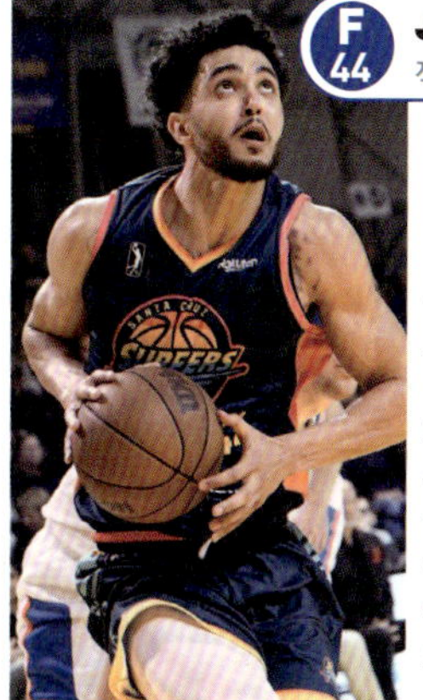

F 44 Jackson ROWE SF-PF

잭슨 로우 1997.01.04 / 201cm

캐나다

NBA 드래프트 : 2020년 미지명
NBA 우승 : 0회 / **파이널 MVP :** 0회
시즌 MVP : 0회 / **NBA 퍼스트팀 :** 0회

캐나다 토론토 출신 포워드. 풀러톤 캘리포니아주립대에서 농구를 했고, 2020 NBA 드래프트를 신청했지만 지명받지 못했다. 2020년부터 4년간 프랑스, 스웨덴, 캐나다 농구리그에서 활약했다. 그리고 2025년 1월 28일, 골든스테이트와 연봉 64만 달러에 투웨이 계약을 체결했다. 로우는 운동 능력이 출중하고, 플레이메이킹이 우수한 선수다. 중거리 점프 슈팅과 3점 슈팅이 비교적 정확하다. 스몰포워드 중 상대적으로 리바운드를 많이 걷어내는 편이다.

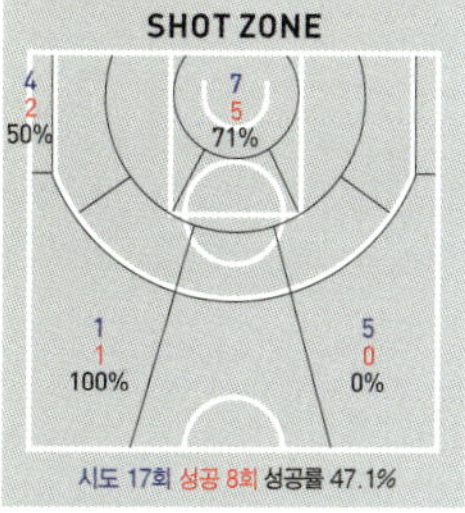

SHOT PROCESS (필드골 17 시도)

캐치&슛 8, 풀-업 2, 드라이빙 1, 커팅 3, 러닝 3, 스텝백 0, 풋백 0, 앨리웁 0, 턴어라운드 0

SHOT TYPES (필드골 17 시도)

10 점프샷, 6 레이업, 1 핑거롤, 0 플로터, 0 덩크, 0 훅샷, 0 팁샷, 0 뱅크샷, 0 페이드어웨이

2024-25시즌 골든스테이트 6경기 평균 8.7분

항목	PTS	RB	AS	ST	BL	FG-FGA	3P-3PA	FT-FTA
평균	3.7	1.8	0.7	0.7	0.0	1.3-2.8	0.5-1.7	0.5-1.0
36분	15.2	7.6	2.8	2.8	0.0	5.5-11.8	2.1-6.9	2.1-4.2

항목	OS	CS	MS	3P	FT	SQ	OC	IS	L&F	SD	DD	PH	PF	PC	DRF	PM	PA	BH	DRS	PQ	PV
평점	–	–	–	–	–	–	–	–	–	–	–	–	–	–	–	–	–	–	–	–	–

항목	DEF	ID	PD	ST	BL	HDQ	PP	DC	RB	ORB	DRB	ATH	SP	AG	STR	VJ	STA	HP	INT	POT	OG
평점	–	–	–	–	–	–	–	–	–	–	–	–	–	–	–	–	–	–	–	–	–

G 61 Pat SPENCER PG

팻 스펜서 1996.07.04 / 191cm

미국

NBA 드래프트 : 2020년 미지명
NBA 우승 : 0회 / **파이널 MVP :** 0회
시즌 MVP : 0회 / **NBA 퍼스트팀 :** 0회

원래 로욜라 매릴랜드대의 라크로스 선수였다. 그는 2019년, 프로 라크로스 리그(PLL) 드래프트 전체 1순위로 지명되어 테와타론상(MVP)까지 받았다. 그러나 2020년, 노스웨스턴대로 진학해 농구 선수로 전향했고, 2021-22시즌부터 4년간 NBA와 G리그를 넘나들었다. 올 시즌 소속팀의 '서드 유닛' 멤버로 뛸 것이다. '미친 체력의 소유자'로 불린다. 안정된 볼 핸들링, 다이내믹한 드라이빙에 이은 림 어택, 좌우 윙에서 시도하는 3점 슈팅이 주무기다.

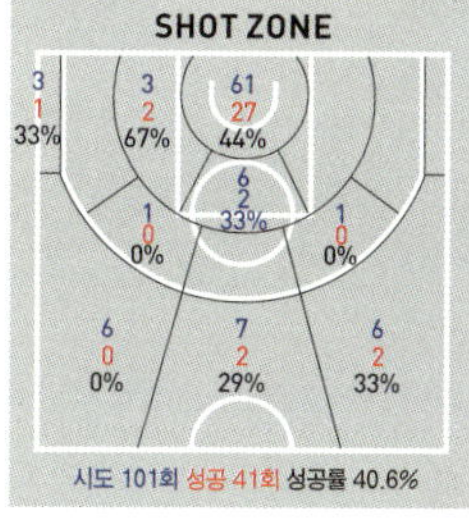

SHOT PROCESS (필드골 101 시도)

캐치&슛 25, 풀-업 4, 드라이빙 41, 커팅 7, 러닝 10, 스텝백 5, 풋백 5, 앨리웁 0, 턴어라운드 4

SHOT TYPES (필드골 101 시도)

24 점프샷, 31 레이업, 6 핑거롤, 14 플로터, 4 덩크, 0 훅샷, 5 팁샷, 7 뱅크샷, 10 페이드어웨이

2024-25시즌 골든스테이트 39경기 평균 6.4분

항목	PTS	RB	AS	ST	BL	FG-FGA	3P-3PA	FT-FTA
평균	2.5	1.2	1.2	0.4	0.1	1.2-2.6	0.1-0.6	0.3-0.4
36분	14.1	6.6	6.9	2.0	0.4	5.9-14.5	0.7-3.2	1.6-2.2

항목	OS	CS	MS	3P	FT	SQ	OC	IS	L&F	SD	DD	PH	PF	PC	DRF	PM	PA	BH	DRS	PQ	PV
평점	–	–	–	–	–	–	–	–	–	–	–	–	–	–	–	–	–	–	–	–	–

항목	DEF	ID	PD	ST	BL	HDQ	PP	DC	RB	ORB	DRB	ATH	SP	AG	STR	VJ	STA	HP	INT	POT	OG
평점	–	–	–	–	–	–	–	–	–	–	–	–	–	–	–	–	–	–	–	–	–

출전 시간이 짧아 평점 매길 수 없음

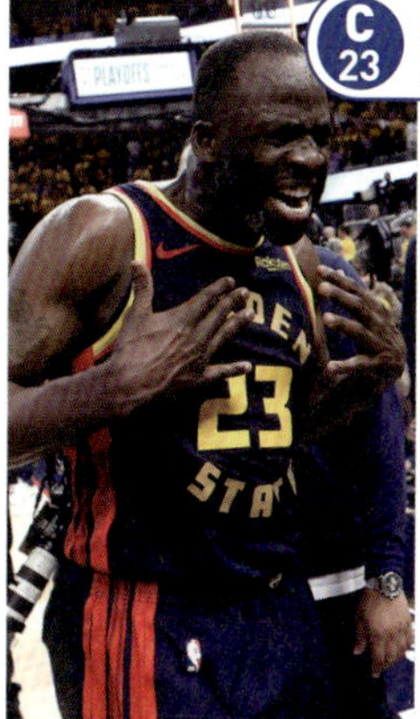

C 23 Draymond GREEN PF-C

드레이먼드 그린 1990.03.04 / 198cm

미국

NBA 드래프트 : 2012년 2라운드 35번
NBA 우승 : 4회 / **파이널 MVP :** 0회
시즌 MVP : 0회 / **NBA 퍼스트팀 :** 0회

리그 최고 수비수. 지난 시즌에도 DPOY(올해의 수비선수상) 투표 2위에 올랐고, NBA 올-디펜시브 팀에 선정되었다. 그린은 '언더사이즈 빅맨'이지만, 1번~5번을 모두 수비할 수 있다. 인사이드와 퍼리미터 양 방면에서 모두 최강의 수비를 선보인다. 공격에서도 매우 중요한 역할을 한다. 스크린 세터이면서 볼 핸들링, 패스, 플레이메이킹까지 해낸다. 득점 기술은 단순하지만, 클러치 상황에서 터프샷을 자신 있게 성공시킨다. 연봉은 2589만 달러.

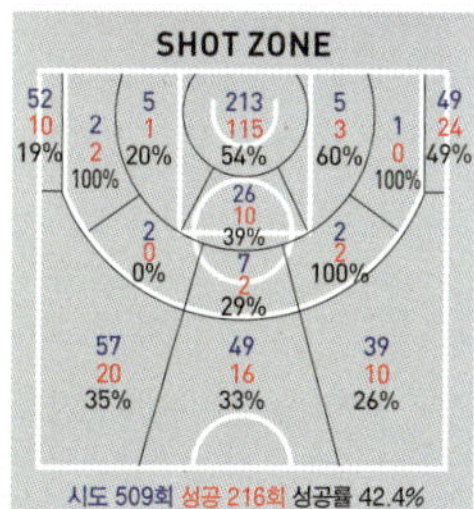

SHOT PROCESS (필드골 509 시도)

캐치&슛 285, 풀-업 6, 드라이빙 93, 커팅 67, 러닝 34, 스텝백 1, 풋백 16, 앨리웁 0, 턴어라운드 7

SHOT TYPES (필드골 509 시도)

264 점프샷, 152 레이업, 18 핑거롤, 34 플로터, 15 덩크, 8 훅샷, 12 팁샷, 4 뱅크샷, 2 페이드어웨이

2024-25시즌 골든스테이트 68경기 평균 29.2분

항목	PTS	RB	AS	ST	BL	FG-FGA	3P-3PA	FT-FTA
평균	9.0	6.1	5.6	1.5	1.0	3.2-7.5	1.2-3.6	1.5-2.2
36분	11.1	7.5	7.0	1.8	1.3	3.9-9.2	1.5-4.5	1.8-2.7

항목	OS	CS	MS	3P	FT	SQ	OC	IS	L&F	SD	DD	PH	PF	PC	DRF	PM	PA	BH	DRS	PQ	PV
평점	D+	A	B	C	D+	D-	F	D-	C-	D-	D+	D-	D-	D-	F	C+	B	C+	D+	B+	C+

항목	DEF	ID	PD	ST	BL	HDQ	PP	DC	RB	ORB	DRB	ATH	SP	AG	STR	VJ	STA	HP	INT	POT	OG
평점	A	A+	A-	B+	C-	A	B	A	D-	D-	D+	B-	C-	B	B	D+	B	A	D-	A-	B-

C 32 Trayce JACKSON-DAVIS PF-C

트레이스 잭슨-데이비스 2000.02.22 / 206cm

미국

NBA 드래프트 : 2023년 2라운드 57번
NBA 우승 : 0회 / **파이널 MVP :** 0회
시즌 MVP : 0회 / **NBA 퍼스트팀 :** 0회

'언더사이즈 빅맨'이다. 그러나 팔이 길고, 점프력이 좋다. 리그 정상급 블로커이자 강력한 허슬 플레이어다. 공격 리바운드에 특화되어 있다. 공격은 제한적이다. 지난 시즌 필드골 302개 중 덩크 110개, 레이업 137개, 팁샷 30개였다. 베이비 훅샷이 6개 정도 있었던 것을 감안해도, 림에서 3m 밖에서는 아예 슈팅을 시도조차 하지 않았다. 그리고 수비력도 의문부호다. 아직 젊기에 외곽 슈팅과 수비를 많이 보강해야 한다는 지적이다. 연봉은 222만 달러.

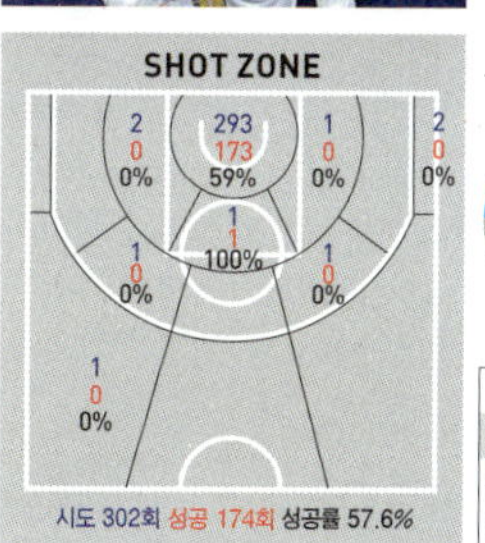

SHOT PROCESS (필드골 302 시도)

캐치&슛 42, 풀-업 1, 드라이빙 49, 커팅 99, 러닝 38, 스텝백 0, 풋백 45, 앨리웁 26, 턴어라운드 2

SHOT TYPES (필드골 302 시도)

7 점프샷, 137 레이업, 4 핑거롤, 2 플로터, 110 덩크, 6 훅샷, 30 팁샷, 6 뱅크샷, 0 페이드어웨이

2024-25시즌 골든스테이트 62경기 평균 15.6분

항목	PTS	RB	AS	ST	BL	FG-FGA	3P-3PA	FT-FTA
평균	6.6	5.0	1.7	0.4	0.6	2.8-4.9	0.0-0.0	1.0-1.6
36분	15.2	11.6	3.9	0.9	1.4	6.5-11.2	0.0-0.1	2.2-3.8

항목	OS	CS	MS	3P	FT	SQ	OC	IS	L&F	SD	DD	PH	PF	PC	DRF	PM	PA	BH	DRS	PQ	PV
평점	D-	B+	C-	F	D-	C-	F	D+	C+	B-	B	D-	D-	D-	F	D	D-	D	D+	D	D-

항목	DEF	ID	PD	ST	BL	HDQ	PP	DC	RB	ORB	DRB	ATH	SP	AG	STR	VJ	STA	HP	INT	POT	OG
평점	D	D	D	D-	C	D-	D-	D-	B	A-	C+	C+	C+	C	D-	B+	B	B	F	B+	C

General Stats								Outside Scoring & Shooting							Inside Scoring & Shooting								Play Making, Ball Handling & Passing					
PTS 득점	RB 리바운드	AS 어시스트	ST 스틸	BL 블락샷	FG-FGA 필드골 성공-시도	3P-3PA 3점슈팅 성공-시도	FT-FTA 자유투 성공-시도	OS 외곽 득점력	CS 근거리 점프샷	MS 중거리 슈팅	3P 3점 슈팅	FT 자유투	SQ 슈팅 IQ	OC 득점 일관성	IS 인사이드 득점력	L&F 레이업 플로터	SD 스탠딩 덩크	DD 드라이빙 덩크	PH 포스트 훅샷	PF 포스트 페이드	PC 포스트 컨트롤	DRF 파울 유도	PM 플레이 메이킹	PA 패스 능력	BH 볼 핸들링	DRS 드리블 스피드	PQ 패스 IQ	PV 패스 비전

Quinten Post C-PF

C 21 퀸튼 포스트 2000.03.21 / 213cm

네덜란드 **NBA 드래프트 :** 2024년 2라운드 52번 **NBA 우승 :** 0회 / **파이널 MVP :** 0회 **시즌 MVP :** 0회 / **NBA 퍼스트팀 :** 0회

2024년 11월 손가락 부상, 2025년 3월 발목 염좌 때문에 시즌 42경기 출전에 그쳤다. 올 시즌 관리가 필요하다. 포스트는 213cm 빅맨으로 전형적인 3&D 플레이어다. 큰 키와 부드러운 슈팅 터치를 이용해 높은 타점에서 점프 슈팅을 시도한다. 골밑에서 덩크, 레이업, 점프 훅샷으로 득점한다. 2024-25시즌 G리그 팀인 산타 크루스에서 풍부한 실전 경험을 쌓았다. 움직임이 제한적이고, 빠른 빅맨을 만나면 수비에서 고전한다. 연봉은 196만 달러.

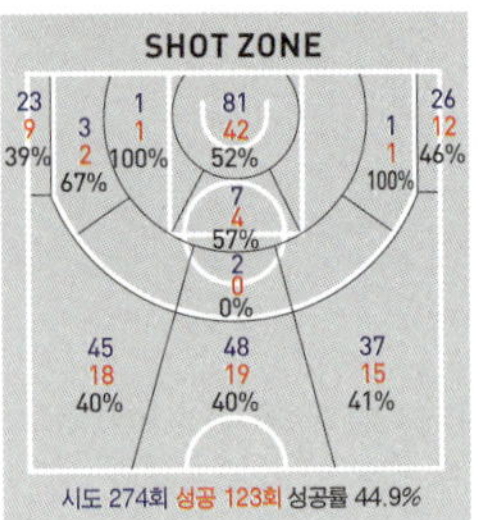

2024-25시즌 골든스테이트 42경기 평균 16.3분

항목	PTS	RB	AS	ST	BL	FG-FGA	3P-3PA	FT-FTA
평균	8.1	3.5	1.3	0.4	0.4	2.9-6.25	1.7-4.3	0.5-0.6
36분	17.8	7.8	2.9	0.8	0.9	6.5-14.4	3.8-9.4	1.1-1.4

항목	OS	CS	MS	3P	FT	SQ	OC	IS	L&F	SD	DD	PH	PF	PC	DRF	PM	PA	BH	DRS	PQ	PV
평점	C+	A	B-	B-	B	D+	D-	D	D+	C	D	D+	D-	D	F	F	D-	F	F	D+	F

항목	DEF	ID	PD	ST	BL	HDQ	PP	DC	RBB	ORB	DRB	ATH	SP	AG	STR	VJ	STA	HP	INT	POT	OG
평점	D	D	D-	F	D-	D-	F	D-	D-	D-	D+	D-	F	F	C-	D	B	C-	D-	B	C

Stephen CURRY PG

G 30 스테픈 커리 1988.03.14 / 188cm

미국 **NBA 드래프트 :** 2009년 1라운드 7번 **NBA 우승 :** 4회 / **파이널 MVP :** 1회 **시즌 MVP :** 2회 / **NBA 퍼스트팀 :** 4회

정규시즌에 발목과 햄스트링 부상으로 10경기를 결장했다. PO 때는 햄스트링 부상이 재발해 미네소타전에 결장했고, 이 때문에 소속팀은 시리즈 전적 1승 4패로 물러나 탈락했다. 커리는 NBA 역대 최고의 3점 슈터이며 경기 패러다임 자체를 바꾼 선수다. 3점 슈팅 릴리스 속도는 농구 역사상 가장 빠르다. 정말 먼 거리에서 풀업, 스텝백 등 고난도 기술을 이용해 3점 슈팅을 시도한다. 안정감 넘치는 볼 핸들링, 환상의 패스를 구사한다. 연봉은 5961만 달러.

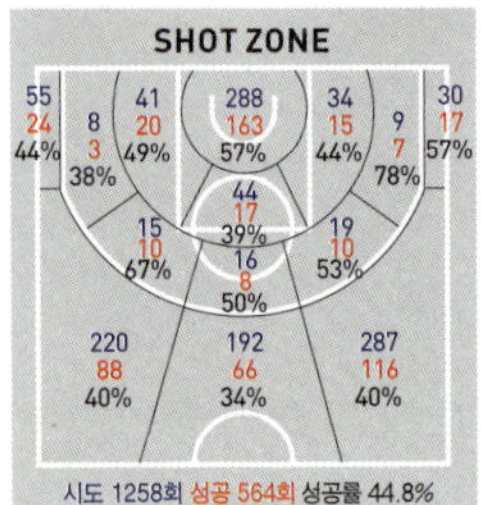

2024-25시즌 골든스테이트 70경기 평균 32.2분

항목	PTS	RB	AS	ST	BL	FG-FGA	3P-3PA	FT-FTA
평균	24.5	4.4	6.0	1.1	0.4	8.1-18.0	4.4-11.2	4.0-4.3
36분	27.5	5.0	6.7	1.3	0.5	9.0-20.1	5.0-12.5	4.5-4.8

항목	OS	CS	MS	3P	FT	SQ	OC	IS	L&F	SD	DD	PH	PF	PC	DRF	PM	PA	BH	DRS	PQ	PV
평점	A	A-	A+	A+	A	B-	A	D-	A-	F	F	F	D-	F	B-	B+	B+	A+	B	A-	B-

항목	DEF	ID	PD	ST	BL	HDQ	PP	DC	RBG	ORG	DRG	ATH	SP	AG	STR	VJ	STA	HP	INT	POT	OG
평점	D+	D-	C-	C-	F	C-	D+	D	D-	D-	D+	B-	B	B	F	C	A+	A-	C-	A+	A

Taevion KINSEY SF-SG

G 24 테이비언 킨지 2000.03.10 / 196cm

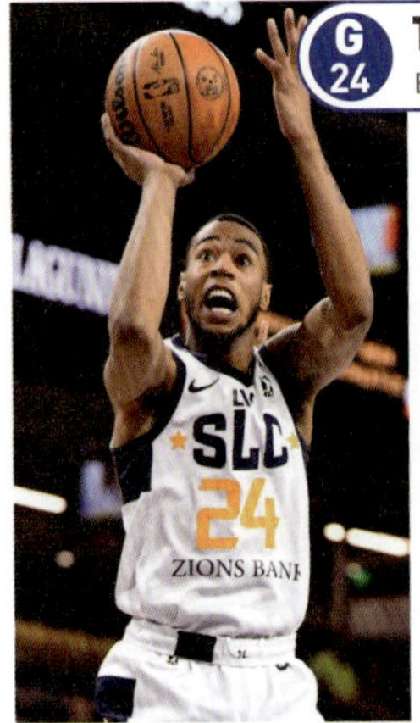

미국 **NBA 드래프트 :** 2023년 미지명 **NBA 우승 :** 0회 / **파이널 MVP :** 0회 **시즌 MVP :** 0회 / **NBA 퍼스트팀 :** 0회

2023년 NBA 드래프트를 신청했지만 지명받지 못했다. 2023년 8월, 유타가 킨지와 투웨이 계약을 맺었지만, 이후 방출과 계약을 8번이나 반복, 재반복 했다. 이 때문에 킨지는 멘붕에 빠졌다. 그러다 2025년 8월, 섬머리그에서 킨지의 활약을 지켜본 골든스테이트에서 연봉 205만 달러를 제시했고, 정식 계약을 맺었다. 킨지는 폭발적인 스피드와 높은 점프력으로 다이내믹하게 림을 공략한다. 외곽에서 안정된 점프 슈팅을 시도하고, 정확하게 패스한다.

2024-25시즌 기록 없음

항목	PTS	RB	AS	ST	BL	FG-FGA	3P-3PA	FT-FTA
평균	—	—	—	—	—	—	—	—
36분	—	—	—	—	—	—	—	—

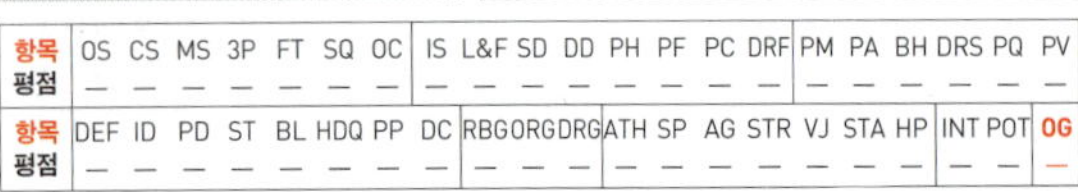

항목	OS	CS	MS	3P	FT	SQ	OC	IS	L&F	SD	DD	PH	PF	PC	DRF	PM	PA	BH	DRS	PQ	PV
평점	—	—	—	—	—	—	—	—	—	—	—	—	—	—	—	—	—	—	—	—	—

항목	DEF	ID	PD	ST	BL	HDQ	PP	DC	RBG	ORG	DRG	ATH	SP	AG	STR	VJ	STA	HP	INT	POT	OG
평점	—	—	—	—	—	—	—	—	—	—	—	—	—	—	—	—	—	—	—	—	—

Brandin PODZIEMSKI SG

G 2 브랜딘 포젬스키 2003.02.25 / 193cm

미국 **NBA 드래프트 :** 2023년 1라운드 19번 **NBA 우승 :** 0회 / **파이널 MVP :** 0회 **시즌 MVP :** 0회 / **NBA 퍼스트팀 :** 0회

재능 넘치는 콤보가드. 캐치&슛과 풀업 두 가지 형태의 3점 슈팅을 모두 잘 구사한다. 코트 여러 위치에서 던지지만, 특히 좌우 윙에서 가장 많이 시도한다. 돌파력이 그리 뛰어나지는 않지만, 수비를 속이는 변칙 레이업으로 극복한다. 화려하지는 않지만 비교적 안정된 볼 핸들링을 한다. 트랜지션 상황에 오픈맨을 잘 발견한다. 가드 중 출전 시간 대비 리바운드를 가장 많이 걷어낸다. 그러나 퍼리미터 1대1 수비에서는 약점을 보인다. 연봉은 369만 달러.

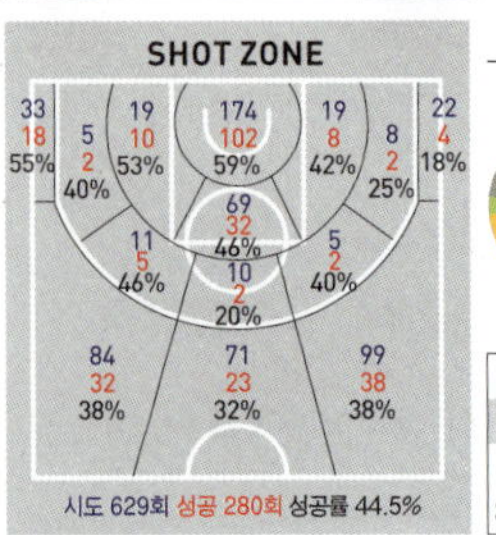

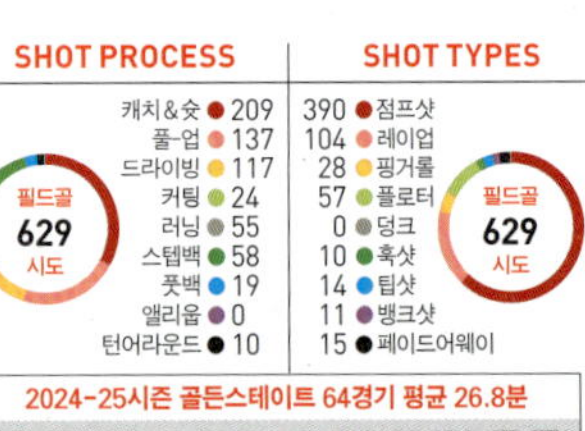

2024-25시즌 골든스테이트 64경기 평균 26.8분

항목	PTS	RB	AS	ST	BL	FG-FGA	3P-3PA	FT-FTA
평균	11.7	5.1	3.4	1.1	0.2	4.4-9.8	1.8-4.8	1.1-1.5
36분	15.7	6.8	4.6	1.4	0.3	5.9-13.2	2.4-6.5	1.5-2.0

항목	OS	CS	MS	3P	FT	SQ	OC	IS	L&F	SD	DD	PH	PF	PC	DRF	PM	PA	BH	DRS	PQ	PV
평점	C+	A+	B-	B-	C+	B-	D-	D-	B+	F	D-	D-	D-	D-	D-	C-	D+	B-	B-	D+	D+

항목	DEF	ID	PD	ST	BL	HDQ	PP	DC	RBG	ORG	DRG	ATH	SP	AG	STR	VJ	STA	HP	INT	POT	OG
평점	D	D-	D	C	B+	D	C-	F	A-	B	A-	C+	B-	B-	D-	C+	B+	B	C	B+	C+

G 4 Moses MOODY SG

모제스 무디 2002.05.31 / 196cm

미국

NBA 드래프트 : 2021년 1라운드 14번
NBA 우승 : 1회 / 파이널 MVP : 0회
시즌 MVP : 0회 / NBA 퍼스트팀 : 0회

36분 기준 득점력 15.8점이다. 전형적인 캐치&슈터다. 3점 슈팅 폼이 부드럽고 안정적이어서 코트 어느 위치에서든 자신 있게 던진다. 스트로크가 훌륭하고, 슈팅 거리가 길며, 리로케이션을 잘 한다. 가드로서 환상적인 사이즈를 자랑한다. 키 196cm에 윙스팬 216cm다. 이 장점을 수비할 때 적극적으로 활용한다. 강력한 퍼리미터 1대1 수비를 구사하고, 패싱 레인을 날카롭게 자른다. 예전보다 리바운드 가담 횟수는 줄어들었다. 연봉은 1157만 달러.

SHOT ZONE

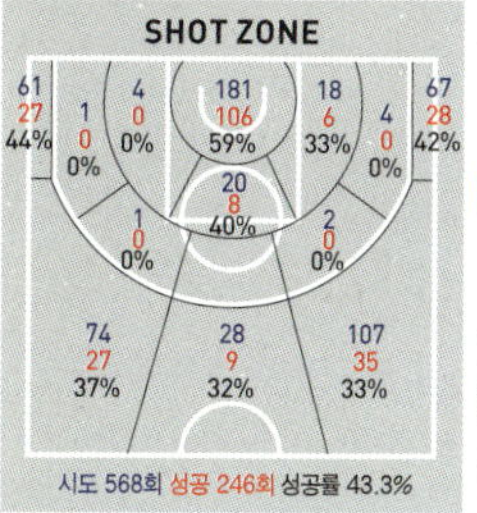

시도 568회 성공 246회 성공률 43.3%

SHOT PROCESS / SHOT TYPES

필드골 568 시도

SHOT PROCESS		SHOT TYPES	
캐치&슛	301	점프샷	362
풀-업	44	레이업	116
드라이빙	95	핑거롤	17
커팅	26	플로터	23
러닝	66	덩크	19
스텝백	11	훅샷	4
풋백	16	팁샷	7
앨리웁	1	뱅크샷	5
턴어라운드	8	페이드어웨이	15

2024-25시즌 골든스테이트 74경기 평균 22.3분

항목	PTS	RB	AS	ST	BL	FG-FGA	3P-3PA	FT-FTA
평균	9.8	2.6	1.3	0.8	0.4	3.3-7.7	1.7-4.6	1.4-1.8
36분	15.8	4.1	2.1	1.3	0.7	5.4-12.4	2.8-7.4	2.3-2.9

항목	OS	CS	MS	3P	FT	SQ	OC	IS	L&F	SD	DD	PH	PF	PC	DRF	PM	PA	BH	DRS	PQ	PV
평점	C-	A	F	B-	C+	C-	D-	D-	B	F	C-	F	F	F	C-	D-	D	C	C-	D	F

항목	DEF	ID	PD	ST	BL	HDQ	PP	DC	RBG	ORG	DRG	ATH	SP	AG	STR	VJ	STA	HP	INT	POT	OG
평점	D	C-	C	C-	F	D+	D-	D	D-	C+	D-	C+	C-	C+	D+	C-	B+	B-	A	B	C+

G Will Richard SG

윌 리차드 2002.12.24 / 193cm

미국

NBA 드래프트 : 2025년 2라운드 56번
NBA 우승 : 0회 / 파이널 MVP : 0회
시즌 MVP : 0회 / NBA 퍼스트팀 : 0회

플로리다대를 졸업하고 2025 NBA 드래프트를 신청했다. 멤피스에 2라운드 56번으로 지명됐고, 골든스테이트로 트레이드됐다. 리차드는 운동 능력이 뛰어난 193cm 슈팅가드다. 투웨이 플레이어로 강력한 수비와 폭발적인 속공 마무리로 유명하다. 영리한 오프-더-볼 플레이어 겸 커터다. 예전보다 스팟-업 슈팅 능력이 좋아졌고, 픽&롤 응용 능력이 향상되었다. 향후 3점 슈팅의 일관성만 보장된다면 NBA 무대에서 중요한 백업 멤버로 자리잡을 것이다.

SHOT ZONE

SHOT PROCESS / SHOT TYPES

필드골 0 시도

SHOT PROCESS	SHOT TYPES
캐치&슛	점프샷
풀-업	레이업
드라이빙	핑거롤
커팅	플로터
러닝	덩크
스텝백	훅샷
풋백	팁샷
앨리웁	뱅크샷
턴어라운드	페이드어웨이

2024-25시즌 기록 없음

항목	PTS	RB	AS	ST	BL	FG-FGA	3P-3PA	FT-FTA
평균	–	–	–	–	–	–	–	–
36분	–	–	–	–	–	–	–	–

항목	OS	CS	MS	3P	FT	SQ	OC	IS	L&F	SD	DD	PH	PF	PC	DRF	PM	PA	BH	DRS	PQ	PV
평점	–	–	–	–	–	–	–	–	–	–	–	–	–	–	–	–	–	–	–	–	–

항목	DEF	ID	PD	ST	BL	HDQ	PP	DC	RBG	ORG	DRG	ATH	SP	AG	STR	VJ	STA	HP	INT	POT	OG
평점	–	–	–	–	–	–	–	–	–	–	–	–	–	–	–	–	–	–	–	–	–

G 1 Taran ARMSTRONG PG

타란 암스트롱 2002.01.15 / 196cm

호주

NBA 드래프트 : 2025년 미지명
NBA 우승 : 0회 / 파이널 MVP : 0회
시즌 MVP : 0회 / NBA 퍼스트팀 : 0회

호주 출신 포인트가드. 2025년 골든스테이트와 투웨이 계약을 맺었다. 올 시즌 '서드 유닛' 멤버로 출전할 것이다. 코트 비전이 넓고, 농구 IQ가 우수하며, 창의적인 패스를 구사한다. 강심장이라 고난이도 패스를 자신 있게 시도한다. 빠른 릴리스, 부드러운 터치로 슈팅한다. 성격이 적극적이라 본인의 의도대로 경기를 풀어나간다. 장점이 될 수도 있으나, 지나친 자신감으로 턴오버를 종종 범한다. 패스 셀렉션, 슈팅 셀렉션에 좀 더 신경을 써야 한다.

SHOT ZONE

SHOT PROCESS / SHOT TYPES

필드골 0 시도

SHOT PROCESS	SHOT TYPES
캐치&슛	점프샷
풀-업	레이업
드라이빙	핑거롤
커팅	플로터
러닝	덩크
스텝백	훅샷
풋백	팁샷
앨리웁	뱅크샷
턴어라운드	페이드어웨이

2024-25시즌 기록 없음

항목	PTS	RB	AS	ST	BL	FG-FGA	3P-3PA	FT-FTA
평균	–	–	–	–	–	–	–	–
36분	–	–	–	–	–	–	–	–

항목	OS	CS	MS	3P	FT	SQ	OC	IS	L&F	SD	DD	PH	PF	PC	DRF	PM	PA	BH	DRS	PQ	PV
평점	–	–	–	–	–	–	–	–	–	–	–	–	–	–	–	–	–	–	–	–	–

항목	DEF	ID	PD	ST	BL	HDQ	PP	DC	RBG	ORG	DRG	ATH	SP	AG	STR	VJ	STA	HP	INT	POT	OG
평점	–	–	–	–	–	–	–	–	–	–	–	–	–	–	–	–	–	–	–	–	–

GOLDEN STATE WARRIORS 2025-26 REGULAR SEASON SCHEDULE

OCTOBER, 2025

- Oct. 21 vs. Houston Rockets
- Oct. 23 @ Indiana Pacers
- Oct. 25 @ Atlanta Hawks
- Oct. 27 @ Dallas Mavericks
- Oct. 28 vs. Sacramento Kings
- Oct. 30 vs. Washington Wizards

NOVEMBER, 2025

- Nov. 2 vs. New Orleans Pelicans
- Nov. 4 @ Los Angeles Clippers
- Nov. 5 @ Portland Trail Blazers
- Nov. 7 @ Sacramento Kings
- Nov. 9 @ Memphis Grizzlies
- Nov. 11 vs. Golden State Warriors
- Nov. 12 vs. Los Angeles Lakers
- Nov. 15 @ Charlotte Hornets
- Nov. 17 @ New Orleans Pelicans
- Nov. 19 vs. Sacramento Kings
- Nov. 21 @ Utah Jazz
- Nov. 23 vs. Portland Trail Blazers
- Nov. 26 vs. Minnesota Timberwolves
- Nov. 28 vs. Phoenix Suns
- Nov. 30 @ Portland Trail Blazers

DECEMBER, 2025

- Dec. 2 @ Golden State Warriors
- Dec. 5 vs. Dallas Mavericks
- Dec. 7 @ Utah Jazz
- Dec. 17 vs. Los Angeles Clippers
- Dec. 19 @ Minnesota Timberwolves
- Dec. 22 vs. Memphis Grizzlies
- Dec. 23 @ San Antonio Spurs
- Dec. 25 vs. San Antonio Spurs
- Dec. 28 vs. Philadelphia 76ers
- Dec. 29 vs. Atlanta Hawks
- Dec. 31 vs. Portland Trail Blazers

JANUARY, 2026

- Jan. 2 @ Golden State Warriors
- Jan. 4 @ Phoenix Suns
- Jan. 5 vs. Charlotte Hornets
- Jan. 7 vs. Utah Jazz
- Jan. 9 @ Memphis Grizzlies
- Jan. 11 vs. Miami Heat
- Jan. 13 vs. San Antonio Spurs
- Jan. 15 @ Houston Rockets
- Jan. 17 @ Miami Heat
- Jan. 19 @ Cleveland Cavaliers
- Jan. 21 @ Milwaukee Bucks
- Jan. 23 vs. Indiana Pacers
- Jan. 25 vs. Toronto Raptors
- Jan. 27 vs. New Orleans Pelicans
- Jan. 29 @ Minnesota Timberwolves

FEBRUARY, 2026

- Feb. 1 @ Denver Nuggets
- Feb. 3 vs. Orlando Magic
- Feb. 4 @ San Antonio Spurs
- Feb. 7 vs. Houston Rockets
- Feb. 9 @ Los Angeles Lakers
- Feb. 11 @ Phoenix Suns
- Feb. 12 vs. Milwaukee Bucks
- Feb. 20 vs. Brooklyn Nets
- Feb. 22 vs. Cleveland Cavaliers
- Feb. 24 @ Toronto Raptors
- Feb. 25 @ Detroit Pistons
- Feb. 27 vs. Denver Nuggets

MARCH, 2026

- Mar. 1 @ Dallas Mavericks
- Mar. 3 @ Chicago Bulls
- Mar. 4 @ New York Knicks
- Mar. 7 vs. Golden State Warriors
- Mar. 9 vs. Denver Nuggets
- Mar. 12 vs. Boston Celtics
- Mar. 15 vs. Minnesota Timberwolves
- Mar. 17 @ Orlando Magic
- Mar. 18 @ Brooklyn Nets
- Mar. 21 @ Washington Wizards
- Mar. 23 @ Philadelphia 76ers
- Mar. 25 @ Boston Celtics
- Mar. 27 vs. Chicago Bulls
- Mar. 29 vs. New York Knicks
- Mar. 30 vs. Detroit Pistons

APRIL, 2026

- Apr. 2 vs. Los Angeles Lakers
- Apr. 5 vs. Utah Jazz
- Apr. 7 @ Los Angeles Lakers
- Apr. 8 @ Los Angeles Clippers
- Apr. 10 @ Denver Nuggets
- Apr. 12 vs. Phoenix Suns

LOS ANGELES CLIPPERS

극명한 베스트-워스트 시나리오

성공적인 인튜이트 돔 시대 출발

새로운 홈 코트 인튜이트 돔 시대가 열렸다. 굴지의 재력가 스티브 발머 구단주의 야망이 집약된 보금자리다. 선수단도 투지를 불태웠다. 특히 슈퍼스타 볼 핸들러+득점원 제임스 하든이 건재를 과시했다. 동료들과의 협업 플레이 완성도만 놓고 보면 최전성기 시절을 뛰어넘었다는 평가다. 기둥 센터 이비카 쥬바츠의 공격 재능 만개가 대표적인 사례다. 또한, 카와이 레너드가 플레이오프 여정을 건강하게 소화했다. 리그 대표 인저리 프론 오명을 조금이나마 불식시켰다.

우승 도전은 계속된다

제한된 샐러리캡 여유 공간을 효과적으로 활용했다. 쥬바츠 뒤를 든든하게 받쳐줄 브룩 로페즈(2년 최대 1,794만 달러), 에너자이저 빅맨 존 콜린스(트레이드), 올스타 출신 볼 핸들러+득점원 브래들리 빌(2년 1,098만 달러), 슈퍼스타 출신 포인트가드 크리스 폴(미니멈)을 순차적으로 영입했다. 더욱 인상적인 대목은 퍼스트 에이프런(apron) 라인을 넘지 않고 가시적인 전력 보강에 성공했다는 점이다. 오랜 기간 프런트 조직을 이끌어왔던 로렌스 프랭크 사장의 능력이 돋보인다.

노인을 위한 나라가 있을까?

베스트/워스트 시나리오가 극명하게 갈린다. 긍정적인 측면부터 둘러보면 리그 다섯 손가락 안에 꼽히는 선수단 경험치다. 레너드, 하든, 폴, 로페즈, 니콜라스 바툼, 빌 등 역전의 용사들이 클리퍼스 깃발 아래 뭉쳤다. 불안 요소는 평균 연령이다. 주력 로테이션 구성원 막내가 1997년생 28세 쥬바츠다. 30대 중후반 노장들 스태미나가 정규시즌 대장정을 거쳐 플레이오프까지 유지될 수 있을지는 미지수다. 잊을 만 하면 찾아오는 레너드 부상 이탈 악몽도 염두에 둬야 한다.

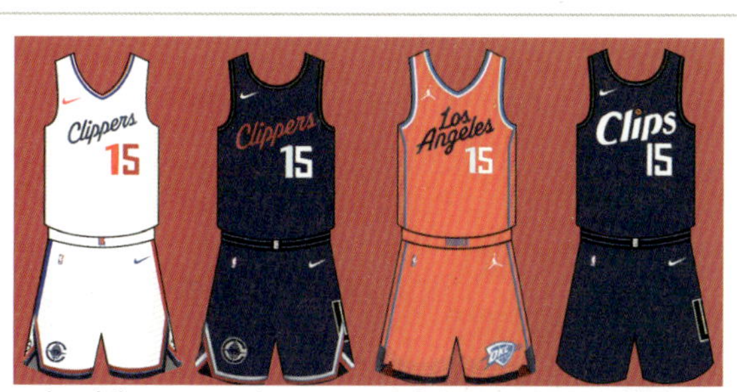

Association / Icon / Statement / City

*통계는 2025년 9월 10일 기준

CLUB INFORMATION

Founded	Owner	CEO	Head Coach	24-25 Odds
구단 창립 1970년	스티브 발머 1956.03.24	로렌스 프랭크 1970.08.23	터론 루 1977.05.03	스카이벳 : 18배 윌리엄힐 : 18배

Nationality	Age	Height	Weight	Salary
●미국 선수 14명 ●외국 선수 6명	20명 평균 29.2세	20명 평균 198.7cm	20명 평균 97.1kg	14명 평균 1732만 달러

Win	Loss	Winning%	Play-Off	Titles
2024-25 : 50승 통산 : 1893승	2024-25 : 32패 통산 : 2549패	2024-25 : 61.0% 통산 : 42.6%	PO 진출 : 19회 PO 탈락 : 36회	NBA우승 : 0회 컨퍼런스 : 0회

Top Scorer	More Rebounds	More Assists	More Steals	More Blocks
제임스 하든 평균 22.8점	이비차 주바치 평균 12.6리바운드	제임스 하든 평균 8.7어시스트	크리스 던 평균 1.7스틸	이비차 주바치 평균 1.1블락

*항목별 1위는 지난 시즌 LA 클리퍼스 소속으로 42경기 이상 출전한 선수 중 선별

HEAD COACH & STADIUM

Tyronn Lue 터론 루

생년월일 : 1977.05.03 / **출생지 :** 미국 미주리주 멕시코
경력 : 2011~2013년 보스턴 셀틱스 코치 / 2013~2014년 로스앤젤레스 클리퍼스 코치 / 2014~2016년 클리블랜드 캐벌리어스 코치 / 2016~2018년 클리블랜드 캐벌리어스 감독 / 2019~2020년 로스앤젤레스 클리퍼스 코치 / 2020년~ 로스앤젤레스 클리퍼스 감독

레이타운고를 졸업하고, 1995년 네브래스카대에 입학해 포인트가드로 활약했다. 1998년 NBA 드래프트를 신청했고, 덴버 너기츠에 1라운드 23번으로 지명되었다. 루는 2009년까지 11년간 7팀을 거치며 NBA에서 뛰었다. 그중 가장 명예로웠던 건 2000, 2001년 LA 레이커스의 NBA 우승에 힘을 보탠 일이었다. 은퇴 후 지도자로 나섰다. 2011년 보스턴 셀틱스, 2013년 LA 클리퍼스, 2014년 클리블랜드 캐벌리어스에서 각각 코치로 일했다. 그리고 2016년엔 클리블랜드의 감독이 되어 2년을 보냈다. 그가 클리블랜드 코치진에 합류한 동안 팀은 정규시즌 128승 83패를 기록했다. 또한, 2016년에는 올스타전 이스턴 컨퍼런스 감독을 맡기도 했다. 루는 2019년, LA 클리퍼스 코치로 자리를 옮겨 1년간 일했다. 그리고 2020년 10월 20일, LA 클리퍼스의 제26대 감독이 되었다. 그는 부임 첫 시즌에 팀을 47승 25패로 이끌었다. 루는 NBA 슈퍼스타 제이슨 테이텀과 사촌 관계이다.

INTUIT DOME

구장 오픈 : 2024년 8월 15일
구장 증개축 : —
오너 : 스티브 발머
수용인원 : 1만 8000명
건축비용 : 20억 달러

클리퍼스 선수와 팬들에게 홈코트 어드밴티지를 강하게 인식시키고, 일반 시민에게는 가장 완벽한 라이브를 즐길 방법을 제공하기 위해 건설된 초현대식 아레나다. 특수 공법을 사용해 관객이 스탠드 어디에 있던지 코트가 잘 보이도록 설계했다. 또한, 편안한 좌석과 다리를 뻗을 수 있는 공간을 제공한다. 2024-25시즌부터 클리퍼스 홈구장으로 사용된다.

REGULAR SEASON RANKING LAST 10YEARS									★NBA 파이널 우승
15-16	16-17	17-18	18-19	19-20	20-21	21-22	22-23	23-24	24-25
6	6	18	11	4	6	18	12	5	8
53승 29패	51승 31패	42승 40패	48승 34패	49승 23패	47승 25패	42승 40패	44승 38패	51승 31패	50승 32패

Honours

NBA CHAMPIONS	CONFERENCE TITLES	DIVISION TITLES	RETIRED NUMBERS
0	0	3	0

NBA CHAMPIONSHIPS
NONE

CONFERENCE TITLES
NONE

DIVISION TITLES
2013, 2014, 2024

RETIRED NUMBERS
NONE

TEAM POTENTIAL

4위

하프코트 세트오펜스 9점

트랜지션 오펜스 8점

하프코트 세트디펜스 8점

트랜지션 디펜스 8점

리바운드 9점

선수층 8점

선수 경험치 9점

감독 리더십 8점

감독 전술 9점

프런트 9점

우승 ODDS	배당	순위
Sky Bet	18배	9위
Bet Fred	16배	8위
William Hill	18배	9위

OFFENSIVE STYLE
트랜지션 오펜스 ←→ 하프코트 세트오펜스

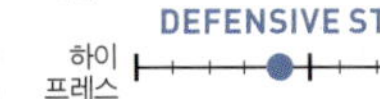

DEFENSIVE STYLE
하이 프레스 ←→ 하프코트 디펜스

*각 항목은 10점 만점, 평점은 NBA 30팀 사이 상대평가

SQUAD & TACTICS

STARTERS

PF 존 콜린스 30.5분, 19.0점 8.2BS, 2.0AS

C 이비차 주바치 32.8분, 16.8점 12.6BS, 6.7AS

SF 카와이 레너드 31.9분, 21.5점 5.9BS, 3.1AS

SG 브래들리 빌 32.1분, 17.0점 3.3BS, 3.7AS

PG 제임스 하든 35.3분, 22.8점 5.8BS, 8.7AS

OFF THE BENCH

PG 크리스 폴 28.0분, 8.8점 3.6BS, 7.4AS

SG 크리스 던 24.1분, 6.4점 3.4BS, 2.8AS

SF 보얀 보그다노비치 25.9분, 15.2점 2.7BS, 1.7AS

PF 니콜라스 바툼 17.5분, 4.0점 2.8BS, 1.1AS

C 브룩 로페스 31.8분, 13.0점 5.0BS, 1.8AS

G 코비 손더스
G 캠 크리스티
F 데릭 존스
F 코비 브라운
C 야닉 니더하우저

Player's Functions

Ball Handlers
J.하든
K.레너드
C.폴

Pull-Ups
J.하든
K.레너드
C.폴

Catch & Shoot
B.로페스
J.하든
B.보그다노비치

3 Pointers
J.하든
B.보그다노비치
B.빌

Slam Dunkers
I.주바치
D.존스 Jr.
B.로페스

Free Throw
J.하든
J.콜린스
B.보그다노비치

Rebounders
I.주바치
J.콜린스
Y.니데르하우저

1-1 Defenders
K.레너드
I.주바치
K.던

Ball Stealers
K.레너드
C.폴
K.던

Key Passes
J.하든
C.폴
I.주바치

Hustle Players
B.로페스
K.던
J.콜린스

Rim Protectors
B.로페스
D.존스 Jr.
Y.니데르하우저

2024-25 SEASON PERFORMANCE

공격 레이팅 115.1(14위) 수비 레이팅 110.3(3위) 레이팅 마진 +4.7(5위) 페이스 97.5(22위)

LOS ANGELES CLIPPERS vs. OPPONENTS PER GAME STATS

	득실점	필드골성공	필드골시도	필드골%	3점성공	3점시도	3점%	2점성공	2점시도	2점%	자유투성공	자유투시도	자유투%	공격 RB	수비 RB	전체 RB	어시스트	스틸	블락샷	턴오버	파울
LA클리퍼스	112.9 20위	41.6 17위	86.3 26위	48.2% 6위	12.5 25위	33.4 29위	37.3% 7위	29.1 12위	52.9 13위	55.0% 16위	17.3 10위	21.7 17위	79.7% 700.0%	10.3 23위	33.5 10위	43.8 17위	25.2 23위	9.4 3위	4.5 20위	14.9 22위	18.3 14위
상대팀	108.2 4위	39.5 3위	85.8 3위	46.1% 8위	13.0 9위	37.0 10위	35.0% 5위	26.5 2위	48.7 3위	54.5% 15위	16.2 9위	21.0 9위	77.2% 7위	9.7 2위	31.8 4위	41.5 1위	25.7 9위	8.8 23위	4.3 6위	15.0 10위	17.8 26위

LINE-UP

* LA 클리퍼스는 지난 시즌 총 444개의 라인업을 가동했다. 득실점차 플러스 10개, 마이너스 10개를 골랐다.

득실점차 플러스(+) 라인업 TOP 10	G	MIN	PPG	RPG	득실차
J. Harden - K. Leonard - N. Powell - I. Zubac - D. Jones Jr.	20	193	26.0	9.7	+95
J. Harden - N. Powell - K. Dunn - I. Zubac - D. Jones Jr.	26	326	30.3	11.2	+71
J. Harden - K. Leonard - N. Powell - K. Dunn - I. Zubac	18	286	38.4	13.8	+60
J. Harden - N. Powell - K. Dunn - I. Zubac - A. Coffey	18	62	9.7	3.0	+53
N. Batum - J. Harden - B. Bogdanović - K. Dunn - I. Zubac	8	63	19.6	7.0	+29
N. Batum - K. Leonard - B. Bogdanović - B. Simmons - D. Jones Jr.	7	36	13.9	4.0	+25
J. Harden - K. Leonard - K. Dunn - I. Zubac - D. Jones Jr.	7	66	25.0	8.7	+24
N. Batum - J. Harden - N. Powell - K. Dunn - I. Zubac	10	35	8.8	2.6	+22
N. Batum - J. Harden - K. Leonard - I. Zubac - D. Jones Jr.	4	13	11.0	4.0	+21
N. Batum - J. Harden - I. Zubac - T. Mann - K. Porter Jr.	4	8	6.5	2.0	+21

득실점차 마이너스(-) 라인업 TOP 10	GP	MIN	PPG	RPG	득실차
J. Harden - N. Powell - I. Zubac - D. Jones Jr. - T. Mann	13	169	29.0	12.2	-35
N. Batum - J. Harden - A. Coffey - T. Mann - K. Porter Jr.	10	31	6.4	2.7	-31
N. Batum - J. Harden - M. Bamba - A. Coffey - K. Porter Jr.	13	43	6.9	3.5	-24
N. Batum - J. Harden - N. Powell - I. Zubac - A. Coffey	11	29	5.0	1.9	-24
N. Powell - K. Dunn - I. Zubac - D. Jones Jr. - A. Coffey	4	19	9.3	2.8	-23
J. Harden - P. Mills - D. Jones Jr. - D. Eubanks - A. Coffey	2	9	5.0	3.0	-20
N. Batum - J. Harden - B. Bogdanović - D. Jones Jr. - A. Coffey	4	10	5.5	1.5	-18
J. Harden - N. Powell - D. Jones Jr. - A. Coffey - T. Mann	5	7	1.0	0.6	-15
N. Batum - K. Dunn - A. Coffey - K. Porter Jr. - K. Jones	5	22	7.8	4.4	-13
J. Harden - N. Powell - I. Zubac - A. Coffey - T. Mann	7	16	5.3	1.6	-12

PASS COMBINATIONS

→ 해당 선수가 경기당 동료로부터 패스 받은 횟수
→ 해당 선수가 경기당 동료들에게 패스 해준 횟수

받은 횟수	선수	해준 횟수
65.6	제임스 하든	55.5
30.8	이비차 주바치	38.1
30.4	크리스 던	36.2
31.0	보그단 보그다노비치	30.6
36.3	카와이 레너드	28.1
21.9	벤 시몬스	27.9
31.1	케빈 포터 주니어	26.9
33.9	노먼 파웰	21.9
18.7	데릭 존스 주니어	20.6
18.2	테런스 맨	20.5
11.2	니콜라스 바툼	18.9
17.7	아미르 코피	16.6
20.1	본스 하일랜드	15.7
10.0	모 밤바	13.3
11.4	조던 밀러	12.5
6.2	코비 브라운	8.3
5.5	카이 존스	7.3
6.2	드루 유뱅크스	6.0
7.5	패티 밀스	5.6
5.2	캠 크리스티	5.5
5.3	마존 뷰챔	5.3
2.0	패트릭 볼드윈 주니어	4.0
4.5	트렌틴 플라워스	2.3
0.0	조시 그린	1.0

2024-25 RANKING

* 는 수치가 낮을수록 랭킹이 높아짐

LA클리퍼스	랭킹	FIVE FACTORS	상대팀	랭킹
55.4%	11위	3점 가중 FG%	53.6%*	8위
13.4*	25위	턴오버 / 100포제션	13.7	6위
24.4%	19위	공격 RB 점유율	22.5%*	1위
77.5%	1위	수비 RB 점유율	75.6%*	18위
20.0%	6위	자유투 / 필드골	18.9%*	14위

득점	랭킹	PLAYTYPE	실점*	랭킹
12.8	1위	아이솔레이션	6.8	13위
23.5	13위	트랜지션	22.3	10위
14.4	23위	픽&롤 볼핸들러	15.7	10위
6.1	24위	픽&롤 롤맨	6.1	4위
5.5	7위	포스트-업	3.1	3위
24.2	24위	스팟-업	26.5	10위
4.7	19위	핸드오프	4.6	5위
9.7	13위	커팅	—	—
2.9	25위	오프 스크린	3.6	8위
6.4	17위	풋백	5.6	2위
2.4	28위	기타	—	—

SHOT ZONE

평균 구간별 슈팅 및 성공률

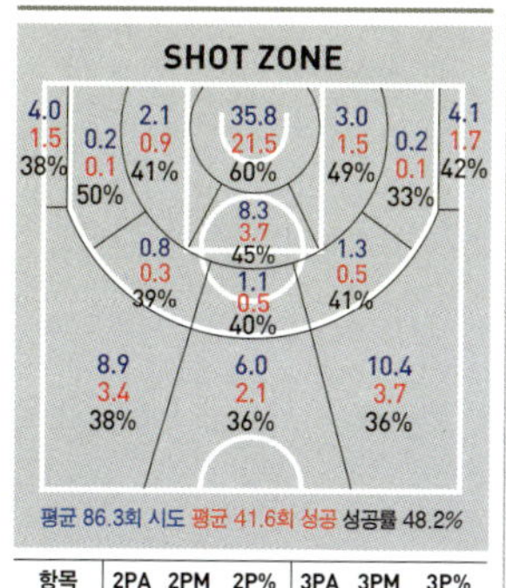

평균 86.3회 시도 평균 41.6회 성공 성공률 48.2%

항목	2PA	2PM	2P%	3PA	3PM	3P%
캐치&슛	1.6	0.8	49.3%	19.8	7.8	39.7%
풀업	12.4	5.2	42.0%	13.3	4.5	33.9%
3m 안쪽	38.8	23.1	59.5%	—	—	—
TOTAL	52.9	29.1	55.1%	33.4	12.5	37.3%

SHOT PROCESS & SHOT TYPES

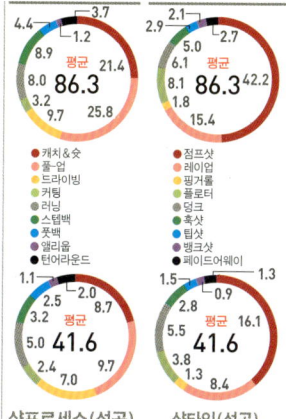

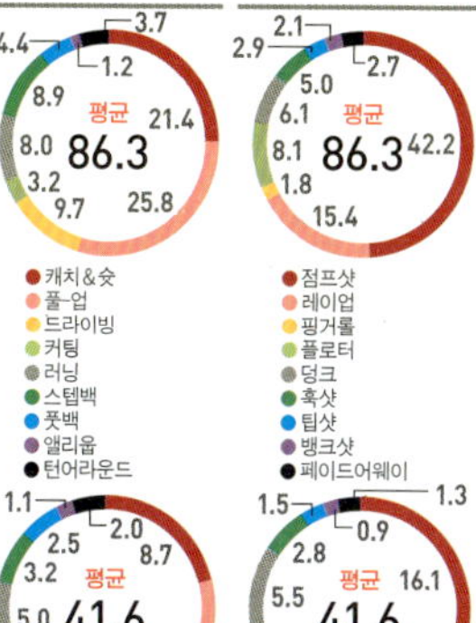

SHOOTING

필드골 시도 / 필드골 시도

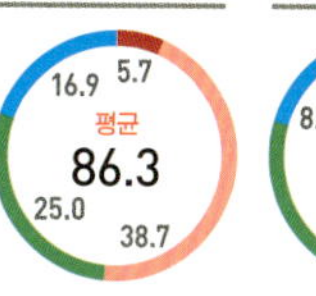

공격수와 수비수의 거리: ●0~0.6m ●0.6~1.2m ●1.2~1.8m ●1.8m 이상

샷클락: ●22~24초 ●18~22초 ●15~18초 ●7~15초 ●4~7초 ●0~4초

평균 41.6 / 평균 41.6

필드골 성공 / 필드골 성공

OPPONENT SHOOTING

상대 필드골 시도 / 상대 필드골 시도

공격수와 수비수의 거리: ●0~0.6m ●0.6~1.2m ●1.2~1.8m ●1.8m 이상

샷클락: ●22~24초 ●18~22초 ●15~18초 ●7~15초 ●4~7초 ●0~4초

평균 39.5 / 평균 39.5

필드골 허용 / 필드골 허용

CONTESTED REBOUNDS

공격 리바운드: 평균 5.9 (0.3, 2.9, 2.0, 0.7)

수비 리바운드: 평균 8.8 (0.6, 2.4, 4.1, 1.7)

림 아래부터 리바운드 위치까지의 거리 ●0~0.9m ●0.9~1.8m ●1.8~3m ●3m 이상

UNCONTESTED REBOUNDS

공격 리바운드: 평균 4.1 (0.6, 0.9, 0.7, 1.9)

수비 리바운드: 평균 24.6 (3.7, 9.6, 6.6, 4.7)

림 아래부터 리바운드 위치까지의 거리 ●0~0.9m ●0.9~1.8m ●1.8~3m ●3m 이상

DEFENSE OF 50 WINS

필드골 허용 %

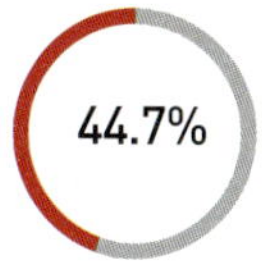

상대 필드골 시도 85.5
필드골 허용 38.2

3점슛 허용 %: 32.1%

상대 3점슛 시도 35.9
3점슛 허용 11.5

DEFENSE OF 32 LOSSES

필드골 허용 %: 48.3%

상대 필드골 시도 86.2
필드골 허용 41.6

3점슛 허용 %: 39.3%

상대 3점슛 시도 38.8
3점슛 허용 15.3

General Stats								Outside Scoring & Shooting							Inside Scoring & Shooting								Play Making, Ball Handling & Passing					
PTS	RB	AS	ST	BL	FG-FGA	3P-3PA	FT-FTA	OS	CS	MS	3P	FT	SQ	OC	IS	L&F	SD	DD	PH	PF	PC	DRF	PM	PA	BH	DRS	PQ	PV
득점	리바운드	어시스트	스틸	블락샷	필드골 성공-시도	3점슈팅 성공-시도	자유투 성공-시도	외곽 득점력	근거리 점프샷	중거리 슈팅	3점 슈팅	자유투	슈팅 IQ	득점 일관성	인사이드 득점력	레이업 플로터	스탠딩 덩크	드라이빙 덩크	포스트 훅샷	포스트 페이드	포스트 컨트롤	파울 유도	플레이 메이킹	패스 능력	볼 핸들링	드리블 스피드	패스 IQ	패스 비전

F 2 Kawhi LEONARD SF-PF

카와이 레너드 1991.06.29 / 201cm

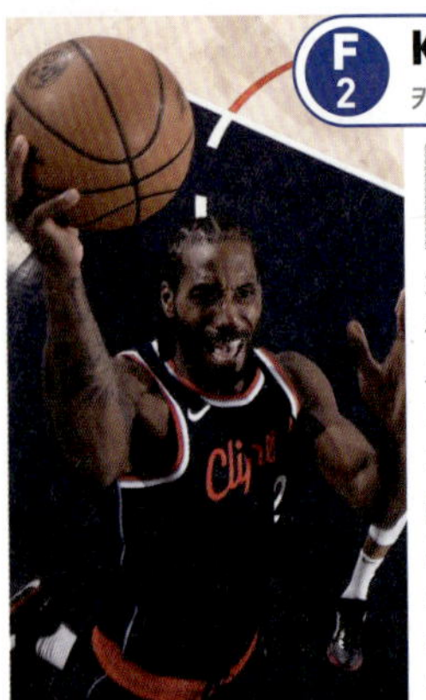

미국

NBA 드래프트 : 2011년 1라운드 15번
NBA 우승 : 2회 / 파이널 MVP : 2회
시즌 MVP : 0회 / NBA 퍼스트팀 : 3회

2024년 여름, 무릎 부상이 재발해 시즌 개막 후 오랫동안 출전하지 못했다. 재활에 몰두했고, 2025년 1월 4일 복귀했다. 지난 시즌 후반기 37경기 평균 32분, 21.5점, 5.9리바운드를 기록했고, 덴버와의 플레이오프 7경기에선 평균 38분, 25.0점, 7.6리바운드를 찍었다. 레너드는 리그 최고의 선수 중 1명이다. 농구라는 스포츠에 존재하는 모든 종류의 슈팅을 전부 최고 수준으로 구사한다. 클러치 타임에서 늘 결정적 한방을 터뜨린다. 연봉은 4921만 달러.

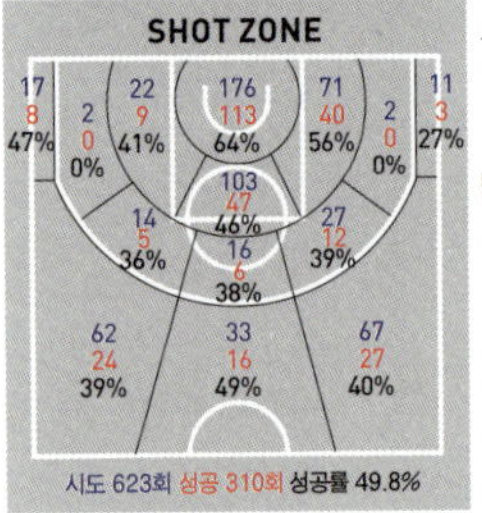

SHOT PROCESS (필드골 623 시도)

캐치&슛 179 / 풀-업 137 / 드라이빙 115 / 커팅 11 / 러닝 58 / 스텝백 61 / 풋백 15 / 앨리웁 1 / 턴어라운드 46

SHOT TYPES (필드골 623 시도)

344 점프샷 / 73 레이업 / 13 핑거롤 / 47 플로터 / 34 덩크 / 19 훅샷 / 11 팁샷 / 5 뱅크샷 / 77 페이드어웨이

2024-25시즌 LA 클리퍼스 37경기 평균 31.9분

항목	PTS	RB	AS	ST	BL	FG-FGA	3P-3PA	FT-FTA
평균	21.5	5.9	3.1	1.6	0.5	8.4-16.8	2.1-5.1	2.6-3.3
36분	24.3	6.7	3.5	1.8	0.5	9.5-19.0	2.4-5.8	3.0-3.7

항목	OS	CS	MS	3P	FT	SQ	OC	IS	L&F	SD	DD	PH	PF	PC	DRF	PM	PA	BH	DRS	PQ	PV
평점	B+	A	B+	B	C	A-	A	B-	A-	D-	B-	D	B+	B	B	C+	C+	B	B-	B-	D

항목	DEF	ID	PD	ST	BL	HDQ	PP	DC	RB3	OR3	DR3	ATH	SP	AG	STR	VJ	STA	HP	INT	POT	OG
평점	B+	B	A-	B+	F	A-	A-	A-	B-	C-	B	B-	B	B+	C+	C+	B	B	A-	A+	A-

F 20 John COLLINS PF-C

존 콜린스 1997.09.23 / 206cm

미국

NBA 드래프트 : 2017년 1라운드 19번
NBA 우승 : 0회 / 파이널 MVP : 0회
시즌 MVP : 0회 / NBA 퍼스트팀 : 0회

2024-25시즌 유타 소속으로 허리, 발목, 엉덩이 부상이 이어지며 단 40경기만 출전했다. 올 시즌 클리퍼스에서는 건강에 더 신경 써야 한다. 콜린스는 시즌 평균 20-10이 가능한 포워드다. 엄청난 운동 능력을 활용한 림 어택, 미드레인지 점프 슈팅, 3점 슈팅(성공률 39.9%)까지 공격력은 훌륭하다. 안정된 스트로크와 부드러운 슈팅 터치를 지녔다. 평균 이상의 리바운드 능력까지 갖췄다. 문제는 수비. 인사이드 1대1 및 픽&롤 대처 능력이 부족하다.

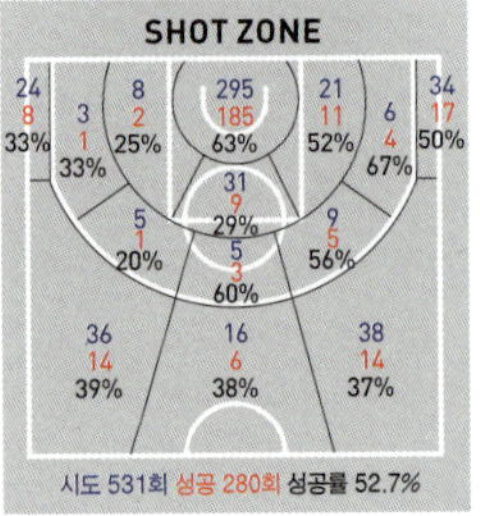

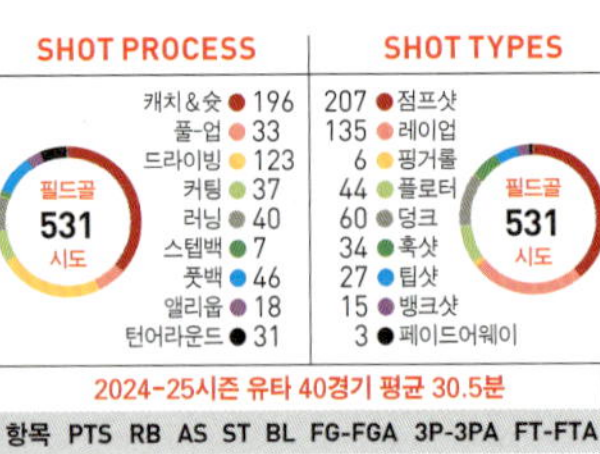

2024-25시즌 유타 40경기 평균 30.5분

항목	PTS	RB	AS	ST	BL	FG-FGA	3P-3PA	FT-FTA
평균	19.0	8.2	2.0	1.0	1.0	7.0-13.3	1.5-3.7	3.5-4.1
36분	22.4	9.6	2.4	1.2	1.2	8.3-15.7	1.7-4.4	4.1-4.8

항목	OS	CS	MS	3P	FT	SQ	OC	IS	L&F	SD	DD	PH	PF	PC	DRF	PM	PA	BH	DRS	PQ	PV
평점	B-	A+	C+	B-	B	D-	B-	B	B+	A-	A-	B-	B-	B-	F	D-	D-	D-	D-	D-	F

항목	DEF	ID	PD	ST	BL	HDQ	PP	DC	RB	ORB	DRB	ATH	SP	AG	STR	VJ	STA	HP	INT	POT	OG
평점	D	C+	D-	D+	D+	C	F	D-	C	D	C+	B-	C-	D	C	B	A-	B	C-	B+	B-

F 10 Bogdan BOGDANOVIĆ SF-SG

보그단 보그다노비치 1992.08.18 / 196cm

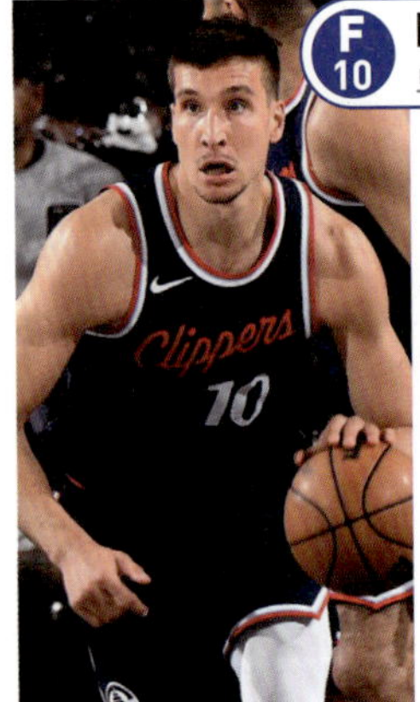

크로아티아

NBA 드래프트 : 2014년 1라운드 27번
NBA 우승 : 0회 / 파이널 MVP : 0회
시즌 MVP : 0회 / NBA 퍼스트팀 : 0회

시즌 전반기 애틀랜타에서는 24경기 평균 10.0점, 후반기 LA 클리퍼스에서는 30경기 평균 11.4점을 각각 기록했다. 키가 크고, 윙스팬이 길어 타점이 높다. 빠른 릴리스, 안정된 스트로크, 부드러운 터치로 과감하고 정확하게 슈팅을 구사한다. 캐치&슛, 풀업, 스텝백, 페이드어웨이 등 점프 슈팅의 모든 테크닉을 구사한다. 상황에 따라 세컨더리 볼 핸들러로서도 기능한다. 이런 이유로 NBA 팬들은 그를 '보급형 돈치치'로 부른다. 연봉은 1602만 달러.

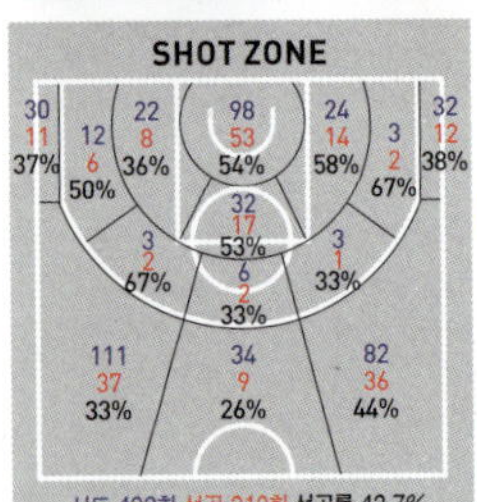

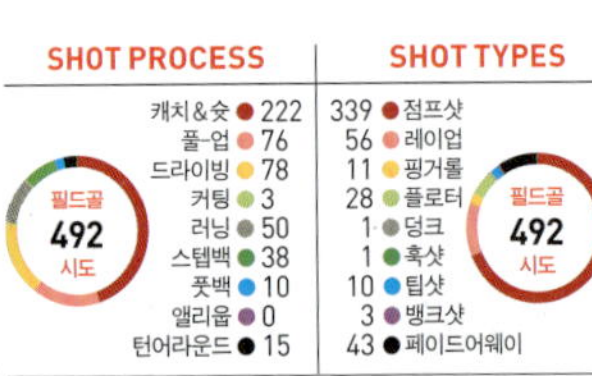

2024-25시즌 애틀랜타+LA 클리퍼스 54경기 평균 25.0분

항목	PTS	RB	AS	ST	BL	FG-FGA	3P-3PA	FT-FTA
평균	10.8	2.9	2.7	0.8	0.2	3.9-9.1	1.9-5.4	1.1-1.2
36분	15.6	4.2	3.9	1.1	0.3	5.6-13.1	2.8-7.7	1.5-1.8

항목	OS	CS	MS	3P	FT	SQ	OC	IS	L&F	SD	DD	PH	PF	PC	DRF	PM	PA	BH	DRS	PQ	PV
평점	B-	A-	A	B-	B+	C-	C-	D-	C+	D-	D	D-	D-	D-	D-	C-	C	C+	C-	C+	D-

항목	DEF	ID	PD	ST	BL	HDQ	PP	DC	RBG	ORG	DRG	ATH	SP	AG	STR	VJ	STA	HP	INT	POT	OG
평점	D-	D-	C-	D	F	D-	D-	F	D-	D-	D+	C	C	C	D-	C+	B+	C+	D-	B+	C+

F 33 Nicolas BATUM PF-SF

니콜라 바툼 1988.12.14 / 203cm

프랑스

NBA 드래프트 : 2008년 1라운드 25번
NBA 우승 : 0회 / 파이널 MVP : 0회
시즌 MVP : 0회 / NBA 퍼스트팀 : 0회

프랑스 칼바도스주 리지외 출신. 2006~2008년, 프랑스 르망사르트에서 뛰었고, 2008 드래프트로 NBA에 입성했다. 예전보다 운동 능력은 많이 약해졌다. 그러나 BQ는 사라지지 않았다. 과거에는 젊은 돌파형 슬래셔였다면, 지금은 노련한 3&D 플레이어다. 캐치&슛으로 시도하는 3점 슈팅은 여전히 위력적이다. 특히 좌우 코너에서 많이 시도한다. 퍼리미터 1대1 수비, 팀 디펜스 응용, 스틸 등 허슬 플레이를 정말 열심히 해준다. 연봉은 467만 달러.

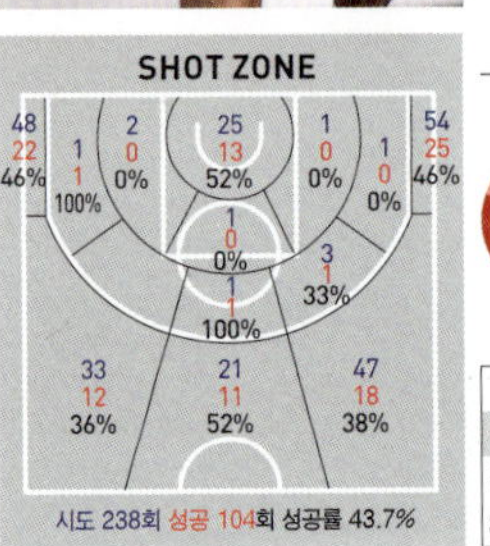

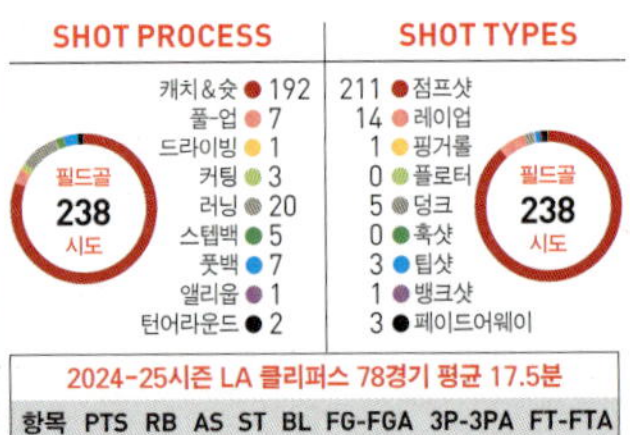

2024-25시즌 LA 클리퍼스 78경기 평균 17.5분

항목	PTS	RB	AS	ST	BL	FG-FGA	3P-3PA	FT-FTA
평균	4.0	2.8	1.1	0.7	0.5	1.3-3.1	1.1-2.6	0.2-0.3
36분	8.2	5.7	2.2	1.4	0.9	2.7-6.3	2.3-5.3	0.4-0.6

항목	OS	CS	MS	3P	FT	SQ	OC	IS	L&F	SD	DD	PH	PF	PC	DRF	PM	PA	BH	DRS	PQ	PV
평점	C-	B+	C+	B	C+	C	F	D-	C	D-	D-	F	D-	D-	F	D-	C-	C-	D+	C-	F

항목	DEF	ID	PD	ST	BL	HDQ	PP	DC	RB	ORB	DRB	ATH	SP	AG	STR	VJ	STA	HP	INT	POT	OG
평점	D+	D+	C	C	D-	D+	D-	D	D-	D-	D-	C+	D+	D	D	B-	B+	B	D-	B	C

F 5 Derrick JONES Jr. SF-PF

데릭 존스 Jr. 1997.02.15 / 198cm

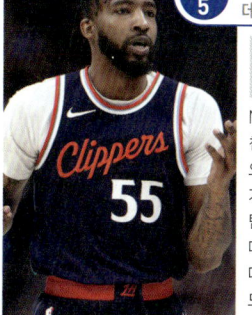

미국 **NBA 드래프트 :** 2016년 미지명
NBA 우승 : 0회 / **파이널 MVP :** 0회
시즌 MVP : 0회 / **NBA 퍼스트팀 :** 0회

NBA 최고의 덩크 아티스트. 두 번이나 덩크 챔피언에 올랐다. 놀라운 점프로 하늘로 날아 오른 뒤 볼을 무자비하게 림으로 내리꽂는다. 거의 전율이 느껴질 정도. 그는 경기 중 상대팀의 기를 꺾기 위해 이런 모습을 자주 연출한다. 덩크 외에 캐치&슛으로 3점 슈팅을 던진다. 그러나 횟수, 성공률 모두 높지는 않다. 미드레인지 점퍼는 정말 '가뭄에 콩나듯' 적다. 최강의 오펜스 리바운더이기도 하다. 운동 능력에 비해 수비는 약하다. 연봉은 952만 달러.

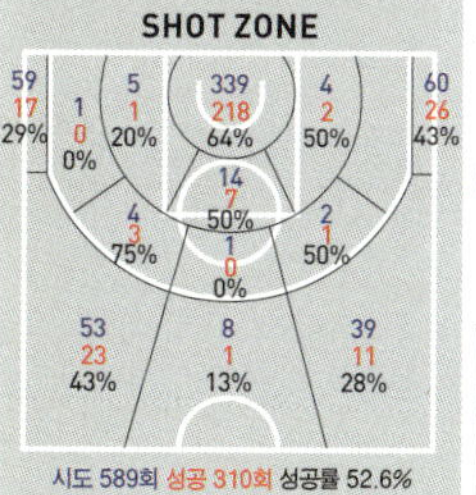

SHOT PROCESS		SHOT TYPES	
캐치&슛	228	점프샷	234
풀-업	19	레이업	133
드라이빙	105	핑거롤	16
커팅	41	플로터	27
러닝	101	덩크	112
스텝백	6	훅샷	1
풋백	49	팁샷	43
앨리웁	37	뱅크샷	17
턴어라운드	3	페이드어웨이	6
필드골 589 시도		필드골 589 시도	

2024-25시즌 LA 클리퍼스 77경기 평균 24.3분

항목	PTS	RB	AS	ST	BL	FG-FGA	3P-3PA	FT-FTA
평균	10.1	3.4	0.8	1.0	0.4	4.0-7.6	1.0-2.8	1.1-1.5
36분	15.0	5.1	1.2	1.5	0.6	6.0-11.3	1.5-4.2	1.6-2.3

항목	OS	CS	MS	3P	FT	SQ	OC	IS	L&F	SD	DD	PH	PF	PC	DRF	PM	PA	BH	DRS	PQ	PV
평점	C-	A-	B-	B-	C-	D-	D-	D+	C+	B	A	D-	D-	D-	D-	D-	D	D+	D-	D-	F

항목	DEF	ID	PD	ST	BL	HDQ	PP	DC	RB3	OR3	DR3	ATH	SP	AG	STR	VJ	STA	HP	INT	POT	OG
평점	C+	C-	B	D+	C+	B-	B-	B-	D-	B	D-	C+	C+	B-	D-	A-	B-	B-	D-	B	C

F 21 Kobe BROWN SF-PF

코비 브라운 2000.01.01 / 201cm

미국 **NBA 드래프트 :** 2023년 1라운드 30번
NBA 우승 : 0회 / **파이널 MVP :** 0회
시즌 MVP : 0회 / **NBA 퍼스트팀 :** 0회

'서드 유닛' 콤보 포워드. 지난 시즌 NBA와 G리그(온타리오 클리퍼스)를 넘나들었다. 빅맨 같은 포스트 스킬을 지녔다. 시야가 넓고, 리바운드 후 아울렛 패스를 정확히 던져준다. 미드레인지와 3점 라인 밖 슈팅 매커니즘은 OK. 그런데 상대 수비의 도전을 받으면 급히 서두르다 미스를 범한다. 적극적으로 움직이며 상대의 패싱 레인을 자른다. 그러나 전체적인 인사이드 1대1, 블락, 공격 리바운드, 수비 리바운드 등은 부족하다. 연봉은 253만 달러.

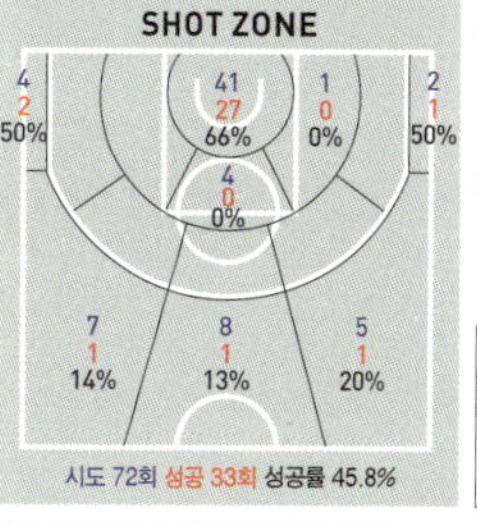

SHOT PROCESS		SHOT TYPES	
캐치&슛	29	점프샷	26
풀-업	2	레이업	22
드라이빙	22	핑거롤	2
커팅	1	플로터	7
러닝	8	덩크	7
스텝백	1	훅샷	2
풋백	8	팁샷	4
앨리웁	0	뱅크샷	2
턴어라운드	1	페이드어웨이	0
필드골 72 시도		필드골 72 시도	

2024-25시즌 LA 클리퍼스 40경기 평균 6.8분

항목	PTS	RB	AS	ST	BL	FG-FGA	3P-3PA	FT-FTA
평균	1.9	1.6	0.6	0.2	0.1	0.8-1.8	0.2-0.7	0.1-0.2
36분	10.2	8.6	3.2	0.9	0.5	4.4-9.5	0.8-3.4	0.7-0.9

항목	OS	CS	MS	3P	FT	SQ	OC	IS	L&F	SD	DD	PH	PF	PC	DRF	PM	PA	BH	DRS	PQ	PV
평점	–	–	–	–	–	–	–	–	–	–	–	–	–	–	–	–	–	–	–	–	–

항목	DEF	ID	PD	ST	BL	HDQ	PP	DC	RBB	ORB	DRB	ATH	SP	AG	STR	VJ	STA	HP	INT	POT	OG
평점	–	–	–	–	–	–	–	–	–	–	–	–	–	–	–	–	–	–	–	–	–

출전 시간이 짧아 평점 매길 수 없음

C 40 Ivića ZUBAČ C

이비차 주바치 1997.03.18 / 213cm

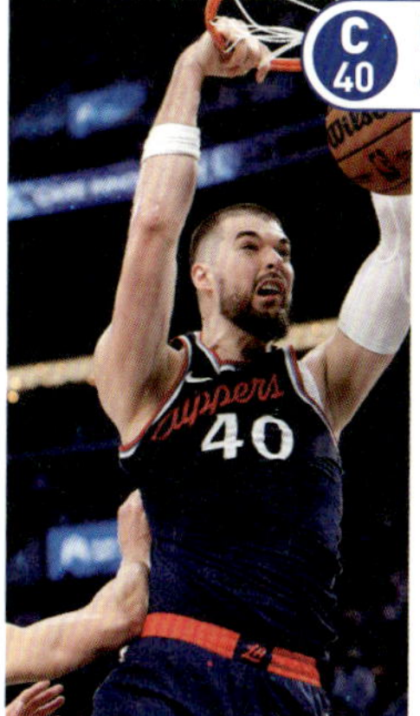

크로아티아 **NBA 드래프트 :** 2016년 2라운드 32번
NBA 우승 : 0회 / **파이널 MVP :** 0회
시즌 MVP : 0회 / **NBA 퍼스트팀 :** 0회

지난 시즌 직전, LA 클리퍼스와 3년 5860만 달러에 연장 계약을 맺었다. 그는 소속팀에 그 보답을 했다. 클리퍼스 팬들은 주바치에게 '주킬 오닐'이라는 별명을 붙였다. 시즌 종료 후 DPOY(올해의 수비선수상) 투표 6위, 올-NBA 디펜시브 세컨드 팀 멤버로 선정되었다. 주바치는 213cm의 큰 체격에 힘이 좋다. 플레이 대부분이 페인트존에서 이뤄지는 '올드 스쿨' 센터다. 전체 필드골 942개 중 무려 789개가 림 근처에서 나왔다. 연봉은 1174만 달러.

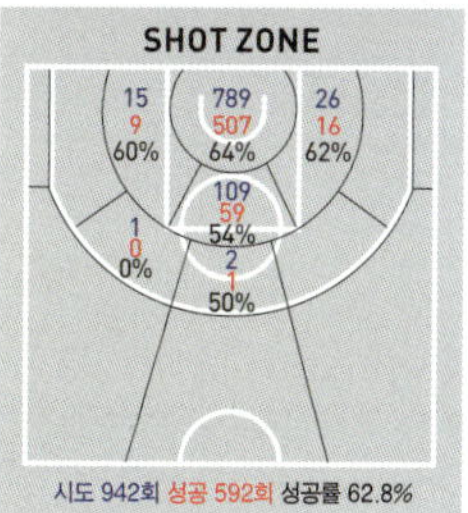

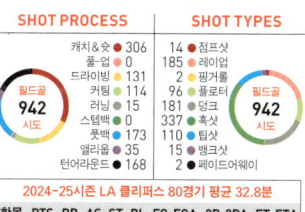

SHOT PROCESS		SHOT TYPES	
캐치&슛	306	점프샷	14
풀-업	0	레이업	185
드라이빙	131	핑거롤	2
커팅	114	플로터	96
러닝	15	덩크	181
스텝백	0	훅샷	337
풋백	173	팁샷	110
앨리웁	35	뱅크샷	15
턴어라운드	168	페이드어웨이	2
필드골 942 시도		필드골 942 시도	

2024-25시즌 LA 클리퍼스 80경기 평균 32.8분

항목	PTS	RB	AS	ST	BL	FG-FGA	3P-3PA	FT-FTA
평균	16.8	12.6	2.7	0.7	1.1	7.4-11.8	0.0-0.0	2.0-3.0
36분	18.4	13.9	2.9	0.8	1.2	8.1-12.9	0.0-0.0	2.1-3.2

항목	OS	CS	MS	3P	FT	SQ	OC	IS	L&F	SD	DD	PH	PF	PC	DRF	PM	PA	BH	DRS	PQ	PV
평점	C-	A+	C	F	D	B	B-	B-	B	B	B-	A-	C+	A-	D-	F	C-	F	F	F	F

항목	DEF	ID	PD	ST	BL	HDQ	PP	DC	RBB	ORB	DRB	ATH	SP	AG	STR	VJ	STA	HP	INT	POT	OG
평점	C+	A+	D	F	D+	A-	D+	A	A	B+	A	C	F	D-	A-	C	B-	B	D-	A-	B+

C 11 Brook LOPEZ C

브룩 로페스 1988.04.01 / 216cm

미국 **NBA 드래프트 :** 2008년 1라운드 10번
NBA 우승 : 1회 / **파이널 MVP :** 0회
시즌 MVP : 0회 / **NBA 퍼스트팀 :** 0회

지난 7년간 밀워키 부동의 선발 센터였다. 그러다 올여름 클리퍼스로 옮겼다. 클리퍼스에서는 주바치의 백업 센터로 대기한다. 로페스는 프로 데뷔 후 8년간 3점 슈팅과 전혀 관계가 없는 선수였다. 그러나 2016-17시즌 이후 3점 슈터로 완벽히 탈바꿈했다. 현재는 '스트레칭 빅맨'으로 주가가 높다. 페인트존에서 유려하게 움직이고, 좋은 BQ와 넓은 시야로 정확한 패스를 찔러준다. 최강의 인사이드 수비와 블락샷으로도 유명하다. 연봉은 2300만 달러.

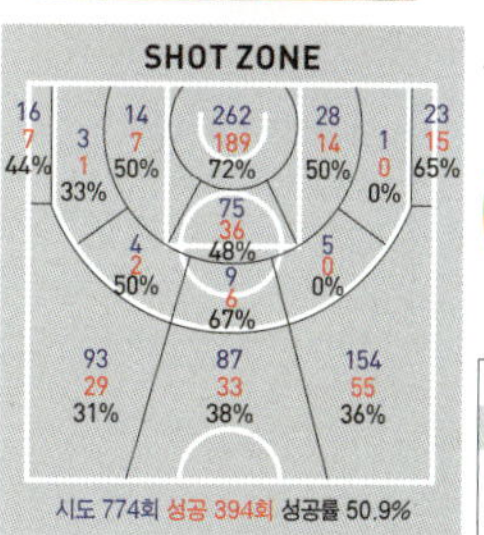

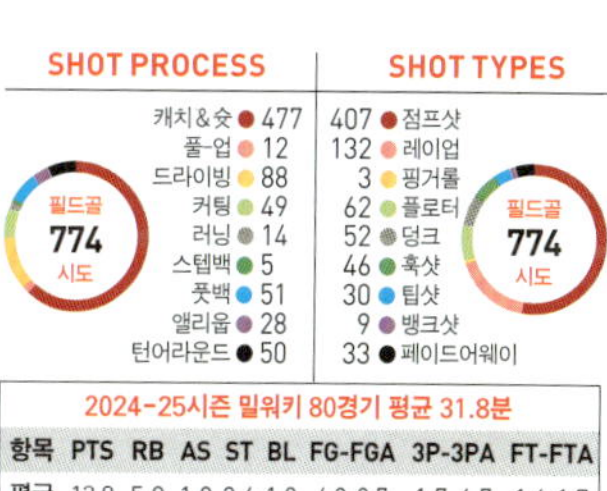

SHOT PROCESS		SHOT TYPES	
캐치&슛	477	점프샷	407
풀-업	12	레이업	132
드라이빙	88	핑거롤	3
커팅	49	플로터	62
러닝	14	덩크	52
스텝백	5	훅샷	46
풋백	51	팁샷	30
앨리웁	28	뱅크샷	9
턴어라운드	50	페이드어웨이	33
필드골 774 시도		필드골 774 시도	

2024-25시즌 밀워키 80경기 평균 31.8분

항목	PTS	RB	AS	ST	BL	FG-FGA	3P-3PA	FT-FTA
평균	13.0	5.0	1.8	0.6	1.9	4.9-9.7	1.7-4.7	1.4-1.7
36분	14.7	5.7	2.0	0.7	2.1	5.6-10.9	2.0-5.3	1.6-2.0

항목	OS	CS	MS	3P	FT	SQ	OC	IS	L&F	SD	DD	PH	PF	PC	DRF	PM	PA	BH	DRS	PQ	PV
평점	C+	A+	B	B-	B	C	F	C	D-	B-	D	B-	B-	B-	D-	F	F	F	F	C+	F

항목	DEF	ID	PD	ST	BL	HDQ	PP	DC	RBB	ORB	DRB	ATH	SP	AG	STR	VJ	STA	HP	INT	POT	OG
평점	B-	B+	D-	F	A-	A	C+	A	D-	D-	D-	C-	F	A-	B+	D-	A-	A-	D-	B+	B-

General Stats								Outside Scoring & Shooting							Inside Scoring & Shooting								Play Making, Ball Handling & Passing					
PTS	RB	AS	ST	BL	FG-FGA	3P-3PA	FT-FTA	OS	CS	MS	3P	FT	SQ	OC	IS	L&F	SD	DD	PH	PF	PC	DRF	PM	PA	BH	DRS	PQ	PV
득점	리바운드	어시스트	스틸	블락샷	필드골 성공-시도	3점슈팅 성공-시도	자유투 성공-시도	외곽 득점력	근거리 점프샷	중거리 슈팅	3점 슈팅	자유투	슈팅 IQ	득점 일관성	인사이드 득점력	레이업 플로터	스탠딩 덩크	드라이빙 덩크	포스트 훅샷	포스트 페이드	포스트 컨트롤	파울 유도	플레이 메이킹	패스 능력	볼 핸들링	드리블 스피드	패스 IQ	패스 비전

C 14 Yanic NIEDERHÄUSER C

야닉 니데르헤우저 2003.03.14 / 211cm

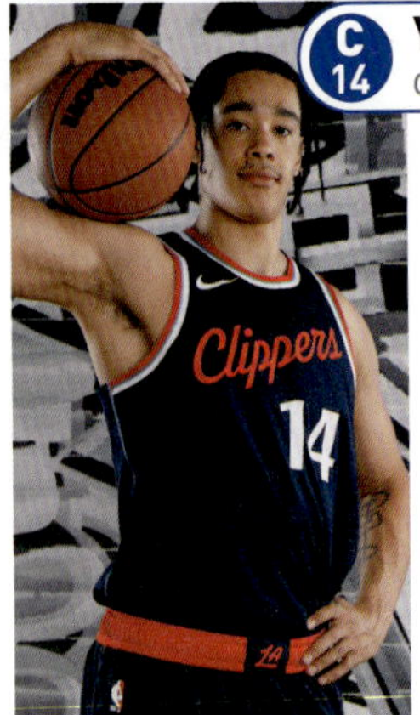

스위스

NBA 드래프트 : 2025년 1라운드 30번
NBA 우승 : 0회 / **파이널 MVP :** 0회
시즌 MVP : 0회 / **NBA 퍼스트팀 :** 0회

스위스 베른 출신. 펜실베니아 주립대를 졸업하고, 2025년 NBA 드래프트를 신청해 LA 클리퍼스에 1라운드 30번으로 지명됐다. 그는 운동 능력이 탁월한 211cm 빅맨이다. 빠른 스피드로 코트를 부지런히 왕복하고, 높은 점프를 활용해 폭발적인 림 어택을 구사한다. 양손을 활용한다. 동료 가드와 콤비를 이뤄 시도하는 앨리-웁은 하이라이트. 돌고래처럼 솟아올라 상대의 슈팅을 블락한다. 점프 슈팅 기복이 심하다. 보완이 필요하다. 연봉은 274만 달러.

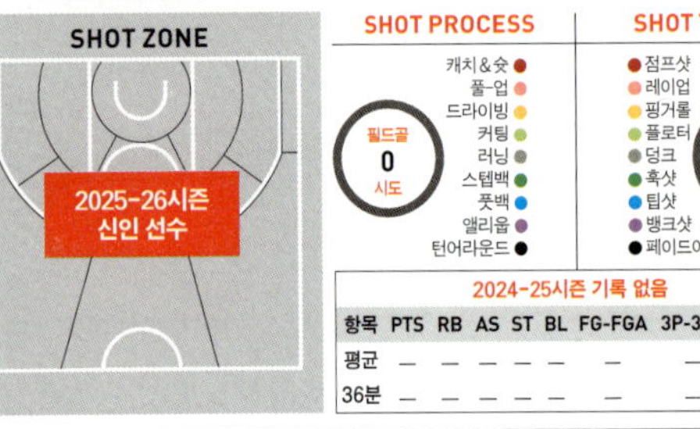

2024-25시즌 기록 없음

항목	PTS	RB	AS	ST	BL	FG-FGA	3P-3PA	FT-FTA
평균	–	–	–	–	–	–	–	–
36분	–	–	–	–	–	–	–	–

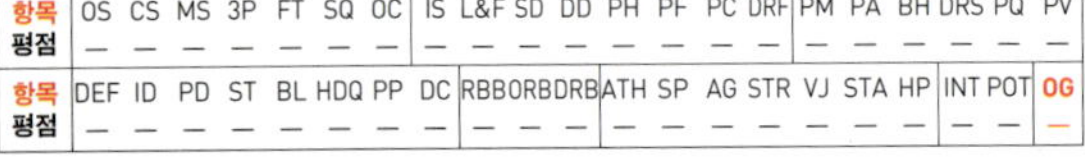

항목	OS	CS	MS	3P	FT	SQ	OC	IS	L&F	SD	DD	PH	PF	PC	DRF	PM	PA	BH	DRS	PQ	PV
평점	–	–	–	–	–	–	–	–	–	–	–	–	–	–	–	–	–	–	–	–	–

항목	DEF	ID	PD	ST	BL	HDQ	PP	DC	RBG	ORG	DRG	ATH	SP	AG	STR	VJ	STA	HP	INT	POT	OG
평점	–	–	–	–	–	–	–	–	–	–	–	–	–	–	–	–	–	–	–	–	–

G 1 James HARDEN PG-SG

제임스 하든 1989.08.26 / 196cm

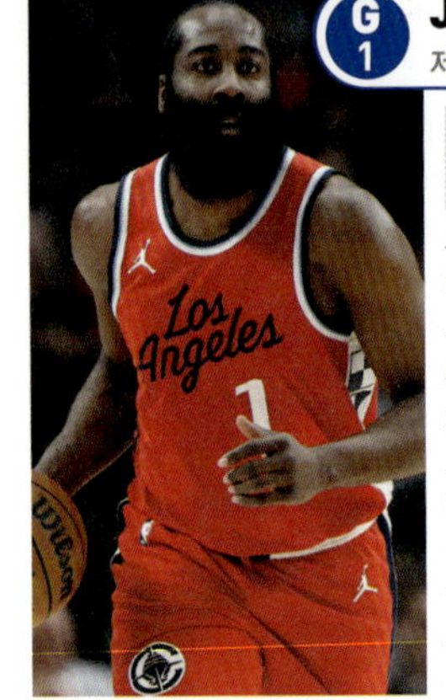

미국

NBA 드래프트 : 2009년 1라운드 3번
NBA 우승 : 0회 / **파이널 MVP :** 0회
시즌 MVP : 0회 / **NBA 퍼스트팀 :** 0회

시즌 개막 전, 클리퍼스와 재계약하며 '빅클럽 마켓 이적 루머'를 완벽히 잠재웠다. 정규시즌 79경기 평균 35분씩 출전하며 22.8점, 8.7어시스트를 기록했다. 2021-22시즌 이후 가장 높은 평균 득점이었다. 그러나 플레이오프에서는 다소 부진했고, 시즌이 끝나고 말았다. 하든은 역사상 최고의 공격수 중 1명이다. 일단 돌파하면 골 메이드 아니면 자유투 획득이다. 풀업 점퍼, 캐치&슛에 역사상 최고라는 스텝백 점퍼로 무차별 폭격을 가한다. 연봉은 3366만 달러.

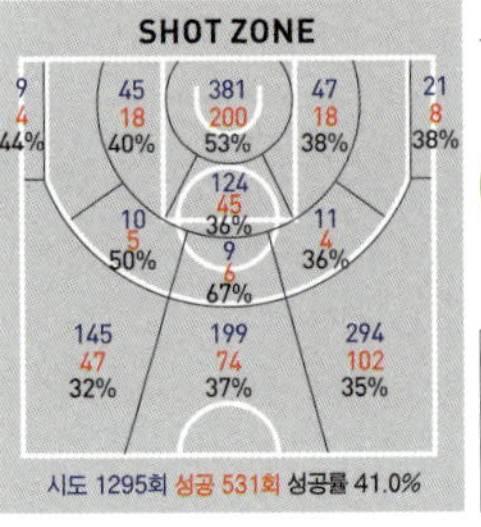

2024-25시즌 LA 클리퍼스 79경기 평균 35.3분

항목	PTS	RB	AS	ST	BL	FG-FGA	3P-3PA	FT-FTA
평균	22.8	5.8	8.7	1.5	0.7	6.7-16.4	3.0-8.5	6.4-7.3
36분	23.3	5.9	8.9	1.5	0.7	6.9-16.7	3.0-8.6	6.5-7.5

항목	OS	CS	MS	3P	FT	SQ	OC	IS	L&F	SD	DD	PH	PF	PC	DRF	PM	PA	BH	DRS	PQ	PV
평점	B	B	B	B-	B+	B-	A-	C	A	F	C	D-	C+	D+	A	B+	B-	A	B	A	B

항목	DEF	ID	PD	ST	BL	HDQ	PP	DC	RBG	ORG	DRG	ATH	SP	AG	STR	VJ	STA	HP	INT	POT	OG
평점	D+	D	C	C+	F	D-	B-	D	B	D+	A-	B-	B	B	C-	B+	A+	D-	C	A	B+

G 0 Bradley BEAL SG-PG

브래들리 빌 1993.06.28 / 193cm

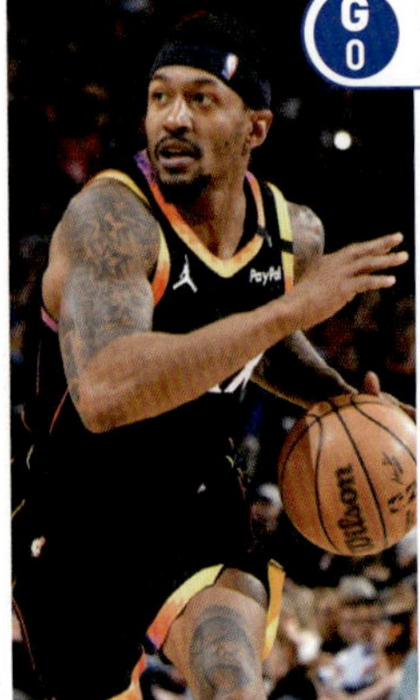

미국

NBA 드래프트 : 2012년 1라운드 3번
NBA 우승 : 0회 / **파이널 MVP :** 0회
시즌 MVP : 0회 / **NBA 퍼스트팀 :** 0회

피닉스에서 듀란트, 부커에 이은 '넘버 3' 옵션이었다. 올 시즌 클리퍼스에서도 하든, 레너드에 이은 '넘버 3'옵션이 될 것이다. 빌은 여전히 폭발적인 스코어러 겸 '괴물 슈터'다. RA, 페인트존, 미드레인지, 3점 구역 등 코트 전 지역에서 무섭게 슈팅한다. 지난 시즌 3점 슈팅 38.6%, 자유투 80.3%를 찍었다. 돌파 후의 림 어택도 압권이다(이 부분에 대해서는 저평가된 측면이 있다). 퍼리미터 수비, 볼 핸들링, 패스 모두 수준급이다. 연봉은 535만 달러.

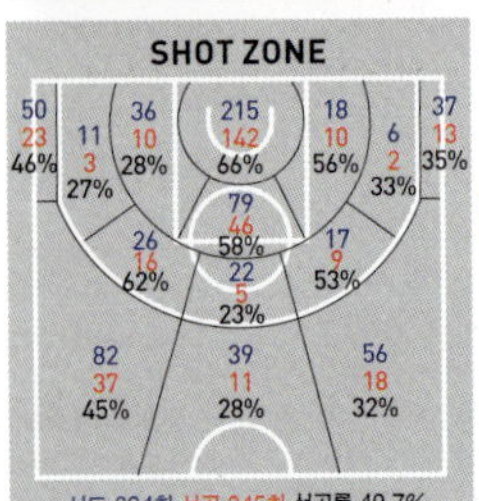

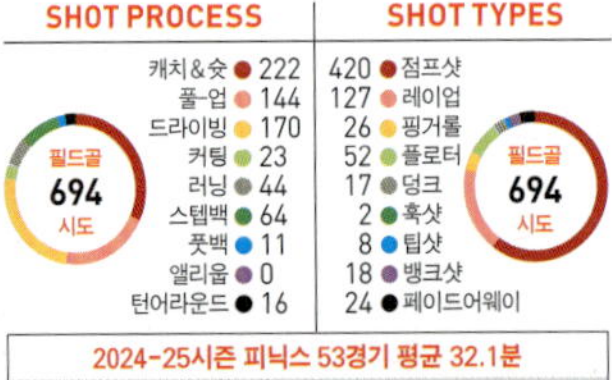

2024-25시즌 피닉스 53경기 평균 32.1분

항목	PTS	RB	AS	ST	BL	FG-FGA	3P-3PA	FT-FTA
평균	17.0	3.3	3.7	1.1	0.5	6.5-13.1	1.9-5.0	2.1-2.6
36분	19.1	3.7	4.1	1.2	0.6	7.3-14.7	2.2-5.6	2.3-2.9

항목	OS	CS	MS	3P	FT	SQ	OC	IS	L&F	SD	DD	PH	PF	PC	DRF	PM	PA	BH	DRS	PQ	PV
평점	B-	A+	B	B	B-	D	B	D-	B+	F	C	D-	D-	D-	F	C	C	B	C	C	D

항목	DEF	ID	PD	ST	BL	HDQ	PP	DC	RBG	ORG	DRG	ATH	SP	AG	STR	VJ	STA	HP	INT	POT	OG
평점	D-	D-	D	D+	F	D-	F	F	D-	D+	D-	C+	C	B	D-	B+	C+	B-	F	A	B-

G 3 Chris PAUL PG

크리스 폴 1985.05.06 / 183cm

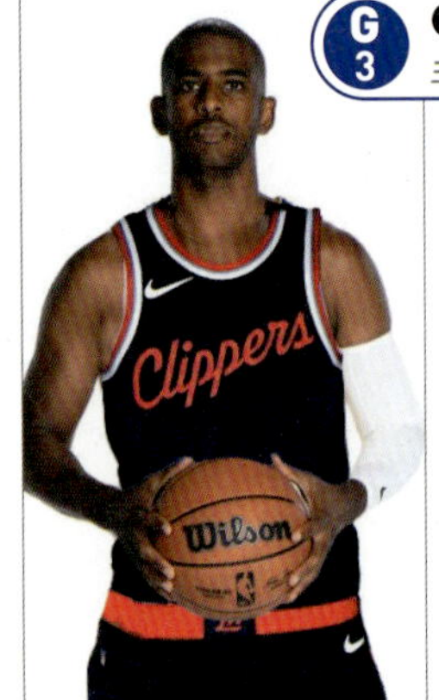

미국

NBA 드래프트 : 2005년 1라운드 4번
NBA 우승 : 0회 / **파이널 MVP :** 0회
시즌 MVP : 0회 / **NBA 퍼스트팀 :** 4회

지난 시즌 샌안토니오에서 활약했다. 댈러스 개막전에 출전하여 NBA 사상 11번째로 커리어 20년 차를 달성한 선수가 되었다. 또한, 12월 9일 뉴올리언스전에서 10어시스트를 기록하며, 제이슨 키드를 제치고 NBA 통산 어시스트 단독 2위가 되었다. 올여름 LA 클리퍼스로 이적했다. 폴에게서 이제 전성기 퍼포먼스를 기대할 수는 없다. 그러나 여전히 리그 정상급 1번 중 1명이다. 하든과 백코트에서 선보일 환상의 콤비가 기대된다. 연봉은 363만 달러.

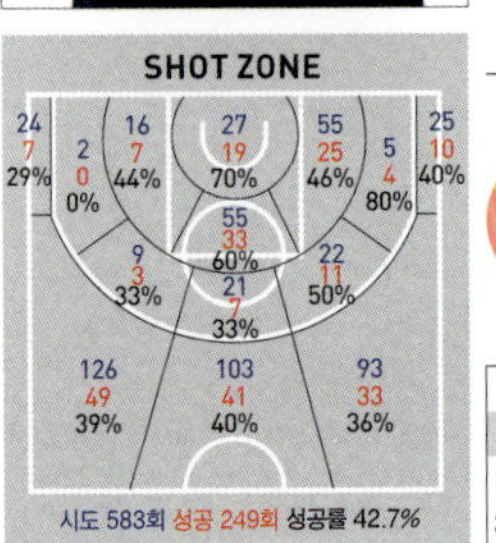

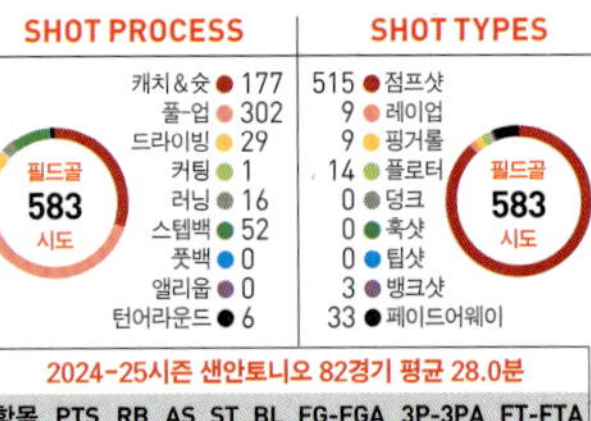

2024-25시즌 샌안토니오 82경기 평균 28.0분

항목	PTS	RB	AS	ST	BL	FG-FGA	3P-3PA	FT-FTA
평균	8.8	3.6	7.4	1.3	0.3	3.0-7.1	1.7-4.5	1.0-1.1
36분	11.4	4.6	9.5	1.6	0.3	3.9-9.2	2.2-5.8	1.3-1.4

항목	OS	CS	MS	3P	FT	SQ	OC	IS	L&F	SD	DD	PH	PF	PC	DRF	PM	PA	BH	DRS	PQ	PV
평점	B-	A	B+	B-	A	B	D-	D-	B	F	F	F	D-	C-	D-	B-	B	B+	C+	B	B-

항목	DEF	ID	PD	ST	BL	HDQ	PP	DC	RBG	ORG	DRG	ATH	SP	AG	STR	VJ	STA	HP	INT	POT	OG
평점	D+	D	C	B-	F	C	C-	D	D+	D-	C+	C-	C+	C+	D-	C	C-	D	D-	A+	C+

G 8 Kris DUNN PG-SG

크리스 던 1994.03.18 / 191cm

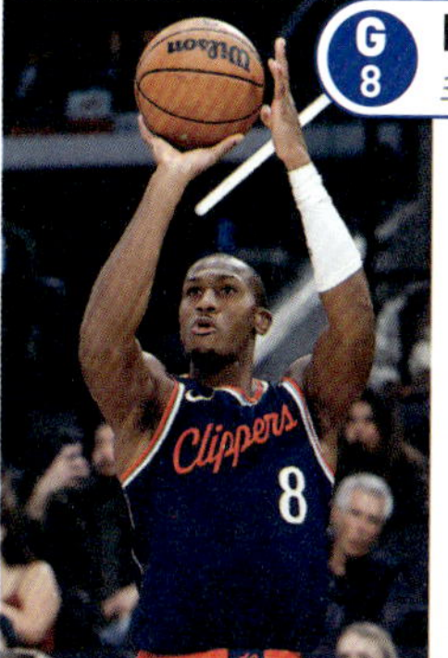

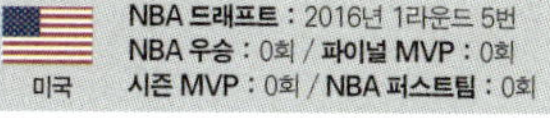

미국

NBA 드래프트 : 2016년 1라운드 5번
NBA 우승 : 0회 / **파이널 MVP :** 0회
시즌 MVP : 0회 / **NBA 퍼스트팀 :** 0회

지난 시즌 클리퍼스 최고의 영입이었다. 올 시즌 제임스 하든, 브래들리 빌, 크리스 폴 등 주전급 가드들의 휴식 시간을 잘 커버해줄 것이다. 던은 '말 체력'을 앞세워 클리퍼스 최강의 수비수로 군림한다. 빠른 스피드, 강한 파워, 긴 윙스팬(206cm)을 활용해 상대의 1번~4번을 다 막는다. 전형적인 '리듬 슈터'다. 다소 해괴한 슈팅 폼으로 막 던지는데 한번 리듬을 타면 나름 잘 들어가서 붙은 별명이다. 아이솔레이션, 림 어택은 부족하다. 연봉은 543만 달러.

SHOT ZONE

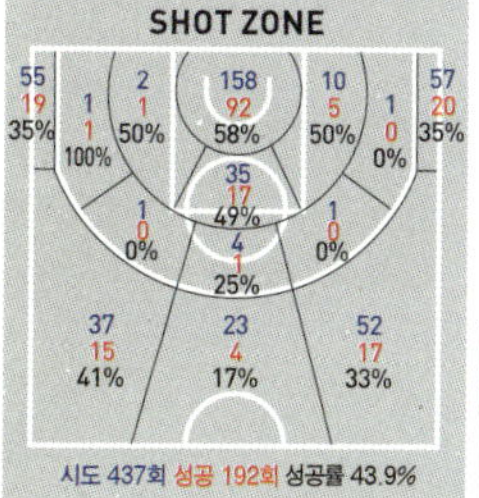

시도 437회 성공 192회 성공률 43.9%

SHOT PROCESS

- 캐치&슛 215
- 풀-업 30
- 드라이빙 106
- 커팅 9
- 러닝 53
- 스텝백 5
- 풋백 8
- 앨리웁 1
- 턴어라운드 10

SHOT TYPES

필드골 437 시도

- 250 점프샷
- 77 레이업
- 9 핑거롤
- 73 플로터
- 7 덩크
- 7 훅샷
- 1 팁샷
- 11 뱅크샷
- 2 페이드어웨이

2024-25시즌 LA 클리퍼스 74경기 평균 24.1분

항목	PTS	RB	AS	ST	BL	FG-FGA	3P-3PA	FT-FTA
평균	6.4	3.4	2.8	1.7	0.4	2.6-5.9	1.0-3.0	0.2-0.3
36분	9.6	5.1	4.2	2.6	0.5	3.9-8.8	1.5-4.5	1.1-4.0

항목	OS	CS	MS	3P	FT	SQ	OC	IS	L&F	SD	DD	PH	PF	PC	DRF	PM	PA	BH	DRS	PQ	PV
평점	C-	A	B	C	D	C-	F	D-	C-	F	D-	F	D-	F	F	C	C-	C+	B-	C	D-

항목	DEF	ID	PD	ST	BL	HDQ	PP	DC	RBG	ORG	DRG	ATH	SP	AG	STR	VJ	STA	HP	INT	POT	OG
평점	B-	D-	A-	A+	F	B+	B+	B	C	C+	C+	B-	B-	B+	D-	B-	B	A-	F	B	C

G 4 Kobe Sanders SG-SF

코비 샌더스 2002.05.30 / 206cm

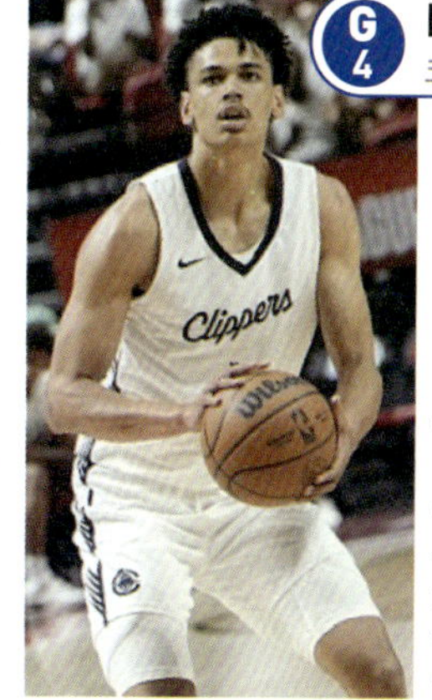

미국

NBA 드래프트 : 2025년 2라운드 50번
NBA 우승 : 0회 / **파이널 MVP :** 0회
시즌 MVP : 0회 / **NBA 퍼스트팀 :** 0회

캘리포니아 공대와 네바다대 출신이다. 2025 NBA 드래프트에서 뉴욕에 지명되었고, 곧바로 클리퍼스로 트레이드됐다. 샌더스는 206cm의 다재다능한 윙이다. 사이즈가 좋고, 농구 IQ가 우수하며, 코트비전이 넓다. 미드레인지 슈팅이 정확하고, 탄탄한 수비력까지 갖췄다. 올 시즌 클리퍼스에서 주전급 '투-웨이 플레이어' 혹은 중요한 롤-플레이어로 성장할 가능성이 있다. 민첩성과 폭발력이 다소 부족한 건 아쉽다. 연봉 64만 달러 투웨이 계약을 맺었다.

SHOT ZONE

SHOT PROCESS

필드골 0 시도

- 캐치&슛
- 풀-업
- 드라이빙
- 커팅
- 러닝
- 스텝백
- 풋백
- 앨리웁
- 턴어라운드

SHOT TYPES

필드골 0 시도

- 점프샷
- 레이업
- 핑거롤
- 플로터
- 덩크
- 훅샷
- 팁샷
- 뱅크샷
- 페이드어웨이

2024-25시즌 기록 없음

항목	PTS	RB	AS	ST	BL	FG-FGA	3P-3PA	FT-FTA
평균	–	–	–	–	–	–	–	–
36분	–	–	–	–	–	–	–	–

항목	OS	CS	MS	3P	FT	SQ	OC	IS	L&F	SD	DD	PH	PF	PC	DRF	PM	PA	BH	DRS	PQ	PV
평점	–	–	–	–	–	–	–	–	–	–	–	–	–	–	–	–	–	–	–	–	–

항목	DEF	ID	PD	ST	BL	HDQ	PP	DC	RB3	OR3	DR3	ATH	SP	AG	STR	VJ	STA	HP	INT	POT	OG
평점	–	–	–	–	–	–	–	–	–	–	–	–	–	–	–	–	–	–	–	–	–

G 12 Cam CHRISTIE SG

캠 크리스티 2005.07.24 / 198cm

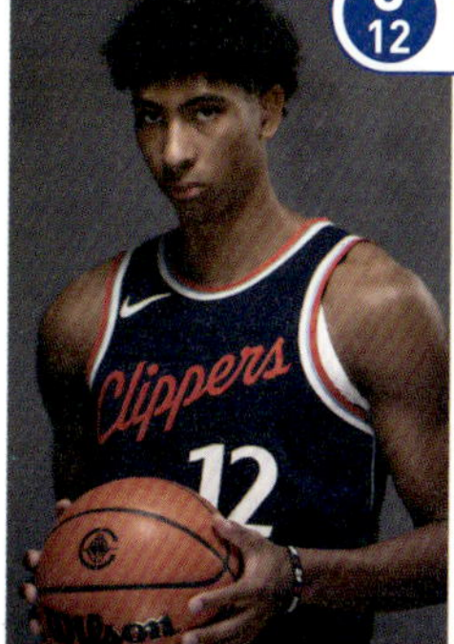

미국

NBA 드래프트 : 2024년 2라운드 46번
NBA 우승 : 0회 / **파이널 MVP :** 0회
시즌 MVP : 0회 / **NBA 퍼스트팀 :** 0회

지난 시즌 13경기 평균 4.5분씩 뛰었다. 2024년의 12월 팔꿈치 부상, 2025년 1월의 발목 부상, G리그 경기 출전(샌디에이고 클리퍼스), 감독의 전술 운용 등 여러 가지 원인이 겹쳐 출전 기회가 대폭 줄었다. 그러나 올 시즌에는 출전 기회가 많이 늘어날 것이다. 크리스티는 좋은 사이즈와 적당한 운동 능력, 부드러운 슈팅 터치를 지녔다. 드리블 기술이 좋아 돌파 후 레이업을 올리거나 패스 아웃을 통해 동료의 플레이를 도울 수 있다. 연봉은 196만 달러.

SHOT ZONE

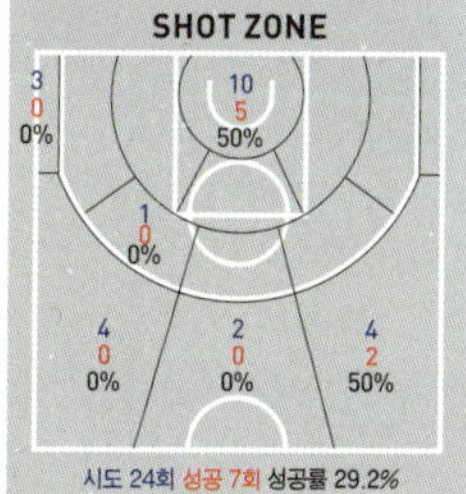

시도 24회 성공 7회 성공률 29.2%

SHOT PROCESS

필드골 24 시도

- 캐치&슛 7
- 풀-업 6
- 드라이빙 2
- 커팅 1
- 러닝 5
- 스텝백 0
- 풋백 3
- 앨리웁 0
- 턴어라운드 0

SHOT TYPES

필드골 24 시도

- 14 점프샷
- 6 레이업
- 0 핑거롤
- 2 플로터
- 2 덩크
- 0 훅샷
- 0 팁샷
- 0 뱅크샷
- 0 페이드어웨이

2024-25시즌 LA 클리퍼스 13경기 평균 4.5분

항목	PTS	RB	AS	ST	BL	FG-FGA	3P-3PA	FT-FTA
평균	1.4	0.9	0.5	0.4	0.1	0.5-1.8	0.2-1.0	0.2-0.3
36분	11.0	5.5	7.3	3.7	3.1	4.3-14.6	1.2-7.9	1.2-2.4

항목	OS	CS	MS	3P	FT	SQ	OC	IS	L&F	SD	DD	PH	PF	PC	DRF	PM	PA	BH	DRS	PQ	PV
평점	–	–	–	–	–	–	–	–	–	–	–	–	–	–	–	–	–	–	–	–	–

항목	DEF	ID	PD	ST	BL	HDQ	PP	DC	RBG	ORG	DRG	ATH	SP	AG	STR	VJ	STA	HP	INT	POT	OG
평점	–	–	–	–	–	–	–	–	–	–	–	–	–	–	–	–	–	–	–	–	–

출전 시간이 짧아 평점 매길 수 없음

LOS ANGELES CLIPPERS 2025-26 REGULAR SEASON SCHEDULE

OCTOBER, 2025

Oct. 21 @ Los Angeles Lakers
Oct. 23 vs. Denver Nuggets
Oct. 24 @ Portland Trail Blazers
Oct. 27 vs. Memphis Grizzlies
Oct. 28 vs. Los Angeles Clippers
Oct. 30 @ Milwaukee Bucks

NOVEMBER, 2025

Nov. 1 @ Indiana Pacers
Nov. 4 vs. Phoenix Suns
Nov. 5 @ Sacramento Kings
Nov. 7 @ Denver Nuggets
Nov. 9 vs. Indiana Pacers
Nov. 11 @ Oklahoma City Thunder
Nov. 12 @ San Antonio Spurs
Nov. 14 @ San Antonio Spurs
Nov. 16 @ New Orleans Pelicans
Nov. 18 @ Orlando Magic
Nov. 19 @ Miami Heat
Nov. 21 vs. Portland Trail Blazers
Nov. 24 vs. Utah Jazz
Nov. 26 vs. Houston Rockets
Nov. 29 vs. New Orleans Pelicans

DECEMBER, 2025

Dec. 2 vs. Oklahoma City Thunder
Dec. 4 @ Philadelphia 76ers
Dec. 6 @ Cleveland Cavaliers
Dec. 7 @ Chicago Bulls
Dec. 18 @ Phoenix Suns
Dec. 20 vs. Phoenix Suns
Dec. 22 vs. Orlando Magic
Dec. 25 vs. Dallas Mavericks
Dec. 28 @ Toronto Raptors
Dec. 29 @ Brooklyn Nets
Dec. 31 @ Charlotte Hornets

JANUARY, 2026

Jan. 2 vs. Oklahoma City Thunder
Jan. 3 vs. Utah Jazz
Jan. 5 @ Los Angeles Clippers
Jan. 7 vs. Milwaukee Bucks
Jan. 9 vs. Sacramento Kings
Jan. 11 vs. Atlanta Hawks
Jan. 13 vs. Portland Trail Blazers
Jan. 15 vs. New York Knicks
Jan. 17 vs. Charlotte Hornets
Jan. 19 vs. Miami Heat
Jan. 20 vs. Toronto Raptors
Jan. 22 @ Dallas Mavericks
Jan. 24 @ Minnesota Timberwolves
Jan. 26 @ Minnesota Timberwolves
Jan. 28 @ Utah Jazz
Jan. 30 vs. Detroit Pistons

FEBRUARY, 2026

Feb. 3 vs. Philadelphia 76ers
Feb. 5 @ Phoenix Suns
Feb. 7 @ Los Angeles Lakers
Feb. 9 vs. Memphis Grizzlies
Feb. 11 vs. San Antonio Spurs
Feb. 19 vs. Boston Celtics
Feb. 22 vs. Denver Nuggets
Feb. 24 @ New Orleans Pelicans
Feb. 25 @ Memphis Grizzlies
Feb. 28 vs. Los Angeles Lakers

MARCH, 2026

Mar. 2 vs. Los Angeles Clippers
Mar. 5 @ Houston Rockets
Mar. 7 @ Oklahoma City Thunder
Mar. 9 @ Utah Jazz
Mar. 10 vs. Chicago Bulls
Mar. 13 vs. Minnesota Timberwolves
Mar. 15 @ New York Knicks
Mar. 16 @ Washington Wizards
Mar. 18 @ Boston Celtics
Mar. 20 @ Detroit Pistons
Mar. 21 @ Atlanta Hawks
Mar. 23 @ Dallas Mavericks
Mar. 25 vs. Brooklyn Nets
Mar. 27 vs. Washington Wizards
Mar. 29 @ Denver Nuggets

APRIL, 2026

Apr. 1 vs. San Antonio Spurs
Apr. 2 vs. Cleveland Cavaliers
Apr. 5 vs. Houston Rockets
Apr. 7 vs. Sacramento Kings
Apr. 9 vs. Los Angeles Lakers
Apr. 10 @ Sacramento Kings
Apr. 12 @ Los Angeles Clippers

LOS ANGELES LAKERS

강력한 공격진, 수비 밸런스 유지가 관건

슈퍼스타들의 보금자리

레이커스는 늘 시대의 아이콘(icon)을 품어왔다. 조지 마이칸, 제리 웨스트, 윌트 체임벌린, 카림 압둘-자바, 매직 존슨, 샤킬 오닐, 코비 브라이언트, 르브론 제임스가 골드&퍼플 군단 역사를 찬란하게 빛냈다. 지난 시즌에는 새로운 아이콘이 등장했다. 놀랍게도 2020년대 선두 주자 중 하나인 루카 돈치치를 비교적 저렴한 대가로 트레이드 영입했다! 향후 10년간 서부컨퍼런스 최고 명문 구단 흥행을 책임질 인재다. 포스트 르브론 시대에 대한 우려를 말끔하게 지웠다.

최선을 다한 오프 시즌

급한 불부터 껐다. 새로운 간판스타 돈치치가 3년 30% 맥스 연장계약서에 흔쾌히 사인했다. 어느덧 40대 구간에 진입한 르브론도 1년 5,263만 달러 플레이어 옵션을 채택했다. 다음 과제는 오스틴 리브스와의 연장계약이다. 롤 플레이어 영입에도 신경 썼다. 소중한 미드 레벨(Non-Taxpayer), 바이-애뉴얼(Bi-Annual) 예외 조항을 디안드레 에이튼, 마커스 스마트 영입에 활용했다. 애당초 샐러리캡 여유 공간이 부족했음을 고려하면 나름 알찬 오프 시즌이었다.

수비 코트에 붙은 의문부호

공격 코트 삼총사 돈치치, 르브론, 리브스의 생산력에는 의심의 여지가 없다. 매일 밤 65+득점 합작이 기대된다. 반면 수비 코트 기대치는 떨어진다. 활동량, 노쇠화, 사이즈 등 서로 다른 약점을 지적받는다. 롤 플레이어들에게는 조건이 까다롭게 붙었다. 각각 에이튼이 위치 선정, 스마트는 잦은 부상에 따른 신체 능력 저하, 잭슨 헤이즈와 재러드 밴더빌트의 경우 파울 트러블이 고민거리다. JJ 레딕 감독이 큰 시행착오 없이 최적화된 공수 균형을 구현할 수 있을지 궁금하다.

Association　Icon　Statement　City

*통계는 2025년 9월 10일 기준

CLUB INFORMATION

Founded
구단 창립
1946년

Owner
마크 월터
버스 패밀리

CEO
롭 펠린카
1969.12.23

Head Coach
제이제이 레딕
1984.06.24

24-25 Odds
스카이벳 : 12배
윌리엄힐 : 14배

Nationality
● 미국 선수 13명
● 외국 선수 8명

Age
21명 평균
26.4세

Height
21명 평균
200.1cm

Weight
21명 평균
100.7kg

Salary
14명 평균
1450만 달러

Win
2024-25 : 50승
통산 : 3600승

Loss
2024-25 : 32패
통산 : 2486패

Winning%
2024-25 : 61.0%
통산 : 59.2%

Play-Off
PO 진출 : 65회
PO 탈락 : 12회

Titles
NBA우승 : 17회
컨퍼런스 : 19회

Top Scorer
르브론 제임스
평균 24.4점

More Rebounds
르브론 제임스
평균 7.8리바운드

More Assists
르브론 제임스
평균 8.2어시스트

More Steals
오스틴 리브스
평균 1.1스틸

More Blocks
잭슨 헤이즈
평균 0.9블록

*항목별 1위는 지난 시즌 LA 레이커스 소속으로 42경기 이상 출전한 선수 중 선별

HEAD COACH & STADIUM

JJ REDICK JJ 레딕

생년월일 : 1984.06.24 / **출생지 :** 미국 테네시주 쿠크빌
경력 : 2024년~ 로스앤젤레스 레이커스 감독

버지니아주 로어노크에서 자랐고, 케이브 스프링고를 다녔다. 고교 시절 그는 2002 맥도널드 올-어메리칸 게임에서 MVP를 받았고, 그해 버지니아주 Mr.바스켓볼로 선정되었다. 고교 졸업 후 2002년 듀크대에 입학했다. 듀크대에서의 4년간, ACC 올해의 선수상 수상 2회(2005, 2006년), 올-어메리칸 팀 선정 2회(2005, 2006년), 네이스미스 올해의 대학농구선수상 수상(2006년) 등 꽤 좋은 활약을 보였다. 2007년 듀크대는 레딕의 유니폼 4번을 영구결번했다. 2006년 듀크를 졸업한 레딕은 NBA 드래프트를 신청했고, 올랜도 매직에 1라운드 11번으로 지명되었다. 그러나 대학 시절의 명성에 비해 프로에서는 별로 큰 족적을 남기지 못했다. 15년간 올랜도, 밀워키, LA 클리퍼스, 필라델피아, 뉴올리언스를 거쳐 2021년 댈러스에서 은퇴했다. 이후 팟캐스트에 출연하고, ESPN에서 해설자로 일했다. 그러다 2024년 6월 24일, LA 레이커스가 "레딕을 우리 팀의 제29대 감독으로 선임했다"고 발표했다. 정말 세상을 깜짝 놀라게 한 결정이었다. 그는 올해 40세로 슈퍼스타 르브론 제임스와 동갑이다.

CRYPTO.COM ARENA

구장 오픈 : 1999년 10월 17일
구장 증개축 : –
오너 : 안슈츠 엔터그룹
수용인원 : 1만 9079명
건축비용 : 3억 7500만 달러
(현재 가치) 6억 8600만 달러

LA는 세계 최고의 엔터테인먼트 도시다. 이 아레나는 도시 이미지에 걸맞게 세계에서 가장 바쁘고 성공적인 장소로 자리매김했고, 독보적인 명성을 쌓아왔다. NBA의 로스앤젤레스 레이커스, NHL의 로스앤젤레스 킹스, WNBA의 로스앤젤레스 스파크 등 3개 프로 스포츠팀의 홈구장이기도 하다. 레이커스 홈구장으로 사용하기 시작한 건 1999-2000시즌부터.

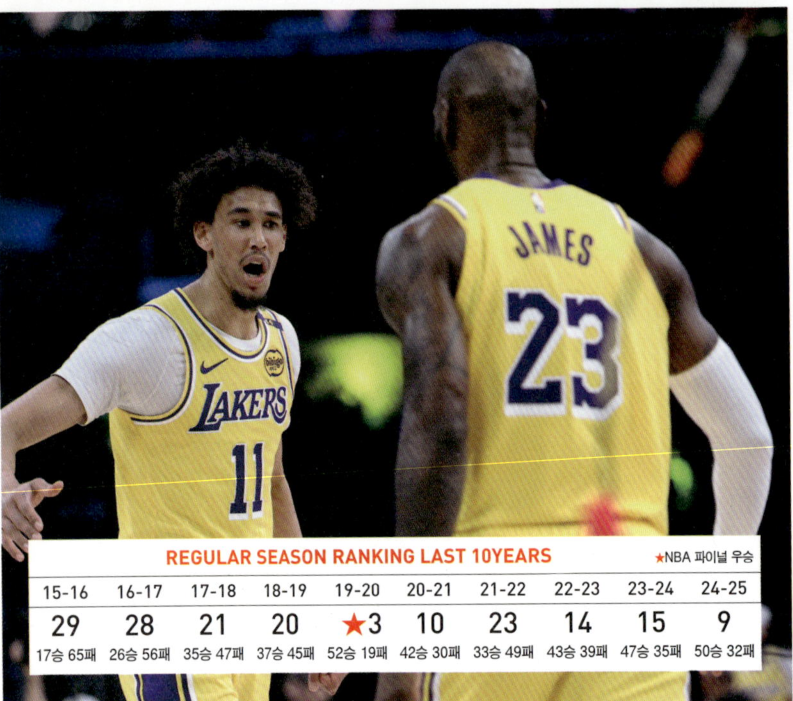

REGULAR SEASON RANKING LAST 10YEARS

★NBA 파이널 우승

15-16	16-17	17-18	18-19	19-20	20-21	21-22	22-23	23-24	24-25
29	28	21	20	★3	10	23	14	15	9
17승 65패	26승 56패	35승 47패	37승 45패	52승 19패	42승 30패	33승 49패	43승 39패	47승 35패	50승 32패

Honours

17	19	35	13
NBA CHAMPIONS	CONFERENCE TITLES	DIVISION TITLES	RETIRED NUMBERS

NBA CHAMPIONSHIPS
1949, 1950, 1952, 1953, 1954, 1972, 1980, 1982, 1985, 1987, 1988, 2000, 2001, 2002, 2009, 2010, 2020

CONFERENCE TITLES
1972, 1973, 1980, 1982, 1983, 1984, 1985, 1987, 1988, 1989, 1991, 2000, 2001, 2002, 2004, 2008, 2009, 2010, 2020

DIVISION TITLES
1949, 1950, 1951, 1953, 1954, 1962, 1963, 1965, 1966, 1969, 1971, 1972, 1973, 1974, 1977, 1980, 1982, 1983, 1984, 1985, 1986, 1987, 1988, 1989, 1990, 2000, 2001, 2004, 2008, 2009, 2010, 2011, 2012, 2020, 2025

RETIRED NUMBERS
8, 13, 16, 22, 24, 25, 32, 33, 34, 42, 44, 52, 99

TEAM POTENTIAL

81점

9위

하프코트 세트오펜스 9점

트랜지션 오펜스 8점

하프코트 세트디펜스 7점

트랜지션 디펜스 8점

리바운드 8점

선수층 8점

선수 경험치 8점

감독 리더십 8점

감독 전술 8점

프런트 9점

*각 항목은 10점 만점, 평점은 NBA 30팀 사이 상대평가

우승 ODDS	배당	순위
Sky Bet	12배	6위
Bet Fred	16배	8위
William Hill	14배	6위

OFFENSIVE STYLE: 트랜지션 오펜스 — 하프코트 세트오펜스

DEFENSIVE STYLE: 하이 프레스 — 하프코트 디펜스

SQUAD & TACTICS

STARTERS

- PF 루이 하치무라 31.7분, 13.1점 3.7RB, 5.0AS
- C 디앤드리 에이튼 30.2분, 14.4점 10.2RB, 1.6AS
- SF 르브론 제임스 34.9분, 24.4점 7.8RB, 8.2AS
- SG 오스틴 리브스 34.9분, 20.2점 4.5RB, 5.8AS
- PG 루카 돈치치 35.4분, 28.2점 8.2RB, 7.7AS

OFF THE BENCH

- PG 게이브 빈센트 21.2분, 6.4점 1.3RB, 1.4AS
- SG 마커스 스마트 20.0분, 9.0점 2.1RB, 3.2AS
- SF 제이크 라라비아 20.4분, 6.9점 3.9RB, 2.4AS
- PF 재러드 밴더빌트 16.1분, 4.1점 5.1RB, 1.1AS
- C 잭슨 헤이즈 19.5분, 6.8점 4.8RB, 1.0AS

G 브로니 제임스
G 돌턴 크넥트
F 아두 티에로
F 맥시 클리버
C 크리스천 콜로코

Player's Functions

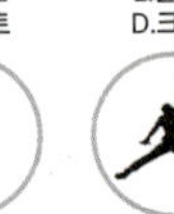
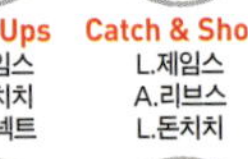

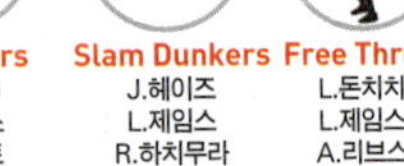

Ball Handlers	Pull-Ups	Catch & Shoot
L.돈치치	L.제임스	L.제임스
L.제임스	L.돈치치	A.리브스
G.빈센트	D.크넥트	L.돈치치

3 Pointers	Slam Dunkers	Free Throw
L.돈치치	J.헤이즈	L.돈치치
A.리브스	L.제임스	L.제임스
D.크넥트	R.하치무라	A.리브스

Rebounders	1-1 Defenders	Ball Stealers
D.에이튼	J.밴더빌트	J.밴더빌트
J.밴더빌트	M.클리버	L.돈치치
L.제임스	M.스마트	M.스마트

Key Passes	Hustle Players	Rim Protectors
L.돈치치	J.밴더빌트	J.헤이즈
L.제임스	J.헤이즈	C.콜로코
A.리브스	L.돈치치	D.에이튼

2024-25 SEASON PERFORMANCE

공격 레이팅 115.9(12위) 수비 레이팅 114.7(15위) 레이팅 마진 +1.2(14위) 페이스 97.6(21위)

LOS ANGELES LAKERS vs. OPPONENTS PER GAME STATS

LAKERS	득실점	FG 필드골성공	FG↑ 필드골시도	FG% 필드골%	3P 3점성공	3P↑ 3점시도	3P% 3점%	2P 2점성공	2P↑ 2점시도	2P% 2점%	자유투성공	자유투시도	FT% 자유투%	OR 공격 RB	DR 수비 RB	TR 전체 RB	A↑ 어시스트	스틸	블락샷	턴오버	파울
LA 레이커스	113.4 19위	40.9 20위	85.5 30위	47.9% 9위	13.3 15위	36.4 19위	36.6% 14위	27.6 19위	49.1 24위	56.2% 5위	18.2 2위	23.2 3위	78.5% 13위	9.7 27위	32.8 20위	42.4 26위	26.0 18위	7.7 22위	4.5 22위	14.0 12위	17.3 5위
상대팀	112.2 10위	41.4 13위	89.3 16위	46.3% 10위	13.6 15위	38.1 18위	35.6% 10위	27.8 15위	51.2 13위	54.4% 13위	15.9 7위	20.5 7위	77.5% 10위	11.2 16위	31.8 5위	43.0 9위	27.3 22위	8.2 17위	4.2 4위	13.7 20위	19.2 6위

LINE-UP

* LA레이커스는 지난 시즌 총 626개의 라인업을 가동했다. 득실점차 플러스 10개, 마이너스 10개를 골랐다.

득실점차 플러스(+) 라인업 TOP 10	G	MIN	PPG	RPG	득실차
L. James - D. Finney-Smith - L. Dončić - R. Hachimura - A. Reaves	13	108	22.0	7.8	+48
D. Finney-Smith - L. Dončić - G. Vincent - J. Hayes - A. Reaves	10	32	10.1	3.0	+41
D. Finney-Smith - L. Dončić - R. Hachimura - G. Vincent - A. Reaves	11	32	8.5	2.9	+39
L. James - A. Davis - D. Finney-Smith - A. Reaves - M. Christie	9	48	14.2	5.3	+31
L. James - D. Russell - R. Hachimura - J. Hayes - D. Knecht	5	26	15.2	4.8	+31
L. James - D. Finney-Smith - J. Vanderbilt - A. Reaves - D. Knecht	6	24	12.2	3.3	+25
D. Finney-Smith - L. Dončić - J. Hayes - A. Reaves - J. Goodwin	6	38	17.0	5.3	+19
L. James - D. Finney-Smith - R. Hachimura - A. Reaves - M. Christie	4	23	15.8	4.3	+19
S. Milton - J. Vanderbilt - L. Dončić - T. Jemison III - D. Knecht	2	9	17.5	4.5	+19
L. James - A. Davis - D. Russell - R. Hachimura - A. Reaves	10	105	25.2	10.7	+16
득실점차 마이너스(-) 라인업 TOP 10	**GP**	**MIN**	**PPG**	**RPG**	**득실차**
L. James - A. Davis - D. Russell - R. Hachimura - D. Knecht	3	33	19.0	9.0	-22
L. James - D. Finney-Smith - L. Dončić - G. Vincent - A. Reaves	10	29	6.9	2.0	-22
L. James - G. Vincent - J. Hayes - M. Christie - D. Knecht	5	7	2.0	1.4	-20
L. James - A. Davis - R. Hachimura - A. Reaves - D. Knecht	8	37	9.9	3.6	-19
L. James - A. Davis - R. Hachimura - C. Reddish - A. Reaves	8	68	19.5	7.4	-18
A. Davis - R. Hachimura - G. Vincent - A. Reaves - M. Christie	10	42	8.9	2.9	-18
A. Davis - R. Hachimura - G. Vincent - M. Christie - D. Knecht	9	30	5.4	3.1	-17
M. Morris - A. Len - S. Milton - D. Knecht - B. James	3	16	9.7	3.3	-17
L. James - A. Davis - A. Reaves - M. Christie - D. Knecht	13	43	6.8	3.0	-16
L. James - D. Russell - J. Hayes - M. Christie - D. Knecht	3	7	3.3	1.3	-16

PASS COMBINATIONS

→ 해당 선수가 경기당 동료로부터 패스 받은 횟수
→ 해당 선수가 경기당 동료들에게 패스 해준 횟수

받은 패스	선수	해준 패스
62.7	오스틴 리브스	57.7
65.9	르브론 제임스	57.3
61.7	루카 돈치치	51.9
48.8	앤써니 데이비스	50.1
45.5	디앤젤로 러셀	45.2
21.6	도리안 피니-스미스	26.4
22.8	루이 하치무라	24.8
18.3	조던 구드윈	23.1
23.2	게이브 빈센트	21.9
21.4	맥스 크리스티	21.8
12.8	잭슨 헤이즈	18.5
16.8	달튼 크넥트	17.3
9.1	제러드 밴더빌트	15.8
16.0	셰이크 밀턴	15.5
15.8	마키프 모리스	13.6
9.6	알렉스 렌	13.1
7.2	트레이 제머슨 III	10.4
9.5	캠 레디시	10.3
6.9	크리스천 콜로코	10.0
4.6	아멜 트라오레	8.8
8.8	브로니 제임스	8.4
7.5	제일런 후드-시피노	7.0
9.5	퀸시 올리바리	6.5
4.6	맥스웰 루이스	3.7

2024-25 RANKING

* 는 수치가 낮을수록 랭킹이 높아짐

LA 레이커스	랭킹	FIVE FACTORS	상대팀	랭킹
55.7%	8위	3점 가중 FG%	53.9%*	위
12.7*	16위	턴오버 / 100포제션	12.2	20위
23.3%	24위	공격 RB 점유율	25.5%*	18위
74.5%	18위	수비 RB 점유율	76.7%*	22위
21.3%	1위	자유투 / 필드골	17.8%*	7위

득점	랭킹	PLAYTYPE	실점*	랭킹
9.6	5위	아이솔레이션	7.6	22위
21.3	23위	트랜지션	24.5	23위
15.8	19위	픽&롤 볼핸들러	13.6	3위
8.1	8위	픽&롤 롤맨	5.8	2위
5.3	8위	포스트-업	3.9	14위
26.3	16위	스팟-업	27.4	14위
3.8	25위	핸드오프	5.8	26위
10.3	10위	커팅	—	—
4.1	11위	오프 스크린	3.5	7위
5.3	22위	풋백	6.7	20위
3.2	8위	기타	—	—

SHOT ZONE

평균 구간별 슈팅 및 성공률

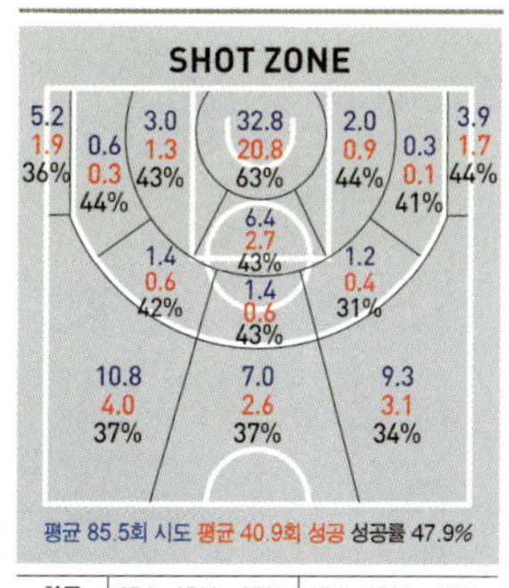

항목	2PA	2PM	2P%	3PA	3PM	3P%
캐치&슛	1.7	0.7	43.0%	25.1	9.5	37.8%
풀업	12.2	5.0	40.8%	10.7	3.7	34.1%
3m 안쪽	34.8	21.7	62.4%	—	—	—
TOTAL	49.1	27.6	56.3%	36.4	13.3	36.6%

SHOT PROCESS & SHOT TYPES

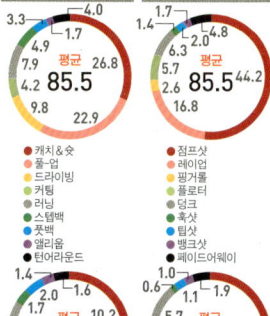

샷프로세스(시도) / 샷타입(시도)

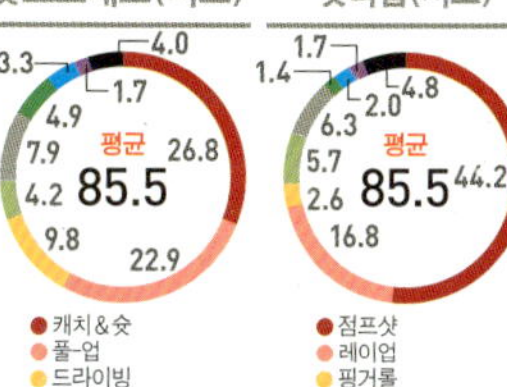

샷프로세스: 캐치&슛, 풀-업, 드라이빙, 커팅, 러닝, 스텝백, 풋백, 앨리웁, 턴어라운드

샷타입: 점프샷, 레이업, 핑거롤, 플로터, 덩크, 훅샷, 팁샷, 뱅크샷, 페이드어웨이

평균 40.9 / 평균 40.9

샷프로세스(성공) / 샷타입(성공)

SHOOTING

필드골 시도 / 필드골 시도

공격수와 수비수의 거리: 0~0.6m, 0.6~1.2m, 1.2~1.8m, 1.8m 이상

샷클락: 22~24초, 18~22초, 15~18초, 7~15초, 4~7초, 0~4초

평균 40.9 / 평균 40.9

필드골 성공 / 필드골 성공

OPPONENT SHOOTING

상대 필드골 시도 / 상대 필드골 시도

공격수와 수비수의 거리: 0~0.6m, 0.6~1.2m, 1.2~1.8m, 1.8m 이상

샷클락: 22~24초, 18~22초, 15~18초, 7~15초, 4~7초, 0~4초

평균 41.4 / 평균 41.4

필드골 허용 / 필드골 허용

CONTESTED REBOUNDS

공격 리바운드: 평균 5.3 (0.6, 0.7, 2.0, 2.0)

수비 리바운드: 평균 8.5 (0.6, 1.6, 2.7, 3.6)

림 아래부터 리바운드 위치까지의 거리
● 0~0.9m ● 0.9~1.8m ● 1.8~3m ● 3m 이상

UNCONTESTED REBOUNDS

공격 리바운드: 평균 4.3 (0.7, 2.0, 0.7, 0.9)

수비 리바운드: 평균 24.1 (4.7, 3.5, 7.1, 8.8)

림 아래부터 리바운드 위치까지의 거리
● 0~0.9m ● 0.9~1.8m ● 1.8~3m ● 3m 이상

DEFENSE OF 50 WINS

필드골 허용 %: 44.5%
상대 필드골 시도 88.4
필드골 허용 39.3

3점슛 허용 %: 33.2%
상대 3점슛 시도 37.8
3점슛 허용 12.5

DEFENSE OF 32 LOSSES

필드골 허용 %: 49.2%
상대 필드골 시도 90.5
필드골 허용 44.5

3점슛 허용 %: 39.3%
상대 3점슛 시도 38.6
3점슛 허용 15.2

General Stats								Outside Scoring & Shooting							Inside Scoring & Shooting								Play Making, Ball Handling & Passing					
PTS	RB	AS	ST	BL	FG-FGA	3P-3PA	FT-FTA	OS	CS	MS	3P	FT	SQ	OC	IS	L&F	SD	DD	PH	PF	PC	DRF	PM	PA	BH	DRS	PQ	PV
득점	리바운드	어시스트	스틸	블락샷	필드골 성공-시도	3점슈팅 성공-시도	자유투 성공-시도	외곽 득점력	근거리 점프샷	중거리 슈팅	3점 슈팅	자유투	슈팅 IQ	득점 일관성	인사이드 득점력	레이업 플로터	스탠딩 덩크	드라이빙 덩크	포스트 훅샷	포스트 페이드	포스트 컨트롤	파울 유도	플레이 메이킹	패스 능력	볼 핸들링	드리블 스피드	패스 IQ	패스 비전

F 23 LeBron JAMES SF-PF

르브론 제임스 1984.12.30 / 206cm

미국

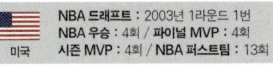

NBA 드래프트 : 2003년 1라운드 1번
NBA 우승 : 4회 / **파이널 MVP :** 4회
시즌 MVP : 4회 / **NBA 퍼스트팀 :** 13회

40세가 된 지난 시즌에도 나이를 거꾸로 먹은 것 같았다. 70경기 평균 35분, 24.4점, 7.8리바운드, 8.2어시스트. 정말 말이 안 되는 기록이다. 플레이오프에서도 비슷한 성적을 거뒀다. 물론, 팀이 부진해 PO에서 탈락했지만 말이다. 제임스는 '금강불괴'의 신체에 압도적인 운동능력, 내외곽 어디에서든 폭발적으로 터지는 득점, 환상의 드리블과 패스, 강렬한 리바운드 등 진정 마이클 조던과 함께 역대 최고 선수로 평가받아야 한다. 연봉은 5263만 달러.

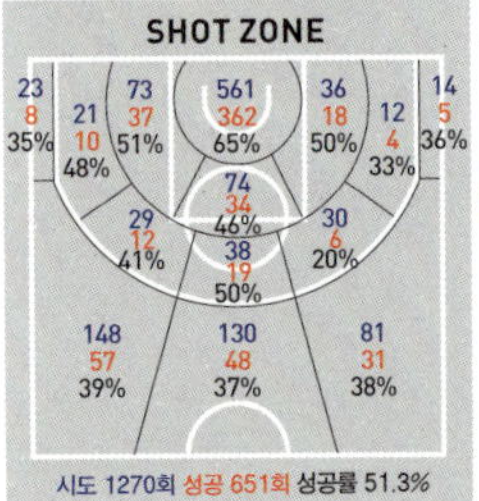

SHOT PROCESS

캐치&슛 365
풀-업 204
드라이빙 312
커팅 39
러닝 149
스텝백 38
풋백 32
앨리웁 8
턴어라운드 123

필드골 1270 시도

SHOT TYPES

527 점프샷
344 레이업
39 핑거롤
60 플로터
70 덩크
16 훅샷
15 팁샷
32 뱅크샷
167 페이드어웨이

필드골 1270 시도

2024-25시즌 LA 레이커스 70경기 평균 34.9분

항목	PTS	RB	AS	ST	BL	FG-FGA	3P-3PA	FT-FTA
평균	24.4	7.8	8.2	1.0	0.6	9.3-18.1	2.1-5.7	3.7-4.7
36분	25.2	8.0	8.5	1.0	0.6	9.6-18.7	2.2-5.8	3.8-4.9

항목	OS	CS	MS	3P	FT	SQ	OC	IS	L&F	SD	DD	PH	PF	PC	DRF	PM	PA	BH	DRS	PQ	PV
평점	B+	A	B-	B-	C+	A+	A-	B+	A+	B-	B	B-	B+	B	B-	B+	A-	B	B	A+	B+

항목	DEF	ID	PD	ST	BL	HDQ	PP	DC	RB3	OR3	DR3	ATH	SP	AG	STR	VJ	STA	HP	INT	POT	OG
평점	C-	C+	C+	D-	F	C-	C-	D-	B+	C-	A	B	B+	B	B+	B+	B+	C-	C	A+	A

F 28 Rui HACHIMURA PF

루이 하치무라 1998.02.08 / 203cm

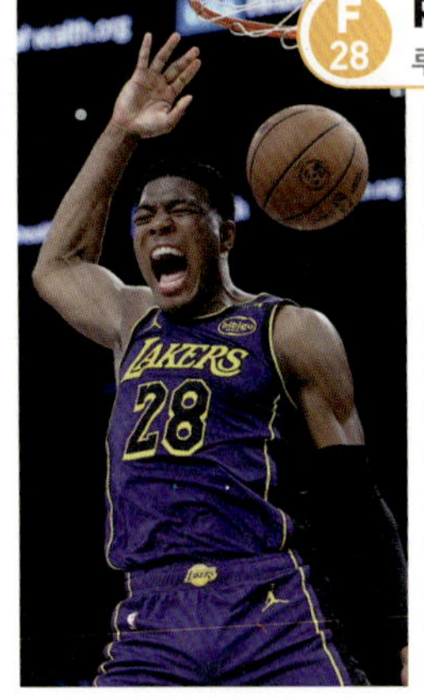

일본

NBA 드래프트 : 2019년 1라운드 9번
NBA 우승 : 1회 / **파이널 MVP :** 0회
시즌 MVP : 0회 / **NBA 퍼스트팀 :** 0회

출전 시간 대비 득점력은 평균 이상(36분 기준 18.2점)이다. 포스트업보다 페이스업에서 더 효과를 본다. 캐치&슈터로 6~7m 중거리 슈팅과 3점 슈팅으로 많이 득점한다. 특히 지난 시즌 3점 슈팅 성공률은 41.3%로 비약적인 발전을 보였다. 덩크와 레이업도 OK. 그러나 4번으로서 수비와 리바운드를 대폭 보강해야 한다. 키 203cm에 윙스팬 218cm의 훌륭한 신체와 좋은 운동 능력을 지녔으나, 블루워커의 역할을 잘 하지 못했다. 연봉은 1826만 달러.

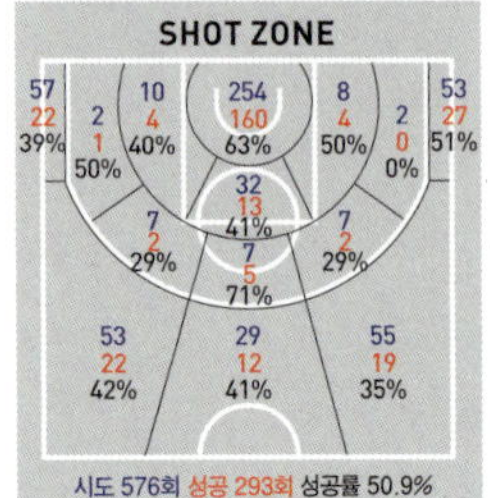

SHOT PROCESS / SHOT TYPES

2024-25시즌 LA 레이커스 59경기 평균 31.7분

항목	PTS	RB	AS	ST	BL	FG-FGA	3P-3PA	FT-FTA
평균	13.1	5.0	1.4	0.8	0.4	5.0-9.8	1.7-4.2	1.5-1.9
36분	14.9	5.7	1.6	0.9	0.5	5.6-11.1	2.0-4.8	1.7-2.2

항목	OS	CS	MS	3P	FT	SQ	OC	IS	L&F	SD	DD	PH	PF	PC	DRF	PM	PA	BH	DRS	PQ	PV
평점	B-	B-	B-	B	C+	B-	B-	C	C+	B-	B-	C	C-	C-	D-	D-	D-	C-	D+	D-	D-

항목	DEF	ID	PD	ST	BL	HDQ	PP	DC	RBB	ORB	DRB	ATH	SP	AG	STR	VJ	STA	HP	INT	POT	OG
평점	D	D	D	D-	F	D-	D-	F	D-	D-	D-	B-	C-	C	C+	B-	A-	B	B-	B+	B-

F 12 Jake LaRavia PF

제이크 라레이비아 2001.11.03 / 201cm

미국

NBA 드래프트 : 2022년 1라운드 19번
NBA 우승 : 0회 / **파이널 MVP :** 0회
시즌 MVP : 0회 / **NBA 퍼스트팀 :** 0회

시즌 전반기는 멤피스에서, 후반기는 새크라멘토에서 활약했다. 여름 오프시즌에 레이커스로 옮겼다. 라레이비아는 운동 능력보다는 순간적인 감각과 BQ로 플레이한다. 주공격 무기는 좌우 윙과 좌우 코너에서 캐치&슛으로 시도하는 3점 슈팅. 프로 데뷔 4년만에 3점 성공률 42.3%로 최고를 찍었다. 드라이빙에 이은 레이업과 플로터도 레퍼토리 중 하나. 꽤 괜찮은 오프-볼 커터다. 눈치가 빨라 상대의 패싱 레인을 아주 잘 자른다. 연봉은 600만 달러.

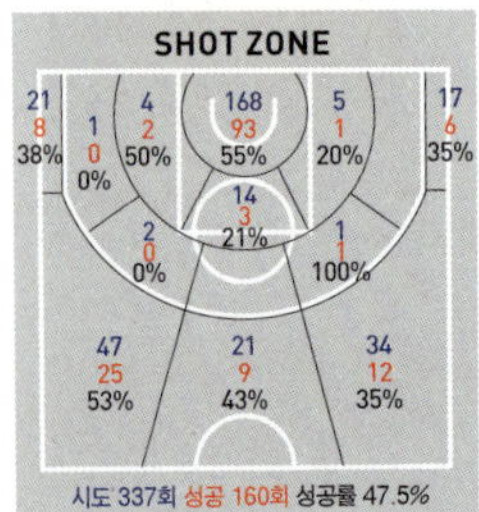

SHOT PROCESS / SHOT TYPES

2024-25시즌 멤피스+새크라멘토 66경기 평균 20.4분

항목	PTS	RB	AS	ST	BL	FG-FGA	3P-3PA	FT-FTA
평균	6.9	3.9	2.4	0.9	0.3	2.4-5.1	0.9-2.2	1.2-1.7
36분	12.2	6.9	4.2	1.7	0.6	4.3-9.0	1.6-3.8	2.1-3.1

항목	OS	CS	MS	3P	FT	SQ	OC	IS	L&F	SD	DD	PH	PF	PC	DRF	PM	PA	BH	DRS	PQ	PV
평점	D+	A-	D	B-	D+	D-	F	D	C-	D-	C	D-	D-	D-	D-	D	D+	D+	D-	D+	D-

항목	DEF	ID	PD	ST	BL	HDQ	PP	DC	RBB	ORB	DRB	ATH	SP	AG	STR	VJ	STA	HP	INT	POT	OG
평점	C	B-	B-	B	F	C+	C+	C	D-	D-	D-	C	D-	C+	D-	C-	B+	B	D-	B	C

F 2 Jarred VANDERBILT PF

제러드 밴더빌트 1999.04.03 / 203cm

미국

NBA 드래프트 : 2018년 2라운드 41번
NBA 우승 : 0회 / **파이널 MVP :** 0회
시즌 MVP : 0회 / **NBA 퍼스트팀 :** 0회

지난 시즌 발 부상으로 고생했다. 대부분 치료기간 하루~일주일짜리 잔 부상이었다. '가랑비에 옷 젖는 것처럼' 잠깐씩 결장하다보니 시즌 출전 경기 수는 달랑 36회뿐이었다. 건강해야 한다. 밴더빌트는 블루워커다. 203cm 키에 216cm 윙스팬을 지녔다. 최상급 운동 능력으로 인&아웃 1대1 수비를 다 잘 해낸다. 박스아웃, 스크린 세팅, 스틸 등 허슬 플레이를 열심히 한다. 득점은 덩크와 레이업 등 림 근처에서 대부분 이뤄진다. 연봉은 1157만 달러.

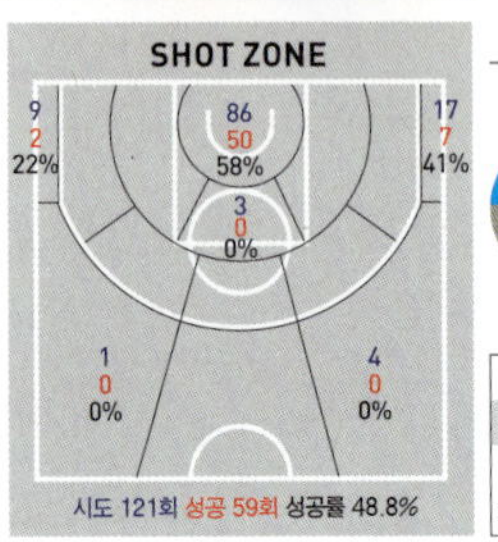

SHOT PROCESS / SHOT TYPES

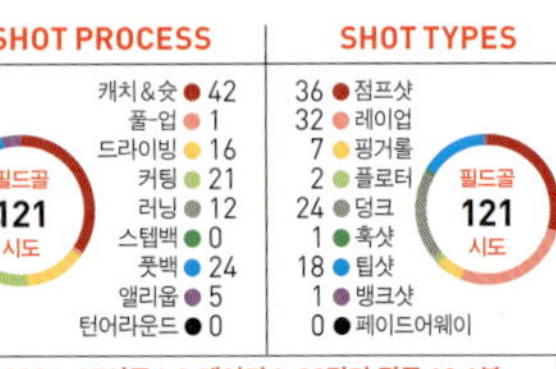

2024-25시즌 LA 레이커스 36경기 평균 16.1분

항목	PTS	RB	AS	ST	BL	FG-FGA	3P-3PA	FT-FTA
평균	4.1	5.1	1.1	1.0	0.3	1.6-3.4	0.3-0.9	0.6-1.0
36분	9.1	11.3	2.5	2.2	0.6	3.7-7.5	0.6-2.0	1.2-2.2

항목	OS	CS	MS	3P	FT	SQ	OC	IS	L&F	SD	DD	PH	PF	PC	DRF	PM	PA	BH	DRS	PQ	PV
평점	D-	B	D+	D+	F	D-	F	D-	C+	C	C	F	F	D-	D-	D-	D-	D	D	F	F

항목	DEF	ID	PD	ST	BL	HDQ	PP	DC	RBB	ORB	DRB	ATH	SP	AG	STR	VJ	STA	HP	INT	POT	OG
평점	B	B	B	A	F	B-	B+	B-	B	A-	C+	C+	C	B-	C-	B-	C	A	F	B	C+

Individual Defense & Team Defense								Offensive & Defensive Rebounding									Physical Fitness & Athleticism							Miscellaneous		
DEF	ID	PD	ST	BL	HDQ	PP	DC	RBG	ORG	DRG	RB3	OR3	DR3	RBB	ORB	DRB	ATH	SP	AG	STR	VJ	STA	HP	INT	POT	OG
수비력 종합	인사이드 디펜스	퍼리미터 디펜스	스틸	블락샷	도움수비 IQ	패스 통찰력	수비 일관성	가드 리바운드	가드 공격RB	가드 수비RB	SF 리바운드	SF 공격RB	SF 수비RB	빅맨 리바운드	빅맨 공격RB	빅맨 수비RB	운동능력 종합	스피드	사이드 스텝	피지컬 파워	버티컬 점프력	지구력	허슬 플레이	영향력	포텐셜	종합 평가

F 1 Adou THIERO PF

아두 티로 2004.05.08 / 203cm

미국 NBA 드래프트 : 2025년 2라운드 36번
NBA 우승 : 0회 / 파이널 MVP : 0회
시즌 MVP : 0회 / NBA 퍼스트팀 : 0회

켄터키대에서 1,2학년, 아칸소대에서 3학년을 마쳤다. 2025년 NBA 드래프트를 신청했고, 2라운드 36번으로 뉴저지에 지명된 후 클리퍼스로 트레이드됐다. 엄청난 운동 능력을 지닌 포워드다. 트랜지션 상황에 스포츠카처럼 질주해 폭발적으로 마무리한다. 오프-볼 커터 겸 피니셔로 대학 농구 시절 정평이 나 있었다. 인사이드와 퍼리미터 수비가 다 가능하며, 리바운드를 잘 걷어낸다. NBA에서 적응하려면 점프 슈팅을 보완해야 한다. 연봉은 127만 달러.

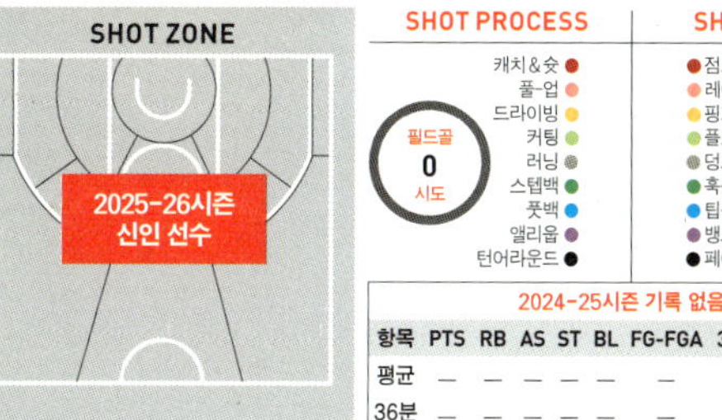

SHOT PROCESS: 캐치&슛, 풀-업, 드라이빙, 커팅, 러닝, 스텝백, 풋백, 앨리웁, 턴어라운드 — 필드골 0 시도

SHOT TYPES: 점프샷, 레이업, 핑거롤, 플로터, 덩크, 훅샷, 팁샷, 뱅크샷, 페이드어웨이 — 필드골 0 시도

2024-25시즌 기록 없음

항목	PTS	RB	AS	ST	BL	FG-FGA	3P-3PA	FT-FTA
평균	–	–	–	–	–	–	–	–
36분	–	–	–	–	–	–	–	–

항목	OS	CS	MS	3P	FT	SQ	OC	IS	L&F	SD	DD	PH	PF	PC	DRF	PM	PA	BH	DRS	PQ	PV
평점	–	–	–	–	–	–	–	–	–	–	–	–	–	–	–	–	–	–	–	–	–

항목	DEF	ID	PD	ST	BL	HDQ	PP	DC	RB	ORB	DRB	ATH	SP	AG	STR	VJ	STA	HP	INT	POT	OG
평점	–	–	–	–	–	–	–	–	–	–	–	–	–	–	–	–	–	–	–	–	–

F 14 Maxi KLEBER PF-C

막시 클레버 1992.01.29 / 208cm

독일 NBA 드래프트 : 2014년 미지명
NBA 우승 : 0회 / 파이널 MVP : 0회
시즌 MVP : 0회 / NBA 퍼스트팀 : 0회

지난 시즌, 댈러스에서 '서드 유닛' 멤버로 꾸준히 나섰다. 그런데, 2025년 1월, 오른발 뼈가 부러져 수술대에 올랐다. 시즌 아웃. 올 시즌에는 정상 컨디션으로 개막전을 맞을 것이다. 그는 3&D 플레이어다. 높은 타점과 부드러운 슈팅 터치를 이용해 캐치&슛으로 3점을 시도한다. 기동력이 우수해 상대 팀 '빅맨 스토퍼' 혹은 '에이스 스토퍼'를 맡는다. 타이밍에 맞춰 올라가는 블락도 OK. 그러나 빅맨 치고는 리바운드가 약한 편이다. 연봉은 1100만 달러.

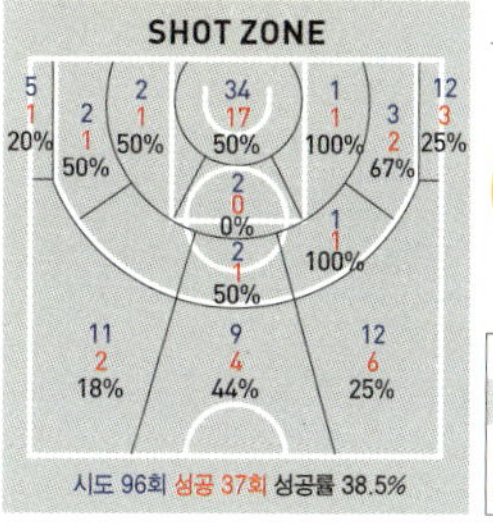

SHOT PROCESS (필드골 96 시도): 캐치&슛 51, 풀-업 8, 드라이빙 19, 커팅 5, 러닝 2, 스텝백 0, 풋백 6, 앨리웁 1, 턴어라운드 4

SHOT TYPES (필드골 96 시도): 58 점프샷, 14 레이업, 1 핑거롤, 3 플로터, 7 덩크, 3 훅샷, 6 팁샷, 1 뱅크샷, 3 페이드어웨이

2024-25시즌 댈러스 34경기 평균 18.7분

항목	PTS	RB	AS	ST	BL	FG-FGA	3P-3PA	FT-FTA
평균	3.0	2.8	1.3	0.3	0.5	1.1-2.8	0.4-1.4	0.5-0.6
36분	5.8	5.4	2.4	0.5	1	2.1-5.4	0.7-2.8	0.9-1.2

항목	OS	CS	MS	3P	FT	SQ	OC	IS	L&F	SD	DD	PH	PF	PC	DRF	PM	PA	BH	DRS	PQ	PV
평점	D	C-	C-	C-	C	D-	F	D+	C-	C	C	D+	D+	D	F	D-	C-	D	F	D+	F

항목	DEF	ID	PD	ST	BL	HDQ	PP	DC	RB	ORB	DRB	ATH	SP	AG	STR	VJ	STA	HP	INT	POT	OG
평점	C-	B	B-	F	D-	C	C	C	D-	D-	D-	C-	F	C+	C+	D-	B	B	D-	B	C-

C 5 DeAndre AYTON C

디앤드리 에이튼 1998.07.23 / 213cm

바하마 NBA 드래프트 : 2018년 1라운드 1번
NBA 우승 : 0회 / 파이널 MVP : 0회
시즌 MVP : 0회 / NBA 퍼스트팀 : 0회

안정적인 '더블-더블 머신.' 2018년 데뷔 이후 7년 연속, 시즌 평균 더블-더블을 작성했다. 에이튼의 공격은 주로 림 근처 혹은 페인트존에서 이뤄진다. 강력한 덩크, 부드러운 레이업, 과감한 플로터, 공격 리바운드 후의 풋백, 근거리 점프 훅샷 등이다. 지난 시즌엔 미드레인지 점퍼도 꽤 많이 던졌다. 큰 키, 긴 윙스팬, 좋은 기동력, 높은 점프를 활용해 강력한 인사이드 디펜스를 펼친다. 공격 및 수비 리바운드 모두 리그 정상급이다. 연봉은 810만 달러.

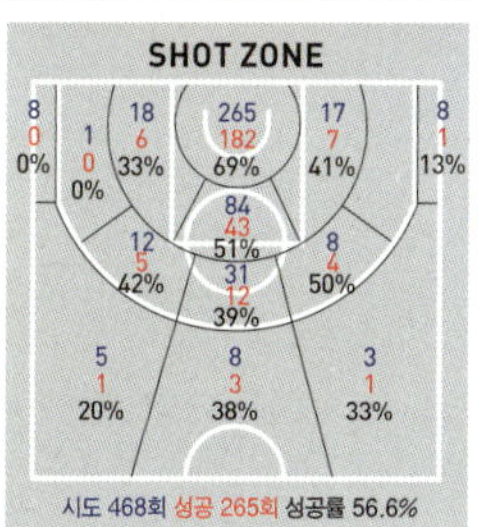

SHOT PROCESS (필드골 468 시도): 캐치&슛 203, 풀-업 13, 드라이빙 37, 커팅 27, 러닝 14, 스텝백 2, 풋백 56, 앨리웁 47, 턴어라운드 69

SHOT TYPES (필드골 468 시도): 179 점프샷, 67 레이업, 3 핑거롤, 25 플로터, 68 덩크, 67 훅샷, 32 팁샷, 11 뱅크샷, 16 페이드어웨이

2024-25시즌 포틀랜드 40경기 평균 30.2분

항목	PTS	RB	AS	ST	BL	FG-FGA	3P-3PA	FT-FTA
평균	14.4	10.2	1.6	0.8	1.0	6.6-11.7	0.2-0.8	1.0-1.5
36분	17.2	12.1	1.9	0.9	1.2	7.9-14.0	0.2-1.0	1.2-1.8

항목	OS	CS	MS	3P	FT	SQ	OC	IS	L&F	SD	DD	PH	PF	PC	DRF	PM	PA	BH	DRS	PQ	PV
평점	C-	A	B+	D-	D+	D-	D-	C	C+	A-	C	B-	C+	B-	F	D-	D-	D-	D-	C-	F

항목	DEF	ID	PD	ST	BL	HDQ	PP	DC	RB	ORB	DRB	ATH	SP	AG	STR	VJ	STA	HP	INT	POT	OG
평점	D	D+	D-	D-	D+	D+	D	D-	B+	B	A-	C-	C	D	B	B-	C	D-	D-	B+	C+

C 11 Jaxson HAYES C-PF

잭슨 헤이즈 2000.05.23 / 213cm

미국 NBA 드래프트 : 2019년 1라운드 8번
NBA 우승 : 0회 / 파이널 MVP : 0회
시즌 MVP : 0회 / NBA 퍼스트팀 : 0회

'서드 유닛' 빅맨. 56경기 평균 19.5분씩 출전했다. 36분 기준 12.6점, 8.9리바운드였다. 키 213cm, 윙스팬 222cm의 축복받은 신체와 엄청난 점프를 활용해 인사이드 수비를 펼치고, 상대의 슈팅을 쳐내며, 볼을 가로챈다. 픽&롤 수비 때 스위치 혹은 드랍을 다 잘 한다. 공격은 '1차원'이다. 지난 시즌 전체 필드골 223회 중 무려 213회가 림 근처에서 나왔다. 향후 점프샷 비율을 높여야 한다. 올 시즌 출전 시간은 늘어날 전망이다. 연봉은 345만 달러.

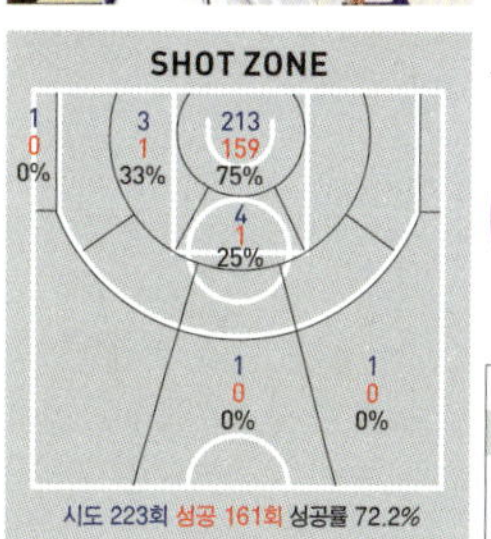

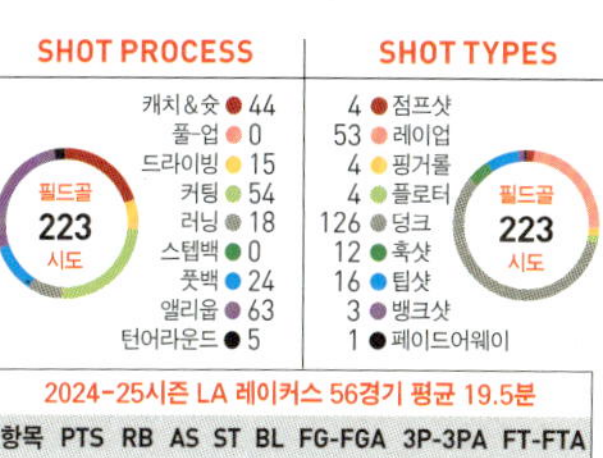

2024-25시즌 LA 레이커스 56경기 평균 19.5분

항목	PTS	RB	AS	ST	BL	FG-FGA	3P-3PA	FT-FTA
평균	6.8	4.8	1.0	0.6	0.9	2.9-4.0	0.0-0.1	1.1-1.8
36분	12.6	8.9	1.9	1.0	1.7	5.3-7.3	0.0-0.1	2.0-3.2

항목	OS	CS	MS	3P	FT	SQ	OC	IS	L&F	SD	DD	PH	PF	PC	DRF	PM	PA	BH	DRS	PQ	PV
평점	D	A	D+	D-	C-	D-	F	C-	C+	B	B-	D+	D-	D	D-	F	F	F	F	F	F

항목	DEF	ID	PD	ST	BL	HDQ	PP	DC	RB	ORB	DRB	ATH	SP	AG	STR	VJ	STA	HP	INT	POT	OG
평점	D	B-	D-	D-	B	C+	F	D	D+	D	D+	C	D-	D	C-	C	B-	A	F	B	C

C 10 Christian Koloko C

크리스천 콜로코 2000.06.20 / 213cm

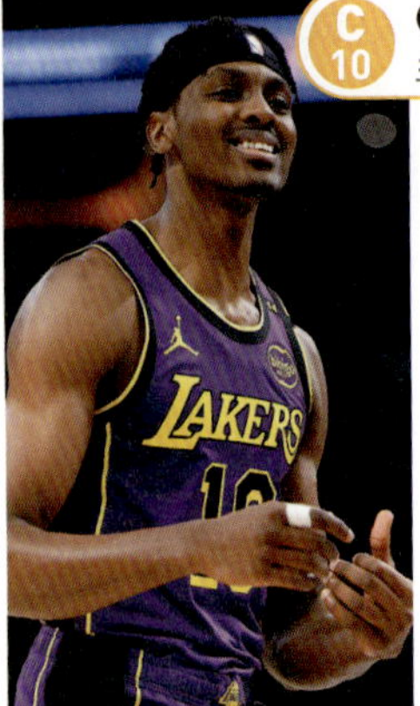

카메룬 NBA 드래프트 : 2022년 2라운드 33번
NBA 우승 : 0회 / 파이널 MVP : 0회
시즌 MVP : 0회 / NBA 퍼스트팀 : 0회

데뷔 연도인 2022-23시즌 초반, 토론토의 식스맨으로 출전했다. 그러나 2023년 말, 혈전이 발견됐다. 치료를 위해 2023-24시즌을 통째로 쉬었다. 그리고 지난 시즌 복귀해 '서드 유닛 멤버'로 활약했다. 현재는 많이 좋아진 상태다. 키 213cm, 윙스팬 228cm의 '축복받은' 체형이다. 병마와 싸워 이긴 후 체중은 조금씩 늘어가는 추세다. 올 시즌 레이커스의 '넘버 3' 센터로 제한된 시간 출전할 것이다. 구단과 연봉 64만 달러에 투웨이 계약을 맺었다.

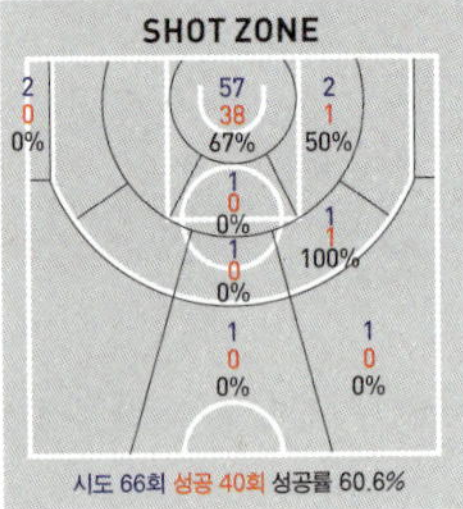

SHOT PROCESS

캐치&슛 18
풀-업 2
드라이빙 1
커팅 14
러닝 6
스텝백 0
풋백 7
앨리웁 14
턴어라운드 4

필드골 66 시도

SHOT TYPES

6 점프샷
13 레이업
3 핑거롤
2 플로터
28 덩크
7 훅샷
6 팁샷
1 뱅크샷
0 페이드어웨이

필드골 66 시도

2024-25시즌 LA 레이커스 37경기 평균 9.2분

항목	PTS	RB	AS	ST	BL	FG-FGA	3P-3PA	FT-FTA
평균	2.4	2.5	0.4	0.2	0.4	1.1-1.8	0.0-0.1	0.3-0.4
36분	9.5	9.7	1.7	0.8	1.7	4.2-6.9	0.0-0.4	1.1-1.5

항목	OS	CS	MS	3P	FT	SQ	OC	IS	L&F	SD	DD	PH	PF	PC	DRF	PM	PA	BH	DRS	PQ	PV
평점	D-	D	D-	F	D-	C-	F	D-	D	C	C	D-	D-	D-	D-	F	F	F	F	D-	F

항목	DEF	ID	PD	ST	BL	HDQ	PP	DC	RBB	ORB	DRB	ATH	SP	AG	STR	VJ	STA	HP	INT	POT	OG
평점	D	C+	D-	F	B	C	D-	C-	C	B-	D	C	C-	C-	D-	C	B-	B-	D-	B	C-

G 77 Luka DONČIĆ SG-PG

루카 돈치치 1999.02.28 / 201cm

슬로베니아 NBA 드래프트 : 2018년 1라운드 3번
NBA 우승 : 0회 / 파이널 MVP : 0회
시즌 MVP : 0회 / NBA 퍼스트팀 : 0회

댈러스에서 시즌을 맞이했다. 12월까지 나름 잘 나갔다. 그러나 1월에 종아리를 다쳐 한 달 결장하더니 2월 2일 갑작스럽게 LA 레이커스로 트레이드됐다. PO 5경기에서 평균 30점을 찍었으나, 팀의 탈락을 막지 못했다. 돈치치는 현역 최고의 천재이자 '득점기계'다. 드라이빙에서 이어지는 림 어택(레이업, 플로터, 덩크), 풀업, 스텝백, 턴어라운드 등 모든 종류의 점프샷을 최고 수준으로 마무리한다. 안정된 볼 핸들링과 패스도 일품. 연봉은 4600만 달러.

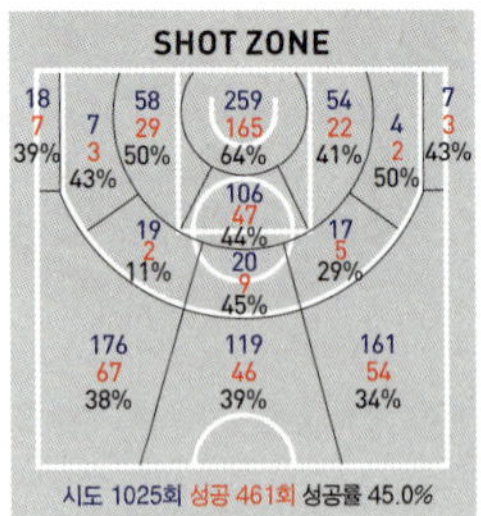

SHOT PROCESS **SHOT TYPES**

2024-25시즌 댈러스+LA 레이커스 50경기 평균 35.4분

항목	PTS	RB	AS	ST	BL	FG-FGA	3P-3PA	FT-FTA
평균	28.2	8.2	7.7	1.8	0.4	9.2-20.5	3.5-9.6	6.2-7.9
36분	28.7	8.3	7.8	1.8	0.4	9.4-20.9	3.6-9.8	6.3-8.0

항목	OS	CS	MS	3P	FT	SQ	OC	IS	L&F	SD	DD	PH	PF	PC	DRF	PM	PA	BH	DRS	PQ	PV
평점	B+	A+	B-	B	C+	A	A	B	A	D+	C	B	B	B+	A-	A-	A	A	B-	A	A

항목	DEF	ID	PD	ST	BL	HDQ	PP	DC	RBG	ORG	DRG	ATH	SP	AG	STR	VJ	STA	HP	INT	POT	OG
평점	D	D	D	B+	F	D-	D-	F	A	C	A+	B	B	C+	C-	C+	A-	A+	A	A+	A

G 15 Austin REAVES SG

오스틴 리브스 1998.05.29 / 196cm

미국 NBA 드래프트 : 2021년 미지명
NBA 우승 : 0회 / 파이널 MVP : 0회
시즌 MVP : 0회 / NBA 퍼스트팀 : 0회

레이커스 팬들로부터 가장 많은 사랑을 받는 선수. 지난 시즌 73경기에 모두 선발 출전했다. 리브스는 페인트존, 중거리, 3점 구역 등 전 지역에서 득점한다. 점퍼의 경우 풀업과 캐치&슛이 균형을 이룬다. 3점 슈팅은 좌우 윙과 탑에서 주로 시도한다. 승부 근성이 매우 강해 결정적인 터프샷을 자주 성공시킨다. 볼 핸들링은 평범하지만, 픽&롤 응용력은 꽤 우수하다. 퍼리미터 1대1 수비도 OK. 허슬 플레이를 정말 열심히 한다. 연봉은 1394만 달러.

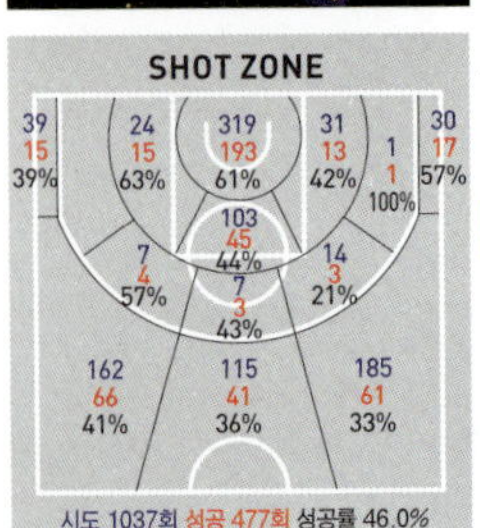

SHOT PROCESS

캐치&슛 543
풀-업 0
드라이빙 273
커팅 15
러닝 104
스텝백 72
풋백 11
앨리웁 0
턴어라운드 19

필드골 1037 시도

SHOT TYPES

130 점프샷
352 레이업
94 핑거롤
94 플로터
22 덩크
8 훅샷
9 팁샷
302 뱅크샷
26 페이드어웨이

필드골 1037 시도

2024-25시즌 LA 레이커스 73경기 평균 34.9분

항목	PTS	RB	AS	ST	BL	FG-FGA	3P-3PA	FT-FTA
평균	20.2	4.5	5.8	1.1	0.3	6.5-14.2	2.7-7.3	4.4-5.0
36분	20.8	4.6	5.9	1.1	0.3	6.7-14.6	2.8-7.5	4.5-5.2

항목	OS	CS	MS	3P	FT	SQ	OC	IS	L&F	SD	DD	PH	PF	PC	DRF	PM	PA	BH	DRS	PQ	PV
평점	B	A-	B-	B	B+	B	B	D-	A-	F	C-	F	F	F	B	C+	C+	C+	C+	C+	C-

항목	DEF	ID	PD	ST	BL	HDQ	PP	DC	RBG	ORG	DRG	ATH	SP	AG	STR	VJ	STA	HP	INT	POT	OG
평점	D	D-	D+	D	F	D	D-	D-	D+	C	C	C+	B-	B-	F	B-	A	B	B	A-	B

G 7 Gabe VINCENT PG

게이브 빈센트 1996.06.14 / 188cm

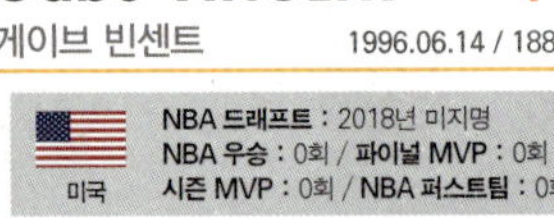

미국 NBA 드래프트 : 2018년 미지명
NBA 우승 : 0회 / 파이널 MVP : 0회
시즌 MVP : 0회 / NBA 퍼스트팀 : 0회

2023-24시즌, 무릎 수술을 받고 1년을 통째로 쉬었다. 2024-25시즌 조심스럽게 코트에 복귀했다. 결과는 대성공. 지난 시즌 72경기에 평균 21분씩 뛰며 건재함을 알렸다. 올 시즌도 '서드 유닛' 멤버로 주전들의 휴식 시간을 잘 메울 것이다. 빈센트는 볼 핸들링과 슈팅력을 갖춘 콤보 가드다. 주로 미드레인지와 3점 구역에서 점퍼를 시도한다. 또한, 페인트존 돌파력도 어느 정도 갖췄다. 리그에서 좋은 평가를 받는 퍼리미터 수비수다. 연봉은 1150만 달러.

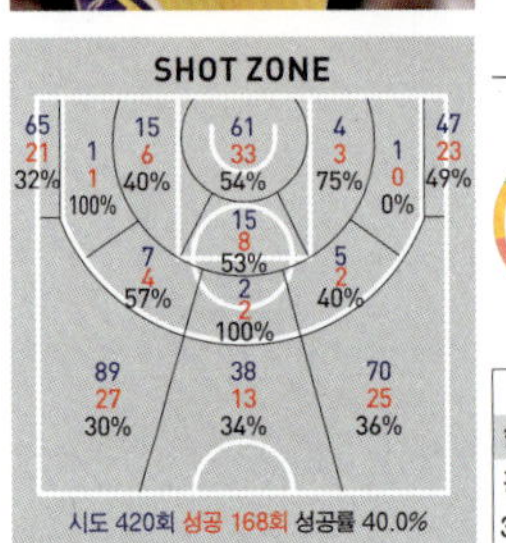

SHOT PROCESS **SHOT TYPES**

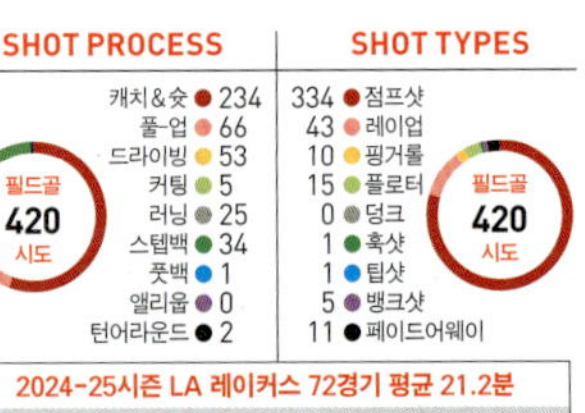

2024-25시즌 LA 레이커스 72경기 평균 21.2분

항목	PTS	RB	AS	ST	BL	FG-FGA	3P-3PA	FT-FTA
평균	6.4	1.3	1.4	0.7	0.2	2.3-5.8	1.5-4.3	0.2-0.3
36분	10.8	2.2	2.3	1.2	0.3	4.0-9.9	2.6-7.3	0.4-0.5

항목	OS	CS	MS	3P	FT	SQ	OC	IS	L&F	SD	DD	PH	PF	PC	DRF	PM	PA	BH	DRS	PQ	PV
평점	C+	A-	A	B-	C+	C-	D-	F	B-	F	F	F	F	F	F	D+	C+	B-	C-	C+	F

항목	DEF	ID	PD	ST	BL	HDQ	PP	DC	RBG	ORG	DRG	ATH	SP	AG	STR	VJ	STA	HP	INT	POT	OG
평점	D	D-	D	D+	F	D-	D-	F	D-	D-	D-	C-	C-	C-	F	D	B	D+	C-	B	C

G 36 Marcus SMART PG-SG

마커스 스마트 1994.03.06 / 191cm

미국

NBA 드래프트 : 2014년 1라운드 6번
NBA 우승 : 0회 / 파이널 MVP : 0회
시즌 MVP : 0회 / NBA 퍼스트팀 : 0회

지난 시즌 멤피스와 워싱턴 2팀에서 뛰었다. 시즌 종료 후 LA 레이커스로 이적했다. 스마트는 리그 정상급 수비수다. 2021-22시즌 DPOY로 선정되었다. 게리 페이튼 이후 가드 포지션에선 26년 만이다. 움직임이 민첩하고, 팔이 길며 수비 IQ는 최고다. 상대 1번~4번을 다 수비한다. 픽&롤 수비와 스틸도 완벽하다. 콤보 가드로 주로 외곽 슈팅에 의존한다. 클러치 타임에 종종 빅샷을 넣는다. 그러나 볼 핸들링과 패스는 평타 수준. 연봉은 513만 달러.

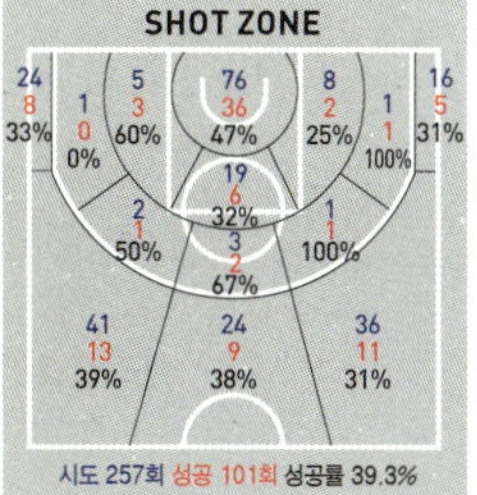

SHOT PROCESS

필드골 257 시도

캐치&슛 105, 풀-업 35, 드라이빙 65, 커팅 4, 러닝 20, 스텝백 15, 풋백 1, 앨리웁 0, 턴어라운드 12

SHOT TYPES

필드골 257 시도

163 점프샷, 30 레이업, 15 핑거롤, 28 플로터, 1 덩크, 5 훅샷, 1 팁샷, 5 뱅크샷, 9 페이드어웨이

2024-25시즌 멤피스+워싱턴 34경기 평균 20.0분

항목	PTS	RB	AS	ST	BL	FG-FGA	3P-3PA	FT-FTA
평균	9.0	2.1	3.2	1.1	0.3	3.2-7.3	1.3-3.4	1.6-2.3
36분	16.1	3.8	5.8	2.1	0.5	5.3-13.6	2.6-7.5	2.9-3.8

항목	OS	CS	MS	3P	FT	SQ	OC	IS	L&F	SD	DD	PH	PF	PC	DRF	PM	PA	BH	DRS	PQ	PV
평점	D+	B-	B+	C+	B-	D-	F	D-	C-	F	D-	F	D-	C+	F	C	C	C	C	C	C-

항목	DEF	ID	PD	ST	BL	HDQ	PP	DC	RBG	ORG	DRG	ATH	SP	AG	STR	VJ	STA	HP	INT	POT	OG
평점	B	C+	A-	A-	F	A-	A-	A-	D-	C+	D-	B-	C	B+	C-	B-	B+	A-	D-	B+	C+

G 9 Bronny JAMES PG-SG

브로니 제임스 2004.10.06 / 188cm

미국

NBA 드래프트 : 2024년 2라운드 55번
NBA 우승 : 0회 / 파이널 MVP : 0회
시즌 MVP : 0회 / NBA 퍼스트팀 : 0회

르브론은 아들 브로니와 한 팀 소속으로 NBA 경기에 출전하길 염원했다. 꿈은 이뤄졌다. 지난 시즌 두 부자(父子)가 코트에 함께 나섰다. 브로니는 아버지로부터 좋은 BQ와 신체를 물려받았다. 캐치&슛으로 3점은 물론, '딥쓰리'도 가능하다. 그러나 공격은 제한적이다. 그는 볼핸들러에 대해 강력한 수비를 펼친다. 그러나 지난 시즌 활약상을 객관적으로 봤을 때 그의 현 수준은 팀의 '서드 유닛' 멤버 혹은 G리그 정상급 선수 정도다. 연봉은 196만 달러.

SHOT PROCESS

필드골 67 시도

캐치&슛 17, 풀-업 14, 드라이빙 20, 커팅 3, 러닝 2, 스텝백 8, 풋백 1, 앨리웁 0, 턴어라운드 2

SHOT TYPES

필드골 67 시도

38 점프샷, 13 레이업, 2 핑거롤, 7 플로터, 1 덩크, 1 훅샷, 1 팁샷, 1 뱅크샷, 3 페이드어웨이

2024-25시즌 LA 레이커스 27경기 평균 6.7분

항목	PTS	RB	AS	ST	BL	FG-FGA	3P-3PA	FT-FTA
평균	2.3	0.7	0.8	0.3	0.1	0.8-2.5	0.3-1.2	0.4-0.5
36분	12.3	3.6	4.4	1.8	0.6	4.2-13.3	1.8-6.4	2.2-2.8

항목	OS	CS	MS	3P	FT	SQ	OC	IS	L&F	SD	DD	PH	PF	PC	DRF	PM	PA	BH	DRS	PQ	PV
평점	—	—	—	—	—	—	—	—	—	—	—	—	—	—	—	—	—	—	—	—	—

항목	DEF	ID	PD	ST	BL	HDQ	PP	…	AG	STR	VJ	STA	HP	INT	POT	OG
평점	—	—	—	—	—	—	—	출전 시간이 짧아 평점 매길 수 없음	—	—	—	—	—	—	—	—

G 4 Dalton KNECHT SF

돌턴 크넥트 2001.04.19 / 198cm

미국

NBA 드래프트 : 2024년 1라운드 17번
NBA 우승 : 0회 / 파이널 MVP : 0회
시즌 MVP : 0회 / NBA 퍼스트팀 : 0회

코트 안팎으로 우여곡절을 겪었다. 디앤젤로 러셀의 초반 부진, 루이 하치무라의 결장 때문에 슈팅가드와 스몰포워드 포지션을 수시로 넘나들었다. 그런 가운데 11월 19일 유타전에서는 12개의 3점 슈팅을 던져 무려 9개를 성공시키기도 했다. 그런데 2월 9일, 레이커스가 마크 윌리엄스를 데려오면서 크넥트를 캠 래디시와 묶어 보내려다 이 트레이드가 취소되는 해프닝이 있었다. 윌리엄스가 메디컬 테스트를 통과하지 못했기 때문이다. 연봉은 401만 달러.

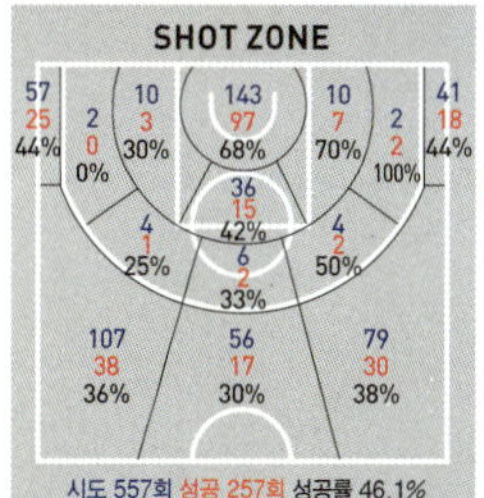

SHOT PROCESS

필드골 557 시도

캐치&슛 271, 풀-업 80, 드라이빙 58, 커팅 33, 러닝 80, 스텝백 16, 풋백 9, 앨리웁 4, 턴어라운드 6

SHOT TYPES

필드골 557 시도

380 점프샷, 72 레이업, 10 핑거롤, 18 플로터, 51 덩크, 0 훅샷, 6 팁샷, 8 뱅크샷, 12 페이드어웨이

2024-25시즌 LA 레이커스 78경기 평균 19.2분

항목	PTS	RB	AS	ST	BL	FG-FGA	3P-3PA	FT-FTA
평균	9.1	2.8	0.8	0.3	0.1	3.3-7.1	1.6-4.4	0 8-1.1
36분	17.0	5.2	1.6	0.6	0.2	6.2-13.4	3.1-8.2	1.5-2.0

항목	OS	CS	MS	3P	FT	SQ	OC	IS	L&F	SD	DD	PH	PF	PC	DRF	PM	PA	BH	DRS	PQ	PV
평점	C+	A-	A-	B	C	C-	D-	D-	C+	F	D	F	F	F	F	D-	D	D+	C	D	F

항목	DEF	ID	PD	ST	BL	HDQ	PP	DC	RB3	OR3	DR3	ATH	SP	AG	STR	VJ	STA	HP	INT	POT	OG
평점	D-	D	D	F	F	D-	D-	F	D-	D+	D+	C	B	D-	D-	C+	A-	B	D-	B+	C

LAKERS GOLDEN STATE WARRIORS 2025-26 REGULAR SEASON SCHEDULE

OCTOBER, 2025

Oct. 21 vs. Golden State Warriors
Oct. 24 vs. Minnesota Timberwolves
Oct. 26 @ Sacramento Kings
Oct. 27 vs. Portland Trail Blazers
Oct. 29 @ Minnesota Timberwolves
Oct. 31 @ Memphis Grizzlies

NOVEMBER, 2025

Nov. 2 vs. Miami Heat
Nov. 3 @ Portland Trail Blazers
Nov. 5 vs. San Antonio Spurs
Nov. 8 @ Atlanta Hawks
Nov. 10 @ Charlotte Hornets
Nov. 12 @ Oklahoma City Thunder
Nov. 14 @ New Orleans Pelicans
Nov. 15 @ Milwaukee Bucks
Nov. 18 vs. Utah Jazz
Nov. 23 @ Utah Jazz
Nov. 25 vs. Los Angeles Clippers
Nov. 28 vs. Dallas Mavericks
Nov. 30 vs. New Orleans Pelicans

DECEMBER, 2025

Dec. 1 vs. Phoenix Suns
Dec. 4 @ Toronto Raptors
Dec. 5 @ Boston Celtics
Dec. 7 @ Philadelphia 76ers
Dec. 18 @ Utah Jazz
Dec. 20 @ Los Angeles Clippers
Dec. 23 @ Phoenix Suns
Dec. 25 vs. Houston Rockets
Dec. 28 vs. Sacramento Kings
Dec. 30 vs. Detroit Pistons

JANUARY, 2026

Jan. 2 vs. Memphis Grizzlies
Jan. 4 vs. Memphis Grizzlies
Jan. 6 @ New Orleans Pelicans
Jan. 7 @ San Antonio Spurs
Jan. 9 vs. Milwaukee Bucks
Jan. 12 @ Sacramento Kings
Jan. 13 vs. Atlanta Hawks
Jan. 15 vs. Charlotte Hornets
Jan. 17 @ Portland Trail Blazers
Jan. 18 vs. Toronto Raptors
Jan. 20 @ Denver Nuggets
Jan. 22 @ Los Angeles Clippers
Jan. 24 @ Dallas Mavericks
Jan. 26 @ Chicago Bulls
Jan. 28 @ Cleveland Cavaliers
Jan. 30 @ Washington Wizards

FEBRUARY, 2026

Feb. 1 @ New York Knicks
Feb. 3 @ Brooklyn Nets
Feb. 5 vs. Philadelphia 76ers
Feb. 7 vs. Golden State Warriors
Feb. 9 vs. Oklahoma City Thunder
Feb. 10 vs. San Antonio Spurs
Feb. 12 vs. Dallas Mavericks
Feb. 20 vs. Los Angeles Clippers
Feb. 22 vs. Boston Celtics
Feb. 24 vs. Orlando Magic
Feb. 26 @ Phoenix Suns
Feb. 28 @ Golden State Warriors

MARCH, 2026

Mar. 1 vs. Sacramento Kings
Mar. 3 vs. New Orleans Pelicans
Mar. 5 @ Denver Nuggets
Mar. 6 vs. Indiana Pacers
Mar. 8 vs. New York Knicks
Mar. 10 vs. Minnesota Timberwolves
Mar. 12 vs. Chicago Bulls
Mar. 14 vs. Denver Nuggets
Mar. 16 @ Houston Rockets
Mar. 18 @ Houston Rockets
Mar. 19 @ Miami Heat
Mar. 21 @ Orlando Magic
Mar. 23 @ Detroit Pistons
Mar. 25 @ Indiana Pacers
Mar. 27 vs. Brooklyn Nets
Mar. 30 vs. Washington Wizards
Mar. 31 vs. Cleveland Cavaliers

APRIL, 2026

Apr. 2 @ Oklahoma City Thunder
Apr. 5 @ Dallas Mavericks
Apr. 7 vs. Oklahoma City Thunder
Apr. 9 @ Golden State Warriors
Apr. 10 vs. Phoenix Suns
Apr. 12 vs. Utah Jazz

PHOENIX SUNS

확 떨어진 기대치, 포스트 아포칼립스

호구 아저씨

철학 없는 구단 운영이 얼마나 끔찍한 후폭풍을 초래하는지 잘 보여줬다. 2021년 플레이오프 준우승 시점까지만 하더라도 분위기 좋았다. 문제는 신임 구단주 맷 이시비아의 조급증. 부족한 2%를 채우려다가 초가삼간을 활활 불태워버렸다. 케빈 듀란트, 브래들리 빌 등 고액 장기계약자들을 무리하게 영입했다가 겪은 비극이다. 급기야 2024-25시즌에는 플레이-인 토너먼트 진출마저 좌절되며 바스러졌다. 샐러리캡 규모, 사치세 지출 양쪽 모두 리그 전체 1위였음에도 말이다.

마약성 진통제 주입

눈물겨운 소 잃고 외양간 고치기에 나섰다. 듀란트를 헐값에 매각한 가운데, 빌은 스트레치 프로비전 룰로 방출 처리했다(stretch provision rule). 구단은 향후 5시즌 동안 빌에게 9,700만 달러를 분할 지급하게 된다. 약 1억 달러를 허공에 뿌린 배경은 간단하다. 고액연봉자 보유에 따른 사치세 지출이 방출 처리 비용보다 크기 때문이다. 마약성 진통제를 꼽은 것이나 다름없다. 그나마 프랜차이즈 스타 데빈 부커와의 베테랑 맥스 연장계약 체결을 통해 성난 민심은 달랬다.

포스트 아포칼립스 시대

내년부터 2031년까지 드래프트 1라운드 자체 지명권이 증발했다. 2라운드와 스와프(swap)가 몇 장 있지만, 능동적으로 활용할 수 없는 권리들이다. 전면 탱킹 선택지조차 허락받지 못한다! 트레이드 시장에 진열할 만한 유망주 자원 역시 씨가 마른 상태다. 당분간 가시밭길을 걷게 될 위험이 크다. 반대로 생각하면 홀가분한 마음으로 선수단 재건에 임할 수 있다. 기대치가 바닥까지 떨어졌기에 조던 오트 신임 감독에게 가해질 압박도 적을 것이다. 쉬어가는 시즌으로 생각하자.

Association Icon Statement City

*통계는 2025년 10월 1일 기준

CLUB INFORMATION

 **Founded** 구단 창립 1968년	 **Owner** 맷 이시비아 저스틴 이시비아	 **CEO** 조시 바텔스타인 1989.07.17	 **Head Coach** 조던 오트 1985.03.01	**24-25 Odds** 스카이벳 : 475배 윌리엄힐 : 300배
 **Nationality** ●미국 선수 14명 ●외국 선수 4명	 **Age** 18명 평균 25.2세	 **Height** 18명 평균 201.2cm	**Weight** 18명 평균 99.6kg	 **Salary** 15명 평균 1122만 달러
 **Win** 2024-25 : 36승 통산 : 2465승	 **Loss** 2024-25 : 46패 통산 : 2142패	 **Winning%** 2024-25 : 43.9% 통산 : 53.5%	**Play-Off** PO 진출 : 33회 PO 탈락 : 24회	 **Titles** NBA우승 : 0회 컨퍼런스 : 3회
Top Scorer 케빈 듀란트 평균 26.6점	**More Rebounds** 메이슨 플럼리 평균 6.1리바운드	 **More Assists** 데빈 부커 평균 7.1어시스트	 **More Steals** 브래들리 빌 평균 1.1스틸	 **More Blocks** 케빈 듀란트 평균 1.2블락

*항목별 1위는 지난 시즌 피닉스 소속으로 42경기 이상 출전한 선수 중 선별

HEAD COACH & STADIUM

Jordan Ott 조던 오트

생년월일 : 1985.03.01 / **출생지** : 미국 펜실베니아주 맥코넬스버그

경력 : 2013~2016년 애틀랜타 호크스 비디오 분석가 / 2016~2022년 브루클린 네츠 코치 / 2024~2025년 클리블랜드 캐벌리어스 코치 / 2025년~ 피닉스 선즈 감독

펜실배니아 주립대에서 스포츠 경영학을 전공하면서 에드 드첼리스 감독 밑에서 학생 관리자로 경력을 시작했다. 그리고, 미시건 주립대에서 스포츠 행정으로 석사학위를 받는 동안 톰 이조 감독 밑에서 다양한 농구 분석 방법을 연구했다. 2013년부터 3년 간 애틀랜타 호크스 마이크 부덴홀저 감독 밑에서 비디오 분석관으로 NBA 경험을 쌓기 시작했다. 2016년, 브루클린 네츠로 옮겼고, 이후 6년간 케니 앳킨슨, 자크 본, 스티브 내시 감독과 함께하며 코치 수업을 탄탄히 받았다. 2022~2024년, LA 레이커스에서 다빈 햄 감독 밑에서 수석 코치를 했고, 2023년 NBA컵 대회 우승을 경험했다. 2024~2025년, 클리블랜드 캐벌리어스에서 옛 상관 케니 앳킨스로부터 전술, 선수단 관리에 대해 많은 내용을 습득했다. 그리고 2025년 6월 6일, 공석인 피닉스 선즈의 감독으로 부임했다.

FOOTPRINT CENTER

구장 오픈 : 1992년 8월 1일

구장 증개축 : 2003, 2020년

오너 : 피닉스시

수용인원 : 1만 7071명

건축비용 : 8900만 달러

(현재 가치) 1억 9300만 달러

피닉스 시내 중심부에 위치한 다목적 경기장. NBA 피닉스 선즈, WNBA 피닉스 머큐리 등이 홈구장으로 사용 중이다. 2021년 7월 16일, 재료과학 회사인 '풋프린트'와 경기장 명명권 계약을 체결하면서 '풋프린트 센터'가 되었다. 가장 널리 알려진 별칭으론 돔의 조명색이 보라색인지라 '퍼플 팰리스(The Purple Palace)'다. 선즈 홈이 된 건 1992-93시즌부터.

REGULAR SEASON RANKING LAST 10YEARS

★NBA 파이널 우승

15-16	16-17	17-18	18-19	19-20	20-21	21-22	22-23	23-24	24-25
27	29	30	29	17	2	1	9	10	21
23승 59패	24승 58패	21승 61패	19승 63패	34승 39패	51승 21패	64승 18패	45승 37패	49승 33패	36승 46패

Honours

0	3	8	11
NBA CHAMPIONS	CONFERENCE TITLES	DIVISION TITLES	RETIRED NUMBERS

NBA CHAMPIONSHIPS
NONE

CONFERENCE TITLES
1976, 1993, 2021

DIVISION TITLES
1981, 1993, 1995, 2005, 2006, 2007, 2021, 2022

RETIRED NUMBERS
5, 6, 7, 9, 13, 24, 31, 32, 33, 34, 42, 44

TEAM POTENTIAL

70점
26위

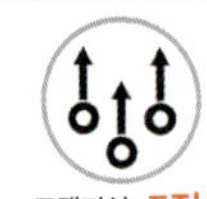

- 하프코트 세트오펜스 6점
- 트랜지션 오펜스 7점
- 하프코트 세트디펜스 7점
- 트랜지션 디펜스 8점
- 리바운드 8점
- 선수층 7점
- 선수 경험치 7점
- 감독 리더십 7점
- 감독 전술 8점
- 프런트 5점

*각 항목은 10점 만점, 평점은 NBA 30팀 사이 상대평가

우승 ODDS	배당	순위
bet 365	475배	22위
Paddy Power	250배	22위
William Hill	300배	23위

OFFENSIVE STYLE: 트랜지션 오펜스 — 하프코트 세트오펜스

DEFENSIVE STYLE: 하이 프레스 — 하프코트 디펜스

SQUAD & TACTICS

STARTERS

- PF 라이언 던 — 19.1분, 6.9점, 3.6RB, 0.8AS
- C 마크 윌리엄스 — 26.6분, 15.3점, 10.2RB, 2.5AS
- SF 딜론 브룩스 — 31.8분, 14.0점, 3.7RB, 1.7AS
- SG 제일런 그린 — 32.9분, 21.0점, 4.6RB, 3.4AS
- PG 데빈 부커 — 37.3분, 25.6점, 4.1RB, 7.1AS

OFF THE BENCH

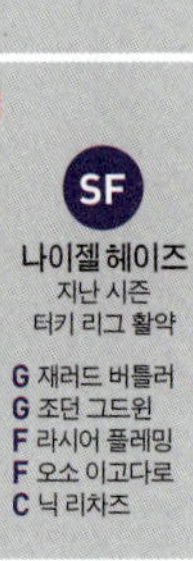

- PG 콜린 길레스피 — 14.0분, 5.9점, 2.4RB, 2.4AS
- SG 그레이슨 앨런 — 24.1분, 10.6점, 3.0RB, 2.1AS
- SF 나이젤 헤이즈 — 지난 시즌 터키 리그 활약
- PF 로이스 오닐 — 24.5분, 9.1점, 4.7RB, 2.2AS
- C 카만 말루와치 — 2025-26시즌 신인 선수
- G 재러드 버틀러
- G 조던 그드윈
- F 라시어 플레밍
- F 오소 이고다로
- C 닉 리차즈

Player's Functions

- **Ball Handlers**: D.부커, J.그린, G.길레스피
- **Pull-Ups**: D.부커, J.그린, G.길레스피
- **Catch & Shoot**: D.부커, J.그린, D.브룩스

- **3 Pointers**: D.부커, J.그린, R.오닐
- **Slam Dunkers**: M.윌리엄스, N.리차즈, J.그린
- **Free Throw**: D.부커, J.그린, M.윌리엄스

- **Rebounders**: M.윌리엄스, N.리차즈, J.구드윈
- **1-1 Defenders**: D.브룩스, R.던, R.오닐
- **Ball Stealers**: C.길레스피, J.구드윈, R.오닐

- **Key Passes**: D.부커, J.버틀러, C.길레스피
- **Hustle Players**: D.브룩스, R.던, D.부커
- **Rim Protectors**: M.윌리엄스, N.리차즈, K.말루아치

2024-25 SEASON PERFORMANCE

공격 레이팅 116.2(10위) 수비 레이팅 수비 레이팅 119.3(28위) 레이팅 마진 -3.1(23위) 페이스 97.1(25위)

PHOENIX SUNS vs. OPPONENTS PER GAME STATS

	득실점	필드골성공 (FG)	필드골시도 (FG↑)	필드골% (FG%)	3점성공 (3P)	3점시도 (3P↑)	3점% (3P%)	2점성공 (2P)	2점시도 (2P↑)	2점% (2P%)	자유투성공	자유투시도	자유투% (FT%)	공격RB (OR)	수비RB (DR)	전체RB (TR)	어시스트 (A↑)	스틸	블락샷	턴오버	파울
피닉스	113.6 18위	41.2 18위	86.3 26위	0.478 11위	14.3 7위	38.0 12위	0.378 3위	26.9 22위	48.3 26위	0.556 9위	16.8 18위	20.8 22위	0.81 2위	9.5 28위	32.9 18위	42.5 25위	27.8 10위	7.2 28위	4.8 16위	14.1 15위	17.9 10위
상대팀	116.6 22위	42.6 21위	90.1 19위	0.473 21위	14.2 22위	38.4 20위	0.37 27위	28.4 19위	51.7 15위	0.549 20위	17.2 20위	21.8 17위	0.79 24위	11.5 19위	32.7 13위	44.2 16위	27.3 21위	8.5 19위	4.0 3위	12.2 29위	18.4 20위

LINE-UP

* 피닉스는 지난 시즌 총 594개의 라인업을 가동했다. 득실점차 플러스 10개, 마이너스 10개를 골랐다.

득실점차 플러스(+) 라인업 TOP 10	G	MIN	PPG	RPG	득실차
K. Durant - M. Plumlee - T. Jones - D. Booker - R. Dunn	14	89	15.4	6.7	+51
K. Durant - J. Nurkić - T. Jones - D. Booker - R. O'Neale	11	74	17.5	6.2	+46
K. Durant - M. Plumlee - T. Jones - R. O'Neale - G. Allen	15	53	10.7	3.3	+40
K. Durant - T. Jones - D. Booker - R. O'Neale - G. Allen	13	20	5.6	1.4	+25
B. Beal - M. Plumlee - D. Booker - R. O'Neale - G. Allen	14	45	8.6	2.3	+23
K. Durant - M. Plumlee - D. Booker - G. Allen - C. Gillespie	2	12	22.5	5.5	+23
K. Durant - T. Jones - R. O'Neale - C. Gillespie - O. Ighodaro	2	7	14.5	3.0	+19
T. Jones - D. Booker - R. O'Neale - C. Martin - O. Ighodaro	5	35	17.0	7.2	+17
K. Durant - T. Jones - R. O'Neale - C. Martin - O. Ighodaro	6	31	15.2	5.0	+17
D. Booker - R. O'Neale - M. Morris - G. Allen - O. Ighodaro	8	23	7.0	3.4	+17
득실점차 마이너스(-) 라인업 TOP 10	**GP**	**MIN**	**PPG**	**RPG**	**득실차**
K. Durant - B. Beal - J. Nurkić - T. Jones - D. Booker	12	119	22.3	7.3	-44
B. Beal - M. Plumlee - T. Jones - D. Booker - R. O'Neale	7	56	18.1	5.7	-31
K. Durant - T. Jones - D. Booker - R. O'Neale - N. Richards	11	51	10.2	3.7	-23
K. Durant - B. Beal - D. Booker - B. Bol - N. Richards	5	63	30.0	12.6	-21
B. Beal - D. Booker - R. O'Neale - O. Ighodaro - R. Dunn	3	16	9.7	4.0	-20
K. Durant - R. O'Neale - N. Richards - C. Gillespie - R. Dunn	4	7	3.5	1.0	-19
B. Beal - J. Nurkić - T. Jones - D. Booker - R. O'Neale	4	6	2.0	1.3	-19
K. Durant - B. Beal - J. Nurkić - T. Jones - R. O'Neale	7	45	14.4	4.6	-18
K. Durant - J. Nurkić - T. Jones - D. Booker - G. Allen	4	7	2.3	1.3	-18
T. Jones - D. Booker - R. O'Neale - G. Allen - N. Richards	9	37	9.4	3.6	-17

PASS COMBINATIONS

→ 해당 선수가 경기당 동료로부터 패스 받은 횟수
→ 해당 선수가 경기당 동료들에게 패스 해준 횟수

받은 횟수	선수	해준 횟수
52.7	타이어스 존스	49.8
64.3	데빈 부커	44.8
48.0	브래들리 빌	42.7
47.5	케빈 듀란트	37.6
26.7	유수프 누르키치	37.1
25.0	로이스 오닐	34.7
25.4	콜린 길레스피	27.4
26.8	그레이슨 앨런	27.1
16.3	닉 리차즈	24.7
13.2	메이슨 플럼리	23.4
15.1	오소 이고다로	19.8
21.0	몬테 모리스	19.8
14.1	라이언 던	16.7
10.4	코디 마틴	15.5
11.5	타이타이 워싱턴 Jr.	12.2
10.5	조시 오코기	12.0
9.5	볼 볼	10.4
7.1	대미언 리	5.6
4.2	바실리예 미치치	5.4
2.4	제일런 브릿지스	2.2

2024-25 RANKING

* 는 수치가 낮을수록 랭킹이 높아짐

피닉스	랭킹	FIVE FACTORS	상대팀	랭킹
56.1%	6위	3점 가중 FG%	55.2%*	24위
12.8*	18위	턴오버 / 100포제션	10.9	28위
22.6%	26위	공격 RB 점유율	25.9%*	22위
74.1%	23위	수비 RB 점유율	77.4%*	26위
19.5%	12위	자유투 / 필드골	19.1%*	19위

득점	랭킹	PLAYTYPE	실점*	랭킹
7.4	13위	아이솔레이션	6.6	9위
19.3	28위	트랜지션	25.8	25위
15.8	19위	픽&롤 볼핸들러	17.0	20위
7.8	10위	픽&롤 롤맨	7.1	17위
2.8	20위	포스트-업	4.1	18위
34.0	1위	스팟-업	26.1	9위
3.2	27위	핸드오프	5.5	20위
9.1	18위	커팅	—	—
6.5	3위	오프 스크린	4.8	28위
4.5	29위	풋백	7.0	27위
2.8	17위	기타	—	—

SHOT ZONE

평균 구간별 슈팅 및 성공률

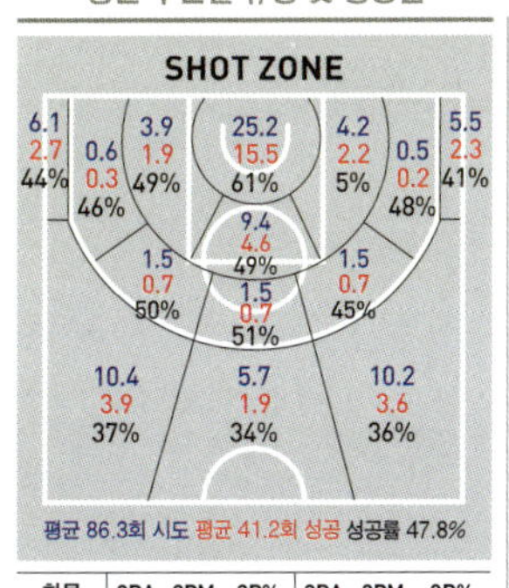

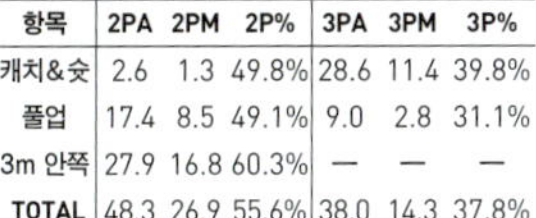

항목	2PA	2PM	2P%	3PA	3PM	3P%
캐치&슛	2.6	1.3	49.8%	28.6	11.4	39.8%
풀업	17.4	8.5	49.1%	9.0	2.8	31.1%
3m 안쪽	27.9	16.8	60.3%	—	—	—
TOTAL	48.3	26.9	55.6%	38.0	14.3	37.8%

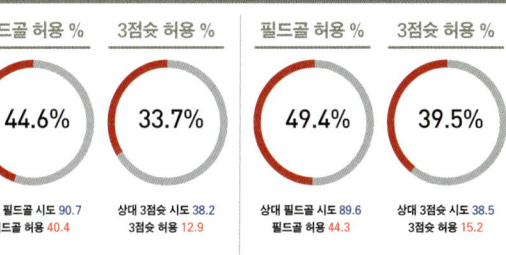

SHOT PROCESS & SHOT TYPES

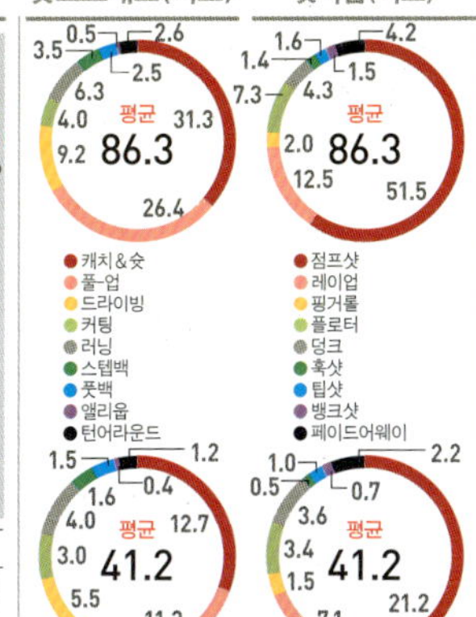

SHOOTING

필드골 시도: 4.4, 23.3, 평균 86.3, 32.4, 26.2
필드골 시도: 9.6, 2.0, 10.7, 9.6, 평균 86.3, 13.3, 41.1

공격수와 수비수의 거리: ●0~0.6m ●0.6~1.2m ●1.2~1.8m ●1.8m 이상

샷클락: ●22~24초 ●18~22초 ●15~18초 ●7~15초 ●4~7초 ●0~4초

필드골 성공: 1.8, 10.4, 평균 41.2, 12.4, 16.6
필드골 성공: 3.9, 1.3, 5.6, 4.4, 평균 41.2, 6.4, 19.6

OPPONENT SHOOTING

상대 필드골 시도: 5.6, 22.8, 평균 90.1, 34.7, 27.0
상대 필드골 시도: 7.4, 2.8, 14.2, 7.7, 평균 90.1, 15.8, 42.2

공격수와 수비수의 거리: ●0~0.6m ●0.6~1.2m ●1.2~1.8m ●1.8m 이상

샷클락: ●22~24초 ●18~22초 ●15~18초 ●7~15초 ●4~7초 ●0~4초

필드골 허용: 2.5, 10.3, 평균 42.6, 12.1, 17.7
필드골 허용: 2.8, 1.7, 3.3, 7.8, 평균 42.6, 7.4, 19.6

CONTESTED REBOUNDS

공격 리바운드: 0.5, 1.4, 1.1, 평균 4.6, 1.6
수비 리바운드: 0.7, 2.4, 1.5, 평균 8.1, 3.5

림 아래부터 리바운드 위치까지의 거리 ●0~0.9m ●0.9~1.8m ●1.8~3m ●3m 이상

UNCONTESTED REBOUNDS

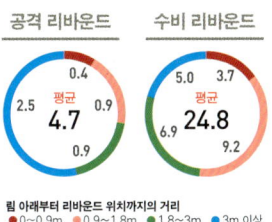

공격 리바운드: 0.4, 2.5, 평균 4.7, 0.9, 0.9
수비 리바운드: 5.0, 3.7, 평균 24.8, 6.9, 9.2

림 아래부터 리바운드 위치까지의 거리 ●0~0.9m ●0.9~1.8m ●1.8~3m ●3m 이상

DEFENSE OF 36 WINS

필드골 허용 %: 44.6%
상대 필드골 시도 90.7
필드골 허용 40.4

3점슛 허용 %: 33.7%
상대 3점슛 시도 38.2
3점슛 허용 12.9

DEFENSE OF 46 LOSSES

필드골 허용 %: 49.4%
상대 필드골 시도 89.6
필드골 허용 44.3

3점슛 허용 %: 39.5%
상대 3점슛 시도 38.5
3점슛 허용 15.2

General Stats								Outside Scoring & Shooting							Inside Scoring & Shooting								Play Making, Ball Handling & Passing					
PTS	RB	AS	ST	BL	FG-FGA	3P-3PA	FT-FTA	OS	CS	MS	3P	FT	SQ	OC	IS	L&F	SD	DD	PH	PF	PC	DRF	PM	PA	BH	DRS	PQ	PV
득점	리바운드	어시스트	스틸	블락샷	필드골 성공-시도	3점슈팅 성공-시도	자유투 성공-시도	외곽 득점력	근거리 점프샷	중거리 슈팅	3점 슈팅	자유투	슈팅 IQ	득점 일관성	인사이드 득점력	레이업 플로터	스탠딩 덩크	드라이빙 덩크	포스트 훅샷	포스트 페이드	포스트 컨트롤	파울 유도	플레이 메이킹	패스 능력	볼 핸들링	드리블 스피드	패스 IQ	패스 비전

F 3 Dillon BROOKS SG-SF
딜런 브룩스 1996.01.22 / 198cm

캐나다 **NBA 드래프트 :** 2017년 2라운드 45번
NBA 우승 : 0회 / **파이널 MVP :** 0회
시즌 MVP : 0회 / **NBA 퍼스트팀 :** 0회

지난 시즌, 휴스턴에서 활약했고, 오프시즌에 피닉스로 이적했다. 브룩스는 198cm 스윙맨이다. 현시점, 리그 최고의 퍼리미터 수비수다. 운동 능력이 좋아 1번~4번을 다 수비한다. 또한, 상대 팀 '에이스 스토퍼'로 나선다. 수비를 저돌적으로 하지만, 그에 따른 파울도 많다. PO 골든스테이트전에서는 스테픈 커리를 고의로 가격하려다 비판을 받기도 했다. 득점 루트는 레이업과 핑거롤, 롱 2, 좌우 윙에서 시도하는 3점 슈팅 등이다. 연봉은 2212만 달러.

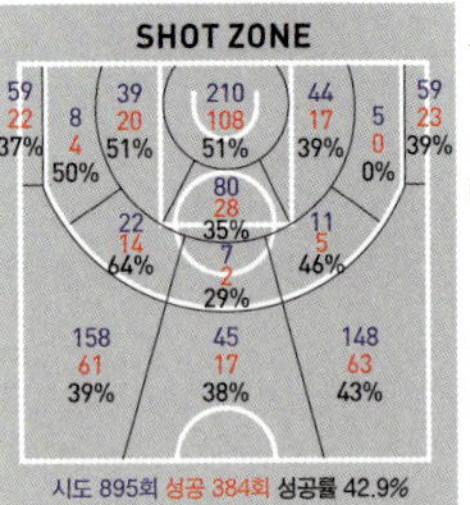

SHOT PROCESS

캐치&슛 399 / 풀-업 117 / 드라이빙 114 / 커팅 15 / 러닝 99 / 스텝백 49 / 풋백 27 / 앨리웁 0 / 턴어라운드 75
필드골 895 시도

SHOT TYPES

581 점프샷 / 123 레이업 / 21 핑거롤 / 34 플로터 / 17 덩크 / 5 훅샷 / 17 팁샷 / 8 뱅크샷 / 89 페이드어웨이
필드골 895 시도

2024-25시즌 휴스턴 75경기 평균 31.8분

항목	PTS	RB	AS	ST	BL	FG-FGA	3P-3PA	FT-FTA
평균	14.0	3.7	1.7	0.8	0.2	5.1-11.9	2.5-6.3	1.3-1.6
36분	15.9	4.1	1.9	0.9	0.2	5.8-13.5	2.8-7.1	1.5-1.8

항목	OS	CS	MS	3P	FT	SQ	OC	IS	L&F	SD	DD	PH	PF	PC	DRF	PM	PA	BH	DRS	PQ	PV
평점	C+	B-	A-	B-	B-	C-	D-	D-	C	F	C	D-	D-	D	F	D-	D-	C-	D+	D-	F

항목	DEF	ID	PD	ST	BL	HDQ	PP	DC	RB3	OR3	DR3	ATH	SP	AG	STR	VJ	STA	HP	INT	POT	OG
평점	C+	C-	A	D-	F	A-	A-	A-	D-	C-	D-	B-	C	B+	D	C	B+	A	F	B+	C+

F 0 Ryan DUNN SF-PF
라이언 던 2003.01.07 / 203cm

미국 **NBA 드래프트 :** 2024년 1라운드 28번
NBA 우승 : 0회 / **파이널 MVP :** 0회
시즌 MVP : 0회 / **NBA 퍼스트팀 :** 0회

NBA 데뷔 시즌부터 알토란같은 활약을 보였다. 팀 사정에 따라 선발과 백업을 넘나들며 74ㄱ경기에 출전했다. 던은 203cm의 콤보 포워드다. 페인트존을 저돌적으로 파고든 다음 폭발적인 덩크 혹은 부드러운 레이업으로 마무리한다. 가끔 빅맨을 앞에 두고 '인 유어 페이스 덩크'를 찍어버린다. 좋은 사이즈와 뛰어난 운동 능력으로 인사이드와 퍼리미터 양쪽에서 훌륭한 1대1 수비를 보여준다. 그러나 외곽 슈팅을 많이 보강해야 한다. 연봉은 266만 달러.

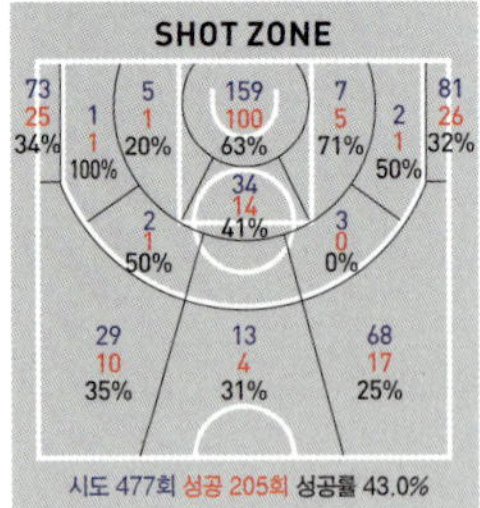

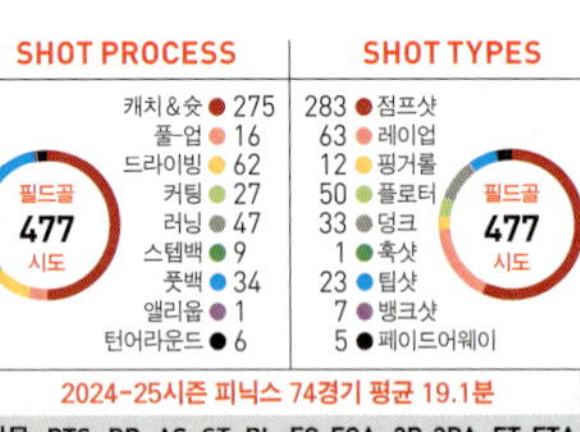

2024-25시즌 피닉스 74경기 평균 19.1분

항목	PTS	RB	AS	ST	BL	FG-FGA	3P-3PA	FT-FTA
평균	6.9	3.6	0.8	0.6	0.5	2.8-6.4	1.1-3.6	0.3-0.5
36분	13.0	6.8	1.5	1.1	1.0	5.2-12.2	2.1-6.7	0.5-1.0

항목	OS	CS	MS	3P	FT	SQ	OC	IS	L&F	SD	DD	PH	PF	PC	DRF	PM	PA	BH	DRS	PQ	PV
평점	D-	A	D+	C	F	D-	F	D-	C	D-	B-	F	F	F	F	D-	D-	D+	D+	D-	F

항목	DEF	ID	PD	ST	BL	HDQ	PP	DC	RB3	OR3	DR3	ATH	SP	AG	STR	VJ	STA	HP	INT	POT	OG
평점	C+	C+	B	D	D-	B-	B-	B-	B-	A-	D+	B-	B-	B+	D	C+	B+	A-	D-	B+	C

F 21 Nigel HAYES SF-PF
나이젤 헤이즈 1994.12.16 / 203cm

미국 **NBA 드래프트 :** 2017년 미지명
NBA 우승 : 0회 / **파이널 MVP :** 0회
시즌 MVP : 0회 / **NBA 퍼스트팀 :** 0회

2017-18시즌 NBA에 데뷔했지만, 당시 레이커스, 토론토, 새크라멘토에서 총 9경기 평균 13.6분씩 뛰고 끝났다. 이후 2025년까지 유럽의 갈라타사라이, 잘기리스, FC 바르셀로나, 페네르바체 등에서 선수 생활을 이어갔다. 그리고 2025년 7월 25일 피닉스와 연봉 205만 달러에 계약하면서 7년 만에 NBA로 리턴했다. 그는 전형적인 3&D 플레이어이다. 좌우 윙과 코너에서 던지는 3점 슈팅이 주무기이고, 운동 능력을 활용해 1번~4번까지 수비할 수 있다.

2024-25시즌 기록 없음

항목	PTS	RB	AS	ST	BL	FG-FGA	3P-3PA	FT-FTA
평균	–	–	–	–	–	–	–	–
36분	–	–	–	–	–	–	–	–

항목	OS	CS	MS	3P	FT	SQ	OC	IS	L&F	SD	DD	PH	PF	PC	DRF	PM	PA	BH	DRS	PQ	PV
평점	–	–	–	–	–	–	–	–	–	–	–	–	–	–	–	–	–	–	–	–	–

항목	DEF	ID	PD	ST	BL	HDQ	PP	DC	RB3	OR3	DR3	ATH	SP	AG	STR	VJ	STA	HP	INT	POT	OG
평점	–	–	–	–	–	–	–	–	–	–	–	–	–	–	–	–	–	–	–	–	–

F 00 Royce O'NEALE SF-PF
로이스 오닐 1993.06.05 / 198cm

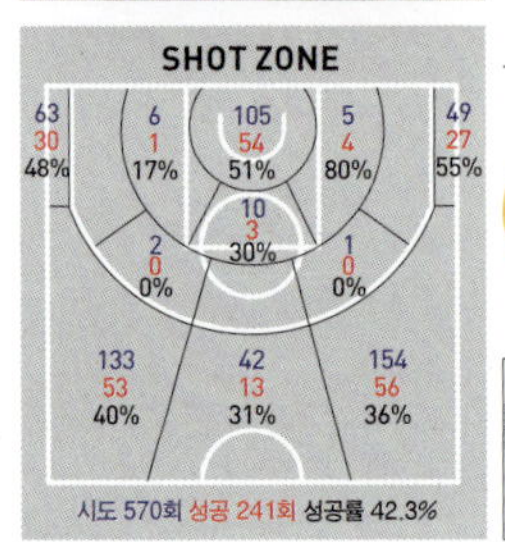

미국 **NBA 드래프트 :** 2015년 미지명
NBA 우승 : 0회 / **파이널 MVP :** 0회
시즌 MVP : 0회 / **NBA 퍼스트팀 :** 0회

식스맨 콤보 포워드. 팀 사정상 선발과 백업을 넘나들며 75경기에 출전했다. 오닐은 3&D 플레이어이다. 통산 3점 성공률 38.5%에 달한다. 코트 전 지역에서 쏘지만, 특히 좌우 윙에서의 시도 횟수가 압도적이다. 그의 비중은 수비에서 훨씬 커진다. 단단한 체구, 강한 지구력, 전투적인 승부근성으로 퍼리미터 1대1 수비를 펼친다. 상대 윙 혹은 '에이스 스토퍼'로서 제 몫을 한다. 너무 강력한 수비를 펼치다 심한 파울을 범하기도 한다. 연봉은 1013만 달러.

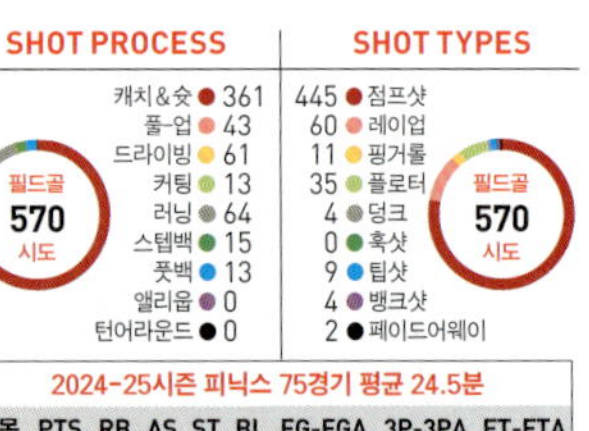

2024-25시즌 피닉스 75경기 평균 24.5분

항목	PTS	RB	AS	ST	BL	FG-FGA	3P-3PA	FT-FTA
평균	9.1	4.7	2.2	0.9	0.5	3.2-7.6	2.4-5.9	0.3-0.3
36분	13.3	6.8	3.2	1.3	0.7	4.7-11.2	3.5-8.6	0.4-0.5

항목	OS	CS	MS	3P	FT	SQ	OC	IS	L&F	SD	DD	PH	PF	PC	DRF	PM	PA	BH	DRS	PQ	PV
평점	C-	D	C-	B-	C-	C	D-	D-	B-	D-	C-	D-	D-	D-	D-	D-	D-	C-	D-	D-	F

항목	DEF	ID	PD	ST	BL	HDQ	PP	DC	RB3	OR3	DR3	ATH	SP	AG	STR	VJ	STA	HP	INT	POT	OG
평점	C	C-	B	C-	F	B-	D+	C	B-	D+	B+	C	D-	B-	D+	D	B-	B-	D-	B	C

Individual Defense & Team Defense								Offensive & Defensive Rebounding									Physical Fitness & Athleticism							Miscellaneous		
DEF	ID	PD	ST	BL	HDQ	PP	DC	RBG	ORG	DRG	RB3	OR3	DR3	RBB	ORB	DRB	ATH	SP	AG	STR	VJ	STA	HP	INT	POT	OG
수비력 종합	인사이드 디펜스	퍼리미터 디펜스	스틸	블락샷	도움수비 IQ	패스 통찰력	수비 일관성	가드 리바운드	가드 공격RB	가드 수비RB	SF 리바운드	SF 공격RB	SF 수비RB	빅맨 리바운드	빅맨 공격RB	빅맨 수비RB	운동능력 종합	스피드	사이드 스텝	피지컬 파워	버티컬 점프력	지구력	허슬 플레이	영향력	포텐셜	종합 평가

F 20 Rasheer FLEMING PF

라시어 플레밍 2004.07.10 / 206cm

미국 **NBA 드래프트 :** 2025년 2라운드 31번 **NBA 우승 :** 0회 / **파이널 MVP :** 0회 **시즌 MVP :** 0회 / **NBA 퍼스트팀 :** 0회

세인트조셉대 3학년을 마치고 2025 NBA 드래프트를 신청했다. 미네소타에 2라운드 31번으로 지명된 후 피닉스로 트레이드됐다. 플레밍은 엘리트 포워드가 될 자질이 충분하다. 키 206cm에 윙스팬 228cm의 '축복받은' 몸에 다이내믹한 운동 능력을 곁들여 많은 일을 할 수 있다. 트랜지션 마무리, 림 어택, 안정감 있는 스팟-업 점프 슈팅은 주목할 기술이다. 1번~4번을 다 막을 수 있는 수비력과 강력한 리바운드도 장점으로 꼽힌다. 연봉은 127만 달러.

SHOT ZONE

2025-26시즌 신인 선수

SHOT PROCESS: 필드골 0 시도 — 캐치&슛, 풀-업, 드라이빙, 커팅, 러닝, 스텝백, 풋백, 앨리웁, 턴어라운드

SHOT TYPES: 필드골 0 시도 — 점프샷, 레이업, 핑거롤, 플로터, 덩크, 훅샷, 팁샷, 뱅크샷, 페이드어웨이

2024-25시즌 기록 없음

항목	PTS	RB	AS	ST	BL	FG-FGA	3P-3PA	FT-FTA
평균	–	–	–	–	–	–	–	–
36분	–	–	–	–	–	–	–	–

항목	OS	CS	MS	3P	FT	SQ	OC	IS	L&F	SD	DD	PH	PF	PC	DRF	PM	PA	BH	DRS	PQ	PV
평점	–	–	–	–	–	–	–	–	–	–	–	–	–	–	–	–	–	–	–	–	–

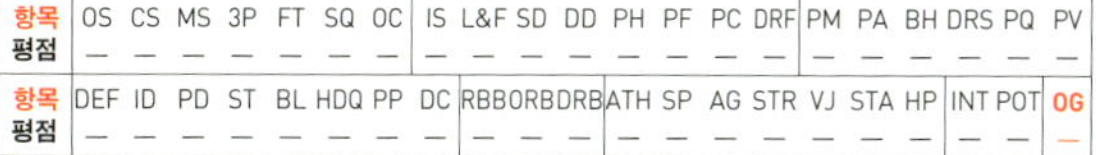

항목	DEF	ID	PD	ST	BL	HDQ	PP	DC	RBB	ORB	DRB	ATH	SP	AG	STR	VJ	STA	HP	INT	POT	OG
평점	–	–	–	–	–	–	–	–	–	–	–	–	–	–	–	–	–	–	–	–	–

F 4 Oso IGHODARO PF-C

오소 이고다로 2002.07.14 / 211cm

미국 **NBA 드래프트 :** 2024년 2라운드 40번 **NBA 우승 :** 0회 / **파이널 MVP :** 0회 **시즌 MVP :** 0회 / **NBA 퍼스트팀 :** 0회

NBA 피닉스 선즈와 G리그 밸리 선즈를 넘나들었다. 피닉스에서는 61경기 평균 17분씩 뛰었다. 이고다로는 사이즈, 민첩성, 활동량, BQ를 갖췄다. 운동 능력이 좋아 인사이드와 퍼리미터를 다 수비할 수 있다. 또한, 무시무시한 블로커이다. 리바운드를 쉽게 따낸다. 림 근처에서 플로터와 덩크를 정확히 성공시킨다. 트랜지션 게임에 특화된 선수이기도 하다. 그러나 슈팅 기술이 단순하고, 폼이 엉성하다. 공을 쓸듯이 밀어버리며 쏜다. 연봉은 196만 달러.

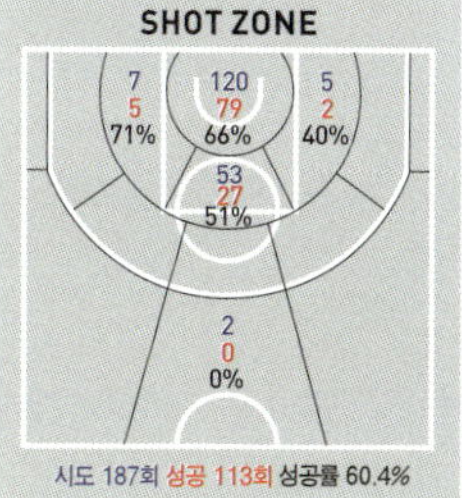

2024-25시즌 피닉스 61경기 평균 17.1분

항목	PTS	RB	AS	ST	BL	FG-FGA	3P-3PA	FT-FTA
평균	4.2	3.6	1.2	0.5	0.5	1.9-3.1	0.0-0.0	0.5-0.8
36분	8.8	7.6	2.4	1.0	1.0	3.9-6.4	0.0-0.1	1.0-1.7

항목	OS	CS	MS	3P	FT	SQ	OC	IS	L&F	SD	DD	PH	PF	PC	DRF	PM	PA	BH	DRS	PQ	PV
평점	D-	A	F	F	D-	D	F	D	C	B-	B-	D-	D-	D-	F	D-	D-	D-	D	D-	F

항목	DEF	ID	PD	ST	BL	HDQ	PP	DC	RBB	ORB	DRB	ATH	SP	AG	STR	VJ	STA	HP	INT	POT	OG
평점	D	D	D-	D-	D-	D-	D-	F	D-	D-	D-	B-	B	C	D	A-	B	B	D-	B	C-

C 15 Mark WILLIAMS C

마크 윌리엄스 2001.12.16 / 213cm

미국 **NBA 드래프트 :** 2022년 1라운드 15번 **NBA 우승 :** 0회 / **파이널 MVP :** 0회 **시즌 MVP :** 0회 / **NBA 퍼스트팀 :** 0회

일단 압도적인 '하드웨어'에서 반쯤 먹고 들어간다. 키 213cm, 윙스팬 231cm, 스탠딩 리치 295cm다. 큰 체격과는 달리 운동 능력이 우수하다. 높은 점프로 용수철처럼 튀어 오른 뒤 긴 팔을 파리채처럼 휘둘러 상대의 슈팅을 무섭게 쳐낸다. 공격 리바운드는 리그 최고 수준이다. 일명 '글루 핸드'로 잡기 어려운 공도 쉽게 잡아내며, 공격 리바운드 후의 풋백은 거의 백발백중이다. 부드러운 슈팅 터치로 페인트존에서 득점을 많이 올린다. 연봉은 628만 달러.

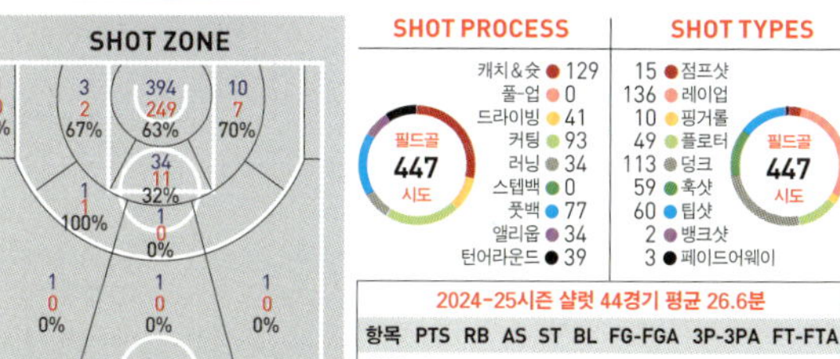

2024-25시즌 샬럿 44경기 평균 26.6분

항목	PTS	RB	AS	ST	BL	FG-FGA	3P-3PA	FT-FTA
평균	15.3	10.2	2.5	0.7	1.2	6.1-10.2	0.0-0.1	3.0-3.7
36분	20.6	13.7	3.4	1.0	1.7	8.3-13.7	0.0-0.1	4.0-5.0

항목	OS	CS	MS	3P	FT	SQ	OC	IS	L&F	SD	DD	PH	PF	PC	DRF	PM	PA	BH	DRS	PQ	PV
평점	D+	B+	D-	F	C+	C-	B-	C-	C+	B	C	D-	D-	D-	F	F	F	F	F	D	D

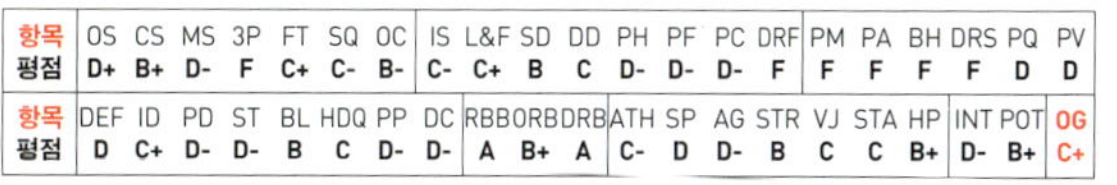

항목	DEF	ID	PD	ST	BL	HDQ	PP	DC	RBB	ORB	DRB	ATH	SP	AG	STR	VJ	STA	HP	INT	POT	OG
평점	D	C+	D-	D-	B	C	D-	D-	A	B+	A	C-	D	D-	B	C	C	B+	D-	B+	C+

C Khaman MALUACH C

카만 말루아치 2006.09.14 / 218cm

미국 **NBA 드래프트 :** 2025년 1라운드 10번 **NBA 우승 :** 0회 / **파이널 MVP :** 0회 **시즌 MVP :** 0회 / **NBA 퍼스트팀 :** 0회

남수단 출신으로 명문 듀크대를 1학년만 마치고 2025 NBA 드래프트를 신청했다. 휴스턴에 1라운드 10번으로 지명됐고, 클리퍼스로 트레이드됐다. 218cm 정통 센터다. 강력한 인사이드 수비와 폭발적인 블락을 구사한다. 큰 키에 비해 움직임이 민첩한 편이고, 페인트존에서 덩크, 레이업, 훅샷으로 쉽게 마무리한다. 핸드-오프를 비롯한 포스트 피딩도 발전하고 있다. 향후 슈팅 거리를 늘려나간다면 매우 위력적인 빅맨으로 발전할 것이다. 연봉 602만 달러.

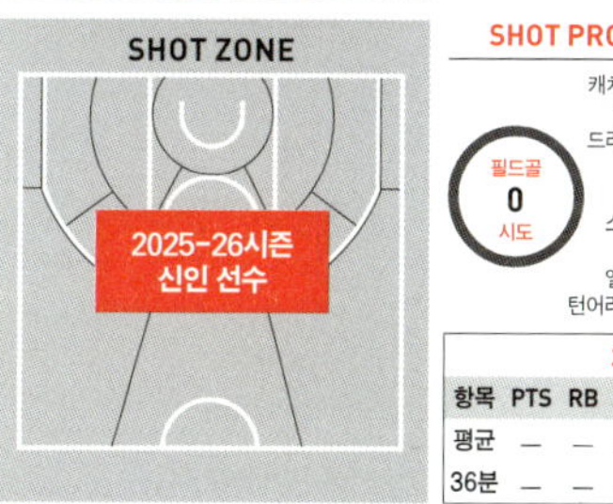

SHOT TYPES: 필드골 0 시도 — 점프샷, 레이업, 핑거롤, 플로터, 덩크, 훅샷, 팁샷, 뱅크샷, 페이드어웨이

2024-25시즌 기록 없음

항목	PTS	RB	AS	ST	BL	FG-FGA	3P-3PA	FT-FTA
평균	–	–	–	–	–	–	–	–
36분	–	–	–	–	–	–	–	–

항목	OS	CS	MS	3P	FT	SQ	OC	IS	L&F	SD	DD	PH	PF	PC	DRF	PM	PA	BH	DRS	PQ	PV
평점	–	–	–	–	–	–	–	–	–	–	–	–	–	–	–	–	–	–	–	–	–

항목	DEF	ID	PD	ST	BL	HDQ	PP	DC	RBB	ORB	DRB	ATH	SP	AG	STR	VJ	STA	HP	INT	POT	OG
평점	–	–	–	–	–	–	–	–	–	–	–	–	–	–	–	–	–	–	–	–	–

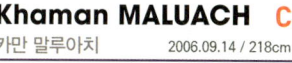

Nick RICHARDS C-PF

C 2

닉 리차즈 1997.11.29 / 213cm

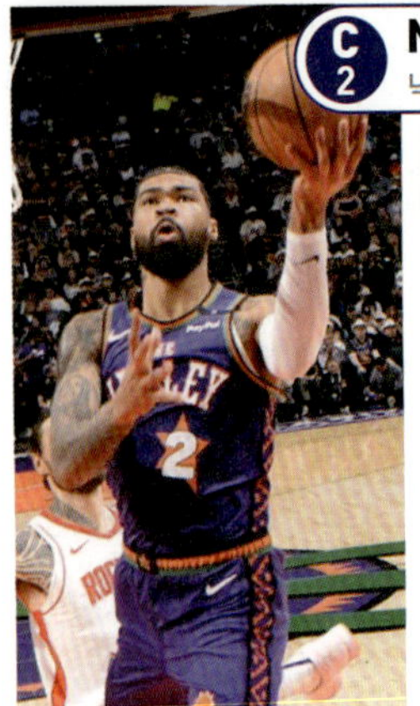

자메이카

NBA 드래프트 : 2020년 2라운드 42번
NBA 우승 : 0회 / **파이널 MVP :** 0회
시즌 MVP : 0회 / **NBA 퍼스트팀 :** 0회

리그에서 손꼽히는 '백업 센터'다. 제한된 시간에 득점, 리바운드, 블락을 꽤 쏠쏠하게 챙겨간다. 가성비가 좋다는 얘기다. '파워 인사이드 스코어러'다. 레이업, 덩크, 공격 리바운드 후의 풋백이 많다. 부드러운 터치를 이용한 레이업, 핑거롤도 자주 시도한다. 그러나 미드레인지 이상에서는 거의 슈팅하지 않는다. 현대 농구 트렌드와는 맞지 않는다고 볼 수 있다. 블락, 리바운드, 허슬 플레이, 인사이드 1대1 수비는 평균 이상이다. 연봉은 500만 달러.

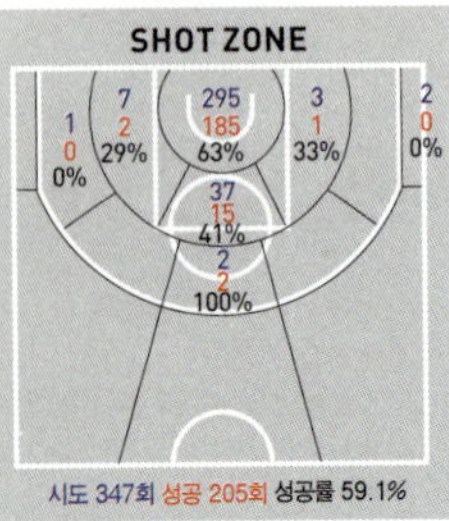

시도 347회 성공 205회 성공률 59.1%

2024-25시즌 샬럿+피닉스 57경기 평균 22.0분

항목	PTS	RB	AS	ST	BL	FG-FGA	3P-3PA	FT-FTA
평균	9.3	8.2	0.9	0.2	1.0	3.6-6.1	0.0-0.0	2.1-2.8
36분	15.2	13.4	1.4	0.4	1.6	5.9-9.9	0.0-0.1	3.4-4.6

항목	OS	CS	MS	3P	FT	SQ	OC	IS	L&F	SD	DD	PH	PF	PC	DRF	PM	PA	BH	DRS	PQ	PV
평점	D-	B	C+	F	C	C-	F	D-	D-	C	C	D-	F	D-	F	F	F	F	D-	F	F

항목	DEF	ID	PD	ST	BL	HDQ	PP	DC	RBB	ORB	DRB	ATH	SP	AG	STR	VJ	STA	HP	INT	POT	OG
평점	D	B-	D-	F	B-	C+	F	C-	A	A-	A	C+	C-	C-	D	C	B-	B	D-	B	C

Devin BOOKER SG-PG

G 1

데빈 부커 1996.10.30 / 198cm

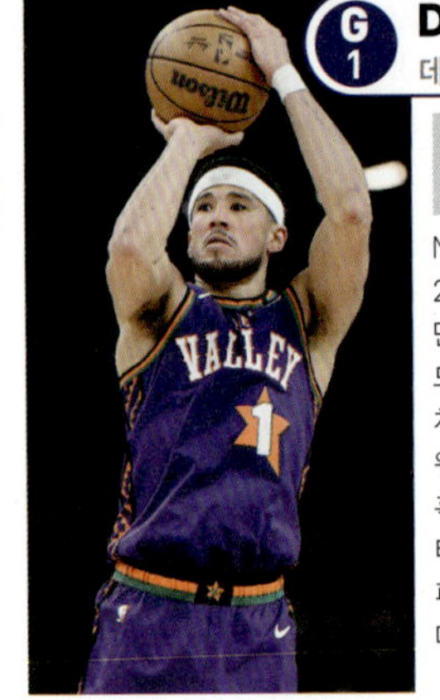

미국

NBA 드래프트 : 2015년 1라운드 13번
NBA 우승 : 0회 / **파이널 MVP :** 0회
시즌 MVP : 0회 / **NBA 퍼스트팀 :** 1회

NBA 최정상급 '슈팅 머신'. 지난 시즌 평균 25.6점, 7.1AS를 기록했다. 언제 어느 팀을 만나도 한결같이 25~30점을 찍어버린다. 미드레인지 풀업 점퍼는 최강의 무기다. 또한, 캐치&슛, 스텝백 점퍼, 턴어라운드샷, 페이드어웨이샷까지 모든 기술을 발휘해 중거리 슈팅 혹은 3점 슈팅을 터뜨린다. 돌파 후 덩크, 플로터, 레이업, 핑거롤로 마무리한다. 볼 핸들링과 패스가 출중한 탑 플레이메이커이고, 예전보다 수비력도 좋아졌다. 연봉은 5314만 달러.

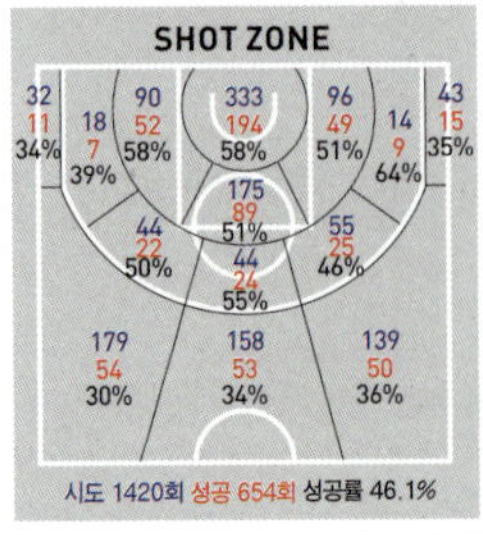

시도 1420회 성공 654회 성공률 46.1%

2024-25시즌 피닉스 75경기 평균 37.3분

항목	PTS	RB	AS	ST	BL	FG-FGA	3P-3PA	FT-FTA
평균	25.6	4.1	7.1	0.9	0.2	8.7-18.9	2.4-7.3	5.8-6.4
36분	24.8	3.9	6.8	0.9	0.2	8.4-18.3	2.4-7.1	5.6-6.2

항목	OS	CS	MS	3P	FT	SQ	OC	IS	L&F	SD	DD	PH	PF	PC	DRF	PM	PA	BH	DRS	PQ	PV
평점	B+	A	A+	B-	B+	C-	A	C+	A	F	C	C	C+	B	B+	B-	B-	A-	B-	B-	C

항목	DEF	ID	PD	ST	BL	HDQ	PP	DC	RBG	ORG	DRG	ATH	SP	AG	STR	VJ	STA	HP	INT	POT	OG
평점	C-	D	C+	D-	F	C	C	D	D-	C+	D-	B-	B-	B-	D-	C+	A	A	A-	A+	A-

Jalen GREEN SG

G 4

제일런 그린 2002.02.09 / 193cm

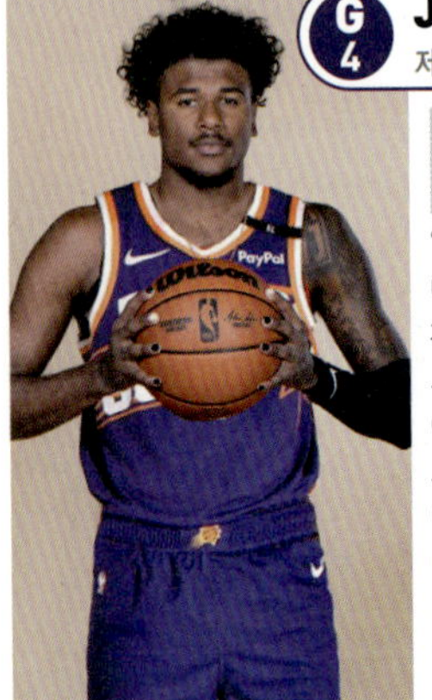

미국

NBA 드래프트 : 2021년 1라운드 2번
NBA 우승 : 0회 / **파이널 MVP :** 0회
시즌 MVP : 0회 / **NBA 퍼스트팀 :** 0회

'성실함의 대명사'다. 2023-24시즌에 이어 2년 연속 82경기 선발 출전이다. 프로 통산 4년간 307경기 모두 선발 출전이었고, 평균 출전 시간 32.7분이었다. 운동 능력이 뛰어나고, 몸이 유연하며 늘 자신감이 넘친다. 드라이빙 덩크는 하이라이트 필름이다. 드라이빙에서 이어지는 레이업, 핑거롤, 레이업도 좋은 무기다. 6~7m 지역과 3점 구역에서 스텝백 점퍼와 풀업 점퍼를 시도한다. 안정적인 볼 핸들링과 정확한 패스를 구사한다. 연봉은 3333만 달러.

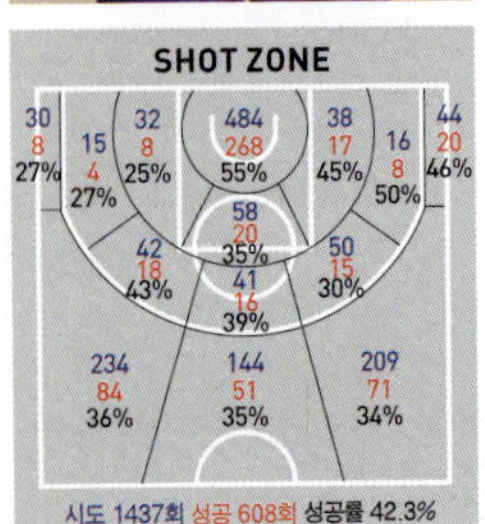

시도 1437회 성공 608회 성공률 42.3%

2024-25시즌 휴스턴 82경기 평균 31.7분

항목	PTS	RB	AS	ST	BL	FG-FGA	3P-3PA	FT-FTA
평균	21.0	4.6	3.4	0.9	0.3	7.1-17.5	2.9-8.1	3.3-4.1
36분	23.0	5.0	3.8	0.9	0.4	8.1-19.2	3.1-8.8	3.6-4.5

항목	OS	CS	MS	3P	FT	SQ	OC	IS	L&F	SD	DD	PH	PF	PC	DRF	PM	PA	BH	DRS	PQ	PV
평점	C+	B-	C	B-	B-	C-	B	D+	B	F	A-	D-	D-	D-	C-	C+	C+	B	B	C+	D-

항목	DEF	ID	PD	ST	BL	HDQ	PP	DC	RBG	ORG	DRG	ATH	SP	AG	STR	VJ	STA	HP	INT	POT	OG
평점	D	D-	D	D-	F	D-	D-	D-	C-	D	B	B-	B+	B+	D-	A-	B+	B	C-	A-	B-

Collin GILLESPIE PG

G 12

콜린 길레스피 1999.06.25 / 185cm

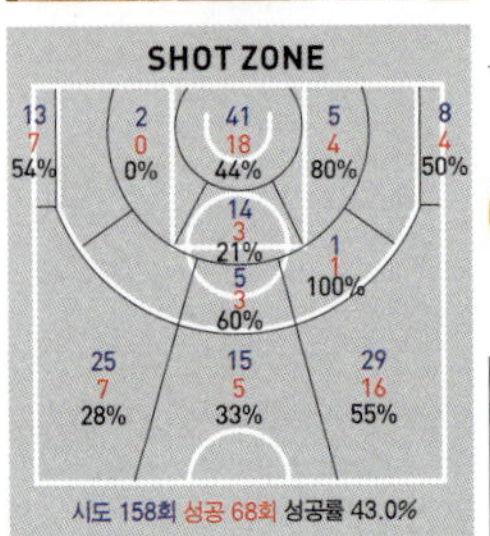

미국

NBA 드래프트 : 2022년 미지명
NBA 우승 : 0회 / **파이널 MVP :** 0회
시즌 MVP : 0회 / **NBA 퍼스트팀 :** 0회

2024년 11월, 오른 발목뼈 골절로 두 달간 결장했고, 2025년 1월 중순에 복귀했다. 정상 컨디션의 길레스피는 식스맨 겸 '하프코트-마에스트로'로서 제 몫을 할 것이다. 농구 IQ가 우수하고, 시야가 넓으며, 볼 핸들링과 패스 능력을 갖췄다. 오픈 상태의 스팟업 슈터로 3점 슈팅을 자주 시도한다. 또한, 기회가 생기면 드라이빙 레이업도 간간이 섞는다. 손이 빨라 스틸도 곧잘 성공시킨다. 그러나 퍼리미터 1대1 수비에는 약점이 있다. 연봉은 238만 달러.

시도 158회 성공 68회 성공률 43.0%

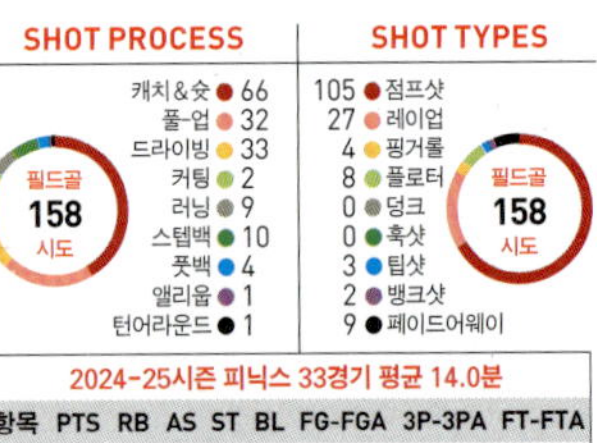

2024-25시즌 피닉스 33경기 평균 14.0분

항목	PTS	RB	AS	ST	BL	FG-FGA	3P-3PA	FT-FTA
평균	5.9	2.4	2.4	0.6	0.2	2.1-4.8	1.2-2.7	0.6-0.7
36분	15.1	6.1	6.1	1.6	0.4	5.3-12.3	3.0-7.0	1.5-1.7

항목	OS	CS	MS	3P	FT	SQ	OC	IS	L&F	SD	DD	PH	PF	PC	DRF	PM	PA	BH	DRS	PQ	PV
평점	C+	B-	C+	B	B+	C-	D-	D-	C	F	D-	F	D-	F	F	C+	C+	C+	B-	B-	C-

항목	DEF	ID	PD	ST	BL	HDQ	PP	DC	RBG	ORG	DRG	ATH	SP	AG	STR	VJ	STA	HP	INT	POT	OG
평점	D	D-	D	B-	F	D-	D-	D-	B+	B+	B	C-	B-	B-	F	B	B-	B-	D-	B	C-

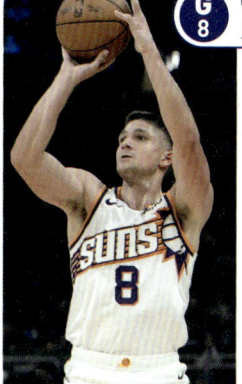

G 8 Grayson ALLEN SG-SF

그레이슨 앨런 1995.10.08 / 193cm

미국

NBA 드래프트 : 2018년 1라운드 21번
NBA 우승 : 0회 / **파이널 MVP :** 0회
시즌 MVP : 0회 / **NBA 퍼스트팀 :** 0회

백업 포워드로 제 몫을 했다. 앨런은 운동 능력과 투쟁심이 강한 스윙맨이다. '3점 스페셜리스트'로 통산 41.4%, 지난 시즌 42.6%를 성공시켰다. 3점 슈팅 핫스팟은 좌우 윙이지만, 코너에서도 위력적이다. 돌파 후 타이밍을 빼앗아 올리는 플로터도 주무기다. 평균 이상의 퍼리미터 수비수이고, 늘 파이팅이 넘친다. 가끔 아드레날린이 너무 많이 분출돼 사고를 일으킨다. 플래그런트 파울을 종종 범한다. 올 시즌은 좀 자제해야 한다. 연봉은 1688만 달러.

SHOT ZONE

60 / 31 / 52%, 5 / 1 / 20%, 111 / 62 / 56%, 8 / 2 / 25%, 39 / 18 / 46%
13 / 4 / 31%, 2 / 1 / 50%
114 / 44 / 39%, 29 / 9 / 31%, 108 / 47 / 44%

시도 489회 성공 219회 성공률 44.8%

SHOT PROCESS

필드골 489 시도

캐치&슛 274
풀-업 43
드라이빙 95
커팅 6
러닝 52
스텝백 14
풋백 0
앨리웁 0
턴어라운드 5

SHOT TYPES

필드골 489 시도

354 점프샷
74 레이업
17 핑거롤
24 플로터
9 덩크
2 훅샷
0 팁샷
4 뱅크샷
5 페이드어웨이

2024-25시즌 피닉스 64경기 평균 24.1분

항목	PTS	RB	AS	ST	BL	FG-FGA	3P-3PA	FT-FTA
평균	10.6	3.0	2.1	0.8	0.3	3.4-7.6	2.3-5.5	1.5-1.8
36분	15.9	4.5	3.2	1.3	0.4	5.1-11.4	3.5-8.2	2.2-2.7

항목	OS	CS	MS	3P	FT	SQ	OC	IS	L&F	SD	DD	PH	PF	PC	DRF	PM	PA	BH	DRS	PQ	PV
평점	C-	C	C-	B+	B-	D-	D	D-	B	F	C-	F	F	F	D+	C	C-	C+	C+	C+	F

항목	DEF	ID	PD	ST	BL	HDQ	PP	DC	RBG	ORG	DRG	ATH	SP	AG	STR	VJ	STA	HP	INT	POT	OG
평점	D	D-	C+	C-	F	C-	C	F	D	C-	C-	C	B	C+	F	B-	B	B-	D-	B	C

G 12 Jared BUTLER PG-SG

재러드 버틀러 2000.08.25 / 191cm

미국

NBA 드래프트 : 2021년 2라운드 40번
NBA 우승 : 0회 / **파이널 MVP :** 0회
시즌 MVP : 0회 / **NBA 퍼스트팀 :** 0회

지난 시즌 도중 워싱턴에서 필라델피아로 이적했다. 그리고 여름 오프시즌에 피닉스 유니폼을 입었다. 지난 시즌 워싱턴에서는 투웨이 계약으로 불안했다. 그러나 피닉스와는 보장 연봉 246만 달러에 사인했다. 마음가짐이 달라질 수밖에 없는 이유다. 버틀러의 공격 루트는 두 가지다. 돌파 후의 레이업과 3점 슈팅. 중거리 슈팅은 시도 자체가 거의 없다. 콤보 가드로서 볼 핸들링은 나쁘지 않다. 그러나 수비, 리바운드는 다소 부족하다. 연봉은 246만 달러.

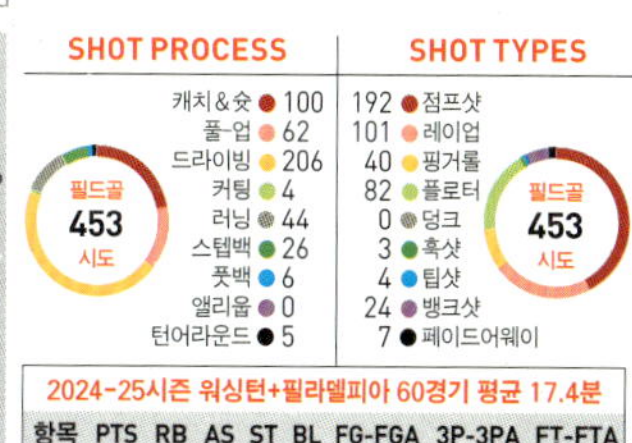

2024-25시즌 워싱턴+필라델피아 60경기 평균 17.4분

항목	PTS	RB	AS	ST	BL	FG-FGA	3P-3PA	FT-FTA
평균	9.0	1.8	3.7	0.7	0.2	3.4-7.6	1.0-2.8	1.3-1.5
36분	18.7	3.8	7.6	1.4	0.4	7.0-15.6	2.1-5.8	2.6-3.1

항목	OS	CS	MS	3P	FT	SQ	OC	IS	L&F	SD	DD	PH	PF	PC	DRF	PM	PA	BH	DRS	PQ	PV
평점	C	B	B-	C+	B-	D	D-	D-	C	F	D+	F	F	F	D-	B-	C+	B-	B-	C+	C+

항목	DEF	ID	PD	ST	BL	HDQ	PP	DC	RBG	ORG	DRG	ATH	SP	AG	STR	VJ	STA	HP	INT	POT	OG
평점	D	D-	D	C	F	D-	F	D-	D-	C-	D-	C	B-	B-	D-	C+	B-	B-	D-	B	C-

G 23 Jordan GOODWIN PG-SG

조던 구드윈 1998.10.23 / cm

미국

NBA 드래프트 : 2021년 미지명
NBA 우승 : 0회 / **파이널 MVP :** 0회
시즌 MVP : 0회 / **NBA 퍼스트팀 :** 0회

2024-25시즌, LA 레이커스와 산하 마이너팀인 사우스베이 레이커스를 넘나들었다. 그리고 발목, 종아리 부상 이슈도 있었다. 이 때문에 지난 시즌 NBA에서는 29경기 평균 18.7분 출전하는 데 그쳤다. 올 시즌 피닉스에서는 보장 계약 연봉 235만 달러이기에, 지난 시즌 LA 레이커스 시절보다는 출전 기회가 훨씬 늘어날 것이다. 구드윈은 수비 스페셜리스트다. 꼭 필요한 순간에 등장해 질식 수비로 상대를 무너트린다. 그가 NBA에서 살아남은 이유다.

SHOT PROCESS

필드골 144 시도

캐치&슛 65
풀-업 14
드라이빙 26
커팅 1
러닝 8
스텝백 10
풋백 16
앨리웁 0
턴어라운드 4

SHOT TYPES

필드골 144 시도

81 점프샷
27 레이업
4 핑거롤
11 플로터
0 덩크
1 훅샷
7 팁샷
6 뱅크샷
7 페이드어웨이

2024-25시즌 LA 레이커스 29경기 평균 18.7분

항목	PTS	RB	AS	ST	BL	FG-FGA	3P-3PA	FT-FTA
평균	5.6	3.9	1.4	1.0	0.4	2.2-5.0	0.9-2.3	0.3-0.4
36분	10.7	7.4	2.8	2.0	0.7	4.2-9.5	1.7-4.5	0.6-0.7

항목	OS	CS	MS	3P	FT	SQ	OC	IS	L&F	SD	DD	PH	PF	PC	DRF	PM	PA	BH	DRS	PQ	PV
평점	C-	B-	D-	C+	B+	C-	D-	D-	C+	F	F	F	D-	D-	D+	D+	C+	C+	D+	C+	F

항목	DEF	ID	PD	ST	BL	HDQ	PP	DC	RBG	ORG	DRG	ATH	SP	AG	STR	VJ	STA	HP	INT	POT	OG
평점	C-	D-	C	A-	F	C-	D+	C-	A	A	B+	C-	C	C	F	D-	B-	B	B-	B-	C-

PHOENIX SUNS 2025-26 REGULAR SEASON SCHEDULE

OCTOBER, 2025

Oct. 22 vs. Sacramento Kings
Oct. 24 @ Los Angeles Clippers
Oct. 25 @ Denver Nuggets
Oct. 27 @ Utah Jazz
Oct. 29 vs. Memphis Grizzlies
Oct. 31 vs. Utah Jazz

NOVEMBER, 2025

Nov. 2 vs. San Antonio Spurs
Nov. 4 @ Golden State Warriors
Nov. 6 vs. Los Angeles Clippers
Nov. 8 @ Los Angeles Clippers
Nov. 10 vs. New Orleans Pelicans
Nov. 12 @ Dallas Mavericks
Nov. 13 vs. Indiana Pacers
Nov. 16 vs. Atlanta Hawks
Nov. 18 @ Portland Trail Blazers
Nov. 21 vs. Minnesota Timberwolves
Nov. 23 vs. San Antonio Spurs
Nov. 24 vs. Houston Rockets
Nov. 26 @ Sacramento Kings
Nov. 28 @ Oklahoma City Thunder
Nov. 29 vs. Denver Nuggets

DECEMBER, 2025

Dec. 1 @ Los Angeles Lakers
Dec. 5 @ Houston Rockets
Dec. 8 @ Minnesota Timberwolves
Dec. 18 vs. Golden State Warriors
Dec. 20 @ Golden State Warriors
Dec. 23 vs. Los Angeles Lakers
Dec. 26 @ New Orleans Pelicans
Dec. 27 @ New Orleans Pelicans
Dec. 29 @ Washington Wizards
Dec. 31 @ Cleveland Cavaliers

JANUARY, 2026

Jan. 2 vs. Sacramento Kings
Jan. 4 vs. Oklahoma City Thunder
Jan. 5 @ Houston Rockets
Jan. 7 @ Memphis Grizzlies
Jan. 9 vs. New York Knicks
Jan. 11 vs. Washington Wizards
Jan. 13 @ Miami Heat
Jan. 15 @ Detroit Pistons
Jan. 17 @ New York Knicks
Jan. 19 @ Brooklyn Nets
Jan. 20 @ Philadelphia 76ers
Jan. 23 @ Atlanta Hawks
Jan. 25 vs. Miami Heat
Jan. 27 vs. Brooklyn Nets
Jan. 29 vs. Detroit Pistons
Jan. 30 vs. Cleveland Cavaliers

FEBRUARY, 2026

Feb. 1 vs. Los Angeles Clippers
Feb. 3 @ Portland Trail Blazers
Feb. 5 vs. Golden State Warriors
Feb. 7 vs. Philadelphia 76ers
Feb. 10 vs. Dallas Mavericks
Feb. 11 vs. Oklahoma City Thunder
Feb. 19 @ San Antonio Spurs
Feb. 21 vs. Orlando Magic
Feb. 22 vs. Portland Trail Blazers
Feb. 24 vs. Boston Celtics
Feb. 26 vs. Los Angeles Lakers

MARCH, 2026

Mar. 3 @ Sacramento Kings
Mar. 5 vs. Chicago Bulls
Mar. 6 vs. New Orleans Pelicans
Mar. 8 vs. Charlotte Hornets
Mar. 10 @ Milwaukee Bucks
Mar. 12 @ Indiana Pacers
Mar. 13 @ Toronto Raptors
Mar. 16 @ Boston Celtics
Mar. 17 @ Minnesota Timberwolves
Mar. 19 @ San Antonio Spurs
Mar. 21 vs. Milwaukee Bucks
Mar. 22 vs. Toronto Raptors
Mar. 24 vs. Denver Nuggets
Mar. 28 vs. Utah Jazz
Mar. 30 @ Memphis Grizzlies
Mar. 31 @ Orlando Magic

APRIL, 2026

Apr. 2 @ Charlotte Hornets
Apr. 5 @ Chicago Bulls
Apr. 7 vs. Houston Rockets
Apr. 8 vs. Dallas Mavericks
Apr. 10 @ Los Angeles Lakers
Apr. 12 @ Oklahoma City Thunder

SACRAMENTO KINGS
SACRAMENTO KINGS
Kings

유일한 희망, 올스타 빅맨 사보니스

적(敵)은 내부에 있다!

새크라멘토의 근시안적인 구단 운영은 유명하다. 역대 최다 불명예인 16년 연속 플레이오프 진출 실패가 주홍 글씨로 새겨져 있다. 동부컨퍼런스 대표 바보 시카고 조차 새크라멘토 앞에서는 한 수 접어줄 정도다. 2022-23시즌 플레이오프 진출은 소 뒷걸음질 치다가 쥐 잡은 우연으로 판명 났다. 이후 추가 전력 보강은 고사하고, 마이너스 행보만 주야장천 밟고 있다. 최강의 빌런은 비벡 라나디베 구단주다. 어둠 속에 갇힌 프런트와 코치진, 선수단이 안타까울 따름이다.

하고 싶은 게 뭔가요?

윙 포지션 득점원 듀오 더마 드로잔과 잭 라빈은 시카고에서 실패했던 조합이다. 새크라멘토는 굳이 두 선수 영입에 나서 실패의 역사를 이어갔다. 올해 여름 전력 개편 작업도 지지부진했다. 샌안토니오로 탈출한 디애런 팍스 대체 자원인 데니스 슈뢰더 3년 4,443만 달러 사인&트레이드 영입에 그쳤다. 프랜차이즈 스타 출신 덕 크리스티는 정식 감독 계약을 체결했다. 오랜 기간 어시스턴트 코치 과정을 거쳐 감독으로 영전했기에 선수단 장악력만큼은 믿어볼 만하다.

도만타스 사보니스 독박 농구

유일한 희망은 올스타 빅맨 도만타스 사보니스다. 현대 농구 흐름에 적합한 공격 조립 능력, 불꽃 같은 투지, 최근 3시즌 누적 8,093분 출전 시간 소화 리그 전체 4위에 빛나는 내구성 모두 든든하다. 저비용 고효율 자원으로 자리 잡은 키온 엘리스 역시 팬들 마음을 어루만져 준다. 크리스티 감독에게 주어진 과제는 윙 포지션 트리오 드로잔, 라빈, 키건 머레이 교통 정리다. 지난 시즌에 리그 하위권으로 추락한 3점 라인 생산력도 끌어올려야 한다. 쉽지 않은 과제이긴 하다.

Association Icon Statement City

*통계는 2025년 9월 10일 기준

CLUB INFORMATION

Founded	Owner	CEO	Head Coach	24-25 Odds
구단 창립 1923년	비벡 라나디베 1957.10.07	존 라인하트	더그 크리스티 1970.05.09	스카이벳 : 500배 윌리엄힐 : 500배

Nationality	Age	Height	Weight	Salary
18명 ●미국 선수 13명 ●외국 선수 5명	18명 평균 27.2세	18명 평균 198.7cm	18명 평균 97.8kg	14명 평균 1311만 달러

Win	Loss	Winning%	Play-Off	Titles
2024-25 : 40승 통산 : 2788승	2024-25 : 42패 통산 : 3299패	2024-25 : 48.8% 통산 : 45.8%	PO 진출 : 31회 PO 탈락 : 46회	NBA우승 : 1회 컨퍼런스 : 0회

Top Scorer	More Rebounds	More Assists	More Steals	More Blocks
디애런 폭스 평균 25.0점	도만타스 사보니스 평균 13.9리바운드	디애런 폭스 평균 6.1어시스트	키온 엘리스 평균 1.5스틸	키건 머레이 평균 0.9블락

*항목별 1위는 지난 시즌 새크라멘토 소속으로 42경기 이상 출전한 선수 중 선별

HEAD COACH & STADIUM

Doug Christie 더그 크리스티

생년월일 : 1970.05.09 / **출생지 :** 미국 워싱턴주 시애틀

경력 : 2021~2024년 새크라멘토 킹스 코치 / 2024~2025년 새크라멘토 킹스 임시 감독 / 2025년~ 새크라멘토 킹스 감독

1992년부터 15년간 NBA에서 슈팅가드로 활약했다. LA레이커스를 시작으로 뉴욕, 토론토, 새크라멘토, 올랜도, 댈러스, LA클리퍼스 등 총 7팀을 거치며 827경기에 출전해 평균 11.2점 4.1리바운드 3.6어시스트 1.9스틸을 기록했다. 현역 시절 수비 스페셜리스트로 올-디펜시브 퍼스트팀 1회(2003년), 올-디펜시브 세컨드팀 3회(2001, 2002, 2004년) 선정되었다. 은퇴 후 7년간 별다른 활약을 하지 않다가 2014년, 북한 김정은의 생일 때 '로드맨 팀' 일원으로 평양에 가서 북한 농구 대표팀과 친선 경기를 치렀다. 그는 2018년 NBC 스포츠의 NBA 해설자를 맡으며 농구계로 복귀했다. 2021년부터 3년간 새크라멘토 킹스 코치로 경험을 쌓았고, 2024-25시즌 팀의 임시 감독으로 선수들을 지도했다. 그리고 2025년 5월 1일, 새크라멘토 킹스의 정식 감독으로 임명되었다.

GOLDEN 1 CENTER

구장 오픈 : 2016년 9월 30일

구장 증개축 : –

오너 : 새크라멘토시

수용인원 : 1만 7608명

건축비용 : 5억 5800만 달러

(현재 가치) 7억 900만 달러

건설되기까지 여러 사연이 참 많았지만, 결국 지어졌다. 새크라멘토 신용조합 골든 1 크레딧 유니언이 명명권을 사 유니언 1 센터가 되었다. 13.4m × 7.3m 넓이의 거대한 UHD 전광판을 비롯해 다양한 최신식 시설을 갖추고 있다. 스포츠, 음악, 엔테테인먼트, 식음료, 문화 등 지역사회의 관심사를 하나로 모은다. 킹스 홈구장이 된 건 2016-17시즌부터다.

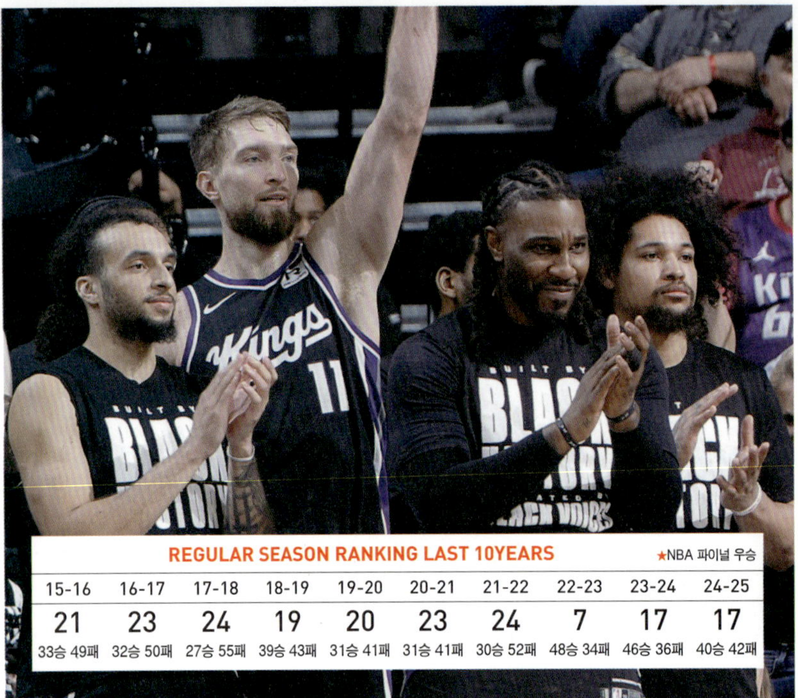

REGULAR SEASON RANKING LAST 10YEARS									★NBA 파이널 우승
15-16	16-17	17-18	18-19	19-20	20-21	21-22	22-23	23-24	24-25
21	23	24	19	20	23	24	7	17	17
33승 49패	32승 50패	27승 55패	39승 43패	31승 41패	31승 41패	30승 52패	48승 34패	46승 36패	40승 42패

Honours

NBA CHAMPIONS	CONFERENCE TITLES	DIVISION TITLES	RETIRED NUMBERS
1	0	6	11

NBA CHAMPIONSHIPS
1951

CONFERENCE TITLES
NONE

DIVISION TITLES
1949, 1952, 1979, 2002, 2003, 2023

RETIRED NUMBERS
1, 2, 4, 6, 11, 12, 14, 16, 21, 27, 44

TEAM POTENTIAL

76점

19위

하프코트 세트오펜스 9점

트랜지션 오펜스 7점

하프코트 세트디펜스 7점

트랜지션 디펜스 8점

리바운드 9점

선수층 7점

선수 경험치 8점

감독 리더십 8점

감독 전술 8점

프런트 점

*각 항목은 10점 만점, 평점은 NBA 30팀 사이 상대평가

우승 ODDS	배당	순위
Sky Bet	500배	24위
Bet Fred	250배	22위
William Hill	500배	24위

OFFENSIVE STYLE
트랜지션 오펜스 — 하프코트 세트오펜스

DEFENSIVE STYLE
하이 프레스 — 하프코트 디펜스

SQUAD & TACTICS

STARTERS

- PF 키건 머레이 34.3분, 12.4점 6.7RB, 1.4AS
- C 도만타스 사보니스 34.7분, 19.1점 13.9RB, 6.0AS
- SF 더마 드로잔 35.9분, 22.2점 3.9RB, 4.4AS
- SG 말릭 몽크 31.6분, 17.2점 3.8RB, 5.6AS
- PG 잭 라빈 35.2분, 23.3점 4.3RB, 4.2AS

OFF THE BENCH

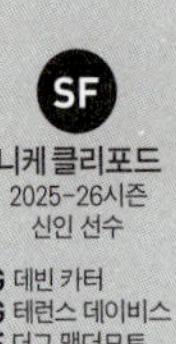

- PG 데니스 슈뢰더 28.1분, 13.1점 2.6RB, 5.4AS
- SG 키온 엘리스 24.4분, 8.3점 2.7RB, 1.5AS
- SF 니케 클리포드 2025-26시즌 신인 선수
- PF 다리오 샤리치 13.1분, 3.5점 3.1RB, 1.4AS
- C 드류 유뱅크스 12.2분, 4.6점 3.7RB, 0.9AS

G 데빈 카터
G 테런스 데이비스
F 더그 맥더모트
F 아이작 존스
C 맥심 르노

Player's Functions

Ball Handlers Z.라빈, D.슈뢰더, D.드로잔
Pull-Ups D.드로잔, Z.라빈, M.몽크
Catch & Shoot K.머레이, D.드로잔, D.사보니스

3 Pointers K.머레이, Z.라빈, M.몽크
Slam Dunkers Z.라빈, K.머레이, D.사보니스
Free Throw D.드로잔, M.몽크, D.슈뢰더

Rebounders D.사보니스, D.유뱅스, D.카터
1-1 Defenders K.엘리스, M.레이노, D.카터
Ball Stealers K.엘리스, D.카터, T.데이비스

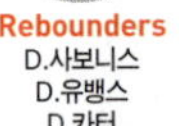

Key Passes D.슈뢰더, D.사보니스, M.몽크
Hustle Players I.존스, D.카터, D.사보니스
Rim Protectors D.유뱅스, M.레이노, I.존스

2024-25 SEASON PERFORMANCE

공격 레이팅 116.7(7위) 수비 레이팅 116.2(23위) 레이팅 마진 +0.5(16위) 페이스 98.2(19위)

SACRAMENTO KINGS vs. OPPONENTS PER GAME STATS

KINGS	득실점	FG 필드골성공	FG↑ 필드골시도	FG% 필드골%	3P 3점성공	3P↑ 3점시도	3P% 3점%	2P 2점성공	2P↑ 2점시도	2P% 2점%	자유투성공	자유투시도	FT% 자유투%	OR 공격RB	DR 수비 RB	TR 전체 RB	A↑ 어시스트	스틸	블락샷	턴오버	파울
새크라멘토	115.7 10위	43.0 9위	90.1 10위	47.8% 12위	12.6 23위	35.2 24위	35.7% 19위	30.5 4위	54.9 7위	55.5% 12위	17.1 13위	21.2 19위	80.6% 4위	11.0 16위	33.2 14위	44.2 16위	26.5 13위	7.6 25위	4.4 25위	13.3 6위	18.9 17위
상대팀	115.3 19위	41.6 14위	87.8 8위	47.4% 22위	14.5 28위	38.2 19위	38.1% 30위	27.0 5위	49.6 6위	54.5% 16위	17.6 21위	22.4 20위	78.3% 20위	10.0 3위	32.4 11위	42.3 5위	27.0 17위	7.9 11위	4.3 5위	13.9 18위	18.5 19위

LINE-UP

• 세크라멘토는 지난 시즌 총 490개의 라인업을 가동했다. 득실점차 플러스 10개, 마이너스 10개를 골랐다.

득실점차 플러스(+) 라인업 TOP 10	G	MIN	PPG	RPG	득실차
D. DeRozan - D. Sabonis - M. Monk - K. Murray - K. Ellis	38	201	13.2	5.1	+79
D. DeRozan - D. Sabonis - D. Fox - K. Huerter - K. Murray	16	184	27.8	10.6	+40
D. DeRozan - J. Valančiūnas - Z. LaVine - K. Murray - K. Ellis	10	92	23.7	8.7	+27
D. DeRozan - D. Sabonis - D. Fox - K. Murray - K. Ellis	16	80	12.9	4.5	+27
D. DeRozan - D. Sabonis - M. Monk - K. Huerter - K. Ellis	11	48	12.0	3.7	+27
J. Crowder - D. Sabonis - D. Fox - M. Monk - K. Murray	2	10	16.5	7.0	+24
J. Valančiūnas - Z. LaVine - T. Lyles - M. Monk - J. LaRavia	1	7	34.0	9.0	+24
D. DeRozan - D. Sabonis - D. Fox - M. Monk - K. Ellis	12	69	16.1	4.6	+20
Z. LaVine - D. Sabonis - M. Monk - K. Murray - K. Ellis	9	34	9.9	4.1	+20
D. Sabonis - D. Fox - M. Monk - K. Huerter - K. Murray	6	11	6.2	2.3	+18

득실점차 마이너스(-) 라인업 TOP 10	GP	MIN	PPG	RPG	득실차
D. Sabonis - M. Monk - K. Huerter - K. Murray - K. Ellis	9	27	61	15	-30
Z. LaVine - T. Lyles - D. Sabonis - M. Monk - K. Ellis	5	9	11	11	-24
D. DeRozan - A. Len - D. Fox - K. Huerter - K. Murray	4	8	6	1	-24
D. DeRozan - D. Sabonis - K. Huerter - K. Murray - K. Ellis	3	5	2	2	-24
D. DeRozan - J. Valančiūnas - Z. LaVine - K. Ellis - J. LaRavia	7	19	39	10	-23
D. DeRozan - Z. LaVine - D. Sabonis - M. Monk - K. Murray	15	196	487	195	-21
J. Valančiūnas - T. Lyles - M. Monk - K. Ellis - J. LaRavia	3	23	47	23	-18
D. DeRozan - T. Lyles - D. Fox - K. Huerter - K. Murray	3	12	19	7	-15
D. DeRozan - D. Sabonis - M. Monk - K. Huerter - I. Jones	3	7	12	2	-15
T. Lyles - D. Sabonis - M. Monk - K. Huerter - K. Ellis	13	53	128	49	-14

PASS COMBINATIONS

→ 해당 선수가 경기당 동료로부터 패스 받은 횟수
→ 해당 선수가 경기당 동료들에게 패스 해준 횟수

받은 횟수	선수	해준 횟수
49.1	도만타스 사보니스	57.8
63.2	디애런 폭스	54.5
52.1	말릭 몽크	43.8
51.1	잭 라빈	41.9
46.2	더마 드로잔	31.8
22.2	키건 머레이	29.8
22.8	키온 엘리스	26.3
23.0	케빈 허더	25.0
17.8	요나스 발란추나스	23.4
16.5	트레이 라일스	22.1
14.4	제이크 라라비아	20.4
13.3	데빈 카터	13.4
14.1	마켈 풀츠	12.6
12.0	조던 맥러플린	12.3
8.2	제이 크라우더	11.6
8.3	알렉스 렌	10.5
9.9	올랜도 로빈슨	10.0
8.0	테런스 데이비스	9.0
7.6	메이슨 존스	7.4
6.7	더그 맥더못	6.3
4.4	콜비 존스	5.7
5.5	아이작 존스	5.7
2.7	아이재이아 크러포드	3.4
3.0	스칼 라비시에르	3.3
1.0	테리 테일러	2.0

2024-25 RANKING

* 는 수치가 낮을수록 랭킹이 높아짐

새크라멘토	랭킹	FIVE FACTORS	상대팀	랭킹
54.8%	15위	3점 가중 FG%	55.7%*	25위
11.8*	5위	턴오버 / 100포제션	12.5	18위
25.4%	16위	공격 RB 점유율	23.1%*	3위
76.9%	3위	수비 RB 점유율	74.6%*	15위
19.0%	15위	자유투 / 필드골	20.0%*	21위

득점	랭킹	PLAYTYPE	실점*	랭킹
7.3	14위	아이솔레이션	6.7	12위
22.0	20위	트랜지션	20.7	2위
16.3	14위	픽&롤 볼핸들러	15.7	10위
6.5	21위	픽&롤 롤맨	7.5	20위
6.3	5위	포스트-업	3.8	12위
26.8	15위	스팟-업	32.0	30위
8.3	1위	핸드오프	5.4	19위
9.4	16위	컷인	—	—
3.0	21위	오프 스크린	4.1	18위
6.8	11위	풋백	5.8	4위
2.5	23위	기타	—	—

SHOT ZONE

평균 구간별 슈팅 및 성공률

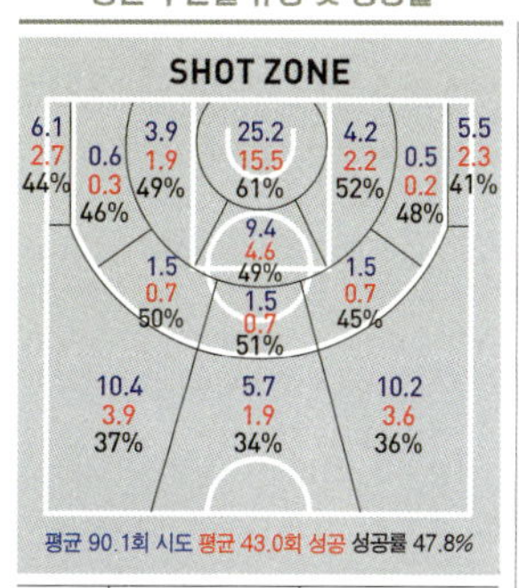

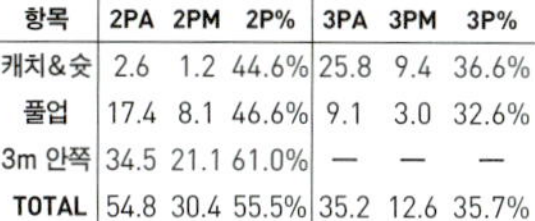

항목	2PA	2PM	2P%	3PA	3PM	3P%
캐치&슛	2.6	1.2	44.6%	25.8	9.4	36.6%
풀업	17.4	8.1	46.6%	9.1	3.0	32.6%
3m 안쪽	34.5	21.1	61.0%	—	—	—
TOTAL	54.8	30.4	55.5%	35.2	12.6	35.7%

SHOT PROCESS & SHOT TYPES

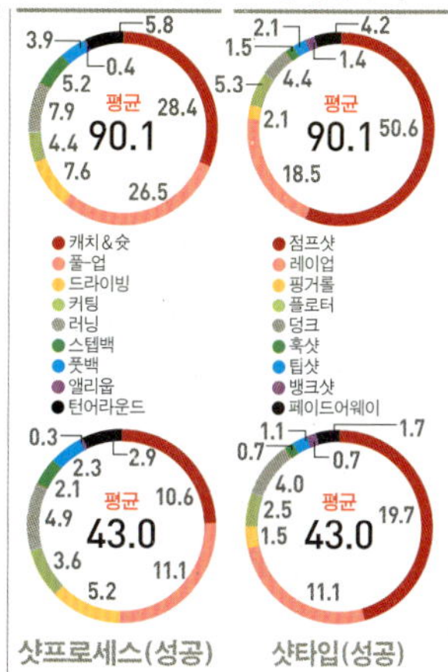

SHOOTING

OPPONENT SHOOTING

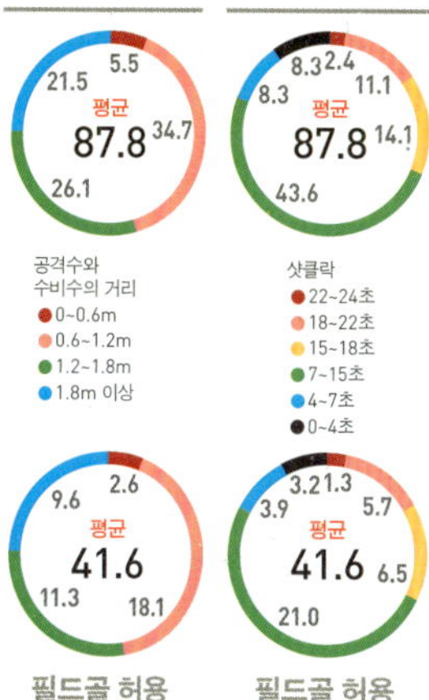

CONTESTED REBOUNDS

공격 리바운드: 0.6, 0.8, 2.4, 2.3 — 평균 6.1

수비 리바운드: 0.6, 1.4, 2.6, 3.3 — 평균 7.9

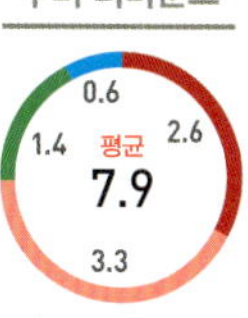

림 아래부터 리바운드 위치까지의 거리
● 0~0.9m ● 0.9~1.8m ● 1.8~3m ● 3m 이상

UNCONTESTED REBOUNDS

공격 리바운드: 0.6, 2.3, 1.0, 0.8 — 평균 4.7

수비 리바운드: 4.5, 4.6, 6.8, 9.3 — 평균 25.2

림 아래부터 리바운드 위치까지의 거리
● 0~0.9m ● 0.9~1.8m ● 1.8~3m ● 3m 이상

DEFENSE OF 40 WINS

필드골 허용 %: 44.7%
상대 필드골 시도 87.5
필드골 허용 39.1

3점슛 허용 %: 34.1%
상대 3점슛 시도 38.5
3점슛 허용 13.1

DEFENSE OF 42 LOSSES

필드골 허용 %: 49.9%
상대 필드골 시도 88.0
필드골 허용 44.0

3점슛 허용 %: 41.9%
상대 3점슛 시도 37.9
3점슛 허용 15.9

General Stats								Outside Scoring & Shooting							Inside Scoring & Shooting								Play Making, Ball Handling & Passing					
PTS	RB	AS	ST	BL	FG-FGA	3P-3PA	FT-FTA	OS	CS	MS	3P	FT	SQ	OC	IS	L&F	SD	DD	PH	PF	PC	DRF	PM	PA	BH	DRS	PQ	PV
득점	리바운드	어시스트	스틸	블락샷	필드골 성공-시도	3점슈팅 성공-시도	자유투 성공-시도	외곽 득점력	근거리 점프샷	중거리 슈팅	3점 슈팅	자유투	슈팅 IQ	득점 일관성	인사이드 득점력	레이업 플로터	스탠딩 덩크	드라이빙 덩크	포스트 훅샷	포스트 페이드	포스트 컨트롤	파울 유도	플레이 메이킹	패스 능력	볼 핸들링	드리블 스피드	패스 IQ	패스 비전

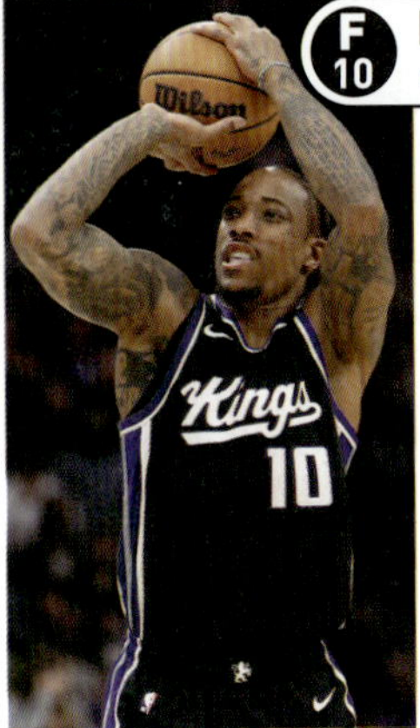

F 10 DeMar DeROZAN SF-SG

더마 드로잔 1989.08.07 / 198cm

미국 **NBA 드래프트 :** 2009년 1라운드 9번
NBA 우승 : 0회 / **파이널 MVP :** 0회
시즌 MVP : 0회 / **NBA 퍼스트팀 :** 0회

2024년 여름, 새크라멘토 유니폼을 입었다. 시즌 77경기 평균 35.9분, 22.2점을 올리며 본인의 가치를 구단에 입증시켰다. 댈러스와의 플레이-인-토너먼트에서는 혼자 33점을 폭발시키며 분전했지만, 팀의 탈락을 막지는 못했다. 드로잔은 리그 최고의 중거리 슈터다. 경쾌한 발놀림에서 나오는 레벨 스텝으로 다양한 공격을 파생시킨다. 풀업 점퍼는 역대급이다. 포스트업 때는 백다운의 정석을 보인다. 심장이 강해 '빅샷'을 많이 넣는다. 연봉은 2457만 달러.

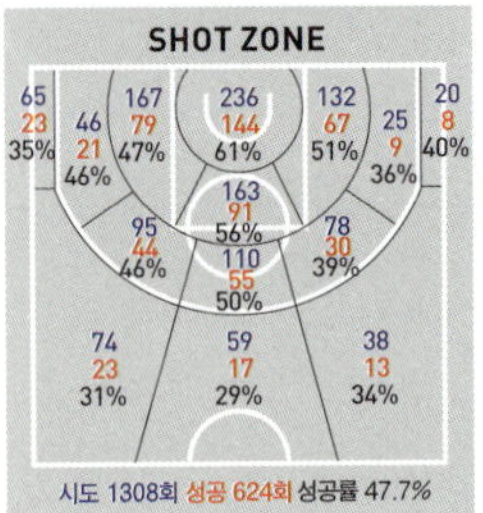

2024-25시즌 새크라멘토 77경기 평균 35.9분

항목	PTS	RB	AS	ST	BL	FG-FGA	3P-3PA	FT-FTA
평균	22.2	3.9	4.4	0.8	0.4	8.1-17.0	1.1-3.3	4.9-5.7
36분	22.2	3.9	4.4	0.8	0.4	8.1-17.0	1.1-3.3	4.9-5.7

항목	OS	CS	MS	3P	FT	SQ	OC	IS	L&F	SD	DD	PH	PF	PC	DRF	PM	PA	BH	DRS	PQ	PV
평점	B+	A+	A	C+	B+	C	A	C+	B+	D-	B-	D	C+	B+	C+	C	C-	B-	B-	C	D+

항목	DEF	ID	PD	ST	BL	HDQ	PP	DC	RB3	OR3	DR3	ATH	SP	AG	STR	VJ	STA	HP	INT	POT	OG
평점	D	D	D+	D-	F	D	D-	D-	D-	D-	D-	B-	B-	B-	C-	B+	B+	B-	F	A-	B

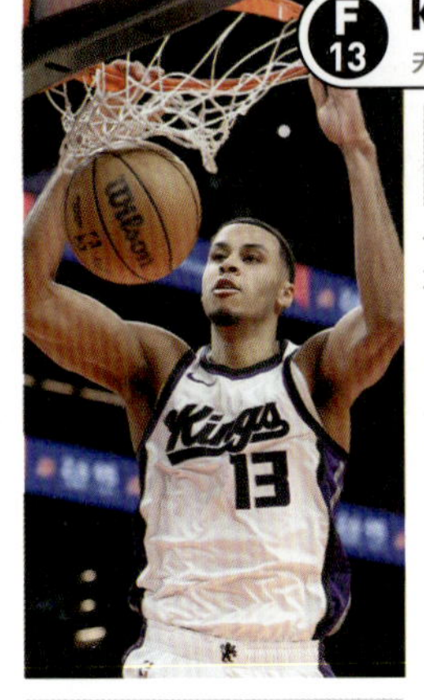

F 13 Keegan MURRAY PF-SF

키건 머레이 2000.08.19 / 203cm

미국 **NBA 드래프트 :** 2022년 1라운드 4번
NBA 우승 : 0회 / **파이널 MVP :** 0회
시즌 MVP : 0회 / **NBA 퍼스트팀 :** 0회

원래 선발 스몰포워드였다. 그러나 드로잔이 가세한 이후 파워포워드로 자리를 옮겼다. 머레이는 다재다능하고, 안정감 있는 점프 슈터다. 탑, 좌우 윙, 좌우 코너에서 연달아 터지는 3점 슈팅은 최강의 무기다. 미드레인지에서는 캐치&슛과 풀업 점퍼를 섞어 정확하게 림을 가른다. 강력한 덩크와 부드러운 레이업 등 림 어택도 쏠쏠하다. 픽&롤에서 핸들러와 롤러 두 역할 다 가능하다. 정말 열심히 뛰어다니며 허슬 플레이를 한다. 연봉은 1114만 달러.

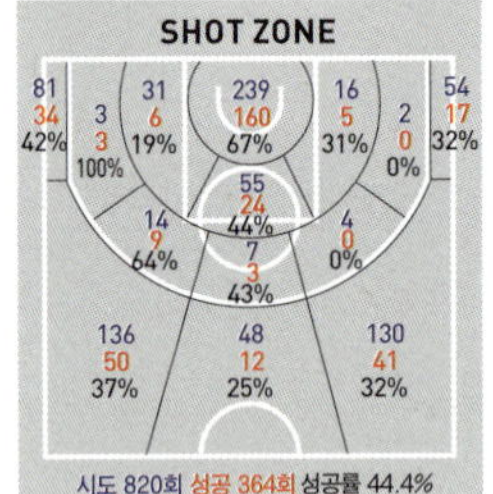

2024-25시즌 새크라멘토 76경기 평균 34.3분

항목	PTS	RB	AS	ST	BL	FG-FGA	3P-3PA	FT-FTA
평균	12.4	6.7	1.4	0.8	0.9	4.8-10.8	2.0-5.9	0.8-0.9
36분	13.0	7.0	1.5	0.8	1.0	5.0-11.3	2.1-6.2	0.8-1.0

항목	OS	CS	MS	3P	FT	SQ	OC	IS	L&F	SD	DD	PH	PF	PC	DRF	PM	PA	BH	DRS	PQ	PV
평점	C	A-	C-	B-	B-	D-	D-	D+	C+	D-	B-	D+	D+	D+	F	D-	D	C-	C-	D	F

항목	DEF	ID	PD	ST	BL	HDQ	PP	DC	RBB	ORB	DRB	ATH	SP	AG	STR	VJ	STA	HP	INT	POT	OG
평점	D+	C-	B-	F	D-	D	C	C	D-	D-	D-	C+	C	C+	D-	C+	B	B	C-	A-	B-

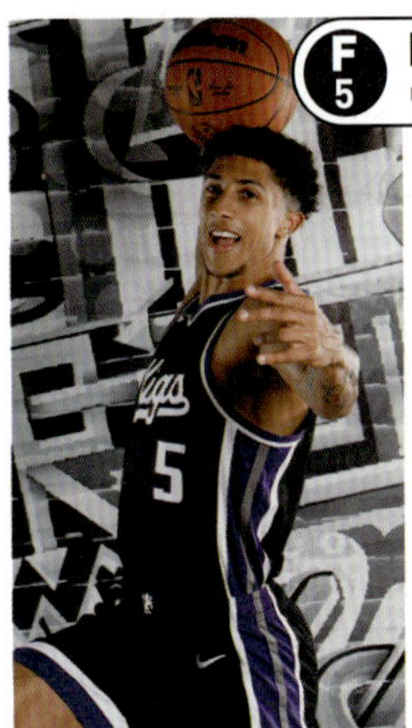

F 5 Nique CLIFFORD SG

닉 클리포드 2002.02.09 / 196cm

미국 **NBA 드래프트 :** 2025년 1라운드 24번
NBA 우승 : 0회 / **파이널 MVP :** 0회
시즌 MVP : 0회 / **NBA 퍼스트팀 :** 0회

2025 NBA 드래프트를 신청해 오클라호마시티에 1라운드 24번으로 지명됐고, 곧바로 새크라멘토로 트레이드됐다. 콜로라도주립대 4학년 때 36경기 평균 18.9점, 9.6리바운드를 기록하며 소속 컨퍼런스인 마운틴웨스트의 시즌 MVP로 뽑혔다. 198cm의 다재다능한 스윙맨이다. 효율적인 커팅, 과감한 드라이빙으로 림을 공략한다. 동료에게 정확히 패스하고, 돌고래처럼 솟구쳐 리바운드를 따낸다. 올 시즌 로테이션 멤버로서 충분하다. 연봉은 311만 달러.

2024-25시즌 기록 없음

항목	PTS	RB	AS	ST	BL	FG-FGA	3P-3PA	FT-FTA
평균	–	–	–	–	–	–	–	–
36분	–	–	–	–	–	–	–	–

항목	OS	CS	MS	3P	FT	SQ	OC	IS	L&F	SD	DD	PH	PF	PC	DRF	PM	PA	BH	DRS	PQ	PV
평점	–	–	–	–	–	–	–	–	–	–	–	–	–	–	–	–	–	–	–	–	–

항목	DEF	ID	PD	ST	BL	HDQ	PP	DC	RBG	ORG	DRG	ATH	SP	AG	STR	VJ	STA	HP	INT	POT	OG
평점	–	–	–	–	–	–	–	–	–	–	–	–	–	–	–	–	–	–	–	–	–

F 9 Dario ŠARIĆ PF-C

다리오 샤리치 1994.04.08 / 208cm

크로아티아 **NBA 드래프트 :** 2014년 1라운드 12번
NBA 우승 : 0회 / **파이널 MVP :** 0회
시즌 MVP : 0회 / **NBA 퍼스트팀 :** 0회

크로아티아 시베니크 출생. 2009~2016년 유럽 리그의 여러 클럽에서 활약했다. 2014 드래프트에서 올랜도에 지명됐고, 필라델피아로 트레이드된 후 2016-17시즌부터 NBA에서 활약해왔다. 샤리치는 올라운드형 파워포워드다. 가끔 센터로도 출전한다. 안정된 볼 핸들링과 정확한 패스를 구사한다. '스트레치 빅맨'으로 탑과 좌우 윙에서 던지는 3점 슈팅이 강력하다. 사이드스텝이 좋아 3번~5번을 다 수비한. 림 프로텍팅이 약하다. 시즌 연봉은 543만 달러.

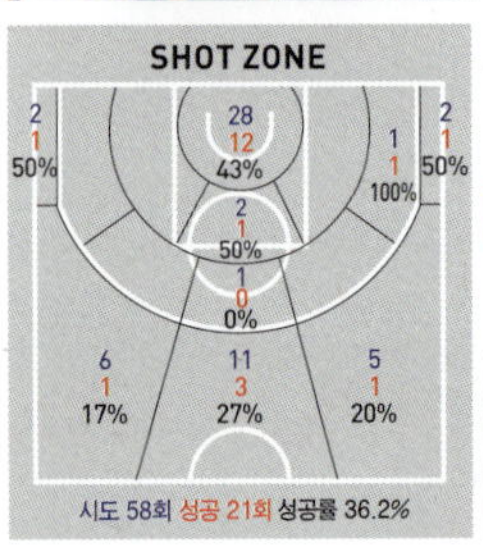

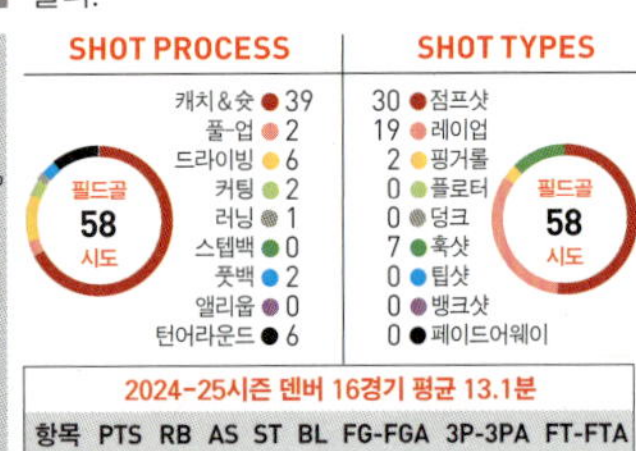

2024-25시즌 덴버 16경기 평균 13.1분

항목	PTS	RB	AS	ST	BL	FG-FGA	3P-3PA	FT-FTA
평균	3.5	3.1	1.4	0.4	0.1	1.3-3.6	0.4-1.6	0.4-0.6
36분	9.6	8.6	3.9	1.2	0.2	3.6-9.9	1.2-4.5	1.2-1.7

출전 시간이 짧아 평점 매길 수 없음

항목	OS	CS	MS	3P	FT	SQ	OC	IS	L&F	SD	DD	PH	PF	PC	DRF	PM	PA	BH	DRS	PQ	PV
평점	–	–	–	–	–	–	–	–	–	–	–	–	–	–	–	–	–	–	–	–	–

항목	DEF	ID	PD	ST	BL	HDQ	PP	DC					SP	AG	STR	VJ	STA	HP	INT	POT	OG
평점	–	–	–	–	–	–	–	–	–	–	–	–	–	–	–	–	–	–	–	–	–

Individual Defense & Team Defense								Offensive & Defensive Rebounding						Physical Fitness & Athleticism							Miscellaneous		
DEF	ID	PD	ST	BL	HDQ	PP	DC	RBG	ORG	DRG	RB3	OR3	DR3	RBB	ORB	DRB	ATH	SP	AG	STR	VJ	STA	HP	INT	POT	OG
수비력 종합	인사이드 디펜스	퍼리미터 디펜스	스틸	블락샷	도움수비 IQ	패스 통찰력	수비 일관성	가드 리바운드	가드 공격RB	가드 수비RB	SF 리바운드	SF 공격RB	SF 수비RB	빅맨 리바운드	빅맨 공격RB	빅맨 수비RB	운동능력 종합	스피드	사이드 스텝	피지컬 파워	버티컬 점프력	지구력	허슬 플레이	영향력	포텐셜	종합 평가

F 7 Doug McDERMOTT SF-PF

더그 맥더멋 1992.01.03 / 198cm

미국 | NBA 드래프트 : 2014년 1라운드 11번
NBA 우승 : 0회 / 파이널 MVP : 0회
시즌 MVP : 0회 / NBA 퍼스트팀 : 0회

2016-17시즌 이후 8년간, 부상자 리스트에 무려 38번이나 올라갔다(!!!). 치료 기간 하루~10일짜리, 그야말로 잔 부상이다. 지난 시즌에도 팔꿈치, 종아리, 발목, 팔에 잔 부상이 여러 번 재발한 데다, 감독의 "벤치행" 명령으로 일정의 딱 절반을 날려 먹었다(42경기 출전). 건강한 상태의 맥더멋은 꽤 쓸모가 있는 선수다. '엘리트 슈터'로서 3점 슈팅이 매우 정확하고, 담대하게 클러치샷을 쏠 수 있다. 제발 몸 관리를 철저히 해야 한다. 연봉은 363만 달러.

SHOT ZONE

시도 117회 성공 50회 성공률 42.7%

SHOT PROCESS

캐치&슛 87 / 풀-업 7 / 드라이빙 5 / 커팅 6 / 러닝 11 / 스텝백 1 / 풋백 0 / 앨리웁 0 / 턴어라운드 0 — 필드골 117 시도

SHOT TYPES

103 점프샷 / 7 레이업 / 2 핑거롤 / 1 플로터 / 1 덩크 / 0 훅샷 / 0 팁샷 / 1 뱅크샷 / 2 페이드어웨이 — 필드골 117 시도

2024-25시즌 새크라멘토 42경기 평균 8.1분

항목	PTS	RB	AS	ST	BL	FG-FGA	3P-3PA	FT-FTA
평균	3.5	0.5	0.2	0.1	0.0	1.2-2.8	1.0-2.4	0.1-0.1
36분	15.5	2.3	0.7	0.4	0.2	5.3-12.3	4.6-10.6	0.3-0.5

항목	OS	CS	MS	3P	FT	SQ	OC	IS	L&F	SD	DD	PH	PF	PC	DRF	PM	PA	BH	DRS	PQ	PV
평점	C-	B	C+	B+	C	D-	D-	D	C+	D-	D	D-	D	D-	D-	D-	D	D+	F	D	F

항목	DEF	ID	PD	ST	BL	HDQ	PP	DC	RB3	OR3	DR3	ATH	SP	AG	STR	VJ	STA	HP	INT	POT	OG
평점	D-	D	C-	F	F	D-	D-	D-	D-	D-	D-	D+	D-	D-	D-	D+	B-	D+	F	B	C-

F 3 Isaac JONES PF

아이작 존스 2000.07.11 / 206cm

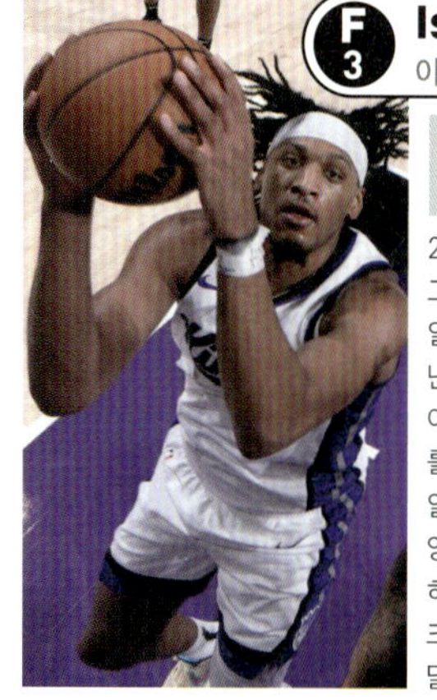

미국 | NBA 드래프트 : 2024년 미지명
NBA 우승 : 0회 / 파이널 MVP : 0회
시즌 MVP : 0회 / NBA 퍼스트팀 : 0회

2024-25시즌, NBA와 G리그를 넘나들었다. 그리고 스탁턴 킹스의 2025년 G리그 우승에 일조했다. 키 206cm에 윙스팬 222cm의 타고난 신체 조건이다. 이 장점을 잘 살려 덩크, 레이업으로 림을 직접 공략한다. 직접 슈팅 찬스를 만들기보다는 캐치&슛으로 공격하는 스타일이다. G리그 우승 당시 강력한 1대1 수비, 영리한 2대2 수비, 용수철처럼 튀어 올라 정확히 걷어내는 리바운드로 유명했다. 올 시즌 새크라멘토의 귀중한 벤치 멤버다. 연봉 196만 달러.

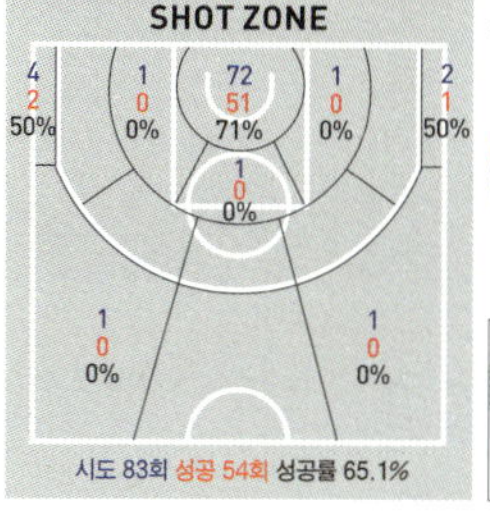

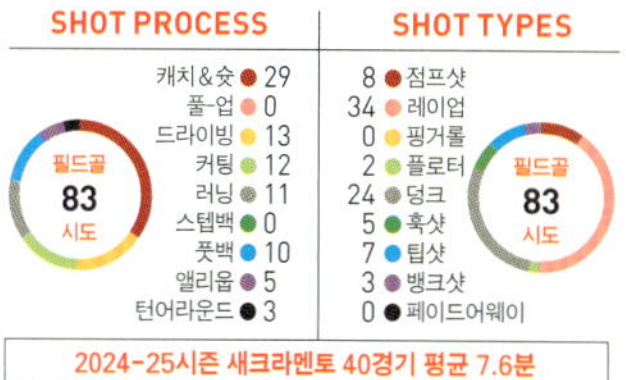

2024-25시즌 새크라멘토 40경기 평균 7.6분

항목	PTS	RB	AS	ST	BL	FG-FGA	3P-3PA	FT-FTA
평균	3.4	1.4	0.3	0.1	0.3	1.4-2.1	0.1-0.2	0.6-0.9
36분	15.9	6.8	1.4	0.6	1.2	6.4-9.8	0.4-0.9	2.7-4.3

항목	OS	CS	MS	3P	FT	SQ	OC	IS	L&F	SD	DD	PH	PF	PC	DRF	PM	PA	BH	DRS	PQ	PV
평점	D-	C+	D	F	D-	D-	F	D+	C-	C	C	D-	D-	D-	F	F	F	D-	D-	F	F

항목	DEF	ID	PD	ST	BL	HDQ	PP	DC	RBB	ORB	DRB	ATH	SP	AG	STR	VJ	STA	HP	INT	POT	OG
평점	D	D	D	F	D+	D-	D-	F	D-	D	D-	C+	C-	D+	C-	C	B	A-	D-	B	C-

C 11 Domantas SABONIS C-PF

도만타스 사보니스 1996.05.03 / 208cm

리투아니아 | NBA 드래프트 : 2016년 1라운드 11번
NBA 우승 : 0회 / 파이널 MVP : 0회
시즌 MVP : 0회 / NBA 퍼스트팀 : 0회

'사보니스家'는 '농구 명가(名家)'다. 아버지 아비다스는 과거 포틀랜드에서 활약했고, NBA 명예의 전당에 헌액된 전설의 센터였다. 도만타스는 BQ가 정말 좋고, 환상적인 패스를 구사한다. 스크린을 세팅하고, 동료에게 공간을 잘 만들어준다. 압도적인 리바운더이고, 리그 최고의 허슬 플레이어다. 대부분의 득점을 덩크, 레이업, 짧은 훅샷 등 림 근처에서 올린다. 외곽에서 가끔 캐치&슛 형태로 오픈 롱2, 오픈 3점 슈팅을 시도한다. 연봉 4234만 달러.

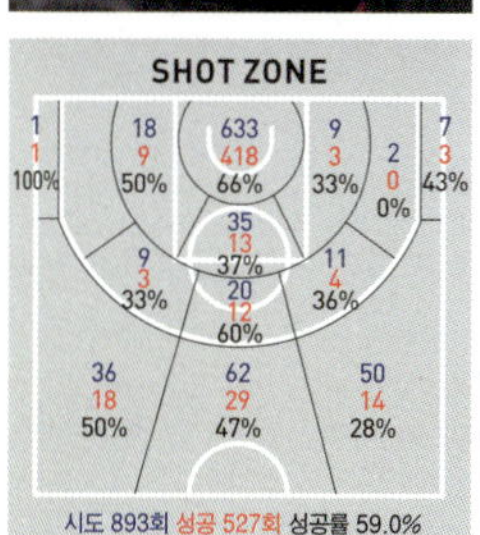

SHOT PROCESS

캐치&슛 344 / 풀-업 10 / 드라이빙 137 / 커팅 157 / 러닝 58 / 스텝백 3 / 풋백 145 / 앨리웁 4 / 턴어라운드 35 — 필드골 893 시도

SHOT TYPES

226 점프샷 / 400 레이업 / 25 핑거롤 / 17 플로터 / 85 덩크 / 56 훅샷 / 69 팁샷 / 5 뱅크샷 / 10 페이드어웨이 — 필드골 893 시도

2024-25시즌 새크라멘토 70경기 평균 34.7분

항목	PTS	RB	AS	ST	BL	FG-FGA	3P-3PA	FT-FTA
평균	19.1	13.9	6.0	0.7	0.4	7.5-12.8	0.9-2.2	3.1-4.1
36분	19.8	14.4	6.3	0.7	0.4	7.8-13.2	1.0-2.3	3.2-4.3

항목	OS	CS	MS	3P	FT	SQ	OC	IS	L&F	SD	DD	PH	PF	PC	DRF	PM	PA	BH	DRS	PQ	PV
평점	B+	A+	B+	B-	C	B-	A	B+	B-	C	C	A-	A-	A-	C+	D+	B-	D-	F	B	C-

항목	DEF	ID	PD	ST	BL	HDQ	PP	DC	RBB	ORB	DRB	ATH	SP	AG	STR	VJ	STA	HP	INT	POT	OG
평점	D	C	D-	F	F	D+	F	D-	A+	B+	A+	C-	F	F	B-	D-	A	A-	C	A-	B+

C 19 Drew EUBANKS PF-C

드루 유뱅스 1997.02.01 / 208cm

미국 | NBA 드래프트 : 2018년 미지명
NBA 우승 : 0회 / 파이널 MVP : 0회
시즌 MVP : 0회 / NBA 퍼스트팀 : 0회

백업 센터 겸 파워포워드로 부상 없이 한 시즌을 소화했다. 평균 12.2분씩 뛰었지만 제한된 시간에 나름대로 제 몫을 했다. 올 시즌도 역할은 계속된다. 박스 아웃, 리바운드, 블락, 스크린 세팅 등 궂은일을 정말 열심히 한다. 감독이 좋아할 수밖에 없다. 에너지가 넘치기에 늘 코트를 부지런히 왕복한다. 공격은 매우 단순하다. 양손을 사용해 마무리하는 덩크, 훅샷, 레이업 등이다. 외곽 점프 슈팅은 '가뭄에 콩 나듯이' 거의 없다. 연봉은 308만 달러.

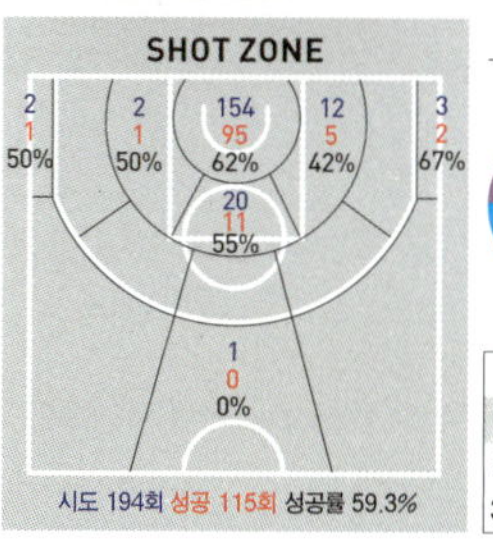

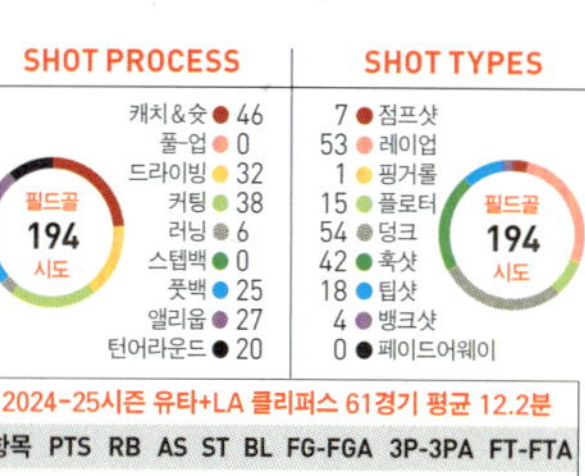

2024-25시즌 유타+LA 클리퍼스 61경기 평균 12.2분

항목	PTS	RB	AS	ST	BL	FG-FGA	3P-3PA	FT-FTA
평균	4.6	3.7	0.9	0.2	0.6	1.9-3.2	0.0-0.1	0.5-1.2
36분	13.5	10.9	2.6	0.6	1.9	5.5-9.4	0.1-0.3	2.3-3.4

항목	OS	CS	MS	3P	FT	SQ	OC	IS	L&F	SD	DD	PH	PF	PC	DRF	PM	PA	BH	DRS	PQ	PV
평점	C	A	C-	C+	D	C	D-	D+	D+	C	C-	C	C	C	F	F	F	F	F	D-	F

항목	DEF	ID	PD	ST	BL	HDQ	PP	DC	RBB	ORB	DRB	ATH	SP	AG	STR	VJ	STA	HP	INT	POT	OG
평점	D	C+	D-	F	B+	D-	D-	F	B-	C-	B+	C-	D-	D-	D+	C	B-	B	F	B	C

C 42 Maxime RAYNAUD

맥심 레이노 2003.04.07 / 216cm

프랑스

NBA 드래프트 : 2025년 2라운드 42번
NBA 우승 : 0회 / 파이널 MVP : 0회
시즌 MVP : 0회 / NBA 퍼스트팀 : 0회

프랑스 파리 출신. 2025년 NBA 드래프트에서 새크라멘토에 2라운드 42번으로 지명되었다. 216cm 빅맨으로 포스트업 및 림 어택(덩크, 레이업, 풋백, 훅샷), 페이스업(중거리 점프 슈팅)에 모두 능하다. 공격 리바운드, 수비 리바운드 다 잘 걷어낸다. 스탠포드대 시절 20-10을 밥 먹듯이 찍었다. 농구 IQ가 좋아 포스트에서 좋은 패스를 공급한다. 픽&롤 수비에서 가드 쪽으로 스위치 했을 때 미스매치 문제가 자주 발생한다. 보완해야 한다. 연봉 127만 달러.

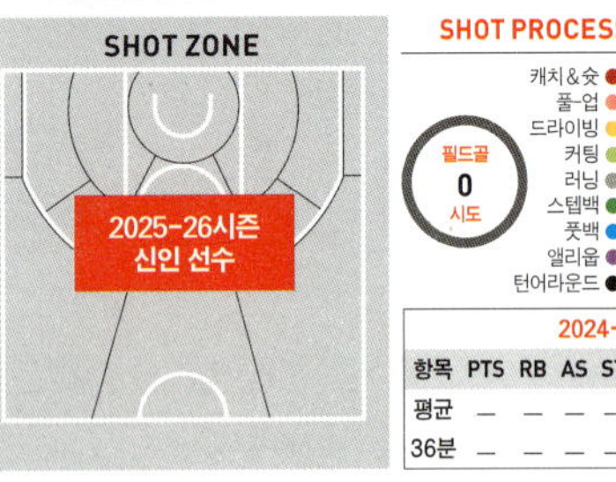

SHOT PROCESS

필드골 0 시도

캐치&슛, 풀-업, 드라이빙, 커팅, 러닝, 스텝백, 풋백, 앨리웁, 턴어라운드

SHOT TYPES

필드골 0 시도

점프샷, 레이업, 핑거롤, 플로터, 덩크, 훅샷, 팁샷, 뱅크샷, 페이드어웨이

2024-25시즌 기록 없음

항목	PTS	RB	AS	ST	BL	FG-FGA	3P-3PA	FT-FTA
평균	—	—	—	—	—	—	—	—
36분	—	—	—	—	—	—	—	—

항목	OS	CS	MS	3P	FT	SQ	OC	IS	L&F	SD	DD	PH	PF	PC	DRF	PM	PA	BH	DRS	PQ	PV
평점	—	—	—	—	—	—	—	—	—	—	—	—	—	—	—	—	—	—	—	—	—

항목	DEF	ID	PD	ST	BL	HDQ	PP	DC	RBB	ORB	DRB	ATH	SP	AG	STR	VJ	STA	HP	INT	POT	OG
평점	—	—	—	—	—	—	—	—	—	—	—	—	—	—	—	—	—	—	—	—	—

G 8 Zach LAVINE SF-SG

잭 라빈 1995.03.10 / 196cm

미국

NBA 드래프트 : 2014년 1라운드 13번
NBA 우승 : 0회 / 파이널 MVP : 0회
시즌 MVP : 0회 / NBA 퍼스트팀 : 0회

시카고에서 42경기 평균 24.0점, 새크라멘토에서 32경기 평균 22.4점이었다. 이적 전후 두 팀에서 올린 기록이 거의 비슷하다. 라빈은 리그에서 가장 화려하고 폭발적인 선수다. 드라이빙, 러닝, 커팅에서 이어지는 덩크, 레이업, 플로터, 핑거롤을 하이라이트 필름처럼 보여준다. 풀업 점퍼, 캐치&슛으로 코트 전 지역에서 폭발적인 중장거리 슈팅을 시도한다. 트랜지션 피니시도 OK. '공격 1옵션'이니 평균 25점 이상 올려야 한다. 연봉은 4750만 달러.

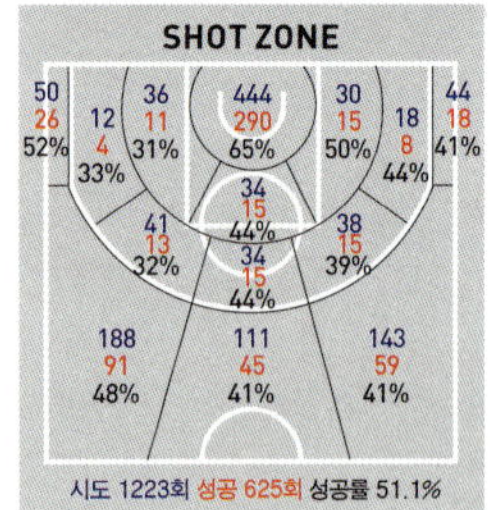

2024-25시즌 시카고+새크라멘토 74경기 평균 35.2분

항목	PTS	RB	AS	ST	BL	FG-FGA	3P-3PA	FT-FTA
평균	23.3	4.3	4.2	0.8	0.2	8.4-16.5	3.2-7.2	3.2-3.9
36분	23.9	4.4	4.3	0.8	0.2	8.6-16.9	3.3-7.4	3.3-3.9

항목	OS	CS	MS	3P	FT	SQ	OC	IS	L&F	SD	DD	PH	PF	PC	DRF	PM	PA	BH	DRS	PQ	PV
평점	B	A-	B-	B+	B-	B-	A-	C-	B+	D-	A	D-	D-	D-	B-	B-	C+	B+	B-	B+	D+

항목	DEF	ID	PD	ST	BL	HDQ	PP	DC	RB3	OR3	DR3	ATH	SP	AG	STR	VJ	STA	HP	INT	POT	OG
평점	D-	D-	D	F	F	D-	F	F	D-	D-	D-	B-	B	B-	F	A+	A+	D	D-	A-	

G 0 Malik MONK SG-SF

말리크 몽크 1998.02.04 / 191cm

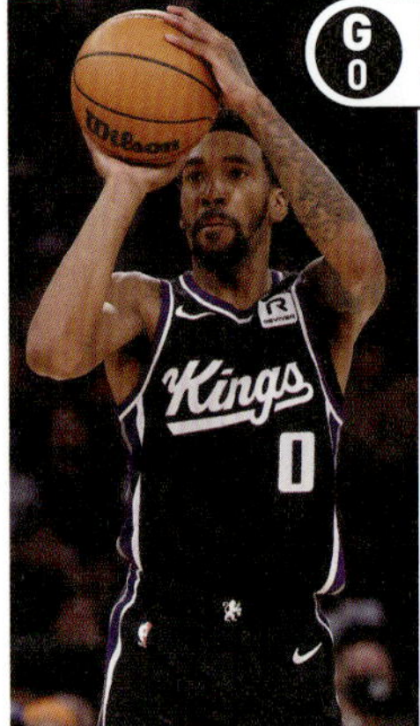

미국

NBA 드래프트 : 2017년 1라운드 11번
NBA 우승 : 0회 / 파이널 MVP : 0회
시즌 MVP : 0회 / NBA 퍼스트팀 : 0회

코트에서 엄청나게 폭발하는 스윙맨. 2번과 3번을 넘나들지만, 그의 플레이는 늘 한결같다. 트랜지션 상황에 좋은 기동력으로 페인트존을 찢고 들어간 뒤 높이 날아올라 '미친 덩크'를 내리꽂는다. 라인 근처에서 3점을 던지거나 과감하게 파고들어 부드러운 터치로 레이업을 얹기도 한다. 공격은 지금보다 더 향상될 수 있다. 그러나 수비는 여전히 문제다. 수비력이 좋지 않은 데다 수비를 열심히 하지도 않는다. 영락없는 식스맨이다. 연봉 1880만 달러.

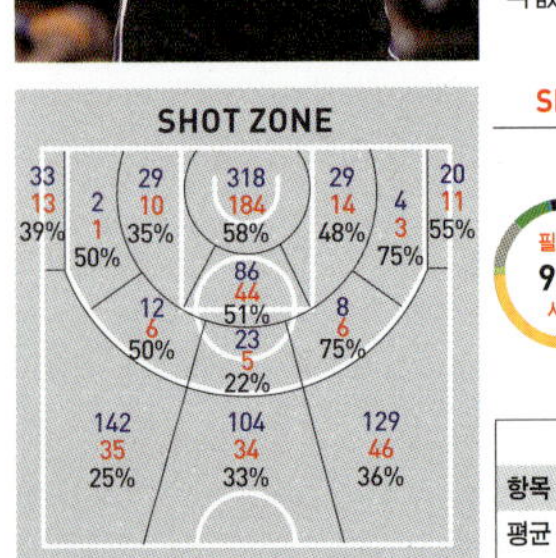

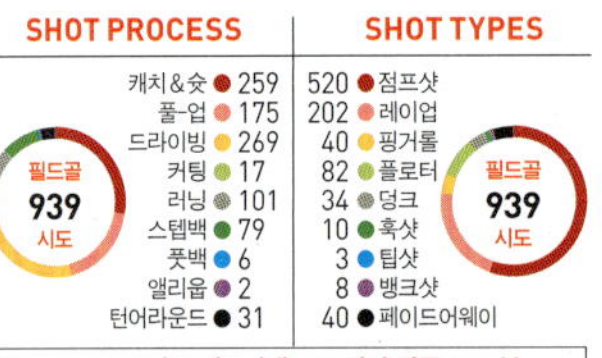

2024-25시즌 새크라멘토 65경기 평균 31.6분

항목	PTS	RB	AS	ST	BL	FG-FGA	3P-3PA	FT-FTA
평균	17.2	3.8	5.6	0.9	0.6	6.3-14.4	2.1-6.6	2.4-2.7
36분	19.6	4.3	6.3	1.1	0.7	7.2-16.5	2.4-7.5	2.7-3.1

항목	OS	CS	MS	3P	FT	SQ	OC	IS	L&F	SD	DD	PH	PF	PC	DRF	PM	PA	BH	DRS	PQ	PV
평점	B	A+	A-	B-	B+	C	B-	D-	B-	F	C	F	D-	F	F	C	C	C+	C	C	C-

항목	DEF	ID	PD	ST	BL	HDQ	PP	DC	RBG	ORG	DRG	ATH	SP	AG	STR	VJ	STA	HP	INT	POT	OG
평점	D	D-	D	D	F	D-	D-	F	D-	D-	C	C+	B-	B-	F	B+	B+	C-	D-	B+	B-

G 17 Dennis SCHRÖDER PG-SG

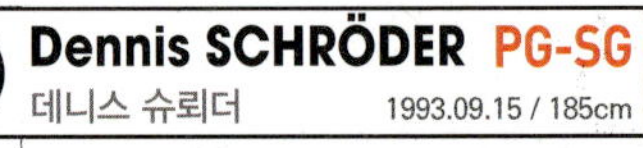

데니스 슈뢰더 1993.09.15 / 185cm

독일

NBA 드래프트 : 2013년 1라운드 17번
NBA 우승 : 0회 / 파이널 MVP : 0회
시즌 MVP : 0회 / NBA 퍼스트팀 : 0회

빠른 스피드와 과감한 돌파를 자랑한다. 드라이빙에서 이어지는 레이업, 핑거롤, 플로터가 주 득점 루트다. 풀업 점퍼, 스텝백 점퍼 등 미드레인지 점퍼 옵션도 갖췄다. 탑, 좌우 윙에서 시도하는 3점 슈팅도 늘었다. 그러나 외곽 슈팅의 경우 기복이 있다. 포인트가드로서 돌파 이후의 킥아웃 혹은 골밑 패스가 주를 이룬다. 그러나 전체적으로 코트를 조망하는 능력은 살짝 부족한 편이다. 독일 국가대표로 2024 파리 올림픽에 출전했다. 연봉은 1410만 달러.

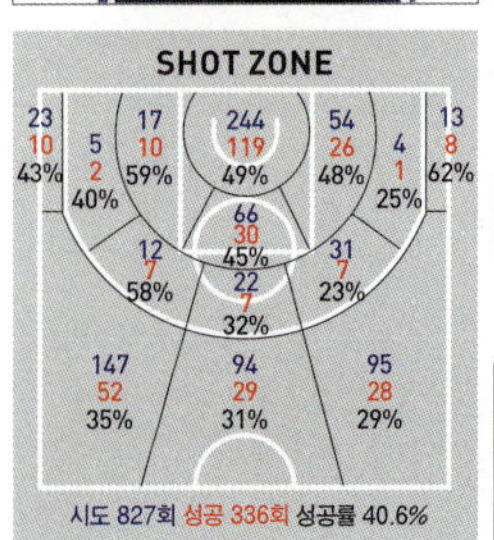

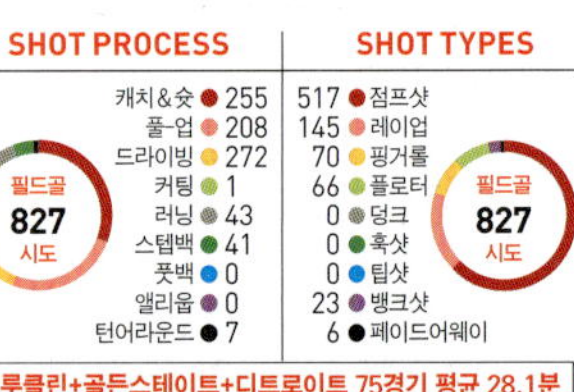

브루클린+골든스테이트+디트로이트 75경기 평균 28.1분

항목	PTS	RB	AS	ST	BL	FG-FGA	3P-3PA	FT-FTA
평균	13.1	2.6	5.4	0.9	0.2	4.5-11.0	1.7-4.9	2.4-2.9
36분	16.8	3.4	6.9	1.1	0.2	5.7-14.1	2.2-6.3	3.1-3.7

항목	OS	CS	MS	3P	FT	SQ	OC	IS	L&F	SD	DD	PH	PF	PC	DRF	PM	PA	BH	DRS	PQ	PV
평점	B-	C+	B+	C+	B	C-	B-	F	B-	F	F	F	F	F	F	B-	B	B	B	B	C

항목	DEF	ID	PD	ST	BL	HDQ	PP	DC	RBG	ORG	DRG	ATH	SP	AG	STR	VJ	STA	HP	INT	POT	OG
평점	D	D-	C	D	F	C-	D+	D-	D-	D-	D-	C+	B	B+	F	C	A-	A-	D-	B+	C+

	Individual Defense & Team Defense								Offensive & Defensive Rebounding									Physical Fitness & Athleticism							Miscellaneous		
	DEF	ID	PD	ST	BL	HDQ	PP	DC	RBG	ORG	DRG	RB3	OR3	DR3	RBB	ORB	DRB	ATH	SP	AG	STR	VJ	STA	HP	INT	POT	OG
	수비력 종합	인사이드 디펜스	퍼리미터 디펜스	스틸	블락샷	도움수비 IQ	패스 통찰력	수비 일관성	가드 리바운드	가드 공격RB	가드 수비RB	SF 리바운드	SF 공격RB	SF 수비RB	빅맨 리바운드	빅맨 공격RB	빅맨 수비RB	운동능력 종합	스피드	사이드 스텝	피지컬 파워	버티컬 점프력	지구력	허슬 플레이	영향력	포텐셜	종합 평가

G 23 Keon ELLIS SG-SF

키언 엘리스 2000.01.08 / 191cm

미국

NBA 드래프트 : 2022년 미지명
NBA 우승 : 0회 / **파이널 MVP :** 0회
시즌 MVP : 0회 / **NBA 퍼스트팀 :** 0회

시즌 80경기 평균 24.4분에 8.3점을 올렸다. 백업 혹은 '서드 유닛' 스윙맨이다. 키는 그리 크지 않지만, 윙스팬이 길고, 운동 능력이 출중하다. 퍼리미터 1대1, 팀 디펜스, 스틸 등 수비에서 꾸준한 퍼포먼스를 선보인다. 공격에선 주로 캐치&숏을 시도하지만, 최근 풀업 점퍼도 많이 향상됐다. 좌우 코너, 좌우 윙에서 시도하는 3점 슈팅이 많은 편이다. 빠른 퍼스트 스텝을 활용한 림 어택(덩크, 레이업, 플로터)도 점점 증가하는 추세다. 연봉은 230만 달러.

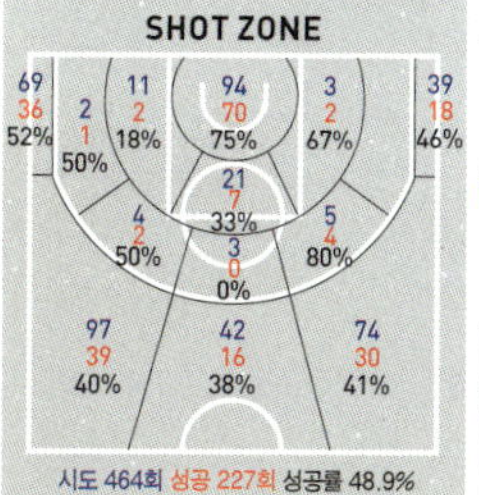

SHOT PROCESS (필드골 464 시도)

- 캐치&숏 254
- 풀-업 48
- 드라이빙 39
- 커팅 8
- 러닝 81
- 스텝백 22
- 풋백 4
- 앨리웁 1
- 턴어라운드 7

SHOT TYPES (필드골 464 시도)

- 349 점프샷
- 53 레이업
- 0 핑거롤
- 26 플로터
- 22 덩크
- 1 훅샷
- 1 팁샷
- 6 뱅크샷
- 6 페이드어웨이

2024-25시즌 새크라멘토 80경기 평균 24.4분

항목	PTS	RB	AS	ST	BL	FG-FGA	3P-3PA	FT-FTA
평균	8.3	2.7	1.5	1.5	0.8	2.8-5.8	1.7-4.0	0.9-1.1
36분	12.3	3.9	2.2	2.2	1.2	4.2-8.6	2.6-5.9	1.3-1.6

항목	OS	CS	MS	3P	FT	SQ	OC	IS	L&F	SD	DD	PH	PF	PC	DRF	PM	PA	BH	DRS	PQ	PV
평점	C+	A	C	B	B	C-	D-	D-	C	F	D	F	F	F	D-	D-	D	C	C+	D	F

항목	DEF	ID	PD	ST	BL	HDQ	PP	DC	RBG	ORG	DRG	ATH	SP	AG	STR	VJ	STA	HP	INT	POT	OG
평점	B-	D	B+	A	D+	B-	B-	B-	D-	C+	D-	C+	B-	B	F	C+	B	B-	C-	B+	

G 22 Devin CARTER PG-SG

데빈 카터 2002.03.18 / 188cm

미국

NBA 드래프트 : 2024년 1라운드 13번
NBA 우승 : 0회 / **파이널 MVP :** 0회
시즌 MVP : 0회 / **NBA 퍼스트팀 :** 0회

2024년 7월, 왼 어깨 슬개골 파열로 수술을 받았다. 2025년 1월 코트에 복귀했으나 어깨 부위에서 몇 차례 가벼운 통증이 재발했다. 구단에서는 그에게 부담을 주지 않기 위해 지난 시즌 후반기 NBA와 G리그를 넘나들도록 배려했다. 정상 컨디션의 카터는 트랜지션 마무리, 드라이빙 림 어택, 스팟업 점프 슈팅, 강력한 퍼리미터 디펜스, 재빠른 스틸 등 수준급 '투웨이 플레이어'가 될 자질이 있다. 일단 부상 재발을 막아야 한다. 연봉은 492만 달러.

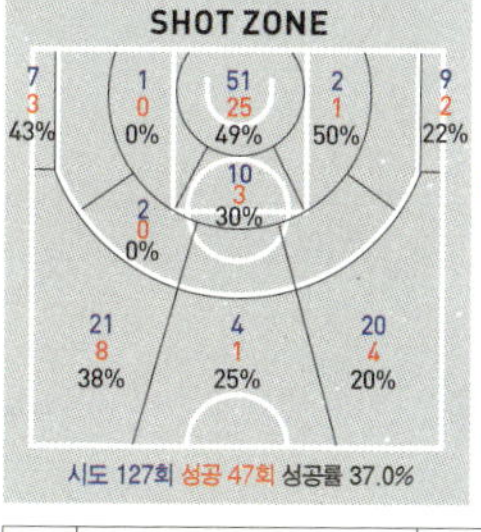

2024-25시즌 새크라멘토 36경기 평균 11.0분

항목	PTS	RB	AS	ST	BL	FG-FGA	3P-3PA	FT-FTA
평균	3.8	2.1	1.1	0.6	0.1	1.3-3.5	0.5-1.7	0.7-1.2
36분	12.5	6.9	3.7	1.9	0.4	4.3-11.5	1.6-5.5	2.4-4.0

항목	OS	CS	MS	3P	FT	SQ	OC	IS	L&F	SD	DD	PH	PF	PC	DRF	PM	PA	BH	DRS	PQ	PV
평점	D+	B-	D+	C	D-	D-	D	D-	C	F	B-	F	F	F	F	C+	B-	C+	A-	B-	D+

항목	DEF	ID	PD	ST	BL	HDQ	PP	DC	RBG	ORG	DRG	ATH	SP	AG	STR	VJ	STA	HP	INT	POT	OG
평점	C-	D	C	B+	F	C-	B-	D-	A-	B+	A-	B	A+	B+	D-	A	A-	A-	D-	B+	C

SACRAMENTO KINGS 2025-26 REGULAR SEASON SCHEDULE

OCTOBER, 2025

- Oct. 22 @ Phoenix Suns
- Oct. 24 vs. Utah Jazz
- Oct. 26 vs. Los Angeles Lakers
- Oct. 28 @ Oklahoma City Thunder
- Oct. 29 @ Chicago Bulls

NOVEMBER, 2025

- Nov. 1 @ Milwaukee Bucks
- Nov. 3 @ Denver Nuggets
- Nov. 5 vs. Golden State Warriors
- Nov. 7 vs. Oklahoma City Thunder
- Nov. 9 vs. Minnesota Timberwolves
- Nov. 11 vs. Denver Nuggets
- Nov. 12 vs. Atlanta Hawks
- Nov. 14 @ Minnesota Timberwolves
- Nov. 16 @ San Antonio Spurs
- Nov. 19 @ Oklahoma City Thunder
- Nov. 20 @ Memphis Grizzlies
- Nov. 22 @ Denver Nuggets
- Nov. 24 vs. Minnesota Timberwolves
- Nov. 26 vs. Phoenix Suns
- Nov. 28 @ Utah Jazz
- Nov. 30 vs. Memphis Grizzlies

DECEMBER, 2025

- Dec. 3 @ Houston Rockets
- Dec. 6 @ Miami Heat
- Dec. 8 @ Indiana Pacers
- Dec. 18 @ Portland Trail Blazers
- Dec. 20 vs. Portland Trail Blazers
- Dec. 21 vs. Houston Rockets
- Dec. 23 vs. Detroit Pistons
- Dec. 27 vs. Dallas Mavericks
- Dec. 28 @ Los Angeles Lakers
- Dec. 30 @ Los Angeles Clippers

JANUARY, 2026

- Jan. 1 vs. Boston Celtics
- Jan. 2 @ Phoenix Suns
- Jan. 4 vs. Milwaukee Bucks
- Jan. 6 vs. Dallas Mavericks
- Jan. 9 @ Golden State Warriors
- Jan. 11 vs. Houston Rockets
- Jan. 12 vs. Los Angeles Lakers
- Jan. 14 vs. New York Knicks
- Jan. 16 vs. Washington Wizards
- Jan. 18 vs. Portland Trail Blazers
- Jan. 20 vs. Miami Heat
- Jan. 21 vs. Toronto Raptors
- Jan. 23 @ Cleveland Cavaliers
- Jan. 25 @ Detroit Pistons
- Jan. 27 @ New York Knicks
- Jan. 29 @ Philadelphia 76ers
- Jan. 30 @ Boston Celtics

FEBRUARY, 2026

- Feb. 1 @ Washington Wizards
- Feb. 4 vs. Memphis Grizzlies
- Feb. 6 vs. Los Angeles Clippers
- Feb. 7 vs. Cleveland Cavaliers
- Feb. 9 @ New Orleans Pelicans
- Feb. 11 @ Utah Jazz
- Feb. 19 vs. Orlando Magic
- Feb. 21 @ San Antonio Spurs
- Feb. 23 @ Memphis Grizzlies
- Feb. 25 @ Houston Rockets
- Feb. 26 @ Dallas Mavericks

MARCH, 2026

- Mar. 1 @ Los Angeles Lakers
- Mar. 3 vs. Phoenix Suns
- Mar. 5 vs. New Orleans Pelicans
- Mar. 8 vs. Chicago Bulls
- Mar. 10 vs. Indiana Pacers
- Mar. 11 vs. Charlotte Hornets
- Mar. 14 @ Los Angeles Clippers
- Mar. 15 vs. Utah Jazz
- Mar. 17 vs. San Antonio Spurs
- Mar. 19 vs. Philadelphia 76ers
- Mar. 22 vs. Brooklyn Nets
- Mar. 24 @ Charlotte Hornets
- Mar. 26 @ Orlando Magic
- Mar. 28 @ Atlanta Hawks
- Mar. 29 @ Brooklyn Nets

APRIL, 2026

- Apr. 1 @ Toronto Raptors
- Apr. 3 vs. New Orleans Pelicans
- Apr. 5 vs. Los Angeles Clippers
- Apr. 7 @ Golden State Warriors
- Apr. 10 vs. Golden State Warriors
- Apr. 12 @ Portland Trail Blazers

SOUTHWEST DIVISION

신구 경쟁

신구(新舊) 슈퍼스타들이 치열하게 경쟁한다. 휴스턴의 지구 1옵션 듀란트, 샌안토니오의 '괴물 빅맨' 웸반야마, 댈러스의 신인왕 후보 쿠퍼 플래그가 바로 그들이다.

2025-26 DIVISION ODDS

순위	TEAM	스카이벳	벳프레드	윌리엄힐	벳빅터
1	Houston Rockets	0.25배	0.33배	0.25배	0.2배
2	San Antonio Spurs	6.5배	5.5배	6배	6배
3	Dallas Mavericks	12배	9배	14배	11배
4	Memphis Grizzlies	12배	11배	12배	13배
5	New Orleans Pelicans	66배	80배	100배	150배

2024-25 DIVISION STANDING

순위	TEAM	승	패	승률	승차
1	Houston Rockets*	52	30	63.4%	—
2	Memphis Grizzlies*	48	34	58.5%	4
3	Dallas Mavericks	39	43	47.6%	13
4	San Antonio Spurs	34	48	41.5%	18
5	New Orleans Pelicans	21	61	25.6%	31

*플레이오프 진출팀

DALLAS MAVERICKS

HOUSTON ROCKETS
MEMPHIS GRIZZLIES
NEW ORLEANS PELICANS
SAN ANTONIO SPURS

DALLAS MAVERICKS
MAVERICKS
chime
DALLAS
32

전화위복, 손에 들어온 특급 유망주

루카 돈치치와의 이별

프런트 조직 수장 니코 해리슨이 리그를 충격에 빠뜨렸다. NBA를 넘어, 美 프로 스포츠 역사상 가장 충격적인 트레이드 중 하나를 단행했다. 태양과도 같은 에이스 루카 돈치치와의 인연을 스스로 끊었다! 심지어 돈치치는 직전 시즌에 소속팀을 플레이오프 파이널까지 견인했던 프랜차이즈 스타다. 설상가상으로 끔찍한 선수단 연쇄 부상 악재까지 덮쳤다. 기껏 돈치치 트레이드로 영입한 앤써니 데이비스마저 댈러스 데뷔전부터 내전근 부상과 함께 쓰러졌으니 말 다 했다.

죽으란 법은 없다

엄청난 비난에 직면한 해리슨이 드래프트 로터리 추첨에서 기적적으로 부활했다. 전화위복이라고 했던가? 플레이오프 진출 실패 덕분에 로터리 지명권(1~14순위) 획득 기회를 얻었고, 전체 1순위 당첨 행운까지 따라왔다. 특급 유망주 쿠퍼 플래그를 손에 넣었던 순간이다. 까다로운 과제인 카이리 어빙 재계약(3년 1억 1,847만 달러), 대니얼 개퍼드 연장계약 협상 역시 무난하게 마무리 지었다(3년 5,438만 달러). 백코트 득점원 디안젤로 러셀 FA 영입도 만족스러운 성과다.

진검승부는 후반기부터

올스타 포인트가드 어빙이 지난 시즌 겪은 왼쪽 무릎 부상 탓에 초반부 일정에 결장한다. 부상 복귀 후 실전 감각 회복 기간을 고려하면 후반기에야 100% 활약이 가능할 전망이다. 프런트코트 경쟁력은 리그 정상급이다. 새로운 레거시(legacy) 창출에 진심인 데이비스는 물론, 개퍼드와 데릭 라이블리 2세, PJ 워싱턴, 신인 플래그, 살림꾼 듀오 나지 마샬과 케일럽 마틴 등 3~5번 포지션 뎁스(depth)가 대단히 두껍다. 관건은 부상 변수를 얼마나 통제할 수 있을지다.

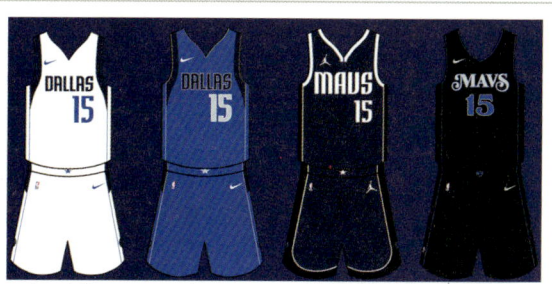

Association Icon Statement City

*통계는 2025년 9월 10일 기준

CLUB INFORMATION

Founded 구단 창립 1980년

Owner M.애덜슨, P.두먼 M.큐반, M.스탠턴

CEO 릭 웰츠 1953.01.21

Head Coach 제이슨 키드 1973.03.23

24-25 Odds 스카이벳 : 33배 윌리엄힐 : 33배

Nationality ●미국 선수 13명 ●외국 선수 6명

Age 19명 평균 26.3세

Height 19명 평균 198.1cm

Weight 19명 평균 96.9kg

Salary 15명 평균 1347만 달러

Win 2024-25 : 39승 통산 : 1836승

Loss 2024-25 : 43패 통산 : 1789패

Winning% 2024-25 : 47.6% 통산 : 50.6%

Play-Off PO 진출 : 26회 PO 탈락 : 19회

Titles NBA우승 : 1회 컨퍼런스 : 3회

Top Scorer 카이리 어빙 평균 24.7점

More Rebounds 피제이 워싱턴 평균 7.8리바운드

More Assists 카이리 어빙 평균 4.6어시스트

More Steals 카이리 어빙 평균 1.3스틸

More Blocks 대니얼 개포드 평균 1.8블락

*항목별 1위는 지난 시즌 댈러스 소속으로 42경기 이상 출전한 선수 중 선별

HEAD COACH & STADIUM

Jason KIDD 제이슨 키드

생년월일 : 1973.03.23 / **출생지 :** 미국 캘리포니아주 샌프란시스코
경력 : 2013~2014년 브루클린 네츠 감독 / 2014~2018년 밀워키 벅스 감독 / 2019~2021년 LA 레이커스 코치 / 2021년~ 댈러스 매버릭스 감독

세인트 조셉 노트르담고를 졸업하고 1992년 캘리포니아대(UC 버클리)에 입학했다. 그는 대학 시절부터 이미 'NBA급 선수'라는 명성이 자자했고, 1993년 PAC-10 올해의 신인상, 1994년 PAC-10 올해의 선수상을 연달아 휩쓸었다. 대학 2학년만 마치고 1994 NBA 드래프트를 신청했고, 댈러스 매버릭스에 1라운드 2번으로 지명되었다. 키드는 NBA에서 댈러스, 피닉스, 뉴저지, 뉴욕을 거치며 18년간 뛰었다. 2011년 NBA 우승, 올스타 선정 10회, NBA 퍼스트팀 5회, NBA 디펜시브 퍼스트팀 4회, NBA 어시스트왕 4회, NBA 올해의 신인상 수상 등 열거하기 힘들 만큼 많은 업적을 남겼다. 은퇴 후 2013년에 브루클린 감독을 맡았고, 2014년 밀워키 감독, 2019년 LA 레이커스 코치로 각각 일했다. 밀워키 감독 시절, 팀은 2번 플레이오프에 진출했고, 레이커스 코치 시절 팀은 2020년 NBA 우승을 경험했다. 2021년 6월 28일, 키드는 댈러스 매버릭스의 제10대 감독이 되었고, 소속팀을 2024년 NBA 파이널로 이끌었다.

AMERICAN AIRLINES CENTER

구장 오픈 : 2001년 7월 17일
구장 증개축 : —
오너 : 댈러스시
수용인원 : 1만 9200명
건축비용 : 7억 2300만 달러

NBA 팀 댈러스 매버릭스, NHL 팀 댈러스 스타스의 홈구장이다. 이곳에서는 연간 200개 이상의 최고 엔터테인먼트 이벤트가 개최된다. 빌보드와 폴스타에서 세계 10대 경기장 중 하나로 꾸준히 선정돼왔다. 아레나에서는 2001년 7월 개장 이후 수천 개의 스포츠 및 엔터테인먼트 행사가 열렸다. 매버릭스 홈구장으로 사용되기 시작한 건 2001-2002시즌부터다.

REGULAR SEASON RANKING LAST 10YEARS ★NBA 파이널 우승

15-16	16-17	17-18	18-19	19-20	20-21	21-22	22-23	23-24	24-25
15	22	28	24	13	8	5	21	6	19
42승 40패	33승 49패	24승 58패	33승 49패	43승 32패	42승 30패	52승 30패	38승 44패	50승 32패	39승 43패

Honours

NBA CHAMPIONS	CONFERENCE TITLES	DIVISION TITLES	RETIRED NUMBERS
1	3	5	4

NBA CHAMPIONSHIPS
2011

CONFERENCE TITLES
2006, 2011, 2024

DIVISION TITLES
1987, 2007, 2010, 2021, 2024

RETIRED NUMBERS
12, 15, 22, 41

TEAM POTENTIAL

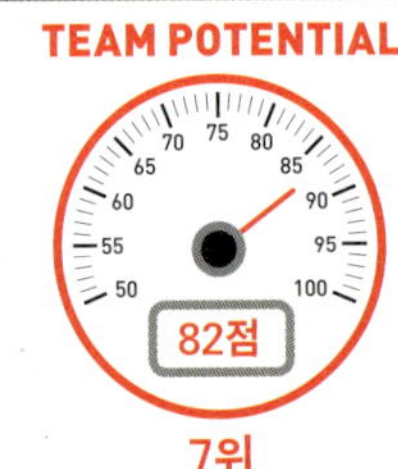

7위

하프코트 세트오펜스 8점

트랜지션 오펜스 7점

하프코트 세트디펜스 9점

트랜지션 디펜스 8점

리바운드 9점

선수층 8점

선수 경험치 8점

감독 리더십 9점

감독 전술 8점

프런트 8점

*각 항목은 10점 만점, 평점은 NBA 30팀 사이 상대평가

우승 ODDS	배당	순위
Sky Bet	33배	12위
Bet Fred	28배	11위
William Hill	33배	11위

OFFENSIVE STYLE
트랜지션 오펜스 — 하프코트 세트오펜스

DEFENSIVE STYLE
하이 프레스 — 하프코트 디펜스

SQUAD & TACTICS

STARTERS

PF 앤써니 데이비스
33.5분, 24.7점
11.6RB, 3.5AS

C 데렉 라이블리 II
23.1분, 8.7점
7.5RB, 2.4AS

SF 쿠퍼 플래그
2025-26시즌 신인 선수

SG 클레이 탐슨
27.3분, 14.0점
3.4RB, 2.0AS

PG 디앤젤로 러셀
25.5분, 12.6점
2.8RB, 5.1AS

OFF THE BENCH

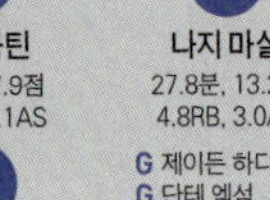

PG 브랜든 윌리엄스
14.8분, 8.3점
1.8RB, 2.3AS

SG 캘럽 마틴
27.1분, 7.9점
3.9RB, 2.1AS

SF 나지 마샬
27.8분, 13.2점
4.8RB, 3.0AS

PF 피제이 워싱턴
32.2분, 14.7점
7.8RB, 2.3AS

C 대니얼 개포드
21.5분, 12.3점
6.8RB, 1.4AS

G 제이든 하디
G 단테 엑섬
F 맥스 크리스티
F 오맥스 프로스퍼
C 드와이트 파웰

Player's Functions

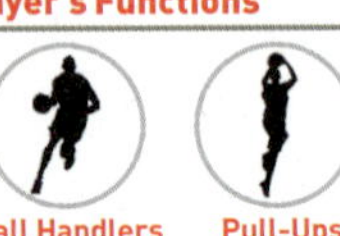
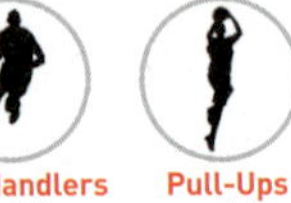

Ball Handlers
Z.라빈
D.슈뢰더
D.드로잔

Pull-Ups
K.탐슨
D.러셀
C.플래그

Catch & Shoot
K.탐슨
PJ. 워싱턴
J.하디

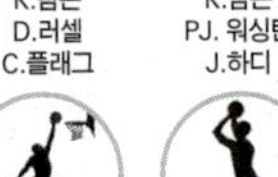

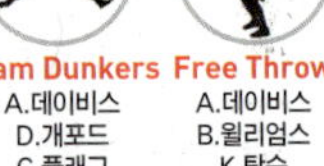

3 Pointers
K.탐슨
M.크리스티
D.러셀

Slam Dunkers
A.데이비스
D.개포드
C.플래그

Free Throw
A.데이비스
B.윌리엄스
K.탐슨

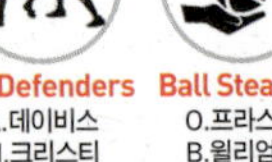

Rebounders
A.데이비스
D.라이블리
D.개포드

1-1 Defenders
A.데이비스
M.크리스티
D.라이블리

Ball Stealers
O.프라스퍼
B.윌리엄스
D.러셀

Key Passes
D.러셀
B.윌리엄스
C.플래그

Hustle Players
D.라이블리
D.파웰
C.마틴

Rim Protectors
A.데이비스
D.라이블리
D.개포드

2024-25 SEASON PERFORMANCE

공격 레이팅 114.8(17위) 수비 레이팅 116.0(21위) 레이팅 마진 -1.2(19위) 페이스 99.2(14위)

DALLAS MAVERICKS vs. OPPONENTS PER GAME STATS

	득실점	필드골성공	필드골시도	필드골%	3점성공	3점시도	3점%	2점성공	2점시도	2점%	자유투성공	자유투시도	자유투%	공격 RB	수비 RB	전체 RB	어시스트	스틸	블락샷	턴오버	파울
댈러스	114.2 15위	42.0 13위	87.7 21위	47.9% 10위	12.4 26위	34.2 26위	36.4% 15위	29.5 11위	53.6 11위	55.2% 14위	17.8 6위	23.1 6위	77.0% 24위	10.1 24위	33.0 17위	43.0 23위	25.2 22위	7.8 21위	5.4 7위	14.0 13위	17.8 8위
상대팀	115.4 20위	43.1 23위	91.7 24위	46.9% 18위	12.9 5위	35.4 4위	36.3% 18위	30.2 29위	56.3 30위	53.7% 10위	16.4 10위	21.1 10위	77.9% 17위	12.1 29위	33.2 16위	45.3 25위	27.1 20위	8.1 15위	4.6 12위	13.2 24위	18.7 16위

LINE-UP

• 댈러스는 지난 시즌 총 867개의 라인업을 가동했다. 득실점차 플러스 10개, 마이너스 10개를 골랐다.

득실점차 플러스(+) 라인업 TOP 10	G	MIN	PPG	RPG	득실차
K. Irving - K. Thompson - P. Washington - L. Dončić - D. Lively II	14	119	22.9	8.5	+62
K. Irving - K. Thompson - S. Dinwiddie - P. Washington - D. Gafford	16	81	13.6	5.5	+38
K. Irving - K. Thompson - P. Washington - Q. Grimes - D. Lively II	5	32	18.4	7.8	+27
K. Thompson - S. Dinwiddie - P. Washington - N. Marshall - K. Jones	5	26	15.4	3.8	+20
K. Irving - P. Washington - Q. Grimes - N. Marshall - D. Lively II	4	22	15.5	6.3	+20
S. Dinwiddie - P. Washington - Q. Grimes - J. Hardy - D. Lively II	5	21	9.0	6.0	+20
K. Irving - M. Kleber - D. Gafford - Q. Grimes - N. Marshall	6	17	8.3	2.5	+19
S. Dinwiddie - P. Washington - L. Dončić - D. Gafford - Q. Grimes	4	9	9.3	1.8	+17
K. Irving - S. Dinwiddie - M. Kleber - P. Washington - Q. Grimes	6	20	10.5	2.3	+16
K. Irving - S. Dinwiddie - P. Washington - L. Dončić - D. Lively II	3	10	11.0	3.7	+16

득실점차 마이너스(-) 라인업 TOP 10	GP	MIN	PPG	RPG	득실차
K. Thompson - S. Dinwiddie - D. Powell - N. Marshall - M. Christie	11	27	5.4	1.9	-27
K. Thompson - S. Dinwiddie - N. Marshall - K. Edwards - M. Christie	6	23	7.2	3.7	-19
K. Thompson - A. Davis - S. Dinwiddie - P. Washington - N. Marshall	4	11	6.5	1.3	-18
Q. Grimes - N. Marshall - B. Williams - J. Hardy - O. Prosper	1	5	4.0	2.0	-18
S. Dinwiddie - D. Powell - P. Washington - J. Hardy - M. Christie	3	7	3.7	1.0	-17
K. Irving - K. Thompson - P. Washington - D. Gafford - Q. Grimes	11	27	6.0	2.6	-16
S. Dinwiddie - C. Martin - N. Marshall - K. Jones - J. Hardy	2	7	5.0	2.5	-15
K. Irving - S. Dinwiddie - M. Kleber - Q. Grimes - O. Prosper	2	6	3.0	1.5	-15
K. Irving - K. Thompson - P. Washington - L. Dončić - D. Gafford	14	89	15.7	5.7	-14
K. Thompson - D. Exum - N. Marshall - K. Edwards - M. Christie	5	27	13.4	3.0	-14

PASS COMBINATIONS

→ 해당 선수가 경기당 동료로부터 패스 받은 횟수
→ 해당 선수가 경기당 동료들에게 패스 해준 횟수

받은 횟수	선수	해준 횟수
56.6	루카 돈치치	49.4
53.8	카이리 어빙	44.5
40.2	앤써니 데이비스	41.6
28.7	피제이 워싱턴	37.1
38.9	스펜서 딘위디	34.9
32.9	나지 마샬	32.8
30.5	맥스 크리스티	30.8
31.7	단테 엑섬	28.8
20.0	데렉 라이블리 II	27.4
15.7	카이 존스	25.4
25.3	퀜튼 그라임스	23.7
18.1	대니얼 개포드	23.1
13.9	케슬러 에드워즈	20.9
22.1	브랜든 윌리엄스	20.8
12.0	모제스 브라운	18.5
17.5	캘럼 마틴	18.0
13.0	맥시 클리버	17.1
24.5	클레이 탐슨	17.1
20.2	제이든 하디	15.3
9.1	드와이트 파월	12.7
9.5	올리비에-막상 프라스퍼	11.0
5.9	카일러 퀘리	10.1
7.0	제이선 고트먼	7.2
7.3	마키프 모리스	5.7

2024-25 RANKING

* 는 수치가 낮을수록 랭킹이 높아짐

댈러스	랭킹	FIVE FACTORS	상대팀	랭킹
54.6%	14위	3점 가중 FG%	54.0%*	13위
12.5*	14위	턴오버 / 100포제션	11.6	24위
23.3%	23위	공격 RB 점유율	26.9%*	25위
73.1%	25위	수비 RB 점유율	76.7%*	22위
20.3%	3위	자유투 / 필드골	17.9%*	10위

득점	랭킹	PLAYTYPE	실점*	랭킹
10.5	2위	아이솔레이션	8.9	29위
24.3	10위	트랜지션	22.0	8위
15.7	21위	픽&롤 볼핸들러	15.0	9위
5.4	27위	픽&롤 롤맨	6.7	10위
3.5	15위	포스트-업	4.7	26위
26.0	20위	스팟-업	27.6	16위
5.4	12위	핸드오프	5.2	15위
10.6	9위	커팅	—	—
3.5	16위	오프 스크린	4.5	22위
5.9	19위	풋백	7.2	28위
3.1	9위	기타	—	—

SHOT ZONE

평균 구간별 슈팅 및 성공률

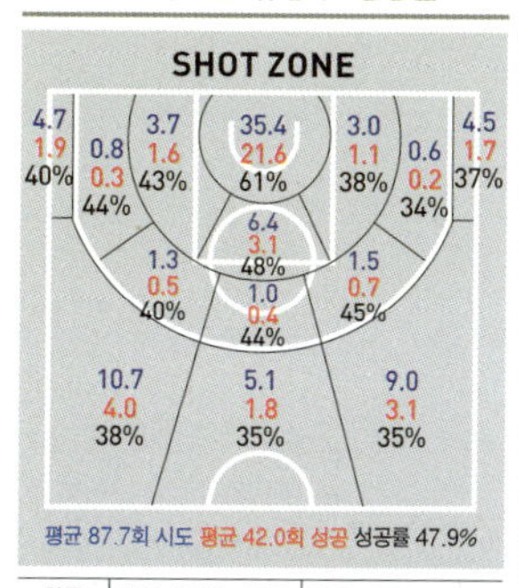

항목	2PA	2PM	2P%	3PA	3PM	3P%
캐치&슛	1.4	0.6	42.2%	21.9	8.5	38.7%
풀업	13.4	5.8	43.5%	11.6	3.7	31.6%
3m 안쪽	38.5	23.0	59.8%	—	—	—
TOTAL	53.6	29.6	55.2%	34.2	12.4	36.4%

SHOT PROCESS & SHOT TYPES

SHOOTING

필드골 시도

17.5 5.9 평균 87.7 26.7 37.6

필드골 시도

7.3 2.1 8.2 12.8 평균 87.7 15.6 41.7

공격수와 수비수의 거리: ● 0~0.6m ● 0.6~1.2m ● 1.2~1.8m ● 1.8m 이상

샷클락: ● 22~24초 ● 18~22초 ● 15~18초 ● 7~15초 ● 4~7초 ● 0~4초

7.4 2.9 평균 42.0 11.9 19.8

필드골 성공

2.8 1.4 3.6 6.8 평균 42.0 7.8 19.6

필드골 성공

OPPONENT SHOOTING

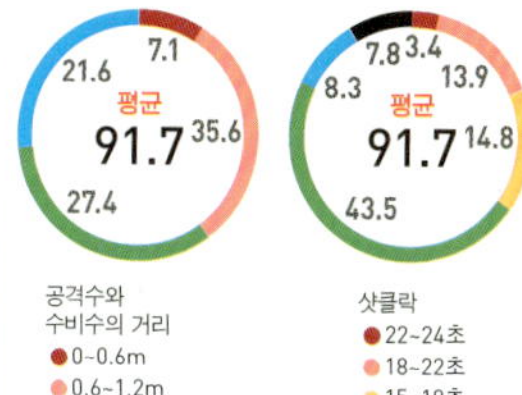

공격수와 수비수의 거리: ● 0~0.6m ● 0.6~1.2m ● 1.2~1.8m ● 1.8m 이상

샷클락: ● 22~24초 ● 18~22초 ● 15~18초 ● 7~15초 ● 4~7초 ● 0~4초

9.1 3.2 평균 43.1 12.4 18.4

필드골 허용

3.0 1.8 3.8 7.1 평균 43.1 6.8 20.6

필드골 허용

CONTESTED REBOUNDS

공격 리바운드: 0.5 0.7 평균 5.5 2.0 2.3

수비 리바운드: 0.8 1.5 평균 8.3 2.3 3.7

림 아래부터 리바운드 위치까지의 거리 ● 0~0.9m ● 0.9~1.8m ● 1.8~3m ● 3m 이상

UNCONTESTED REBOUNDS

공격 리바운드: 0.6 2.1 평균 4.5 1.0 0.8

수비 리바운드: 5.3 4.6 6.0 평균 24.6 8.7

림 아래부터 리바운드 위치까지의 거리 ● 0~0.9m ● 0.9~1.8m ● 1.8~3m ● 3m 이상

DEFENSE OF 39 WINS

필드골 허용 %: 44.2%

3점슛 허용 %: 34.7%

상대 필드골 시도 90.8 필드골 허용 40.1

상대 3점슛 시도 35.8 3점슛 허용 12.4

DEFENSE OF 43 LOSSES

필드골 허용 %: 49.4%

3점슛 허용 %: 37.8%

상대 필드골 시도 92.6 필드골 허용 45.7

상대 3점슛 시도 35.0 3점슛 허용 13.2

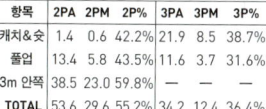

F 32 Cooper FLAGG SF

쿠퍼 플래그 2006.12.21 / 203cm

미국

NBA 드래프트 : 2025년 1라운드 1번
NBA 우승 : 0회 / **파이널 MVP** : 0회
시즌 MVP : 0회 / **NBA 퍼스트팀** : 0회

미국 국적의 백인으로는 1977년 켄트 벤슨 이후 무려 48년 만에 등장한 드래프트 종합 1순위 선수다. 실력, 인기, 화제성 모든 면에서 큰 주목을 받는다. 플래그는 203cm의 스몰포워드다. 풀업 점퍼를 활용한 중거리 슈팅과 3점 슈팅은 매우 위력적이다. 트랜지션 상황에 번개처럼 치고 들어가 빠르게 마무리한다. 높은 BQ와 넓은 시야로 플레이메이킹과 패스를 시도한다. 퍼리미터 1대1 수비는 수준급이고, 패싱 레인을 잘 끊어낸다. 연봉은 1283만 달러.

SHOT ZONE

2025-26시즌 신인 선수

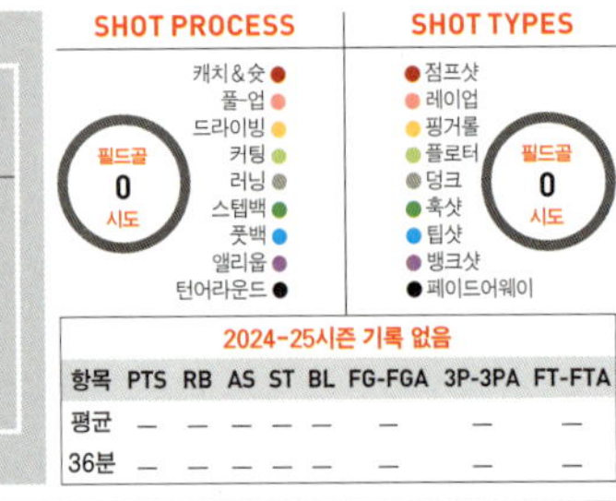

2024-25시즌 기록 없음

항목	PTS	RB	AS	ST	BL	FG-FGA	3P-3PA	FT-FTA
평균	–	–	–	–	–	–	–	–
36분	–	–	–	–	–	–	–	–

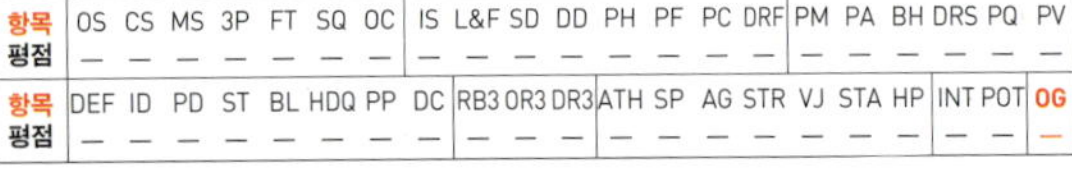

항목	OS	CS	MS	3P	FT	SQ	OC	IS	L&F	SD	DD	PH	PF	PC	DRF	PM	PA	BH	DRS	PQ	PV
평점	–	–	–	–	–	–	–	–	–	–	–	–	–	–	–	–	–	–	–	–	–

항목	DEF	ID	PD	ST	BL	HDQ	PP	DC	RB3	OR3	DR3	ATH	SP	AG	STR	VJ	STA	HP	INT	POT	OG
평점	–	–	–	–	–	–	–	–	–	–	–	–	–	–	–	–	–	–	–	–	–

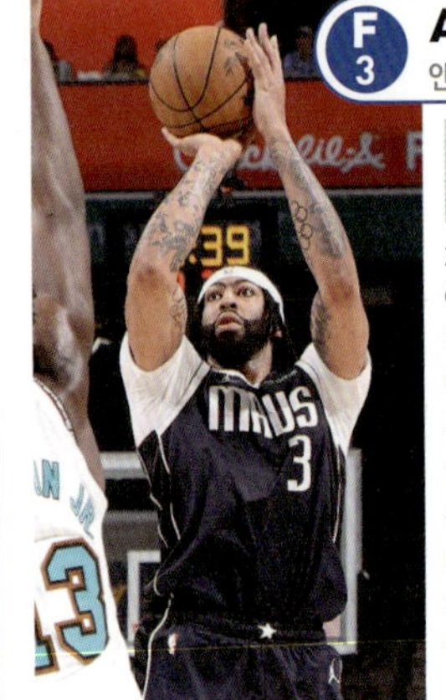

F 3 Anthony DAVIS C-PF

앤써니 데이비스 1993.03.11 / 208cm

미국

NBA 드래프트 : 2012년 1라운드 1번
NBA 우승 : 1회 / **파이널 MVP** : 0회
시즌 MVP : 0회 / **NBA 퍼스트팀** : 4회

2025년 2월 2일, 느닷없이 3각 트레이드에 엮여 레이커스에서 댈러스로 옮겨야 했다. 청천벽력. 설상가상으로 후반기에는 고질적인 사타구니 부상이 재발했다. 결국, 댈러스에서 9경기에 출전하고 시즌을 접었다. 하지만 심기일전, 다시 한번 정상 도전에 나선다. 데이비스는 인사이드 1대1, 퍼리미터 1대1, 픽&롤 수비, 블락, 스틸, 리바운드 등 모든 면에서 리그의 압도적인 최강 수비수다. 팬들은 그의 부활을 강렬히 바라고 있다. 연봉은 5413만 달러.

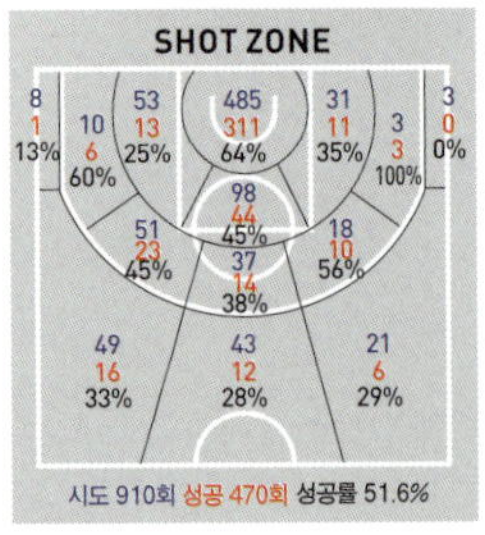

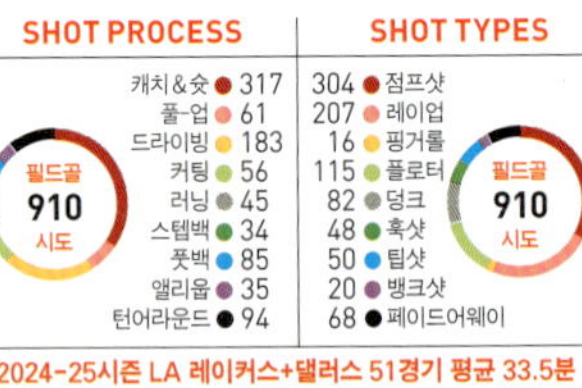

2024-25시즌 LA 레이커스+댈러스 51경기 평균 33.5분

항목	PTS	RB	AS	ST	BL	FG-FGA	3P-3PA	FT-FTA
평균	24.7	11.6	3.5	1.2	2.2	9.2-17.8	0.7-2.4	5.6-7.2
36분	26.6	12.5	3.8	1.2	2.3	9.9-19.2	0.7-2.6	6.0-7.8

항목	OS	CS	MS	3P	FT	SQ	OC	IS	L&F	SD	DD	PH	PF	PC	DRF	PM	PA	BH	DRS	PQ	PV
평점	B	B+	B+	C-	C+	A-	B	B+	B-	A-	B	B	B+	B	B+	D+	D-	C	D+	C-	D

항목	DEF	ID	PD	ST	BL	HDQ	PP	DC	RBB	ORB	DRB	ATH	SP	AG	STR	VJ	STA	HP	INT	POT	OG
평점	B	A	B	D+	A	A-	B+	A-	A-	D+	A	B	C+	C+	A-	B+	B+	B	B	A	A-

F 13 Naji MARSHALL SF-PF

나지 마샬 1998.01.24 / 198cm

미국

NBA 드래프트 : 2020년 미지명
NBA 우승 : 0회 / **파이널 MVP** : 0회
시즌 MVP : 0회 / **NBA 퍼스트팀** : 0회

사이즈와 운동 능력을 갖춘 스윙맨. 화려하지는 않아도 볼을 안정적으로 핸들링한다. 림 어택이 어느 정도 되고, 필요할 때는 3점 슈팅도 한방씩 꽂아준다. 예전보다 3점 성공률이 크게 좋아진 건 고무적이다. 인사이드 1대1 수비, 퍼리미터 1대1 수비는 평타 수준이다. 그래서 벤치 멤버로 투입될 경우 필요에 따라 1번~4번을 두루 막을 수 있다. 이것저것 조금씩 다 할 줄 알지만, 특장점은 없는 선수다. 그래서 식스맨이 딱이다. 연봉 900만 달러.

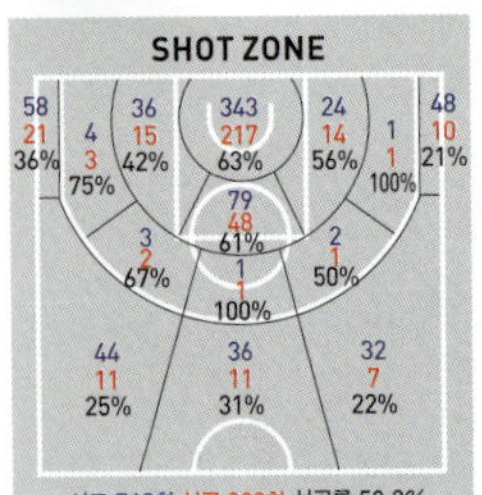

2024-25시즌 댈러스 69경기 평균 27.8분

항목	PTS	RB	AS	ST	BL	FG-FGA	3P-3PA	FT-FTA
평균	13.2	4.8	3.0	1.0	0.2	5.2-10.3	0.9-3.2	1.9-2.3
36분	17.1	6.2	3.9	1.3	0.2	6.8-13.4	1.1-4.1	2.4-3.0

항목	OS	CS	MS	3P	FT	SQ	OC	IS	L&F	SD	DD	PH	PF	PC	DRF	PM	PA	BH	DRS	PQ	PV
평점	B-	A+	B+	C-	B	C	C	D-	B	F	C-	D-	D-	D-	F	D+	D+	C	D-	C-	D-

항목	DEF	ID	PD	ST	BL	HDQ	PP	DC	RB3	OR3	DR3	ATH	SP	AG	STR	VJ	STA	HP	INT	POT	OG
평점	D	D	D	C-	F	D-	D-	F	C-	C	C-	C-	D-	D	D+	C	B	C-	C-	B	C+

F 25 PJ WASHINGTON PF-C

PJ 워싱턴 1998.08.23 / 201cm

미국

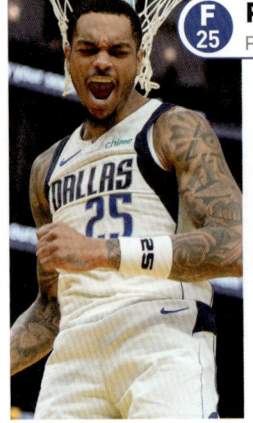

NBA 드래프트 : 2019년 1라운드 12번
NBA 우승 : 0회 / **파이널 MVP** : 0회
시즌 MVP : 0회 / **NBA 퍼스트팀** : 0회

2024년 말~2025년 초, 다리, 무릎, 발목 등 여러 부위를 돌아가면서 다쳤다. 결국, 정규 시즌 57경기에 출전하는 데 그쳤다. 올 시즌 건강해야 한다. 정상 컨디션의 워싱턴은 뛰어난 운동 능력을 자랑하는 포워드다. '언더 사이즈 4번'이지만, 몸통이 두껍고, 윙 스팬이 길다. 강한 힘, 긴 팔, 많은 활동량으로 2~4번을 다 수비한다. 좌우 윙에서 시도하는 3점 슈팅은 위력적이다. 림 근처에서 덩크, 레이업, 플로터를 자주 구사한다. 연봉은 1415만 달러.

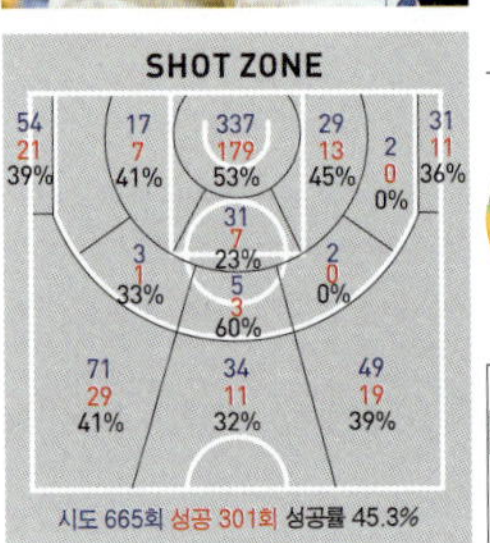

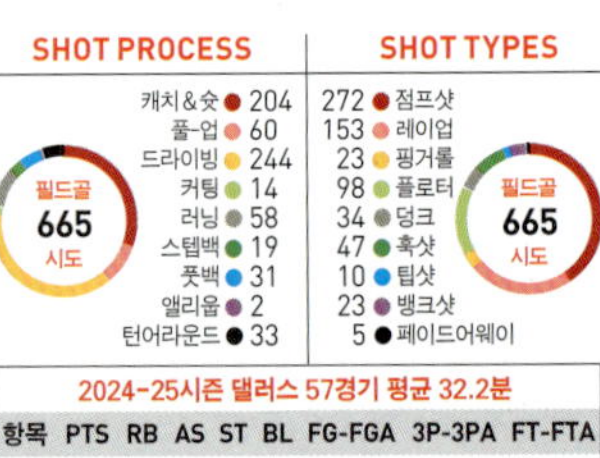

2024-25시즌 댈러스 57경기 평균 32.2분

항목	PTS	RB	AS	ST	BL	FG-FGA	3P-3PA	FT-FTA
평균	14.7	7.8	2.3	1.1	1.1	5.3-11.7	1.6-4.2	2.5-3.5
36분	16.4	8.7	2.6	1.2	1.2	5.9-13.0	1.8-4.7	2.8-3.9

항목	OS	CS	MS	3P	FT	SQ	OC	IS	L&F	SD	DD	PH	PF	PC	DRF	PM	PA	BH	DRS	PQ	PV
평점	D+	B-	D-	B-	C	D-	D-	D+	C	D	B-	D+	D-	D-	F	D-	D-	C-	D-	D-	F

항목	DEF	ID	PD	ST	BL	HDQ	PP	DC	RBB	ORB	DRB	ATH	SP	AG	STR	VJ	STA	HP	INT	POT	OG
평점	C+	D	D+	D+	D+	D	D	D-	D+	D-	C+	C+	C	B	D+	D+	B	B	D-	B+	C+

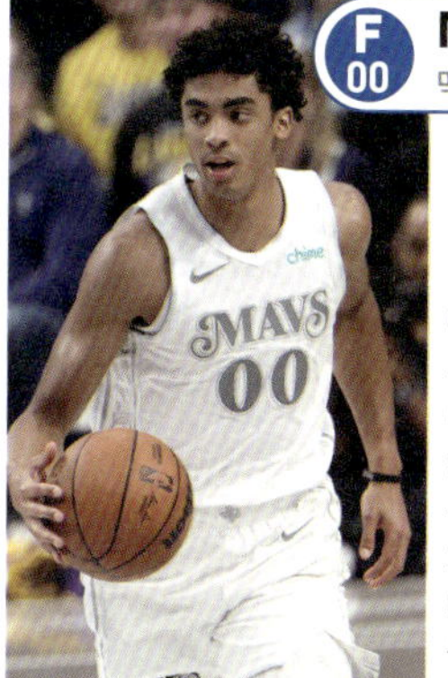

F 00 Max CHRISTIE SG-SF

맥스 크리스티 2003.02.10 / 196cm

미국 — **NBA 드래프트 :** 2022년 2라운드 35번 / **NBA 우승 :** 0회 / **파이널 MVP :** 0회 / **시즌 MVP :** 0회 / **NBA 퍼스트팀 :** 0회

레이커스 소속으로 46경기 평균 8.5점, 3.3리바운드, 댈러스 소속으로 32경기 평균 11.2점, 4.2리바운드를 각각 기록했다. 댈러스에서 좀 더 분발한 셈. 레이커스와 댈러스에서의 지난 3년간 경험을 충분히 쌓았기에 올 시즌은 한층 발전된 기량을 선보일 것이다. 크리스티는 3&D 플레이어다. 높은 타점에서 중거리 점퍼나 3점 슈팅을 성공시킨다. 물론, 림 어택도 가능하다. 운동 능력과 신체를 활용해 좋은 퍼리미터 디펜더가 될 수 있다. 연봉은 771만 달러.

SHOT ZONE

시도 590회 성공 252회 성공률 42.7%

SHOT PROCESS (필드골 590 시도)

캐치&슛 251 / 풀-업 81 / 드라이빙 123 / 커팅 33 / 러닝 56 / 스텝백 18 / 풋백 9 / 앨리웁 0 / 턴어라운드 19

SHOT TYPES (필드골 590 시도)

376 점프샷 / 94 레이업 / 12 핑거롤 / 46 플로터 / 29 덩크 / 0 훅샷 / 7 팁샷 / 8 뱅크샷 / 18 페이드어웨이

2024-25시즌 LA 레이커스+댈러스 78경기 평균 27.3분

항목	PTS	RB	AS	ST	BL	FG-FGA	3P-3PA	FT-FTA
평균	9.6	3.3	1.9	0.8	0.4	3.2-7.6	1.5-4.0	1.7-1.9
36분	12.7	4.4	2.5	1.1	0.5	4.3-10.0	1.9-5.3	2.2-2.6

항목	OS	CS	MS	3P	FT	SQ	OC	IS	L&F	SD	DD	PH	PF	PC	DRF	PM	PA	BH	DRS	PQ	PV
평점	C	C	C-	B-	B	C-	D	D-	C	F	B-	F	F	F	F	D	D+	C-	C+	D	F

항목	DEF	ID	PD	ST	BL	HDQ	PP	DC	RBG	ORG	DRG	ATH	SP	AG	STR	VJ	STA	HP	INT	POT	OG
평점	D+	D-	B	D	F	C+	C	C	D-	D	C-	B-	B+	B+	D-	B-	A+	B	C-	B	C

F 8 Olivier-Maxence PROSPER PF-SF

올리비에-막상스 프라스퍼 2002.07.03 / 201cm

캐나다 — **NBA 드래프트 :** 2023년 1라운드 24번 / **NBA 우승 :** 0회 / **파이널 MVP :** 0회 / **시즌 MVP :** 0회 / **NBA 퍼스트팀 :** 0회

캐나다 출신. 부모 모두 전직 농구 선수였고, 여동생 카산드라도 현재 노틀담대에서 뛰고 있다. 정상급 3&D 플레이어가 될 수 있는 재목이다. 201cm 키에 216cm 윙스팬을 지녔고, 운동 능력이 좋다. 1번~5번을 다 수비하고, 에이스 스토퍼, 픽&롤 수비수로 기대를 모은다. 트랜지션 게임을 잘 수행한다. 페인트존 백도어컷을 즐긴다. 외곽 슈팅은 아직 불안정하다. 잘 보강한다면 코너 스팟업 슈터는 할 수 있다. 별명은 'O-Max.' 연봉 287만 달러.

SHOT ZONE

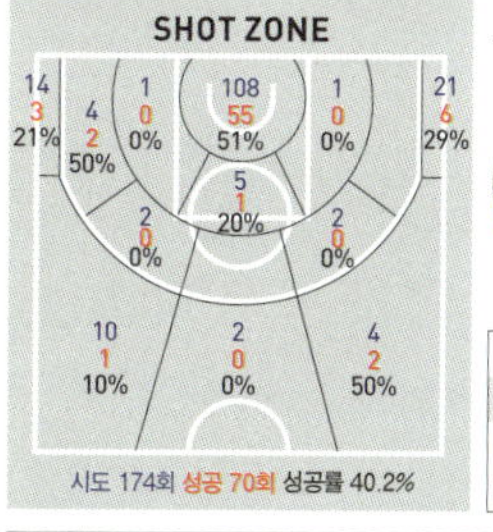

시도 174회 성공 70회 성공률 40.2%

SHOT PROCESS (필드골 174 시도)

캐치&슛 72 / 풀-업 8 / 드라이빙 41 / 커팅 7 / 러닝 25 / 스텝백 5 / 풋백 9 / 앨리웁 0 / 턴어라운드 7

SHOT TYPES (필드골 174 시도)

70 점프샷 / 65 레이업 / 7 핑거롤 / 5 플로터 / 12 덩크 / 3 훅샷 / 5 팁샷 / 2 뱅크샷 / 5 페이드어웨이

2024-25시즌 댈러스 52경기 평균 11.2분

항목	PTS	RB	AS	ST	BL	FG-FGA	3P-3PA	FT-FTA
평균	3.9	2.4	0.8	0.5	0.1	1.3-3.3	0.2-1.0	0.9-1.5
36분	12.4	7.8	2.5	1.6	0.4	4.3-10.7	0.7-3.1	3.0-4.7

항목	OS	CS	MS	3P	FT	SQ	OC	IS	L&F	SD	DD	PH	PF	PC	DRF	PM	PA	BH	DRS	PQ	PV
평점	D-	D	D+	D+	D	D-	F	D-	D+	F	B	F	F	F	D-	D-	D	D-	D	D-	F

항목	DEF	ID	PD	ST	BL	HDQ	PP	DC	RBB	ORB	DRB	ATH	SP	AG	STR	VJ	STA	HP	INT	POT	OG
평점	D	C-	C+	B-	F	D	D-	D-	D-	D+	D-	B-	C+	B-	D-	B+	B+	B	B-	B+	C-

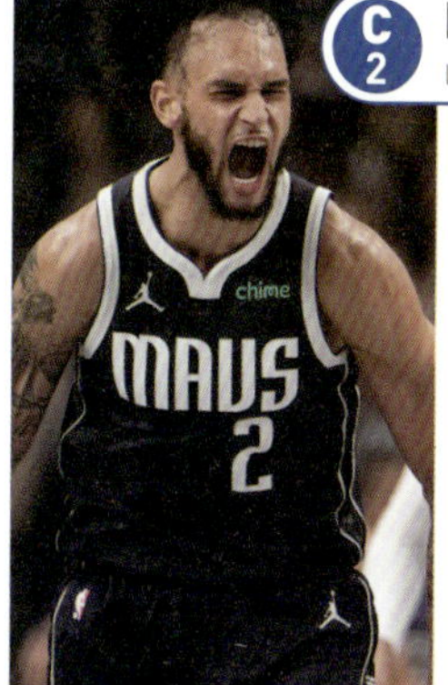

C 2 Dereck LIVELY II C-PF

데릭 라이블리 2004.02.12 / 216cm

미국 — **NBA 드래프트 :** 2023년 1라운드 12번 / **NBA 우승 :** 0회 / **파이널 MVP :** 0회 / **시즌 MVP :** 0회 / **NBA 퍼스트팀 :** 0회

오른발 피로 골절로 수술을 받고, 3개월 결장했다. 올해는 더 세심한 관리가 필요하다. 라이블리는 키 216cm, 윙스팬 231cm의 '축복받은 몸'을 지녔고, '림 어택의 화신'으로 불린다. 지난 시즌 필드골 191회 중 무려 184회가 림 근처에서 이뤄졌다(덩크, 레이업, 플로터, 훅샷, 풋백 등). 림 어택이 전체 슈팅의 무려 96%였다. 원래 외곽 슈팅이 아예 없는 선수였으나, 올여름 공격 루트 다변화 차원에서 이에 대해 집중적으로 훈련했다. 연봉은 525만 달러.

SHOT ZONE

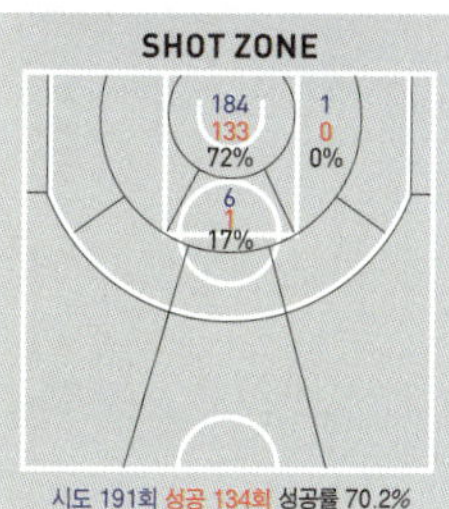

시도 191회 성공 134회 성공률 70.2%

SHOT PROCESS (필드골 191 시도)

캐치&슛 53 / 풀-업 1 / 드라이빙 6 / 커팅 34 / 러닝 13 / 스텝백 0 / 풋백 23 / 앨리웁 31 / 턴어라운드 30

SHOT TYPES (필드골 191 시도)

2 점프샷 / 43 레이업 / 0 핑거롤 / 10 플로터 / 68 덩크 / 51 훅샷 / 16 팁샷 / 1 뱅크샷 / 0 페이드어웨이

2024-25시즌 댈러스 36경기 평균 23.1분

항목	PTS	RB	AS	ST	BL	FG-FGA	3P-3PA	FT-FTA
평균	8.7	7.5	2.4	0.6	1.6	3.7-5.3	0.0-0.0	1.3-2.0
36분	13.6	11.7	3.7	0.9	2.4	5.8-8.3	0.0-0.0	2.0-3.2

항목	OS	CS	MS	3P	FT	SQ	OC	IS	L&F	SD	DD	PH	PF	PC	DRF	PM	PA	BH	DRS	PQ	PV
평점	D+	A+	D-	D-	D	B-	D-	D+	B-	B	B-	D-	D-	D-	F	D-	D+	D-	F	D+	D-

항목	DEF	ID	PD	ST	BL	HDQ	PP	DC	RBB	ORB	DRB	ATH	SP	AG	STR	VJ	STA	HP	INT	POT	OG
평점	C-	B	D	D-	A	B-	D-	B-	B+	A-	C+	C-	D-	D-	C-	D+	B-	A	D-	A-	B-

C 21 Daniel GAFFORD C-PF

대니얼 개포드 1998.10.01 / 208cm

미국 — **NBA 드래프트 :** 2019년 2라운드 38번 / **NBA 우승 :** 0회 / **파이널 MVP :** 0회 / **시즌 MVP :** 0회 / **NBA 퍼스트팀 :** 0회

댈러스 이적 첫 시즌에 발목 부상으로 25경기에 결장했다. 이걸 제외하면 본인의 평소 실력을 다 발휘했다. 실수를 적게 범하고 팀을 항상 먼저 생각한다. 탄탄한 체형에 운동 능력이 좋다. 강력한 인사이드 수비와 리바운드, 리그 최강의 블락을 자랑한다. 픽&롤 응용력도 OK. 공격은 매우 제한적이다. 지난 시즌 전체 필드골 403회 중 무려 388회가 림 근처에서 이뤄졌다. 림으로부터 3m 이상의 거리에서는 아예 슈팅 시도를 하지 않는다. 연봉은 1439만 달러.

SHOT ZONE

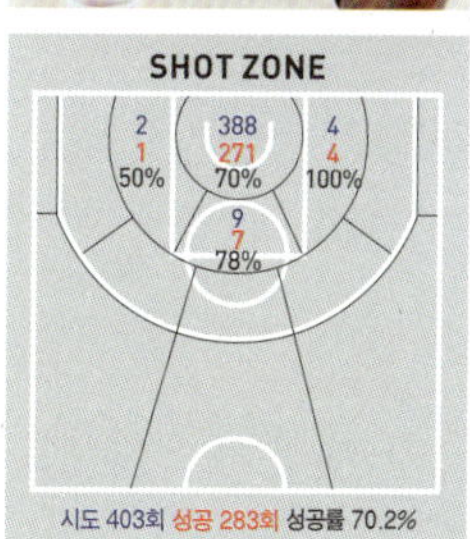

시도 403회 성공 283회 성공률 70.2%

SHOT PROCESS (필드골 403 시도)

캐치&슛 88 / 풀-업 1 / 드라이빙 57 / 커팅 75 / 러닝 36 / 스텝백 0 / 풋백 81 / 앨리웁 43 / 턴어라운드 22

SHOT TYPES (필드골 403 시도)

8 점프샷 / 152 레이업 / 19 핑거롤 / 16 플로터 / 123 덩크 / 42 훅샷 / 36 팁샷 / 4 뱅크샷 / 3 페이드어웨이

2024-25시즌 댈러스 57경기 평균 21.5분

항목	PTS	RB	AS	ST	BL	FG-FGA	3P-3PA	FT-FTA
평균	12.3	6.8	1.4	0.4	1.8	5.0-7.1	0.0-0.0	2.4-3.4
36분	20.6	11.4	2.3	0.7	3.0	8.3-11.8	0.0-0.0	4.0-5.8

항목	OS	CS	MS	3P	FT	SQ	OC	IS	L&F	SD	DD	PH	PF	PC	DRF	PM	PA	BH	DRS	PQ	PV
평점	D-	A+	D	F	C-	C-	F	D+	B-	B	C	D+	D+	D+	F	F	F	F	D-	F	F

항목	DEF	ID	PD	ST	BL	HDQ	PP	DC	RBB	ORB	DRB	ATH	SP	AG	STR	VJ	STA	HP	INT	POT	OG
평점	C-	B+	D	F	A+	B-	D-	B-	B	A	C	C+	C	C-	C-	B-	C	B+	D-	B+	B-

C 7 Dwight POWELL C-PF

드와이트 파웰 1991.07.20 / 208cm

캐나다 NBA 드래프트 : 2014년 2라운드 45번
NBA 우승 : 0회 / 파이널 MVP : 0회
시즌 MVP : 0회 / NBA 퍼스트팀 : 0회

2021~2023년 두 시즌에는 확고한 선발 센터였다. 그러나 2023-24시즌, 2024-25시즌엔 개포드, 라이블리에 밀려 '서드 유닛'에 머물렀다. 올 시즌도 마찬가지다. 공격은 제한적이다. 필드골은 림 근처에서만 이뤄진다. 림 가까이에서 시도하는 오픈 상황 캐치&슛, 픽&롤 대시 후 마무리, 그리고 공격 리바운드 후의 풋백 등이다. 나이를 먹어서인지 인사이드 수비가 예전보다 헐거워졌다. '스트레치 빅맨'에게 외곽 슈팅을 쉽게 허용한다. 연봉은 400만 달러.

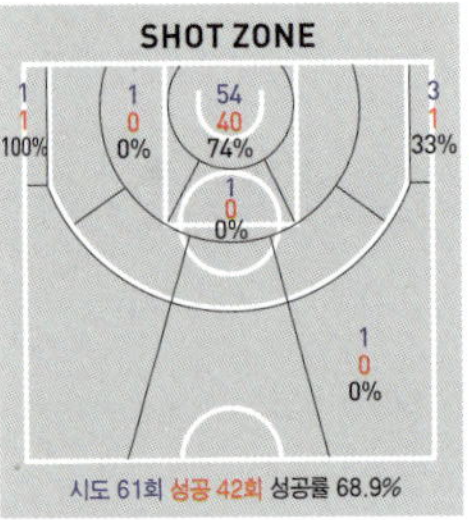

SHOT PROCESS (필드골 61 시도)

캐치&슛 10 / 풀-업 0 / 드라이빙 6 / 커팅 22 / 러닝 5 / 스텝백 0 / 풋백 10 / 앨리웁 7 / 턴어라운드 1

SHOT TYPES (필드골 61 시도)

5 점프샷 / 25 레이업 / 4 핑거롤 / 2 플로터 / 15 덩크 / 2 훅샷 / 8 팁샷 / 0 뱅크샷 / 0 페이드어웨이

2024-25시즌 댈러스 55경기 평균 10.0분

항목	PTS	RB	AS	ST	BL	FG-FGA	3P-3PA	FT-FTA
평균	2.1	2.1	1.0	0.3	0.4	0.8-1.1	0.0-0.1	0.5-0.8
36분	7.4	7.7	3.6	1.2	1.4	2.7-4.0	0.1-0.3	1.8-2.8

항목	OS	CS	MS	3P	FT	SQ	OC	IS	L&F	SD	DD	PH	PF	PC	DRF	PM	PA	BH	DRS	PQ	PV
평점	D-	A-	D	C+	D-	F	F	C+	C-	C	D	C+	C+	C+	B-	D-	D-	D-	F	D	D-

항목	DEF	ID	PD	ST	BL	HDQ	PP	DC	RBB	ORB	DRB	ATH	SP	AG	STR	VJ	STA	HP	INT	POT	OG
평점	D+	C+	D-	D+	C	D+	C	D	D-	C	D-	C+	C-	D-	B-	D+	A-	A	F	B	C-

G 1 D'Angelo RUSSELL PG

디앤젤로 러셀 1996.02.23 / 191cm

미국 NBA 드래프트 : 2015년 1라운드 2번
NBA 우승 : 0회 / 파이널 MVP : 0회
시즌 MVP : 0회 / NBA 퍼스트팀 : 0회

레이커스에서는 르브론과 볼을 나눠서 다뤘다. 그러나 댈러스에서는 러셀이 메인 볼 핸들러다. 올 시즌도 이런 상황은 이어진다. 그는 레이업, 플로터, 핑거롤로 림을 공략하고, 미드-레인지 점퍼와 3점 슈팅도 구사한다. 좌우 윙, 좌우 코너, 탑 등 코트 여러 위치에서 자유롭게 슈팅했다. 여기에 페이드어웨이샷까지 장착했다. 문제는 기복이 심하다는 점. 어느 날에는 '승리의 빅샷'을, 다른 날에는 '패배의 배드샷'을 던지기도 한다. 연봉은 569만 달러.

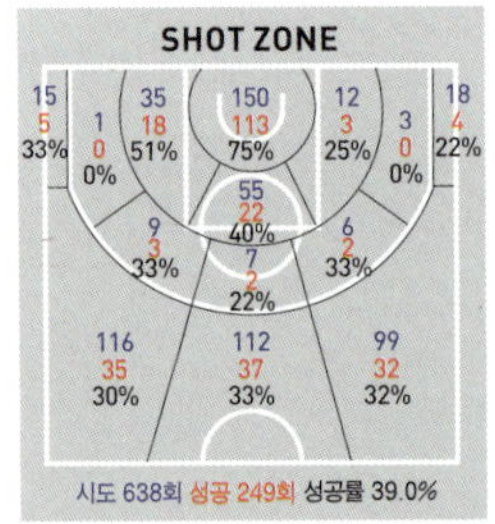

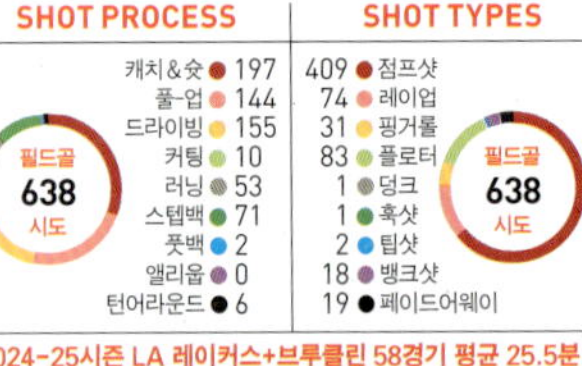

2024-25시즌 LA 레이커스+브루클린 58경기 평균 25.5분

항목	PTS	RB	AS	ST	BL	FG-FGA	3P-3PA	FT-FTA
평균	12.6	2.8	5.1	1.0	0.4	4.3-11.0	1.9-6.2	2.1-2.5
36분	17.8	3.9	7.2	1.4	0.6	6.1-15.5	2.7-8.8	2.9-3.5

항목	OS	CS	MS	3P	FT	SQ	OC	IS	L&F	SD	DD	PH	PF	PC	DRF	PM	PA	BH	DRS	PQ	PV
평점	C	A	D+	C	B	D	C-	D-	B+	F	F	F	D-	D-	B+	B	B+	A-	B-	B+	C

항목	DEF	ID	PD	ST	BL	HDQ	PP	DC	RBG	ORG	DRG	ATH	SP	AG	STR	VJ	STA	HP	INT	POT	OG
평점	D	D-	D	C	F	D-	F	F	D-	D-	D+	C-	B-	D	D-	C-	A-	D	D-	B+	C+

F 31 Klay THOMPSON SG-SF

클레이 탐슨 1990.02.08 / 198cm

미국 NBA 드래프트 : 2011년 1라운드 11번
NBA 우승 : 4회 / 파이널 MVP : 0회
시즌 MVP : 0회 / NBA 퍼스트팀 : 0회

13년간 뛰었던 골든스테이트를 떠나 지난 시즌 처음 댈러스에 합류하다 보니 다소 낯선 분위기였다. 평균 14.0점으로 본인의 프로 통산 두 번째로 낮은 수치였다. 그래도 시즌 종반엔 무서운 득점포를 재가동했다. NBA 역대 최고 슈터를 논할 때 무조건 최상위권에 들어간다. 풀업, 스텝백, 턴어라운드, 페이드어웨이, 레이업, 핑거롤, 플로터 등 가능한 모든 슈팅 기술을 전부, 그것도 최고 수준으로 시전한다. 진짜 '슈팅 머신'이다. 연봉은 1667만 달러.

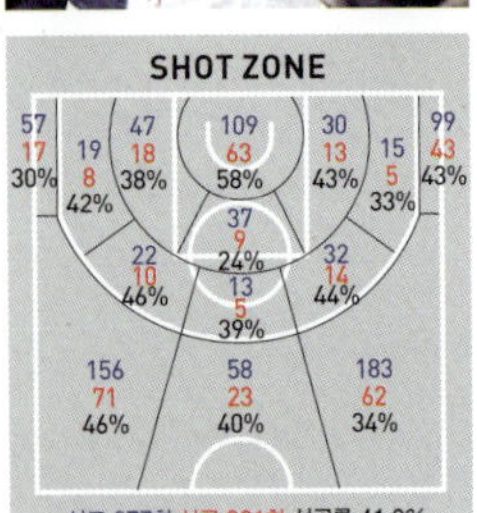

SHOT PROCESS (필드골 877 시도)

캐치&슛 425 / 풀-업 182 / 드라이빙 78 / 커팅 19 / 러닝 80 / 스텝백 59 / 풋백 9 / 앨리웁 1 / 턴어라운드 24

SHOT TYPES (필드골 877 시도)

690 점프샷 / 64 레이업 / 21 핑거롤 / 24 플로터 / 2 덩크 / 0 훅샷 / 4 팁샷 / 18 뱅크샷 / 54 페이드어웨이

2024-25시즌 댈러스 72경기 평균 27.3분

항목	PTS	RB	AS	ST	BL	FG-FGA	3P-3PA	FT-FTA
평균	14.0	3.4	2.0	0.7	0.4	5.0-12.2	3.0-7.7	0.9-1.0
36분	18.4	4.5	2.7	0.9	0.5	6.6-16.1	4.0-10.1	1.2-1.4

항목	OS	CS	MS	3P	FT	SQ	OC	IS	L&F	SD	DD	PH	PF	PC	DRF	PM	PA	BH	DRS	PQ	PV
평점	C+	C+	C+	B+	A-	D-	C	D-	C-	F	D	F	D	D	F	D-	D-	D+	C-	D-	F

항목	DEF	ID	PD	ST	BL	HDQ	PP	DC	RB3	OR3	DR3	ATH	SP	AG	STR	VJ	STA	HP	INT	POT	OG
평점	D	D	C+	D-	F	C-	F	C-	D-	D	D-	C+	C-	C	D-	D+	A-	B-	C	A	C+

G 10 Brandon Williams PG

브랜든 윌리엄스 1999.11.22 / 185cm

미국 NBA 드래프트 : 2021년 미지명
NBA 우승 : 0회 / 파이널 MVP : 0회
시즌 MVP : 0회 / NBA 퍼스트팀 : 0회

시즌 33경기 출전에 그쳤다. 구단과 투웨이 계약을 맺어 NBA와 G리그를 넘나들었고, 허리 통증, 근육통, 복부 통증 등이 연달아 발생했기에 여러 경기에 결장했기 때문이다. 올 시즌엔 구단과 보장 연봉 227만 달러에 계약했기에 지난 시즌보다는 출전 기회가 훨씬 늘어날 전망이다. 윌리엄스는 플레이메이킹과 득점력을 겸비한 포인트가드다. 3점 슈팅과 림 어택이 다 된다. 팔이 길고, 스피드가 빠르며 민첩하기에 퍼리미터에서 1대1 수비를 잘 해낸다.

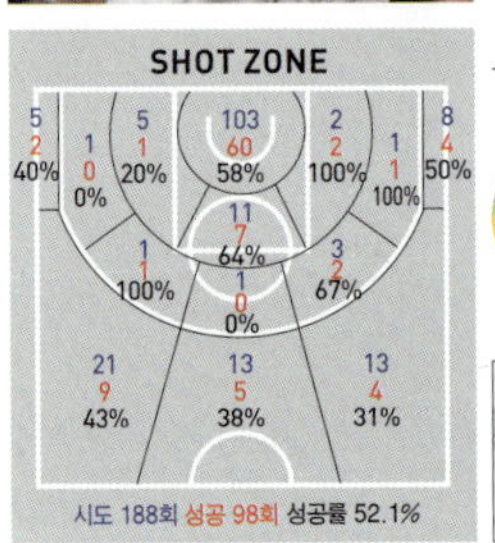

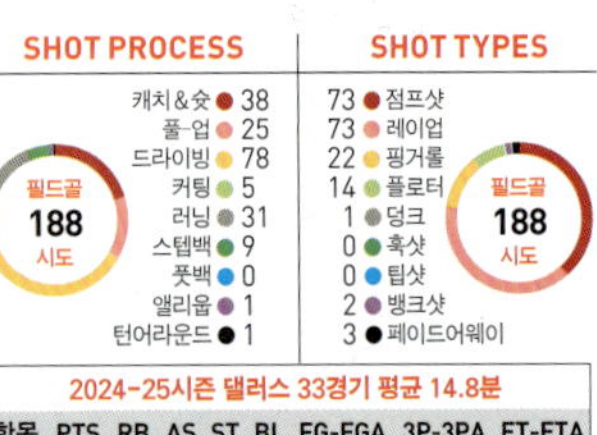

2024-25시즌 댈러스 33경기 평균 14.8분

항목	PTS	RB	AS	ST	BL	FG-FGA	3P-3PA	FT-FTA
평균	8.3	1.8	2.3	0.7	0.2	3.0-5.7	0.7-1.8	1.7-2.0
36분	20.3	4.3	5.6	1.8	0.4	7.2-13.9	1.8-4.4	4.1-4.9

항목	OS	CS	MS	3P	FT	SQ	OC	IS	L&F	SD	DD	PH	PF	PC	DRF	PM	PA	BH	DRS	PQ	PV
평점	C+	B+	A-	B-	B	C-	D-	D-	B-	F	D-	F	F	D-	D-	C	C	C+	C+	C+	C-

항목	DEF	ID	PD	ST	BL	HDQ	PP	DC	RBG	ORG	DRG	ATH	SP	AG	STR	VJ	STA	HP	INT	POT	OG
평점	D	D-	D	B+	F	D-	D-	F	D-	C	D	C	C+	C+	D-	D+	B+	C-	D-	B	C-

Caleb MARTIN SF-SG

G 16

케일럽 마틴

1995.09.28 / 196cm

미국

NBA 드래프트 : 2019년 미지명
NBA 우승 : 0회 / 파이널 MVP : 0회
시즌 MVP : 0회 / NBA 퍼스트팀 : 0회

운동 능력이 좋은 3&D 플레이어. 2번, 3번, 4번이 모두 가능한 윙이다. 공격에서는 캐치&슛의 3점 슈팅 혹은 림 어택(덩크, 레이업, 핑거롤, 플로터)이 주를 이룬다. 자신감이 넘치기에 아크로바틱한 마무리도 심심찮게 보여준다. 그러나 기본적으로 슈팅 시도 자체가 많은 선수는 아니다. 마틴의 진가는 수비에서 나타난다. 상대 팀 메인 볼핸들러의 락다운 디펜더로 나선다. 키가 크고, 사이드스텝이 빠르며 팔이 길어 상당한 효과를 본다. 연봉은 959만 달러.

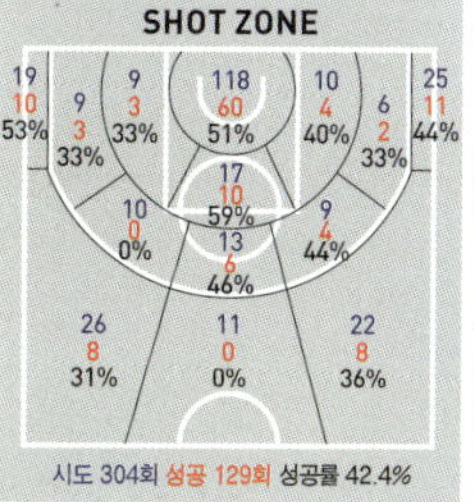

2024-25시즌 필라델피아+댈러스 45경기 평균 27.1분

항목	PTS	RB	AS	ST	BL	FG-FGA	3P-3PA	FT-FTA
평균	7.9	3.9	2.1	1.0	0.5	2.9-6.8	0.8-2.3	1.4-2.2
36분	10.5	5.2	2.8	1.4	0.7	3.8-9.0	1.1-3.0	1.8-2.9

항목	OS	CS	MS	3P	FT	SQ	OC	IS	L&F	SD	DD	PH	PF	PC	DRF	PM	PA	BH	DRS	PQ	PV
평점	D+	B-	C-	C+	D-	D	D-	D-	B	F	C-	D-	D-	D-	F	D-	D-	D+	D-	D+	F

항목	DEF	ID	PD	ST	BL	HDQ	PP	DC	RB3	OR3	DR3	ATH	SP	AG	STR	VJ	STA	HP	INT	POT	OG
평점	C-	C-	C+	C	F	C	C-	C-	D-	B-	D-	C	D+	C	D-	C	B	A-	D-	B	C

Jaden HARDY SG-PG

G 1

제이든 하디

2002.07.05 / 191cm

미국

NBA 드래프트 : 2022년 2라운드 37번
NBA 우승 : 0회 / 파이널 MVP : 0회
시즌 MVP : 0회 / NBA 퍼스트팀 : 0회

가성비 좋은 콤보 가드. 지난 시즌 평균 15.9분 출전하며 8.7점을 올렸다. 36분으로 환산하면 19.7점으로 꽤 높았다. 키(191cm)에 비해 윙스팬이 길고(206cm), 운동 능력이 좋아 +α 효과를 낼 수 있다. 슬래셔 유형으로 돌파에 이은 림 어택이 특기다. 또한, 캐치&슛 혹은 풀업 점퍼를 활용해 '롱 2'와 3점 슈팅을 시도한다. 3점은 프로 3년 통산 38.1%로 합격점이다. 향후 빅맨과의 투맨 게임, 퍼리미터 수비력을 더 키워야 한다. 연봉은 600만 달러.

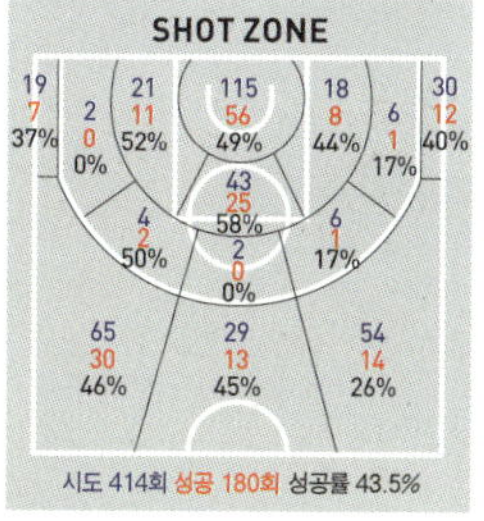

SHOT PROCESS

캐치&슛 160
풀-업 62
드라이빙 110
커팅 6
러닝 32
스텝백 33
풋백 1
앨리웁 1
턴어라운드 9
필드골 414 시도

SHOT TYPES

252 점프샷
67 레이업
12 핑거롤
42 플로터
11 덩크
0 훅샷
1 팁샷
10 뱅크샷
19 페이드어웨이
필드골 414 시도

2024-25시즌 댈러스 57경기 평균 15.9분

항목	PTS	RB	AS	ST	BL	FG-FGA	3P-3PA	FT-FTA
평균	8.7	1.6	1.4	0.5	0.1	3.2-7.3	1.3-3.5	1.1-1.5
36분	19.7	3.5	3.2	1.1	0.2	7.1-16.4	3.0-7.8	2.4-3.4

항목	OS	CS	MS	3P	FT	SQ	OC	IS	L&F	SD	DD	PH	PF	PC	DRF	PM	PA	BH	DRS	PQ	PV
평점	C-	B	D	B	D+	D-	C	D-	B-	F	B-	F	F	D-	F	C-	C	B-	C	C	D-

항목	DEF	ID	PD	ST	BL	HDQ	PP	DC	RBG	ORG	DRG	ATH	SP	AG	STR	VJ	STA	HP	INT	POT	OG
평점	D-	D+	D	D	F	D-	D-	D-	D-	D-	D-	C+	B-	B-	F	B	B	B	C-	B+	C-

Danté EXUM PG-SG

G 0

단테 엑섬

1995.07.13 / 196cm

호주

NBA 드래프트 : 2014년 1라운드 5번
NBA 우승 : 0회 / 파이널 MVP : 0회
시즌 MVP : 0회 / NBA 퍼스트팀 : 0회

데뷔 시즌(2014-15)을 제외하고, 매년 크고 작은 부상에 시달렸다. 지난 시즌에도 팔목 염좌, 왼손뼈 골절 등으로 총 25경기에 결장했다. 정상 상태의 엑섬은 사이즈가 좋고, 운동 능력, 볼 핸들링, 퍼리미터 수비를 겸비한 선수로 평가받는다. 돌파 후 레이업을 얹고, 코너와 윙에서 3점 슈팅을 시도한다. 과거보다 림 어택이 늘어난 것도 긍정적이다. 지난 시즌 드라이빙, 러닝에서 이어지는 레이업과 플로터로 꽤 많은 골을 넣었다. 연봉은 330만 달러.

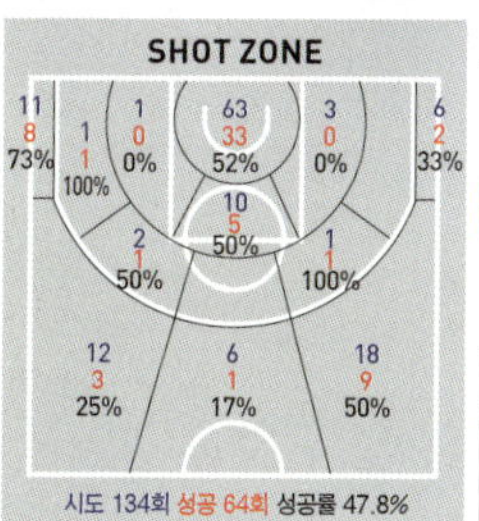

2024-25시즌 댈러스 20경기 평균 18.6분

항목	PTS	RB	AS	ST	BL	FG-FGA	3P-3PA	FT-FTA
평균	8.7	1.7	2.8	0.6	0.2	3.2-6.7	1.2-2.7	1.2-1.6
36분	16.8	3.2	5.4	1.2	0.3	6.2-13.0	2.2-5.1	2.2-3.0

항목	OS	CS	MS	3P	FT	SQ	OC	IS	L&F	SD	DD	PH	PF	PC	DRF	PM	PA	BH	DRS	PQ	PV
평점	C-	B-	C-	B	C	C-	D-	D-	C	F	D-	F	D-	F	D-	C	C-	C	C+	C-	C-

항목	DEF	ID	PD	ST	BL	HDQ	PP	DC	RBG	ORG	DRG	ATH	SP	AG	STR	VJ	STA	HP	INT	POT	OG
평점	D+	D-	B-	D+	F	C+	C+	C	D-	D-	D-	C	C+	C+	F	C+	B-	C	C	B	C

DALLAS MAVERICKS 2025-26 REGULAR SEASON SCHEDULE

OCTOBER, 2025

Oct. 22 vs. San Antonio Spurs
Oct. 24 vs. Washington Wizards
Oct. 26 vs. Toronto Raptors
Oct. 27 vs. Oklahoma City Thunder
Oct. 29 vs. Indiana Pacers

NOVEMBER, 2025

Nov. 1 @ Detroit Pistons
Nov. 3 @ Houston Rockets
Nov. 5 vs. New Orleans Pelicans
Nov. 7 @ Memphis Grizzlies
Nov. 8 @ Washington Wizards
Nov. 10 vs. Milwaukee Bucks
Nov. 12 vs. Phoenix Suns
Nov. 14 vs. Los Angeles Clippers
Nov. 16 vs. Portland Trail Blazers
Nov. 17 @ Minnesota Timberwolves
Nov. 19 vs. New York Knicks
Nov. 21 vs. New Orleans Pelicans
Nov. 22 vs. Memphis Grizzlies
Nov. 24 @ Miami Heat
Nov. 28 @ Los Angeles Lakers
Nov. 29 @ Los Angeles Clippers

DECEMBER, 2025

Dec. 1 @ Denver Nuggets
Dec. 3 vs. Miami Heat
Dec. 5 @ Oklahoma City Thunder
Dec. 6 vs. Houston Rockets
Dec. 18 vs. Detroit Pistons
Dec. 20 @ Philadelphia 76ers
Dec. 22 @ New Orleans Pelicans
Dec. 23 vs. Denver Nuggets
Dec. 25 @ Golden State Warriors
Dec. 27 @ Sacramento Kings
Dec. 29 @ Portland Trail Blazers

JANUARY, 2026

Jan. 1 vs. Philadelphia 76ers
Jan. 3 vs. Houston Rockets
Jan. 6 @ Sacramento Kings
Jan. 8 @ Utah Jazz
Jan. 10 @ Chicago Bulls
Jan. 12 vs. Brooklyn Nets
Jan. 14 vs. Denver Nuggets
Jan. 15 vs. Utah Jazz
Jan. 17 vs. Utah Jazz
Jan. 19 @ New York Knicks
Jan. 22 vs. Golden State Warriors
Jan. 24 vs. Los Angeles Lakers
Jan. 25 @ Milwaukee Bucks
Jan. 28 vs. Minnesota Timberwolves
Jan. 29 vs. Charlotte Hornets
Jan. 31 @ Houston Rockets

FEBRUARY, 2026

Feb. 3 vs. Boston Celtics
Feb. 5 vs. San Antonio Spurs
Feb. 7 @ San Antonio Spurs
Feb. 10 @ Phoenix Suns
Feb. 12 @ Los Angeles Lakers
Feb. 20 @ Minnesota Timberwolves
Feb. 22 @ Indiana Pacers
Feb. 24 @ Brooklyn Nets
Feb. 26 vs. Sacramento Kings
Feb. 27 vs. Memphis Grizzlies

MARCH, 2026

Mar. 1 vs. Oklahoma City Thunder
Mar. 3 @ Charlotte Hornets
Mar. 5 @ Orlando Magic
Mar. 6 @ Boston Celtics
Mar. 8 @ Toronto Raptors
Mar. 10 @ Atlanta Hawks
Mar. 13 vs. Cleveland Cavaliers
Mar. 15 @ Cleveland Cavaliers
Mar. 16 @ New Orleans Pelicans
Mar. 18 vs. Atlanta Hawks
Mar. 21 vs. Los Angeles Clippers
Mar. 23 vs. Golden State Warriors
Mar. 25 @ Denver Nuggets
Mar. 27 @ Portland Trail Blazers
Mar. 30 vs. Minnesota Timberwolves

APRIL, 2026

Apr. 1 @ Memphis Grizzlies
Apr. 3 vs. Orlando Magic
Apr. 5 vs. Los Angeles Lakers
Apr. 7 @ Los Angeles Clippers
Apr. 8 @ Phoenix Suns
Apr. 10 @ San Antonio Spurs
Apr. 12 vs. Chicago Bulls

HOUSTON ROCKETS
SPACE CITY
HOME NETWORK
ROCKETS
5

명실상부한 우승 후보, 챔피언의 대항마

세로 영역의 지배자

독특한 경기 접근법에 힘입어 서부컨퍼런스 강호 입지를 되찾았다. 우선 이메 우도카 감독 특유의 끈적한 수비가 위력을 발휘했다. 대부분 수비 지표에서 리그 TOP 5 수준 경쟁력을 선보였다. 부족한 세트 오펜스 생산력은 약탈 농구로 메꿨다. 문자 그대로 세로 영역을 지배했던 덕분이다. 경기당 평균 공격리바운드 14.6개, 리바운드 마진 +6.3개, 세컨드 찬스 18.1득점 모두 리그 전체 압도적인 1위에 올랐다. 낮은 슈팅 효율성을 더 많은 득점 기회로 만회했다는 의미다.

케빈 듀란트의 새로운 둥지

휴스턴이 지난 시즌에 기록한 슈팅 효율성 지표인 TS% 55.3%는 양대 컨퍼런스 플레이오프 직행 16개 팀 중 가장 낮은 수치다. 세로 영역에 집중한 약탈 농구가 선택이 아닌, 필수였던 배경이다. 구단 프런트는 선수단 약점을 정확하게 인지했다. 오프 시즌이 시작되자마자 슈퍼스타 케빈 듀란트를 트레이드 영입했다. 알다시피 KD는 역대 다섯 손가락 안에 꼽히는 슈팅 마스터다. 대체 가능한 자원들인 제일린 그린, 딜런 브룩스 등만 트레이드 카드로 소모했기에 더욱 값진 성과다.

오클라호마시티의 대항마

하킴 올라주원 시대인 1995년 이후 첫 플레이오프 파이널 우승을 정조준했다. 듀란트에 더해, 클린트 카펠라와 도리안 핀니-스미스까지 사인&트레이드 또는 FA 계약으로 손에 넣었다. 프레드 밴블리트(2년 5,000만 달러), 스티븐 아담스(3년 3,900만 달러), 자바리 스미스 주니어(5년 1억 2,200만 달러)와 재계약을 체결하는 등 집토끼 단속에도 성공했다. 서류상 전력만 놓고 보면 명실상부한 우승 후보다. 디펜딩 챔피언 오클라호마시티의 대항마로 꼽기에 부족함이 없다.

Association Icon Statement City

•통계는 2025년 9월 10일 기준

CLUB INFORMATION

  **Founded** 구단 창립 1967년	 **Owner** 틸먼 퍼티타 1957.06.25	**CEO** 그레첸 셰어	**Head Coach** 이메 우도카 1977.08.09	 **24-25 Odds** 스카이벳 : 8.5배 윌리엄힐 : 8.5배
Nationality ●미국 선수 13명 ●외국 선수 5명	 **Age** 18명 평균 27.4세	 **Height** 18명 평균 198.3cm	 **Weight** 18명 평균 100.1kg	 **Salary** 14명 평균 1423만 달러
Win 2024-25 : 52승 통산 : 2421승	**Loss** 2024-25 : 30패 통산 : 2267패	**Winning%** 2024-25 : 63.4% 통산 : 51.6%	 **Play-Off** PO 진출 : 35회 PO 탈락 : 23회	 **Titles** NBA우승 : 2회 컨퍼런스 : 4회
Top Scorer 제일런 그린 평균 21.0점	**More Rebounds** 알프렌 센귄 평균 10.3리바운드	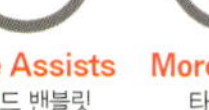 **More Assists** 프레드 밴블릿 평균 5.6어시스트	  **More Steals** 타리 이슨 평균 1.7스틸	 **More Blocks** 아멘 탐슨 평균 1.3블락

•항목별 1위는 지난 시즌 휴스턴 소속으로 42경기 이상 출전한 선수 중 선별

HEAD COACH & STADIUM

Ime UDOKA 이메 우도카

생년월일 : 1977.08.09 / **출생지 :** 미국 오리건주 포틀랜드
경력 : 2012~2019년 샌안토니오 스퍼스 코치 / 2019~2020년 필라델피아 76ers. 코치 / 2020~ 2021년 브루클린 네츠 코치 / 2021~2023년 보스턴 셀틱스 감독 / 2023년~ 휴스턴 로키츠 감독

제퍼슨고를 졸업하고 1995년 유타주립대에 입학했다. 1997년 샌프란시스코대로, 1999년 포틀랜드주립대로 각각 편입했다. 2000년 대학 졸업 후 NBA 드래프트를 신청했지만, 어느 팀에서도 지명을 받지 못했다. 결국, 2000년부터 2012년까지 12년간 무려 14팀을 옮겨 다니며 '저니맨'이 되었다. 주로 USBL, IBA, D-리그 등 미국의 하부리그와 외국 프로 리그에서 활약했다. 물론, LA 레이커스, 뉴욕, 포틀랜드, 샌안토니오, 새크라멘토 등에서 잠시 뛴 적이 있지만 그건 그야말로 '파트타임'이었을 뿐이다. 선수로서 거의 두각을 나타내지 못하자 2012년 은퇴한 직후 바로 지도자로 나섰다. 샌안토니오에서 2018년까지 코치를 역임했고, 2019년 필라델피아 코치, 2020년 브루클린 코치, 2021년 보스턴 셀틱스 감독으로 일했다. 보스턴 감독으로 잘 나갔으나, 불미스러운 일에 연루돼 물러났다. 그리고 2023년 4월 25일 휴스턴 로키츠의 제16대 감독이 됐다.

TOYOTA CENTER

구장 오픈 : 2003년 10월 6일
구장 증개축 : —
오너 : 휴스턴 스포츠국
수용인원 : 1만 8104명
건축비용 : 2억 3500만 달러
(현재 가치) 3억 8900만 달러

휴스턴 시내 중심부에 위치했다. 미국에서 4번째로 큰 시장인 휴스턴에서 최고의 스포츠 및 엔터테인먼트 장소가 되었다. 2003년 문을 연 이래로 이곳에서는 세계에서 가장 유명한 국내외 아티스트 투어는 물론, 2006년과 2013년 NBA 올스타 게임, 2008년 라틴 그래미 시상식이 개최됐다. 이곳이 로키츠 홈구장으로 사용하기 시작한 건 2003-04시즌부터다.

REGULAR SEASON RANKING LAST 10YEARS

★NBA 파이널 우승

15-16	16-17	17-18	18-19	19-20	20-21	21-22	22-23	23-24	24-25
18	3	1	5	8	30	30	28	19	4
41승 41패	55승 27패	65승 17패	53승 29패	44승 28패	17승 55패	20승 62패	22승 60패	41승 41패	52승 30패

Honours

 2 NBA CHAMPIONS
 4 CONFERENCE TITLES
 9 DIVISION TITLES
7 RETIRED NUMBERS

NBA CHAMPIONSHIPS
1994, 1995

CONFERENCE TITLES
1981, 1986, 1994, 1995

DIVISION TITLES
1977, 1986, 1993, 1994, 2015, 2018, 2019, 2020, 2025

RETIRED NUMBERS
11, 22, 23, 24, 34, 44, 45

TEAM POTENTIAL

88점
2위

하프코트 세트오펜스 8점

트랜지션 오펜스 7점

하프코트 세트디펜스 10점

트랜지션 디펜스 9점

리바운드 10점

선수층 9점
선수 경험치 9점

감독 리더십 9점

감독 전술 8점
프런트 9점

*각 항목은 10점 만점, 평점은 NBA 30팀 사이 상대평가

우승 ODDS	배당	순위
Sky Bet	8.5배	3위
Bet Fred	7.5배	2위
William Hill	8.5배	4위

OFFENSIVE STYLE
트랜지션 오펜스 — 하프코트 세트오펜스

DEFENSIVE STYLE
하이 프레스 — 하프코트 디펜스

SQUAD & TACTICS

STARTERS

- PF 자바리 스미스 30.1분, 12.2점 7.0RB, 1.1AS
- C 알파론 센귄 31.5분, 19.1점 10.3RB, 4.9AS
- SF 케빈 듀란트 36.5분, 26.6점 6.0RB, 4.2AS
- SG 에이멘 탐슨 32.2분, 14.1점 8.2RB, 3.8AS
- PG 프레드 밴블리트 35.2분, 14.1점 3.7RB, 5.6AS

OFF THE BENCH

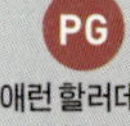
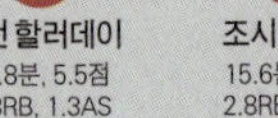

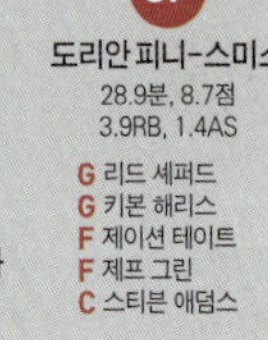

- PG 애런 할러데이 12.8분, 5.5점 1.3RB, 1.3AS
- SG 조시 오코기 15.6분, 7.1점 2.8RB, 0.8AS
- SF 도리안 피니-스미스 28.9분, 8.7점 3.9RB, 1.4AS
- PF 타리 이슨 24.9분, 12.0점 6.4RB, 1.5AS
- C 클린트 카펠라 21.4분, 8.9점 8.5RB, 1.1AS

G 리드 셰퍼드
G 키본 해리스
F 제이션 테이트
F 제프 그린
C 스티븐 애덤스

Player's Functions

Ball Handlers
K.듀란트
F.밴블리트
A.탐슨

Pull-Ups
K.듀란트
F.밴블리트
J.스미스 Jr.

Catch & Shoot
K.듀란트
J.스미스 Jr.
F.밴블리트

3 Pointers
K.듀란트
F.밴블리트
A.할러데이

Slam Dunkers
A.탐슨
C.카펠라
K.듀란트

Free Throw
K.듀란트
J.그린
A.센귄

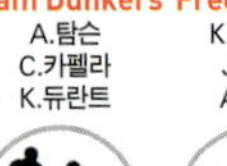

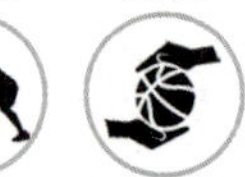

Rebounders
C.카펠라
A.센귄
A.탐슨

1-1 Defenders
A.탐슨
T.이슨
C.카펠라

Ball Stealers
J.오코기
J.테이트
T.이슨

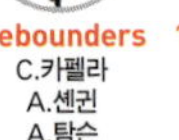

Key Passes
F.밴블리트
A.탐슨
A.할러데이

Hustle Players
J.테이트
A.센귄
R.셰퍼드

Rim Protectors
C.카펠라
A.탐슨
S.애덤스

2024-25 SEASON PERFORMANCE

공격 레이팅 115.3(13위) 수비 레이팅 110.8(4위) 레이팅 마진 +4.6(7위) 페이스 98.6(18위)

HOUSTON ROCKETS vs. OPPONENTS PER GAME STATS

	득실점	FG 필드골성공	FG↑ 필드골시도	FG% 필드골%	3P 3점성공	3P↑ 3점시도	3P% 3점%	2P 2점성공	2P↑ 2점시도	2P% 2점%	자유투성공	자유투시도	FT% 자유투%	OR 공격 RB	DR 수비 RB	TR 전체 RB	A↑ 어시스트	스틸	블락샷	턴오버	파울
휴스턴	114.3 13위	42.5 11위	93.4 1위	45.5% 21위	12.7 22위	35.8 20위	35.3% 21위	29.8 9위	57.6 2위	51.8% 27위	16.7 20위	22.6 8위	73.8% 30위	14.6 1위	33.8 8위	48.5 1위	23.3 28위	8.4 10위	5.0 13위	13.9 11위	19.0 20위
상대팀	109.8 6위	40.5 8위	88.3 13위	45.9% 6위	12.3 2위	34.5 2위	35.7% 11위	28.2 18위	53.8 27위	52.4% 4위	16.4 11위	21.7 16위	75.9% 1위	10.6 7위	31.6 3위	42.1 4위	23.5 2위	7.9 12위	5.7 28위	14.3 16위	19.2 5위

LINE-UP

* 휴스톤은 지난 시즌 총 528개의 라인업을 가동했다. 득실점차 플러스 10개, 마이너스 10개를 골랐다.

득실점차 플러스(+) 라인업 TOP 10	G	MIN	PPG	RPG	득실차
F. VanVleet - D. Brooks - J. Green - A. Sengun - J. Smith Jr.	37	450	28.0	11.9	+63
D. Brooks - J. Green - A. Sengun - T. Eason - A. Thompson	20	149	20.6	6.4	+62
F. VanVleet - D. Brooks - A. Sengun - T. Eason - A. Thompson	17	46	7.2	2.2	+49
F. VanVleet - D. Brooks - A. Sengun - J. Smith Jr. - A. Thompson	15	64	10.8	3.5	+41
S. Adams - F. VanVleet - D. Brooks - J. Green - J. Smith Jr.	14	28	6.2	2.4	+32
S. Adams - F. VanVleet - A. Holiday - A. Thompson - C. Whitmore	3	17	16.3	7.0	+21
F. VanVleet - D. Brooks - J. Green - A. Sengun - T. Eason	24	102	10.5	4.4	+20
F. VanVleet - A. Holiday - J. Green - A. Sengun - A. Thompson	2	9	17.0	5.0	+19
D. Brooks - J. Green - A. Sengun - J. Smith Jr. - A. Thompson	14	102	17.1	8.1	+18
S. Adams - A. Holiday - A. Sengun - J. Smith Jr. - A. Thompson	2	7	12.0	5.5	+18
득실점차 마이너스(-) 라인업 TOP 10	**GP**	**MIN**	**PPG**	**RPG**	**득실차**
F. VanVleet - D. Brooks - J. Green - A. Sengun - A. Thompson	27	323	26.6	9.4	-50
F. VanVleet - D. Brooks - J. Green - J. Smith Jr. - A. Thompson	12	25	3.2	1.5	-25
J. Green - A. Holiday - J. Landale - C. Whitmore - R. Sheppard	4	19	10.3	4.0	-20
F. VanVleet - D. Brooks - A. Sengun - J. Smith Jr. - T. Eason	11	24	5.0	2.2	-18
J. Green - F. VanVleet - D. Brooks - J. Green - A. Sengun	2	15	14.5	5.0	-13
D. Brooks - J. Green - J. Tate - T. Eason - A. Thompson	1	12	23.0	8.0	-13
J. Green - S. Adams - J. Green - T. Eason - A. Thompson	2	5	4.5	1.5	-13
D. Brooks - A. Holiday - J. Green - A. Sengun - A. Thompson	10	32	5.3	3.2	-12
J. Green - A. Sengun - T. Eason - A. Thompson - C. Whitmore	3	7	5.0	1.0	-12
A. Holiday - J. Landale - J. Tate - N. Williams - C. Whitmore	6	24	9.8	3.2	-11

PASS COMBINATIONS

→ 해당 선수가 경기당 동료로부터 패스 받은 횟수
→ 해당 선수가 경기당 동료들에게 패스 해준 횟수

받은 횟수	선수	해준 횟수
60.8	프레드 밴블릿	59.0
43.4	알파렌 센귄	40.3
47.7	제일런 그린	39.5
33.0	아멘 탐슨	38.9
18.4	자바리 스미스 Jr.	24.6
18.6	타리 이슨	23.7
25.8	딜런 브룩스	21.8
10.2	스티븐 애덤스	15.9
14.6	리드 셰파드	15.8
16.1	애런 할러데이	15.0
9.0	데이비드 로디	11.3
9.8	잭 랜데일	10.8
14.3	캠 위트모어	10.7
5.5	은폴리 단테	10.5
8.7	제이선 테이트	10.2
9.6	제프 그린	9.3
6.7	네이트 윌리엄스	5.6
4.0	잭 맥베이	3.5

2024-25 RANKING

* 는 수치가 낮을수록 랭킹이 높아짐

휴스턴	랭킹	FIVE FACTORS	상대팀	랭킹
52.3%	23위	3점 가중 FG%	52.8%*	4위
11.8*	6위	턴오버 / 100포제션	12.8	15위
31.7%	1위	공격 RB 점유율	23.8%*	5위
76.2%	6위	수비 RB 점유율	68.3%*	1위
17.8%	26위	자유투 / 필드골	18.6%*	13위

득점	랭킹	PLAYTYPE	실점*	랭킹
7.5	11위	아이솔레이션	8.1	27위
23.4	15위	트랜지션	22.7	12위
17.6	6위	픽&롤 볼핸들러	18.6	29위
6.5	21위	픽&롤 롤맨	7.0	14위
6.7	4위	포스트-업	3.7	10위
24.1	25위	스팟-업	22.3	2위
4.7	19위	핸드오프	5.0	10위
9.5	15위	커팅	—	—
2.4	29위	오프 스크린	3.2	5위
8.9	1위	풋백	6.5	12위
2.9	13위	기타	—	—

SHOT ZONE

평균 구간별 슈팅 및 성공률

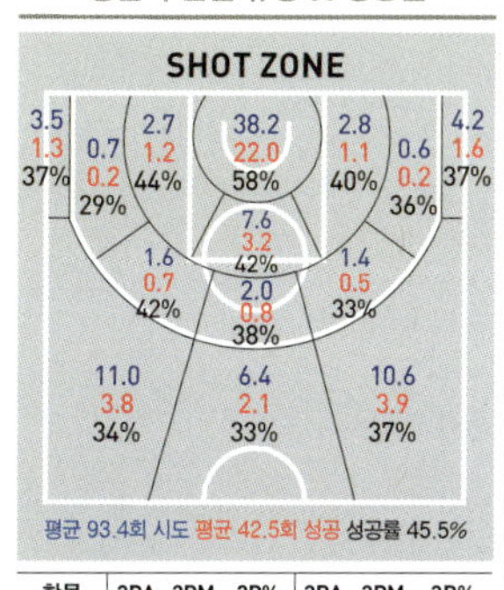

항목	2PA	2PM	2P%	3PA	3PM	3P%
캐치&슛	2.7	1.2	42.6%	23.9	8.9	37.4%
풀업	13.0	5.1	39.5%	11.7	3.6	31.1%
3m 안쪽	41.6	23.4	56.4%	—	—	—
TOTAL	57.6	29.8	51.8%	35.8	12.7	35.3%

SHOT PROCESS & SHOT TYPES

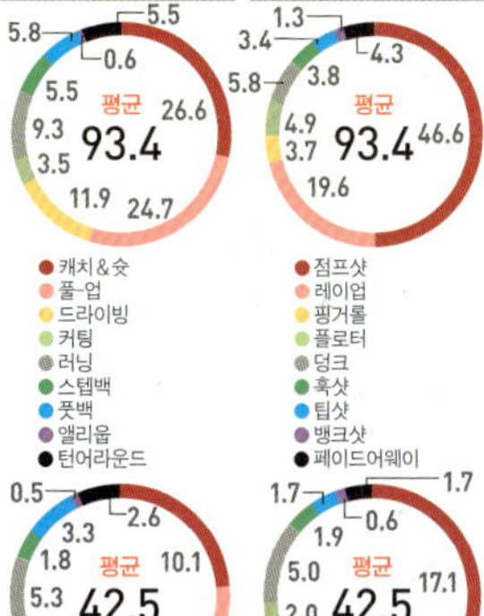

SHOOTING

필드골 시도 / 필드골 시도

20.7 / 7.3 / 평균 93.4 / 28.3 / 37.1

9.3 / 3.6 / 9.2 / 12.8 / 평균 93.4 / 13.3 / 45.2

공격수와 수비수의 거리: 0~0.6m, 0.6~1.2m, 1.2~1.8m, 1.8m 이상

샷클락: 22~24초, 18~22초, 15~18초, 7~15초, 4~7초, 0~4초

8.8 / 3.4 / 평균 42.5 / 12.1 / 18.2

3.3 / 2.2 / 3.8 / 6.6 / 평균 42.5 / 6.3 / 20.3

필드골 성공 / 필드골 성공

OPPONENT SHOOTING

상대 필드골 시도 / 상대 필드골 시도

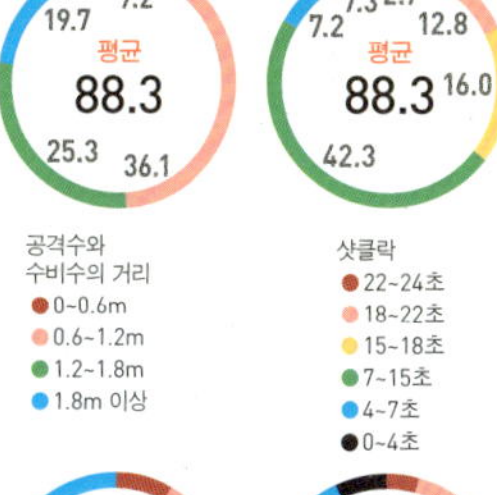

8.2 / 3.2 / 평균 40.5 / 11.0 / 18.1

2.7 / 1.7 / 3.0 / 6.9 / 평균 40.5 / 7.4 / 18.8

필드골 허용 / 필드골 허용

CONTESTED REBOUNDS

공격 리바운드: 0.7 / 1.1 / 평균 8.5 / 3.1 / 3.6

수비 리바운드: 0.7 / 1.6 / 평균 8.6 / 2.4 / 3.9

림 아래부터 리바운드 위치까지의 거리: 0~0.9m, 0.9~1.8m, 1.8~3m, 3m 이상

UNCONTESTED REBOUNDS

공격 리바운드: 1.0 / 2.5 / 평균 6.1 / 1.4 / 1.2

수비 리바운드: 4.4 / 4.7 / 평균 25.1 / 6.8 / 9.2

림 아래부터 리바운드 위치까지의 거리: 0~0.9m, 0.9~1.8m, 1.8~3m, 3m 이상

DEFENSE OF 52 WINS

필드골 허용 %: 44.4%

상대 필드골 시도 88.9
필드골 허용 39.5

3점슛 허용 %: 33.5%

상대 3점슛 시도 35.3
3점슛 허용 11.8

DEFENSE OF 30 LOSSES

필드골 허용 %: 48.4%

상대 필드골 시도 87.4
필드골 허용 42.3

3점슛 허용 %: 39.7%

상대 3점슛 시도 33.2
3점슛 허용 13.2

General Stats								Outside Scoring & Shooting							Inside Scoring & Shooting								Play Making, Ball Handling & Passing					
PTS	RB	AS	ST	BL	FG-FGA	3P-3PA	FT-FTA	OS	CS	MS	3P	FT	SQ	OC	IS	L&F	SD	DD	PH	PF	PC	DRF	PM	PA	BH	DRS	PQ	PV
득점	리바운드	어시스트	스틸	블락샷	필드골 성공-시도	3점슈팅 성공-시도	자유투 성공-시도	외곽 득점력	근거리 점프샷	중거리 슈팅	3점 슈팅	자유투	슈팅 IQ	득점 일관성	인사이드 득점력	레이업 플로터	스탠딩 덩크	드라이빙 덩크	포스트 훅샷	포스트 페이드	포스트 컨트롤	파울 유도	플레이 메이킹	패스 능력	볼 핸들링	드리블 스피드	패스 IQ	패스 비전

F 7 Kevin DURANT SF-PF

케빈 듀란트 1988.09.29 / 211cm

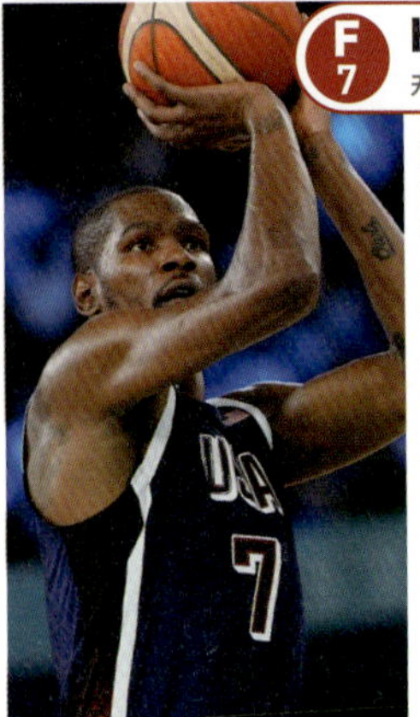

미국

NBA 드래프트 : 2007년 1라운드 2번
NBA 우승 : 2회 / **파이널 MVP :** 2회
시즌 MVP : 1회 / **NBA 퍼스트팀 :** 6회

피닉스에서의 마지막 시즌, 기량을 최대한 발휘했다. 62경기 평균 26.6점, 6.0리바운드. 시즌 종료 후 휴스턴으로 이적했다. 듀란트는 NBA 역대 최고 공격수 중 1명이다. 센터의 키와 스윙맨의 운동 능력, 역대 최고 슈팅 능력과 가드의 드리블을 모두 갖췄다. 타점이 높아 수비가 블락하기 거의 불가능하다. 특히 중거리 슈팅을 논할 때는 늘 마이클 조던과 함께 비교 대상이 될 정도다. '지구 1옵션'이라는 별명이 그냥 붙은 게 아니다. 연봉은 5471만 달러.

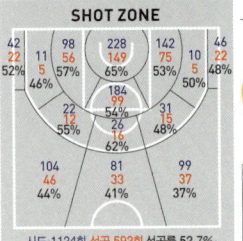

SHOT ZONE

42 22 52% / 11 5 46% / 98 56 57% / 228 149 65% / 142 75 53% / 10 5 50% / 46 22 48%
184 99 54% / 22 12 55% / 26 16 62% / 31 15 48%
104 46 44% / 81 33 41% / 99 37 37%

시도 1124회 성공 592회 성공률 52.7%

2024-25시즌 피닉스 62경기 평균 36.5분

항목	PTS	RB	AS	ST	BL	FG-FGA	3P-3PA	FT-FTA
평균	26.6	6.0	4.2	0.8	1.2	9.5-18.1	2.6-6.0	4.9-5.8
36분	26.2	5.9	4.2	0.8	1.2	9.4-17.9	2.5-5.9	4.8-5.7

항목	OS	CS	MS	3P	FT	SQ	OC	IS	L&F	SD	DD	PH	PF	PC	DRF	PM	PA	BH	DRS	PQ	PV
평점	B+	A+	A+	A-	B-	C-	A+	B	A	D-	B	C	B	B	A+	B-	C+	A-	B-	B+	D+

항목	DEF	ID	PD	ST	BL	HDQ	PP	DC	RB3	OR3	DR3	ATH	SP	AG	STR	VJ	STA	HP	INT	POT	OG
평점	C-	C	B-	F	D+	C	C	C	D+	D-	B	B-	B-	C+	B-	C+	A	A-	F	A+	A-

F 10 Jabari SMITH Jr. PF-C

자바리 스미스 주니어 2003.05.13 / 211cm

미국

NBA 드래프트 : 2022년 1라운드 3번
NBA 우승 : 0회 / **파이널 MVP :** 0회
시즌 MVP : 0회 / **NBA 퍼스트팀 :** 0회

올해로 프로 4년 차. 키 211cm, 윙스팬 216cm의 3&D 플레이어다. 장점은 높은 타점과 부드러운 터치에서 나오는 외곽 슈팅. 3점 슈팅과 기습적으로 시도하는 롱 2는 상대 수비의 블락을 넘어서 비행한다. 핫스팟은 좌우 윙. 주로 캐치&슛이 많지만 풀업 점퍼 실력도 좋아졌다. 지난 시즌엔 림 어택으로도 쏠쏠히 득점했다. 수비에서는 1번~5번을 다 막을 수 있다. 리바운드도 OK. 그러나 볼 핸들링이 불안하고, 키 대비 블락이 적다. 연봉은 1235만 달러.

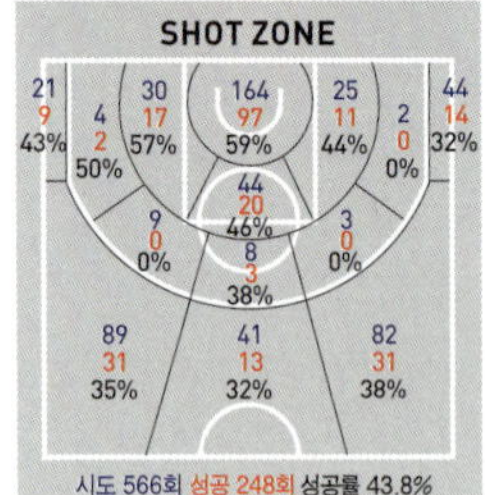

2024-25시즌 휴스턴 57경기 평균 30.1분

항목	PTS	RB	AS	ST	BL	FG-FGA	3P-3PA	FT-FTA
평균	12.2	7.0	1.1	0.4	0.7	4.4-9.9	1.7-4.9	1.8-2.2
36분	14.6	8.4	1.3	0.5	0.9	5.2-11.9	2.1-5.8	2.2-2.6

항목	OS	CS	MS	3P	FT	SQ	OC	IS	L&F	SD	DD	PH	PF	PC	DRF	PM	PA	BH	DRS	PQ	PV
평점	C+	A-	C-	B-	B-	C	C	C	C	C	B	C	C	C	D-	D-	D	C	D+	D	F

항목	DEF	ID	PD	ST	BL	HDQ	PP	DC	RBB	ORB	DRB	ATH	SP	AG	STR	VJ	STA	HP	INT	POT	OG
평점	D	C	C-	F	F	D+	D+	D-	D	D-	D+	C+	C	C	D-	C	B+	B	C	A-	B-

F 2 Dorian FINNEY-SMITH SF-PF

도리안 피니-스미스 1993.05.04 / 201cm

미국

NBA 드래프트 : 2016년 지명되지 못함
NBA 우승 : 0회 / **파이널 MVP :** 0회
시즌 MVP : 0회 / **NBA 퍼스트팀 :** 0회

전반기 브루클린 소속으로 20경기, 후반기 레이커스 소속으로 43경기씩 각각 출전했다. 그리고 시즌 종료 후 휴스턴으로 이적했다. 올 시즌 소속팀에서는 듀란트, 스미스 Jr. 등 주전 포워드들의 백업으로 대기한다. 피니-스미스는 전형적인 3&D 플레이어다. 좌우 윙, 좌우 코너, 탑에서 정확한 3점 슈팅을 날린다. 또한, 러닝, 드라이빙에서 이어지는 림 어택도 강점. 파워와 스피드를 갖췄기에 인사이드와 퍼리미터 양쪽을 다 수비한다. 연봉은 1270만 달러.

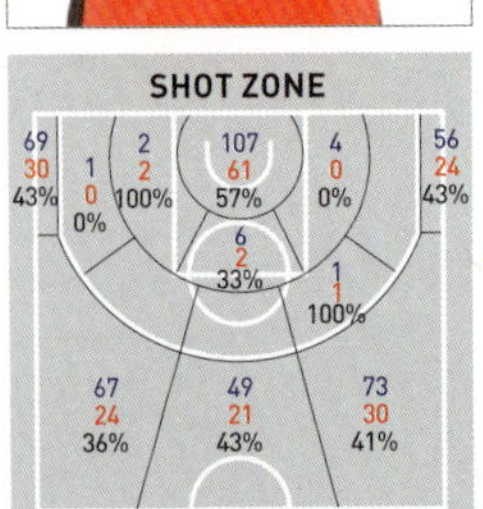

SHOT PROCESS

캐치&슛 290
풀-업 4
드라이빙 40
커팅 11
러닝 49
스텝백 4
풋백 31
앨리웁 1
턴어라운드 5
필드골 435 시도

SHOT TYPES

317 점프샷
59 레이업
8 핑거롤
5 플로터
10 덩크
2 훅샷
26 팁샷
1 뱅크샷
7 페이드어웨이
필드골 435 시도

2024-25시즌 브루클린+LA 레이커스 63경기 평균 28.9분

항목	PTS	RB	AS	ST	BL	FG-FGA	3P-3PA	FT-FTA
평균	8.7	3.9	1.4	0.9	0.4	3.1-6.9	2.0-5.0	0.5-0.7
36분	10.9	4.9	1.8	1.1	0.5	3.9-8.6	2.6-6.2	0.6-0.9

항목	OS	CS	MS	3P	FT	SQ	OC	IS	L&F	SD	DD	PH	PF	PC	DRF	PM	PA	BH	DRS	PQ	PV
평점	C-	B-	C-	B-	D	C-	D	D-	B	F	B	D-	D-	D-	D-	D-	D	D-	F	D+	F

항목	DEF	ID	PD	ST	BL	HDQ	PP	DC	RBB	ORB	DRB	ATH	SP	AG	STR	VJ	STA	HP	INT	POT	OG
평점	C-	C	B	D	F	C	C	C	D-	D-	D-	C	D+	B-	D-	B-	B-	B-	B-	B	C

F 17 Tari EASON PF-SF

타리 이슨 2001.05.10 / 203cm

미국

NBA 드래프트 : 2022년 1라운드 17번
NBA 우승 : 0회 / **파이널 MVP :** 0회
시즌 MVP : 0회 / **NBA 퍼스트팀 :** 0회

2023-24시즌 왼발 하퇴부 부상으로 60경기에 결장한 바 있다. 그런데 지난 시즌에도 이 부위에 잔 부상이 계속 재발해 여러 차례 부상자 리스트에 올랐다. 다행히 2년 전보다는 결장 횟수가 훨씬 적었다(25경기). 이슨은 개성이 강한 윙이다. 트랜지션 때 폭발적이고, 종종 하이라이트 덩크를 선보인다. 키 203cm, 윙스팬 218cm의 '축복받은 신체'를 이용해 강력한 수비를 펼친다. 인사이드 1대1, 퍼리미터 1대1 모두 평균 이상이다. 연봉은 568만 달러.

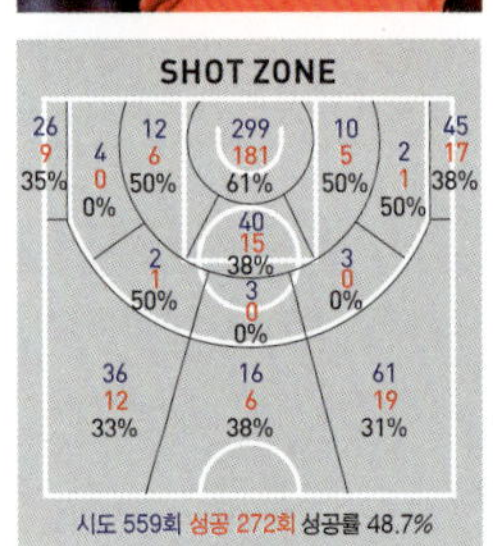

SHOT PROCESS

캐치&슛 196
풀-업 34
드라이빙 96
커팅 29
러닝 110
스텝백 5
풋백 59
앨리웁 4
턴어라운드 26
필드골 559 시도

SHOT TYPES

227 점프샷
183 레이업
22 핑거롤
13 플로터
55 덩크
6 훅샷
28 팁샷
5 뱅크샷
20 페이드어웨이
필드골 559 시도

2024-25시즌 휴스턴 57경기 평균 24.9분

항목	PTS	RB	AS	ST	BL	FG-FGA	3P-3PA	FT-FTA
평균	12.0	6.4	1.5	1.7	0.9	4.8-9.8	1.1-3.2	1.4-1.8
36분	17.4	9.2	2.1	2.5	1.0	6.9-14.2	1.6-4.7	2.0-2.6

항목	OS	CS	MS	3P	FT	SQ	OC	IS	L&F	SD	DD	PH	PF	PC	DRF	PM	PA	BH	DRS	PQ	PV
평점	C-	B-	D+	C	C	C-	F	D-	B-	F	B-	D-	D-	D-	F	D-	D-	C-	C-	F	F

항목	DEF	ID	PD	ST	BL	HDQ	PP	DC	RBB	ORB	DRB	ATH	SP	AG	STR	VJ	STA	HP	INT	POT	OG
평점	B	B-	B	A+	D-	B	B	B-	C-	C	D	B-	B-	B	C-	B-	B	B	D-	B+	B-

F 8 Jae'Sean TATE SF-PF

제이션 테이트 1995.10.28 / 193cm

미국

NBA 드래프트 : 2018년 미지명
NBA 우승 : 0회 / **파이널 MVP :** 0회
시즌 MVP : 0회 / **NBA 퍼스트팀 :** 0회

2018년 NBA 드래프트를 신청했지만, 어느 팀에도 지명을 받지 못했다. 이후 벨기에와 호주리그에서 2년간 뛰었다. 호주 리그에서는 올-호주 퍼스트팀에 선정됐다. 그리고 2020년 휴스턴과 자유계약을 맺고 입단했다. 테이트는 휴스턴의 에너자이저이자 블루워커다. 체격은 작지만, 힘이 좋아 인사이드에서 빅맨을 잘 막는다. 왼손잡이로 볼을 안정되게 핸들링한다. 페인트존을 뚫고 들어가 림을 공략한다. 그러나 외곽 슈팅이 취약하다. 연봉은 267만 달러.

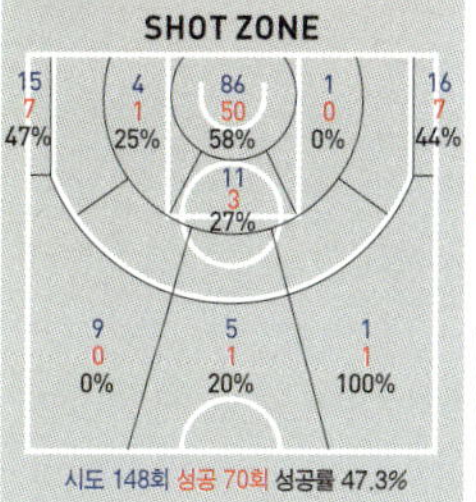

SHOT PROCESS

필드골 148 시도

캐치&슛 52
풀-업 4
드라이빙 55
커팅 9
러닝 8
스텝백 0
풋백 13
앨리웁 0
턴어라운드 7

SHOT TYPES

필드골 148 시도

48 점프샷
53 레이업
6 핑거롤
14 플로터
6 덩크
8 훅샷
5 팁샷
3 뱅크샷
5 페이드어웨이

2024-25시즌 휴스턴 52경기 평균 11.3분

항목	PTS	RB	AS	ST	BL	FG-FGA	3P-3PA	FT-FTA
평균	3.6	2.3	0.9	0.5	0.1	1.3-2.8	0.3-0.9	0.6-0.9
36분	11.5	7.2	2.9	1.6	0.4	4.3-9.1	1.0-2.8	2.0-2.9

항목	OS	CS	MS	3P	FT	SQ	OC	IS	L&F	SD	DD	PH	PF	PC	DRF	PM	PA	BH	DRS	PQ	PV
평점	D	B	C-	C+	D+	D-	F	C-	B	D	C	D+	D+	D+	D-	D-	C-	C	D-	C-	F

항목	DEF	ID	PD	ST	BL	HDQ	PP	DC	RB3	OR3	DR3	ATH	SP	AG	STR	VJ	STA	HP	INT	POT	OG
평점	D+	C	C	B-	F	D+	D+	D	B	A	D	C+	D+	C-	D-	C	B+	A	F	B	C-

F 32 Jeff GREEN PF-SF

제프 그린 1986.08.28 / 203cm

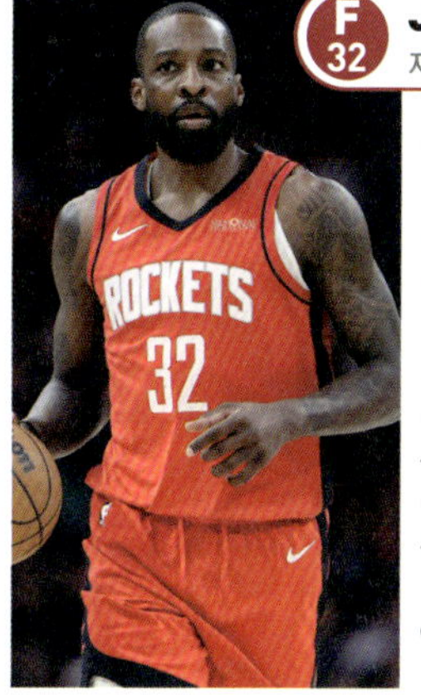

미국

NBA 드래프트 : 2007년 1라운드 5번
NBA 우승 : 1회 / **파이널 MVP :** 0회
시즌 MVP : 0회 / **NBA 퍼스트팀 :** 0회

NBA의 대표적인 '저니맨'이다. 데뷔 후 18년간, 13개의 유니폼을 수집했다. 통산 출전 1217경기 중 선발 출전이 660회였다. 팀을 여러 번 옮긴 원인이 꼭 실력 부족에만 있었던 건 아니었다. 주 득점 루트는 덩크, 레이업, 3점 슈팅, 훅샷이다. 이타적(利他的)인 플레이어다. 오프-볼 움직임이 좋기에 오픈 찬스를 잘 잡는다. 통산 80%를 웃도는 자유투도 OK. 치명적인 심장병으로 2011-12시즌을 쉬었지만 이후 아무 문제가 없다. 연봉은 363만 달러.

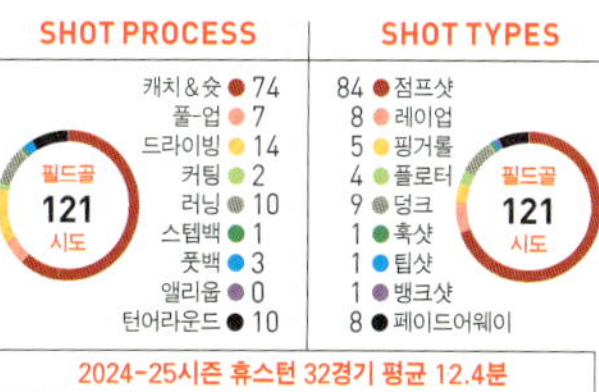

2024-25시즌 휴스턴 32경기 평균 12.4분

항목	PTS	RB	AS	ST	BL	FG-FGA	3P-3PA	FT-FTA
평균	5.4	1.8	0.6	0.2	0.1	1.9-3.8	0.9-2.5	0.7-0.8
36분	15.6	5.3	1.8	0.5	0.4	5.5-11.0	2.6-7.2	1.9-2.4

항목	OS	CS	MS	3P	FT	SQ	OC	IS	L&F	SD	DD	PH	PF	PC	DRF	PM	PA	BH	DRS	PQ	PV
평점	C-	B+	C	C	B-	D-	D-	C-	C+	D	C-	C-	D+	C-	D-	D-	D	C	D-	D	F

항목	DEF	ID	PD	ST	BL	HDQ	PP	DC	RBB	ORB	DRB	ATH	SP	AG	STR	VJ	STA	HP	INT	POT	OG
평점	D	C-	C	F	F	D+	D-	D-	D-	D-	D-	C+	D-	C	C-	B	B+	B	D-	B	C-

C 28 Alperen ŞENGÜN C

알파론 셴귄 2002.07.25 / 211cm

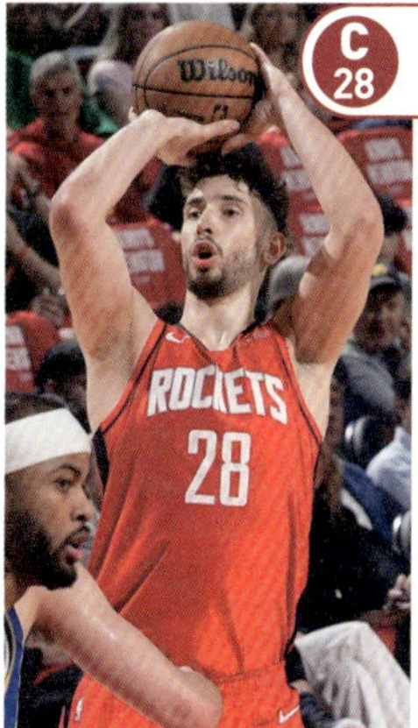

튀르키예

NBA 드래프트 : 2021년 1라운드 16번
NBA 우승 : 0회 / **파이널 MVP :** 0회
시즌 MVP : 0회 / **NBA 퍼스트팀 :** 0회

특별한 부상 없이 풀타임 선발로 출전하며 프로 데뷔 후 최고의 순간을 보냈다. 올 시즌에도 휴스턴 부동의 주전 센터로 출전한다. 페인트존에서 드롭 스텝, 스핀 무브, 드림 쉐이크를 자유롭게 활용하고, 덩크, 레이업, 훅샷, 핑거롤 등 다양한 기술로 득점한다. 슈팅 거리도 늘었다. 좌우 윙과 탑에서 롱 2와 3점 슈팅을 시도한다. BQ가 우수해 픽&롤을 잘 활용하고, 동료에게 정확하게 패스한다. 인사이드 1대1 수비와 스틸은 OK. 연봉은 3394만 달러.

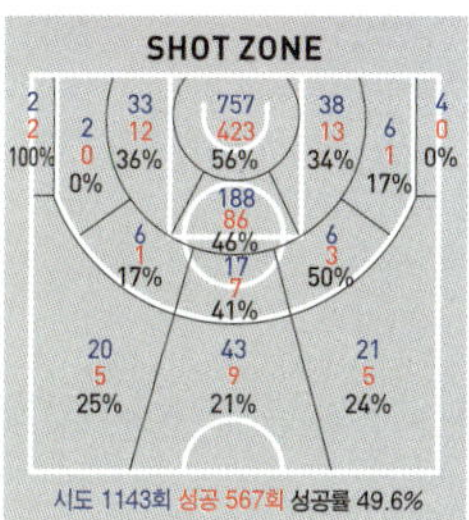

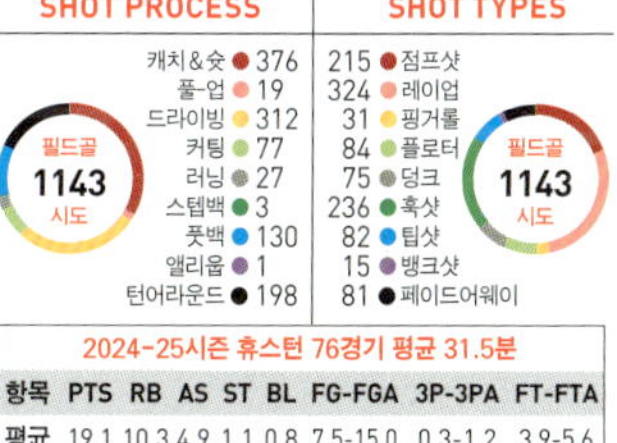

2024-25시즌 휴스턴 76경기 평균 31.5분

항목	PTS	RB	AS	ST	BL	FG-FGA	3P-3PA	FT-FTA
평균	19.1	10.3	4.9	1.1	0.8	7.5-15.0	0.3-1.2	3.9-5.6
36분	21.8	11.8	5.6	1.3	0.9	8.5-17.2	0.3-1.4	4.4-6.4

항목	OS	CS	MS	3P	FT	SQ	OC	IS	L&F	SD	DD	PH	PF	PC	DRF	PM	PA	BH	DRS	PQ	PV
평점	B-	B	B	D+	D+	B-	A	B-	B-	C-	B-	B+	B+	B+	C	D+	C+	D-	F	B	C-

항목	DEF	ID	PD	ST	BL	HDQ	PP	DC	RBB	ORB	DRB	ATH	SP	AG	STR	VJ	STA	HP	INT	POT	OG
평점	D+	C	D	C-	D-	D+	B	D	B+	B+	B	C	D-	D	B	C+	B+	A-	A+	A-	B+

C 30 Clint CAPELA C

클린트 카펠라 1994.05.18 / 208cm

스위스

NBA 드래프트 : 2014년 1라운드 25번
NBA 우승 : 0회 / **파이널 MVP :** 0회
시즌 MVP : 0회 / **NBA 퍼스트팀 :** 0회

2024-25시즌, 애틀랜타 주전 센터였다. 그러나 2025년 3월, 오른손을 크게 다쳐 시즌 아웃됐다. 그리고 여름 이적시장 때 휴스턴으로 옮겼다. 카펠라는 전형적인 '수비형 센터'다. 5번치고 키는 평범하지만, 점프력이 뛰어나고 팔이 길어 공포의 샷블로커로 통한다. 동작이 민첩해 미스매치에도 잘 버틴다. 공격 리바운드와 수비 리바운드 모두 NBA 최고 수준. 그러나 공격은 림 근처에서만 이뤄진다. 외곽 슈팅은 정말 1도 없다. 연봉은 670만 달러.

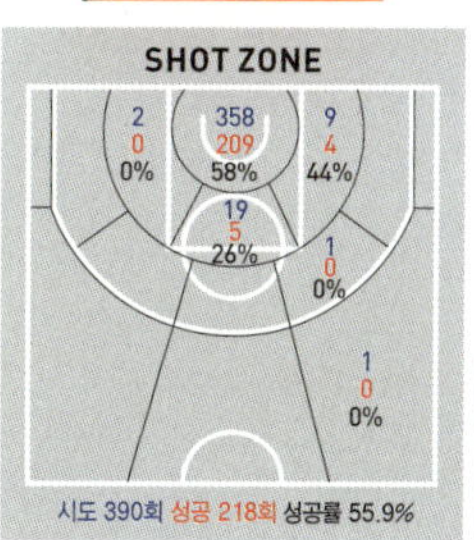

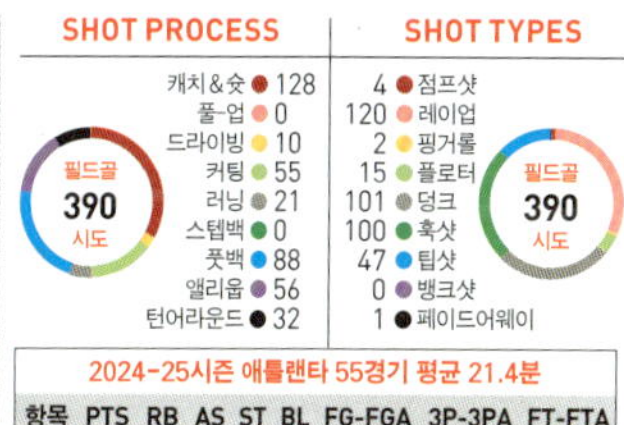

2024-25시즌 애틀랜타 55경기 평균 21.4분

항목	PTS	RB	AS	ST	BL	FG-FGA	3P-3PA	FT-FTA
평균	8.9	8.5	1.1	0.6	1.0	4.0-7.1	0.0-0.0	0.9-1.8
36분	14.9	14.4	1.9	1.0	1.6	6.7-11.9	0.0-0.0	1.6-3.0

항목	OS	CS	MS	3P	FT	SQ	OC	IS	L&F	SD	DD	PH	PF	PC	DRF	PM	PA	BH	DRS	PQ	PV
평점	D-	B-	D-	F	D-	C-	F	D-	C-	B-	C	D	F	D	F	F	F	D-	F	F	F

항목	DEF	ID	PD	ST	BL	HDQ	PP	DC	RBB	ORB	DRB	ATH	SP	AG	STR	VJ	STA	HP	INT	POT	OG
평점	C	B	D-	D-	B-	B	C	B-	A+	A	A	C-	D-	D-	B-	D+	C+	C	F	A-	C+

General Stats								Outside Scoring & Shooting							Inside Scoring & Shooting								Play Making, Ball Handling & Passing					
PTS	RB	AS	ST	BL	FG-FGA	3P-3PA	FT-FTA	OS	CS	MS	3P	FT	SQ	OC	IS	L&F	SD	DD	PH	PF	PC	DRF	PM	PA	BH	DRS	PQ	PV
득점	리바운드	어시스트	스틸	블락샷	필드골 성공-시도	3점슈팅 성공-시도	자유투 성공-시도	외곽 득점력	근거리 점프샷	중거리 슈팅	3점 슈팅	자유투	슈팅 IQ	득점 일관성	인사이드 득점력	레이업 플로터	스탠딩 덩크	드라이빙 덩크	포스트 훅샷	포스트 페이드	포스트 컨트롤	파울 유도	플레이 메이킹	패스 능력	볼 핸들링	드리블 스피드	패스 IQ	패스 비전

C 12 Steven ADAMS C

스티븐 애덤스 1993.07.20 / 211cm

뉴질랜드 NBA 드래프트 : 2013년 1라운드 12번 NBA 우승 : 0회 / 파이널 MVP : 0회 시즌 MVP : 0회 / NBA 퍼스트팀 : 0회

무릎 후방십자인대 수술을 받고 1년간 쉬다 2024-25시즌에 복귀한 애덤스. 그는 코칭 스태프의 배려로 선발에서 백업으로 롤을 바꿨다. 올 시즌도 조심스럽게 어프로치 한다. 건강한 애덤스는 리그에서 가장 힘이 좋은 선수다. 헐크 같은 'Super Strong Power'를 적극 활용한다. 스크린 세팅, 포스트업에 이은 훅샷, 공격 리바운드에 이은 풋백, 인사이드 1대1 수비 등 모든 면에서 그의 슈퍼 파워로부터 직간접적인 영향을 받는다. 연봉은 1413만 달러.

SHOT ZONE

시도 167회 성공 91회 성공률 54.5%

SHOT PROCESS

필드골 167 시도

캐치&슛 44 / 풀-업 0 / 드라이빙 11 / 커팅 22 / 러닝 2 / 스텝백 0 / 풋백 74 / 앨리웁 1 / 턴어라운드 13

SHOT TYPES

필드골 167 시도

4 점프샷 / 45 레이업 / 3 핑거롤 / 21 플로터 / 18 덩크 / 20 훅샷 / 53 팁샷 / 2 뱅크샷 / 1 페이드어웨이

2024-25시즌 휴스턴 58경기 평균 13.7분								
항목	PTS	RB	AS	ST	BL	FG-FGA	3P-3PA	FT-FTA
평균	3.9	5.6	1.1	0.4	0.5	1.6-2.9	0.0-0.0	0.7-1.6
36분	10.2	14.8	3.0	1.0	1.3	4.1-7.6	0.0-0.1	1.9-4.2

항목	OS	CS	MS	3P	FT	SQ	OC	IS	L&F	SD	DD	PH	PF	PC	DRF	PM	PA	BH	DRS	PQ	PV
평점	D-	A-	D	F	F	F	F	D+	D+	C-	C-	C-	D-	D+	F	F	D+	F	F	D+	F

항목	DEF	ID	PD	ST	BL	HDQ	PP	DC	RBB	ORB	DRB	ATH	SP	AG	STR	VJ	STA	HP	INT	POT	OG
평점	C-	B	D	D-	C-	B-	C-	C-	A+	A+	B-	C-	F	D-	A+	D+	D+	C	F	B+	C

G 5 Fred VANVLEET PG-SG

프레드 밴블리트 1994.02.25 / 183cm

미국 NBA 드래프트 : 2016년 미지명 NBA 우승 : 1회 / 파이널 MVP : 0회 시즌 MVP : 0회 / NBA 퍼스트팀 : 0회

지난 시즌 팀의 주전 포인트가드로 유망주 에이먼 탐슨, 리드 셰퍼드의 멘토로 활약했다. 그가 2월 1일부터 40여 일간 발목 부상으로 빠진 적이 있다. 그 당시 휴스턴의 성적은 곤두박질쳤고, 그가 복귀하자 다시 상승했다. 밴블리트는 빠른 드리블을 이용해 페인트존을 돌파한다. 드라이빙에서 이어지는 레이업, 플로터, 핑거롤로 림을 공략한다. 미드-레인지와 3점 구간에서 풀업 점퍼와 스텝백 점퍼를 연쇄적, 폭발적으로 터뜨린다. 연봉은 2500만 달러.

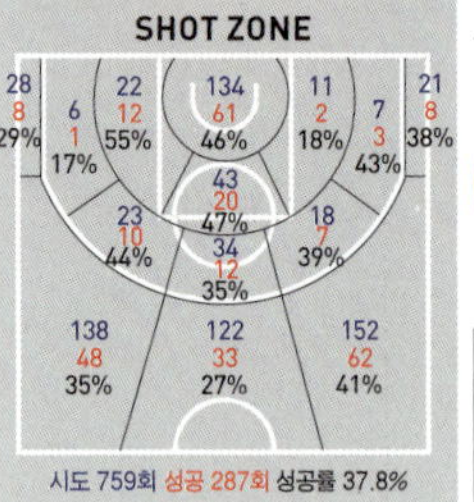

2024-25시즌 휴스턴 60경기 평균 35.2분								
항목	PTS	RB	AS	ST	BL	FG-FGA	3P-3PA	FT-FTA
평균	14.1	3.7	5.6	1.6	0.4	4.8-12.7	2.7-7.7	1.9-2.3
36분	14.4	3.8	5.7	1.6	0.4	4.9-12.9	2.7-7.9	1.9-2.3

항목	OS	CS	MS	3P	FT	SQ	OC	IS	L&F	SD	DD	PH	PF	PC	DRF	PM	PA	BH	DRS	PQ	PV
평점	C	C	B-	C+	B-	B-	D-	F	C-	F	F	F	F	F	D-	B-	B	B	B-	B	C-

항목	DEF	ID	PD	ST	BL	HDQ	PP	DC	RBG	ORG	DRG	ATH	SP	AG	STR	VJ	STA	HP	INT	POT	OG
평점	D+	D-	B	B-	F	C+	C	B-	D-	D-	D-	C+	B-	B-	F	C	A	A	B	B+	B

G 1 Amen THOMPSON SG-SF

에이먼 탐슨 2003.01.30 / 201cm

미국 NBA 드래프트 : 2023년 1라운드 4번 NBA 우승 : 0회 / 파이널 MVP : 0회 시즌 MVP : 0회 / NBA 퍼스트팀 : 0회

코트에서 본인의 압도적인 운동능력을 최대한 활용한다. 돌파에 이은 림 어택은 가히 압도적이다. 지난 시즌 전체 필드골 697개 중 덩크 136개, 레이업 209개, 플로터 63개, 풋백 팁샷 45개였다. 돌파하다 자유투 파울을 잘 얻는다. '가뭄에 콩 나듯' 중장거리 슈팅을 시도하지만, 의미는 없다. 201cm의 키와 213cm 윙스팬, 민첩한 동작으로 막강한 퍼리미터 디펜스를 펼치고, 상대의 볼을 가로챈다. 스윙맨에선 중 최고의 리바운더다. 연봉은 969만 달러.

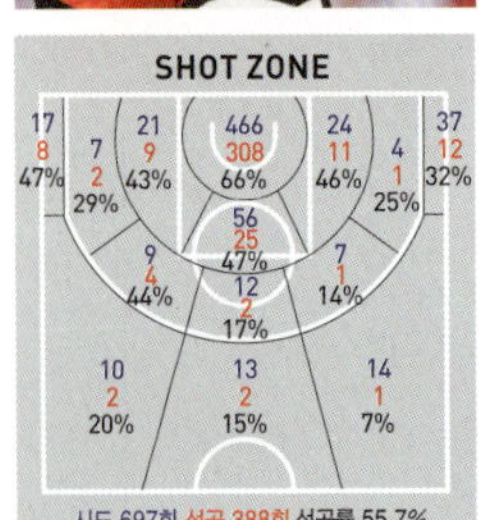

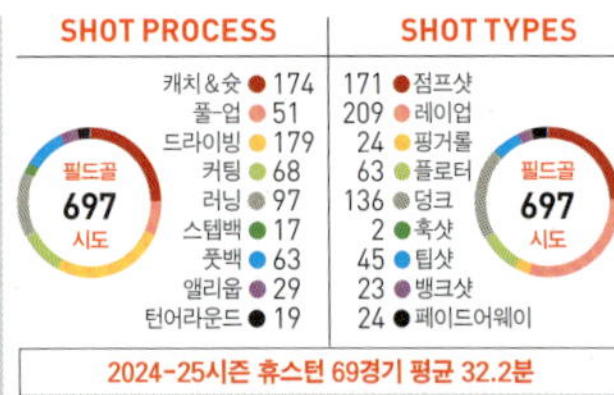

2024-25시즌 휴스턴 69경기 평균 32.2분								
항목	PTS	RB	AS	ST	BL	FG-FGA	3P-3PA	FT-FTA
평균	14.1	8.2	3.8	1.4	1.3	5.6-10.1	0.4-1.3	2.4-3.6
36분	15.7	9.1	4.3	1.6	1.4	6.3-11.3	0.4-1.5	2.7-4.0

항목	OS	CS	MS	3P	FT	SQ	OC	IS	L&F	SD	DD	PH	PF	PC	DRF	PM	PA	BH	DRS	PQ	PV
평점	C-	A-	C-	D+	D+	C-	D	D	A-	D-	A	F	F	F	F	B-	B-	B	A-	B-	D

항목	DEF	ID	PD	ST	BL	HDQ	PP	DC	RB3	OR3	DR3	ATH	SP	AG	STR	VJ	STA	HP	INT	POT	OG
평점	A-	B-	A	B-	C	A-	A-	A	A	A	B+	B+	A	A-	D-	A+	A	B	D-	A-	B+

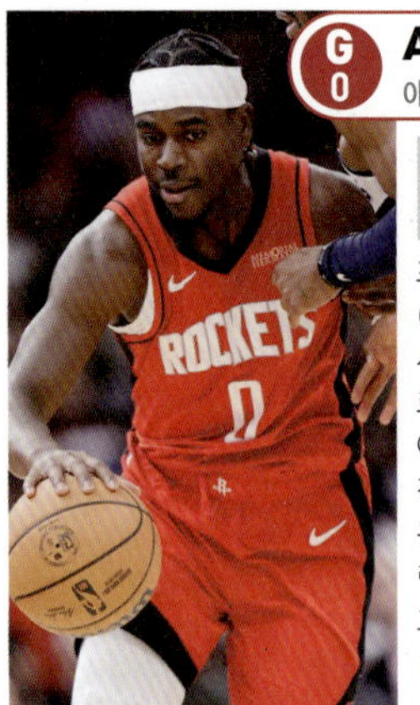

G 0 Aaron HOLIDAY PG-SG

애런 할러데이 1996.09.30 / 183cm

미국 NBA 드래프트 : 2018년 1라운드 23번 NBA 우승 : 0회 / 파이널 MVP : 0회 시즌 MVP : 0회 / NBA 퍼스트팀 : 0회

프로 경력 대부분을 백업 포인트가드로 나섰다(출전 448경기-선발 출전 66경기). 휴스턴에서도 밴블리트, 탐슨에 이은 '서드 유닛' 1번으로 대기한다. 지난 시즌 출전시간 대비 득점과 어시스트는 나쁘지 않았다. 탑과 좌우 윙에서 정확한 3점 슈팅을 구사한다. 캐치&슛이 대부분이지만, 풀업 점퍼도 간간이 섞는다. 볼 핸들링, 패스, 플레이메이킹 모두 평균 이상이다. 그러나 작은 키 때문에 림 어택, 퍼리미터 1대1 수비에서 애를 먹는다. 연봉은 308만 달러.

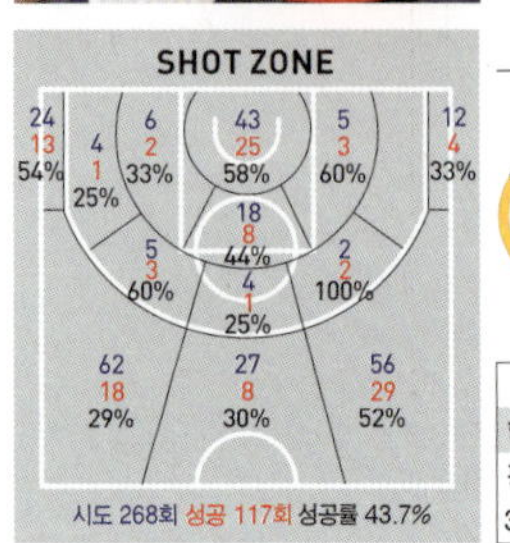

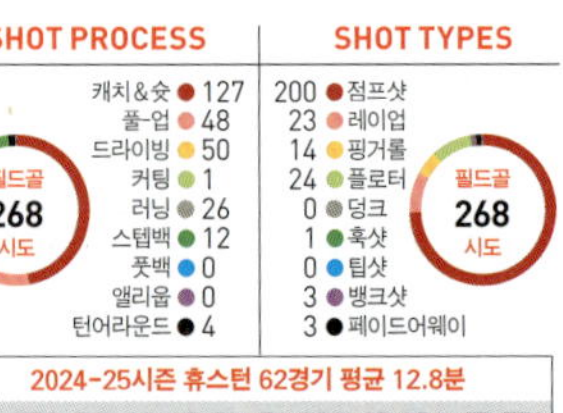

2024-25시즌 휴스턴 62경기 평균 12.8분								
항목	PTS	RB	AS	ST	BL	FG-FGA	3P-3PA	FT-FTA
평균	5.5	1.3	1.3	0.3	0.2	1.9-4.3	1.2-2.9	0.5-0.7
36분	15.5	3.5	3.8	0.9	0.5	5.3-12.2	3.3-8.2	1.5-1.9

항목	OS	CS	MS	3P	FT	SQ	OC	IS	L&F	SD	DD	PH	PF	PC	DRF	PM	PA	BH	DRS	PQ	PV
평점	C+	A-	B+	B-	B-	C-	D-	F	C-	F	D-	F	F	F	F	C	B-	B	C	B-	D-

항목	DEF	ID	PD	ST	BL	HDQ	PP	DC	RBG	ORG	DRG	ATH	SP	AG	STR	VJ	STA	HP	INT	POT	OG
평점	D	D-	B-	D-	F	D+	D+	F	D-	D	D-	C-	C	C+	F	D-	B	B	C-	B	C-

Individual Defense & Team Defense								Offensive & Defensive Rebounding									Physical Fitness & Athleticism							Miscellaneous		
DEF	ID	PD	ST	BL	HDQ	PP	DC	RBG	ORG	DRG	RB3	OR3	DR3	RBB	ORB	DRB	ATH	SP	AG	STR	VJ	STA	HP	INT	POT	OG
수비력 종합	인사이드 디펜스	퍼리미터 디펜스	스틸	블락샷	도움수비 IQ	패스 통찰력	수비 일관성	가드 리바운드	가드 공격RB	가드 수비RB	SF 리바운드	SF 공격RB	SF 수비RB	빅맨 리바운드	빅맨 공격RB	빅맨 수비RB	운동능력 종합	스피드	사이드 스텝	피지컬 파워	버티컬 점프력	지구력	허슬 플레이	영향력	포텐셜	종합 평가

G 20 Josh OKOGIE SG-SF

조시 오코기 1998.09.11 / 193cm

나이지리아

NBA 드래프트 : 2018년 1라운드 20번
NBA 우승 : 0회 / 파이널 MVP : 0회
시즌 MVP : 0회 / NBA 퍼스트팀 : 0회

나이지리아 라고스 출신 이중국적자. 농구 국가대표로 나이지리아를 선택했다. NBA의 준수한 블루워커다. 운동능력이 뛰어나고, 윙스팬이 길어 수비할 때 유리하다. '디펜스 퍼스트' 마인드를 지닌 락다운 디펜더로 1번~4번을 다 수비한다. 특히 퍼리미터 디펜스는 리그 최고 수준이고, 스틸도 곧잘 성공시킨다. 그러나 공격은 매우 제한적이다. 레이업, 덩크, 캐치&슛 3점으로 득점하지만, 횟수 자체가 적고, 성공률도 높지 않다. 연봉은 308만 달러.

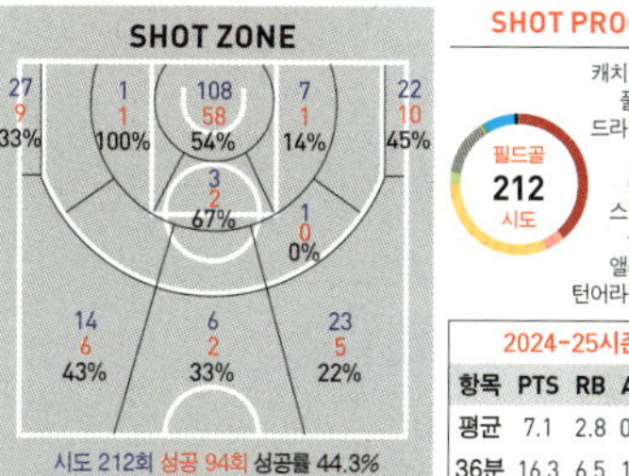

SHOT PROCESS

필드골 212 시도

캐치&슛 82
풀-업 11
드라이빙 66
커팅 6
러닝 27
스텝백 2
풋백 16
앨리웁 0
턴어라운드 2

SHOT TYPES

필드골 212 시도

96 점프샷
62 레이업
9 핑거롤
12 플로터
13 덩크
0 훅샷
11 팁샷
4 뱅크샷
5 페이드어웨이

2024-25시즌 피닉스+샬럿 40경기 평균 15.6분

항목	PTS	RB	AS	ST	BL	FG-FGA	3P-3PA	FT-FTA
평균	7.1	2.8	0.8	1.2	0.0	2.4-5.3	0.8-2.3	1.6-2.1
36분	16.3	6.5	1.9	2.8	1.0	5.4-12.2	1.8-5.3	3.6-4.9

항목	OS	CS	MS	3P	FT	SQ	OC	IS	L&F	SD	DD	PH	PF	PC	DRF	PM	PA	BH	DRS	PQ	PV
평점	D	D+	C+	C+	C	D-	F	D-	C+	F	C	F	F	F	F	D	D+	C	B-	D-	F

항목	DEF	ID	PD	ST	BL	HDQ	PP	DC	RBG	ORG	DRG	ATH	SP	AG	STR	VJ	STA	HP	INT	POT	OG
평점	C	D	B-	A+	D-	C+	C+	C-	A-	A	C	B-	B+	B	D-	A-	B-	A	D-	B	C

G 15 Reed SHEPPARD PG-SG

리드 셰퍼드 2004.06.24 / 188cm

미국

NBA 드래프트 : 2024년 1라운드 3번
NBA 우승 : 0회 / 파이널 MVP : 0회
시즌 MVP : 0회 / NBA 퍼스트팀 : 0회

2024 섬머리그에서 좋은 활약을 보여 큰 기대를 모았던 게 사실. 그러나 시즌 초반 NBA 무대에 잘 적응하지 못했다. 결국, 지난 시즌엔 NBA와 G리그(리오그란데 밸리)를 오갔다. NBA 52경기에 출전해 평균 4.4점, 1.4어시스트를 기록했지만, 평균 출전시간이 12.6분밖에 안 되기에 수치상으로 큰 의미를 부여하기는 쉽지 않다. 캐치&슛 패턴의 3점 슈팅, 미드레인지 풀업 점퍼, 드라이빙 레이업과 핑거롤도 주무기 중 하나다. 연봉은 1060만 달러.

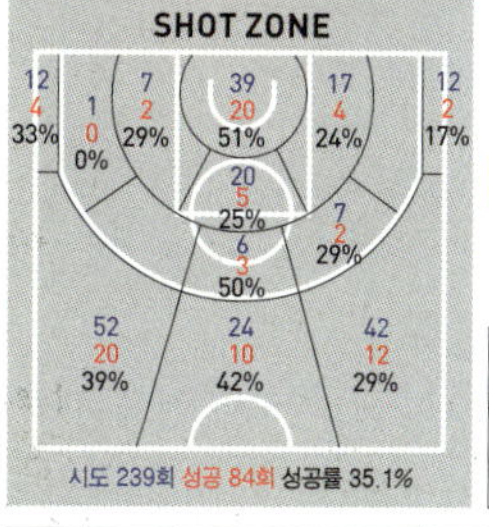

SHOT PROCESS

필드골 239 시도

캐치&슛 95
풀-업 66
드라이빙 40
커팅 0
러닝 30
스텝백 3
풋백 2
앨리웁 0
턴어라운드 3

SHOT TYPES

필드골 239 시도

182 점프샷
25 레이업
3 핑거롤
16 플로터
2 덩크
1 훅샷
2 팁샷
4 뱅크샷
4 페이드어웨이

2024-25시즌 휴스턴 52경기 평균 12.6분

항목	PTS	RB	AS	ST	BL	FG-FGA	3P-3PA	FT-FTA
평균	4.4	1.5	1.4	0.7	0.3	1.6-4.6	0.9-2.7	0.3-0.3
36분	12.6	4.3	4.1	1.9	0.9	4.6-13.2	2.6-7.8	0.7-0.9

항목	OS	CS	MS	3P	FT	SQ	OC	IS	L&F	SD	DD	PH	PF	PC	DRF	PM	PA	BH	DRS	PQ	PV
평점	D+	D	C-	C	B	D-	D-	D-	C-	F	C-	F	F	F	F	C-	C	C	B	C	D-

항목	DEF	ID	PD	ST	BL	HDQ	PP	DC	RBG	ORG	DRG	ATH	SP	AG	STR	VJ	STA	HP	INT	POT	OG
평점	C-	D	B-	B+	D-	C-	C+	C-	D-	C	D	B	A-	B+	D-	B+	A	A	C-	B+	C-

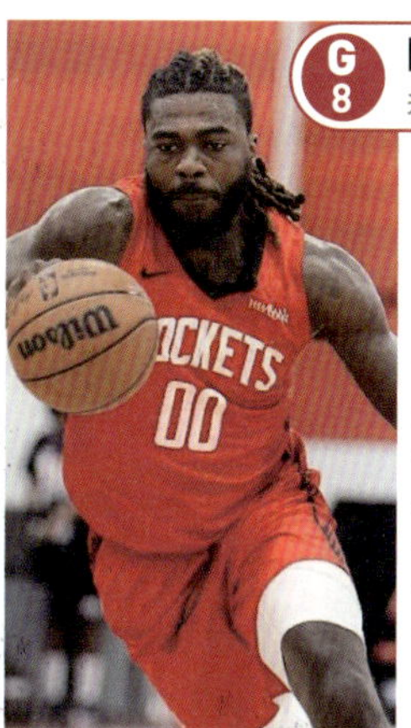

G 8 Kevon HARRIS SG-SF

키본 해리스 1997.06.24 / 196cm

미국

NBA 드래프트 : 2020년 미지명
NBA 우승 : 0회 / 파이널 MVP : 0회
시즌 MVP : 0회 / NBA 퍼스트팀 : 0회

NBA 휴스턴 로키츠와 G리그팀 리오 그란데 벨리를 넘나들었지만, 대부분 G리그에 출전했다. 그렇기에 지난 시즌 NBA 출전 기록은 달랑 2경기 뿐이었다. 올 시즌에도 휴스턴 구단과 연봉 64만 달러에 투웨이 계약을 맺었다. 해리스 본인으로서는 NBA 무대에서 실력을 발휘해 구단 관계자들의 눈도장을 받는 것 외에는 방법이 없다. 해리스는 지난 시즌 G리그에서 평균 19.8점, 7.1리바운드, 3점 성공률 40%의 준수한 성적을 냈다. NBA에서는 어떻게 될까.

SHOT PROCESS

필드골 0 시도

캐치&슛
풀-업
드라이빙
커팅
러닝
스텝백
풋백
앨리웁
턴어라운드

SHOT TYPES

필드골 0 시도

점프샷
레이업
핑거롤
플로터
덩크
훅샷
팁샷
뱅크샷
페이드어웨이

2024-25시즌 기록 없음

항목	PTS	RB	AS	ST	BL	FG-FGA	3P-3PA	FT-FTA
평균	–	–	–	–	–	–	–	–
36분	–	–	–	–	–	–	–	–

항목	OS	CS	MS	3P	FT	SQ	OC	IS	L&F	SD	DD	PH	PF	PC	DRF	PM	PA	BH	DRS	PQ	PV
평점	–	–	–	–	–	–	–	–	–	–	–	–	–	–	–	–	–	–	–	–	–

항목	DEF	ID	PD	ST	BL	HDQ	PP	DC	RBG	ORG	DRG	ATH	SP	AG	STR	VJ	STA	HP	INT	POT	OG
평점	–	–	–	–	–	–	–	–	–	–	–	–	–	–	–	–	–	–	–	–	–

HOUSTON ROCKETS 2025-26 REGULAR SEASON SCHEDULE

OCTOBER, 2025

Oct. 21 @ Oklahoma City Thunder
Oct. 24 vs. Detroit Pistons
Oct. 27 vs. Brooklyn Nets
Oct. 29 @ Toronto Raptors

NOVEMBER, 2025

Nov. 1 @ Boston Celtics
Nov. 3 vs. Dallas Mavericks
Nov. 5 @ Memphis Grizzlies
Nov. 7 @ San Antonio Spurs
Nov. 9 @ Milwaukee Bucks
Nov. 12 vs. Washington Wizards
Nov. 14 vs. Portland Trail Blazers
Nov. 16 vs. Orlando Magic
Nov. 19 @ Cleveland Cavaliers
Nov. 21 vs. Denver Nuggets
Nov. 24 @ Phoenix Suns
Nov. 26 @ Golden State Warriors
Nov. 30 @ Utah Jazz

DECEMBER, 2025

Dec. 1 @ Utah Jazz
Dec. 3 vs. Sacramento Kings
Dec. 5 vs. Phoenix Suns
Dec. 6 @ Dallas Mavericks
Dec. 18 @ New Orleans Pelicans
Dec. 20 @ Denver Nuggets
Dec. 21 @ Sacramento Kings
Dec. 23 @ Los Angeles Clippers
Dec. 25 @ Los Angeles Lakers
Dec. 27 vs. Cleveland Cavaliers
Dec. 29 vs. Indiana Pacers

JANUARY, 2026

Jan. 1 @ Brooklyn Nets
Jan. 3 @ Dallas Mavericks
Jan. 5 vs. Phoenix Suns
Jan. 7 @ Portland Trail Blazers
Jan. 9 @ Portland Trail Blazers
Jan. 11 @ Sacramento Kings
Jan. 13 vs. Chicago Bulls
Jan. 15 vs. Oklahoma City Thunder
Jan. 16 vs. Minnesota Timberwolves
Jan. 18 vs. New Orleans Pelicans
Jan. 20 vs. San Antonio Spurs
Jan. 22 @ Philadelphia 76ers
Jan. 23 @ Detroit Pistons
Jan. 26 vs. Memphis Grizzlies
Jan. 28 vs. San Antonio Spurs
Jan. 29 @ Atlanta Hawks
Jan. 31 vs. Dallas Mavericks

FEBRUARY, 2026

Feb. 2 @ Indiana Pacers
Feb. 4 vs. Boston Celtics
Feb. 5 vs. Charlotte Hornets
Feb. 7 @ Oklahoma City Thunder
Feb. 10 vs. Los Angeles Clippers
Feb. 11 vs. Los Angeles Clippers
Feb. 19 @ Charlotte Hornets
Feb. 21 @ New York Knicks
Feb. 23 vs. Utah Jazz
Feb. 25 vs. Sacramento Kings
Feb. 26 @ Orlando Magic
Feb. 28 @ Miami Heat

MARCH, 2026

Mar. 2 @ Washington Wizards
Mar. 5 vs. Golden State Warriors
Mar. 6 vs. Portland Trail Blazers
Mar. 8 @ San Antonio Spurs
Mar. 10 vs. Toronto Raptors
Mar. 11 @ Denver Nuggets
Mar. 13 vs. New Orleans Pelicans
Mar. 16 vs. Los Angeles Lakers
Mar. 18 vs. Los Angeles Lakers
Mar. 20 vs. Atlanta Hawks
Mar. 21 vs. Miami Heat
Mar. 23 @ Chicago Bulls
Mar. 25 @ Minnesota Timberwolves
Mar. 27 @ Memphis Grizzlies
Mar. 29 @ New Orleans Pelicans
Mar. 31 vs. New York Knicks

APRIL, 2026

Apr. 1 vs. Milwaukee Bucks
Apr. 3 vs. Utah Jazz
Apr. 5 @ Golden State Warriors
Apr. 7 @ Phoenix Suns
Apr. 9 vs. Philadelphia 76ers
Apr. 10 vs. Minnesota Timberwolves
Apr. 12 vs. Memphis Grizzlies

MEMPHIS GRIZZLIES

자 모란트, 이제 증명할 시간

사령탑의 중요성

작년 여름에 단행한 코치진 개편이 독으로 작용했다. 무엇보다 새로운 공격 전술을 무리하게 도입하다가 이도 저도 아닌 결과물이 도출되었다. 그 결과, 그리즐리 군단의 중흥을 이끌어왔던 테일러 젠킨스 감독이 경질당하게 된다. 투마스 이살로 감독 대행이 어수선한 분위기를 수습하기에는 역부족이었다. 거듭된 부진 끝에 플레이-인 토너먼트 진출권으로 떨어졌다. 오클라호마시티와 만난 플레이오프 1라운드 3차전 당시 겪은 29점차 리드 상실 대역전패도 큰 상처로 남았다.

유능한 프런트 조직

프랜차이즈 스타 데스먼드 베인 트레이드는 어느 정도 예상된 행보다. 시장이 협소한 멤피스가 베인의 고액 연봉을 계속 부담하긴 힘들었다. 해당 트레이드로 마련한 샐러리캡 여유 공간을 자렌 잭슨 주니어 5년 2억 500만 달러 연장계약, 산티 알마다 3년 5,250만 달러 재계약, 타이 제롬 3년 2,766만 달러 FA 영입에 분산 투자했으니 전화위복이다. 폭발력이 우수한 제롬의 경우 간판스타 자 모란트의 잠재적인 부상 변수에 맞서 안전장치 역할을 해줄 것으로 기대된다.

사고뭉치 자 모란트

핀란드 출신 전술가 이잘로와 정식 감독 계약을 체결했다. 의도치 않게 젠킨스 前 감독을 쫓아낸 모양새가 된 터라 부담감이 크다. 성적으로 증명하는 수밖에 없다. 전제 조건은 풍족한 뎁스(depth) 활용이다. 유능한 프런트 조직 덕분에 10~11인 로테이션 운영이 가능한 선수단이 구축되었다. 모란트에게도 증명의 시간이 찾아왔다. 부디 이번 시즌만큼은 사건 사고 또는 부상자 명단에서 그의 이름을 찾지 않게 되길 바란다. 선수단 리더로서의 품격이 필요한 시점이다.

Association Icon Statement City

*통계는 2025년 9월 10일 기준

CLUB INFORMATION

 **Founded** 구단 창립 1995년	 **Owner** 멤피스 바스켓볼 LLC	 **CEO** 제이슨 웩슬러	 **Head Coach** 투마스 이잘로 1982.07.29	 **24-25 Odds** 스카이벳 : 125배 윌리엄힐 : 125배
 **Nationality** ●미국 선수 13명 ●외국 선수 5명	 **Age** 18명 평균 24.9세	 **Height** 18명 평균 200.3cm	 **Weight** 18명 평균 97.9kg	**Salary** 16명 평균 1028만 달러
 **Win** 2024-25 : 48승 통산 : 1046승	 **Loss** 2024-25 : 34패 통산 : 1347패	**Winning%** 2024-25 : 58.5% 통산 : 43.7%	 **Play-Off** PO 진출 : 14회 PO 탈락 : 16회	 **Titles** NBA우승 : 0회 컨퍼런스 : 0회
Top Scorer 자 모란트 평균 23.2점	 **More Rebounds** 잭 에디 평균 8.3리바운드	 **More Assists** 자 모란트 평균 7.3어시스트	 **More Steals** 스카티 피펜 Jr. 평균 1.3스틸	 **More Blocks** 재런 잭슨 Jr. 평균 1.5블락

*항목별 1위는 지난 시즌 멤피스 소속으로 42경기 이상 출전한 선수 중 선별

HEAD COACH & STADIUM

Tuomas Iisalo 투마스 이잘로

생년월일 : 1982.07.29 / **출생지 :** 핀란드 헬싱키
경력 : 2014~2015년 타피올란 혼카 감독 / 2016~2021년 크랄리스하임 멜리스 감독 / 2021~2023년 텔레콤 바스켓 본 감독 / 2023~2024년 파리 바스켓볼 감독 / 2024~2025년 멤피스 그리즐리스 코치 / 2025년~ 멤피스 그리즐리스 감독

핀란드 헬싱키 출신. 슈팅가드로 2000년 쿠부트에서 프로 생활을 시작했고, 에스푼 혼카, 토르판 포아트 등에서 2014년까지 뛰었다. 현역 은퇴 후 지도자로 나섰다. 2014년 타피올란 혼카에서 첫 번째 감독 생활을 했고, 크라일스하임 메를린(2016~2021년), 텔레콤 바스켓 본(2021~2023년), 파리 바스켓볼(2023~2024년) 등에서 선수들을 지도했다. 이 기간 그는 2004년 유로컵, 2023년 챔피언스리그, 2024년 프랑스 리그컵에서 우승했다. 그리고, 2022년과 2023년 분데스리가 및 2024년 유로컵 최고 감독상을 받았다. 유럽 무대에서 경력을 쌓은 그는 2024년 멤피스 그리즐리스 코치로 부임하며 NBA 무대에 발을 들였다. 그리고 2025년 5월 2일, 멤피스 그리즐리스 감독으로 승격했다. 그의 농구 스타일은 빠른 템포 위주, 강력한 공격 리바운드, 과감한 3점 슈팅으로 알려졌다.

FEDEX FORUM

구장 오픈 : 2004년 9월 6일
구장 증개축 : —
오너 : 멤피스시
수용인원 : 1만 7794명
건축비용 : 2억 5000만 달러
(현재 가치) 4억 300만 달러

미국 남중부 중심지에서 20년 이상 된 이 구장은 NBA 최고 아레나 중 하나다. NBA팀 멤피스 그리즐리스, 대학농구 팀 멤피스 타이거스의 홈구장으로 사용 중이다. 지난 2004년 9월, 2억 5000만 달러를 투자해 완공된 이 경기장이 개장한 이후 매년 수백만 명의 이용객들이 찾고 있다. 그리즐리스 홈구장으로 사용하기 시작한 건 지난 2004-05시즌부터다.

REGULAR SEASON RANKING LAST 10YEARS ★NBA 파이널 우승

15-16	16-17	17-18	18-19	19-20	20-21	21-22	22-23	23-24	24-25
16	11	29	22	16	14	2	5	24	12
42승 40패	43승 39패	22승 60패	33승 49패	34승 39패	38승 34패	56승 26패	51승 31패	27승 55패	48승 34패

Honours

NBA CHAMPIONS	CONFERENCE TITLES	DIVISION TITLES	RETIRED NUMBERS
0	0	2	2

NBA CHAMPIONSHIPS
NONE

CONFERENCE TITLES
NONE

DIVISION TITLES
2022, 2023

RETIRED NUMBERS
33, 50

TEAM POTENTIAL

81점
9위

하프코트 세트오펜스 8점

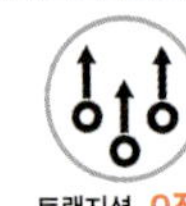
트랜지션 오펜스 9점

하프코트 세트디펜스 8점

트랜지션 디펜스 8점

리바운드 9점

선수층 9점
선수 경험치 7점
감독 리더십 7점
감독 전술 8점

프런트 8점

*각 항목은 10점 만점, 평점은 NBA 30팀 사이 상대평가

우승 ODDS	배당	순위
Sky Bet	125배	19위
Bet Fred	100배	19위
William Hill	125배	19위

OFFENSIVE STYLE
트랜지션 오펜스 ↔ 하프코트 세트오펜스

DEFENSIVE STYLE
하이 프레스 ↔ 하프코트 디펜스

SQUAD & TACTICS

STARTERS

- PF 재런 잭슨 Jr. 29.8분, 22.2점 5.6RB, 2.0AS
- C 잭 이디 21.5분, 9.2점 8.3RB, 1.0AS
- SF 제일런 웰스 25.9분, 10.4점 3.4RB, 1.7AS
- SG 켄타비우스 콜드웰포프 29.6분, 8.7점 2.2RB, 1.8AS
- PG 자 모란트 30.4분, 23.2점 4.1RB, 7.3AS

OFF THE BENCH

- PG 타이 제롬 19.9분, 12.5점 2.5RB, 3.4AS
- SG 스카티 피펜 Jr. 21.3분, 9.9점 3.3RB, 4.4AS
- SF 빈스 윌리엄스 Jr. 18.5분, 6.6점 3.6RB, 2.0AS
- PF 산티 알다마 25.5분, 12.5점 6.4RB, 2.9AS
- C 브랜든 클락 18.9분, 8.3점 5.1RB, 1.0AS

G 캠 스펜서
G 존 콘차
F 세드릭 카워드
F 지지 잭슨
C 작 랜데일

Player's Functions

Ball Handlers	Pull-Ups	Catch & Shoot
J.모란트 T.제롬 S.피펜 Jr.	J.모란트 K.콜드웰포프 J.웰스	J.웰스 J.잭슨 Jr. K.콜드웰포프

3 Pointers	Slam Dunkers	Free Throw
J.웰스 J.잭슨 Jr. S.알다마	J.모란트 Z.이디 J.잭슨 Jr.	J.모란트 K.콜드웰포프 J.잭슨 Jr.

Rebounders	1-1 Defenders	Ball Stealers
Z.이디 J.랜데일 J.콘차	J.잭슨 Jr. B.클락 K.콜드웰포프	S.피펜 Jr. T.제롬 K.콜드웰포프

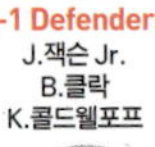
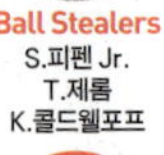

Key Passes	Hustle Players	Rim Protectors
J.모란트 T.제롬 S.피펜 Jr.	J.모란트 B.클락 V.윌리엄스 Jr.	Z.이디 J.잭슨 Jr.

2024-25 SEASON PERFORMANCE

공격 레이팅 117.7(6위) 수비 레이팅 113.0(10위) 레이팅 마진 +4.7(6위) 페이스 103.3(1위)

MEMPHIS GRIZZLIES vs. OPPONENTS PER GAME STATS

	득실점	필드골성공	필드골시도	필드골%	3점성공	3점시도	3점%	2점성공	2점시도	2점%	자유투성공	자유투시도	자유투%	공격 RB	수비 RB	전체 RB	어시스트	스틸	블락샷	턴오버	파울
멤피스	121.7 2위	44.8 2위	93.3 2위	47.9% 8위	13.9 11위	37.9 13위	36.7% 13위	30.8 2위	55.5 4위	55.6% 10위	18.3 1위	23.3 2위	78.6% 12위	12.9 3위	34.4 4위	47.3 2위	28.4 8위	8.9 7위	5.6 3위	15.7 28위	20.9 29위
상대팀	116.9 24위	41.9 19위	91.8 25위	45.6% 4위	14.2 21위	39.4 25위	36.0% 15위	27.7 11위	52.4 20위	52.9% 5위	18.9 29위	24.5 29위	77.0% 6위	11.5 19위	32.0 9위	43.5 10위	27.0 18위	8.7 20위	5.5 25위	15.1 7위	20.2 2위

LINE-UP

* 멤피스는 지난 시즌 총 832개의 라인업을 가동했다. 득실점차 플러스 10개, 마이너스 10개를 골랐다.

득실점차 플러스(+) 라인업 TOP 10	G	MIN	PPG	RPG	득실차
J. Jackson Jr. - J. Morant - D. Bane - Z. Edey - J. Wells	25	222	25.6	10.2	+128
L. Kennard - B. Clarke - S. Aldama - S. Pippen Jr. - J. LaRavia	6	12	7.7	2.7	+27
J. Jackson Jr. - D. Bane - S. Pippen Jr. - Z. Edey - J. Wells	11	54	13.6	5.6	+26
M. Smart - D. Bane - S. Aldama - J. Huff - J. LaRavia	4	15	12.3	5.0	+25
L. Kennard - J. Jackson Jr. - D. Bane - S. Aldama - J. Wells	12	30	7.3	2.8	+21
J. Jackson Jr. - B. Clarke - S. Aldama - S. Pippen Jr. - J. Wells	6	35	15.3	6.5	+20
L. Kennard - B. Clarke - D. Bane - S. Aldama - G. Jackson	5	21	12.8	4.2	+20
L. Kennard - J. Jackson Jr. - S. Aldama - S. Pippen Jr. - J. LaRavia	7	17	8.4	2.6	+20
L. Kennard - J. Jackson Jr. - J. Morant - Z. Edey - J. Wells	10	41	11.4	4.8	+18
L. Kennard - J. Jackson Jr. - J. Morant - D. Bane - S. Aldama	15	22	4.9	2.0	+18
득실점차 마이너스(-) 라인업 TOP 10	**GP**	**MIN**	**PPG**	**RPG**	**득실차**
L. Kennard - J. Jackson Jr. - D. Bane - Z. Edey - J. Wells	16	103	17.0	5.8	-19
J. Jackson Jr. - S. Aldama - S. Pippen Jr. - J. Huff - J. Wells	4	14	5.5	2.8	-19
L. Kennard - D. Bane - S. Pippen Jr. - J. Huff - J. LaRavia	2	4	3.0	1.0	-19
L. Kennard - J. Jackson Jr. - D. Bane - S. Aldama - S. Pippen Jr.	13	29	5.0	1.5	-16
J. Jackson Jr. - J. Morant - D. Bane - S. Aldama - S. Pippen Jr.	7	21	5.7	2.1	-16
L. Kennard - M. Bagley III - J. Morant - B. Clarke - J. Wells	1	10	16.0	10.0	-15
J. Morant - B. Clarke - S. Aldama - G. Jackson - J. Wells	6	12	5.0	1.2	-14
B. Clarke - S. Aldama - S. Pippen Jr. - J. LaRavia - J. Wells	3	7	1.7	2.3	-14
M. Smart - J. Morant - D. Bane - S. Aldama - Z. Edey	2	12	14.0	5.0	-13
L. Kennard - J. Jackson Jr. - B. Clarke - S. Pippen Jr. - J. Wells	5	6	2.2	1.2	-12

PASS COMBINATIONS

→ 해당 선수가 경기당 동료로부터 패스 받은 횟수
→ 해당 선수가 경기당 동료들에게 패스 해준 횟수

받은 패스	선수	해준 패스
49.7 →	데스먼드 베인	→ 49.7
54.0 →	자 모란트	→ 42.4
37.9 →	스카티 피펜 주니어	→ 35.5
27.8 →	산티 올다마	→ 35.4
22.2 →	제이크 라라비아	→ 29.3
27.3 →	루크 케나드	→ 28.5
35.0 →	재런 잭슨 주니어	→ 26.9
29.4 →	마커스 스마트	→ 25.7
21.0 →	빈스 윌리엄스 주니어	→ 24.5
10.4 →	존 콘차	→ 17.6
12.6 →	잭 이디	→ 17.3
14.3 →	브랜든 클락	→ 16.6
15.9 →	지지 잭슨	→ 15.3
14.7 →	캠 스펜서	→ 15.2
19.0 →	제일런 웰스	→ 15.2
11.1 →	제이 허프	→ 10.5
8.3 →	라마 스티븐스	→ 10.1
8.3 →	유키 카와무라	→ 7.3
7.1 →	마빈 베이글리 III	→ 6.6
5.7 →	콜린 캐설턴	→ 4.7
2.0 →	자이언 풀린	→ 1.0

2024-25 RANKING

* 는 수치가 낮을수록 랭킹이 높아짐

멤피스	랭킹	FIVE FACTORS	상대팀	랭킹
55.4%	12위	3점 가중 FG%	53.3%*	7위
13.1*	22위	턴오버 / 100포제션	12.9	14위
28.7%	3위	공격 RB 점유율	25.1%*	14위
74.9%	14위	수비 RB 점유율	71.3%*	3위
19.6%	9위	자유투 / 필드골	20.6%*	25위

득점	랭킹	PLAYTYPE	실점*	랭킹
8.2	8위	아이솔레이션	6.1	3위
32.8	1위	트랜지션	25.8	25위
9.9	30위	픽&롤 볼핸들러	17.2	23위
4.6	29위	픽&롤 롤맨	7.6	23위
5.1	9위	포스트-업	3.1	3위
33.8	2위	스팟-업	28.2	19위
2.3	30위	핸드오프	4.7	6위
10.3	10위	컷인	—	—
3.3	18위	오프 스크린	4.5	22위
7.6	6위	풋백	6.1	7위
3.3	5위	기타	—	—

SHOT ZONE

평균 구간별 슈팅 및 성공률

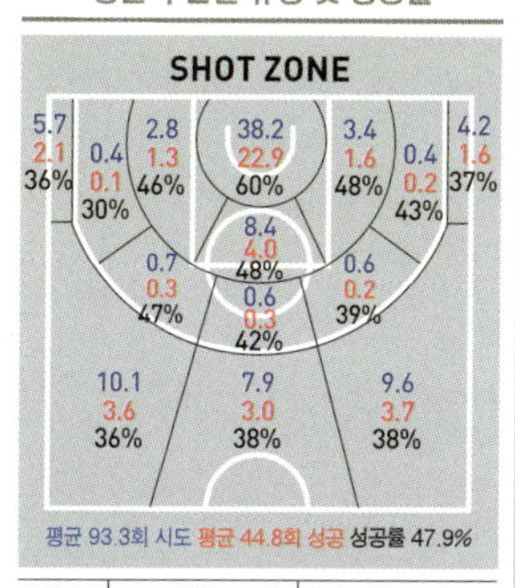

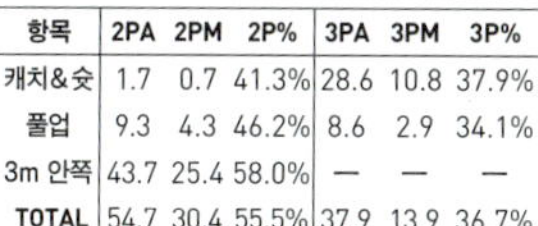

항목	2PA	2PM	2P%	3PA	3PM	3P%
캐치&슛	1.7	0.7	41.3%	28.6	10.8	37.9%
풀업	9.3	4.3	46.2%	8.6	2.9	34.1%
3m 안쪽	43.7	25.4	58.0%	—	—	—
TOTAL	54.7	30.4	55.5%	37.9	13.9	36.7%

SHOT PROCESS & SHOT TYPES

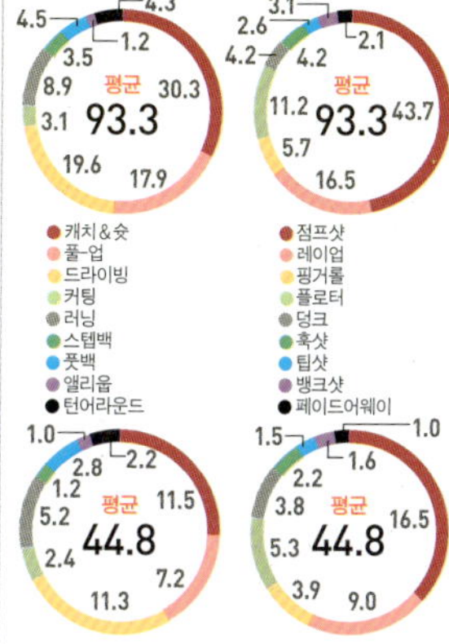

SHOOTING

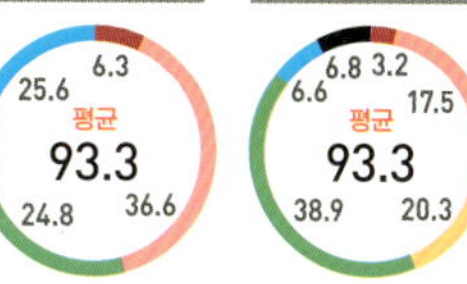

OPPONENT SHOOTING

CONTESTED REBOUNDS

공격 리바운드 / 수비 리바운드

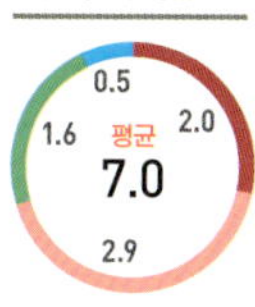

림 아래부터 리바운드 위치까지의 거리
● 0~0.9m ● 0.9~1.8m ● 1.8~3m ● 3m 이상

UNCONTESTED REBOUNDS

공격 리바운드 / 수비 리바운드

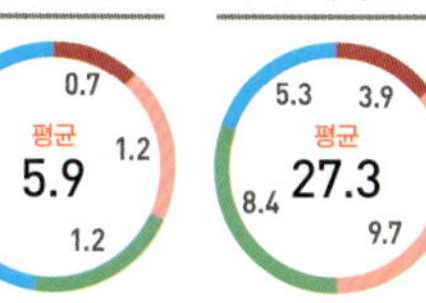

림 아래부터 리바운드 위치까지의 거리
● 0~0.9m ● 0.9~1.8m ● 1.8~3m ● 3m 이상

DEFENSE OF 48 WINS

필드골 허용 % / 3점슛 허용 %

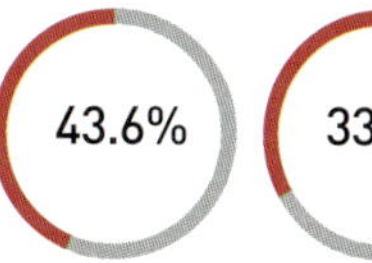

상대 필드골 시도 91.5
필드골 허용 39.9

상대 3점슛 시도 38.7
3점슛 허용 12.8

DEFENSE OF 34 LOSSES

필드골 허용 % / 3점슛 허용 %

48.4%

39.9%

상대 필드골 시도 92.3
필드골 허용 44.7

상대 3점슛 시도 40.3
3점슛 허용 16.1

General Stats								Outside Scoring & Shooting							Inside Scoring & Shooting								Play Making, Ball Handling & Passing					
PTS	RB	AS	ST	BL	FG-FGA	3P-3PA	FT-FTA	OS	CS	MS	3P	FT	SQ	OC	IS	L&F	SD	DD	PH	PF	PC	DRF	PM	PA	BH	DRS	PQ	PV
득점	리바운드	어시스트	스틸	블락샷	필드골 성공-시도	3점슈팅 성공-시도	자유투 성공-시도	외곽 득점력	근거리 점프샷	중거리 슈팅	3점 슈팅	자유투	슈팅 IQ	득점 일관성	인사이드 득점력	레이업 플로터	스탠딩 덩크	드라이빙 덩크	포스트 훅샷	포스트 페이드	포스트 컨트롤	파울 유도	플레이 메이킹	패스 능력	볼 핸들링	드리블 스피드	패스 IQ	패스 비전

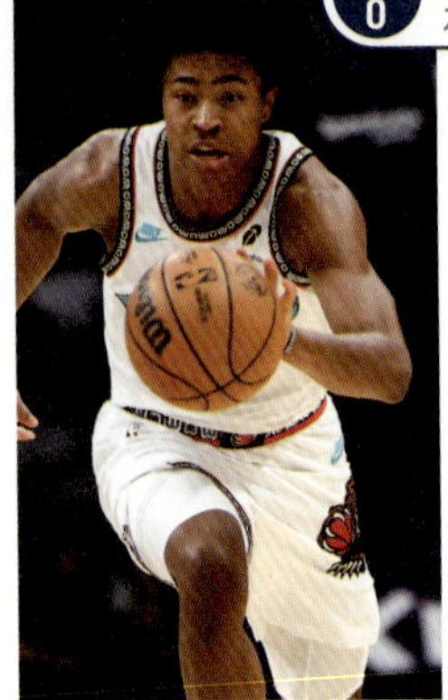

F 0 Jaylen WELLS SF-PF

제일런 웰스 2003.08.26 / 203cm

미국

NBA 드래프트 : 2024년 2라운드 39번
NBA 우승 : 0회 / **파이널 MVP :** 0회
시즌 MVP : 0회 / **NBA 퍼스트팀 :** 0회

데뷔 시즌부터 알토란같은 활약을 보여주었다. 79경기 평균 25.9분씩 뛰며 10.4점, 3.4리바운드를 기록했다. 시즌 종료 후 '올해의 신인상' 투표 3위에 올랐다. 웰스는 203cm 콤보 포워드다. 지난 시즌 높은 타점, 빠른 릴리스를 활용해 3점 슈팅을 35% 적중 시켰다(평균 5.0회 시드-1.7회 성공). 대부분 캐치&슛이었다. 프로에서 드라이빙에 이은 림 어택 능력도 향상됐다. 퍼리미터 1대1 수비는 OK. 그러나 팀 디펜스는 아직 부족하다. 연봉은 196만 달러.

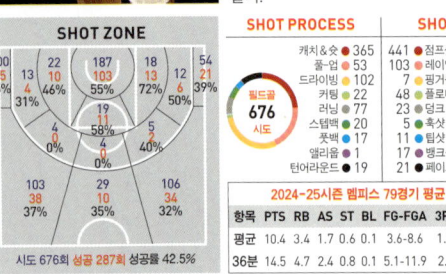

SHOT PROCESS

캐치&슛	365
풀-업	53
드라이빙	102
커팅	22
러닝	77
스텝백	20
풋백	17
앨리웁	1
턴어라운드	19

필드골 676 시도

SHOT TYPES

441	점프샷
103	레이업
7	핑거롤
48	플로터
23	덩크
5	훅샷
11	팁샷
17	뱅크샷
21	페이드어웨이

필드골 676 시도

2024-25시즌 멤피스 79경기 평균 25.9분

항목	PTS	RB	AS	ST	BL	FG-FGA	3P-3PA	FT-FTA
평균	10.4	3.4	1.7	0.6	0.1	3.6-8.6	1.7-5.0	1.4-1.7
36분	14.5	4.7	2.4	0.8	0.1	5.1-11.9	2.4-6.9	2.0-2.4

항목	OS	CS	MS	3P	FT	SQ	OC	IS	L&F	SD	DD	PH	PF	PC	DRF	PM	PA	BH	DRS	PQ	PV
평점	C-	B+	C	B-	B-	C-	F	D-	C+	F	C-	F	F	F	D-	D-	D-	C	C-	D	F

항목	DEF	ID	PD	ST	BL	HDQ	PP	DC	RBG	ORG	DRG	ATH	SP	AG	STR	VJ	STA	HP	INT	POT	OG
평점	D	D	B	D-	F	C+	C	C	D+	B	D-	C+	B	B-	D-	D+	B	B	D-	B+	C

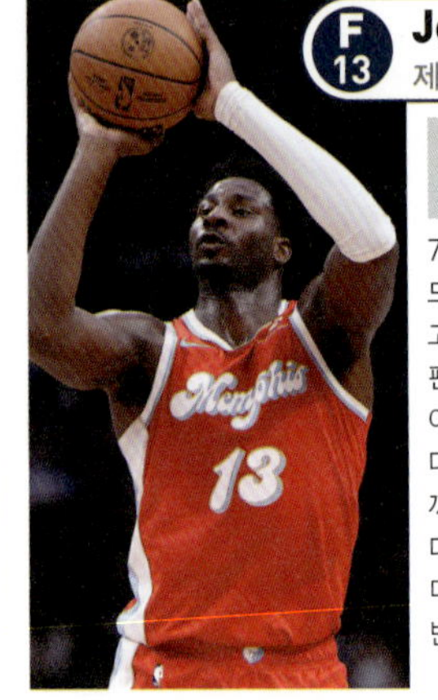

F 13 Jaren JACKSON Jr. C-PF

제이런 잭슨 Jr. 1999.09.15 / 208cm

미국

NBA 드래프트 : 2018년 1라운드 4번
NBA 우승 : 0회 / **파이널 MVP :** 0회
시즌 MVP : 0회 / **NBA 퍼스트팀 :** 0회

74경기 평균 30분씩 뛰며 22.2점, 5.6리바운드를 기록했다. 시즌 내내 최강의 수비를 펼쳤고, 시즌 종료 후 DPOY 투표 6위, 올-NBA 디펜시브 세컨드팀에 선정됐다. 잭슨은 윙스팬이 224cm인 데다 엄청난 운동능력을 자랑한다. 드라이빙에 이은 플로터, 레이업, 덩크, 가까운 거리 훅샷, 그리고 폭발적인 3점 슈팅 등 다양한 공격 무기를 지녔다. 인사이드와 퍼리미터 수비 모두 리그 최고 수준. 상대의 1번~5번을 다 막을 수 있다. 연봉은 3500만 달러.

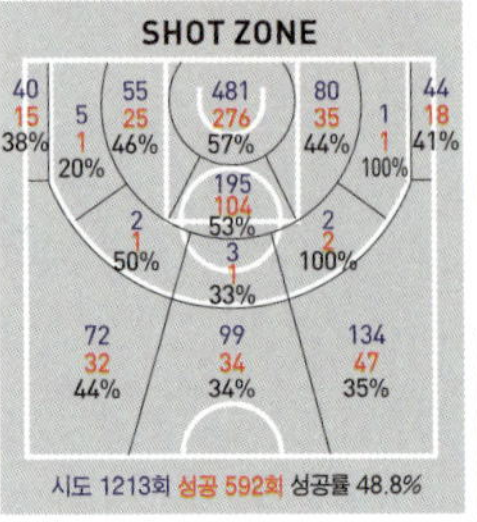

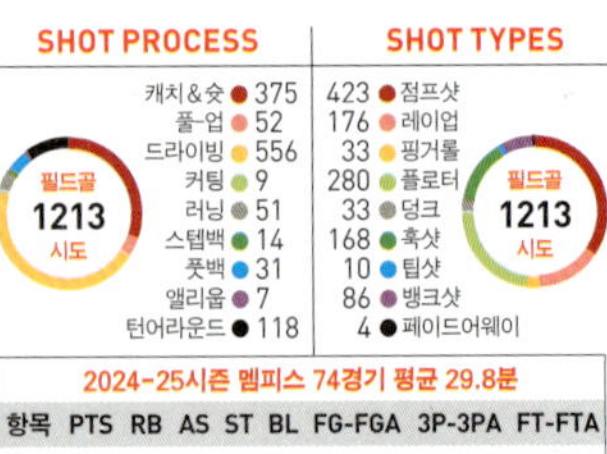

2024-25시즌 멤피스 74경기 평균 29.8분

항목	PTS	RB	AS	ST	BL	FG-FGA	3P-3PA	FT-FTA
평균	22.2	5.6	2.0	1.2	1.5	8.0-16.4	2.0-5.3	4.2-5.4
36분	26.8	6.8	2.4	1.5	1.8	9.7-19.8	2.4-6.3	5.1-6.5

항목	OS	CS	MS	3P	FT	SQ	OC	IS	L&F	SD	DD	PH	PF	PC	DRF	PM	PA	BH	DRS	PQ	PV
평점	B	A+	C	B-	C+	A-	A-	B-	B-	B	B-	B	B+	B	C	F	F	D-	F	D-	F

항목	DEF	ID	PD	ST	BL	HDQ	PP	DC	RBB	ORB	DRB	ATH	SP	AG	STR	VJ	STA	HP	INT	POT	OG
평점	B	A	B	C+	B+	A	C-	A	D-	D-	D-	B-	D-	B-	B-	C	A-	B-	B-	A	B+

F 5 Vince WILLIAMS Jr. SF-SG

빈스 윌리엄스 Jr. 2000.08.30 / 193cm

미국

NBA 드래프트 : 2022년 2라운드 47번
NBA 우승 : 0회 / **파이널 MVP :** 0회
시즌 MVP : 0회 / **NBA 퍼스트팀 :** 0회

지난 시즌, 왼쪽 경골 스트레스와 오른 발목 염좌로 인해 고생했다. 이로 인해 27경기 출전에 그쳤다. 건강이 가장 중요하다. 윌리엄스는 3&D 플레이어다. 193cm 스윙맨으로 3점 슈팅을 주무기로 구사한다. 루키 시즌엔 '서드 유닛' 멤버로 출전했기에 제한된 시간 때문에 실력을 발휘하지 못했다. 그러나 지난 시즌, 적은 경기나마 식스맨으로 출전했기에 공격과 수비에서 발전이 있었다. 지난 시즌 가드 중에선 최상급 리바운더였다. 연봉은 230만 달러.

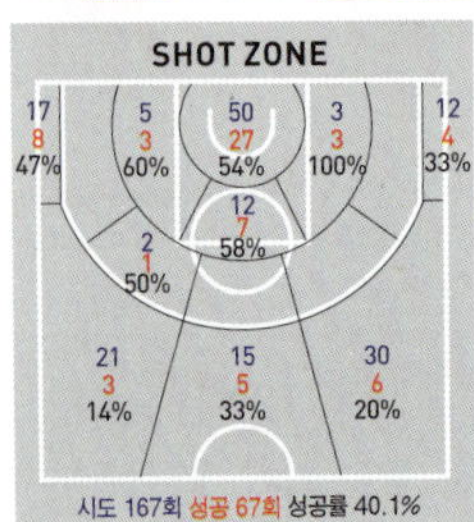

SHOT PROCESS

캐치&슛	92
풀-업	12
드라이빙	27
커팅	5
러닝	10
스텝백	4
풋백	12
앨리웁	0
턴어라운드	5

필드골 167 시도

SHOT TYPES

105	점프샷
36	레이업
4	핑거롤
12	플로터
0	덩크
2	훅샷
5	팁샷
3	뱅크샷
0	페이드어웨이

필드골 167 시도

2024-25시즌 멤피스 27경기 평균 18.5분

항목	PTS	RB	AS	ST	BL	FG-FGA	3P-3PA	FT-FTA
평균	6.6	3.6	2.0	0.4	0.3	2.5-6.2	1.0-3.5	0.7-0.9
36분	12.9	7.1	4.0	0.9	0.5	4.8-12.0	1.9-6.9	1.4-1.7

항목	OS	CS	MS	3P	FT	SQ	OC	IS	L&F	SD	DD	PH	PF	PC	DRF	PM	PA	BH	DRS	PQ	PV
평점	D+	B+	D-	D+	C	C-	F	D-	D+	F	C-	F	D-	F	D-	D	D+	C-	D-	D	D-

항목	DEF	ID	PD	ST	BL	HDQ	PP	DC	RBG	ORG	DRG	ATH	SP	AG	STR	VJ	STA	HP	INT	POT	OG
평점	D+	D	B-	D-	F	C+	C	C	A-	B	A-	C+	D+	B-	D-	C-	B+	A-	D-	B	C-

F 7 Santi ALDAMA PF-C

산티 알다마 2001.01.10 / 213cm

스페인

NBA 드래프트 : 2021년 1라운드 30번
NBA 우승 : 0회 / **파이널 MVP :** 0회
시즌 MVP : 0회 / **NBA 퍼스트팀 :** 0회

NBA 데뷔 4년 만에 압도적인 퍼포먼스를 선보였다. 식스맨 에이스로 자리잡아 멤피스의 돌풍을 이끌었다. 개인 스탯도 65경기 평균 25.5분에 12.5점, 6.4리바운드로 본인 최고 기록이었다. 알다마는 3번~5번을 넘나드는 3&D 플레이어다. 주 무기는 높은 타점에 부드러운 터치로 시도하는 3점 슈팅. 성공률은 37%. 여기에 덩크, 레이업, 짧은 거리 훅샷을 가미한다. 스피드는 평범해도 효율적으로 움직이기에 인&아웃 수비 모두 좋다. 연봉은 1849만 달러.

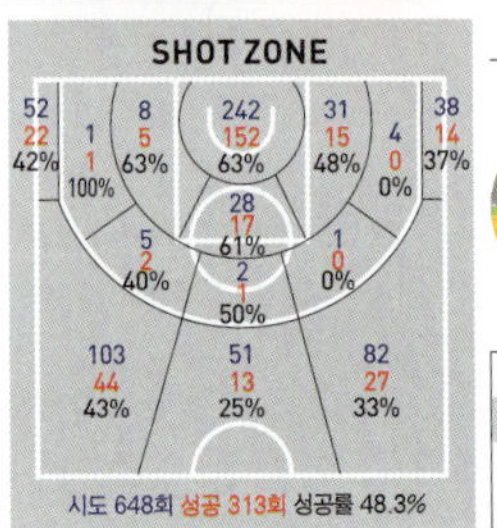

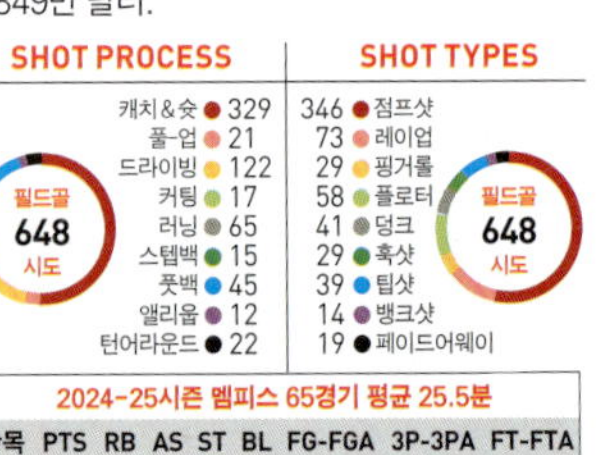

2024-25시즌 멤피스 65경기 평균 25.5분

항목	PTS	RB	AS	ST	BL	FG-FGA	3P-3PA	FT-FTA
평균	12.5	6.4	2.9	0.8	0.4	4.8-10.0	1.8-5.0	1.0-1.4
36분	17.6	9.0	4.1	1.1	0.6	6.8-14.1	2.6-7.1	1.4-2.0

항목	OS	CS	MS	3P	FT	SQ	OC	IS	L&F	SD	DD	PH	PF	PC	DRF	PM	PA	BH	DRS	PQ	PV
평점	C+	A	C-	B-	C-	B-	C	C-	C+	C-	D	C-	C-	C-	D-	D	C-	D+	D-	C-	D-

항목	DEF	ID	PD	ST	BL	HDQ	PP	DC	RBB	ORB	DRB	ATH	SP	AG	STR	VJ	STA	HP	INT	POT	OG
평점	D	C-	D+	D	F	C	D+	D+	D+	D-	C+	C-	D-	D-	C-	D-	B-	B-	D-	B	C+

Individual Defense & Team Defense								Offensive & Defensive Rebounding									Physical Fitness & Athleticism							Miscellaneous		
DEF	ID	PD	ST	BL	HDQ	PP	DC	RBG	ORG	DRG	RB3	OR3	DR3	RBB	ORB	DRB	ATH	SP	AG	STR	VJ	STA	HP	INT	POT	OG
수비력 종합	인사이드 디펜스	퍼리미터 디펜스	스틸	블락샷	도움수비 IQ	패스 통찰력	수비 일관성	가드 리바운드	가드 공격RB	가드 수비RB	SF 리바운드	SF 공격RB	SF 수비RB	빅맨 리바운드	빅맨 공격RB	빅맨 수비RB	운동능력 종합	스피드	사이드 스텝	피지컬 파워	버티컬 점프력	지구력	허슬 플레이	영향력	포텐셜	종합 평가

F 23 Cedric COWARD SF-SG

세드릭 카워드 2003.09.11 / 198cm

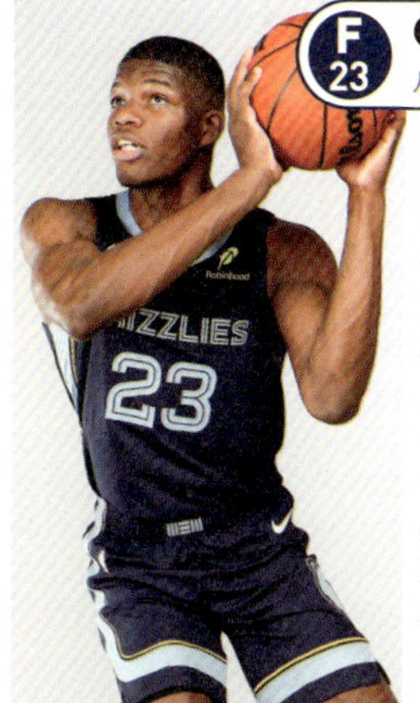

미국

NBA 드래프트 : 2025년 1라운드 11번
NBA 우승 : 0회 / **파이널 MVP :** 0회
시즌 MVP : 0회 / **NBA 퍼스트팀 :** 0회

이스턴 워싱턴대와 워싱턴 주립대 출신. 20225 NBA 드래프트를 신청해 포틀랜드에 1라운드 11번으로 지명된 후 멤피스로 트레이드 됐다. 그는 워싱턴 주립대 3학년 당시 평균 17.7점, 7.0리바운드에 3점 슈팅 성공률 40%를 기록했다. 캐치& 슈터로 높은 타점, 안정된 스트로크, 부드러운 터치로 슈팅한다. 퍼리미터 1대1 수비와 도움 수비에 일가견이 있고, 포지션 대비 리바운드를 곧잘 걷어낸다. 세컨더리 볼 핸들러도 가능하다. 연봉은 572만 달러.

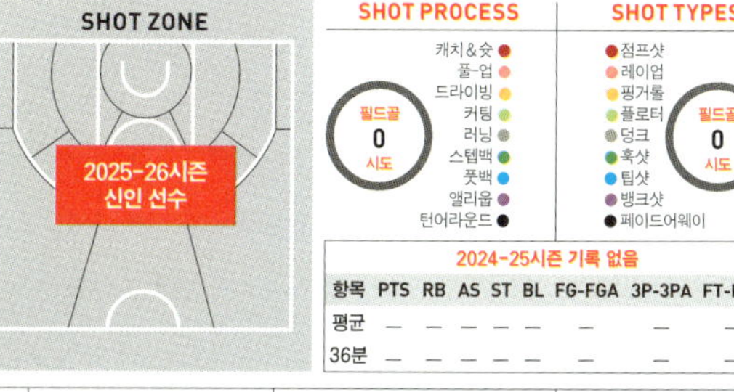

2024-25시즌 기록 없음

항목	PTS	RB	AS	ST	BL	FG-FGA	3P-3PA	FT-FTA
평균	–	–	–	–	–	–	–	–
36분	–	–	–	–	–	–	–	–

항목	OS	CS	MS	3P	FT	SQ	OC	IS	L&F	SD	DD	PH	PF	PC	DRF	PM	PA	BH	DRS	PQ	PV
평점	–	–	–	–	–	–	–	–	–	–	–	–	–	–	–	–	–	–	–	–	–

항목	DEF	ID	PD	ST	BL	HDQ	PP	DC	RB	ORB	DRB	ATH	SP	AG	STR	VJ	STA	HP	INT	POT	OG
평점	–	–	–	–	–	–	–	–	–	–	–	–	–	–	–	–	–	–	–	–	–

F 45 GG JACKSON PF-C

지지 잭슨 2004.12.17 / 206cm

미국

NBA 드래프트 : 2023년 2라운드 45번
NBA 우승 : 0회 / **파이널 MVP :** 0회
시즌 MVP : 0회 / **NBA 퍼스트팀 :** 0회

2024년 9월, 오른쪽 중족골 수술을 받고 시즌 일정의 3개월을 날렸다. 이후 복귀했지만, 이런저런 잔부상이 겹치고, NBA와 G리그를 넘나들었다. 결국, 지난 시즌에는 NBA 29경기 출전에 그쳤다. 그러나 잭슨은 출전 시간 대비 기록은 나쁘지 않았다(36분 기준 16.4점, 7.2 리바운드). 건강한 잭슨은 스스로 슈팅 찬스를 만든다. 미드레인지와 3점 구간에서 폭발하는 풀업 점퍼는 강력한 무기다. 페인트존을 찢고 들어가 림을 공략한다. 연봉은 222만 달러.

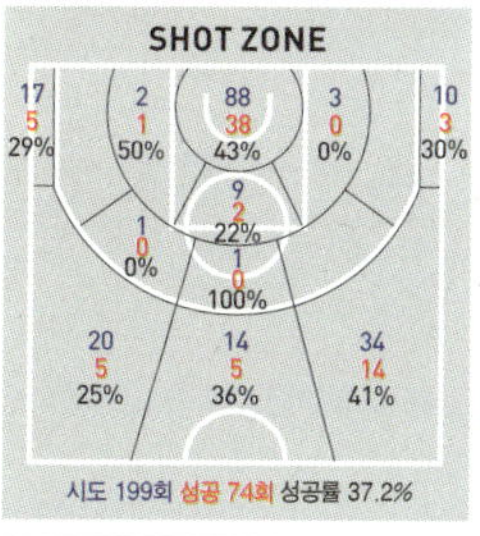

SHOT PROCESS		SHOT TYPES	
캐치&숏	80	점프샷	99
풀-업	12	레이업	39
드라이빙	53	핑거롤	20
커팅	5	플로터	12
러닝	28	덩크	16
스텝백	7	훅샷	2
풋백	9	팁샷	3
앨리웁	0	뱅크샷	4
턴어라운드	5	페이드어웨이	4
필드골 199 시도		필드골 199 시도	

2024-25시즌 멤피스 29경기 평균 15.8분

항목	PTS	RB	AS	ST	BL	FG-FGA	3P-3PA	FT-FTA
평균	7.2	3.2	1.0	0.4	0.2	2.6-6.9	1.1-3.3	1.0-1.4
36분	16.4	7.2	2.3	0.9	0.4	5.8-15.6	2.5-7.5	2.3-3.1

항목	OS	CS	MS	3P	FT	SQ	OC	IS	L&F	SD	DD	PH	PF	PC	DRF	PM	PA	BH	DRS	PQ	PV
평점	C-	C-	C-	C+	C	D-	D-	D+	C-	D	B	D-	D-	D-	D-	D-	D-	D-	B-	D-	F

항목	DEF	ID	PD	ST	BL	HDQ	PP	DC	RB	ORB	DRB	ATH	SP	AG	STR	VJ	STA	HP	INT	POT	OG
평점	D	D	D	D-	F	C-	D+	F	D-	D-	D-	C	B-	C+	D-	B-	B+	D-	D-	B+	C

C 14 Zach EDEY C

잭 이디 2002.05.14 / 224cm

캐나다

NBA 드래프트 : 2024년 1라운드 9번
NBA 우승 : 0회 / **파이널 MVP :** 0회
시즌 MVP : 0회 / **NBA 퍼스트팀 :** 0회

2024 드래프트에서 멤피스에 1라운드 9번으로 지명됐다. 데뷔 시즌에 66경기 평균 21.5분씩 뛰며 9.2점, 8.3리바운드로 일단 합격 판정을 받았다. 시즌 종료 후에는 올해의 신인상 투표에서 5위에 올랐다. 이디는 키 224cm, 윙스팬 238cm의 엄청난 하드웨어 소유자다. '클래식 센터'로 대부분 득점이 림 근처에서 이뤄진다. 페인트존에서 효율적인 풋워크와 부드러운 슈팅 터치를 선보인다. 상대와 강하게 부딪쳐도 그냥 림으로 올라간다. 연봉 605만 달러.

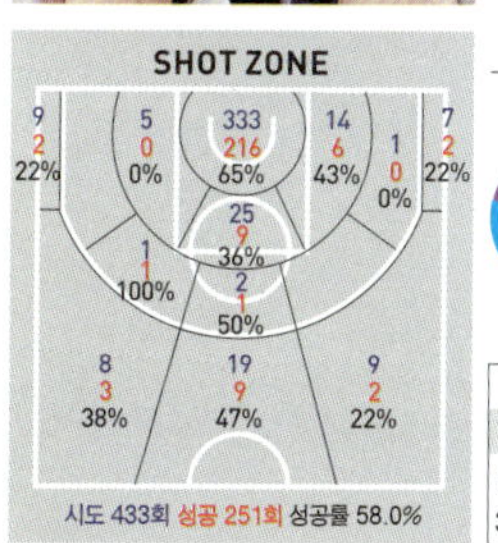

SHOT PROCESS		SHOT TYPES	
캐치&숏	165	점프샷	58
풀-업	0	레이업	105
드라이빙	11	핑거롤	4
커팅	46	플로터	12
러닝	11	덩크	91
스텝백	0	훅샷	100
풋백	109	팁샷	59
앨리웁	31	뱅크샷	4
턴어라운드	60	페이드어웨이	0
필드골 433 시도		필드골 433 시도	

2024-25시즌 멤피스 66경기 평균 21.5분

항목	PTS	RB	AS	ST	BL	FG-FGA	3P-3PA	FT-FTA
평균	9.2	8.3	1.0	0.5	1.3	3.8-6.6	0.3-0.8	1.4-1.9
36분	15.5	13.9	1.7	0.9	2.0	6.4-11.0	0.5-1.3	2.3-3.2

항목	OS	CS	MS	3P	FT	SQ	OC	IS	L&F	SD	DD	PH	PF	PC	DRF	PM	PA	BH	DRS	PQ	PV
평점	C-	B-	D-	B-	C-	B-	D-	C-	D-	B-	C-	B-	D	B-	D-	F	D-	F	F	D	F

항목	DEF	ID	PD	ST	BL	HDQ	PP	DC	RB	ORB	DRB	ATH	SP	AG	STR	VJ	STA	HP	INT	POT	OG
평점	D+	B-	D-	D-	A-	C+	D+	C	A	A+	B+	D+	F	F	B	D	C+	B+	D	A-	C+

C 15 Brandon CLARKE C-PF

브랜든 클락 1996.09.19 / 203cm

캐나다

NBA 드래프트 : 2019년 1라운드 21번
NBA 우승 : 0회 / **파이널 MVP :** 0회
시즌 MVP : 0회 / **NBA 퍼스트팀 :** 0회

클락이 돌아왔다. 그는 2023-24시즌 아킬레스건 부상으로 시즌 아웃됐다. 그러나 2024-25시즌엔 건강한 몸으로 돌아와 팀의 골밑을 잘 지켰다. 클락은 203cm, 98kg, 윙스팬 204cm의 '언더사이즈 빅맨'이다. 그러나 폭발적인 운동능력, 전투적인 투쟁심, 타고난 감각으로 상대 빅맨과 맞선다. 민첩하기에 상대의 1번~5번을 다 수비한다. 1대1 수비뿐 아니라, 팀 디펜스, 스틸, 블락도 훌륭하다. 득점은 대부분 림 어택으로 이뤄진다. 연봉은 1250만 달러.

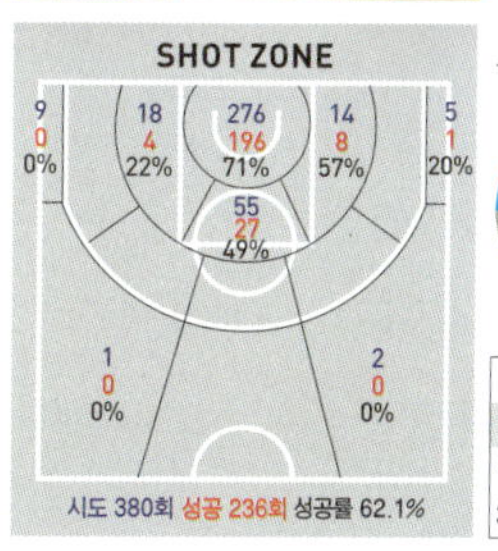

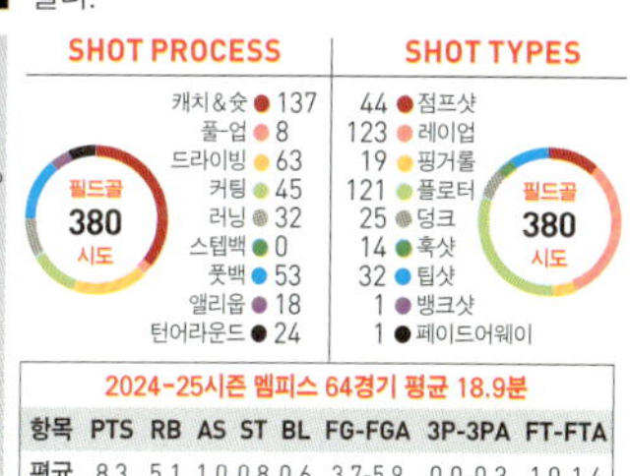

2024-25시즌 멤피스 64경기 평균 18.9분

항목	PTS	RB	AS	ST	BL	FG-FGA	3P-3PA	FT-FTA
평균	8.3	5.1	1.0	0.8	0.6	3.7-5.9	0.0-0.3	1.0-1.4
36분	15.9	9.7	2.0	1.6	1.1	7.0-11.3	0.0-0.5	1.8-2.6

항목	OS	CS	MS	3P	FT	SQ	OC	IS	L&F	SD	DD	PH	PF	PC	DRF	PM	PA	BH	DRS	PQ	PV
평점	D	A+	C+	D-	C-	D-	F	C-	B+	B-	B	D-	D-	D-	D-	D-	D-	D+	D	D-	F

항목	DEF	ID	PD	ST	BL	HDQ	PP	DC	RB	ORB	DRB	ATH	SP	AG	STR	VJ	STA	HP	INT	POT	OG
평점	C	B	C+	B-	D	B-	C-	B-	C	B	D	B-	B	B-	D	B-	A-	A	D-	B	C+

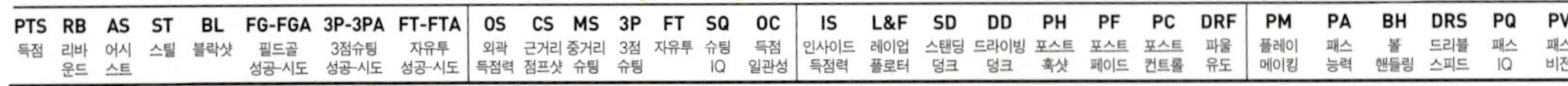

General Stats
PTS 득점 RB 리바운드 AS 어시스트 ST 스틸 BL 블락샷 FG-FGA 필드골 성공-시도 3P-3PA 3점슈팅 성공-시도 FT-FTA 자유투 성공-시도
Outside Scoring & Shooting
OS 외곽 득점력 CS 근거리 점프샷 MS 중거리 슈팅 3P 3점 슈팅 FT 자유투 SQ 슈팅 IQ OC 득점 일관성
Inside Scoring & Shooting
IS 인사이드 득점력 L&F 레이업 플로터 SD 스탠딩 덩크 DD 드라이빙 덩크 PH 포스트 훅샷 PF 포스트 페이드 PC 포스트 컨트롤 DRF 파울 유도
Play Making, Ball Handling & Passing
PM 플레이 메이킹 PA 패스 능력 BH 볼 핸들링 DRS 드리블 스피드 PQ 패스 IQ PV 패스 비전

Jock LANDALE C

C 2

작 랜데일 1995.10.25 / 211cm

호주

NBA 드래프트 : 2018년 미지명
NBA 우승 : 0회 / **파이널 MVP :** 0회
시즌 MVP : 0회 / **NBA 퍼스트팀 :** 0회

'백업 센터' 혹은 '서드 유닛'이다. 빅맨으로서 사이즈와 파워를 겸비했다. 블락, 스틸, 박스아웃, 리바운드 등 철저히 블루워커 역할을 한다. 득점은 림 근처에서 많이 이뤄진다. 덩크와 레이업, 짧은 거리 훅샷, 공격 리바운드 후 풋백이 대부분. 가끔 외곽에서 패스를 받아 오픈 3점 슈팅을 할 던질 때가 있으나 성공률은 높지 않다. 인사이드 1대1 수비는 OK. 그러나 스위치 상황에 빠른 선수들에게 그냥 당한다. 파울, 턴오버가 많다. 연봉은 246만 달러.

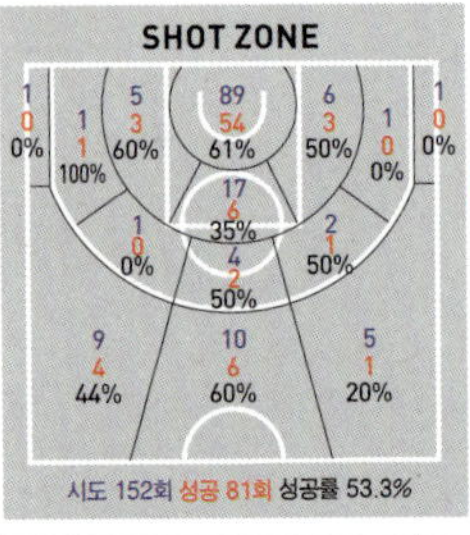

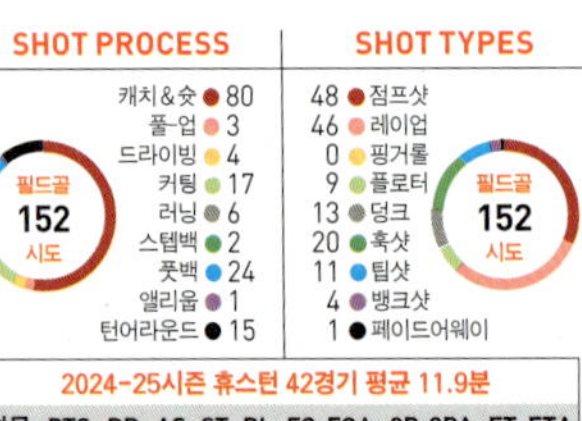

2024-25시즌 휴스턴 42경기 평균 11.9분

항목	PTS	RB	AS	ST	BL	FG-FGA	3P-3PA	FT-FTA
평균	4.8	3.3	0.9	0.3	0.2	1.9-3.6	0.3-0.6	0.6-1.0
36분	14.4	9.9	2.7	0.9	0.7	5.8-10.9	0.8-1.9	1.9-2.9

항목	OS	CS	MS	3P	FT	SQ	OC	IS	L&F	SD	DD	PH	PF	PC	DRF	PM	PA	BH	DRS	PQ	PV
평점	C-	A-	C+	D-	D+	C-	D-	C-	C	D	D	B	B	B	F	D-	D-	D-	F	D-	F

항목	DEF	ID	PD	ST	BL	HDQ	PP	DC	RBB	ORB	DRB	ATH	SP	AG	STR	VJ	STA	HP	INT	POT	OG
평점	D	C	D+	D-	F	D-	D-	F	C	B+	D-	D+	D-	D-	D	C	B-	C	F	B	C

Ja MORANT PG

G 12

자 모란트 1999.08.10 / 188cm

미국

NBA 드래프트 : 2019년 1라운드 2번
NBA 우승 : 0회 / **파이널 MVP :** 0회
시즌 MVP : 0회 / **NBA 퍼스트팀 :** 0회

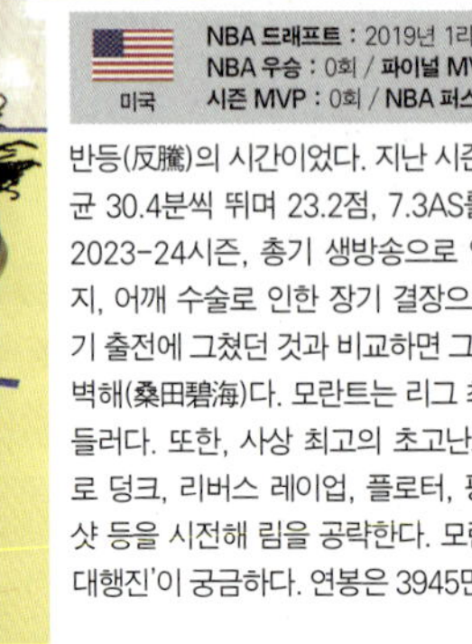

반등(反騰)의 시간이었다. 지난 시즌 50경기 평균 30.4분씩 뛰며 23.2점, 7.3AS를 기록했다. 2023-24시즌, 총기 생방송으로 인한 출전정지, 어깨 수술로 인한 장기 결장으로 달랑 9경기 출전에 그쳤던 것과 비교하면 그야말로 상전벽해(桑田碧海)다. 모란트는 리그 최고의 볼 핸들러다. 또한, 사상 최고의 초고난도 테크닉으로 덩크, 리버스 레이업, 플로터, 핑거롤, 점프샷 등을 시전해 림을 공략한다. 모란트의 '묘기 대행진'이 궁금하다. 연봉은 3945만 달러.

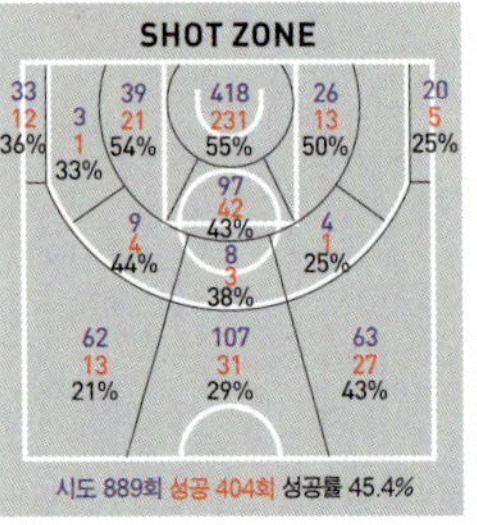

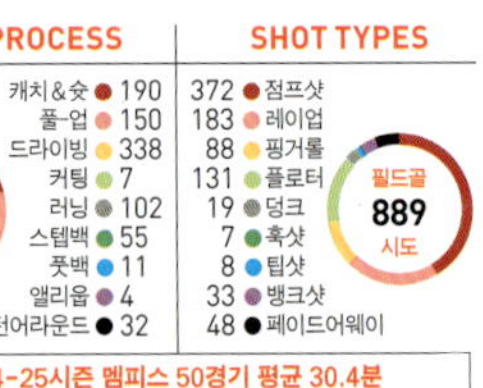

2024-25시즌 멤피스 50경기 평균 30.4분

항목	PTS	RB	AS	ST	BL	FG-FGA	3P-3PA	FT-FTA
평균	23.2	4.1	7.3	1.2	0.2	8.1-17.8	1.8-5.7	5.3-6.4
36분	27.5	4.9	8.6	1.4	0.3	9.6-21.1	2.1-6.8	6.2-7.6

항목	OS	CS	MS	3P	FT	SQ	OC	IS	L&F	SD	DD	PH	PF	PC	DRF	PM	PA	BH	DRS	PQ	PV
평점	B+	B+	B+	C+	B-	A-	A-	C-	A+	F	A	D-	D-	D-	A-	A-	A-	A	A	A-	B-

항목	DEF	ID	PD	ST	BL	HDQ	PP	DC	RBG	ORG	DRG	ATH	SP	AG	STR	VJ	STA	HP	INT	POT	OG
평점	D+	D-	C+	C	F	C+	C+	C+	C-	C-	C+	A-	A	A	D-	A+	A+	A+	D	A+	A-

Kentavious CALDWELL-POPE SG

G 3

켄타비우스 콜드웰-포프 1993.02.18 / 196cm

미국

NBA 드래프트 : 2013년 1라운드 8번
NBA 우승 : 2회 / **파이널 MVP :** 0회
시즌 MVP : 0회 / **NBA 퍼스트팀 :** 0회

196cm의 3&D 슈팅 가드. 지난 시즌 올랜도에서 뛰었고, 올여름 멤피스로 이적했다. 트랜지션 상황에 폭발적으로 대시한 다음 호쾌한 덩크로 마무리 한다. 레이업과 핑거롤 득점도 쏠쏠한 편. 포프의 주무대는 외곽이다. 중거리 풀업 점퍼와 3점 라인 밖 캐치&슛을 주로 시도한다. 성공률 86.3%의 자유투는 치명적인 무기다. 퍼리미터 1대1 수비와 조직적인 팀 디펜스는 꽤 강력하다. 또한, 패싱 레인 수비로 스틸을 많이 해낸다. 연봉은 2162만 달러.

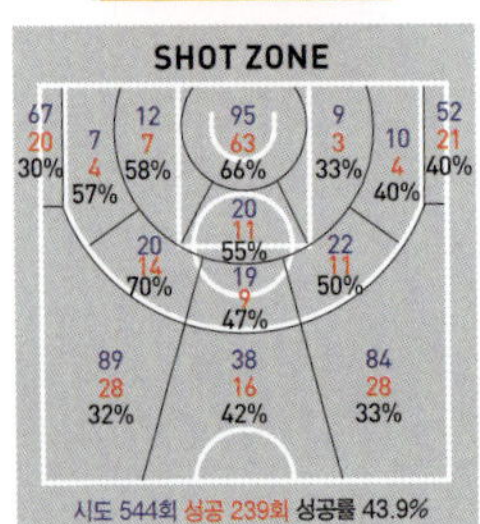

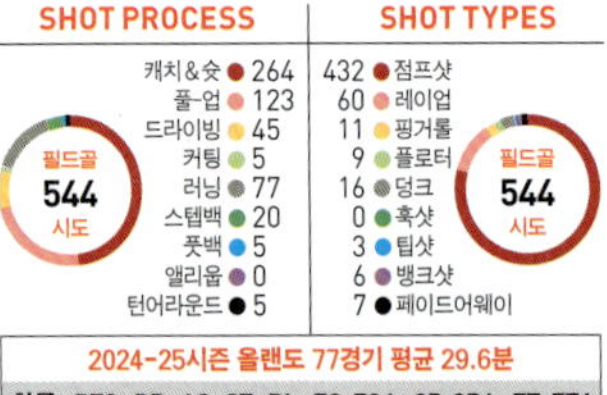

2024-25시즌 올랜도 77경기 평균 29.6분

항목	PTS	RB	AS	ST	BL	FG-FGA	3P-3PA	FT-FTA
평균	8.7	2.2	1.8	1.3	0.4	3.1-7.1	1.5-4.3	1.1-1.2
36분	10.6	2.7	2.1	1.6	0.5	3.8-8.6	1.8-5.2	1.3-1.5

항목	OS	CS	MS	3P	FT	SQ	OC	IS	L&F	SD	DD	PH	PF	PC	DRF	PM	PA	BH	DRS	PQ	PV
평점	C	A-	A	B-	B+	D-	F	D-	C	F	C-	F	D-	F	F	D	D+	C-	B-	D+	F

항목	DEF	ID	PD	ST	BL	HDQ	PP	DC	RBG	ORG	DRG	ATH	SP	AG	STR	VJ	STA	HP	INT	POT	OG
평점	C	D-	A-	B-	F	B-	B-	B	D-	D-	D-	B-	B	B	D-	D+	A-	B-	F	B	C

Ty JEROME SG

G 2

타이 제롬 1997.07.08 / 196cm

미국

NBA 드래프트 : 2019년 1라운드 24번
NBA 우승 : 0회 / **파이널 MVP :** 0회
시즌 MVP : 0회 / **NBA 퍼스트팀 :** 0회

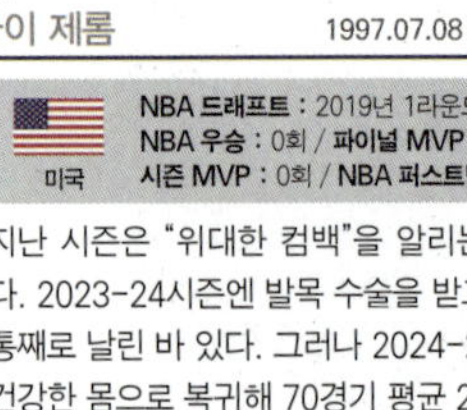

지난 시즌은 "위대한 컴백"을 알리는 시기였다. 2023-24시즌엔 발목 수술을 받고 시즌을 통째로 날린 바 있다. 그러나 2024-25시즌엔 건강한 몸으로 복귀해 70경기 평균 20분씩 뛰며 12.5점, 3.4어시스트를 기록했다. 36분 기준으로 환산하면 22.7점, 6.1어시스트로 리그 상위권이다. 뉴올리언스전에선 전반에만 27점을 기록했다. 필라델피아전에선 벤치에서 출발해 33점을 넣었다. 그 당시 3점 슈팅 8개를 시도해 모두 넣었다(!). 연봉은 878만 달러.

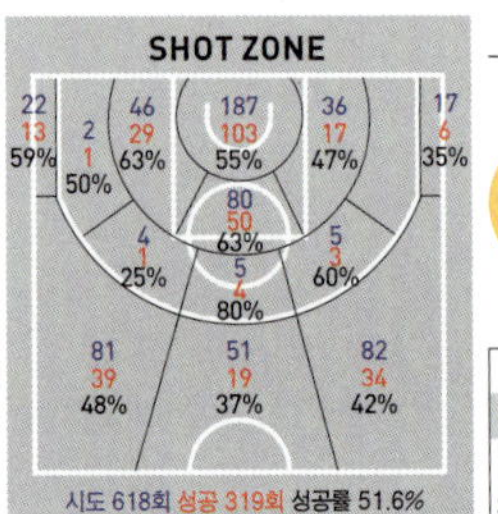

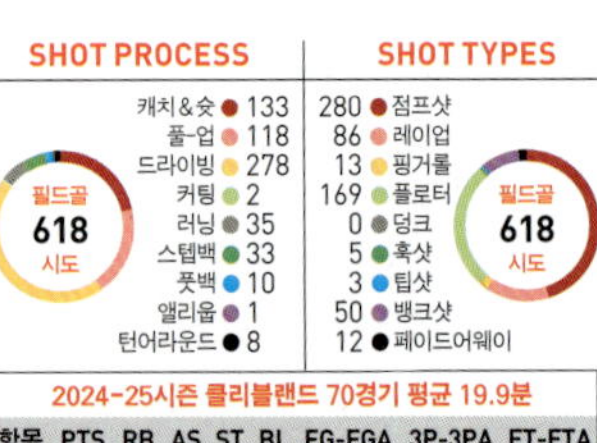

2024-25시즌 클리블랜드 70경기 평균 19.9분

항목	PTS	RB	AS	ST	BL	FG-FGA	3P-3PA	FT-FTA
평균	12.5	2.5	3.4	1.1	0.0	4.6-8.8	1.6-3.6	1.8-2.1
36분	22.7	4.5	6.1	2.0	0.1	8.2-16.0	2.9-6.5	3.3-3.8

항목	OS	CS	MS	3P	FT	SQ	OC	IS	L&F	SD	DD	PH	PF	PC	DRF	PM	PA	BH	DRS	PQ	PV
평점	A-	A+	A	B	B+	B-	A-	D-	B+	F	F	F	F	F	D-	C+	B	B	D+	B	C-

항목	DEF	ID	PD	ST	BL	HDQ	PP	DC	RBG	ORG	DRG	ATH	SP	AG	STR	VJ	STA	HP	INT	POT	OG
평점	D-	D-	D	A-	F	D-	F	F	D	B-	D-	D+	D+	C-	F	D-	B	D+	D-	B	C+

G 1 Scotty PIPPEN Jr. SG-PG

스카티 피핀 주니어 2000.11.10 / 185cm

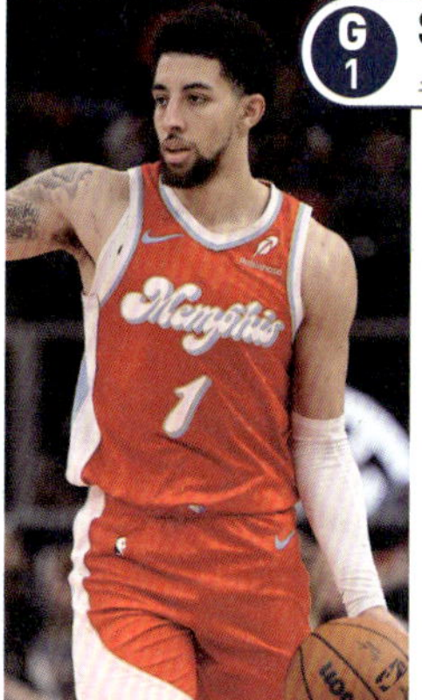

미국

NBA 드래프트 : 2022년 미지명
NBA 우승 : 0회 / 파이널 MVP : 0회
시즌 MVP : 0회 / NBA 퍼스트팀 : 0회

'불스 전설' 스카티 피펜의 아들이지만, 농구 실력은 아버지와 비교하기 어렵다. 그래도 열심히 뛴다. 피펜 주니어는 지난 시즌, 프로 데뷔 3년 만에 개인적으로 가장 좋은 시기를 보냈다. 79경기 평균 21분씩 뛰며 9.9점, 4.4어시스트를 기록했다. 2023-24시즌 잦은 부상과 G리그 출전으로 21경기 출전에 그쳤던 것과 비교하면 정말 천지차이다. 좌우 윙에서의 3점 슈팅, 드라이빙에서 이어지는 플로터, 핑거롤, 레이업이 주무기다. 연봉은 227만 달러.

SHOT ZONE

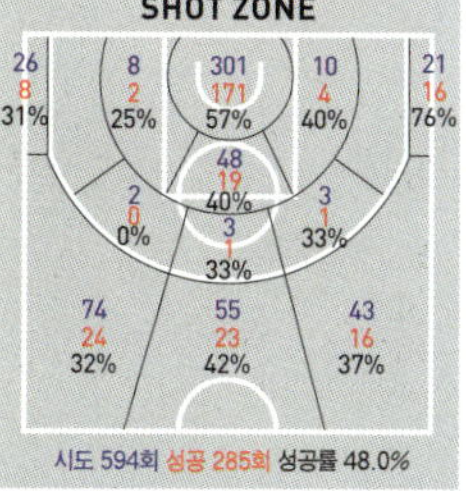

SHOT PROCESS

필드골 594 시도

캐치&슛	213
풀-업	35
드라이빙	205
커팅	18
러닝	90
스텝백	4
풋백	10
앨리웁	0
턴어라운드	19

SHOT TYPES

필드골 594 시도

247	점프샷
153	레이업
62	핑거롤
65	플로터
11	덩크
1	훅샷
5	팁샷
26	뱅크샷
24	페이드어웨이

2024-25시즌 멤피스 79경기 평균 21.3분

항목	PTS	RB	AS	ST	BL	FG-FGA	3P-3PA	FT-FTA
평균	9.9	3.3	4.4	1.3	0.4	3.6-7.5	1.1-2.8	1.5-2.2
36분	16.7	5.5	7.4	2.2	0.6	6.1-12.7	1.9-4.7	2.6-3.7

항목	OS	CS	MS	3P	FT	SQ	OC	IS	L&F	SD	DD	PH	PF	PC	DRF	PM	PA	BH	DRS	PQ	PV
평점	C	B+	D-	B-	C-	B-	C	F	B-	F	D	F	F	F	D-	B-	B	B	B-	B	C-

항목	DEF	ID	PD	ST	BL	HDQ	PP	DC	RBG	ORG	DRG	ATH	SP	AG	STR	VJ	STA	HP	INT	POT	OG
평점	D	D-	D	A	F	D-	D-	D-	B-	B	C+	C	B-	B-	F	C+	B-	C	B-	B	C

G 24 Cam SPENCER

캠 스펜서 2000.04.06 / 193cm

미국

NBA 드래프트 : 2024년 2라운드 53번
NBA 우승 : 0회 / 파이널 MVP : 0회
시즌 MVP : 0회 / NBA 퍼스트팀 : 0회

발목 부상으로 30일, 손가락 부상으로 45일씩 결장했다. 그리고, NBA 멤피스 그리즐리스와 G리그팀 멤피스 허슬을 넘나들며 뛰었다. 이 두 가지 원인으로 인해 스펜서의 지난 시즌 NBA 경기 출전 횟수는 25회에 불과했다. 올 시즌은 연봉 254만 달러 보장 계약이므로, 지난 시즌보다는 출전 기회가 많이 늘어날 것이다. 스펜서는 엘리트 3점 슈터로 꼽힌다. 농구 IQ가 높고, 실용적인 플레이메이커로 알려져 있다. 올 시즌 주요 벤치 멤버가 될 것이다.

SHOT ZONE

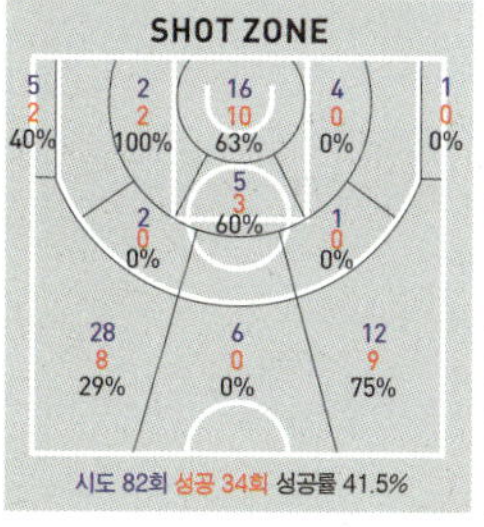

SHOT PROCESS

필드골 82 시도

캐치&슛	42
풀-업	12
드라이빙	10
커팅	4
러닝	11
스텝백	1
풋백	2
앨리웁	0
턴어라운드	0

SHOT TYPES

필드골 82 시도

55	점프샷
8	레이업
1	핑거롤
9	플로터
0	덩크
1	훅샷
1	팁샷
2	뱅크샷
5	페이드어웨이

2024-25시즌 멤피스 25경기 평균 10.1분

항목	PTS	RB	AS	ST	BL	FG-FGA	3P-3PA	FT-FTA
평균	4.2	1.2	1.4	0.4	0.0	1.4-3.3	0.8-2.1	0.8-0.8
36분	15.1	4.3	4.9	1.3	0.1	4.9-11.7	2.7-7.4	2.7-2.7

항목	OS	CS	MS	3P	FT	SQ	OC	IS	L&F	SD	DD	PH	PF	PC	DRF	PM	PA	BH	DRS	PQ	PV
평점	—	—	—	—	—	—	—	—	—	—	—	—	—	—	—	—	—	—	—	—	—

항목	DEF	ID	PD	ST	BL	HDQ	PP	DC	RBG	ORG	DRG	ATH	SP	AG	STR	VJ	STA	HP	INT	POT	OG
평점	—	—	—	—	—	—	—	—	—	—	—	—	—	—	—	—	—	—	—	—	—

출전 시간이 짧아 평점 매길 수 없음

G 46 John KONCHAR SG-SF

존 콘차 1996.03.22 / 196cm

미국

NBA 드래프트 : 2019년 미지명
NBA 우승 : 0회 / 파이널 MVP : 0회
시즌 MVP : 0회 / NBA 퍼스트팀 : 0회

2024-25시즌, 부상자 리스트에 8번이나 이름을 올렸다. 큰 부상은 없었고, 치료 기간 하루~열흘짜리 잔 부상들이다. 그래도 '가랑비에 옷이 젖듯' 결장 횟수는 늘어갔다. 지난 시즌 46경기 출전에 그쳤다. 뛰지 못한 36경기에는 부상으로 인한 결장과 감독의 전술적 선택 등이 포함되어 있다. 콘차는 '스윙맨 체격의 빅맨 플레이어'다. 포지션 대비 리바운드와 블락이 압도적으로 많다. 운동능력이 좋아 돌파 후 림 어택도 종종 시도한다. 연봉은 617만 달러.

SHOT ZONE

SHOT PROCESS

필드골 91 시도

캐치&슛	62
풀-업	0
드라이빙	3
커팅	1
러닝	19
스텝백	0
풋백	6
앨리웁	0
턴어라운드	0

SHOT TYPES

필드골 91 시도

9	점프샷
11	레이업
7	핑거롤
1	플로터
1	덩크
53	훅샷
6	팁샷
1	뱅크샷
2	페이드어웨이

2024-25시즌 멤피스 46경기 평균 12.1분

항목	PTS	RB	AS	ST	BL	FG-FGA	3P-3PA	FT-FTA
평균	2.4	3.3	0.9	0.7	0.3	0.9-2.0	0.5-1.3	0.2-0.2
36분	7.2	9.7	2.7	1.9	0.9	2.6-5.9	1.5-4.0	0.5-0.5

항목	OS	CS	MS	3P	FT	SQ	OC	IS	L&F	SD	DD	PH	PF	PC	DRF	PM	PA	BH	DRS	PQ	PV
평점	C-	C-	C	C+	C+	D-	D-	D-	C+	F	D-	F	F	F	F	D+	C	C+	D-	C+	F

항목	DEF	ID	PD	ST	BL	HDQ	PP	DC	RBG	ORG	DRG	ATH	SP	AG	STR	VJ	STA	HP	INT	POT	OG
평점	D	D	D	B+	D-	D-	D-	F	A+	A	A+	C-	D-	D+	F	C-	A	A-	A	B	C-

MEMPHIS GRIZZLIES 2025-26 REGULAR SEASON SCHEDULE

MEMPHIS GRIZZLIES

OCTOBER, 2025

Oct. 22	vs.	New Orleans Pelicans
Oct. 24	vs.	Miami Heat
Oct. 25	vs.	Indiana Pacers
Oct. 27	@	Golden State Warriors
Oct. 29	@	Phoenix Suns
Oct. 31	vs.	Los Angeles Lakers

NOVEMBER, 2025

Nov. 2	@	Toronto Raptors
Nov. 3	vs.	Detroit Pistons
Nov. 5	vs.	Houston Rockets
Nov. 7	vs.	Dallas Mavericks
Nov. 9	vs.	Oklahoma City Thunder
Nov. 11	@	New York Knicks
Nov. 12	@	Boston Celtics
Nov. 15	@	Cleveland Cavaliers
Nov. 18	@	San Antonio Spurs
Nov. 20	vs.	Sacramento Kings
Nov. 22	@	Dallas Mavericks
Nov. 24	vs.	Denver Nuggets
Nov. 26	@	New Orleans Pelicans
Nov. 28	@	Los Angeles Clippers
Nov. 30	@	Sacramento Kings

DECEMBER, 2025

Dec. 2	@	San Antonio Spurs
Dec. 5	vs.	Los Angeles Clippers
Dec. 7	vs.	Portland Trail Blazers
Dec. 17	@	Minnesota Timberwolves
Dec. 20	vs.	Washington Wizards
Dec. 22	@	Oklahoma City Thunder
Dec. 23	@	Utah Jazz
Dec. 26	vs.	Milwaukee Bucks
Dec. 28	@	Washington Wizards
Dec. 30	vs.	Philadelphia 76ers

JANUARY, 2026

Jan. 2	@	Los Angeles Lakers
Jan. 4	@	Los Angeles Lakers
Jan. 6	vs.	San Antonio Spurs
Jan. 7	vs.	Phoenix Suns
Jan. 9	vs.	Oklahoma City Thunder
Jan. 11	vs.	Brooklyn Nets
Jan. 15	@	Orlando Magic
Jan. 18	vs.	Orlando Magic
Jan. 21	vs.	Atlanta Hawks
Jan. 23	vs.	New Orleans Pelicans
Jan. 25	vs.	Denver Nuggets
Jan. 26	@	Houston Rockets
Jan. 28	vs.	Charlotte Hornets
Jan. 30	@	New Orleans Pelicans
Jan. 31	vs.	Minnesota Timberwolves

FEBRUARY, 2026

Feb. 2	vs.	Minnesota Timberwolves
Feb. 4	@	Sacramento Kings
Feb. 6	@	Portland Trail Blazers
Feb. 7	@	Portland Trail Blazers
Feb. 9	@	Golden State Warriors
Feb. 11	@	Denver Nuggets
Feb. 20	vs.	Utah Jazz
Feb. 21	@	Miami Heat
Feb. 23	vs.	Sacramento Kings
Feb. 25	vs.	Golden State Warriors
Feb. 27	@	Dallas Mavericks

MARCH, 2026

Mar. 1	@	Indiana Pacers
Mar. 3	@	Minnesota Timberwolves
Mar. 4	vs.	Portland Trail Blazers
Mar. 7	vs.	Los Angeles Clippers
Mar. 9	@	Brooklyn Nets
Mar. 10	@	Philadelphia 76ers
Mar. 13	@	Detroit Pistons
Mar. 16	@	Chicago Bulls
Mar. 18	vs.	New York Knicks
Mar. 20	vs.	Boston Celtics
Mar. 21	@	Charlotte Hornets
Mar. 23	@	Atlanta Hawks
Mar. 25	vs.	San Antonio Spurs
Mar. 27	vs.	Houston Rockets
Mar. 28	vs.	Chicago Bulls
Mar. 30	vs.	Phoenix Suns

APRIL, 2026

Apr. 1	vs.	Dallas Mavericks
Apr. 3	vs.	Toronto Raptors
Apr. 5	@	Milwaukee Bucks
Apr. 6	vs.	Cleveland Cavaliers
Apr. 8	@	Denver Nuggets
Apr. 10	@	Utah Jazz
Apr. 12	@	Houston Rockets

NEW ORLEANS PELICANS
NEW ORLEANS
PELICANS
CRESCENT
25
CITY
NEWAGE
PRODUCTS

지긋지긋 부상 고리 끊고 잠재력 발휘?

스무디킹 센터에 흐르는 수맥

핵심 자원들이 잇따라 병원 신세를 졌다. 자이언 윌리엄슨, 브랜든 잉그램, CJ 맥컬럼, 디존테 머레이, 허브 존스, 트레이 머피 3세의 합계 경기 출전 점유율이 45.1%에 불과했다. 2024-25시즌 기준 6명 합계 연봉은 약 1억 5,300만 달러다. 더욱 우울한 소식은 선수단 부상 악재가 뉴올리언스 팬들에게 익숙한 장면이라는 점이다. 인저리 프론만 골라서 장기계약을 체결하는 선구안이 안타까울 따름이다. 부상 앞에 장사 없듯이, 일찌감치 탱킹 운명을 받아들였다.

하이 리스크 로우 리턴 판짜기

데이비드 그리핀 부사장이 성적 부진 책임을 지고 물러났다. 조 듀마스가 구단 운영 책임자 직책을 이어받았다. 새로운 프런트의 행보에는 의문부호가 붙었다. 맥컬럼을 워싱턴으로 보내고 조던 풀이 합류한 트레이드는 그렇다손 치자. 만기 계약 자원을 처분했다. 더욱 의아한 선택은 누가 봐도 무리수였던 드래프트 지명권 트레이드다. 전체 13순위 데릭 퀸 영입 과정에서 내년 드래프트 1라운드 비보호 지명권을 갈아 넣었다. 치명적인 부메랑이 되어 돌아올 위험이 크다.

지긋지긋한 부상 고리를 끊어야 한다

뉴올리언스는 '와일드 와일드 웨스트' 전장에서 나름 경쟁력을 발휘해 왔던 집단이다. 2022년, 2024년 플레이오프 진출 성과가 증명해 준다. 단, 늘 100% 잠재력 발휘에는 실패했다. 앞서 둘러봤듯이 선수단 부상 악재에 신음했기 때문이다. 차기 시즌 반등 여부도 부상 변수 관리에 달렸다. 자이언, 존스, 머피 3세 등이 매일 밤 출격해 줘야 강호들과 같은 눈높이로 경쟁할 수 있다. 오른쪽 아킬레스건 파열 부상 후 재활 중인 머레이의 예상 복귀 시점은 내년 1~2월이다.

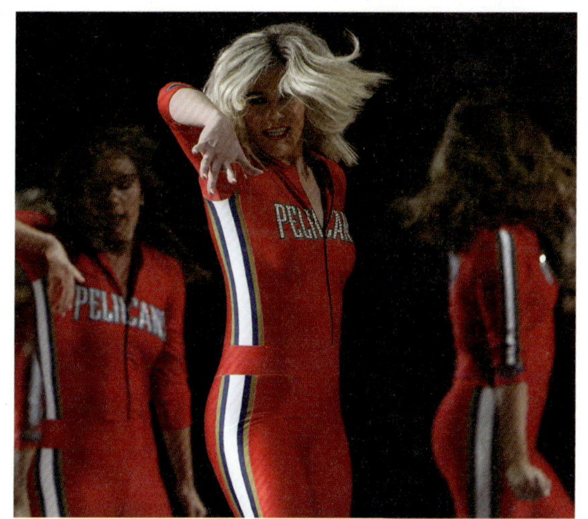

*통계는 2025년 9월 10일 기준

CLUB INFORMATION

 **Founded** 구단 창립 2002년	 **Owner** 게일 벤슨	 **CEO** 데니스 라우샤	 **Head Coach** 윌리 그린 1981.07.28	 **24-25 Odds** 스카이벳 : 475배 윌리엄힐 : 250배
18명 **Nationality** ●미국 선수 16명 ●외국 선수 2명	**Age** 18명 평균 24.7세	 **Height** 18명 평균 199.4cm	 **Weight** 18명 평균 96.7kg	 **Salary** 15명 평균 1240만 달러
 **Win** 2024-25 : 21승 통산 : 852승	 **Loss** 2024-25 : 61패 통산 : 998패	**Winning%** 2024-25 : 25.6% 통산 : 46.1%	 **Play-Off** PO 진출 : 9회 PO 탈락 : 14회	 **Titles** NBA우승 : 0회 컨퍼런스 : 0회
Top Scorer 트레이 머피 III 평균 21.2점	**More Rebounds** 이브 미시 평균 8.2리바운드	 **More Assists** 호세 알바라도 평균 4.6어시스트	**More Steals** 호세 알바라도 평균 1.3스틸	 **More Blocks** 이브 미시 평균 1.3블락

*항목별 1위는 지난 시즌 뉴올리언스 소속으로 42경기 이상 출전한 선수 중 선별

HEAD COACH & STADIUM

Willie GREEN 윌리 그린

생년월일 : 1981.07.28 / **출생지 :** 미국 미시건주 디트로이트
경력 : 2016~2019년 골든스테이트 워리어스 코치 / 2019~2021년 피닉스 선즈 코치 / 2021년~ 뉴올리언스 펠리컨스 감독

디트로이트 소재 쿨리고를 졸업하고 1999년, 디트로이트 머시대에 진학했다. 이 팀에서 4년간 슈팅가드로 뛰었다. 그는 2003년 허리존 리그 최우수선수상을 수상했고, 올-허리존 리그 퍼스트팀 멤버로 선정되었다. 그의 대학 시절 유니폼 34번은 이후 학교 측에 의해 영구결번으로 지정되었다. 그린은 2003년 NBA 드래프트를 신청했고, 시애틀 슈퍼소닉스에 의해 2라운드 41번으로 지명된 다음 필라델피아 76ers로 트레이드됐다. 이후 뉴올리언스, 애틀랜타, LA 클리퍼스를 거쳐 2015년 올랜도에서 은퇴했다. 2016년 골든스테이트 코치로 지도자 생활을 시작했고, 2019년 피닉스 선즈 코치로 일했다. 골든스테이트 코치 시절 팀의 NBA 2년 연속 우승(2017, 2018년)을 도왔다. 피닉스 코치 시절인 2020-21시즌엔 팀이 1993년 이후 28년 만에 NBA 파이널에 진출하도록 힘을 보탰다. NBA 팀에서 코치로서 성가를 높인 그는 2021년 7월 14일, 뉴올리언스의 제8대 감독으로 부임했다.

SMOOTHIE KING CENTER

구장 오픈 : 1999년 10월 29일
구장 증개축 : –
오너 : 루이지애나주
수용인원 : 1만 6867명
건축비용 : 1억 1400만 달러
(현재 가치) 2억 900만 달러

지역에서 모든 형태 엔터테인먼트의 중심 무대가 되었다. 뉴올리언스 펠리컨의 홈구장이며, 음악 업계 실력파 공연자들을 위한 무대이다. 1999년 10월 29일 개장한 이 경기장은 뉴올리언스시와의 화려한 조합에 우뚝 솟아 있다. 웅장한 메르세데스-벤츠 슈퍼돔까지 보행자 경사로가 연결되어 있다. 펠리컨스가 홈구장으로 사용하기 시작한 건 2002-03시즌부터다.

REGULAR SEASON RANKING LAST 10YEARS ★NBA 파이널 우승

15-16	16-17	17-18	18-19	19-20	20-21	21-22	22-23	23-24	24-25
25	21	11	23	21	21	20	16	9	27
30승 52패	34승 48패	48승 34패	33승 49패	30승 42패	31승 41패	36승 46패	42승 40패	49승 33패	21승 61패

Honours

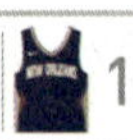

NBA CHAMPIONS	CONFERENCE TITLES	DIVISION TITLES	RETIRED NUMBERS
0	0	1	1

NBA CHAMPIONSHIPS
NONE

CONFERENCE TITLES
NONE

DIVISION TITLES
2008

RETIRED NUMBERS
7

TEAM POTENTIAL

73점
25위

하프코트 세트오펜스 7점

트랜지션 오펜스 8점

하프코트 세트디펜스 8점

트랜지션 디펜스 6점

리바운드 7점

선수층 7점

선수 경험치 7점

감독 리더십 9점

감독 전술 8점

프런트 6점

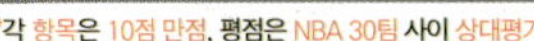
*각 항목은 10점 만점, 평점은 NBA 30팀 사이 상대평가

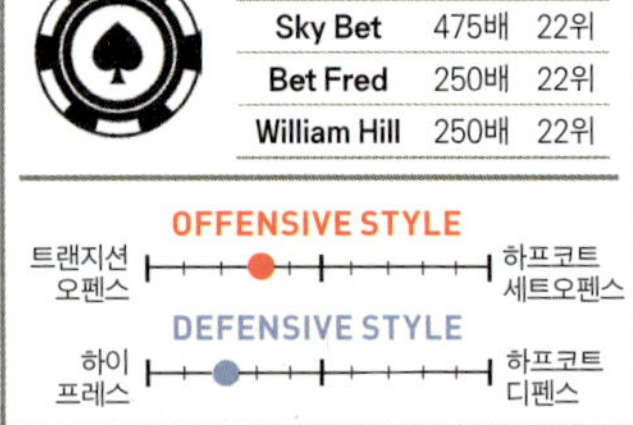

우승 ODDS	배당	순위
Sky Bet	475배	22위
Bet Fred	250배	22위
William Hill	250배	22위

OFFENSIVE STYLE
트랜지션 오펜스 ↔ 하프코트 세트오펜스

DEFENSIVE STYLE
하이 프레스 ↔ 하프코트 디펜스

SQUAD & TACTICS

STARTERS

PF 자이언 윌리엄슨 28.6분, 24.6점 7.2RB, 5.3AS

C 데릭 퀸 2025-26시즌 신인 선수

SF 허브 존스 32.4분, 10.3점 3.9RB, 3.3AS

SG 제러마이어 피어스 2025-26시즌 신인 선수

PG 조던 풀 29.4분, 20.5점 3.0RB, 4.5AS

OFF THE BENCH

PG 호세 알바라도 24.4분, 10.3점 2.4RB, 4.6AS

SG 조던 호킨스 23.6분, 10.8점 2.8RB, 1.2AS

SF 트레이 머피 III 35.0분, 21.2점 5.1RB, 3.5AS

PF 키본 루니 15.0분, 4.5점 6.1RB, 1.6AS

C 이브 미시 26.8분, 9.1점 8.2RB, 1.4AS

G 트레이 알렉산더
G 사디크 베이
F 마이카 피비
F 카를로 마트코비치
C 헌터 디킨슨

Player's Functions

Ball Handlers
J.풀
Z.윌리엄슨
J.피어스

Pull-Ups
J.풀
J.호킨스
T.머피

Catch & Shoot
J.풀
T.머피
J.호킨스

3 Pointers
J.풀
J.알바라도
T.머피

Slam Dunkers
Z.윌리엄슨
T.머피
Y.미시

Free Throw
T.머피
J.풀
Z.윌리엄슨

Rebounders
Y.미시
D.퀸
K.루니

1-1 Defenders
H.존스
Y.메시
J.알바라도

Ball Stealers
H.존스
J.알바라도
Z.윌리엄슨

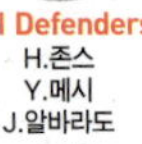

Key Passes
J.풀
J.알바라도
Z.윌리엄슨

Hustle Players
K.루니
Y.미시
Z.윌리엄슨

Rim Protectors
K.마트코비치
Y.미시
D.퀸

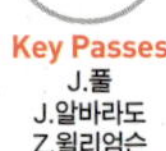

2024-25 SEASON PERFORMANCE

공격 레이팅 110.4(26위) 수비 레이팅 119.9(29위) 레이팅 마진 -9.5(29위) 페이스 99.1(15위)

NEW ORLEANS PELICANS vs. OPPONENTS PER GAME STATS

NEW ORLEANS PELICANS	득실점	FG 필드골성공	FG↑ 필드골시도	FG% 필드골%	3P 3점성공	3P↑ 3점시도	3P% 3점%	2P 2점성공	2P↑ 2점시도	2P% 2점%	자유투성공	자유투시도	FT% 자유투%	OR 공격 RB	DR 수비 RB	TR 전체 RB	A↑ 어시스트	스틸	블락샷	턴오버	파울
뉴올리언스	109.8 25위	40.6 22위	89.9 13위	45.2% 24위	12.0 27위	34.6 25위	34.7% 24위	28.6 14위	55.2 5위	51.8% 28위	16.5 22위	21.9 14위	75.4% 27위	12.1 7위	31.5 26위	43.6 20위	25.8 19위	8.5 8위	5.2 10위	14.6 19위	18.3 13위
상대팀	119.3 26위	43.7 27위	90.5 21위	48.3% 29위	14.6 29위	40.1 29위	36.5% 21위	29.1 22위	50.4 8위	57.8% 30위	17.2 18위	21.9 18위	78.6% 22위	11.9 26위	33.9 23위	45.7 27위	28.6 27위	9.0 25위	5.2 21위	14.0 17위	17.9 25위

LINE-UP

* 뉴올리언스는 지난 시즌 총 796개의 라인업을 가동했다. 득실점차 플러스 10개, 마이너스 10개를 골랐다.

득실점차 플러스(+) 라인업 TOP 10	G	MIN	PPG	RPG	득실차
K. Olynyk - Z. Williamson - J. Alvarado - K. Matković - J. Hawkins	4	23	12.8	6.8	+20
C. McCollum - E. Payton - J. Green - T. Murphy III - Y. Missi	1	16	49.0	17.0	+18
C. McCollum - J. Green - T. Murphy III - J. Alvarado - K. Matković	2	18	26.0	10.5	+17
C. McCollum - D. Murray - Z. Williamson - T. Murphy III - Y. Missi	4	50	35.3	11.3	+16
J. Green - J. Robinson-Earl - B. Boston Jr. - J. Alvarado - T. Jemison III	2	7	10.5	4.5	+16
K. Olynyk - J. Alvarado - K. Brooks Jr. - K. Matković - J. Hawkins	2	6	11.0	2.5	+16
B. Ingram - J. Green - J. Robinson-Earl - B. Boston Jr. - Y. Missi	5	28	14.2	6.0	+16
K. Olynyk - J. Alvarado - K. Matković - J. Cain - A. Reeves	1	5	15.0	5.0	+13
K. Olynyk - B. Brown - J. Alvarado - K. Matković - A. Reeves	3	5	6.0	2.0	+13
Z. Williamson - J. Robinson-Earl - T. Murphy III - J. Alvarado - J. Hawkins	4	7	6.8	2.3	+12
득실점차 마이너스(-) 라인업 TOP 10	**GP**	**MIN**	**PPG**	**RPG**	**득실차**
C. McCollum - D. Murray - H. Jones - T. Murphy III - Y. Missi	13	221	40.6	14.2	-39
C. McCollum - D. Murray - J. Robinson-Earl - T. Murphy III - Y. Missi	5	23	10.4	3.0	-33
K. Olynyk - B. Brown - J. Alvarado - A. Reeves - Y. Missi	4	48	24.5	11.5	-26
B. Ingram - J. Green - B. Boston Jr. - T. Murphy III - Y. Missi	4	44	19.5	11.3	-25
C. McCollum - K. Olynyk - Z. Williamson - T. Murphy III - Y. Missi	8	78	24.4	10.8	-23
C. McCollum - B. Brown - T. Murphy III - K. Matković - J. Hawkins	7	21	5.6	2.0	-22
E. Payton - K. Kelley - J. Robinson-Earl - J. Alvarado - K. Brooks Jr.	1	8	10.0	6.0	-21
C. McCollum - D. Murray - J. Green - B. Boston - Y. Missi	6	17	5.3	2.2	-18
C. McCollum - B. Brown - Z. Williamson - T. Murphy III - K. Matković	2	9	5.5	2.0	-17
C. McCollum - Z. Williamson - T. Murphy III - K. Matković - Y. Missi	3	35	29.0	12.0	-16

PASS COMBINATIONS

→ 해당 선수가 경기당 동료로부터 패스 받은 횟수
→ 해당 선수가 경기당 동료들에게 패스 해준 횟수

받은 횟수	선수	해준 횟수
62.9	디존테 머레이	57.2
47.3	엘프리드 페이튼	48.3
57.6	브랜든 잉그램	43.9
48.3	자이언 윌리엄슨	41.1
43.3	호세 알바라도	40.2
49.6	씨제이 맥컬럼	38.2
42.7	트레이 머피 III	37.9
29.6	켈리 올리닉	37.5
26.6	허버트 존스	34.9
29.3	브루스 브라운	32.2
31.9	브랜든 보스턴	31.8
32.4	제일런 노엘	27.8
16.0	카일러 켈리	25.3
13.4	자본테 그린	24.4
20.1	이브 미시	23.6
20.0	키언 브룩스 주니어	23.1
28.2	레스터 키뇨네스	22.4
25.0	조던 호킨스	21.5
13.7	제러마이아 로빈슨-얼	20.9
15.3	대니얼 타이스	19.3
10.3	모 밤바	18.8
15.6	카를로 마트코비치	17.4
8.7	트레이 제미슨 III	11.8
14.4	안토니오 리브스	11.2
9.1	저멀 케인	9.5

2024-25 RANKING

* 는 수치가 낮을수록 랭킹이 높아짐

뉴올리언스	랭킹	FIVE FACTORS	상대팀	랭킹
51.9%	26위	3점 가중 FG%	56.4%*	29위
12.8*	17위	턴오버 / 100포제션	12.3	19위
26.3%	9위	공격 RB 점유율	27.3%*	28위
72.7%	27위	수비 RB 점유율	73.7%*	18위
18.4%	21위	자유투 / 필드골	19.0%*	18위

득점	랭킹	PLAYTYPE	실점*	랭킹
6.4	18위	아이솔레이션	7.2	16위
22.4	17위	트랜지션	26.5	29위
16.3	14위	픽&롤 볼핸들러	14.1	6위
6.9	18위	픽&롤 롤맨	7.0	14위
2.1	24위	포스트-업	4.0	16위
25.9	21위	스팟-업	29.7	27위
5.5	10위	핸드오프	5.3	16위
9.0	19위	컷인	—	—
4.3	10위	오프 스크린	4.0	11위
7.6	6위	풋백	7.5	29위
2.9	13위	기타	—	—

SHOT ZONE

구간별 슈팅 및 성공률

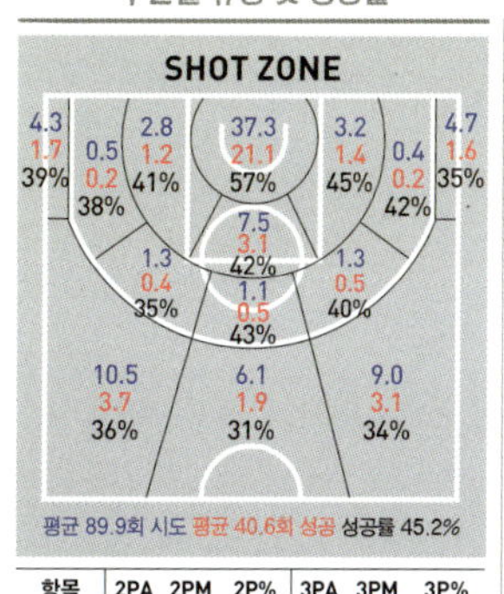

항목	2PA	2PM	2P%	3PA	3PM	3P%
캐치&슛	1.5	0.7	48.0%	23.8	8.7	36.7%
풀업	14.1	5.8	41.0%	10.6	3.3	30.7%
3m 안쪽	39.5	22.1	55.8%	—	—	—
TOTAL	55.2	28.6	51.8%	34.6	12.0	34.7%

SHOT PROCESS & SHOT TYPES

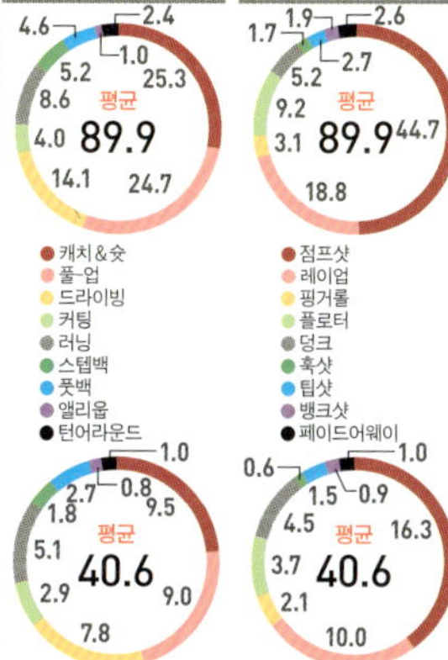

SHOOTING

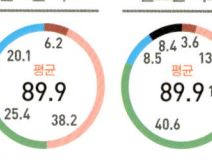

필드골 시도

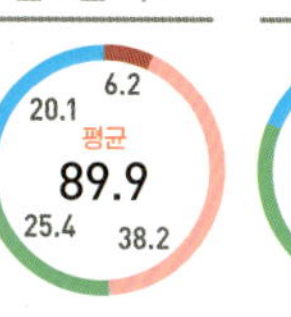

공격수와 수비수의 거리
- 0~0.6m
- 0.6~1.2m
- 1.2~1.8m
- 1.8m 이상

필드골 시도: 8.4, 3.6, 8.5, 13.6, 평균 89.9, 15.2, 40.6

남은 시간
- 22~24초
- 18~22초
- 15~18초
- 7~15초
- 4~7초
- 0~4초

필드골 성공: 2.6, 8.5, 평균 40.6, 11.1, 18.4

필드골 성공: 3.1, 2.1, 3.5, 7.3, 평균 40.6, 6.8, 17.8

OPPONENT SHOOTING

상대 필드골 시도: 6.4, 24.4, 평균 90.5, 33.8, 25.9

공격수와 수비수의 거리
- 0~0.6m
- 0.6~1.2m
- 1.2~1.8m
- 1.8m 이상

상대 필드골 시도: 7.7, 3.3, 8.5, 14.1, 평균 90.5, 13.9, 43.0

남은 시간
- 22~24초
- 18~22초
- 15~18초
- 7~15초
- 4~7초
- 0~4초

필드골 허용: 3.1, 10.4, 평균 43.7, 11.8, 18.4

필드골 허용: 2.9, 2.1, 3.6, 7.7, 평균 43.7, 6.7, 20.7

CONTESTED REBOUNDS

공격 리바운드: 0.6, 1.0, 평균 6.6, 2.3, 2.7

수비 리바운드: 0.4, 1.7, 평균 7.2, 2.0, 3.1

림 아래부터 리바운드 위치까지의 거리
- 0~0.9m
- 0.9~1.8m
- 1.8~3m
- 3m 이상

UNCONTESTED REBOUNDS

공격 리바운드: 0.8, 2.3, 평균 5.2, 1.1, 1.0

수비 리바운드: 4.7, 3.8, 평균 24.1, 6.8, 8.8

림 아래부터 리바운드 위치까지의 거리
- 0~0.9m
- 0.9~1.8m
- 1.8~3m
- 3m 이상

DEFENSE OF 21 WINS

필드골 허용 %: 44.6%

상대 필드골 시도 91.6
필드골 허용 40.9

3점슛 허용 %: 33.1%

상대 3점슛 시도 40.7
3점슛 허용 13.5

DEFENSE OF 61 LOSSES

필드골 허용 %: 49.6%

상대 필드골 시도 90.1
필드골 허용 44.7

3점슛 허용 %: 37.6%

상대 3점슛 시도 39.9
3점슛 허용 15.0

General Stats								Outside Scoring & Shooting							Inside Scoring & Shooting								Play Making, Ball Handling & Passing					
PTS	RB	AS	ST	BL	FG-FGA	3P-3PA	FT-FTA	OS	CS	MS	3P	FT	SQ	OC	IS	L&F	SD	DD	PH	PF	PC	DRF	PM	PA	BH	DRS	PQ	PV
득점	리바운드	어시스트	스틸	블락샷	필드골 성공-시도	3점슈팅 성공-시도	자유투 성공-시도	외곽 득점력	근거리 점프샷	중거리 슈팅	3점 슈팅	자유투	슈팅 IQ	득점 일관성	인사이드 득점력	레이업 플로터	스탠딩 덩크	드라이빙 덩크	포스트 훅샷	포스트 페이드	포스트 컨트롤	파울 유도	플레이 메이킹	패스 능력	볼 핸들링	드리블 스피드	패스 IQ	패스 비전

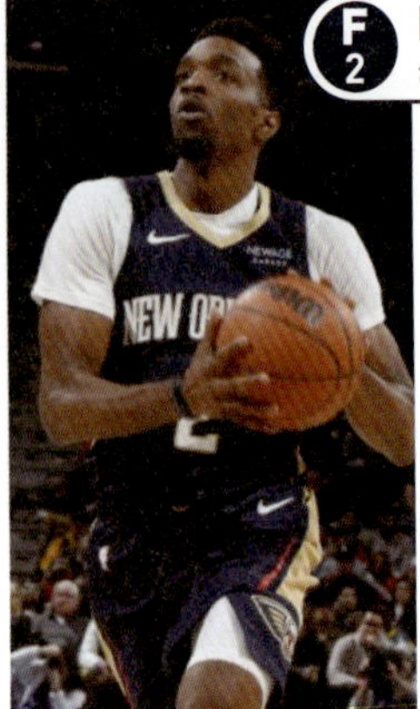

F 2 Herbert JONES SF-SG

허버트 존스 1998.10.06 / 201cm

미국

NBA 드래프트 : 2021년 2라운드 35번
NBA 우승 : 0회 / **파이널 MVP** : 0회
시즌 MVP : 0회 / **NBA 퍼스트팀** : 0회

지난 시즌, 어깨 부상으로 고전했다. 시즌 개막 4경기 만에 어깨를 다쳐 한 달간 결장했다. 2025년 1월 초에 복귀했으나, 곧바로 부상이 재발해 결국 시즌 아웃 됐다. 다행히 올 시즌 개막전 로스터에는 이름을 올릴 수 있다. 존스는 알토란같이 활약하는 3&D 플레이어다. 좌우 윙과 좌우 코너에서 과감히 3점을 던진다. 리그 최고 수비수 중 1명이다. 큰 키에 214cm 윙스팬, 높은 점프를 활용해 상대 1번~4번을 모두 수비한다. 연봉은 1394만 달러.

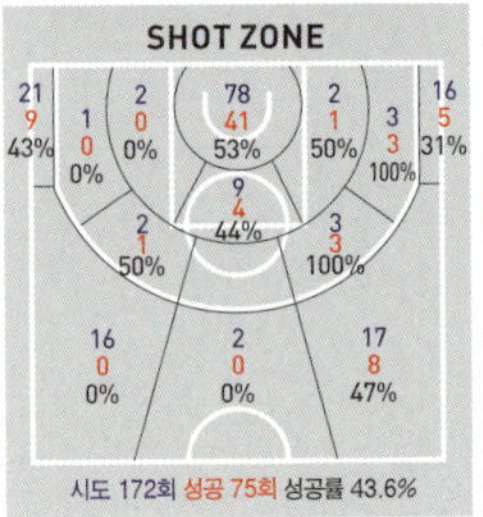

시도 172회 성공 75회 성공률 43.6%

SHOT PROCESS

필드골 172 시도

캐치&슛 79, 풀-업 6, 드라이빙 49, 커팅 5, 러닝 21, 스텝백 0, 풋백 10, 앨리웁 1, 턴어라운드 1

SHOT TYPES

필드골 172 시도

86 점프샷, 47 레이업, 1 핑거롤, 17 플로터, 5 덩크, 1 훅샷, 8 팁샷, 6 뱅크샷, 1 페이드어웨이

2024-25시즌 뉴올리언스 20경기 평균 32.4분

항목	PTS	RB	AS	ST	BL	FG-FGA	3P-3PA	FT-FTA
평균	10.3	3.9	3.3	1.9	0.5	3.8-8.6	1.1-3.6	1.7-2.0
36분	11.4	4.3	3.6	2.1	0.5	4.2-9.6	1.2-4.0	1.8-2.2

항목	OS	CS	MS	3P	FT	SQ	OC	IS	L&F	SD	DD	PH	PF	PC	DRF	PM	PA	BH	DRS	PQ	PV
평점	D+	C-	C+	C-	B-	D-	D-	D	C-	D-	C	D-	D-	D-	D-	D+	D+	C	D+	C	D-

항목	DEF	ID	PD	ST	BL	HDQ	PP	DC	RB3	OR3	DR3	ATH	SP	AG	STR	VJ	STA	HP	INT	POT	OG
평점	B	D	A	A-	F	B+	B+	A-	D-	C-	D-	C+	C	A-	D-	C-	B-	B	D-	B+	B-

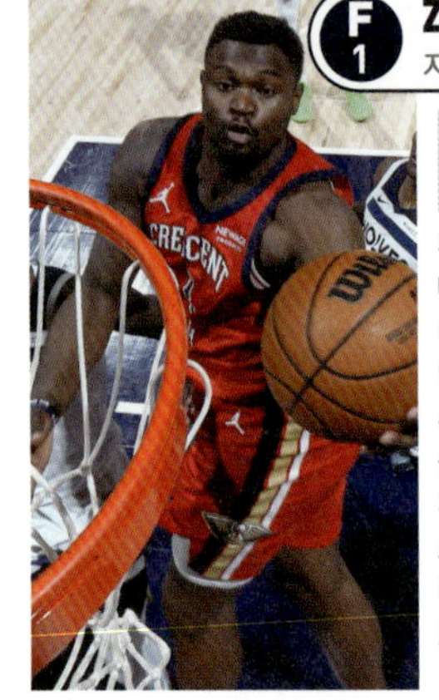

F 1 Zion WILLIAMSON PF-C

자이언 윌리엄슨 2000.07.06 / 198cm

미국

NBA 드래프트 : 2019년 1라운드 1번
NBA 우승 : 0회 / **파이널 MVP** : 0회
시즌 MVP : 0회 / **NBA 퍼스트팀** : 0회

개막 6경기 만에 햄스트링 부상으로 드러누웠다. 잠시 복귀했으나 2025년 3월, 심각한 허리 부상이 발생했고, 결국 시즌 아웃 됐다. 그에게는 매년 부상 이슈가 따라다닌다. 구단에서도 이 때문에 학을 뗄 정도다. 건강한 윌리엄슨은 '코트의 야수(野獸)'다. 역대 최고 수준의 파워와 운동능력을 자랑한다. 130kg 거인이 스윙맨처럼 달린다. '닥돌'한 다음 림을 공략한다(덩크, 레이업, 플로터). 시즌을 건강하게 치르는 게 가장 중요하다. 연봉은 3945만 달러.

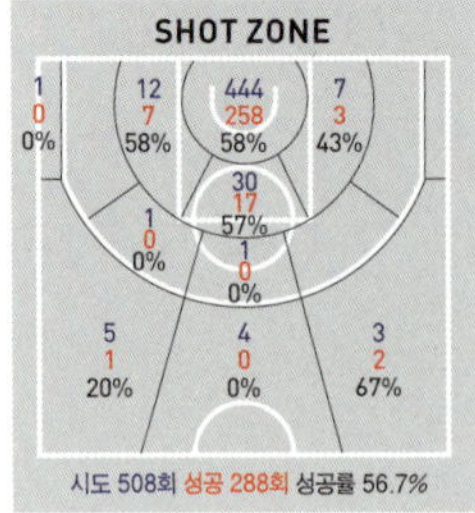

시도 508회 성공 288회 성공률 56.7%

SHOT PROCESS **SHOT TYPES**

2024-25시즌 뉴올리언스 30경기 평균 28.6분

항목	PTS	RB	AS	ST	BL	FG-FGA	3P-3PA	FT-FTA
평균	24.6	7.2	5.3	1.2	0.9	9.6-16.9	0.1-0.4	5.3-8.0
36분	31.0	9.1	6.7	1.6	1.1	12.1-21.3	0.1-0.5	6.6-10.1

항목	OS	CS	MS	3P	FT	SQ	OC	IS	L&F	SD	DD	PH	PF	PC	DRF	PM	PA	BH	DRS	PQ	PV
평점	C	A-	C-	D+	D+	C	B	B+	A-	B	A-	A-	B-	B	B	C	D	C+	C	C-	B-

항목	DEF	ID	PD	ST	BL	HDQ	PP	DC	RBB	ORB	DRB	ATH	SP	AG	STR	VJ	STA	HP	INT	POT	OG
평점	D	D	D	B-	D	D-	C-	F	D+	C	D	B	B	B-	A-	A+	B-	A	F	A	B+

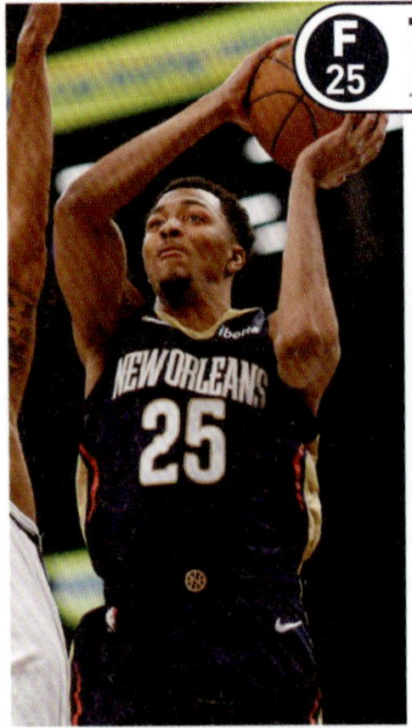

F 25 Trey MURPHY III PF-SF

트레이 머피 III 2000.06.18 / 203cm

미국

NBA 드래프트 : 2021년 1라운드 17번
NBA 우승 : 0회 / **파이널 MVP** : 0회
시즌 MVP : 0회 / **NBA 퍼스트팀** : 0회

백업 포워드로 좋은 활약을 보였다. 그러나 2025년 3월, 오른쪽 어깨 근육이 파열되어 시즌 아웃 됐다. 치료는 끝났고, 올 시즌 정상 출격한다. 머피 3세는 운동 능력이 좋은 콤보 포워드다. 개인 돌파에 의한 드라이빙 플로터, 패턴 플레이에서 이어진 커팅 덩크로 림을 공략한다. 높은 타점에서 시도하는 3점 슈팅은 강력한 무기다. 핫스팟은 좌우 윙이며, 통산 38%의 성공률을 보인다. '딥쓰리' 비중이 크다는 건 의미가 있다. 연봉은 2500만 달러.

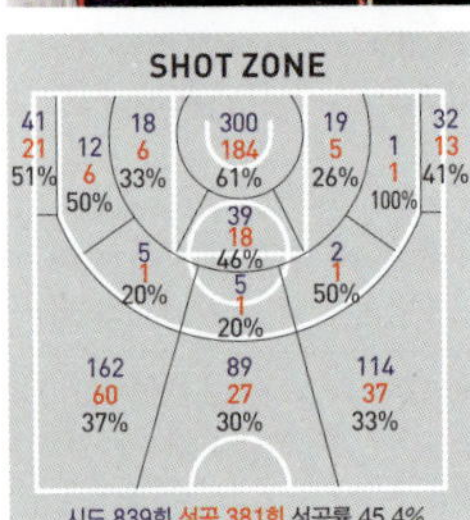

시도 839회 성공 381회 성공률 45.4%

SHOT PROCESS **SHOT TYPES**

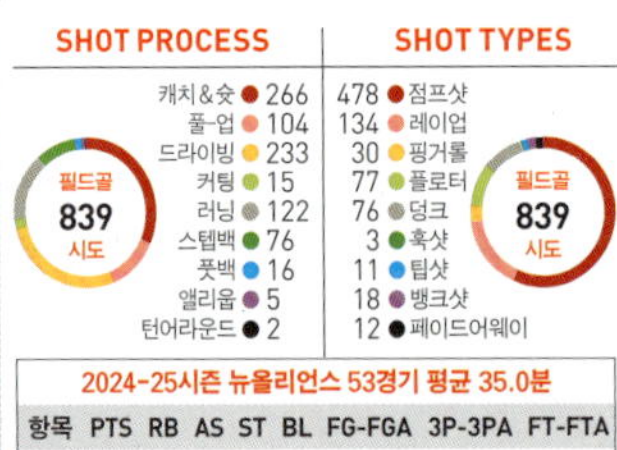

2024-25시즌 뉴올리언스 53경기 평균 35.0분

항목	PTS	RB	AS	ST	BL	FG-FGA	3P-3PA	FT-FTA
평균	21.2	5.1	3.5	1.1	0.7	7.2-15.8	3.0-8.3	3.8-4.3
36분	21.8	5.2	3.7	1.1	0.8	7.4-16.3	3.1-8.5	4.0-4.5

항목	OS	CS	MS	3P	FT	SQ	OC	IS	L&F	SD	DD	PH	PF	PC	DRF	PM	PA	BH	DRS	PQ	PV
평점	B-	B-	C+	B	B+	B-	C	D-	B-	D	B+	F	F	F	F	D	D-	D	C	D	D

항목	DEF	ID	PD	ST	BL	HDQ	PP	DC	RB3	OR3	DR3	ATH	SP	AG	STR	VJ	STA	HP	INT	POT	OG
평점	D	C-	C-	D	F	D+	D-	D	D-	D+	D+	C+	B	C	D-	B-	B	B	C-	B+	B-

F 55 Kevon LOONEY C-PF

케본 루니 1996.02.06 / 206cm

미국

NBA 드래프트 : 2015년 1라운드 30번
NBA 우승 : 3회 / **파이널 MVP** : 0회
시즌 MVP : 0회 / **NBA 퍼스트팀** : 0회

골든스테이트 식스맨으로 76경기 평균 15분씩 뛰며 4.5점, 6.1리바운드를 기록했다. 2021-22시즌부터 3년간은 선발 포워드로 출전했으나, 지난 시즌은 선발 출전이 단 6경기뿐이었다. 루니는 시즌 종료 후 뉴올리언스로 이적했다. 그는 페인트존에서 간결한 캐치&슛으로 득점한다(덩크, 레이업). 우수한 BQ, 천부적인 감각, 좋은 위치 선정에서 나오는 리바운드는 리그 최고 수준이다(36분 기준 14.6개). 3점 슈팅은 기대할 수 없다. 연봉은 800만 달러.

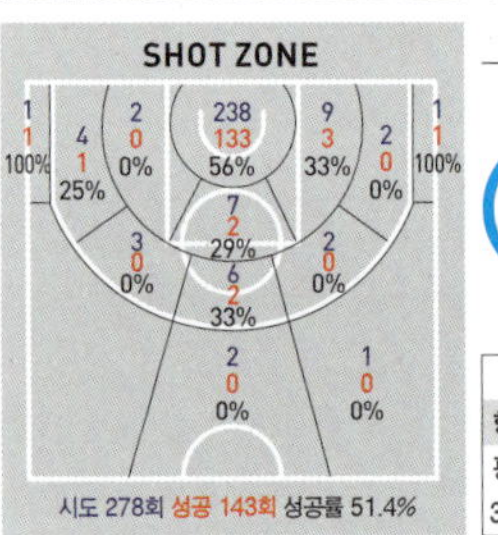

시도 278회 성공 143회 성공률 51.4%

SHOT PROCESS **SHOT TYPES**

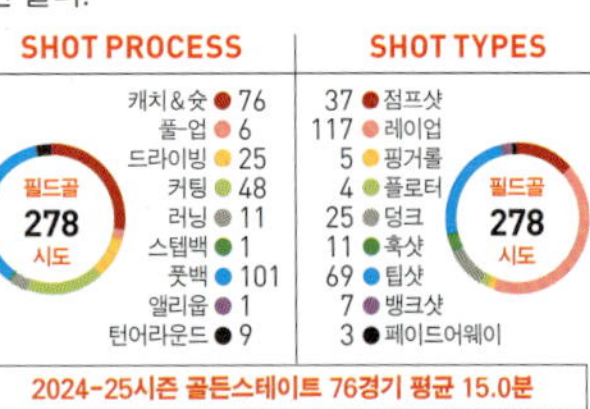

2024-25시즌 골든스테이트 76경기 평균 15.0분

항목	PTS	RB	AS	ST	BL	FG-FGA	3P-3PA	FT-FTA
평균	4.5	6.1	1.6	0.6	0.5	1.9-3.7	0.0-0.1	0.7-1.3
36분	10.8	14.6	3.7	1.5	1.2	4.5-8.8	0.1-0.2	1.8-3.1

항목	OS	CS	MS	3P	FT	SQ	OC	IS	L&F	SD	DD	PH	PF	PC	DRF	PM	PA	BH	DRS	PQ	PV
평점	D-	C	F	C+	D-	D-	F	D-	C-	C	C-	D-	D-	D-	F	D-	D-	D-	F	D+	D-

항목	DEF	ID	PD	ST	BL	HDQ	PP	DC	RBB	ORB	DRB	ATH	SP	AG	STR	VJ	STA	HP	INT	POT	OG
평점	D+	C	D-	C+	D+	C	D	D	A+	A+	A-	C	D-	D+	C	D-	B	A	F	B	C

F 14 Micah PEAVY

마이카 피비 2001.07.16 / 201cm

미국 **NBA 드래프트** : 2025년 2라운드 40번
NBA 우승 : 0회 / **파이널 MVP** : 0회
시즌 MVP : 0회 / **NBA 퍼스트팀** : 0회

텍사스공대, 텍사스크리스천대, 조지타운대를 거쳐 2025년 NBA 드래프트를 신청했다. 워싱턴에 2라운드 40번으로 지명되었고, 곧바로 뉴올리언스로 트레이드됐다. 올 시즌 소속팀에서는 존스, 윌리엄슨 등 주전 포워드들의 휴식 시간을 메워주는 역할을 할 것이다. 피비는 203cm 스윙맨이다. 강력한 수비, 다재다능한 플레이, 폭발적인 3점 슈팅이 강점인 선수다. 수비에서는 1번~4번까지 다 막을 수 있다. 부정확한 자유투는 문제. 연봉은 127만 달러.

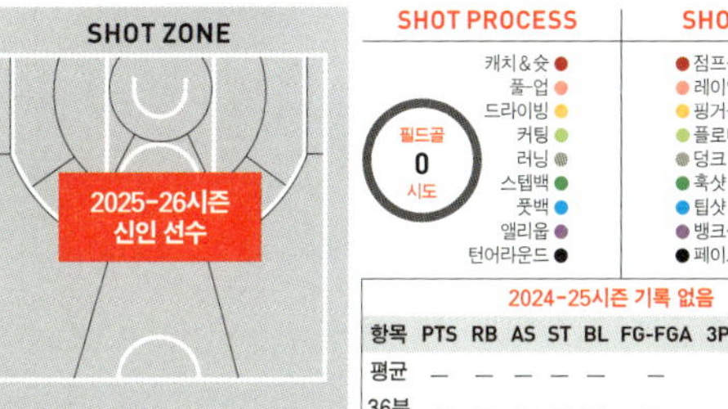

SHOT PROCESS: 캐치&슛, 풀-업, 드라이빙, 커팅, 러닝, 스텝백, 풋백, 앨리웁, 턴어라운드
SHOT TYPES: 점프샷, 레이업, 핑거롤, 플로터, 덩크, 훅샷, 팁샷, 뱅크샷, 페이드어웨이

2024-25시즌 기록 없음

항목	PTS	RB	AS	ST	BL	FG-FGA	3P-3PA	FT-FTA
평균	–	–	–	–	–	–	–	–
36분	–	–	–	–	–	–	–	–

항목	OS	CS	MS	3P	FT	SQ	OC	IS	L&F	SD	DD	PH	PF	PC	DRF	PM	PA	BH	DRS	PQ	PV
평점	–	–	–	–	–	–	–	–	–	–	–	–	–	–	–	–	–	–	–	–	–

항목	DEF	ID	PD	ST	BL	HDQ	PP	DC	RBB	ORB	DRB	ATH	SP	AG	STR	VJ	STA	HP	INT	POT	OG
평점	–	–	–	–	–	–	–	–	–	–	–	–	–	–	–	–	–	–	–	–	–

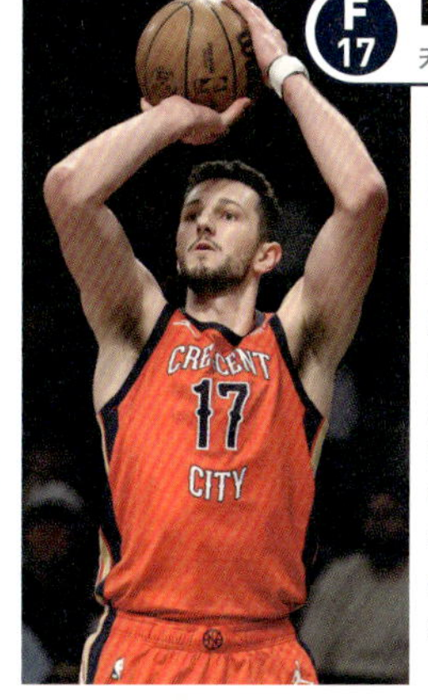

F 17 Karlo MATKOVIĆ PF-C

카를로 마트코비치 2001.03.30 / 208cm

보스니아 **NBA 드래프트** : 2022년 2라운드 52번
NBA 우승 : 0회 / **파이널 MVP** : 0회
시즌 MVP : 0회 / **NBA 퍼스트팀** : 0회

보스니아헤르체고비나 출신. 2018~2024년 유럽 리그에서 활약했다. 2022년 NBA 드래프트 때 뉴올리언스에 지명됐고, 2024-25시즌부터 NBA 무대를 밟았다. 그는 로포스트에서 안정적으로 득점을 올리고, 오프-볼 무브를 잘 활용한다. 빅맨치고 볼 핸들링이 우수하고, 리바운드와 블락도 수준급이다. 그러나 페이스업 게임을 더 보강해야 한다. 스위치 후 몸동작이 빠른 가드들에게 쉽게 당한다. 파울 트러블에 자주 걸리는 것도 문제다. 연봉은 196만 달러.

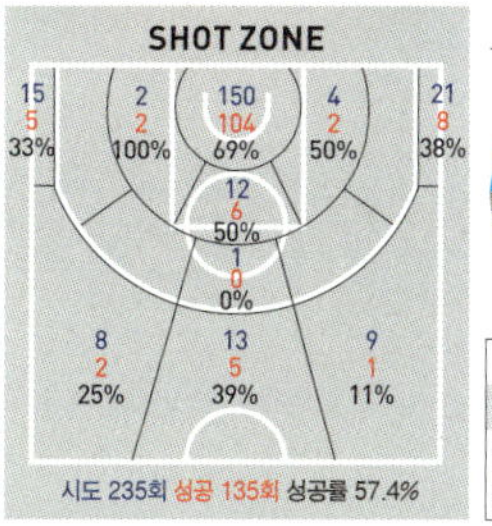

2024-25시즌 뉴올리언스 42경기 평균 18.8분

항목	PTS	RB	AS	ST	BL	FG-FGA	3P-3PA	FT-FTA
평균	7.7	5.0	1.1	0.5	1.0	3.2-5.6	0.5-1.6	0.8-1.0
36분	14.8	9.5	2.1	1.0	1.9	6.1-10.7	1.0-3.0	1.5-2.0

항목	OS	CS	MS	3P	FT	SQ	OC	IS	L&F	SD	DD	PH	PF	PC	DRF	PM	PA	BH	DRS	PQ	PV
평점	C	A	D+	C-	B-	C-	D	D+	C+	C	C	D+	D+	D+	F	F	D-	D-	F	D-	F

항목	DEF	ID	PD	ST	BL	HDQ	PP	DC	RBB	ORB	DRB	ATH	SP	AG	STR	VJ	STA	HP	INT	POT	OG
평점	D	C+	D-	D-	B+	D	D-	D-	C-	C-	C-	C-	D-	D-	C+	D+	B-	B-	D-	B	C

C 22 Derik Queen C

데릭 퀸 2004.12.27 / 208cm

미국 **NBA 드래프트** : 2025년 1라운드 13번
NBA 우승 : 0회 / **파이널 MVP** : 0회
시즌 MVP : 0회 / **NBA 퍼스트팀** : 0회

매릴랜드대 1학년만 마치고 프로에 뛰어들었다. 2025 NBA 드래프트에서 애틀랜타에 1라운드 13번으로 지명되었고, 바로 뉴올리언스로 트레이드됐다. 퀸은 올 시즌 소속팀 코칭스태프의 기대를 한몸에 받고 있다. 선수 구성상 그가 선발 센터로 나설 가능성이 크기 때문이다. 푸트워크가 좋고, 달리기 속도가 빠르며, 점프를 높이 뛴다. 이런 운동 능력에 더해 우수한 BQ까지 갖췄다. 강력한 인사이드 스코어러 겸 디펜더가 될 것이다. 연봉은 516만 달러.

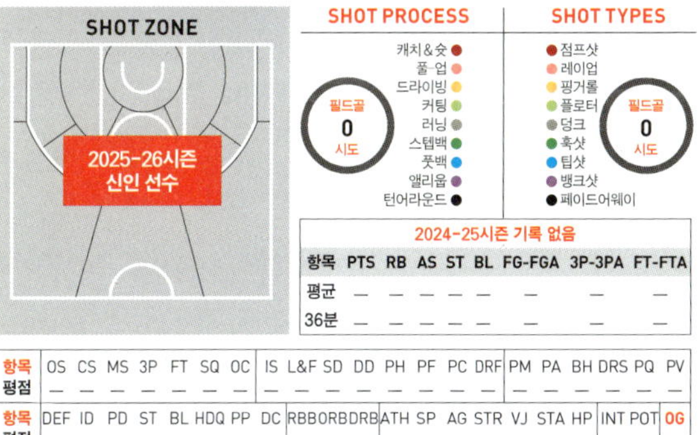

2024-25시즌 기록 없음

항목	PTS	RB	AS	ST	BL	FG-FGA	3P-3PA	FT-FTA
평균	–	–	–	–	–	–	–	–
36분	–	–	–	–	–	–	–	–

항목	OS	CS	MS	3P	FT	SQ	OC	IS	L&F	SD	DD	PH	PF	PC	DRF	PM	PA	BH	DRS	PQ	PV
평점	–	–	–	–	–	–	–	–	–	–	–	–	–	–	–	–	–	–	–	–	–

항목	DEF	ID	PD	ST	BL	HDQ	PP	DC	RBB	ORB	DRB	ATH	SP	AG	STR	VJ	STA	HP	INT	POT	OG
평점	–	–	–	–	–	–	–	–	–	–	–	–	–	–	–	–	–	–	–	–	–

C 21 Yves MISSI C

이브 메시 2004.05.14 / 213cm

카메룬 **NBA 드래프트** : 2024년 1라운드 21번
NBA 우승 : 0회 / **파이널 MVP** : 0회
시즌 MVP : 0회 / **NBA 퍼스트팀** : 0회

카메룬계 이민 2세로 벨기에 브뤼셀에서 태어났다. 베일러대 1학년을 마치고 2024 드래프트를 신청해 뉴올리언스에 지명됐다. 키 213cm, 윙스팬 226cm의 '축복받은' 하드웨어와 버티컬 점프 40인치(102cm)의 놀라운 운동능력을 겸비했다. 림 근처에서 마무리를 잘하고, 리바운드를 잘 걷어낸다. 림 프로텍터이자 퍼리미터 수비수다. 그러나 페인트존 밖에서 슛을 잘 시도하지 않는다. 온-볼 수비, 드랍 수비 실력을 키워야 한다. 연봉은 335만 달러.

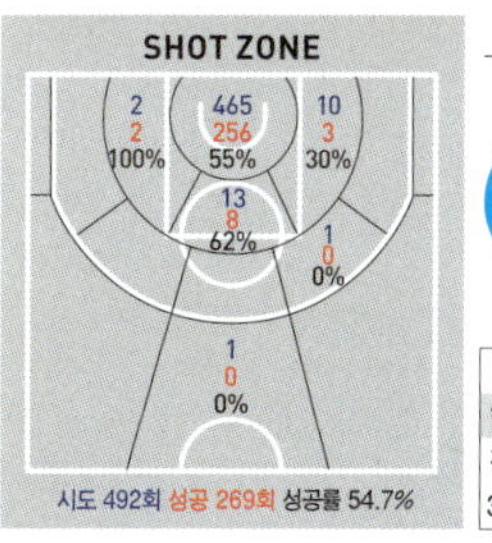

SHOT PROCESS (필드골 492 시도)

캐치&슛 94
풀-업 1
드라이빙 90
커팅 122
러닝 18
스텝백 0
풋백 129
앨리웁 26
턴어라운드 12

SHOT TYPES (필드골 492 시도)

5 점프샷
171 레이업
17 핑거롤
34 플로터
128 덩크
34 훅샷
92 팁샷
11 뱅크샷
0 페이드어웨이

2024-25시즌 뉴올리언스 73경기 평균 26.8분

항목	PTS	RB	AS	ST	BL	FG-FGA	3P-3PA	FT-FTA
평균	9.1	8.2	1.4	0.5	1.3	3.7-6.7	0.0-0.0	1.7-2.8
36분	12.2	11.1	1.8	0.7	1.8	5.0-9.1	0.0-0.0	2.3-3.8

항목	OS	CS	MS	3P	FT	SQ	OC	IS	L&F	SD	DD	PH	PF	PC	DRF	PM	PA	BH	DRS	PQ	PV
평점	D-	B-	F	F	D	B-	F	D+	C-	B	B-	D-	D-	D-	F	F	F	F	F	F	F

항목	DEF	ID	PD	ST	BL	HDQ	PP	DC	RBB	ORB	DRB	ATH	SP	AG	STR	VJ	STA	HP	INT	POT	OG
평점	D	B	D-	F	B+	C-	F	D-	B	A	D+	B-	C+	D+	C-	B	B-	A	B	B+	C+

General Stats								Outside Scoring & Shooting							Inside Scoring & Shooting								Play Making, Ball Handling & Passing					
PTS	RB	AS	ST	BL	FG-FGA	3P-3PA	FT-FTA	OS	CS	MS	3P	FT	SQ	OC	IS	L&F	SD	DD	PH	PF	PC	DRF	PM	PA	BH	DRS	PQ	PV
득점	리바운드	어시스트	스틸	블락샷	필드골 성공-시도	3점슈팅 성공-시도	자유투 성공-시도	외곽 득점력	근거리 점프샷	중거리 슈팅	3점 슈팅	자유투	슈팅 IQ	득점 일관성	인사이드 득점력	레이업 플로터	스탠딩 덩크	드라이빙 덩크	포스트 훅샷	포스트 페이드	포스트 컨트롤	파울 유도	플레이 메이킹	패스 능력	볼 핸들링	드리블 스피드	패스 IQ	패스 비전

C 4 Hunter DICKINSON C

헌터 디킨슨 2000.11.25 / 216cm

미국
NBA 드래프트 : 2025년 미지명
NBA 우승 : 0회 / 파이널 MVP : 0회
시즌 MVP : 0회 / NBA 퍼스트팀 : 0회

명문 미시건대(1,2학년)와 캔자스대(3,4학년)를 거쳐 2025 NBA 드래프트를 신청했다. 그러나 어느 팀에서도 지명을 받지 못했고, 뉴올리언스와 연봉 64만 달러에 투웨이 계약을 맺었다. 올 시즌은 G리그 출전이 많을 것이다. 216cm의 디킨슨은 전형적인 '올드 스쿨 센터'다. 상대 수비가 더블팀을 붙어도 워낙 체격이 크고, 힘이 좋기에 그대로 이겨낸다. 부드러운 슈팅 터치로 림을 쉽게 공략한다. 하지만, 그의 수비력에는 아직 의문 부호가 붙어 있다.

SHOT PROCESS

필드골 0 시도

캐치&슛 ● / 풀-업 ● / 드라이빙 ● / 커팅 ● / 러닝 ● / 스텝백 ● / 풋백 ● / 앨리웁 ● / 턴어라운드 ●

SHOT TYPES

필드골 0 시도

● 점프샷 / ● 레이업 / ● 핑거롤 / ● 플로터 / ● 덩크 / ● 훅샷 / ● 팁샷 / ● 뱅크샷 / ● 페이드어웨이

2024-25시즌 기록 없음

항목	PTS	RB	AS	ST	BL	FG-FGA	3P-3PA	FT-FTA
평균	–	–	–	–	–	–	–	–
36분	–	–	–	–	–	–	–	–

항목	OS	CS	MS	3P	FT	SQ	OC	IS	L&F	SD	DD	PH	PF	PC	DRF	PM	PA	BH	DRS	PQ	PV
평점	–	–	–	–	–	–	–	–	–	–	–	–	–	–	–	–	–	–	–	–	–

항목	DEF	ID	PD	ST	BL	HDQ	PP	DC	RBG	ORG	DRG	ATH	SP	AG	STR	VJ	STA	HP	INT	POT	OG
평점	–	–	–	–	–	–	–	–	–	–	–	–	–	–	–	–	–	–	–	–	–

G 3 Jordan POOLE SG-PG

조던 풀 1999.06.19 / 193cm

미국
NBA 드래프트 : 2019년 1라운드 28번
NBA 우승 : 1회 / 파이널 MVP : 0회
시즌 MVP : 0회 / NBA 퍼스트팀 : 0회

지난 시즌 워싱턴의 간판스타로 활약했다. 그리고 올여름 뉴올리언스로 이적했다. 풀은 다양하게 공격을 전개한다. 민첩한 퍼스트스텝으로 상대 수비를 제친 다음 플로터, 핑거롤, 더블 클러치로 마무리한다. 미드레인지와 라인 밖에서 풀업 점퍼, 캐치&슛을 자유자재로 구사한다. 프로 통산 자유투는 88%. 크로스오버 드리블, 레그 드리블, 스핀 무브 등 화려한 볼 핸들링을 선보인다. 퍼리미터 수비는 좋지만 팀 디펜스에 문제가 있다. 연봉은 3185만 달러.

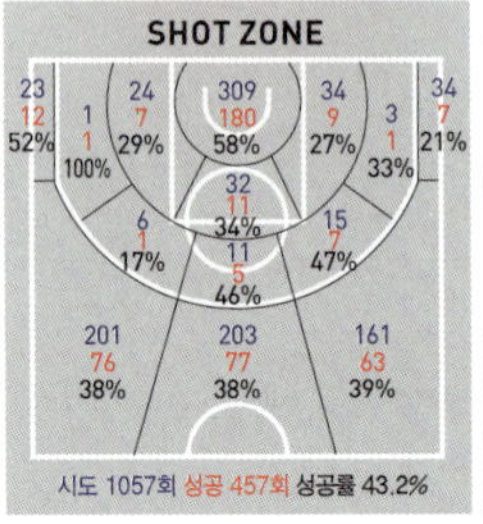

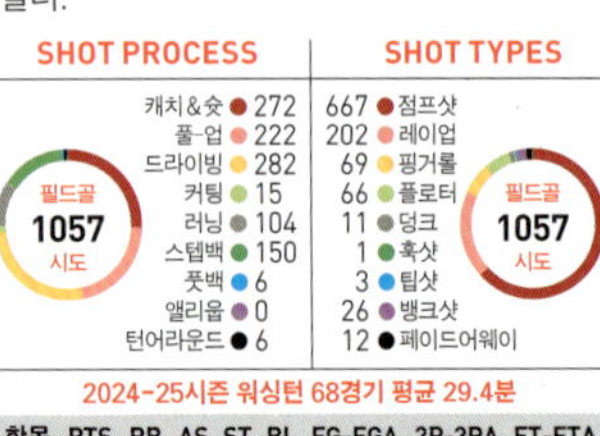

2024-25시즌 워싱턴 68경기 평균 29.4분

항목	PTS	RB	AS	ST	BL	FG-FGA	3P-3PA	FT-FTA
평균	20.5	3.0	4.5	1.3	0.4	6.7-15.5	3.5-9.1	3.6-4.0
36분	25.0	3.7	5.5	1.5	0.5	8.2-19.0	4.2-11.2	4.4-4.9

항목	OS	CS	MS	3P	FT	SQ	OC	IS	L&F	SD	DD	PH	PF	PC	DRF	PM	PA	BH	DRS	PQ	PV
평점	C+	B-	D+	B-	B+	C-	B-	D-	B+	F	D-	F	F	F	C+	B-	B-	B+	B-	B-	C-

항목	DEF	ID	PD	ST	BL	HDQ	PP	DC	RBG	ORG	DRG	ATH	SP	AG	STR	VJ	STA	HP	INT	POT	OG
평점	D	D-	D	C+	F	D-	D-	F	D-	D	D-	C	B-	C+	D-	C-	B-	C	C-	A-	B-

G 0 Jeremiah FEARS PG

제레미아 피어스 2006.10.14 / 193cm

미국
NBA 드래프트 : 2025년 1라운드 7번
NBA 우승 : 0회 / 파이널 MVP : 0회
시즌 MVP : 0회 / NBA 퍼스트팀 : 0회

오클라호마대 1학년을 마치고 2025 NBA 드래프트를 신청했다. 뉴올리언스에 1라운드 7번으로 지명되었다. 뉴올리언스 코칭스태프는 피어스를 조던 풀과 선발 가드 콤비로 내세울 참이다. 파격이다. 피어스는 천부적으로 타고난 포인트가드다. 볼을 다이내믹하게 잘 다루고, 페인트존에서 과감한 돌파로 파울을 유도해낸다. 창조적인 공격으로 림을 공략하며, 동료 빅맨과의 픽&롤도 잘 만들어간다. 그러나 3점 슈팅 성공률이 높지 않다. 연봉은 752만 달러.

2024-25시즌 기록 없음

항목	PTS	RB	AS	ST	BL	FG-FGA	3P-3PA	FT-FTA
평균	–	–	–	–	–	–	–	–
36분	–	–	–	–	–	–	–	–

항목	OS	CS	MS	3P	FT	SQ	OC	IS	L&F	SD	DD	PH	PF	PC	DRF	PM	PA	BH	DRS	PQ	PV
평점	–	–	–	–	–	–	–	–	–	–	–	–	–	–	–	–	–	–	–	–	–

항목	DEF	ID	PD	ST	BL	HDQ	PP	DC	RBG	ORG	DRG	ATH	SP	AG	STR	VJ	STA	HP	INT	POT	OG
평점	–	–	–	–	–	–	–	–	–	–	–	–	–	–	–	–	–	–	–	–	–

G 15 José ALVARADO PG-SG

호세 알바라도 1998.04.12 / 183cm

미국
NBA 드래프트 : 2021년 미지명
NBA 우승 : 0회 / 파이널 MVP : 0회
시즌 MVP : 0회 / NBA 퍼스트팀 : 0회

시즌 초반 햄스트링 부상으로 몇 경기에 결장한 것을 제외하고, 꾸준히 출전했다. 56경기 평균 10.3점, 4.6AS. 리그 최상위권의 에너자이저이자 블루워커다. 포인트가드이면서 3&D 플레이어다. 빠른 릴리스와 안정된 스트로크를 바탕으로 좌우 코너, 좌우 윙, 탑에서 고루 3점 슈팅을 시도한다. 퍼리미터 락다운 수비수이고, 손이 빨라 스틸을 많이 성공시킨다. 팀 디펜스, 오프-볼 수비도 OK. PG로서 볼 핸들링, 플레이메이킹은 평범하다. 연봉은 450만 달러.

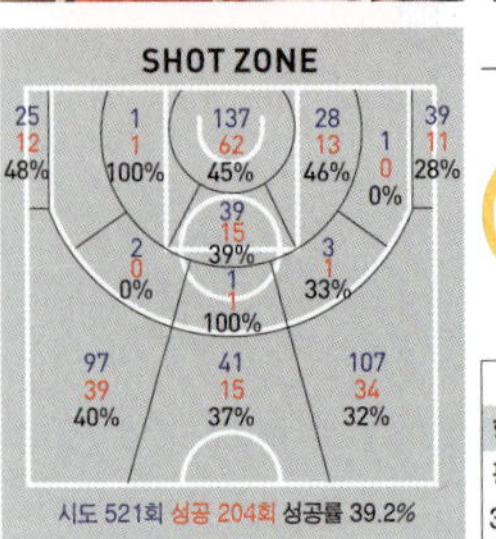

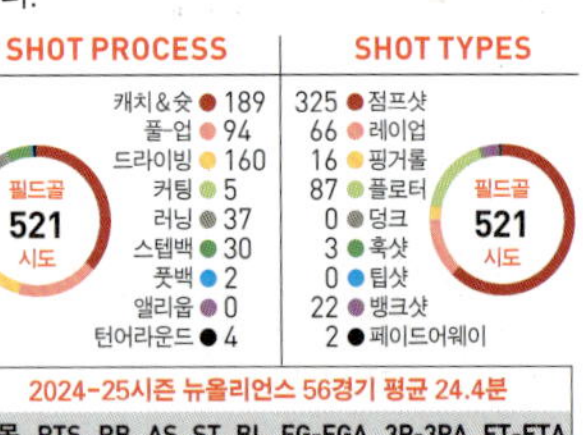

2024-25시즌 뉴올리언스 56경기 평균 24.4분

항목	PTS	RB	AS	ST	BL	FG-FGA	3P-3PA	FT-FTA
평균	10.3	2.4	4.6	1.3	0.3	3.6-9.3	2.0-5.5	1.1-1.3
36분	15.3	3.6	6.8	2.0	0.4	5.4-13.7	2.9-8.1	1.6-2.0

항목	OS	CS	MS	3P	FT	SQ	OC	IS	L&F	SD	DD	PH	PF	PC	DRF	PM	PA	BH	DRS	PQ	PV
평점	C	C+	C+	B-	B-	C-	D-	F	C+	F	F	F	F	F	F	C-	C	C-	C	D+	C-

항목	DEF	ID	PD	ST	BL	HDQ	PP	DC	RBG	ORG	DRG	ATH	SP	AG	STR	VJ	STA	HP	INT	POT	OG
평점	C	D-	B+	A-	F	B	B	B	D-	D+	D-	C	C	B	F	C+	B-	C+	D-	B	C+

G 24 Jordan HAWKINS PG-SG

조던 호킨스 2002.04.29 / 196cm

미국

NBA 드래프트 : 2023년 1라운드 14번
NBA 우승 : 0회 / **파이널 MVP :** 0회
시즌 MVP : 0회 / **NBA 퍼스트팀 :** 0회

전형적인 외곽 슈터. 캐치&슛은 이미 엘리트 레벨에 있다. 슈팅 매커니즘이 깔끔하다. 타점이 높고 터치가 부드러우며 릴리스가 빠르다. 늘 코너에 대기하고 있다가 패스를 받으면 전광석화처럼 릴리스한다. 풀업 점퍼 비중은 예전보다 조금씩 높아지고 있다. 레이업, 핑거롤 등 림 근처 마무리는 좋지 않다. 왼손 마무리 능력을 키워야 한다. 퍼리미터 수비를 열심히 는 하지만, 그리 효율적이지 않다. 그가 식스맨으로 출전하는 이유다. 연봉은 474만 달러.

SHOT ZONE

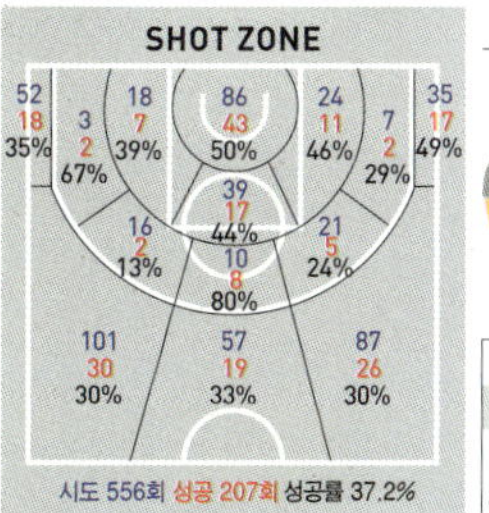

시도 556회 성공 207회 성공률 37.2%

SHOT PROCESS / SHOT TYPES

SHOT PROCESS		SHOT TYPES	
캐치&슛	203	435	점프샷
풀-업	152	44	레이업
드라이빙	58	8	핑거롤
커팅	1	17	플로터
러닝	86	19	덩크
스텝백	44	1	훅샷
풋백	7	3	팁샷
앨리웁	0	4	뱅크샷
턴어라운드	5	25	페이드어웨이

필드골 556 시도 / 필드골 556 시도

2024-25시즌 뉴올리언스 56경기 평균 23.6분

항목	PTS	RB	AS	ST	BL	FG-FGA	3P-3PA	FT-FTA
평균	10.8	2.8	1.2	0.5	0.4	3.7-9.9	2.0-5.9	1.4-1.8
36분	16.5	4.3	1.8	0.8	0.6	5.6-15.2	3.0-9.0	2.2-2.7

항목	OS	CS	MS	3P	FT	SQ	OC	IS	L&F	SD	DD	PH	PF	PC	DRF	PM	PA	BH	DRS	PQ	PV
평점	C	C-	C+	B-	B-	C-	C	D-	C	F	C-	F	F	F	D-	D-	C-	C	D+	C-	F

항목	DEF	ID	PD	ST	BL	HDQ	PP	DC	RBG	ORG	DRG	ATH	SP	AG	STR	VJ	STA	HP	INT	POT	OG
평점	D	D-	D+	F	F	D+	D	D	D-	D+	D+	C-	C-	C-	F	B+	B+	B-	C	B+	C

G 23 Trey ALEXANDER PG-SG

트레이 알렉산더 2003.05.02 / 193cm

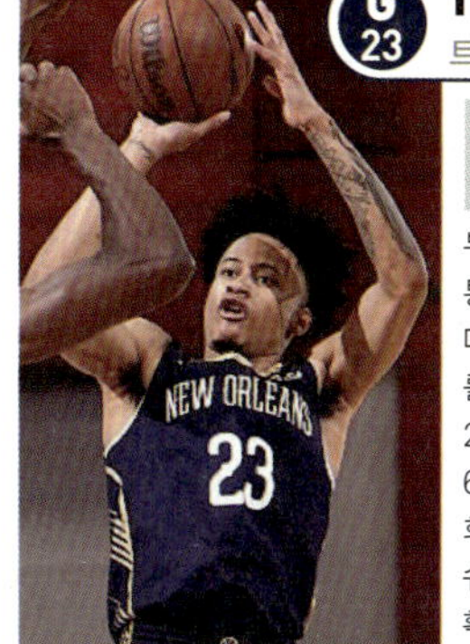

미국

NBA 드래프트 : 2024년 미지명
NBA 우승 : 0회 / **파이널 MVP :** 0회
시즌 MVP : 0회 / **NBA 퍼스트팀 :** 0회

부상과 G리그 이슈가 있었다. 지난 시즌 근육통, 발목 부상, 엄지 골절 등 신체 여러 부위를 다치며 자주 결장했다. 여기에 NBA와 G리그를 넘나들었다. 이 때문에 지난 시즌 82경기 중 24경기 출전에 그쳤다. 올 시즌도 구단과 연봉 64만 달러에 투웨이 계약을 맺었기에 출전 기회가 늘어날 지는 미지수다. 알렉산더는 점프 슈터다. 미드레인지 점퍼와 3점 슈팅 모두 정확한 편이다. 가드이면서 리바운드도 쏠쏠하게 걷어낸다. 다양한 허슬 플레이를 펼친다.

SHOT ZONE

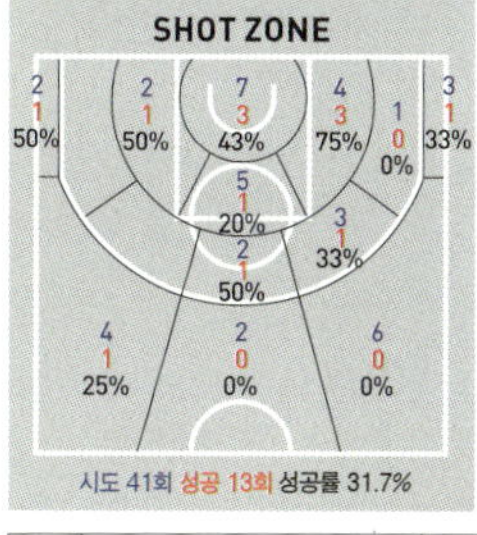

시도 41회 성공 13회 성공률 31.7%

SHOT PROCESS / SHOT TYPES

SHOT PROCESS		SHOT TYPES	
캐치&슛	16	28	점프샷
풀-업	11	6	레이업
드라이빙	7	0	핑거롤
커팅	0	2	플로터
러닝	4	0	덩크
스텝백	2	1	훅샷
풋백	0	0	팁샷
앨리웁	0	0	뱅크샷
턴어라운드	1	4	페이드어웨이

필드골 41 시도 / 필드골 41 시도

2024-25시즌 덴버 24경기 평균 4.9분

항목	PTS	RB	AS	ST	BL	FG-FGA	3P-3PA	FT-FTA
평균	1.3	0.5	0.5	0.1	0.0	0.5-1.7	0.1-0.7	0.1-0.2
36분	9.8	3.7	3.4	0.6	0.3	4.0-12.6	0.9-5.2	0.9-1.2

항목	OS	CS	MS	3P	FT	SQ	OC	IS	L&F	SD	DD	PH	PF	PC	DRF	PM	PA	BH	DRS	PQ	PV
평점	—	—	—	—	—	—	—	—	—	—	—	—	—	—	—	—	—	—	—	—	—

항목	DEF	ID	PD	ST	BL	HDQ	PP	DC	RBG	ORG	DRG	ATH	SP	AG	STR	VJ	STA	HP	INT	POT	OG
평점	—	—	—	—	—	—	—	—	—	—	—	—	—	—	—	—	—	—	—	—	—

출전 시간이 짧아 평점 매길 수 없음

G 41 Saddiq BEY SG-SF

사디크 베이 1999.04.09 / 201cm

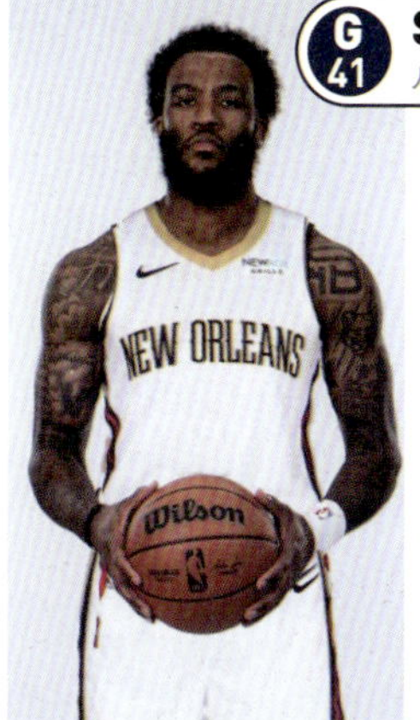

미국

NBA 드래프트 : 2020년 1라운드 19번
NBA 우승 : 0회 / **파이널 MVP :** 0회
시즌 MVP : 0회 / **NBA 퍼스트팀 :** 0회

올해로 NBA 6년 차다. 그러나 지난해엔 정말 큰 시련을 겪었다. 2024년 3월 10일, 왼 무릎 전방 십자인대가 파열됐다. 이 때문에 2023-24시즌 남은 일정, 그리고 2024-25시즌 모든 일정을 수행할 수 없었다. 재활이 성공적으로 끝나 올 시즌 출전할 수 있다. 베이는 활동량이 많지는 않지만 파워가 있고, BQ가 훌륭한 스윙맨이다. 뛰어난 윙이자 플로어 스페이서다. 프로 통산 37%의 3점 슈팅은 평타 이상은 할 수 있다는 얘기다. 연봉은 612만 달러.

SHOT ZONE / SHOT PROCESS / SHOT TYPES

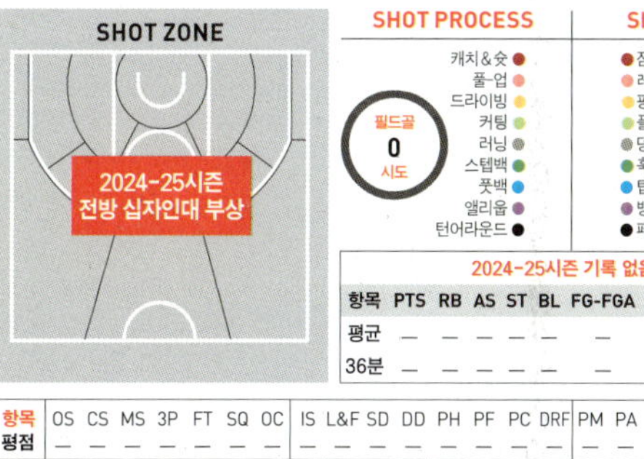

SHOT PROCESS	SHOT TYPES
캐치&슛	점프샷
풀-업	레이업
드라이빙	핑거롤
커팅	플로터
러닝	덩크
스텝백	훅샷
풋백	팁샷
앨리웁	뱅크샷
턴어라운드	페이드어웨이

필드골 0 시도 / 필드골 0 시도

2024-25시즌 기록 없음

항목	PTS	RB	AS	ST	BL	FG-FGA	3P-3PA	FT-FTA
평균	—	—	—	—	—	—	—	—
36분	—	—	—	—	—	—	—	—

항목	OS	CS	MS	3P	FT	SQ	OC	IS	L&F	SD	DD	PH	PF	PC	DRF	PM	PA	BH	DRS	PQ	PV
평점	—	—	—	—	—	—	—	—	—	—	—	—	—	—	—	—	—	—	—	—	—

항목	DEF	ID	PD	ST	BL	HDQ	PP	DC	RBG	ORG	DRG	ATH	SP	AG	STR	VJ	STA	HP	INT	POT	OG
평점	—	—	—	—	—	—	—	—	—	—	—	—	—	—	—	—	—	—	—	—	—

NEW ORLEANS PELICANS 2025-26 REGULAR SEASON SCHEDULE

NEW ORLEANS PELICANS

OCTOBER, 2025

Oct. 22 @ Memphis Grizzlies
Oct. 24 vs. San Antonio Spurs
Oct. 27 vs. Boston Celtics
Oct. 29 @ Denver Nuggets
Oct. 31 @ Los Angeles Clippers

NOVEMBER, 2025

Nov. 2 @ Oklahoma City Thunder
Nov. 4 vs. Charlotte Hornets
Nov. 5 @ Dallas Mavericks
Nov. 8 @ San Antonio Spurs
Nov. 10 @ Phoenix Suns
Nov. 12 vs. Portland Trail Blazers
Nov. 14 vs. Los Angeles Lakers
Nov. 16 vs. Golden State Warriors
Nov. 17 vs. Oklahoma City Thunder
Nov. 19 vs. Denver Nuggets
Nov. 21 @ Dallas Mavericks
Nov. 22 vs. Atlanta Hawks
Nov. 24 vs. Chicago Bulls
Nov. 26 vs. Memphis Grizzlies
Nov. 29 @ Golden State Warriors
Nov. 30 @ Los Angeles Lakers

DECEMBER, 2025

Dec. 2 vs. Minnesota Timberwolves
Dec. 4 vs. Minnesota Timberwolves
Dec. 6 @ Brooklyn Nets
Dec. 8 vs. San Antonio Spurs
Dec. 18 vs. Houston Rockets
Dec. 20 vs. Indiana Pacers
Dec. 22 vs. Dallas Mavericks
Dec. 23 @ Cleveland Cavaliers
Dec. 26 vs. Phoenix Suns
Dec. 27 vs. Phoenix Suns
Dec. 29 vs. New York Knicks
Dec. 31 @ Chicago Bulls

JANUARY, 2026

Jan. 2 vs. Portland Trail Blazers
Jan. 4 @ Miami Heat
Jan. 6 vs. Los Angeles Lakers
Jan. 7 @ Atlanta Hawks
Jan. 9 @ Washington Wizards
Jan. 11 @ Orlando Magic
Jan. 13 vs. Denver Nuggets
Jan. 14 vs. Brooklyn Nets
Jan. 16 @ Indiana Pacers
Jan. 18 @ Houston Rockets
Jan. 21 vs. Detroit Pistons
Jan. 23 @ Memphis Grizzlies
Jan. 25 @ San Antonio Spurs
Jan. 27 @ Oklahoma City Thunder
Jan. 30 vs. Memphis Grizzlies
Jan. 31 @ Philadelphia 76ers

FEBRUARY, 2026

Feb. 2 @ Charlotte Hornets
Feb. 4 @ Milwaukee Bucks
Feb. 6 @ Minnesota Timberwolves
Feb. 9 vs. Sacramento Kings
Feb. 11 vs. Miami Heat
Feb. 20 vs. Milwaukee Bucks
Feb. 21 vs. Philadelphia 76ers
Feb. 24 vs. Golden State Warriors
Feb. 26 @ Utah Jazz
Feb. 28 @ Utah Jazz

MARCH, 2026

Mar. 1 @ Los Angeles Clippers
Mar. 3 @ Los Angeles Lakers
Mar. 5 @ Sacramento Kings
Mar. 6 @ Phoenix Suns
Mar. 8 vs. Washington Wizards
Mar. 11 vs. Toronto Raptors
Mar. 13 @ Houston Rockets
Mar. 16 vs. Dallas Mavericks
Mar. 18 vs. Los Angeles Clippers
Mar. 19 vs. Los Angeles Clippers
Mar. 21 vs. Cleveland Cavaliers
Mar. 24 @ New York Knicks
Mar. 26 @ Detroit Pistons
Mar. 27 @ Toronto Raptors
Mar. 29 vs. Houston Rockets

APRIL, 2026

Apr. 2 @ Portland Trail Blazers
Apr. 3 @ Sacramento Kings
Apr. 5 vs. Orlando Magic
Apr. 7 vs. Utah Jazz
Apr. 10 @ Boston Celtics
Apr. 12 @ Minnesota Timberwolves

SAN ANTONIO SPURS

리빌딩에 필요한 옥석 가리기

그렉 포포비치의 마지막 시즌

명문 샌안토니오 프랜차이즈가 슬픔에 잠겼다. 태산북두와도 같았던 그렉 포포비치가 영욕의 감독 커리어를 마감했다. 세월의 흐름은 누구도 극복할 수 없다고 했던가? 1949년생 76세 노장에게 뇌졸중이 찾아왔다. 다행히 건강을 어느 정도 회복했지만, 현역 생활 지속은 무리다. 커리어 누적 1,390승 역대 1위에 더해, 플레이오프 파이널 우승 트로피를 다섯 차례나 들어 올렸던 명장에게 경의를 표한다. 후임 감독은 포포비치 휘하에서 잔뼈가 굵은 미치 존슨이다.

드래프트 로터리 추첨의 신

올해에도 드래프트 로터리 추첨의 신 가호를 받았다. 3년 연속 TOP 4 지명권을 거머쥐었다! 차세대 최고 거물 빅터 웸반야마(2023년 1순위), 전도유망한 백코트 득점원 스테폰 캐슬(2024년 4순위), 대형 볼 핸들러+득점원 잠재력이 탑재된 딜런 하퍼가 프랜차이즈 재건 신호탄을 쏘아 올린다(2025년 2순위). 실제로 웸비, 캐슬이 기대치에 어울리게 신인왕 선정 영광을 누렸다. 올스타 출신 포인트가드 디애런 팍스와의 4년 30% 맥스 연장계약도 기분 좋은 소식이다.

본격적인 유망주 옥석 가리기 작업

리빌딩에 필요한 양질의 유망주 자원은 풍성하게 갖췄다. 이젠 옥석 가리기를 통해 코어(core) 라인업 구축에 나설 차례다. 발등에 불이 떨어진 선수들을 꼽자면 데빈 바셀, 제레미 소한, 켈든 존슨, 올해 드래프트 전체 14순위 지명 신인 카터 브라이언트 등이다. 웸반야마의 슈퍼스타 영역 진입에는 의심이 여지가 없다. 동반 성장이 이루어진다면 플레이오프 무대 복귀가 가능할 전망이다. 해리슨 반즈, 루크 코넷, 켈리 올리닉 등 프런트코트 베테랑들의 분전도 중요하다.

Association Icon Statement City

*통계는 2025년 9월 10일 기준

CLUB INFORMATION

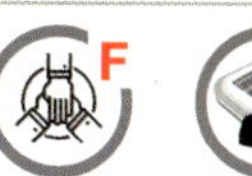

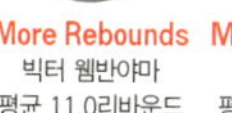

Founded	Owner	CEO	Head Coach	24-25 Odds
구단 창립 1967년	스퍼스 스포츠 & 엔터	RC 뷰포드 1960.05.16	미치 존슨 1986.11.29	스카이벳 : 55배 윌리엄힐 : 50배
Nationality	**Age**	**Height**	**Weight**	**Salary**
19명 ●미국 선수 16명 ●외국 선수 3명	19명 평균 25.1세	19명 평균 200.3cm	19명 평균 99.2kg	14명 평균 1285만 달러
Win	**Loss**	**Winning%**	**Play-Off**	**Titles**
2024-25 : 34승 통산 : 2717승	2024-25 : 48패 통산 : 1976패	2024-25 : 41.5% 통산 : 57.9%	PO 진출 : 47회 PO 탈락 : 11회	NBA우승 : 5회 컨퍼런스 : 6회
Top Scorer	**More Rebounds**	**More Assists**	**More Steals**	**More Blocks**
빅터 웸반야마 평균 24.3점	빅터 웸반야마 평균 11.0리바운드	크리스 폴 평균 7.4어시스트	데빈 바셀 평균 1.3스틸	빅터 웸반야마 평균 3.8블락

*항목별 1위는 지난 시즌 샌안토니오 소속으로 42경기 이상 출전한 선수 중 선별

HEAD COACH & STADIUM

Mitch Johnson 미치 존슨

생년월일 : 1986.11.29 / **출생지 :** 미국 워싱턴주 시애틀
경력 : 2015~2016년 포틀랜드 파일럿츠 코치 / 2016~2019년 오스틴 스퍼스 코치 / 2019~2024년 샌안토니오 스퍼스 코치 / 2024~2025년 샌안토니오 스퍼스 임시 감독 / 2025년~ 샌안토니오 스퍼스 감독

그렉 포포비치는 샌안토니오에서의 29년간 NBA 파이널에서 무려 5차례나 우승했던 '전설의 명장'이었다. 그가 물러나고 미치 존슨이 새 시대를 열게 된다. 존슨은 현역 시절엔 그리 두각을 나타내지 못했다. 오데이고와 스탠퍼드대에서 선수로 뛰었고, G리그 소속 털사 66ers와 유럽 라트비아 리그의 VEF리가에서 잠깐 프로로 활약했지만, 곧 은퇴했다. 대신, 지도자로서 실력을 키워나갔다. 2015~2016년, 포틀랜드 파일럿츠, 2016~2019년 오스틴 스퍼스 등 NBA 하부리그 팀 코치로 경험을 쌓았다. 그리고 2019년 그렉 포포비치 밑에서 샌안토니오 스퍼스 코치를 맡아 견문을 넓혔다. NBA 역대 최고 명장 중 1명인 포포비치의 선수 관리, 임기 응변, 전술 구사 등은 존슨에게 정말 중요한 자산이 되었다. 그리고 2025년 5월 2일, 포포비치의 뒤를 이어 샌안토니오 사령관으로 부임했다.

FROST BANK CENTER

구장 오픈 : 2002년 10월 18일
구장 증개축 : –
오너 : 벡사 카운티(텍사스주)
수용인원 : 1만 8418명
건축비용 : 1억 8600만 달러
(현재 가치) 3억 1500만 달러

2002년 11월에 문을 열었으며, 텍사스 남부 대표적인 엔터테인먼트 장소가 되었다. 이곳에는 샌안토니오 스퍼스와 샌안토니오 스톡쇼&로데오 등 두 곳의 테넌트가 입주해 있다. 또한, 이 경기장에서는 다양한 콘서트, 가족 쇼, 특별 이벤트가 열리며 수천 개 이상의 이벤트를 통해 누적 방문객 1000만 명을 돌파했다. 스퍼스 홈구장이 된 건 2002-03시즌부터다.

REGULAR SEASON RANKING LAST 10YEARS ★NBA 파이널 우승

15-16	16-17	17-18	18-19	19-20	20-21	21-22	22-23	23-24	24-25
2	2	12	13	19	20	22	29	26	23
67승 15패	61승 21패	47승 35패	48승 34패	32승 39패	33승 39패	34승 48패	22승 60패	22승 60패	34승 48패

Honours

5	6	22	10
NBA CHAMPIONS	CONFERENCE TITLES	DIVISION TITLES	RETIRED NUMBERS

NBA CHAMPIONSHIPS
1999, 2003, 2005, 2007, 2014

CONFERENCE TITLES
1999, 2003, 2005, 2007, 2013, 2014

DIVISION TITLES
1978, 1979, 1981, 1982, 1983, 1990, 1991, 1995, 1996, 1999, 2001, 2002, 2003, 2005, 2006, 2009, 2011, 2012, 2013, 2014, 2016, 2017

RETIRED NUMBERS
00, 6, 9, 12, 13, 20, 21, 32, 44, 50

TEAM POTENTIAL

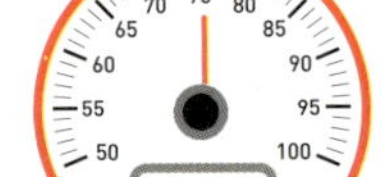

75점

22위

하프코트 세트오펜스 7점

트랜지션 오펜스 8점

하프코트 세트디펜스 7점

트랜지션 디펜스 7점

리바운드 8점

선수층 8점

선수 경험치 6점

감독 리더십 8점

감독 전술 7점

프런트 9점

*각 항목은 10점 만점, 평점은 NBA 30팀 사이 상대평가

우승 ODDS	배당	순위
Sky Bet	55배	16위
Bet Fred	40배	14위
William Hill	50배	15위

OFFENSIVE STYLE
트랜지션 오펜스 ←→ 하프코트 세트오펜스

DEFENSIVE STYLE
하이 프레스 ←→ 하프코트 디펜스

SQUAD & TACTICS

STARTERS

PF 해리슨 반즈
27.2분, 12.3점
3.8RB, 1.7AS

C 빅터 웸반야마
33.2분, 24.3점
11.0RB, 3.7AS

SF 데빈 바셀
31.0분, 16.3점
4.0RB, 2.9AS

SG 스테판 캐슬
26.7분, 14.7점
3.7RB, 4.1AS

PG 디애런 폭스
36.1분, 23.5점
4.8RB, 6.3AS

OFF THE BENCH

PG 딜런 하퍼
2025-26시즌
신인 선수

SG 카터 브라이언트
2025-26시즌
신인 선수

SF 켈던 존슨
23.9분, 12.7점
4.8RB, 1.6AS

PF 제레미 소핸
25.3분, 11.4점
6.5RB, 2.4AS

C 켈리 올리닉
20.3분, 8.7점
4.7RB, 2.9AS

G 조던 맥러플린
G 데이비드 존스
F 린디 워터스
F 줄리안 샴페니
C 루크 코넷

Player's Functions

Ball Handlers
D.폭스
S.캐슬
D.바셀

Pull-Ups
D.폭스
D.바셀
S.캐슬

Catch & Shoot
V.웸반야마
J.샴페니
H.반즈

3 Pointers
V.웸반야마
D.바셀
J.샴페니

Slam Dunkers
V.웸반야마
J.소핸
S.캐슬

Free Throw
J.샴페니
D.폭스
V.웸반야마

Rebounders
V.웸반야마
L.코넷
K.존슨

1-1 Defenders
V.웸반야마
D.폭스
D.바셀

Ball Stealers
J.맥러플린
D.바셀
D.폭스

Key Passes
D.폭스
J.맥러플린
S.캐슬

Hustle Players
K.존슨
K.올리닉
S.캐슬

Rim Protectors
V.웸반야마
L.코넷

2024-25 SEASON PERFORMANCE

공격 레이팅 114.4(19위) 수비 레이팅 117.2(25위) 레이팅 마진 -2.8(21위) 페이스 99.3(12위)

SAN ANTONIO SPURS vs. OPPONENTS PER GAME STATS

SPURS	득실점	FG 필드골성공	FG↑ 필드골시도	FG% 필드골%	3P 3점성공	3P↑ 3점시도	3P% 3점%	2P 2점성공	2P↑ 2점시도	2P% 2점%	자유투성공	자유투시도	FT% 자유투%	OR 공격 RB	DR 수비 RB	TR 전체 RB	A 어시스트	스틸	블락샷	턴오버	파울
샌안토니오	113.9 16위	41.8 14위	89.8 15위	46.5% 17위	14.1 9위	39.6 7위	35.7% 20위	27.7 17위	50.2 19위	55.1% 15위	16.2 24위	21.0 21위	77.4% 21위	10.9 17위	32.7 21위	43.7 19위	28.6 6위	8.2 12위	5.5 4위	13.9 10위	16.6 3위
상대팀	116.7 23위	43.8 28위	92.5 26위	47.4% 24위	14.4 27위	39.3 24위	36.5% 24위	29.5 26위	53.2 23위	55.4% 23위	14.6 3위	18.5 3위	79.0% 26위	12.1 28위	34.1 27위	46.2 29위	28.0 23위	8.1 15위	4.3 7위	13.7 20위	17.4 28위

LINE-UP

* 샌안토니오는 지난 시즌 총 525개의 라인업을 가동했다. 득실점차 플러스 10개, 마이너스 10개를 골라 게재했다.

득실점차 플러스(+) 라인업 TOP 10	G	MIN	PPG	RPG	득실차
C. Paul - H. Barnes - J. Champagnie - V. Wembanyama - S. Castle	21	177	21.8	7.4	+53
C. Paul - H. Barnes - D. Vassell - J. Sochan - V. Wembanyama	12	136	27.3	10.8	+44
C. Paul - H. Barnes - D. Vassell - V. Wembanyama - S. Castle	17	166	25.4	9.2	+36
K. Johnson - D. Vassell - J. Champagnie - B. Wesley - J. Sochan	5	35	19.4	7.0	+26
C. Paul - K. Johnson - T. Jones - J. Champagnie - V. Wembanyama	7	33	13.3	3.1	+24
C. Paul - S. Mamukelashvili - J. Champagnie - B. Wesley - V. Wembanyama	5	32	15.4	6.2	+23
H. Barnes - K. Johnson - D. Vassell - J. Sochan - S. Castle	8	19	6.3	2.4	+21
C. Paul - K. Johnson - J. Champagnie - M. Branham - V. Wembanyama	5	11	7.4	1.8	+20
K. Johnson - T. Jones - J. Champagnie - V. Wembanyama - S. Castle	13	62	11.7	4.6	+18
K. Johnson - D. Vassell - J. Champagnie - J. Sochan - S. Castle	18	49	7.3	2.4	+18
득실점차 마이너스(-) 라인업 TOP 10	**GP**	**MIN**	**PPG**	**RPG**	**득실차**
K. Johnson - S. Mamukelashvili - J. Champagnie - B. Wesley - S. Castle	13	55	8.6	4.0	-49
C. Paul - H. Barnes - D. Vassell - J. Sochan - S. Castle	12	70	12.8	4.8	-43
C. Paul - B. Biyombo - H. Barnes - D. Fox - D. Vassell	12	125	24.0	9.6	-23
K. Johnson - J. Champagnie - M. Branham - V. Wembanyama - S. Castle	5	19	5.4	3.4	-23
C. Paul - B. Biyombo - H. Barnes - D. Vassell - S. Castle	14	137	23.6	7.4	-22
K. Johnson - C. Bassey - D. Vassell - T. Jones - J. Champagnie	5	19	9.0	3.2	-20
C. Paul - H. Barnes - K. Johnson - D. Vassell - S. Castle	5	12	5.8	1.6	-18
K. Johnson - J. Champagnie - B. Wesley - J. Sochan - S. Castle	5	10	2.0	1.8	-18
H. Barnes - K. Johnson - D. Vassell - V. Wembanyama - S. Castle	4	10	4.3	1.5	-18
C. Paul - K. Johnson - D. Vassell - J. Sochan - V. Wembanyama	7	22	6.1	2.3	-16

PASS COMBINATIONS

→ 해당 선수가 경기당 동료로부터 패스 받은 횟수
→ 해당 선수가 경기당 동료들에게 패스 해준 횟수

받은 횟수	선수	해준 횟수
61.1	디애런 폭스	52.3
49.1	크리스 폴	49.4
44.2	스테픈 캐슬	37.3
36.9	데빈 바셀	33.3
43.0	빅터 웸반야마	33.2
29.9	트레 존스	29.6
23.7	제레미 소핸	27.6
21.2	해리슨 반즈	25.6
22.8	켈던 존슨	25.4
20.5	줄리안 샴파니	22.4
13.4	비스막 비욤보	20.9
16.7	블레이크 웨슬리	15.8
12.8	잭 콜린스	14.5
11.2	산드로 마무켈라시빌리	13.6
8.2	찰스 베이시	13.3
10.9	말라카이 브래넘	9.3
8.9	조던 맥러플린	9.1
4.0	라일리 미닉스	7.0
6.0	데이비드 듀크 주니어	5.2
1.6	해리슨 잉그램	3.6
4.2	시디 시소코	3.1

2024-25 RANKING

* 는 수치가 낮을수록 랭킹이 높아짐

샌안토니오	랭킹	FIVE FACTORS	상대팀	랭킹
54.4%	18위	3점 가중 FG%	55.1%*	23위
12.3*	10위	턴오버 / 100포제션	12.0	21위
24.3%	20위	공격 RB 점유율	27.0%*	26위
73.0%	26위	수비 RB 점유율	75.7%*	19위
18.1%	23위	자유투 / 필드골	15.8%*	3위

득점	랭킹	PLAYTYPE	실점*	랭킹
7.0	16위	아이솔레이션	6.4	6위
25.5	8위	트랜지션	23.9	19위
13.0	25위	픽&롤 볼핸들러	16.0	12위
8.2	7위	픽&롤 롤맨	7.4	19위
3.2	18위	포스트-업	5.1	30위
30.9	3위	스팟-업	28.3	20위
4.9	17위	핸드오프	5.7	25위
8.8	22위	커팅	–	–
3.4	17위	오프 스크린	4.3	19위
5.9	19위	풋백	7.5	29위
2.7	19위	기타	–	–

SHOT ZONE

구간별 슈팅 및 성공률

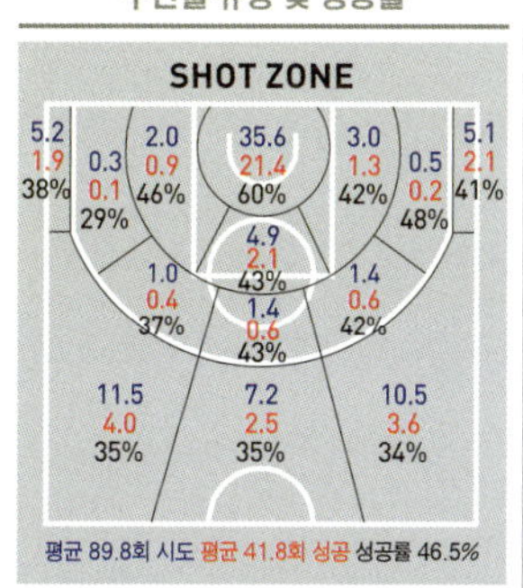

항목	2PA	2PM	2P%	3PA	3PM	3P%
캐치&슛	1.4	0.6	43.2%	29.2	10.7	36.5%
풀업	11.1	4.7	42.1%	10.2	3.4	33.3%
3m 안쪽	37.4	22.2	59.5%	—	—	—
TOTAL	50.2	27.7	55.1%	39.6	14.1	35.7%

SHOT PROCESS & SHOT TYPES

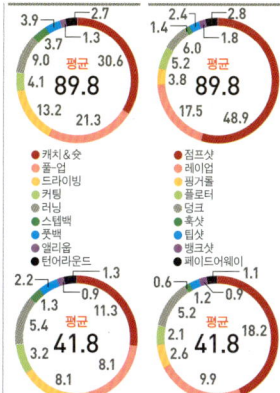

샷프로세스(시도)

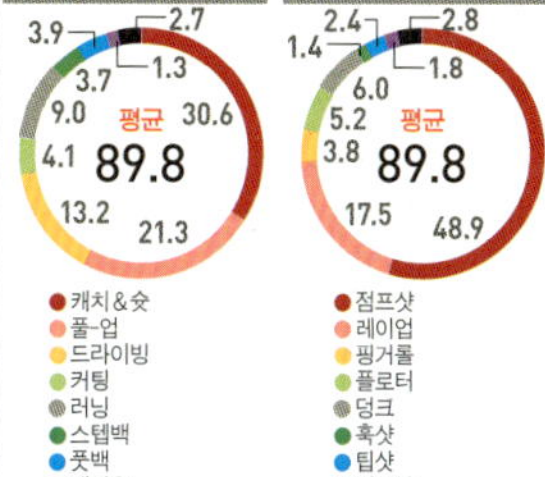

● 캐치&슛 ● 풀-업 ● 드라이빙 ● 커팅 ● 러닝 ● 스텝백 ● 풋백 ● 앨리웁 ● 턴어라운드

샷타입(시도)

2.4 2.8 1.4 6.0 1.8 5.2 평균 3.8 89.8 17.5 48.9

● 점프샷 ● 레이업 ● 핑거롤 ● 플로터 ● 덩크 ● 훅샷 ● 팁샷 ● 뱅크샷 ● 페이드어웨이

샷프로세스(성공)

2.2 1.3 1.3 0.9 11.3 5.4 평균 3.2 41.8 8.1 8.1

샷타입(성공)

0.6 1.1 1.2 0.9 5.2 평균 18.2 2.1 2.6 41.8 9.9

SHOOTING

필드골 시도

22.8 6.2 평균 89.8 27.8 33.0

공격수와 수비수의 거리
● 0~0.6m ● 0.6~1.2m ● 1.2~1.8m ● 1.8m 이상

필드골 시도

8.1 2.8 7.6 14.7 평균 89.8 16.0 40.6

남은 시간
● 22~24초 ● 18~22초 ● 15~18초 ● 7~15초 ● 4~7초 ● 0~4초

필드골 성공

9.6 2.9 평균 41.8 11.7 17.6

필드골 성공

2.9 1.5 3.2 7.7 평균 41.8 7.4 19.1

OPPONENT SHOOTING

상대 필드골 시도

24.7 5.8 평균 92.5 27.2 34.8

공격수와 수비수의 거리
● 0~0.6m ● 0.6~1.2m ● 1.2~1.8m ● 1.8m 이상

상대 필드골 시도

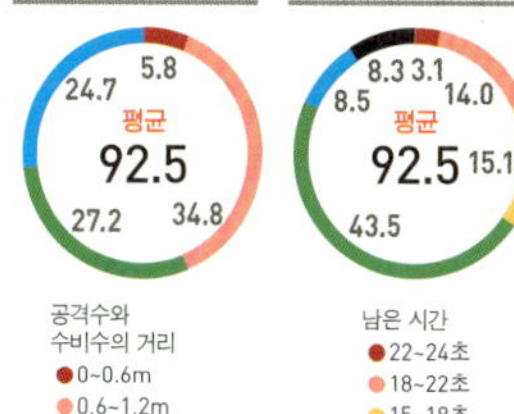

남은 시간
● 22~24초 ● 18~22초 ● 15~18초 ● 7~15초 ● 4~7초 ● 0~4초

필드골 허용

10.4 2.6 평균 43.8 12.3 18.5

필드골 허용

3.0 1.9 3.8 7.3 평균 43.8 7.0 20.8

CONTESTED REBOUNDS

공격 리바운드

0.6 1.0 평균 2.0 5.9 2.3

수비 리바운드

0.7 1.5 평균 2.4 8.3 3.7

림 아래부터 리바운드 위치까지의 거리
● 0~0.9m ● 0.9~1.8m ● 1.8~3m ● 3m 이상

UNCONTESTED REBOUNDS

공격 리바운드

0.6 2.5 평균 4.9 1.0 0.8

수비 리바운드

4.7 3.8 평균 24.5 6.6 9.4

림 아래부터 리바운드 위치까지의 거리
● 0~0.9m ● 0.9~1.8m ● 1.8~3m ● 3m 이상

DEFENSE OF 34 WINS

필드골 허용 %

45.1%

상대 필드골 시도 91.2
필드골 허용 41.1

3점슛 허용 %

32.6%

상대 3점슛 시도 40.3
3점슛 허용 13.1

DEFENSE OF 48 LOSSES

필드골 허용 %

49.0%

상대 필드골 시도 93.5
필드골 허용 45.8

3점슛 허용 %

39.3%

상대 3점슛 시도 38.7
3점슛 허용 15.2

General Stats								Outside Scoring & Shooting							Inside Scoring & Shooting								Play Making, Ball Handling & Passing					
PTS	RB	AS	ST	BL	FG-FGA	3P-3PA	FT-FTA	OS	CS	MS	3P	FT	SQ	OC	IS	L&F	SD	DD	PH	PF	PC	DRF	PM	PA	BH	DRS	PQ	PV
득점	리바운드	어시스트	스틸	블락샷	필드골 성공-시도	3점슈팅 성공-시도	자유투 성공-시도	외곽 득점력	근거리 점프샷	중거리 슈팅	3점 슈팅	자유투	슈팅 IQ	득점 일관성	인사이드 득점력	레이업 플로터	스탠딩 덩크	드라이빙 덩크	포스트 훅샷	포스트 페이드	포스트 컨트롤	파울 유도	플레이 메이킹	패스 능력	볼 핸들링	드리블 스피드	패스 IQ	패스 비전

F 24 Devin VASSELL SF-SG

데빈 바셀 2000.08.23 / 196cm

미국 NBA 드래프트 : 2020년 1라운드 11번
NBA 우승 : 0회 / 파이널 MVP : 0회
시즌 MVP : 0회 / NBA 퍼스트팀 : 0회

지난 시즌 몇 차례의 잔 부상 때문에 18경기에 결장했다. 올 시즌 건강에 더 신경써야 한다. 바셀은 NBA 정상급 슈팅 능력을 지닌 3&D 윙이다. 196cm의 키에 213cm의 윙스팬을 적극적으로 활용한다. 타점이 높고, 릴리스가 빠르며, 슈팅 터치가 부드럽다. 풀업 점퍼, 스텝백 점퍼, 캐치&슛 등 다양한 패턴으로 중장거리 슈팅을 폭발시킨다. 퍼리미터에서 수준급 1대1 수비수이며 영리한 헬프 디펜더다. 볼 핸들링과 패스도 OK. 연봉은 2700만 달러.

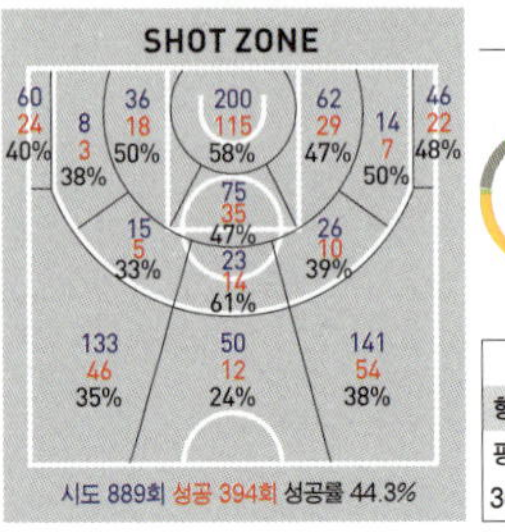

SHOT PROCESS

캐치&슛 298
풀-업 237
드라이빙 137
커팅 10
러닝 105
스텝백 47
풋백 11
앨리웁 2
턴어라운드 42

필드골 889 시도

SHOT TYPES

626 점프샷
76 레이업
35 핑거롤
28 플로터
38 덩크
0 훅샷
11 팁샷
13 뱅크샷
62 페이드어웨이

필드골 889 시도

2024-25시즌 샌안토니오 64경기 평균 31.0분

항목	PTS	RB	AS	ST	BL	FG-FGA	3P-3PA	FT-FTA
평균	16.3	4.0	2.9	1.3	0.0	6.2-13.9	2.5-6.7	1.5-1.9
36분	18.9	4.6	3.3	1.5	0.6	7.2-16.1	2.9-7.8	1.7-2.2

항목	OS	CS	MS	3P	FT	SQ	OC	IS	L&F	SD	DD	PH	PF	PC	DRF	PM	PA	BH	DRS	PQ	PV
평점	C+	B+	A-	B-	B-	D-	C	D-	B-	F	D-	D-	D	D	F	C-	C+	B-	D	C+	D-

항목	DEF	ID	PD	ST	BL	HDQ	PP	DC	RBG	ORG	DRG	ATH	SP	AG	STR	VJ	STA	HP	INT	POT	OG
평점	C	D	B	C+	F	B-	B	B-	D+	D	C+	C+	C-	B-	D-	C+	B+	B	D-	B+	B-

F 40 Harrison BARNES SF-PF

해리슨 반즈 1992.05.30 / 203cm

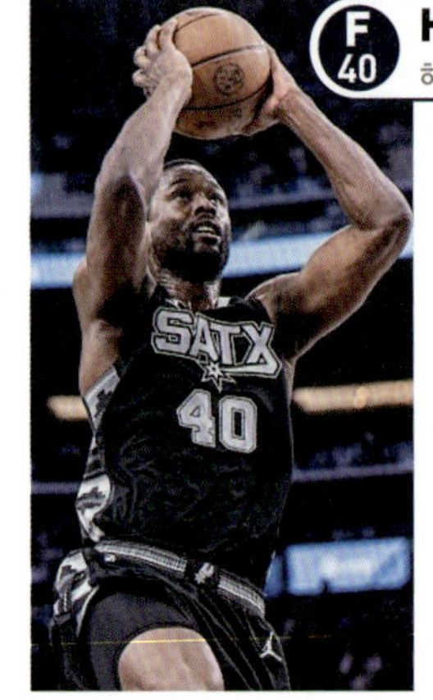

미국 NBA 드래프트 : 2012년 1라운드 7번
NBA 우승 : 1회 / 파이널 MVP : 0회
시즌 MVP : 0회 / NBA 퍼스트팀 : 0회

'우승의 맛'을 아는 프로 14년 차 베테랑. 그의 풍부한 경험은 샌안토니오 젊은 선수들에게 긍정적인 영향을 미치고 있다. 전성기보다 약해졌지만, 여전히 돌파에 이은 림 어택을 즐긴다. 드라이빙 레이업, 커팅 덩크, 드라이빙 플로터로 마무리한다. 미드레인지와 3점 구간에서 캐치&슛, 풀업 점퍼, 스텝백 점퍼를 고루 구사한다. 203cm의 키, 212cm의 윙스팬, 빠른 스텝을 살려 상대팀 2번~4번을 수비한다. 리바운드는 부족하다. 연봉은 1900만 달러.

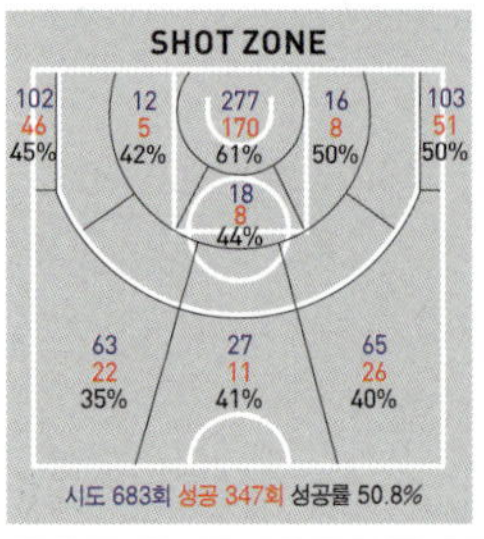

2024-25시즌 샌안토니오 82경기 평균 27.2분

항목	PTS	RB	AS	ST	BL	FG-FGA	3P-3PA	FT-FTA
평균	12.3	3.8	1.7	0.5	0.2	4.2-8.3	1.9-4.4	2.0-2.4
36분	16.3	5.0	2.2	0.6	0.2	5.6-11.0	2.5-5.8	2.6-3.2

항목	OS	CS	MS	3P	FT	SQ	OC	IS	L&F	SD	DD	PH	PF	PC	DRF	PM	PA	BH	DRS	PQ	PV
평점	C+	A-	B+	B	D+	D-	C-	D	B	D-	B-	F	D	C+	F	D-	D-	C+	C-	D+	F

항목	DEF	ID	PD	ST	BL	HDQ	PP	DC	RB	ORB	DRB	ATH	SP	AG	STR	VJ	STA	HP	INT	POT	OG
평점	D	C-	C	F	F	D	D	D-	D-	D-	D-	B-	C+	C	C-	A	A-	C	D-	B+	C+

F 0 Keldon JOHNSON SF-PF

켈던 존슨 1999.10.11 / 196cm

미국 NBA 드래프트 : 2019년 1라운드 29번
NBA 우승 : 0회 / 파이널 MVP : 0회
시즌 MVP : 0회 / NBA 퍼스트팀 : 0회

지난 시즌 줄리안 샴페니에게 밀려 백업으로 출전했으나 올 시즌엔 두 선수 간 다시 경쟁이 붙을 것이다. 존슨은 돌파에 이은 림 어택과 3점 슈팅을 두루 시도한다. 가장 효율적인 캐치&슈터다. 안정적인 슈팅 스트로크로 성공률이 높은 편이다. 또한, 트랜지션 게임에서도 제 몫을 잘 해낸다. 승부 근성이 뛰어나 클러치 타임 때 한방씩 터뜨려준다. 3번 중에선 리바운드가 좋은 편이다. 훌륭한 퍼리미터 수비수이자 인사이드 수비수다. 연봉은 1750만 달러.

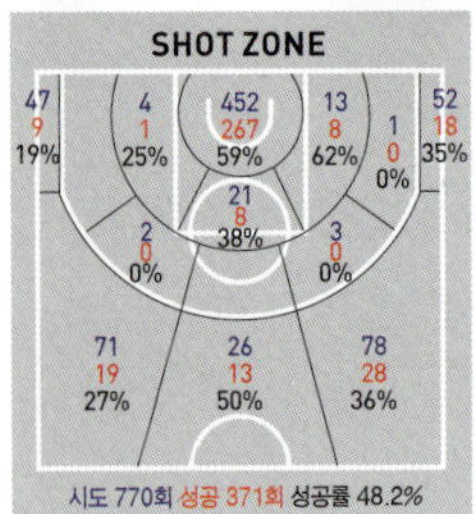

2024-25시즌 샌안토니오 77경기 평균 23.9분

항목	PTS	RB	AS	ST	BL	FG-FGA	3P-3PA	FT-FTA
평균	12.7	4.8	1.6	0.6	0.3	4.8-10.0	1.1-3.6	1.9-2.5
36분	19.2	7.3	2.4	1.0	0.4	7.3-15.1	1.7-5.4	2.9-3.8

항목	OS	CS	MS	3P	FT	SQ	OC	IS	L&F	SD	DD	PH	PF	PC	DRF	PM	PA	BH	DRS	PQ	PV
평점	C+	B	B-	C+	C+	C-	C-	C-	B+	D	C	D-	D-	D-	D-	D+	C	C+	C-	C	F

항목	DEF	ID	PD	ST	BL	HDQ	PP	DC	RB3	OR3	DR3	ATH	SP	AG	STR	VJ	STA	HP	INT	POT	OG
평점	D	C-	C	D-	F	D+	D	D	B	B+	B-	B-	C	C+	C-	C-	A-	A	D-	B+	C+

F 10 Jeremy SOCHAN PF-SF

제레미 소핸 2003.05.20 / 203cm

폴란드 NBA 드래프트 : 2022년 1라운드 9번
NBA 우승 : 0회 / 파이널 MVP : 0회
시즌 MVP : 0회 / NBA 퍼스트팀 : 0회

리그 최고 수준의 '엘리트 수비수'다. 키 203cm, 윙스팬 215cm, 뛰어난 운동능력, 전투적인 승부 근성을 바탕으로 상대의 1번~4번을 다 수비할 수 있다. 타고난 온-볼 수비수이자 오프-볼 수비수다. 공격에서는 "닥치고 돌파" 후 커팅 덩크, 드라이빙 레이업, 드라이빙 플로터 등으로 마무리한다. 그러나 외곽슈터로서는 그리 성공적이지 못했다. 화려하지는 않지만, 볼을 안전하게 핸들링하고, 깔끔한 패스를 동료에게 배달한다. 연봉은 710만 달러.

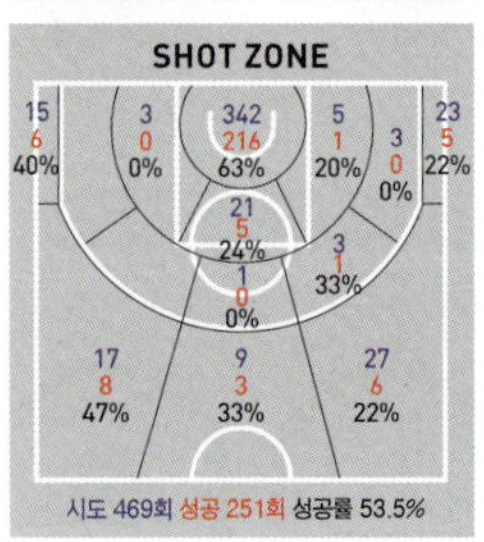

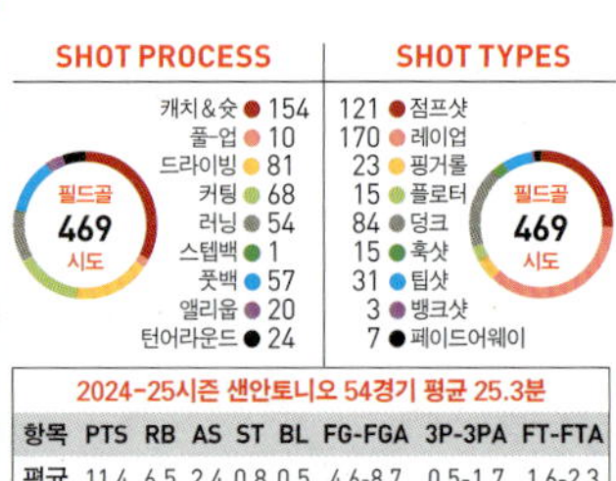

2024-25시즌 샌안토니오 54경기 평균 25.3분

항목	PTS	RB	AS	ST	BL	FG-FGA	3P-3PA	FT-FTA
평균	11.4	6.5	2.4	0.8	0.5	4.6-8.7	0.5-1.7	1.6-2.3
36분	16.3	9.3	3.4	1.2	0.7	6.6-12.4	0.7-2.4	2.3-3.3

항목	OS	CS	MS	3P	FT	SQ	OC	IS	L&F	SD	DD	PH	PF	PC	DRF	PM	PA	BH	DRS	PQ	PV
평점	D-	C	F	C-	D+	C-	F	D	B	D-	B-	F	D-	D-	C+	C-	C+	C+	D	B-	D-

항목	DEF	ID	PD	ST	BL	HDQ	PP	DC	RB	ORB	DRB	ATH	SP	AG	STR	VJ	STA	HP	INT	POT	OG
평점	D	D+	C+	D+	F	D+	D+	D	C-	C+	D	C	C-	C	D-	C	A-	B	A+	B+	C+

F 43 Lindy WATERS III SF-SG

린디 워터스 1997.07.28 / cm

미국 | NBA 드래프트 : 2020년 미지명 | NBA 우승 : 0회 / 파이널 MVP : 0회 | 시즌 MVP : 0회 / NBA 퍼스트팀 : 0회

전반기는 골든스테이트 소속으로 38경기, 후반기는 디트로이트 소속으로 14경기씩 출전했다. 평균 15분씩 출전한 '서드 유닛' 멤버였다. 워터스는 캐치&슈터다. 가드치고 큰 키에 타점이 높고 릴리스가 빠르다. 안정된 스트로크에서 중거리 점퍼와 3점 슈팅을 시도한다. 핫스팟은 좌우 윙과 좌우 코너. 치열한 경쟁심과 운동 능력을 활용한 수비에서도 나름 좋은 평가를 받는다. 퍼리미터 디펜스와 수비 리바운드에서 가드 중 상위권이다. 연봉은 2460만 달러.

SHOT ZONE

29 11 38% | 4 2 50% | 4 2 50% | 34 18 53% | 7 2 29% | 3 1 33% | 29 8 28%
7 1 14% | 1 1 100% | 2 1 50% | 1 0 0%
42 12 29% | 25 15 60% | 61 18 30%

시도 249회 성공 92회 성공률 36.9%

SHOT PROCESS: 캐치&슛 153 / 풀-업 34 / 드라이빙 25 / 커팅 6 / 러닝 25 / 스텝백 1 / 풋백 4 / 앨리웁 0 / 턴어라운드 1 — 필드골 249 시도

SHOT TYPES: 200 점프샷 / 17 레이업 / 5 핑거롤 / 10 플로터 / 5 덩크 / 0 훅샷 / 4 팁샷 / 7 뱅크샷 / 1 페이드어웨이 — 필드골 249 시도

2024-25시즌 골든스테이트+디트로이트 52경기 평균 15.0분

항목	PTS	RB	AS	ST	BL	FG-FGA	3P-3PA	FT-FTA
평균	4.9	2.1	1.0	0.5	0.2	1.8-4.8	1.2-3.6	0.2-0.2
36분	11.8	5.1	2.4	1.2	0.5	4.3-11.5	3.0-8.6	0.4-0.5

항목	OS	CS	MS	3P	FT	SQ	OC	IS	L&F	SD	DD	PH	PF	PC	DRF	PM	PA	BH	DRS	PQ	PV
평점	B-	A-	B	C+	B-	C	C	D-	C	F	D	F	D-	F	D+	D-	D+	D+	D-	D+	F

항목	DEF	ID	PD	ST	BL	HDQ	PP	DC	RBG	ORG	DRG	ATH	SP	AG	STR	VJ	STA	HP	INT	POT	OG
평점	D	D	C-	D+	F	D-	D-	F	C	C	B-	D	D-	D+	F	D+	B-	C-	D-	B	C-

F 30 Julian CHAMPAGNIE SF

줄리안 샴페니 2001.06.29 / 201cm

미국 | NBA 드래프트 : 2022년 미지명 | NBA 우승 : 0회 / 파이널 MVP : 0회 | 시즌 MVP : 0회 / NBA 퍼스트팀 : 0회

소속팀에서 역할이 달라졌다. 2023-24시즌에는 74경기 중 선발 출전이 59회였다. 그러나 지난 시즌엔 82경기 중 선발로 나선 건 29회뿐이다. 즉, 주전급 포워드에서 백업으로 바뀐 것이다. 이건 어차피 감독이 결정할 문제다. 올 시즌도 일단, 벤치에서 출발할 가능성이 크다. 샴페니는 높은 릴리스 포인트, 안정된 스트로크로 정확한 외곽 슈팅을 구사한다. 전형적인 캐치&슈터이자 '3점 슈팅 스페셜리스트'다. 다양한 허슬 플레이도 OK. 연봉 300만 달러.

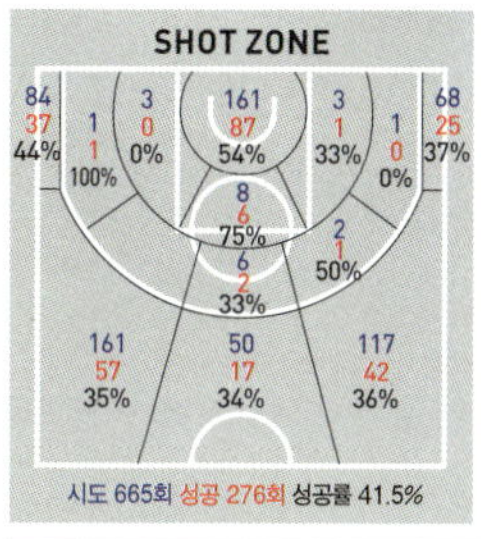

SHOT PROCESS: 캐치&슛 384 / 풀-업 43 / 드라이빙 75 / 커팅 28 / 러닝 83 / 스텝백 26 / 풋백 20 / 앨리웁 3 / 턴어라운드 3 — 필드골 665 시도

SHOT TYPES: 495 점프샷 / 83 레이업 / 17 핑거롤 / 24 플로터 / 28 덩크 / 2 훅샷 / 13 팁샷 / 2 뱅크샷 / 1 페이드어웨이 — 필드골 665 시도

2024-25시즌 샌안토니오 82경기 평균 23.6분

항목	PTS	RB	AS	ST	BL	FG-FGA	3P-3PA	FT-FTA
평균	9.9	3.9	1.4	0.7	0.4	3.4-8.1	2.2-5.9	1.0-1.1
36분	15.2	5.9	2.1	1.1	0.7	5.1-12.4	3.3-8.9	1.6-1.8

항목	OS	CS	MS	3P	FT	SQ	OC	IS	L&F	SD	DD	PH	PF	PC	DRF	PM	PA	BH	DRS	PQ	PV
평점	C	B	C	B-	A-	C-	F	D-	C+	F	D-	F	F	D-	D-	D-	D	D+	D	D	F

항목	DEF	ID	PD	ST	BL	HDQ	PP	DC	RB3	OR3	DR3	ATH	SP	AG	STR	VJ	STA	HP	INT	POT	OG
평점	D	D-	C-	D	F	D-	D+	F	D+	C-	C-	D+	D+	D+	F	D+	B-	C	D-	B-	C-

C 1 Victor WEMBANYAMA C-PF

빅터 웸반야마 2004.01.04 / 224cm

프랑스 | NBA 드래프트 : 2023년 1라운드 1번 | NBA 우승 : 0회 / 파이널 MVP : 0회 | 시즌 MVP : 0회 / NBA 퍼스트팀 : 0회

지난 시즌 잘 나갔다. 워싱턴전 50득점, 새크라멘토전 트리플더블, 애틀랜타전 42득점 등. 그런데 거기까지였다. 2025년 2월 2일, 매디컬 테스트에서 혈전이 발견되었다. 당연히 시즌 아웃 됐고, 7개월간 치료에 전념했다. 지금은 정상이다. 웸반야마는 현역 NBA 최고 선수 중 1명이다. 역대급 괴물이다. 인사이드 득점, 아웃사이드 득점, 트랜지션 게임, 수비, 리바운드, 스틸, 블락, 2대2, 허슬 등 모든 기술을 최고 수준으로 구현한다. 연봉 1338만 달러.

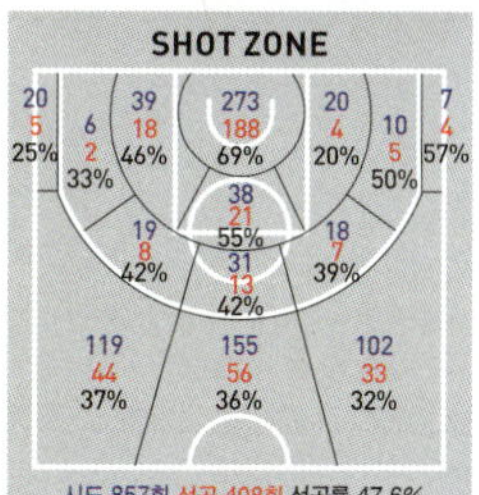

SHOT PROCESS: 캐치&슛 377 / 풀-업 121 / 드라이빙 104 / 커팅 34 / 러닝 43 / 스텝백 52 / 풋백 42 / 앨리웁 41 / 턴어라운드 43 — 필드골 857 시도

SHOT TYPES: 497 점프샷 / 90 레이업 / 32 핑거롤 / 24 플로터 / 91 덩크 / 7 훅샷 / 26 팁샷 / 29 뱅크샷 / 61 페이드어웨이 — 필드골 857 시도

2024-25시즌 샌안토니오 46경기 평균 33.2분

항목	PTS	RB	AS	ST	BL	FG-FGA	3P-3PA	FT-FTA
평균	24.3	11.0	3.7	1.1	3.8	8.9-18.6	3.1-8.8	3.4-4.1
36분	26.3	11.9	4.0	1.2	4.1	9.6-20.2	3.3-9.5	3.7-4.5

항목	OS	CS	MS	3P	FT	SQ	OC	IS	L&F	SD	DD	PH	PF	PC	DRF	PM	PA	BH	DRS	PQ	PV
평점	B+	A	C+	B-	B	A	A+	B	B-	A-	C	B	B	B+	B+	C-	C-	C-	D	C	D+

항목	DEF	ID	PD	ST	BL	HDQ	PP	DC	RBB	ORB	DRB	ATH	SP	AG	STR	VJ	STA	HP	INT	POT	OG
평점	A	A+	B-	D+	A+	A	C+	A+	A-	D-	A+	C+	D+	D+	D-	C-	A+	A-	A	A+	A

C 8 Kelly OLYNYK PF-C

켈리 올리닉 1991.04.19 / 211cm

캐나다 | NBA 드래프트 : 2013년 1라운드 13번 | NBA 우승 : 0회 / 파이널 MVP : 0회 | 시즌 MVP : 0회 / NBA 퍼스트팀 : 0회

시즌 초반부터 이런저런 부상이 연속으로 발생했다. 2024년 12월 허리와 어깨 통증, 2025년 1월 종아리 부상. 이때까지는 그렇게 심각하지 않았다. 그러나 2025년 4월 아킬레스건이 파열되어 수술을 받기 위해 시즌 아웃 됐다. 출전 기록은 달랑 22경기였다. 올 시즌 건강을 챙기는 게 가장 중요하다. 올리닉은 주로 림 어택(레이업, 플로터)으로 득점한다. 공격 리바운드 후의 풋백과 훅샷도 OK. 1대1 수비, 팀 디펜스는 평범하다. 연봉은 1345만 달러.

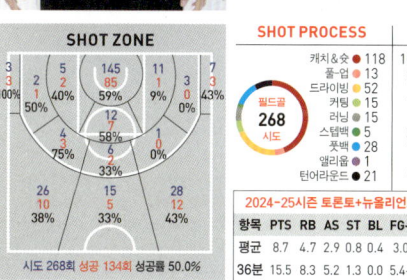

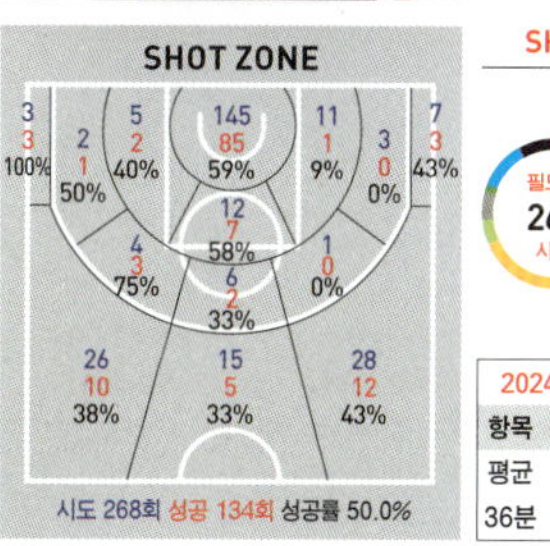

SHOT PROCESS: 캐치&슛 118 / 풀-업 13 / 드라이빙 52 / 커팅 15 / 러닝 15 / 스텝백 5 / 풋백 28 / 앨리웁 1 / 턴어라운드 21 — 필드골 268 시도

SHOT TYPES: 105 점프샷 / 80 레이업 / 18 핑거롤 / 10 플로터 / 3 덩크 / 20 훅샷 / 14 팁샷 / 0 뱅크샷 / 18 페이드어웨이 — 필드골 268 시도

2024-25시즌 토론토+뉴올리언스 22경기 평균 20.3분

항목	PTS	RB	AS	ST	BL	FG-FGA	3P-3PA	FT-FTA
평균	8.7	4.7	2.9	0.8	0.4	3.0-6.1	0.8-1.8	1.9-2.5
36분	15.5	8.3	5.2	1.3	0.0	5.4-10.8	1.3-3.2	3.4-4.4

항목	OS	CS	MS	3P	FT	SQ	OC	IS	L&F	SD	DD	PH	PF	PC	DRF	PM	PA	BH	DRS	PQ	PV
평점	C+	B+	C-	B	C+	C	D	C-	C	C-	D-	C+	C+	C+	F	D-	C-	F	F	C	C-

항목	DEF	ID	PD	ST	BL	HDQ	PP	DC	RBB	ORB	DRB	ATH	SP	AG	STR	VJ	STA	HP	INT	POT	OG
평점	D	C	D	C-	D-	D	F	D	D	D	D-	D	F	F	C-	D-	B+	A-	D-	B	C

General Stats								Outside Scoring & Shooting							Inside Scoring & Shooting								Play Making, Ball Handling & Passing					
PTS	RB	AS	ST	BL	FG-FGA	3P-3PA	FT-FTA	OS	CS	MS	3P	FT	SQ	OC	IS	L&F	SD	DD	PH	PF	PC	DRF	PM	PA	BH	DRS	PQ	PV
득점	리바운드	어시스트	스틸	블락샷	필드골 성공-시도	3점슈팅 성공-시도	자유투 성공-시도	외곽 득점력	근거리 점프샷	중거리 슈팅	3점 슈팅	자유투	슈팅 IQ	득점 일관성	인사이드 득점력	레이업 플로터	스탠딩 덩크	드라이빙 덩크	포스트 훅샷	포스트 페이드	포스트 컨트롤	파울 유도	플레이 메이킹	패스 능력	볼 핸들링	드리블 스피드	패스 IQ	패스 비전

C 7 Luke KORNET C-PF

루크 코넷 1995.07.15 / 218cm

미국

NBA 드래프트 : 2017년 지명되지 못함
NBA 우승 : 1회 / **파이널 MVP** : 0회
시즌 MVP : 0회 / **NBA 퍼스트팀** : 0회

보스턴의 백업 센터로 73경기 평균 18.6분씩 뛰었다. 그리고 여름 오프시즌 때 샌안토니오로 이적했다. 코넷은 전형적인 인사이드 디펜더다. 농구 역사에서 새로운 수비 기술인 'Kornet Contest'의 창시자다. 특유의 제자리 뛰기로 신체접촉 없이 와이드 오픈 3점 슈팅을 막는다. 적극적인 허슬 플레이도 OK. 공격은 제한적이다. 앨리웁 혹은 풋백에서 이어지는 덩크, 커팅에서 이어지는 레이업, 가까운 거리에서 던지는 훅샷이 주무기. 연봉은 1100만 달러.

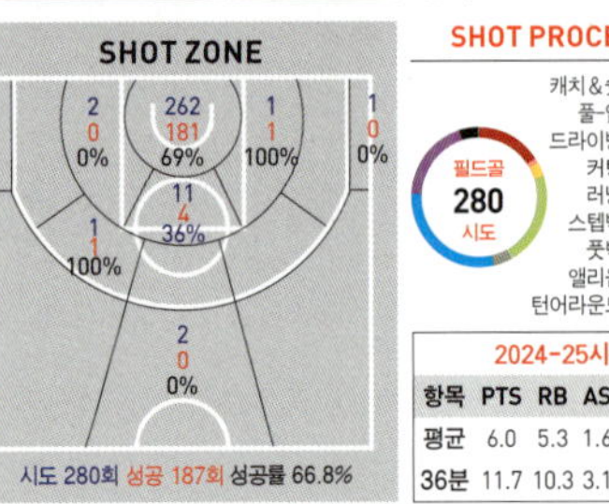

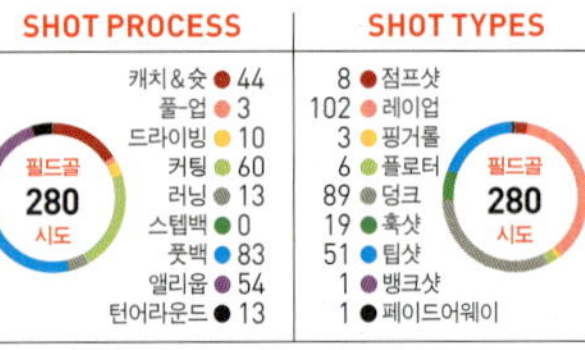

2024-25시즌 보스턴 73경기 평균 18.6분

항목	PTS	RB	AS	ST	BL	FG-FGA	3P-3PA	FT-FTA
평균	6.0	5.3	1.6	0.5	1.0	2.6-3.8	0.0-0.0	0.9-1.3
36분	11.7	10.3	3.1	1.0	1.9	4.9-7.4	0.0-0.1	1.8-2.6

항목	OS	CS	MS	3P	FT	SQ	OC	IS	L&F	SD	DD	PH	PF	PC	DRF	PM	PA	BH	DRS	PQ	PV
평점	C-	B-	D-	C-	C-	C	D-	D+	D-	C	D-	C-	C-	C-	D-	F	D-	D	D	D-	F

항목	DEF	ID	PD	ST	BL	HDQ	PP	DC	RBB	ORB	DRB	ATH	SP	AG	STR	VJ	STA	HP	INT	POT	OG
평점	D	C+	D-	D-	B+	C	D-	C-	C	A	D-	D-	F	F	D-	D-	B	B	C-	B	C

G 4 De'Aaron FOX PG

디애런 폭스 1997.12.20 / 191cm

미국

NBA 드래프트 : 2017년 1라운드 5번
NBA 우승 : 0회 / **파이널 MVP** : 0회
시즌 MVP : 0회 / **NBA 퍼스트팀** : 0회

리그에서 가장 빠르고 폭발적인 공격수다. 일부에서는 "전성기의 존 월보다 빠르다"고 평가한다. 탑 스피드로 페인트존을 파괴한 뒤 폭발적인 덩크를 꽂는다. 드리블 돌파를 하며 상대로부터 자유투 파울을 많이 얻어낸다. 풀업 점퍼, 스텝백 점퍼, 캐치&슛 등 다양한 기술로 롱2와 3점 슈팅을 쏟아낸다. 좌우 윙에서 특히 많이 시도한다. 리그 정상급 클러치 슈터이기도 하다. 스틸을 잘 하고, 퍼리미터 1대1 수비도 예전보다 향상됐다. 연봉은 3710만 달러.

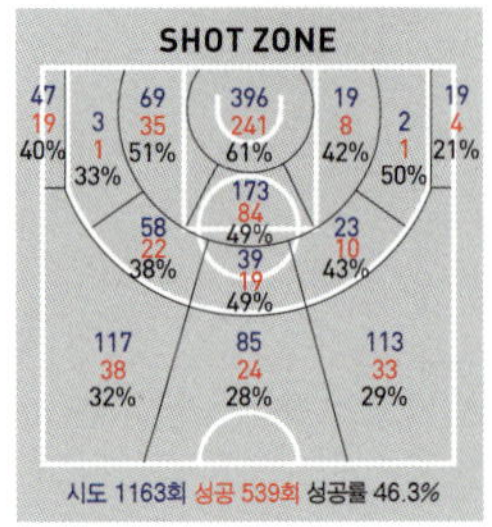

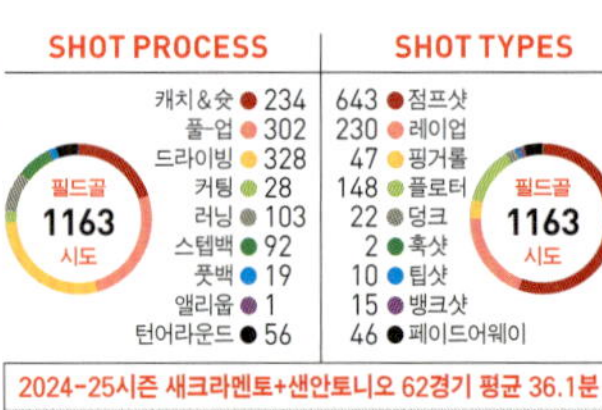

2024-25시즌 새크라멘토+샌안토니오 62경기 평균 36.1분

항목	PTS	RB	AS	ST	BL	FG-FGA	3P-3PA	FT-FTA
평균	23.5	4.8	6.3	1.5	0.4	8.7-18.8	1.9-6.1	4.2-5.1
36분	23.4	4.8	6.3	1.5	0.4	8.7-18.8	1.9-6.1	4.2-5.1

항목	OS	CS	MS	3P	FT	SQ	OC	IS	L&F	SD	DD	PH	PF	PC	DRF	PM	PA	BH	DRS	PQ	PV
평점	B-	A+	B-	C-	B-	C-	A-	D-	A+	F	B-	F	F	F	C+	B-	B-	B	A+	B-	C-

항목	DEF	ID	PD	ST	BL	HDQ	PP	DC	RBG	ORG	DRG	ATH	SP	AG	STR	VJ	STA	HP	INT	POT	OG
평점	C	D-	B+	C+	F	B-	B-	B-	C-	C	C	B	A+	A-	F	B-	A	A-	D-	A	B

G 5 Stephon CASTLE SG-PG

스테판 캐슬 2004.11.01 / 198cm

미국

NBA 드래프트 : 2024년 1라운드 4번
NBA 우승 : 0회 / **파이널 MVP** : 0회
시즌 MVP : 0회 / **NBA 퍼스트팀** : 0회

대박을 쳤다. 시즌 81경기에 출전, 평균 14.7점, 4.1어시스트를 기록하며 '올해의 신인왕'에 올랐다. 코네티컷대 1학년 때 팀을 NCAA 우승으로 이끈 2024년에 이어 연달아 경사를 맞이한 셈. 득점, 리바운드, 플레이메이킹을 두루 갖췄다. 파워가 좋고, 몸이 빠르며, 페인트존을 돌파한 후 과감하게 림을 공략한다. 좌우 윙에서 폭발하는 3점 슈팅은 강력한 무기다. BQ가 좋고, 볼 핸들링과 패스가 우수하며, 턴오버를 적게 범한다. 연봉 956만 달러.

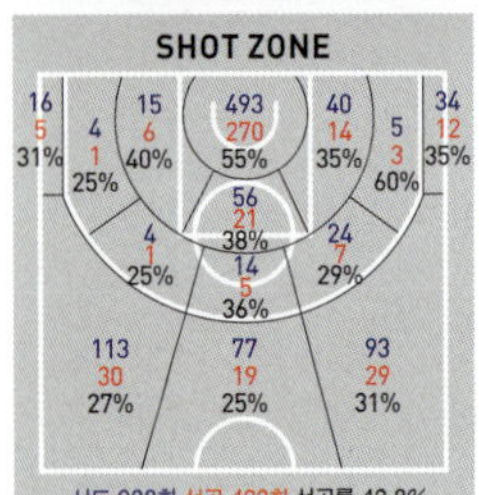

2024-25시즌 샌안토니오 81경기 평균 26.7분

항목	PTS	RB	AS	ST	BL	FG-FGA	3P-3PA	FT-FTA
평균	14.7	3.7	4.1	0.9	0.3	5.2-12.2	1.2-4.1	3.1-4.2
36분	19.8	4.9	5.5	1.2	0.4	7.0-16.5	1.6-5.5	4.1-5.7

항목	OS	CS	MS	3P	FT	SQ	OC	IS	L&F	SD	DD	PH	PF	PC	DRF	PM	PA	BH	DRS	PQ	PV
평점	C	C+	D-	C	C-	A	C	D-	B+	F	B+	F	F	F	C	C+	C+	B-	B-	B-	C-

항목	DEF	ID	PD	ST	BL	HDQ	PP	DC	RBG	ORG	DRG	ATH	SP	AG	STR	VJ	STA	HP	INT	POT	OG
평점	C-	D+	B	D+	F	C+	C	B-	C-	B	D+	B-	B-	A-	D-	C-	A-	A-	C	A-	B-

G 2 Dylan HARPER SG-PG

딜런 하퍼 2006.03.02 / 198cm

미국

NBA 드래프트 : 2025년 1라운드 2번
NBA 우승 : 0회 / **파이널 MVP** : 0회
시즌 MVP : 0회 / **NBA 퍼스트팀** : 0회

과거 클리블랜드와 시카고에서 활약했던 론 하퍼의 아들. 럿거츠대 1학년을 마치고 2025 NBA 드래프트에서 샌안토니오에 1라운드 2번으로 지명됐다. 198cm의 왼손잡이 듀얼가드다. 최고 장점은 완급 조절. 스피드가 엄청 빠른 선수는 아니지만, 가속과 감속을 자유롭게 조절하며 경기를 풀어나간다. 온볼 돌파 시 상대 수비의 타이밍을 빼앗고, 림을 직접 공략한다. 볼을 잘 지켜내고, 핸들링이 안정적이며 정확한 타이밍에 패스한다. 연봉은 1237만 달러.

2024-25시즌 기록 없음

항목	PTS	RB	AS	ST	BL	FG-FGA	3P-3PA	FT-FTA
평균	–	–	–	–	–	–	–	–
36분	–	–	–	–	–	–	–	–

항목	OS	CS	MS	3P	FT	SQ	OC	IS	L&F	SD	DD	PH	PF	PC	DRF	PM	PA	BH	DRS	PQ	PV
평점	–	–	–	–	–	–	–	–	–	–	–	–	–	–	–	–	–	–	–	–	–

항목	DEF	ID	PD	ST	BL	HDQ	PP	DC	RBG	ORG	DRG	ATH	SP	AG	STR	VJ	STA	HP	INT	POT	OG
평점	–	–	–	–	–	–	–	–	–	–	–	–	–	–	–	–	–	–	–	–	–

Individual Defense & Team Defense								Offensive & Defensive Rebounding									Physical Fitness & Athleticism							Miscellaneous		
DEF	ID	PD	ST	BL	HDQ	PP	DC	RBG	ORG	DRG	RB3	OR3	DR3	RBB	ORB	DRB	ATH	SP	AG	STR	VJ	STA	HP	INT	POT	OG
수비력 종합	인사이드 디펜스	퍼리미터 디펜스	스틸	블락샷	도움수비 IQ	패스 통찰력	수비 일관성	가드 리바운드	가드 공격RB	가드 수비RB	SF 리바운드	SF 공격RB	SF 수비RB	빅맨 리바운드	빅맨 공격RB	빅맨 수비RB	운동능력 종합	스피드	사이드 스텝	피지컬 파워	버티컬 점프력	지구력	허슬 플레이	영향력	포텐셜	종합 평가

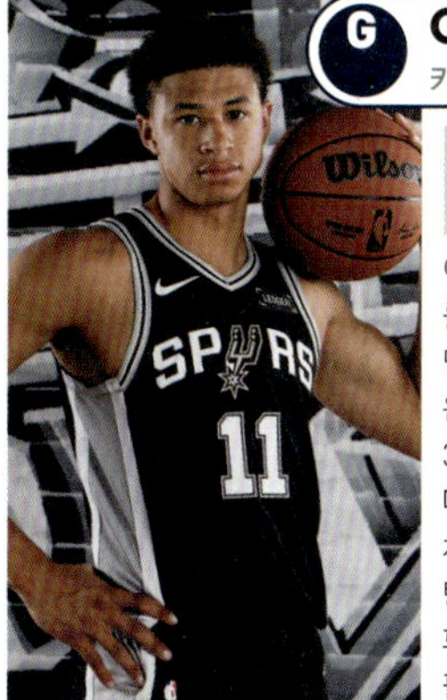

G Carter BRYANT SF-SG

카터 브라이언트 2006.03.02 / 198cm

미국 NBA 드래프트 : 2025년 1라운드 2번
NBA 우승 : 0회 / 파이널 MVP : 0회
시즌 MVP : 0회 / NBA 퍼스트팀 : 0회

애리조나대 1학년을 마치고 NBA 드래프트를 신청해 샌안토니오에 1라운드 14번으로 지명됐다. 203cm에 윙스팬 213cm의 '축복받은 몸'이다. 운동 능력이 출중하고, 다재다능한 3&D 스윙맨이다. 수비에서는 1번~4번까지 다 막을 수 있다. 포지션 대비 블락이 많다. 캐치&슈터로 스팟-업 상황에서 정확한 3점 슈팅을 터뜨린다. 바스켓볼 IQ가 높고, 투쟁심이 꽤 강하다. 문제는 파울 트러블. 강력한 수비를 펼치다 파울이 많아진다. 연봉은 490만 달러.

2024-25시즌 기록 없음

항목	PTS	RB	AS	ST	BL	FG-FGA	3P-3PA	FT-FTA
평균	–	–	–	–	–	–	–	–
36분	–	–	–	–	–	–	–	–

항목	OS	CS	MS	3P	FT	SQ	OC	IS	L&F	SD	DD	PH	PF	PC	DRF	PM	PA	BH	DRS	PQ	PV
평점	–	–	–	–	–	–	–	–	–	–	–	–	–	–	–	–	–	–	–	–	–

항목	DEF	ID	PD	ST	BL	HDQ	PP	DC	RBG	ORG	DRG	ATH	SP	AG	STR	VJ	STA	HP	INT	POT	OG
평점	–	–	–	–	–	–	–	–	–	–	–	–	–	–	–	–	–	–	–	–	–

G Jordan McLAUGHLIN PG

조던 맥러플린 1996.04.09 / 183cm

미국 NBA 드래프트 : 2018년 미지명
NBA 우승 : 0회 / 파이널 MVP : 0회
시즌 MVP : 0회 / NBA 퍼스트팀 : 0회

전반기에 새크라멘토 소속으로 28경기, 후반기에 샌안토니오 소속으로 18경기씩 출전했다. 올 시즌에도 팀의 '서드 유닛' 멤버로 나설 것이다. 183cm의 '작은 거인'이다. 뛰어난 BQ, 화려한 볼 핸들링, 창조적인 패스를 구사한다. 묘기에 가까운 플레이를 연출하면서도 상대적으로 턴오버를 적게 범한다. 픽&롤 응용, 저돌적인 돌파에 이은 림 어택, 캐치&슛으로 시도하는 3점도 OK. 퍼리미터 수비, 팀 디펜스, 스틸 모두 수준급이다. 연봉은 287만 달러.

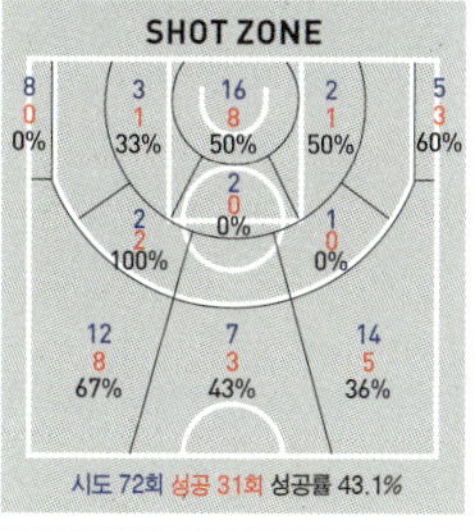

SHOT PROCESS

필드골 72 시도

- 캐치&슛 25
- 풀-업 22
- 드라이빙 15
- 커팅 1
- 러닝 6
- 스텝백 3
- 풋백 0
- 앨리웁 0
- 턴어라운드 0

SHOT TYPES

필드골 72 시도

- 51 점프샷
- 9 레이업
- 2 핑거롤
- 4 플로터
- 0 덩크
- 0 훅샷
- 0 팁샷
- 5 뱅크샷
- 1 페이드어웨이

2024-25시즌 새크라멘토+샌안토니오 46경기 평균 6.8분

항목	PTS	RB	AS	ST	BL	FG-FGA	3P-3PA	FT-FTA
평균	2.1	0.7	1.1	0.3	0.0	0.7-1.6	0.4-1.0	0.4-0.5
36분	11.2	3.4	5.8	1.8	0.1	3.6-8.3	2.2-5.3	1.9-2.5

항목	OS	CS	MS	3P	FT	SQ	OC	IS	L&F	SD	DD	PH	PF	PC	DRF	PM	PA	BH	DRS	PQ	PV
평점	C	C-	C	B	C	B	D-	F	B	F	D	F	F	F	F	C	B-	B	C-	B-	D-

항목	DEF	ID	PD	ST	BL	HDQ	PP	DC	RBG	ORG	DRG	ATH	SP	AG	STR	VJ	STA	HP	INT	POT	OG
평점	D	D-	C	B+	F	D-	C	D-	D-	D+	D-	C-	C-	C	D-	C	B-	C-	D-	B	C-

G 18 David Jones SG-SF

데이비드 존스 2001.11.24 / 198cm

도미니카공화국 NBA 드래프트 : 2024년 미지명
NBA 우승 : 0회 / 파이널 MVP : 0회
시즌 MVP : 0회 / NBA 퍼스트팀 : 0회

드폴대 1,2학년, 세인트조셉대 3학년, 멤피스대 4학년을 각각 수학했다. 2024년 NBA 드래프트를 신청했으나, 어느 팀에서도 지명을 받지 못했다. 결국, 샌안토니오에 자유 계약으로 입단했고, 지난 시즌 대부분은 G리그의 오스틴 스퍼스에서 활약했다. 존스는 코트 여러 위치에서 시도하는 3점 슈팅과 드라이빙에 이은 플로터로 주로 득점한다. 올 시즌 NBA에서도 그 모습을 볼 수 있을 것이다. 샌안토니오와 연봉 64만 달러에 투웨이 계약을 맺었다.

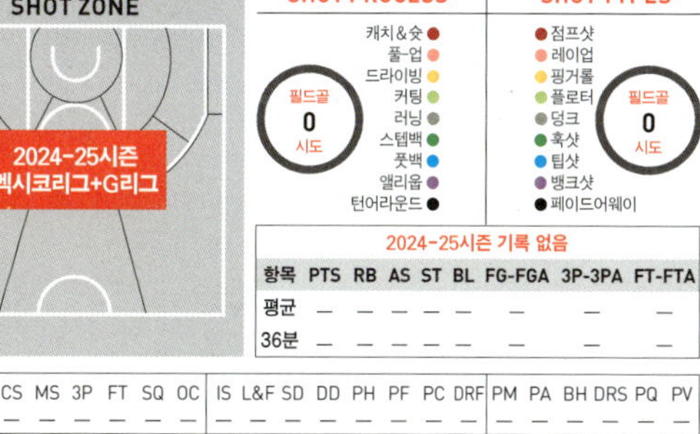

2024-25시즌 기록 없음

항목	PTS	RB	AS	ST	BL	FG-FGA	3P-3PA	FT-FTA
평균	–	–	–	–	–	–	–	–
36분	–	–	–	–	–	–	–	–

항목	OS	CS	MS	3P	FT	SQ	OC	IS	L&F	SD	DD	PH	PF	PC	DRF	PM	PA	BH	DRS	PQ	PV
평점	–	–	–	–	–	–	–	–	–	–	–	–	–	–	–	–	–	–	–	–	–

항목	DEF	ID	PD	ST	BL	HDQ	PP	DC	RBG	ORG	DRG	ATH	SP	AG	STR	VJ	STA	HP	INT	POT	OG
평점	–	–	–	–	–	–	–	–	–	–	–	–	–	–	–	–	–	–	–	–	–

SAN ANTONIO SPURS 2025-26 REGULAR SEASON SCHEDULE

OCTOBER, 2025

Oct. 22 @ Dallas Mavericks
Oct. 24 @ New Orleans Pelicans
Oct. 26 vs. Brooklyn Nets
Oct. 27 vs. Toronto Raptors
Oct. 30 vs. Miami Heat

NOVEMBER, 2025

Nov. 2 @ Phoenix Suns
Nov. 5 @ Los Angeles Lakers
Nov. 7 vs. Houston Rockets
Nov. 8 vs. New Orleans Pelicans
Nov. 10 @ Chicago Bulls
Nov. 12 vs. Golden State Warriors
Nov. 14 vs. Golden State Warriors
Nov. 16 vs. Sacramento Kings
Nov. 18 vs. Memphis Grizzlies
Nov. 20 vs. Atlanta Hawks
Nov. 23 @ Phoenix Suns
Nov. 26 @ Portland Trail Blazers
Nov. 28 @ Denver Nuggets
Nov. 30 @ Minnesota Timberwolves

DECEMBER, 2025

Dec. 2 vs. Memphis Grizzlies
Dec. 3 @ Orlando Magic
Dec. 5 @ Cleveland Cavaliers
Dec. 8 @ New Orleans Pelicans
Dec. 17 vs. Washington Wizards
Dec. 19 @ Atlanta Hawks
Dec. 21 @ Washington Wizards
Dec. 23 vs. Oklahoma City Thunder
Dec. 25 @ Oklahoma City Thunder
Dec. 27 vs. Utah Jazz
Dec. 29 vs. Cleveland Cavaliers
Dec. 31 vs. New York Knicks

JANUARY, 2026

Jan. 2 @ Indiana Pacers
Jan. 3 vs. Portland Trail Blazers
Jan. 6 @ Memphis Grizzlies
Jan. 7 vs. Los Angeles Lakers
Jan. 10 @ Boston Celtics
Jan. 11 @ Minnesota Timberwolves
Jan. 13 @ Oklahoma City Thunder
Jan. 15 vs. Milwaukee Bucks
Jan. 17 vs. Minnesota Timberwolves
Jan. 19 vs. Utah Jazz
Jan. 20 @ Houston Rockets
Jan. 22 @ Utah Jazz
Jan. 25 vs. New Orleans Pelicans
Jan. 28 @ Houston Rockets
Jan. 31 @ Charlotte Hornets

FEBRUARY, 2026

Feb. 1 vs. Orlando Magic
Feb. 4 vs. Oklahoma City Thunder
Feb. 5 vs. Dallas Mavericks
Feb. 7 vs. Dallas Mavericks
Feb. 10 @ Los Angeles Lakers
Feb. 11 @ Golden State Warriors
Feb. 19 vs. Phoenix Suns
Feb. 21 vs. Sacramento Kings
Feb. 23 @ Detroit Pistons
Feb. 25 @ Toronto Raptors
Feb. 26 @ Brooklyn Nets

MARCH, 2026

Mar. 1 @ New York Knicks
Mar. 3 @ Philadelphia 76ers
Mar. 5 vs. Detroit Pistons
Mar. 6 vs. Los Angeles Clippers
Mar. 8 vs. Houston Rockets
Mar. 10 vs. Boston Celtics
Mar. 12 vs. Denver Nuggets
Mar. 14 vs. Charlotte Hornets
Mar. 16 @ Los Angeles Clippers
Mar. 17 @ Sacramento Kings
Mar. 19 vs. Phoenix Suns
Mar. 21 vs. Indiana Pacers
Mar. 23 @ Miami Heat
Mar. 25 @ Memphis Grizzlies
Mar. 28 @ Milwaukee Bucks
Mar. 30 vs. Chicago Bulls

APRIL, 2026

Apr. 1 @ Golden State Warriors
Apr. 2 @ Los Angeles Clippers
Apr. 4 @ Denver Nuggets
Apr. 6 vs. Philadelphia 76ers
Apr. 8 vs. Portland Trail Blazers
Apr. 10 vs. Dallas Mavericks
Apr. 12 vs. Denver Nuggets

GARDEN
88
106
2024 World
CHAMPIONS
TATUM